普通高等教育"十一五"国家级规划教材

民法学

（第四版）

主编 江 平

副主编 李永军

撰稿人 （以撰写章节先后为序）

李永军　刘保玉　鄢一美

刘心稳　朱庆育

中国政法大学出版社

2019·北京

图书在版编目（ＣＩＰ）数据

民法学/江平主编. —4版. —北京:中国政法大学出版社,2019.5
ISBN 978-7-5620-8997-1

Ⅰ. ①民… Ⅱ. ①江… Ⅲ. ①民法－法的理论－中国－高等学校－教材 Ⅳ. ①D923.01

中国版本图书馆CIP数据核字(2019)第081982号

出　版　者　　中国政法大学出版社

地　　　址　　北京市海淀区西土城路25号

邮　　　箱　　fadapress@163.com

网　　　址　　http://www.cuplpress.com （网络实名：中国政法大学出版社）

电　　　话　　010-58908435(第一编辑部)　58908334(邮购部)

承　　　印　　北京联兴盛业印刷股份有限公司

开　　　本　　787mm×1092mm　1/16

印　　　张　　50.75

字　　　数　　1296千字

版　　　次　　2019年5月第4版

印　　　次　　2019年7月第2次印刷

印　　　数　　5001~18000 册

定　　　价　　96.00元

作 者 简 介

江　平　中国政法大学终身教授。代表作品有:《中国大百科全书·法学卷》(编委、民法学科主编)、《罗马法教程》(合著)、《西方国家民商法概要》(独著)、《公司法教程》(《新编公司法教程》,主编、合著)、《法人制度研究》(主编、合著)等。

李永军　法学博士,中国政法大学民商经济法学院教授、博士生导师,中国民法学会副会长。代表作品有:《合同法》《民法总论》《海域使用权研究》《破产法律制度》《破产重整制度研究》《合同法原理》《票据理论与实务》等。

刘保玉　法学博士,中国政法大学法律硕士学院教授、博士生导师;兼任中国民法学研究会常务理事、北京市物权法研究会副会长等。代表性著作:《债权担保制度研究》《物权法学》《物权体系论》等;代表性论文:"论担保物权的竞存""论自然人的民事责任能力""共同保证的结构形态与保证人责任的承担""不动产登记机构错误登记赔偿责任的性质与形态""物权与债权的区分及其相对性问题论纲"等。

鄢一美　俄罗斯莫斯科大学法学博士,中国政法大学民商经济法学院教授、硕士生导师。在《中国法学》《比较法研究》《哲学研究》《中外法学》《政法论坛》《知识产权》《现代法学》等刊物上发表论文数十篇,代表作品有:《俄罗斯当代民法研究》《所有权本质论》《所有制概念考源》《论所有权的法哲学》等。

刘心稳　中国政法大学民商经济法学院教授、硕士生导师,曾获司法部"部级优秀教师"奖。代表作品有:《民法学原理》(合著)、《合同法通论》(合著)、《商法学》(合著)、《中国民法》(主编)、《中国民法学研究述评》(主编)、《中华人民共和国公司法原理和实务》(主编)、《中华人民共和国合同法原理和实务》(主编)、《民法》(主编)等。

朱庆育　法学博士,浙江大学光华法学院教授、博士生导师,华东政法大学兼职教授。研究方向:民法学与法学方法论。曾在《读书》《比较法研究》《政法论坛》《中外法学》《法学家》等刊物上发表文章三十余篇,出版《意思表示解释理论——精神科学视域中的私法推理理论》(中国政法大学出版社)、《民法总论》(北京大学出版社)等著作。

出 版 说 明

中国政法大学出版社是国家教育部主管的，我国高校中唯一的法律专业出版机构。多年来，中国政法大学出版社始终把法学教材建设放在首位，出版了研究生、本科、专科、高职高专、中专等不同层次、多种系列的法学教材，曾多次荣获新闻出版总署良好出版社、国家教育部先进高校出版社等荣誉称号。

自 2007 年起，我社有幸承担了教育部普通高等教育"十一五"国家级规划教材的出版任务，本套教材将在今后陆续与读者见面。

本套普通高等教育"十一五"国家级规划教材的出版，凝结了我社二十年法学教材出版经验和众多知名学者的理论成果。在江平、张晋藩、陈光中、应松年等法学界泰斗级教授的鼎力支持下，在许多中青年法学家的积极参与下，我们相信，本套教材一定会给读者带来惊喜。我们的出版思路是坚持教材内容必须与教学大纲紧密结合的原则。各学科以教育部规定的教学大纲为蓝本，紧贴课堂教学实际，力求达到以"基本概念、基本原理、基础知识"为主要内容，并体现最新的学术动向和研究成果。在形式的设置上，坚持形式服务于内容、教材服务于学生的理念。采取灵活多样的体例形式，根据不同学科的特点通过学习目的与要求、思考题、资料链接、案例精选等多种形式阐释教材内容，争取使教材功能在最大程度上得到优化，便于在校生掌握理论知识。概括而言，本套教材是中国政法大学出版社多年来对法学教材深入研究与探索的集中体现。

中国政法大学出版社始终秉承锐意进取、勇于实践的精神，积极探索打造精品教材之路，相信倾注全社之力的普通高等教育"十一五"国家级规划教材定能以独具特色的品质满足广大师生的教材需求，成为当代中国法学教材品质保证的指向标。

中国政法大学出版社

2007 年 8 月

第四版说明

在我国民法典编纂的尾声，我们对《民法学》这一本教材进行了修改。由于未来民法典的首编《民法总则》的出台，我们此次修改主要是围绕着它进行的。其他部分，由于变化较少，修改的幅度并不大，主要是围绕着物权法部分作了个别的修改。

如果说从体系上来说，与《民法通则》比较，此次《民法总则》的变化并不大（当然，未来民法典通过的时候，为了与整个民法典体系的配合，相信《民法总则》部分还要发生一些变化）。如果从个别的"点"来看，《民法总则》还是有一些变化的，主要体现在：法人分类的标准发生了变化——以营利与非营利划分法人，增加特别法人；增加了成年监护（以适应老年人社会的到来）；对于法律行为的"意思表示"进行了特别的突出；增加了"虚假法律行为"；当然，在"民事权利"部分罗列式地增加了一些民事权利，以为将来取消"债法总则"作铺垫。因此，如果从变化的幅度，尤其是体系方面看，变化不大。民法学原理也就变化不大，仅仅是某些点上发生了变化。我们在此次修订中，对于这些变化都作出了积极的调整。

特别需要指出的是，此次《民法总则》对于"意思表示"的特别规定，应该说是一个亮点，甚至在我看来是唯一的一个亮点（或者说应该能够被称为一个亮点）。因为它不仅从民法内在体系上说，契合了"意思自治"的基本理念和指导思想，是所有法律行为的核心问题。从外部体系上说，"法律行为"这一概念是民法典的建构性和基础性概念，是民法典的"公因式"，其内涵与外延决定这整个民法体系的构建。但遗憾的是，它仅仅被规定了6条。因为，按照立法者的规划，将来的合同法要独立成编，为了保持合同编的完整性，法律行为及意思表示的绝大部分内容都要留给合同法。所以，如果说我们的民法典模式的基本框架是借鉴德国民法典的话，那么，我们的法律行为与意思表示在总则部分的规定，与德国民法典就相去甚远了。因此，按照民法总则去阐述意思表示和法律行为的话，这种知识体系必定是不完整的。因此，如果教科书完全按照我国立法的体例来写，民法教义学将不复存在，知识体系可能被撕得粉粹。这也是中国法学教育面临的巨大问题。民法教义学的体系不能影响立法，反过来，立法却影响了教义学体系。我们在修订民法学教科书的时候就面临这种艰难的抉择。希望读者能够理解。

我们国家的民法典已经呼之欲出，2020年3月份应该会毫无悬念地出台。届时我们将在欢呼声中继续修订我们的民法学。

李永军

2019 年 3 月 5 日

第三版说明

　　本教材自出版以来，承蒙广大读者的厚爱，得到了广泛的好评。作为本书的作者，我们也会根据理论与实践的发展，特别是重要的民事立法或者最高人民法院最新司法解释的出台进行不断修订。我们此次对本教材的实质性修订，主要就是根据最高人民法院《关于适用〈中华人民共和国物权法〉若干问题的解释（一）》（2015 年 12 月 10 日由最高人民法院审判委员会第 1670 次会议通过，自 2016 年 3 月 1 日起施行）进行的。除此之外，我们对其他的部分也进行了不同程度的修订，以使该教材更能够适应教学的需要。

　　应该特别指出的是，我国民法典的编纂工作正在进行，如果顺利的话，2017 年 3 月份将通过民法典的总则部分。这种立法对于我们民法学研究和教学将产生重大影响，届时我们将适时修订本教材的相应部分，使其真正成为民法典的法学阶梯。

　　最后，感谢广大读者对于本教材的钟爱，我们将不负大家的期望，将本教材越修越好。

李永军

2016 年 8 月 15 日

第二版说明

  《民法学》这一本教科书自出版以来，承蒙学界各位同仁和广大读者的厚爱，得到了广泛的认同。但随着我国法学理论研究的不断深入，立法及最高人民法院司法解释与判例理论的不断出现，我们有责任将最新的知识和动态融入教科书中。特别是我国《侵权责任法》和最高人民法院《关于适用〈中华人民共和国合同法〉若干问题的解释（二）》的出台，对我国经济、社会生活会产生广泛的影响和作用，对法学研究和司法实践具有重大的意义，也可以说，这是促使我们对《民法学》修改的直接动因。正因为如此，我们这一次的修改主要集中在"民法总论"、"合同之债"和"侵权行为之债"部分。当然，我们此次修改不仅局限于立法的改变，有些得到法学界认同的法学理论方面的变化和进步，我们也一并吸收和修改。

  另外，需要特别指出的是，在《民法学》出版后，我们收到了许多读者的意见和建议，这使我们非常感动。这一次修改，我们也吸收了这些意见和建议，我们真诚地希望广大同仁与读者一如既往地支持我们。我们也相信，有你们的支持，我们的《民法学》也一定能够越修越好。

编　者

2011 年 2 月

编　写　说　明

　　人们常说，教材虽然不反映最高的科研水平，却反映最高的教学水平。因此，写一部好的教材实在不是一件容易的事情，但我们一直朝着这一目标努力。为此，我们在编写这一部"十一五"规划教材时，有三个突出的要求：①要求参加编写的人员一定要有多年的教学经验，而且教学效果非常突出。我们这次参编的人员在其所在学校都是教学骨干，并且从事专门教学工作多年，教学效果都非常好。②要求编写人员认真负责，从教学的角度而不是从科研的角度编写，避免把教材写成专著。③注意体系化，必须给学生一个完整的知识结构，避免知识缺漏。

　　在这里需要特别说明的是，我们这一本教材中没有包括知识产权的内容，有以下几个原因：①现在知识产权越来越独立，各个大学的法学院都专门或单独开课，一般不放在民法中讲；②从我国正在酝酿的民法典来看，也不包括知识产权编，这已经成为共识。但是，知识产权作为一种权利，仍然属于民事权利的范畴，当知识产权法没有特别规定时，仍然适用民法的一般理论。因此，我们在"总论"部分的权利分类中，仍然会将知识产权作为权利的类型阐述，以保持体系的完整性。

　　我们已经为编写一本好的教材作出了自己应有的努力，但是否真是一本好的教材，还需要广大读者作出判断。如果让我们说一句不是套话（从我们内心讲绝不是套话）的套话：由于我们的水平和视野的限制，书中错误与不足在所难免，希望广大读者给予批评指正。你的批评和指正是我们提高和进步的源泉，毕竟我们对于这本教材的态度和目标是："没有最好，只有更好"。

　　本教材由江平任主编，李永军任副主编，主编与副主编负责全书的统稿与定稿。全书的具体分工如下：

李永军：第一、二、三编

刘保玉：第四、五、六、七编

鄢一美：第八、九、十编

刘心稳：第十一、十二编

朱庆育：第十三、十四编

编　者

2007 年 8 月

总　则

债　权

合 同 法

亲属法与继承法

总 则

第一编 绪 论

第一章

民法概述

■第一节 民法的概念与特征

一、民法的概念

对于什么是民法，学者之间有不同的表述。德国学者梅迪库斯指出："民法"译自拉丁文的"市民法"（ius civile）。在罗马法中，"市民法"这个概念具有多种含义。在中世纪，"市民法"是一个与"教会法"相对的概念。法国大革命后，"市民"被理解为"公民"。所谓民法，是指适用于全体人的法，是一个无等级社会的法。[1]

德国学者施瓦布则从民法的规范功能入手来定义民法。他认为：民法是确定市民在其相互之间关系中的地位的法律规范。因为人类在共同体中生活，必然会发生相互接触（社会交往），这种交往会带来利益抵触和冲突，民法可以分配这些人在相互关系中的权利、义务和风险，即由民法来确定什么是一个人对另一个人所允许做或者应当做的行为；他可以向别人提出什么要求；他在与其他人的关系中承担什么样的生存风险和损害风险。[2]

我国学者一般认为：民法是调整社会平等成员之间的人身关系和财产关系的法律规范的总称。对这一概念作以下说明：

1. 民法调整的对象是人身关系与财产关系。人身关系是自然人基于彼此的人格和身份关系而形成的相互关系，是人格关系与身份关系的合称。财产关系是人与人之间基于财产而形成的相互关系。[3]民法调整人身关系与财产关系的结果，即民法上的人身权与财产权。

2. 这种财产关系与人身关系仅仅限于平等主体之间。人身关系与财产关系既可能发生在平等主体之间，也可能发生在非平等主体之间，如财政关系、金融管理关系等。只有平等主体之间的财产关系或者人身关系才可能被民法所调整。

---

[1] ［德］迪特尔·梅迪库斯：《德国民法总论》，邵建东译，法律出版社2000年版，第15页。

[2] ［德］迪特尔·施瓦布：《民法导论》，郑冲译，法律出版社2006年版，第3～5页。

[3] 张俊浩主编：《民法学原理》（上册），中国政法大学出版社2000年版，第10～12页。

二、民法的特征

（一）民法是身份平等的阶层的法律

德国学者称民法为适用于全体人的法，是一个无等级社会的法。[1]如果要理解这一特征，我们不得不考察历史。在古代罗马，由于城市及领地的划分，使得每个城市均有自己的法律或者规则，"罗马也是一个城市"。作为城邦国家的公民，其身份就是市民。对市民的各种关系进行规范的法律被称为"市民法"是极其自然的。例如，在罗马，就有万民法与市民法之分。"市民法"是罗马人的特有法律，属于罗马私法的部分，即调整公民之间个人关系的法律。而"万民法"是罗马人与其他所有民族共同拥有的法律。[2]

但是，随着历史的演进，市民等级作为一个新生的力量，不仅在经济上拥有实力，在政治上也逐渐取得地位，成为进步和有生命力量的阶级，从而对封建势力构成威胁。这时候由市民阶层组成的市民社会就成为一个专有的名词，专门用来指称与政治国家对立的基础社会的存在。资产阶级在革命的过程中，纷纷用市民法作为制度性武器，以平等的市民观来否定教会法和封建法等级制度。这样的称谓非常巧妙地配合了资产阶级的革命主张，即"天赋人权""人人平等"。正是在这一时期，"市民社会"才具有了在与政治国家相对的意义上使用的特殊含义。在许多国家，资产阶级以暴力或者非暴力取得政权后，他们便以"市民法"来命名其新的法典，如《德意志帝国市民法典》、《拿破仑市民法典》。

现在通说认为，"民法"这一术语，是日本学者在翻译欧洲市民法时，错误地将市民法翻译为"民法"。主要是因为日本学者不了解其制度背景，以致市民法的制度信息在"民法"的术语中被丢掉了。[3]

（二）民法为属地法

民法涉外问题，一般属于国际私法调整。从上面的历史考察可以看出，既然将民法称为"市民法"，当然就具有属地法的特征。

（三）民法是实证法法律部门

一个国家的法律制度是由许多不同的法律部门所组成的，例如民法、刑法、宪法等。而这些法律部门由于形成的过程和目的不同，故它们在结构和风格上具有较大的差异。在历史上，曾经有过一次，人们试图将一个国家的全部法律包含在一部单行的法典——《普鲁士普通邦法》之中。这一尝试是启蒙运动的产物，并未取得成功，更没有被后人所继受。所以，法律部门的划分无论是在法学研究还是在立法和司法中都有重要的意义。

法学家在罗马法将法律分为公法与私法的基础上，根据调整的社会关系及调整方法划分法律部门。这种划分毫无强制性，更不是一种制度。但就目前来看，尽管人们在各种法律部门的安排顺序方面有不同的看法，但法律部门在某种程度上得到了普遍的认同。文献索引、图书分类、出版物等也常常以此划分。[4]

民法作为实证意义上的民法而与自然意义上的民法相互区别。实证意义上的民法是指具有普遍的强制力的行为规范，因这种法能够为人们所证实并进行观察和研究，故称为实证意义上的民法。而自然法是上帝统治理性动物的法，它永远是公正和善良的。实证意义上的民法永远都不可能等于自然法，但可以接近自然法。人的理性可以认识和发现自然法，

〔1〕　［德］迪特尔·梅迪库斯：《德国民法总论》，邵建东译，法律出版社2000年版，第15页。
〔2〕　［意］彼德罗·彭梵得：《罗马法教科书》，黄风译，中国政法大学出版社1992年版，第13页。
〔3〕　张俊浩主编：《民法学原理》（上册），中国政法大学出版社2000年版，第5页。
〔4〕　［德］罗伯特·霍恩等：《德国民商法导论》，楚建译，中国大百科全书出版社1996年版，第54页。

并以自然法评价实证法。

我们在此所讲的民法是实证意义上的民法规范，在形式上包括民法典和特别法律法规，以及具有法律效力规范性质的其他形式。前者通常被称为形式意义上的民法，而后者则被称为实质意义上的民法。实质意义上的民法与形式意义上的民法的区分具有重要意义：①实质意义上的民法应当符合形式意义上的民法；②在法律掌握上，不仅要掌握形式意义上的民法，而且要掌握实质意义上的民法。我们国家正在编纂民法典，但即使将来民法典通过以后，也会有作为实质意义上的民事特别法存在，例如，《民用航空法》《草原法》等。因此，我们在学习和适用民法的时候，不仅要学习和掌握民法典，还要学习和掌握这些民事特别法。

（四）民法为私法

提到私法，就不得不提到"公法"与"私法"的划分。但关于划分的标准学理上有不同的观点，下面简单作一介绍。

1. 划分的标准。

（1）利益说。利益说在罗马法就已经有人提及。乌尔比安说："公法涉及罗马帝国的政体，私法则涉及个人利益。"根据这一学说，判断一种法律关系或者一条法律规范属于公法还是私法，就要看其所涉及的是公共利益还是私人利益。

（2）隶属说。这一学说在很长一段时间内一直处于主导地位。该说认为：公法的根本特征在于调整隶属关系，而私法的根本特征在于调整平等关系。这种区分类似于中华人民共和国历史上对经济法与民法的划分。

（3）主体说。该说认为，如果一种法律关系有公共权力机关的参与，并且是以行使公权的身份参与，则该法律关系属于公法调整的范围。如果一种法律关系的参加者为私人，或者虽有公共权力机关参与却不是以公共权力的行使为目的的，则属于私法的调整范围。[1]

（4）自由决策说。对于公法与私法划分的标准与学说，许多学者颇有微词。德国学者迪特尔·梅迪库斯评价道：就利益说而言，在福利国家中，公共利益与私人利益往往是不能分离的。例如，被归于私法范畴的婚姻制度和竞争制度，在本质上也是服务于社会公共利益的；与此相反，在属于公法范畴内的社会照顾或者道路建设中，在很大程度上也涉及私人利益。就隶属说而言，隶属关系也出现在私法中，如父母子女关系；而公法也存在平等关系，如政府之间订立的就某一区域管辖的协议等。就主体说而言，有一个关键的问题没有得到回答：什么时候国家行使公权，且行使的方式足以表明国家在上述意义上参与法律关系的？这一点，在国家从事照顾性行为时，殊成疑问。例如，德国根据《联邦教育促进法》向一个大学生提供贷款的行为，与该大学生的有钱的叔叔向其支付生活费的行为，在性质上是没有区别的。所以，他认为，所有这些划分公法与私法界限的公式化的表述均存在缺陷，将各个具体的法律制度或者法律关系归属于这个领域或者那个领域，主要是受到了历史原因的影响。在今天，任何旨在用一种空洞的公式来描述公法与私法之间界限的尝试，都是徒劳无益的。以前的法律应当由历史因素来决定，只有对新产生的法律才能进行合理的界分，标准是：公法是指受约束地决策的法，而私法

---

〔1〕［德］迪特尔·梅迪库斯：《德国民法总论》，邵建东译，法律出版社 2000 年版，第 11 页；王泽鉴：《民法总则》，中国政法大学出版社 2001 年版，第 12 页。

是指自由决策的法。[1]

2. 评价。德国学者拉德布鲁赫指出："公法"与"私法"的概念不是实证法上的概念，它也不能满足任何一个实证的法律规则。但公法与私法的价值关系服从于历史的发展和价值世界观。[2]因此，我们必须历史地和发展地对公法与私法的划分的作用与伟大意义作出恰当的评价。①公法与私法的划分在今天仍然有重大的作用。国家在公法范围内活动，个人在私法范围内活动。在私法中实行意思自治；而在公法领域中否定意思自治，国家或者政府的作用在于保障个人利益与安全。同时，这种区分在大陆法系的司法救济、法学研究和法律教育中占有重要地位。②公法与私法划分的最初动机更具有说明和启发意义。罗马人将社会分为两层：一为政治国家，二为市民社会。政治国家是国家权力活动领域，命令和服从应该畅通无阻。但市民社会的资源分配不能依靠国家的命令和服从，而是以自治与平等为核心。如果说，在政治国家中，市民是国家的"奴隶"，那么在市民社会中，他们却是自己的主人。罗马人将私人平等和自治视为终极，对于国家权力的猖獗给予警惕和限制，试图以公法与私法为工具，在市民社会与政治国家之间划出"楚河汉界"，这种经典的说明意义在今天也有其耀眼的光辉。

3. 公法与私法的内容。

（1）公法的内容。公法分为宪法、行政法和刑法。刑事诉讼法一般也划分于公法之内，理由是：它同刑法紧密联系。关于民事诉讼法如何划分才算恰当，在学术上尚有争议，目前占统治地位的看法认为它属于公法的范畴。

（2）私法的内容。私法包括民法和商法，其中民法更为重要。[3]民法源于罗马私法，罗马法的形式理性和内容对大陆法系民法具有深刻的影响。

（五）民事责任的同质救济性

所谓同质救济，也就是直接救济，即民事责任以恢复被侵害权利的原状为宗旨，只有在不能恢复时才转化为金钱性赔偿。相比之下，通过刑事责任或者行政责任的方式来实现救济，即使手段严厉，也不是对受害人的救济，而是对社会秩序与公共安全的保护。[4]

强调民法的上述特征，在我国尤其重要。因为我国历史上没有公法与私法划分的传统，没有民法生存的基本土壤——以身份平等为基础的社会。民法是我国清末法律移植的结果，我国历史上存在的处理类似民事纠纷的规则，不能称为现代意义上的民法。我国民法的引进开始于清代，当时称为"民律"，而国民政府将之称为"民法"，中华人民共和国沿用之。但由于这一名词的陌生，我们曾经错误地理解了民法：过去法院将法人之间的纠纷称为经济纠纷，由经济庭管辖；将公民之间的纠纷称为民事纠纷，由民庭管辖。过去一般人更认为民法是管"老百姓"的，经济法才是管经济建设的。

我国社会发展到今天，这种错误的认识已经离我们远去了。但对于民事责任的同质救济仍然有争议，在编纂民法典的当今，民事责任与债的关系仍然是一个需要深入研究和讨论的问题。

---

[1] ［德］迪特尔·梅迪库斯：《德国民法总论》，邵建东译，法律出版社2000年版，第10～14页。

[2] ［德］拉德布鲁赫：《法哲学》，王朴译，法律出版社2005年版，第127～128页。

[3] ［美］约翰·亨利·梅利曼：《大陆法系——西欧拉丁美洲法律制度介绍》，顾培东、禄正平译，知识出版社1984年版，第116页。

[4] 张俊浩主编：《民法学原理》（上册），中国政法大学出版社2000年版，第42页。

■第二节　民法在私法体系中的地位

一、民法与私法的关系

在民法与私法的关系上，如果从"民商合一"的角度看，私法就是民法；但如果从"民商分立"的角度看，私法则包括民法与商法。从我国目前的立法与主流学理看，是实行"民商合一"的体例，但在教学与理论上，仍然实行"民商分立"的教学与科研制度。[1]因此，有必要研究民法与商法、民法与私法的关系。只有在对这种关系的研究中，才能阐述民法在私法体系中的地位。

在大陆法系国家，在将商法看作民法的特别法的"民商合一"的立法体例中，民法当然就等于私法；在"民商分立"的体例下，商法的地位与民法的地位则不同：民法是商法的基础，甚至有的学者直接就把大陆法系称为"民法法系"，[2]这种称呼也足以表明民法在私法中的地位与作用。

二、民法与商法的关系

民法与商法构成了私法的基本架构，那么，民法与商法究竟是什么关系？在民法典之外是否需要制定商法典？对此，有两种截然相反的观点，即肯定说与否定说。前者为"民商分立"，而后者为"民商合一"。对于这一问题，我国学理上争论激烈，且均持之有故。

1. 主张"民商合一"的理由。

（1）商法在中世纪的出现是因为有商人阶层，而今天，商人阶层已经不存在。

（2）"民商分立"难以避免民法典与商法典之间的矛盾和冲突，造成法律适用上的困难。

（3）特定交易关系可以采取特别法规的方式，不宜在民法典之外再制定商法典。

（4）有些"民商分立"的国家，如法国等，学者也提出建立"民商合一"的立法模式。由此可见，这是发展的趋势。

2. 主张"民商分立"的理由。

（1）现代社会虽然不存在商人阶层，但企业已经代替商人而成为商事主体。因此，有必要对企业商人的组织及行为作不同于民法的调整。

（2）商法具有民法不能包容的特点，即使采取"民商合一"的立法体例，民法典也不能包容全部的商事法规，还要在民法典之外，制定特别法规，这样倒不如坚持"民商分立"。

3. 分析与说明。"民商分立"是一个理性的选择，还是一个自然的历史过程？是科学的分类，还是历史分类？如果真的像许多学者认为的那样——商法是商人的法，那么，为什么即使在18、19世纪理性思潮泛滥的时代，商法失去其产生基础——商人阶层以后，并没有合乎逻辑地消失、自然地"民商合一"，而是在民法典之外独立为法典？即使今天在有许多学者呼吁建立"民商合一"的具有法典化传统的西方国家，也只是"雷声大而雨点小"，像德国、法国这样的较早地拥有民法典的国家，民法与商法的合一也没有完成。为什么每一个民法学者在编写民法教科书时，内容几乎是一致的，而编写商法教科书的内容却

---

[1]　从我国的教学上看，民法与商法是两门不同的课程；教育部的主干教材中，商法也是独立的；中国目前是实行民法学会与商法学会并立的研究机制。

[2]　[美]艾伦·沃森：《民法法系的演变及形成》，李静冰、姚新华译，中国政法大学出版社1997年版。在该书中，作者直接把大陆法系称为"民法法系"，是为证。

有很大的差异？这种取舍是有根据的，还是任意的？由此可见，理性与单纯的价值判断并不是推动"民商合一"的全部因素，更不是决定性因素，而历史与传统才是商法产生的基础，也是其存在的基础，也许正是历史与传统的因素真正阻碍着"民商合一"。

德国学者托伦这样分析大陆法系国家的"民商分立"：民法与商法的划分与其说是一种科学的划分，还不如说是一种历史的沿革。传统因素对民商分立的形式具有压倒一切的影响。[1]但如何理解"传统因素"？我们认为，"传统因素"主要有两个：一是西方历史上形成的商人规则；二是受罗马法形式理性影响而形成的法典化的传统。

大陆法系各国的商法典，在形式理性上远远不如民法典完美，所以，在大陆法系，令人赞叹的是其民法典而非商法典。其原因可以归结为传统与理性的不协调：因为大陆法系传统的形式理性具有巨大的魅力，立法者在制定法律时自然受到制约；而作为大陆法系形式理性的发源地——罗马法中又没有现成的经验和具体模式可供遵循，就如艾伦·沃森对《法国民法典》所作的评价一样：《法国民法典》的基本结构是法学理论传统的产物，它经过了几代法学家的巨大努力；而商法典，无论是在措辞还是在规范质量上，都远远不及民法典。[2]从商法典形成的历史因素来看，商事规则本来就是民法的"弃儿"，商法典是对游离于民法之外的"散兵游勇"的收容，故其内在联系性远远不如民法。虽然商事立法也遵循一定的脉络，有的以商人为主线，有的以商行为为主线，有的兼而有之，也有一些基本的概念，如商人、商行为、商事权利义务等。但是，商行为、商事主体的概念是如此的不确定，以至于难以抽象出共同的可称之为"原则"的东西。例如，保险行为、票据行为、破产清算行为、期货买卖行为、证券买卖行为之间的差异性远远大于共同性，其共同适用的原则难以抽象出来，而无论是大陆法系的商法典还是商法教科书，都把这些部分放在一起，其间的联系性与相融性就难免令人生疑：这些商行为是否是一个有机的整体？

也许正是这个原因，使许多学者主张废除商法典而改为"民商合一"的立法体例。法国虽然有一定的动作，但迄今为止仍未落实，德国的情况也大体如此。意大利的民法典据说是"民商合一"的结晶，但其真正的运行结果需要实践的检验。在我们国家讨论"民商合一"或者"民商分立"，其意义并不是太大。因为我们根本不存在像西方的历史传统，商人在任何时候也没有真正成为一个相对独立的阶层，更没有自己不可动摇的商事规则。所以，我国从国民党统治时期就开始实行"民商合一"，这是极其自然的。在西方，"民商分立"却是传统的，而传统才是"民商合一"的真正障碍。

■第三节 民法的法律渊源

一、民法之法律渊源的概念

学者在关于什么是法律渊源的问题上，存在分歧。[3]我们认为，民法的法律渊源这一

---

〔1〕 转引自覃有土主编：《商法学》，中国政法大学出版社 1999 年版，第 57 页。

〔2〕 ［美］艾伦·沃森：《民法法系的演变及形成》，李静冰、姚新华译，中国政法大学出版社 1997 年版，第 165、170 页。

〔3〕 主要观点有：①存在形式论。例如，日本学者平井一雄认为，所谓民法的法源，是指作为私法的普通法的实质意义民法的存在形式（转引自梁慧星：《民法总论》，法律出版社 1996 年版，第 20 页）；意大利学者彼德罗认为，法的渊源是借以将法律规范确定为实在法的和强制性规范的那些方式（［意］彼德罗·彭梵得：《罗马法教科书》，黄风译，中国政法大学出版社 1992 年版，第 16 页）；英国学者尼古拉斯认为，法律的渊源可以在多种意义上使用，在这里（罗马私法——笔者注）是指法的制定方式。罗马法的法律渊源可以划分

概念的确有许多意义，对这一概念的界定与论者对法律所持有的态度有关。例如，作为分析实证主义法学之纯粹法学的代表人物，凯尔森坚持"纯粹的法律"才是法律，所以，在法律渊源上也就自然坚持"存在形式论"。而作为社会学法学的论者埃利希则认为，除了实定法，社会中的"活法"也是法律的渊源。[1]另外，我们也应当看到，大陆法系国家与英美法系国家因对法律的不同理解而导致的对法律渊源的不同认识。大陆法系国家的立法由专门的立法机关完成，法官不能创造法律（至少在纸面上是这样），所以，大陆法系的许多学者便将法律渊源理解为法律的实际存在形式。而英美法系国家的立法权掌握在法官手中（虽然现在不完全如此），立法与司法的职能在某种意义上是重合的，法官在创设法律规则时所用的资料很容易被当作法律的渊源，所以，美国学者理解的法律渊源就是"混合论"也并非偶然。另外，在渊源的具体表现上，大陆法系国家理解的法律渊源的重要形式为制定法，而在英美法系国家，判例法更重要。在下面的论述中，我们使用的"民法的法律渊源"一词是指具有规范效力的民法的实际存在形式。

二、民法之具体法律渊源

（一）法律

法律，也可以称为"制定法"，是指经具有立法权的国家机关制定的法律文件。制定法在大陆法系的法律渊源地位具有相当充足的理论支持。"只有立法者制定的才是法律，而其他的都不是"这种观点，被认为来自孟德斯鸠的"三权分立"理论。根据该理论，立法、行政与司法应该严格区分开来，以起到相互制约的作用。但这仅仅是原因之一，另一个原因是程式化的规则和概念所具有的优越性。毫无疑问，正是19世纪令人震惊的自然科学和技术的进步，以及由此形成的因果论思维模式，为实证主义提供了坚实的基础。美国学者梅利曼指出，由于立法机关是唯一直接选举产生的代议制政府部门，因此，也只有它才能反映人民的意志。所以，只有立法机关所颁布的成文法才是法律，这一观点是立法实证主义的精髓所在。[2]实证主义哲学认为，法官只是单纯地适用事先已经制定好了的规则，从而将法官作为一台自动售货机。人们向法官输送事实和法律规则，就像向自动售货机投放

为三种：制定法、执法官告示和法学家解释（[英]巴里·尼古拉斯：《罗马法概论》，黄风译，法律出版社2000年版，第14页）；王泽鉴先生认为，民法的法渊源是指法的存在形式。法律、习惯及法理为直接渊源，而判例与学说为间接渊源（王泽鉴：《民法总则》，中国政法大学出版社2001年版，第44页）；曾世雄先生认为，民法的法律渊源，是指挹注成民法的各种源泉，亦即构成民法的各个部分，也就是实质民法与形式民法（曾世雄：《民法总则之现在与未来》，三民书局1993年版，第24页）。②法律成立原因论。德国学者萨维尼认为，一般的法的成立原因、法律制度的成立原因以及通过对法律制度进行抽象而形成的一个个法规的成立原因，就被称为法律渊源（转引自龙卫球：《民法总论》，中国法制出版社2001年版，第32页）；因为萨维尼始终认为，法律是一种历史文化现象，萌生于一个民族的灵魂深处并在那里经过长期的历史进程而孕育成熟，所以，法律是民族精神的产物，法律的渊源就是民族精神（[德]K.茨威格特、H.克茨：《比较法总论》，潘汉典等译，贵州人民出版社1992年版，第258页）。③混合论。这种观点是将上述两种观点混合而成。美国学者E.博登海默认为，法律渊源包括正式渊源与非正式渊源。正式渊源是指体现为权威性法律文件的明确文本形式，如宪法、法规等。非正式渊源是指那些具有法律意义的资料和值得考虑的材料，而这些资料和值得考虑的材料尚未在正式法律文件中得到权威性或者明文的阐述与体现，如正义原则、道德信念、社会倾向等（[美]E.博登海默：《法理学：法律哲学与法律方法》，邓正来译，中国政法大学出版社1999年版，第414页）；李开国教授也认为，就广义而言，法的渊源是指法赖以确定的根据及法的表现形式（江平主编：《民法学》，中国政法大学出版社2000年版，第20页）。

〔1〕[美]E.博登海默：《法理学：法律哲学与法律方法》，邓正来译，中国政法大学出版社1999年版，第142页。
〔2〕[美]约翰·亨利·梅利曼：《大陆法系——西欧拉丁美洲法律制度介绍》，顾培东、禄正平译，知识出版社1984年版，第25页。

硬币，然后便从机器下面得到相应的结果。[1]下面我们就制定法中的宪法、民事基本法、民事单行法与有权解释作简要的说明。

1. 宪法。宪法是一个国家的基本法，具有最高的法律效力，是其他法律规范产生的基础，民法典与民法单行法都必须以宪法为依据。在宪法中，规定了公民的基本财产性权利与人身性权利。所以，许多学者认为，宪法是民法的法律渊源。

2. 民事基本法。在大陆法系国家，民法规范存在的基本形式是民法典，这是大陆法系国家自优士丁尼的《民法大全》开始的形式理性传统的结果。19世纪资本主义上升时期，即理性主义至上的时代，许多国家纷纷将自己的民法法典化。各国民法典规定了民事法律关系的基本制度和原则，是市民社会的"大宪章"。所以，它是民法的基本渊源。

应当指出，在今天，由于人们越来越认识到了人类理性的有限性，因此对民法的法典化提出了越来越多的批评，有些批评甚至走向极端。但是，法典化的传统与方法以及由此建立起来的司法系统已经渗透到人们的思想中，虽然有许多不足，然而其优点也具有不可抗拒的魅力。也许正是这一原因，大陆法系国家还鲜有放弃法典化的。我国大陆的民法典正在制定中。

3. 民事单行法。民事单行法是针对特定类型的民事关系的法律调整而制定的特别法规。由于民法不能包容所有的民事法律关系，具有特殊性的法律关系往往需要通过单行法解决，例如不动产登记法等。另外，在实行"民商合一"立法体例的国家，许多商事法规都以民法特别法——单行法规的方式表现，例如《公司法》《票据法》《破产法》等。在我国，由于没有民法典，而我国又主张"民商合一"，因此我国的民事单行法较多。

4. 有权解释。有解释权的机关对民事法律所作的解释也是民法的渊源。在大陆法系国家，一般说来，法律严格禁止法官对法律进行解释，所以，法院的解释一般不是法律的渊源，只有立法机关的解释才是有权解释。就如有的学者所指出的，大陆法系分权理论的极端化，导致了对法院解释法律这一作用的否定，而是要求法院把有关问题都交给立法机关加以解决，然后由立法机关提供权威性解释，用以指导审判实践。通过这种方法纠正法律的缺陷，杜绝法院立法并防止司法专横对国家安全造成的影响。对大陆法系的教条主义者们来说，唯有立法者所作的解释才是可以允许的解释。[2]但在我国，立法机关恰恰很少作出有权解释，而将这种权力交给了最高人民法院，而最高人民法院利用这种授权作出的司法解释，有的甚至改变了立法机关的立法，这种做法应当引起我们的高度注意。

（二）习惯

习惯是为不同阶级或者各种群体所普遍遵守的行动习惯或者行为模式。习惯法则是指那些已经成为具有法律性质的规则或者安排的习惯，尽管它们尚未得到立法机关或者司法机关的正式颁布。[3]

尽管习惯与习惯法是有区别的，但是这两种社会控制力量之间的分界线有时是不易确定的，因为一般的观点认为，法律与习惯在早期社会中是毫无差别的，而且社会习惯与习惯法之间所划定的界限本身也只是长期的法律进化的产物。一种在历史某一时期并未被认

---

[1] ［德］罗伯特·霍恩等：《德国民商法导论》，楚建译，中国大百科全书出版社1996年版，第62页。

[2] ［美］约翰·亨利·梅利曼：《大陆法系——西欧拉丁美洲法律制度介绍》，顾培东、禄正平译，知识出版社1984年版，第43页。

[3] ［美］E. 博登海默：《法理学：法律哲学与法律方法》，邓正来译，中国政法大学出版社1999年版，第379～380页。

为具有法律性质的惯例，可能会在以后被提升到法律规则的地位。那么，现实的问题是：一项习惯具备了什么条件或者要素，才能发生从习惯向习惯法的转化？这一问题涉及法律的确定性与每一个潜在当事人的利益，非常有必要搞清楚，这不仅是民法所关注的问题，也是法理学所感兴趣的问题。

意大利学者彼德罗·彭梵得认为，一项习惯只有在具备两个条件时，才能属于不成文法的习惯法：①法律信念，或者认为应当把规范当作法来遵守；②对规范的自觉遵守。[1]

约翰·奥斯丁就习惯法问题采取了一种颇为简单的观点，他认为，在立法机关或者法官赋予某一习惯惯例以法律效力以前，它被认为是一种实在的道德规则。按照这一观点，对于一种习惯的遵守，即使人们在遵守该习惯时坚信它具有法律的约束力，也不足以使该习惯转换为法律。[2]这是法律实证主义的典型观点。但是，历史法学派就有相反的主张。

历史法学派认为，一旦一个家庭、一个群体、一个部落或者一个民族的成员开始普遍而持续地遵守某些被认为是具有法律强制力的惯例或者习惯时，习惯法便产生了。在习惯法的产生过程中，无需一个更高的权威对上述惯例与安排作出正式的认可或者强制执行。在早期的社会中，法律规则并不是自上而下设定的。历史法学派的代表人物萨维尼认为，习惯法产生于一个民族的社会安排，这些安排是经由传统和习惯而得到巩固的，而且是与该民族的法律意识相符合的，而不是源于政府当局的政令。[3]由此可见，萨维尼的观点受到了罗马法极大的影响，与专门研究罗马法的意大利学者彼德罗的观点几乎一致。

法律实证主义的观点，在大陆法系国家颇有影响。一些大陆法系国家要求，法院将某种习惯当作法律规则加以实施前，这种习惯必须附有法律意见或者必要意见。这种要求意味着：如果社会成员坚信某种习惯不具有法律约束力，而且不是实施权利与义务的渊源，那么，该习惯就不能被承认为法律规则。[4]虽然大陆法系国家普遍承认习惯是第三法律渊源，但是大陆法系国家关于习惯的法律意义的论著可谓汗牛充栋，远远超过了习惯本身作为法的实际重要性。产生这种现象的主要原因在于：需要证明这些类似于法但又不是立法机关所创制的法的合理性。由于赋予习惯以法律效力违背了国家实证主义以及分权理论，于是，学者创造了许多复杂的理论来解释这种明显的对立。[5]《法国民法典》与《德国民法典》均没有明确规定习惯作为法律的渊源形式。

英美法系国家也有同样的问题。在英美法系国家，一项习惯能否被法院赋予法律强制力的一个重要标准，就是该种习惯是否具有合理性。如果一项习惯具有不合理性，法院有权拒绝赋予其法律效力。正如美国纽约州上诉法院的理由：合理性是某一项惯例的有效条件之一。法院不能确认一种不合理的或者荒唐的习惯影响当事人的法律权利。英美法系国家在选择习惯时，保留了这一方法。[6]由此可见，美国法官在对待习惯的态度上，与大陆法系国家基本相同，即在被法院确认前，习惯还不是习惯法。在英美法系国家，习惯向习惯法的转化必须具备三个基本条件：①习惯的确认不得用来对抗制定法的实在规则，不能

---

〔1〕　[意] 彼德罗·彭梵得：《罗马法教科书》，黄风译，中国政法大学出版社 1992 年版，第 16 页。

〔2〕　[美] E. 博登海默：《法理学：法律哲学与法律方法》，邓正来译，中国政法大学出版社 1999 年版，第 467 页。

〔3〕　[美] E. 博登海默：《法理学：法律哲学与法律方法》，邓正来译，中国政法大学出版社 1999 年版，第 381 页。

〔4〕　[美] E. 博登海默：《法理学：法律哲学与法律方法》，邓正来译，中国政法大学出版社 1999 年版，第 470 ~ 471 页。

〔5〕　[美] 约翰·亨利·梅利曼：《大陆法系——西欧拉丁美洲法律制度介绍》，顾培东、禄正平译，知识出版社 1984 年版，第 26 页。

〔6〕　[美] E. 博登海默：《法理学：法律哲学与法律方法》，邓正来译，中国政法大学出版社 1999 年版，第 471 页。

违反普通法的基本原则；②习惯必须已经存在了很长时间，并且得到了公众持续不断的实施，而公众也必须视这种习惯为强制性的；③习惯必须是合理的，也就是说，习惯不能违反有关是非的基本原则，也不能侵害不具有此项习惯的人的利益。[1]

应该说，在今天，制定法越来越普遍和发达，习惯法作为法律渊源的重要性已经减弱。但是，由于习惯被普遍遵守的约束力特征，在法律没有规定时，用习惯调整当事人的权利义务，可能更容易被接受。因为某人长期处于一种习惯的约束环境中，让他接受这种习惯的约束没有任何不合理之处。正因为如此，许多国家的民法典明确规定了习惯的法律渊源性。例如，《瑞士民法典》第 1 条规定："无法从本法得出相应规定时，法官应依习惯法裁判。"在我国这样一个拥有悠久历史传统的国家，习惯法作为法律的渊源更具有说服力。我国最高人民法院西南分院于 1951 年在一个批复中指出："如当地有习惯，而不违反政策精神者，可酌情处理。"[2]这一批复可以作为我国实践中承认习惯法作为法律渊源的例证。但是，应当注意，在我国，由于民族众多、习惯众多，把握习惯向习惯法的转换也更加重要。笔者认为，一项习惯被法院作为习惯法而承认，应当具备下列条件：①待决事项确无制定法规定。②要确认的习惯是确实存在的。③该习惯长期以来被当作具有约束力的规则来遵守。④当事人均属于该习惯的约束范围之中，即当事人双方或者多方都知道这一习惯并受该习惯约束。如果只有一方当事人知道该习惯而另一方不知，或者虽然知道却没有被习惯的约束力约束过，都不能确认为习惯法。⑤习惯必须不与法律的基本原则相抵触。

（三）判例

判例在大陆法系与英美法系国家有十分不同的地位。在英美法系，判例作为法律的主要渊源，似乎并没有疑问。而在大陆法系，其即使作为次要渊源，也没有被正式确认。判例作为英美法系国家法律的主要渊源，是由"遵循先例"这一原则所决定的。"遵循先例"这一术语是拉丁语 *Stare decisis et non quieta movere*（即遵守先例，不扰乱确立的要点）的缩略语。如果用一般的方式来表述，遵循先例乃意味着某个法律要点一经司法判决确立，便构成一个日后不应背离的先例，即一个直接相关的先前案例，必须在日后的案件中得到遵循。英美法系国家之所以奉行这一原则，主要有以下几点支持理由：①该原则将一定的确定性和可预见性引入了私人活动及商业活动的计划之中。②遵循先例为律师进行法律推理和法律咨询提供了某种既定根据。③遵循先例原则有助于对法官的专断起到约束作用。通过迫使法官遵守业已确立的判例，减少他作出带有偏袒和偏见色彩的判决的可能性。④遵循先例还可以增进司法效率。它使法院在一个法律问题每次重新提出时就重新考察该问题的做法成为不必要。法官卡多佐指出："如果过去的每个判例在每个新案件中都要被重新讨论，而且一个人无法在其他走在前面的人所砌的可靠的基础上砌他自己的砖，那么法官的劳动就会被增加到几乎使他垮掉的地步。"⑤"在相同的情形中，所有的人都应当得到相同的对待"支持了这一原则。[3]

那么，在英美法系国家中，构成被遵循的先例之判例究竟指的是什么？也就是说，它是指判例本身，还是指判例所反映的内在价值和基本精神？对此，存在两种对立的观点，

---

〔1〕 ［美］E. 博登海默：《法理学：法律哲学与法律方法》，邓正来译，中国政法大学出版社 1999 年版，第 472 页。

〔2〕 梁慧星：《民法总论》，法律出版社 1996 年版，第 22 页。

〔3〕 ［美］E. 博登海默：《法理学：法律哲学与法律方法》，邓正来译，中国政法大学出版社 1999 年版，第 539 ~ 541 页。

即宣告说与创立说。

宣告说认为，并不是先例（终审法院的判决），而是隐藏于其后或者超越其上的某种东西赋予了它以权威和效力，换言之，使司法判决具有法律效力的力量并不是法官的意志或者命令，而是原则的内在价值或者体现于判决的习惯实在性。例如，英国著名法官马修·黑尔（Matthew Hale）指出，法院判决并不能成为确切意义上的法律，但它们在解释、宣布何为该国家的法律时，有着重大影响和权威性。曼斯菲尔德（Mansfield）认为，如果英国法律真的只依先例而决定，那么它就是一种奇怪的科学。英国的法律是建立在原则基础之上的，每个案件的特殊情形都可被归于上述原则中的这一原则或者那一原则之中，因而这些原则贯彻于所有的案件之中。判例的精神和理由可以成为法律，而特定的先例文字却不能。美国学者约瑟夫·斯托雷（Joseph Story）法官也指出，很难说法院的判决构成法律，它们充其量只不过是证明什么是法律或者什么不是法律以及它们自身是不是法律的证据。也就是说，先例并不是一种教条公式，而只是一种对原则的说明。换言之，正是作为判决依据的公共政策的理由或者原则，而不是一般法律的阐释，在运用遵循先例时才具有价值。

创立说认为，法官通常都是以溯及既往的方式造法，而且他们在判决中所规定的规则不仅是法律渊源，甚至就是法律本身。[1]

在宣告说与创立说之间，应该说，宣告说占有主导地位，因为无论是英国的法院，还是美国的法院，都有一种权力，即在先例不符合公平正义时修改先例，也就是说，判决的内在原则与价值比判决本身更重要。这对我们理解判例具有重要的启示意义。

在大陆法系国家，判例作为正式的法律渊源在理论上存在较大的困难。罗马皇帝优士丁尼就曾命令："一般案件应当根据法律而不是根据先例来审判。"从一般意义上说，这在当今仍然是占统治地位的观点。[2]但是，我们也必须看到，大陆法系国家越来越重视判例的作用。例如，德国最高法院认为，律师如果无视法院在其正式的判例汇编中所发表的判例，那么他本人便应当对此产生的后果对其当事人负责。[3]德国学者指出，孟德斯鸠的"三权分立"理论使人们难以承认法官所创立的规则是可以适用的法律。大多数著述家将判例归于以共同适用及长期不变的习惯为特征的习惯法。但是，仅仅找出判例法的这些特征，远远不能使人信服。因为事实上，较高审级法院所作的判决，哪怕是孤立的判决，也总是让人感到敬畏的。[4]事实上，任何下级法院对上级法院的判例都不会置之不理。造成这种状况的另外一个原因是：由于大陆法系的上诉制度，如果下级法院不重视上级法院的判例，很有可能被改判。而下级法院为了使自己的判决不被纠正，最直接的方式就是认真对待上级法院的判例。

（四）法理

关于法理的概念，学者之间多有争论。笔者认为，法理应当是法律的基本精神与原则。

从法律渊源的视角看，法理与学理或者学说有本质的不同。学说是学者关于成文法的解释、习惯法的认知、法理的探求等所表示的见解。[5]学说千差万别，各有所衷，具有更

〔1〕 ［美］E. 博登海默：《法理学：法律哲学与法律方法》，邓正来译，中国政法大学出版社1999年版，第430～432、539～543页。

〔2〕 ［美］E. 博登海默：《法理学：法律哲学与法律方法》，邓正来译，中国政法大学出版社1999年版，第434页。

〔3〕 ［美］E. 博登海默：《法理学：法律哲学与法律方法》，邓正来译，中国政法大学出版社1999年版，第434页。

〔4〕 ［德］罗伯特·霍恩等：《德国民商法导论》，楚建译，中国大百科全书出版社1996年版，第66～67页。

〔5〕 王泽鉴：《民法总则》，中国政法大学出版社2001年版，第71～72页。

大的主观性和任意性；而法理应当具有相对确定性和客观性。这也正是法理是法律渊源的表现形式、而学说则不然的理由。

正是因为学说或者学理的任意性和主观性，所以，无论是优士丁尼还是拿破仑，虽然在法典的起草中十分重视学者与学说，但却禁止他们对法典进行评注。美国学者曾经发现了这样一个奇怪的现象：为什么大陆法系的立法者对法学家存在着爱恨参半的矛盾心理？例如，优士丁尼一方面要求法学家编纂法典，另一方面又禁止他们对《民法大全》进行评注？原因大概是：①优士丁尼企图恢复古老纯正的罗马法传统的愿望，同时伴随着对法学家的戒心，因为他害怕这种评注会降低《民法大全》的权威；②优士丁尼认为，他的法典已经达到了尽善尽美的程度，对法典的任何评注只会有损法典的光辉。虽然拿破仑不禁止对他的法典进行评注，却希望评注不要公开发表。据说，当拿破仑得知第一本法典评注出版时，他神态异常地惊呼："我的法典完了！"拿破仑不主张对法典进行评注的理由有三：①他认为这部法典如此清晰、完整、逻辑严密，任何评注都是画蛇添足；②他担心法典一旦落入法学家之手，这本在法国公民中广为流传的法典的威望就将随之湮没；③他不愿意法学家用保守、陈旧的观点来看待法典并加以评注。[1]

优士丁尼和拿破仑的做法说明了两点：①学说具有主观性与任意性，不宜作为法律渊源；②法学家与学说在立法中具有重大作用。

应当特别指出的是，法理既然是法律基本原则与基本精神的体现，则无论法律是否明确规定其为法律渊源，其都是法律渊源。例如，《瑞士民法典》第1条、我国台湾地区"民法"第1条均规定法理为法律渊源，当无疑义。

三、我国民法的法律渊源

我国《民法总则》第10条对于法院有专门的规定："处理民事纠纷，应当依照法律；法律没有规定的，可以适用习惯，但是不得违背公序良俗。"

应该说，我们《民法总则》第一次明确规定了不违背公序良俗的习惯作为法律渊源，适应了当前中国社会的实际需要，这是一种进步。法官在适用习惯裁判案件时，必须满足上述我们论述的关于习惯的条件。

特别应该注意的是，从这种表面上看，民法的渊源似乎是法律和习惯。但从我国实际使用的法律渊源看，除了法律和习惯，还有判例、国务院法规，甚至包括法理。

（一）法律

在我国，法律应该理解为由全国人大及其常委会制定的法律文件，包括正在制定的民法典及单行民事立法，所谓的商法，实际上在我国属于民事单行法，如《票据法》《公司法》《破产法》等。

宪法能否作为民法的渊源，存在争议。但我国实践中，有的判例已经承认其作为民法的渊源。

（二）全国性行政法规

根据我国《宪法》第89条的规定，国务院可以根据宪法和法律，规定行政措施，制定行政法规，发布决定和命令。在所有的政府部门中，根据宪法规定，只有国务院制定或者以国务院的名义发布的行政决定或者命令，才是法规，而其所属的各部委之规章，不是法规而是部门规章，不具有法律渊源的效力。我国最高人民法院于1999年12月19日作出的

---

〔1〕　参见［美］约翰·亨利·梅利曼：《大陆法系——西欧拉丁美洲法律制度介绍》，顾培东、禄正平译，知识出版社1984年版。

《关于适用〈中华人民共和国合同法〉若干问题的解释（一）》（以下简称《合同法解释（一）》）第4条规定："合同法实施以后，人民法院确认合同无效，应当以全国人大及其常委会制定的法律和国务院制定的行政法规为依据，不得以地方性法规、行政规章为依据。"这一规定明确排除了部门规章和地方性法规作为法院适用的法律渊源。

（三）有权解释

根据我国《宪法》第67条的规定，全国人民代表大会常务委员会有权解释法律，因此，其对法律的解释为有权解释，具有法律渊源的效力。

最高人民法院是否有权解释法律？我国宪法没有授予其解释法律的权利。但是，全国人民代表大会常务委员会《关于加强法律解释工作的决议》第2条规定："凡属于法院审判工作中具体应用法律、法令的问题，由最高人民法院进行解释。"据此，许多人认为，最高人民法院具有司法解释权，其解释也属于有权解释，是法律的渊源。但是，全国人民代表大会常务委员会的这一授权性规定，结合最高人民法院实际解释法律的方式，有两点值得思考：

1. 全国人民代表大会常务委员会的这一授权的内涵是什么？是就法律适用中的具体个案解释，还是对法律的总体解释？

2. 最高人民法院在解释法律的过程中，已经远远不是在解释法律，而是在改变全国人民代表大会及其常务委员会的立法，这是否是违宪行为？试举两例：

（1）1995年6月30日第八届全国人民代表大会常务委员会第十四次会议通过的《中华人民共和国担保法》第25条第2款规定："在合同约定的保证期间和前款规定的保证期间，债权人未对债务人提起诉讼或者申请仲裁的，保证人免除保证责任；债权人已提起诉讼或者申请仲裁的，保证期间适用诉讼时效中断的规定。"

最高人民法院于2000年9月29日通过的《关于适用〈中华人民共和国担保法〉若干问题的解释》第31条规定："保证期间不因任何事由发生中断、中止、延长的法律效果。"

（2）1995年6月30日第八届全国人民代表大会常务委员会第十四次会议通过的《中华人民共和国担保法》第24条规定："债权人与债务人协议变更主合同的，应当取得保证人书面同意，未经保证人书面同意的，保证人不再承担保证责任。"

最高人民法院2000年9月29日通过的《关于适用〈中华人民共和国担保法〉若干问题的解释》第30条第1款规定："保证期间，债权人与债务人对主合同数量、价款、币种、利率等内容作了变动，未经保证人同意的，如果减轻债务人的债务的，保证人仍应当对变更后的合同承担保证责任；如果加重债务人的债务的，保证人对加重的部分不承担保证责任。"

我们不能因为最高人民法院的修改比立法机关的立法更合理，就默认这种做法。如果立法确有问题或者存在错误与不合理之处，最高人民法院也无权修改，而应当通过正当程序予以修改。

（四）地方性民事法规

根据我国《宪法》第100条及第116条的规定，各省、直辖市的人民代表大会及其常务委员会，在不同宪法、法律、行政法规相抵触的前提下，可以制定地方性法规，但要报全国人民代表大会常务委员会备案。民族自治地方的人民代表大会有权依照当地民族的政治、经济和文化的特点，制定自治条例和单行条例。自治区的自治条例和单行条例，报全国人民代表大会常务委员会批准后生效。自治州、自治县的自治条例和单行条例，报省或者自治区的人民代表大会常务委员会批准后生效，并报全国人民代表大会常务委员会备案。

地方性民法法规是地方性民法的渊源。

（五）法理

我国民法虽然没有规定法理是民法的法律渊源，但其既然是法律原则与精神的体现，也应当是我国民法的法律渊源。

■第四节　法律关系

一、民事法律关系的概念和说明

（一）民事法律关系的概念

民事法律关系是人与人之间的纳入民法调整范围的生活关系，也可以说是人与人之间因民法调整而形成的民事权利义务关系。

德国学者拉伦茨说："法律关系是人与人之间的法律纽带。"[1]因这一概念受到了人们的质疑，认为没有包括法律关系的全部，也没有超出罗马法之"法锁"的概念，于是，拉伦茨改变了自己最初的法律关系的概念，将之界定为"法律制度赋予特定人的一种可能性，一种自由空间，所有其他人都不得对此加以干涉"。[2]这一概念并没有特别之处，只不过是强调了法律关系中的权利本位，即只不过是"人与人之间的法律纽带"的另一种表述而已。

（二）法律关系的说明

1. 法律关系由两个基本的条件构成。学者对于法律关系可能有不同的界定，但基本上都包含两个最基本的要素：

（1）法律关系是法律规范调整的结果，即民事法律关系是民法调整的结果。例如，张俊浩教授认为，民事法律关系是民法规范中法律效果部分实施的结果。民事法律规范由两部分构成：一是"法律要件"；二是"法律效果"。其中，"法律要件"给出了"法律效果"的条件，而"法律效果"则给出了"法律要件"被生活事实所充实时的效果，该效果即为具体的权利义务关系。民事法律规范实施于社会生活，方有民事法律关系的出现。[3]

（2）法律关系是被民法摄入自己调整范围的现实生活中的一部分。生活中的各种关系很多，但并不都由民法来调整，也就不全是民事法律关系。梅仲协先生认为，所谓法律关系，就是法律所规定的人与人之间的生活关系。人与人之间的生活关系极为错综复杂，法律所规定者不过是其中最小的一部分，还有大部分受道德、宗教等支配。法律的目的在于追求社会生活的正义之实现，借以维持社会生活的和平，进而增进人类的幸福。所以，何种生活关系可以被认为是法律关系，只有以法律的目的作标准予以认定。[4]

2. 法律关系的实质是人与人之间的权利义务关系。德国学者哈丁认为，如果一项法律关系不与另一个人发生关系，那么此项法律关系就是没有意义的，因而物权也是"一个人相对于其他人的决定权能"。[5]也就是说，物权法律关系也是人与人之间的关系，只不过是通过对物的支配来体现而已。这种人与人之间的关系在民法上体现为权利义务关系，而这种权利义务关系可能是财产性内容，也可能是非财产性内容（如人身关系）。

〔1〕　［德］迪特尔·梅迪库斯：《德国民法总论》，邵建东译，法律出版社2000年版，第51页。

〔2〕　［德］迪特尔·梅迪库斯：《德国民法总论》，邵建东译，法律出版社2000年版，第51页。

〔3〕　张俊浩主编：《民法学原理》（上册），中国政法大学出版社2000年版，第58页。

〔4〕　梅仲协："法律关系论"，载费安玲、朱庆育编：《民法精要》，中国政法大学出版社1999年版。

〔5〕　［德］迪特尔·梅迪库斯：《德国民法总论》，邵建东译，法律出版社2000年版，第51页。

3. 法律关系与法律制度。法律关系是法律制度对现实生活调整的具体指向，所以，法律制度往往是抽象的，而法律关系则是具体的。例如，买卖法律制度是抽象的法律制度，没有任何具体的买卖指向，而买卖法律关系则必须是具体的交易。正如前面所提到的，抽象的买卖法律制度只有一种，而买卖法律制度实施的具体效果——法律关系则千差万别。例如，A 与 B 买卖汽车，D 与 C 也买卖汽车，他们适用的法律制度是同一种，但 A 与 B、D 与 C 却分属两种不同的具体法律关系。

4. 法律关系的要素。由于法律关系是具体的，所以一项法律关系的构成必须有：①具体的权利义务；②权利义务的享有者或者承担者；③权利义务的具体承载——客体。

5. 民事法律关系的单纯性。民事法律关系虽然是对现实生活的摄取，但由于立法技术的限制和需要，使得民事法律关系具有非生活化的单纯性。例如，A 租赁 B 的电脑，在租赁过程中因不正确使用而发生了损害。这一生活事实在民法上产生了两种不同的法律关系：B 可以所有权人的身份向 A 要求赔偿，即在 A 与 B 之间产生了物权法律关系；B 可以出租人的身份要求 A 承担违约责任，则在 A 与 B 之间产生了债权关系。这两种法律关系分属于不同的法律制度，结果可能也有差别。B 在具体诉讼中只能选择其中之一，不能同时主张。

二、法律关系的内容

德国学者萨维尼认为，法律关系的本质就是划定个人的意思所能独立支配的范围，即权利。因此，法律关系的本质就是权利。他将权利分为三类：

第一种权利是人从出生起就有的权利，它在生命存续期间不得被剥夺，称为"原权利"，由此引出来的是意志的自由、人的不可侵犯性等。

第二种和第三种是后天取得的权利，称为"取得权利"，形成人与自然的关系及人与人的关系。所谓人与自然的关系，就是人对物的支配权，也就是民法上的物权法律关系。

人与人之间的关系就比较复杂。有的是对特定行为的权利，因这种权利承担者的人格存在，不得支配，故有请求权之称，也就是我们民法上的债权关系。还有与他人后天结合的关系，例如夫妻关系，以及由此产生的父母子女关系。[1]大陆法系许多国家的民法典基本上是以这种分类来规定权利的，具体体现为人身权、物权与债权。

必须指出，由于权利的存在，其实现就要有义务对应体的存在，所以，权利义务往往是相伴而生的，法律关系的内容在形式上都表现为权利义务。我们将权利作为法律关系的本质，意在强调民法中权利本位的基本观念。

三、法律关系的享有者——自然人与自然人组织体

关于自然人及自然人的组织体，我们将在本书第二编"民事主体及其法律属性"中详细论述。

四、法律关系的客体

1. 人是法律关系的享有者，不能成为法律关系的客体。这是不能动摇的原则。所以，人只能买卖物或者权利，而不能被当作物来买卖。

2. 法律关系中的权利义务只是抽象的概念，它们的具体实现都必须借助于一定的载体。例如，买卖关系中的权利义务是通过具体的金钱或者物来体现的。这种金钱或者物就是买卖法律关系的客体。

3. 法律关系的客体因不同法律关系而有区别。

---

[1]　转引自龙卫球：《民法总论》，中国法制出版社 2001 年版，第 121 页。

（1）在物权法律关系中，其客体是物或者权利。应该说，传统民法中物权法律关系的客体只能是物，但由于在现代社会中，财产的权利化已经是一个不可阻挡的趋势，故在担保物权法上，权利作为标的的情形已经普遍化了。

（2）在债权法律关系中，客体可以是物，也可以是行为，甚至有学者主张只能是行为。

（3）在人身法律关系中，客体究竟是什么，甚有争议。而且，这一问题涉及民法的主体性，因此应深入研究。我们将在关于人格权的有关章节中详细讨论。

4. 对同一客体的侵犯，可能会导致多重法律责任。例如，对人身体的伤害，可能会导致民事责任，也可能引起刑事责任。

五、法律关系的产生

1. 根据主体的自由意志而产生，法律仅仅给予消极的评价，主要体现在法律行为上，具体体现在婚姻关系、合同关系和遗嘱关系上。

2. 法律的规定。例如，时效、侵权、不当得利、无因管理等。

也就是说，具体法律关系的产生，有的是根据主体的自由意志产生的，有的则是根据法律的规定，前者通常被称为"法律行为"，而后者则被称为"非法律行为"，在民法上统称为"法律事实"。

■第五节　民法的构造与基本内容

一、民法的构造

（一）民法的构造模式

民法的构造（特别是大陆法系民法的构造）是一个十分复杂的问题，其具体方法我们将在后面讨论。在此，我只想从比较法的视角对比两大法系的民法表现形式。

由于受理性主义与经验主义的不同影响，大陆法系的民法的主要形式表现为民法典，而英美法系的民法表现为判例。例如，美国只有《合同法重述》（判例规则汇编）而没有合同法，只有《侵权法重述》而没有侵权法典。

即使是在大陆法系，各国的民法典的构造也不同。例如，法国秉承罗马法传统，实行的是"三编制"，即分为人法、物法与取得财产的各种方式。而德国则采取"五编制"，即总则、债法、物权法、亲属法与继承法。大陆法系有的国家承袭法国模式，有的则承袭德国模式。我国将来的民法典基本上是带有"总则编"的德国模式，但具体分为几编，尚未确定。从目前来看，大致分为"总则编""人格权编""物权编""合同编""侵权编""亲属编""继承编"。

（二）德国模式构建的主线

在带有"总则编"的德国模式中，对于构建民法体系具有决定性作用的两条主线是不得不提的：一是人与物——目的与手段的区分；二是物权与债权的区分。

人与物——目的与手段的区分，使得主体得以从财产中分离出来，永远作为民法上的目的而非手段来对待，从而在民法中区分出与主体不可分离的具有属人性的权利，包括人格权与身份权。这些权利专属于个人，不得转让与继承。这些内容体现在亲属法、继承法与人格权方面。

物权与债权的区分，使得不同性质的权利以体系化的方式安排成为可能，使权利的保护方式与责任的归责更符合逻辑。正是物权与债权的区分，使支配权与请求权分离，使契约自由原则与过错责任原则能够在不同领域内得以贯彻，使违约责任与侵权责任的二元划分成为逻辑的必然，从而使财产法体系得以完善。

二、民法的基本内容——以大陆法系国家民法为例

大陆法系国家的民法典的构造形式虽然有所不同，但是，所规定的基本内容大体一致。大致有以下内容：

（一）主体法（人法）

主体法主要是关于民事主体的法律规定，包括对自然人、法人及其他不具有权利能力的自然人的组织体的法律规定。在采取法国民法典模式的国家，直接将这一部分规定于"人法"中，而采取德国民法典模式的国家，则将这一部分规定在"总则编"中。

（二）物权法

物权法主要规定物权法的基本原则、种类（这是物权法定原则要求的）以及每种物权的具体内容。大陆法系国家民法规定的物权的主要种类有：所有权（包括动产所有权、不动产所有权与区分所有权）、用益物权（包括地上权、地役权、永佃权）、[1]担保物权（包括抵押权、质权与留置权）。

（三）债法

债法主要规定债的一般原则以及因各种原因而产生的类型债，如契约之债、不当得利之债、无因管理之债、侵权行为之债等。

（四）继承法

（五）亲属法

（六）法律事实

法律事实主要是指法律权利义务产生的根据，包括与人的意志有关的行为以及与人的意志无关的事实。在德国法及我国民法上，前者称为法律行为，后者称为非法律行为。这一部分内容，在采取德国民法典模式的国家，其概括与共同的规则规定在"总则编"中，特殊者规定在其他各编中。而在其他采取法国民法典模式的国家中，则分别规定在"各种财产与权利的取得编"及其他各编中。

---

[1] 我国将来的民法典可能对这些权利的具体名称有不同称谓，分别称为建设用地使用权、宅基地使用权、地役权、土地承包经营权。

第二章

民法的基本原则

■第一节　民法基本原则概述

一、民法基本原则的概念

民法的基本原则是表述民法的基本属性和基本价值，为民法所固有并对民事立法与司法活动具有最高指导意义的标准。民法的基本原则是全部民事规范的价值主线和灵魂所在，[1] 即民法的基本原则是民法基本精神与基本价值的体现。

二、民法基本原则的作用

（一）昭示民法的立法宗旨和基本精神

大陆法系许多国家的民法典在法典的开头位置规定了民法的基本原则，我国《民法总则》也概莫能外。其目的就是要昭示民法的立法宗旨和基本精神，如契约自由、过错责任、所有权绝对、权利本位等原则均昭示了民法对自然人的尊重和关怀。

从民法的构造来看，法律规范由法律规定构成，而法律规定是由按照一定的价值标准针对抽象生活类型而组合在一起的法条组成的。法律规范本身是一个体系，为了使整个法律规范体系能够不矛盾地发挥其规范功能，有时各个法律规定又必须相互协调地组合在一起，才能正常运作。法律规定之间协调运作，是法律规范体系所追求的价值与目的，而这种价值与目的，就是民法的基本原则，即民法的内在精神。

（二）填补法律漏洞

因人的理性的有限性及客观情况的难以预见性，任何法律均存在许多盲区。法律的基本原则可以对这些盲区进行填补。所以，许多国家正是靠发展和解释基本原则来使自己的法律适应不断发展的社会的。例如，《法国民法典》制定于1804年，而《德国民法典》制定于1896年，随着时间的推移，社会发展变化了许多，但法典并没有年年修改，而是由法官通过解释和阐述基本原则的方式来适应不断发展变化了的社会。这对我国尤其具有启发意义。

应该说，强调民法基本原则的这种地位，对法学教育、司法实践具有重要的意义。在我们的教学中，对基本原则应有的具体作用缺乏强调，以至于在我们的司法实践中，当出现法律无具体规定时，法官不能通过解释基本原则的方式填补法律漏洞。当然，造成这一结果的原因也有制度性因素，即我国的法律没有规定"法官不得借口没有法律规定而拒绝审判"，所以，也助长了法官不对法律漏洞进行填补的消极态度。《法国民法典》第4条明确规定："法官如借口法律无规定、不明确或者不完备而拒绝审判者，以拒绝审判罪追诉之。"这种规定，从制度上激励法官通过解释民法基本原则的方式来填补法律漏洞。

----

〔1〕　张俊浩主编：《民法学原理》（上册），中国政法大学出版社2000年版，第37页。

　　应当特别指出的是，中华人民共和国的民法立法，不知从什么时候形成了一个惯例：第一章一般都是"基本原则"的规定，例如，《民法总则》第一章就是关于"基本原则"的规定；《民法通则》第一章是"基本原则"的规定；《合同法》第一章是"基本原则"的规定；《物权法》第一章是"基本原则"的规定；《婚姻法》第一章也是"基本原则"的规定。这就不得不涉及一个这样的问题：法律为什么要规定"基本原则"呢？对此问题，在我国许多学者的著作或者教科书中都无数次地论证了充分的理由[1]，但我在这里要说的是一个比较法上的奇怪现象：像德国等大陆法系国家的民法典一般都没有专门的"基本原则"的规定，甚至像我们常常挂在嘴边的"诚实信用原则"也不是《德国民法典》总则中规定的，而是在《德国民法典》"债编"第 242 条作为债务履行的要求规定的，但他们的司法实践中使用诚实信用原则的案例却非常多；而我们几乎每一部法律都规定了基本原则，学者的论述也是汗牛充栋，但司法实践中使用的却非常少。这种对比说明了什么？这恐怕与我们的立法技术有关：我们将基本原则规定于"规范之外"，使其失去了规范的作用，而是在规范之上的"神坛"。所以，法官一般不用，也不知道如何用。因此，我们在未来的民法典中的基本原则，不能再像花瓶一样作摆设，而是应当规定在法律无具体规定时，如何从中推演出规范以能够适用于具体案件，即授权法官利用基本原则"造法"，发挥基本原则的功能——填补法律漏洞。

三、民法基本原则的性质及界定

（一）民法基本原则的性质

　　民法基本原则具有强制性特征，是民法的强行性规定。所谓强行性规定，是指不能由当事人自由选择而必须无条件地遵循的规定。强行性规定体现了社会的根本价值，对这些价值的不尊重或者破坏，将危害该社会赖以存在的根基。民法基本原则的强行性特征，来自其负载价值的根本性。而任意性法律规定的当事人自由选择的特征，来自其负载价值的非根本性，当事人是否遵守，不影响社会根本价值的维护。[2]在民法或者民法典中，民法基本原则从表面上看，也是通过条文的方式表现出来，那么，民法基本原则是不是法律规范、有没有规范的特征？

　　法律规范是对一个事实状态赋予一种确定的具体法律后果的规定。[3]法律规范由行为规范与裁判规范组成，如果法律规范要求受约束的人以规范的价值取向作为或者不作为，则为行为规范；反之，如果规范的目的在于要求裁判法律争端的人或者机关以规范为标准进行裁判，则为裁判规范。[4]民法虽然兼有行为规范与裁判规范的双重特征，但民法主要是由行为规范所构成的。因为，行为规范的目的在于通过权利义务的明确规定，诱导人们实施正常行为，而裁判规范的目的仅仅在于确定风险的归属和分配。民法以意思自治为基本理念，故行为规范必然占有决定性地位。当然，从逻辑上说，行为规范必为裁判规范，因为，如果行为规范不同时为裁判规范，则行为规范所预示的法律效果就不能在裁判中被贯彻，从而也就失去了诱导人们进行正常行为而非反常行为的作用。但裁判规范却不同时为行为规范，因为它的存在仅仅是法律对风险的分配方式，属于衡平性规定，例如，以无过失责任为归责原则建立起来的法律规范，仅仅在于分配责任或者事故的风险，而不在于

---

[1]　在这里，我不想再重复和啰嗦这些理由，实在是很充分。
[2]　徐国栋：《民法基本原则解释——成文法局限性之克服》，中国政法大学出版社 1992 年版，第 38 页。
[3]　徐国栋：《民法基本原则解释——成文法局限性之克服》，中国政法大学出版社 1992 年版，第 41 页。
[4]　黄茂荣：《法学方法与现代民法》，中国政法大学出版社 2001 年版，第 110～111 页。

通过责任的宣示激励人们的作为或者不作为。任何一个法律规范都由两个部分构成：①首先将一个通过抽象的方式加以一般地描写的"法律事实"规定为构成要件；②再以同样抽象的方式加以一般地描写法律效果，将该法律效果归属于该抽象的事实。[1]其意义是：当现实生活中的具体案件事实符合法律规范中所规定的抽象构成要件（即抽象的事实）时，规范中的抽象法律效果就会发生在具体案件中。民法的基本原则显然不具有这样的特征，因而不是一般的民法规范。

民法基本原则既然不是民法规范，那么，其强制性或者说其填补法律漏洞的功能是如何发挥出来的呢？徐国栋教授这样指出，民法基本原则的法律强制性是通过下列途径实现的：民法规范将民法基本原则的一般要求具体化并将之与一定的法律效果相联系，从而间接地实现民法基本原则的法律强制性。在民法基本原则的基本要求无相应的民法规范加以具体规定时，民法基本原则以抽象的强制性补充规定的形式内在地转化为民事法律关系的默示条款，由法官行使自由裁量权，根据立法的一般精神具体化为具体的补充规定，并选择相应的制裁或者奖励措施，以实现民法基本原则的法律强制性。因此，一定情况下，民法基本原则保证手段[2]的阙如，恰恰是它具有授予法官自由裁量之功能的明证。[3]我们可以这样来理解民法基本原则的强制性功能：民法基本原则本身不是法律规范，但是，它通过对法官的授权（即法官具有自由裁量权）来行使"立法权"，将民法基本原则的基本精神转化为规范来具体确定权利义务。上面提到的，民法基本原则填补法律漏洞的作用，也是通过这种方式实现的。

（二）民法的基本原则的界定

关于什么是民法的基本原则，学者间多有争议。狄骥在分析了《法国民法典》之后认为，除家族法之外，仅有契约自由、（私人）权利不可侵犯及过失责任这三项为民法的基本原则。[4]而在我国，学者之间关于民法基本原则和具体原则范围的理解存在较大区别。徐国栋教授对造成这种局面的原因进行分析后认为，我国民法基本原则理论具有方法论上的欠缺，因为：①民法基本原则理论之论者从未从历史的角度建立自己的民法基本原则理论；②我国的民法基本原则理论研究与法哲学研究过于隔绝，未能很好地吸收中外法哲学研究的成果发展自己；③我国民法基本原则研究与域外的相应理论研究缺乏沟通；④没有将民法基本原则放进它与其他民法构成成分（如民法概念、民法规范等）的关系中加以研究，探求民法基本原则对其他民法成分的制约作用，而将民法基本原则作为相对孤立的研究客体加以看待，研究方法缺乏整体性。他认为，民法基本原则应当具备两个基本属性：一是其内容的根本性；二是其效力的贯彻始终性。[5]

我们认为，民法的基本原则既然是民法基本精神和内在价值的体现与彰显，就应当从民法的精神来确定何为民法的基本原则。应该说，大陆法系国家自罗马法以来，一代又一代的民法学者潜心研究民法，不仅研究其外部结构，也研究其内在的精神、价值与理性，就如美国学者艾伦所言，在大陆法系，特别是在法典化以前，法条大多出自法学家之手。

〔1〕　黄茂荣：《法学方法与现代民法》，中国政法大学出版社 2001 年版，第 113 页。

〔2〕　徐国栋教授在此处所说的"保证"，实际上是我们上面提到的民法规范中的抽象的法律效果，用徐国栋教授
　　　　自己的话来说，是指"立法者对法律关系主体行为选择的裁决和处理"。

〔3〕　徐国栋：《民法基本原则解释——成文法局限性之克服》，中国政法大学出版社 1992 年版，第 42～43 页。

〔4〕　转引自徐国栋：《民法基本原则解释——成文法局限性之克服》，中国政法大学出版社 1992 年版，第 45 页。

〔5〕　徐国栋：《民法基本原则解释——成文法局限性之克服》，中国政法大学出版社 1992 年版，第 4～6、9 页。

身居学府的教授们，比那些法官与律师，更可能对法律的体系性的、哲学的、结构的方面发生兴趣。[1]而在这种研究中，自然法理论对民法产生了深远的影响。自然法是众所周知的人文运动，人们把自然法称为"理性的法律"，理性的思潮对民法的发展起着巨大的推动作用，而人文主义则从实质上影响着大陆法系的法律传统与精神。正是这样一种影响，使大陆法系国家对民法的内在精神和价值产生了较为稳定的一致性，他们公认"所有权绝对、契约自由、过错责任"是民法的基本原则。而在我国没有这样的历史和传统，故学者对我国民法基本原则的研究也就只能参照《民法总则》而定。从我国《民法总则》第3~7条的规定看，笔者认为，民法的基本原则应当有：意思自治原则、私权神圣原则、身份平等原则、诚实信用原则。除此之外，我认为，权利本位也是民法的基本原则。

■第二节 意思自治原则

一、意思自治原则的基本含义

意思自治是指民事主体可以按照自己的判断设定自己的权利义务，法律尊重这种选择。我国《民法总则》第5条就规定了这一原则："民事主体从事民事活动，应当遵循自愿原则，按照自己的意思设立、变更、终止民事法律关系。"德国学者海因·科茨等指出："私法最重要的特点莫过于个人自治或其自我发展的权利。契约自由为一般行为自由的组成部分……是一种灵活的工具，它不断进行自我调节，以适应新的目标。它也是自由经济不可或缺的一个特征。它使私人企业成为可能，并鼓励人们负责任地建立经济关系。因此，契约自由在整个私法领域具有重要的核心作用。"[2]按照意思自治的理论，人的意志可以依其自身的法则去创设自己的权利义务，当事人的意志不仅是权利义务的渊源，而且是其发生的根据。[3]

二、意思自治原则的适用领域

意思自治原则在整个以意思为核心的法律行为支配的私法领域内，均普遍适用。在民法上，意思自治原则的作用领域主要是契约、婚姻与遗嘱。相应地，意思自治在这三个领域中分别被称为契约自由、婚姻自由与遗嘱自由。

三、意思自治原则在民法上的作用与意义

意思自治原则在民法上的作用与意义主要体现在：

1. 既然在契约、婚姻与遗嘱中，权利义务的发生根据是当事人的真实意思，那么，如果意思上具有瑕疵，法律就应当给予救济。例如，在合同法上，如果合同的签订是因一方的重大误解、被欺诈或者胁迫而为时，则受害人可以要求撤销。[4]也就是说，法律要保护当事人的真实意思，从而实现真正的意思自治。如果完全没有意思，如被人强行拉手按手印或者签字，就不能成立合同。

2. 在格式合同中，因相互磋商被否定，我国《合同法》第41条规定："……格式条款和非格式条款不一致的，应当采用非格式条款。"因为可以推定，非格式条款是经过双方协商的。

---

〔1〕 ［美］艾伦·沃森：《民法法系的演变及形成》，李静冰、姚新华译，中国政法大学出版社1997年版，第121页。

〔2〕 ［德］罗伯特·霍恩等：《德国民商法导论》，楚建译，中国大百科全书出版社1996年版，第90页。

〔3〕 尹田编著：《法国现代合同法》，法律出版社1995年版，第13页。

〔4〕 当然，婚姻不得因重大误解而主张撤销，这是各国的通例。

四、意思自治原则的规制

由于许多因素的影响，特别是民法中的主体地位的差异，使得民法上的意思自治在形式上与实质上脱节，民法不得不采取措施予以规制。这些规制的领域主要是劳动法、消费法领域等。例如，在劳动法上，劳动合同中的保护劳动者的强制性条款就是著例。

■第三节　私有财产权神圣原则

一、私有财产权神圣的含义

私有财产权神圣是指私人财产是当然和自然的权利，权利人对于财产具有排他性和专断性权利，任何人不得侵犯。应该说，我国《民法总则》第3条就规定了这一原则："民事主体的人身权利、财产权利以及其他合法权益受法律保护，任何组织或者个人不得侵犯。"

在现代社会中，私人财产之所以受到人们的普遍关注与理论说明，主要是基于两方面的原因：①财产权是个人人格与自由发展的基础与保障，没有财产权，个人的自由与人格完整将无从实现；②私人财产权是对抗国家权力的工具，只有对个人支配的财产赋予排除一切人（包括国家权力）的干预，人的自由意志才有一个安全的空间，就如康德所言，确认财产权是划定一个保护我们免于受压迫的私人领域的第一步。[1]

私有财产神圣，最典型地体现在私有权制度中。在迄今为止的民法典中，最完整表述这一思想的，当数《法国民法典》。《法国民法典》第544条规定："所有权是对物绝对的无限制的使用、收益和处分的权利，但法律所禁止的使用不在此限。"法国学者卡伯涅在注释该条时指出，《法国民法典》与它的自由主义和个人主义意识相适应，致力于树立这样一种原则：所有人对其所有权的行使不受来自任何方面的限制，不受其他人所有权的限制，甚至也不受国家的限制。[2]

二、私人财产权神圣的意义

财产权是人格权发展的基础，是人格的物化。私权神圣不是要降低公权的地位，而是把私权上升到应有的位置。在社会中，恰恰是私人的权利需要特别的保护。因为个人是社会的弱者，往往易受到国家权力和他人的侵犯，所以需要特别的保护。特别是在我国注重团体主义的情况下，尤其具有意义。

■第四节　权利本位原则

一、权利本位的含义及质疑理论

民法以权利为核心，民法体系是以权利为基础而构建的，其实质就是权利体系。假如从民法中把权利概念抽掉，整个体系将顷刻坍塌。这一现象，学者称为"权利本位"。[3]

对于权利本位的原则，存在许多质疑甚至是反对的理论。应该说，"权利本位"原则是主观权利的直接体现，即承认权利源于人性本身，承认权利相对于法律的独立性及优势地

---

[1] 转引自［美］路易斯·亨金著、阿尔伯特·J.罗森塔尔编：《宪政与权利：美国宪法的域外影响》，郑戈等译，生活·读书·新知三联书店1996年版，第154页。

[2] ［美］詹姆斯·高德利："法国民法典的奥秘"，张晓军译，载梁慧星主编：《民商法论丛》（第5卷），法律出版社1996年版，第557页。

[3] 张俊浩主编：《民法学原理》（上册），中国政法大学出版社2000年版，第41页。

位。权利不是法律赋予的，而是受法律保护的。洛克与卢梭等人的理论是权利本位的奠基性理论，即人们以契约的形式建立国家并制定法律的目的就是保护自己在自然状态（前国家状态）下所拥有的自然权利。

但客观主义者却不以为然，他们认为权利只是法律规则的个体效果，权利是法律规定的副产品。例如，狄骥就认为，在法律领域中唯一能够为人们所观察到的事实是客观规则。这些规则运用于个体时，决定着他们的状态，所以个体仅仅是根据规则而被定了位。因此，没有权利，只有状态。凯尔森站在纯粹法学的角度认为，权利只是规范的客观效果，并非法律目的本身。[1]

但是，从大陆法系的民法典的构造看，其采取主观权利的观点，承认权利本位的基本原则。但包括德国民法典在内的许多民法典都承认其法典是实证主义的，[2]即实际运行中的民法上的权利是狄骥与凯尔森式的实证主义的。

二、权利本位的实质

权利本位实质体现了法律对于人的关怀，为了保证人永远是主体而不至于沦为客体，民法规定了一系列具体制度加以保障，其具体体现在以下几个方面：

1. 法律规定了人格权。人被赋予法律人格与事实人格，以区别于客体。人的法律人格是其权利能力，法律通过对人的权利能力（即权利义务的归属资格）的赋予，保障人永远具有主体地位，而这种抽象的资格直接与肉身相联系。就如德国学者萨维尼所言："每种由于精神上的自由而存在的权利是每个生物学意义上的人所固有的。因此，原来的Persona[3]的概念或者权利主体的概念应与生物学意义上的概念一致，而这两个概念原来的同一性可以用如下的套语来表达：每个生物学意义上的人，仅仅是生物学意义上的人，都能取得权利能力。"[4]萨维尼的这一思想在今天各个文明国家的民法上均已实现，即人的主体资格始于出生、终于死亡，而且在人的自然生命存续期间，权利能力这一主体地位的基础与标志，不得转让或者抛弃。人的事实人格是指人之所以为人，其所需要的主体性要素，[5]这种主体性要素也只有具有生命存在的人才能享有。法律为了保证人的主体性要素的完全性，将事实人格权视为开放性权利，[6]以使人能够拥有最大的自我发展的空间。

2. 法律规定了债权。债权是典型的特定人与特定人之间的权利义务关系。因这种关系涉及对人格的尊重，故民法理论与立法将这种关系规定为请求权关系，以体现对人格的尊重。在债权关系中，意思自治与过错责任是基本原则，反映了民法对人的尊重与关怀。同时，民法将债权的类型规定为开放性的权利，就是为人的意志留下自由的空间。例如，在合同法上，合同的类型与内容均是任意与开放性的。合同法上的绝大部分规范并没有体现

〔1〕　[法]雅克·盖斯旦、吉勒·古博：《法国民法总论》，陈鹏等译，法律出版社2004年版，第124~125页。

〔2〕　[德]霍尔斯特·海因里希·雅科布斯：《十九世纪德国民法科学与立法》，王娜译，法律出版社2003年版，第3~17页。

〔3〕　Persona原是唱戏用的面具，人们戴上它就意味着进入了某种需要主体资格的场景，意指法律主体。在罗马法上，表示人的术语有三个：Homo、Caput和Persona。Homo是指生物学意义上的人，不论是主人还是奴隶，均可用Homo表示。但并非所有的生物学意义上的人（Homo）都是Persona（具有法律主体资格）。

〔4〕　徐国栋："两种民法典起草思路：新人文主义对物文主义"，载梁慧星主编：《民商法论丛》（总第21卷），金桥文化出版有限公司2001年版，第35页。

〔5〕　张俊浩主编：《民法学原理》（上册），中国政法大学出版社2000年版，第10页。

〔6〕　反观我国《民法通则》中关于人格权的列举性规定，恰恰忽略了人格权的开放性特征，在实践中已经限制了人格的发展和保护。我国《民法总则》和民法典草案中，已经明确规定了人格权的开放性。

国家强行推行某种价值的意志，当事人可以适用，也可以用约定的方式排除适用。这些都体现了民法对私人利益自决权的尊重。为保证人的自治的可能性、现实性和安全性，民法特别规定了"行为能力"作为自治的基础性前提，即一个人能够通过独立的行为（意志）来实现其权利义务的创设。

3. 法律规定了物权，即通过人对物的自由支配来体现人与人的关系。从外在的形式看，似乎物权仅仅体现了人对物的绝对支配权，似乎在物权法律关系中，人文主义被淹没在"物文主义"中了。但实际上并非如此。德国学者哈丁在其《人与物之间存在法律关系吗？》一文中指出，如果一项法律关系不与另一个人发生关系，那么此种法律关系就没有意义。因此，应将物权理解为"一个人相对于其他人的决定权能"。[1]拉伦茨将所有权与法律关系等同使用，即法律制度赋予特定人的一种可能性、一种自由空间，所有其他人都不得对此加以干涉。[2]这种观点与康德的理论一脉相承。但是必须看到，在物权法中，强行性规范比债权法要多。在物权法中，实行物权法定主义原则，即物权的种类、内容与变动方式由法律规定而不允许当事人任意创设。如何解释这种现象与人文关怀的关系？笔者认为，物权与债权不同，物权是通过对物的直接支配来划定人与人之间的自由意志空间，从而建立人与人之间的消极权利义务关系，故为保护消极义务人的安全与利益，必须把权利人所能够支配的物的范围与方式明确规定，并以公示方式（交付或者登记）公之于众，避免他人遭受不测的打击。这恰恰也是对人的关怀。

总之，民法之权利法的性质，体现为它对人的自由发展创造了空间，也为具有超然权力的国家对个人的侵害设定了藩篱。同时，权利本位与市民社会的思想是一致的。市民社会是以个人为基本元点的，这是其区别于公法的特点之一。市民在交易过程中，就要求平等与自愿。也就是说，要让一方当事人尽义务，就必然要让他知道权利是什么，以作出是否交易的判断。

■ 第五节　民事主体地位平等

一、民事主体地位平等的概念

我们在不同的语境下使用"平等"这一概念。在民法上，主体地位平等主要是指法律地位平等，用民法专门的术语表达，就是"权利能力一律平等"。权利能力是指取得权利（或者承担义务，因民法以权利为本位，故称权利能力）的法律资格（抽象资格）。权利能力平等既体现在积极意义上的平等，即取得权利的资格平等，也表现在消极意义上的平等，即当权利被侵害时要受到法律的平等保护。我国《民法总则》第4条规定："民事主体在民事活动中的法律地位一律平等。"

二、主体地位平等的威胁

民法虽然规定和宣称民事主体地位平等，但是，当法人这种团体主义产物出现后，民事主体地位平等开始面临真正的威胁，这种威胁的根源是法人的垄断地位。法人的垄断地位主要表现为法律上的垄断与事实上的垄断。

所谓法律上的垄断，是指当事人根据法律的规定而对某些特殊行业或者领域拥有的独占经营权。例如，铁路、通讯、邮电、电力等的垄断经营权。由于法律的规定，使得其他

---

〔1〕　转引自［德］迪特尔·梅迪库斯：《德国民法总论》，邵建东译，法律出版社2000年版，第51页。
〔2〕　转引自［德］迪特尔·梅迪库斯：《德国民法总论》，邵建东译，法律出版社2000年版，第51页。

第二章

主体无法介入该领域的经营，从而使法律许可的主体取得了经营的垄断权。所谓事实上的垄断，是指当事人经济上的强大优势，使其在该行业或该领域中形成了事实上的垄断经营权。例如，汽车制造业、航海业等，由于其占有的资金巨大，使得许多人对该领域的经营不敢问津，而使少数经济实力强大的财团控制了该行业，从而形成了事实上的垄断。

在法律上或者事实上具有垄断地位的法人，利用自己的优势地位，常常以格式合同的方式将自己的意志强加于消费者。在交易领域，似乎只有法人的自由而没有自然人的自由，这与民法的基本价值相反。从民法的基本精神上看，自然人应当是民法的目的，而现在法人凌驾于自然人之上，是为价值错位。所以，必须纠正这种情况。也正是基于这一原因，包括我国合同法在内的许多国家的民法都对法人与自然人的地位不平等导致的严重不公平规定了纠正措施，最明显的手段是对格式合同的规制和对消费者权利的特别保护。

三、主体地位平等在民法上的意义

主体地位平等是意思自治的前提和基础，如果没有主体的平等，意思自治也就无从谈起，也就会导致以意思自治为核心的所有法律行为制度的消灭。同时，民法以市民社会为基础和生存土壤，而地位平等是市民社会的根本所在。没有了地位平等，也就从根本上消灭了民法。

民法的所有规范都是建立在主体平等的基础之上的，而现在民法中出现的问题，大多是因主体之间的实际地位发生了重大的不平等而导致的，如格式合同等。因此，如何协调民法的形式平等与实质平等成为民法的重大问题。

■第六节　诚实信用原则

一、对诚实信用原则之含义的界定

我国《民法总则》第7条规定了诚实信用原则："民事主体从事民事活动，应当遵循诚信原则，秉持诚实，恪守承诺。"但何为诚实信用？学者一致认为，给诚实信用原则下一个确切的定义几乎是不可能的，有的学者甚至直截了当地说，在现代法学家看来，"诚实信用"这个概念是与生俱来地无法被定义的。有些德国学者曾经告诫我们，不要指望找到一条清晰的规则。[1]因此，迄今为止，没有一个被普遍接受或者认同的关于诚实信用的概念。造成这种结果的原因大致是：①诚实信用原则本身是一个含有很强的道德性因素的概念，是一个随着时代变化而变化的概念；②诚实信用原则并非概念法学体系中的抽象性概念，而是来源于社会道德、生活中的一个"活"的变化的概念。更重要的是，诚实信用原则的出现并得到普遍的适用，恰恰是自罗马法开始的严格的法律诉讼及后来概念法学所导致的结果。

我们大致可以归纳（而不是定义）"诚实信用"的含义：①要求当事人言而有信，遵守已经达成的协议，保护对方的合理期待；②善意并尽合理的告知义务与披露义务；③任何一方不得以不合理的方式致使另一方的不利益；④诚实信用可以以公平合理的方式调整当事人之间的不合理与不公平的权利义务。

但是，应当特别指出的是，诚实信用原则仅仅可以列举其含义，却不能穷尽。这也正是其开放与发展的空间。

---

[1]　[美]詹姆斯·高德利："中世纪共同法中合同法上的诚信原则"，载[德]莱因哈德·齐默曼、[英]西蒙·惠特克主编：《欧洲合同法中的诚信原则》，丁广宇等译，法律出版社2005年版，第96页。

二、诚实信用原则在民法上的功能

1. 是当事人行使权利、履行义务及法官裁判的依据。民事主体在行使权利、履行义务时，应当兼顾对方当事人的利益和社会的一般利益，在不损害他人利益和社会公共利益的前提下，追求自己的利益。民法上的许多附随性义务（默示义务），均来自诚实信用原则。

2. 是法官解释合同、遗嘱等法律行为，进而调整当事人之间以及当事人与社会之间利益冲突的原则和依据。从这一意义上说，它是法官手中的衡平武器。

3. 是法官解释法律、填补法律漏洞的原则与依据。法律规定为抽象规定，在将法律规定运用到具体案件时，不仅要将客观事实予以解释，也要对法律进行解释。而对法律进行解释的一个重要依据和原则就是诚实信用原则。除此之外，在法律出现漏洞时，应当根据诚实信用原则进行补充。许多国家的民法典虽然历经多年而仍然具有生命力，除了修改之外，一个主要的手段就是法官依据诚实信用原则进行补充。

三、对于诚实信用原则的评价

诚实信用原则在民法体系中的巨大作用，使人产生了这样的疑问：它究竟是"天使"还是"魔鬼"？

从历史考察可以看出，诚实信用原则是作为对形式主义的纠偏而发展起来的；而在大陆法系，则是作为对以概念法学建立起来的抽象的法律体系的平衡器，是形式正义与实质正义的平衡器。诚实信用原则一方面可以避免因形式逻辑而导致民法滑向"恶法"的倾向，使民法之正义与善良之剑永远发光。从这一方面说，它是"天使"，从而被称为"帝王规则"。但是，另一方面，诚实信用原则也在无情地动摇着法律的基础，影响法律的稳定性和可预测性，"以最恶毒的方式吞噬着我们的法律文化"，[1]因而，它是"魔鬼"。

这种疑问恰恰说明了诚实信用原则的重要性和危险性。它是一把"双刃剑"，如果运用得当，它能够很好地平衡当事人的权利义务，纠正概念法学的偏差，避免恶法的出现；如果诚实信用原则被法官滥用，就会成为破坏法律的利器，真的成为"魔鬼"。在我国民事立法及司法实践中，这个矛盾一直困扰着我们：一方面，我们确实需要诚实信用原则的调和；另一方面，也害怕法官滥用这一原则。

---

〔1〕　〔德〕莱因哈德·齐默曼、〔英〕西蒙·惠特克主编：《欧洲合同法中的诚信原则》，丁广宇等译，法律出版社 2005 年版，第 14 页。

民事权利通论

■第一节　民事权利概述

一、民事权利的概念及意义

民事权利是权利的下位概念，是指权利主体以实现其正当利益为目的而自由行使意志的范围。

民事权利的意义在于：

1. 权利是私法秩序维持的手段。德国学者指出，要使某人负有的义务在私法上得到实现，最有效的手段就是赋予另一个人一项对应的权利。否则，义务就难以实现。澳大利亚法学家斯托尔雅（Stoljiar）就指出："义务的核心意义在于，它是作为权利的相关物发挥作用的，义务的承担者不仅被告知他必须做某事，而且被告知他理应去做某事，它之所以受约束，是因为如果他规避义务，所受到的不是他自己善良动机的挑战，而是另一个人的挑战，因为那个人拥有权利。"[1]例如，许多破坏环境的行为就是因为没有赋予对方私法上的权利而变得猖獗。[2]

2. 权利是个人人格发展的自由空间。权利为人的自由意志划定了范围，也就为个人人格的发展提供了可能的空间。

二、权利的对应物——义务

（一）义务的意义

义务是权利的对应物，一方权利的实现是依靠另一方义务的履行。例如，澳大利亚法学家斯托尔雅就指出："权利关涉利益，而义务则表示为保障这些利益所必需的作为或者不作为。权利暗示一个人的请求或者申诉，义务则规定了义务者必须避免的行为。权利规定了自由的范围，而义务则规定了一个人应当应答或者负责的行为。简言之，权利系于利益，而义务则系于与利益相应的负担。"[3]义务的意义在于保障权利的实现，所以，义务的内容就表现为不利益，不履行就有责任科定。

（二）义务的分类

1. 作为的义务与不作为的义务。有的义务要求义务人以积极的行为来履行才能满足债权人的利益，例如，买卖合同之债中，债务人交付标的物的义务就是积极行为。有的义务仅仅要求债务人消极的不行为就能够满足权利人的利益，例如，对所有权人的权利不侵犯的义务。绝大多数义务都是作为的义务。

2. 真正义务与不真正义务。真正的义务是关涉他人利益的义务，即义务的不履行损害

---

〔1〕　转引自张文显：《法哲学范畴研究》，中国政法大学出版社2001年版，第336页。

〔2〕　［德］迪特尔·梅迪库斯：《德国民法总论》，邵建东译，法律出版社2000年版，第65页。

〔3〕　S. J. Stoljiar, *An Analysis of law*, The Macmillan Press Ltd. , 1984, p. 46.

的是他人的利益。不真正的义务是指义务人自己照顾自己的义务，例如，在损害发生时，如果受害人不采取积极措施防止损害扩大的，就扩大部分不得要求赔偿。《合同法》第119条第1款规定："当事人一方违约后，对方应当采取适当措施防止损失的扩大；没有采取适当措施致使损失扩大的，不得就扩大的损失要求赔偿。"这种对损失扩大的防止义务，对于非违约方来说，就是自己照顾自己利益的义务。

■第二节　民事权利的分类

一、绝对权与相对权

这是以权利所及的人的范围为标准进行的划分。

（一）绝对权

如果一项权利相对于所有的人产生效力，即可以对抗所有人的权利，其就是绝对权。典型的绝对权是所有权，任何人都不得侵犯这种权利，否则就要负赔偿责任。

（二）相对权

如果一项权利仅仅对某个特定的人产生效力，这种权利就是相对权。德国学者施瓦布指出，相对权存在于特定的人与人的关系之中。[1]债权是典型的相对权，如果 A 对 B 享有债权，则这种权利仅仅能够对 B 产生效力，A 不能要求 B 之外的人履行债务。

（三）说明

1. 这种区分的意义在于从学理上掌握权利的性质和适用的规则。绝对权与相对权的划分是民法权利的基本分类，德国学者认为，具有根本意义的划分是把权利分为绝对权与相对权。[2]这种划分始于罗马法，在今天大陆法系国家的民事立法或者学理上仍然具有说明意义。例如，绝对权与相对权的法律规则不同：①如果第三人对债权的标的物进行侵犯，则原则上不受法律保护。[3]即只有对绝对权的侵犯在民法体系上才作为侵权处理，而对相对权的侵犯不作为侵权处理。②正是因为对相对权的侵犯不作为侵权行为处理，而对绝对权的侵犯作为侵权行为处理，所以，债权的变动不需要公示，而绝对权的变动需要以交付或者登记来公示。

2. 相对权例外地具有绝对权的特点，主要的例外表现在：

（1）债权的不可侵犯性。债权的不可侵犯性无论是在大陆法系国家，还是英美法系国家，都只是作为相对性的例外。

在英美法系，对债权的不可侵性理论有重大贡献及对合同权利义务相对性原则具有革命性意义的突破的是1853年发生在英国的拉姆利诉吉厄（*Lumley v. Gye*）一案。在该案中，一个戏院的老板拉姆利（Lumley）与歌星维戈（Wager）签订契约，约定由维戈在其戏院独台演出3个月。就在合同履行前，另一戏院的老板吉厄（Gye）以高薪将维戈拉走，从而使维戈违反其与拉姆利的演出合同。后来，虽然拉姆利获得了法院颁发的禁止令，但维戈无意履行原来的契约。于是，拉姆利就向法院提起诉讼，要求吉厄赔偿损失。上诉法院判决拉姆利胜诉。[4]拉姆利诉吉厄一案的积极意义在于：它突破了合同相对性原则的约束，并

---

〔1〕　[德] 迪特尔·施瓦布：《民法导论》，郑冲译，法律出版社2006年版，第138页。

〔2〕　[德] 迪特尔·施瓦布：《民法导论》，郑冲译，法律出版社2006年版，第138页。

〔3〕　[德] 迪特尔·梅迪库斯：《德国民法总论》，邵建东译，法律出版社2000年版，第59页。

〔4〕　[英] 丹宁：《法律的训诫》，杨百揆、刘庸安、丁健译，法律出版社1985年版，第152页。

将具有身份关系的主仆引诱之诉扩张适用于非主仆关系的待履行合同，从而为将侵害债权的第三人之行为确定为独立的侵权行为类型奠定了基础。

我们认为，应当在一定范围内承认债权不可侵犯性的合理存在。因为，传统民法之所以不承认债权具有不可侵犯性，是因为在严格区分债权与物权的民法体系中，物权有公示方式，第三人能够知道权利的存在，所以即使承担侵权责任，也不是不测的打击。而债权没有公示方式，第三人难以知道债权的存在，所以，即使其真正侵犯了债权而让其承担侵权责任，也是对他的不测打击。然而，如果一个人明明知道他人的权利存在而仍然去侵犯，则让其承担侵犯债权的责任也具有合理性。但是，债权的这种不可侵犯性只是作为一种例外而存在，决不是体系化的法律的逻辑必然。

（2）买卖不破租赁，承租人有权以债权对抗任何人。例如，我国《合同法》第229条规定："租赁物在租赁期间发生所有权变动的，不影响租赁合同的效力。"有人说这是相对权与绝对权的混合形式。

二、支配权、请求权、形成权、抗辩权

这是以权利的作用与功能对权利所进行的划分。

（一）支配权

支配权是指排除他人干涉而权利人仅凭自己的意志对标的物进行处分的权利。这种权利的利益实现不需要他人的积极协助。例如，所有权人对所有物的支配为支配权。

（二）请求权

请求权是要求他人作为或者不作为的权利。至于要求什么样的作为与不作为，则由法律行为或者法律予以具体规定。[1] 例如，债权人请求债务人履行债务的权利为债权请求权。

（三）形成权

形成权是仅凭当事人一方的意志就能够使权利形成、变更或者消灭的权利。例如，抵销权、追认权等为形成权。

（四）抗辩权

抗辩权是阻止请求权的权利，也就是说，义务人对权利人提出的权利请求可以予以有理由的拒绝，以阻止权利人实现权利。例如，诉讼时效超过的抗辩为抗辩权。

三、财产权、人身权[2]、知识产权和社员权

这是以权利的内容为标准所作的分类。

（一）财产权

财产权是以财产为客体的权利。其特点是：

1. 权利直接体现经济价值。

2. 权利可以转移。

（二）人身权

人身权是以人身利益为标的的权利。其特点是：

1. 权利不直接体现为经济利益，但受到侵犯时，可以请求经济补偿。

2. 权利不可转移。

---

〔1〕 ［德］迪特尔·施瓦布：《民法导论》，郑冲译，法律出版社2006年版，第146页。

〔2〕 有的学者不赞成用"人身权"这一概念，主张使用"人格权"与"亲属权"替代之。参见谢怀栻："论民事权利体系"，载《法学研究》1996年第2期。

（三）知识产权

知识产权是以智力成果为标的的权利。

（四）社员权

社员权是指社团中的成员依据其在社团中的地位而对该社团产生的权利。社员权的主体是社员，其相对人是社团。社员权与上面的权利不同，它不是个人法上的权利，而是团体法上的权利。

社员权具有以下特点：①社员权以社员资格（地位）为发生基础，始终伴随着这种资格。近代私法上的团体主要是依社员自己的意思组成的社团，所以，社员权的发生归根到底决定于个人的意思。从这一点上说，社员权仍然属于私权。②社团与社员在一定情形下并不是平等的，社员要受团体意思（决议）的拘束。③社员权是一个复合权利，包括多种权利，其中有经济性质的，也有非经济性质的。④社员权具有专属性，只能随着社员资格的转移而转移，一般不能继承。

在我国目前的社员权中，股东权是主要的。在其他社团中，社员权还不为人们所重视。不过随着社团的增多，特别是各种俱乐部的设立，社员权将会日益得到人们的认识，受到人们的尊重。[1]

四、专属权与非专属权

这是以民事权利是否可以与其主体相分离为标准而作的分类。

（一）专属权

专属权是指只能由其主体享有或者行使的权利，例如，人身权是典型的专属权。专属权又分为享有上的专属权与行使上的专属权。享有上的专属权是指专属于特定人享有、不可与权利人分离、不得转让于他人的权利。人身权是享有上的专属权，既不能让与，也不能继承。行使上的专属权是指权利是否行使只能由权利人决定，他人不得代理的权利，例如，结婚、离婚权等属于此类权利。[2]

（二）非专属权

非专属权是指非专为特定人设立的、可以与权利主体分离、可以转让、可以继承的权利。民法上的大多数财产权属于非专属权。

专属权与非专属权的区分在民法上具有重大意义：①区分专属权与非专属权可以明确什么权利可以作为交易的标的，专属权因与主体不能分离，所以不能作为交易的标的，权利人也不能任意处分。②在强制执行中，专属权不能作为强制执行的对象。

五、主权利与从权利

这是以在权利的相互关系中是否能够独立存在为标准进行的分类。

（一）主权利

主权利是指在几个相互关联的权利中不依赖于其他权利的存在而独立存在的权利。

（二）从权利

从权利是指在几个相互关联的权利中，以他权利的存在为存在基础，或者若没有其他权利的存在，其存在就没有意义的权利。例如，在抵押权与债权的关系中，债权为主权利，而抵押权则为从权利，因为如果没有债权的存在，抵押权的存在就没有任何意义。

从民法的意义上看，一般的原则是"对主权利的处分及于从权利"，例如，随着主债权

---

〔1〕　谢怀栻："论民事权利体系"，载《法学研究》1996 年第 2 期。

〔2〕　张俊浩主编：《民法学原理》（上册），中国政法大学出版社 2000 年版，第 77 页。

的转移，抵押权也随之转移。但是，法律有例外规定或者当事人有相反约定的，不在此限。

六、原权利和救济权

这是以权利为原生或者派生为标准对权利所作的分类。有的人将原权利称为第一性权利，而将救济权利称为第二性权利。

（一）原权利

原权利即为原生权利，是指主体享有的并受法律保护的本权利，例如，人身权、所有权等均为原权利。

（二）救济权

救济权是指在原权利受到侵害时产生的法律救援性权利。例如，人身权受到侵害时，请求侵害人进行赔偿的权利即为救济权。

从某种意义上说，原权利与救济权利也是主权利与从权利的关系。如果没有原权利，救济权利也就没有任何意义，救济权利是为了保护原权利而存在的。如果法律在赋予权利主体以原权利的同时不赋予救济权，那么其原权利就没有保障。

从民法意义上看，区分原权利与救济权利具有实际意义。例如，原权利消灭而救济权也消灭；有时原权利不得放弃，但救济权利可以放弃。又如，人身权不能放弃，但人身权受到侵害而发生的救济权利可以放弃。

■第三节　请求权体系

一、请求权与债权的关系

债权与请求权究竟是什么关系？德国学者认为，在《德国民法典》上，请求权规定在总则中，而债权规定在分则中，所以，似乎请求权比债权更具有一般性，例如，因占有产生的返还请求权、扶养请求权、遗产请求权等。但是，《德国民法典》第194条规定的请求权是这样的："要求他人作为或者不作为的请求权，因时效而消灭。"而该法第241条规定的债权的效力是："债权人基于债的关系，有权向债务人要求给付。给付也可以是不作为。"所以，德国学者普遍认为，在请求权与债权之间不存在实质上的差别，故对债权的规定准用于请求权。而旨在恢复受损害的物权的物上请求权，不得以让与的方式与其物上的基本权相分离，故对债权的规定不适用于之。[1]我们认为，诸如"物上请求权"之类的请求权，属于救济性请求权，其属于债权或者物权与许多因素有关，例如，与法律是否承认物权行为的独立性与无因性有关。

二、请求权体系

（一）债权请求权

债权请求权是基于债权法规范而发生的请求权，主要包括：

1. 因契约关系而发生的请求权。
2. 因不当得利而发生的请求权。
3. 因无因管理而发生的请求权。
4. 因侵权行为而发生的请求权。
5. 因缔约过失而发生的损害赔偿请求权。

---

[1] 德国学者拉伦茨、梅迪库斯等著名学者均采此观点。参见［德］迪特尔·梅迪库斯：《德国民法总论》，邵建东译，法律出版社2000年版，第69页。

（二）物上请求权

物上请求权是基于物权法的规范而发生的请求权，主要包括：①所有物的返还请求权；②排除妨害的请求权；③消除危险的请求权；④停止侵害请求权。

（三）人身权请求权

人身权请求权是基于对人身权的侵害而发生的保护请求权，也可以说是救济性的请求权，主要包括：停止侵害、消除影响、赔偿损失。

（四）说明

有的学者将请求权分为支配权上的请求权、债权请求权与救济请求权。实际上，因债权的本身非经请求难以实现（包括诉讼上的请求与诉讼外的请求），而人格权与物权则只要非权利人不侵犯即可实现，故其请求权的形态多发生在被侵害时。所以，债权请求权从债权产生就随之产生，而物权与人格权请求权则是因非权利人的侵害而发生，其本身不是请求权。

三、请求权的规范基础

（一）请求权规范基础的概念

请求权的规范基础，是指一项请求权在法律上的依据，即法律上的具体规定。例如，契约法上的价金支付请求权，其规范基础就是契约法上对当事人权利义务的具体规定。

（二）请求权规范基础的重要性

1. 法律实务上的方法。请求权的规范基础是法律实务的核心，可以说，整个法律实践工作就是对请求权的规范基础的寻找。如果一个人提出一项法律上的请求，但却无法律规定的支持，最终他的请求权将不能实现。因为，法律实践的基本构造就是："谁可以向谁、依据何种法律规定、提出何种权利请求或者主张"。例如，A 在 B 处购买一辆自行车，约定由 B 送货。B 在送货途中被 C 抢夺。若 A 想提出对 C 的请求，则要看 A 对 C 有没有法律上的支持。如果没有，A 就不能向 C 主张任何权利。

2. 法律思维的方法。民法归根到底是权利本位法，因此它将所有的权利分为不同的性质，再分别规定权利的发生根据来确定当事人之间的具体权利义务，找出救济的方法。这样，不仅在思考中避免权利的遗漏，而且会自我表现判断权利实现的可能。所以，有德国学者说："实体法上的请求权对于未经严格训练的学生来说，是分析具体案例的不可缺少的思维方法。"[1]

（三）请求权规范基础的寻找

1. 将自己的请求目的与请求权类型符合。例如，A 将自己的自行车借给 B 使用，B 在使用中损坏，则 A 将向 B 提出损害赔偿的主张。这种主张就是请求目的。但是，A 可以向 B 依据租赁关系提出主张，即债权请求权，也可以根据所有权人向 B 提出赔偿主张，即物权请求权。A 将作出选择，将目的与具体请求权联系。

2. 找出主导性规范基础。在上述例子中，如果 A 选择根据债权请求权提出主张，则应进一步找出租赁关系的规范基础。在租赁关系中，A 有权要求 B 正确使用租赁物，B 违反了这种义务，故 A 有请求权。

3. 找出辅助性规范，即有没有排除请求权的规定。在上述例子中，如果有规范规定，因不可抗力造成租赁物的损害不负损害赔偿责任，则 B 不负责任。

4. 用三段论的方式，将案件事实与规范事实构成要件连接，得出结论。

---

〔1〕 ［德］迪特尔·梅迪库斯：《德国民法总论》，邵建东译，法律出版社 2000 年版，第 72 页。

四、请求权竞合与请求权规范的竞合、请求权聚合、法条竞合

（一）法条竞合

法条竞合是指规范某一法律事实的法条之间可以同时适用的情形。例如，因航空发生事故，可以适用民法，也可适用民用航空法。按照特别法优先一般法的原则，可排除民法一般法的适用。

（二）请求权聚合

请求权聚合是指当事人对于数种给付内容不同的请求权，可以同时主张。例如，身体受到伤害的时候，当事人可以同时主张物质赔偿与精神损害赔偿。

（三）请求权竞合

请求权竞合是指因一个法律规范而产生了两个请求权，当事人可以选择其中之一行使。例如，一方当事人违约，他方可以请求继续履行合同，也可以请求解除合同。

（四）请求权规范竞合

请求权规范竞合是指一个事实同时满足了两个请求权的要件，当事人可以选择适用一个法律规范来支持自己的请求权。当行使一个请求权后，不得再行请求。但是，一个请求权因目的达到之外的原因归于消灭时（例如，因诉讼时效超过归于消灭），可以再行使另外的请求权。

因各种请求权的构成要件、举证责任、内容与赔偿范围各有不同，在处理具体案件时，所有可能成立的请求权都需要进行考量，并辨清有没有请求权竞合、请求权规范竞合、请求权聚合等问题，以切实维护当事人利益。例如，有人在一商场购买了一台洗澡用的热水器，热水器因存在质量问题而在购买者洗澡时将其烫伤。那么，受害者就有以下几项请求权基础可以考虑：①根据《民法总则》请求赔偿；②根据《合同法》要求其承担违约责任；③根据《产品质量法》要求其承担赔偿责任；④按照《消费者权益保护法》要求其承担赔偿责任。但是，如果选择违约责任，就不存在精神损害赔偿问题，而选择其他责任基础就有可能要求精神损害赔偿。这就是请求权规范竞合问题。选择《产品质量法》作为请求权基础，则可能存在请求权聚合问题，即物质损害与精神损害可以同时请求。

■第四节　抗辩权体系

一、抗辩与抗辩权

从诉讼法的角度看，主要有三种抗辩：

（一）关于权利未发生的抗辩

这种抗辩权即主张对方的请求根本不存在。民法规定的主要抗辩事由有：

1. 合同不成立。

2. 行为人无行为能力。

3. 行为违法。

4. 无权代理未经被代理人同意。

5. 行为的形式不合法律规定，例如，所有权的转移没有登记。

（二）关于权利消灭的抗辩

即对方的权利曾经存在，但却因符合法律规定的方式消灭，例如因清偿、免除等原因消灭。主要原因有：

1. 清偿。清偿是指债务人按照债的要求履行义务，从而消灭债权债务关系的法律事实。

2. 提存。提存是指在一定条件下，债务人或其他清偿人将有关货币、物品以及有价证券等提交给一定的机关保存，从而消灭债权债务关系的一种法律制度。

3. 免除。免除是债权人以债的消灭为目的而抛弃债权的意思表示。债务人因债权人抛弃债权而免除清偿义务，所以，免除也是债之消灭的一种原因。

4. 抵销。抵销，又称"充抵"，是指二人互负债务且给付种类相同时，各得以其对他方的债权冲销自己对他方的债务，从而使各自的债务在对等的数额内消灭的意思表示。

5. 混同。混同是指债权与债务归于同一人的法律事实。我国《合同法》第 106 条规定："债权和债务同归于一人的，合同的权利义务终止，但涉及第三人利益的除外。"混同可因债的特定承受或概括承受而发生。

（三）排除权利的抗辩

这种抗辩权是指当一方当事人提出请求权时，对方有拒绝履行的权利，也就是民法实体法上的抗辩权。这种抗辩的根据在于民法上规定的抗辩权，主要包括：

1. 永久抗辩，其效力在于永久地排除对方的请求权，包括：诉讼时效超过的请求权。

2. 一时抗辩，其效力在于暂时阻止请求权，又称为"延缓抗辩"，包括：

（1）同时履行抗辩权。同时履行抗辩权，也称为履行契约的抗辩权，是指双务契约当事人一方于他方当事人未为对待给付前，得拒绝自己给付的权利。[1]

（2）不安抗辩权。所谓不安抗辩权，是指当事人一方依照契约约定应向他方先为给付，但如在订立合同后，他方的财产明显减少或资力明显减弱，有难为给付之虞时，得请求该他方提供担保或为对待给付。在他方未履行对待给付或提供担保前，得拒绝自己的给付。

（3）保证人的先诉抗辩权。先诉抗辩权，又称检索抗辩权，是指保证人在债权人未就主债务人的财产申请强制执行或执行担保物权之前，得拒绝债权人之请求的权利。这是由保证的从属性所决定的。但是在连带责任保证，保证人无先诉抗辩权。

二、抗辩的适用及立法政策考量

（一）抗辩的适用

根据是否需要当事人提出，可以分为需要主张的抗辩与无需主张的抗辩。上面讲的三类抗辩中，前两种是不需要当事人主张的，后一种当事人必须主动提出。也就是说，前两种即使当事人不提出，法院也会主动依职权审查。而最后一种如果当事人不提出，法院就不主动适用。

（二）立法政策考量

有些抗辩需要由抗辩人自己就风险和良心作出选择。例如，在保证人的抗辩中，他是否抗辩，要对风险作出评估，如果对债务人的执行没有结果，他将对执行费用也承担保证责任。而时效抗辩，实际上是在逃避一种实际上存在的义务，有时是损害名誉的，因此需要他自己作出决定。

■第五节　支配权体系

一、支配权的特征

1. 利益的直接性。权利人直接凭单方意思实现其利益，而不需要义务人的积极行为。

---

〔1〕 史尚宽：《债法总论》，荣泰印书馆 1978 年版，第 554 页。

2. 权利的优先性。支配权必然具有排他性特点，所以，在权利之间的关系上必然体现为优先性。支配权的优先性表现在两个方面：①支配权之间的优先性，即成立在前的支配权优先于成立在后的支配权。②支配权相对于请求权的优先性，例如物权优于债权。

3. 对应义务的消极性。支配权因无需他人的积极行为就可以实现权利人的权利，所以，义务相对人的义务一般表现为消极的容忍或者不干涉。

二、种类

（一）物权

物权是指权利主体直接对物进行支配而享有利益的权利，包括所有权、用益物权及担保物权。

（二）人身权

人身权是身份权与人格权的合称。有的学者认为，"人身权"不能表示现在"人格权"的意义和范围，而"身份权"一词中的"身份"有中世纪法律用语的气味，用来表示现代的民事权利很不确切，容易引起误会，应直接以"人格权"与"亲属权"表达。[1]我们认为，这种意见颇有道理，从大陆法系国家的民法看，也鲜有以人身权指称人格权与亲属权者。

人身权虽然具有绝对性，但是否具有可支配性不无疑问。因为对于人身权这样的原权利，权利主体是不能随意支配的，因侵犯人身权而产生的救济权，权利主体可以放弃但却不能转让或者抵销。

（三）知识产权

知识产权是以对人的智力成果的独占排他的利用从而取得利益为内容的权利。它具有以下几个特点：

1. 知识产权的客体是人的智力成果，既不是人身或者人格，也不是外界的有体物或者无体物，所以，既不属于财产权也不属于人格权。另一方面，知识产权是一个完整的权利，只是作为权利内容的利益兼有经济性与非经济性，因此，没有必要把知识产权说成两类权利的结合。

2. 知识产权属于绝对权，在某些方面类似于物权中的所有权，可以使用、收益、处分、为他种支配，具有排他性、可转移性。

3. 知识产权在许多方面受到法律的限制。知识产权虽然属于私权，但因人的智力成果具有高度的公共性，与社会文化和产业的发展有密切关系，不宜为任何人长期独占，所以，法律对知识产权规定了许多限制：①对权利的取得规定了许多积极与消极条件；②对权利的存续期有特别规定；③权利人负有一定的使用或者实施的义务，法律规定有强制许可或者强制实施许可制度。[2]

■第六节　形成权体系

一、形成权的特征

（一）形成权的对方必须接受权利的结果而不参与决策

形成权为单方法律行为，仅仅以形成权人单方的意思就足以使结果发生，而不需要对方的同意或者其他方式的参与。例如，合同解除权，根据我国《合同法》第 96 条的规定，

---

〔1〕　谢怀栻："论民事权利体系"，载《法学研究》1996 年第 2 期。
〔2〕　谢怀栻："论民事权利体系"，载《法学研究》1996 年第 2 期。

只要具备了合同法规定的解除原因，有解除权的一方就可以以向对方通知的方式解除合同，合同自通知到达对方时解除。《民法总则》第 19 条规定的限制行为能力人的法定代理人的追认权、同意权都属于形成权。

对此，德国学者指出，在相对权中，形成权和请求权是主要类型。形成权赋予权利人通过单方意思表示对另一个人的法律状况予以影响的权能。作为单方面的决定权能，形成权借助于民法而在一定程度上具有"支配"的性质。尤其是形成权的效果通常不必事先经过法院诉讼程序即可产生。形成权原则上要么基于当事人的事先同意而产生，要么作为侵犯权利或者其他对法律关系的妨害的反映而产生。例如，合同解除的事由要么由当事人事先约定，要么由法律对妨害合同关系所作的规定确定。[1]

（二）形成权行使的结果是使法律关系发生、变更或者消灭

1. 使法律关系发生效力的形成权。

（1）追认权。追认权一般是指权利人对于无权处分其权利的人的行为事后予以承认的权利。例如，《合同法》第 51 条规定："无处分权的人处分他人财产，经权利人追认或者无处分权的人在订立合同后取得处分权的，该合同有效。"

（2）同意权。例如，在债务承担中，债权人对于债务人转移债务的同意权以及保证人对于债务转移后继续承担保证责任的同意权等。

（3）确定权。例如，选择之债的确定权。

2. 使权利义务变更的形成权。使权利义务变更的形成权是指因一方的单方行为就可以使既存的权利义务发生变动的权利。例如，因重大误解而请求变更合同权利义务的权利。

3. 使法律关系消灭的形成权。使法律关系消灭的形成权包括：①抵销权；②撤销权；③解除权；④终止权。

二、形成权产生的根据

形成权的产生根据主要有两种：一是法律的规定，二是当事人的约定。例如，合同法上的合同解除权的产生既可以根据当事人约定的事由发生而发生，也可以根据法律规定的事由发生而发生。

《合同法》第 93 条第 2 款规定："当事人可以约定一方解除合同的条件。解除合同的条件成就时，解除权人可以解除合同。"这便是当事人约定而产生的形成权。

《合同法》第 94 条规定："有下列情形之一的，当事人可以解除合同：①因不可抗力致使不能实现合同目的；②在履行期限届满之前，当事人一方明确表示或者以自己的行为表明不履行主要债务；③当事人一方迟延履行主要债务，经催告后在合理期限内仍未履行；④当事人一方迟延履行债务或者有其他违约行为致使不能实现合同目的；⑤法律规定的其他情形。"这便是根据法律规定而产生的形成权。

三、形成权的行使

（一）行使的方式

1. 诉讼外行使。一般情况下，形成权以权利人向对方为单方意思表示的方式就可以有效行使，不必经过诉讼程序，如抵销权的行使、合同解除权的行使等。因为，对于这些权利的发生基础法律已经作出明确规定或者当事人已经作出明确约定，只要存在这些理由，权利人就可以行使。如果对形成权发生的理由有争议，也可以请求法院裁判。

---

〔1〕　〔德〕迪特尔·施瓦布：《民法导论》，郑冲译，法律出版社 2006 年版，第 143 页。

第三章

2. 诉讼行使——为形成之诉。在例外的情况下，有些形成权只能通过司法途径才能行使。形成权人必须提起诉讼，形成权也只有在判决具有了既判力后才能发生效力。与给付判决不同，形成判决不需要执行。

法律之所以对此类形成权作出特别规定，是为了对权利行使情况加以控制，也是为了避免在形成行为是否有效方面出现不确定性。特别是在形成权必须具备特定理由的情况下，就会出现这种不确定性。作出判决之后形成权才发生效力，那么，这种不确定性就可以避免了。这种形成权主要出现在亲属法与公司法上，因为在这些领域，上述不确定性令人难以忍受。例如，亲属法上的离婚、对子女婚生地位的撤销等。[1]

（二）行使的限制

1. 形成权通常不得附期限或者附条件。

2. 不得撤回行使的意思表示。

形成权行使的不可撤回性与不得附期限或者附条件的理由主要是：既然形成权相对人必须接受他人行使形成权的事实，那么不应该再让他面临不确定的状态。[2]

四、形成权规定的合理性

法律赋予一方当事人形成权，主要是给其强有力的保护，即不需要对方同意即可使法律关系发生、变更或者消灭。所以，形成权的产生必须有明确的理由。

■第七节　权利主体、权利的取得与丧失

一、权利主体

（一）权利主体的概念

权利主体是权利的享有者，具体有自然人、法人、自然人的其他组织体。

（二）权利主体享有权利的资格——权利能力

权利能力是主体享有民事权利的法律资格。没有这种资格，就不是权利的主体，也就不能取得民法上的权利。例如，罗马的奴隶就没有权利能力，是物而不是人。

二、权利的取得

（一）权利取得的样态

1. 原始取得。

（1）定义：不以他人既存的权利为前提的取得，如先占。但是，有的权利的取得方式从表面上看，也是以他人既存的权利为前提的，但法律却规定其为原始取得，如善意取得在效果上犹如原始取得。

（2）效力：权利人取得的是没有负担的权利，例如，善意取得的物上的质权消灭。

2. 继受取得。

（1）定义：是指以他人的既存权利为基础的取得。例如，买卖取得物的所有权。这种取得又称为"传来取得"。

（2）效力：他人物上的权利不因取得而消灭。例如，房屋上设有抵押权，房屋买卖后，抵押权不因此而消灭。

〔1〕〔德〕迪特尔·梅迪库斯：《德国民法总论》，邵建东译，法律出版社2000年版，第77页。
〔2〕〔德〕迪特尔·梅迪库斯：《德国民法总论》，邵建东译，法律出版社2000年版，第79页。

（二）权利取得的实质

权利取得的实质是权利与主体的结合。

三、权利的丧失

1. 绝对丧失：权利消灭但他人也没有取得。

2. 相对丧失：权利从一个人处丧失，但为另一个人取得。

■第八节 民事权利的限制

一、时效制度

（一）时效的概念

时效是指一定的事实状态持续地达到特定期间就发生一定的法律效果的制度。

（二）时效的种类

1. 诉讼时效。诉讼时效是指权利的不行使状态持续地达到法定期间就使义务人发生抗辩权的制度。例如，诉讼时效期间经过后，债务人就可以行使不履行抗辩权。

2. 取得时效。取得时效是指占有他人的物持续地达到一定期间就取得该物权的制度。

（三）时效制度的实质

时效制度的实质在于对权利不行使的限制，目的在于促使当事人积极行使权利。

二、除斥期间

1. 定义：形成权在该期间内不行使即告消灭的制度。该期间的特征是：它是绝对的，不因任何原因而发生中断、中止和延长。例如，《民法总则》第152条第2款规定："当事人自民事法律行为发生之日起5年内没有行使撤销权的，撤销权消灭。"

2. 除斥期间的具体期间都有法律的专门规定。

三、其他限制

（一）权利范围的限制

必须承认，几乎没有任何权利是没有限制的，例如，债权只能请求特定人为给付，定限物权人只能在一定范围内对物拥有支配权等。因为权利的本质就是自由意志的范围，故权利均有范围。

（二）权利禁止滥用的限制

权利禁止滥用的含义是：行使权利不得背离权利应有的社会目的，也不得超越权利应有的界限。[1]例如，《德国民法典》第226条规定："权利行使不得专以损害他人为目的。"在实践中，权利滥用的情形十分复杂，应当根据诚实信用原则并结合具体情况予以认定。在很多情况下，权利的滥用会构成侵权行为，所以，有人主张以是否构成侵权行为来判断之。

（三）社会公共利益的限制

任何人在行使自己权利时，必须服从社会公共利益。但是，社会公共利益是为社会一般成员的共同利益。任何个人如果不顾社会群体利益而无限行使权利，社会将不能存在。我国《民法总则》第132条规定："民事主体不得滥用民事权利损害国家利益、社会公共利益或者他人合法权益。"

---

〔1〕 张俊浩主编：《民法学原理》（上册），中国政法大学出版社2000年版，第85页。

（四）善良风俗的限制

我国《民法总则》第 8 条明确规定："民事主体从事民事活动，不得违反法律，不得违背公序良俗。"《民法总则》第 153 条第 2 款规定："违背公序良俗的民事法律行为无效。"关于何为"善良风俗"，学者有不同看法。德国的司法实践有时将其表述为"一切公平与正义思想者的礼仪感"，有时将其表述为"人民的健康感受"。[1] 我认为，善良风俗就是一个国家或者地区普遍认同的道德观念。权利的行使不得以违背善良风俗的方式为之，否则，要承担相应的民事责任。

■第九节　权利的实现

一、权利实现的方法与手段

（一）权利实现的概述

人们所追求的并不是纸面上的权利，而是实际得到的权利。但是，我们民法上的权利体系是以抽象权利为基础的。这些抽象的权利如果要具体到个人身上，需要实现的途径。也就是说，法律规定的权利与我们实际享有的权利并不是同一个概念。例如，A 对 B 有金钱支付请求权，但能否实现取决于许多因素：①B 是否愿意支付；②B 是否有能力支付；③A 是否愿意放弃请求权；④请求权是否已经超过诉讼时效等。这些原因都有可能使 A 的权利难以实现。

为了使抽象权利落到实处，就需要在抽象与具体之间找出实现途径。

（二）权利实现的方法与手段

这种途径主要有两种：一是非救济手段，二是救济手段。权利人可以自己要求义务人履行义务，如果义务人履行义务，则权利就可以实现，不需要救济。但是，如果义务人被要求履行后不履行或者拒绝履行，则需要救济。而救济又分为公力救济与自力救济。

二、公力救济

（一）公力救济的概念和必要性

公力救济是权利人请求国家以法定程序帮助其实现权利的手段。公力救济之所以必要，主要有两个原因：

1. 避免强者欺负弱者，使弱者的权利能够实现。

2. 避免暴力冲突。

（二）公力救济的程序

公力救济主要有两个基本阶段：一是审判程序，二是执行程序。具体经过以下阶段：

1. 起诉——不告不理。

2. 判决。

3. 不服判决的处理——上诉。

4. 向债权人与债务人分别送达判决书和执行文书。

5. 强制执行。

三、自力救济

（一）自力救济的概念与必要性

自力救济是法律允许权利人依靠自己的力量实现权利的手段，包括暴力在内。

---

〔1〕　［德］迪特尔·梅迪库斯：《德国民法总论》，邵建东译，法律出版社 2000 年版，第 512～513 页。

自力救济之所以必要，是因为保护权利人急迫的需要。虽然说，让权利人依靠自己的力量实现自己的权利会导致许多弊端，但有时因情况紧急，如果不及时自救，则会使权利人的权利难以实现。所以，法律容忍私人采用暴力行为。自力救济的特点是：

1. 情况紧急，公力救济不能达到目的。例如，公共汽车上的乘客无票乘车。

2. 要有合理界限。私人的自力救济毕竟有较大的权利滥用危险，如果不对其规定合理的界限，极有可能导致权利滥用。

自力救济的手段主要有：正当防卫、紧急避险和自助行为。

（二）正当防卫

1. 概念。正当防卫是指为了避免自己或者他人受到现实的不法侵害而进行防卫的必要行为。民法上的正当防卫与刑法上的正当防卫是一个概念，只是民法从民事损害赔偿角度看，而刑法则是从刑事处罚方面看。

2. 条件。

（1）必须有侵害。这里的侵害是指对现实权利的侵害，如对身体、财产等进行侵害。如果是对相对权的侵害，则不能防卫。例如，债务人不履行债务，此时债权人不能针对债务人不履行债务的行为进行防卫，但如果债权人要求债务人履行债务，债务人不履行并且要殴打债权人时，则有防卫的必要。

（2）违法性。

（3）侵害行为的现实性。侵害必须是现实发生的，即已经开始并且正在持续。

（4）防卫的必要性。防卫行为必须为避免侵害所必需，但是，判断防卫是否必需，应当以一般人的标准而非防卫人的主观判断为准。

（5）防卫的适度性。①防卫不能超过界限。例如，有人空手打人，你用刀防卫将对方刺死就是不适度的防卫。但情况紧急下不能要求防卫人过严。②禁止权利滥用。一是不能将正当防卫作为报复的工具。例如，A与B本来有仇，A借助防卫来报复B。二是不能滥用防卫权。例如，德国民法教科书有一个经典的例子：一个身体瘫痪的老人，坐在院子里，邻居家的小孩进入院子偷樱桃。这位老人当然不能举枪向孩子射击而必须牺牲他的樱桃。[1]

3. 防卫的后果。按照我国《民法总则》第181条的规定，如果防卫超过必要限度，则属于非法侵害。防卫人负担民事赔偿责任。如果防卫适度，则不负担民事责任。

（三）紧急避险

1. 概念。紧急避险是指为了避免自己或者他人的生命、身体、自由或者财产遭受紧迫的危险，不得已实施的侵害他人的引起危险的物或者非为引起危险物的行为。

紧急避险与正当防卫不同，后者针对的是人的行为，而前者针对的是危险。所以，正当防卫伤害的往往是人，而紧急避险往往针对的是物。

2. 紧急避险的类型。按照德国民法典的规定，紧急避险分为两类：

（1）对引起危险的物的侵害，称为防御性紧急避险。该类型规定在《德国民法典》第228条："为使自己或者他人避免紧迫危险而损坏或者损毁引起此紧迫危险的他人之物的人，如果损害或者损毁行为是为防止危险所必要，而且造成的损害又未超过危险程度时，其行为不为违法。如果行为人对危险的发生负有过失，则应当负赔偿的义务。"

（2）对非引起危险的他人之物的损害，称为攻击性紧急避险。该类型规定在《德国民

---

〔1〕〔德〕迪特尔·梅迪库斯：《德国民法总论》，邵建东译，法律出版社2000年版，第127~128页。

法典》第 904 条："如果他人对所有权的侵害是为了防止当前的危险所必要，而且其面临的紧急损害远较因干涉他人的所有权造成的损害为大时，物的所有权人无权禁止他人对物的干涉。物的所有权人可以要求对其所造成的损害进行赔偿。"

3. 要件。

（1）需要有现实性紧迫的危险。

（2）避险的目的是使自己或者他人的生命、人身、自由或者财产免遭危险。

（3）避险所造成的损害应当小于危险所造成的损失。

4. 责任。

（1）德国民法上的责任。如果紧急避险人损害的物不是引起危险的他人的物，则应当承担赔偿责任。如果紧急避险人损害的是引起损害的物，且未超过必要限度的，不负担民事责任。但是，如果行为人对危险的发生负有过失，则应当赔偿，例如，狗咬人，为避免危险，将狗打死，紧急避险人不负担民事赔偿责任。但是，一个人招惹狗，造成自己被咬伤，在这种情况下将狗打死，则应当负担赔偿责任。

（2）我国《民法总则》第 182 条规定："因紧急避险造成损害的，由引起险情发生的人承担民事责任。危险由自然原因引起的，紧急避险人不承担民事责任，可以给予适当补偿。紧急避险采取措施不当或者超过必要的限度，造成不应有的损害的，紧急避险人应当承担适当的民事责任。"《最高人民法院关于贯彻执行〈中华人民共和国民法通则〉若干问题的意见（试行）》（以下简称《民通意见》）第 156 条规定："因紧急避险造成他人损失的，如果险情是由自然原因引起，行为人采取的措施又无不当，则行为人不承担民事责任。受害人要求补偿的，可以责令受益人适当补偿。"

（3）评价。德国法的规定显然较为合理。为什么一个人为了避免自己的财产或者人身遭受损害，就有权侵害那些与此无关的人的财产？如果与此有关，则只要在必要限度内，就可以免除责任。美国法律也是采取与德国相同的原则。例如，A 把钱放在 B 家。有些人为了抢夺钱而要伤害 B 时，B 把钱交出，则不负担责任。如果这些人是要来报复 B，B 把钱交出，则是为了避免自己的生命安全而牺牲与此无关的 A 的钱，则应当负担赔偿责任。

（四）自助行为

1. 概念。自助行为是指为了保护自己的权利，而以自己的力量对加害人的自由、财物进行约束或者扣押的行为。例如，在饭店就餐不付款的人就可被饭店约束其自由。

2. 要件。

（1）权利受到不法侵害。

（2）时间紧迫，来不及请求公力救济。

（3）手段合理。

（4）不超过必要限度。

3. 法律效果。自助行为的目的是保护那些来不及请求国家公力救济的紧急情况，但这种自助行为仅具有保全权利的效力，还要进一步请求法院确认。

第二编　民事主体及其法律属性

第四章

民事主体概述

■第一节　民事主体概念及形式结构

一、民事主体概念及形式结构

民事主体即我们通常所说的"民法上的人"，然而，何为民法上的人？民法上的人是那些在民法上能够享有民事权利并承担义务的自然人或者组织体，并将权利能力的拥有作为民事主体地位的标志与象征。[1]作为民事主体地位标志的权利能力与民事主体的形式结构具有极大的关联，并因此产生了民事主体结构形式的"二元论"与"三元论"之争。

"二元论"者认为：民法上仅有两类主体，要么是自然人，要么是法人，不存在第三类主体。非法人团体不能成为一类独立的民事主体，仅仅称为"无权利能力的社团"。[2]因为合伙等团体本身不能独立享有权利或承担义务，以合伙的名义取得的财产归属各个合伙人共同共有，而合伙的债务直接归属于合伙，合伙人负担连带责任，并且，在我国及其他国家合伙均不是一类独立的纳税主体。这就与法人这种团体有本质的区别：以法人的名义取得的财产直接归属于法人而不是其成员，法人的债务归属于法人而不直接归属于其成员。因此，合伙这种团体不是一种独立的民事主体。

"三元论"者则认为民法上的形式主体有三类：一是自然人；二是法人；三是合伙等团体组织形式。其理由是：以合伙为代表的第三类主体，虽然不能独立享有权利承担义务，但这与其主体地位无关，法律地位与责任是毫不相关的事情。

德国学者多主张"二元论"，[3]而我国学者多主张"三元论"。因为从我国现行《合伙企业法》的规范看，合伙可以有自己的财产，也能对外独立承担责任，还能够以自己的名

---

[1] 主体地位与权利能力是否是同一意义，学者之间存在争议。有人认为，此二者不同：权利能力仅仅是能够作为权利义务主体之资格的一种可能性，同权利主体显然有别。参见〔日〕几代通：《民法总论》，青林书院1969年版，第22页。有人认为，权利能力是主体地位在民法上的肯认，即为同义。参见〔日〕星野英一："私法中的人——以民法财产法为中心"，王闯译，载梁慧星主编：《民商法论丛》（第8卷），法律出版社1997年版，第156页。我国学者尹田教授认为：德国人为了满足《德国民法典》在形式结构方面的需要，创立了"权利能力"一词，从技术上解决了自然人与法人在同一民事主体制度下共存的问题，从而避开了主体的伦理性。但主体地位（人格）同权利能力是不一样的（摘自尹田教授于2004年5月20日在中国政法大学的学术报告）。我们十分同意尹田教授的分析，但我们认为权利能力是主体地位在民法上的标志，至少从规范角度上看，大概不会错。

[2] 《德国民法典》第54条。

[3] 〔德〕卡尔·拉伦茨：《德国民法通论》（上册），王晓晔等译，法律出版社2003年版，第56~57页。

义从事活动。但我们认为：合伙既没有独立于合伙人的意思机关、代表机关、执行机关，也没有自己独立的财产与独立的责任，[1]因此不能作为一种独立的民事主体。

二、民事主体的特征

（一）平等性

民法的基础是市民社会，而市民社会的最大特点就是其组成成员的平等性。因此，可以说民事主体的平等性是民法赖以存在的基础，是民法体系构建的基石。因此，民事主体的平等性是民法最基本的特征。我国《民法总则》第4条也明确规定："民事主体在民事活动中的法律地位一律平等。"

我国《民法总则》虽然明确规定了主体平等的地位，但在我国的具体立法与实践中，真正贯彻起来却有一定难度。例如，我国物权法上要实行"所有权一体保护"的原则，就难以贯彻，物权法仍然按照不同的所有权制来规定所有权。同时，我们还应当看到，这种平等性具有抽象性的特点，在真正的民事交往中，事实上不平等的主体是经常出现的。例如，在生活中使用"格式合同"与他人交易的主体往往在法律上或者经济上占有优势地位，把自己的意志强加于他人。

（二）意志的独立性

意志的独立性应当是民事主体的重要特征之一，如果没有意志就不可能实行"意思自治"，也就不可能从事任何法律行为；同时，没有独立意志，也就不可能因过错归责而承担过错责任。所以，法人应当具有独立的意思机关。而合伙恰恰没有意思机关，这也是许多人否认合伙为独立民事主体的重要理由之一。

当然，未成年人与具有精神障碍的人虽然没有独立意志，却因为伦理的需要而被承认为主体。

（三）以自己的名义从事民事活动

在民法上，只有以自己的名义从事民事活动，才有可能取得活动的结果，从而承担独立责任。如果仅仅以他人的名义从事行为，从而使该他人取得活动结果，那么，行为人是否属于民事主体就难以判断了。因此，合伙可以成为代理人，却有许多人否认其为主体。

（四）权利与义务的独立性

"自己对自己的行为后果负责"是法律承认民事主体意思自治的前提。如果任何一个组织或者"人"仅仅从事行为而自己不承担后果，则不能认为是独立的主体。奴隶社会的奴隶取得任何财产都归属主人，而发生任何损害也都由主人承担责任，就是因为奴隶不是法律主体，不能取得权利义务的归属。这种理由也成为人们否认合伙是民事主体的有利证据之一。

（五）抽象性

无论是民法上的自然人，还是法人，其实都是抽象的而非具体的。在现实生活中，自然人之间是有较大差别的，但民法上的自然人是唯一的，其被权利能力与行为能力统一并抽象，从而被认为是平等的。法人也是如此。

---

[1]　对此，我国《合伙企业法》充满矛盾。根据此法，合伙企业有自己独立的财产，但无独立的责任。但是，如果不能独立承担责任，独立的财产在法律上就没有任何意义。应当特别指出的是：德国判例与学理有承认无权利能力的社团是主体的倾向。参见［德］迪特尔·梅迪库斯：《德国民法总论》，邵建东译，法律出版社2000年版，第38页。这强烈反映出民法向经济合理性妥协的趋势。

■第二节　民事主体的法律标志——权利能力

一、权利能力的概念

一般认为，权利能力是指一个人作为法律关系主体的能力，也即作为权利享有者和义务承担者的能力（或称资格）[1]。用通俗的话来说，权利能力是一种权利义务的归属资格。我认为，用"归属资格"来解释法人的权利能力更符合其创设的本意。权利能力的规范目的在于：一个人是否能够作为民事主体在民法上享有权利承担义务。因此，权利能力是一个人能够取得权利义务的前提与基础，但不是具体的权利或者义务。

二、权利能力的特征

（一）平等性

由于行为能力是理性的体现，而不平等恰恰是人被理性衡量的结果。与行为能力不同，权利能力不分年龄、性别、职业、精神状况等因素而一律平等。这是宪法上的平等原则在私法上的具体化，也是民法赖以生存的市民社会的本质特征。人的权利能力的平等是近代私法的重要进步之一，是资产阶级革命的胜利成果之一。正如学者所言：人的权利能力平等在今日被认为理所当然，然而，在当时应该说是西欧历史中划时代的重要事件[2]。

但是，我国学者从具体权利义务的享有角度来衡量与质疑权利能力的平等性，并指出：自然人的权利能力范围实际上有大有小，如结婚权利能力，并非人皆有之。有学者更将权利能力分为一般权利能力与特别权利能力[3]。有学者对此批评道：对权利能力作"一般"与"特别"之分，表面看来周到精致，然恰巧不能反映权利能力最重要的本质，即权利能力对于人的法律地位之集中表现。质言之，权利能力作为享有权利的资格，其所指仅为享有法律允许享有的一切权利（权利之总和）的资格，正是在此意义上，权利能力与法律人格被视为等同。而享有某种特定的具体权利的资格之有无，则与人格之有无毫无关系。实质上，即便是"享有总和之权利的资格"，与直接表达和体现人之尊严、平等及自由的"人格"，仍有角度和价值理念上的不同。但是，鉴于权利能力之概念使用上的习惯，我们没有必要另设概念来表达主体享有具体权利的资格。因此，如同民法上其他许多概念一样[4]。

而有的学者正确地指出：对于平等原则，应从其法律伦理价值的角度去理解，而不能机械地理解[5]。这种思路对于自然人的权利能力非常适合，但对于法人的权利能力就难能说明，因为法人的权利能力是技术产物而非伦理的产物。

应该说，上述学者对权利能力平等原则之不同视角的阐述颇有道理，但我更愿意从另外一个角度去理解权利能力的平等原则。首先，权利能力平等是一种抽象的平等而非具体平等，是一种资格，或者说是一种取得权利的可能性的平等，而非具体权利的平等。也就是说，是一种起点平等而非结果平等。由于人的能力不同，因此，即使作为平等的起点相

---

〔1〕　［德］卡尔·拉伦茨：《德国民法通论》（上册），王晓晔等译，法律出版社 2003 年版，第 119～120 页；［德］迪特尔·梅迪库斯：《德国民法总论》，邵建东译，法律出版社 2000 年版，第 781 页；（台）王泽鉴：《民法概要》，中国政法大学出版社 2003 年版，第 47～48 页。

〔2〕　［日］星野英一：《私法中的人——以民法财产法为中心》，王闯译，载梁慧星主编：《民商法论丛》（第 8 卷），法律出版社 1997 年版，第 156 页。

〔3〕　罗玉珍主编：《民事主体论》，中国政法大学出版社 1992 年版，第 54 页。

〔4〕　尹田："论自然人的法律人格与权利能力"，载《法制与社会发展》2002 年第 1 期。

〔5〕　张俊浩主编：《民法学原理》（上册），中国政法大学出版社 2000 年版，第 96 页。

同，在具体取得的权利方面肯定也是不平等的，就如赛跑的人虽然起点相同而结果不同一样。这种不平等恰恰才是平等的。上述学者所认为的权利能力有大有小的观点，恰恰就是混淆了作为取得权利资格的平等与具体取得的权利的平等性之间的差异。其次，实践中，许多对人之行为范围的限制，是基于某种价值判断或者国家政策对自然人行为的限制而非对其"权利能力"的限制，也即由于考虑到某种行为的特殊性或者资源有限性，往往要附加一些条件，例如，上述学者举出的所谓"结婚能力"就是著例。人人都有结婚的可能性，但必须达到一定的条件才能变为现实性，如没有法律禁止结婚的疾病、年龄达到一定界限等。这是对具体行为设定的条件，而非对其权利能力的限制。否则就难以解释下列矛盾：人的权利能力始于出生而终于死亡，一个人在出生时没有结婚这种权利能力而以后却具有了；在死亡前由于变为无行为能力又失去这种权利能力。这显然是荒谬的。另外，从《法国民法典》第144、148、156条的规定看，一个未成年人结婚（法国法规定年满18周岁为成年，但15周岁可以结婚）要征得监护人同意。由此可见，结婚行为的这种具体限制条件是决定于一个国家的基本政策的，但不能据此认为是对权利能力的限制或者是特殊权利能力。因此，将这种具体权利义务取得或者享有中的限制条件作为衡量权利能力这种取得权利义务资格是否平等的做法，是认识上的一个误区[1]。另外，对于自然人来说，权利能力是宪法地位在私法上的体现，而实体法是无法处分这种地位的，故无限制的可能性。

综上所述，权利能力平等作为民法的一项基本的原则是不可动摇的，否则就会借助于所谓的实质正义而消灭作为抽象意义上的平等。

当然，不仅自然人享有权利能力，法人也享有权利能力。

（二）自然人权利能力的自然性

在今天，权利能力因出生的事实而当然取得，无需登记；因死亡的事实而当然消灭；不存在像物权、债权那样的转让与继承问题，其与人的自然生命同步而不得被剥夺，因此具有自然性。

权利能力不得被剥夺是没有争议的，但是，权利能力能否被限制？对此，有不同观点。我国台湾地区学者王泽鉴认为：权利能力为人之尊严的表现，法律虽得加以限制（如矿业权等），但须有正当理由[2]。也有人认为：权利能力不受剥夺与限制[3]。我更同意第二种观点，因为：①如果将权利能力理解为主体地位的标志，那么，权利能力就是不可限制的，主体地位如何限制？实际生活中对某人不能取得某种权利的限制，是对其行为的限制而非权利能力的限制。像王泽鉴教授列举的矿业权问题，我认为不是一个权利能力问题，而是一个国家对稀缺资源的分配问题，如果以此为例来说明权利能力的限制，那么将导致不可理解的结果：有些权利只能由法人取得而不能由自然人取得，如电信经营权、建筑资质、银行经营权等，这是否意味着法人的主体地位高于个人？另外，对外国自然人的限制问题，在许多国家的民法上都存在，更不能用来作为说明限制自然人权利能力的证据，这恰恰是民法属地法的特征。②在《德国民法典》《法国民法典》《瑞士民法典》《日本民法典》等这些常常被用来作为许多国家民法立法蓝本的法典中，都没有提到权利能力可以被限制的问题，而德国著名的民法著作中也没有讨论这一问题（如卡尔·拉伦茨的《德国民法通

---

[1] 试想：虽然人人都有受教育的资格，但是，由于教育资源（特别是高等教育）的有限性，进入学校就要达到一定的条件，有人因不符合这些条件而不能接受教育，是否就意味着人与人的资格不平等？

[2] 王泽鉴：《民法总则》，中国政法大学出版社2001年版，第105页。

[3] 龙卫球：《民法总论》，中国法制出版社2001年版，第229页。

论》、迪特尔·梅迪库斯的《德国民法总论》等），这是否意味着他们认为权利能力不得被限制是一个当然的、不需要讨论的问题呢？虽然这样就作出结论说"是"，显得有些武断，但我还是愿意说这样一个肯定性结论。③如果权利能力被允许按照实体法限制，一方面将动摇权利能力的宪法基础，而实体法也不能处分权利能力的宪法基础；另一方面，民法对权利能力的任意限制会影响权利能力的伦理价值——平等与自由。

　　法人的权利能力是法律赋予的，而且需要按照法定程序审核方才产生。因此，法人的权利能力虽然在功能上与自然人相同，但性质上是不同的。

　　（三）自然人权利能力的不可转让性与不可放弃性

　　权利能力的不可转让性与不可放弃性是基于两个方面的原因：①基于法律的伦理性及人文关怀。因为权利能力是一个自然人为主体而非客体的标志，因此，它与人须臾不可分离。基于此种对人的关怀，法律不允许转让与抛弃。德国学者拉伦茨指出，不存在有效地放弃权利能力的法律规定[1]。我国台湾地区"民法"第16条也明确规定：权利能力不得抛弃。②不存在转让的市场，因为权利能力对一个人来说，一个足矣，多余的没有意义。

　　但对于法人来说，可以通过法定程序解散，然后注销来消灭权利能力。但直接放弃权利能力也为法律所不允许，因为要保证其原告与被告资格，从而保护债权人利益。

　　（四）抽象性

　　权利能力是一个抽象而非具体的东西，只有在这一意义上才有伟大的说明意义。无论是自然人还是法人，其权利能力的抽象性是一样的。但在具体生活中，权利能力的真正意义往往被行为能力的巨大差异所淡化。

　　三、自然人及其权利能力的取得与终止

　　（一）自然人的概念

　　民法上自然人并非物理意义上的"自然人"。民法上的自然人是指具有民事主体地位的、被法律抽象出来的、能够承担义务并享有权利的非具体个人，仅仅是一种抽象的主体，"它"并不是指现实世界中的你我，而与法人一样，是法律塑造出来的主体。应从以下几个方面来理解民法上的自然人：

　　1. 民法上的自然人是思维和抽象意义上的人，而非经验和现实意义上的人。有的学者表达了这样的民法上的结构：只有人格人是法律主体，人并非必然是法律主体[2]。黑格尔认为，人格的要义在于：我作为这个人（法律上的人或者人格人——作者注）在一切方面都完全是被规定了的和有限的。当主体用任何一种方法具体被规定了而对自身具有纯粹一般自我意识的时候，人格尚未开始，毋宁说，它只开始于对自身——作为完全抽象的自我——具有自我意识的时候，在这种完全抽象的自我中，一切具体限制性和价值都被否定了而成为无效。所以，在人格人中，认识是以它本身为对象的认识，这种对象通过思维被提升为简单的无限性，因而是与自己纯粹统一的对象。个人和民族如果没有达到这种对自己的纯思维和纯认识，就未具有人格。自在自为的存在的精神与现象中的精神所不同者在于：在同一个规定中，当后者仅仅是自我意识，即对自身的意识，仅按照自然意志及其仍然是外在的各种对立的自我意识，前者则是以自身即抽象的而且自由的自我表现为其对象

---

〔1〕　［德］卡尔·拉伦茨：《德国民法通论》（上册），王晓晔等译，法律出版社2003年版，第121页。

〔2〕　［德］罗尔夫·克尼佩尔：《法律与历史：论〈德国民法典〉的形成与变迁》，朱岩译，法律出版社2003年版，第59页。

和目的，从而它是"人"[1]。按照黑格尔的观点，法律上的人即人格人是一种被规定了内在特质的人，即理性意志的抽象的人、现实世界生活中的人，只有认识到并达到这种纯粹抽象的人的标准时，才是法律上的人，并且才具有意志的自由。因此，黑格尔总结说：人实际上不同于主体，因为主体仅仅是人格的可能性，人是意识到这种主体性的主体。因为在人里面，我完全意识到我自己，人就是意识到他的纯自为存在的那种自由的单一性。作为这样一个人，我知道自己在我自身中是自由的，而且能够从一切中抽象出来，因为在我的前面，除了纯人格以外什么都不存在。然而，作为这样一个人，我完全是被规定了的东西[2]。

凯尔森通过论证认为，所谓"自然人"的概念也不过是法学上的构造，并且其本身完全不同于"man"的概念。所以，所谓"自然人"，其实就是一种"法"人。如果说"自然人"就是"法"人的话，那么在"自然人"和通常被认为的"法人"之间就不可能有什么实质性的差别。传统法学确实倾向于承认所谓的自然人也就是一个法人，但在界说自然人是人（man），而法人则是非人类的人（non-man）时，却又模糊了这二者实质上的相似性，man 和自然人之间的关系并不比 man 和技术意义上的法人之间的关系来得更密切。每个法律上的人归根到底是一个法人。因此，自然人与法人人格化的基础在原则上是相同的，只是在以统一性给予人格化了的规范综合体的因素之间才有差别[3]。

根据康德的观点，道德的人格就是道德律令之下的理性本质的自由。这些必须以完全先验的依据人的本质即独立于具体条件的人格加以想象，并区别于个人[4]。道德的或法律上的人作为唯一的、独立于具体的规定的、纯思想建构的、思辨想象中的人[5]。

那么，接下来自然就有必要探讨自然界中的人与康德及黑格尔学说中的人格人（法律上的人）的差别，并探求人是如何被规定的。

2. 民法上对自然人特质的规定。民法是通过规定主体性特质来"塑造""自然人"的，那么，民法是如何对"自然人"进行"塑造"的呢？

其实，民法是通过先验地规定主体性特征来塑造作为主体的自然人的：一是规定其"权利能力"的所谓主体性地位；二是通过规定其理性能力——行为能力来抽象作为民事主体的自然人的：具有了权利能力，就具有了主体地位，而具有了理性能力（行为能力）就可以实行意思自治，就能够因过错而被归责。

我们清楚地看到，通过这样的塑造以后，法律上的人不等同于现实世界中活生生的人，而是一个被掏空了五脏六腑、无血无肉、没有自己的意志而仅有符合"被规定了的共同意志"的意志之人。就如德国学者兹特尔曼（Zitelmann）所指出的："人格是意志的法律能力，人的肉体是其人格的完全不相关的附庸。"[6]因此，法律上的人是思辨中的人，其是民法非感性的法律主体的典型。法律上的人不必通过拟制与人等同，或者根本不必通过人的生活加以填补，也不必被提炼成为一个较多的组织的生命单元，相反，经验中的人必须致

〔1〕　[德] 黑格尔：《法哲学原理》，范扬、张企泰译，商务印书馆 1995 年版，第 45~46 页。

〔2〕　[德] 黑格尔：《法哲学原理》，范扬、张企泰译，商务印书馆 1995 年版，第 46 页。

〔3〕　[奥] 凯尔森：《法与国家的一般理论》，沈宗灵译，中国大百科全书出版社 1996 年版，第 120~121 页。

〔4〕　[德] 康德语，转引自 [德] 罗尔夫·克尼佩尔：《法律与历史：论〈德国民法典的形成与变迁〉》，朱岩译，法律出版社 2003 年版，第 84 页。

〔5〕　[德] 罗尔夫·克尼佩尔：《法律与历史：论〈德国民法典的形成与变迁〉》，朱岩译，法律出版社 2003 年版，第 84 页。

〔6〕　转引自 [美] John Chipman Gray："法律主体"，载许章润编：《清华法学》（第 1 卷第 1 期），清华大学出版社 2003 年版，第 233 页。

力于约束、抑制其感情与情感，以成为道德与法律上的人[1]。所以，民法典是不知晓农民、手工业者、制造业者、企业家、劳动者之间的区别的，私法中的人就是作为被抽象掉了各种能力和财力等的抽象的个人而存在[2]。民法中的人，犹如一幅理性勾画出来的人的画像，挂在民法的圣殿中，尽管其来源于人的形象，但却不是真实的人。诚如学者所言：人格体是一种"当为"（即规范要求下的理性行为）的形式，即一种客观的构造[3]。

3. 自然人是为了区别法人而特别适用的一个概念，是个体相对于团体来适用的（尽管现在各国，包括我国也承认一人公司），但从历史上看，自然人与法人的区别实际上反映了个体与团体的区分。

（二）"自然人"一词的适用在民法上的进步意义

尽管民法中的自然人，犹如一幅理性勾画出来的人的画像，而非具体的现实世界中的自然人，但是在民法适用"自然人"一词还是具有十分重要的意义的：

1. 使自然出生的人与民法上具有主体地位的自然人打通了。在罗马法上，自然意义上的自然人与作为法律上的人相差太远。自德国民法典开始，民事主体直接适用"自然人"，自然意义上的人从一出生就获得作为主体的"自然人"的地位，这是历史的进步，从此，自然人的主体地位始于出生成为一种普遍的现实。我国《民法总则》就适用"自然人"一词，是非常正确的。

同时，"自然人"与"公民"对比，更符合对人的保护。《法国民法典》适用"公民"一词，而未适用"自然人"（见《法国民法典》第8条规定），更强调对法国人的保护。而适用"自然人"则不同，不仅本土的"自然人"受到本国法律保护，外国"自然人"也受到保护（双边或者多边国际条约有规定的除外），尤其是当今世界，更具有进步意义。

2. 自然人是民事主体制度的原型。尽管现代民法用"权利能力"统一了自然人与法人，但实际上不可否认的是，民法的所有的权利只有自然人才能完整地享有，包括人身权利（人格权与身份权）和财产权利，而法人纯粹是充当交易主体或者其他有目的的主体而仿照自然人塑造的，例如，理性（权利能力）等（因此法人"拟制说"是有道理的）。因此，罗马法上仅仅关注自然人是否是民事主体，法国民法典也仅仅规定了自然人主体。故自然人是民事主体原型，法人所享有的民事权利主要是财产权利，法人主要是为了交易或者其他特定目的而存在。

（三）自然人权利能力的取得

1. 一般原则。现代民法典一般都认为：自然人的权利能力因出生而取得，我国《民法总则》第13条也作了相同的规定。前面已经论及，自然人的权利能力（私法上的地位）因出生的事实而自然取得并人人平等，是法律的伟大进步。但由于医学的发展，使得人们对出生有了更加精确的解释，也就有了不同的看法。关于出生的学说大致有：一部露出说、全部露出说、断脐带说、初啼说、独立呼吸说[4]等。我认为，民法之所以对出生的界定发生兴趣，主要是因为出生与以下两方面问题有关：①继承；②主体性问题。法律不能仅仅

---

[1]　[德]罗尔夫·克尼佩尔：《法律与历史：论〈德国民法典的形成与变迁〉》，朱岩译，法律出版社2003年版，第87页。

[2]　[日]星野英一："私法中的人——以民法财产法为中心"，王闯译，载梁慧星主编：《民商法论丛》（第8卷），法律出版社1997年版，第168页。

[3]　[德]京特·雅科布斯：《规范·人格体·社会：法哲学前思》，冯军译，法律出版社2001年版，第88页。

[4]　张俊浩主编：《民法学原理》（上册），中国政法大学出版社2000年版，第98页。

考虑纯粹医学上的合理性，而应当从保护人的存在为出发点，因此，应选择在以上各种学说中出生最早的时间为法律上的出生。

2. 胎儿的保护问题。对胎儿权利能力的讨论，主要涉及胎儿的继承权与受损害的赔偿请求权问题。如果胎儿无权利能力，何以解释其尚未出生就可以继承其父母的遗产的问题？何以解释其未出生前本人或者其父母遭受第三人侵害时的损害赔偿请求权问题？很自然地，人们就试图给予胎儿以权利能力，以期从逻辑上合理地解释胎儿的继承与损害赔偿请求权。

对于胎儿的继承权，如果法律严格遵循"权利能力始于出生"的原则，那么，父母（或者任何一方）在胎儿出生前死亡，而其出生后就不能继承遗产。为了保护胎儿的利益，自罗马法开始，就确立了一条原则：在保护胎儿利益所需要的限度内，视其已经出生。我国《民法通则》虽然没有就此作出规定，但《继承法》第28条规定："遗产分割时，应当保留胎儿的继承份额。胎儿出生时是死体的，保留的份额按照法定继承办理。"我国《民法总则》第16条专门规定了胎儿利益的保护："涉及遗产继承、接受赠与等胎儿利益保护的，胎儿视为具有民事权利能力。但是胎儿娩出时为死体的，其民事权利能力自始不存在。"

我认为，胎儿的接受赠与的能力与另外一个问题比起来，似乎另一个问题更重要——胎儿的损害赔偿请求权问题，即活着出生的人是否有权对他出生前（即在其胎体的形成过程中）因第三人的不法行为所导致的他的损害请求赔偿？有人认为：孩子可以提出损害赔偿的前提条件是他在受到损害时已具有权利能力。而拉伦茨反对这种观点，指出：未出生的人被侵害的问题并不取决于他是否具有权利能力，人们坚信：孩子仅是随着出生才成为法律意义上的人，从而取得了权利能力，但这并不改变他的生命体已存在着一个很长的"前史"。究竟什么时候是"人的生命"的开始？从什么时候起可以受到法律的保护？这是与什么时候人就具有权利能力完全无关的问题。出生前身体器官受到损害，在出生后表现为器官残损而继续存在，人只有出生而取得权利后，才能对其在出生前身体受到的侵犯请求赔偿。一般情况下，损害与损害赔偿请求权是同时产生的，为了使胎儿受到损害时就有请求权而将权利能力的获得提前到出生前，是不必要的[1]。德国民法典仅仅规定权利能力因出生而开始，但并不是说其作为自然生命体的存在也是因出生而开始[2]。迪特尔·梅迪库斯也指出：受害人在损害行为发生之时是否已经出生或者孕育，从侵权行为法方面来说是毫无根据意义的。即使胎儿受到损害是立即发生的，而损害的后果则是在出生之后才显示出来，由已经具有权利能力的受害人主张损害赔偿请求权也不存在任何障碍[3]。也就是说，损害事实的发生与对损害主张赔偿请求权可以是不同步的，也就没有必要将胎儿的权利能力说成是开始于出生前。我国《民法总则》第16条应该包括之。

（四）自然人权利能力的终止

权利能力因死亡而终止为法律的一般原则。而所谓的死亡，包括自然死亡与拟制死亡。

1. 关于自然死亡。近年来，由于医学的发展，如同人的出生一样，对何为死亡也存在不同的观点，大致有心搏终止说、脑电波消失说、呼吸停止说等。从保护人的价值考虑，法律应选择死亡时间最晚的观点为死亡。

2. 关于拟制死亡。拟制死亡并非真正的死亡，而仅仅是被宣告人在法律上死亡了，因此，与自然死亡的法律结果是一样的。因为，自然死亡只是一个事实，其真正的意义也是

〔1〕　［德］卡尔·拉伦茨：《德国民法通论》（上册），王晓晔等译，法律出版社2003年版，第127~128页。

〔2〕　［德］卡尔·拉伦茨：《德国民法通论》（上册），王晓晔等译，法律出版社2003年版，第127页。

〔3〕　［德］迪特尔·梅迪库斯：《德国民法总论》（上册），邵建东译，法律出版社2000年版，第786页。

在法律意义上来说的。但拟制死亡有一个不可忽视的问题是：被法律宣告死亡的人虽然在法律上死亡了，但他确实可能在自然意义上还活着。这就出现了一个矛盾：被宣告死亡的人在法律上死亡而没有权利能力，但其作为生存着的人还有权利能力，并且在生存期间所为的法律行为仍然有效。如何解释这一问题？

其实，我认为，宣告死亡的真正意义与目的根本不是解决权利能力的消灭问题，而在于解决被宣告人既存的各种法律关系问题，即人身关系与财产关系问题。也就是说，被宣告死亡后，配偶关系、收养关系、父母子女关系等因此消灭；继承发生；代理关系终止；死亡人不得再作为诉讼关系的原告或者被告，而仅仅能够针对其财产诉讼等。至于说，其权利能力是否终止，仅仅是由于拟制死亡也是死亡，因此，自然就推理出权利能力也因这种死亡而消灭。但是，权利能力伴随生命的存在而存在，因此，生存着的被法律宣告死亡的人当然具有权利能力。

四、法人权利能力的取得与终止

因为法人的权利能力为法律所赋予，因此，法人具备什么条件才能被赋予权利能力，取决于一个国家的立法政策。在我国，只有具备一定的条件才能够被赋予权利能力。由于法律对于不同法人的要求不同，因此，在此就不再赘述，而是在本书第二编第六章讲到各类法人时再详细论述。

■第三节　民事主体的理性标志——行为能力

一、行为能力的概念

行为能力是权利主体依自己的意志独立实施法律行为而取得权利或者承担义务的资格。德国学者拉伦茨指出：行为能力是指法律所认可的一个人可进行法律行为的能力，即为本人或者被代理人所为的能产生法律后果的行为的能力[1]。迪特尔·梅迪库斯则认为：理智地形成意思的能力，在民法中称为行为能力。自然人具备了行为能力即可通过自己而不是仅仅通过代理人的意思表示构建其法律关系[2]。我国学者对行为能力的概念的理解与德国学者的基本相同。

行为能力所要解决的问题是：一个具有权利能力的人能否以独立的意志去创设、变更或者消灭权利义务关系。这是理性能力的直接体现。

行为能力对于自然人意义重大，讨论行为能力主要是针对自然人，因为自然人的理性有区别，故区分为完全行为能力人、限制行为能力人和无行为能力人。而法人的理性是拟制的，因此，不存在分类的意义，也不具有讨论的价值。

二、制度价值

1. 体现了民法对人的关怀和保护。在民法上，权利主体与权利义务的结合有两种途径：一是通过自己的行为去积极地取得；二是通过法律的规定而被动承受。对于后一种情况，则无需行为能力，只要有权利能力就可以了，例如，在幼儿园的小孩可以因继承而取得财产。但对于第一种情况就大不相同了，必须要求其能够认识到自己行为的性质、后果、意义等，以避免对自己造成损害。例如，一个 3 岁的孩子可能会用妈妈的金戒指与一块糖果进行交换，如果法律保护这种交易，显然会损害未成年人的利益。就像英国学者阿蒂亚所

---

〔1〕［德］卡尔·拉伦茨：《德国民法总论》（上册），王晓晔等译，法律出版社 2003 年版，第 133 页。
〔2〕［德］迪特尔·梅迪库斯：《德国民法总论》，邵建东译，法律出版社 2000 年版，第 409 页。

言："如果有人要问，规定关于未成年人订立合同的行为能力规则的目的是什么，那么他可能得到的答复是：要保护未成年人，使他们不至于由于自己缺乏经验而受到损害……还可能得到的答复是，防止未成年人由于借钱或赊购货物而负担债务。"[1]所以，法律要求一个行为人对自己所从事的行为有认识能力与判断能力。

2. 维护完整真实意义上的意思自治。既然意思自治的真正含义是"让民事主体以自己的独立自由意志去创设权利义务关系"，那么，法律就必须关注主体是否有这样的能力去独立判断与设计自己的权利义务关系。如果让一个3岁的小孩或者精神病患者去自治，就会破坏意思自治的真正价值。因此，凡是实行意思自治的国家，都有行为能力的要求与制度设计。我国《民法总则》从第18~24条用整整7条来规定行为能力的有关问题。足以看出行为能力在民法中的重要性。

3. 是民法理性主义的实证贯彻。前面已经论及，民法上的人为理性人，只有具备了行为能力，才能达到"被规定了的"理性标准，才能去进行意思自治、去支配物权、被因过错而归责，否则，其虽为主体，却用理性的拟制来说明。因此，行为能力是理性主义的实证贯彻。

三、分类标准

从前面的论述可以看出，如果对于行为能力采取如同权利能力那样人人平等的做法，显然会出现不公平的结果。因此，有必要对人的行为能力进行区别。

从自然属性上说，人与人之间的差别是绝对的、普遍的，没有完全等同的两个人，否则就是机器人。因此，对于每个人的认识与判断能力进行个案审查是最精确的。但是，对于每个人进行个案审查的方式几乎是不可操作的，即使从理论上说能够操作，其成本也十分高昂。因此，各国民法典采取的是非个案审查的抽象方式，将人的行为能力类型化，其采取的标准是——判断能力的有无以及大小。《瑞士民法典》第13条规定："成年且有判断能力的人有行为能力。"第16条规定："凡非因未成年、精神病、精神衰弱、酗酒或者其他类似情况而不能理智地行为的人，均具有本法意义上的判断能力。"但判断能力如何确定？一般来说，对于没有精神障碍的人来说，随着其年龄的增长，判断能力也会同步增长，所以，年龄就成为最稳定的分类标准。另外，也必须考虑到精神障碍方面的因素，对于患有精神障碍的人来说，其判断能力与年龄的增长并不同步。

应当说，年龄标准是一个相对科学的标准，按这一标准可能会出现这样的情况，即一个人从无行为能力人变成限制行为能力人或从限制行为能力人变为完全行为能力人只相隔一天。在此情况下，将之划分为行为能力完全不同的人，的确不够科学，故阿蒂亚称之为"愚蠢的规则"[2]。但是，除这种"一刀切"的方式之外，也没有更合适的方式替代。

四、我国民法上的分类

（一）完全行为能力人

按照我国《民法总则》第17、18条的规定，18周岁以上且无精神障碍的人为完全行为能力人。考虑到我国现实情况，即有的人在16岁就参军或者参加工作，因此，法律规定16周岁以上而不满18周岁的无精神障碍的且以自己的劳动收入作为主要生活来源的，也视为完全行为能力人。

（二）无行为能力人

无行为能力人包括两种：一是不满8周岁的人；二是虽然已经达到8周岁，但患有严

〔1〕　［英］阿蒂亚：《合同法概论》，程正康等译，法律出版社1982年版，第117页。
〔2〕　［英］阿蒂亚：《合同法概论》，程正康等译，法律出版社1982年版，第116页。

重的精神障碍使其判断能力相当于不满 8 周岁的未成年人或者成年人[1]。

由于我国《民法通则》对无行为能力的规定年龄过高，规定为 10 周岁，与我国现实生活极不符合。因此，《民法总则》第 20 条将 10 周岁改为 8 周岁。但我认为，由于我国普遍采取 7 周岁上学的年龄，应该以 7 周岁作为无行为能力的分界线更加合适。

（三）限制行为能力人

限制行为能力人也包括两种：一种是 8 周岁以上而不满 18 周岁的无精神障碍的未成年人；另一种是具有部分判断能力的成年人（其判断能力相当于 8 周岁以上而不满 18 周岁的精神正常的未成年人）。

根据我国《民通意见》第 3、4 条的规定，10 周岁以上的未成年人或者不能完全辨认自己行为的精神病人进行的民事活动是否与其年龄、智力状况相适应，可以从行为与本人生活的关联的程度、本人的智力能否理解其行为，并预见相应的行为后果，以及行为标的数额等方面认定。

五、行为能力对行为之法律后果的影响

民法对行为能力进行分类的目的在于确定各类行为能力人的行为在法律上的后果，因此，行为能力对行为人行为后果的影响才是实质性的。如果行为人的行为超出了法律规定的可能性，将导致其行为后果的瑕疵。

（一）无行为能力人的行为在法律上的后果

德国学者迪特尔·梅迪库斯指出：无行为能力人的意思表示本身就是无效的，第三人向无行为能力人发出的意思表示必须到达法定代表人。这说明，无行为能力人仍然是权利主体，即也有权利能力，但是他不能自己实施行为来充当法律行为的参与人，亦即他不能自己发出意思表示或者受领意思表示，而必须由他人来代理[2]。

梅迪库斯的上述论断是无行为能力人与限制行为能力人的重大区别之一：在限制行为能力人从事某种其依照法律不能从事的法律行为时，其代理人可以事前同意也可以事后追认，但是，对无行为能力人却不存在事前同意或者事后追认的问题。如果说，在现实生活中，其法定代理人事后追认的话，也仅仅是进行了一项新的法律行为而不是对无行为能力人行为的追认。

《民法总则》第 20 条规定："不满 8 周岁的未成年人为无民事行为能力人，由其法定代理人代理实施民事法律行为。"第 21 条规定："不能辨认自己行为的成年人为无民事行为能力人，由其法定代理人代理实施民事法律行为。8 周岁以上的未成年人不能辨认自己行为的，适用前款规定。"

（二）限制行为能力人及其法律后果

由于限制行为能力人介于无行为能力与完全行为能力之间，因此，对其行为及其法律后果的判断，在实际上存在较大的困难。具体说，有下列问题需要分析：

1. 限制行为能力人能够从事哪些法律行为？

我国《民法总则》第 19 条规定："8 周岁以上的未成年人为限制民事行为能力人，实施民事法律行为由其法定代理人代理或者经其法定代理人同意、追认，但是可以独立实施纯获利益的民事法律行为或者与其年龄、智力相适应的民事法律行为。"第 22 条规

---

[1] 按照英美普通法的规定，已结婚的妇女没有缔结契约的能力，其法律主体资格被其丈夫的法律主体资格所吸收。英国法的理论是夫和妻为一人，而这个人就是夫。妻不能享受任何财产上的权利，也无缔结契约的能力。但这种情形在 19 世纪后随着妇女已获得选举权而被废除。这种情形在欧洲大陆也曾一度盛行。

[2] ［德］迪特尔·梅迪库斯：《德国民法总论》，邵建东译，法律出版社 2000 年版，第 416~417 页。

定："不能完全辨认自己行为的成年人为限制民事行为能力人，实施民事法律行为由其法定代理人代理或者经其法定代理人同意、追认，但是可以独立实施纯获利益的民事法律行为或者与其智力、精神健康状况相适应的民事法律行为。"《合同法》第47条第1款规定："限制民事行为能力人订立的合同，经法定代理人追认后，该合同有效，但纯获利益的合同或者与其年龄、智力、精神健康状况相适应而订立的合同，不必经法定代理人追认。"由此可见，我国法承认限制行为能力人可以独立从事两种法律行为而不必经其法定代理人同意：一是与其年龄、智力、精神健康状况相适应的法律行为；二是纯获利益的法律行为。

2. 限制行为能力人不能从事的行为应如何实施？

限制行为能力人依法不能实施的行为，可以通过以下两种方式实施：一是由其法定代理人为其实施；二是事先得到其法定代理人的同意或者事后得到其法定代理人的追认。

（1）关于事先同意。事先同意既可以是对单个事项的同意，也可以是概括性的同意。这种允许既可以向未成年人作出，也可以向与未成年人进行交易的相对人作出。

（2）关于追认。如果未成年人在行为前未得到其法定代理人的同意，也可以在事后取得其法定代理人的追认。这种追认既可以向未成年人作出，也可以向与未成年人进行交易的相对人作出。但在追认前，行为处于效力待定状态。一经追认，被追认的行为从开始生效。特别应当强调的是，如果在追认时，限制行为能力人已经成为完全行为能力人，则由他自己追认。

法律在保护未成年人利益的同时，也保护善意相对人的利益。对此，法律赋予其两种权利：催告权与撤销权。所谓催告权，是指相对人在法定期间内催促与其缔约的限制行为能力人的法定代理人作出是否追认的权利。因为，需要追认的行为在追认前处于效力待定状态，因此，法律给予相对人这样一种权利以便尽快结束这种不确定状态。根据我国《民法总则》第145条、《合同法》第47条第2款的规定，相对人可以催告法定代理人在1个月内予以追认。法定代理人未作表示的，视为拒绝追认。

这里所说的撤销权，是指限制行为能力人所从事法律行为的善意相对人在限制行为能力的法定代理人追认前，可以撤销法律行为的权利。我国《民法总则》第145条、《合同法》第47条第2款规定："相对人可以催告法定代理人在1个月内予以追认。法定代理人未作表示的，视为拒绝追认。合同被追认之前，善意相对人有撤销的权利。撤销应当以通知的方式作出。"

（3）事前同意或者事后追认的行为的后果归属。限制行为能力人事前经其法定代理人同意或者事后追认的行为有效，但该有效的结果由谁来承担呢？我国《合同法》与《民法总则》对此都未作规定，实为一疑问。德国学者拉伦茨指出，允许的结果是由未成年人本人为自己所为的法律行为享有权利并承担义务。然而这并不意味着其法定代理人本人须对未成年人的交易对方承担责任，即使他的允许是对交易对方作出的，也同样如此。如果对方希望不仅可以向未成年人本人还可以向其法定代理人行使请求权，他就得要求对未成年人的义务设定保证[1]（以法定代理人为保证人）。从理论上说，我十分同意拉伦茨的观点，但在日常生活中，限制行为能力人分两种情况：一是他本身具有财产或者具有履行非金钱债务的能力；二是限制行为能力人无财产也无履行非金钱债务的能力。在第一种情况下，

〔1〕　〔德〕卡尔·拉伦茨：《德国民法通论》（上册），王晓晔等译，法律出版社2003年版，第148～149页。

由限制行为能力人承担后果自无问题。但在第二种情况下，即使法定代理人允许，限制行为能力人仍然没有履行能力。因此，实际的情况是，法定代理人追认的情况一般都是愿意替他承担履行义务。如果他不打算替代履行，那么，他一般就不会允许。

3. 社会典型交易中行为能力是否适用？

技术的发展，使传统的交易方式发生了较大的变化，自动售货机、公共电话、公共汽车等类似交易行为中，是否也适用行为能力的规定？德国不来梅地方法院在关于一个 8 岁儿童乘坐电车游玩的案例中认为：儿童不仅应当支付票价，而且应当支付一般运输条件中规定的罚款。这一判决否定了在公共运输行业中适用行为能力的规定。这一判决受到了各界的严厉批评，学者指出：民法典对于未成年人的保护制度，不能因为这些规定而被彻底改变[1]。但是，这一问题在我国并没有得到应有的重视，甚至有许多学者认为在这些典型的社会交易行为中，行为能力的有关规定不适用。如果真的如此，随着格式交易的不断发展，民法关于行为能力规定中对限制行为能力人的保护价值将会失去意义，这是"技术吃人"的表现。我们不能想象原本是一个人与限制行为能力人交易，其效力为待定。而这个人发明了机器而用机器与限制行为能力人交易，他自己站在旁边管理机器，从而使这种交易变为有效，这岂不荒唐？所以，德国学者的意见值得注意。

4. 是否区分单方法律行为与双方法律行为而确定效力？

《德国民法典》区分单方法律行为与双方法律行为而规定有不同的法律效力。根据《德国民法典》第 110 条的规定，未成年人未取得法定代理人的必要同意而为的单方法律行为无效；而根据《德国民法典》第 108 条的规定，合同经其法定代理人的追认后才生效，为效力待定。我国《民法总则》与《合同法》没有明确规定，但我认为，德国民法的这种规定是合理的，而且对保护未成年人来说是有益的。因为，按照民法的一般原理，"任何人的单方行为仅得为他人创设权利而不得设定义务"，故单方行为得是使他人受益而对自己不利的行为。所以，法律否定未成年人从事单方法律行为的效力，恰恰在于保护未成年人。也许有人会认为：让这种单方行为效力待定也未尝不可。但是，我们不能不顾"效力待定"的制度价值：它的目的在于让法定代理人衡量一下未成年人的行为是否对其有利，如果有利，就追认，否则就拒绝追认。既然这种单方行为不能给未成年人带来任何利益，法律直接否定其效力可能更合适。

至于双方法律行为，因双方互负债务与互享权利，故这种权利义务是否对等、是否会损害未成年人的利益，让其法定代理人进行衡量，并作出是否追认的决定。这样也不会损害未成年人的利益。

（三）完全行为能力人之行为的法律后果

从意思自治的完整性意义上说，完全行为能力人所为的法律行为应当有效。当然，影响一个法律行为效力的因素有许多，行为能力仅仅是一个主要的因素。法律行为也可能因诸如违法、违反善良风俗等而无效。

六、需要说明的问题

（一）在行为能力问题上，是否存在善意第三人的保护

人们在实践中常常提出的一个疑问是：在缔约能力（行为能力）方面，是否有善意第三人的保护问题？即如果一个未成年人外表看上去很像成年人，或者自己也谎称为成年人，

---

〔1〕 ［德］迪特尔·梅迪库斯：《德国民法总论》，邵建东译，法律出版社 2000 年版，第 195 页。

善意第三人是否可以因善意信赖而主张合同有效？对此，德国学者指出：无行为能力及其原因无需具有可识别性，因此，他方当事人完全可能在没有任何过失的情况下信赖某行为的有效性，而该项行为实际上因行为人无行为能力而无效。我们的法律制度从来不是因为对交易能力的诚信导致交易有效而保护这种信赖，法律之所以规定无行为能力人从事的行为无效性，恰恰是为了保护无行为能力人，而这种保护应当与对方当事人的善意或者恶意无关，这也就是说，在通常情况下，每一个人都应当自行承担碰见无行为能力人并因此遭受信赖损害的风险[1]。英国判例也坚持这样的原则：如果一个未成年人谎称自己是成年人并劝使另一个人和他订立合同，任凭他进行欺骗，该合同对他仍然是不能执行的。这种观点值得赞同，因此，在行为能力问题上，不存在善意第三人的保护问题。

这里所说的不存在善意第三人的保护问题，是指第三人不得主张自己无过错、信赖对方有行为能力而主张法律行为有效。但是，前面已经提到，在限制行为能力人的法定代理人追认前，善意第三人有撤销其意思表示的权利。在这种意义上，也存在善意第三人的保护问题。

（二）行为能力在侵权行为中是否适用

前面已经提到，只有涉及法律行为时，才有行为能力的适用问题。而侵权行为虽然有时是人的行为，但却不是法律行为，不需要意思表示。因此，即使无行为能力人也可以作为侵害他人绝对权的侵权人。如果他本人无财产赔偿，可以适用"责任转承"原则，即由他的监护人承担赔偿责任。我国《侵权责任法》第32条规定，无行为能力人、限制行为能力人造成他人损害的，由监护人承担侵权责任。监护人尽了监护责任的，可以适当减轻其侵权责任。

（三）限制行为能力、无行为能力的宣告问题

一个完全行为能力人或者一个限制行为能力人，有可能因为某种原因而变为限制行为能力人或者无行为能力人。而在有些情况下，是否为限制行为能力或者无行为能力很难识别与辨认。例如，对于间歇性精神病患者，其行为后果常常发生疑问。从理论上说，间歇性精神病患者，在不犯病期间为完全行为能力人，在犯病期间按照无行为能力人对待。但在实践中，却难以举证。因此，为了识别的方便，法律创设了限制行为能力、无行为能力的宣告制度。对于具备法定条件的自然人，可以被利害关系人申请法院宣告为限制行为能力人或无行为能力人。

1. 成年人限制行为能力或者无行为能力的宣告问题。《民法总则》总结多年的理论与司法实践经验，于第24条专门规定了对于成年人进行无行为能力或者限制行为能力的宣告："不能辨认或者不能完全辨认自己行为的成年人，其利害关系人或者有关组织，可以向人民法院申请认定该成年人为无民事行为能力人或者限制民事行为能力人。被人民法院认定为无民事行为能力人或者限制民事行为能力人的，经本人、利害关系人或者有关组织申请，人民法院可以根据其智力、精神健康恢复的状况，认定该成年人恢复为限制民事行为能力人或者完全民事行为能力人。本条规定的有关组织包括：居民委员会、村民委员会、学校、医疗机构、妇女联合会、残疾人联合会、依法设立的老年人组织、民政部门等。"

2. 未成年人能否由限制行为能力人宣告为无行为能力人？2017年通过的《民法总则》对此没有规定，而仅仅规定了成年人的宣告。从法律解释学的视角看，可以认为，这是排

---

〔1〕〔德〕迪特尔·梅迪库斯：《德国民法总论》（上册），邵建东译，法律出版社2000年版，第417页。

除对于未成年人的宣告。但从我国《民法通则》第 19 条规定看，似乎可以。该条规定："精神病人的利害关系人，可以向人民法院申请宣告精神病人为无民事行为能力人或者限制民事行为能力人。被人民法院宣告为无民事行为能力人或限制民事行为能力人的，根据他健康恢复的状况，经本人或者利害关系人申请，人民法院可以宣告他为限制民事行为能力人或者完全民事行为能力人。"

（四）纯获利益的行为之有效规则是否也适用于无行为能力人

根据德国民法典的规定及学者的论述（上面已经提到），即使是纯获利益的行为，也仅仅对限制行为能力人适用，而对于无行为能力人无效。

从我国《民法总则》第 19 条、《合同法》第 47 条看，仅仅规定了限制民事行为能力人纯获利益的合同不经其法定代理人追认也有效，而没有规定无行为能力人的适用。由此可见，《民法总则》及《合同法》遵循了德国法的模式。

自然人

■第一节　自然人的概念及主体性基础

一、自然人与公民

自然人与公民的内涵并不相同，外延有重合之处，但显然是不同的。法国民法典使用"公民"一词，显示出其具有强烈的属地性特征，并具有强烈的罗马法的痕迹。及至德国民法典，就使用"自然人"一词，更显示出平等的意义。因此，现代民法多用"自然人"这一概念。

二、自然人的客观性

民法上所谓的自然人，虽然以生物意义上的人为基础构造，但其本身却是客观的。这主要是因为民法上的自然人的所有特征是事先被法律规定好了的，并不因具体个人的不同而不同。民法理论认为，所有的法律上的自然人都是一样的，因此，可以被按照理性归责，其行为具有可预见性。因此，民法上的自然人是客观的。

三、自然人主体性基础

（一）宪法性基础

因近代的宪法都承认自然人为法律的目的而非手段，是法律主体。因此，一个被宪法承认是主体的人，当然就是民法主体。

（二）哲学基础

康德与黑格尔的哲学思想，对整个民法的法典化构造产生了巨大的影响。康德认为，没有理性的东西只具有一种相对的价值，只能作为手段，因此叫作"物"。而有理性的生灵叫作"人"，因为人依其本质即为目的的本身，而不能仅仅作为手段来使用。无论是在你自己，还是任何其他一个人，你都应将人类看作目的，而永远不要看作手段[1]。人依其本质属性，有能力在给定的各种可能性的范围内，自主和负责任地决定他的存在和关系，为自己设定目标并对自己的行为加以限制。这一思想既源于基督教，也源于哲学[2]。主体与客体的区分源于哲学而非源于民法。

■第二节　自然人的人格权

一、人格权的概念与特征

由于学者及立法对人格权的本质的认识的差异，更由于人格权客体与范围的争议性与

---

[1]　语出［德］康德，转引自卡尔·拉伦茨：《德国民法通论》（上册），王晓晔等译，法律出版社2003年版，第46页。

[2]　语出［德］卡尔·拉伦茨：《德国民法通论》（上册），王晓晔等译，法律出版社2003年版，第46页。

开放性，对人格权的概念就有较大的不同。

德国学者拉伦茨认为：人格权是一种受尊重权，也就是说，承认并且不侵害人所固有的"尊严"，以及人的身体与精神，人的存在与应然的存在。一般来说，通过人格权所保护的东西就是人本身的生存。这包括不能把人只当作工具和手段来对待；还包括对人用以标志其个体的姓名的承认，以及对仅属于他自己的生活范围的承认……每个人都有权使自己的生命、身体、健康和身体的活动自由不受侵犯，都有权要求他人尊重自己的尊严和名誉[1]。

谢怀栻先生认为：人格权是以权利者的人格利益为客体的民事权利[2]。这一概念在我国具有广泛的影响力，许多学者都持有这种观点。也可以说，这种观点是我国民法学界的通说。

我们认为，可以将人格权作为一个框架性的权利进行定义，以保持其开放性：人格权是自然人具有的、对于"人之所以为人"的那些属性所享有的排他性绝对权（而绝非支配权）。此一权利是人之自由与尊严在实证法上的折射。人格权具有以下特征：

1. 人格权是一种原始的权利，是与生俱来的。在这一点上，人格权与权利能力一样，始于出生，终于死亡，既无取得问题，也无转让问题。

2. 人格权属于专属权，不得继承，不得抛弃。

3. 人格权是绝对权，具有排他性和对世性[3]。

4. 人格权是开放性的权利。人格权既然是被法律"确认"的自然权利，那么，人之为人的所有本质属性，自然应当是人格权的范畴。上面已经提到，虽然《德国民法典》是秉承实证主义精神制定的，但其在人格权方面还是保持开放性的。将人格权作为开放性的权利，是对人格权进行有效保护的明智的选择。

二、我国立法中关于人格权的争议

应该说，在我国民法典的编纂过程中，没有任何一个问题比人格权更富有争议的了，甚至这种争议都已经上升到政治的高度。争议的焦点主要在于：①人格权是否独立成编？②人格权是否只有自然人享有？③究竟应该规定哪些人格权？

对于第一个问题，现在的结论大概清楚了：人格权独立成编；对于第二个问题，《民法总则》给出的答案是自然人与法人都享有人格权。对于第三个问题，采取了"概括＋个别列举"的模式，那就是《民法总则》第109条："自然人的人身自由、人格尊严受法律保护。"第110条："自然人享有生命权、身体权、健康权、姓名权、肖像权、名誉权、荣誉权、隐私权、婚姻自主权等权利。法人、非法人组织享有名称权、名誉权、荣誉权等权利。"

三、一般人格权与具体人格权

（一）一般人格权的概念

一般人格权是德国判例根据其《德意志联邦共和国基本法》第1条与第2条创制的，它是指：受尊重的权利、直接言论不受侵犯的权利以及不容他人干预其私生活和隐私的权利。然而，这里没有一个明确且无争议的界限[4]。

德国判例之所以创制一般人格权，是因为《德国民法典》因受萨维尼的学说的影响，

---

〔1〕 ［德］卡尔·拉伦茨：《德国民法通论》（上册），王晓晔等译，法律出版社2004年版，第282页。

〔2〕 谢怀栻："论民事权利体系"，载《法学研究》1996年第2期。

〔3〕 谢怀栻："论民事权利体系"，载《法学研究》1996年第2期。

〔4〕 ［德］卡尔·拉伦茨：《德国民法通论》（上册），王晓晔等译，法律出版社2004年版，第171页。

有意识地未规定一般人格权，就如德国学者梅迪库斯所言：民法典有意识地未将一般人格权，也未将名誉纳入第 823 条保护的法益范围。帝国法院虽然在某些方面将这种保护以及特别人格权保护作了扩大，但却没有将这种保护予以一般化[1]。但是，在第二次世界大战以后，人们普遍认为，通过上述的特别人格权仍不足以保护所有各方面的人格。凭着对独裁统治的经验，人们对任何不尊重人的尊严和人格的行为都变得敏感起来，这种不尊重的行为不仅有来自国家方面的，也有来自于团体或者私人方面的。随着现代技术的发展，这种行为也愈加多样化。为了使这些行为的受害人在民法上得到广泛的保护，司法实践不是坐等立法，而是援引《基本法》第 1 条第 2 款，强调人的尊严和人性的发展是法律的最高价值，把所谓"一般人格权"视为被现行法合理承认了的权利，从而填补了重大空白。虽然这种权利因具有一般条款的性质而难以在《德国民法典》体系中予以规定，但通过司法实践，它被认为具有"超民法典"性质的法的发展，成为习惯法[2]。

德国法院创制一般人格权实际上是在法律实证主义影响下，为适应多种不同的并且日益增多的人格保护提供规范层面的支持。虽然德国民法典与许多平行法已经规定了对具体人格权的保护，但远远不可能通过立法的方式将"人之为人"的所有属性囊括其中。一般人格权的创制为弥补立法的缺陷提供了有力的支持。

德国一般人格权的创制，为我国人格权的立法提供了宝贵的经验，使我们认识到保持人格权开放性的重要意义，我国《民法总则》第 109 条，已经写明了关于人格权的一般条款，即人的自由与尊严受法律保护。《民法总则》第 110 条实际上就是个别人格权。

（二）一般人格权与具体人格权的关系

所谓的具体人格权，是指人的自由与尊严在法律上的具体表现形式，如通常所谓的"生命权""健康权""隐私权""名誉权"等。

我国著名的法学家谢怀栻先生就非常反对一般人格权与具体人格权的分类方式[3]。我们觉得先生所言很有道理，即使在确定是否侵犯具体人格权时，法益和利益衡量也是不可避免的，例如，个人的隐私权与新闻自由的矛盾与冲突，言论自由与名誉权的矛盾与冲突等。德国学者拉伦茨指出，一般人格权与特别人格权的关系可作如下的概括：一般人格权作为任何人都应当受尊重的权利，是所有特别人格权的基础，特别人格权是一般人格权的一部分。因此，从逻辑上讲，一般人格权优先于特别人格权。但在法律适用中，与一般人格权相比，特别人格权在内容上规定得较为明确，则优先适用特别人格权。但人们终究不可能在范围上通过划界，将所有人性中值得保护的表现和存在的方面无遗漏地包括进来，故在没有特别人格权规定时，适用一般人格权[4]。

四、各主要的具体人格权

（一）生命权

1. 定义。我国学者通常认为，生命权是自然人以其性命维持和安全利益为内容的人格权[5]。生命权是否为一种人格权，学者之间存在争议。历史法学派的代表人物萨维尼就坚

---

〔1〕　［德］迪特尔·梅迪库斯：《德国民法总论》，邵建东译，法律出版社 2000 年版，第 805 页。

〔2〕　［德］卡尔·拉伦茨：《德国民法通论》（上册），王晓晔等译，法律出版社 2004 年版，第 171 页。

〔3〕　谢怀栻："论民事权利体系"，载《法学研究》1996 年第 2 期。

〔4〕　［德］卡尔·拉伦茨：《德国民法通论》（上册），王晓晔等译，法律出版社 2004 年版，第 173～174 页。

〔5〕　张俊浩主编：《民法学原理》（上册），中国政法大学出版社 2000 年版，第 143 页；马俊驹、余延满：《民法原论》，法律出版社 2005 年版，第 105 页。

决反对将生命权等在民法中规定，否则，就会得出一项"自杀权"。但是，我国民法学认为，既然生命被侵害能够得到法律的救济，实际上就承认了生命是一项权利。如果不是权利的东西，在法律上如何被救济？因此，生命权这种东西在我国民法上也就毫无障碍地被认为是一种权利了。

2. 问题。如果将生命作为一种权利规定，那么学术上的问题是：生命权对于自然人究竟有什么意义？因为生命权不像物权或者债权等财产权，不存在权利的取得与消灭的问题，不存在权利的转让与公示问题，不存在以生命为客体的任何交易，仅仅是在被侵犯时受到法律救济。那么，被法律救济的一定是权利吗？"占有"是一种状态，在被侵犯时不也受到法律救济吗？如果是这样的话，将其放在侵权行为法中不是很好吗？《德国民法典》就是如此。而且，无论是《德国民法典》还是《瑞士民法典》，都没有将生命作为一种权利客体对待过，在其民法典中，"生命""健康"等后面没有加上一个"权"字。这些问题，是很值得我们研究的。

（二）健康权

我国学者一般认为：健康权是自然人维护其生理机能正常运行和功能正常发挥，从而维持其生命活动的人格权[1]。

在健康权中存在的问题，如生命权中存在的问题一样，在学者之间存在争议。需要作进一步研究。

（三）身体权

1. 定义。身体权是自然人对其肢体、器官及其他组织的完整性所享有的人格权。有许多学者将身体权定义为"支配权"，我们难以苟同。因为，人格权的本质就不属于支配权，而是一种绝对权。

2. 生命权、健康权与身体权的关系。这些权利对于自然人来说，联系密切，都直接关系到自然人的生存与生活。但是，这三者之间在法律上存在显著的区别：生命权关系人的存活，在现实生活中，侵害人的健康或者身体的，不一定侵害到生命，例如，将人的胳膊打断，则侵害的仅仅是身体权，被侵害人可能还很健康，生命也没有问题；健康权则着眼于人的各种生理机能的协调与发挥，一个人的身体完整性或者生命没有受到侵害，但可能会侵害其健康，例如，精神错乱仅仅是健康存在问题；身体权着眼于人体组织器官的完整性，主要是从人的具体的、外部的物质性器官来判断。

当然，如果因对人的身体或者健康的侵犯，导致人丧失生命的，则是对生命权的侵犯。

（四）姓名权

姓名权是自然人对其姓名设定、变更和专用的人格权[2]。姓名对于自然人来说，是其自我发展的重要工具，是其区别于他人的重要标志之一。

通说认为，姓名权的内容主要包括三项：①姓名设定权，即决定自己姓名的权利。但是，在我们的实际生活中，自然人的姓名往往都是他人设定的。当然，自然人在后天可以变更这种他人给定的姓名。②变更权。任何人都可以按照法律规定的程序，变更自己的姓名，但不可任意变更。任意变更自己的姓名在法律上没有效力，因为，姓名可能涉及债权债务关系、亲属关系，甚至还有公法上的关系。③专用权。专用权即自然人对其姓名依法自由使用的权利，任何人不得冒用。

---

〔1〕　马俊驹、余延满：《民法原论》，法律出版社 2005 年版，第 106 页。
〔2〕　张俊浩主编：《民法学原理》（上册），中国政法大学出版社 2000 年版，第 147 页。

需要特别指出的是，姓名权对于自然人固然重要，但比起生命权、健康权、身体权等，往往处于次要的地位。因为一个人没有姓名，并不影响其作为人的存在。而且，从本质上说，姓名是人的"身外之物"，因此，《德国民法典》与《瑞士民法典》等虽然没有在"生命""健康"等后面加上一个"权"字，但却规定了"姓名权"。

（五）隐私权

1. 定义。隐私权是自然人的自由权在私法上的保护，是指自然人所享有的对其私生活领域及私人信息不受侵扰的人格权。

隐私权是一种很重要的权利，在美国，这种权利被认为是一种宪法性权利。一个人如果没有任何隐私，那么，他与动物就没有区别。

2. 隐私权保护中的问题。在隐私权的法律保护中，涉及许多问题，主要有两个问题是值得注意的：①隐私权与其他权利的冲突问题，例如，新闻自由与人格隐私权的冲突问题。在这一问题上，必须使用"法益衡量"的原则。②一般人的隐私权与名人隐私权的问题。一般来说，许多国家的判例都认为，在对名人的隐私权侵犯的构成要件上，要采取比一般人更加严格的原则。

（六）肖像权

肖像是指个人的真实形象通过照相、绘画、录像等艺术方式表现出来的物质形态[1]。肖像权则是对这种物质形态的制作权与使用权。任何人未经肖像权人同意而擅自制作或者使用肖像的，均构成侵权行为。

应该说，肖像权与艺术形式的不断发展息息相关，而且与商业社会有密切联系。如果没有商业社会的影响，肖像权也仅仅具有消极意义，而不可能直接产生经济效益。另外，肖像权与隐私权存在某种交叉，例如，对他人裸体像的擅自发表，究竟是侵犯了其肖像权还是隐私权？一般认为，是侵犯了隐私权。

（七）名誉权

名誉权是指自然人对自己在社会生活中所获得的社会评价所享有的不可侵犯的权利[2]。而所谓名誉，是指社会一般人对与特定人的德行、能力、素质、才能等所作出的评价。

名誉对于个人的社会生活至关重要。而现实社会中，许多人正是看到名誉的损毁会导致个人生存的危机，才运用非法手段侵犯这一权利，如运用言论或者其他艺术形式直接贬低他人名誉、捏造事实诽谤他人等。

（八）荣誉权

荣誉权是指自然人对于从特定组织获得的专门性和定性化的积极评价所享有的不可侵犯的权利。

荣誉权与名誉权是有区别的，主要表现在：①评价的主体不同：荣誉是特定组织依据特定程序作出的，而名誉是一般社会评价。②内容不同：荣誉是积极评价，而名誉则不一定是积极评价。③是否可撤销不同：荣誉是可以被撤销的，而名誉则不存在撤销的问题[3]。④对自然人的影响不同：单就荣誉与名誉比较，名誉对于自然人来说，要比荣誉重要得多。

荣誉权是否属于人格权值得三思。

---

〔1〕　马俊驹、余延满：《民法原论》，法律出版社 2005 年版，第 107 页。

〔2〕　马俊驹、余延满：《民法原论》，法律出版社 2005 年版，第 108 页。

〔3〕　以上参见张俊浩主编：《民法学原理》（上册），中国政法大学出版社 2000 年版，第 154 页。

（九）其他人格权及其说明

由于人格权是一种框架性权利，其实，是无法穷尽的。本书也仅仅是列举了一些在实际生活中常常遇到的人格权，加以介绍而已。其实，许多国家的民法典并没有明确规定具体人格权，大多都是通过侵权性判例表现出来，即判例对于什么是对人的尊严与自由、价值的侵犯的总结。因此，有许多学者或者教科书所列举的具体人格权，要远远多于本书，是毫不奇怪的。

同时，对于具体人格权的侵犯形态及构成要件，本书认为，也不是在人格权中需要叙述的，而是放在"侵权法"中论述更为合适。

■第三节　自然人的其他法律属性

一、自然人的宣告失踪制度

（一）宣告失踪的概念

所谓宣告失踪，是指自然人离开住所或者居所后下落不明达到法定期间，为保护其财产以稳定社会关系，法院经利害关系人的申请，依法定程序宣告其为失踪人，并为之设定财产管理人的制度。

宣告失踪制度为许多国家民法所规定，但立法例有所不同。我国《民法总则》第40~45条规定了宣告失踪制度，最高人民法院的《民通意见》对之进行了具体化。此为我国宣告失踪制度的主要法律依据。

（二）宣告失踪制度的价值

宣告失踪制度的主要立法目的在于保护被宣告失踪人的财产及维护社会秩序。因为，对于自然人来说，其财产不仅是生存及发展自我的重要基础，也是其偿还债务的保障。而自然人失踪后，其财产处于无人管理的状态，如果任由这种状态持续存在，不仅会损害失踪人的利益，而且会损害其债权人的利益。同时，如果财产无人管理，就会出现失踪人的债权人为满足债权而纷纷哄抢其财产、甚至无利益关系的第三人也会抢夺其财产的情形，导致社会秩序混乱。因此，法律有必要设立此种制度。

（三）宣告失踪的条件

根据我国《民法总则》第40、41条的规定，宣告失踪的条件如下：

1. 自然人下落不明达到法定期间。根据《民法总则》第40条的规定，自然人下落不明必须满2年。何为"下落不明"？《民通意见》第26条规定，下落不明是指公民离开最后居住地没有音讯的状况。这种2年的期间从何时开始实行计算呢？根据《民法总则》第41条之规定，2年期间从自然人音讯消失的次日起算；战争期间下落不明的，下落不明的时间从战争结束之日或者有关机关确定的下落不明之日起计算。

2. 经利害关系人申请。根据《民通意见》第24条之规定，申请宣告失踪的利害关系人包括被申请宣告失踪人的配偶、父母、子女、兄弟姐妹、祖父母、外祖父母、孙子女、外孙子女以及其他与被申请人有民事权利义务关系的人，如债权人。

3. 由有管辖权的法院依法定程序宣告并同时指定财产代管人。根据《民通意见》第28条之规定，宣告失踪的案件由被宣告失踪人住所地的基层人民法院管辖。住所地与居住地不一致的，由最后居住地的基层人民法院管辖。

根据《民通意见》第34条之规定，人民法院审理宣告失踪的案件，比照民事诉讼法规定的特别程序进行（我国《民事诉讼法》第166~169条）。另外，人民法院审理宣告失踪的案件，应当查清被申请宣告失踪人的财产，指定临时管理人或者采取诉讼保全措施，发出寻找失踪人的公告，公告期间为半年。公告期间届满，人民法院根据被宣告失踪人失踪的事实是否得到确认，作出宣告失踪的判决或者终结审理的裁定。如果判决宣告为失踪人，应当同时指定失踪人的财产代管人。

《民法总则》第42条规定："失踪人的财产由其配偶、成年子女、父母或者其他愿意担任财产代管人的人代管。代管有争议，没有前款规定的人，或者前款规定的人无代管能力的，由人民法院指定的人代管。"

根据《民通意见》第30条之规定，人民法院指定失踪人的财产代管人，应当根据有利于保护失踪人财产的原则指定。没有上述代管人，或者他们无能力作代管人，或者不宜作代管人的，人民法院可以指定公民或者有关组织为失踪人的财产代管人。另外，无民事行为能力人、限制民事行为能力人失踪的，其监护人即为财产代管人。

（四）财产代管人的职责（《民法总则》第43、44条）

财产代管人的职责主要有以下几项：①以善良管理人的注意妥善管理被宣告失踪人的财产。②接受他人对被宣告失踪人应履行的给付，履行被宣告失踪人应履行的对他人的债务，包括所欠税款及其他费用。其他费用主要是指赡养费、扶养费、抚育费和因代管财产所需的管理费等必要的费用。③在与被宣告失踪人财产有关的限度内作为原告起诉与被告应诉。根据《民通意见》第32条之规定，失踪人的财产代管人拒绝支付失踪人所欠的税款、债务和其他费用，债权人提起诉讼的，人民法院应当将代管人列为被告。失踪人的财产代管人向失踪人的债务人要求偿还债务的，可以作为原告提起诉讼。

失踪人的财产代管人不履行代管职责或者侵犯失踪人财产权益的，或者履行职责不尽善良管理人的勤勉义务而给被宣告失踪人造成损害的，失踪人的利害关系人或者宣告失踪被撤销后的失踪人本人可以向人民法院请求财产代管人承担民事责任。

（五）财产代管人的变更

根据《民法总则》第44条的规定：①财产代管人不履行代管职责、侵害失踪人财产权益或者丧失代管能力的，失踪人的利害关系人可以向人民法院申请变更财产代管人。②财产代管人有正当理由的，可以向人民法院申请变更财产代管人。③人民法院变更财产代管人的，变更后的财产代管人有权要求原财产代管人及时移交有关财产并报告财产代管情况。

根据《民通意见》第35条之规定，如果失踪人的财产代管人以无力履行代管职责，财产代管人本人或者失踪人的利害关系人申请变更代管人的，人民法院比照特别程序进行审理。另外，如果失踪人的财产代管人不履行代管职责或者侵犯失踪人财产权益的，失踪人的利害关系人向人民法院请求财产代管人承担民事责任的同时申请人民法院变更财产代管人的，变更之诉比照特别程序单独审理。

（六）对失踪宣告的撤销

根据《民法总则》第45条的规定，失踪人重新出现，经本人或者利害关系人申请，人民法院应当撤销失踪宣告。失踪人重新出现，有权要求财产代管人及时移交有关财产并报告财产代管情况。

二、自然人的宣告死亡制度

（一）宣告死亡的概念与制度价值

自然人的宣告死亡是指自然人失踪达到法定期间，经利害关系人申请，由法院依法定程序宣告其死亡，从而在法律上结束其生前的人身关系与财产关系的制度。因宣告死亡仅仅是在法律上的死亡，而实际是否死亡并不清楚，所以，又称为拟制死亡或者推定死亡。

关于宣告死亡的制度价值，我国学者张俊浩教授作了这样的论述：失踪期间达到一定长度时，依社会共同生活经验判断，其生还的可能性已经微乎其微。此时，相对人的利益——尤其是配偶的再婚利益、继承人的继承利益，上升到优先于失踪人的利益受保护的程度。保护的方式是：拟制失踪人死亡，以便其配偶取得再婚权，其继承人得以继承遗产，并清偿债权人的债务。此项拟制，须慎之又慎，而关键在于两点：其一，恰当规定利害关系人得申请宣告失踪人死亡的期间；其二，当能够证明受死亡宣告的人并未死亡时，应允许撤销死亡宣告[1]。我赞同这种制度价值的定位。

宣告失踪与宣告死亡是否具有必然的联系？宣告失踪是否是宣告死亡的必经程序？例如，某人下落不明已经达到5年，既符合宣告失踪的条件，也符合宣告死亡的条件，申请人是否可以直接申请法院宣告死亡？如果有死亡宣告申请，也同时有失踪宣告申请的，法院应当如何处理？对此，《民通意见》第29条明确规定："宣告失踪不是宣告死亡的必经程序。公民下落不明，符合申请宣告死亡的条件，利害关系人可以不经申请宣告失踪而直接申请宣告死亡。但利害关系人只申请宣告失踪的，应当宣告失踪；同一顺序的利害关系人，有的申请宣告死亡，有的不同意宣告死亡，则应当宣告死亡。"我国《民法总则》第46条、第47条也表达了相同的含义。

（二）宣告死亡的条件（《民法总则》第46条）

1. 下落不明须达到法定期间。由于宣告死亡比宣告失踪的法律后果更加严重，因此，法律规定的期间也更长。根据《民法总则》第46条的规定，公民有下列情形之一的，利害关系人可以向人民法院申请宣告他死亡：①下落不明满4年的；②因意外事故下落不明，从事故发生之日起满2年的。但是，因意外事件下落不明，经有关机关证明该自然人不可能生存的，申请宣告死亡不受2年时间的限制。例如，飞机失事一般生存的概率很低，有关机关可以出具证明不可能生还。

2. 须经利害关系人申请。对于利害关系人的范围大致包括：①配偶；②父母、子女；③兄弟姐妹、祖父母、外祖父母、孙子女、外孙子女；④其他有民事权利义务关系的人。

但这些利害关系人的申请不区分顺序，只要具备上述条件，就可以申请。

3. 法院依法定程序宣告。法院宣告失踪人死亡的，必须依据我国《民事诉讼法》第十五章第三节的特别程序进行。根据《民法总则》第48条的规定，被宣告死亡的人，人民法院宣告死亡的判决作出之日视为其死亡的日期；因意外事件下落不明宣告死亡的，意外事件发生之日视为其死亡的日期。《民通意见》第36条规定，判决书除发给申请人外，还应当在被宣告死亡人住所地和人民法院所在地公告。如果被宣告死亡和自然死亡的时间不一致的，被宣告死亡所引起的法律后果仍然有效，但自然死亡前实施的民事法律行为与被宣告死亡引起的法律后果相抵触的，则以其实施的民事法律行为为准。因为，宣告死亡毕竟是拟制死亡，可能被宣告人还真实地生存。例如，被宣告死亡后，应当按照法定继承来继承其遗产，但在被宣告死亡后，在其真实自然死亡前他立有遗嘱的，应当按照其遗嘱来继承。

（三）宣告死亡的法律后果

宣告死亡的法律后果与自然死亡在有些方面相同，会发生身份关系的终结与财产关系的依法处理，如清偿债务并发生继承。但宣告死亡不能确定的是，被宣告人是否已经确定

---

〔1〕　张俊浩主编：《民法学原理》（上册），中国政法大学出版社2000年版，第101～102页。

死亡。因此，被宣告人可能还生存。因此，《民法总则》第 49 条特别规定：有民事行为能力人在被宣告死亡期间实施的民事法律行为有效。

（四）对宣告死亡的撤销

因为宣告死亡的目的在于结束被宣告人的法律关系，而不在于消灭其本人。所以，我国《民法总则》第 50 条专门规定：被宣告死亡的人重新出现，经本人或者利害关系人申请，人民法院应当撤销对他的死亡宣告。

宣告死亡被依法撤销后，原则上，其人身关系与财产关系应当恢复到宣告死亡前的状态。但是，实践中也有许多限制性因素：

1. 婚姻关系。根据《民法总则》第 51 条的规定，被宣告死亡的人的婚姻关系，自死亡宣告之日起消灭。死亡宣告被撤销的，婚姻关系自撤销死亡宣告之日起自行恢复，但是其配偶再婚或者向婚姻登记机关书面声明不愿意恢复的除外。

2. 收养关系。根据《民法总则》第 52 条的规定，被宣告死亡的人在被宣告死亡期间，其子女被他人依法收养的，在死亡宣告被撤销后，不得以未经本人同意为由主张收养关系无效。

3. 继承财产的返还。根据《民法总则》第 53 条的规定，被撤销死亡宣告的人有权请求依照继承法取得其财产的民事主体返还财产。无法返还的，应当给予适当补偿。利害关系人隐瞒真实情况，致使他人被宣告死亡取得其财产的，除应当返还财产外，还应当对由此造成的损失承担赔偿责任。

4. 对善意第三人的保护。根据《民通意见》第 40 条的规定，被撤销死亡宣告的人请求返还财产，其原物已被第三人合法取得的，第三人可不予返还。被撤销死亡宣告的人可以请求转让该财产的人赔偿。

5. 恶意申请人的赔偿责任。我国《民法总则》第 53 条仅仅规定了利害关系人隐瞒真实情况使他人被宣告死亡而取得其财产的赔偿责任，实际上是不够的。这种恶意申请他人死亡，往往造成的不只是财产方面的损失，还有可能是非财产损失，也要对此承担民事责任，例如，侵权责任。

三、自然人的监护制度

（一）监护的概念

由于立法体例的不同，我国的监护制度与许多国家的监护制度之内涵与外延有较大不同：我国目前的监护制度不仅包括对无行为能力人及限制行为能力人的救济，而且包含了大陆法系传统民法中亲权的许多内容；而大陆法系传统民法所谓的监护是指在亲权法之外的对行为能力欠缺的救济制度。这也正是我国学者间对监护制度的概念及立法体例的争议所在。

我国大部分学者写的教科书认为：监护是指对未成年人和精神病人的人身、财产及其他合法权益进行监护和保护的一种民事制度[1]。但也有学者主张，监护应当是对不能得到亲权保护的未成年人与精神病人所设立的保护制度。相应地，在我国民法典的起草过程中，关于监护制度的立法体例，也就存在不同的观点：一是主张保持现有的体例不变；二是主张将监护放在亲属法中，而在自然人编中仅仅规定无行为能力人与限制行为能力人的法定代理人。

---

[1] 佟柔主编：《中国民法》，法律出版社 1990 年版，第 75 页。

（二）监护制度的价值[1]

我国现行法（将来民法典也可能如此）的监护制度之价值主要体现在两个方面：一方面是对行为能力欠缺者的救济，另一方面是对其生活、教育、财产管理等方面的辅助。由于行为能力欠缺者（即无行为能力人与限制行为能力人）不能从事民事活动或者仅仅能够从事范围很小的民事活动，而日常生活中的人是难以离开民事活动而生活的，因此，为了其生活需要，更重要的是为了使他成为一个完整意义上的人，实现法律意义上的人人平等，必须有一个对行为能力欠缺的救济制度。因为，我们的民法一方面宣称"自然人权利能力平等"，而另一方面却在行为能力上分不同种类，使行为能力欠缺者不能从事许多民事行为，因此，权利能力平等就不可能真正实现，行为能力欠缺者也就不能称为完全意义上的人。除此之外，无行为能力人多是成长中的未成年人，其生活需要照顾、财产需要管理，还需要对之进行教育，因此，也有必要设立监护制度（亲权法上的职能）。

（三）监护的种类

从不同的角度或者以不同的标准，可以将监护分为不同的种类：

1. 以被监护的对象为标准，可以将监护分为未成年人监护和成年人监护。《民法总则》第27条规定了未成年人监护，第28条则规定了成年人监护。

2. 以监护权来自于法律的直接规定还是当事人的意思，可以分为法定监护和意定监护。《民法总则》第27条、第28条规定的都是法定监护，而第29、33条则是意定监护。

我们下面就以监护对象为标准对监护进行说明。

（四）未成年人的监护人

1. 法定监护人。法定监护人是指根据法律规定的身份而产生的监护人。这种监护也称为法定监护。根据我国《民法总则》第27条的规定，父母是未成年子女的监护人；未成年人的父母已经死亡或者没有监护能力的，由下列有监护能力的人按顺序担任监护人：①祖父母、外祖父母；②兄、姐；③其他愿意担任监护人的个人或者组织，但是须经未成年人住所地的居民委员会、村民委员会或者民政部门同意。

2. 补充监护人。其实，按照我国《民法总则》第32条的规定，补充监护也是由法律直接规定的，故从实质上说，也是法定监护人的一种。按照该条的规定，没有依法具有监护资格的人的，监护人由民政部门担任，也可以由具备履行监护职责条件的被监护人住所地的居民委员会、村民委员会担任。

3. 意定监护人。由于被监护人为无行为能力人或者为限制行为能力人，因此，这里的"意定"当然是指被监护人之外的人的意定。根据《民法总则》第29条的规定，被监护人的父母担任监护人的，可以通过遗嘱指定监护人。

4. 临时监护人。临时监护人是指我国《民法总则》第31条第3款规定的情形，即当事人对于监护人的确定有争议，在有关部门指定监护人之前，为避免被监护人的人身权利、财产权利以及其他合法权益处于无人保护状态，由被监护人住所地的居民委员会、村民委员会、法律规定的有关组织或者民政部门担任临时监护人。

（五）无行为能力或者限制行为能力的成年人的监护人

1. 法定监护人。无行为能力或者限制行为能力的成年人的法定监护人是指《民法总则》第28条规定的监护人："无民事行为能力或者限制民事行为能力的成年人，由下列有

---

[1] 在此，我不是仅仅在亲权以外的意义上使用"监护"这一概念的，是集亲权与亲权外的监护为一体。

监护能力的人按顺序担任监护人：①配偶；②父母、子女；③其他近亲属；④其他愿意担任监护人的个人或者组织，但是须经被监护人住所地的居民委员会、村民委员会或者民政部门同意。"

2. 补充监护人。即按照我国《民法总则》第32条的规定的而产生的监护人："没有依法具有监护资格的人的，监护人由民政部门担任，也可以由具备履行监护职责条件的被监护人住所地的居民委员会、村民委员会担任。"

3. 意定监护人。与未成年人不同，成年人的意定监护人有两种：①《民法总则》第33条规定的意定监护人："具有完全民事行为能力的成年人，可以与其近亲属、其他愿意担任监护人的个人或者组织事先协商，以书面形式确定自己的监护人。协商确定的监护人在该成年人丧失或者部分丧失民事行为能力时，履行监护职责。"②按照《民法总则》第29条规定的方式产生的监护人，被监护人的父母担任监护人的，可以通过遗嘱指定监护人。

4. 临时监护人。临时监护人是指我国《民法总则》第31条第3款规定的情形，即当事人对于监护人的确定有争议，在有关部门指定监护人之前，为避免被监护人的人身权利、财产权利以及其他合法权益处于无人保护状态，由被监护人住所地的居民委员会、村民委员会、法律规定的有关组织或者民政部门担任临时监护人。

（六）法定监护人之间的协议变更

《民法总则》第30条规定："依法具有监护资格的人之间可以协议确定监护人。协议确定监护人应当尊重被监护人的真实意愿。"对于该条应该作正确解释和理解：

1. 这种变更仅仅限于未成年人或者成年人的法定监护人之间，其他的补充监护人或者意定监护人之间，或者法定监护人与他们之间，都不得协议变更；

2. 协议变更应当以有利于保护被监护人的利益为原则。在现实生活中，具有法定监护资格的人中，有些更适合作为监护人，行使监护职权。那么，这种变更就更有利于维护被监护人的利益。

3. 这里所谓的"应当尊重被监护人的真实意愿"，并非指法律意义上的"意思表示"。如果被监护人能够在确定监护人方面为意思表示，那么他（她）也就不需要监护了。这里的"真实意愿"，应该是指被监护人之"好恶"，通俗来说，就是被监护人是否喜欢。从一般生活常识看，如果被监护人不喜欢监护人（父母除外），可能监护职责难以落实。

（七）对于监护人确定的争议及解决方式

对此问题，我国《民法总则》第31条规定：

"对监护人的确定有争议的，由被监护人住所地的居民委员会、村民委员会或者民政部门指定监护人，有关当事人对指定不服的，可以向人民法院申请指定监护人；有关当事人也可以直接向人民法院申请指定监护人。

居民委员会、村民委员会、民政部门或者人民法院应当尊重被监护人的真实意愿，按照最有利于被监护人的原则在依法具有监护资格的人中指定监护人。

依照本条第1款规定指定监护人前，被监护人的人身权利、财产权利以及其他合法权益处于无人保护状态的，由被监护人住所地的居民委员会、村民委员会、法律规定的有关组织或者民政部门担任临时监护人。

监护人被指定后，不得擅自变更；擅自变更的，不免除被指定的监护人的责任。"

对于该条，有以下问题需要注意：

1. 这里所说的"对监护人的确定有争议"，是指对于什么范围内的监护人确定有争议？我认为：①对于未成年人来说，是指对《民法总则》第28条规定的对除了父母以外的其他人担任监护人有争议，例如，祖父母、外祖父母哪个更合适？兄姐哪个更合适？其他愿意担任监护人的个人或者组织哪个更合适？②对于无行为能力或者限制行为能力的成年人来说，是指除了配偶之外的其他有监护资格的人担任监护人有争议。

2. 指定的范围是什么？第 2 款已经规定得非常清楚：按照最有利于被监护人的原则在依法具有监护资格的人中指定监护人。

（八）监护人的职责

其实，监护人的职责有两个大的方面——法定代理与保护其权益，即《民法总则》第 34 条规定的两个方面：①监护人的职责是代理被监护人实施民事法律行为；②保护被监护人的人身权利、财产权利以及其他合法权益等，例如，保护被监护人的身体健康；照顾被监护人的生活；管理和保护被监护人的财产；代理被监护人进行民事活动；对被监护人进行管理和教育；在被监护人合法权益受到侵害或者与人发生争议时，代理其进行诉讼；等等。

我国《民法总则》有一个很有特色的地方，即第 26 条规定："父母对未成年子女负有抚养、教育和保护的义务。"这是典型的亲权的内容。那么，我们的疑问是：其他监护人是否有这种保护和管理未成年人成长的义务？从《民法总则》第 34～39 条的规定看，似乎没有。我们认为，对于未成年人来说，监护人应该有此义务。

（九）监护人履行监护职责的原则

根据我国《民法总则》第 35 条的规定，监护人履行监护职责应该坚持以下原则：

1. 监护人应当按照最有利于被监护人的原则履行监护职责。

2. 监护人除为维护被监护人利益外，不得处分被监护人的财产。这里所谓的处分，仅仅指"消极处分"，仅仅是为了被监护人的生活和教育等处分其财产。不能认为，例如，现在股票行情很好，或者房屋可能涨价，替被监护人购买。这种风险行为不能包括在其中。

3. 成年人的监护人履行监护职责，应当最大限度地尊重被监护人的真实意愿，在作出与被监护人利益有关的决定时，应当根据被监护人的年龄和智力状况，尊重被监护人的真实意愿，保障并协助被监护人实施与其智力、精神健康状况相适应的民事法律行为。对被监护人有能力独立处理的事务，监护人不得干涉。

（十）监护人资格的撤销

按照我国《民法总则》第 36 条的规定，监护人有下列情形之一的，人民法院根据有关个人或者组织的申请，撤销其监护人资格：①实施严重损害被监护人身心健康行为的；②怠于履行监护职责，或者无法履行监护职责并且拒绝将监护职责部分或者全部委托给他人，导致被监护人处于危困状态的；③实施严重侵害被监护人合法权益的其他行为的。

这里所谓的"有关个人或者组织"，是指：其他依法具有监护资格的人，居民委员会、村民委员会、学校、医疗机构、妇女联合会、残疾人联合会、未成年人保护组织、依法设立的老年人组织、民政部门等。

《民法总则》第 36 条专门规定，如果以上个人和组织未及时向人民法院申请撤销监护人资格的，民政部门应当向人民法院申请。

我国《民法总则》第 37 条同时规定："依法负担被监护人抚养费、赡养费、扶养费的父母、子女、配偶等，被人民法院撤销监护人资格后，应当继续履行负担的义务。"

（十一）被监护人资格的恢复

根据《民法总则》第 38 条的规定，被监护人的父母或者子女被人民法院撤销监护人资格后，除对被监护人实施故意犯罪的外，确有悔改表现的，经其申请，人民法院可以在尊重被监护人真实意愿的前提下，视情况恢复其监护人资格，人民法院指定的监护人与被监护人的监护关系同时终止。

（十二）监护关系的终止

根据我国《民法总则》第39条的规定，有下列情形之一的，监护关系终止：①被监护人取得或者恢复完全民事行为能力；②监护人丧失监护能力；③被监护人或者监护人死亡；④人民法院认定监护关系终止的其他情形。

监护关系终止后，被监护人仍然需要监护的，应当依法另行确定监护人。

（十三）其他需要说明的问题

1. 夫妻离婚或者子女被收养时的监护问题。对此问题，《民法总则》没有规定，但《民通意见》第21条、第23条规定：夫妻离婚后，与子女共同生活的一方无权取消对方对该子女的监护权，但是，未与该子女共同生活的一方，对该子女有犯罪行为、虐待行为或者对该子女明显不利的，人民法院认为可以取消的除外。夫妻一方死亡后，另一方将子女送给他人收养，如收养对子女的健康成长并无不利，又办了合法收养手续的，认定收养关系成立；其他有监护资格的人不得以收养未经其同意而主张收养关系无效。

2. 违反职责的法律后果。根据《民法总则》第34条第3款的规定，监护人不履行监护职责或者侵害被监护人的合法权益的，应当承担法律责任。也就是说，监护人不履行监护职责给被监护人造成财产损失或者侵害被监护人利益的，应当赔偿损失。人民法院还可以根据《民法总则》第36条的规定，根据有关人员或者有关单位的申请，撤销监护人的资格。

根据《民通意见》第20条的规定，监护人不履行监护职责，或者侵害了被监护人的合法权益，其他有监护资格的人或者单位向人民法院起诉，要求监护人承担民事责任的，按照普通程序审理；要求变更监护关系的，按照特别程序审理；既要求承担民事责任，又要求变更监护关系的，分别审理。

3. 监护人的转承责任。前面已经提到，由于行为能力欠缺的人在大多数情况下是没有赔偿能力，故许多国家民法规定了监护人的"转承责任"。我国《侵权责任法》第32条也规定了这种责任：无民事行为能力人、限制民事行为能力人造成他人损害的，由监护人承担侵权责任。监护人尽了监护责任的，可以适当减轻他的民事责任。有财产的无民事行为能力人、限制民事行为能力人造成他人损害的，从本人财产中支付赔偿费用。不足部分，由监护人适当赔偿。

4. 监护的变更。广义的监护变更有三种情形：①监护可以因协议而变更。我国民法允许有监护资格的人通过协议的方式变更监护人，例如，第一顺序的监护资格人可以与第二顺序的人协议，由第二顺序的人担任监护人。②监护可以因撤销而变更。监护可以因监护人不履行或者不正确履行监护职责而撤销，因而也可因此而变更监护人。③监护可以因监护人死亡或者丧失行为能力而变更。

四、自然人的亲属关系

自然人的亲属关系主要是指父母与成年子女、祖父母与孙子女、外祖父母与外孙子女以及兄弟姐妹之间的关系。这些关系由于在有关"亲属法"部分有详细论述，在此不再赘述。

五、自然人的住所

（一）住所的概念与种类

住所是自然人进行有民事意义的活动的中心场所。住所与居所是不同的，居所是自然人居住的处所。住所与居所的不同主要表现在：①大多数国家的法律规定，自然人只能有一个住所，但可以有多个居所；②住所是自然人为一般目的而生活的地方，而居所是为了特定目的而居住的地方；③居所一般具有临时性，一般不具有法律上的意义，而住所必须是稳定的连续的居住，具有法律上的意义[1]。

住所大致可以分为意定住所、法定住所与拟制住所。所谓意定住所，是指基于当事人的意思而设立的住所。意定住所的存在往往与迁徙自由联系在一起，因此，只有在宪法上实行"迁徙自由"的国家才有可能存在这一类型，如法国、日本及英美法系国家。所谓法定住所，是指不依当事人的意思而由法律直接规定的住所，如我国《民法通则》规定的住所制度即为这种住所；所谓拟制住所，是指法律规定在特殊情况下将居所视为住所，如我国《民法总则》第25条规定："自然人以户籍登记或者其他有效身份登记记载的居所为住所；经常居所与住所不一致的，经常居所视为住所。"

以上三种分类在我国民法上是否存在以及在什么程度上存在，学者之间存在争议。从上述《民法总则》第25条的规定看，似乎能够得出我国是实行"法定住所"制度的结论，但仔细分析该条，似乎是该条规定了意定住所与拟制住所制度，即应这样理解：任何人可以通过意愿来选择与户籍不一致的居住地，只有不能确认其经常居住地时，才可以将户籍所在地的居住地视为住所。另外，加上我国现在的许多政策，如户政制度实行户口簿与身份证分离的制度，就使得自然人的意定住所在法律上得到了承认。另外，有学者认为，我国法律上存在拟制住所，主要包括以下三种情况：①自然人的经常居住地与住所不一致的，经常居住地视为住所；②自然人由其户籍所在地迁出后至迁入另一地之前，无经常居住地的，仍以其原户籍所在地为住所[2]；③自然人的住所不明或者不能确定的，以其经常居住地为住所。自然人有几个住处的，以与产生纠纷的民事关系有最密切联系的住处为住所[3]。

（二）住所在法律上的意义

住所在法律上具有以下意义：

1. 确定司法管辖。法律一般规定，如我国《民事诉讼法》第22条规定："对公民提起的民事诉讼，由被告住所地人民法院管辖。"

2. 准据法的确定。在实行联邦制的国家中，住所对于确定准据法具有十分重要的意义。在我国由于法律是统一的，此一方面的意义并不是很大。但在确定适用某些地方法规方面，仍然具有意义。但是，在涉外法律关系的适用中，仍然具有意义，如我国《民法通则》第146条规定："侵权行为的损害赔偿，适用侵权行为地法律。当事人双方国籍相同或者在同一国家有住所的，也可以适用当事人本国法律或者住所地法律。"第149条规定："遗产的法定继承，动产适用被继承人死亡时住所地法律，不动产适用不动产所在地法律。"

至于有的学者提出的，住所在确定债务履行地、认定自然人失踪以及结婚登记方面的意义，我们认为殊有疑问：《民法通则》第88条及《合同法》第62条规定，履行地点不明确，给付货币的，在接受给付一方的所在地履行，其他标的在履行义务一方的所在地履行。这里的"所在地"是否就是"住所"？《民通意见》第26条规定："下落不明是指公民离开最后居住地后没有音讯的状况。对于在台湾或者在国外，无法正常通讯联系的，不得以下落不明宣告死亡。"这里的"最后居住地"是住所吗？恐怕不一定。至于结婚登记就更有疑问：因为《婚姻登记办法》第4条规定：男女双方自愿结婚的，必须双方亲自到一方户

---

[1]　参见马俊驹、余延满：《民法原论》，法律出版社2005年版，第99页。

[2]　《最高人民法院关于贯彻执行〈中华人民共和国民法通则〉若干问题的意见（试行）》第9条。

[3]　马俊驹、余延满：《民法原论》，法律出版社2005年版，第100页。

口所在地的婚姻登记机关申请结婚登记。但户口所在地与经常居住地不一致时，如何？显然也不是关于住所的规定。

（三）住所的确定

对住所的确定采取"意定与唯一"的原则。前面已经提到，我国《民法总则》第25条、《民法通则》第15条的规定，实际上承认了我国在住所制度上采取意定的原则。至于行为能力有欠缺的人，因其户籍往往与监护人一致或者经常居住地与监护人一致，因此，其以其监护人的住所为住所。

唯一原则，是指自然人的住所，依法只能有一个。如以户籍所在地为住所，只能有一个；如果户籍所在地与经常居住地不一致，经常居住地也只能有一个。

（四）住所的变更

住所是可以变更的，如何变更才具有法律效力呢？有的国家实行住所登记制度，只要进行变更登记，就发生有效变更。但我国目前还没有这种制度，因此，我国的住所变更，主要表现在两个方面：①因经常居住地与户籍所在地不一致，而发生事实上的变更；②户籍所在地发生改变，例如，将户籍由山东济南迁到北京。

■第四节　个体工商户和农村承包经营户

我国《民法通则》自第二章"自然人"下设立一节（第四节）专门规定了农村承包经营户和个体工商户以下简称"两户"。由此从法律上奠定了"两户"的民法地位。在这一次民法典（《民法总则》）的编纂过程中，有许多学者提出，应该废除这种规定，但颁布后的《民法总则》还是保留"两户"。但"两户"在我国民法上属于特殊主体，并不是自然人主体。因此，《民法总则》将"两户"规定在"自然人"部分并不恰当。

一、土地承包经营户

（一）农村承包经营户的概念及具有主体资格的必要性

农村的土地承包经营户是中国改革开放后的一种特殊主体，是针对中国特殊土地所有权制度所采取的一种主体制度，自从1986年《民法通则》颁布以来，我国就承认了农村承包经营户的主体地位。《民法通则》第27条规定："农村集体经济组织的成员，在法律允许的范围内，按照承包合同规定从事商品经营的，为农村承包经营户。"《民法总则》延续《民法通则》的规定，继续保留和承认农村承包经营户的主体地位，于第55条规定："农村集体经济组织的成员，依法取得农村土地承包经营权，从事家庭承包经营的，为农村承包经营户。"

在《民法总则》编纂过程中，有学者提出要废除这种主体，指出：农村土地承包经营户赖以存在的社会背景、文化背景都发生了变迁，民法典应当秉承个体主义制度构建的理念，不能再继续规定农村承包经营户的民事主体地位[1]。还有的学者认为，我国实行社会主义经济体制改革，就是要让"人"成为真正独立的个体，具有独立的人格，而不必通过"家长"或者户主"对外从事民事活动。废弃家庭或者户的概念，直接以集体经济组织的成员作为土地承包经营权的承包人并无不妥"[2]。我觉得这种观点从民法的市民社会、甚至可以说个人主义角度看，确实很有道理，但对于中国的本土情况看，未必适合我国实际。理由是：

1. 中国的土地所有权制度是"二元制"，集体作为一个土地的所有权者，它实际上代表国家拥有土地。因为，集体所有不等于集体成员所有，集体并不是由全体集体成员为社员（股东意义上的社员）出资成立的法人，集体成员无权通过决议解散集体，也无权通过决议分配集体的土地。因此，任何一个集体成员迁出集体，无论是进城工作还是出嫁，都不得要求分割集体的土地。从这一意义上看，集体土地的所有，非常类似于德国历史上的"公有"。以"户"为单位而不是以个人为单位的土地承包方式，一方面可以减少土地的纠纷，另一方面可以保持集体土地的稳定。

2. 尽管在诉讼中，有时诉讼主体并不是户而是个人，但不可否认的是，我国之前的《承包法》和《物权法》都规定了"户"是承包合同的主体，当发生土地承包纠纷时，"户"就应该是诉讼主体，承担责任的也是"户"，而不仅仅是个人。特别是在承包权作为物权登记后，户的地位在农村土地承包权这种用益物权中是有地位的。

3. 以"户"为单位的承包，符合我国的传统及生活的实际需要。我国传统的家庭，不仅是一个稳定的生活单元，也是一个稳定的生产单元，以户为单元的承包恰恰适合这种需要。因为农村的生产需要农具、农资等，如果以个人为单位承包，对于未成年人、失去劳动能力的人等就会产生困难。另外，如果家庭中的成员之间经济上相互独立的话，作为生活单元和生产单元必然会受到损害，进而会产生许多问题。因此，尽管民法在尽量使财产个人化、行为个人化，从而增加或者说保障个人的自由，但在土地承包方面，以"户"为单位的承包却是中国本土化的典型。

4. 从我国的诉讼实践来看，在司法实践中，土地承包经营户也可以作为诉讼的原告与被告，而不像有人提出的"在诉讼实践中不存在以承包经营户出现的原告或者被告"。例如，湖北省阳新县人民法院［（2015）鄂阳新民二初字第00117号，裁判日期：2015年8月6日］判决书中就写有"原告彭某家庭承包户"，案由是："原告彭某家庭承包户诉被告何垅村某组土地承包经营权纠纷。"内蒙古自治区赤峰市中级人民法院［案号：（2015）赤民一终字第1143号，裁判日期：2015年6月30日］民事裁判书写道："上诉人姚俊家庭联产承包户因农村土地承包合同纠纷一案，不服赤峰市松山区人民法院（2014）松民再字第11号民事裁定，向本院提起上诉。本院依法组成合议庭审理了本案。本案现已审理终结。"

青海省湟中县人民法院民事判决书［（2015）湟民一初字第00431号］判决书写道："原告冶生玉家庭承包户与被告湟中县上新庄镇东沟滩村村民委员会不当得利纠纷一案，本院于2015年3月18日立案受理。依法由审判员李霞适用简易程序公开开庭进行了审理。原告农户代表人冶生玉及其委托代理人钟文庭、被告湟中县上新庄镇东沟滩村村民委员会的委托代理人苏延仓到庭参加诉讼。本案现已审理终结。"

湖北省阳新县人民法院［案号：（2015）鄂阳新民太初字第00008号，裁判日期：2015年6月12日］写道："原告谭某甲家庭承包经营户诉被告谭某乙家庭承包经营户土地承包经营权纠纷一案，本院于2014年12月31日立案受理，依法由审判员余国力适用简易程序公开开庭进行了审理。原告谭某甲家庭承包经营户的代表人谭某甲及其委托代理人费世福，被告谭某乙家庭承包经营户代表人谭某乙均到庭参加诉讼。本案现已审理终结。"

重庆市第三中级人民法院民事判决书［（2015）渝三中法民终字第00112号］写道："诉人杨建强因与被上诉人喻府华家庭承包经营户、喻府禄家庭承包经营户、喻府明家庭承包经营户、喻府胜家庭承包经营户、喻明超家庭承包经营户、喻贵渠家庭承包经营户、喻贵江家庭承包经营户、喻贵敬家庭承包经营户、喻明合家庭承包经营户、喻贵泉家庭承包经营户（以下简称喻府华等十经营户）财产损害赔偿纠纷一案，不服重庆市武隆县人民法院（2014）武法民初字第01312号民事判决，向本院提起上诉。本院受理后，依法组成合议庭审理了本案，现已审理终结。"

重庆市第四中级人民法院民事判决书［（2015）渝四中法民终字第01242号］写道："上诉人简文兵农村承包经营户（以下简称简文兵农户）与被上诉人简登寿农村承包经营户（以下简称简登寿农户）、原审第三人彭水苗族土家族自治县洋霍村二组（以下简称洋霍村二组）土地承包经营权确认纠纷一案，彭水苗族土家族自治县人民法院于2015年8月12日作出（2015）彭法民初字第01079号民事判决，简文兵农户不服该判决，向本院提出上诉。"

从这些案例中可以看出，农村土地承包经营户在司法实践中的称呼基本上是"×××家庭承包经营户"，或者"×××家庭联产承包户"，或者"×××家庭承包户"，或者"×××农村承包经营户"的形式。这些原告或者被告代表的不是个人，而是家庭承包户，因此，与个人是不同的。

所以，基于我国的土地特殊所有体制，以及中国多年的家庭联产承包经验，《民法总则》第55~56条没有否定自《民法通则》以来的农村土地承包经营户的民事主体地位，而是保留了其独立于"自然人"的主体地位。

（二）财产与责任关系

主张废除农村承包经营户的学者的一个很重要的观点，就是个人与户难以分清。实际上，从《民法通则》开始，就对财产和责任有一个基本的区分：根据《民法通则》第29条的规定，农村承包经营户的债务，个人经营的，以个人财产承担；家庭经营的，以家庭财产承担（《民法通则》第29条）。

《民法总则》第56条第2款对此进行了部分修改："农村承包经营户的债务，以从事农村土地承包经营的农户财产承担；事实上由农户部分成员经营的，以该部分成员财产承担。"（第56条第2款）。

二、个体工商户

（一）个体工商户的概念与现实状况

应该说，个体工商户是自我国1986年《民法通则》颁行后的一种不同于自然人的主体，当时具有重大的意义和作用：公民在法律允许的范围内，依法经核准登记，从事工商业经营的，为个体工商户。根据《民法通则》第26条的规定，个体工商户可以起字号（《民法通则》第26条）。但是，经过了这么多年后，特别是在《公司法》《合伙企业法》等法律颁布后，公司法允许一人公司存在，有限责任公司的注册资金减少、手续方便，合伙企业中的合伙类型较多，设立简单的情况下，个体工商户还有存在价值吗？对此，有学者认为，个体工商户的存在已经没有必要了，因为个体工商户与个人独资企业这两种形式并无本质区别，个人独资企业与个体工商户的划分本身没有经济与法律上的科学性与合理性：二者的投资人均为个人（或者以家庭财产投资），二者对于所产生的债务均由投资人个人财产（家庭经营的则以家庭财产）承担，在组织形式上都较为简单。作为历史产物和改革初期成果的"个体工商户"的名称不应继续保留，其大部分功能为个人独资企业所涵盖。规模较大的个体工商户，以商事组织或者企业称之并无不可，可以登记为个人独资企业。对于规模较小的个体工商户，与自然人密切关联，如其不愿意登记为个人独资企业的，应将其作为小商人，允许其不经登记而从事商业活动，并给予税收、商号、商事账簿等方面的灵活对待[1]。

这种观点不能说没有道理，但是，我如果把问题从反面提出来，则这种观点的逻辑出发点及理由就难以成立：当个体工商户与个人独资企业冲突时，为什么不是个人独资企业让位于个体工商户呢？在我看来，个人独资企业才真的不应该存在呢！个人独资企业比较个体工商户，其优势是什么？如果想成为法人，我们有公司法上的一人公司；如果想成为非法人团体，我们有合伙企业法上的各种合伙企业；如果想个人经营或者以家庭财产经营，我们早在个人独资企业法之前就有个体工商户，为什么还要搞个人独资企业？是先有的个体工商户，后又叠床架屋搞了个人独资企业，而不是相反。我们应该通过改善个体工商户的方式来消灭个人独资企业才符合当今社会的发展：西方无论是过去还是现在都有无数个体经营者，难道都登记成为个人独资企业了吗？

我们可以通过权威统计数字来考量一下，个体工商户在我国社会实际生活中的分量：1990 年至 2014 年，个体工商户从业人数从 2093 万人增加到 1.06 亿人，增长了 4.06 倍[2]；2013 年底，个体工商户 4436.29 万户、资本总额 2.43 万亿元，同比增速分别为 9.3% 和 23.1%[3]。2014 年底，个体工商户 4984.06 万户，比上年底增长 12.35%，资金数额 2.93 万亿元，增长 20.57%[4]。再来看一个对比数字：截至 2015 年 9 月底，全国实有个体工商户 5285 万户，私营企业 1802 万户，吸纳全国就业人口的 1/3 以上，吸纳城镇就业人口四成以上[5]。从这些数字可以看出，个体工商户比个人独资企业数量多得多，我们不禁要问：既然个人独资企业这么好，注册也方便，功能也与个体工商户差不多，为什么人们还是愿意成立注册个体工商户呢？肯定是个体工商户对自然人或者家庭来说更方便、更合适，更适合人们的需要。我们为什么要消灭之而迫使他们成为个人独资企业呢？

由此可见，个体工商户在我国社会生活中占有十分重要的意义，因此，《民法总则》保留这一主体，于第 54、56 条具体规定了其法律地位。

（二）个体工商户的民事主体地位

《民法总则》第 54 条规定："自然人从事工商业经营，经依法登记，为个体工商户。个体工商户可以起字号。"第 56 条第 1 款规定："个体工商户的债务，个人经营的，以个人财产承担；家庭经营的，以家庭财产承担；无法区分的，以家庭财产承担。"2011 年 3 月 30 日国务院第 149 次常务会议通过、自 2011 年 11 月 1 日起施行，2016 年 2 月 6 日修订的《个体工商户条例》第 2 条规定："有经营能力的公民，依照本条例规定经工商行政管理部门登记，从事工商业经营的，为个体工商户。个体工商户可以个人经营，也可以家庭经营。"

《民法总则》及《个体工商户条例》可以看成我国确认个体工商户之民事主体地位的实体法依据，其主要特征是：①自然人可以登记为个体工商户；②必须经登记方可成立；③必须从事工商业经营，如果是从事农业生产经营，则是农村承包经营户；④个体工商户

---

[1] 岳兵、姚狄英："两户民事主体地位的再思考"，载《中国民法学研究会 2015 年年会论文集》（上册），第 538～539 页。

[2] 参见摘自国家工商行政管理总局《中国个体私营经济与就业关系研究报告》，http://www.saic.gov.cn/zwgk/tjzl/zxtjzl/xxzx/201510/t20151030_163438.html。

[3] 摘自《二〇一三年全国市场主体发展分析》，参见 http://www.saic.gov.cn/zwgk/tjzl/zhtj/xxzx/201402/P020140227616783687760.pdf。

[4] 摘自《2014 年度全国市场主体发展、工商行政管理市场监管和消费维权有关情况》，参见 http://www.saic.gov.cn/zwgk/tjzl/zhtj/xxzx/201501/t20150123_151591.html。

[5] 参见 http://www.saic.gov.cn/zwgk/tjzl/zxtjzl/xxzx/201510/t20151030_163438.html。

可以个人经营，也可以家庭经营。个人经营的，以个人财产承担；家庭经营的，以家庭财产承担无法区分的，以家庭财产承担；⑤个体工商户可以起字号。

从我国个体工商户的制度运行和实践效果看，各级工商行政管理部门已经摸索出一套对个体工商户行之有效的管理模式，成立和申请比较方便，税收政策也比较灵活，因此，我认为，《民法总则》延续《民法通则》的做法，保留个体工商户及其主体地位是正确的，如果我们真的照搬西方的非登记商自然人模式而抛弃我们30年来对个体工商户的管理经验，将会适得其反。对于农村承包户或者自然人，其经营农副产品可以按照商自然人对待。对于不需要登记、无固定场所的"游动性自然人商人"也有相应的管理方式，不能随便抛弃个体工商户。

我们可以再从成立和登记程序上，来观察个体工商户的主体地位及责任承担情况。

（三）个体工商户的登记

1. 登记成立。《个体工商户条例》第8条规定："申请登记为个体工商户，应当向经营场所所在地登记机关申请注册登记。申请人应当提交登记申请书、身份证明和经营场所证明。个体工商户登记事项包括经营者姓名和住所、组成形式、经营范围、经营场所。个体工商户使用名称的，名称作为登记事项。"《个体工商户登记管理办法》（2011年9月30日国家工商行政管理总局令第56号公布，2014年2月20日修订）第2条规定："有经营能力的公民经工商行政管理部门登记，领取个体工商户营业执照，依法开展经营活动。"

从这里可以看到，个体工商户必须进行登记方可取得这一民事主体地位。否则，自然人的经营只能看被视为个人的商行为而不是商主体行为。

2. 登记申请人。根据《个体工商户登记管理办法》第12条的规定，个人经营的，以经营者本人为申请人；家庭经营的，以家庭成员中主持经营者为申请人。

3. 申请事项。根据《个体工商户登记管理办法》第6~11条的规定，个体工商户的登记事项包括：经营者姓名和住所；组成形式；经营范围；经营场所。其中，经营者姓名和住所，是指申请登记为个体工商户的公民姓名及其户籍所在地的详细住址。组成形式，包括个人经营和家庭经营。家庭经营的，参加经营的家庭成员姓名应当同时备案。经营范围，是指个体工商户开展经营活动所属的行业类别。经营场所，是指个体工商户营业所在地的详细地址，个体工商户经登记机关登记的经营场所只能为一处；个体工商户可以不使用名称。个体工商户决定使用名称的，应当向登记机关提出申请，经核准登记后方可使用。一户个体工商户只准使用一个名称。个体工商户名称由行政区划、字号、行业、组织形式依次组成。经营者姓名可以作为个体工商户名称中的字号使用[1]。

从申请登记的程序和事项看，个人经营与家庭经营是严格分开的，申请人与申请事项是不同的，当然，承担责任的主体也是不同的。

（四）司法判例对个体工商户的主体性态度

笔者搜集到了关于个体工商户诉讼有关的300个案例，在这些案例中，个体工商户的主体性情况大概有这样几种：

1. 绝大多数案例没有将个体工商户列为原告或被告，而是将作为实际经营者的自然人列为原告或被告。在这部分以自然人为原告或被告的案例中，一多半是仅列个体工商户中的自然人的个人信息，但案例大多数都在将自然人列为原告（被告）的基础上列明了自然人的经济属性（即个体工商户）。

---

[1]《个体工商户名称登记管理办法》（2009年4月1日施行）第2、6、8条。

例如，湖南省资兴市人民法院〔（2011）资法民二初字第1047号，裁判日期：2011年12月14日〕民事判决书，写明：原告刘××，男，1958年10月20日出生，汉族，广东省大埔县人，住资兴市鲤鱼江。被告黄××，女，1978年5月4日出生，汉族，资兴市人，个体工商户，住资兴市唐洞新区大全路居委会。

广东省广州市南沙区人民法院〔（2013）穗南法万民初字第91号，裁判日期：2013年5月17日〕民事判决书，写明：原告李治国与黄少强、陶瑞连（广州市增城南阳服装工艺厂个体工商户主）机动车交通事故责任纠纷一审民事判决书……

2. 在有些案例中，是以个体工商户作为原告和被告的，但表述方式有很大的差异，这可能与个体工商户是否有的登记名称有关。

一种表述方式："向大川个体工商户""刘红梅（个体工商户）""个体工商户王芳良"。

例如，重庆市铜梁区人民法院〔（2014）铜法民初字第05231号〕民事裁定书载明："本院于2014年10月24日立案受理了原告黄定勇诉被告个体工商户张婷婷工伤保险待遇纠纷一案。依法由审判员周大力使用简易程序公开进行了审理。原告黄定勇于2014年12月8日向本院提出撤诉申请。"

重庆市第二中级人民法院〔（2014）渝二中法民终字第01146号〕民事判决书载明："上诉人向大川个体工商户与被上诉人吴世桃、冉绪秀、刘辉、刘恬确认劳动关系一案，奉节县人民法院于2014年4月29日作出（2014）奉法民初字第00585号民事判决，向大川个体工商户不服，向本院提起上诉。本院依法组成合议庭审理了本案，现已审理终结。"

另一种表述方式即直接列明个体工商户的字号，并注明其个体工商户的组织性质，例如"宁波市鄞州下应诚达轻钢结构活动房厂（个体工商户，组织机构代码为L3647716-1，业主：董荣干)"[1]。北京市第一中级人民法院〔（2014）一中执字第195-1号〕裁定书写明："时俊杰（个体工商户，字号韩城市浩泽电子商务部）与北京宏信博控科技有限公司国内非涉外仲裁裁决执行裁定书。"

由此可见，我国的司法实践也已经将个体工商户纳入民事诉讼主体及权利义务主体的范畴中。我国民法典应该保留个体工商户的主体地位。

---

〔1〕 宁波市鄞州区人民法院民事判决书〔（2014）甬鄞商初字第2217号〕写明："原告：宁波恒达装饰工程有限公司。被告：宁波市鄞州下应诚达轻钢结构活动房厂（个体工商户，组织机构代码为L3647716-1，业主：董荣干)。"

法　人

■ 第一节　法人的概述

一、法人的概念与特征

（一）法人的概念

法人是指在私法上具有权利能力并且能够依法独立享有权利并承担义务的团体或者财产集合体。而由于大陆法系公法与私法划分的传统，相应的公法上的法人与私法上的法人则是一种合乎逻辑的分类。私法上的法人是通过私法行为设立的长期存在的人的联合体或者组织体，它本身是与其全体组成人员和管理人员相互分开的实体。它本身享有权利并承担义务，通过其机关的行为取得权利并履行债务，由此发挥自己的作用并参与法律交往[1]。也就是说，法人既可以是其成员的变更与其存在没有任何关系的人的联合体，也可以是为一定目的并具有为此目的而筹集的财产而组织起来的组织体[2]。前者如公司、合作社等，后者如基金会等。

公法人则是依据公法设立并以行使国家权力为宗旨的组织[3]，由于国家不得参与一般私法交易为宪政之一般原则，故公法人在私法领域内的作用远不及私法人。但是，公法人作为政治社会中的实然存在，有时非为私的需要而参与到民事活动中来，因此各国民法不得不承认其在私法中的地位。例如，国家或者各级政府作为财产所有人、债务人，为了日常工作需要而购买商品的行为等，均离不开私法的支持。但是，私法中讨论最多、也最具典型意义的当然是私法人而非公法人。

我国《民法总则》第 57 条规定："法人是具有民事权利能力与民事行为能力，依法独立享有民事权利和承担民事义务的组织。"其实就包含了私法人与公法人，也包含了人的联合体与为特殊目的而筹集的财产组织体。

（二）法人的特征

尽管对于法人这种纯粹法律技术之产物的许多问题至今仍然存在许多争议，但法人所具有的下列特征为多数学者所接受：

1. 只有人的结合体与依特殊目的所组织的财产才有可能成为法人。这是大陆法系传统民法所持有的一贯原则，过去和现在没有多少差别。人的结合体可以成为社团法人，而财产组织体可以成为财团法人。

但是，对于"人的结合体"的理解却发生了重大变化。传统民法坚持至少有 2 人才能组成团体，但随着"一人公司"也可以取得法人资格的盛行，对于什么是"结合体"

---

〔1〕　［德］卡尔·拉伦茨：《德国民法通论》（上册），王晓晔等译，法律出版社 2003 年版，第 183～184 页。
〔2〕　［德］卡尔·拉伦茨：《德国民法通论》（上册），王晓晔等译，法律出版社 2003 年版，第 178 页。
〔3〕　关于公法人与私法人的分类标准，学者之间颇有争议，容后详述。

的理解发生了重大的认识上的变化：既然意思独立、财产独立、有独立的组织机构并可以承担独立责任是法人的本质特征，那么，这些条件在一人公司难道不可以达到吗？就如有的学者所指出的：团体是否具有独立的人格，最终取决于团体与其成员的人格是否彻底分离并独立存在。企业与企业成员的法律分离，是企业取得法律人格的充分条件。企业成员的团体性只是使企业的非个人意志便于体现和识别，但它却不是构成企业法人成立的充分条件（我认为此处应为"必要条件"）。基于这一思想，一人公司法人得以设立和存在[1]。

2. 法人资格的取得是法律承认的结果。这一特征显示出法人的主体地位为法律所赋予，而法律是否赋予团体或者组织以法人地位则要取决于一个国家的立法政策。

3. 法人具有权利能力。具有权利能力，即独立享有权利与承担义务的资格，是法人不同于其他团体的标志。

（三）我国法上法人特征的实证考察

目前，从我国《民法总则》及其他民事立法来看，法人应具有以下特征：

1. 我国法上的法人不仅包括社团法人，也包括财团法人。而且主要是规定了私法人，公法人作为特殊法人加以规定。这是我国民事立法的重大进步。

2. 法人资格的取得是法律承认的结果。

3. 法人与其成员的财产分离、意志分离且责任分离。在我国，法人的财产与其成员的财产彼此分离，法人有自己独立的意思机关，法人的责任独立于其成员，而且我国《公司法》和《民法总则》上的法人独立承担责任，且股东都是有限责任。这种做法引起了许多学者的批评，目前尚无改变的迹象。

二、法人的本质

（一）关于法人本质的各种学说

德国学者指出：在整个 19 世纪没有一个问题像关于法人的本质问题这样使德国民法界投入那么多的精力，而且到德国民法典颁布时，这个争论还没有必要终结[2]。关于法人本质的争论，大致有以下几种观点：

1. 法人拟制说。法人拟制说来自德国法学家萨维尼，依其主张，在罗马法传统、基督教神学、启蒙学说以及理想主义德国哲学中，仅视自然人为法律秩序的法律主体，因为只有自然人是能够在上帝面前负责且能道德自律的产物[3]。罗马教皇伊诺生徒四世就曾说过：被视为法人的信徒团体，其与个人不同，因其不能接受洗礼，也不能以异端为由受破门制裁，故法人完全是法律上被拟制的一个观念上的存在[4]。因此，若要使超个体的社会团体像自然人一样享有同等的权利能力，则只能借助于客观法所创设的使其与自然人享有同等地位的方法，而这种同等地位并不能取代个人所固有的属性，仅仅是拟制而已。至于这种同等地位是否存在以及在多大范围内存在，这是实证法规范的事情，取决于立法者的决定[5]。

---

〔1〕 董学立："法人人格与有限责任"，载《现代法学》2001 年第 5 期。
〔2〕 ［德］托马斯·莱赛尔："德国民法中的法人制度"，张双根译，载《中外法学》2001 年第 1 期。
〔3〕 ［德］托马斯·莱赛尔："德国民法中的法人制度"，张双根译，载《中外法学》2001 年第 1 期。
〔4〕 刘得宽：《民法诸问题与新展望》，三民书局 1991 年版，第 438 页。
〔5〕 ［德］托马斯·莱赛尔："德国民法中的法人制度"，张双根译，载《中外法学》2001 年第 1 期。

2. 目的财产说。该学说认为：倘若超个体的社会团体自身并不能当然地是法律上的人，而只能通过法律制度视其与自然人享有同等法律地位，则将具有特殊目的但没有主体参与的特别财产也视为法人，在理论上不应有任何障碍。同时，该学说还指出了这样一个不容忽视的事实，即机构法人与财团法人历来就是无成员的法人，进而以此作为其学说的主要依据[1]。

以布林兹（Brinz）为代表的人格化的目的财产说，在法人拟制说看来，只是该学说的一个分支，更确切地说是拟制思想的逻辑产物[2]。因此，仅仅是法人拟制说在背面的展开。

3. 法人实在说。法人实在说由德国法学家基尔克（Otto Von Gierk）提出并以其为代表。法人实在说更看重社会团体的社会实在性与精神实在性，他们视团体为超个体的生物，是社会实体。他们通过为其作决定的人来行为，如同自然人通过其器官来行为一样。故在他们看来，只要团体在社会生活中仅以一个行为单位的面目出现，且他人亦认为它们是一个行为单位，则原则上就可以在法律中将它们同自然人一样当作法律上的人来对待。该学说的模型是早期的社会群体，如家庭协同体、氏族与城邦。个人生活于该社会群体，而该社会群体则决定他的生活，在群体内个人很少能够表现其个体的存在。同时，法律不是主动地创造这些社会群体，而只是去发展与限制，并根据其生活条件进行规范。此外，依该学说，新成立的团体也拥有超个体的自有生存，且该自有生存在该学说看来如同自然人的一样。再者，国家法律虽然可以通过承认来对新成立的团体授予法人资格，并按自己的希望对其发展予以引导，但国家对其不能进行创造和遏制[3]。

该学说在说明"何为实在"时，又分为两派：一是有机体说，另为组织体说。

（1）有机体说。该说为基尔克（Otto Von Gierk）所倡导。他认为：存在于社会的人类之结合体，在各个所结合形成的全体中，内存着其统一性。在此所谓统一性者，一方面与其所担当之各个人类多数性相分离，而宛如保有其单一性。然在另一方面还以多数性为其基础而依存且内在于此。这种统一体因实存于人类结合的内部而具有统一体固有的生命，其与自然人的有机体个人一样，以个人为其构成部分形成社会有机体而具有一个团体的存在性，同时还具有类似于个人意思的团体意思。这种实体是法人的本体，法人格者，乃对此社会的实在者在法世界里所予以承认的法律上的主体。因此，法人是依其自己的意思由自己的机关行动的。

总之，根据有机体说，个人要结合成一个团体时，便存在一个与其构成成员并存的独立实体。所谓团体者，虽然由个体所构成，但同时还具有与个体分离的独立存在。这里颇类似于个人，即一个人虽然由各个肢体所构成，但人却以一个有机的整体而存在。而对于法人，法律在承认其为主体前已经是一个实际存在者，故法律承认其为主体，犹如自然人出生而取得权利能力一样。个人存在的本质是有其独立的意志，而法人也有其独立于成员的意志。这种原理也适用于财团法人，即财团法人也在为一定目的所捐助的财产上存在着单一的独立意志[4]。基尔克（Otto Von Gierk）的这一思想深受日尔曼团体主义的影响，其法人说明的原型其实也是日尔曼早期的社会群体。

---

〔1〕 ［德］托马斯·莱赛尔："德国民法中的法人制度"，张双根译，载《中外法学》2001 年第 1 期。
〔2〕 刘得宽：《民法诸问题与新展望》，三民书局 1991 年版，第 440 页。
〔3〕 ［德］托马斯·莱赛尔："德国民法中的法人制度"，张双根译，载《中外法学》2001 年第 1 期。
〔4〕 刘得宽：《民法诸问题与新展望》，三民书局 1991 年版，第 441 ~ 442 页。

（2）组织体说。该种主张乃由法国的米修德（L. Michoud）与塞雷勒斯（R. Saleilles）所倡导。该说在关于法人实在说方面的主张虽与基尔克（Otto Von Gierk）一致，但在说明何为"实在"时，却与基氏不同。他们认为：法人存在的基础，不在于其为社会的有机体，而在于其有适于权利主体的组织。此项组织，就是基于一定目的的社团或者财团[1]。也就是说，组织体说认为，法人并非依赖于拟制的方式而存在，而是实在者。然其实在者，并非如有机体说所言，以意思主体而存在，而是在法人制度下将适于作为权利主体的团体或者目的财产组织化，以之承认组织体的意思形成，而对其实体赋予法人格[2]。

（二）对以上各种学说的评价

大陆法系德国的许多学者及美国许多学者认为：对于法人本质的讨论其实在法律上的意义并不大。例如，德国学者梅迪库斯指出：19世纪，人们曾经对法人的理论进行过激烈的争论。但这两种中的任何一种，即使仅仅是作为短语，也都不适合于把握那些已被承认为法人之性质的东西。因此，今天的人们大多认为，这一争论是无益之争[3]。美国学者格雷也指出：团体是否是一个拟制实体，或者是否是一个没有实在意志的实体，或者依据基尔克的理论，是否是一个具有实在意志的实体，看起来是一个不具有实践重要性或者利益的事情。基于任何一种理论，由国家强加的义务都是相同的[4]。日本学者也指出：这样的本质讨论可以追溯至19世纪德国和法国的议论。当时，传统的法律体系是以个人为中心构成的，所以如何评价、定位新兴的拥有力量的法人，就成了一个问题。以上的议论，在以这样的时代背景为前提时才有意义。可是，在今天，法人在社会中的地位已经确立，相应的法律技术也已经完备。在这种情况下，法人拟制说与法人实在说哪一个正确的这种问题的设问方法，只会误导对法人的理解[5]。

我们赞同上述学者关于法人本质讨论在法律实践中并无太大意义的观点，即法人拟制说与法人实在说在关于法人作为权利义务主体方面无任何差别。私法中的人都是法律上的人而非现实中的人，即使是民法上规定的自然人，也是法律世界中的人而不是现实中的人。因此，许多学者认为，这种争议是无实益的观点是正确的。就如德国学者梅迪库斯所言：人们更倾向于采取中性的表述：法人就其宗旨而言被视为归属载体[6]。

三、法人的传统分类

在传统民法上，根据不同的标准，可以将法人分为不同的种类。而这些分类有的是根据学理，有的则是根据立法。特别是在学理分类中，对于具体标准及分类意义，学者之间尚有不同的争议，例如，对于公法人与私法人的分类标准就存在很大的争议。虽然说，历史已经演进了许多年，有些分类在今天看来也许已经作为历史的陈迹而存在，但我们今天研究这些分类，对于正确把握法人仍然具有重要的意义。尤其是在我们起草民法典的过程中，研究这些分类标准及意义，根据正确标准进行分类，对于立法具有重大意义。

（一）公法人与私法人

1. 公法人与私法人的概念及分类标准。公法人与私法人的概念的界定实际上取决于人

---

〔1〕 胡长清：《中国民法总论》，中国政法大学出版社1997年版，第100页。

〔2〕 刘得宽：《民法诸问题与新展望》，三民书局1991年版，第443页。

〔3〕 ［德］迪特尔·梅迪库斯：《德国民法总论》，邵建东译，法律出版社2000年版，第823页。

〔4〕 ［美］John Chipman Gray："法律主体"，龙卫球译，载《清华法学》2002年第1期。

〔5〕 ［日］山本敬三：《民法讲义 I·总则》，解亘译，北京大学出版社2004年版，第310页。

〔6〕 ［德］迪特尔·梅迪库斯：《德国民法总论》，邵建东译，法律出版社2000年版，第823页。

们对于这种分类标准的认识，故在界定这种概念时，必须首先对分类标准进行研究。德国学者梅迪库斯指出：对于公法人与私法人进行分类，可以从不同的角度进行：①可以强调设立行为。设立公法人依据公法行为或者法律；设立私法人依据法律行为（大多是设立合同或者捐助行为）。②另一项标准是任务。公法人旨在执行国家的任务。③最后还可以根据法人以何种身份出现进行区分[1]。德国学者拉伦茨指出，今天占主导地位的观点是：公法人与私法人的区别在于前者是根据私法的设立行为而成立的，后者是基于一种公权力行为，特别是依照法律而成立或者后经法律认可作为公共事业的承担者而成立的。就人的组织来说，私法上的联合体的成员是基于其私法上的意思行为而得到成员资格。相反，公法上团体的成员则是根据法律规定的事由得到成员资格，在大多数情况下，不取决于当事人的意思。只有公法上的法人，才可以行使主权者的强制手段[2]。

各种划分的手段虽有差异，但实质是一样的：其同国家权力与公共利益的关联性。就如江平教授所言：各种划分标准的实质内容是一致的，归根到底还是社会利益和公共利益的问题。依公法设立的法人，由国家或者公共团体设立的法人，与国家有特别关系并受其特别保护的行使或者分担国家权力或者政府职能的法人，其设立或者活动主要是为了社会的利益，国家不过是社会利益的集中代表者。而依私法设立的法人，由私人设立的法人，与国家无特别利害关系以及不行使国家权力的法人，其设立和活动的目的则是为了私人利益。因此，在公法人与私法人的划分标准上存在的差异是形式上的差异，而不是实质上的差异，在确定某个社会组织是公法人还是私法人时，这些不同标准的结论又大致是相同的[3]。

2. 公法人与私法人的具体区别：

（1）私法人是根据私法规范并基于私人设立行为而成立的，而公法人大多基于一种公权力行为，特别是依据法律而成立。

（2）就人的组织来说，私法上的联合体的成员是基于其私法上的意思行为而得到成员资格。相反，公法上团体的成员则是根据法律规定的事由得到成员资格，在大多数情况下不取决于当事人的意思。

（3）公法上的法人可以行使主权者的强制手段，而私法上的法人因彼此地位平等而无实施强制手段的可能性。

（4）私法人必须有自己的章程，章程是私法人的"宪法"，法人的成员依章程而统一起来，章程使法人"活"起来。而公法人活动的依据则是宪法，不可能有自己的章程，法律也不可能允许其制定自己的章程。

（5）法律要求多数私法人成立须经登记，而公法人成立一般不要求其进行登记。

（6）私法人一般要求一个意思机关（又称为权力机关或者决策机关），而公法人没有这样的机关，公法人活动的范围或者职责直接由法律规定。

（7）公法人存在的目的在于行使国家权力或者维护社会公共利益。从公法人的一般目的来看，公法人一般不得从事营利性活动，即使其偶尔作为民事主体而涉足民事领域，也多为非营利性活动，如政府机关作为办公用品的采购者的采购行为。而私法人有的为营利，有的则为公益，其行为与其成立宗旨有关。

3. 公法人与私法人划分的意义。公法人与私法人的划分在西方已经有很长的历史，并

〔1〕　[德] 迪特尔·梅迪库斯：《德国民法总论》，邵建东译，法律出版社 2000 年版，第 816～817 页。
〔2〕　[德] 卡尔·拉伦茨：《德国民法通论》（上册），王晓晔等译，法律出版社 2003 年版，第 179 页。
〔3〕　江平主编：《法人制度论》，中国政法大学出版社 1994 年版，第 42 页。

且在学理上是一种重要的分类。这种分类主要与西方社会中政治国家与市民社会、公法与私法的划分直接相关，并形成了许多规则。从最初的理论意义上说，是为了防止国家权力无限制地干预私人生活从而给私人社会的安全提供理论支持。但是，我个人认为，公法人与私法人的这种划分，在民法实践中的意义要远远小于其在法理学与宪法上的意义。因为公法人的设立与规范均不属于民法，就如学者所言：关于公法的规则，定之于公法，不属于民法[1]。民法上所说的法人，本来仅仅限于私法人，但是，公法上的法人作为私法之外的一种存在，私法无法排除其在民法中的地位而必须承认之，甚至从法人的发展历史看，公法人的存在要远远早于私法人。所有权等私法权利本来仅仅是民法上的权利，但没有任何人可以排斥国家作为财产的所有者而存在于民法中。而当其存在于民法中时，它与其他民事主体并无不同。我们前面所说的公法人与私法人的不同，并非民法上的不同。因此，我们十分赞同我国将来的民法典不以这种标准来划分法人的做法。

（二）社团法人与财团法人

1. 分类标准及概念。社团法人与财团法人分类的标准是法人成立的基础：凡是以人的集合为基础成立的法人为社团法人[2]；而以财产为基础而成立法人为财团法人。就如日本学者所言：对于人的团体，承认其具有成为权利主体资格的，叫作社团法人；对于财产的集合，承认其具有成为权利主体资格的，叫作财团法人[3]。

2. 社团法人与财团法人的主要区别：

（1）成立基础不同。如前所述，社团法人是以人的集合为基础成立的法人，而财团法人则是以财产为基础而成立的法人。

（2）设立人的地位不同。一般来说，社团法人的设立人在法人成立后会成为该法人的成员，而财团法人因无社员，因此，设立人设立后不成为法人的成员。

（3）设立行为不同。社团法人的设立一般是双方或者多方的生前契约行为，而财团法人的设立可以是单方行为，也可以以遗嘱的方式设立。

（4）有无意思机关不同。社团法人必须有意思机关（或称决策机关），而财团法人则无该机关。因此，前者称为"自律法人"，后者称为"他律法人"。

（5）目的事业不同。社团法人的目的事业既可以是公益事业，也可以是营利性事业；而财团法人一般为公益事业而非营利性事业[4]。

（6）法律对其设立的要求不同。总的说来，法律对于财团法人的设立要比社团法人的设立要求严格，一般地说，社团法人的设立采取"准则主义"，而对于财团法人的设立则采取"许可主义"。这是因为财团法人涉及许多税收等方面的优惠，因此，为防止有人以设立财团为名而逃避遗产税，特作如此严格的规定。例如，一个人死亡后其财产由其继承人继承的话，一般要求交纳一定的遗产税。为避免纳税，此人就设立一个财团法人，然后指定其继承人为受益人。这实际上是变相继承而逃避遗产税。

（7）解散的原因及解散的后果不同。社团法人可以因许多原因而解散，其中，成员的自愿解散是一种重要的方式；而财团法人因其没有社员，故不存在自愿解散的情形。财团

---

〔1〕［日］富井政章：《民法原论》，陈海瀛、陈海超译，中国政法大学出版社2003年版，第141页。

〔2〕在此应当特别强调：社团法人的成立并不是不要求财产，实际上在社团法人成立中，为保证法人活动的相对人的利益，法律往往也要求一定的财产。这里所谓的"以人的集合为基础"，是指以人的集合为主要特征。

〔3〕［日］山本敬三：《民法讲义Ⅰ·总则》，解亘译，北京大学出版社2004年版，第296~297页。

〔4〕张俊浩主编：《民法学原理》（上册），中国政法大学出版社2000年版，第180~181页。

法人多是因存在期间届满或者因财产不足以支持目的事业而解散。

另外，社团法人解散后，经清算有剩余财产的，应分配给其社员；但财团法人没有社员，即使解散也不可能归属其成员。按照《德国民法典》（第88、46条）的规定，财团法人解散后，财产归章程指定的人。如果章程没有指定，则归属国库。国库应当以最符合该社团目的的方法使用该财产。

（三）营利性法人与非营利性法人

根据法人是否从事经营性活动并且是否将经营所得分配给其成员为标准，将法人分为营利性法人与非营利性法人。

1. 营利性法人。以营利为目的的法人称为营利性法人，其不仅从事收益事业，还向其成员分配利益。

2. 非营利性法人。不从事经营活动或者虽然从事经营活动但其经营所得并非用于分配给成员，而是为扩大目的事业。它又分为两种：

（1）公益法人。按照日本学者的观点，有关祭祠、宗教、慈善、学术、技艺以及其他公益的社团和不以营利为目的的社团法人称为公益法人[1]。

（2）中间法人。虽然不以营利为目的，但也不以公益为目的的法人，称为中间法人[2]。如同乡会等。

四、我国《民法总则》关于法人的分类

我国《民法总则》采取了传统民法的"二级分类标准"作为一级标准使用，然后再辅以"特别法人"的分类方式，使得我国的法人分类成为所有国家民法典中最复杂的分类。因为传统民法上的分类的一级分类标准是"社团法人与财团法人"，社团法人中再分为营利法人与非营利法人。尽管对此种分类，学者之间有很大的争议，但既然已经如此，我们下面的讨论就以我国《民法总则》关于法人的分类展开。

以营利为目的的法人称为营利性法人，其不仅从事收益事业，还向其成员分配利益。按照我国《民法总则》第76条的规定，以取得利润并分配给其股东等出资人为目的成立的法人，为营利法人。营利法人包括有限公司、股份有限公司和其他企业法人等。

按照我国《民法总则》第87条的规定，为公益目的或者其他非营利目的成立，不向出资人、设立人或者会员分配所取得利润的法人，为非营利法人。非营利法人包括事业单位、社会团体、基金会、社会服务机构等。按照传统民法，它又分为两种——公益法人与中间法人。

但是，按照我国《民法总则》第87条的上述规定，公益法人的范围将被大大地缩减。因为，传统民法本身就包括两种：一是根本不从事经营活动的法人，如中间法人、某些宗教团体（有限宗教团体从事经营活动）和有些事业单位等；二是有些虽然从事经营活动，但不将经营活动的所得分配给成员或者设立人，例如，有些基金会、事业单位等是从事经营活动的，但其经营所得是为了扩大或者充实其公益事业。但是，我国《民法总则》第87条的规定，似乎难以包括这两种。或者说，立法者是想表达包括这两种类型的意思，但表达不精确。准确的表达应该是：不以从事经营活动或者虽然从事经营活动但其经营所得并非用于分配给成员，而是为扩大目的事业而成立的法人，为非营利法人。

营利法人与非营利法人的分类，是我国《民法总则》最基本的法人分类，但这种分类

〔1〕 ［日］山本敬三：《民法讲义Ⅰ·总则》，解亘译，北京大学出版社2004年版，第297页。
〔2〕 ［日］山本敬三：《民法讲义Ⅰ·总则》，解亘译，北京大学出版社2004年版，第297页。

缺乏体系性，难以抽象出共同的法人规则。因此，我国《民法总则》中的法人之一般规定，似乎难以反映出法人之基本的问题。

对于非营利法人的问题，日本在这一方面的改革应当引起我们的注意。日本已经看到人们对公益法人的滥用，不再刻意区分公益法人与非公益法人，而是采取事后认定的方式来确认一个法人是公益的还是营利的。因此，一个一般性的法人可以通过事后认定其是否一直从事公益事业而成为公益法人。就如日本学者所指出的："在一般法人中，以实施特定的公益为目的之事业而获得行政厅授予的公益认定的，可以成为公益法人。因此，公益法人再不是与过去的营利法人相对应的概念了。"[1]

■第二节 法人的一般规定

一、法人的设立

"法人非依法律不得设立"已经成为大部分国家认可的原则，但是不同的国家对于不同类型和目的的法人的设立，所采取的控制措施和干预程度是不同的。例如，在我国及大陆法系许多国家，一般来说，设立一个经营性的贸易公司要比设立一个基金会容易得多。因此，在这里有必要对设立法人的原则、条件和程序作简单的阐述。

（一）法人设立的原则

1. 特许主义原则。所谓特许主义原则，是指任何一个法人的设定必须依据法律或者国家元首许可。此种原则盛行于昔日法国[2]。实际上，这一原则不仅在昔日的法国，在英国历史上也曾一度实行。例如，1628 年，英王授予扑克牌制造专营国产扑克的权力，行会同意按固定价格每周向英王出售一定数量的扑克牌，每年交纳 5000～6000 英镑的赋税，因此，特许状又被认为是国王与行会之间的契约[3]。

特许主义原则在目前私法中已经鲜有使用，有些国家的中央银行、大型国有企业等仍然使用这一原则。但在公法中仍然可以作为重要的原则。

2. 许可主义原则。许可主义原则是指法人须经国家行政主管部门的许可方得成立。这一原则因适应国家对特殊行业法人的控制，故在许多国家仍然使用。例如，德国民法典对于民法上的营利性社团及财团采取许可制[4]。在我国，对于公益法人当然要采取许可主义，而有些行业的公司设立也采取这一原则，例如，根据我国《保险法》第 67 条的规定，设立保险公司应当经国务院保险监督管理机构批准。实际上，在我国所有金融类企业的设立都必须经过有关主管机关的批准。

〔1〕 ［日］近江幸治：《民法讲义Ⅰ》，渠涛等译，北京大学出版社 2015 年版，第 85 页。
〔2〕 ［日］富井政章：《民法原论》，陈海瀛、陈海超译，中国政法大学出版社 2003 年版，第 145 页。
〔3〕 方流芳："中西公司法律地位历史考察"，载《中国社会科学》1992 年第 4 期。
〔4〕 由于德国采取"民商分离"的立法模式，商法上的公司法人采取"准则主义"，但民法上的社团法人则采取"许可主义原则"。原因正如有学者所指出的：如果社团以经营营利性事业为目的（所谓营利性社团），则其权利能力同样只能依特许制取得。实践对营利性社团持非常保守的态度。这样做是正确的，因为如要从事营利性活动，就应当采取商法上的法律形式。而如采取商法上的法律形式，要么由股东承担个人责任，要么公司法对某个特定的最低资本额规定了筹措原则，部分也规定了维持原则。因此，只有在商法道路上的大门无法合理期待的例外情况下，才能根据第 22 条授予营利性社团权利能力，将社团法的大门向经济活动展开。只有对非以营利性事业为宗旨的所谓"非营利性社团"才适用规范制。——［德］迪特尔·梅迪库斯：《德国民法总论》，邵建东译，法律出版社 2000 年版，第 829 页。

大部分国家对于公益法人采取较强的干预政策，原因有二：①对于公益法人之所以采取如此严厉的做法，是因为其背后存在这样一种想法，即有关公益的事项本来是属于国家的任务[1]。②因公益法人一般不纳税，为避免有人通过设立公益法人并指定受益人的方式逃避税收，故采取严厉的措施，采取许可主义原则。

对于有些营利法人之所以采取许可主义原则，主要是国家认为那些行业关涉国计民生，或者对于国家的经济秩序有重大影响者，需加以控制和管理。

因此，我国《民法总则》第58条第3款规定："设立法人，法律、行政法规规定须经有关机关批准的，依照其规定。"

3. 准则主义。准则主义是指法律对法人的设立规定了具体要件，只要符合这些条件，发起人就可以向登记机关申请登记。经登记机关审核认为符合法定条件的，就予以登记并成立法人。从目前来看，准则主义是私法人成立的主要原则，为世界许多国家的立法所确认，如德国对于商法上的公司法人以及民法上的非经营性社团法人采取准则主义原则。我国《公司法》对于有限责任公司和股份公司的设立也采取准则主义原则。

准则主义原则之所以成为当今世界许多国家设立营利性社团法人普遍适用的原则，主要是因为：商品经济要求从事经济活动的主体本着平等、自由的原则在统一的市场上展开公平竞争，任何组织、个人不得享有特权，这与特许设立或者许可设立下的营利性社团因承担某些公共职能而享有对市场的行政性垄断权根本不相容。准则主义使营利性社团法人失去行政性垄断权与分担国家职能的地位，使之成为纯粹的民事主体，适应了这一趋势。此外，根据法律规定的要件设立法人不仅可以使营利性法人的设立规范化、有序化、平等化，而且减少了繁琐的特许设立程序或者行政审批程序，从而极大地减少了营利性法人组织的设立费用，提高了工作效率，避免了社会财富的浪费[2]。

4. 关于强制设立主义原则及疑问。有许多学者认为：在法人设立中，还有一种原则被称为强制设立主义，即依国家法律规定，在某些领域必须设立法人，如我国台湾地区规定，商业同业工会、工业同业工会、建筑师工会、律师工会等必须设立[3]。我认为这一原则能否称为原则殊值探讨，因为：①若有强制设立主义原则，就必有任意设立主义原则。按照这一逻辑，所谓强制设立主义原则的划分标准显然与上面诸原则有本质差别。②这些法人的设立也多是基于公共政策的考虑，而且这些法人也不以从事私法上的事务为主业。因此，将其作为私法上的法人之设立原则值得商榷。

（二）法人设立的条件

在《民法总则》的编纂过程中，是否需要规定法人设立的条件，存在争议。有人主张不必在《民法总则》中像《民法通则》一样，再规定法人设立的具体条件。《民法通则》之所以规定具体条件，是因为《民法通则》颁布时，没有《公司法》等法律，需要《民法通则》解决法人的成立具体条件问题。而现在，法人依据不同法律成立，该法律中详细规定了成立条件，例如，成立公司的话，《公司法》对于成立不同的公司规定有详细、具体的不同的条件，故没有必要再在《民法总则》中规定之。有人则主张，还是应该在《民法总则》中大致规定法人成立的一般条件，具体法律另有规定的，从其规定。其实，《民法总

---

[1] [日] 山本敬三：《民法讲义Ⅰ·总则》，解亘译，北京大学出版社2004年版，第300页。

[2] 江平主编：《法人制度论》，中国政法大学出版社1994年版，第116页。

[3] 见邱聪智：《民法总则》（上），三民书局2005年版，第276～277页；王泽鉴：《民法概要》，中国政法大学出版社2003年版，第59页。

第六章

则》采取了第二种主张，在第 58 条第 1、2 款规定了法人成立的条件。我其实是主张第一种观点的，确实各种法人的成立条件不同，既然是法人必须依法设立，那么，依据什么法设立，就按照什么法规定的条件即可。从比较法上看，也鲜有不直接规定法人成立条件的。

按照《民法总则》第 58 条的规定，法人成立的一般条件是：

1. 法人设立应当有规范基础。德国学者拉伦茨指出：（法人的设立）除组织成员的利益外，还会涉及第三人，特别是债权人利益，所以，在公司类型上存在着强制归类的状况[1]。任何法人的设立必须符合该类法人的设立规范，进而让任何一个与该法人打交道的人都知道该法人的财产归属、义务承担及其与成员的责任关系。同时，考虑到不同类型的存在对社会的影响，许多国家对不同类型法人制定了不同的规范。例如，在采"民商分立"的国家中，商事公司的成立必须遵循商法规范，而民法上的经营性与非经营性法人，则要遵守民法规范。在我国，公司的成立要遵循公司法的规范，基金会财团法人的设立除了遵照民法总则之外，还要遵循《社会团体登记管理条例》《基金会管理办法》等规范。

2. 法人的设立应当具有自己的章程。无论是社团法人还是财团法人，无论是营利法人还是非营利法人，原则上说，设立法人必须要有章程。例如，根据我国《公司法》第 11 条的规定，设立公司必须要制定章程；根据《民法总则》第 79 条的规定，设立营利法人应当依法制定法人章程。按照《民法总则》第 87～93 条的规定，非营利法人成立一般也应当有自己的章程，法律规定不需要章程的除外。

对于社团法人来说，所谓章程，是指以设立社团为目的，就社团的名称、宗旨、组织及社员地位等重要事项加以规定，是社团运作及社员权利义务的确定所依据的法律文件。社团成立后，章程为社团运行及社员权利义务的主要依据与基本规范，故民法的立法者认为：章程乃法人组织及活动的基础[2]。

对于财团法人或者非营利法人来说，所谓章程，是指具有设立财团法人的目的，就财团的名称、宗旨、组织机构、财产来源及使用方式、财团解散后的财产归属等重要事项加以规定，是财团法人运作所依据的法律文件。

从本质意义上讲，章程是法人的宪法，法人之所以成为民法上的一个整体意义上的"人"，很重要的原因就是它有一个章程。对此，德国学者拉伦茨指出：为了使法人能够通过其机关确立统一的意思，并进行活动，就要建立机关，确定活动范围，它就必须在设立过程中制定规定联合活动和机关行为的规范，也就是说，需要制定一个章程。法人之所以成为一个"活动体"，只是因为章程规定了它自己的法律制度，如果没有这个章程，便不能有这个活动体[3]。

3. 法人设立必须有自己的财产或者经费。财产是法人对外活动的基础，也是责任的保障，因此，法人必须有完成其目的事业的财产。因为，法人不同于自然人，自然人生存于社会的根本不在于其财产，而在于其"能力"；而法人存在于社会的基础，便是其财产。关于这一点，在许多国家的破产法中表现得尤为明显：在德国与日本破产法中，宣告法人破产可因两种原因：一是不能清偿到期债务，二是"资不抵债"（即债务超过财产）；但宣告自然人破产的原因仅仅是不能清偿到期债务。由此可见，财产对于法人与自然人有极大的不同。

---

〔1〕 ［德］卡尔·拉伦茨：《德国民法通论》（上册），王晓晔等译，法律出版社 2003 年版，第 179 页。

〔2〕 邱聪智：《民法总则》（上），三民书局股份有限公司 2005 年版，第 333 页。

〔3〕 ［德］卡尔·拉伦茨：《德国民法通论》（上册），王晓晔等译，法律出版社 2003 年版，第 183 页。

第六章

如果一个法人没有必要的财产，就是通常戏称的"皮包公司"，这种法人的存在对于交易安全有极大的潜在的威胁，因此，许多国家的法律对法人成立都有财产方面的要求。以我国公司法为例，以前的公司法对于不同类型的公司的最低注册资本有具体要求，现在已经取消，但根据《公司法》第23、76条的规定，必须有财产。但是，对于特殊行业和特殊类型的公司，仍然要求有最低出资额。例如，经营证券经纪、证券投资咨询和与证券交易、证券投资活动有关的财务顾问等证券公司的注册资本最低限额为5000万元，且为实收资本（《证券法》第127条）；证券登记结算机构的注册资本的最低限额为1亿元（《证券交易所管理办法》第65条）；经营证券承销与保荐、证券自营、证券资产管理等业务的证券公司的注册资本最低限额为1亿元，且为实收资本；经营2项以上的证券公司的注册资本最低限额为5亿元，且为实收资本；信托投资公司的最低注册资本为3亿元人民币或等值的可自由兑换货币，注册资本为实收货币资本（《信托公司管理办法》第10条）；期货经纪公司注册资本的最低限额为人民币3000万元（《期货交易管理条例》第16条第1项）；基金管理公司的最低注册限额为1亿元，且为实收资本（《证券投资基金管理公司管理办法》第7条第1项）；商业银行的注册资本最低限额为10亿元，且为实缴资本（《商业银行法》第13条）等。

当然，近年来，学理与立法对于法人之财产的意义进行了反思与讨论，许多学者对于传统民法对法人财产的强行性要求提出了质疑，认为：法人之财产的有无对于交易安全的影响是否真的存在？如果有人愿意与一个没有财产的法人进行交易，这是一个自我选择的结果。而任何一个自愿选择其行为的人，应对选择后果承担风险，法律不应替代当事人的选择与控制。这种观点有一定的合理性，但法律不仅关涉个人利益，更重要的是关系社会的经济秩序。如果一个社会的交易秩序完全交给个人控制，将会产生灾难性后果。因此，法律必须进行最低限度的控制，将个人选择的风险降低。因此，我认为，法律对法人财产的强行性要求有其充分的理由。

当然，基于特定的目的，也可以对某些种类的法人作出特别规定。例如，在日本，对特定的非营利性法人就没有规定最小限度的财产，目的在于使小规模的团体也有可能取得法人资格[1]。

4. 法人应当有自己的名称。名称对于法人与自然人有十分不同的意义：一个自然人一生没有名字可以生存，而法人没有名称一天也不能生存。因为，自然人是一种自然存在，而法人是一种法律存在。

关于名称问题，我国《民法通则》第37条及《公司法》第23条都规定为法人成立的必要条件。除此之外，有关法规及部门规章对法人的名称也有许多限制性规定，例如，1991年5月6日国务院批准的《企业名称登记管理规定》第6条与第7条分别规定了对于法人名称的两个主要规则：①企业只能有一个名称，而且在登记机关管辖区域内不得与已经登记注册的同行业企业名称相同或者近似；②企业名称应当含有下列部分：企业所在地省或者市或者县行政区划的名称；字号；行业或者经营特点；企业的组织形式。如山东易成粮油有限责任公司，即为包含上述四个部分的名称[2]。

5. 应有自己的组织机构。与自然人不同，法人不是"人"，因此，其活动是由不同建

---

[1] ［日］山本敬三：《民法讲义Ⅰ·总则》，解亘译，北京大学出版社2004年版，第303页。

[2] 由于我国国有的企业好大的特性，关于名称的问题，国务院及国家工商行政管理总局有许多文件规范这一行为。这些文件实在太多，因此，在此不便一一列举。

构的组织依章程被统一起来的，因此，一个法人如果想正常运转，必须有自己的健全的必要的组织。德国学者拉伦茨指出：社团需要必要的机关，因为只有通过机关，社团才能作为法律上联合起来的整体，形成同意的总意思，并且进行活动，特别是参与法律交往[1]。具体来说，社团法人应有自己的决策机关、代表机关、执行机关，有时还要求有监督机关。而财团法人应当有自己的执行机构、监督机构。

二、设立中的社团之法律地位

（一）研究设立中的社团的意义

任何社团的设立都需要一个过程，而在这个过程中，作为一个团体可能要进行某些民事法律行为，那么，这些法律行为的后果应属于该团体还是全体设立人？该团体登记并取得权利能力后，是否当然转移给法人？如果该团体不能被登记为法人，设立过程中的这些权利义务将如何处理？这便是研究这一问题的意义所在。

（二）设立中的社团的法律地位

设立中的社团因已经有协议与章程，故已经是一个类似于合伙的团体，因此，传统民法及学理认为对之应准用有关合伙的规定，确有理由。但该团体在未经登记之前，没有权利能力，也不得以法人的名义从事民事法律行为，为当今通说。我国的学理也基本上主张这种观点。但这种主张已经受到挑战。

（三）设立中的社团与设立后的法人于权利义务关系上的承继

一个法人在设立过程中（设立中的社团）所承担的义务或者获得的权利，在法人有效设立后是否当然自动地转移？

早期的德国学理对于设立中的法人与成立后的法人之间的关系上，严格坚持"分离说"，即法人成立后，设立中的法人所发生的权利义务，除非另有特别的法律转移程序，不得自动转移于成立后的法人。因此，设立中的法人发生的一切权利义务或者诉讼，在法人成立后获得转移时，法人也可以以自己的名义重新起诉。设立中的法人的不动产，非经办理所有权变更登记，不能转移给成立后的法人[2]。也就是说，这种理论主张一个法人在设立过程中（设立中的社团）所承担的义务或者获得的权利，在法人有效设立后并非当然自动地转移，其坚持了形式上的主体二元性。

现在德国的主流学派已经坚持"同一性"原则，例如，德国学者托马斯认为：传统理论认为，在社团登记簿或者商事登记簿中进行登记是取得法人资格的前提条件。如在登记之前就以法人的名义从事行为的话，则如同无权利能力的社团，由行为人自行承担责任。此外，若在登记之前因从事交易而受到损失，从而使公司的资金不能得以保障时，则该公司就不能再到商事登记机关去登记了。但由于登记程序的漫长，参与公司成立的股东实际上多在取得登记之前就已经对外从事交易活动了，而在法律上却对这种很强烈的实践采取否定的态度，这本身就说明这种学说不是很可靠的。现在德国联邦最高法院已经承认成立中的公司具有独立的法律主体资格，可通过其机关为法律行为，可以取得自己的权利并承担义务，并可进行诉讼。如果成立中的公司将来登记于商事登记簿，则该成立中的公司的财产权及针对第三人的权利义务均自动地转移于登记后的法人[3]。德国学者梅迪库斯也指

---

[1]　［德］卡尔·拉伦茨：《德国民法通论》（上册），王晓晔等译，法律出版社 2003 年版，第 209 页。

[2]　黄立：《民法总则》，中国政法大学出版社 2002 年版，第 141 页；龙卫球：《民法总论》，中国法制出版社 2001 年版，第 405 页。

[3]　［德］托马斯·莱赛尔："德国民法中的法人制度"，张双根译，载《中外法学》2001 年第 1 期。

出：设立中的社团与事后取得权利能力的社团存在着同一性，因此，为设立中的社团形成的权利义务，都直接转移于法人。权利义务转移后，为设立中的社团从事行为的行为人的个人责任也随之消灭[1]。德国学者拉伦茨也指出：前社团作为开始时无权利能力的社团与登记后成为有权利能力的社团是同一个社团。因为这里涉及的是同一个由设立合同建立起来的人的长期联合体，它们有着同一个名称。不同之处仅仅在于其权利与义务的归属方式不同而已，社团在无权利能力时，其权利义务归于相互成为一个整体的全体成员；而在取得权利能力后，则归于作为法律主体的社团本身。这个权利义务的归属方式发生了变化，但这个真实的社会组织体却没有改变，即权利义务都归属于这个社会组织体。这里也无需将原来属于相互结成一个整体的成员的权利转移给有权利能力的社团。因为并不是那个合法组成的团体解散了，而只是表现为另一种组织形式而已，以前和以后都是同一个团体[2]。

拉伦茨的主张虽然在许多地方颇具说服力，却也有不合逻辑之处：既然是同一个团体，为什么在登记前权利义务归属于团体的个人而使个人承担无限责任，登记后就归属于团体从而使成员承担有限责任？既然是同一个团体，为什么在登记前不能以法人的名义从事活动？登记前个人对设立中团体的责任是基于什么转移给成立后的法人的——是成立后的法人对成立前团体个人的债务的免责承担，还是基于法律的规定？因此，我认为，这种同一性学说，其实是迁就于实践的功利需要，而分离说则更注重理论说明。

按照我国《民法总则》第75条的规定，设立人为设立法人从事的民事活动，其法律后果在法人成立后由法人承受；法人未成立的，其法律后果由设立人承受。设立人为2人以上的，享有连带债权，承担连带债务。设立人为设立法人以自己的名义从事民事活动产生的民事责任，第三人有权选择请求法人或者设立人承担。

三、法人的设立标志与权利能力、行为能力

法人的设立一般来说，需要登记。只有极少数情况下，才不需要登记。因此，我国《民法总则》第77条规定，营利法人经依法登记成立，取得法人资格。根据《民法总则》第88～93条的规定，非营利法人依法经登记成立；依法不需要登记的，自成立时起具有法人资格。

一般来说，法人自成立之日起，取得权利能力与行为能力。但是，在关于什么叫"成立"的问题上，营利法人与非营利法人之间存在较大的差别。

对于非营利法人，自登记之日或者在不需要登记时的成立之日就取得权利能力和行为能力。但按照我国《民法总则》第78条的规定，营利法人的成立日期为营业执照的签发日期。

前面已经提到，讨论法人的行为能力一般来说是没有意义的，因为法人一般不能"自己行为"，当然也不存在行为能力的欠缺或者限制问题。相反，人们更多地讨论以下问题：谁可以代表法人从事行为，代表人的行为后果在什么情况下由法人承担，代表人本身有什么责任？

法人可能由很多成员组成，但由于法人与其成员人格分离的缘故，这些人的行为与法人的行为不能混为一谈。这些成员的行为一般来说由他们自己负责，所谓"自己行为自己责任"。只有在特殊情况下，这些人的行为才例外地由法人负责——法人授权或者法律规定。为了方便辨认谁能够对外代表法人，《民法总则》专门规定了"法定代表人"制度，

〔1〕　[德] 迪特尔·梅迪库斯：《德国民法总论》，邵建东译，法律出版社2000年版，第832页。
〔2〕　[德] 卡尔·拉伦茨：《德国民法通论》（上册），王晓晔等译，法律出版社2003年版，第208页。

其行为对外代表法人。《民法总则》第 61 条第 1 款规定："依照法律或者法人章程规定，代表法人从事民事活动的负责人，为法人的法定代表人。"

但是，法定代表人本身也有自己独立的人格，那么，其行为什么时候是属于自己的行为，什么时候是属于代表法人的行为呢？对此，《民法总则》第 61 条第 2 款规定："法定代表人以法人的名义从事的民事活动，其后果由法人承担。"但是，在我国，什么是"以法人的名义从事的民事活动"，需要认真解释。因为，我国实行法人"公章"辨认习惯，大多数情况下，凡是法人的行为，除了由法定代表人签字外，还需要法人盖章。这样，就可以比较准确地认定为"以法人的名义从事民事活动"，属于法定代表人的职务行为。但有时候法人没有盖章，仅仅是由法定代表人签字。这时候，就需要来认定：此时法定代表人的行为是自己的行为而应该由自己负责，还是职务行为而由法人承担。而这种不同的责任主体，往往涉及第三人的利益。我国的司法实践一般来说，要按照事务的性质来认定。例如，由江苏省宜兴法院在 2015 年审理的一起劳动工资纠纷案件中，就出现了这一问题的认定：原告张某 2014 年在被告华友公司工作，公司拖欠工资，直到 2015 年 1 月 15 日，被告华友公司的法定代表人蒋某才出具欠条，写明欠张某工资 67 700 元。此后，经多次催要，蒋某偿还 15 000 元，还欠 52 700 元。为此，张某起诉到法院，请求华友公司与将某承担连带责任。法院经过审理认为，蒋某的签字属于职务行为，应该由华友公司承担支付责任，而蒋某不承担责任[1]。在近几年，由于民间借贷十分普遍，许多中小企业在借款方面的很多借条上都只有法定代表人签字而并无公司盖章，在认定谁是被告时，应特别注意区分是该法定代表人的个人行为还是职务行为。

四、法人的不法行为责任

从一般意义上说，无论是社团法人还是财团法人，对其法定代表人造成第三人的损害的不法行为，应该承担赔偿责任，这是没有异议的。但是，法人承担的这种责任究竟是法人自身的责任，还是替代责任，是有争议的。

肯定说主要是从"法人实在说"出发，认为，既然承认法人自身的行为，那么，只要该行为至少在表面上为"目的范围内"的行为，对作为其结果的不法行为就应该承担损害赔偿责任。否定说从法人否定说出发，认为，法人自身不能够行为，因此，不存在法人自身的不法行为。因此，法人的不法行为责任应解释为对于被法人使用的人的责任，是对他人行为的赔偿责任的一种类型[2]（替代责任）。

在我国，学理一般不区分法人实在说或者拟制说。前面已经提到，这种学说对于法人的存在实际上是没有意义的。我认为，由于法人本来就是法律模拟自然人而创制的主体（民法上的自然人也是法律模拟的），因法定代表人本来就是法人的一个机关，是法人的当然组成部分，其行为应可以视为法人的行为，当然包括不法行为。

当然，常常引起我们忽视的问题是：为什么法定代表人的意思就可以是法人的意思，其行为也是法人的行为？这里实际上存在着一种"拟制"。

但是，法人与其法定代表人毕竟具有相互独立的人格，法定代表人在履行职责时，应尽到"善良管理人"的注意义务。如果其具有过失时，法人对第三人承担赔偿责任后，可以向法定代表人追偿（《民法总则》第 62 条）。日本判例也认为，无论任何人，只要实际侵害了他人权利并有损害的事实，它自己的不法行为当然由此而成立。既然不存在关于其

〔1〕 见《江苏法制报》，2015 年 12 月 28 日。
〔2〕 〔日〕近江幸治：《民法讲义 I》，渠涛等译，北京大学出版社 2015 年版，第 117 页。

作为法人之理事履行职务时所为的个人责任可予以免除的规定，理事就应该按照一般规定，作为个人与法人共同负担起损害赔偿之责[1]。

五、法人与其成员或者设立人的关系

按照通常的理论，社团法人与其成员或者设立人的关系可以分为以下三个方面：

（一）法人与其成员或者设立人的人格彼此独立

法人的人格不依赖于其成员或者设立人的人格而独立存在，法人的成员或者设立人也不因加入法人或者设立法人而丧失其固有的人格。法人人格与其成员或者设立人人格的"二元"化，是法人财产独立于责任的基础，也正是在这个意义上，法人区别于合伙。

（二）法人的财产与其成员或者设立人的财产相互区别而独立存在

法人作为具有独立人格的团体，在法律上可以独立享有财产所有权。虽然法人的最初财产来源于其成员或者设立人（捐助人）的出资，但其成员或者捐助人一旦出资，财产所有权就发生转移而归法人所有，其成员或者设立人不得直接支配法人的财产。于是，形成了法人财产与其成员或者设立人财产的明显区分，这是法人独立承担责任的先决条件。"法人人格否认理论"与实践恰恰从反面解释了这一基本原则：当法人的财产与其成员的财产彼此不独立时，成为个案中视法人独立人格于不顾的因素。

（三）法人债务与其成员或者设立人的债务彼此独立

法人既然是一种具有独立人格的主体，就应当能够独立承担责任，这也是法人区别于合伙的主要标志之一，即法人不为其成员或者设立人的债务承担责任，其成员或者设立人也不为法人的债务承担责任，其成员或者设立人仅仅以出资额或者捐助额为限对法人的经营承担风险。这一原则的最典型的表现形式为有限责任公司与股份有限公司。对此，我国《民法总则》第60条规定："法人以其全部财产独立承担民事责任。"

但是，近年来，许多学者对法人与其成员之间的责任关系提出了质疑，认为成员的有限责任并非法人的必然特征，股东对公司的债务既可以承担有限责任，也可以承担无限连带责任，这并不影响法人的存在。我国《民法总则》及现行《公司法》并没有采取这种观点，没有承认股东的无限责任。

六、法人的变更

（一）法人变更的概述

法人的变更是指法人的登记事项（如经营范围、法定代表人、住所等）、组织形式发生变更或者法人的分立或合并。

法人登记事项（如经营范围、法定代表人、住所等）的变更，必须经过法人章程规定或者法律规定的程序作出决定，然后再到登记管理部门办理变更登记。否则，不可对抗善意第三人。我国《民法总则》第64～66条规定，法人在存续期间登记事项发生变化的，应当依法向登记机关申请变更登记。法人的实际情况与登记的事项不一致的，不得对抗善意第三人（相对人）。法人登记机关应当及时公示法人登记的有关信息。

法人组织形式的变更，主要是指法人成立后组织类型发生变化，如从有限责任公司变为股份有限公司等。由于前面所讲的原因，即法律对法人组织形式强行归类的需要，法人组织形式是必须明确公示的事项，因此，其变更需要依照法律规定进行。例如，从有限责任公司变为股份有限公司，实际上是有限责任公司的消灭和股份有限公司的成立。

---

[1]　[日]近江幸治：《民法讲义Ⅰ》，渠涛等译，北京大学出版社2015年版，第120页。

　　当然，组织形式的变更不仅应当包括有限责任公司变为股份有限公司，也应包括股份有限公司变为有限责任公司。但从法理上讲，公司组织形式的变更主要是公司决策机关的意思自治问题，在不损害债权人利益的前提下，应当没有禁止的理由。

　　在法人的变更中，最重要的是法人的分立与合并。下面专门就这一问题作一简单阐述。

　　（二）法人的分立

　　1. 法人分立的概念与形式。法人的分立是指一个法人分为两个或者两个以上法人的行为。在实践中，法人的分立可分为存续式分立与新设分立。

　　（1）存续式分立。存续式分立是指法人分出一个法人后，原法人继续存在。例如，原来山东大学艺术系从山东大学分立出来而成立了山东艺术学院（独立法人）后，山东大学作为法人继续存在。可以用图式表示为：

$$A \xrightarrow{\text{分为}} A \ 与 \ B$$

　　（2）新设分立。新设分立是指一个法人分为两个或者两个以上法人后，原来的法人不再存在。可以用图式表示为：

$$A \xrightarrow{\text{分为}} B \ 与 \ C$$

　　2. 法人分立后的债权债务关系的处理。《民法总则》第 67 条第 2 款规定，法人分立的，其权利和义务由分立后的法人享有连带债权，承担连带债务，但是债权人和债务人另有约定的除外。

　　我国《公司法》第 175 ~ 176 条对公司法人的分立有特别的规定：公司分立，应当编制资产负债表及财产清单。公司应当自作出分立决议之日起 10 日内通知债权人，并于 30 日内在报纸上公告。公司分立前的债务由分立后的公司承担连带责任，但是，公司在分立前与债权人就债务清偿达成的书面协议另有约定的除外。

　　3. 法人分立的一般程序。以公司法人的分立为例，法人分立的程序一般是：

　　（1）由股东会作出分立的决议；

　　（2）对债权人的通知或者公告（《公司法》第 185 条）；

　　（3）主管机关批准（如果需要的话）；

　　（4）注册登记（包括设立登记与注销登记）。

　　（三）法人的合并

　　1. 法人合并的概念与形式。法人的合并是指两个或者两个以上的法人归为一个法人主体的行为。法人的合并分为吸收式合并与新设合并两种，我国《公司法》第 172 条就规定了这两种合并："公司合并可以采取吸收合并或者新设合并。一个公司吸收其他公司为吸收合并，被吸收的公司解散。两个以上公司合并设立一个新的公司为新设合并，合并各方解散。"

　　（1）吸收式合并。数个法人合并，其中一个法人存续而其他法人终止的，谓之吸收式合并[1]。通俗地讲，吸收合并就是数个（包括一个的情形）法人被一个法人所吞并，该吞并法人力量得到了壮大而继续存在，而其他法人消灭的情形。用图式来表示就是：

$$A + B + C + D = A$$

　　（2）新设合并。新设合并是指参加合并的各方均在合并中消灭，而一个新的法人实体

---

[1]　江平主编：《新编公司法教程》，法律出版社 1994 年版，第 84 页。

从而产生的行为[1]。例如，中南政法学院与中南财经大学合并后，称为中南财经政法大学，而原来的中南政法学院与中南财经大学都消灭了。

2. 法人合并后债权债务关系的处理。法人合并后债权债务应如何处理？对此，我国《民法总则》与《公司法》的规定有较大的区别。根据《民法总则》第 67 条的规定，法人合并后，它的权利和义务由变更后的法人享有和承担。而《公司法》第 173 条规定："公司合并，应当由合并各方签订合并协议，并编制资产负债表及财产清单。公司应当自作出合并决议之日起 10 日内通知债权人，并于 30 日内在报纸上公告。债权人自接到通知书之日起 30 日内，未接到通知书的自公告之日起 45 日内，可以要求公司清偿债务或者提供相应的担保。"这两种规定显然有较大的区别，试看一例，便能得出结论：A 公司是一个经营状况良好、银行信誉很高的企业，由于其资产状况良好、经营与信誉都好，故许多债权人甚至不需要担保也愿意与其交易。B 企业是一个负债累累（达 8000 万元）的濒临破产的企业。当地政府为了避免 B 企业破产职工下岗，强迫 A 企业与 B 企业合并。结果合并后，A 企业的债权人的债权根本无法获得完全清偿，而 B 企业的债权人能够得到比合并前更好的清偿。由此可见，《公司法》的规定比《民法总则》的规定更加合理。

七、法人的解散、终止

（一）解散的原因

按照我国《民法总则》第 69 条的规定，法人的解散大致有以下几种原因：①法人章程规定的存续期间届满或者章程规定的其他解散事由出现；②法人的权力机构决议解散；③因法人合并或者分立需要解散的；④法人依法被吊销营业执照、登记证书，被责令关闭或者被撤销的；⑤法律规定的其他情形。一般来说，①与②所列原因称为法人"意定解散"的原因，③与⑤所列原因称为"法定解散"的原因，④称为"命令解散"的原因。

（二）解散与权利能力的关系

德国学者区分法人的解散与法人权利能力的丧失，如德国学者拉伦茨指出：法人因下列原因而解散：①全体社员不存在了；②法人章程规定的消灭期间届至或者解散社团的条件已经具备；③社员大会作出决议解散法人；④依照主管机关的命令而解散。法人因下列原因而丧失权利能力：①法人开始破产程序；②主管的国家机关因法定理由剥夺法人的权利能力[2]。这种区分在德国学理上仍然存在争议，有的学者就主张，丧失权利能力就是被解散[3]。

但在我们国家，按照《民法总则》第 72、73 条及《公司法》第 188 条之规定，法人解散并不意味着法人消灭，只有经过清算并注销登记后，法人资格才丧失，权利才消灭。

（三）解散与终止的关系

从我国《民法总则》第 68 ~ 70 条的规定可以看出，解散与终止是不同的：解散仅仅是终止的一个原因而已。根据《民法总则》第 68 条的规定，法人由于下列原因之一终止：①解散；②依法宣告破产；③其他原因。由此可见，解散仅仅是终止的原因之一。我国《民法总则》沿用了《民法通则》第 45 条的规定。但有的学者提出这是一种错误，其理由有二：①法人出现上述原因后，法人人格"终止"，但同时又规定："法人终止，应当依法

---

[1] 江平主编：《新编公司法教程》，法律出版社 1994 年版，第 84 页。

[2] ［德］卡尔·拉伦茨：《德国民法通论》（上册），王晓晔等译，法律出版社 2003 年版，第 233 页。

[3] 德国学者恩尼的观点，转引自 ［德］卡尔·拉伦茨：《德国民法通论》（上册），王晓晔等译，法律出版社 2003 年版，第 233 页下注。

进行清算，停止清算范围外的活动。"这两条规定之间显然存在矛盾：法人既已终止，又何来清算？既然清算，又何以终止得了？因此，这里所谓的"终止"，实为"解散"的误写。②我国《公司法》《合伙企业法》《个人独资企业法》已经不用"终止"而用"解散"了[1]。

学者的这种分析区分在我国法上确实具有实证依据，特别是在法人破产时，因我国破产法没有使用"破产财团"的概念而是使用了"破产财产"的概念，就使得法人的人格在破产清算时继续存在，因此，可以说，破产清算时，被清算的法人的人格并没有终止，而是在破产清算的限度内视为存续。但应当注意的是，《公司法》虽然使用了"解散"而没有使用"终止"，但其仍然没有将破产列为解散的原因，而是仅仅规定（第180条）："公司因下列原因解散：①公司章程规定的营业期限届满或者公司章程规定的其他解散事由出现；②股东会或股东大会决议解散；③因公司合并或者分立需要解散；④依法被吊销营业执照、责令关闭或者被撤销；⑤人民法院依照本法第182条的规定予以解散。"而《公司法》第187条规定："清算组在清理公司财产、编制资产负债表和财产清单后，发现公司财产不足以清偿债务的，应当依法向人民法院申请宣告破产。"由此可见，破产宣告不是公司解散的原因，更不是一般民法典或者公司法上法人清算的原因，是特别法上的特别清算制度。故第二个理由是不充分的。

特别需要说明的是：从境外学者的论述看，很多人将破产程序的开始作为法人解散的原因[2]。我认为，这种观点并不十分准确，因为，在许多国家的破产法中，破产宣告与法人的终止没有必然的联系，甚至破产宣告后，债权人会议可以与债务人达成和解协议，或者申请重整，从而结束破产程序，法人继续存在，并不因此消灭或者终止，德国《支付不能法》及我国台湾地区"破产法"都如此规定。在我国，因为破产法不允许在破产宣告后进行和解或者重整（我国《破产法》第95条、第70条），因此，可以说，破产宣告会引起法人的终止。

八、法人的清算

（一）清算概述

我国《民法总则》第70~73条规定了法人解散后的清算。清算是指对一个即将终止主体资格的法人之债权、债务及财产所作的综合清理行为，其主旨在于一次概括性地结束其在存续期间的财产关系，以保护债权人及股东利益。

清算分为非破产清算与破产清算。非破产清算与破产清算的本质区别在于：破产清算是在法人的现有财产不足以清偿其全部债务的情况下，为公平、概括性地清偿所有债权人的债权所设的一种特别清算程序。而非破产清算程序则是在法人解散或者因其他原因而消灭的时候，对所有的债权债务关系进行清理以便结束所有的财产关系，并最终将法人的剩余财产分配给出资人或者作出其他处理。

我国《民法总则》在这里所说的当然是非破产清算。但是，大多数国家的公司法或者合伙法规定，当在非破产清算中发现法人的财产不能清偿所有债务的，应当从非破产清算转化为破产清算。我国《公司法》第187条也作了相同的规定。

---

[1] 张俊浩主编：《民法学原理》（上），中国政法大学出版社2000年版，第212页。

[2] ［德］卡尔·拉伦茨：《德国民法通论》（上册），王晓晔等译，法律出版社2003年版，第233页；［日］近江幸治：《民法讲义Ⅰ》，渠涛等译，北京大学出版社2015年版，第120页；陈聪富：《民法总则》，元照出版社2016年版，第124页。

（二）清算（非破产清算）的意义

1. 保护债权人利益。任何法人在其存在的过程中，可能已经缔结了许多财产性契约关系，也可能因侵权行为负担债务，也可能因其他原因负担财产性义务，如果该法人没有清理这些义务而悄然消失，将会给这些债权人造成巨大的损害，对交易安全构成威胁。所以，包括我国法律在内的许多国家的法律都规定，法人的消灭以清算为必要程序。

2. 确定出资人最后分配的财产从而保护出资人利益。无论是公司的股东，还是合伙企业的合伙人，都是企业的最初出资人，也是最终所有人——当法人消灭时的剩余财产的所有者。只有经过清算才能确定最终分配给出资人的财产。如果法人的财产不足以清偿其所有债务的，出资人如果是公司的股东，不再在出资以外承担责任，即有限责任。

（三）清算义务人及其职责

按照我国《民法总则》第70条的规定，除了法律、行政法规另有规定，法人的董事、理事等执行机构或者决策机构的成员为清算义务人。

清算义务人在法人解散时，应当及时组成清算组对法人进行清算。如果其未履行该义务，主管机关或者利害关系人可以申请人民法院指定有关人员组成清算组进行清算（《民法总则》第70条）。清算期间，法人虽然具有主体资格，但不得从事与清算无关的行为（《民法总则》第72条）

至于清算组的职权和清算程序，法律有规定的依其规定，没有规定的，参照我国《公司法》有关规定（《民法总则》第71条）。这主要是因为，不同性质的法人，其清算程序是有所不同的，例如，社团法人与财团法人就有所不同。在我国，商事主体与非商事主体的清算也有不同。

九、未经清算即注销法人的后果

法人的消灭以注销法人登记为标志，但注销的前提是清算。如果未经清算即注销法人登记，会产生什么样的法律后果呢？参照《最高人民法院关于适用〈中华人民共和国公司法〉若干问题的规定（二）》[1]之规定，确定法人清算义务人的责任。根据该解释第19、20条的规定：①有限责任公司的股东、股份有限公司的董事和控股股东，以及公司的实际控制人在公司解散后，恶意处置公司财产给债权人造成损失，或者未经依法清算，以虚假的清算报告骗取公司登记机关办理法人注销登记，债权人可以向其主张赔偿责任的；②公司未经清算即办理注销登记，导致公司无法进行清算，债权人可以向有限责任公司的股东、股份有限公司的董事和控股股东，以及公司的实际控制人主张对公司债务承担清偿责任；③公司未经依法清算即办理注销登记，股东或者第三人在公司登记机关办理注销登记时承诺对公司债务承担责任，债权人可以向其主张清偿责任。

十、社团法人的其他问题

（一）法人设立后被确认无效的法律后果

如果一个公司的成立基础存在问题，即公司虽然已经进行了经营活动，签订了许多合同，但后来发现公司是一个应当撤销或者无效的公司，那么，这种撤销或者无效是否具有溯及力？德国判例认为：公司是一种以长期存在为目的的效能共同体，如果公司已经开始运作，那么，如果要以溯及既往的效力径直将公司从法律生活中消除，并视公司从来没有存在过，则必定会产生不可忍受的后果。有瑕疵的公司并非自始无效，而是在存在无效原

---

〔1〕《最高人民法院关于适用〈中华人民共和国公司法〉若干问题的规定（二）》（法释〔2008〕6号），2008年5月5日由最高人民法院审判委员会第1447次会议通过，自2008年5月19日起施行。

因或者撤销原因的情况下仅可针对未来消灭。今天，此项原则已经成为公司法的一个稳定的组成部分[1]。德国法院的这一判例对我们具有现实启发意义，在我国，这种情况常常被当作合同无效对待。如果一个公司的成立基础存在瑕疵，被确认撤销或者无效，并非在其存在过程中始终没有缔约能力而缔结的合同无效。如果公司不再存在，应当认为是合同不能履行而解除。而对于已经履行完毕的合同，不能再主张无效。

（二）法人经营范围的性质及超越经营范围的法律后果

企业法人目的范围外行为无效制度滥觞于英国的"越权行为规则"，其最初产生的目的在于保护债权人和投资者的利益，就如英国学者高沃（Gowre）所言："越权行为规则主要有两个方面的作用：一是保护投资者的利益，使他们知道其投资被用于什么；二是保护债权人的利益，用于向债权人保证其资金没有被分散地用于各种未授权的活动而使债权人的债权得到保障。"其存在的条件有三：一是法人章程的登记而产生公信效力，故目的外行为无善意第三人；二是法人在目的范围内活动乃投资者的期待；三是目的体现着国家意志[2]。但随着时间的推移，它不再适应现代交易，故逐渐被各主要国家所废止。我国学理或立法继受自日本民法典，特别是苏联的民法理论，一直将之视为不破的原则。因此，我国以前的学理普遍认为，法人的行为能力应当与其权利能力的范围相一致，即法人必须在其成立时被核准的范围内从事经营，超出其经营范围的无效[3]。而学理的这种认识则直接来源于《民法通则》第42、49条的规定。《民法通则》第42条规定："企业法人应当在核准登记的经营范围内从事经营。"第49条规定，超出登记机关核准登记的经营范围从事非法经营的，对其法定代表人可以给予行政处分、罚款，构成犯罪的，依法追究其刑事责任。正是基于立法的这种规定，将学理引向了普遍的认同——法人的缔约能力（行为能力）与其权利能力相一致，目的范围外的缔约行为无效。

但是，随着1999年我国《合同法》的施行，学理与司法判例的观点发生了较大的变化。《最高人民法院关于适用〈中华人民共和国合同法〉若干问题的解释（一）》第10条规定："当事人超越经营范围订立合同，人民法院不因此认定合同无效。但违反国家限制经营、特许经营以及法律、行政法规禁止经营规定的除外。"从这一规定看，恰恰是采用类似于德国的"法人内部责任说"。从这一司法解释，可以得出三点结论：①从合同法的意义上看，超越经营范围不会引起合同无效；②从行政管理上看，法人超越经营范围，违反行政管理法规，可能要承担行政责任；③法定代表人如果超越经营范围订立合同，可能要受到内部追究。

最高人民法院关于《合同法》的这一司法解释适应市场规则的要求和现代民法的发展趋势，对我国传统的理论进行了根本性的改变，无疑为解决法人的目的外行为问题及保护交易安全提供了法律途径。

从我国《民法总则》第64、65条的规定看，法人存续期间登记事项发生变化的，应当依法向登记机关申请变更登记。法人的实际情况与登记的事项不一致的，不得对抗善意相对人。而且，即使违反第64、65条的规定，也不属于效力性强制性规定，不属于《民法总则》第143条规定的情形，不属于无效的情形。

---

〔1〕 ［德］迪特尔·梅迪库斯：《德国民法总论》，邵建东译，法律出版社2000年版，第197页。

〔2〕 许明月："企业法人目的范围外行为研究"，载梁慧星主编：《民商法论丛》（第6卷），法律出版社1997年版，第168页。

〔3〕 见王家福主编：《中国民法学·民法债权》，法律出版社1991年版，第318页；张俊浩主编：《民法学原理》（上册），中国政法大学出版社1991年版，第190页。

（三）法人被吊销营业执照后的法律地位

在实践中，法人因具有某些法定事由而被工商行政管理部门吊销营业执照，在此情况下，法人的主体资格是否会受到影响呢？由于我国法律没有明确规定，因此，在司法实践中常有疑问。从法理上说，法人的终止以注销登记为标志，因此，在注销法人登记前法人资格是存在的。吊销营业执照，仅仅是对其营业的行政处罚，而不是取消其法人主体资格，法人仍然可以作为民法上的原告或者被告。

（四）企业法定代表人变更后未进行登记的效力

企业的法定代表人已经发生变动，但没有在工商行政管理部门办理登记，其行为的效力如何？这一问题实际上涉及登记是生效要件还是对抗要件的问题。如果是对抗要件，则即使没有办理变更登记，其变动也是有效的，即新的法定代表人所为的行为是有效的，原来的法定代表人所为的行为原则上无效，但如果第三人是善意的，则该行为的无效性不能对抗善意第三人。如果是登记生效主义，则新的法定代表人虽然已经产生但没有进行登记的，不产生有效的代表效力，新法定代表人所为的行为无效，而原来的法定代表人所为的行为有效。在此问题上，我国通说认为，应当采取登记对抗主义。

■第三节　营利法人

一、《民法总则》中营利法人概述

我国的《民法总则》不是从有利于提取公因式的角度去规范法人，而是用法人的目的为营利还是非营利来规范法人，这样就使得整个法人制度失去了作为组织体的"核心"或者说"灵魂"，因此，在营利法人中也不可能抽象出相同的东西。那么，现实生活中，哪些法人属于营利法人呢？当然，公司是典型的营利法人。立法者在起草这一部分的时候显然是以公司法人为典型或者模型的，内容几乎就是现行《公司法》中的内容的搬迁。但由于《民法总则》以"目的"来划分法人类型，那么，除了公司之外，还有没有其他类型的营利性法人呢？当然有。

我国《民办教育促进法》第 9 条第 3 款规定："民办学校应当具备法人条件。"2017 年教育部等三部委为贯彻落实《国务院关于鼓励社会力量兴办教育促进民办教育健康发展的若干意见》，规范营利性民办学校办学行为，促进民办教育健康发展，根据《中华人民共和国教育法》《中华人民共和国民办教育促进法》和 2016 年 11 月 7 日《全国人民代表大会常务委员会关于修改〈中华人民共和国民办教育促进法〉的决定》等法律法规，制定了《营利性民办学校监督管理实施细则》（以下简称《实施细则》）。该《实施细则》第 3 条第 2 款规定："营利性民办学校应当坚持教育的公益性，始终把培养高素质人才、服务经济社会发展放在首位，实现社会效益与经济效益相统一。"第 16 条第 1 款规定："营利性民办学校应当建立董事会、监事（会）、行政机构，同时建立党组织、教职工（代表）大会和工会。"说明这种法人与一般的公司型营利性法人除了"营利"这一点相同之外，其他毫无相同之处。因此，《民法总则》关于"营利法人"的部分难以成为所有营利法人的共同规则。

另外，从《民法总则》关于"营利法人"的具体规定内容看，主要是：营利法人成立日期的特别规定，营利法人的组织机构，法人人格否认，法人组织机构之决议等违反法律、法规和章程规定的救济方式，法人的社会责任，等等。前面已经提到，这些内容完全都是从《公司法》中抽出来的，以特别法规定又有什么不妥？为什么一定要规定在《民法总则》中？

二、营利法人的组织机构

按照我国《民法总则》第78~80条的规定，营利法人的组织机构主要包括：权力机关、执行机关、代表机关、监督机关（不是必设机关）。

（一）权力机关

1. 权力机关的构成与职权。法人的决策机关又称为最高权力机关或者意思机关，是法人的"中枢机关"，法人的"意思"就形成于这一机关。因此，法人必须有此机关，否则，就是"无头的苍蝇"。因此，《民法总则》第80条第1款规定："营利法人应当设权力机构。"这一机关通常可以称为"社员大会"或者"成员大会"。

因为社团是一个由不断变动的多个成员为了统一行动而组成的团体，原则上，所有成员都参与对社团事务的决定。为此目的，他们就必须按照一定规则召开大会。社员大会以与会的多数作出决议[1]。

社员大会的主要任务是决定社团的内部事务，社团内部的重大事项需要社员大会作出决定，如公司重大经营政策的变化、章程的修改、分立或者合并等。但社员大会一般不直接支配法人的财产，也不直接与第三人发生关系，也就是说，社员大会不能对外代表法人。

按照《民法总则》第80条第2款之规定，权力机构的主要职权是：修改法人章程、选举或者更换执行机构、监督机构成员并行使章程规定的其他职权。具体到作为典型的营利法人的公司，按照我国《公司法》，有限责任公司法人的决策机关是股东会（第36条），其职权是：①决定公司的经营方针和投资计划；②选举和更换非由职工代表担任的董事、监事，决定有关董事、监事的报酬事项；③审议批准董事会的报告；④审议批准监事会或者监事的报告；⑤审议批准公司的年度财务预算方案、决算方案；⑥审议批准公司的利润分配方案和弥补亏损方案；⑦对公司增加或者减少注册资本作出决议；⑧对发行公司债券作出决议；⑨对公司合并、分立、解散、清算或者变更公司形式作出决议；⑩修改公司章程；⑪公司章程规定的其他职权（第37条）。按照《公司法》第99条之规定，上述关于有限责任公司股东会的职权的规定适用于股份有限公司的股东大会。

应当特别指出的是：意思机关是社团法人特有的机关，财团法人及公法人均无这一机关。

2. 成员资格的取得与丧失。

（1）社团法人成员资格的取得。社团法人的成员资格可因下列途径而取得：

第一，因设立行为而取得。一般来说，社团法人的设立人在法人有效成立后，便成为该法人的社员，无论是有限责任公司，还是股份有限公司，或者其他的社团法人，均是如此。

第二，因加入而取得。法人设立后，其他人（自然人或者法人）可因加入而取得成员资格。当然，任何人加入社团必须经过章程规定或者法律规定的程序。

第三，因接受股权转让而取得。无论在股份有限责任公司还是有限责任公司，股东可以将自己的股份或者出资额按照法定程序或者章程规定的程序转让给第三人，接受转让的第三人便成为新的股东。

第四，股东资格因继承而取得。我国《公司法》第75条明确规定了股东资格可以继

---

[1] ［德］卡尔·拉伦茨：《德国民法通论》（上册），王晓晔等译，法律出版社2003年版，第209页。

承，但公司章程有限制性规定的除外。但对此问题，德国学理认为，应当区分经济性社团与非经济性社团而区别对待：①对于非经济性社团，社员资格不能转让、不能抵押，也不能继承，理由是：社员对于社团的隶属关系建立在人合的关系上，在这种关系中，人与人之间的信任起很大的作用，因此，社员资格和由此产生的权利既不能转让，也不能抵押，更不能继承。②对于经济性社团，社员资格可以继承与转让。因为，公司（特别是股份公司）成员资格表现为股票。当然，这些内容取决于公司章程的规定，章程可以规定成员资格的转让、继承[1]。

（2）社员资格的终结。社员资格的终结主要有以下四种情形：

第一，法人成员的资格因成员死亡或者法人解散而终结。

第二，公司法人之社员资格可因其股份转让而终结。

第三，因退出而终结。这种情形主要适用于非公司型的法人，因为，采公司形式的法人可以通过股权转让的方式退出社团而终止社员资格。

第四，因开除而终结。法人的成员可以因被开除而终结，这也主要适用于非经济性法人。因为，从我国的《公司法》及《民法总则》上看，一个营利性法人（如公司）的权力机构能否通过决议开除股东，是一个值得研究的问题。我国《最高人民法院关于适用〈中华人民共和国公司法〉若干问题的规定（三）》第17条仅仅规定了公司股东不缴纳出资且经催告后仍然不缴纳的，公司可以以股东会决议方式解除该股东的股东资格[2]。但除了这一种情形外，其他情形是否可以？从法律上看，没有禁止的情形。如果公司章程上有明确的规定，公司可以通过决议的方式开除一个股东，这是否属于禁止或者无效条款呢？我认为，很难认为无效或者被禁止，应尊重股东自治。但是，如果成员大会的关于开除的决议违反法律程序或者《民法总则》第85条规定的情形的，可以请求法院救济。

但必须看到，在我国有一个很现实的问题：如果一个公司盈利能力很强，有很好的收益，不排除大股东通过这种方式排斥或者损害小股东利益的情形。因此，如果承认这种开除的情形，必须强调对开除决议的救济，并就理由进行实质审查。

关于此问题，从比较法上看，我国台湾地区"民法"第50条规定，社团最高权力机关可以开除社员，但必须有正当理由，且经由社团权力机关按照法律规定作出决议。学者一般都认为，除了社团法人之最高权力机关外，任何机构作出决议或者代行开除职权，都违反法律规定[3]。

（二）执行机关

执行机关是执行决策机关的决策或者执行法人章程规定事项的机关。任何法人必须有执行机关，因此，我国《民法总则》第81条第1款明确规定："营利法人应当设执行机构。"根据《民法总则》第81条之规定，执行机关的职权一般是：①召集权力机关会议；

---

〔1〕 ［德］迪特尔·梅迪库斯：《德国民法总论》，邵建东译，法律出版社2000年版，第836页；［德］卡尔·拉伦茨：《德国民法通论》（上册），王晓晔等译，法律出版社2003年版，第224页。

〔2〕 《最高人民法院关于适用〈中华人民共和国公司法〉若干问题的规定（三）》（法释〔2011〕3号）2010年12月6日由最高人民法院审判委员会第1504次会议通过，自2011年2月16日施行，第17条第1款规定："有限责任公司的股东未履行出资义务或者抽逃全部出资，经公司催告缴纳或者返还，其在合理期间内仍未缴纳或者返还出资，公司以股东会决议解除该股东的股东资格，该股东请求确认该解除行为无效的，人民法院不予支持。"

〔3〕 陈聪富：《民法总则》，元照出版社2016年版，第115页；王泽鉴：《民法总则》，中国政法大学出版社2001年版，第192页。

②决定法人的经营计划和投资方案；③决定法人内部的管理机构的设置；④章程规定的其他职权。

以我国公司法为例，公司法上有限责任公司与股份有限公司的执行机关为董事会，董事会由公司权力机关选举产生。根据我国《公司法》第46条的规定，有限责任公司的董事会对股东会负责，行使下列职权：①负责召集股东会，并向股东会报告工作；②执行股东会的决议；③决定公司的经营计划和投资方案；④制订公司的年度财务预算方案、决算方案；⑤制订公司的利润分配方案和弥补亏损方案；⑥制订公司增加或者减少注册资本的方案以及发行公司债券的方案；⑦拟订公司合并、分立、解散或者变更的方案；⑧决定公司内部管理机构的设置；⑨决定聘任或者解聘公司经理及其报酬事项，并根据经理的提名决定聘任或者解聘公司副经理、财务负责人及其报酬事项；⑩制定公司的基本管理制度；⑪公司章程规定的其他职权。

（三）代表机关

所谓法人的代表机关，是指法人的意思表示机关，即代表法人对外进行民事活动的机关[1]。在法人的代表机关问题上，学理上主要有以下几个问题需要研究：①代表说与代理说之争及实质；②关于代表机关的立法例；③代表权限的限制及其效力；④如何区分代表人的个人行为与代表行为。

1. 代表说与代理说之争及实质。基于对法人性质的不同认识，在关于对外表示法人的机关的性质上形成了"代表说"与"代理说"。基于对法人为拟制说的立场，代理说认为：法人并非与自然人一样的主体，而是拟制的法律上的存在，因此，法人不存在行为能力，如同无行为能力人，只能由代理人代理。代理人有不同于法人人格的独立人格，其行为之所以归于法人，是基于代理的关系。

"代表说"则基于法人为实在说的立场，认为：代表人与法人属于同一人格，代表机关是法人的有机组成部分，因此，代表机关的行为就是法人本身的行为，行为的后果自然归于法人。

代表说与代理说的区别主要是：①基础不同：代理说的基础是法人拟制说，而代表说的基础是法人实在说。②机关与法人的关系不同（如上所说）。③法人有无侵权能力及责任的基础不同：代表说认为法人是一个实际的存在，而法人的代表机关是法人的有机组成部分，代表机关的行为本身就是法人自身的行为，因此，法人具有侵权能力，对于不法侵害他人的行为承担侵权责任是顺理成章的。而代理说在对这一问题上的说明，则不免颇费口舌：由于民法上的代理仅仅能够代理合法行为，而对于非法行为，如侵权等不能归于被代理人，因此，虽然在实务中也承认法人应对其代理人的不法行为承担责任，但这种责任的基础却是责任转承担。

关于这一点，我们在前面已经作了专门讨论。在此，我不得不再一次重复前面论述过的观点：代表说与代理说之争实与拟制说与实在说之争一样，在实务中没有任何差异，仅仅在理论说明上不同而已，尤其是在我国，立法从来没有考虑过法人拟制说或者实在说，仅仅用"法定代表人"就明确了是代表而非代理。

2. 关于代表机关的立法例。在关于如何代表（或者代理）法人的问题上，存在不同的立法例：大致有共同代表制、单独代表制与单一代表制。

---

[1]　张俊浩主编：《民法学原理》（上册），中国政法大学出版社2000年版，第198页。

（1）共同代表制。德国民法是这一方面的范例，按照《德国民法典》第26条的规定，董事会对外代表社团，具有法定代表人的地位。但是，当董事会作为法人的代表机关出现时，必须由董事会按照法律规定或者章程规定作出决议。

但是，章程也可以规定，各个董事具有单独代表权，在这种情况下，董事的单独代表权就不取决于董事会的决议。决议是作为对外统一行动的集体的董事会所形成的意思[1]。

（2）单独代表制。在单独代表制下，法人的每个董事或者理事都可以对外代表法人。例如，我国台湾地区"民法"第27条规定：法人应设董事，执行法人事务。董事就法人的一切事务，对外代表法人。法人董事有数人者，除法律和章程另有规定外，各董事均得代表法人。当然有时法律有另外的规定，例如，我国台湾地区"公司法"第208条第3款规定，就股份公司对外关系而言，应由董事对外代表公司。常务理事或者理事，在一定条件下，始得代表公司（副董事长只有在董事长请假或者因故不能行使职权时，方可代表公司；没有副董事长或者虽有副董事长但因其请假或者因故不能履行职务时，由董事长指定常务理事一人代表公司；未设常务理事者，指定理事一人代行）。

（3）单一代表制。我国是单一代表制的典型：《民法总则》第61条第1款规定："依照法律或者法人章程的规定，代表法人从事民事活动的负责人，为法人的法定代表人。"按照我国《公司法》第13条的规定，董事长、执行董事或者经理都可以担任法定代表人，对外代表公司，具体由公司章程来规定，并依法登记方具有对抗第三人效力。对比"单独代表制"，单一代表制仅仅有一个人能够代表公司，而不是所有董事都能够对外代表公司，体现了我国本土化的特点，避免了实践中出现的矛盾和问题。

3. 代表权限的限制及其效力。按照我国《民法总则》第61条第3款的规定，公司章程对法定代表人代表权范围的限制，不得对抗善意第三人（相对人）。但是，在内部效力上，若法定代表人超出章程授权，即使在外部对第三人有效，也可能受到法人的内部责任追究。

从比较法上看，按照《德国民法典》的规定，章程中有关限制董事会代表权的规定需要在社团登记簿上进行登记，仅当章程的规定进行过登记或者与之进行法律行为的第三人知道这种规定时，这种限制才能对抗第三人[2]。日本民法的规定，大致与德国相同[3]。我国台湾地区"民法"也规定，有关董事代表权的限制，不得对抗善意第三人[4]。

4. 如何区分法定代表人的行为是个人行为还是代表法人的行为？在我国，由于施行单一代表制，而法定代表人在实际的担当者上具有双重角色：①他是一个自然人，具有自己独立的人格，可以从事自己负责任的行为；②他也是法人的代表机关，其行为由法人承担责任。这样就必然带来一个问题：其行为在什么时候被认定为个人行为而由个人承担责任，在什么情况下被认定为法人的行为而由法人承担责任？例如，在其侵犯他人合法权益（侵权）时，应当由法人还是个人承担赔偿责任？在取得一项权利时，该权利属于个人还是法人？应当指出的是，公司的法定代表人的人格上具有双重性：他一方面是法人的代表人，另一方面又是一般民法意义上的自然人。法律必须解决这样的问题：决定什么时候个人将被认为作为法人的机关来行为。凯尔森教授认为，如果个人的行为在一定方式下符合构成

---

[1] ［德］卡尔·拉伦茨：《德国民法通论》（上册），王晓晔等译，法律出版社2003年版，第214页。
[2] ［德］卡尔·拉伦茨：《德国民法通论》（上册），王晓晔等译，法律出版社2003年版，第214页。
[3] ［日］山本敬三：《民法讲义Ⅰ·总则》，解亘译，北京大学出版社2004年版，第319页。
[4] 邱聪智：《民法总则》（上），三民书局2005年版，第306页。

社团的特殊秩序，他就作为社团的机关而行为[1]。这个所谓的"特殊秩序"是什么呢？那就是"法人自己的法律"——章程。正是法人的这个特殊秩序，使法人机关的行为区别于其个人的行为，从而使得法人对其代表人的行为负责任的范围清晰化。但是，在实际生活中，可能会发生法人代表人的行为之属性究竟是代表法人还是其个人的情形。应当说，如果法人的代表人是以法人的名义为法律行为，而且，一个合理的第三人站在相对人的地位会毫不犹豫地信赖法人的代表人是代表法人行为时，该行为即应被认为是法人的行为。

（四）监督机关

从我国《民法总则》关于法人的规定看，除了捐助法人之外，监督机关不是其他类型法人的必设机关，在一般情况下，是由法人权力机构决定是否设立，《民法总则》第82条也规定了这一思想。但是，作为特别法的《公司法》却有不同的规定，对于公司法人来说，无论是有限责任公司，还是股份有限公司，监事会都是必设机关[2]。

监督机构的职责应该是什么呢？如果从私法的视角看，应该是维护全体股东（投资者）利益、代表全体投资人（出资人）利益而对执行机关和代表机关执行职务进行日常监督。从《民法总则》第82条的规定看，主要职责是：检查法人财务，对执行机构成员及高级管理人员执行法人职务的行为进行监督，并行使章程规定的其他职权。以公司法人为例，公司的监事会是代表全体股东的利益，对于公司的董事会、法定代表人、公司高管等执行职务进行日常监督的机关。从其职责看，主要是：①检查公司财务；②对董事、高级管理人员执行公司职务的行为进行监督，对违反法律、行政法规、公司章程或者股东会决议的董事、高级管理人员提出罢免的建议；③当董事、高级管理人员的行为损害公司的利益时，要求董事、高级管理人员予以纠正；④提议召开临时股东会会议，在董事会不履行本法规定的召集和主持股东会会议职责时召集和主持股东会会议；⑤向股东会会议提出提案；⑥依照本法第151条的规定，对董事、高级管理人员提起诉讼；⑦公司章程规定的其他职权（《公司法》第53条）。

从《公司法》第53条的规定看，公司监事会的职权与公司职工的利益毫无关系，但《公司法》第51条却规定监事会中必须有一定比例的职工代表，意义究竟是什么？这似乎与私法无关，实值思考。

三、营利法人组织机构之决议等违反法律、法规和章程规定的救济方式

《民法总则》第85条规定："营利法人的权力机构、执行机构作出决议的会议召集程序、表决方式违反法律、行政法规、法人章程，或者决议内容违反法人章程的，营利法人的

---

〔1〕　[奥] 凯尔森：《法与国家的一般理论》，沈宗灵译，中国大百科全书出版社1996年版，第111页。

〔2〕　我国《公司法》第51条规定："有限责任公司设监事会，其成员不得少于3人。股东人数较少或者规模较小的有限责任公司，可以设1～2名监事，不设监事会。监事会应当包括股东代表和适当比例的公司职工代表，其中职工代表的比例不得低于1/3，具体比例由公司章程规定。监事会中的职工代表由公司职工通过职工代表大会、职工大会或者其他形式民主选举产生。监事会设主席一人，由全体监事过半数选举产生。监事会主席召集和主持监事会会议；监事会主席不能履行职务或者不履行职务的，由半数以上监事共同推举一名监事召集和主持监事会会议。董事、高级管理人员不得兼任监事。"第117条规定："股份有限公司设监事会，其成员不得少于3人。监事会应当包括股东代表和适当比例的公司职代表，其中职工代表的比例不得低于1/3，具体比例由公司章程规定。监事会中的职工代表由公司职工通过职工代表大会、职工大会或者其他形式民主选举产生。监事会设主席一人，可以设副主席。监事会主席和副主席由全体监事过半数选举产生。监事会主席召集和主持监事会会议；监事会主席不能履行职务或者不履行职务的，由监事会副主席召集和主持监事会会议；监事会副主席不能履行职务或者不履行职务的，由半数以上监事共同推举一名监事召集和主持监事会会议。董事、高级管理人员不得兼任监事。"

出资人可以请求人民法院撤销该决议,但是营利法人依据该决议与善意相对人形成的民事法律关系不受影响。"从该条规定看,有两层主要意思:①程序违法或者违反章程的撤销权。当营利法人的权力机构、执行机构作出决议的会议召集程序、表决方式违反法律、行政法规、法人章程,或者决议内容违反法人章程的,营利法人的出资人可以请求人民法院予以撤销。这种情况在我国司法实践中是一种常见的诉讼;②对善意第三人(相对人)的保护。虽然决议的程序存在瑕疵,但在该决议的基础上与善意第三人形成的正常民事法律关系不受影响。这里所谓的"善意第三人(相对人)",是指任何不知道决议有瑕疵的第三人。

但是,如果决议的内容违反法律应如何处理?应当属于决议无效的范畴,就不是撤销问题了。实践中最需要研究的问题恰恰是:权力机构、执行机构的会议召集程序、表决方式没有违反法律、行政法规、法人章程,决议内容也没有违反法人章程,但决议实实在在地损害了个别股东的利益,特别是大股东利用这种合法形式损害小股东利益时,如何救济?

对此问题,《民法总则》中,只有第83条是相关的救济规范:"营利法人的出资人不得滥用出资人权利损害法人或者其他出资人的利益。滥用出资人权利给法人或者其他出资人造成损失的,应当依法承担民事责任。"但这里的"依法承担民事责任",显然是指损害赔偿责任,但具体的决议效力如何,却没有具体规定。根据《民法总则》第154条规定的"恶意串通,损害他人合法利益的"法律行为无效之规范,受到损害的人可以请求该决议无效。《最高人民法院关于适用〈中华人民共和国公司法〉若干问题的规定(四)》第5条第1款第1项规定,股东滥用股东权利通过决议损害公司或者其他股东的利益无效,也可以作为请求权基础。

四、营利法人的出资人滥用出资人地位损害法人本身或者其他出资人利益的行为之效力(内部损害)

由于这种损害仅仅涉及公司内部(公司本身及其他出资人利益),可以称为"内部损害"。《民法总则》第83条第1款明确规定:"营利法人的出资人不得滥用出资人权利损害法人或者其他出资人的利益。滥用出资人权利给法人或者其他出资人造成损失的,应当依法承担民事责任。"这其实是直接从《公司法》第20条第1、2款照搬过来的[1],这一规定仅仅是规定了在营利法人的出资人滥用出资人地位损害法人本身或者其他出资人利益时,受到损害的法人或者其他出资人可以请求其承担民事责任。但这里的"民事责任"究竟应该如何理解呢?能否理解为包括损害行为的无效或者可撤销?还是仅仅指赔偿责任?依据前后文的逻辑,这里仅仅能够理解为赔偿责任。因此,这种损害行为本身的效力就成为问题。

例如,控股股东利用自己的地位和权利损害公司利益,公司请求其赔偿这一问题在上述规定中得到了解决,但"损害行为"本身效力如何?因为绝大部分"损害行为"从外表上看都是"合法"的。再例如,大股东利用自己的优势地位通过的决议损害了其他小股东利益,但这些决议无论从形式上还是程序上都没有违反法律的强行性规定,其本身效力如何?这其实也是司法实践中难以举证的,因此,也是难以处理的问题。对此,《最高人民法院关于适用〈中华人民共和国公司法〉若干问题的规定(四)》第5条将"股东滥用股东

---

[1] 《公司法》第20条第1、2款规定:"公司股东应当遵守法律、行政法规和公司章程,依法行使股东权利,不得滥用股东权利损害公司或者其他股东的利益;不得滥用公司法人独立地位和股东有限责任损害公司债权人的利益。公司股东滥用股东权利给公司或者其他股东造成损失的,应当依法承担赔偿责任。"

权利通过决议损害公司或者其他股东的利益"的行为定性为"无效行为",从而解决了这一问题。但是,在损害他人利益的问题上,最好的方式还是用"可撤销",因为:是否要让此行为归于无效,应该由受害人来决定,并且,有的时候情况在不断地发生变化,之前是损害行为,随着时间推移,也有可能会变成无害甚至是有利的行为。因此,用"无效"来处理,不如用"可撤销"更合适。

五、出资人滥用权利损害债权人利益(外部损害)——法人人格否认

我国《民法总则》第83条第2款规定:"营利法人的出资人不得滥用法人独立地位和出资人有限责任损害法人的债权人利益。滥用法人独立地位和出资人有限责任,逃避债务,严重损害法人的债权人利益的,应当对法人债务承担连带责任。"这实际上是从《公司法》第20条第3款直接照搬过来的,可以看成是法人的出资人对第三人——债权人的损害,而这一条规定可以看成是法人人格否认的规范基础。

(一)法人人格否认的概念及制度价值

按照法人的一般理论,法人(尤其是有限责任公司)与其成员的人格彼此独立,法人不为其成员的债务承担责任,其成员也不为法人的债务承担责任。但是,当法人在运行中出现了有悖法人独立责任的前提时,可不可以在个案中突破这种独立责任而将法人的责任直接归属于其成员,即将法人成员的有限责任变为无限责任呢?许多国家的法理与实践对此作出了有条件的肯定性回答,这就是通常所说的"法人人格否认"或者"揭开公司面纱"。具体来说,所谓"法人人格否认",是指:法人虽为独立的主体,承担独立于其成员的责任,但当出现有悖法人存在目的及独立责任的情形时,若再坚持形式上的独立人格与独立责任,将有悖公平时,在具体个案中视法人的独立人格于不顾,直接将法人的责任归结为法人成员的责任。美国一个司法判例的经典表述为:作为一般规则,在没有相反的充分理由出现时,公司将被视为一个法律实体。但是,当法律实体的概念被用于损害公共利益、正当化违法行为、保护欺诈或者替犯罪辩护时,法律将视公司为多数人的联合。这里揭示的是:①公司人格的利用应当符合一定的法律政策前提,即法律实体的概念只有当其被援引和使用于正当合法的目的时才能被确认,如果滥用这一概念于不适当的用途和不诚实的目标,则是不允许的。②一旦出现此种违反法律和公共政策目标而滥用实体概念的情形,法院将考虑无视公司人格的单一实体性而直接追及法人外壳或者面纱掩蔽下的股东个人责任,以防止欺诈并实现衡平[1]。

我国《民法总则》第83条第2款对此的表述是:"营利法人的出资人不得滥用法人独立地位和出资人有限责任损害法人的债权人利益。滥用法人独立地位和出资人有限责任,逃避债务,严重损害法人的债权人利益的,应当对法人债务承担连带责任。"

法人人格否认理论的价值在于:①平衡了股东的有限责任与债权人利益损失之间的矛盾。法人的独立人格与股东的有限责任作为近代经济生活中最伟大的发明,效力于世界经济的发展,尽管有人提出了诸多意见,但仍然是经济活动主体中的中流砥柱。但是,处在两极的股东与债权人之间的利益却具有内在的必然联系,有限责任的最初功能是避免投资风险,但其能动性使其很快就成为形成资本联合的有效法律机制,并进而分化出集资功能,固化公司财产内涵的功能,促使资本所有与经营相分离实现管理现代化的功能,等等。确认股东有限责任的结果,是股东对公司债权人不负任何责任,因此,只能用公司的财产来偿

---

[1] Sanborn J. V. Milwaukee Refringteator Transit Co. 转引自陈现杰:"公司人格否认法理评述",载《外国法译评》1996年第3期。

还公司债务。由此及彼引出了大陆法系国家传统的资本三原则以及与此相联系的最低资本额原则，以确保公司财务结构的健全和资本的稳定性，从而保护公司债权人的利益。公司法上的利益均衡原理由此获得证实。而在采取授权资本制的美国法中，利益均衡理念的实现却选择了另一条道路，即通过"揭开公司面纱"而获得衡平救济的道路。尽管这一做法已经被大陆法系所借鉴，但它仍然是美国法上具有价值选择意义的重要特征[1]。②为防止股东控制权的滥用提供了规范性保障。由于法人本身的特性，其本来就是由其机关操控的工具，如果这种操控被控制在法律规则之内并用于正当目的，便是法人的正常运行。但如果法人的机关被股东所操控并用来作为获得利益而损害债权人的工具时，就构成了控制权的滥用。法人人格否认的理论与实践正是对这种权利滥用的规制。

（二）法人人格否认适用的范围

在此讨论的问题主要有两个：一是法人人格否认的法律关系主要包括哪些？二是什么类型的公司常被判例揭开其独立责任的面纱？

1. 法人人格否认所适用的法律关系。

（1）美国的司法判例规则。在美国，法人人格否认制度在契约、侵权、破产及税收等领域有着广泛的适用。实践中，公司人格否认在反避税立法领域获得了广泛的发展。避税是指纳税人利用私法中的漏洞和不明之处以及各国税赋的差异，减少或者不承担纳税义务的行为。通常纳税人利用避税港避税都是通过在避税港设立公司这种形式进行的，主要的方式有：在避税港设立转销售公司，将所得利润转移到低税国而不在高税国纳税；在避税港设立持股份公司，集中利润在避税港，免交或者迟交母公司所在国的税收；在避税港设立信托公司，将有关财产的经营所得挂在信托公司的名下，逃避经营财产所在国的税收等。通过这种行为，不仅会造成国家税收的大量流失，严重损害国家的财政利益，还将引起国际资本的不正常流动，导致国际资本流通秩序的混乱，妨碍国家之间的正常经济交往。因此，许多国家将纳税人为逃避税收而在避税港设立的公司的人格予以否认，重新核定纳税人应当承担的合理税赋。

在契约与侵权案件中，法院更倾向于在侵权的情形中否认法人人格。因为，契约债权人通常在事前已经获得对事后增加的不履行风险的补偿，与此相反，侵权债权人则未被补偿。

在破产法领域，法院在对待破产公司的控制或者支配的股东时具有相当大的灵活性：法院可以否认公司实体而让股东个人对公司债务负责，或者否定公司股东对公司的债权，或者使其债权劣后于其他债权人的债权。

（2）大陆法系的日本与德国。在大陆法系，由于法官更多地受到法律的具体拘束，因此，在法人人格否认适用的范围上表现出更加谨慎的态度，多数学者主张，如果能够由契约条款或者既存的法规作出合理解释而对当前案件作出妥当的解决，就不应适用法人人格否认理论[2]。而且更倾向于尽量缩小适用范围，基本上适用于契约与侵权案件[3]。

（3）我国《民法总则》第83条的适用范围。如果严格地解释我国《民法总则》第83条规定的构成要件，可以解释为：法人人格否认能够适用于契约和侵权案件、不当得利案件。因为，利用法人人格和出资人有限责任逃避债务，似乎只有基于契约行为或者侵权行

---

〔1〕 陈现杰："公司人格否认法理评述"，载《外国法译评》1996年第3期。

〔2〕 陈现杰："公司人格否认法理评述"，载《外国法译评》1996年第3期。

〔3〕 ［德］托马斯·莱赛尔、吕迪格·法伊尔：《德国资合公司法》，高旭军等译，法律出版社2005年版，第485～491页；陈现杰："公司人格否认法理评述"，载《外国法译评》1996年第3期。

第六章

为、不当得利行为才能发生。例如，以法人的名义签订契约，由法人承担债务，但利益却由出资人获得，当债权人请求法人承担债务时，法人无任何财产清偿。或者说，出资人以法人的名义侵犯他人权益，自己控制法人并获得利益，让法人承担赔偿义务，而法人可能根本没有任何财产。在不当得利行为中，亦同。

在税收方面，也可能发生这种问题，但从《民法总则》第83条的规定来看，不应包括在其中。尽管，如果出现了法人人格否认的具体情形，税收问题上，也应该考虑刺破法人面纱的问题，但这应该是公法问题了。

2. 法人人格否认所适用的法人类型。

（1）法人人格否认所适用的法人类型一般是出资人承担有限责任法人。对此，德国学者梅迪库斯指出：法人人格否认对于社团（非经济性社团）和财团来说几乎没有什么意义，它的意义主要在有限责任公司领域[1]。从法律制度的设置来看，这种公司最有必要适用这一法理。因为，这类公司是从事交易行为的社团，而且，其股东以出资为限对法人经营承担风险，而法人独立对第三人承担责任，因此，公司的股东有足够的动机控制公司而将利益归于自己、将风险转移给第三人。

从我国《民法总则》的规定看，将这一制度规定在"营利法人"中，显然也是主要针对交易性法人的。但是，在我国的司法实践中，是否绝对不存在非营利法人的出资人滥用法人人格和出资人的有限责任损害债权人利益的情况呢？甚有疑问！有些非营利性的法人，其出资人也可以滥用法人的人格和出资人的有限责任，从而损害债权人利益。因此，我认为，《民法总则》第83条的规定应准用于非营利法人。

另外，从我国营利性法人的类型看，其出资人一般都承担有限责任。

（2）出资人为一人的营利性法人。所谓出资人为一人的法人，是指法人由一人出资设立的法人，这类法人的典型就是一人公司。虽然说法人的实质是财产独立、意思独立、人格独立，而从理论上说，这些完全可以在一人公司中做到。但不可否认的是，一人公司比较2人以上的公司股东更容易控制与支配公司，公司的财产更容易与股东财产混淆，因此，从许多国家的司法实践上看，为了防止股东损害债权人利益，许多法人人格否认的案例是针对一人公司的。

我国公司法已经明确承认了一人公司，而我国的实践中看，一人公司中的控制、资产混淆等情况十分普遍，因此，更应该适用法人人格否认。

（3）母公司与子公司。所谓母公司，是指拥有另一公司一定比例的股份，能够从法律上控制该公司的公司；被控制的公司叫作子公司。日本学者非常明确地定义道：持有其他股份公司已经发行股份过半数的股份或者其他有限公司的资本之过半数出资的公司叫做母公司[2]。在母子公司的关系上，子公司之所以经常在个案中被否认法人人格，是因为从法律上说，母子公司各为独立的法人，各自拥有自己的财产、组织机构，独立承担责任，但是，在事实上，母公司又实际上能够控制子公司，因此，有时母公司在实际上将子公司作为分公司对待，即在意志上、财产上、利益上并不彼此独立。所以，与其他形式的企业法

---

〔1〕 ［德］迪特尔·梅迪库斯：《德国民法总论》，邵建东译，法律出版社2000年版，第824页。但这种说法可能过于绝对，即使在德国也有非经济性社团被适用法人人格否认的案例——德国联邦最高法院第8民庭就判决了一个协会的所有成员对协会的债务承担责任。参见［德］托马斯·莱赛尔、吕迪格·法伊尔：《德国资合公司法》，高旭军等译，法律出版社2005年版，第487页。

〔2〕 ［日］末永敏和：《现代日本公司法》，金洪玉译，人民法院出版社2000年版，第21页。

人比较，法院更愿意在母子公司关系上适用法人人格否认。

美国法官道格拉斯在总结了大量案例后指出，母公司必须遵守以下四个条件，子公司的人格才不致被否认：①子公司作为一个独立的财政单位的地位必须得到维持；②母子公司的日常营业应保持独立；③应维持两个公司管理机构的一般界限，以保证两个公司的业务不至于陷入有害的混同；④两个公司不表现为一个整体，那些对外缔约的人应充分表明他们的独立身份[1]。

有的美国学者从经济分析的角度分析了法院更愿意在母子公司关系中适用法人人格否认的原因：①追及母公司资产并不会给任何个人带来无限责任，从而不会影响资本市场的多元性、流通性及其监督机制等利益；②在母子公司的情形，由于子公司缺少投保动机因而具有较大的道德风险因素，尤其是在母公司管理人员同时兼为子公司管理人员的情形下，以及母公司以最低限度的资本投入建立子公司从事风险事业的情形下，母公司以有限责任获得子公司经营利益，却不承担相应的成本[2]。

在我国的司法实践中，母公司完全控制子公司、通过关联交易损害债权人利益的情况时有发生，因此，从客观上看，应有更多适用法人人格否认的情形。

（三）法人人格否认的适用条件

从我国《民法总则》第83条的规定看，法人人格否认的具体条件是：①法人的出资人滥用法人独立地位和出资人有限责任。前面已经说过，法人的独立责任与出资人的有限责任都是有条件的，具体就是：法人的财产独立、意思独立。只有满足了这两项条件，法人的人格独立和责任独立、出资人的有限责任才具有合理性和合法性。如果法人的出资人置前两项条件于不顾，否定法人的独立意思而代之以"自己控制"、随意支配法人的财产，甚至把法人作为取得利益和权利的手段，抽空法人资产，让法人仅仅成为对外抵挡债务的工具，那么，再保持法人的独立责任与股东的有限责任将违背法律之宗旨，违背公平之原则，就必须考虑穿透这种责任的法律壁垒。②逃避债务从而严重损害债权人利益。这里所谓的"逃避债务"，不是指法人逃避债务，而是指出资人滥用法人独立地位和出资人有限责任，透过法人取得利益或者财产，从而达到了出资人本应该承担的债务。实际上是让法人的债务无法清偿，从而损害了债权人利益。当然，我国《民法总则》使用了"严重损害债权人利益"，如何解释，实成问题。应该说，用"损害债权人利益"足矣。

从比较法上看，美国法院在考虑适用公司法人人格否认时，往往坚持三个基本的原则："真实原则（资本充实并不作关于公司资本或者净值的虚假陈述）""首要原则（债务人应当把满足法律义务放在捐赠、个人事务和道德义务的前面）""公平原则"[3]。法院在个案中决定是否对公司人格进行否认时，要通过两种测试：①股东的行为表明他们在进行活动时从未对公司实体的"独立性"加以考虑；②如果法院不否认公司人格将导致不公平。前者称为"独立性测试"，后者叫做"不公平测试"，也叫"资本不足"测试。就独立性测试而言，假如法院发现公司被其股东仅仅当作一种可以不断改变的"自我"的工具而无视其独立性，则公司实体将会被否认。就不公平测试而言，假如债权人能够证实公司是在没有充足的股份资本以应付经营上可能遭受的风险的情况下设立的，法院就能据以"刺破公司

〔1〕　Robert W. Hamilton, *The Law of Corporation*, 转引自蔡立东："公司人格否认论"，载梁慧星主编：《民商法论丛》（第2卷），法律出版社1994年版，第357页。

〔2〕　陈现杰："公司人格否认法理评述"，载《外国法译评》1996年第3期。

〔3〕　［美］罗伯特·C. 克拉克：《公司法则》，胡平等译，工商出版社1999年版，第55页。

面纱"。大多数法院正是依靠显示公司资本不充足的事实来证明公司设立的不公平性。法院在判断公司法人人格是否应当被否定时，独立性测试与不公平测试都必须使用，但由于各个法律领域的法律政策不同，对两种测试的具体要求也不同[1]。法院在法人人格否认中的政策考量，在母子公司或者关联公司的情形中体现得最好、最为明显，故我们仅以此作为说明的典型。

在对母子公司或者关联公司考量是否适用法人人格否认时，就这一法理的具体适用要件，法院发展了三个变体学说，即"工具说""另一自我说""同一体说"[2]。

（四）法人人格否认的具体效果

一般法人人格否认，不是一般地消灭或者否定法人的存在，而是在个案中，视公司的独立人格及股东的有限责任于不顾，将分割法人与其股东责任的法律面纱揭开，将法人的责任直接归于股东，是对股东有限责任的绝对贯彻所带来的不公平的矫正，就如有学者形象地比喻的一样：公司人格被否认，意味着在某种情形下由公司形式所竖起来的有限责任之墙上被钻了一个孔，但对于被钻孔以外的所有其他目的而言，这堵墙依然矗立着[3]。即使某一法人的人格独立在此一案件中被否认，其效力也仅仅及于此一案件，而对以往案件无任何溯及力，对以后的案件也无约束力，故法人人格的否认与法人人格的消灭迥然不同。我国《民法总则》的规定更为直截了当：法人的出资人应当对法人的债务承担连带责任。这样，就更清楚地表明了法人人格否认并不消灭法人本身。

---

[1] 陈现杰："公司人格否认法理评述"，载《外国法译评》1996 年第 3 期。

[2] （1）"工具说"："工具说"由三个要素组成，即"过度控制""违法或者不公平行为""与原告损失的因果关系"，其具体含义如下：①"过度控制"是指不仅多数或者全部股份的控制，而且是完全的支配，即不仅在财务方面，而且在受到非难的交易的方针和经营活动方面的全面支配，以致公司实体在此同时没有任何独立的思想、意志和自身利益的存在。②"违法或者不公平行为"是指上述控制已经被用于欺诈或者违法行为，永恒化对制定法或者其他法律义务的违反，或者用于一个与原告法律权利相抵触的不诚实或者不正当的行为。③"与原告损失的因果关系"是指上述控制和对义务的违反必须是被控伤害或者损失的直接原因。"工具说"在各州法院获得了广泛的接受。

（2）"另一自我说"："另一自我说"是指两个公司之间的关系存在着所有和利益的如此一致，以致已经停止其相互独立的存在，而子公司被降为作为母公司的"另一自我"的地位。并且，如果承认其各自为独立的实体，将鼓励欺诈或者导致不公平结果。这时，法院就应当揭开公司的面纱。

（3）"同一体说"："同一体说"是指公司之间存在着所有和利益的如此一致，以致其各自的独立性事实上已经停止或者从未开始，附加一虚构的独立是为了使企业整体逃避产生于为了整体的利益从事经营的某一公司的债务，从而危害公平与正义。在符合这种条件时，法院即可无视各公司在法律地位上的独立性而着眼于其经济上的结合，将其作为一个经济上的统一体，一个单一企业，从而追及企业整体的责任——参见陈现杰："公司人格否认法理评述"，载《外国法译评》1996 年第 3 期。

在比斯凯勒房地产公司诉奥斯藤房地产公司一案中，法院用"另一自我说"否定了被告公司的法人人格。在该案中，布希与其妻为经营不动产设立了奥斯藤房地产公司，并拥有该公司的全部股份。该公司实际上并无任何财产，也未经营不动产业务，只是股东用来买卖不动产的工具。二股东通常以公司的名义购买不动产，除付清订金外，其余价款则以公司的名义签发支票给付，出卖人将不动产转移于公司后，二股东随即将不动产转移于自己名下，使公司名下无不动产。其后，因以公司名义签发的支票无法兑现，被诉至法院。法院认为：在此情形，公司仅为股东的"另一自我"，股东以公司作为逃避债务的手段，实际上，买卖业务为股东自身利益经营，并进而指出，假如公司的股东为图个人私利进行交易，利用公司名义仅为交易上的便利，公司在交易上没有任何利益，徒使债权人产生误信，进而导致欺诈，应无视以其名义从事交易的法律主体，当事人应当自负责任。支持了原告的请求。本案虽然不是母子公司之间的关系，但颇有相似的说明意义——案例来源于蔡立东："公司人格否认论"，载梁慧星主编：《民商法论丛》（第 2 卷），法律出版社1994 年版，第 357 页。

[3] Phlilip I. Blumberg 语，转引自陈现杰："公司人格否认法理评述"，载《外国法译评》1996 年第 3 期。

六、营利法人的社会责任

我国《民法总则》第 86 条照搬了现行《公司法》第 5 条，将法人的所谓"社会责任"纳入民法："营利法人从事经营活动，应当遵守商业道德，维护交易安全，接受政府和社会的监督，承担社会责任。"对此，我们首先来讨论一下"什么是法人的社会责任"，然后再对其从民法的视角进行评价。

（一）法人社会责任的含义

尽管许多中外学者都在讲"法人（公司）社会责任"，但究竟什么是法人的社会责任，其内容是什么，对其却没有统一的认识。美国学者 Williams 和 Siegel 认为，公司社会责任是指公司的一些改进社会福利的行为，这是超乎企业利益之外的，是由政府所要求的行为[1]。而对公司社会责任最为广泛引用的是世界可持续发展商业委员会（World Business Council for Sustainable Development）的定义："公司社会责任是指企业做出的一种持续承诺：按照道德规范经营，在为经济发展做贡献的同时，既改善员工及其家人的生活质量，又帮助实现所处社区甚至社会的整体生活质量的改善。"[2]

我国学者对此认识也不相同，主要有下列观点：①公司社会责任（又称"公司的社会义务"），是指公司在增进股东利益的同时，还应尽量关怀和增进股东之外的利益相关者的利益及社会公共利益。其中，利益相关者（stakeholders）泛指消费者、职工、债权人、中小竞争者、当地社区和社会弱势群体等与公司生存发展具有利害关系的社会主体，既包括既存的利益相关者，也包括未来或潜在的利益相关者。利益相关者的利益既表现为自然人的权益（尤其是根本人权与自由），也表现为法人和其他组织的权益。公司社会责任的核心要义是，在承认公司营利性的基础上，重视公司的社会性。公司的营利性与生俱来，但其社会性却需要后天培育。股东利益与其他利益相关者的利益既相互对立，又辩证统一，共同组成了公司利益。公司社会责任的核心价值观是：以人为本、以义为本，而非以钱为本、以利为本[3]。②对公司社会责任的讨论纠葛于法律责任、道德责任、经济责任或环境责任等，可能会使我们陷入泥潭，因为它们是不同维度上的问题，法律责任、道德责任讨论的是公司社会责任的形式，而经济责任、环境责任、劳工责任等讨论的是公司社会责任的内容。就形式维度而言，法律和道德均是促进公司社会责任担当的工具、方法和手段，法律规范、道德准则乃至软法规则均是公司社会责任的载体，公司社会责任既非单纯的道德责任，亦非仅指法律责任，但它既可以表现为法律责任，也可以表现为道德责任，公司社会责任在法律和道德之间的游移具有充分的正当性。从内容维度来讲，如果我们认可并采纳利益相关者理论，并且认为公司利益相关者中除员工、社区、消费者等之外，还包括股东，那么，也就意味着公司社会责任除了公司环境责任、劳工责任等之外，公司经济责任也是公司社会责任的应有之义。公司社会责任中的"责任"指角色义务，即公司这一角色对社会公众应负担的义务。在形式维度上，公司社会责任既可以表现为法律责任，也可以表现为道德责任；在内容维度上，公司社会责任除公司环境责任、劳工责任等之外，也包含公司的经

---

[1] 转引自史际春、肖竹、冯辉："论公司社会责任：法律义务、道德责任及其他"，载《首都师范大学学报（社会科学版）》2008 年第 2 期。

[2] 转引自史际春、肖竹、冯辉："论公司社会责任：法律义务、道德责任及其他"，载《首都师范大学学报（社会科学版）》2008 年第 2 期。

[3] 刘俊海："论全球金融危机背景下的公司社会责任的正当性与可操作性"，载《社会科学》2010 年第 2 期。

济责任[1]。③事实上，公司社会责任有伦理意义上的社会责任和法律意义上的社会责任之别。笔者认为应把关涉个人利益和公共利益的公司社会责任概念称为道德化社会责任；把只关涉公共利益的公司社会责任概念称为狭义的公司社会责任。前者主要关涉与公司相关的个人利益，主要包括公司与债权人、雇员、供应商、用户、消费者的关系，又可称为广义的社会责任，后者则主要涉及社会公共利益层面，主要包括公司与当地住民的利益和政府代表的税收利益、环保利益等之间的关系，又可称为狭义的社会责任。对于狭义的社会责任，其概念可以界定为公司在从事营利性的经营活动中负有的维护社会利益的法律义务，以及侵害社会利益应承担的法律责任。如果采用道德化社会责任概念，把个人利益相关者和公司的关系纳入公司社会责任，一方面，不仅与公司法的伦理基础相抵牾，而且会降低公司经营的效率；另一方面，此种关系完全可以用公司法固有的诚实信用原则来调整，且更能实现博弈双方的利益平衡。社会利益既包括社会中的个人利益，也包括社会中的公共利益，而社会中的个人利益和公共利益相比较而言并不具有当然的优位性，所以，在公司社会责任的概念中，我们把社会利益限定为社会公共利益。我们应采法律化社会责任概念，把公司社会责任的范围限定在公司经营中关涉社会公共利益的层面。据此，对于公司社会责任我们可得出如下定义：公司社会责任是公司在从事营利性的经营活动中负有的维护社会公共利益的义务，以及侵害社会公共利益应承担的法律责任[2]。④一般认为，广义的公司社会责任包括企业的经济责任、法律责任、道德责任和慈善责任；狭义的公司社会责任仅指道德责任和慈善责任。我们认为，慈善责任属于道德责任的范畴，而经济责任涵盖在法律责任和道德责任中，从逻辑上讲，不能与法律责任和道德责任并列。法律、道德和社会中的个体行为构成一个社会最基本的制度环境体系，所以，公司社会责任应当是守法责任、做好自己的责任和对社会的其他道德承担三者的统一体[3]。

（二）对法人社会责任的评价

在《民法总则》出台以前，我国仅仅在《公司法》中规定了"公司社会责任"，也仅仅能够在一些公司法的著作中看到"社会责任"，很少从民法学者的著作或者讨论中听到"法人社会责任"这样的词句。现在，作为民法典的"总则编"对此作出了规定，实在是令人惊讶。我对其评价总体上来说是消极的，因为：

1. 首先，法人的这种所谓的"社会责任"是否属于私法上的责任？这种责任在私法上的正当基础和根据是什么？

无论是民法还是商法，法人的责任一定来自某种具体的根据，比如合同、侵权行为、不当得利、无因管理等；或者是某种具体的交易，如票据、破产、保险、期货或者信托等。当然，也有可能来自于一种具体的条款，如"诚实信用原则"等。但让公司承担社会责任来自什么地方呢？对于一个营利性法人来说，公司依法纳税、依法经营，追求最大利润以回报股东，难道这还不足以存在于私法中吗？其是否"遵守商业道德，维护交易安全，接受政府和社会的监督"难道需要民法典对其作出规定吗？如果这种逻辑成立的话，那么，我们的民法典在"自然人"部分为什么不规定："自然人应当遵纪守法、依法纳税，接受

---

[1] 刘萍："公司社会责任的重新界定"，载《法学》2011年第7期。

[2] 赵万一、朱明月："伦理责任抑或法律责任——对公司社会责任制度的重新审视"，载《河南省政法管理干部学院学报》2009年第2期。

[3] 转引自史际春、肖竹、冯辉："论公司社会责任：法律义务、道德责任及其他"，载《首都师范大学学报（社会科学版）》2008年第2期。

党的领导，热爱国家、热爱社会主义，坚持传统道德，不得搞婚外情"？这些都是一个自然人应该做到的，但没有必要在民法典中规定。

2. "社会责任"是否是经营性法人特有的？

当我们在讨论法人社会责任时，发现这些非法律上的要求，其实并非经营性法人独有，经营性的个体户和农村承包经营户、商业合伙、自然人是否也应该具有那些道德义务和法律义务呢？"遵守商业道德，维护交易安全，接受政府和社会的监督"难道不是每个人都应该做到的吗？至于说到"慈善"责任，自然人也应该有替国家分忧、替政府出力的道德义务，为什么民法典仅仅让经营性法人承担？

3. 这些所谓的"法人社会责任"与民法规范有什么关系？

法律应该是由规范构成的，而规范就是调整生活关系的"规矩"。任何法律规范都有自己的调整对象和调整方法，而这些所谓的"法人社会责任"应该是民法典调整的对象吗？显然不能说"是"！就如学者所指出的，从历史发展来看，公司社会责任最初并非既定法律框架内的讨论，而是对传统公司法律框架将股东权利之维护作为单一核心进行的反思和批判，是传统公司法律框架可能存在漏洞的一种补救。因此，公司社会责任一开始是超越当时既定的法律框架的。超越了既定的法律框架，却又需要具有正当性，于是人们开始在道德伦理层面寻找公司社会责任正当性之理由。故早期对公司社会责任的讨论是从道德伦理层面展开的，公司社会责任主要指公司在道义上对公众应负担的责任，是自愿的。在一些国际组织对公司社会责任下的定义中，我们也可以看到这种倾向。世界可持续发展工商理事会认为："公司社会责任是公司针对社会——既包括股东也包括其他利益相关者的合乎道德的行为。"欧盟委员会认为："公司社会责任，即公司在自愿基础上整合其业务活动中以及与利益相关者互动中存在的社会和环境问题。"[1]有学者更直接地指出，这个概念从一开始就超越了法律，属于社会自治或社会性规制的范畴。也就是说，公司社会责任中的 Responsibility，指的主要是道德义务或道德领域的角色责任，这就不宜通过国家强制力来保障实现——事实上也保障不了。在这个意义上，CSR 是一种社会规制（Social Regulation），而不是法律的调整或规制[2]。有学者显然注意到了这些问题，主张将"法人社会责任"中的道德义务剔除，保留"公共利益"这样一个与法律有关的义务，从而来说明其正当性。但问题是：如果这样的话，就更没有必要了：一方面，无论是营利性法人还是非营利性法人，或者自然人，都应当遵守社会公共利益，这显然不是营利性法人独有的社会责任；另一方面，民法专门有针对违反社会公共利益的具体调整，完全没有必要放在法人部分进行规定。

另外，从规范的构成来看，必须采取"条件（大前提）＋结果"的模式，而这种所谓法人社会责任是提倡性的，而非强制性的，有何规范可言？

4. 国外的这些鼓噪"法人社会责任"的学者出身是私法学者还是经济学家？我们能否将一个经济学的概念简单拿来作为民法典的概念使用？

应该说，我国学者的这些所谓的"法人社会责任"，肯定是自国外引进的产物，那就让我们看看国外这些鼓噪"法人社会责任"的人的出身是私法学者还是经济学家。1924 年最早提出"公司社会责任"的学者谢尔顿（Oliver Sheldon）是经济学家，这一概念是其在《管理哲学》（*The Philosophy of Management*）一书中提出的；在 20 世纪 30 年代至 60 年代，关于

---

〔1〕 刘萍："公司社会责任的重新界定"，载《法学》2011 年第 7 期。

〔2〕 自史际春、肖竹、冯辉："论公司社会责任：法律义务、道德责任及其他"，载《首都师范大学学报（社会科学版）》2008 年第 2 期。

"公司社会责任"的大争论中,争论的群体也多是经济学者。例如,伯利(Adolf. A. Berle)、多德(Dodd E. Merrick)、弗里德曼、哈耶克等,都是经济学者。那么,问题就是:经济学家观察问题有其自身的角度,这些概念拿到法律领域是否合适?商法学者在著作中讨论到对公司的规制时谈到这一问题是正常的,但如果作为一种规范规定在民法典中,就实在难以接受。要不,请哪一位学者指出:有哪个国家的民法典或者公司法直接规定"法人或者公司的社会责任"的立法例?

即使在经济学者中间,对于公司的社会责任也有反对声音。其实,自从"法人社会责任"这一概念出笼以来,反对声就没有停止过。两位诺贝尔经济学奖得主弗里德曼和哈耶克都反对所谓的"公司的社会责任"。弗里德曼指出,要求公司及其管理者承担"社会责任"虽已成为某种社会时尚,但实际上,这是一个颠覆性的概念,很少有风尚能比这一风尚更能如此彻底地损害我们自由社会的基础。原因在于:责令私人公司承担社会责任,一方面是对公共机构技能的僭越;另一方面,即便令其承担,追求私人利益的公司以及非民主程序产生的管理者也无从判断社会利益之所在,没有能力以恰当的方式协调其所服务的股东利益与社会利益之间的关系[1]。弗里德曼反对公司社会责任的依据主要有三:一是认为公司只是股东的公司;二是坚持公司的目标是利润最大化;三是将管理者仅仅看作股东的代理人[2]。哈耶克认为,公司的唯一任务就是将其资产用在最有利可图的事情上,而无权做出这样的价值选择:令其资源服务于别人的价值……让公司接受含糊不清的"社会责任",从短期看,其作用是增加不负责任的权力,从长期看,则注定会增加国家对公司的控制[3]。当然还有很多反对的声音[4]。

5. 这种所谓的社会责任,如果说在私法中有意义的话,也只能在某些情况下,认定公司的法定代表人或者其他机构的"过错"时,作为参考标准。例如,一个公司的董事会作出的决议有可能符合社会责任标准但不符合公司利益最大化标准,管理层是否具有过错时,可以作为抗辩理由适用。但这种抗辩是否能够有说服力,也甚有疑问:一个公司的管理者面对社会责任与股东责任的矛盾时,它应该首先向公司及股东负责,还是首先向社会负责?

因此,将这样一种所谓的法人社会责任,不是在判例或者理论中展开,而是直接规定在民法典中,是十分不妥的。我国的民法典承载了多少不该由其承担的负载!

■第四节　非营利法人

一、关于非营利法人概述

《民法总则》第 87 条规定了非营利法人的基本概念:"为公益目的或者其他非营利目的成立,不向出资人、设立人或者会员分配所取得利润的法人,为非营利法人。非营利法人包括事业单位、社会团体、基金会、社会服务机构等。"从这一规定来看:①非营利法人实际上包括了传统民法认为的公益法人与中间法人(既非公益也非营利),如有的社会团体和

---

[1] 参见朱庆育:《民法总论》,北京大学出版社 2016 年版,第 420 页。

[2] 见史际春、肖竹、冯辉:"论公司社会责任:法律义务、道德责任及其他",载《首都师范大学学报(社会科学版)》2008 年第 2 期。

[3] 参见朱庆育:《民法总论》,北京大学出版社 2016 年版,第 420 页。

[4] 参见自史际春、肖竹、冯辉:"论公司社会责任:法律义务、道德责任及其他",载《首都师范大学学报(社会科学版)》2008 年。

社会服务机构。②《民法总则》将非营利法人概括为事业单位、社会团体、基金会、社会服务机构等，是否能够涵盖所有实际存在的各种形式的非营利法人？

例如，A、B、C三人各出资1亿，设立了一个公司，该公司章程明确规定：①该公司的宗旨是专门资助贫困中小学生完成义务教育；②该公司股东不分配利润，所有营利全部用于资助事业等；③其他的事项与一般公司相同。那么，这一公司是否属于非营利法人？

《民法总则》以营利和非营利为标准区分法人，实际上还是以"目的"为标准分类，与之前《民法通则》上的机关法人、事业单位法人、企业法人等分类比较，没有太大的区别，甚至还不如《民法通则》的区分更符合中国国情。从《民法总则》第89～95条规定的公益法人、事业单位法人、社会团体法人、捐助法人的具体规定看，几乎是一种法人类型的简单罗列，根本没有任何共同点可言，仅仅就是"目的——非营利"相同。

二、公益目的法人终止时的财产分配

按照我国《民法总则》第95条的规定："为公益目的成立的非营利法人终止时，不得向出资人、设立人或者会员分配剩余财产。剩余财产应当按照法人章程的规定或者权力机构的决议用于公益目的；无法按照法人章程的规定或者权力机构的决议处理的，由主管机关主持转给宗旨相同或者相近的法人，并向社会公告。"这是对一般公益法人的要求，但是，按照公司法设立的、专门从事公益事业的公司又该如何呢？其章程规定只能从事公益，股东不能分配利润。例如，上述公司股东A、B、C三股东各自出资1个亿，共3亿，公司存续为期10年。10年间，其公司共盈利5个亿，全部用于资助中小学生。10年期满，现在按照章程解散公司，公司清算后还剩余3个亿资产。那么，这些资产也不能分配给这些最初出资的股东吗？这一个公司应该算是公益法人，当然算不上是捐助法人。显然，《民法总则》的这一规定不能从法人的基本构成上来构建法人制度，仅仅从"目的"出发，就会造成这种尴尬的局面——逻辑上不能自洽。

三、公益性事业单位

我国《民法总则》主要规定了公益性事业单位的设立和组织机构：①具备法人条件，为实现公益目的设立的事业单位，经依法登记成立，取得事业单位法人资格；依法不需要办理法人登记的，从成立之日起，具有事业单位法人资格（第88条）。②事业单位法人设理事会的，除法律另有规定外，理事会为其决策机构。事业单位法人的法定代表人依照法律、行政法规或者法人章程的规定产生（第89条）。

实际上，像事业单位法人、机关法人这种法人类型，根本就不是私法上典型的法人，其设立、运行和消灭等都应该由特别法律或者法规来处理，仅仅是某些方面准用民法法人的规定即可。

在我国《民法总则》中，令人疑惑的是：事业单位为什么会有决策机关？这一类法人的目的是明确的，有的甚至就几乎等同于机关法人（公法人），如中国证监会等。就如《民法总则》第93条规定的捐助法人也有决策机关一样，令人不解。

四、非营利的社会团体法人

在我国《民法总则》中，社会团体法人有两种类型：一种是为公共利益设立的社会团体法人，另一种就是为会员共同利益而设立的社会团体法人，如同乡会、同学会等（但这类团体仅仅在理论上符合《民法总则》第91条的规定——为社员共同利益，但在我国实际生活中能否给予登记，则是一个问题。但是，从理论上来说，是可以成立法人的）。

按照我国《民法总则》第90～91条的规定：①设立社会团体法人应当依法制定章程。②社会团体法人应当设立权力机构、执行机构和代表机构。会员大会或者会员代表大会等为社团法人的权力机构；理事会等为执行机构；理事长或者会长等负责人依照法人章程的规定担任法定代表人。③社会团体，经依法登记成立，取得社会团体法人资格；依法不需要办理法人登记的，从成立之日起，具有社会团体法人资格。

（一）社会团体法人概述

2016年修订的《社会团体登记管理条例》（以下简称《条例》）第2条规定："本条例所称社会团体，是指中国公民自愿组成，为实现会员共同意愿，按照其章程开展活动的非营利性社会组织。国家机关以外的组织可以作为单位会员加入社会团体。"《民法总则》第90条规定："具备法人条件，基于会员共同意愿，为公益目的或者会员共同利益等非营利目的设立的社会团体，经依法登记成立，取得社会团体法人资格；依法不需要办理法人登记的，从成立之日起，具有社会团体法人资格。"对比二者，我们会发现，《民法总则》第90条明确规定两个目的：一是公益目的，二是会员共同利益。但是，《条例》好像只有一种。本书认为，应该包括两种目的。

社会团体法人包括哪些呢？1989年的《条例》（现已失效）第2条规定："在中华人民共和国境内组织的协会、学会、联合会、研究会、基金会、联谊会、促进会、商会等社会团体，均应依照本条例的规定申请登记。"现在的社会团体法人大概也就是这些。不过，基金会除外——属于捐助法人（传统民法上的财团法人）。《条例》第3条第3款规定："下列团体不属于本条例规定登记的范围：①参加中国人民政治协商会议的人民团体；②由国务院机构编制管理机关核定，并经国务院批准免于登记的团体；③机关、团体、企业事业单位内部经本单位批准成立、在本单位内部活动的团体。"

（二）组织机构

《民法总则》第91条规定："设立社会团体法人应当依法制定法人章程。社会团体法人应当设会员大会或者会员代表大会等权力机构。社会团体法人应当设理事会等执行机构。理事长或者会长等负责人按照法人章程的规定担任法定代表人。"

（三）成立需要的条件

根据《条例》第10条第1款的规定，成立社会团体，应当具备下列条件：

1. 有50个以上的个人会员或者30个以上的单位会员；个人会员、单位会员混合组成的，会员总数不得少于50个。

2. 有规范的名称和相应的组织机构。

3. 有固定的住所。

4. 有与其业务活动相适应的专职工作人员。

5. 有合法的资产和经费来源，全国性的社会团体有10万元以上活动资金，地方性的社会团体和跨行政区域的社会团体有3万元以上活动资金。

6. 有独立承担民事责任的能力。

《条例》第14条规定："社会团体的章程应当包括下列事项：①名称、住所；②宗旨、业务范围和活动地域；③会员资格及其权利、义务；④民主的组织管理制度，执行机构的产生程序；⑤负责人的条件和产生、罢免的程序；⑥资产管理和使用的原则；⑦章程的修改程序；⑧终止程序和终止后资产的处理；⑨应当由章程规定的其他事项。"

五、捐助法人

（一）捐助法人的概念

我国《民法总则》第92~94条规定了"捐助法人"，其中，第92条规定："具备法人条件，为公益目的以捐助财产设立的基金会、社会服务机构等，经依法登记成立，取得捐助法人资格。依法设立的宗教活动场所，具备法人条件的，可以申请法人登记，取得捐助法人资格。法律、行政法规对宗教活动场所有规定的，依照其规定。"这一概念基本上等同于传统民法中的"财团法人"。

财团法人就是为实现一定的目的，利用为此提供的一定财产而设立的永久性的组织体[1]。这里所谓的"此提供的一定财产"，其实就是指捐助财产。

自然人为了更好地经营或者其他目的而以人的集合为基础成立一个法人，已经为法律所允许并已成为经济生活中常见的事情了，那么，如果有人欲建立一个无成员而仅以他人提供的一定财产为基础并以特定目的存在的法人，是否也为法律所允许？法律所允许的这种法人实际上就是西方传统民法中常说的财团法人，也就是我国《民法总则》上的捐助法人。

作为私法中常见的一种法人形式，财团法人（捐助法人）具有与社团法人非常不同的特征，这些特征我们已经在前面法人的分类中作了介绍，在此想特别强调一下：

1. 社团法人与财团法人的存在都有自己特定的目的，但社团法人的目的一般来说是营利性的，而且目的是可变的，即可以根据需要而由成员大会决定变更；而财团法人的目的是比较具体的非营利性的，而且这种目的常常是不能变更的，这恰恰也是设立人愿意设立这种法人的动机之一。

2. 正是基于以上的差别，导致了传统民法立法模式的巨大差异：营利性法人一般规定在商法典中，而财团法人一般规定在民法典中。因此，《德国民法典》中所讲的法人实际上是商法典中规定的营利法人之外的法人形式。因此，也就出现了《德国民法典》中的法人采取许可主义原则之现象。

3. 财团法人与社团法人设立的程序存在巨大差别，由于财团法人的非营利性，往往享有许多优惠政策，故为了防止有人以设立财团为外壳规避法律（如避税），往往对财团法人的成立采取非常严格的审查与管理制度。财团法人的成立往往采取"许可制"。

4. 社团法人是"自律法人"，而财团法人是"他律法人"。社团法人因有自己的决策机关，可以改变法人的章程。而财团法人无自己的决策机关，必须完全按照章程或者捐助人的遗嘱执行。一般而言，即使章程中规定或者遗嘱中写明理事会或者董事会可以修改章程，这种规定条款也是无效的。这完全体现了他律法人的特征[2]。

5. 法人解散及解散后的财产归属不同。由于财团法人没有成员，故不存在因成员大会的决议而解散的情形。一般而言，财团法人的解散都是因为财团的目的事业不能达到或者不能维持，无利息降低而无其他捐赠，导致财团财产不足以支持目的事业。

法人解散后，财产归属完全不同于社团法人。由于社团法人有自己的成员，故社团法人解散并清算后，有剩余财产的，应分配给成员。但财团法人无成员，如解散后有剩余财产的，应根据章程的规定处理；若章程没有规定，各国法律规定并不相同。根据我国《民法总则》第95条的规定，其剩余财产应当按照章程的规定或者权力机构的决议用于公益目的；无法按照法人章程规定或者权力机构的决议处理的，由主管机关主持转给宗旨相同或者相近的以公益为目的的法人，并向社会公告。

（二）财团法人的制度价值

任何一种制度的设置均有其价值，财团法人制度也不例外。简单地说，财团制度的设

---

[1]　［德］卡尔·拉伦茨：《德国民法通论》（上册），王晓晔等译，法律出版社2003年版，第248页。
[2]　但我国《民法总则》第95条还规定了捐助法人的"决策机构"，实在值得思考。

置价值有二：①设立人想把自己的意志永远地贯彻下去；②设立人想把用于这一目的的财产同自己的其他财产独立开来而让这种"独立财产"承担责任。下面我们就在与其他存在形式的比较中，阐述其制度价值。

如果仅仅是为了公益或者其他非营利性目的时，难以构成设立一个财团法人的充分理由，他完全可以设立社团法人而用于公益事业或者其他非营利性目的，现实生活中也确实存在为了公益事业的社团法人。目的虽然可以达到，但其他方面却有不同：因社团法人有成员，成员可以通过成员大会的决议来改变设立人的意志。正因如此，德国学者梅迪库斯指出：财团提供了使一个人的意思（同时还有捐助者的姓名）永垂不朽的可能性。在财团中，确定捐助行为的宗旨可不受时间方面的限制[1]。例如，世界上最负盛誉的诺贝尔基金会因设立人诺贝尔在设立基金会时，明确禁止数学家获此殊荣，至今仍然没有改变，数学家至今仍无缘问鼎这一奖项。假如诺贝尔地下有知的话，也可以安心地长眠。因此，一个人若想把自己的财产用于特定目的使该目的永远不被改变，最好的方式就是设立财团法人。

另外，如果有人仅仅想从事公益事业，也不必设立一个法人。在现有的法律框架下就可以通过其他法律制度实现这一目的，如信托制度就是一种可以利用的制度。信托制度源于英国，我国也于 2001 年颁布了《信托法》。信托是指委托人基于对受托人的信任，将其财产委托给受托人，由受托人按照委托人的意愿以自己的名义，为受益人的利益或者特定目的，进行管理或者处分的行为。也就是说，委托人可以拿出一定的财产交给受托人管理，并指定受益人。这种方式也完全可以用于公益事业。现实生活中，这种以信托的形式表现出来的为特定目的的财产是普遍存在的，如自然人或者法人接受一定的财产，且这些财产是作为与接受人的其他财产在经济上相分离的特别财产而被管理，且为一定的目的而使用的。例如，大学经常以法人的名义接受捐款，规定须从资金的受益中为一定的研究课题或者为某些科研机构提供资助，或者安排奖学金，或者类似的其他目的。这样，这些被捐助的财产就成为管理这些财产且按照既定目的使用其权益的受托人的财产。如果捐助人不想把资金捐助于现有的自然人或者法人，因为担心他们不能按照其意愿使用资金，或者认为现有的组织不适宜承担他的任务，那么，他就需要建立新的组织。这个组织只为他所规定的目的服务，其本身作为"法人"是财产的所有权人。他可以通过设立一个财团做到这一点[2]。因此，财团法人的制度价值是不能仅仅用"公益"来涵盖的，公益之外的其他目的是促使设立人设立财团法人而非其他方式的主要原因。有的学者更直接地指出：一个人情愿为无家可归的人提供居所，于是花钱买了一栋房屋，购置了必要的家具、电器，让无家可归者免费居住。这些公益活动需要设立一个法人吗[3]？但是，如果不设立财团法人，则用于公益目的的财产就无法与自己的其他财产相分离，责任也就无法分离。

我国有一个著名的案例就清楚地说明了这一点：1995 年 7 月，广西壮族自治区横县地税局职工余辉，被广西医学院附属医院诊断为慢性白血病。医生告诉他：最理想的治疗方法是进行骨髓移植，费用大约 25 万～30 万元。高额的医疗费使余辉一家陷入一筹莫展的困境中。此时，地税局和余辉的母校广西经济管理干部学院同时发起了募捐活动，共计捐款 1 万多元，相比骨髓移植需要的费用杯水车薪。于是，号召全国地税系统捐款，并设立了专门的账户。截至 1996 年 6 月 5 日，共收到来自四川、贵州、海南等全国各地的捐款 193 笔，

〔1〕　［德］迪特尔·梅迪库斯：《德国民法总论》，邵建东译，法律出版社 2000 年版，第 865 页。

〔2〕　［德］卡尔·拉伦茨：《德国民法通论》（上册），王晓晔等译，法律出版社 2003 年版，第 249 页。

〔3〕　葛云松："中国的财团法人制度展望"，载《北大法律评论》2002 年年刊（第 5 卷·第一辑）。

共计 22 万余元。但是，爱心并没有挽回余辉的生命，1998 年 11 月 2 日，余辉去世。处理完后事后，还剩余 14 万多元，地税局以工会的名义存入银行。死者的父亲找到税务局领导，要求继承这一笔遗产。一审法院判决驳回余辉父亲的诉讼请求，余辉父亲不服，上诉到中级人民法院，二审支持了其诉讼请求。此案在全国引起极大的反响。该案结束后，地税局的领导意识到：如果当时设立一个财团法人，让全国地税系统给这个财团法人捐款，再由财团法人给予余辉救济，就不会发生这种情况了[1]。

（三）财团法人设立的条件

按照德国学者拉伦茨的观点，设立一个财团法人的基本实质要件是：财团目的、财团法人的组织与必要的资金[2]。我认为，除了上述条件之外，还应有一个主要的要件，即财团章程，下面分别述之。

1. 财团目的。设立财团必须有明确的目的，即财团设立人为财团规定的永久性任务，财团为此而存在。财团的目的可以是慈善、学术、宗教或者社会方面的或者其他广泛意义上的有益于公众的，只要目的不违反法律的禁止性规定或者善良风俗即可。该目的必须明确地记载于章程中。

2. 必须有章程或者遗嘱。由于财团法人没有意思机关而仅有执行机关，而执行机关的行为依靠章程，故无章程的财团法人就难以存在。我国《民法总则》第 93 条第 1 款要求设立捐助法人应当依法制定章程。章程中应当记载：①财团的目的；②财团的组织形式和组成方式；③捐助的财产；④财团的管理方式[3]。

在法人没有章程而有遗嘱时，也可以成立。并且，遗嘱中应当有财团的目的及主要管理方式[4]。

当章程或者遗嘱没有规定或者规定不明确，但为财团法人的设立或者存在必须者，由法院补正。如法人执行机关的组成方式等。

3. 必须有组织。这种组织通常是执行机关，此机关一般是财团法人的主要甚至是唯一的常设机构，为完成财团的永久性任务而存在。当然，还可以设监督机构和代表机关。按照《民法总则》第 93 条的规定，捐助法人应当设理事会、民主管理组织等决策机构，并设执行机构。理事长等负责人依照法人章程的规定担任法定代表人，捐助法人应当设监事会等监督机构。

在这里需要对我国《民法总则》第 93 ~ 94 条进行讨论和思考：第 93、94 条都规定了捐助法人必须设立"决策机构"。这样规定"捐助法人"实际上违反了法律设立这类法人的基本宗旨和目的——这种法人必须是"他律法人"，必须不能设立"决策机构"，因为捐助人就是想把一部分财产分离出来，让这一部分财产按照其意志做某种公益事业，任何人都不能改变捐助人的意愿和目的，就像诺贝尔捐助成立的诺贝尔基金会，该基金会设立之初，诺贝尔就不允许数学家获得此奖。即使今天，也没有人能够改变这种意愿。如果有决策机构，就失去了这种法人类型的最直接的意义，捐助人也就没有必要设立捐助法人了，直接设立一个一般法人从事慈善事业或者其他公益事业不就可以了吗？因此，《民法总则》

[1]　案情摘自《京华时报》，2002 年 11 月 3 日，第 7 版。
[2]　［德］卡尔·拉伦茨：《德国民法通论》（上册），王晓晔等译，法律出版社 2003 年版，第 248 页。
[3]　［德］卡尔·拉伦茨：《德国民法通论》（上册），王晓晔等译，法律出版社 2003 年版，第 249 页；邱聪智：《民法总则》（上），三民书局股份有限公司 2005 年版，第 381 页。
[4]　邱聪智：《民法总则》（上），三民书局股份有限公司 2005 年版，第 381 页。

这种规定实际上是对捐助法人或者财团法人的误解。

4. 必须有捐助的财产。由于财团法人存在的基础是财产，故必须有财团法人所需要的财产。许多国家的法律根据财团法人的不同目的而要求有不同的财产。例如，在日本，就要求财团法人获得足够的、设立之初的捐赠财产和持久的赞助收入等〔1〕。我国《民法总则》既然规定为"捐助财产"，那么，就必然要求有足以支撑捐助法人完成目的事业的财产。

（四）财团法人设立的一般程序

1. 捐助行为。财团法人的捐助人必须捐助财产，制定财团的根本规则，并将其用书面形式记载，这些行为统称为"捐助行为"〔2〕。捐助行为可以是生前行为，也可以是死因处分行为。

生前的捐助行为是一项不需要受领的意思表示的单方法律行为，财团的设立一经获得许可，捐助人就有义务提供允诺的财产。死因处分之捐助行为，根据德国法的规定，就捐助人的捐助行为而言，财团视为在捐助人死亡之前已经设立，因而它具有继承能力〔3〕。

2. 须经过官方许可。在大陆法系的许多国家，对于财团法人采取严格的审查制度，因此，财团法人的设立适用许可制度，如《德国民法典》第80条规定："设立有权利能力的基金会，除捐赠行为外，需要得到基金会住所所在地的邦的许可。"我国实践中财团法人的设立也必须得到有关行政管理机关的许可。

3. 登记。同社团法人一样，财团法人也必须进行登记。从我国《民法总则》第92条的规定和之前中国的实践看，捐助法人必须经过有关机关批准并登记，方可取得法人资格。但是，在比较法上，就登记的效力而言，却因不同的国家的法律规定不同而不同，例如，在德国，登记是财团取得权利能力的必经程序；而在日本，则采取登记对抗主义，即使不登记也可以取得权利能力，但不得对抗第三人〔4〕。

（五）财团法人的监督

财团法人由何人监督？我国《民法总则》第93条专门规定了捐助法人应当设立监督机构，由其对捐助法人的执行机构及法定代表人等行为进行监督。但是，除此之外，其他人是否可以进行监督呢？按照我国《民法总则》，"利害关系人"可以通过多种方式进行监督。这里所谓的"利害关系人"，是指捐助人等。捐助人有权向捐助法人查询捐助财产的使用、管理情况，并提出意见和建议，捐助法人应当及时、如实答复。《民法总则》第94条规定，捐助法人的决策机构、执行机构或者其法定代表人作出的决定违反捐助法人章程的，捐助人等利害关系人或者主管机关可以请求人民法院予以撤销。

在这里需要指出的是："捐助人"不应该是捐助法人的"利害关系人"，任何人一旦捐出财产，就与捐助法人没有任何利害关系，以防止其控制捐助法人。我国对于捐助法人的整体规定，几乎是不符合捐助法人（财团法人）之基本宗旨的。

（六）章程的修改与目的变更

从传统民法上看，由于财团法人无成员，故财团法人的章程不可能按照社团法人的规定而由社员大会决议修改。恰恰相反，财团法人的主要目的之一就是防止他人改变设立人

---

〔1〕　［日］山本敬三：《民法讲义Ⅰ·总则》，解亘译，北京大学出版社2004年版，第302页。

〔2〕　［日］山本敬三：《民法讲义Ⅰ·总则》，解亘译，北京大学出版社2004年版，第302页。

〔3〕　［德］迪特尔·梅迪库斯：《德国民法总论》，邵建东译，法律出版社2000年版，第866~867页。

〔4〕　［日］山本敬三：《民法讲义Ⅰ·总则》，解亘译，北京大学出版社2004年版，第302~303页。

的意志。但是，法人章程规定的目的，可以被修改或者撤销。对此，《德国民法典》第 87 条规定："①基金会的目的不能完成或者其完成会危及公共利益时，主管行政机关可以为基金会另定目的或者将其基金会撤销。②在变更基金会目的时，应尽可能地考虑捐赠人的本意，尤其应考虑的是，基金会财产的收益应尽可能按照捐赠人的意思，继续由其预期的人享受。如果基金会的目的需要变更，主管行政机关可以变更基金会章程。③在变更目的和章程之前，应听取董事会意见。"

关于目的的修改，例如，以防治天花为目的的财团，因医学发达，天花已经灭绝，主管机关可以衡量客观情况，并斟酌捐助人的意思，变更目的为 SARS 防治，其结果仍然是财团法人[1]。

但是，从我国的《民法总则》看，捐助法人有自己的决策机关，还把捐助人作为利害关系人对待。这是否代表决策机关可以随时改变章程之规定的目的？从决策机构的职能看，应该作出这样的解释。甚至作为"利害关系人"的捐助人也可以请求决策机构作出变更；而当决策机构不作出这种变更的决议时，捐助人还可以请求法院撤销。但是，这种做法是违反捐助法人的一般原则的。

（七）财团的受益人

财团的受益人由章程规定，章程既可以规定特定人为受益人，也可以不规定特定受益人，仅仅规定财团目的。如果仅仅规定特定目的，则在该目的范围内的人都可以成为受益人。

（八）财团法人的破产问题

由于财团法人与社团法人的区别并不在于是否经营，而在于经营所得的去向。在实践中，许多财团法人为了扩大目的事业，也进行经营活动。既然有经营，就肯定存在风险，就有可能出现财产不足以支付债务的情形，就存在破产分配的可能性和现实性。

■第五节　特殊法人

一、关于"特别法人"的概述

"特别法人"这一提法应该说是我国民法的创举，它反映了我国社会生活中，存在很多"似是而非"的"类法人"。这些法人在司法实践中，是否作为法人主体对待，常常存在争议，例如，"居民委员会""村民委员会"等基层组织。

但是，按照我国《民法总则》第 96～101 条的规定，所谓特别法人，包括机关法人、农村集体经济组织法人、合作经济组织法人、基层群众性自治组织法人[2]。实际上，在这些所谓的特别法人中，最有实际意义的，就是"居民委员会""村民委员会"等基层组织法人资格的确认。因为，其是否具有法人资格，即使在理论上也存在争议。而机关法人在实践中一般都作为法人来对待；农村合作经济组织不仅有具体的法律法规或者部门规章，在实践中也一般不会发生主体资格问题。

二、机关法人

（一）概述

机关法人，在理论上一般都会将其作为"公法人"对待，例如，各级政府、国务院各个部委等。而且，1986 年《民法通则》第 50 条就规定："有独立经费的机关从成立之日

---

[1] 邱聪智：《民法总则》（上），三民书局股份有限公司 2005 年版，第 386 页。
[2] 《民法总则》第 96 条规定："本节规定的机关法人、农村集体经济组织法人、城镇农村的合作经济组织法人、基层群众性自治组织法人，为特别法人。"

起，具有法人资格。"因此，我国无论从理论，还是实践上，都对机关法人之主体资格没有争议。

我个人认为，机关法人等这类公法人，其实属于"特别法人"，其特别之处就在于：其成立目的、成立程序和运行程序、消灭程序等，与民商法毫无关系，因此，它们根本就不是民商法上的法人。但是，其存续过程中，会偶尔介入或者说涉及民商法，尤其是民法，因此，民法上将其作为有民事主体资格的法人对待。《德国民法典》第89条仅仅用一个条文规定了公法人的准用。我国将公法人放在"特别法人"中规定，也是妥当的。

我国《民法总则》第97条之规定，与1986年的《民法通则》第50条相比，更加完善合理。《民法总则》第97条规定："有独立经费的机关和承担行政职能的法定机构从成立之日起，具有机关法人资格，可以从事为履行职能所需要的民事活动。"这里强调，法律虽然赋予其民事主体资格——法人地位，但其职能在"履行职能所需要"的范围内从事民事活动。

（二）机关法人终止后权利义务的承担

《民法总则》第98条规定，机关法人因被撤销而终止的，其民事权利和义务由继续履行其职能的机关法人承担；没有继续履行其职能的机关法人的，由撤销该机关法人的机关法人享有和承担。

三、农村集体经济组织法人和村民委员会法人

（一）概述

尽管我国关于"集体经济组织"的立法颇多，我国《民法总则》特意区分了城镇集体经济组织和农村集体经济组织，但对于大多数人（即使是教授民法的人）来说，"究竟什么是集体经济组织"以及它是如何在中国诞生和发展的，特别是对于"乡镇政府与乡镇集体经济组织"是什么关系，"农村集体经济组织"和村民委员会（下称"村委会"）及村民小组是什么关系，乡镇集体经济组织和农村集体经济组织现存的状况和表现形式等问题，是一些既熟悉又模糊的概念。况且，我国的许多民事立法，如《土地管理法》《物权法》以及一些法规和规章中，对于这一概念的适用很不规范，特别是《物权法》第59条对于农村土地所有权的主体界定更容易引起歧义。尽管可以说，《民法总则》将集体经济组织和乡镇政府、村民委员会区分而作为特别法人来规定，在中国具有里程碑式的意义，但如果不了解这种法人的历史变迁和法律结构，就难以真正从法律上保护其合法权益。因此，本部分的目的就在于要说清楚下列问题：①什么是集体经济组织？它是如何形成的？中国为什么会出现乡镇集体经济组织和农村集体经济组织？它在农村实际存在的形态是什么？有多少种类？②在一个具体的行政村里面，村委会和集体经济组织是什么关系？二者是分离的还是合一的[1]？③《民法总则》中所说的"农村集体经济组织"与依据《农民专业合作社法》以及其他法律法规成立的合作经济有何区别？

（二）村集体经济组织、村内集体经济组织与村民委员会、村民小组的关系

在原来"三级所有、队为基础"的经济生产模式下，一个村的最典型和最基本的结构是：一个村里面有一个生产大队，生产大队下面有许多生产小队。大队有大队的生产资料，小队有小队的生产资料。农村组织生产基本上都是以生产小队为基本单位，而且每个生产小队的土地划分都是明确的。大队管理全村的事务，例如，有的地方，全村宅基地的划拨

---

[1]　有许多教授民法的教师和法院的法官都认为，集体经济组织就是村委会，村委会就是负责管理农村集体经济组织的机构。这种认识其实是非常不准确的。

是由大队以自己所有的土地分配的。当时的机构设置并没有"村委会"或者"村民小组"的概念，大队设"大队支书"和"大队长"，一个是"党的干部"，一个是"行政干部"。小队设"小队长"，管理生产小队的全部事务。大队有自己的会计，小队也有自己的会计，各自独立核算。

　　"村委会""村民小组"和今天所谓的"集体经济组织"是改革开放后，农村改革后出现的农村组织形式和经济结构形式。"村委会"实际上属于村民自治的组织形式，是一种"行政组织形式"。我国《村民委员会组织法》第2条规定："村民委员会是村民自我管理、自我教育、自我服务的基层群众性自治组织，实行民主选举、民主决策、民主管理、民主监督。村民委员会办理本村的公共事务和公益事业，调解民间纠纷，协助维护社会治安，向人民政府反映村民的意见、要求和提出建议。村民委员会向村民会议、村民代表会议负责并报告工作。"村委会是一个常设机构，村的最高权力机构是"村民会议或者村民代表会议"。村委会设村主任（村长），为行政"长官"，党的机构为村支部，其首脑为"村支部书记"。村集体经济组织是村民土地所有权及其他财产所有权的组织形式，因为，按照我国《物权法》第59条，集体经济组织的土地归集体经济组织的成员集体所有。因此，必须将村集体的经济组织形式和行政组织形式相区别。

　　但是，由于我国农村情况千差万别，各地情况不同。有些地区的农村没有设村集体经济组织，村集体经济组织的职能如何实现？《民法总则》第101条第2款专门规定："未设立村集体经济组织的，村民委员会可以依法代行村集体经济组织的职能。"《农业部办公厅关于布置2016年农村经营管理情况统计年报工作的通知（农办经〔2016〕15号）》附件2中的第1条之四也有这样的阐述："没有明确设立村集体经济组织，由村民委员会代行管理、协调行政村范围内的农村集体土地资源和其他集体资产的开发、经营以及为农户家庭经营提供服务等集体经济组织有关职能。……"

　　正是因为有这样的情形，让许多人难以区分村委会和村集体经济组织，甚至有人把村支部书记（村支书）看成村集体经济组织中的最高领导。

　　村内的各个集体经济组织实际上就是原来"三级所有"中的最基础的"生产小队"的变种，其名称在全国各地不同。从组织形式上看，这些集体经济组织的机构设置与"村民小组"的关系，就如村集体经济组织与村委会的关系一样，村民小组是作为与"村委会"对应的"行政组织形式"，从理论上说，村内各个集体经济组织与其村民小组的职能是分离的。但是，我国的情况千差万别，有些经济组织根本就没有"形式上的组织"，因此，许多法律和行政法规对此规定，如果集体经济组织没有设置自己的机构的，由"村民小组"代行。例如，我国《物权法》第60条规定："对于集体所有的土地和森林、山岭、草原、荒地、滩涂等，依照下列规定行使所有权：①属于村农民集体所有的，由村集体经济组织或者村民委员会代表集体行使所有权；②分别属于村内两个以上农民集体所有的，由村内各该集体经济组织或者村民小组代表集体行使所有权；③属于乡镇农民集体所有的，由乡镇集体经济组织代表集体行使所有权。"就是针对这种情况作出的灵活性规定。

　　也就是说，在我国从总体上或者典型意义上的集体经济组织结构形式上看，村委会、村民小组和集体经济组织是可以区分的，而且也必须分开。就如有的学者指出的，随着家庭承包经营的深入发展，乡村集体经济组织的职能和体制也在发生变化。按照当时政社分开的改革方案，农村集体经济组织要从以前依附政权组织的境况中分离出来，使其成为自我组织、自我发展、自主经营的组织实体。其职能主要是：①搞好管理。农村集体拥有耕地、林地、草地、荒山、荒滩、水面等自然资源，还有乡村集体企业。管理并保护这些财产资源是乡村集体组织的重要职能。②提供服务。实行家庭联产承包责任制以后，对于一家一户办不了或办不好的事情，自然要由集体组织承担起来。比如，良种供应、机械服务、植保服务、化肥农药供应、科技推广、农产品储运销售和公共设施的维护等，都需要集体组织来完成，对集体财产资源行使管理职能[1]。我国许多关于农村土地的所有或者承包的法律都认可这些区分，特别是一个村内可能存在两个以上集体经济组织。例如，除了上述《物权法》和部委规章外，我国《农村土地承包法》第12条规定：“农民集体所有的土地依法属于村农民集体所有的，由村集体经济组织或者村民委员会发包；已经分别属于村内两个以上农村集体经济组织的农民集体所有的，由村内各该农村集体经济组织或者村民小组发包。村集体经济组织或者村民委员会发包的，不得改变村内各集体经济组织农民集体所有的土地的所有权。国家所有依法由农民集体使用的农村土地，由使用该土地的农村集体经济组织、村民委员会或者村民小组发包。”这一规定实际上明确区分了村集体经济组织、村委会、村内各个集体经济组织和村民小组的不同职能，当然，也可以看出有“重合”的情况，为什么呢？

《农村土地承包法》《物权法》《土地管理法》以及各个部委的规章，实际上反映了中国集体经济组织存在的现实情况。上面的分析是以典型的村集体经济组织形式和村内各个集体经济组织为模型的。但实际上，在我国，集体经济组织在各地很不相同，甚至是混乱的。就如有的学者指出的，在实际运行中，由于农村社会经济条件的复杂性，往往是许多村民委员会（又称村民自治组织）与社区集体经济组织相互交叉，相互依赖，形成“两块牌子，一套班子”的组织结构。[2]上述《农业部办公厅关于布置2016年农村经营管理情况统计年报工作的通知（农办经〔2016〕15号）》附件2中的第一条之3和6有这样的描述：依据相关法律和有关政策精神，行政村范围内应当设立相应的集体经济组织，有些地方设立了村集体经济组织，还有些地方尚没有设立，由村民委员会代行村集体经济组织职能。有的地方称村集体经济组织为经济联合社，有的经过改制成立股份经济联合社，也有的改制成立了名称不一的“公司”；有的地方村集体经济组织的负责人与村党支部、村民委员会成员交叉任职；有的地方，在一个村内，存在多个原来“三级所有”模式下的生产大队（例如，在山东省博兴县曹王公社曹王村内，就存在曹一大队到曹五大队五个生产大队，这些大队下面各有生产小队）；村内的部分村民小组联合成立集体经济组织；极少数地方存在村民小组与原生产小队不一致的情况等。有学者对湖北农村实地考察后指出：从调查结果来看，只有8.60%的受访农户反映本村具有独立的农村集体经济组织，而91.40%的受访农户反映村委会取代了本村的农村集体经济组织。在访谈中，村委会与农村集体经济组织的功能合为一体基本为受访者所认可，但是受访者普遍主张，无论是否在村委会之外另行设立独立的农村集体经济组织，都必须将农村社区的经济职能和社会职能予以区分，如果不设立独立的农村集体经济组织，那么就应当在现行村委会体制下安排专人负责农村社区经济发展事务[3]。另外，目前中国的集体经济形式也发生了一些载体上的变化，例如，《农业部、监察部关于印发〈农村集体经济组织财务公开规定〉的通知》（农经发【2011】13号）第2条就指出：“本规定适用于按村或村民小组设置的集体经济组织（以下称村集体经济组

---

〔1〕 马晓河：“中国农村50年：农业集体化道路与制度变迁”，载《当代中国史研究》1999年第21期。

〔2〕 马晓河：“中国农村50年：农业集体化道路与制度变迁”，载《当代中国史研究》1999年第21期。

〔3〕 高飞：“农村集体经济有效实现的法律制度运行研究——以湖北省田野调查为基础”，载《农村经济》2012年第1期。

织）。代行村集体经济组织职能的村民委员会（村民小组）、撤村后代行原村集体经济组织职能的农村社区（居委会）、村集体经济组织产权制度改革后成立的股份合作经济组织，适用本规定。"这一通知反映出我国农村集体经济组织在当下的实际存在形式的变化。但如前所述，《民法总则》将集体经济组织规定为法人后，这种局面将得到彻底的改变。

（三）乡镇集体经济组织的存在形式及其与乡镇政府的关系

1. 乡镇集体经济组织的存在形式。乡镇集体经济的组织形式，目前来说是我国最为复杂的问题之一。简单地说，有两种：①从人民公社解体之后，因"政社分开"而产生的纯粹担负经济职能的组织形式。有学者指出，所谓乡（镇）集体经济组织，应当是从事生产经营活动，其产权和收益归属全乡（镇）农民，并且全体集体成员能够通过一定民主管理程序行使社员权的组织[1]。例如，对于土地，按照原来的"三级所有"模式，属于原人民公社所有的，应该确定为属于现在由原人民公社改制而来的乡镇集体经济组织所有。对此，我国《土地管理法》第 10 条已经进行了明确的确认。②根据现代法律制度建立起来的新型集体经济组织形式，例如各种合作社等。

2. 乡镇集体经济组织的存在形式与乡镇政府的关系。由于原来的人民公社实行"政社合一"的模式，将行政职能与组织生产和所有制合二为一，但人民公社制度瓦解以后，将政社分开，乡镇成为政府政权组织形式，另一种财产所有者意义上的载体自然也就成为乡镇集体经济组织，但这种组织形式在我国各地并不相同。

四、居民委员会法人

（一）我国居民委员会的概念

居民委员会简称"居委会""社区居委会"，是中国大陆地区城市街道、行政建制镇的分区即"社区"的一个主要社会组织机构。按照我国《城市居民委员会组织法》第 2 条的规定，居民委员会的性质是"居民自我管理、自我教育、自我服务的基层群众性自治组织"。居民委员会属于城镇居民的自治组织，地位相当于农村的村民委员会，管辖对象以城市、镇非农业居民为主。其与村委会一样，具有"行政性"（虽然不是权力机关）。

通常情况下，居委会的直接上级是不设区的市、市辖区的人民政府或者它的派出机关——街道办事处。按照我国《城市居民委员会组织法》第 2 条的规定，不设区的市、市辖区的人民政府或者它的派出机关对居民委员会的工作给予指导、支持和帮助。居民委员会协助不设区的市、市辖区的人民政府或者它的派出机关开展工作。而街道办事处，习惯上简称"街道办"，是我国市辖区和不设区的市政府的派出机关，"街道办事处"管辖区域简称"街道"，街道一般与乡和镇处于同一行政区划层次，但本身不构成一级政权。例如，某城市街道办事处全称为"北京市海淀区人民政府××街道办事处"，同级党的机构为"中国共产党北京市海淀区委员会××街道工作委员会"，同时设有"北京市公安局海淀区分局××街道派出所"。其具体职责为：指导、帮助社区居委会开展组织建设、制度建设和其他工作；负责辖区社区建设、管理和服务工作；做好社会救助和其他社会保障工作；执行辖区内经济和社会发展计划、财政预算，管理辖区内的社会事务管理、劳动和社会保障、计划生育、环境保护、文化、卫生、安全生产等行政工作。

居民委员会的设立、撤销、规模调整，由不设区的市、市辖区的人民政府决定。居民委员会根据居民居住状况，按照便于居民自治的原则，一般在一百户至七百户的范围内设

---

[1] 杨青贵："集体土地所有权实现法律机制研究"，西南政法大学 2014 年博士学位论文。

立（《城市居民委员会组织法》第6条）。其职责是：①宣传宪法、法律、法规和国家的政策，维护居民的合法权益，教育居民履行依法应尽的义务，爱护公共财产，开展多种形式的社会主义精神文明建设活动；②办理本居住地区居民的公共事务和公益事业；③调解民间纠纷；④协助维护社会治安；⑤协助人民政府或者它的派出机关做好与居民利益有关的公共卫生、计划生育、优抚救济、青少年教育等项工作；⑥向人民政府或者它的派出机关反映居民的意见、要求和提出建议。

居民委员会的常设机构，其基础或者"权力机构"是居民会议。居民会议由18周岁以上的居民组成。居民委员会向居民会议负责并报告工作。

居民委员会的工作经费和来源，居民委员会成员的生活补贴费的范围、标准和来源，由不设区的市、市辖区的人民政府或者上级人民政府规定并拨付；经居民会议同意，可以从居民委员会的经济收入中给予适当补助。居民委员会的办公用房，由当地人民政府统筹解决（《城市居民委员会组织法》第17条）。由此可见，其具有一定的"行政性"。

居民委员会办理本居住地区公益事业所需的费用，经居民会议讨论决定，可以根据自愿原则向居民筹集，也可以向本居住地区的受益单位筹集，但是必须经受益单位同意；收支账目应当及时公布，接受居民监督（《城市居民委员会组织法》第16条）。

（二）居民委员会具有法人资格的意义

我国《民法总则》第101条赋予居民委员会以法人资格，十分符合我国的实际需要，因为居民委员会可以开展便民利民的社区服务活动，可以兴办有关的服务事业，具有自己的财产（《城市居民委员会组织法》第4条），因此，就应当具有主体资格。而赋予其法人资格比作为非法人组织更能够使其财产、责任明晰。

无权利能力的社团与合伙

■第一节 无权利能力的社团及合伙的概述

一、法人外的团体的概述

由于近代各国出于对团体的关注和控制，对于什么样的团体应赋予其独立地位设置了严格的条件，因此，有的团体就不能取得团体人格地位；有的则出于摆脱国家的控制与审查的目的，即使具备取得团体人格的条件也不愿意设立为法人；有的则是正在设立过程中。所以，在法人之外，存在许多非法人团体，在传统民法上，这些非法人团体主要是无权利能力的社团与合伙。

无权利能力的社团是指与社团法人具有同一的性质，但无法人资格的团体。所谓与社团法人具有同一的性质，是指其是由多数人为达一定之共同目的而组织起来的结合体。其与社团法人的主要区别在于未依法律规定取得法人资格。无权利能力的社团与合伙通常被称为"非法人团体"。[1]关于合伙的概念，我们将在下面详细分析。

法律与学理所关注的主要问题是：①无权利能力社团与合伙的实质性联系与区别；②对于无权利能力社团，究竟是准用关于合伙的法律规范还是准用关于社团法人的法律规范。

二、无权利能力社团与合伙的联系与区别

1. 从团体与其成员的关系来看，对于无权利能力的社团，作为成员的个人丧失了重要性，团体成为一个超越个人的独立存在；而对于合伙，作为成员个人仍然具有重要性，团体不超越个人而存在，与各个合伙人的人格、财产与信用有密切关系，仍未脱离个人的因素。[2]也就是说，对于无权利能力的社团，人的集合通过一定的方式使其具有了独立于成员的存在而不依赖于其成员；而合伙则不然，人与人的关系仅仅是被简单地组合起来，其间的关系为契约性联合。

2. 从立法体例上看，在德国和受《德国民法典》影响的法典化国家，对于合伙与无权利能力的社团采取的是分别立法的方式：无权利能力社团规定在"总则"编中，而合伙则作为契约规定在"债"编中。[3]除德国学者外的许多学者也持有这种观点。[4]

3. 从内部关系看，无权利能力的社团有作为团体的意思决定机关，并按照少数服从多数的原则进行决议，有对外的执行机关、对外代表机关的存在；团体本身的存续不受其成

---

[1] 王泽鉴：《民法总则》，中国政法大学出版社2001年版，第194页。

[2] ［日］山本敬三：《民法讲义Ⅰ·总则》，解亘译，北京大学出版社2004年版，第328页；王泽鉴：《民法总则》，中国政法大学出版社2001年版，第145页。

[3] 见《德国民法典》第一编第54条、第二编第705~740条。

[4] 王泽鉴：《民法总则》，中国政法大学出版社2001年版，第193~198页；［日］山本敬三：《民法讲义Ⅰ·总则》，解亘译，北京大学出版社2004年版，第328页。

员变化的影响；代表的方法、大会的运营、财产的管理以及作为团体的主要方面明确固定。[1]正是因为这些方面的特征无权利能力的社团颇似社团法人，故有学者认为对其应准用关于社团法人的法律规范。

而对于民事合伙，几乎所有事项都要经过全体合伙人的一致同意，不适用少数服从多数的原则，合伙的意思不能脱离合伙人的意思而独立存在；在对外关系方面，只能由全体合伙人行使共同代理权；合伙可以因某个合伙人的死亡或者破产而解散。

4. 在对外债务方面，对于无权利能力的社团，尤其是非经济性社团不适用合伙法上的成员对于合伙债务承担无限连带责任的规定。因为，如果让无权利能力社团的成员对团体债务承担无限连带责任，就不会有任何人愿意加入非经济性社团，这会成为这种社团吸引新社员的一个不可逾越的障碍。所以，司法判决和学说就寻找各种可能，将社员对社团的责任限制在社团财产的范围内。[2]而合伙人对合伙的债务就不存在这种限制。

5. 在财产归属方面，无权利能力的社团与合伙一样，不能取得财产或者权利的归属资格，属于全体合伙人或者社团成员共同共有。[3]但我国《合伙企业法》是一个例外，该法第20条规定："合伙人的出资、以合伙企业的名义取得的收益和依法取得的其他财产，均为合伙企业的财产。"从这一规定可以看出，我国合伙企业法赋予了合伙以取得财产或者收益的归属资格。

6. 在当事人能力方面，传统民法认为：无权利能力社团与合伙一样，在诉讼法上既不能作为原告，也不能作为被告，无当事人资格。但后来为了债权人的方便，法律认可其可以作为被告，但不能作为原告。[4]然而，现在越来越多的学者主张，应赋予无权利能力社团与合伙以当事人地位。[5]

三、对于无权利能力社团的法律规范的适用

无权利能力社团与合伙既然存在如此大的差别而又接近社团法人，那么，对于无权利能力社团究竟是准用关于合伙的法律规范，还是适用关于社团法人的法律规定？对此，《德国民法典》第54条规定："对于无权利能力的社团适用有关合伙的规定，以这种社团的名义对第三人所为的法律行为，由行为人个人负责；如行为人为数人时，全体合伙人视为连带债务人。"

但是，德国学者对于这一规定提出了疑问：无权利能力的社团是一个其成员变动对其结构不发生影响的团体，在这一点上与民法上的合伙不同。因此，现在人们一般认为《德国民法典》第54条的规定是不恰当的。无权利能力的社团在其整体结构上不是近似于民法上的合伙，而是近似于有权利能力的社团。典型的民法上的合伙是特定的合伙人松散的或者紧密的联合，各个合伙人的人格对于联合体有着重要的意义。……司法判决已经普遍承认对之类推适用《德国民法典》关于有权利能力社团的规定。[6]

总之，由于无权利能力的社团无论在本身结构还是在目的上，都与合伙有着重大的不同，在成员责任上，不能适用关于合伙的规定，而应准用关于社员社团法人的规定。

---

[1] ［日］山本敬三：《民法讲义Ⅰ·总则》，解亘译，北京大学出版社，2004年版，第329页。

[2] ［德］卡尔·拉伦茨：《德国民法通论》（上册），王晓晔等译，法律出版社2003年版，第242页。

[3] ［德］卡尔·拉伦茨：《德国民法通论》（上册），王晓晔等译，法律出版社2003年版，第238页。

[4] ［德］卡尔·拉伦茨：《德国民法通论》（上册），王晓晔等译，法律出版社2003年版，第245页。

[5] ［德］卡尔·拉伦茨：《德国民法通论》（上册），王晓晔等译，法律出版社2003年版，第247页；［德］迪特尔·梅迪库斯：《德国民法总论》，邵建东译，法律出版社2000年版，第858页。我国学者更是如此。

[6] ［德］卡尔·拉伦茨：《德国民法通论》（上册），王晓晔等译，法律出版社2003年版，第236页。

■第二节　合伙

一、合伙的基本概述

（一）合伙的定义

在大陆法系的许多国家中，由于民商分离的传统，使得民法上的合伙与商法上的合伙有着重大的区别，例如，在民法中，合伙被视为一种契约关系而规定在债法中，而在商法中，合伙却被规定在主体部分；民事合伙从事非经营性活动，而商事主体则从事经营性活动。因此，应将二者分别界定。

民事合伙是指以契约为纽带结合起来并对外承担无限连带责任的组合体。

而商事合伙，由于其制度本身的变异非常之大，以至于在今天对商事合伙作出确切的定义十分困难，因为，像有限合伙与隐名合伙这种商事合伙的出现，已经使合伙人非常类似公司法人的股东。为了给商事合伙寻找商事主体地位的坐标，我们也许可以对其作出这样的界定：商事合伙是指从事较为固定的营利性活动，但不具有法人资格的自然人团体。这一定义包含以下含义：

1. 商事合伙从事较为固定的营利性活动。这一点使商事合伙与民事合伙区别开来。虽然说，民商合一是现代发展的趋势，但是否从事较为固定的营利性活动，仍然在实质上区分着民事合伙与商事合伙。民事合伙不一定是营利的，至少不是从事固定性营利活动的，但商事合伙从事较为固定的营利活动。

2. 不具有法人资格。这一特质，使得商事合伙与商法人区别开来。商法人与商事合伙的这种区别是本质性的，正是这种区别使得商法人与商事合伙在主体地位以及与出资人之间的关系上存在重大差异。法人的这种归属性主体资格，使法人成为一种独立于其成员——股东的独立民事主体。也正是这种独立的归属资格，使法人成为能够独立承担民事义务、享有民事权利的主体，从而在财产与责任上与其成员彼此分立，使股东的有限责任成为可能。

而商事合伙因不具有这种独立的归属资格，所以，在财产所有权、义务承担与权利享有等方面，以其成员——合伙人为归属主体，故合伙人对合伙本身的债务承担无限连带责任是一个合乎逻辑的推论[1]。而今天发展起来的所谓"有限合伙"只是合伙制度的一种变异而已。

3. 合伙具有人合的团体性。合伙虽然不是法人，但却具有法人之团体性的特征，即至少有两个合伙人才能成立合伙。这种团体性使其与自然人区别开来。故合伙在团体性方面类似于法人，但在权利义务的归属方面类似于自然人，所以，人们对于合伙这种游离于法人与自然人之间的组织的法律地位发生兴趣也就极其自然了。至今，关于合伙的法律地位的争论尚未平息。

4. 组织形式的持续存在性。商事合伙一般来说要求有商号（《合伙企业法》第 14 条），并要求登记，因而被列为"商人"的范畴，并以某种经营为常业。这是民事合伙与商事合伙的一个较大的区别。

---

[1] 法国于 1978 年重新修订《法国民法典》时，规定合伙自登记之日起具有法人资格。实为"合伙不是法人"的一种例外。但是，合伙人对合伙债务仍然承担无限责任。

（二）对我国《合伙企业法》上合伙性质的认定与分析

我国《合伙企业法》第2条规定："本法所称合伙企业，是指自然人、法人和其他组织依照本法在中国境内设立的普通合伙企业和有限合伙企业。"结合《合伙企业法》的其他规定，可以看出：

1. 我国《合伙企业法》中的合伙就是商事合伙。因为《合伙企业法》直接以"企业"限定，而在我国，企业实际上就含有"经营"之意，并且《合伙企业法》要求合伙企业一定要有自己的商号并进行设立登记（《合伙企业法》第9条、第11条、第14条），显然相当于大陆法系国家的"商事合伙"。

2. 我国《合伙企业法》不仅承认普通合伙，也承认有限合伙。

3. 我国《合伙企业法》不仅承认自然人可以成为合伙人，法人与其他经济组织也可以成为合伙人。这是一个很大的进步。

4. 我国《合伙企业法》上的合伙并没有包括经营性合伙的全部。实际上，合伙在现实生活中存在两种：一种是以合伙为常业，另一种是临时性经营合伙，即仅仅为一笔交易而合伙。后一种在现实中颇为常见。在大陆法系的许多国家中，由于第一种应当进行登记而被列为"商事主体"。而后一种则无需登记，常常被划归到民事合伙中去，但在民事主体的体系中却找不到其踪影，也就是说，许多国家并不将其列为民事主体，而是将其规定于"债的关系"中的合同部分之中，以合同关系相互约束而称为"合伙契约"。这种规定的解释是：各个合伙人仍然是合伙权利义务的归属主体，相互之间的权利义务关系由合同约定，但在对第三人的外部关系上，却承担连带责任。虽然我国《合伙企业法》上不存在这种合伙，但我国《民法通则》应该说承认这种合伙，却规定在"民事主体"中，而《合同法》却没有合伙合同的规定。应该说，这是立法体系上的不协调。

（三）《民法通则》关于合伙性质的认定

我国《民法通则》第二章第五节专门规定了"个人合伙"，该节第30条将个人合伙定义为："个人合伙是指两个以上公民按照协议，各自提供资金、实物、技术等，合伙经营、共同劳动。"第33条规定合伙企业可以起字号。但并没有像《合伙企业法》那样，要求合伙一定有字号（《合伙企业法》第14条）。由此可见，《民法通则》上规定的个人合伙，既包括民事合伙，也包括商事合伙。

二、合伙的分类

（一）民事合伙与商事合伙

这种分类的目的在于从民事合伙与商事合伙的区别的角度，来说明商事合伙的特征。其分类的标准是：合伙设立与存在的规范基础是民法还是商法。民事合伙以民法为基础而设立，合伙人之间的权利义务关系适用民事法律规范。而商事合伙是以商事法律为规范基础而设立的，合伙本身的法律地位及合伙人之间的权利义务关系适用商法调整。这种区别在具有民商分立传统的大陆法系国家中，仍然具有意义。民事合伙与商事合伙之间的差别主要是：

1. 民事合伙是一个契约性共同体，而商事合伙则是一个主体性组织体。所谓契约性共同体，是指合伙人之间的权利义务关系靠契约维系，而各个合伙人是合伙共同体权利义务的归属者，例如，合伙取得的财产为合伙人的共同财产，合伙的义务是合伙人的共同连带义务。而主体性组织体，是指合伙具有某些法人的特征，例如，合伙可以以自己的名义从事经营活动，取得的权利归合伙组织所有，义务首先由合伙组织承担，合伙组织可以作为诉讼中的原告与被告，在与第三人的关系上，债权人可以直接指向合伙组织。

2. 民事合伙一般不涉及商号，而商事合伙必须有商号。由于商事合伙是一个组织体，所以，合伙应当在商号的名义下进行活动，才能使行为的后果归属合伙组织。而民事合伙的后果直接归属合伙人，故不需要商号。

3. 商事合伙需要商事登记，而民事合伙不需要商事登记。按照许多国家的法律规定，商事合伙必须进行商业登记、建立商业账簿，可以建立分支机构。而民事合伙则不需要进行商业登记，也不需要建立商业账簿，更不能设立分支机构。

4. 在对外关系上，民事合伙的合伙人必须以全体合伙人的名义执行业务，否则，效果不归全体合伙人。而商事合伙则实行代理制（或者代表制），只要以合伙组织的名义从事行为，行为结果就归合伙组织。

（二）普通商事合伙与有限商事合伙

这种区分是以在商事合伙中，有没有以出资额为限承担有限责任的合伙人为标准。

1. 普通合伙。两个或者两个以上的人，以在一个商号下经营商事营业为目的而结成的合伙，若全体合伙人的责任均不受限制，即为普通商事合伙。按照《德国商法典》的规定，要建立一个普通商事合伙必须具备三个条件：①必须有一份对所有合伙人的责任都不加以限制的合伙协议。②必须有一种商事营业和一个商号。③必须在国家设立的商事登记簿中进行登记。[1]这种要求，与我们国家的法律要求大致相同。

2. 有限商事合伙。有限商事合伙是为了在某一商号的名义下从事商业经营而建立的一种商事合伙。在该合伙中，包括两种合伙人：对合伙债务负有限责任的合伙人与负无限责任的合伙人。[2]有限合伙人以其出资为限对合伙债务承担责任，如果有限合伙人已经缴付了出资，那么，他对有限合伙的债权人不再承担任何财产责任。在这一点上，有限合伙人相当于有限责任公司与股份有限公司的股东。

但是，由于有限合伙人责任的有限性，所以，在许多方面同无限合伙人的权利是不相对称的。在法定的模式中，有限责任的合伙人不得管理合伙事务，也不对外代表合伙，其与合伙组织之间也不存在禁止同业竞争的限制。[3]但是，这些限制与不同也在发生变化。

在我国《合伙企业法》中，有限合伙企业有以下特点：①有限合伙人不得以劳务费出资（第64条）；②有限合伙人不执行合伙事务，不得对外代表有限合伙企业（第68条）；③有限合伙人可以同本有限合伙企业进行交易（第70条）；④有限合伙人可以自营或者同他人合作经营与本有限合伙企业相竞争的业务（第71条）；⑤有限合伙人以其认缴的出资额为限对合伙企业债务承担责任（第2条）。

与普通合伙及公司制度相比较，有限合伙制度有其特别之处，使许多人愿意选择有限合伙而非普通合伙或者公司：

（1）有限合伙人的责任有限性为投资者提供了安全，设立条件的要求相对较低，为投资者提供了方便。产业的投资方式较多，但投资无疑是一种常见的方式。但对于高风险企业与在创立阶段的企业来说，融资十分困难。特别是高科技产业，投资回报较高但风险相对较大，因此对投资者而言，投资模式的选择异常重要。有限责任公司或者股份有限公司出资者的责任是有限的，但设立的法定条件要求较高。特别是股份有限公司，使许多风险投资者较少选择。普通合伙虽然设立的法定条件要求较低，但出资人的责任却不以投资额

〔1〕 ［德］罗伯特·霍恩等：《德国民商法导论》，楚建译，中国大百科全书出版社1996年版，第267页。

〔2〕 ［德］罗伯特·霍恩等：《德国民商法导论》，楚建译，中国大百科全书出版社1996年版，第273页。

〔3〕 ［德］罗伯特·霍恩等：《德国民商法导论》，楚建译，中国大百科全书出版社1996年版，第274页。

为限承担有限责任，而是无限连带责任，吓跑了投资人。

采取有限合伙的方式，很好地解决了这一矛盾。一方面，投资者作为有限合伙人，可以把自己的风险与责任限制在出资的范围内，另一方面还可以获得高额回报。正如德国学者所言："在中小型企业中，有限合伙是一种颇为常见的组织形式。有限合伙吸引人的地方在于，它可以使人们成为只负有限责任的合伙人。"[1]此外，合伙企业的设立条件要求也相对较低，为投资人设立创造了条件。

但是，任何一种制度在获得一种价值的时候，就失去了另一种价值。有限合伙虽然为愿意承担有限责任的投资人提供了方便和安全，却降低了合伙的信用。所以，有限合伙的信用要低于普通合伙。

（2）有限合伙的内部治理结构，较普通合伙与公司形式具有更大的灵活性。在有限合伙中，有限合伙人一般只出资和分享利润，不参加经营管理，或者虽然参加经营管理，但不起决策作用，经营管理与决策权往往掌握在承担无限责任的普通合伙人手中。有限合伙的管理形式比较简单，不像公司管理机构那样复杂，也不需要普通合伙那样的全体合伙人一致同意。无限合伙人完全自主决策。这种决策权对于高风险投资是十分重要的。

应该说，《合伙企业法》的有限合伙形式符合今天我国正在崛起的高科技产业的需要。当今世界上许多国家，如德国、法国、美国、日本等，都普遍承认商事有限合伙这种组织形式，这种组织形式极大促进了经济的发展，是经济发展的需要。

（三）一般普通合伙与特殊普通合伙

一般普通合伙与特殊普通合伙是以合伙所从事的行业及普通合伙人之间的关系为标准所进行的分类，特殊普通合伙的特殊性就体现在与分类标准有关的这两个方面：①以专业知识和专门技能为客户提供有偿服务；②一个合伙人或者数个合伙人在执业活动中因故意或者重大过失造成合伙企业债务的，应当承担无限责任或者无限连带责任，其他合伙人以其在合伙企业中的财产份额为限承担责任。合伙人在执业活动中因故意或者重大过失造成的合伙企业债务，以合伙企业财产对外承担责任后，该合伙人应当按照合伙协议的约定对给合伙企业造成的损失承担赔偿责任。但是，合伙人在执业活动中非因故意或者重大过失造成的合伙企业债务以及合伙企业的其他债务，由全体合伙人承担无限连带责任。

正是因为上述特点，所以，法律要求特殊的普通合伙企业名称中应当标明"特殊普通合伙"字样。除了上述两点特殊之处外，特殊普通合伙适用一般普通合伙的规定。

（四）显名合伙与隐名合伙

显名合伙与隐名合伙划分的标准是，是否在合伙中公开某些合伙人的姓名、该合伙人是否参加合伙的经营管理，以及是否对合伙债务承担无限连带责任。

隐名合伙是指在合伙中存在这样的合伙人：合伙人不公开其姓名而仅仅出资并分配利益，不参加合伙的经营管理活动，并且，仅仅以出资为限对合伙债务承担有限责任。这种人称为"隐名合伙人"。也就是说，至少含有一名隐名合伙人的合伙为隐名合伙。

显名合伙是指合伙中的所有合伙人均公开其姓名，不仅出资、分配利益，而且参加经营管理活动，并就合伙组织的债务对第三人承担无限连带责任。显名合伙是合伙的典型形式。

与显名合伙人（普通合伙人）相比，隐名合伙人具有以下几个特点：①隐名合伙人同

---

〔1〕　［德］罗伯特·霍恩等：《德国民商法导论》，楚建译，中国大百科全书出版社1996年版，第274页。

显名合伙人一样，以实物、货币或者技术、劳务出资。②隐名合伙人不公开其姓名，一般为第三人所不知。③隐名合伙人不参加合伙事务的经营管理。④隐名合伙人不能代表合伙与第三人发生权利义务关系。⑤隐名合伙人对合伙组织的债务以出资为限承担有限责任，不直接对第三人发生财产上的责任。⑥显名合伙人与隐名合伙人的内部关系主要靠契约来维持。所以，德国学者说："从经济学的观点看，隐名合伙很像一种以参加利润分配为条件的借贷。两者之间的区别在于隐名合伙人也要分担损失。"[1]当然，这种损失的分担以出资额为限。

隐名合伙在有限责任、无权对合伙事务进行管理方面，同有限合伙有较大的相似之处，但二者的区别仍然十分明显：①隐名合伙人无须登记，仅仅以契约就可以成立，而有限合伙必须进行登记。也就是说，显名合伙人与隐名合伙人的关系主要靠契约来维持，而有限合伙人则是合伙组织的成员。②从外在形式上看，有限合伙的外在形式是合伙组织（合伙商号），而隐名合伙的外在形式有可能是一人经营的独资商号。[2]

隐名合伙作为一种契约型合伙形式，在许多国家普遍存在，例如，大陆法系的德国、法国、日本以及英美等国的商事法均承认这种形式。我国《合伙企业法》否定这种形式。有一些学者认为，我国有必要建立隐名合伙制度，理由是：①确立隐名合伙制度有利于将一部分闲散资金吸引到一个新的投资领域。②确立隐名合伙制度有利于规范投资行为，保护投资者和经营者的合法利益，同时也保护第三人。③确立隐名合伙制度有利于解决实践中的纠纷。[3]

我们认为，隐名合伙在实践中确实有较大的需求，许多人想利用这种方式投资，一方面承担有限责任，另一方面，不参与合伙事务的经营与管理而分配利益。在实践中，这种做法也是存在的。但是，一旦发生纠纷，隐名合伙人与债务人的关系就是一个较大的问题。对此，《民通意见》第46条规定："公民按照协议提供资金或者实物，并约定参与合伙盈余分配，但不参与合伙经营、劳动的，或者提供技术性劳务而不提供资金、实物，但约定参与盈余分配的，视为合伙人。"而根据《民法通则》第35条的规定，合伙人对合伙债务承担连带责任。那也就是说，在我国，即使是隐名合伙人，也要对合伙债务承担连带责任。这样，无疑是否定了隐名合伙。我们赞同设立隐名合伙制度，以满足实际的需要。但另一方面，应当在隐名合伙制度中考虑对第三人的权利安全保障，避免合伙人以隐名合伙形式欺骗债权人。

（五）个人合伙与法人合伙

这是我国自1986年《民法通则》颁行以来，以合伙人的身份为标准而划分的类型。

在我国《民法通则》中，个人合伙是指由两个以上的自然人之间以合伙协议为基础，共同出资、共同经营、共享收益、共担风险并对合伙债务承担无限连带责任的合伙方式，并被规定在"自然人"一章中。而法人之间的合伙在我国称为"联营"，规定在"法人"一章中。这种分类受到了学者的普遍批评，有学者认为以个人、法人的身份来划分所谓的"个人合伙"与"法人合伙"是不适当的，除了人为地制造限制与不公平外，并没有什么实际作用[4]，并且这种划分在法律上留下了空白：自然人与法人之间的合伙，既不属于法

---

〔1〕　［德］罗伯特·霍恩等：《德国民商法导论》，楚建译，中国大百科全书出版社1996年版，第277页。
〔2〕　刘黎明："隐名合伙及相关的法律问题"，载《法商研究》1998年第6期。
〔3〕　刘黎明："隐名合伙及相关的法律问题"，载《法商研究》1998年第6期。
〔4〕　江平、龙卫球："合伙的多种形式和合伙立法"，载《中国法学》1996年第3期。

人合伙，也不属于个人合伙，因而在民法上处于一种不确定的状态。既然自然人与法人都有资格成为合伙人，两者作为合伙成员的权利、义务又没有什么差别，规定适合所有民事主体的合伙也许更合理一些[1]。这些批评与建议颇有道理，但是，我国 1997 年《合伙企业法》（2006 年已修改）却又剥夺了法人作为合伙人的资格。

《合伙企业法》规定，不仅自然人可以是合伙人，法人及其他经济组织都可以作为合伙人（但国有独资公司、国有企业、上市公司以及公益性的事业单位、社会团体不得成为普通合伙人）[2]。

三、合伙的设立（以我国《合伙企业法》为参照）

（一）普通合伙设立的基本条件

根据我国《合伙企业法》第 14 条的规定，设立普通合伙企业应当具备以下条件：

1. 有两个以上合伙人。合伙人为自然人的，应具有完全行为能力。这一条件，实际上肯定了合伙的团体性——2 人以上。但是，需要注意的是，按照我国《合伙企业法》第 3 条的规定，国有独资公司、国有企业、上市公司以及公益性的事业单位、社会团体不得成为普通合伙人。

2. 有书面协议。按照我国《合伙企业法》第 18、19 的规定，合伙协议应当包括以下内容：①合伙企业的名称和主要经营场所的地点；②合伙目的和合伙企业的经营范围；③合伙人的姓名或者住所；④合伙人出资的方式、数额和缴付出资的期限；⑤利润分配和亏损分担办法；⑥合伙事务的执行；⑦入伙与退伙；⑧合伙企业的解散与清算；⑨违约责任⑩合伙期限；⑪争议的解决方式。

合伙协议未约定或者约定不明确的事项，由合伙人协商决定；协商不成的，依照《合伙企业法》和其他有关法律、行政法规的规定处理。

合伙协议经全体合伙人签名、盖章后生效。合伙人按照合伙协议享有权利，履行义务。修改或者补充合伙协议，应当经全体合伙人一致同意。

3. 有合伙人实际缴付的出资。合伙人应当按照合伙协议约定的出资方式、数额和缴付期限，履行出资义务。

合伙人可以用货币、实物、知识产权、土地使用权或者其他财产权利出资，也可以用劳务出资。合伙人以实物、知识产权、土地使用权或者其他财产权利出资，需要评估作价的，可以由全体合伙人协商确定，也可以由全体合伙人委托法定评估机构评估。合伙人以劳务出资的，其评估办法由全体合伙人协商确定，并在合伙协议中载明。由此可见，合伙人的出资并不像公司股东的出资那样要求严格。这主要是因为公司股东对公司债务承担有限责任，而合伙人对合伙企业债务承担无限责任。所以，合伙财产与个人财产的严格区分，对保护债权人来说，并没有任何实质性意义。

另外，需要注意的是，以非货币财产出资的，依照法律、行政法规的规定，需要办理财产权转移手续的，应当依法办理。

4. 有合伙企业的名称。对于商事合伙，合伙必须在统一的名称下进行活动，所以，一定要求合伙企业具有自己的名称并进行登记。

5. 有经营场所和从事合伙经营的必要条件。

---

[1] 方流芳："关于合伙的几个问题"，载《法学研究》1987 年第 5 期。

[2]《合伙企业法》第 3 条。

（二）合伙企业设立的程序

1. 申请登记与审批。申请合伙企业设立登记，应当向企业登记机关提交登记申请书、合伙协议书、合伙人身份证明等文件。

合伙企业的经营范围中有属于法律、行政法规规定在登记前须经批准的项目的，该项经营业务应当依法经过批准，并在登记时提交批准文件。

2. 登记允许。申请人提交的登记申请材料齐全、符合法定形式，企业登记机关能够当场登记的，应予当场登记，发给营业执照。不能当场登记的，企业登记机关应当自受理申请之日起20日内，作出是否登记的决定。予以登记的，发给营业执照；不予登记的，应当给予书面答复，并说明理由。合伙企业的营业执照签发日期，为合伙企业成立日期。合伙企业领取营业执照前，合伙人不得以合伙企业名义从事合伙业务。

四、合伙企业与合伙人之间的财产关系

（一）合伙企业的财产

按照我国《合伙企业法》第20条的规定，合伙企业存续期间，合伙人的出资和所有以合伙企业名义取得的收益均为合伙企业的财产。这实际上是赋予了合伙企业财产权利的归属资格。

（二）合伙人对合伙企业财产的分割禁止

由于合伙企业是一个相对稳定的商事组织，故合伙企业应当保有维持经营所必要的财产。虽然有的国家（如我国）承认合伙企业的权利归属资格，有的国家不承认其权利归属资格，但是，在合伙人对合伙企业财产的分割禁止这一点上是共同的，我国《合伙企业法》第21条规定，合伙人在合伙企业进行清算前，不得请求分割合伙企业的财产。也就是说，合伙人是合伙企业财产的最初出资人，也是最终所有者，即在合伙企业解散并清算完毕后，是企业剩余财产的所有者。

（三）合伙人对自己财产份额的转让

既然合伙人在合伙企业进行清算前，不得请求分割合伙企业的财产，那么，合伙人能否像公司股东那样，将自己在合伙企业中的份额转让给第三人而退出合伙？我国《合伙企业法》是允许的。按照《合伙企业法》第22条、第23条的规定，合伙企业存续期间，合伙人可以转让自己在合伙企业中的财产份额。但是：①合伙人向合伙人以外的人转让其在合伙企业中的全部或者部分财产份额的，必须经过其他合伙人一致同意。②合伙人之间转让其在合伙企业中的全部或者部分财产份额的，应当通知其他合伙人。③合伙人依法转让其财产份额的，在同等条件下，其他合伙人具有优先购买的权利。

《合伙企业法》关于合伙人向合伙人以外的人转让财产份额的规定，与《公司法》有较大的区别。按照《公司法》第71条的规定，股东向股东以外的人转让出资时，必须经全体股东过半数同意。不同意转让的股东应当购买该转让的出资，如果不购买，视为同意转让。但《合伙企业法》却没有作出这样的规定，所以，当其他合伙人不同意其向合伙人以外的人转让，也没有当然购买的义务，该合伙人就不得转让。这种规定似有不妥之处，应该作出类似《公司法》的规定。

（四）合伙人以其在合伙企业中的财产份额出质

根据我国《合伙企业法》第25条的规定，合伙人以其在合伙企业中的财产份额出质的，须经其他合伙人一致同意；未经其他合伙人一致同意，其行为无效，由此给善意第三人造成损失的，由行为人依法承担赔偿责任。

这是因为，出质虽然不是转让，但却是附条件的转让，所以，同财产份额的转让的条件几乎是一致的。

（五）合伙人与合伙企业竞争或者交易的禁止

根据我国《合伙企业法》第32条的规定，合伙人不得自营或者同他人合作经营与本合伙企业相竞争的业务。除合伙协议另有约定或者经全体合伙人同意外，合伙人不得同本合伙企业进行交易。

在普通合伙中，合伙人与合伙企业之间的同业竞争为许多国家法律所禁止。但是，在承认有限合伙的国家中，有限合伙人不负该禁止义务。

五、合伙事务的执行

（一）合伙事务执行的一般原则[1]

各个合伙人对执行合伙企业事务享有同等的权利，可以由全体合伙人共同执行合伙企业事务，也可以由合伙协议约定或者全体合伙人决定，委托一名或者数名合伙人执行合伙企业事务。作为合伙人的法人、其他组织执行合伙事务的，由其委派的代表执行。

如果合伙协议规定或者全体合伙人决定委托一名或者数名合伙人执行合伙事务的，其他合伙人不再执行合伙企业事务。执行合伙企业事务的合伙人，对外代表合伙企业。

但是，不参加执行合伙事务的合伙人有权监督执行事务的合伙人，检查其执行合伙企业事务的情况。

（二）对委托的撤销

受委托执行合伙事务的合伙人不按照合伙协议或者全体合伙人的决定执行事务的，其他合伙人可以决定撤销该委托。[2]

（三）合伙人分别执行合伙事务时的异议权

合伙人分别执行合伙事务的，执行事务合伙人可以对其他合伙人执行的事务提出异议。提出异议时，应当暂停该项事务的执行。如果发生争议，应按照合伙协议规定的办法表决决定；如果合伙协议没有约定，则按照合伙人一人一票并经全体合伙人过半数通过的表决办法决定。[3]

（四）合伙事务执行的结果归属

根据《合伙企业法》第28条的规定，由一名或者数名合伙人执行合伙企业事务的，其执行合伙企业事务所产生的收益归合伙企业，所产生的亏损或者费用，由合伙企业承担。

执行事务的合伙人应当定期向其他合伙人报告事务执行情况以及合伙企业的经营和财务状况；合伙人为了解合伙企业的经营状况和财务状况，有权查阅合伙企业会计账簿等财务资料。

（五）被委托执行合伙企业事务的合伙人的法律地位

被委托执行合伙企业事务的合伙人不是合伙企业的负责人或者法定代表人，而是一种基于委托关系产生的代理关系。这种代理与一般民事代理的区别在于：被委托执行合伙事务的人执行事务的积极结果与消极结果均由全体合伙人承担，而在一般的民事代理中，代理人的积极结果由被代理人承担，但发生的侵权责任等消极结果，被代理人不承担。这主要是由被委托人同合伙企业的特殊关系所导致的。

另外，在同第三人的关系上，被委托执行合伙事务也不同于一般代理。根据我国《合

---

[1]《合伙企业法》第26、27条。

[2]《合伙企业法》第29条。

[3]《合伙企业法》第30条。

伙企业法》第 37 条的规定，合伙企业对合伙人执行合伙企业事务以及对外代表合伙企业权利的限制，不得对抗善意第三人。如果在一般民事代理中，代理人超越代理权的行为，为无权代理，是效力待定的行为，必须经过被代理人的追认才能对被代理人生效。

六、合伙企业的内部关系

（一）利润的分配与亏损的负担

根据《合伙企业法》第 33 条的规定，合伙企业的利润分配、亏损分担，按照合伙协议的约定办理；合伙协议未约定或者约定不明确的，由合伙人协商决定；协商不成的，由合伙人按照实缴出资比例分配、分担；无法确定出资比例的，由合伙人平均分配、分担。合伙协议不得约定将全部利润分配给部分合伙人或者由部分合伙人承担全部亏损。

（二）合伙人对合伙事务的决定权

1. 合伙企业决议的一般原则。合伙人对合伙企业有关事项作出决议，按照合伙协议约定的表决办法办理。合伙协议未约定或者约定不明确的，实行合伙人一人一票并经全体合伙人过半数通过的表决办法（《合伙企业法》第 30 条）。

2. 需要全体合伙人一致同意的表决事项。根据我国《合伙企业法》第 31 条的规定，下列事务必须经全体合伙人一致同意：①改变合伙企业的名称；②改变合伙企业的经营范围、主要经营场所的地点；③处分合伙企业的不动产；④转让或者处分合伙企业的知识产权和其他财产权利；⑤以合伙企业名义为他人提供担保；⑥聘任合伙人以外的人担任合伙企业的经营管理人员。

（三）入伙

1. 入伙的程序。新合伙人入伙时，应当经全体合伙人同意，并依法订立书面合伙协议。但是，新合伙人加入合伙后要对合伙企业原来的债务承担连带责任，因此，为了防止原合伙人以加入合伙为名欺骗新合伙人，法律特别规定了原合伙人的信息披露义务。即订立入伙协议时，原合伙人应当向新合伙人如实告知原合伙企业的经营状况和财务状况。[1]

2. 入伙的新合伙人的权利义务。按照我国《合伙企业法》第 44 条的规定，入伙的新合伙人与原合伙人享有同等权利，承担同等责任。入伙的新合伙人对入伙前合伙企业的债务承担连带责任。

由于入伙的新合伙人对入伙前合伙企业的债务承担连带责任，就必须要求入伙时，原合伙人向新合伙人如实告知原合伙企业的经营状况和财务状况（《合伙企业法》第 43 条）。如果原合伙人违反这一义务，导致了新合伙人入伙并承担了不可预见的对第三人的连带责任，新合伙人能否以此向债权人提出抗辩？不能，除非债权人与原合伙人恶意串通以损害新入伙人。但可以有两种途径解决：一是以欺诈为由请求法院撤销合伙协议，并要求其他原合伙人进行赔偿，但不能免除对第三人的连带责任。二是保持合伙协议有效，追究违反说明义务的原合伙人的责任，即要求原合伙人赔偿因未尽如实说明义务给新合伙人造成的损失。

（四）退伙

1. 退伙的事由。我国《合伙企业法》规定了许多退伙的事由，主要有：

（1）合伙人可以自己决定是否退伙的事由[2]。如果合伙协议约定合伙企业的经营期限，有下列情形之一的，合伙人可以退伙：①合伙协议约定的退伙事由出现；②经全体合

---

[1]《合伙企业法》第 43 条。
[2]《合伙企业法》第 45 条。

伙人同意退伙；③发生合伙人难以继续参加合伙企业的事由；④其他合伙人严重违反合伙协议约定的义务。

如果合伙协议没有约定合伙企业的经营期限的，合伙人在不给合伙企业事务执行造成不利影响的情况下，可以退伙，但应当提前 30 日通知其他合伙人。

（2）当然退伙的事由[1]。如果发生了下列情形之一的，当然退伙：①作为合伙人的自然人死亡或者被依法宣告死亡；②个人丧失偿债能力；③作为合伙人的法人或者其他组织依法被吊销营业执照、责令关闭撤销，或者被宣告破产；④法律规定或者合伙协议约定合伙人必须具有相关资格而丧失该资格；⑤合伙人在合伙企业中的全部财产份额被人民法院强制执行。

应当特别指出，合伙人被依法认定为无民事行为能力人或者限制民事行为能力人的，经其他合伙人一致同意，可以依法转为有限合伙人，普通合伙企业依法转为有限合伙企业。其他合伙人未能一致同意的，该无民事行为能力或者限制民事行为能力的合伙人退伙。

合伙人死亡或者被依法宣告死亡的，对该合伙人在合伙企业中的财产份额享有合法继承权的继承人，按照合伙协议的约定或者经全体合伙人一致同意，从继承开始之日起，取得该合伙企业的合伙人资格。但是，有下列情形之一的，合伙企业应当向合伙人的继承人退还被继承合伙人的财产份额：①继承人不愿意成为合伙人；②法律规定或者合伙协议约定合伙人必须具有相关资格，而该继承人未取得该资格；③合伙协议约定不能成为合伙人的其他情形。合伙人的继承人为无民事行为能力人或者限制民事行为能力人的，经全体合伙人一致同意，可以依法成为有限合伙人，普通合伙企业依法转为有限合伙企业。全体合伙人未能一致同意的，合伙企业应当将被继承合伙人的财产份额退还该继承人（《合伙企业法》第 50 条）。

（3）除名退伙的事由[2]。合伙人有下列情形之一的，经其他合伙人一致同意，可以将其除名：①未履行出资义务；②因故意或者重大过失给合伙企业造成损失；③执行合伙企业事务时有不正当行为；④合伙协议约定的其他事由。

对合伙人的除名决议，应当书面通知被除名的合伙人。被除名的合伙人自接到除名通知之日起，除名生效，被除名人退伙。被除名人对除名决议有异议的，可以在接到除名通知之日起 30 日内，向人民法院起诉。

2. 退伙的后果。[3]

（1）退伙的结算。合伙人退伙的，其他合伙人应当与该退伙人按照退伙时的合伙企业的财产状况进行结算，退还退伙人的财产份额。即应当对整个合伙企业的财产状况进行清理，如果企业有盈利，应当将退伙人的最初出资加上盈利一并退还；如果有亏损，应当从最初的出资额中减去亏损。退伙时有未了结的合伙企业事务的，待了结后进行结算。

至于退伙人的出资份额的退还，可以是货币，也可以是实物，由合伙协议约定或者全体合伙人决定。

（2）退伙的责任。合伙人退伙不影响其在退伙前对合伙企业债务应承担的连带责任，即退伙人对其退伙前已经发生的合伙企业债务，与他合伙人承担连带责任。

合伙人退伙时，合伙企业财产少于合伙企业债务的，退伙人应当依照《合伙企业法》

---

[1]《合伙企业法》第 48 条。

[2]《合伙企业法》第 49 条。

[3]《合伙企业法》第 51～54 条。

第 33 条第 1 款的规定分担亏损。[1]

七、合伙企业的外部关系

（一）合伙人与合伙企业对债权人承担责任的一般原则

一般来说，合伙人与合伙企业就合伙企业债务对债权人承担连带责任，但是，我国的《合伙企业法》第 38、39 条规定，合伙企业对其债务，应先以其全部财产进行清偿。合伙企业财产不足清偿到期债务的，各合伙人应当承担无限连带清偿责任。

这一规定在实际效果上赋予了合伙人以先诉抗辩权，即债权人只能先向合伙企业主张债务清偿。只有当合伙企业不能清偿时，才能向各个合伙人主张权利。这样一来，就改变了传统民法上的连带责任的基本性质。所以，我们可以这样理解我国合伙法上的连带责任：这种连带责任是数额连带，而非性质连带。目前，在我国许多立法和司法解释中，均采用这种连带责任的概念。

因连带责任造成的合伙人清偿的数额超过自己应当承担份额的，可以向其他合伙人追偿。

（二）合伙人个人的债权人对合伙企业权利行使的禁止[2]

1. 抵销权的禁止。合伙人发生与合伙企业无关的债务，相关债权人不得以其债权抵销其对合伙企业的债务。例如，A 为合伙企业甲的合伙人之一，B 是合伙人 A 的债权人，对 A 拥有债权 9000 元。同时，B 又是合伙企业甲的债务人，对合伙企业甲欠债 9000 元。B 不得以其对 A 的债权抵销对甲的债务。

2. 代位权的禁止。合伙人个人负有债务，其债权人不得代位行使该合伙人在合伙企业中的权利。

（三）合伙人的债权人对合伙人在合伙企业中财产利益的请求[3]

合伙人的自有财产不足以清偿其与合伙企业无关的债务的，该合伙人可以以其从合伙企业中分取的收益用于清偿；债权人也可以依法请求人民法院强制执行该合伙人在合伙企业中的财产份额用于清偿。人民法院强制执行合伙人的财产份额时，应当通知全体合伙人，其他合伙人有优先购买权；其他合伙人未购买，又不同意将该财产份额转让给他人的，应当为该合伙人办理退伙结算，或者办理削减该合伙人相应财产份额的结算。

八、有限合伙企业[4]

（一）有限合伙企业的设立

结合我国《合伙企业法》第 60 ~ 66 条、第 14 条的规定，有限合伙企业的设立应当具备下列条件：

1. 有限合伙企业由 2 个以上 50 以下合伙人设立，并且，其中至少应当有一个普通合伙人。

2. 有书面合伙协议。合伙协议除普通合伙协议规定的事项外，还应当载明下列事项：①普通合伙人和有限合伙人的姓名或者名称、住所；②执行事务合伙人应具备的条件和选

---

[1] 《合伙企业法》第 33 条规定："合伙企业的利润分配、亏损分担，按照合伙协议的约定办理；合伙协议未约定或者约定不明确的，由合伙人协商决定；协商不成的，由合伙人按照实缴出资比例分配、分担；无法确定出资比例的，由合伙人平均分配、分担。合伙协议不得约定将全部利润分配给部分合伙人或者由部分合伙人承担全部亏损。"

[2] 《合伙企业法》第 41 条。

[3] 《合伙企业法》第 42 条。

[4] 本节仅仅说明有限合伙的特殊事项，在本节没有说明时，适用普通合伙的规则。

择程序；③执行事务合伙人权限与违约处理办法；④执行事务合伙人的除名条件和更换程序；⑤有限合伙人入伙、退伙的条件、程序以及相关责任；⑥有限合伙人和普通合伙人相互转变程序。

3. 有合伙人认缴或者实际缴付的出资。有限合伙人应当按照合伙协议的约定按期足额缴纳出资；未按期足额缴纳的，应当承担补缴义务，并对其他合伙人承担违约责任。

有限合伙人可以用货币、实物、知识产权、土地使用权或者其他财产权利作价出资。有限合伙人不得以劳务出资。

4. 有合伙企业的名称和生产经营场所。

5. 法律、行政法规规定的其他条件。

（二）有限合伙企业事务的执行[1]

按照我国《合伙企业法》的规定，有限合伙企业由普通合伙人执行合伙事务。执行事务的合伙人可以要求在合伙协议中确定执行事务的报酬及报酬提取方式。有限合伙人不执行合伙事务，也不得对外代表有限合伙企业。但是，有限合伙人的下列行为，不视为执行合伙事务：①参与决定普通合伙人入伙、退伙；②对企业的经营管理提出建议；③参与选择承办有限合伙企业审计业务的会计师事务所；④获取经审计的有限合伙企业财务会计报告；⑤对涉及自身利益的情况，查阅有限合伙企业财务会计账簿等财务资料；⑥在有限合伙企业中的利益受到侵害时，向有责任的合伙人主张权利或者提起诉讼；⑦执行事务合伙人怠于行使权利时，督促其行使权利或者为了本企业的利益以自己的名义提起诉讼；⑧依法为本企业提供担保。

（三）与合伙企业交易及竞争业务的允许

根据我国《合伙企业法》第70、71条的规定，除合伙协议另有约定外，有限合伙人可以同本有限合伙企业进行交易并可以自营或者同他人合作经营与本有限合伙企业相竞争的业务。

（四）有限合伙人以其在合伙企业中财产份额的出质与转让

1. 有限合伙人以其在合伙企业中的财产份额出质。根据《合伙企业法》第72条的规定，除合伙协议另有约定外，有限合伙人可以将其在有限合伙企业中的财产份额出质。

2. 份额转让。根据《合伙企业法》第73条和第75条的规定，有限合伙人可以按照合伙协议的约定，向合伙人以外的人转让其在有限合伙企业中的财产份额，但应当提前30日通知其他合伙人。在同等条件下，其他合伙人有优先购买权。

份额转让后，有限合伙企业仅剩有限合伙人的，应当解散；有限合伙企业仅剩普通合伙人的，转为普通合伙企业。

（五）合伙人之个人债务与其出资份额的关系

有限合伙人的自有财产不足以清偿其与合伙企业无关的债务的，该合伙人可以以其从有限合伙企业中分取的收益用于清偿；债权人也可以依法请求法院强制执行该合伙人在有限合伙企业中的财产份额用于清偿。法院强制执行有限合伙人的财产份额时，应当通知全体合伙人。在同等条件下，其他合伙人有优先购买权。

（六）表见普通合伙人[2]

有限合伙人未经授权一般不以合伙企业的名义从事交易行为，对外也不代表合伙企业。

---

[1] 《合伙企业法》第67～68条。
[2] 《合伙企业法》第76条。

但是，第三人有理由相信有限合伙人为普通合伙人并与其交易的，该有限合伙人对该笔交易承担与普通合伙人同样的责任。有限合伙人未经授权以有限合伙企业名义与他人进行交易，给有限合伙企业或者其他合伙人造成损失的，该有限合伙人应当承担赔偿责任。

（七）有限合伙企业入伙与退伙的特别规定

1. 新入伙人对原来合伙企业的债务责任。根据《合伙企业法》第 77 条的规定，新入伙的有限合伙人对入伙前有限合伙企业的债务，以其认缴的出资额为限承担责任。

2. 合伙企业存续期间合伙人丧失民事行为能力的法律后果。根据《合伙企业法》第 79 条的规定，作为有限合伙人的自然人在有限合伙企业存续期间丧失民事行为能力的，其他合伙人不得因此要求其退伙。法律这样规定的原因有二：①因有限合伙人仅仅承担有限责任，因此，不涉及其个人的偿债能力问题；②有限合伙人一般不参与合伙事务的管理，与行为能力也无太大的关系。另外，其尚有监护人可以法定代理。

3. 合伙人死亡或者解散时的法律后果。[1]作为有限合伙人的自然人死亡、被依法宣告死亡或者作为有限合伙人的法人及其他组织终止时，其继承人或者权利承受人可以依法取得该有限合伙人在有限合伙企业中的资格。

4. 退伙的法律后果。

（1）有限合伙人退伙后，对基于其退伙前的原因发生的有限合伙企业债务，以其退伙时从有限合伙企业中取回的财产承担责任（《合伙企业法》第 81 条）。

（2）有限合伙企业仅剩有限合伙人的，应当解散；有限合伙企业仅剩普通合伙人的，转为普通合伙企业（《合伙企业法》第 75 条）。

（八）有限合伙人与普通合伙人的转换[2]

1. 一般程序。除合伙协议另有约定外，普通合伙人转变为有限合伙人，或者有限合伙人转变为普通合伙人，应当经全体合伙人一致同意。

2. 有限合伙人转变为普通合伙人的债务责任。有限合伙人转变为普通合伙人的，对其作为有限合伙人期间有限合伙企业发生的债务承担无限连带责任。

3. 普通合伙人转变为有限合伙人的债务责任。普通合伙人转变为有限合伙人的，对其作为普通合伙人期间合伙企业发生的债务承担无限连带责任。

九、合伙企业的解散与清算

（一）合伙企业的解散事由

根据我国《合伙企业法》第 85 条的规定，合伙企业有下列情形之一的，应当解散：

1. 合伙协议约定的经营期限届满，合伙人不愿意继续经营的。

2. 合伙协议约定的解散事由出现。

3. 全体合伙人决定解散。

4. 合伙人已经不具备法定人数满 30 天。

5. 合伙协议约定的合伙目的已经实现或者无法实现。

6. 被依法吊销营业执照、责令关闭或者被撤销。

7. 出现法律、行政法规规定的合伙企业解散的其他原因。

（二）清算

任何一个企业的解散均应当进行清算，合伙企业也不例外。在实践中，许多企业不经

---

[1]《合伙企业法》第 80 条。
[2]《合伙企业法》第 82～84 条。

清算就消灭，往往给债权人造成巨大损害。所以，《合伙企业法》第86条规定，合伙企业解散后应当进行清算。

从性质上说，企业的清算是对企业债权、债务、资产进行清理的过程，是企业退出市场的必经程序，没有清算，任何企业不得注销。

■第三节　非法人组织

一、非法人组织概述

无论是在历史上还是今天，无论是中国还是外国，社会生活中实际存在着许多自然人的集合体却又没有登记成为法人的"组织"（团体），如何称呼它们？它们究竟包括哪些类型？其有无权利能力？团体本身与成员责任如何等问题，学理上一直争论不休。

关于非法人团体应如何称呼的问题，各个国家或者地区在民法上的称谓并不相同：我国台湾地区"民事诉讼法"（第40条）用"非法人之团体"通称之；德国法中，这些团体是由民法典规定的"无权利能力社团"和其他特别法上的"商事合伙"组成；日本一般称为"法人外团体"，包括"组合"（各当事人通过出资，并约定经营共同的事业，从而成立的组合）和"无权利能力社团"［包括能够取得法人资格但却没有取得的情形（如成立中的法人）和无法取得法人资格的情形］[1]。我国的许多立法（如《合同法》《民事诉讼法》《著作权法》等）都以"其他组织"来称呼这些法人外团体；《民法总则》将之称为"非法人组织"，并将之定义为：非法人组织是指不具有法人资格，但是能够依法以自己的名义从事民事活动的组织（《民法总则》第102条）。

笔者认为，用"非法人组织"这一概念来通称这些法人外团体，可能更加合适，因为它体现了其与自然人及法人的区别，比"其他组织"具有更强的包容性。但是，《民法总则》对"非法人组织"所作的定义难以令人满意：正是《民法总则》赋予"非法人组织"以权利能力和"以自己的名义从事民事活动"的资格，那么，第102条中的"依法能够以自己的名义从事民事活动"中的"法"是指什么法？因此，作为立法语言和规范，应该这样规定：非法人组织经登记取得权利能力，以自己的名义从事民事活动。如果学者再根据这种规范，作出类似的定义："非法人组织是指不具有法人资格，但是依法能够以自己的名义从事民事活动的组织。"那就正常了，因为学理概念往往来自法律的规定（规范）。但有时法律直接用学理概念是不妥当的。

二、非法人团体的类型

对于非法人团体究竟包括哪些类型及规范原则，学者之间争议很大。例如，有学者认为，现实生活中存在各种不具备法人资格的组织体，诸如：业主委员会，无法人资格的分公司，各种企业的分支机构，独资企业，合作企业，合伙企业，非企业合伙组织（如律师事务所、会计师事务所），各种协会与学会的分会，学校的学生会、校友会、同乡会，各种俱乐部（如高尔夫俱乐部、足球俱乐部），大学内部的学院、系、所、教研室，科学院内部的研究所、研究中心、研究室、课题组，等等。[2]也有的学者提出了不同的内容，认为，非法人团体包括非法人企业、非法人经营体、非法人非营利性团体。其中，非法人企业又具体包括：合伙企业、个人独资企业、乡镇企业、非法人乡村集体企业、非法人外资企业；

---

〔1〕　［日］山本敬三：《民法讲义Ⅰ·总则》，解亘译，北京大学出版社2004年版，第326～327页。
〔2〕　梁慧星：《中国民法典草案建议稿附理由：总则编》，法律出版社2013年版，第183～184页。

非法人经营体具体包括：个体工商户、农村承包经营户、个人合伙、合伙型联营、企业分支机构、设立中的公司、企业集团；非法人非营利性团体具体包括：非法人机关、非法人事业单位、非法人社会团体。[1] 还有学者认为，非法人团体包括非法人社团（包括营利性社团和非营利性社团）、非法人财团、合伙（民事合伙与合伙企业）、个人独资企业、设立中的法人、其他。[2]。

对于以上观点，笔者认为各有道理，但是，有些是否应该归入非法人团体中，值得考虑，例如，各种企业的分支机构，大学内部的学院、系、所、教研室，科学院内部的研究所、研究中心、研究室、课题组，等等，不应该属于非法人团体，而是法人本身的内部组织机构或者组成部分。另外，也不是所有的民事合伙都属于非法人团体，例如，合伙契约型的就不是非法人团体，而是自然人之间的合同关系。除此之外，像非法人财团能否成为非法人团体也存在疑问：各国对财团的控制是非常严格的，因为财团与社团不同，可能存在危及社会的各种风险。因此，我国《民法总则》第102条对于非法人组织种类的限制采取比较严格的态度，将非法人组织限定为：个人独资企业、合伙企业、不具有法人资格的专业服务机构（如律师事务所、会计师事务所等）。

三、赋予非法人"团体"权利能力的条件

在民法典（《民法总则》）的编纂过程中，对于非法人组织地位（权利能力）的问题，最大的争论在于：究竟是采取"严格主义"还是"放任主义"？严格主义实际上就是采取"登记方可取得权利能力"的方式，非法人团体只有经过登记方能以团体的名义进行民事活动，才会被法律承认其为"非法人组织"，否则就是个人的简单组合，每个个人为主体而不是非法人组织；放任主义实际上就是采取"形式主义"，只要在形式上对外以团体的名义从事民事活动，法院就承认其为非法人组织，按照非法人组织对待，不需要进行登记。尽管持这种"形式主义"观点的人占有较大的比例。但从我国颁布后的《民法总则》来看，还是采取了"严格主义"原则，即非法人组织必须进行登记，否则不能取得权利能力。

除了登记之外，一个非法人团体还应该具备什么条件，才能被赋予权利能力呢？从民法典的历史上看，许多国家的民法典都不会毫无条件地赋予一个团体以权利能力，德国法为了惩罚那些不愿意登记并接受政府审查的法人外团体，根本不赋予其权利能力，所以，《德国民法典》上有"无权利能力社团"之规定，就是那段历史的痕迹。但随着历史的变迁，这种态度发生了根本的变化。甚至有德国学者指出，在德国法上，无权利能力社团因具有权利能力而可享有财产权利，可以作为所有权人被登记在土地登记簿上。[3] 无权利能力的社团是一个其成员变动对其结构不发生影响的团体，在这一点上与民法上的合伙不同。因此，现在人们一般认为《德国民法典》第54条的规定是不恰当的。无权利能力的社团在其整体结构上不是近似于民法上的合伙，而是近似于有权利能力的社团。典型的民法上的合伙是特定的合伙人松散的或者紧密的联合，各个合伙人的人格对于联合体有着重要的意义。司法判决已经普遍承认对之类推适用《德国民法典》关于有权利能力社团的规定。[4]

---

〔1〕　苏号朋：《民法总论》，法律出版社2006年版，第118页。

〔2〕　李昊："我国民法总则非法人团体的制度设计"，载《暨南学报》2015年第12期。

〔3〕　［德］汉斯·布洛克斯、沃尔夫·迪特里希、瓦尔克：《德国民法总论》，张艳译，中国人民大学出版社2014年版，第314页。

〔4〕　［德］卡尔·拉伦茨：《德国民法通论》（上册），王晓晔等译，法律出版社2003年版，第236页。

除了登记之外，非法人团体还应具备什么条件才能赋予其权利能力呢？有学者指出，非法人团体应当具备下列条件：①有自己的名称、组织机构和场所；②有自己的章程或者组织规章；③有自己享有处分权的财产或者经费；④根据法定程序设立。[1]日本的判例确定了四项条件：①组织性，即具备作为团体的组织；②少数服从多数的原则；③团体与成员的分离，即团体的存续不受成员变更的影响；④团体内容的确定性，即代表的方法、大会的运营、财产的管理及其他作为团体的主要方面确定。[2]

笔者认为，非法人团体既然作为一个独立于其成员的资格存在，必须有一种团体的结构，同时又不同于法人。主要应具备下列条件：①有将其成员组织起来的章程或者其他文件，就像凯尔森所言："社团之所以被认为是一个人，就是由于法律秩序规定了某些权利与义务，它们关系到社团成员的利益但却又似乎并非是成员的权利与义务，因而就被解释为社团本身的权利和义务。几个人只有当他们已经被组织起来，仿佛每个人关于别人都有特定的功能时，他们才组成一个集团、一个联合。当他们的相互行为由秩序、规范制度所调整时，他们才被组织起来。构成这一联合，使几个人组成一个联合的，就是这种秩序，或者说是这种组织。这一联合具有机关的意思同组成联合的人由一个规范所组织的意思，正好是一样的。构成社团秩序或者组织就是社团的法律，社团的所谓章程，是调整社团成员行为的规范的总和。"[3]②有自己的名称、组织机构和场所，否则，难以区分于个人；③有形成团体意思的表决方式，以区别于团体每个人的意思，只有具有了这种机制，团体才能够区别于个人而存在或者去行动；④非营利性非法人组织还应该具有自己的财产，并具有保证这种财产同成员财产分离的机制。

需要说明的是，有无财产其实对于营利性非法人组织和非营利性非法人组织是不同的：对于非营利性非法人组织应该要求其具有自己的财产，因为在财产与责任的相互联系上，一般来说，非营利性非法人组织的成员对于非法人组织的债务承担有限责任，因此，才要求团体必须具有财产。而营利性非法人组织的成员对于非法人组织的债务承担无限连带责任。因此，对于营利性的非法人组织来说，有无财产并不重要。

四、非法人团体与其成员的责任关系

对于非法人团体，其成员是否无一例外地都对团体的债务承担无限责任？在这一点上，德国法的判例与理论可资借鉴：在对外债务方面，对于无权利能力的社团，尤其是非经济性社团，不适用合伙的成员对于合伙债务承担无限连带责任的有关法律规定。因为，如果让无权利能力社团的成员对团体债务承担无限连带责任，就不会有任何人加入非经济性社团，会成为这种社团吸引新社员的一个不可逾越的障碍。所以，司法判决和学说就寻找各种可能，将社员对社团的责任限制在社团财产的范围内。[4]但对于营利性团体，其成员对团体债务则承担无限连带责任。[5]

但是，我国《民法总则》并没有区分营利性与非营利性的非法人组织，第104条直接规定：非法人组织的财产不足以清偿债务的，其出资人或者设立人承担无限责任。这种规定实际上不利于许多非营利性的非法人组织的存在，而这些非营利性的非法人组织对于社

〔1〕 梁慧星：《中国民法典草案建议稿附理由：总则编》，法律出版社2013年版，第185页。

〔2〕 [日] 山本敬三：《民法讲义Ⅰ·总则》，解亘译，北京大学出版社2004年版，第329页。

〔3〕 [奥] 凯尔森：《法与国家的一般理论》，沈宗灵译，中国大百科全书出版社1996年版，第109页。

〔4〕 [德] 卡尔·拉伦茨：《德国民法通论》（上册），王晓晔等译，法律出版社2003年版，第242页。

〔5〕 [德] 迪特尔·梅迪库斯：《德国民法总论》，邵建东译，法律出版社2000年版，第859页。

会的文化建设、丰富人民生活等往往具有重大意义。

五、非法人组织的解散与清算

按照《民法总则》第 106 条的规定，有下列情形之一的，非法人组织解散：①章程规定的存续期间届满或者章程规定的其他解散事由出现的；②出资人或者设立人决定解散的；③法律规定的其他情形。

非法人组织解散后，要参照法人的规定进行清算（《民法总则》第 108 条）。其实，《民法总则》的这种规定实属多余，因为，我国不区分营利与非营利非法人组织而让其成员全部承担无限连带责任，因此，是否清算并不影响债权人的利益。

第七章

第三编　法律事实

第八章

法律事实概要

■第一节　法律事实的概念与作用

在私法上，任何权利义务与主体的结合、分离，或者说任何主体要取得权利或者承担义务，均需要一种合法的原因作为媒介，若主体与权利的结合缺乏合法的媒介，便会被确定为不当得利而难以保有这种权利。而这种合法的原因或者媒介，就是我们所说的法律事实。具体来说，法律事实就是在私法上能够引起权利义务发生、变更或者消灭的自然事件或者人的行为。这一概念包含以下两个含义：①法律事实在私法上具有意义，即能够在主体间引起具体的权利义务，但并非任何事实均能够在私法上具有这种意义。这样一来，就把那些在私法上没有意义的事实排除在法律事实之外。②法律事实既可以是人的行为，如合同行为、遗嘱行为等，也可以是与人无关的事件，如除斥期间的经过、建筑物坍塌等。

法律事实的作用已经包含在其概念中，即法律事实就是权利义务与主体相结合的媒介。在民法上，任何主体的权利得丧必有一定根据（法律事实），而这种根据是否得当就成为衡量主体是否有效取得权利的标准。罗马法与法国民法典的"三编制"恰恰就是这种思维模式的代表。

■第二节　法律事实的种类分述

法律事实既然是在私法上引起权利义务的原因，那么，这种原因既可以是人的行为，也可以是自然事件。而人的行为既可以是作为，也可以是不作为；既可以是合法行为，也可以是非法行为；既可以是法律行为，也可以是非法律行为。

在作为的法律事实中，有的行为与人的意志相联系，即行为人不仅是积极的行为，而且该行为的结果被法律允许预设在该行为的意思表示中，我们将之称为法律行为；有些行为虽然是人的行为，但该行为的结果是否发生以及如何发生直接为法律所规定，而不问行为人的意思如何，即行为结果具有法定性，如侵权行为、无因管理、不当得利、缔约过失等。而有些行为虽然有行为人的意思表示，但这些行为的结果为法律直接规定而不需要行为人意思预设，也就是说，行为人的意思表示中是否含有行为效果并不重要，该行为的效果是依法律规定而产生的。例如，因债权人请求而中断诉讼时效期间，该中断的结果即为法定结果，债权人在请求时是否具有这种意思效果并不重要。这些行为有意思表示，因而不同于无意思表示的人的行为；但意思表示中含有的行为效果又不被法律所认可，因而又不是法律行为，通常被称为"准法律行为"，如中断时效期间的行为、通知、催告等。

当事人的不作为在什么情况下才能引起法律效果而作为法律事实呢？一般来说，不作为一般不能成为法律事实，只有在法律规定或者当事人特别约定时才能成为法律事实，如不侵犯他人财产或者健康的不作为，就不是私法上的事实，而是法律对秩序的一般要求。但是，根据诚实信用原则的不竞争行为，或者当事人约定的不作为是可以成为法律事实的，如双方约定对方不得发出任何噪音。

纯粹的自然事件，即与人的行为或者意思毫无关系的事实，也可能在私法上具有意义，即引起私法上权利义务的发生、变更或者消灭，如房屋的坍塌可能引起赔偿责任、不可抗力会免除债务人的责任等。

一、法律行为

由于在下一章节将非常详尽地讨论法律行为的问题，因此，在这里就不再赘述。

二、非法律行为

1. 准法律行为。准法律行为中虽然有人的意思表示，但在人的意思表示中是否含有效果意思并不重要，如通知、催告等。按照传统的民法，无因管理、不当得利都属于准法律行为的范畴。

2. 无因管理。没有法定或者约定的义务而为他人管理事务的行为，谓之无因管理。无因管理的结果也是由法律规定而非约定的，故也非法律行为，行为能力的规定于当事人不适用。

3. 不当得利。不当得利是指没有合法的根据取得利益而使他人受到损害的事实。不当得利虽与人的行为有关，但法律规范的目的主要在于规范事实层面的问题，结果也是法定的，因而也是事实行为而非法律行为。行为能力的规定于之也不适用。

4. 侵权行为。侵权行为虽然为人的行为，但由于行为的结果不是出于行为人的意思预设，而是法律的直接规定，因此，其也是事实行为而非法律行为。行为能力的规定于之也不适用。

5. 缔约过失。虽然缔约过失与法律行为，特别是合同行为密切相关，但却非合同问题；缔约过失虽与侵权相近，但又非侵权问题。它是合同与侵权二元分化的中间地带的存在物。因其结果非当事人预设而是法定，因此也是事实行为。但是，与以上几种事实行为不同的是，凡承担缔约过失责任者，一般都有缔约能力。

6. 其他事实行为。加工、占有等事实行为发生物权法上的效力。

三、自然事件

1. 状态。状态是指一定事实的经过，基于法律规定而发生一定法律效果的事由。[1]如成年、期限届满、时效或者除斥期间的经过等。

2. 事件。所谓事件，是指一定自然事实的发生基于法律规定而发生一定法律效果的事由。[2]如出生与死亡、失踪、混同、混合与附合、丧失意识等。

〔1〕　邱聪智：《民法总则》，三民书局股份有公司 2005 年版，第 663 页。
〔2〕　邱聪智：《民法总则》，三民书局股份有公司 2005 年版，第 665 页。

法律行为

■第一节 《民法总则》中的法律行为的概念

一、《民法总则》第133条关于法律行为的概念

《民法总则》颁布之前，我国学者关于法律行为的概念有诸多争议，这主要源自《民法通则》对于法律行为的规范本身。《民法总则》吸收了学理成果，于第133条对法律行为进行了这样的定义："民事法律行为是民事主体通过意思表示设立、变更、终止民事法律关系的行为。"该定义与《民法通则》比较，有显著的进步，主要表现在：①明确了"意思表示"在法律行为中的作用和核心地位。应该说，这是一个很大的进步，"意思表示"是法律行为的核心，而《民法通则》当年就没有将这一核心要素规定在法律行为中："民事法律行为是公民或者法人设立、变更、终止民事权利和民事义务的合法行为。"（《民法通则》第54条）由于该条规定中没有"意思表示"这样的表达，其实就没有定义出"法律行为"的实质，也就难以与其他概念和制度清楚地予以区分，例如，"无因管理"是否也符合《民法通则》第54条之规定呢？因为，无因管理也具有该条规定的所有要件：客观上能够引起民事权利义务，也是合法行为。但无因管理与法律行为的区别在于：是否具有主观上设立、变更或者终止民事权利义务的意思表示。②去除《民法通则》对法律行为"合法性"的要求，这也是吸收学理关于法律行为研究成果的具体体现。因为《民法通则》通过之后，许多学者对于这种"合法性"的要求进行了批判，认为"合法性"要求是不必要的。[1]因此，可以说，《民法总则》对于法律行为的定义，是一个进步，或者说回归了"法律行为"的本来面目。

但是，《民法总则》仍然保留了"民事法律行为"的错误概念，应该说这是一个遗憾。因为，法律行为是私法中独有的概念，只有私法中才有意思自治，才需要通过法律行为来表达。公法中（如行政法与刑法）根本不存在意思自治原则适用的余地，当然也就不可能有法律行为生存的土壤。

对于法律行为的这一概念，我们应该从以下几个方面加以理解和把握：

1. 法律行为以意思表示为要素，从而使其区别于其他的同样能够引起法律上权利义务的事实，例如，不当得利、无因管理、侵权行为等。我国《民法总则》第133条强调"通过意思表示设立、变更、终止民事法律关系"正是这一思想的体现。甚至在早年，德国学者根本不区分意思表示与法律行为。由此可见，意思表示对于法律行为的重要性。

---

[1] 王利明：《民法总则研究》，中国人民大学出版社2012年版，第514页；董安生：《民事法律行为——合同、遗嘱和婚姻行为的一般规律》，中国人民大学出版社1994年版，第104～105页、126～127页；李永军：《民法总论》，法律出版社2006年版，第428～429页；谭启平主编：《中国民法学》，法律出版社2015年版，第187页；朱庆育：《民法总论》，北京大学出版社2013年版，第92～103页等。

2. 法律行为的目的在于引起明确的法律后果，这一含义是说法律行为的目的在于产生具体的私法上的权利义务关系，并且这种法律后果来源于主体意思表示中所预设的希望发生与积极追求的，并不是法律强加于当事人的。我国《民法总则》第 133 条明确表达了这一思想，正如德国学者所指出的：我们说法律行为的目的是引起法律后果，这一表述的意思是：法律行为之所以产生法律后果，不仅是因为法律制度为法律行为规定了这样的后果，首要的原因在于从事法律行为的人正是想通过这样的行为引起这种法律后果。可见，在通常情况下，法律行为是一种有目的的行为，即以最后引起某种法律后果为目的的行为。[1] 法律行为的这一含义就使其同以下两种行为区别开来：

（1）情谊行为，即人们之间的友谊交往行为，例如，今天我邀请你来我家做客，你愉快地答应了邀请。但这并不成立一个法律行为（合同），因为双方在发出或者接受这种意思表示的时候，并没有在具体权利义务的意义上为之。

（2）有些人的行为虽然也产生法律后果，但这种法律后果并非基于行为人的意思及效果预设，而是基于法律规定，如侵权行为虽然是人的行为，但却是典型的非法律行为，侵权行为的赔偿义务之后果是基于法律的强制性规定，而不是基于行为人积极的预设。

3. 法律行为的本质为私法自治。几乎所有学者都认识到了这一点，即法律行为是实现私法自治的工具，如梅迪库斯指出：意思表示是法律行为的工具，而法律行为又是私法自治的工具。[2] 德国学者拉伦茨认为：《德国民法典》所称的"法律行为"，是指一个人或多个人从事的一项行为或者若干项具有内在联系的行为，其目的是引起某种私法上的法律后果，亦即使个人与个人之间的法律关系发生变更。每个人都通过法律行为的手段来构建他与其他人之间的法律关系。法律行为是实现德国民法典的基本原则——私法自治的工具。[3] 法律行为的这一本质，在其作用范围中明显地体现出来：凡允许私法自治的领域才适用法律行为，因此，法律行为在民法中具体为合同行为、婚姻行为与遗嘱行为。自然地，法律行为也就作为合同行为、婚姻行为与遗嘱行为的上位概念。这三种行为的共同性规则就是法律行为的规则，反过来说，法律行为的制度规则对于这三种行为通用，也就是说，其具有"公因式"的特征。

4. 法律行为具有抽象性。"法律行为"是一种抽象的概念，现实生活中根本不存在所谓的"法律行为"这种东西，只存在具体的合同、遗嘱和婚姻等。法律行为恰恰是从这些具体的"以意思表示"为核心的行为中抽象出来的，就比如说，现实生活中不存在"人"，只存在男人和女人、老人和小孩一样。就如德国学者所指出的，法律行为的概念是所有在法律秩序中形成的行为类型的抽象，就法律秩序针对这些行为类型所规定的内容而言，其目的在于使个体能够以意思自治的方式通过制定规则来形成、变更或者消灭法律关系，即旨在实现私法自治。现实中不存在"某一"法律行为本身，而仅存在法律所认可的、因其而存在的各种行为类型，如买卖合同、债权让与、订婚、结婚、遗嘱等行为，这些行为都可以被置于抽象的法律行为概念之下去理解。[4] 除了法律行为的共性之外，人们还必须注意到各种法律行为所具有的特性。只有当法律行为被理解为对法律秩序所认可的各种类型

---

〔1〕　［德］卡尔·拉伦茨：《德国民法通论》（下册），王晓晔等译，法律出版社 2003 年版，第 426 页。

〔2〕　［德］迪特尔·梅迪库斯：《德国民法总论》，邵建东译，法律出版社 2000 年版，第 142～143 页。

〔3〕　［德］卡尔·拉伦茨：《德国民法通论》（下册），王晓晔等译，法律出版社 2003 年版，第 426 页。

〔4〕　［德］维尔纳·弗卢梅：《法律行为论》，迟颖译，法律出版社 2013 年版，第 26～27 页。

的法律行为的抽象，而不是法律行为本身时，才可能存在注意各类法律行为的余地。[1]

因此，我们在理解法律行为这一概念的时候，一定要注意"民法总则编"中的抽象的法律行为规则与其他各编中具体的各个法律行为之间的关系，即法律行为与合同、法律行为与遗嘱、法律行为与婚姻等之间的关系：法律行为规则是一般规则，而各个具体的法律行为（如合同）部分则规定独特的规则。这也应该是我国民法典编纂中，处理民法总则编与合同部分之间关系的一般原则。但从目前的态势看，由于我国民法典编纂的趋势为合同法独立成编，因此，如何处理法律行为与合同编的关系，就成为一个关键的问题。如果处理不好，将严重破坏民法体系的内部结构。

5. 法律行为是法律事实的一种。法律事实包括以人的意志为转移的行为和与人的意志无关的事件，前者为法律行为，而后者就是非法律行为。法律事实这一概念是与法律规范的构成直接相关的，美国学者梅利曼指出：法律行为的概念是以"法律事实"为基础的。我们知道，法律规范中包含着一个典型的事实状态和一个法律后果的表述。如果与典型事实状态相吻合的具体事实发生，那么法律后果就随之出现。法律事实指一个事件（如人的出生或者死亡，一个契约的订立等）。这个事件同典型的事实状态相吻合，因而就带来一定的法律后果。它是一个与法律有关的事实，有别于那些无任何法律意义的事件。法律事实包含了"不以人的主观意志为转移而自然发生的事实（如人因疾病、地震而死亡等）以及人的自愿、审慎的行为"。因此，法律事实分为两种：严格意义上的法律事实（即纯粹的法律事实）和自愿、审慎的法律行为。[2]我们所说的法律行为，是在后一种意义上使用的。

二、法律行为与意思表示

法律行为与意思表示究竟是什么关系？从我国《民法总则》第六章的整体结构看，我国立法从来没有把意思表示等同于法律行为，而仅仅把意思表示作为法律行为的一部分来对待，这一点，从该章的第二节"意思表示"的规定中，体现得非常明确。

但不可否认的是，意思表示与法律行为有时可以通用，德国民法典即是如此。那么，在什么情况下，法律行为与意思表示接近？在什么情况下，二者的区别才有意义呢？

按照德国学者的观点，在单方法律行为中，亦即法律关系由一个意思表示就可以形成的话，那么，"法律行为"与"意思表示"就是重合的，例如，单方终止合同的情况就属于这种情形。该终止合同的表示是一个意思表示，该意思表示是终止合同这一法律行为的表达，这里的意思表示就等于法律行为。只有当法律行为由多个意思表示构成的情况下，区分意思表示与法律行为才有意义。典型的例子是合同。合同缔结各方的意思表示共同构成合同这一法律行为，例如，买卖这一法律行为由卖方和买方的意思表示构成。有鉴于此，就合同而言，应当区分"意思表示"和"法律行为"。[3]

三、法律行为的作用范围

德国学者一般认为，法律行为一般包括合同行为（订立债务合同、债权转让合同、所有权转移合同）、缔结婚姻、做成遗嘱。[4]

〔1〕［德］维尔纳·弗卢梅：《法律行为论》，迟颖译，法律出版社2013年版，第39页。
〔2〕［美］约翰·亨利·梅利曼：《大陆法系》，顾培东、禄正平译，法律出版社2004年版，第79页。
〔3〕［德］维尔纳·弗卢梅：《法律行为论》，迟颖译，法律出版社2013年版，第29~30页。
〔4〕［德］K. 茨威格特、H. 克茨：《比较法总论》，高鸿钧等译，贵州人民出版社1992年版，第271页；［德］迪特尔·梅迪库斯：《德国民法总论》，邵建东译，法律出版社2000年版，第27页。

虽然法律行为是从婚姻行为、合同行为、遗嘱行为中抽象出来的，并一般地说，法律行为制度亦适用于这三个领域，但也有例外。例如，法律行为制度就不适用于全部婚姻关系，夫妻财产关系可以通过契约约定，但人身关系不适用约定而是法定；订立的婚约是不可以强制执行的；有关人的生命、人格、尊严等诸方面的约定也常常会陷于无效。因此，法律行为制度的彻底贯彻仅仅在具有财产交易性质的契约法中才能进行。

四、法律行为与准法律行为

（一）概念

准法律行为看起来很像法律行为，但却不是法律行为。准法律行为是指由法律直接规定结果的当事人的表示行为。我们必须正确地把握法律行为与准法律行为的区别：①首先，从概念上说，准法律行为完全不是法律行为，就如历史法学派在英国的代表人物梅因在批评英国人将"准契约"等同于"契约"时指出的：准契约完全不是契约，而是罗马人用来进行分类的名词。[1]之所以将一个不是法律行为的东西前面加上一个"准"字而称为"准法律行为"，是基于以下两点：其一，表明两者的不同；其二，是当事人的行为，并且有明确的意思表示，类似于法律行为，有关法律行为的一些规则可以准用，如行为能力、意思瑕疵等。②虽然法律行为与准法律行为的共同点在于都具有意思表示、都要求行为人的行为能力，但法律后果发生的根据存在巨大的不同：法律行为之所以能够产生某种法律后果，是因为行为人具有产生这种法律后果的愿望，并将这种后果表达出来；而准法律行为虽有意思表示行为，但这种后果并不包含在意思表示中，或者说意思表示中是否具备这种后果并不重要，该表示行为的后果是由法律直接规定的。

（二）种类

1. 催告。催告是指债权人要求债务人履行到期债务的通知，或者要求法律关系的对方当事人确定某种关系的通知。例如《担保法》中，债权人行使留置权前对于债务人的履行催告；无权代理关系中，相对人对于被代理人是否追认的催告等。

2. 通知或者告知。通知或者告知的行为人表示的并不是某项意思，而是一种其知道的事实。[2]具体如债权转移对债务人的通知（《合同法》第 80 条）、迟到的承诺的通知（《合同法》第 29 条）、标的物瑕疵告知（《合同法》第 158 条）等。

我国台湾地区的学者普遍地将准法律行为分为三种：意思通知、事实通知与感情表示。意思通知是指当事人的表达具有一定的期望，法律因其表示而赋予一定的法律后果的行为（如催告）；事实通知是指当事人表达一定的事实上的观念，法律因其表示行为而赋予一定的法律后果的行为（如留置权人设定一定期限要求债务人履行债务，否则就行使留置权）；感情表示是指当事人表达一定的感情，法律因其表示行为而赋予一定的法律后果者，如夫妻一方与他人通奸，另一方表示原谅的表示。[3]除了最后一种，这种分类方式与上述关于催告和通知或告知的分类几乎相同。

（三）关于法律行为规则对于准法律行为的类推适用

德国学者梅迪库斯指出：由于准法律行为与法律行为之间不存在一条清晰的界限，因此有关法律行为的规定也应该可以类推适用于准法律行为。但是，由于各类准法律行为之

---

〔1〕　［英］亨利·梅因：《古代法》，沈景一译，商务印书馆 1996 年版，第 193 页。

〔2〕　［德］迪特尔·梅迪库斯：《德国民法总论》，邵建东译，法律出版社 2000 年版，第 160 页。

〔3〕　邱聪智：《民法总则》，三民书局股份有限公司 2005 年版，第 646～650 页；王泽鉴：《民法概要》，中国政法大学出版社 2003 年版，第 81 页。

间存在着重大的区别，也无法作出一般性的断言。例如，法律有关"违反善良风俗的法律行为无效"的规定就几乎不能适用于准法律行为；行为能力一般可以适用。[1]笔者认为，日本学者提出的一般性原则可以采用：有关行为能力、意思表示瑕疵等是否可准用于准法律行为，应根据准法律行为所关注的规定不同而有不同的答案。具体来说：①有关行为能力的规定——当有关行为能力的规定的立法目的也适合于准法律行为时，允许类推；②有关意思欠缺、意思表示瑕疵的规定——当法律规定的有关意思欠缺、意思表示瑕疵的规则也适合于准法律行为时，也允许类推适用。反之亦然，也应根据准法律行为的法律规定的立法目的来决定是否类推适用法律行为的有关规定。[2]

■第二节 法律行为的分类

一、单方法律行为与多方法律行为

这是以法律行为的成立对意思表示的依赖而作的分类，也是我国《民法总则》第134条明确规定的分类。《民法总则》第134条第1款规定："民事法律行为可以基于双方或者多方的意思表示一致成立，也可以基于单方的意思表示成立。"

（一）单方法律行为

单方法律行为是指只需要一项意思表示就可成立的法律行为。[3]也就是说，单方法律行为是指原则上由一个人即可单独有效地从事的行为。[4]由于"任何人不得为第三人创设义务"的规则，单方法律行为大致可以分为三种情况：

1. 仅仅以单方行为处分自己的权利，如所有权的抛弃。

2. 为他人设权的行为，如授予代理权的行为、立遗嘱的行为。

3. 行使法律规定或者当事人约定的权利，如解除权、撤销权、追认权，即形成权的行使一般为单方法律行为。

在单方法律行为中，根据意思表示是否需要受领或者是否需要向他人作出，可以分为有相对人的单方法律行为和无相对人的单方法律行为。[5]《民法总则》第138、142条涉及这种分类。对此，德国学者指出，从事物的本质来看，原则上，意思表示应当"向他人作出"，这是因为，一般而言，只有当意思表示"向他人作出"时，即向它所针对的那一方作出时，它才具有意义。因此，多方法律行为要求一方当事人应"向另一方当事人"作出意思表示，以便双方能够达成合意。据此，以意思表示是否需受领为标准来划分法律行为的做法，仅适用于单方法律行为。[6]仅在个别情形中，即在那些法律行为不直接关涉他人，实施法律行为的行为人仅仅为自己的权利领域制定规则的情形中，人们可以通过无须受领的意思表示来实施单方法律行为，典型如遗嘱行为。例如，《德国民法典》第144条对于"可撤销法律行为的认可"属于无需向他人作出的单方法律行为，而第182条对于尚未生效的法律行为的同意，则属于需要向他人作出意思表示的单方法律行为。这是因为，表意人

---

〔1〕［德］迪特尔·梅迪库斯：《德国民法总论》，邵建东译，法律出版社2000年版，第161页。

〔2〕［日］山本敬三：《民法讲义Ⅰ·总则》，解亘译，北京大学出版社2004年版，第73页。

〔3〕［德］迪特尔·梅迪库斯：《德国民法总论》，邵建东译，法律出版社2000年版，第165页。

〔4〕［德］卡尔·拉伦茨：《德国民法通论》（下册），王晓晔等译，法律出版社2003年版，第432页。

〔5〕有相对人与无相对人的法律行为的分类，与需要受领的意思表示和不需要受领的意思表示的分类是否相同，有不同观点。在此，笔者采取相同的观点。

〔6〕［德］维尔纳·弗卢梅：《法律行为论》，迟颖译，法律出版社2013年版，第163~164页。

对第144条的认可属于对自己撤销权的处分，而经认可的法律行为原本已经生效。反之，需经其同意的法律行为尚未生效，其效力有待确定。因此，同意表示属于需要受领的表示。[1]

这种分类的意义主要在于意思表示的生效时间和法律行为的成立时间不同、意思表示的解释不同。对此，我国《民法总则》第138条规定："无相对人的意思表示，表示完成时生效。法律另有规定的，依照其规定。"第142条规定："有相对人的意思表示的解释，应当按照所使用的词句，结合相关条款、行为的性质和目的、习惯以及诚信原则，确定意思表示的含义。无相对人的意思表示的解释，不能完全拘泥于所使用的词句，而应当结合相关条款、行为的性质和目的、习惯以及诚信原则，确定行为人的真实意思。"

（二）多方法律行为

多方法律行为是指必须有两个或者两个以上的意思表示才能成立的法律行为。由于在多方法律行为中情况比较复杂，因此，学理上一般要对多方法律行为进行再分类，即双方法律行为、多方法律行为与决议。

1. 双方法律行为。双方法律行为一般是指契约，即由两个意思表示一致而成立的法律行为。契约的当事人可以是多个，但这多个当事人必须形成"两造"，即对立双方。当事人虽为多人，但却仅仅能够形成两个意思表示，例如，A、B、C三个当事人，A、B为一方，C为一方，双方所期待的法律后果是因他们之间相互一致的意思表示而产生的。[2]有些人认为，双方法律行为应称为契约，以区别于下面所说的因多方意思表示一致而形成的合同。[3]

2. 多方法律行为。多方法律行为应准确地称为"共同行为"，即因当事人多个方向相同的意思表示趋于一致而形成的法律行为，因其特征为多数意思表示的平行一致，故也称为合同行为。[4]这就是合同与契约的区别（即多方法律行为与双方法律行为的区别），如合伙协议、公司发起协议等，属于多方法律行为。

3. 决议。德国学者一般认为，应该将决议从合同中分离出来。决议是人合组织、合伙、法人等由若干人组成的机构（如社团的董事会）通过语言形式表达出来的意思形成的结果。决议可以以全票通过的方式作出，也可以多数票通过的方式作出。[5]

决议不同于合同或者其他多方法律行为之处在于：①若干意思表示一致，且方向相同，而不像合同那样，是对立两造的意思表示的重合。但仅在此点上，决议难以同多方法律行为相区别。②决议有的是以全票作出的（如合伙的许多事务都要求一致同意），但在许多情况下，决议都不实行全票制，如公司的董事会决议或者股东会决议实行多数表决制。在这一点上，决议同多方法律行为有所区别。③调整关系不同：决议主要调整组织内部关系，而不调整组织与第三人的关系，而合同则调整行为人之间的交易关系。另外，决议与合同的区别还在于：决议一旦以规定的方式作出，无论对于赞成决议的人还是反对的人都具有约束力。而在合同中，任何一方不同意，根本无法形成合同。

但是，决议是否属于法律行为有时是值得探讨的。因为：①有时，决议实际上是单方

---

〔1〕　［德］维尔纳·弗卢梅：《法律行为论》，迟颖译，法律出版社2013年版，第164~165页。

〔2〕　［德］卡尔·拉伦茨：《德国民法通论》（下册），王晓晔等译，法律出版社2003年版，第432页。

〔3〕　张俊浩主编：《民法学原理》（上册），中国政法大学出版社1991年版，第571页。

〔4〕　邱聪智：《民法总则》，三民书局股份有限公司2005年版，第463页。

〔5〕　［德］卡尔·拉伦茨：《德国民法通论》（下册），王晓晔等译，法律出版社2003年版，第433页。

法律行为形成的一种方式，例如，公司的意思机关（股东会议）形成一个关于收购其他公司股权的决议，实际上仅仅是公司的单个意思的形成机制，说这是一个"法律行为"未免过于牵强；②在这一个"决议"的形成过程中，一般实行"多数决"，有些股东的意思完全被否决，这哪里还是法律行为呢？因此，对于《民法总则》第 134 条第 2 款规定的法人、非法人组织依照章程规定的议事方式和表决程序作出的决议，是否属于法律行为，实在值得商榷，最多是一个"准法律行为"。

二、身份行为与财产行为

这是以法律行为的效果意思为标准所作的分类。身份行为是指以发生身份上的效果为目的的法律行为，如婚姻行为、抚养行为等；而财产行为则是指以发生财产上的效果为目的的法律行为，如交易合同等。

按照我国台湾地区学者的观点，身份行为有广义与狭义之分：狭义的身份行为仅指亲属行为，而广义的身份行为则除了上述狭义的身份行为之外，还包括以身份为基础的财产关系，如夫妻财产契约、遗嘱等。[1]我国大陆地区学者也有此主张者。[2]

但我认为，身份行为应从其狭义理解。因为无论是夫妻之间的财产约定，还是立遗嘱，与非身份性法律行为的区别仅仅是主体方面的，而效果都发生在财产领域。因此，不能把这种法律行为纳入身份领域。

另外，关于婚约的性质，学者也存在争议，有人认为是法律行为，有人认为婚约仅仅是双方表示相互同意的一种事实行为。[3]。应当认为，婚约是一种法律行为，因为它符合法律行为的要件，但效力方面存在问题。关于婚约的效力，大部分国家不承认其具有强制执行力。在我国，有的地方虽然还存在缔结婚约的习俗，但法律也不承认其强制力。因为，如果婚约可以强制执行，则不符合婚姻的基础——感情基础，会造成诸多"捆绑夫妻"，这显然与婚姻法的宗旨相背离。

在财产法律行为中，是否再区分为债权法律行为与物权法律行为（负担行为与处分行为），学者间存在较大的争议。有学者认为，因民法分为"债编"与"物权编"，这两编合为财产法，相应地，财产行为得因其发生效果为债的关系或者物权关系而区分为债权行为与物权行为。[4]

三、负担行为与处分行为

（一）负担行为与处分行为的概念

1. 负担行为。所谓负担行为，是指使一个人相对于另一个人（或者另若干人）承担为或者不为一定行为之义务的法律行为。负担行为的首要义务是确定某项给付义务，即产生债务关系。[5]梅迪库斯解释说，负担行为仅产生一项或者多项请求权，或者产生一种有效给付的法律原因。[6]

负担行为之所以如此称谓，是因为这种法律行为的直接后果是使义务人负担了一项义务，故以此称之。但这种义务仅仅以观念上的义务而存在，尚未开始履行。故对于某一具

---

〔1〕 邱聪智：《民法总则》，三民书局股份有限公司 2005 年版，第 481～482 页。

〔2〕 张俊浩主编：《民法学原理》（上册），中国政法大学出版社 1991 年版，第 239 页。

〔3〕 ［德］卡尔·拉伦茨：《德国民法通论》（下册），王晓晔等译，法律出版社 2003 年版，第 434～435 页。

〔4〕 邱聪智：《民法总则》，三民书局股份有限公司 2005 年版，第 481 页。

〔5〕 ［德］卡尔·拉伦茨：《德国民法通论》（下册），王晓晔等译，法律出版社 2003 年版，第 436 页。

〔6〕 ［德］迪特尔·梅迪库斯：《德国民法总论》，邵建东译，法律出版社 2000 年版，第 167 页。

体的交易过程来说，负担行为不是目的，仅仅是手段，是暂时的。它仅仅是一种物权或者其他权利变动的准备阶段。

通说认为，负担行为既可以通过合同行为表现出来，也可以通过单方法律行为的方式表现出来。[1]

2. 处分行为。

（1）定义。处分行为是指直接作用于某项现存权利的法律行为。[2]通俗地说，处分行为就是直接使权利发生变动的法律行为，是支配权行使的具体表现。例如，动产中的交付行为将直接转移所有权。

在许多情况下，处分行为被人们等同于物权行为，这实际上是一个曲解。在此应当明确指出：处分行为不同于物权行为，虽然物权行为是处分行为的典型，但二者还是有区别的。首先，概念的对立面不同：处分行为是与负担行为相对应的，而物权行为是同债权行为相对应的。其次，这两组概念的分类标准及目的不同：处分行为与负担行为以行为人负担某种义务还是直接使权利发生变动为标准，而债权行为与物权行为则以行为的直接结果是产生债法上的效果还是物权法上的效果为标准。虽然说，二者在具体法律关系上的效果可能相同，但这种区分的说明意义不同。最后，物权行为的客体一般是物权，而处分行为的客体除了物权外，还包括债权及其他准物权。

（2）处分行为的客体。处分行为的客体可以是权利，如物权、债权、知识产权，也可以是物。

（二）负担行为与处分行为的区别

1. 法律后果不同。负担行为产生债法上的后果，即直接产生请求权；而处分行为则产生权利直接变动的结果，有的是物权上的变动，有的则是准物权的变动。

2. 适用的法律原则不同。处分行为要求处分的客体在处分前必须确定，而负担行为并不要求特定的客体。[3]因此，负担行为成立时，即使标的物不存在，也不影响其效力。

3. 对处分人的要求不同。对于处分行为，法律不仅要求处分人有行为能力，而且要求处分人具有处分权，其处分行为才能生效。就如德国学者所言，处分人享有处分权，是处分行为生效的前提条件。[4]与此相反，任何人都可以从事负担行为，法律仅仅要求其行为能力的具备。

4. 是否要求公示不同。对于物权法上的处分行为，法律一般要求公示，即处分行为必须通过某种公示手段表现出来；而在负担行为一般不要求公示。[5]

四、要因法律行为与不要因法律行为

要因法律行为与不要因法律行为的区分标准，是法律行为是否能够与其原因相分离。能够与其原因相分离的法律行为，即法律行为的成立与其原因相脱离，原因非为法律行为成立的要件，称为不要因法律行为；反之，若法律行为以原因为成立要件而与原因不可分离者，称为要因法律行为。[6]一般来说，负担行为多为要因法律行为，处分行为多为不要

---

〔1〕　［德］卡尔·拉伦茨：《德国民法通论》（下册），王晓晔等译，法律出版社2003年版，第436页。

〔2〕　［德］卡尔·拉伦茨：《德国民法通论》（下册），王晓晔等译，法律出版社2003年版，第436页。

〔3〕　［德］迪特尔·梅迪库斯：《德国民法总论》，邵建东译，法律出版社2000年版，第168页。

〔4〕　［德］维尔纳·弗卢梅：《法律行为论》，迟颖译，法律出版社2013年版，第167页。

〔5〕　［德］迪特尔·梅迪库斯：《德国民法总论》，邵建东译，法律出版社2000年版，第169页。

〔6〕　邱聪智：《民法总则》，三民书局股份有限公司2005年版，第502页。

因法律行为。

要因法律行为与不要因法律行为的区分，和负担行为与处分行为的区分密切相关，"独立性＋无因性"才是法律行为理论的全部。德国学者拉伦茨明确地阐述道：负担行为，如买卖合同和赠与的约定，往往是为转移财产权（特别是转移所有权）做准备的。转移行为本身是通过第二项合同即物权合同才完成的，这项合同就是出卖人对其所有权的处分。通过处分，出卖人履行了他在买卖合同中承担的义务。价金的支付行为是通过转移货币的所有权完成的，即价金的支付也是通过支付和物权合同完成的。显然，这三项行为（负担行为、物权合意、支付）依据其内在的意义是一个整体。只有在完成了这三项行为后，当事人所设想的法律行为才能得到履行，当事人所追求的经济效果才能达到。虽然物权上的履行行为正是为了执行债权上的基础行为，但物权上的履行行为的效力，原则上不受债权上的基础行为之有效与否的影响。也就是说，即使买卖合同因某种原因不生效力，转移所有权的行为仍然有效。我们把这种物权行为同作为其基础的负担行为作严格的分离的做法，称为物权行为的不要因性。不要因的问题是《德国民法典》独有的特点，其他国家的民法典大多不具备这一特点。从历史上看，不要因原则发端于 19 世纪的普通法学，主要源自萨维尼的学说。[1] 因此，必须将负担行为与处分行为的区分同要因法律行为与不要因法律行为的区分联系起来才能理解。

关于物权行为的独立性与无因性，我国学理上也存在不同的观点。在我国民事立法及最高人民法院的司法解释中，有时承认，有时不承认——《合同法》与《物权法》就此的规定截然相反：《合同法》第 51 条否定了物权行为的独立性与无因性，但《物权法》第 106 条显然是承认物权行为的独立性与无因性的。

五、有偿法律行为与无偿法律行为

这是以法律行为有无对价性（而非等价性）而作的分类。所谓有偿的法律行为，是指法律行为一方在为财产性给付时，有对待给付的法律行为；而无偿法律行为则是指法律行为的行为人在为财产性给付时，没有对待给付的法律行为。

在实践中，单方法律行为因其本质所决定，一般为无偿法律行为，而双方法律行为因其一般为交易行为，故多为有偿法律行为。但也不尽然，康德指出，无偿的合同（双方法律行为）主要有三种：无偿保管、借用和赠与。[2] 其实，委托合同既可以为有偿，也可以为无偿。在多方法律行为中，因其多个意思表示的平行，并非对价的交易关系，因此，难以用有偿或者无偿来评价之。

在罗马法上，有偿的双方法律行为又分为实定契约与射幸契约两种。实定契约是指在契约订立时，双方的权利义务即确定地由双方分别负担的契约；而射幸契约是指双方的权利义务决定于一偶然事件，如赌博、买彩票等。《法国民法典》对之有明确的规定，该法典第 1104 条第 2 款规定："对于当事人各方根据不确定的事件而在取得利益或遭受损失方面存在偶然性时，此种契约为射幸契约。"对于有偿契约进行再分类的意义在于：只有对于实定契约，当事人方有可能以遭受损害为由而提出撤销契约的请求，而射幸契约不存在双方给付是否等价的问题，故"合同的偶然性即排除了合同导致一方损害的可能性"[3]。

---

〔1〕 ［德］卡尔·拉伦茨：《德国民法通论》（下册），王晓晔等译，法律出版社 2003 年版，第 441～442 页。

〔2〕 ［德］康德：《法的形而上学原理：权利的科学》，沈叔平译，商务印书馆 1997 年版，第 106 页。

〔3〕 尹田：《法国现代合同法》，法律出版社 1995 年版，第 9 页。

六、要式法律行为与非要式法律行为

以法律行为的成立是否需要完成一定的形式为标准，将法律行为分为要式与非要式两种。因私法自治原则的缘故，在民法上，法律行为以不要式为常态，而以形式的强制性要求为例外。因此，法律行为除法律有特别规定者，其成立无需特定形式。当然，当事人也可以通过契约的方式，约定某种法律行为的形式。这种约定的形式虽然必须遵守，但却不能改变非要式法律行为的性质。只有法律特别要求形式时，才是要式法律行为。

七、连续性给付的法律行为与非连续性给付的法律行为

这是以法律行为的标的为一次性给付还是连续性给付为标准，对法律行为所作的分类。连续性给付的法律行为是指法律行为的标的为持续性给付才能达到目的者，如租赁合同中的出租方的给付义务、雇佣合同中受雇佣方的给付义务、供电、供水合同中供应方的给付义务等。而非连续性给付义务是指法律行为的给付义务因一次性给付就可以完成的法律行为，如一般货物买卖合同中双方的给付行为。生活中大部分法律行为都是非连续性给付行为。

八、诺成性法律行为和实践性（要物）法律行为

这是以法律行为的成立在当事人的意思表示之外是否尚需要交付标的物为标准所作的划分。诺成性法律行为是指在当事人意思表示之外，无需再为实物的交付的法律行为；实践性法律行为，又称为要物法律行为，是指在当事人意思表示以外，尚需交付标的物的法律行为（至于为什么会出现要物法律行为，请参见第三节"法律行为的成立与意思表示"）。诺成性法律行为和实践性法律行为的分类是一种古老的分类，从梅因在对早期契约史的考察中可知，诺成契约是在罗马后期作为最后一种契约成立的方式而产生的，但其是一种主要的契约形式，并对后世影响较大，罗马人将其归于"万民法"中。[1]

在传统民法中，买卖契约、租赁契约、雇佣契约、承揽契约、委托契约等属于诺成法律行为；借用契约、借贷契约、保管契约等属于要物法律行为。[2]

九、生前法律行为与死因法律行为

这是以法律关系的成立是否以死亡为条件而作的分类。若以法律行为产生的法律关系在行为人生前就可以成立，而与行为人死亡无关的，就是生前法律行为；反之，若行为人死亡才成立法律关系的法律行为，即为死因法律行为，又称死后法律行为。该种法律行为，必须等到死亡的事实发生时，法律关系才能成立，如遗嘱、死因赠与等。

在实践中，应区别死因法律行为与那些以某人的死亡为条件的生前法律行为。在生前法律行为中，也经常会涉及有关法律行为当事人或者第三人死亡情形的规定。然而，类似规定只能以合同作出，而不能以单方法律行为作出。典型的例子是人寿保险合同，特别是利他的保险合同。就法律行为的内容而言，以任何一种形式将某人的死亡设为条件的生前法律行为与死因法律行为的区别是：在死因法律行为中，某人基于自己的权利针对其领域、特别是针对其财产就自己死亡后的事项予以安排。死因财产处分所涉及的是被继承人就其财产所进行的于其死后发生效力的给予。有鉴于此，法律关系于死亡之时才基于死因处分而形成。反之，在作为生前法律行为的合同中，当法律行为规则以某人的死亡为条件时，当事人并没有针对其领域进行死后处分，死亡仅属于由合同双方基于自己现有的权限针对正在形成的法律关系所设定的法律行为规则的一个日期。有鉴于此，即使法律行为规则以

---

〔1〕　［英］亨利·梅因：《古代法》，沈景一译，商务印书馆1996年版，第188页。

〔2〕　王家福主编：《中国民法学·民法债权》，法律出版社1991年9月第1版，第274页。

死亡为条件，法律关系也已经于行为人生前成立，死亡仅仅是基于该法律行为所形成的权利产生的期限或者条件。

■第三节　法律行为的成立与意思表示

一、法律行为成立的概念及含义

学者很少论及什么是法律行为的成立，而是更多地从成立要件的角度阐述之。但笔者认为，对法律行为成立的研究殊有意义，因为它是法律行为生效的基础，也是意思表示的最初效果。因此，必须给法律行为的成立一个明确的定义，并与生效区别开来。笔者认为：法律行为的成立是指法律对于一项法律行为之事实存在的确认。正如有的学者所指出的：法律行为成立与否是一个事实判断问题，其着眼点在于某一法律行为是否已经存在，行为人从事的某一具体行为是否属于其他表示行为。[1]例如，在合同行为中，法律只是从意思表示是否一致的角度来确认合同是否已经存在，而不是从效力控制角度进行评价。另外，法律还要确认其成立的是一种什么样的法律行为，例如，虽然当事人签订的合同名为"买卖合同"，但却是无偿的，则可能没有成立买卖合同，而是成立了赠与合同。法律对法律行为的这一评价角度，已经与生效区别开来了。

研究法律行为的成立与生效对于整个法律行为体系的把握颇有助益，二者的区别具体如下：

1. 成立与生效的制度价值不同。成立是一种私人行为，法律仅仅对这种私人行为是否存在进行判断，即使这种私人行为中存在意思瑕疵、违反法律等内容，法律也不会否定其存在。也就是说，法律行为既然是主体欲达到一定法律效果的行为，那么，法律仅仅判断：这种欲发生一定后果的行为是否已经达到最起码的要求与条件。

法律行为的生效则是国家以一个管理者与统治者的身份、以国家和社会利益为尺度，通过法律对私人已经成立的法律行为进行评价，决定是否允许其产生当事人希望发生的效果。如果作出肯定性评价，则是生效；反之，若作出否定性评价，则是无效。

2. 成立与生效适用的法律规则不同。法律行为生效与成立的上述价值理念的区别，必然会导致二者适用的规则不同。笼统地说，对判断一项法律行为是否成立，适用较为简单的规则，故成立要件要比生效要件简单得多，而且不会以国家或者社会利益为尺度。但生效因涉及私人法律行为之效果放置到社会或者国家中的影响，法律就不得不考虑这种法律行为对于其他主体的利益影响的正当性。因此，法律多是从国家利益、社会利益及第三人利益角度去评价它，而当事人利益之间的平衡不是法律否定性评价的关注点，这要由当事人按照意思自治的原则去决定（是否行使撤销权）。

3. 法律行为的效力依赖于法律行为的成立。从各国民法的规定来看，法律行为效力的起始时间原则上不能脱离法律行为的成立时间而独立得到确定，这主要表现在：①除附条件与附期限的法律行为外，法律行为的效力开始于法律行为的成立。如我国《民法通则》第 57 条规定："民事法律行为从成立时起具有法律约束力。行为人非依法律规定或者取得对方同意，不得擅自变更或者解除。"《民法总则》第 136 条规定："民事法律行为自成立时生效，但是法律另有规定或者当事人另有约定的除外。"②无效与可撤销的法律行为的效

---

〔1〕　董安生：《民事法律行为》，中国人民大学出版社 1994 年版，第 180 页。

果必然与法律行为的成立时间相联系，具体而言，无效与可撤销的法律后果只能溯及法律行为成立之日。③法律行为的有些规则直接与法律行为的成立时间相联系，如可撤销的法律行为的除斥期间的起算点就是从法律行为的成立开始的，例如，《民法总则》第 152 条规定："当事人自民事法律行为发生之日起 5 年内没有行使撤销权的，撤销权消灭。"该 5 年的起算点就是法律行为成立之日。

二、法律行为的要素——意思表示

（一）意思表示的概念

意思表示是指表意人向他人发出的表示，据此向他人表明，根据其意思，某项特定的法律后果应该发生效力。[1] 有学者更直接地将意思表示定义为：意思表示是表示令一定的私法上的法律效果发生的意思的行为。[2] 我国学者一般表述为：意思表示是行为人把进行某一民事法律行为的内心意愿，以一定的方式表达于外部的行为。[3]

虽然学者用不同的语言表达，但基本内容是一致的，即表意人将自己内心形成的意在设定、变更或者消灭私法权利义务的意志通过可被认知的方式表达于外，以便其内心的意愿变为现实。

根据学者的考察，"意思表示"这一概念是与"法律行为"同时出现的，也是德国民法的基本概念。德国学者沃尔夫（Christian Wolf）在 18 世纪首次在其《自然法论》中提出并阐明了意思表示这一概念，在随后的 19 世纪，意思表示成为历史法学派与注释法学派的基本概念。[4] 后来这一概念为《德国民法典》及其继受者所普遍接受。

（二）意思表示的构成

从意思的形成原因入手来分析意思表示的全过程，是一个非常复杂的问题，哪些是法律关注的问题，往往引起学者的争议。而学者在分析意思表示的构成时，其实就是从意思表示的过程开始的。

由于意思表示是法律行为的核心要素，甚至有时候意思表示就等同于法律行为，因此，意思表示的构成分析有助于对意思表示完整性的理解。从制度规范角度说，有助于对意思扭曲进行法律救济。但由于意思表示过程的复杂化，应尽量减少法律关注的环节，以便于司法救济，不能将司法救济当作心理医生来对待。

实际上，如果从法律行为的全过程来理解意思表示的过程，应当是：①产生动机，即产生效果意思的理由，如买房是因为自己需要居住还是投资，或是其他目的？②基于动机产生效果意思。③产生将内心形成的效果意思表达于外的意思，即有意识地将内心意思表达于外，学者一般将之称为"表示意识"。④通过能够被外部所认识的方式将效果意思表示于外。其中，由于动机千差万别、难以规范，意思表示的构造不应包括动机，因此，意思表示的构造为：效果意思 + 表示意识 + 表示行为。

人们之所以将意思表示分解为上述要素，是为了确定哪一意思要素构成意思表示的"本质"，即在个案中确定哪一意思要素实际上属于"意思表示的必备要素"。[5] 实质上，就是在解释意思表示时，哪个阶段是决定性要素。

---

[1] ［德］卡尔·拉伦茨：《德国民法通论》（下册），王晓晔等译，法律出版社 2003 年版，第 451 页。
[2] ［日］山本敬三：《民法讲义Ⅰ·总则》，解亘译，北京大学出版社 2004 年版，第 84 页。
[3] 佟柔主编：《中国民法学·民法总则》，中国人民公安大学出版社 1990 年版，第 218 页。
[4] 沈达明、梁仁洁编著：《德意志法上的法律行为》，对外贸易教育出版社 1992 年版，第 49 页。
[5] ［德］维尔纳·弗卢梅：《法律行为论》，迟颖译，法律出版社 2013 年版，第 55 页。

在学理上最有争议的是，在意思表示构成中，表示意识和表示行为哪个是决定性因素。所谓表示意识，文献上或称表示意思，意指表意人将其效果意思表达于外部的意思。由于意思表示的目的在于发生一定的法律上的效果，故学理上也将表示意识诠释为：表意人认识其将进行之表示具有某一特定的法律上之意义的心理状态。[1]关于表示意识在意思表示构成中的角色，学者之间颇有争议，主要有消极论与积极论两种观点。消极论者认为：如果表意人具有效果意思，通常即依效果意思产生表示行为。反之，表意人如无效果意思，其表示行为本来就没有意思表示的意义。因而，在意思表示的构成上，殊无另将表示意识作为独立要件的必要。而积极论者认为：表示意识为接续效果意思而产生的另一概念，在意思表示的构成上，它不仅需要与效果意思严格区别，而且是意思表示的成立不可或缺的因素，其地位或在效果意思之上。[2]而且，积极论者常常列举"在拍卖场所招呼友人"这一案例作为理论论据，认为，在拍卖场所招呼友人虽然具有买受的外观，但因缺乏表示购买的意识，故不成立意思表示。[3]对于这种论据，有的学者颇有微词：在此情形下，表意人根本就没有效果意思，其表示行为也无表示意识可以作为依据，不言自明。我们是否需要因此开启表意人无效果意思或效果意思并不必要，但须表示意识的理论？难谓毫无疑义。我们之所以将表示意识作为意思表示构成的要件，是因为表示意识具有作为效果意思与表示行为桥梁的角色，但过度强调，将其凌驾于效果意思之上，是否必要，颇感疑惑。[4]在德国对此长期存在争议：有些学者认为，不具备表示意思或者表示意识的表示，不构成意思表示；而另外的一些学者则认为，只要某一表示具有行为意思（表示行为），就构成意思表示，而不问行为人是否具有表示意识或者表示意思。按照第二种观点，前面提到的"特里尔葡萄酒拍卖案"中的打招呼行为也可以认为是意思表示[5]。

笔者认为，表示意识与表示行为都是意思表示不可或缺的构成要素，表示意识之所以重要，是因为表示意识具有作为效果意思与表示行为桥梁的角色，并且在实证法上具有重要意义。如果某人虽然在内心形成了效果意思，但尚没有表示于外的意识（或称意思），此时一种偶然的无意识的行为被他人误认为是表示行为或者被他人施加暴力表达于外（如强制按手印），法律就有救济的必要，也就是说，其表示行为必须是在其意志的控制之下，将内心的效果意思自觉自愿地表示于外。诚如拉伦茨所言："意思表示首先是以一种可受意志控制的作为或者不作为为前提的。"因此，某人在睡眠状态下、麻醉状态下或者在类似的无法对其行为进行有意识控制的状态下作出的表示，就不属于"行为"的范畴，因此，也就不是意思表示。举手（如在表决时）和某种头部动作都可以具有意思表示的意义，但这种动作必须是一种受意志控制的作为，如果是一种纯粹机械的反应，则不可能具有意思表示的意义。此外，如果某种身体上的动作不是根据行为人自己的意志决定的，而是在他人对行为人身体施加直接的强制力的情况下作出的，那么这种动作也不是行为，因此也不是意思表示。[6]但必须注意的是，如果某人在无表示意识的情况下受到胁迫而为的表示，不能认为不是意思表示。因为，虽然行为人心理上受到压力而产生恐惧，其意志决定受到侵犯，但其行为本身仍然是一种

[1] 邱聪智：《民法总则》，三民书局股份有限公司2005年版，第533页。
[2] 邱聪智：《民法总则》，三民书局股份有限公司2005年版，第534页。
[3] 史尚宽：《民法总论》，正大印书馆1980年版，第313页；王泽鉴：《民法概要》，中国政法大学出版社2003年版，第107页。
[4] 邱聪智：《民法总则》，三民书局股份有限公司2005年版，第534页。
[5] ［德］维尔纳·弗卢梅：《法律行为论》，迟颖译，法律出版社2013年版，第55页。
[6] ［德］卡尔·拉伦茨：《德国民法通论》（下册），王晓晔等译，法律出版社2003年版，第451页。

有意识的行为，然而，他可以请求法院撤销之。《德国民法典》在此问题上，经过长期激烈的争论，最终确定受胁迫和欺诈的法律行为是可撤销而不是无效的。

（三）意思与表示的关系

如果行为人在内心形成了效果意思，并意欲表达出来，而且作了不折不扣的表达，相对人也作了如同表意人欲表达的意思一样的理解，那么意思与表示就是一致的，这个过程就是理论所设计的理想、完美的过程。但是，如果表意人在表达过程中使用的表达方式不能表达或者不能恰当地表达表意人意欲表达的效果意思，或者相对人作了不同于表意人欲表达的意思一样的理解，那么最终的法律行为效果就与行为人在效果意思中预设的效果不符，在这里，法律将如何解决这种矛盾？这就是所谓的主观主义与客观主义、意思主义与表示主义的矛盾问题，是法律行为解释中不可回避的问题，是法律行为理论中非常重要且实践中需要解决的问题。

意思主义与表示主义各有其合理的理论基础。意思主义背后的理论基础是私法自治的原则，即一个人是否进行意思表示、作什么样的意思表示，应完全由自己决定。因此，当意思与表示不一致时，应当根据行为人的内心意思来确定法律行为的内容；而表示主义的理论基础则是信赖原理与交易安全，即一个人的合理信赖应受到应有的保护，以维护交易安全。[1]

从意思自治的完整性来说，意思与表示的不一致，是意思表示的例外，就如萨维尼所言，意思与表示的一致是必然的而非偶然的，人们不能将其理解为在本质上是相互独立的，人们应该将其理解为在本质上是两个相互关联的因素。[2]意思主义与表示主义在实证法上的重要意义在于：在解释法律行为（意思表示）的内容时，特别是意思与表示不一致时，应以内心意思为准，还是以表示于外的可识别的意思为准？法律在处理意思与表示的不一致时，实际上是在进行法益的权衡：一方面应保护善意相对人的信赖利益以保护交易安全，故应侧重表示；但另一方面，法律也不能不顾意思自治的完整性，同时，法律也赋予表意人以撤销权。另外，在解释法律行为的内容时，也不能仅仅看表示于外的表示，也应兼顾主观意思。《德国民法典》正是这种"利益衡量"的结果：《民法典第一草案》采取了当时的主流学说——"意思说"，于第98条规定："如果因错误而导致真正的意思与表示的意思不一致，则意思表示无效。"然而，第二草案对于第一草案作出了修订：错误的意思表示不导致法律行为无效，而只能导致意思表示的可撤销。德国学者认为，这是在意思说与表示说之间所进行的一种妥协。[3]

在我国《民法总则》中也是如此，因重大误解、欺诈或者胁迫的情况下所为的法律行为，不是当然无效，而是可撤销（《民法总则》第146~151条），可以认为是采取以"表示主义为主，意思主义为辅（对意思瑕疵进行救济）"的原则。

（四）意思表示的方法

意思表示虽然由效果意思、表示意识与表示行为三个要素构成，但在具体交易中，仅仅表示行为才具有为相对人所认识的客观形式。因此，此处所谓的意思表示的方法，当然是指表示行为的方法。我国《民法总则》第140条第1款规定："行为人可以明示或者默示作出意思表示。"该条第2款规定："沉默只有在有法律规定、当事人约定或者符合当事人之间的交易习惯时，才可以视为意思表示。"第1款可以称为一般表示方法，第2款可以称为特别表示方法。

---

[1]　[日] 山本敬三：《民法讲义Ⅰ·总则》，解亘译，北京大学出版社2004年版，第86页。

[2]　转引自 [德] 维尔纳·弗卢梅：《法律行为论》，迟颖译，法律出版社2013年版，第57页。

[3]　[德] 维尔纳·弗卢梅：《法律行为论》，迟颖译，法律出版社2013年版，第64~65页。

1. 意思表示的一般方法。在传统民法上，意思表示的方法主要有明示与默示两种方法。明示的意思表示是指表意人以语言、文字、符号、手势或者其他方式，将其效果意思直接表示于外部的行为，又称为直接的意思表示。[1]所谓默示的意思表示，是指表意人以某种行动或者态度所显示的意思，学理上称之为意思证实。[2]也就是说，表意人以举动或者其他可以推知其效果意思的方法间接表示其意思于外部的方法，又称为间接的意思表示。[3]例如，在租赁合同期满后，出租人继续接受承租人交付的租金，则视为同意延期的意思表示。

明示的意思表示在实践中为常见者，法律有时甚至明确规定有些意思表示必须采取明示的方式，如我国台湾地区"民法"第272条规定："数人负同一债务，明示对于债权人各负全部给付之责任者，为连带债务。无前项之明示时，连带债务之成立，以法律有规定者为限。"我国《合同法》第22条规定："承诺应当以通知的方式作出，但根据交易习惯或者要约表明可以通过行为作出承诺的除外。"但是，明示的表示方法与默示的表示方法在制度价值上并无不同。

2. 意思表示的特别方法。

（1）沉默。在民法上，沉默与默示不同，默示是一种表达意思的方式，而沉默根本就不构成表示，它既不构成同意，也不构成拒绝。[4]因此，沉默不构成意思表示的方法为一般原则，但在下列情况下，沉默也例外地构成意思表示的方法：①当事人有特别约定时。如果当事人特别约定，沉默表示其同意或者不同意的意思时，可以作为意思表示的方法。这实际上已经等同于明示而非沉默了。②符合交易习惯。如果按照交易习惯，沉默可以作为意思表示的方法者，也应认可。这种习惯，既包括行业习惯，也包括当事人之间的长期交易习惯。我国《民法总则》第140条规定：沉默只有在有法律规定、当事人约定或者符合当事人之间的交易习惯时，才可以视为意思表示。③规范性拟制。有时，法律规定在特别情况下，沉默可以构成意思表示，如我国《合同法》第171条规定："试用买卖的买受人在试用期内可以购买标的物，也可以拒绝购买。试用期间届满，买受人对是否购买标的物未作表示的，视为购买。"

（2）事实合同关系。事实合同关系，又称为社会典型行为，是指无需当事人意思表示的自身具有确定含义的行为，如乘坐公共汽车、拨打自动投币电话等。这里虽然没有任何意思表示或者法律行为的形式，但最终所形成的结果与法律行为是一致的。尽管对于这种事实合同关系的适用范围和具体规则存在争议，但在我国应当承认之。

（五）意思表示的生效

意思表示的目的在于引起预设的法律后果，而意思表示是引起预设法律效果的第一步。那么，意思表示何时生效呢？这一问题因不同类型的意思表示而有不同。我国《民法总则》分三种情况予以规定，即有相对人的意思表示的生效时间（《民法总则》第137条）、无相对人的意思表示的生效时间（《民法总则》第138条）、公告方式作出的意思表示的生效时间（《民法总则》第139条）。

1. 无相对人的意思表示。所谓无相对人的意思表示，也称为无需受领的意思表示，是指

---

[1]　邱聪智：《民法总则》，三民书局股份有限公司2005年版，第537页。
[2]　沈达明、梁仁洁编著：《德意志法上的法律行为》，对外贸易教育出版社1992年版，第49页。
[3]　邱聪智：《民法总则》，三民书局股份有限公司2005年版，第537页。
[4]　[德]维尔纳·弗卢梅：《法律行为论》，迟颖译，法律出版社2013年版，第75页。

意思一旦表示于外即告完成并生效，即表示就能产生效力而不需要他人得悉此项表示，[1]如放弃动产所有权的意思表示。

2. 有相对人的意思表示。有相对人的意思表示，也称为需要受领的意思表示，是指这种意思表示是针对特定人而发出的，因此，需要对之作出反应。就如德国学者所指出的：由于意思表示旨在相互沟通，因此意思表示的相对人至少必须知道意思表示的内容。民法典以"相对于"他人发出的意思表示为必要，来表达意思表示的须受领性。[2]

这种意思表示又分为以对话的方式与非对话的方式而为的意思表示，这两种意思表示的生效时间有较大的差异。

（1）有相对人的以非对话方式作出的意思表示的生效时间。我国《民法总则》及《合同法》与大陆法系国家民法一样，都采取"到达说（受领说）"，之所以如此，主要是与意思表示所欲达到的法律目的相关：例如，在合同法上，要约使受要约人产生承诺的权利，即确定契约关系的权利，但在要约到达受要约人之前，这种权利并不发生；从要约人方面讲，在要约到达受要约人之前，受要约人并不知道有此要约的存在。在这段时间内让要约人受到要约效力的拘束，殊欠公允，故各国法均允许要约人在要约到达受要约人之前撤回要约。我国《民法总则》第137条第2款规定："以非对话方式作出的意思表示，到达相对人时生效。"

另外，在当今的"互联网＋"时代，传统的缔约方式也在发生变化，因此，《民法总则》第137条第2款专门规定："以非对话方式作出的采用数据电文形式的意思表示，相对人指定特定系统接收数据电文的，该数据电文进入该特定系统时生效；未指定特定系统的，相对人知道或者应当知道该数据电文进入其系统时生效。当事人对采用数据电文形式的意思表示的生效时间另有约定的，按照其约定。"

（2）以对话方式发出的意思表示的生效时间。通说认为，对于口头（无载体）的意思表示的生效时间，应适用"了解说"，即在通常情况下，只有在相对人实际听到并了解意思表示的内容时，意思表示才能生效。然而，何为"了解"呢？学者的下述见解可资赞同：所谓"了解"者，是指相对人认知表意人意思表示的内容。了解与否，依通常情形客观上可能了解与否而定。换言之，如依其情形，为客观上可能了解者即是。因之，对于正常人而为对话意思表示，除相对人能够证明其不了解者之外，应认定该意思表示已为相对人所了解。但对于聋哑人为对话的意思表示，或者对于不懂中文的外籍商人所为的以中文对话的意思表示，因相对人客观上无从了解，自无生效可言。[3]对此，我国《民法总则》第137条第1款规定："以对话方式作出的意思表示，相对人知道其内容时生效。"

3. 以公告方式作出的意思表示。以公告方式作出的意思表示，有的有相对人，有的无相对人。由于公告的特殊性，一经发出，即视为到达。因此，无论是否具有相对人，以公告方式作出的意思表示，均自公告发布时生效（《民法总则》第139条）。

（六）意思表示的撤回

在有相对人且意思表示采取"到达主义"的场合，在发出意思表示与到达相对人之间就有一个时间，在这段时间内，法律允许表意人撤回其意思表示。因为这时的撤回不会对相对人造成任何损失。我国《民法总则》第141条就规定了这种精神：行为人可以撤回意

〔1〕　沈达明、梁仁洁编著：《德意志法上的法律行为》，对外贸易教育出版社1992年，第84页。
〔2〕　［德］迪特尔·梅迪库斯：《德国民法总论》，邵建东译，法律出版社2000年版，第204页。
〔3〕　邱聪智：《民法总则》，三民书局股份有限公司2005年版，第543页。

思表示。撤回意思表示的通知应当在意思表示到达相对人前或者与意思表示同时到达相对人。我国《合同法》第17条也规定："要约可以撤回。撤回要约的通知应当在要约到达受要约人之前或者与要约同时到达受要约人。"

因无相对人的意思表示发出即可产生效力，故其撤回与有相对人的意思表示的撤回不同，一般应采用与发出意思表示同样的方式或者其他特别方式才能撤回。如《德国民法典》第658条关于悬赏广告的撤回规定："悬赏广告得在完成行为前撤回。撤回仅限于与悬赏广告同样的方式通告时，或以特殊通知为之者，始为有效。"

（七）意思表示的解释

我国《民法总则》第142条规定了"意思表示的解释"："有相对人的意思表示的解释，应当按照所使用的词句，结合相关条款、行为的性质和目的、习惯以及诚信原则，确定意思表示的含义。无相对人的意思表示的解释，不能完全拘泥于所使用的词句，而应当结合相关条款、行为的性质和目的、习惯以及诚信原则，确定行为人的真实意思。"

■第四节　法律行为的效力状态

一、法律行为的效力概述

一个法律行为成立之后，并不一定能够发生行为人预设的效果，其效力状态可能会出现以下几种情况：①成立后生效（有效）；②完全不发生当事人预设的效果（无效）；③虽然生效，但违背当事人的真实意思，法律赋予当事人自我决定是否让其无效的权利（可撤销）；④效力待定。当然，法律行为的当事人还可以自己设定生效或者失效的条件来控制法律行为的效力（附条件和期限的法律行为）。我国《民法总则》第六章实际上是按照法律行为的有效、无效、可撤销、附条件和期限来设计的（第143～160条）。在本节，我们主要讨论法律行为的有效（生效及其要件）、效力待定的问题，至于法律行为的附条件和附期限、无效与可撤销的问题，将在本章第四节和第三、四章分别详细讨论。

二、法律行为的效力状态

（一）法律行为生效与有效

法律行为的有效实际上是法律行为生效后的效力持续状态，包括"正常"的法律行为和意思表示有瑕疵的法律行为（可撤销的法律行为）。法律行为成立后，一般立即生效（《民法总则》第136条），生效后的状态即有效。因此，我们下面讨论分析法律行为生效及其要件，目的恰恰就是在讨论有效问题。

法律行为的生效是指法律按照一定的标准与尺度对私人成立的法律行为进行评价后的肯定性结论。如果说，法律行为的成立是意思自治的充分体现，那么，法律行为的生效则体现了法律对意思自治的控制。

与法律行为的成立比较，法律更加关注法律行为的生效。因为，任何国家的法律都不可能规定，只要当事人愿意（或者意思表示一致）就可以毫无限制地发生其预设的效果。之所以如此，主要是基于以下两个因素：①任何法律都为个人自治划定了界限，个人的意思自治自由在这一界限内才能发生效力，任何违反或者超越这一界限的，法律自然不能允许其生效，也就是说，法律要对其进行否定性评价。因为，任何人的意思表示（或者合意）的效果都可能会涉及社会利益、其他个体的利益，如果法律行为损害或者违反这些利益，将会被法律切断其效果的发生，例如，违反善良风俗的法律行为等。②国家是保护个人利益的公平机器，因此，当个人之间的利益发生严重不平等时，就可以施加均衡性影响。也就是说，在意思自治的游戏中，当事人之间的利益关系可能会因为各种因素（例如信息的不对称、另一方当事人的欺诈等）导致当事人之间的利益不平等。而国家在市民社会中所扮演的角色，有对法律行为的均衡性施加影响的可能性。但问题是：什么样的原因所导致的不公平或者不公平达到什么样的程度才能允许国家介入？且国家是主动介入还是被动介入？一般来说，在第一种情况下，法律会作出直接的否定性评价，而在第二种情况下，法律不直接作出否定性评价，而是被动性介入，在当事人请求的情况下，才作出否定性评价。前者即为法律行为的无效制度，而后者为法律行为的可撤销制度。

应当特别指出的是，我们应当严格区分法律行为的成立与生效。具体来说，二者有两点不同：①性质不同。法律行为的成立是解决法律行为是否已经存在的问题，而生效则是对已经存在的法律行为进行评价后的肯定性结论。因此，法律行为的成立更重要的是一个事实问题（意思表示是否有效或者是否达成合意），是一个私人的问题，而生效则是侧重法律评价。以合同为例，从契约订立的目的和过程看，是当事人为满足私人的目标而欲达到一定的法律效果的合意。欲缔结契约的当事人各自怀有不同的目标和需要，经过讨价还价和充分的协商，即经过要约、反要约、再要约、承诺的复杂过程达成一致时，契约即告成立。由此可见，契约的成立完全是个人之间的事情，是每个缔结契约的当事人对自己利益和义务的衡量和肯定。这就使得其与生效严格地区分开来，因为生效是国家或法律以一个管理者和统治者的身份，以国家和社会的利益为尺度，对缔结契约的当事人之间已经成立的契约进行评价，决定是否让其产生缔结契约的当事人希望发生的效果。如果当事人间已经成立的契约有悖国家或社会利益，应否定其效力。可见，生效已不再是私人之间的事情了。②要件不同。法律行为的成立仅仅要求意思表示有效或者当事人意思表示一致即可，而生效则要求多角度评价，如法律行为是否违反法律的强行性规定、是否符合善良风俗、形式是否符合法律规定等。

但是，法律行为的成立与生效的上述区分是在理论层面的"解剖学"式的分析，实际上，很多法律行为在成立时就立刻生效，除非当事人有特别约定或者法律有特别规定。因此，我国《民法总则》第 136 条第 1 款规定："民事法律行为自成立时生效，但是法律另有规定或者当事人另有约定的除外。"

需要说明的是，我国《民法总则》第 143 条规定的所谓"法律行为的有效要件"实属多余。因为按照该条规定："具备下列条件的民事法律行为有效：①行为人具有相应的民事行为能力；②意思表示真实；③不违反法律、行政法规的强制性规定，不违背公序良俗。"但问题是，不具备"意思表示真实"要件的法律行为是生效而且是有效的。

因此，《民法总则》不应该规定这种肯定性要件，而是应该从法律行为的无效与可撤销的视角去"反对"其效力，更加合适。

（二）效力待定的法律行为

1. 效力待定的法律行为的概念。关于效力待定的法律行为的通说概念是：由于法律规定的某种原因，法律行为既非有效，也非无效，其效力有待于第三人的确定。效力待定的法律行为通常包括：无权代理、无权处分、限制行为能力人实施的依法不能实施的法律行为。笔者认为，这种概念有不够周延之嫌，因为这些法律行为难以用一个"效力待定"加以涵摄。下面具体分析之。

2. 无权代理人以他人名义从事的行为。无权代理是指代理人无代理权、超越代理权或者在代理权终止后以被代理人的名义从事的法律行为。这种法律行为是真正的效力待定的法律行为，因为它是以被代理人的名义从事的，而被代理人却未给予授权，因此，代理的法律后果就难以归属于被代理人。故代理的后果要对被代理人生效，就必须得到被代理人的追认（《民法总则》第 171 条）。

3. 限制行为能力人实施的依法不能实施的法律行为。《民法总则》第 145 条规定："限制民事行为能力人实施的纯获利益的民事法律行为或者与其年龄、智力、精神健康状况相适应的民事法律行为有效；实施的其他民事法律行为经法定代理人同意或者追认后有效。相对人可以催告法定代理人自收到通知之日起 1 个月内予以追认。法定代理人未作表示的，视为拒绝追认。民事法律行为被追认前，善意相对人有撤销的权利。撤销应当以通知的方式作出。"前面已经提到，笔者认为，行为能力对于法律行为来说不应是生效问题，而是成立问题，因为限制行为能力人不能为有效的意思表示，故其代理人的补充应是对成立的补正。因此，不是法律行为的效力待定，而是成立的效力待定。也可以说，又成立了一个新的法律行为。

4. 无权处分人所从事的法律行为。无权处分人所从事的法律行为的效力问题，在我国学理上颇有争议，究竟是无效还是效力待定？

这一问题主要围绕着我国《合同法》第 51 条的规定："无处分权的人处分他人财产，经权利人追认或者无处分权的人订立合同后取得处分权的，该合同有效。"笔者认为，该条的规定实难理解。这就是我国有些学者长期以来人为地否认负担行为与处分行为的相互独立性而导致的结果，无权处分应当是处分行为效力待定，而负担行为（合同）当然应当是有效的。具体到该条，无权处分人订立的合同之效力不应受到影响，无处分权仅仅涉及将来合同的履行问题。对此，最高人民法院关于《合同法》的司法解释已经清楚地阐明了。[1]

三、效力不能对抗第三人的法律行为

有一些法律行为是可以生效的法律行为，但该效力不能对抗第三人。对此，德国学者拉伦茨指出：法律所说的处分行为的相对无效性是指，一个处分行为尽管原则上是有效的，但是，对于特定人来说它是无效的，即法律使这个人不能行使对某种请求权的处分，或者使与这个人有关的某种强制执行措施不能采用。[2]例如，我国《合伙企业法》第 21 条第 2款规定："合伙人在合伙企业清算前私自转移或者处分合伙企业财产的，合伙企业不得以此对抗善意第三人。"即为著例。

■第五节　法律行为的无效

一、法律行为无效的概念

法律行为的无效是指法律按照一定的标准（条件）对于已成立的法律行为进行评价后所得的否定性结论。也就是说，法律行为因不具备生效条件而使得当事人预设的法律后果不能发生。在理解法律行为无效这一概念时，应注意与其他法律救济制度的区别。

二、法律行为无效的原因

根据我国《民法总则》第 143～157 条的规定，导致法律行为无效的原因主要有：①欠缺行为能力（第 144 条）；②虚假法律行为（第 146 条）；③违反法律的效力性强制性规范

---

〔1〕《最高人民法院关于审理买卖合同纠纷案件适用法律问题的解释》法释〔2012〕8 号）第 3 条："当事人一方以出卖人在缔约时对标的物没有所有权或者处分权为由主张合同无效的，人民法院不予支持。出卖人因未取得所有权或者处分权致使标的物所有权不能转移，买受人要求出卖人承担违约责任或者要求解除合同并主张损害赔偿的，人民法院应予支持。"

〔2〕[德] 卡尔·拉伦茨：《德国民法通论》（下册），王晓晔等译，法律出版社 2003 年版，第 652 页。

（第 153 条）；④违反公序良俗（第 153 条）；⑤恶意串通损害他人利益（第 154 条）。

三、法律行为无效的具体原因

（一）法律行为因欠缺行为能力而无效

《民法总则》第 144 条规定："无民事行为能力人实施的民事法律行为无效。"法律行为的核心为意思表示，而意思表示的前提是有行为能力。无行为能力，意味着意思表示的前提不存在，因此，这种法律行为无效是当然的。

从价值判断上说，法律对于行为能力的要求，也是对欠缺行为能力人的保护。

（二）法律行为因违反强制性法律规定而无效

应该说，我国《民法总则》第 153 条之规定，是对于我国《最高人民法院关于适用〈中华人民共和国合同法〉若干问题的解释（二）》（法释〔2009〕5 号，以下简称《合同法解释（二）》）第 14 条规定的继受。

《合同法解释（二）》第 14 条规定："合同法第 52 条第 5 项规定的'强制性规定'，是指效力性强制性规定。"《民法总则》第 153 条规定："违反法律、行政法规的强制性规定的民事法律行为无效，但是该强制性规定不导致该民事法律行为无效的除外。"这里所谓的"除外条款"，是指法律或者行政法规虽然是强行性（又称强制性）规定，但其强行性并非指向法律行为之民法上的效力的除外。例如，非法集资违反强行性规定，但集资的每一个合同的民法效力并不必然因为违反强行性规定而无效。

那么，何为"效力性强制性规定"呢？许多学者主张，强制性规定可以分为效力性规定和管理性规定（或者称为取缔性规定），违反前者将导致合同无效，而违反后者只是对违反者进行制裁，而不否认其效力。[1]

众所周知，"强行性规范"是与"任意性规范"相对应的概念，是指当事人不能依意思自治排除其适用的法律规定。但是，强行性规范仅仅是必须适用而不能排除的法律规范，但并不都是指向合同效力的。因此，并非违反任何强行性规范都将导致合同效力的病态。

对于这一问题的争议恰恰出在对这一概念的理解和立法语言的不统一。例如，我国《合同法》第 3 条规定："合同当事人的法律地位平等，一方不得将自己的意志强加给另一方。"第 4 条规定："当事人依法享有自愿订立合同的权利，任何单位和个人不得非法干预。"第 7 条规定："当事人订立、履行合同，应当遵守法律、行政法规，尊重社会公德，不得扰乱社会经济秩序，损害社会公共利益。"上述三条规定都可以理解为"强行性"规定，同时都使用了"不得"这一词语，但在效力上显然是不同的：违反《合同法》第 3 条和第 4 条并不必然导致合同无效，而违反《合同法》第 7 条就会导致合同无效。这恰恰就是问题和争议的渊源所在。因此，在判断违反强行性法律规范对合同效力的影响时，一定要结合规范的目的和合同法的体系来综合判断。

笔者认为，判断某一规范是否属于"效力性强制性规定"时，应注意以下因素：

1. 规范的目的。判断何为"效力性强制性规定"的核心问题是规范的目的，任何规范都有目的，如果规范的目的在于对当事人意思自治的否定，则属于效力性强制性规范。否则，就不应影响私法意义上的合同之效力。例如，史尚宽先生举例说，有的国家对营业时间在法律上有强制性限制，但立法目的仅仅是保护受雇人，而不是禁止交易行为效果的发生，属于取缔性或者管理性规定。[2]因此，即使在法律禁止营业的时间内交易，也不影响

---

〔1〕　张谷："略论合同行为的效力——兼评《合同法》第三章"，载《中外法学》2000 年第 2 期。

〔2〕　史尚宽：《民法总论》，中国政法大学出版社 2000 年版，第 330 页。

合同效力，但会引起对营业主的处罚。我国《公务员法》第 59 条对公务员经商的限制，也是为了加强对公务员的管理，但对于其已经从事的交易并不否认其效力。

2. 合同涉及的利益主体。一般来说，合同是双方当事人之间的事情，如果不涉及第三方利益，法律一般不会否定其效力，因此，违反《合同法》第 3 条并不必然引起合同无效。但是，如果合同涉及国家利益、集体利益或者第三人利益，特别是损害其利益时，就会导致其无效。学者一般都同意这一观点。

3. 注意区分"物权行为"的效力与"债权行为"的效力。我国法上是否存在物权行为与债权行为的区分，尽管在学理上存在争议，但在立法和司法解释中这一问题却始终都不能回避。因此，我们必须区分效力性强制性规范是针对物权的，还是针对债权的，即合同的效力。例如，我国《房地产管理法》第 36 条规定："房地产转让、抵押，当事人应当按照本法第五章的规定办理权属登记。"第 45 条第 2 款规定："商品房预售人应当按照国家有关规定将预售合同报县级以上人民政府房地产管理部门和土地管理部门登记备案。"而这里的要求是针对债权合同的，还是针对物权的？

在区分物权行为与债权行为时，显然登记或者备案都属于物权问题，而不是债权合同的问题。因此，我国《最高人民法院关于审理商品房买卖合同纠纷案件适用法律若干问题的解释》第 6 条规定："当事人以商品房预售合同未按照法律、行政法规规定办理登记备案手续为由，请求确认合同无效的，不予支持。"我国《物权法》第 15 条也明确规定，登记与否不影响合同效力。

4. 结合其他因素的综合判断。在判断某一规范是否属于效力性强制性规范时，不能机械地套用标准进行判断，而是要结合其他因素综合判断。例如，同样是涉及"市场准入的主体"问题，法律效力可能会不一样，有的是效力性强制，有的则不是效力性强制而是管理性强制。例如，违反金融管理法规，未经批准从事金融业务，就属于被否定效力的行为。违反《公务员法》第 59 条对公务员经商的限制，与他人进行一般商业性合同交易，就不属于被否定合同效力的行为。因为，前一种交易违反了国家的金融经济秩序，需要否定其效力。而后一种一般性商业交易，并不违反市场秩序或者国家利益。因此，《最高人民法院关于当前形势下审理民商事合同纠纷案件若干问题的指导意见》（法发〔2009〕第 40 号）第 16 条规定："人民法院应当综合法律规范的意旨，权衡相互冲突的权益，诸如权益的种类、交易安全以及所规制的对象等，综合认定强制性规范规定的类型。如果强制性规范规制的是合同行为本身即只要该合同行为发生即绝对地损害国家利益或者社会公共利益的，人民法院应当认定合同无效。如果强制性规定规制的是当事人的'市场准入'资格而非某种类型的合同行为，或者规制的是某种合同的履行行为而非某种合同行为，人民法院对于此类合同效力的认定，应当谨慎把握，必要时应当征求相关立法部门的意见或者请示上级人民法院。"

（三）法律行为因违反善良风俗或者公共秩序而无效

尽管我国的学理很早就适用"公序良俗"一词，但从民事立法上看，我国《民法总则》第一次正式使用"公序良俗"的概念，并且违反该规定将导致法律行为的无效（《民法总则》第 153 条第 2 款）。

1. 善良风俗的概念与制度价值。善良风俗与诚实信用原则一样，属于民法中弹性较强的一般条款，其内涵与外延具有较大的伸缩性，并具有随时代变迁而变化的特点。能否对善良风俗进行一般性的定义呢？对于这一问题，存在两种不同的观点。一种观点认为，事实上由于善良风俗本身的特点，不能作出一般性定义，而只能进行类型化考察和研究。例如，德国学者迪特尔·梅迪库斯认为，所有关于善良风俗的概念表述都有正确的方面，无疑，社会道德具有重要意义，在评判有关行为是否违反善良风俗时，也要考虑这种行为是否与法律共同体的基础和基本制度相符合。但所有这些表述都不理想，因此，我们大概必须放弃对善良风俗作统一定义的尝试，而应当满足于描述同样类型的、可以认定存在善良风俗的案例。[1] 另一种观点则认为，可以而且应当对善良风俗作出一般性定义。这种主张可以而且应当对善良风俗作出一般性定义的观点中，关于什么是善良风俗以及如何表达其内涵，也存在较大的争议。

由于受苏联民法理论和民事立法的影响，我国在合同法以前的民事立法中从未使用过"公共秩序与善良风俗"的概念，而是用"社会公共利益及社会公德"，如《民法通则》第7条规定："民事活动应当遵守社会公德，不得损害社会公共利益。"但依学理通说，我国现行法所谓的"社会公共利益"及"社会公德"，在性质和作用上与公序良俗相当。"社会公共利益"相当于"公共秩序"，"社会公德"相当于"善良风俗"。[2] 故有学者认为，因"社会公共利益""社会公德"并非法律用语，应改用通用的法律概念，即"公共秩序"与"善良风俗"。[3] 在1999年《合同法》的起草中，曾一度使用了公共秩序与善良风俗，但在最后几稿及颁布后的《合同法》中又重新回到了《民法通则》中去。只有此次《民法总则》正式使用这一概念，但如何确定其内涵和外延，比较法上的借鉴是必不可少的。

在法国理论及判例上，下列行为属于违反善良风俗的行为：①违反性道德的行为；②赌博行为；③限制人身自由的行为；④违反家庭伦理道德的行为；⑤为获得其他不道德利益的行为；⑥违反人类一般道德的行为等。[4]

在德国，下列行为属于违反善良风俗的行为：①束缚性行为。这类法律行为被法院宣告无效，是因为其极大地限制了另一方当事人的人身或者经济自由，或者极大地限制了另一方的职业自由或者从事艺术性事业的自由。例如，德国法院曾经判决一个抵押合同因束缚性而无效。这个案件中，抵押者抵押的财产是抵押人的全部财产，因为这一抵押使抵押人不可能再满足其他债权人的请求故被认定为无效。②违反职业道德的行为。③违反性道德的行为。④诱使他人违反合同的行为。⑤暴利行为。⑥对于违反道德目的的无偿资助行为等。

如果无偿资助是为了鼓励合同另一方从事某种违反道德的行为，或者是对另一方实施这种行为的一种奖励，则这种无偿资助根据判例是违反善良风俗的。[5]

虽然我国《民法总则》规定了违反"公序良俗"会导致法律行为无效，但根据什么规则来判断"公序良俗"以及违反善良风俗的类型化研究却十分薄弱。例如，在我国，由于以各种形式赌博的现象非常普遍，几乎是人人熟视无睹，并时常发生因赌债不能偿还而家破人亡、妻离子散的悲剧，所以，我国法律也应确认这类法律行为（合同）无效。基于对人权的尊重，对于那些限制当事人一方人身自由的合同应当引起我们足够的重视。特别是在我国目前失业人数剧增而劳动力资源过剩的条件下，更应当对劳动合同中限制劳动者的人身自由的现象给予关注。我们的媒体也经常报道，有许多合资企业、外资企业及私营企业主严重违反劳动法的规定，限制工人的自由活动时间，并对工人或雇员进行搜身检查等，

〔1〕［德］迪特尔·梅迪库斯：《德国民法总论》，邵建东译，法律出版社2000年版，第514页。
〔2〕梁慧星：《民法总论》，法律出版社1996年版，第45页。
〔3〕梁慧星：《民法总论》，法律出版社1996年版，第45页。
〔4〕尹田：《法国现代合同法》，法律出版社1995年版，第167~168页。
〔5〕［德］卡尔·拉伦茨：《德国民法通论》（下册），王晓晔等译，法律出版社2003年版，第614页。

甚至将其写进合同。鉴于寻找工作的艰难，许多人对此忍气吞声。为保护这些员工的人权，应确认这些合同为无效合同。我国最高人民法院也曾经作出过类似德国判例的司法解释，即如果一个债务人有多个债权人，但债务人将全部财产抵押给一个债权人的抵押合同无效。德国与法国判例之所以要将这些类型归入到"善良风俗"条款之下，目的在于为其无效寻找民法上的依据。对此，我国私法实践也应该将其与"公序良俗"联系起来。另外，在我国目前有许多暴利行业，存在滥用特殊地位并利用对方没有经验而谋取利益的现象，许多人觉得确实存在问题，法律应当规范，但不知规范它的法律依据，能否将此种行为纳入违反善良风俗的范畴，这些都是我国司法和学理未来的重大课题和艰巨任务。

2. 公共秩序的概念。所谓公共秩序，是指一种强制性规范，是当事人意志自由的对立物，其本质在于反映和维护国家的根本利益。[1]

关于公共秩序与善良风俗之间的关系，学者有不同的看法。德国学理上进行过激烈的争论。西米蒂斯认为，公共秩序就是现存的社会秩序。[2]帕兰特等人则认为，人类为了一个有序的共同生活，必须有一个最低的道德规范。因此，可以这样解释，违反了善良风俗，就是违反了公共秩序。[3]显然，帕兰特等人是将公共秩序作为一个上位阶的概念来适用，而把善良风俗等作为达到人类共同生活秩序的手段，当然也就是一个下位阶概念。但德国学者反对这种试图用公共秩序替代善良风俗的观点。因此，拉伦茨和梅迪库斯都认为：公共秩序涉及公共安全与外部秩序，适用于所有国际私法领域，它被作为外国法在本国适用的界限。所以，人们应该把公共秩序限制在这一范围，而不应该把它扩大适用于解释善良风俗。[4]其实，按照德国民法典制定时期的理解，公共秩序是指一切宪法性的原则，这些原则是社会秩序、政治秩序的基础；善良风俗是指对私道德的要求和交易上的诚实的一般评价。第二次起草委员会删去了公共秩序，只剩下纯粹以经验为基础的善良风俗，即废除了双重标准。立法者认为把过于广泛、过于不确定的公共秩序标准授权法官使用未免过于危险。[5]因此，现在的《德国民法典》中只有善良风俗的规定，而没有公共秩序的规定。

与德国法不同，《法国民法典》保留了公共秩序的概念，这就是《法国民法典》第6条的规定："不得以特别约定违反有关公共秩序与善良风俗的法律。"按照法国学者韦尔的观点，作为对契约自由的限制，公共秩序与善良风俗表现了社会相对于个人的一种"至高无上"的地位，即社会强迫个人遵守构成该社会基础的一些规则。正因为如此，对公共秩序与善良风俗的区分就表现出一种人为的特点：由于法律的目的并非直接地对人进行道德教育，所以，某些基本的道德规范之所以应当被遵守，其原因并不在于为了实现该道德本身，而在于为了实现该道德所具有的社会价值，以及它给社会所带来的某种秩序。因此，从根本上讲，公共秩序与善良风俗这两个概念并无本质的不同，善良风俗是公共秩序的特殊组成部分。[6]诚然，从法律保护的最终效果上看，无论是善良风俗，还是公共秩序原则，均在于实现某种社会价值，即给社会带来某种秩序，但二者的法律渊源及出发点是不同的。所以，在许多方面存在差异。

---

〔1〕 尹田：《法国现代合同法》，法律出版社 1995 年版，第 170 页。

〔2〕 ［德］卡尔·拉伦茨：《德国民法通论》（下册），王晓晔等译，法律出版社 2003 年版，第 598 页。

〔3〕 ［德］卡尔·拉伦茨：《德国民法通论》（下册），王晓晔等译，法律出版社 2003 年版，第 597 页。

〔4〕 ［德］迪特尔·梅迪库斯：《德国民法总论》，邵建东译，法律出版社 2000 年版，第 514 页；［德］卡尔·拉伦茨：《德国民法通论》（下册），王晓晔等译，法律出版社 2003 年版，第 599 页。

〔5〕 沈达明：《德意志法上的法律行为》，对外贸易教育出版社 1992 年版，第 180 页。

〔6〕 转引自尹田：《法国现代合同法》，法律出版社 1995 年版，第 165 页。

　　与善良风俗不同，公共秩序反映和保护国家与社会的根本利益，表现了国家对社会生活的积极干预。其渊源大多数来自公法，如宪法、行政法等；也有些规定来自私法。根据其内涵不同，可将公共秩序分为政治公共秩序与经济公共秩序。

　　笔者认为，结合我国法律体系之规定，应当认为，下列行为属于违反公共秩序的类型：

　　（1）违反国家公序行为。国家公共秩序，是指国家经济、政治、财政、税收、金融、治安等秩序，关系国家与人民的根本利益，违反国家公共秩序属于违反公共秩序的重要类型。例如，身份证、学历证明的买卖合同；规避国家税收的合同；等等。

　　（2）限制经济自由行为。经济自由为市场经济的基本条件，违反经济自由的行为当然无效。例如，竞业禁止条款，限制职业自由的条款。经济体制改革以来，普遍存在的利用经济地位或行政权力分割市场、封锁市场、限制商品和人员流动的规定或协议，亦可归入这一类，应认定为无效。

　　（3）违反公正竞争行为。公正竞争为市场秩序的核心，当然应受公共秩序原则的保护。属于这一类的行为有：拍卖或招标中的围标行为；以贿赂方法诱使对方的雇员或代理人与自己订立契约；以使对方违反对于第三人的契约义务为目的的契约；等等。

　　（4）违反消费者保护行为。现代市场经济条件下，消费者为经济上的弱者，不能与拥有强大经济力的企业相抗衡，于是各国制定并执行消费者保护政策，由国家承担保护消费者的责任。因此，消费者保护成为公共秩序原则适用的重要领域。违反消费者保护的行为，主要是利用欺诈性的交易方法、不当劝诱方法，及虚假和易使人误信的广告、宣传、表示，致消费者遭受重大损害的行为。

　　（5）违反劳动者保护行为。同消费者一样，劳动者也是现代市场经济条件下最易遭受损害的弱者，因此，保护劳动者为现代保护的公序的重要领域。运用公共秩序原则保护劳动者，是各国依公共秩序原则处理的重要类型。违反劳动者保护的行为有：劳动关系中以雇员对企业无不利行为作为支付退职金条件的规定；女雇员一经结婚视为自动离职的所谓"单身条款"；"工伤概不负责"的条款；雇员须向雇主交纳保证金的条款；要求雇员为顾客对雇主的债务担保的条款；男女同工不同酬的差别待遇规定；等等。[1]

　　（四）法律行为因虚假意思表示而无效

　　1. 虚假法律行为的概念。我国《民法总则》第146条规定了虚假意思表示之法律行为及其效果，这是我国民事立法第一次明确规定"虚假意思表示"，尽管之前我国《民法通则》第58条及《合同法》第52条都有关于"以合法形式掩盖非法目的"及"恶意串通，损害国家、集体或者第三人利益"的法律行为或者合同无效之规定，从中也可能能够解释出"虚假意思表示"的含义，但与《民法总则》第146条之规定毕竟不同：虚假的法律行为所掩盖的不一定就是非法目的的法律行为，或者损害国家、集体或者第三人利益的法律行为。因此，"虚假法律行为及其效力"之规定，是有独立价值和意义的，而且这种形式在实践中也经常出现。那么，什么是虚假的意思表示或者法律行为呢？

　　所谓虚假的法律行为，是指在意思表示需要受领的法律行为中，意思表示的表意人与意思表示的受领人一致同意（通谋）而做出的旨在掩盖另外一项法律行为的外在的法律行为。就如德国学者拉伦茨所指出的，虚假法律行为是指表意人与表示的受领人一致同意表示事项不应该发生效力，亦即双方当事人一致同意仅仅造成订立某项法律行为的表面假象，

〔1〕　梁慧星：《民法总论》，法律出版社1996年版，第204页。

而实际上并不想使有关法律行为的法律效果产生。[1]

2. 虚假法律行为的构成要件。

（1）意思表示的双方具有"通谋性"。这一要件要求意思表示的表意人与受领人对于该意思表示的"虚假性"是共知的，如果仅仅有一方知道而对方不知道，则构成"欠缺真意"或者"心里保留"。有时，意思表示的表意人误认为对方已经理解并接受其意思而具有"共识"，但对方并没有理解并与之达成"共识"时，则会成为"失败的虚假表示"。就如德国学者所言，虚伪行为以双方当事人的一致同意为前提条件，只有当两个表示都经双方当事人一致同意而虚伪地作出时，才可能将该合同视为虚伪行为。如果表意人希望另一方将表示理解为虚伪表示，而另一方却没有意识到表示的虚伪性质，也就是说，双方未就虚伪地作出表示达成"一致同意"，则为失败的虚伪行为。[2]

（2）表意人所作出的意思表示必须是需要受领的意思表示。因为虚假法律行为的构成要求具有"通谋性"，要求双方对于"虚假性"具有共识，因此，只有需要受领的意思表示才有可能符合这一要求。

（3）不存在效果意思。在虚假的法律行为中，双方当事人虽然有意思表示的外观，但却不具有意思表示中的效果意思，也就是说是，双方当事人不具有使法律行为发生预期效果的真实意思。相反，当事人可能会隐藏另一个法律行为，欲使另一个法律行为发生效力，即使另一个法律行为具有效果意思，因此，一般来说，另一个被隐藏的法律行为可能会发生效力（《民法总则》第146条第2款）。

虚假法律行为的目的往往具有欺骗第三人的动机，但这不是虚假法律行为构成的必要条件，就如德国学者所言，虚伪行为的双方当事人大多是想欺骗某个第三人，如债权人或者税务机关等。不过，这一欺骗意图并不是构成虚伪行为的必要前提。[3]

（4）虚假法律行为常常是为了掩盖另一个当事人真正希望发生法律效果的法律行为。任何法律行为都有其目的性，虚假法律行为往往是为了掩盖另一个法律行为，并有意使另一个法律行为（隐藏的法律行为）发生效力。因此，我国《民法总则》第146条第2款规定："以虚假的意思表示隐藏的民事法律行为的效力，依照有关法律规定处理。"

3. 虚假法律行为与《民法总则》第154条规定的恶意串通损害他人利益的法律行为的区别。我国《民法总则》第154条规定："行为人与相对人恶意串通，损害他人合法权益的民事法律行为无效。"那么，该条规定与《民法总则》第146条规定的"虚假法律行为"之间有什么本质区别？

这两类行为非常相似，都具有"通谋性"。而且，《民法总则》第154条的规定，是在大陆法系国家民事立法中难以见到的。笔者认为，其与虚假法律行为的区别是"通谋"的内容不同，虚假法律行为其本身的"通谋性"在于双方都同意法律行为不发生表面行为的效力，即不具有效果意思，而《民法总则》第154条规定的恶意串通行为的效果意思是真实的，而且也在追求这种意思的发生，但其目的在于让这种法律行为的效果损害第三人利益。

问题是：在实际中，是否会发生虚假法律行为与恶意串通法律行为的竞合问题呢？例如，德国学者拉伦茨所举的例子：债务人为了达到使债权人无法执行其财产的目的，而虚

---

[1] ［德］卡尔·拉伦茨：《德国民法通论》（下册），王晓晔等译，法律出版社2003年版，第479页。

[2] ［德］卡尔·拉伦茨：《德国民法通论》（下册），王晓晔等译，法律出版社2003年版，第480页。

[3] ［德］卡尔·拉伦茨：《德国民法通论》（下册），王晓晔等译，法律出版社2003年版，第497页。

假地将自己的财产让与给第三人。那么，这种让与行为就是虚假法律行为而无效，债权人就可以主张这种行为无效，其仍然能够执行这些财产。[1]再如，房屋的买卖双方在房屋买卖合同中，为了逃避税收，将实际成交的价格隐藏起来，在正式提交给登记机关的合同中用一比较低的价格表现，目的就是为了逃税。这时，是适用《民法总则》第146条规定的"虚假法律行为"呢，还是适用《民法总则》第154条的"恶意串通损害第三人利益的行为"呢？

在德国学者拉伦茨所举的例子中，按照我国法律，既可以适用《民法总则》第146条关于"虚假法律行为"的规定，认定该行为无效，也可以根据《民法总则》第154条关于"恶意串通"的规定认定其无效。按照德国学者的观点，虚假的法律行为也可以是"部分虚假"，最典型的就是买卖合同的价格虚假，以欺骗税务机关。这样的法律行为也属于"虚假法律行为"，适用"部分无效"规则，即价格部分无效，买卖合同按照真实价格生效。[2]笔者认为，在这种情况下，应该适用我国《民法总则》第146条之规定。同时，这种情况也构成《民法总则》第154条的"恶意串通损害第三人利益的行为"，也属于无效。

4. 虚假法律行为无效的理由。虚假法律行为为什么是无效的？如果双方当事人想让其生效，是否能够生效？对此，德国学者指出，虚假的法律行为之所以无效，就是因为双方当事人一致同意该意思表示无效。[3]从意思自治的原则看，既然双方当事人没有这样的真实意思，就不能让这种意思表示生效，这是符合意思自治原则的。

虚假法律行为无效的理由是一个价值判断问题，还是逻辑判断问题？也许有人会认为，虚假行为之所以无效，是因为虚假的行为从价值判断方面来讲就不应该有效，否则就会让一个虚假的行为变为真实的法律行为并产生效力。其实，这是一种误解。在私法领域内，让虚假的行为发生效力的情形很多很多，法律一般不直接干预。虚假法律行为的无效实际上是逻辑判断的结果。因为，从法律行为的概念看，"意思表示"是其核心要素，而从意思表示的构成看，"效果意思"是意思表示不可或缺的因素，而虚假法律行为中恰恰就缺少"效果意思"，当事人不追求这种表示产生的效果，因此，不成立真正的意思表示，意思表示也就无效，意思表示无效，从而导致法律行为无效。因此，它是一个逻辑判断问题。

5. 虚假法律行为的具体效力。从我国《民法总则》第146条的规定看，对于虚假法律行为的规定有两层意思：一是虚假表示的法律行为无效；二是"以虚假的意思表示隐藏的民事法律行为的效力，依照有关法律规定处理"。在此，重点讨论第二层意思。

首先，《民法总则》第146条的意思是说，如果被隐藏的法律行为符合我国法律关于法律行为生效要件的，可以生效，否则，被隐藏的法律行为也不可以生效。例如，被隐藏的法律行为违反国家强行性法律规范的，也不能生效，例如，《合同法》第52条规定的"以合法形式掩盖非法目的"的法律行为，也不能生效。其次，特别需要指出的是，被隐藏的法律行为需要特定程序或者特定形式的，当被隐藏的法律行为不符合这种特定要求时，也不能生效。就如德国学者所指出的，被要求的法律行为属于要式法律行为却未履行形式要

〔1〕〔德〕卡尔·拉伦茨：《德国民法通论》（下册），王晓晔等译，法律出版社2003年版，第500页。

〔2〕〔德〕维尔纳·弗卢梅：《法律行为论》，迟颖译，法律出版社2013年版，第480页；〔德〕卡尔·拉伦茨：《德国民法通论》（下册），王晓晔等译，法律出版社2003年版，第501页；〔德〕汉斯·布洛克斯、沃尔夫·迪特里希·瓦尔克：《德国民法总论》，张艳译，中国人民大学出版社2012年版，第242页。

〔3〕〔德〕维尔纳·弗卢梅：《法律行为论》，迟颖译，法律出版社2013年版，第480页；〔德〕卡尔·拉伦茨：《德国民法通论》（下册），王晓晔等译，法律出版社2003年版，第499页。

件时，它因欠缺形式要件而无效。[1]

（五）法律行为因恶意串通损害他人利益而无效

《民法总则》第 154 条规定："行为人与相对人恶意串通，损害他人合法权益的民事法律行为无效。"该条与第 146 条的区别在于：其串通的目的在于通过实施法律行为来损害他人利益。其要件为：①有双方通谋的事实；②有恶意损害他人利益的故意（恶意）；③法律行为在表面上是成立的。

四、法律行为无效的法律后果

我国《民法总则》关于行为无效的法律后果，主要集中在第 155～157 条的规定[2]。其效力可以从以下几个方面来理解：

（一）法律行为自始无效

从我国《民法总则》第 155 条之规定看，无效法律行为的法律后果在法律上绝对无效，自法律行为成立之日起就不发生当事人预定的法律效力。这是由无效法律行为的认定标准决定的，因为无效是根据特定的条件对法律行为进行"评价"后的否定性结论，而这些条件都是意思自治绝对不可逾越的界限。

（二）恢复原状

恢复原状是法律对无效法律行为为效力否定的直接体现。换句话说，法律既然不承认无效法律行为的法律效力，就应该使当事人双方的财产状况不因法律行为的成立而发生任何变化，即当事人行为前的财产状况应予以恢复。这样，才能体现法律行为溯及地消灭的效力。《民法总则》第 157 条所规定的救济措施，实际上都属于恢复原状。具体来说：

1. 返还财产。恢复原状的必然要求是对于当事人因无效法律行为而交换的财产进行返还，具体地说，双方尚未履行的，停止履行即可，不发生返还问题。已行履行的，一方或双方因法律行为已经交付的财产应当予以返还。在财产返还问题上，应特别注意返还财产的权利性质及请求权基础。

返还的理论根据就是财产返还请求权的性质问题，即因法律行为无效而发生的财产返还请求权，究竟是物上请求权，还是债权请求权？我国立法自《民法通则》开始，对此规定一直不明确，学理上存在纷争。这其实也是我国民法典制定中的一个问题，至今仍然没有明确的答案。

当然，在现实生活中，因为各种各样的原因，导致已经交付的财产不能返还或者没有必要返还，这种情况下，应当补偿与财产价值相当的金钱或者其他替代物。

2. 赔偿损失。这里所谓的"赔偿损失"，是指"缔约过失赔偿"。即法律行为无效或者被撤销后，有过错的一方应当赔偿对方由此所受到的损失；各方都有过错的，应当各自承担相应的责任。

（三）自始无效与恢复原状的例外

虽然说，法律行为无效之后，其自始无效与恢复原状是一般原则，但有时也有例外。

---

[1] ［德］维尔纳·弗卢梅：《法律行为论》，迟颖译，法律出版社 2013 年版，第 481 页.

[2] 《民法总则》第 155 条规定："无效的或者被撤销的民事法律行为自始没有法律约束力。"第 156 条规定："民事法律行为部分无效，不影响其他部分效力的，其他部分仍然有效。"第 157 条规定："民事法律行为无效、被撤销或者确定不发生效力后，行为人因该行为取得的财产，应当予以返还；不能返还或者没有必要返还的，应当折价补偿。有过错的一方应当赔偿对方由此所受到的损失；各方都有过错的，应当各自承担相应的责任。法律另有规定的，依照其规定。"

根据法律行为的性质,无法返还的,法律行为并非自始无效,而是从确认无效之时开始终止,无溯及力。例如,租赁合同、雇佣合同等。

（四）法律行为的部分无效

《民法总则》第156条规定:"民事法律行为部分无效,不影响其他部分效力的,其他部分仍然有效。"在对我国《民法总则》与《合同法》规定的部分无效在什么时候"不影响其他部分的效力"进行判断时,应当注意两个问题:

1. 合同无效部分与其他部分在客观上是可以分离的,而且当事人的明示或者可推知的意思也是可分的。法官不能以客观经济合理标准或者以自己的意志来认定合同部分的可分性。

2. 《民法总则》第156条、《民法通则》第60条与《合同法》第56条都规定,民事法律行为（合同）部分无效,不影响其他部分的效力的,其他部分仍然有效。那么,如何理解"不影响其他部分的效力"?在这里应当考虑法律行为之当事人的主要意思表示和主要缔约目的是什么,如果无效部分是合同当事人的主要目的或者主要意思表示,当这一部分无效时,整个合同即失去了存在的意义,这时就不能再主张其余部分仍然有效。例如,在一个买卖合同中定有"违约条款"或者"定金条款",当"违约条款"或者"定金条款"部分无效时,可以认定其余部分仍然有效;反之,如果其余部分无效,而仅仅"违约条款"或者"定金条款"有效时,这种有效对当事人缔约来说也就没有任何意义,因此,这种情况将会引起整个合同无效。

■第六节　法律行为的可撤销

一、可撤销的法律行为概述

（一）概念与特征

法律行为的可撤销,是指表意人因为自身或者外在的因素导致的意思与表示不一致,可以请求法院或者仲裁机构撤销该意思表示,从而使法律行为溯及地消灭。其具有以下特征:

1. 意思表示有瑕疵。一般来说,可撤销的法律行为都是表意人的意思表示有瑕疵。无论是重大误解,还是胁迫、欺诈、显失公平等,都是意思表示有瑕疵。

2. 意思表示的瑕疵并非表意人故意为之。意思表示的瑕疵,可能会因为各种各样的原因所致,有的是表意人自己的原因,例如错误（重大误解）,有的是外在的原因,例如胁迫或者欺诈。但这种意思与表示不一致,不能是因为表意人故意为之。如果是表意人故意为之,要么是无效的（例如虚假意思表示）,要么不能得到救济（例如真意保留）。

3. 只能向法院或者仲裁机构请求撤销。在我国,撤销法律行为必须向法院或者仲裁机构请求,不得以向对方为意思表示的方式进行。

4. 法律行为被撤销后的法律效果与无效相同。法律行为的无效与可撤销尽管原因不同,但一旦撤销之后,其后果与无效相同。因此,我国《民法总则》第157条将无效与可撤销的法律效果规定在一起。当然,其中也有少许不同,例如在缔约过失的赔偿方式方面,因欺诈而发生的可撤销,撤销权人就没有赔偿义务。

（二）法律行为无效与可撤销的区别

法律行为的无效与可撤销在结果上虽然相同,但在许多方面存在差异。具体表现在:

1. 性质不同。法律行为的无效是自始无效,而可撤销的法律行为在表意人撤销之前是有效的法律行为,仅仅是因为表意人撤销之后才自始无效。

同时,必须强调,可撤销的法律行为并非效力待定的法律行为,其效力是确定的有效的法律行为。

2. 原因不同。在我国《民法总则》中，引起法律行为无效的原因主要有：无行为能力人实施的法律行为；虚假意思表示的法律行为；违反法律、行政法规的强制性规定的民事法律行为（但是该强制性规定不导致该民事法律行为无效的除外）；违背公序良俗的民事法律行为；行为人与相对人恶意串通，损害他人合法权益的民事法律行为。

引起法律行为可撤销的原因有：基于重大误解实施的民事法律行为；一方以欺诈手段，使对方在违背真实意思的情况下实施的民事法律行为；一方或者第三人以胁迫手段，使对方在违背真实意思的情况下实施的民事法律行为；一方利用对方处于危困状态、缺乏判断能力等情形，致使民事法律行为成立时显失公平的。

3. 请求确认无效与可撤销时间限制不同。从理论上说，确认法律行为无效，没有时间限制。我国《民法总则》也没有规定具体的时间限制。但可撤销的法律行为有具体的除斥期间限制（本章第三节具体阐述）。

4. 请求权人不同。从理论上说，任何人都可以提出确认法律行为无效的请求，法院也可以主动审查。但可撤销的法律行为，仅仅有撤销权人可以请求撤销。

二、引起法律行为可撤销的原因

（一）法律行为因重大误解而可撤销

1. 重大误解的概念。《民法总则》第147条规定："基于重大误解实施的民事法律行为，行为人有权请求人民法院或者仲裁机构予以撤销。"所谓重大误解，是指行为人对于与法律行为有关的重大事项所作的错误认识并使行为与自己的意思相悖的情形。按照《民通意见》第71条，行为人因对行为的性质、对方当事人、标的物的品种、质量、规格和数量等产生错误认识，使行为的后果与自己的意思相悖，并造成较大损失的，可以认定为重大误解。

值得注意的是，德国民法典、日本民法典及我国台湾地区"民法"等均用"错误"而不用"误解"，那么，误解与错误有什么样的区别呢？学者一般认为：错误是指表意人非故意的表示与意思不一致。误解是相对人对意思表示内容了解的错误。错误以其发意与受意而区分为"表示错误"与"受领错误"。表意人向他人主动地实施意思表示中的错误，是表示错误或者称为"主动型错误"。表意人受领相对人的意思表示并对之发生理解上的错误，即为受领错误或者称为"被动型错误"，亦即误解。我国《民法通则》和《民法总则》中所谓的"误解"，应当包括错误。[1]学者的解释值得赞同，因为结合法律行为的撤销制度来解释，若仅仅将重大误解解释为"相对人对表意人的意思表示内容作了错误理解"，不符合立法原意。

2. 构成法律行为可撤销的重大误解的法律构成。

（1）必须是表示与意思不一致或者因对相对方的意思表示作了错误的理解而为法律行为。这一要件其实包含了两层意思：一是主动型错误，二是被动型错误。在被动型错误中，是否存在误解的判断标准是：假如行为人作了正确的理解就不会为此法律行为。

（2）表意人必须没有故意或者重大过失。如果系表意人故意表示与意思不一致或者故意对相对方的意思表示作错误理解，就是虚伪表示。如果表意人在发生错误时，具有重大过失，也不为法律所救济。

---

[1] 张俊浩主编：《民法学原理》（上册），中国政法大学出版社2000年版，第292页；梁慧星：《民法总论》，法律出版社1992年版，第169页。

（3）误解必须影响了法律行为的后果。在法律行为的可撤销中，并非任何错误都能够引起法律行为的可撤销性法律救济，只有重大的误解，即对法律行为后果产生影响的误解，才能导致法律行为的可撤销。按照《民通意见》，行为人因对行为的性质、对方当事人、标的物的品种、质量、规格和数量等的错误认识，使行为的后果与自己的意思相悖，并造成较大损失的，可以认定为重大误解。

另外，在实践中，还有一种常见的错误类型：误传。所谓"误传"，是指因传达人或者传达机关的错误而致使表示与意思不符。[1]在有的情况下，表意人并非自己将意思传达给相对人，而是通过其他人传达。在这一过程中，可能会因传达人的原因导致意思与表示不一致。

对于误传的法律效力，学者一般认为，因传达人或者传达机关相当于表意人的喉舌，因此，误传的效力与错误相同。[2]《民通意见》第77条也规定："意思表示由第三人义务转达，而第三人由于过失转达错误或者没有转达，使他人造成损失的，一般可由意思表示人负赔偿责任。但法律另有规定或者双方另有约定的除外。"学者认为，该条司法解释的含义有三：①误传是可以撤销的。②撤销权人须对第三人信赖利益损失负赔偿责任。《民通意见》中所谓的"使他人造成损失"，是指信赖利益。③传达人因其有过失而对表意人负赔偿责任，但义务传达人不在此限。[3]我们认为，这种解释符合司法解释的本意，可资赞同。

（二）法律行为因欺诈而可撤销

1. 欺诈的概念。欺诈是指故意向对方提供虚假情况或者在有说明义务时，故意隐瞒事实而违反说明义务。因欺诈而发生的法律行为是指欺诈人故意向对方提供虚假情况或者在有说明义务时，故意隐瞒事实而违反说明义务，致使对方在不真实的基础上作出了错误的判断，并基于错误的判断作出了意思表示。

2. 欺诈的类型。我国《民法总则》规定了两种欺诈：一是法律行为当事人一方的欺诈；二是第三人（当事人之外的人）的欺诈。《民法总则》第148条规定："一方以欺诈手段，使对方在违背真实意思的情况下实施的民事法律行为，受欺诈方有权请求人民法院或者仲裁机构予以撤销。"第149条规定："第三人实施欺诈行为，使一方在违背真实意思的情况下实施的民事法律行为，对方知道或者应当知道该欺诈行为的，受欺诈方有权请求人民法院或者仲裁机构予以撤销。"

（1）当事人欺诈。当事人欺诈的类型包括：①积极欺诈。积极欺诈是指以积极的言辞，提供虚假情况，例如，夸大商品的性能等，使得对方在意思的形成过程中，受到自身以外的因素的影响，导致意思表示的错误。②消极欺诈。消极欺诈是指行为人根据法律或者根据诚实信用原则，具有对事实说明的义务，但是，行为人违反这种义务，故意不作说明，致使对方认为自己的行为建立在真实的基础上，作出判断，并为意思表示。例如，商品的出售人明知自己的商品具有瑕疵，但却故意隐瞒这种瑕疵，致使对方以为自己购买的商品是合格产品。

应该说，我国《民法总则》对欺诈的具体类型没有明确的规定，但《民通意见》第68条规定，一方当事人故意告知对方虚假情况，或者故意隐瞒真实情况，诱使对方当事人作出错误意思表示的，可以认定为欺诈行为。由此可见，我国司法解释上的欺诈也是有两种情形的：积极行为与消极行为。

---

〔1〕 梁慧星：《民法总论》，法律出版社1992年版，第168页。

〔2〕 梁慧星：《民法总论》，法律出版社1992年版，第169页。

〔3〕 张俊浩主编：《民法学原理》（上册），中国政法大学出版社2000年版，第294页。

　　在当事人欺诈的情形下，构成可撤销法律行为的欺诈的法律要件包括：①应当有欺诈行为——包括积极欺诈和消极欺诈。②应当有欺诈的故意。这里所说的故意包括两重含义：一是指使他人陷入错误的故意，二是促使他人作出错误意思表示的故意。③欺诈人的欺诈与相对人作出意思表示之间存在因果关系，也就是说，正是欺诈人的欺诈才导致相对人作出意思表示的，如果没有欺诈行为，意思表示人是不会作出这种意思表示的。

　　（2）第三人欺诈。第三人欺诈的构成要件为：①有第三人的欺诈行为，这种欺诈既可以是积极的，也可以是消极的。②法律行为一方当事人在违背真实意思的情况下实施的民事法律行为，即第三人的欺诈致使法律行为一方当事人在这种欺诈的直接影响下，实施了法律行为。也可以说，第三人欺诈必须与法律行为一方当事人实施法律行为有因果关系。③法律行为的另一方当事人知道或者应当知道该欺诈行为。这是一个很重要的要件，如果法律行为的一方当事人遭受第三人欺诈，但对方并不知情（善意），则不应被撤销。例如，甲公司到银行贷款，银行要求甲公司提供担保，甲公司欺诈乙公司担保，但银行对此并不知情。那么，这种担保法律行为就不能被乙公司以第三人欺诈为由而主张撤销。

　　应当特别指出，在因欺诈而可撤销的法律行为中，不需要有损害他人的故意，也不需要有损害他人的实际结果。因为，法律是从意思自治的角度出发而保护行为人的意志自由的，而不是从结果来看待问题的。当然，在现实生活中，如果欺诈的结果没有任何不公平，当事人也不会提出撤销请求。

　　3. 因欺诈而撤销的法律行为的后果。因欺诈而撤销的法律行为与无效的后果基本是一致的，但是，需要注意的是，法律行为因欺诈而撤销后，撤销权人对于相对人无缔约过失的赔偿义务，也就是说，相对方无缔约过失赔偿请求权。

　　（三）法律行为因胁迫而可撤销

　　1. 因胁迫而发生的法律行为的概念。因胁迫而发生的法律行为，是指以非法加害或者不正当预告危害而使他人产生心理上的恐惧，并基于这种恐惧作出违背自己意志并迎合胁迫人的意思表示为要素的法律行为。

　　因胁迫发生的法律行为与因欺诈、错误不同，不管如何，因欺诈或者错误而为的法律行为是基于受害人自己的判断而为的，只是基础存在问题。但是，在胁迫下所为的法律行为，受胁迫人根本不是基于自己的判断，其意思根本不是自己的意思，是把胁迫人的意思用自己的嘴巴说出来或者手写出来而已。

　　2. 胁迫的类型。根据我国《民法总则》第150条的规定，我国法上的胁迫也分为两种情况：一是当事人一方胁迫；二是第三人胁迫。但是，与欺诈不同的是，我国《民法总则》在构成要件上，并不区分当事人胁迫和第三人胁迫。《民法总则》第150条规定："一方或者第三人以胁迫手段，使对方在违背真实意思的情况下实施的民事法律行为，受胁迫方有权请求人民法院或者仲裁机构予以撤销。"因此，这种分类实际上是没有意义的。

　　3. 因胁迫而发生的法律行为的构成要件。

　　（1）必须有胁迫行为。①胁迫行为是指不法加害，或者预告危害。前者例如：如果受胁迫人现在不购买我的货物，或者不以低价出卖货物，将受到胁迫人的杀害或者毒打等。后者例如：如果受胁迫人现在不购买某种货物，上天就要惩罚他等。②胁迫的对象可以是被胁迫人本人或者其财产，也可以是他的亲属，或者其他有可能使受胁迫的人产生心理恐惧的人或者财产。根据《民通意见》第69条的规定，以给公民及其亲友的生命健康、荣誉、名誉、财产等造成损害为要挟，迫使对方作出违背真实的意思表示的，可以认定为胁迫行为。③胁迫人既可以是法律行为的当事人，也可以是第三人。

（2）胁迫的非法性。胁迫的非法性包括目的非法与手段非法。①目的非法，例如，以检举被胁迫人的犯罪事实为手段而胁迫对方签订有利于胁迫人的合同，这里，手段不非法，但追求的目的非法。②手段非法，是指追求的目的合法，但使用的方法为法律所禁止。例如，债权人以债务人的生命或者健康相威胁，逼迫债务人偿还债务。

在这一构成要件中，需要说明的问题是：①胁迫不包括暴力在内，因为暴力根本没有意思在里面；②以法律规定的合法方式提出正当要求，不属于胁迫行为。例如，债权人以诉讼为手段，要求债务人清偿债务。

（3）胁迫与受胁迫人的意思表示之间应当具有因果关系。也就是说，胁迫人的胁迫对受胁迫人来说，产生了实质性的作用和效果，即使得受胁迫人在心理上产生了恐惧，并作出了迎合胁迫人的意思表示。

4. 因胁迫而撤销的法律行为的后果。与因欺诈而撤销的法律行为后果相同。

（四）法律行为因显失公平而可撤销

1. 显失公平的法律行为的概念。按照我国《民法总则》第151条的规定，显失公平的法律行为是指一方利用对方处于危困状态、缺乏判断能力等情形，而成立的显失公平并使对方受到损害的法律行为。对于这种法律行为，受损害方有权请求人民法院或者仲裁机构予以撤销。

应当引起我们注意的是，在《民法总则》之前的《民法通则》及《合同法》都把"显失公平"与"乘人之危"作为两种不同的影响法律行为效力的原因对待。《民通意见》第72条规定："一方当事人利用优势或者利用对方没有经验，致使双方的权利义务明显违反公平、等价有偿原则的，可以认定为显失公平。"第70条规定："一方当事人乘对方处于危难之机，为牟取不正当利益，迫使对方作出不真实的意思表示，严重损害对方利益的，可以认定为乘人之危。"

《民法总则》不再沿用《民法通则》与《合同法》的模式，而仅仅规定了"显失公平"的法律行为，将乘人之危作为显失公平的内在因素写进其中。《民法总则》第151条规定："一方利用对方处于危困状态、缺乏判断能力等情形，致使民事法律行为成立时显失公平的，受损害方有权请求人民法院或者仲裁机构予以撤销。"这种做法是值得肯定的。

2. 显失公平的法律行为的构成要件。

（1）双方权利义务显著不对等。由于民法所规范的社会关系处于世俗之中而非世外桃源，所以，契约理论所谓的"当事人权利义务对等"也不过是理论上的假定。将这种理论上的假定适用于纷繁复杂的社会关系中时，就会发现权利义务绝对对等的情形几乎是不存在的。所以，法律必须规定一个衡量的尺度，以避免当事人动辄以"权利义务不对等"为由而主张否定法律行为的效力。对此，各国一般均规定"显失公平"为衡量尺度。但问题是，权利义务的不对等"显失"到何种程度时，才能请求法律救济？

从美国的司法实践看，大致有3个不同的标准：①如果卖方所取得的利润过大，即为显失公平。这是就卖方是货物的生产者而言的。②如果卖方取得的价差过大，也构成显失公平。这是就批发零售商而言的。③合同价过分高于市价，也是显失公平。[1]

在法国，根据《法国民法典》第1674条的规定，出卖人因低价所受的损失超过不动产价金的十二分之七时，即达到显失公平的标准。

---

[1]　徐炳：《买卖法》，经济日报出版社1991年版，第194页。

按照《意大利民法典》第 1448 条的规定，如果一方与他方之间的给付是不均衡的，并且这一不均衡是在一方利用相对方的需要乘机牟取利益的情况下发生，则遭受损害的一方得请求废除契约。如果损害没有超过被损害方给付或者订立契约时承诺给付价值的一半，则废除契约的权利不得行使。

在我国，《合同法解释（二）》第 19 条规定的与市场价格相差 30% 的标准，可以作为判断显示公平与否的参考。

（2）这种权利义务的不对等是在民事法律行为成立时。如果是法律行为成立以后，发生的不对等，则不应适用"可撤销"救济，而应适用情势变更等方式救济。

（3）导致显失公平的原因必须是受害人缔约时处于显著不利的地位并受到损害。根据《德国民法典》第 138 条的规定，受害人处于穷困、无经验、缺乏判断力或意志薄弱的情况下，订立的合同显然不利于自己时，才能主张法律救济。而根据美国判例规则，这种情况称为"程序性的显失公平"。用美国法院使用的措辞来表达，是指合同当事人一方在订立合同时没有作出"有意义的选择"。

按照我国《民法总则》第 151 条的规定，一方利用对方处于危困状态、缺乏判断能力等情形，致使民事法律行为成立时显失公平的，受损害方有权请求人民法院或者仲裁机构予以撤销。如果仅仅是结果不公平而无其他原因，则应适用其他救济方式。

三、撤销权的行使

（一）撤销权的归属

对于可撤销的法律行为的主张权利之归属问题，各国民法几乎均规定只能由法律规定的意在保护的特定当事人提出，其他人或机关无权提出或依职权否定法律行为的效力。例如，我国《民法总则》第 147～151 条、《民法通则》第 59 条及《合同法》第 54 条规定，当事人一方可以请求人民法院或仲裁委员会撤销法律行为。法律将撤销权赋予一方当事人的原因有二：一是在可撤销法律行为中，利益关系仅涉及双方当事人，如果一方当事人愿意承受法律行为带来的不利益，他可以不行使撤销权而使法律行为发生法律效力；当他不愿意承受法律行为带来的不利益时，才行使撤销法律行为的请求权而使法律行为不发生预定的效力，从而使其恢复到缔约前的状态。二是在有的情况下，因情势变更，使得可撤销的法律行为变得对撤销权人有利，例如，不动产买受人 A 因重大误解而购买房屋一处，价格对其显著不利。后来房地产价格猛涨而使得原来对其不利的价格变得对其十分有利，在这时，他可以不行使撤销请求权而使法律行为发生效力。也就是说，否定法律行为的效力并非在任何情况下均对撤销权人有利。将否定法律行为效力的权利交给当事人自己，可能会使其作出更有利的选择。

具体来说，按照我国《民法总则》的规定，在重大误解的情况下，发生误解的当事人有权请求撤销（第 147 条）；在受欺诈的情况下，符合撤销权行使要件的，受欺诈方有权请求人民法院或者仲裁机构予以撤销（第 148 条～149 条）；在受胁迫的情况下，符合可撤销要件的，受胁迫方有权请求人民法院或者仲裁机构予以撤销（第 150 条）；在显失公平的情况下，符合可撤销要件的，受损害方有权请求人民法院或者仲裁机构予以撤销（第 151 条）。

（二）撤销权的行使与期间

关于撤销权的行使，我国《民法总则》《民法通则》《合同法》有自己的特色。根据德国、日本等国的民法典之规定，撤销权的行使为撤销权人的单方行为，撤销权人仅以意思表示向相对人为之即可达到撤销的效果，不一定必须通过诉讼方式行使。而按照我国民事立法的要求，撤销权人应向人民法院或仲裁机关提出申请。如果撤销权人不向人民法院起诉或向仲裁机关提出申请，而直接向对方当事人为意思表示，不产生撤销的法律效果。[1]

对于法律行为相对无效的撤销权的时效问题，各国法均有规定。从各国的立法体例上看，大体有两种：一为差别制，二为统一制。德国民法典及法国民法典均为差别制，例如，《法国民法典》第 1304 条规定："请求宣告契约无效或取消契约之诉，应在 5 年内提出，但在一切情况下特别法有较短期限规定者，从其规定。"法国学理一致认为，这是对撤销权时效的一般规定。《法国民法典》第 1676 条规定："取消买卖的请求，自买卖之日起满 2 年后不予受理。"这是短期时效的规定。

我国《合同法》采取统一制，《合同法》第 55 条规定，具有撤销权的当事人自知道或应当知道撤销事由之日起 1 年内没有行使撤销权的，撤销权消灭。从我国《民法总则》第 152 条的规定看，采取"差别制"，不仅区分不同情况规定了期间，也区分主观与客观情况规定了行使期间。

撤销权消灭的期间因撤销权人知道或者不知道撤销事由而有差别，而且区分不同事由而有不同。具体来说：

1. 在不考虑当事人主观因素的情况下，当事人自民事法律行为发生之日起 5 年内没有行使撤销权的，撤销权消灭（《民法总则》第 152 条第 2 款）。

2. 在有当事人主观因素影响的情况下，撤销权消灭的期间如下：①当事人自知道或者应当知道撤销事由之日起 1 年内、重大误解的当事人自知道或者应当知道撤销事由之日起 3 个月内没有行使撤销权；②当事人受胁迫，自胁迫行为终止之日起一年内没有行使撤销权；③当事人知道撤销事由后明确表示或者以自己的行为表明放弃撤销权（《民法总则》第 152 条第 1 款）。

■第七节　附条件与附期限的法律行为

一、附条件的法律行为

（一）附条件的法律行为的概念

附条件的法律行为是指以未来的不确定的事实的发生或者不发生，作为法律行为发生效力或者失去效力的限制条件的法律行为。这种法律行为在实践中并不罕见，是行为人分配风险与计划未来的重要手段。《民法总则》第 158 条规定了这种法律行为："民事法律行为可以附条件，但是按照其性质不得附条件的除外。附生效条件的民事法律行为，自条件成就时生效。附解除条件的民事法律行为，自条件成就时失效。"

（二）附条件的法律行为产生的制度基础

附条件的法律行为产生的制度基础主要是意思自治原则以及在此基础上构建起来的债法的任意性规范。这些制度基础使得法律行为具有了可计划性的特征，因而人们可以通过自治的方式，将法律行为的效力的发生或者终止系于特定的条件。

（三）附条件的法律行为的制度价值

1. 附条件的法律行为体现了对私法自治的尊重。私法自治是民法的基本原则，而法律行为本身也是私法自治的具体体现。因此，法律不仅应允许当事人对法律行为的内容自治，对于法律行为的效力，也应允许当事人以自治的方式作出安排。

---

[1]　梁慧星：《民法总论》，法律出版社 1996 年版，第 195 页。

2. 符合社会经济生活的实际需要。通过这种制度，当事人可以将不确定的风险作事先的安排。因为，在现实社会生活中，有许多不确定因素，当事人可以根据目前的这些不确定因素和对未来发展的考虑，对法律行为作出适当的安排，以分配风险。例如，A 有公寓住房一套，现在正在办理出国留学，想出租给他人，但签证何时办妥难以估计。但签证一旦办妥，再找承租人就十分仓促；但若现在就找承租人，又不能确定何时将房屋交付使用，若盲目确定租赁合同生效日期，一旦签证未果，就面临违约责任。这时，如果用附条件的法律行为制度，就能够解决这一问题，即先签订租赁合同，但合同的生效日期是出租人的出国签证办妥 15 天以后。这样一来，既避免了签证一旦办妥仓促中找不到合适承租人的问题，又避免了盲目确定日期而面临违约风险的问题。

（四）条件的概念与特征

条件是行为人控制法律行为效力的发生或者消灭的手段。它具有以下几个特征：

1. 条件是未来发生的事实。如果是已经发生的事实，一般不能作为法律行为的控制手段。

问题是：如果事实已经发生，但是，法律行为的双方当事人均不知道已经发生的事实，而以该事实作为限制法律行为效力发生的条件，是否有效？例如，弟弟对哥哥说："如果我得到父亲的全部遗产，将分给你一半。"但是，父亲已经写下遗嘱，将财产给弟弟。则弟弟与哥哥约定的效力如何？

对此，学者之间存在争议。有的学者认为，如果双方当事人规定行为的有效性有赖于一个现在或者过去已经决定了的情况，只是因为这个情况在行为实施时不被当事人所知道，那么，在这里并不存在一个客观上的不确定性和由此引起的行为的不确定状态，因此，这种情况不属于附条件的法律行为，并把它称为"不真正的条件"。[1] 还有的学者认为，应准用有关条件的规定。[2] 笔者同意第一种观点。

2. 条件是否发生具有不确定性。也就是说，条件的发生具有不确定性，才符合对风险的分配功能。如果条件是确定的，往往会成为一方当事人损害另一方当事人的手段。由于一个人最终会死亡是确定的，所以，死亡不可能是条件。但是，如果说一个人在一段时间内是否死亡，则可能是条件。

3. 条件必须是合法的事实。以非法的条件作为限制法律行为效力的条件的，如以伤害他人作为赠与的条件，不发生附条件法律行为的效力。

4. 法律行为的效力必须与条件具有依赖关系。也就是说，行为人有意使法律行为的效力受条件的约束。

（五）条件的性质

条件不是独立的行为，也不是从属性行为，而是法律行为的一部分，只不过是起到控制法律行为的效力的作用而已。

（六）条件的分类

1. 停止条件与解除条件（《民法总则》第 158 条规定了这两种条件）。分类标准：条件对法律行为限制的作用。

（1）停止条件，是限制法律行为发生效力的条件，即当条件发生的时候，法律行为开始发生效力。因此，停止条件又称为延缓条件。如果条件不发生，法律行为就不会发生效

---

[1] ［德］卡尔·拉伦茨：《德国民法通论》（下册），王晓晔等译，法律出版社 2003 年版，第 684 页。
[2] ［德］迪特尔·梅迪库斯：《德国民法总论》，邵建东译，法律出版社 2000 年版，第 628 页。

力。例如，A、B 订立租赁合同约定：当 A 的儿子出国时，A 将房子租赁给 B。

（2）解除条件，是限制法律行为效力消灭的条件，即在条件发生时，法律行为失去效力。例如，A、B 订立租赁合同，约定：A 的儿子回国时，B 将房子搬出，解除合同。

2. 积极条件与消极条件。区分的标准：究竟是以事实的发生作为条件，还是以事实的不发生作为条件。

（1）积极条件，是以事实的发生作为条件。例如，如果你考上大学，将如何如何……

（2）消极条件，是以事实的不发生作为条件。例如，如果你考不上大学如何如何……

实际上，停止条件与解除条件都可以设立积极条件或者消极条件。

3. 真正条件与不真正条件。不真正条件有：①法定条件，即法律已经规定的条件。例如，合同约定，如果一方违约将承担违约责任。②既定事实条件，即如果是已经发生的事实，即使当事人不知道，也不是条件。③不能的条件。④不法条件。

以以上事实为条件者，法律行为视为没有条件约束。例如，在前述例子中，弟弟虽然不知道父亲已经死亡并且将遗产留给自己，那么他与哥哥的约定有效，但可以适用《民法总则》第 147 条请求可撤销的救济。

（七）不得附条件的法律行为

1. 有关身份的法律行为不得附条件。有关身份的法律行为主要是指婚姻、收养等，如果允许这些行为附条件，就会明显地有悖公共利益，同时也有悖基于上述关系形成的共同关系。[1]另外，如果允许婚姻附条件，那么当事人的身份关系就会处于一种与婚姻的本质不相符合的不确定状态中，违反了婚姻的终身性规则。[2]

2. 形成权不得附条件，如撤销、追认、解除、权利的抛弃等。因为，形成权的功能就在于使某种不确定的行为的效力得以确定，如果再允许附条件，就会使行为的效力变得更加不确定。

3. 登记行为不得附条件，如房屋的所有权登记等。因为，登记应当记载权利的真实情况，而不能将一种权利的不确定状态登记于登记簿，如此将难以起到权利公示的作用。

4. 特别法上的限制，如票据法上禁止票据行为附条件，这是由票据的无因性决定的。另外，继承的接受或者拒绝、遗赠的接受或者拒绝、担任遗嘱执行人的接受与拒绝，都不能附条件。因为，这些行为对其他人具有意义，因此应避免出现效力未决的状态。

（八）条件发生的结果

1. 附停止条件的法律行为，在条件发生时发生效力。

2. 附解除条件的法律行为，在条件发生时失去效力。

在此应当明确指出，附条件的法律行为与其他效力待定的法律行为不同，其没有溯及力。

（九）违反诚实信用原则恶意阻止或者促成条件发生的后果

由于条件的发生或者不发生对于当事人双方具有利益关系，所以，当事人可能会为了自己的利益而违反诚实信用原则，恶意阻止或者促成条件发生。无论是按照我国的法律规定，还是大陆法系国家的一般规定，结果是向相反的方向发生效力，即违反诚实信用原则恶意阻止条件发生的，视为条件已经发生；违反诚实信用原则恶意促成条件发生的，视为条件没有发生（《民法总则》第 159 条）。

---

〔1〕［德］卡尔·拉伦茨：《德国民法通论》（下册），王晓晔等译，法律出版社 2003 年版，第 689 页。

〔2〕［德］迪特尔·梅迪库斯：《德国民法总论》，邵建东译，法律出版社 2000 年版，第 639 页。

第九章

但是，需要讨论的问题是：如果一种法律行为的生效与否需要政府部门决定，一方当事人通过各种手段和关系，促使政府部门没有批准或者批准的，是否适用上述规则？尽管从理论上说不应适用，因为政府部门的行为是不应也不能被当事人所左右的。但是，这种情况在我国实在是一个很普遍的问题，因此，笔者建议应该适用。而且还可以适用侵权行为法进行救济——相对人与第三人共同侵权或者政府部门以作为或者不作为的方式侵害权利，但政府部门确有理由批准或者不批准的除外。

（十）在条件没有发生期间的法律行为的效力

德国学者指出，尽管依赖于条件的法律效果在条件成就时才发生效力，但下面的说法仍然是错误的，即附条件的法律行为在条件成就前根本没有任何法律约束力。实际上，双方当事人在实施法律行为时，尽管条件的成就与否还很不确定，但他们都已经认为行为的效果是有效的，并同时使自己承担下列义务，即任何当事人不得单方撤回他的意思表示。而且，实际上，在这段不确定的时间里，双方当事人的行为也已经受到某些特定法律要求的约束，而这些要求也全面保证了一旦条件出现时，法律行为所要达到的法律效果能够得到实现。[1]简单地说，附条件的法律行为在条件没有发生期间，是已经成立但尚未生效的法律行为。

（十一）负担行为与处分行为都可以附条件

负担行为（例如买卖合同）当然是可以附条件的，处分行为也可以附条件，例如所有权保留就是典型的附条件的处分行为。

二、附期限的法律行为

（一）附期限的法律行为的概念与制度价值

附期限的法律行为是指以将来确定发生的事实作为限制法律行为效力的法律行为。制度价值同于附条件的法律行为。《民法总则》第160条规定："民事法律行为可以附期限，但是按照其性质不得附期限的除外。附生效期限的民事法律行为，自期限届至时生效。附终止期限的民事法律行为，自期限届满时失效。"

（二）期限的种类

1. 始期与终期。始期与终期，相当于停止条件与解除条件的效力。实际生活中，始期一般用"届至"，而终期往往用"届满"的措辞。

2. 确定期限与不确定期限。确定期限是指具体日期，如2008年8月8日；不确定日期是指具体日期在设定时不能确定的，例如，在某人死亡时。

（三）期限与条件的区别

期限是必定到来的，而条件则不一定。但在有的时候要根据具体情况加以判断，例如，"下次下雪时"是条件还是期限？如果在我国东北，就是期限；如果是在广州，则为条件。

总之，只要事实不确定，就是条件。

（四）期限的具体计算

1. 以具体日期设立的，以具体时间为期限的到来。

2. 以期间设立的，见《民法通则》第154条第3、4款的规定，期间的最后一天的截止时间为24点。有业务时间的，到停止业务活动的时间为止。期间的最后一天是法定假日的，以休假日的次日为最后一天。按照《民通意见》第198条的规定，法定节假日有变通

---

[1]　[德] 卡尔·拉伦茨：《德国民法通论》（下册），王晓晔等译，法律出版社2003年版，第694页。

的，以实际休假日的次日为最后一天。

3. 以事实发生为条件设立的，以事实的发生具体时间为期限的到来。

（五）期限到来后的效力

在始期到来时，法律行为发生效力。在终期到来时，法律行为失去效力。

（六）不得附期限的法律行为

一般来说，不得附条件的法律行为，同时也不得附期限。但也有例外，例如，在形成权的行使中，关于终止某种法律关系的行为可以附期限。就如学者所指出的，附期限在终止中不仅仅被允许，还被作为规则来适用。这样做的原因在于考虑到另一方的利益，使他们对于由此终止后引起的法律状态有所准备。[1]

第九章

---

〔1〕 ［德］卡尔·拉伦茨：《德国民法通论》（下册），王晓晔等译，法律出版社 2003 年版，第 690 页。

第十章

法律行为的代理

■ 第一节 代理的基本概述

一、代理的概念

代理是指一人在法定或者约定的权限内，以他人的名义为法律行为，而法律行为的结果却归属该他人的行为。该他人称为被代理人或者本人；实施法律行为的人称为代理人。这是传统民法关于代理的概念，而从这一概念看，代理仅仅是指直接代理，就如日本学者所言："近世不称间接代理为代理，盖通则也。"[1]对这一概念可作如下分析。

（一）代理关系有三方当事人

代理关系一般涉及三方当事人，即代理人、被代理人（本人）与第三人（法律行为的相对人）。正是因为代理行为涉及三方当事人，才体现了代理是被代理人行为的延伸，从而使代理达成了被代理人与第三人权利义务的对接。

（二）代理人从事法律行为以被代理人的名义为之

这是法律行为结果归属本人的基本条件，如果代理人以自己的名义从事法律行为，则该结果是否归属被代理人就会产生疑问。因此，《民法总则》第162条规定了这一主旨："代理人在代理权限内，以被代理人名义实施的民事法律行为，对被代理人发生效力。"

（三）代理行为的结果归属本人承担

这是代理的根本问题所在。一个人从事了一项法律行为，却不是行为结果的归属主体。这不是民法的本质使然，而是民法创设的一种特别制度，目的就在于使行为人的结果归属他人，这是代理的制度价值之一。

（四）代理权是代理的基础

代理人的行为结果之所以直接归属被代理人，其中一个非常重要的基础就是被代理人通过授予代理人以代理权，有效地表明了以下两点：①代理人在授权范围内所为的法律行为如同本人所为；②代理人行为的结果由本人承担。当然，这种原理在法定代理中也能适用，只不过是法定而已。

二、代理的制度价值

（一）扩张了完全行为能力人的行为空间而使人有了分身术

从意思自治及法律行为本身来看，自己的行为应由自己负责，但代理却是代理人的行为后果不为自己所有，而是归他人所有。代理的这一特征，就使得享有结果的人与行为人可以分离：缔结法律关系的人不是法律关系的当事人，其所缔结的法律关系另一人享有。这恰恰迎合了现代社会人们希望拥有分身术的梦想，因为人们不可能在同一时间在不同地

---

[1] ［日］富井政章：《民法原论（第一卷）》，陈海瀛、陈海超译，中国政法大学出版社2003年版，第287页。

点从事法律行为，而代理制度实现了人们的梦想。正如德国学者拉伦茨所言：在发达的社会经济交往中存在着这种不容否认的需求，即任何人都可以由他人代理，并使代理人可以与被代理人自己一样为他创设法律后果。被代理人让代理人为自己活动，就使他扩大了在法律交往中实现自己利益的范围。代理人可以在被代理人在时间上不可能或者在另一地方而无法自己活动的情况下代替被代理人进行法律行为。而这种法律行为就如同被代理人自己所为一样，权利与义务皆及于被代理人。[1]

但是，相同的目的可以通过两种途径达到：一是委托他人去完成，而被委托人首先取得行为后果，然后再转移给委托人（如行纪，这种方式也被称为间接代理）；二是委托他人去完成某种行为，而行为结果绕过行为人而直接归属委托人（这便是代理）。这两种制度各有千秋，并且同时存在于现行法律之中。这两者比较起来，后一种对于委托人来说更加安全，因为行为结果直接归属被代理人，从而避免了行为人从中处分行为结果的可能性，而前一种方式因结果首先归属行为人，然后再由其转移给委托人，故有行为人私有处分结果的可能；从另外一个方面说，对于行为人来说，第一种方式的风险大，而第二种风险小。因此，人们可以根据需要自由选择方式。

（二）弥补了无行为能力和限制行为能力人的行为能力，使权利能力的平等成为可能

这主要是针对法定代理而言的。自法国民法典以来，各国民法典都以宪法为基础来规定主体在民法上的平等，但出于理性的考虑，却在行为能力方面划分了类别与等级，从而出现了无行为能力人与限制行为能力人。而无行为能力人与限制行为能力人因自己根本不能从事任何有意义的法律行为或者不能从事所有的法律行为，从而使权利能力的平等变得虚无缥缈。因此，法定代理制度的出现，使得限制行为能力人与无行为能力人所不能从事的法律行为可由其法定代理人为之，从而使得权利能力的平等有了坚实的制度支持。

（三）使法人制度真正成为可能

现代社会，法人制度十分完善，但法人是由人来操纵的，如果说，公司中的每一个人的行为都归属于他自己的话，那么法人的主体资格——权利义务的归属资格将变得毫无意义。而且，与公司进行交易的相对人也愿意将自己的权利义务同法人而不是个人联系起来，这样法人的信誉才能发挥，债权人的权利才能得到最安全的保障。代理制度恰恰能够满足这一需要，例如，一个百货公司有 1000 人，有人采购、有人销售、有人贷款、有人租赁，但这些人的行为的结果不归属这些人个人，而是由公司承担其行为的权利与义务。也就是说，他们行为的相对人的权利直接指向公司，当权利人的权利不能实现的时候，他们以公司而不是这些行为人个人作为被告。一句话，代理人实施了行为，但行为的结果却不由他们承担，也就是说，法律行为绕过了代理人。

三、代理的性质

在今天，我们虽然已经将代理看成一种非常普遍的制度，并服务于我们的生产与生活，但代理制度在各国法律上的确认却经过了一个过程。

学者一般认为，早期罗马法因以下原因不承认代理制度：①罗马人坚持"行为的结果只能发生在行为人之间"的原则，而代理制度却使后果发生于非行为人之间，故与这一观念不合。②罗马法坚持形式主义，即任何一个债只有具备了严格的形式才能产生，因此，代理在此情形下难以产生。③在罗马法的"家父"制度下，家长对其所属的子女及奴隶，

---

[1] ［德］卡尔·拉伦茨：《德国民法通论》（下册），王晓晔等译，法律出版社 2003 年版，第 814~815 页。

无需代理即可直接取得其财产。因此，无代理制度并没有给罗马人带来不便。[1]后来随着经济的发展，罗马人在监护、债权转移等方面承认了代理制度，但大体上都是间接代理，而那时的直接代理只限于公法上的国家行为，如使节的交换、结盟等。罗马法禁止直接代理的原则直接影响了欧洲的法律文化。直到 17、18 世纪，自然法学家才发展了直接代理的原则，[2]而 18、19 世纪的法典化运动虽然在事实上承认了直接代理，对于代理的本质，即在解释代理制度与法律行为的关系时，却存在不同的观点：

（一）本人行为说

本人行为说是德国著名法学家萨维尼提出的主张。这种学说认为，不仅代理人发出的意思表示的法律效果由被代理人承受，而且从法律上说，被代理人是借助其代理人发出意思表示，所以，表意人是被代理人而不是代理人。根据这种理论，代理行为被看作被代理人本人的法律行为。

这种学说的理论基础是严格意思主义。按照这种理论，人们之所以受到法律关系的约束，是因为他们自己愿意被约束，即他本人自己参与或者决定了这种关系的产生。没有人能够让他人受到自己意志产生的法律关系的支配。早期的罗马法之所以不承认代理关系，就是担心行为的结果不发生在行为当事人之间，而是发生在不是行为人的人们之间。

这种学说虽然不能否定代理制度在现代法律上的意义，但却坚持"行为结果只发生在行为人之间"这种原则。

（二）代理人行为说

代理人行为说认为，代理的意思表示，完全由代理人来决定，代理是代理人自己的行为，只不过代理人表达了这一行为的结果归属被代理人。从事法律行为的当事人是代理人而不是被代理人，因此，有关法律行为的成立与生效要件只能以代理人为根据而不能以被代理人为根据进行判断。代理人的行为结果归属被代理人是基于行为人的意思自治，即代理人表示将行为的结果归属被代理人。

（三）共同行为说

共同行为说认为，法律行为中的意思表示未必不可分割开来，合作地加以实施。在代理中，本人通过授权行为实施了一部分意思表示，代理人则通过代理行为实施了另一部分意思表示。从而代理不过是本人与代理人的共同行为而已。[3]

（四）统一要件说

统一要件说认为，代理由授权行为与代理行为共同构成。授予代理权的行为，既含有目的，又含有表示意识和表示行为，因而属于法律行为；而代理行为，却因欠缺为自己取得法律效果的意思而不能成立法律行为。因此，只有同授权行为相结合，方统一地构成法律行为。易言之，代理的统一构成要件是：本人的目的意思（授权行为）＋代理人的补充和具体化＋代理人的表示意思＋代理人的表示行为。在代理中，代理人不是简单地传达本人的意思，而是秉承为本人计算的宗旨，使本人的意思得以具体形成，因而属于目的形成阶段。这一观点由德国学者穆伦（Mullen Freinfers）于 1955 年提出，并受到许多学者的支持。[4]

---

〔1〕 ［日］富井政章：《民法原论（第一卷）》，陈海瀛、陈海超译，中国政法大学出版社 2003 年版，第 278 页。
〔2〕 黄立：《民法总则》，中国政法大学出版社 2002 年版，第 392 页。
〔3〕 张俊浩主编：《民法学原理》（上册），中国政法大学出版社 2000 年版，第 312 页。
〔4〕 张俊浩主编：《民法学原理》（上册），中国政法大学出版社 2000 年版，第 312 页。

（五）本书的观点

代理制度因是一个"桥梁性制度"，代理人并不是最终的权利义务享有者，其行为的结果不归属行为人，而是归属被代理人，故从一个方面看，表面上是代理人在行为，而实际上相当于被代理人在行为，之所以如此，是因为被代理人意思自治的结果，所以，"本人行为说"恰恰是看到了这一点。从另外一个方面看，代理人不同于传达人，代理人向第三人表达的是自己的意思而不是被代理人的意思，且从法律救济的角度看，是否善意、意思表示是否具有瑕疵等均以代理人来判断，因此，代理应理解为代理人的行为，只不过结果归属被代理人而已。从这一个方面看，"代理人行为说"似乎更合理。但是，代理人虽然为意思表示，但却不受该意思表示的约束，即欠缺目的，因此，"共同行为说"与"统一要件说"似乎有合理之处。

笔者认为，以上观点难以用对或者错来评价，且这些争议对实践并没有影响。实践中有许多制度其实早已存在且运行良好，而学者为了理性对之进行说明，便挖空心思地为其寻找理论基础，但许多说明理由即使连制度的发明者也闻所未闻。这种牵强附会的解释或者说明的意义何在？这不能不引起我们的重视。代理制度是一个独立的制度，且该制度与民法体系并没有不协调之处，其关键在于：一个人在他人的授权范围内为意思表示或者接受意思表示，而该他人取得意思表示的归属。这其实就是代理的本质。

四、代理制度的基本构造

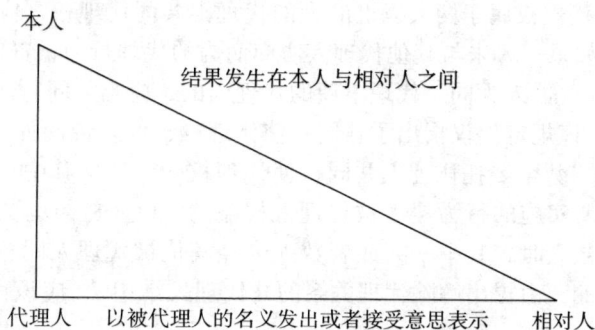

图 10-1　代理制度的基本构造图

（一）本人与代理人的关系

在委托代理关系中，本人与代理人之间的关系主要有两层：①本人与代理人签订委任合同，约定由一方替另一方处理事务，另一方支付报酬或者不支付报酬。在学理上称为"基础关系"。②授权行为，即委任人授予被委任人以代理权。

在民法上，基础关系与代理权的授予之间的关系也是民法代理制度的核心问题，授权行为独立于基础关系。当然，在特殊情况下，代理关系中也许仅有第二层关系而没有第一层关系，即仅有代理权也可以成立代理。

在法定代理中，基础关系就是根据法律规定的关系，如亲权关系；代理权也是法律授予的，例如，我国《民法总则》中的监护部分对未成年人法定代理权的授予。

（二）代理人与相对人的关系

代理人与相对人的关系实际上是一种外部关系，即代理人依据代理权以被代理人的名义为意思表示或者接受意思表示，而相对人也因代理人具有代理权的外观信赖，确信自己是在与本人交易，而不是与代理人交易。

仅仅在无权代理的情况下，代理人与相对人才发生损害赔偿或者履行关系。

（三）本人与相对人的关系

代理人在代理授权的范围内以被代理人的名义所为的法律行为，无论是利益还是不利益，都归属被代理人。

如果是无权代理，则本人与相对人之间的关系取决于本人是否追认。而如果相对人为善意，在本人追认前，可以行使催告权与撤销权（《民法总则》第 171 条）。

五、代理的种类

（一）法定代理与意定代理

这是以代理权发生的条件为标准所作的分类。

1. 意定代理，指根据被代理人的授权而发生的代理，即根据法律行为而发生的代理。我国《民法总则》及《民法通则》都称为委托代理。

2. 法定代理，代理人的代理权基于法律规定而发生者，为法定代理。我国《民法总则》第 34 条、《民法通则》第 14、16、17 条所规定的代理即是法定代理。《民法通则》第 64 条的指定代理，实际上属于法定代理。

（二）单独代理与共同代理

这是以是代理权属于一人或者多人为标准所作的分类。

1. 单独代理，指代理权属于一人的代理。无论是法定代理还是意定代理，均可产生单独代理。

2. 共同代理，指代理权属于两人以上的人的代理。共同代理权，应当由代理人共同行使，责任共同承担。如果一人未与其他代理人协商而为的代理行为，责任如何承担？《民法总则》第 166 条规定："数人为同一代理事项的代理人的，应当共同行使代理权，但是当事人另有约定的除外。"该规定仅仅指出了共同行使代理权，但未说明如何承担责任。《民通意见》第 79 条规定："数个委托代理人共同行使代理权的，如果其中一人或者数人未与其他委托代理人协商，所实施的行为侵害被代理人权益的，由实施行为的委托代理人承担民事责任。被代理人为数人时，其中一人或者数人未经其他被代理人同意而提出解除代理关系，因此，造成损害的，由提出解除代理关系的被代理人承担。"应该说，《民法总则》第 166 条应含有该意思。

在共同代理中，主要涉及发出意思与接受意思的效力、意思表示瑕疵问题的认定等问题。根据通说，不应当增加第三人送达意思表示的困难，共同代理也不应给第三人产生不利影响。因此，相对人只要向共同代理人中的一人发出意思表示就足以使被代理人受领该意思表示；只要共同代理人中的一人是恶意的，就可以认定被代理人的恶意；只要代理人中的一人发生了意思瑕疵，同样可以认定法律行为的意思瑕疵。[1]

（三）显名代理与隐名代理

这是以代理行为是否以本人的名义实施为标准所作的分类。

1. 显名代理，是以被代理人的名义实施的代理。我国《民法总则》及《民法通则》规定的代理是原则上都要求是这种代理。但并没有否定隐名代理的效力。

2. 隐名代理，不是以被代理人的名义实施的代理，但第三人知道或者根据情况可以得知被代理人的代理。

从隐名代理的意义中可以看出，实际上，第三人也知道被代理人。如果第三人知道被

---

〔1〕〔德〕迪特尔·梅迪库斯：《德国民法总论》，邵建东译，法律出版社 2000 年版，第 711 页。

代理人就不与代理人为法律行为的，代理不产生对被代理人的归属结果，即第三人不与被代理人发生法律上的权利义务关系。

应该说，从传统民法来看，代理以显名为必要和常态。因此，许多学者都将"显名"作为代理的有效要件。[1]其实，隐名代理也仅仅是形式上的问题，实际上，第三人也是能够知道被代理人的。我国《合同法》第402条第1款的规定显属隐名代理："受托人以自己的名义，在委托人的授权范围内与第三人订立的合同，第三人在订立合同时知道受托人与委托人之间的代理关系的，该合同直接约束委托人和第三人，但有确切证据证明该合同只约束受托人和第三人的除外。"

（四）直接代理与间接代理

首先应当说明的是，直接代理与间接代理根本不是代理的分类，因为间接代理并不是代理。本书仅仅是为了说明的方便，而将其作为类别来处理，目的在于说明二者的本质差异。

1. 直接代理。直接代理中的"直接"意为：代理的效力是由自身发生的，不需要由代理人通过一项特别的行为将行为效果转移给被代理人。也就是说，某人与代理人订立了合同就可以直接因该合同起诉被代理人；反之，也可以被被代理人起诉。而代理人虽然实施了法律行为，但是其不承担行为的法律后果，法律行为恰似绕过了代理人。[2]我们通常所谓的代理，一般是指直接代理。

2. 间接代理。间接代理是指受托人（代理人）接受委托人的委托，以自己的名义从事法律行为，从而自己首先取得行为的法律后果，然后再通过一项特殊的行为将行为后果转移给委托人的制度。就如德国学者所言：在间接代理中，法律后果首先是在行为人那里产生，然后必须通过其他行为（如债权转让、债务承担或者免除等）将法律后果转移给另外一个人。[3]

委托既可以产生直接代理，也可以产生间接代理，这其实取决于委托人的选择。当然，在大陆法系，民法所称的代理以直接代理为限，所谓的"间接代理"根本不是真正意义上的代理，只是类似于代理的一种制度，所以，直接代理与间接代理并不是代理的分类。

3. 直接代理与间接代理在法律意义上的区别。

（1）一般区别：①在行为的效果归属方面。直接代理的效果直接归属本人，在法律关系方面，本人与相对人是法律关系的当事人。但在间接代理中，因法律行为的效果不直接归属本人，所以，在法律关系方面，本人与相对人根本不成立当事人关系。例如，A代理B与C签订汽车买卖合同，B与C是买卖合同的当事人。假如，A为一行纪人，受B的委托，以自己的名义为B向C购买汽车，则汽车的所有权首先转移给A，然后再由A转移给B，最后B向A支付报酬。而B与C则没有当事人关系。②因欺诈、胁迫、错误的撤销权方面。在直接代理中，法律行为因欺诈、胁迫、错误的撤销权归属本人；而在间接代理中，因欺诈、胁迫、错误的撤销权归属间接代理人。在上述第一种情况中，A有撤销权；而在第二种情况中，A没有撤销权。③直接代理是代理人以被代理人的名义所为的法律行为，而间接代理是代理人以自己的名义所为的法律行为。④从法律关系上看，直接代理是被代理人

---

〔1〕 参见［日］富井政章：《民法原论（第一卷）》，陈海瀛、陈海超译，中国政法大学出版社2003年版，第230页；［德］卡尔·拉伦茨：《德国民法通论》（下册），王晓晔等译，法律出版社2003年版，第815页。

〔2〕 ［德］迪特尔·梅迪库斯：《德国民法总论》，邵建东译，法律出版社2000年版，第671页。

〔3〕 ［德］迪特尔·梅迪库斯：《德国民法总论》，邵建东译，法律出版社2000年版，第672页。

与第三人的法律关系，而间接代理是代理人与第三人的法律关系，这种关系约束被代理人仅仅是例外，即在披露第三人或者被代理人时，或者在订立合同时，第三人知道被代理人的情况下，才能约束被代理人。

（2）我国《合同法》中关于间接代理的特别规定。我国《合同法》除了规定了传统民法上的典型的间接代理——行纪外，还规定了英美法系国家外贸代理中的"间接代理"。

在国际贸易中，所谓的间接代理制度，实际上是指英美法系国家的一种代理制度。英美法系国家与大陆法系国家不同，其没有直接代理与间接代理的概念。对于第三人究竟是同代理人订立了合同还是同本人订立了合同的问题，英美法的标准是，对于第三人来说，究竟是谁应当对该合同承担义务，即采取所谓的义务标准。英美法在回答这个问题时区分三种不同情况：

第一，代理人在同第三人订立合同时，具体指出了本人的姓名。在这种情况下，这个合同就是本人与第三人订立的合同，本人应对合同负责，代理人一般不承担个人责任。

第二，代理人表示出自己的代理身份，但不指出本人的姓名。在这种情况下，这种合同仍然认为是本人与第三人之间的合同，应由本人对合同负责，代理人对该合同不承担个人责任。

第三，代理人在订立合同时根本不披露有代理关系的存在。如果代理人虽然得到了本人的授权，但他在同第三人订立合同时根本不披露有代理关系一事，即既不披露有本人的存在，也不指出本人是谁，这在英美法叫做未经披露的本人。在这种情况下，第三人究竟是同本人还是同代理人订立了合同，他们中谁应对合同负责，就是一个比较复杂的问题。毫无疑问，在这种情况下，代理人对合同是应当负责的，因为他在订立合同时根本没有披露有代理关系的存在，这样他实际上就是把自己置于本人的地位同第三人订立合同，所以，他应当对合同承担法律上的责任。问题在于，在这种情况下，未经披露的本人能否直接依据这一合同取得权利并承担义务？英美法认为，未经披露的本人原则上可以直接取得这个合同的权利并承担义务，具体有以下两种方式：①未经披露的本人有权介入合同并直接对第三人行使请求权或者在必要时对第三人起诉，如果他行使了介入权，他就使自己对第三人承担个人义务。按照英国判例，未经披露的本人行使介入权要受到两种限制：其一，如果未经披露的本人行使介入权会与合同的明示或者默示条款相抵触，他就不能介入合同；其二，如果第三人是基于信赖代理人而与其订立合同，则未经披露的本人也不能介入合同。②第三人在发现了本人之后，便享有选择权：他可以要求本人或者代理人承担合同义务，也可以向本人或者代理人起诉。但第三人一旦选择了本人或者代理人承担义务后，就不能再改变。[1]

我国《合同法》第 403 条规定："受托人以自己的名义与第三人订立合同时，第三人不知道受托人与委托人之间的代理关系的，受托人因第三人的原因对委托人不履行义务，受托人应当向委托人披露第三人，委托人因此可以行使受托人对第三人的权利，但第三人与受托人订立合同时如果知道该委托人就不会订立合同的除外。受托人因委托人的原因对第三人不履行义务，受托人应当向第三人披露委托人，第三人因此可以选择受托人或者委托人作为相对人主张其权利，但第三人不得变更选定的相对人。委托人行使受托人对第三人的权利的，第三人可以向委托人主张其对受托人的抗辩。第三人选定委托人作为其相对人

---

[1] 沈达明等编：《国际商法》（上），对外贸易出版社 1982 年版，第 300～303 页。

的，委托人可以向第三人主张其对受托人的抗辩以及受托人对第三人的抗辩。"这显然是上述英美法的制度，其特点可以具体归纳为：

第一，代理人的披露义务。如果第三人丧失了清偿能力或者对被代理人实施了根本违约行为，或者在合同债务的履行期限届满前，就已经明示了将违约，则被代理人有权要求代理人披露第三人。反之亦然，代理人因被代理人的原因对第三人不履行义务，代理人有义务向第三人披露被代理人。

第二，被代理人的介入权。代理人向被代理人披露第三人后，被代理人可以行使代理人对第三人的权利，但第三人与代理人订立合同时如果知道该委托人就不会订立合同的，或者被代理人行使介入权同代理人与第三人订立的合同条款相抵触的除外。第三人在接到被代理人行使介入权的通知后，不得再向代理人履行义务。

第三，第三人的选择权。代理人向第三人披露被代理人后，第三人可以选择代理人或者被代理人作为相对人主张权利，但第三人不得变更选定的相对人。

第四，第三人或者被代理人的抗辩权。被代理人行使代理人对第三人的权利的，第三人可以行使其对代理人行使的抗辩权；第三人选定被代理人作为相对人主张权利时，被代理人可以行使其对代理人的抗辩权及代理人对第三人的抗辩权。

（3）小结。大陆法系国家在确定第三人究竟是与代理人还是同本人签订了合同的问题上，采取的标准通常是看代理人是以代表的身份同第三人订立合同，还是以他自己个人的身份同第三人订立合同。如果代理人是以代理的身份同第三人订立合同的，这个合同就是第三人同本人之间的合同，合同的双方当事人就是第三人与本人，合同的权利义务直接归属本人，由本人直接对第三人负责。在这种情况下，代理人在同第三人订立合同时，可以指明本人的姓名，也可以不指出本人的姓名，而仅仅声明他是受他人的委托进行交易。但无论如何，代理人必须表示他作为代理人订约的意思，或者缔约时的环境可以表明这一点。否则，就将认为是代理人自己同第三人订立合同，代理人就应当对合同负责。反之，如果代理人是以他个人的名义同第三人订立合同，则无论代理人是否得到本人的授权，这种合同都将被认为是代理人与第三人之间的合同，代理人自己承担法律后果。[1]这样做的目的有三：①保护本人的利益，避免代理人将自己行为的不利后果归属本人。代理人具有双重角色：一是代理人的角色，二是自己作为民事主体的角色，这两种角色必须明确区分。②维护合同的相对性。③维护逻辑上的一致性：既然代理人没有以被代理人的名义签订合同，就没有将这种法律后果归属于本人（被代理人）的法律依据。

基于这种标准，大陆法系明确区分直接代理与间接代理。直接代理是指代理人在本人的代理权限内，以被代理人的名义同第三人订立合同，其效力直接及于本人的代理；而间接代理是指代理人以自己的名义，但为了本人的利益计算与第三人订立合同，再将取得的权利义务转移给本人的代理。在大陆法系的德国与法国，间接代理称为行纪。行纪人虽然是受本人的委托并为本人的计算而与第三人订立的合同，但在订立合同时不是以本人的名义而是以代理人自己的名义缔约，因此这个合同的双方当事人是代理人与第三人，而不是本人与第三人。本人不能仅仅凭借这个合同直接对第三人主张权利，只有当代理人把他从这个合同中所取得的权利转让给本人之后，本人才能对第三人主张权利。[2]而英美法系则采取义务标准（如前所述）。

---

[1] 沈达明等编：《国际商法》（上），对外贸易出版社1982年版，第299页。
[2] 沈达明等编：《国际商法》（上），对外贸易出版社1982年版，第300页。

我国民法在基本结构上是借鉴德国民法典的基本框架，当无疑问。《合同法》规定的这种间接代理的规定是否与民法体系协调，实有疑问。

（五）本代理与复代理

这是在多层代理中，以代理关系所处的层次为标准而作的分类。

1. 概念。本代理是指第一层代理，即由被代理人选任或者法律规定的代理人而产生的代理。而复代理是指由代理人为被代理人再选任代理人，使其行使全部或者部分代理权而形成的代理，也即第二层代理。相对于第一层代理来说，称为复代理或者再代理。我国《民法总则》第169条上规定的"转委托"，实际上就是复代理。

2. 复代理的基础——复任权。是否在任何代理关系中，代理人都可以为被代理人再选任代理人而形成复代理呢？对这一问题的回答当然是否定的，因为若代理人再为被代理人选任代理人，必须有复任权。而复任权在意定代理与法定代理中，有较大的不同。

（1）意定代理。在意定代理中，除非当事人特别约定及特别事由，代理人原则上无复任权。我国《民法总则》第169条第3款规定的转委托就是在第七章第二节"委托代理"中规定的；《民法通则》第68条规定的转委托也是针对意定代理。

在意定代理中，只有在特别情况下（紧急情况下），代理人才有复任权。《民通意见》第80条规定："由于急病、通讯联络中断等特殊原因，委托代理人自己不能办理代理事项，又不能与被代理人及时取得联系，如不及时转托他人代理，会给被代理人的利益造成损失或者扩大损失的，属于民法通则第68条中的'紧急情况'。"

（2）法定代理。法定代理人应当具有复任权，理由是：①被代理人没有同意的能力；②法定代理权具有概括性，而因法定代理的被代理人因无行为能力或者行为能力受到限制，对其代理人不能代理的行为，其不能另外选任代理人，故若不赋予法定代理人以复任权，将损害被代理人利益。

3. 复代理中的基本问题。

（1）被代理人、本代理人与复代理人的关系。通说认为，虽然代理人的任命是多层次的，但复代理人依然是被代理人的代理人，而不是代理人的代理人。因此，复代理权可以由被代理人及本代理人撤回。[1]

（2）复代理权的范围。通说认为，本代理人所享有的代理权并不因复代理而受到影响。复代理权的范围可能等于或者小于本代理人所享有的代理权限。[2]如果超出，则不是复代理，要么是无权代理，要么是本代理（若被代理人授权）。

（3）复代理的法律效果归属。虽然本代理人是处于被代理人的地位授权，但通说认为复代理人是被代理人的代理人，而不是本代理人的代理人，因此，复代理人的行为结果归于被代理人。我国《民法总则》第169条第2款还规定："转委托代理经被代理人同意或者追认的，被代理人可以就代理事务直接指示转委托的第三人，代理人仅就第三人的选任以及对第三人的指示承担责任。"

（4）复代理的有效要件。①本代理合法存在。复代理是建立在本代理之上的第二层代理，因此，本代理有效存在是复代理存在的基础。②复代理人由本代理人选任。这也是复代理的由来本性，反之，若另外一个代理人由被代理人选任，则只能是本代理。③本代理人必须有复任权。④复代理人的代理权不得大于本代理人的代理权。若本代理人对复代理

---

〔1〕 ［德］迪特尔·梅迪库斯：《德国民法总论》，邵建东译，法律出版社2000年版，第720页。

〔2〕 ［德］卡尔·拉伦茨：《德国民法通论》（下册），王晓晔等译，法律出版社2003年版，第858页。

人的授权超出自己的代理权，相对于被代理人而言，就是无权代理。

六、代理与类似制度的区别

（一）代理与传达的区别

传达人是指向相对人表示委托人已经决定的意思或者将已经完成的意思表示传达给相对人的人。[1]代理与传达的共同之处在于：二者都涉及意思表示的归属，即无论是传达人，还是代理人，结果都不是由他们承担，而是由委托人承担。二者的主要区别是：

1. 代理人是自己为意思表示，而传达人传达的是他人的意思。代理人是根据被代理人的授权，在授权范围内自由决定意思表示的内容，而传达人则一般无权决定意思表示的内容，而是传达委托人的意思。如果传达人有自由决定意思表示内容的权利，实质上就不是传达而是代理了。

另外，传达有可能传达错误，此时效力如何？德国学者拉伦茨指出：在这种情况下，如果传达人没有像委托人所说的那样去传达，而是在重述时犯有错误，那么委托人必须把传达人所传达的内容作为自己作出表示的内容。他可以撤销这一表示，就如同撤销他自己所作的有错误的表示一样。由于传达人只不过是委托人延长了的手臂，因而在这种情况下与自己错写或者出现其他错误没有什么两样。[2]

2. 无行为能力人不能为代理人，但可以为传达人。

3. 代理人的意思表示有没有错误、是否为善意等，应当以代理人为判断标准，而在传达则以被传达人为标准。

4. 身份行为不能代理，但可以传达。

（二）代理与代表的区别

代理与代表的区别主要有二：

1. 代理是代理人自己为意思表示，但效果归属被代理人，而代表则是以法人的名义为意思表示结果当然归属法人的行为，因为，代表机关本身就是法人的组成部分，例如董事长本身就是法人的手足。

2. 代理只是限于法律行为，但代表也包括侵权行为和事实行为。例如，代理人在代理活动中，所造成的侵权行为，被代理人不负担责任。但是，如果是代表人，则法人应当对其代表人的侵权行为承担责任。

（三）代理人与占有辅助人的区别

在自物权与他物权中，占有主都可以让另外一个人替自己实际地占有该物，此人便是占有辅助人。德国学者梅迪库斯指出：行使实际支配、本身不是占有人的人叫"占有辅助人"，另外一个人叫"占有主人"，但法律只承认占有主人为占有人[3]。《德国民法典》第855条规定："某人在他人的家事或者营业中或者在类似的关系中，为他人行使对物的事实上的支配力，而根据这一关系，其须遵从他人有关物的指示的，只有该他人是占有人。"

一般而言，代理的对象仅仅限于法律行为，因占有是一种事实，不能代理，但是可以发生占有辅助关系，例如，商店的工作人员受人指示而对物进行占有。但在出卖时，雇员就是代理关系。

但是，占有辅助人有可能与代理人发生重叠，例如，购物中心的女售货员既是代理人，

---

〔1〕　[日] 山本敬三：《民法讲义Ⅰ·总则》，解亘译，北京大学出版社 2004 年版，第 230 页。

〔2〕　[德] 卡尔·拉伦茨：《德国民法通论》（下册），王晓晔等译，法律出版社 2003 年版，第 823 页。

〔3〕　[德] 迪特尔·梅迪库斯：《德国民法总论》，邵建东译，法律出版社 2000 年版，第 678 页。

也是占有辅助人。行为人是以何种身份出现的，也视具体的事实而定。此外，无代理权的占有辅助人是比较常见的（如购物中心雇佣的司机）。[1]

（四）代理人与履行辅助人及执行辅助人的区别

履行辅助人及执行辅助人在我国民法上没有规定，理论上也较少涉及，但实践中却经常出现，故在责任认定上就存在混淆。对此，《德国民法典》的规定可以为我们所借鉴。《德国民法典》第278条及第831条分别规定了履行辅助人及执行辅助人（执行助手）的责任归属。

《德国民法典》第278条规定："债务人对其法定代理人或其为履行债务而使用的人所有的过失，应与自己的过失负同一范围的责任。"这是关于履行辅助人责任的规定。《德国民法典》第831条规定："雇佣他人执行事务的人，对受雇人在执行事务时不法施加于第三人的损害，负赔偿义务。但雇佣人在选用受雇人，并在其应提供设备和工具器械或应监督事务的执行时，对装备和监督已尽相当的注意，或纵然已尽相当的注意也难免发生损害者，不负赔偿责任。"这是关于执行辅助人责任的规定。履行辅助人及执行辅助人因在我国民法上没有规定，而在实践中经常出现，故与代理关系相当难以区分。例如，一个商场的售货员在出售电冰箱时，不慎将顾客碰伤，商场对于顾客的赔偿责任是基于售货员与商场的代理关系、事务履行关系，还是事务执行关系？因此，分清这些关系的实践意义颇大。

1. 代理人与履行辅助人。债务人为履行债务而使用的人叫作履行辅助人。债务人的履行辅助人的行为，被作为债务人自己的行为而归责于债务人，以致债务人必须对其履行辅助人的行为承担责任，就像他自己实施了辅助人行为时必须承担责任一样。例如，购物中心雇佣的司机在将家具运送至顾客家中的途中，因驾驶不慎而使家具受损，购物中心的所有权人应对此承担责任。[2]

代理人与履行辅助人之间的不同在于这二者涉及的归属因素不同：代理人是意思表示的归属，而履行辅助人是违约行为的归属。

但是，代理人与履行辅助人这两种角色有可能重叠，例如，商店的售货员既是代理人，也是履行辅助人。[3]但是，这两种角色在许多情况下也是可以分离的，例如家具店的送货司机就仅仅是履行辅助人而不是代理人。

另外，《德国民法典》第278条还涉及法定代理人的责任归属问题。对此，德国学者指出：如果孩子的父母不是以孩子的代理人身份从事法律行为，而是以其他方式从事行为，则孩子应根据《德国民法典》第278条的规定，为其父母的行为承担责任。父母的缔约行为从代理角度看应归属于孩子，而父母不适当履行合同义务的行为，则根据《德国民法典》第278条归属于孩子。[4]这种解释对我国实践有较大的借鉴意义。

2. 代理人与执行辅助人。代理人与执行辅助人的区别在于：代理是意思表示的归属，而执行辅助则是侵权责任的归属，即执行辅助人的侵权行为责任归属于他人（使用人）。

3. 履行辅助人与执行辅助人。如果抛开法定代理人，履行辅助人与执行辅助人在人的范围上大概难以区分，仅仅是责任性质的问题，即履行辅助人涉及违约责任的归属问题，而执行辅助人则涉及侵权责任的归属问题。而在责任归属方面的条件也有所不同：履行辅助人的行为后果直接归属于债务人（委托人），而执行辅助人的雇佣人在证明自己已尽到善

---

[1] ［德］迪特尔·梅迪库斯：《德国民法总论》，邵建东译，法律出版社2000年版，第678页。
[2] ［德］迪特尔·梅迪库斯：《德国民法总论》，邵建东译，法律出版社2000年版，第675页。
[3] ［德］迪特尔·梅迪库斯：《德国民法总论》，邵建东译，法律出版社2000年版，第675页。
[4] ［德］迪特尔·梅迪库斯：《德国民法总论》，邵建东译，法律出版社2000年版，第676页。

良管理人的注意义务后可以免责。

4. 代理人、履行辅助人与执行辅助人重叠后的后果区分。在代理关系中，一般地说，被代理人对于代理人的侵权行为是不负赔偿责任的；而在履行辅助关系中，委托人仅仅对履行辅助人的违约责任承担责任；在执行辅助关系中，使用人仅仅在选任辅助人及监督或者其他情形中未尽注意义务而有过错时，才对其不法侵权行为承担后果。

有的时候，当这三种身份重叠在一起时，就要分清责任的根据与规范基础。如上述购物中心的女售货员既是代理人，又是履行辅助人与执行辅助人，其与顾客的买卖关系成立后果归属于购物中心是根据代理关系；若发生违约责任，由购物中心负责则是根据履行辅助关系；若发生对顾客身体或者人格权的侵害时，购物中心承担赔偿责任则是根据执行辅助关系。

（五）代理与代理商

代理商是对某种品牌的产品进行销售的商事主体，如德国大众汽车在华代理商。代理商分很多种，其中最重要的是独家代理商与非独家代理商。独家代理商是某品牌产品在某地区仅仅允许此一家销售或者服务，而不允许第二家。

代理商与代理毫无关系，而是一种产品或者服务的销售方式。代理商都是独立民事主体或者商事主体，其与顾客之间以自己的名义订立合同，权利义务归属自己。多数代理商是从产品或者服务的品牌生产商购买产品或者服务后再卖给顾客。

■第二节　有效代理的要件与后果

一、有效代理的要件概述

德国学者拉伦茨指出，代理有效的前提条件在于：①法律原则上承认一人可由他人代理进行效果及于该他人的行为；②在具体情况下符合法律规定的条件。法律所规定的两个先决条件是：①以被代理人的名义所作的表示；②在代理人所享有的代理权限内活动。[1] 除此之外，笔者认为，有效代理还应具备两个条件：一是行为人应具备相应的行为能力；二是代理的行为应是法律允许的法律行为。下面我们将详细讨论这些要件。

二、代理人应当具有代理权——代理有效的第一要件

代理权是代理有效的重要条件之一。代理人的意思表示的自由决定权及代理后果归属被代理人承担的一个很重要的基础就是代理权，因此，代理人必须在代理权限范围内活动，才发生归属被代理人的法律后果。

（一）代理权发生的根据

代理权发生的根据可以分为两大类：一类是被代理人的授权；另一类是法律的规定。前者称为意定代理权，后者称为法定代理权。代理也因此分为意定代理与法定代理。

在意定代理中，代理人的行为之所以归属于被代理人，是因为被代理人的同意。而同意可以事先为之，也可以事后为之。事先的同意称为"授权"，事后的同意称为"追认"。

在法定代理中，我们通常理解的主要是父母或者其他监护人对于未成年人或者其他行为能力有欠缺的人的代理。但在现实的法律框架内，法定代理要较之宽泛得多。按照德国学者梅迪库斯的观点，"依职当事人"与法人的代表机关也属于法定代理。"依职当事人"

---

〔1〕　［德］卡尔·拉伦茨：《德国民法通论》（下册），王晓晔等译，法律出版社 2003 年版，第 815 页。

是指某些管理他人财产的管理人，如破产管理人与遗产管理人。就"依职当事人"来说，担任这些职务后，当事人都享有处分他人财产的权限，而且能够使财产主体享有权利、承担义务。例如，破产管理人有权为破产财团与破产债务人为法律行为；遗产管理人和遗嘱执行人有权为遗产的继承人为法律行为。这些是典型的代理的效果。此类代理属于法定代理，因为代理的效果是依据法律规定产生的，即使当事人在具体情况下不希望这些效果发生，它们仍然会发生。而所谓的"机关代表"，也仅仅是法定代表的一种特殊情况。如公司与合作社的董事会，法律在这些地方虽然都规定的是代表，但就此认为这些地方指的不是代理的规定，是缺乏说服力的。在这里，代理权发生的理由是法律的规定以及被任命为机关。[1]在这里，梅迪库斯是在代理的实质意义上而言的。我国《民法总则》第170条规定："执行法人或者非法人组织工作任务的人员，就其职权范围内的事项，以法人或者非法人组织的名义实施民事法律行为，对法人或者非法人组织发生效力。法人或者非法人组织对执行其工作任务的人员职权范围的限制，不得对抗善意相对人。"

由于法定代理是基于法律规定产生的，故研究其产生根据并无重要意义。所以，下面仅就意定代理作简要的阐述。

（二）代理权的授予（委托代理）

在代理权的授予中，有以下三个问题殊值探讨：一是代理权授予的方式；二是授权行为的性质；三是代理权授予是否可以附有条件或期限。

1. 代理权授予的方式。通说认为，代理权的授予，既可以通过内部授权的方式，也可以通过外部授权的方式为之。《德国民法典》第167条规定了这两种方式。

内部授权通常是由被代理人向代理人发出授权的意思表示，该意思表示为有相对人的意思表示，其成立应适用有相对人的意思表示的规则。

外部授权是指由被代理人通过向与代理人进行行为的相对人（第三人）发出表明授权于代理人的意思表示而为之。

2. 授权行为的性质。授权行为是单方法律行为还是契约行为，学理上存在分歧。大致有以下几种观点：

（1）单方行为说。这种学说认为：代理权的授予行为是被代理人授予代理人代理权的单方意思表示，不管代理人是否同意，都认定有代理权授予的存在。德国学者拉伦茨就持这种观点，他认为：代理权的授予是一种单方面形成的法律行为，而且是一种权力的授予行为。只要有委托代理权的授予人的意思表示就够了，因而代理权限的产生并不取决于委托代理人的同意。但是，人们必须承认他享有他所不希望有的委托代理权的权利。如果委托代理权是通过完全应该获得允许的委托代理权的授权人和委托代理人之间所签订的协议所授予的，那么这种权利就不存在了。[2]

（2）无名契约说。代理权授予行为是被代理人与代理人关于代理权授予与接受的一种无名契约。依此见解，代理权的授予需要代理人的同意。[3]

将代理权的授予行为解释为单方法律行为还是契约行为，在下列情形下将具有重大意义：①在认定代理权是否发生方面，单方行为说认为，只要被代理人有授予代理权的意思表示，代理权即对代理人产生，不待代理人同意；而无名契约说则认为，必须双方就代理权的授予

---

〔1〕 ［德］迪特尔·梅迪库斯：《德国民法总论》，邵建东译，法律出版社2000年版，第706～707页。

〔2〕 ［德］卡尔·拉伦茨：《德国民法通论》（下册），王晓晔等译，法律出版社2003年版，第860～861页。

〔3〕 ［日］山本敬三：《民法讲义Ⅰ·总则》，解亘译，北京大学出版社2004年版，第233页。

达成一致，代理权才能发生。②当涉及限制行为能力人可以作为代理人而可为有效代理行为时，似乎单方法律行为更能够合理地说明之。德国学者拉伦茨认为：虽然单方授权行为为一般情形，也没有任何实质理由认为不允许通过合同赋予代理权。[1]笔者个人赞同单方行为说，因为单方行为说在代理的体系框架内，与其他制度能够更好地融合，如说明限制行为能力人的代理问题、代理权授予与基础关系的问题等方面。

3. 代理权授予是否可以附条件或者附期限。如果将代理权的授予理解为形成权，则代理权的授予就是不可以附条件或者附期限的。但是，通说认为，因代理权相对于第三人的特殊性，是可以附条件或者附期限的。德国学者梅迪库斯就指出：代理权的情形有所不同，因为只要被授权人不能够证明其享有代理权，那么第三人就没有必要同这么一个处于不确定状态的被授权人订立合同，并且可以拒绝其从事的单方法律行为。根据法律的宗旨，代理权的授予是可以附期限或者条件的。[2]德国学者拉伦茨也这么认为。[3]我国民法上没有这种明确规定，从利益衡量角度看，也可以作相同的解释。

（三）代理权的授予与基础关系的关系

在通常情况下，被代理人授予代理人代理权以及代理人为被代理人为法律行为都不是无缘无故的，而必有一定的原因，例如，法定代理是基于监护关系；意定代理是基于被代理人与代理人之间的合同关系，根据这种合同关系，代理人为被代理人为法律行为，被代理人通常要支付报酬（例外的也有无偿的代理）。而这种代理权背后的"原因"，通常就是基础关系。对此，德国学者拉伦茨指出：代理人与被代理人之间所存在的法律关系是委托代理权的基础。这种法律关系也确定了代理的目的以及代理人仅在特定意义上使用代理权的义务。而且这种法律关系本身也确定了代理人所享有的请求权，如对他的支出予以补偿或者对他的活动给予报酬的请求权，以及对他人所承担的其他的义务。与代理权能不同，人们把这种法律关系称为"内部关系"，因为其内容不是代理人对于第三人是否可以进行法律行为，而是代理人与被代理人之间的关系。在法定代理的情况下，这种内部关系是一种法定的债务关系，它或者基于广泛的家庭法，或者基于监护人、保佐人、遗产管理人或者遗嘱执行人的指定。[4]

这种代理权的授予与基础关系的关系，在司法实践中最典型的莫过于律师与当事人的代理关系。在这种关系中，通常律师要与当事人（被代理人）签订一个委托代理合同，合同中要明确约定双方的权利义务，然后再由被代理人向律师（代理人）签署一份授权书，明确代理权的范围。律师在出庭时，法院仅仅要求律师出示书面授权书而不要求出示双方签订的委托代理合同。委托代理合同由双方签字，而授权委托书仅仅由被代理人签字即可。由此也可以看出，我国司法实践对于授权行为采取的是单方行为说。

那么，代理权与基础关系的关系如何？1866年以前的民法学理与立法均不区分基础关系与代理权的授予，认为委托契约必然伴随着代理权的授予，代理是委托契约的对外效力，或者委托关系的外部表现，代理权的授予必然基于委托契约，二者是同一事物的两个方面。而相应地，将授权行为作为无名契约也就顺理成章了。罗马法就将委托与代理视为同一，《法国民法典》承袭此制，成为近代这一立法模式的代表，该法典仅仅规定了"委托"，而

---

〔1〕［德］卡尔·拉伦茨：《德国民法通论》（下册），王晓晔等译，法律出版社2003年版，第861页。

〔2〕［德］迪特尔·梅迪库斯：《德国民法总论》，邵建东译，法律出版社2000年版，第711页。

〔3〕［德］卡尔·拉伦茨：《德国民法通论》（下册），王晓晔等译，法律出版社2003年版，第860页。

〔4〕［德］卡尔·拉伦茨：《德国民法通论》（下册），王晓晔等译，法律出版社2003年版，第855页。

没有规定"代理",《法国民法典》第 1984 条规定:"委托或者代理,为一方授权他方以委托人的名义为其处理事务的行为。"日本学者对该条解释道:按《法国民法典》,代理权仅因委托契约而生,契约之外别无代理权的渊源。委托契约与代理权的授予有因果关系,授权的意思表示仅仅是委任契约之申告,而委任契约即以代理权之授予为目的契约。[1]这清楚地反映出其委托与代理不分的思想。

时至 1866 年,德国学者拉邦德(Laband)发表了题为"代理权授予与其基础关系的区别"一文,从法学理论的角度指出了代理权与它所依赖的法律关系之间的差别,其观点为德国民法典所采纳。根据这种观点,委托代理权的授予需要一个区别于设立这种内部关系的专门行为,即授权行为,内部关系本身并不会产生代理权。不仅如此,按照德国学者的主流观点,相对于基础行为而言,代理权的授予是无因的。[2]日本学者更清楚地概括道:德国法系,谓委任契约及代理权的发生,全无因果关系,委任契约以代他人处理事务为目的,代理权的授予,则成立于别种授权的单独行为(即单方行为)。授权虽多与委任契约同时成立,是仅欲受任者,履行契约上之义务,以达委任之目的而已,二者性质迥然不同。委任契约非以法律行为的代理为目的,虽其契约成立与代理权之发生同时,然其所生之法律关系,不外本人与代理人之契约关系也。代理权非其契约之结果,盖因授权之别种行为而发生,虽有委任契约,未必即予以代理权,而授权也有成立于没有委任契约的情形。要之,授权非因委任及其他契约而然,为纯然之单独行为,不必等代理人的承诺,惟因本人对于代理人或者第三人的意思表示而成立。[3]

代理权相对于其基础关系的这种独立性与无因性,在限制行为能力人为代理的情况下颇具说明意义。在被代理人与作为限制行为能力人的代理人之间所签订的委托合同效力待定,而未成年人的法定代理人拒绝追认时,则委托合同自始无效。但被代理人授予未成年人代理权的行为为单方法律行为,无需相对人承诺即生效力,因此并非无效,也不需要未成年人的法定代理人追认。因此,许多国家的民法典都规定:代理不因代理人为限制行为能力人而无效。

但是,不能绝对坚持代理权授予的无因性,有时,代理权也会因基础关系消灭而消灭,特别是在内部授权的情况下,二者关系密切,往往是基础关系消灭,代理权也消灭。

学者一般认为,代理权与委托关系的关系类型体现在三个方面:①授权行为伴随有基础法律关系。这一类型为常态,在这种类型中,既有基础关系,又有授权行为,如具有劳动合同关系的法人给予职工的授权。②虽有基础关系而无授权行为。如商店雇佣某人作为职工,但先命其实习观摩而不授予其售货的代理权。③仅有授权行为而无基础关系。例如,甲乙基于友情,甲委托乙代交房租。[4]

在无基础关系而仅有代理权的情况下,或者基础关系无效或者消灭后,被代理人与代理人之间的关系应如何解释?因为代理权仅解决代理人与第三人之行为结果的归属问题,而不解决代理人与被代理人之间的关系问题,所以,此一问题必须从规范上明确。德国学者认为,应适用无因管理的规定,拉伦茨指出:如果不存在有效的委托代理关系,应适用

---

〔1〕 [日]富井政章:《民法原论(第一卷)》,陈海瀛、陈海超译,中国政法大学出版社 2003 年版,第 289 页。

〔2〕 [德]卡尔·拉伦茨:《德国民法通论》(下)册,王晓晔等译,法律出版社 2003 年版,第 855 页。

〔3〕 [日]富井政章:《民法原论(第一卷)》,陈海瀛、陈海超译,中国政法大学出版社 2003 年版,第 289～290 页。

〔4〕 张俊浩主编:《民法学原理》(上册),中国政法大学出版社 2000 年版,第 320 页。

无因管理的规定。因此，委托代理权不受内部关系的拘束是抽象的。委托代理权的范围原则上也取决于委托授权的内容，而不是内部关系所表明的关系目的的规定。[1] 也正是基于这一认识，限制行为能力人可以作为代理人，无因管理可以保证其不受损失。

（四）代理权的范围

1. 代理权范围的一般概述。代理权的范围因法定代理与意定代理而有不同：在法定代理中，代理权的范围由法律规定，一般是概括代理权；而在意定代理中，被代理人有权自由决定授权的具体范围，可以是授权代理人从事某项特别行为，也可以授予概括代理权。

2. 代理权的法律限制。学理之通说认为，代理权的限制分为：自己代理的限制、双方代理的限制、赠与代理的限制及滥用代理权的限制。我国《民法总则》第168条仅仅规定了自己代理与双方代理的限制，但根据法定代理的立法宗旨，赠与代理当然应该限制。另外，根据诚实信用的原则，滥用代理权当然也应该受到限制。同时，我国《民法总则》第164条第2款规定："代理人和相对人恶意串通，损害被代理人合法权益的，代理人和相对人应当承担连带责任。"

（1）自己代理。

（a）自己代理的一般性禁止。大陆法系国家的法律一般都规定，代理人不得以被代理人的名义与自己从事法律行为，以避免代理人损害被代理人的利益。例如，A是B的代理人，被委托为B购买一台电脑，结果A自己是经营电脑的，就以被代理人A的名义与自己订立买卖合同。

我们说，这种行为也许会是公平的。但是，法律之所以禁止这种情况，有其合理的理由：

第一，任何人都有自我利益的计算，代理人在代理被代理人与自己进行交易时，究竟是在使什么人的利益最大化？一般是使自己的利益最大化。

第二，在合同关系中，"合意"如何形成？意思的对接在自己的大脑中。"合意"就有可能是代理人一方的意思。

（b）自己代理的例外允许：①经本人同意——这种同意实际上是消灭了上面禁止的两个理由。但是，只适用于意定代理。我国《民法总则》第168条第1款规定的例外，实际上就是这个意思。②法律行为是为了履行债务。例如，如果父母对子女享有费用补偿请求权的，可以从子女的财产中转移给自己，具体例如：子女有自己的财产，但子女对他人造成了人身伤害，如果父母不应当为此承担责任的，父母首先承担了责任，然后可以将子女的财产中转移给自己。但是，这是德国及我国台湾地区"民法"的规定，在我国没有这种规定，但也应当认为这种自己代理是可以的。

（c）自己代理的法律后果。自己代理的法律后果为何？有的学者认为：应构成无权代理，理由是代理人根本就没有实施自己代理的代理权。[2] 笔者同意这种观点。

在自己代理制度中，有一种变种的自己代理行为，即代理人为自己寻找一个代理人，代理人代理被代理人与代理人的代理人进行交易。这仍然没有改变自己代理的性质。

（2）双方代理。

（a）一般性禁止。双方代理是代理人同时代理双方当事人为同一法律行为，这种情况

————————

〔1〕［德］卡尔·拉伦茨：《德国民法通论》（下册），王晓晔等译，法律出版社2003年版，第856页。

〔2〕［日］山本敬三：《民法讲义Ⅰ·总则》，解亘译，北京大学出版社2004年版，第237页；［德］卡尔·拉伦茨：《德国民法通论》（下册），王晓晔等译，法律出版社2003年版，第830页；［德］迪特尔·梅迪库斯：《德国民法总论》，邵建东译，法律出版社2000年版，第725页。

第十章

多发生在合同中。例如，A 授权甲出卖汽车，而 B 则授权甲购买汽车，而甲就同时代理 AB 订立买卖合同。这种禁止的一般理由同自己代理是一样的：①同时代理双方为同一法律行为，不符合为被代理人利益最大化的代理要求。因为代理制度对代理人的基本要求是代理人必须为了被代理人的利益计算而尽责，如果代理人代理双方为法律行为，难以做到为双方利益最大化，在许多情况下，往往是以损害一方的利益为代价。②"合意"是不真实的。由于代理人代理双方交易（缔结契约），而这种契约却是在代理人一人的头脑中形成的，因此，所谓的"合意"是不存在的。

（b）双方代理的例外允许：①双方被代理人同意或者追认（不适用于法定代理）；②代理仅仅是为了履行双方的义务。

在双方代理关系中，也有一种双方代理的变种，即为一方被代理人任命一个复代理人，再代理另一方与复代理人进行交易。如图 10-1：

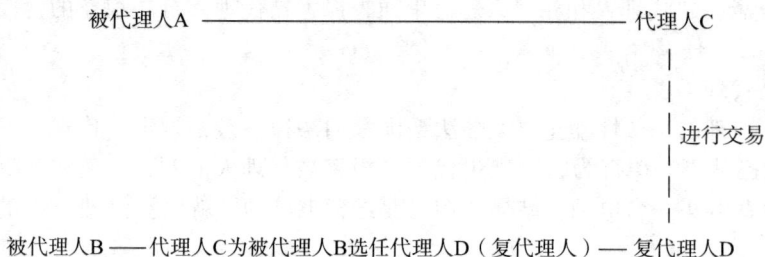

被代理人A ——————————————————————— 代理人C
                                                                    |
                                                                    |
                                                              进行交易
                                                                    |
                                                                    |
被代理人B —— 代理人C为被代理人B选任代理人D（复代理人）—— 复代理人D

图 10-2 双方代理关系图

（c）双方代理的法律后果。在双方代理的法律后果方面，也应适用无权代理的规定。

（3）赠与的一般性禁止。这种情况主要是对法定代理人的限制。在意定代理中，如果没有授权而从事赠与行为，当然属于无权代理而不对被代理人发生效力。但在法定代理中，由于授权是概括性的，因此，才可能发生代理赠与的行为。在法定代理中，因被代理人无行为能力或者限制行为能力，故容易损害被代理人利益。所以，这种禁止是必要的。

（4）代理权的滥用。

（a）代理人与第三人恶意串通，损害被代理人的利益。例如，A 是 B 的代理人，B 授权 A 出卖电脑，A 就找到 C，以较低的价格出卖，但条件是 C 必须把一定比例的折扣给 A。

（b）代理人一方损害被代理人。

（c）对第三人的保护：

在第一种情况下，不存在善意第三人保护问题。

在第二种情况下存在善意第三人的保护问题，但仅仅限于有偿行为。对于这里所谓的"善意"应如何解释？有人认为，第三人必须是积极地知道了代理权的滥用；也有人认为，只要第三人应当知道即可；折中的观点则认为，代理权滥用的明显性是必要条件和充分条件，即代理权的滥用对于第三人而言必须是显而易见的，第三人根据其知悉的一切情形，只要不是熟视无睹，就不可能不知道这种滥用。[1]目前折中说占据重要地位。

（d）代理权滥用的法律后果：

第一，在代理人与第三人恶意串通损害被代理人利益的情况下，不仅代理行为无效，

---

〔1〕〔德〕迪特尔·梅迪库斯：《德国民法总论》，邵建东译，法律出版社 2000 年版，第 729 页。

而且代理人与第三人对于被代理人的损失负连带赔偿责任。对此，我国《民法通则》第 66 条第 3 款明确规定："代理人和第三人串通、损害被代理人的利益的，由代理人和第三人负连带责任。"

第二，在一方滥用代理权的情况下，对于善意第三人应当予以保护，即代理行为有效，被代理人因此受到的损失，由代理人承担；对于恶意第三人，即根据当时情况其显而易见地知道代理权滥用时，代理行为无效，因无效给被代理人造成的损失，由代理人与第三人负连带责任，对此，我国《民法通则》第 66 条第 4 款明确规定："第三人知道行为人没有代理权、超越代理权或者代理权已终止还与行为人实施民事行为给他人造成损害的，由第三人和行为人负连带责任。"

3. 所授予的代理权不明的法律后果。对于这一问题，各国立法例有所不同。例如，在日本，因其仿效法国法例，故在代理权授予不明的情况下，代理人只能实施管理行为，[1] 而不能为处分行为。管理行为按照日本学者的解释，主要有两种：一为保存行为，即如对毁坏房屋的修缮、对权利的保全等；二为不改变代理目的或者性质的改良行为。[2] 但德国民法并没有这种限制。

对于这一问题，我国《民法总则》没有明确规定，但《民法通则》第 65 条第 3 款规定："委托书授权不明的，被代理人应当向第三人承担民事责任，代理人负连带责任。"这一规定恰恰反映出在授权不明的情况下，代理人如果为处分行为将会给自己带来风险。笔者认为，在授权不明的情况下，被代理人应就代理后果负担责任；代理人仅仅在有过错的情况下，才对被代理人承担责任，而不是向第三人承担责任。

4. 默示代理权。如果代理人履行其具有明示代理权的行为时，另外一项行为虽然未得到被代理人的授权，却为履行明示事项的通常方式所需要，代理人对该事项享有默示代理权。例如，被代理人 B 明确授权代理人 A 买鸡蛋，A 顺便买了一个装鸡蛋用的袋子。一般认为，B 虽然没有明确授权 A 买袋子，但因为袋子为履行被授权的行为所需要，因此，也认为 A 具有买袋子的代理权。

（五）代理人之意思瑕疵、善意的判断及归属

代理人在代理权限内为法律行为，若意思存在瑕疵或者需确定是否善意，应以代理人为判断标准还是以被代理人为判断标准？撤销权归属何人？

对此，德国民法典的立法理由书以法谚式的语言写道：可能出现的意思瑕疵，仅可于作出意思决定的地方寻找[3]。在代理中，作出意思表示的地方在哪里呢？被代理人还是代理人？由于代理人通常是依据他自己作出的利益分析和自己自行作出决定而进行法律行为的，因而，意思的欠缺或者明知或应当知道的判断，应根据代理人的情况，而不是根据被代理人的情况。[4] 也就是说，代理人是否具有意思瑕疵，如受到欺诈、胁迫，是否发生错误，是否具有真意保留等，应以代理人为判断对象；同样，相对人是否受到了欺诈、胁迫等，一般也以代理人为判断对象。这种观点在德国与日本是通说，我国学者一般也持这种观点。

---

〔1〕 ［日］山本敬三：《民法讲义Ⅰ·总则》，解亘译，北京大学出版社 2004 年版，第 235 页。

〔2〕 ［日］富井政章：《民法原论（第一卷）》，陈海瀛、陈海超译，中国政法大学出版社 2003 年版，第 293 页。

〔3〕 《立法理由书》（第 1 卷）第 227 页，转引自［德］迪特尔·梅迪库斯：《德国民法总论》，邵建东译，法律出版社 2000 年版，第 683 页。

〔4〕 ［德］卡尔·拉伦茨：《德国民法通论》（下册），王晓晔等译，法律出版社 2003 年版，第 846 页。

如果发生了意思瑕疵，撤销权归属何人？一般说来，因代理的后果归属被代理人，因此，虽然是否具有意思瑕疵的判断以代理人为对象，但撤销权归属于被代理人。

在意思瑕疵的问题上，学者普遍讨论的问题是：如果被代理人知道或者应当知道某种情况，而代理人不知，那么，被代理人是否可以主张善意？对于被代理人而言，法律适用的规则是："不得就自己明知的事情，主张代理人不知其事。"也就是说，被代理人明知或者应当知道某种情事，但却指示不知情的代理人为此行为，这时法律就不再以代理人为判断是否善意的对象，而是适用实质性标准否定被代理人关于善意的主张。例如，被代理人明知 B 的某物存在权利瑕疵，但自己不去购买，却委托并授权 A 作为代理人向 B 为其购买，在此情况下，被代理人就不得以善意主张 B 承担《合同法》第 150 条规定的权利瑕疵担保责任，而是应适用《合同法》第 151 条排除 B 的权利瑕疵担保责任。

（六）代理权的消灭

1. 意定代理权的消灭。我国《民法总则》第 173 条规定了委托代理权终止的事由：①代理期间届满或者代理事务完成。②被代理人取消委托或者代理人辞去委托。③代理人丧失民事行为能力。④代理人或者被代理人死亡。⑤作为代理人或者被代理人的法人、非法人组织终止。当然，根据《破产法》的特别规定，对被代理人的财产开始破产程序，也是代理权消灭的原因。

德国学者拉伦茨指出，委托代理权因下列原因而消灭：①如果它是附期限的，期限届满就消灭；如果是附条件的，则条件成就或者不成就时消灭；如果是就特定事项授权，则该事项完成，代理权消灭。②委托代理人放弃委托代理权。③委托代理权的授予人撤回代理权。④委托代理权的授予行为所依据的法律关系终止（如劳动关系终止等）。⑤委托代理人的正常死亡或者行为能力丧失。⑥对委托代理权授予人的财产开始了破产程序。[1]。

由此可见，德国法的规定与我国法的规定几乎是一样的。

被代理人的死亡并不必然导致代理权的消灭，对此，我国《民法总则》第 174 条第 1 款规定："被代理人死亡后，有下列情形之一的，委托代理人实施的代理行为有效：①代理人不知道并且不应当知道被代理人死亡；②被代理人的继承人予以承认；③授权中明确代理权在代理事务完成时终止；④被代理人死亡前已经实施，为了被代理人的继承人的利益继续代理。"

2. 法定代理权的消灭。我国《民法总则》第 175 条规定："有下列情形之一的，法定代理终止：①被代理人取得或者恢复完全民事行为能力；②代理人丧失民事行为能力；③代理人或者被代理人死亡；④法律规定的其他情形。"

三、代理人应以被代理人的名义为法律行为——代理有效的第二要件

（一）概述

在直接代理中，由代理人发出或者向代理人发出的意思表示的法律后果，不是由代理人自己承担，而是由被代理人承担。这一事实只有在行为相对人能够认识到代理人为代理人，并且知道他真正的对方当事人是谁时，才能要求代理人的行为相对人予以接受。因此，直接代理通常必须加以公示，[2]以便对方知道他在与谁发生交易。

"代理人应以被代理人的名义为法律行为"是代理行为的结果归属被代理人的形式要件。如果代理人不以被代理人的名义为法律行为，将不能分辨哪些行为是代理人本人的，

---

〔1〕［德］卡尔·拉伦茨：《德国民法通论》（下册），王晓晔等译，法律出版社 2003 年版，第 866 页。

〔2〕［德］迪特尔·梅迪库斯：《德国民法总论》，邵建东译，法律出版社 2000 年版，第 693 页。

哪些行为是被代理人的。也正是因为这样，法律要求代理一定要有显示的标志。例如，可以说明自己是代理人、提交有关证明文件或者从一些行为中推断出来。因此，代理应以显名为原则。我国《民法总则》第162条就将这一要件作为一般要求："代理人在代理权限内，以被代理人名义实施的民事法律行为，对被代理人发生效力。"

民法之所以采取这样的立场，即只有显名的情况下代理行为的效果才归属被代理人，是为了保护相对人的信赖利益。代理人没有表明是为被代理人而作的意思表示时，视为为自己所为。但是，在相对人知道或者应当知道代理人是在为了被代理人而为法律行为时，行为结果应归被代理人。这其实就是前面所说的"隐名代理"。其实，无论是显名代理还是隐名代理，都是在第三人知道被代理人的情况下所为的行为。在第三人根本不知道被代理人存在的情况下，代理人以自己的名义与第三人为法律行为，则不应当发生代理的结果。但是，在国际贸易中的"间接代理"例外地也约束第三人与被代理人，只有在出现消极结果而代理人不能解决的时候，才披露第三人（见我国《合同法》第403条的规定）。

（二）显名代理中的具体问题

1. 以虚假的姓名从事行为。有时，行为人会虚构一个主体而以这一虚构的主体从事法律行为，但却不想真正使该主体享有行为的法律后果。例如，在住旅馆时，为了不让他人知道自己的真实身份，虚构一个姓名，却自己付款。这种行为必须同我们所说的代理区别开来。

2. 冒用他人的姓名。冒用他人的姓名进行活动是指借用某一特定的他人名义进行法律行为，使人产生"他就是该特定人"的错觉的情形。[1]与代理不同的是，"冒用他人的姓名"的人并不说明他与被冒用的人是不同的人，而是说他自己就是被冒用的人本人。

在这种情况下就产生了这样的问题：意思表示是对行为人本人产生效果，还是对被行为人借用名义的人产生效果？因为行为人并没有声明他是为被借用名义的人活动，而是声明为自己进行活动。但同时他把他人的名字作为自己的名字告诉人们，从而骗取人们相信他就是该他人。[2]许多学者认为，在这种情况下，应类推适用无权代理的规定，即被冒用人可以追认，则行为后果由被冒用人承担；若不追认，则行为人自己承担。[3]但笔者认为，这种观点值得商榷，因为从代理的基本思想看，只有一个人以他人的名义从事行为，并有将该行为后果归属该他人的意思，才在代理范围内。即使是无权代理，虽未获得被代理人的授权，但也是以被代理人的名义从事行为，且有将该行为后果归属被代理人的意思，仅仅是没有获得授权而已。因此，应区分不同情况分别处理：若行为人冒用他人名字，且有意将该行为后果归属被冒用人的，则适用无权代理的规定；若行为人虽然冒用他人名字，却没有将该行为后果归属该他人的意思者，应视为冒用人自己的行为，不适用代理的规则。

3. 同企业主发生的行为。同企业主发生的行为，是指在具体情况下，无论行为人是何人，企业主总是交易关系的当事人。例如，在购物中心，无论你与哪个售货员进行交易，其实你非常清楚是在与企业主进行交易，企业主都是交易当事人。

这种情形，对于判定表见代理十分重要。曾有案例揭示：有人通过非正当途径在某银行摆上办公桌高息揽贷，结果许多到银行来存款的人误认为自己是在与银行交易，故在此信赖的情况下将钱款交给该人，而该人在获得一定数量款项后，卷款而逃。法院判决该银

---

[1] [德]卡尔·拉伦茨：《德国民法通论》（下册），王晓晔等译，法律出版社2003年版，第842页。
[2] [德]卡尔·拉伦茨：《德国民法通论》（下册），王晓晔等译，法律出版社2003年版，第843页。
[3] [德]迪特尔·梅迪库斯：《德国民法总论》，邵建东译，法律出版社2000年版，第694页。

行承担赔偿责任。

4. 效力及于自身的行为。"效力及于自身的行为"主要是指无论行为人是否指出自己是在为他人行为，行为的结果都归属他自身的行为。这种情况多发生在现金买卖中，例如，A顾客前往购物中心购买信纸，并声称不是为自己而是为他人购买，售货员对此毫无兴趣，A必须自己立即付款，售货员不会追究其被代理人的付款责任。并且，谁能够出示商品购物付款单，谁就被视为合同当事人。[1]也就是说，代理制度在这里失去了作用。

四、代理人个人至少应是限制行为能力人——代理有效的第三要件

德国学者拉伦茨指出：代理有效的另一个条件是代理人最低应具有限制行为能力。理由是，如果代理人在他所享有的代理权范围内所为的法律行为仅对被代理人而不对代理人自己生效，它既不给代理人带来法律上的利益，也不给他带来法律上的不利，对他而言，这是一种无关紧要的法律行为。因此，对他不需要给予法律对未成年人规定的从事一般法律行为要追认的那种保护。而且，被代理人也不需要这种保护。如果他授予未成年人代理权，他自己就要承担该未成年人缺乏经验的风险。而在法定代理的情况下，父母任何一方是限制行为能力人，便不可能成为法定代理人。[2]另外，被代理人之所以选择限制行为能力人，也是经过利益权衡的，法律没有必要干预。因此，我国台湾地区"民法"第104条、《德国民法典》165条、《日本民法典》第102条都规定了这样的思想：代理行为的效力不因代理人是限制行为能力人而受到影响。在这里，我们再一次看到了基础关系与代理权授予的相互独立性：基础关系为合同关系，故不经限制行为能力人之法定代理人的追认便不能生效，但授权为独立行为，不必经过限制行为能力人之法定代理人的追认。

除此之外，因为法律规定了无行为能力人不能从事任何法律行为，其作出的任何意思表示都是无效的，因此，无行为能力人不能作为代理人。

五、代理的行为必须是法律允许并可以代理的行为——代理有效的第四要件

1. 代理只能适用于财产性的法律行为，包括负担行为和处分行为，但是，有关身份的行为不能代理（但收养除外）。

2. 非法律行为不能代理，例如，侵权行为不得代理。再如，占有、遗失物的拾得等不得适用代理。故代理人侵犯他人权利时，由代理人自己负赔偿责任。但如果有履行辅助关系、执行辅助关系、占有辅助关系的，适用相关规定。

3. 在法定代理中，单方法律行为（形成权的行使除外）不能代理，因为单方法律行为一般是给对方设定权利的行为，故允许代理会损害被代理人的利益。因德国有监护法院，这样的行为可以在征得监护法院的同意后为之。而我国无此机构制度，故不作否定的解释更为合适。

六、有权代理的法律后果

一般地说，有权代理的法律后果归属被代理人。我国《民法总则》第162条就规定了这一基本原则。这是代理这一法律制度的根本目的与价值所在，这一制度设计的根本目的就是让他人以自己的名义并在自己授权的范围内主动活动，而结果归属授权人，因此，代理的法律后果不归属代理人而归属被代理人是代理的基本目的。在有的情况下，如果被代理人与代理人约定代理后果留给代理人，则是代理之外的另外一种法律关系，并没有改变"代理的法律后果归属被代理人"的基本规则。

---

〔1〕　〔德〕迪特尔·梅迪库斯：《德国民法总论》，邵建东译，法律出版社2000年版，第701页。

〔2〕　〔德〕卡尔·拉伦茨：《德国民法通论》（下册），王晓晔等译，法律出版社2003年版，第845页。

有关代理的法律行为的撤销权或者合同解除权归属被代理人。虽然意思表示有无瑕疵以代理人判断，但因代理结果（无论是积极结果——利益，还是消极结果——损失）都由被代理人承担，即只要是有权代理，被代理人就是法律关系的当事人，故对于因意思表示瑕疵导致的撤销权，归属被代理人。同理，如果代理人缔结的合同具有解除事由，被代理人也有解除权。至于这种解除权代理人是否可以行使，就取决于被代理人是否给予其相应的授权。

■第三节　无权代理及其法律后果

一、无权代理及其法律后果概述

代理的全部意义在于意思自治的延伸与扩张，即扩大了法律行为的适用范围，被代理人的授权加上代理人的行为，构成了被代理人取得代理行为后果的归属。因此，若超出被代理人的授权，则无论代理人如何行为，行为结果都将难以归属被代理人。因此，法律必须解决无权代理的构成与后果问题。

无权代理主要涉及下列问题：①无权代理人所为的行为在"被代理人与相对第三人之间的效力如何"？②法律为被代理人提供了哪些保护措施？③法律对相对人提供了哪些救济措施？④无权代理人的责任如何？⑤复代理人的责任如何？

我国《民法总则》第171条及《民法通则》第66条规定了无权代理的三种类型：没有代理权的无权代理，超越代理权的无权代理，代理权终止后以被代理人名义从事活动的无权代理。此三种无权代理在后果上并无不同。另外，对于自然人来说，无权代理仅可能发生在意定代理，因为法定代理被赋予了概括的代理权，只能发生代理权滥用，而不可能发生无权代理；至于法人，因我国法律采取代表说，法人的机关本身是法人的组成部分，故不可能发生法人机关的无权代理问题。但是，如果法人授权他人为代理活动，则可能发生如自然人之意定代理的无权代理问题。下面我们将一一讨论上面所列无权代理的问题。

由于无权代理中包括了表见代理，因此，无权代理又分为了两种：一是广义的无权代理；二是狭义的无权代理。后者是指行为人没有代理权、超越代理权或者代理权终止后，仍然实施代理行为，又没有理由使人相信其有代理权的代理。可以这样说，除表见代理之外的无权代理即为狭义的无权代理。

二、无权代理行为对于被代理人与相对人的效力

按照我国《民法总则》第171条、《民法通则》第66条的规定，无权代理行为对于被代理人与相对第三人而言，属于效力待定的行为，因为无权代理人虽以被代理人的名义为法律行为，无权代理人也有将行为后果归属被代理人的意思，但却因没有代理权，故效力不能直接归属被代理人；无权代理人又没有表示自己承担法律行为后果，故也难以归属于自己，因而，不能确定效果归属。若直接认定其无效，则即使被代理人愿意承担该行为后果，也没有机会。因此，上上之策，就是暂不确定其效力，而是给被代理人一定的合理期限以观其态度：若在此期限内追认，自始有效；若不追认或者拒绝追认，则自始无效。

三、法律为被代理人提供的保护措施

代理人所为的无权代理行为应区分合同行为或者单方法律行为而定其效力，下面分别阐述之。

（一）无权代理人所为的合同行为

包括我国民事立法在内的许多国家的民法都规定：无权代理人所签订的合同是否对被

代理人生效，取决于被代理人的事后追认，被代理人可以自行决定是否追认。如我国《民法总则》第171条第1款规定："行为人没有代理权、超越代理权或者代理权终止后，仍然实施代理行为，未经被代理人追认的，对被代理人不发生效力。"《合同法》第48条第1款规定："行为人没有代理权、超越代理权或者代理权终止后以被代理人名义订立的合同，未经被代理人追认，对被代理人不发生效力，由行为人承担责任。"《民法通则》第66条也作了相同的规定。但无论是《民法总则》还是《民法通则》，都未区分合同行为与单方法律行为。

在被代理人的追认问题上，有以下几个问题需要特别注意：

1. 被代理人追认的意思表示的相对人。被代理人对无权代理行为的追认，是向相对人为追认的意思表示，还是向无权代理人为追认的意思表示？笔者认为，应系向相对人为意思表示。

2. 被代理人的主观意识及违反注意义务的法律后果。按照民法的一般原理，在一般情况下，任何人对自己的行为应负有必要的注意义务，在代理制度中也不例外。如果被代理人在授予代理人以代理权时，以其表见行为使善意第三人产生合理信赖，从而认为代理人具有代理权，或者，被代理人明知代理人为无权代理行为而不予制止，则行为后果归属被代理人。我国《民法通则》第66条规定了这种思想：本人知道他人以本人名义实施民事行为而不作否认表示的，视为同意。当然，若被代理人违反注意义务，会产生更多类型的表见代理，我们将在下面详细讨论。

3. 追认的范围。追认人是否可以追认法律行为的一部分？有学者指出：追认不得仅就契约之部分为之，凡追认一种行为，即有认其行为全体之效力；部分之追认，通常可视为追认之拒绝。但包含于契约中之事项，有可与其他部分分离者，则视为有效亦无不可。[1] 此种观点颇值赞同。

（二）无权代理人所为的单方法律行为

通说认为，无权代理人为他人所为的单方法律行为原则上是无效的。[2]德国学者梅迪库斯指出了其中的原因：对于无权代理人所为的单方法律行为，第三人是毫无抵御能力的，如代理人代理出租人终止租赁关系。因此，在无权代理的情况下，代理他人实施的单方法律行为是不合法的，这种法律行为不是效力待定，而是无效。因此，对于这种行为，被代理人无法追认，只能重新为之。[3]

我国《民法总则》《民法通则》《合同法》未区分合同与单方法律行为而区别二者的效力，但学者的上述观点及各国的立法主张颇值赞同，在实践中也应作相同的解释。

但是，《德国民法典》第180条规定了两种例外：①单方法律行为的相对人（意思表示的受领人）在为单方行为时，对于无权代理人所主张的代理权表示同意或者没有提出异议，或者同意代理人为无权代理的行为，则适用契约的规定。学者解释说：如果作为代理人出现的人声称自己具有代理权，而第三人对此没有提出异议，甚至同意与无权代理人从事行

---

〔1〕［日］富井政章：《民法原论（第一卷）》，陈海瀛、陈海超译，中国政法大学出版社2003年版，第305～306页。

〔2〕［日］富井政章：《民法原论（第一卷）》，陈海瀛、陈海超译，中国政法大学出版社2003年版，第311页；［德］迪特尔·梅迪库斯：《德国民法总论》，邵建东译，法律出版社2000年版，第741页；［德］卡尔·拉伦茨：《德国民法通论》（下册），王晓晔等译，法律出版社2003年版，第875页；［日］山本敬三：《民法讲义Ⅰ·总则》，解亘译，北京大学出版社2004年版，第249页。

〔3〕［德］迪特尔·梅迪库斯：《德国民法总论》，邵建东译，法律出版社2000年版，第741页。

为，则由第三人承受由被代理人之追认权所产生的不确定的后果，并无不当。[1]。也就是说，在代理方面，单方行为无效；但在无权代理人与意思表示受领人之间的关系上，可以成立合同。②相对人在征得无权代理人的同意后实施的行为，也适用如上相同的规则。日本民法也承认这种例外。[2]由于我国民法未作相同的规定，故难以作相同的解释。

（三）被代理人追认的后果

如果被代理人对于无权代理行为予以追认，则行为后果由被代理人承担；若不予追认，则该行为的后果就不能归属于被代理人，而是由无权代理人自己承担。至于承担责任的方式，会因相对人的选择而有不同。下面我们将详细讨论。

四、相对人可以利用的救济措施

如果相对人不想等待被代理人的追认，而变被动为主动，可以利用法律赋予他的催告权与撤销权达到保护自己利益的目的。

这两种措施对相对人提供了比较周到的保护：催告权在相对人还愿意与被代理人交易的情形下行使，只是在催促被代理人确定是否交易的情况下可以采取的措施。而撤销权是相对人已经不愿意等待被代理人的追认，主动取消交易的措施。

我国《民法总则》第171条第2款作出了明确的规定："相对人可以催告被代理人自收到通知之日起一个月内予以追认。被代理人未作表示的，视为拒绝追认。行为人实施的行为被追认前，善意相对人有撤销的权利。撤销应当以通知的方式作出。"《合同法》第48条也作了明确的规定："行为人没有代理权、超越代理权或者代理权终止后以被代理人名义订立的合同，未经被代理人追认，对被代理人不发生效力，由行为人承担责任。相对人可以催告被代理人在1个月内予以追认。被代理人未作表示的，视为拒绝追认。合同被追认之前，善意相对人有撤销的权利。撤销应当以通知的方式作出。"

如果相对人撤销意思表示，因无权代理给相对人造成的损失，由无权代理人承担赔偿责任。

五、无权代理人的责任

对于无权代理人所承担的责任，我国《民法总则》第171条第3款规定："行为人实施的行为未被追认的，善意相对人有权请求行为人履行债务或者就其受到的损害请求行为人赔偿，但是赔偿的范围不得超过被代理人追认时相对人所能获得的利益。"第171条第4款规定："相对人知道或者应当知道行为人无权代理的，相对人和行为人按照各自的过错承担责任。"

相对于《民法通则》《合同法》，《民法总则》非常清楚地规定了承担责任的方式及过失赔偿责任。从比较法的视角看，更多地是参照了德国民法典的规定。但为什么是过失责任？应向何人承担责任？以下将详述之。

（一）无权代理人的责任是过失责任还是无过失责任

无权代理人究竟是承担过失责任还是无过失责任，存在两种不同的观点：

1. 无过失责任说。该说认为，即使在无权代理人没有过失的情形下，也应当承担无权代理的责任。按照这种学说，无权代理人承担无过失责任。理由是：①为了确保交易安全，维持代理制度的信用，即使在无权代理的情形，也需要保护相对人。在此情形，即使不能追认本人的责任，如果令无过失的无权代理人也承担责任的话，相对人就可以放心地进入

---

[1] ［德］迪特尔·梅迪库斯：《德国民法总论》，邵建东译，法律出版社2000年版，第742页。

[2] ［日］山本敬三：《民法讲义Ⅰ·总则》，解亘译，北京大学出版社2004年版，第249页。

代理交易了；②因无权代理人也主张代理权的存在，使相对人产生了信赖，因此，令其承担相应的责任，也是迫不得已。

2. 过失责任说。该说认为，无权代理责任的内容是履行责任或者替代履行的赔偿损失，这种责任超过了侵权行为责任，等于使无权代理人承担了与其自身订立契约相同的责任。因此，要课以这样的特别责任，就要求使其正当化的足够理由，即无权代理人需要有过失。[1]

德国与日本许多学者一般都以过失作为承担责任的条件，笔者赞同我国《民法总则》采用的过失责任说。但是，需要注意的是，这里的过失与善意或者恶意不同，是指知道或者应当知道自己的代理权有瑕疵。因为有时无权代理人知道自己的代理权具有瑕疵，但却是善意地想帮助被代理人，并且有理由认为被代理人一定会追认的。但即使代理人是善意的，因其无代理权而以被代理人名义为法律行为，同样可以构成无权代理而承担无权代理的责任。

（二）无权代理人的责任内容

如果代理没有获得被代理人的追认，代理人应对相对人承担责任。德国学者拉伦茨根据《德国民法典》第 179 条的规定指出，如果代理人应对相对人承担责任，那么他的责任会由于他自己是否知道代理权具有瑕疵而有所不同：如果他并不知道这种瑕疵，那么他只需赔偿交易对方当事人的信赖利益，即应该使相对人在经济上的处境恢复到合同缔结前所处的状态。代理人在这种情况下的责任纯粹是信赖责任；但是，如果代理人在缔结合同时知道自己没有代理权，若对方不知道且根据当时的情况也不应当知道代理权的瑕疵，被代理人拒绝追认这种代理行为，代理人就应当根据对方当事人的选择，或者承担履行合同的责任，或者赔偿因合同不履行而生的损害。在这种情况下，由于代理人有意识地欺骗了对方当事人，所以他不仅应该赔偿该人的信赖利益，而且应赔偿给对方合同履行利益的损害。他之所以应承担这样的责任，是因为他知道这样做存在这样的风险。[2]当然，如果相对人选择了履行合同，而无权代理人没有履行能力的，也转换为损害赔偿之债，即应适用合同不能履行的规则。

其实，我国《民法总则》第 171 条第 3 款及第 4 款就体现了上述德国学者的思想，区分相对人是否善意而做了不同的处理：①行为人实施的行为未被追认的，善意相对人有权请求行为人履行债务或者就其受到的损害请求行为人赔偿，但是赔偿的范围不得超过被代理人追认时相对人所能获得的利益（第 3 款）。可以理解为善意相对人有选择权：或者请求无权代理人履行法律行为之履行义务，或者承担赔偿义务。②相对人知道或者应当知道行为人无权代理的，相对人和行为人按照各自的过错承担责任（第 4 款）。可以理解为，非善意相对人仅仅能够主张无权代理人的过错责任，即相当于《民法总则》第 157 条中规定的法律行为无效后的双方当事人之间的过失赔偿责任。

在此，存在的问题是：①如果相对人选择了履行，那么无权代理人的法律地位如何？如果相对人选择了履行，其效果就相当于无权代理人与相对人订立了合同。[3]在此情况下，无权代理人是否有权要求对方对待给付？就代理人而言，他应该有权要求合同所规定的相对人向他所作的给付，享有合同中所规定的他所享有的权利。但是，根据学术界通行的观

〔1〕　［日］山本敬三：《民法讲义Ⅰ·总则》，解亘译，北京大学出版社 2004 年版，第 250 页。

〔2〕　［德］卡尔·拉伦茨：《德国民法通论》（下册），王晓晔等译，法律出版社 2003 年版，第 877～878 页。

〔3〕　［日］山本敬三：《民法讲义Ⅰ·总则》，解亘译，北京大学出版社，2004 年版，第 252 页。

点，在他没有履行自己的义务之前，不得要求对方履行。[1]②如果被代理人本来就无法履行合同，无权代理人责任如何？该问题的本质意思是，如果被代理人本来就不能履行合同，即使他追认无权代理的结果或者在有权代理的情况下，也不能履行合同或者仅仅能够履行一部分，例如，被代理人破产，仅仅能够清偿 10% 的债务，那么无权代理在未被被代理人追认的情况下，无权代理人的责任如何确定？是承担 10%，还是全部？通说认为：第三人仅能向无权代理人要求获得被代理人能够履行的东西。否则，若要求无权代理人承担全部责任，第三人就可以从代理权的欠缺中获得利益。在上述案例中，相对第三人仅能够要求无权代理人承担 10% 的责任。但也有人提出异议：如果这样，第三人在无权代理时就承担了不同于有权代理的双重风险，即代理人丧失支付能力的风险和被代理人丧失支付能力的风险。因此，通说是不无疑问的。[2]笔者个人赞同通说，因为即使被代理人追认第三人也仅仅能够获得部分履行，让无权代理人承担未被追认的后果不能超过追认后第三人能够获得的利益，是公平的，也符合我国《民法总则》第 171 条第 3 款规定的精神。

（三）无权代理人的免责事由

1. 相对人知道或者应当知道代理权有瑕疵的。《德国民法典》第 179 条、《日本民法典》第 117 条、我国《民法总则》第 171 条第 4 款、《民法通则》第 66 条都规定了这种免责事由。但这种免责事由，在我国法律上是"不完全免责"，仅仅是免除了履行责任，仍然要按照过错分担责任。

2. 被代理人对无权代理行为进行了追认。

3. 无权代理人为限制能力人而其代理人没有同意。虽然代理权与基础关系是独立的，代理权不因基础关系的无效或效力待定而受影响，但无权代理，因被代理人没有追认，这时无权代理人就处于被代理人——行为当事人的地位。而限制行为能力人是不能单独为某些法律行为的，如果无权代理的行为恰恰超出限制行为能力人所能为的范围，若其法定代理人对这些行为不予同意，则其可以免除责任。当然，如果是无行为能力人，则其根本就不能作代理人，故根本谈不上有权或者无权代理的问题。

■第四节　表见代理

一、表见代理的概述

法律体系是由逻辑判断方法与价值判断方法构成的，在二者发生冲突时，逻辑判断就要让位于价值判断。表见代理理论就体现了这种冲突的选择结果，正如法国学者所指出的："表见理论"的法律表明了法律对事实的某种屈从，为了照顾事实情况，一些合乎法律逻辑的方式被弃之不用，有悖法律的事实状态可能直接成为主观权利的渊源。因此，这一具有一般意义的理论对法律规则运行机制起着矫正作用，它构成了防止法律自身弊病的一种重要方法。[3]

所谓表见代理，是指被代理人因疏忽的表见行为引起了善意第三人对无权代理人有代理权的合理信赖，为保护这种合理信赖而让无权代理产生如同有权代理相同的结果。通俗地说就是，表见代理本为无权代理，但在具备法定条件时，无需被代理人追认而直接发生

〔1〕［德］卡尔·拉伦茨：《德国民法通论》（下册），王晓晔等译，法律出版社 2003 年版，第 879 页。

〔2〕［德］迪特尔·梅迪库斯：《德国民法总论》，邵建东译，法律出版社 2000 年版，第 744 页。

〔3〕［法］雅克·盖斯旦、吉勒·古博：《法国民法总论》，陈鹏等译，法律出版社 2004 年版，第 776 页。

第十章

对他的归属结果。我国《民法总则》第172条就规定了"表见代理":"行为人没有代理权、超越代理权或者代理权终止后,仍然实施代理行为,相对人有理由相信行为人有代理权的,代理行为有效。"

在现代语言中,"表见"一词有两个意思:①眼睛所清楚地看到的,明摆着的,即显然的、可见的;②并不是像其表面所显示的那样,而是虚幻的、迷惑人的。"表见"与法律合用时,它表明了假象的法律状况,是经不起深入分析的。第二种含义就是"表见理论"所采用的含义,因为它承认"表见权利"可产生一些法律后果,尽管根据可适用的法律规则的逻辑结论,应该是完全无效的。但是,"表见"的两个含义之间存在着紧密的联系,这是因为明显的事实引诱我们相信某些不存在的权利。赋予"表见"(虚幻的)权利一定的效力,在某种程度上是使表见的事实优先于法律事实。[1]学者的上述论述清晰地阐明了表见代理的制度构造,即表见代理正是利用了"表见"的第二层含义,用一个虚假的外观假象产生了法律的真实后果。但是,从无权代理的真实到有权代理的法律后果的过渡中,却有许多问题需要研究。

另外,德国学者还区分了表见代理与容忍代理。所谓容忍代理,就是被代理人知道他人为他的利益并作为他的代理人出现,但却不作否认表示而是容忍。德国学者拉伦茨指出:人们对委托代理权的授予的表象予以信赖的另一种情况是所谓的容忍代理权。容忍代理权所需要的前提条件是该某人知道未被授予代理权的代理人的行为,而未予以干预,虽然他是可以进行干预的。在这种情况下,既不存在内部授权,也不存在外部授权,但却存在有应归责于被代理人的在他知晓的情况下所作出的存在代理权的权利表象,为避免误解,人们只能把这种情况称为容忍代理权。[2]我国《民法通则》第66条规定了这种"容忍代理权":"本人知道他人以本人名义实施民事行为而不作否认表示的,视为同意。"但我们国家的学理一般将这种情况称为"表见代理"。也许正是这个原因,使我国《民法总则》没有再规定《民法通则》第66条的规定,而是统统将这些"表象"纳入"相对人有理由相信行为人有代理权"中。德国学者指出:越来越多的学者对这种将"表见代理权"与"容忍代理权"相提并论的做法提出了异议,人们指出,与被代理人对行使代理权的有意地容忍不同,被代理人在表见代理中属于纯粹的疏忽大意。[3]这两种代理在构成要件上确有不同,但在结果上并无区别。下面讨论的表见代理中,不包括"容忍代理权"。

二、表见代理的构成要件

我们在这里讨论的构成要件以我国《民法总则》第172条为规范基础,并以"表见代理说"为理论基础,主要构成要件分析如下:

(一)客观要件

法国学者指出:适用表见理论,应当具备观察者认为是显示了法律状态的可见的事实。这些事实所表达的意义应当无需复杂的分析,就可以自然地被人领会。这就是为什么表见的客观要素很少由单一事实构成,而是由一系列的情况构成。这些事实相互印证而使观察者对它们的意义不会产生任何怀疑。[4]具体到表见代理,就必须要求代理人具有代理权的外观,而这些外观由一系列的情况构成,这些事实使一个正常人会毫不怀疑地信赖代理人具有

---

〔1〕 [法]雅克·盖斯旦、吉勒·古博:《法国民法总论》,陈鹏等译,法律出版社2004年版,第777页。

〔2〕 [德]卡尔·拉伦茨:《德国民法通论》(下册),王晓晔等译,法律出版社2003年版,第892页。

〔3〕 [德]迪特尔·梅迪库斯:《德国民法总论》,邵建东译,法律出版社2000年版,第733页。

〔4〕 [法]雅克·盖斯旦、吉勒·古博:《法国民法总论》,陈鹏等译,法律出版社2004年版,第797页。

代理权，也就是我国《民法总则》第 172 条要求的"相对人有理由相信行为人有代理权"。

（二）主观要件

一般地说，表见代理终究是无权代理的例外，既然是无权代理，那么，即使实施了代理行为，其效果也不应归属本人，这是原则。要置原则于不顾而让本人承担责任，就需要特别的理由。[1]这个特别的理由对于被代理人来说，就是其应具有可归责性；而对于相对第三人来说，其信赖应具有正当性，只有合理的信赖才能受到法律保护。对此，法国学者指出，表见代理的推理如下：对于那些基于表见而善意行事的人来说，如果幻想破灭后，他所认为已取得的权利被否定时，他将受到损害。然而，这种虚幻的事实情况之所以能够形成，真正权利人肯定忽略了其权利的行使，甚至主动制造出引人误解的假象。忽略、过失，更不必说故意误导第三人，是构成行为人责任的过错。因此，最适当的补救，就是应该拒绝根据法律状况得出法律后果，并维护第三人已确信（因合理信赖）取得的权利，以防止损害的发生。[2]德国学者也指出，那个必须承认这个既存的权利的表象存在的人，通常是可以归责于他自己的方式引发这一权利表象的人，或者具有消除这一表象的能力而未消灭这一表象的人。而在受益人方面，他必须是信赖了这一表象的人，而且在通常情况下，他还应在尽到了应有的注意之后仍然信赖这一表象。[3]因此，在主观要件方面，要求相对人善意而无过失（合理信赖）；要求被代理人有可归责性。

1. 信赖的正当性。信赖的正当性即要求其善意且无过失，法国学理用"共同错误"或者"合理错误"来表达对假象的信赖判断。

所谓"共同错误"，是指人人都可能犯的错误，是不能克服的、正常情况下无人能够避免的错误。正因为错误是不可避免的，所以才是共同的。罗马法在某些情况下，赋予共同错误支配行为的效力。注释法学派为此创造了一条长期以来一直被看作表见理论表述的综合性格言：共同错误是权利的来源，它产生权利。[4]也就是说，如果相对方因为具有"共同错误"而相信"代理人"具有代理权，构成合理信赖。在我国法上，应当认为是"有理由"。

但是，"共同错误"可能要求过于严格，因此，法国判例又创造了另外一种判断标准——"合理错误"。"合理错误"的灵活性表现在两个方面：①它只涉及个人的错误，其他人是否犯错并不重要。这样一来，对错误的裁量就从抽象（共同错误理论要求所有理性的个人必定以同样的方式犯错）过渡到了具体（主体有合理的理由犯错）；②它不要求错误不可能被消除。利害关系人进行某些调查可能可以发现真相。但是，在这种情况下，这些调查超过了通常关注的限度，没有进行调查是合理的。[5]

法国判例根据不同情况，或要求"共同错误"，或要求"合理错误"。但大部分适用"合理错误"的判决是关于表见代理的，"共同错误"则常常出现在表见所有权的案件中。因为，在表见代理中涉及的通常是商务关系，需要某种速决性，不允许进行深入调查。由于这些关系只和合同当事人相关，第三人不必介意。但是，只要稍做调查，并非不能获得确切的消息，如向委托人询问一下，就可知道他对委托确认与否。因此，在这个领域中要

---

[1] ［日］山本敬三：《民法讲义Ⅰ·总则》，解亘译，北京大学出版社 2004 年版，第 267 页。

[2] ［法］雅克·盖斯旦、吉勒·古博著：《法国民法总论》，陈鹏等译，法律出版社 2004 年版，第 782 页。

[3] ［德］卡尔·拉伦茨：《德国民法通论》（下册），王晓晔等译，法律出版社 2003 年版，第 886 页。

[4] ［法］雅克·盖斯旦、吉勒·古博：《法国民法总论》，陈鹏等译，法律出版社，2004 年版，第 785 页。

[5] ［法］雅克·盖斯旦、吉勒·古博：《法国民法总论》，陈鹏等译，法律出版社 2004 年版，第 786 页。

第十章

求共同和不可避免的错误，会完全排除表见代理的适用。故为了保障常见交易的安全，应当仅要求"合理错误"为妥。[1]也就是说，对一种假象（代理权的虚假外观）以合理错误加以信赖，即构成正当的信赖。这种观点实值赞同。

2. 被代理人的可归责性。如果被代理人没有内部授权也无外部授权的事实，而且其行为也无任何不当，那么，无论"代理人"如何宣称自己是代理人而且有代理权，并以其名义从事法律行为，也仅仅构成无权代理，不会对被代理人产生法律后果的归属。但问题恰恰就在于被代理人在行为或者语言上有可指责之处，如撤回授权而未通知相对第三人、解除了雇佣关系而没有通知相对人等，才导致了无权代理向有权代理结果的转化。因此，其行为应有可归责性才能使其承担责任。

三、各种类型的表见代理的具体法律构成

由于我国《民法总则》第172条与《民法通则》第66条规定了三种典型的无权代理，也相应地有三种表见代理，即无代理权却有授予代理权外观的表见代理、逾越代理权的表见代理、代理权消灭（或终止）后的表见代理。下面分别论述之。

（一）无代理权却有授予代理权外观的表见代理

此类表见代理是指被代理人没有授予他人代理权，却让相对人产生了具有代理权授予外观的合理信赖，从而被代理人应承担代理行为的后果。例如，一商店学徒，明显被商店排除代理权而仅能观摩，但却没有公示，故让顾客认为其有代理权。

这种代理的构成要件分为积极要件与消极要件：

1. 积极要件。积极要件主要有二：①有代理权授予的外观，即被代理人的不谨慎的行为可以被客观地评价（或者说可以被合理地信赖）为授予了他人代理权。②表见代理人在"表见代理权"范围内与第三人实施了法律行为。

2. 消极要件。消极要件是当相对人明知或者应知自称为代理人的人无代理权时，表见代理不成立。

（二）逾越代理权的表见代理

表见代理人虽然从本人处获得了授权，但如果逾越其授权范围实施了代理行为，就构成无权代理。即使在这种情形下，如果相对人相信代理人具有一定的权限，且这种信赖具有正当的理由时，本人也承担与有权代理相同的责任。[2]其构成要件是：

1. 代理人必须具有代理权，否则就是上一种类型。

2. 具有权限的逾越行为，即代理人超越了被代理人的授权范围。

何为"权限"？学理上也存在争议。有学者主张，此处的"权限"是指基本代理权。根据这种见解，只要没有赋予实施法律行为的权限，表见代理就不能成立，或者说，超越的权限不是实施法律行为的权限，不能构成表见代理。也有学者主张，这里所谓的"权限"不限于代理权，只要是对外实施了重要的行为的权限即可。日本学者举了一个例子来说明二者的区别：X是金融公司Z的投资推销员，因病缠身，实际的劝诱行为交给了长子A来实施。经过A的劝诱，Y决定给Z贷款200万元。感到不安的Y要求A担当保证人，于是A擅自拿了X的印章，代理X与Y订立了以X为保证人的契约。可是，后来Z破产，Y要求X履行保证债务。这里，A获得的是劝诱的权限，而劝诱本身不是法律行为而是事实行

---

〔1〕 ［法］雅克·盖斯旦、吉勒·古博：《法国民法总论》，陈鹏等译，法律出版社2004年版，第78页。

〔2〕 ［日］山本敬三：《民法讲义 I·总则》，解亘译，北京大学出版社，2004年版，第275页。

为。问题是：并非代理权而是单纯的代理事实行为的权限，逾越是否也可以构成表见代理?[1]按照第一种见解，不能成立表见代理，而按照第二种见解，就构成表见代理。笔者赞同第一种见解，因为按照代理的一般理论，只有法律行为才能代理，事实行为不能代理。故如果仅仅让其从事事实行为，严格意义上说就不成立代理关系，当然也就不存在逾越型的表见代理。我国《民法总则》第170条对于"职务代理"的规定较为清楚："执行法人或者非法人组织工作任务的人员，就其职权范围内的事项，以法人或者非法人组织的名义实施民事法律行为，对法人或者非法人组织发生效力。法人或者非法人组织对执行其工作任务的人员职权范围的限制，不得对抗善意相对人。"

3. 第三人的信赖必须有正当性。对于正当性的解释也存在两种学说：一是"善意过失说"，二是"综合判断说"。

(1) 善意过失说。何为"善意过失说"？有人主张，对于自称是代理人的人是否具有代理权，相对人本应向本人调查确认，却怠于调查确认的，相对人存在过失，正当性不成立。有人对此批判说：对相对人课以调查确认代理权的义务，是与代理制度的意旨不相容的。这是因为，如果认为相对人有向本人调查确认的义务，不尽此义务就得不到保护的话，就会使得以代理人作为直接对象进行交易成为可能的代理制度将失去意义。[2]

(2) 综合判断说。这种观点认为，正当性不应仅仅限于相对人的善意无过失，本人一方的情形也应包括在内。正当性应理解为：通过考虑双方的事情，综合判断是否应当保护相对人、将责任归属于本人的要件。具体而言，对于相对人来说，是否是无过失善意地信赖；对于本人来说，其对外观形成的参与程度、从基本权限的脱离程度、本人的不利益等，都是综合考虑的因素。[3]

笔者赞成综合判断说，如不将被代理人一方的情形考虑进去，对正当性的判断结果将对被代理人不利。

(三) 代理权消灭后的表见代理

代理权消灭后的表见代理的构成要件是：①代理权过去存在过，正是由于代理人过去曾经有过代理权，因此，在对相对人造成有代理权的假象时，比无权代理更容易使相对人产生信赖；②代理人实施了代理行为；③相对人善意且无过失，即相对人的信赖必须有正当性；④被代理人具有可归责性。这种类型的表见代理多发生在被代理人撤回代理权或者代理权消灭后未及时通知相对人或者未公开声明，以致第三人相信代理人仍然具有代理权。因此，被代理人具有可归责性。

四、表见代理的后果

我们通常总是笼统地说，在表见代理中，该代理人承担与有权代理同样的结果，但该结果究竟是指什么？是损害赔偿责任还是履行责任？还是任凭相对人选择？

德国学者认为，表见代理的效果在民法与商法上应有区别。在民法上，按照正确的观点，表见代理权至少不是在下列意义上的一般法律制度：纯粹因疏忽大意的行为即可产生代理权的效果。也就是说，在通常情况下，行为相对人对于被称为被代理人的人不享有履行请求权，但行为相对人可以根据缔约过失请求损害赔偿。不过，这种损害赔偿以消极利益为限，即只能要求赔偿因信赖行为人享有代理权而遭受的损害。但是，商法规定的信赖保护要更进

〔1〕　[日] 山本敬三：《民法讲义Ⅰ·总则》，解亘译，北京大学出版社2004年版，第275~276页。
〔2〕　[日] 山本敬三：《民法讲义Ⅰ·总则》，解亘译，北京大学出版社2004年版，第279~280页。
〔3〕　[日] 山本敬三：《民法讲义Ⅰ·总则》，解亘译，北京大学出版社2004年版，第280~281页。

一步。在商法中，以可归责于自己的方式引起的表见，可产生履行请求权。[1]

鉴于德国学者的上述论述，我们应该认真讨论我国《民法总则》第172条的规定。问题在于，《民法总则》第172条规定的效果如何在法官的审判实际中应用？具体来说，尽管该条规定，"相对人有理由相信行为人有代理权的，代理行为有效"。但这种规定是给相对人的请求选择权，还是给予无权代理人的抗辩权？也就是说，尽管相对人有充分理由相信所谓的代理人有代理权，但当他知道真相后，是否仍然有权不主张对于被代理人的"法律行为的履行请求权"，而是向无权代理人主张基于《民法总则》第171条第3款规定的赔偿责任或者履行责任？无权代理人是否可以基于该条规定抗辩说："按照《民法总则》第172条之规定既然代理行为已经有效了，相对人就应该向被代理人主张履行，而不能向我主张。如果因为我的无权代理按照《民法总则》第172条表见代理规则有效后，给被代理人造成的损失的话，也是被代理人向我提出赔偿请求。"笔者认为，即使发生表见代理，相对人仍然可以就适用《民法总则》第171条第3款还是《民法总则》第172条的规定进行选择，这绝对不能是给无权代理人的抗辩权，而是给相对人的选择权。即使被代理人具有过错，也是对于相对人的过错，而非对于无权代理人的过错。

---

〔1〕 ［德］迪特尔·梅迪库斯：《德国民法总论》，邵建东译，法律出版社2000年版，第733～734页。

第十一章

民法上的时间及确定规则

■第一节 时效制度概述

一、时效制度的概念及其存在的理由

（一）时效制度的概念

时效是指一定的事实状态持续地经过一定期间即在法律上产生一定后果的事实。一般来说，时效虽与时间相关，但不仅仅是时间问题，必须有两个基本的要素：①一定事实状态的持续存在，例如请求权"不行使"的状态的持续存在；②法定期间的届满。

时效又因目的及适用对象不同，分为取得时效与诉讼时效。取得时效是针对物权而规定的，是指占有他人之物（或者物权）的事实状态持续地经过法定期间即取得该物（或者物权）。而诉讼时效一般是指请求权（这里的"请求权"不一定等于债权请求权）的不行使状态持续地经过法定期间的，即发生权利行使障碍（对方抗辩）。

（二）时效制度存在的正当化理由

如果承认时效制度，则意味着，只要符合法定条件，他人之物便会成为自己的物。而在诉讼时效中，债务人本应履行的义务就可以拒绝履行。这是否与道德规范或者诚信原则相违背？是否会动摇财产权的宪法基础？对这一问题的讨论，实际上就是在讨论时效制度存在的正当性。

传统民法对时效制度的正当化说明，主要集中在以下几个方面：

1. 谋求社会法律关系的稳定。一定的事实状态长期存在后，社会生活在此基础上展开。为了谋求这种构建起来的社会法律关系的稳定，就需要时效制度。一方面，一定的事实状态长期存在后，当事人的生活也建立在这一基础之上，为了原封不动地保持这种已经形成的新生活，需要时效制度。另一方面，对于第三人来说，也已经信赖这种状态，保护这种存在，避免信赖这种状态的第三人蒙受意想不到的不利益，也需要时效制度。

2. 惩罚躺在权利上睡觉的人。既然权利人可以随时行使权利，却长期怠于行使，那么丧失权利也是不得已的。[1] 即对于躺在权利上睡觉之人，不予救济也符合情理。

3. 方便审理案件。如果案件时间久远，则会使当事人举证困难不便于法官查清事实。《德国民法典》之立法理由书对此指出：请求权消灭时效的原因与宗旨，乃使人勿去纠缠陈年旧账之请求权。有些事实可能已经年代久远，一方已长期缄口不提。而今一方却以此类事实为依据向对方主张权利，这是民事交往难以容忍的。因为时间已使此类事实黯然失色，对方欲举出有利于自己的免责事由并获得成功，纵然并非全然不能，亦属难矣。就常规而言，此类要求或者自身并不成立，或者已具结完案。消灭时效的要旨并非在于侵夺权利人

---

〔1〕 〔日〕山本敬三：《民法讲义Ⅰ·总则》，解亘译，北京大学出版社 2004 年版，第 346 页。

的权利，而是在于给予义务人一种保护手段，使其不需要详查事物即得对抗不成立的请求权。消灭时效乃达到目的的手段，而非目的本身。于具体情形，若消灭时效于实体公正有损，也属关系人必须向公共利益付出的代价。即若权利人不对权利行使置若罔闻，消灭时效本无发生的理由。故权利人于请求权内容的利益，实属微不足道，其因此付出的代价，也难谓严酷。[1]

二、时效的本质

（一）时效为实体法还是程序法上的制度？

取得时效因直接取得权利，因此，其为实体法上的制度并无太大的争议。惟日本有学者提出：时效是以真实的权利状态的存在为前提，作为证明该事实的手段发挥技能。在这个意义上将其定位为证明问题，即诉讼法上的问题。[2]

但在诉讼时效的问题上，却有较大的争议。有学者考察了比较法上的时效制度后指出，从比较法上看，消灭时效的法律性质在各国民事立法中分别体现为程序法或者实体法性质。罗马法上，诉讼时效体现为典型的程序法性质；《法国民法典》与《日本民法典》则体现为二重模糊性规定；在《德国民法典》中，由于温德沙伊德创造性地从罗马法中提取出了请求权，所以在消灭时效与请求权之间形成了内在的紧密联系，请求权构成了消灭时效的适用对象，从而德国法凭借请求权的实体性概念，摆脱了消灭时效的程序性性质。[3]

笔者认为，时效制度应是实体法上的制度，但其行使与程序有关。在民法中，有许多制度都规定于民法实体法，而行使却体现在程序法上，如解除权、代位权等。

（二）时效是否能够事先约定而排除适用？

因时效制度并非基于当事人的约定，而是基于社会利益的考量，因此，时效制度为法律的强行性规定，不允许当事人事先免除其适用。如《法国民法典》第2220条规定："时效不得预先放弃。"《日本民法典》第146条规定："时效利益不得预先放弃。"我国台湾地区"民法"第147条也有类似的规定。按照现行《德国民法典》第202条的规定，消灭时效可以法律行为抛弃或加重之，但是，因故意而引起的责任不得预先以法律行为减轻。

《民法通则》颁布之后，我国立法对此并不明确，直到2008年《最高人民法院关于审理民事案件适用诉讼时效制度若干问题的规定》（以下简称为《诉讼时效规定》）才给出了明确的答案和裁判依据。《诉讼时效规定》第2条明确规定："当事人违反法律规定，约定延长或者缩短诉讼时效期间、预先放弃诉讼时效利益的，人民法院不予认可。"2017年颁布的《民法总则》第197条对此进行了明确规定："①诉讼时效的期间、计算方法以及中止、中断的事由由法律规定，当事人约定无效。②当事人对诉讼时效利益的预先放弃无效。"

三、取得时效与诉讼时效的内在关系

在我国民法典的起草过程中，有一种观点是将诉讼时效与取得时效连接，即返还请求权因诉讼时效届满而被拒绝时，可适用取得时效解决之。[4]学者对此提出批评并指出，这种见解是存在问题的。首先，关于消灭时效适用的范围、对象和效力，不论采取哪种立法

---

〔1〕 ［德］迪特尔·梅迪库斯：《德国民法总论》，邵建东译，法律出版社2000年版，第91～92页。

〔2〕 ［日］山本敬三：《民法讲义Ⅰ·总则》，解亘译，北京大学出版社2004年版，第348页。

〔3〕 朱岩："消灭时效制度中的基本问题——比较法上的分析——兼评我国时效立法"，载《中外法学》2005年第2期。

〔4〕 见全国人大法律工作委员会2002年《民法典（草案）》第105、106条。

例，消灭时效完成都不会导致所有权的消灭。即使返还原物的请求权适用消灭时效的场合，消灭时效期间届满，物的归属仍然是确定的，无需适用取得时效解决之。其次，消灭时效的适用条件比较单一，只要权利人能够行使请求权而不行使，时效即可进行。但取得时效的适用条件就复杂得多。最后，即使在某些场合，出现所有人请求返还原物的请求权因消灭时效期间届满而遭到占有人拒绝的情形，并且占有人同时可依取得时效届满而取得占有物的所有权，那么，所有权的取得也是因适用独立的取得时效制度的结果，而不是建立在所有人的请求权因消灭时效届满而消灭的基础上。[1]

学者的上述见解颇值赞同，但物上返还请求权是否适用诉讼时效的问题，学者之间观点不同。本书有不同于我国学者及德国学者的看法，容后述之。但是，取得时效与诉讼时效之间存在的主要区别应着重指出：①构成要件不同，诉讼时效要求两个要素即可，即权利不行使的状态及经过法定期间；而取得时效则要求物的和平、持续、公开的（有的国家还要求善意地）占有并经过法定期间。②两种时效的期间长短不同，一般而言，取得时效期间要长于诉讼时效的期间（但也有例外的立法例）。③适用对象不同，尽管学者对于两种时效的适用对象有不同见解，但从总的方面看，诉讼时效适用于债权，而取得时效适用于物权。至于物上请求权是否适用则存在争议。我国《民法总则》第 196 条明确规定了某些动产物权的返还请求权可以适用诉讼时效。④结果不同，诉讼时效届满后与取得时效届满后的法律效果不同，而这种不同程度因各国立法不同而不同。

四、取得时效与诉讼时效的立法模式

（一）立法例

在具有代表性的立法例上，主要有两种立法模式，即"分别制"与"统一制"。

"分别制"以《德国民法典》为代表，即将诉讼时效规定于"总则编"，而取得时效规定于"物权编"。这样做的目的是因为德国人创造性地发明了"请求权"这一概念，而请求权既可能涉及债权性请求权，也可能涉及物权性请求权。因而请求权属于共同的东西——"公因式"，因而被规定于"总则编"。而取得时效仅仅涉及物权取得问题，主要是动产物权及未登记的不动产的取得问题，故规定于"物权编"。属于这一立法模式的还有《意大利民法典》《荷兰民法典》《俄罗斯民法典》等。

"统一制"以《法国民法典》为代表，该法典第 2219 条规定："时效，为在法律规定的条件下，经过一定的时间，取得财产所有权或者免除义务的方法。"

有学者经考察指出，由于《法国民法典》此种本质上的错误，使得当代法国民法学者已经不再支持《法国民法典》中统一规定消灭时效和取得时效的做法。他们通常在所有权取得的内容中探讨取得时效，而就债权消灭原因探讨消灭时效。实际上，当代法国学者也是将时效制度作为民法总则的一个问题加以处理，其采取了德国法的模式。[2]但是，只要仔细地阅读《法国民法典》，就会发现，其"统一制"仅仅是形式的，而实质上还是分别规定的，正如学者所指出的，《法国民法典》第 2219 条关于时效的定义，指明了时效完成的两种不同效果：取得财产所有权或者免除义务，产生前一种效果的是取得时效，而产生后一种效果的是消灭时效。此外，关于时效期间的规定，《法国民法典》也非常明确地区分了消灭时效期间和取得时效期间，　《法国民法典》第 2262、2270、2271、2272，2273、

---

[1]　柳经纬："关于时效制度的若干理论问题"，载《比较法研究》2004 年第 5 期。
[2]　Freid/Sonnenberger，转引自朱岩："消灭时效制度中的基本问题"，载《中外法学》2005 年第 2 期。

2276、2277 条规定的是消灭时效的期间，而关于取得时效的期间则规定在第 2265 条。[1]

笔者认为，这主要是由《法国民法典》"三编制"的立法模式造成的，在其法典中，无总则、无债权与物权的明确区分。《日本民法典》通常也被认为是采取"统一制"的立法例，但是，《日本民法典》已经将两种时效分别予以规定，即在第一编第六章"时效"中，第一节规定两种时效制度的"通则"，第二节规定"取得时效"，第三节为"消灭时效"，也是形式上的统一制，实质上的分别制。

（二）我国关于时效制度的现状与未来

从我国目前已经生效的实证法规范看，实际上，缺乏取得时效而仅有诉讼时效制度，希望这一任务在未来民法典物权部分的编纂中能够解决。

笔者认为，取得时效与消灭时效的制度价值不同，功能不同，因而缺一不可。另外，因取得时效而取得财产所有权的条件是十分严格的，而且，在动产善意取得与不动产登记制度完善后，其适用范围也十分有限。因此，我国未来的民法典应规定取得时效与消灭时效制度，且应采取"分别制"的立法模式。

■第二节　诉讼时效

一、诉讼时效的适用对象

我国学者在诉讼时效适用于债权性请求权方面均无异议，但对于其是否适用于物上请求权以及适用于什么样的物上请求权，争议颇大。笔者认为：从《民法通则》到《民法总则》，我国的民事立法关于诉讼时效的概念都认为，诉讼时效是请求人民法院保护民事权利的制度。而且，从《民法总则》第 196 条、《民法通则》第 139 条看，都适用了"请求权"一词。由此可见，都是以"请求权"为基础来设计诉讼时效制度的。从《民法总则》第 196 条的规定看，似乎可以推断出诉讼时效既适用于债权请求权，也适用于物权请求权。该条规定："下列请求权不适用诉讼时效的规定：①请求停止侵害、排除妨碍、消除危险；②不动产物权和登记的动产物权的权利人请求返还财产；③请求支付抚养费、赡养费或者扶养费；④依法不适用诉讼时效的其他请求权。"也就是说，在物权请求权方面，除了"不动产物权和登记的动产物权的权利人请求返还财产"以外，其他的物权请求权可以适用诉讼时效。具体来说：

1. 不动产物权和登记的动产物权以外的物权请求权。这是我国《民法总则》第 196 条之规定，但这种规定可能造成的问题是，由于我国无任何取得时效的规定，一方请求返还时对方拒绝，但对方又不能根据取得时效而取得，标的物就永远处于与物主分离的状态。这种状态实不正常。

2. 停止侵害、排除妨碍、消除危险请求权（《民法总则》第 196 条）。

3. 请求支付抚养费、赡养费或者扶养费请求权（《民法总则》第 196 条）。因这些请求权关涉未成年人及无劳动能力人的生计问题，涉及父母子女等特殊的亲属关系，一旦经过诉讼时效而请求受阻，就会影响其生计。因此，不应适用诉讼时效的规定。

4. 其他不适用诉讼时效的请求权（《民法总则》第 196 条）。

那么，什么是"其他不适用诉讼时效的请求权"？根据学理及最高人民法院的司法解释，应该包括：

---

[1] 柳经纬："关于时效制度的若干理论问题"，载《比较法研究》2004 年第 5 期。

（1）基于身份关系产生的请求权一般不适用诉讼时效。由于身份关系的特殊性，其请求权一般不适用诉讼时效。

（2）基于相邻关系的请求权不适用诉讼时效。因相邻关系本身并非独立的权利，其应从属于不动产。故基于相邻关系产生的请求权，不应适用诉讼时效。但若违反相邻关系而产生损害赔偿请求权时，应适用诉讼时效。

（3）抗辩权。德国学者梅迪库斯指出：抗辩权，无论其是否需要主张，也不会因为时效期间届满而消灭。但如果抗辩权是基于请求权而发生的，则请求权消灭时效届满，能够反过来对抗辩权产生作用。[1]其实，抗辩权与诉讼时效并没有直接的关系。因为抗辩权始终与具体权利义务相关，实体权利义务关系在，抗辩权就在；实体权利义务关系消灭了，抗辩权也就不再存在。不过，有时仅仅主张时效抗辩而不主张其他抗辩权而已。

（4）形成权。形成权一般适用除斥期间的规定而不应适用诉讼时效，因此，《诉讼时效规定》第7条第1款规定："享有撤销权的当事人一方请求撤销合同的，应适用合同法第55条关于1年除斥期间的规定。对方当事人对撤销合同请求权提出诉讼时效抗辩的，人民法院不予支持。"

（5）基于对某些特殊关系的保护，有些债权性请求权不适用诉讼时效。按照最高人民法院《诉讼时效规定》第1条的规定，不适用诉讼时效的几种特殊情形包括：①支付存款本金及利息请求权；②兑付国债、金融债券以及向不特定对象发行的企业债券本息请求权；③基于投资关系产生的缴付出资请求权；④其他依法不适用诉讼时效规定的债权请求权（如合伙财产分割及收益的分配请求权）。

二、诉讼时效的期间

我国《民法总则》第195条已经把一般诉讼时效的期间从原来《民法通则》的2年变为3年。[2]但是，从比较法的视角看，这种规定过于单一。因为，在实际生活中，各种权利相差很大，一刀切的方式是否合适，值得研究。例如，《德国民法典》在一般诉讼时效之外，规定有很多例外。

三、诉讼时效期间的开始

（一）一般请求权诉讼时效的起算点

由于诉讼时效是对债权人权利行使的限制，故开始计算的起点就具有重要意义。因此，简单地规定一个期间而不规定起算点，就很难判断其真正的长短。例如，10年的期间乍看很长，但其是从权利发生开始计算；1年的诉讼时效期间看起来可能很短，但它是从权利人知道权利被侵害并知道被告人起计算，从对债权人保护方面看，1年的诉讼时效可能更长。因此，必须研究时效期间的起算点。

在《民法总则》之前，由于我国《民法通则》第137条规定了诉讼时效期间自债权人知道或者应当知道权利被侵害之日起计算，为我国学理的通说。但有学者对此提出了批评，认为《民法通则》仅仅规定当事人的主观状态为时效期间起算点，而未规定客观标准有悖

---

〔1〕　［德］迪特尔·梅迪库斯：《德国民法总论》，邵建东译，法律出版社2000年版，第90页。

〔2〕　我国《民法通则》将诉讼时效分为普通诉讼时效期间与特殊诉讼时效期间。根据《民法通则》第135条的规定，普通诉讼时效期间为2年。而根据《民法通则》第136条的规定，下列的诉讼时效期间为1年：①身体受到伤害要求赔偿的；②出售质量不合格的商品未声明的；③延付或者拒付租金的；④寄存财物被丢失或者损毁的。另外，特别法上还有更长或者更短的诉讼时效期间。但《民法总则》却没有规定特殊诉讼时效期间，仅仅于第188条规定了一般诉讼时效期间，大概是将这些特殊诉讼时效期间留给特别法规定。

于计算时效期间的一般顺序。[1]

笔者认为，诉讼时效的目的之一就是惩罚那些躺在权利上睡觉的人，因此，诉讼时效期间的起算应与此目的相适应，故诉讼时效期间的起算点之一般原则应是，自能够行使权利而不行使时开始计算。正如学者所指出的，只有存在权利人享有请求权而怠于行使的事实，方可适用消灭时效，也只有在具备这种事实状态时，时效期间才开始计算。[2]以上观点恰恰就是兼顾客观与主观要素的结果。

另外，笔者十分赞同在规定时效期间的计算起点时，应注意违约责任的请求权与侵权责任的请求权的区别。[3]我国《民法通则》正是因为没有顾及这一区别，才规定了"从权利人知道或者应当知道权利被侵害之日起计算"的标准，而这种规则对于违约责任并无问题，但对于侵权责任则可能存在极大的问题，例如，被侵害人虽然知道自己的权利被侵害，但却不知道加害人（被告或者责任人），这时就开始计算诉讼时效期间，而等到被侵害人知道了加害人时，可能已经超过了诉讼时效期间。因此，这种计算方式对于债权人殊欠公允。

我国《民法总则》第188条采取"从权利人能够行使权利时起"开始计算普通诉讼时效的期间作为一般原则，兼顾到了合同责任、侵权责任及其他责任的性质，是一种比较合理与可行的方法。这里的"能够行使"包括两个方面的含义：一是在客观上（法律上）请求权已经发生；二是请求权人知道自己的权利发生而且知道相对人。

但是，这种计算方法与最长期间可能会存在矛盾，因为时效期间从知道或者应当知道权利被侵害之日开始计算，权利人在权利成立之后的19年才知道权利被侵害的，如果适用2年时效期间，则会超过20年的最长期间。如果适用20年期间，则会少于2年或者1年的期间。这个矛盾如何解决？《民通意见》第167条规定："民法通则实施后，属于民法通则第135条规定的2年诉讼时效期间，权利人自权利被侵害时起的第18年后至第20年期间才知道自己的权利被侵害的，或者属于民法通则第136条规定的1年诉讼时效期间，权利人自权利被侵害时起的第19年后至第20年期间才知道自己的权利被侵害的，提起诉讼请求的权利，应当在权利被侵害之日起的20年内行使，超过20年的，不予保护。"即发生矛盾时，适用最长期间。

（二）几种特殊请求权的时效期间的起算问题

根据《民法总则》第189～191条及我国最高人民法院《诉讼时效规定》对于实践中经常发生的几种特殊请求权起算作了规定，主要包括：

1. 当事人约定同一债务分期履行的，诉讼时效期间自最后一期履行期限届满之日起计算。这显然是将分期履行的债务作为一个整体对待，不仅有利于保护债权人利益，也符合公平原则。

2. 无民事行为能力人或者限制民事行为能力人对其法定代理人的请求权的诉讼时效期间，自该法定代理终止之日起计算。这种规定主要是考虑到被代理人的实际行使请求权的情况规定的，无论是因为被代理人取得完全行为能力，还是因为代理人自身的原因，终止法定代理而由新的法定代理人替代后，才能对代理人行使请求权。

---

〔1〕 朱岩："消灭时效制度中的基本问题——比较法上的分析——兼评我国实效立法"，载《中外法学》2005年第2期。

〔2〕 柳经纬："关于时效制度的若干理论问题"，载《比较法研究》2004年第5期。

〔3〕 朱岩："消灭时效制度中的基本问题——比较法上的分析——兼评我国实效立法"，载《中外法学》2005年第2期。

3. 未成年人遭受性侵害的损害赔偿请求权的诉讼时效期间，自受害人年满 18 周岁之日起计算。这也是考虑到受害人行使请求权的可能性，以更好地保护受害人。在现实生活中，不仅这种情况应该特殊规定，还有很多涉及未成年人的情况都应该加以特殊规定，例如，处在同一基于亲权而产生的监护人之下的兄弟姐妹之间的伤害赔偿请求权，也应该从受害人独立生活后开始计算，否则，就会加重监护人的负担。

4. 关于不当得利返还请求权的诉讼时效期间的起算。返还不当得利请求权的诉讼时效期间，从当事人一方知道或者应当知道不当得利事实及对方当事人之日起计算（《诉讼时效规定》第 8 条）。

5. 因无因管理而发生的债权请求权的诉讼时效期间的起算。管理人因无因管理行为产生的给付必要管理费用、赔偿损失请求权的诉讼时效期间，从无因管理行为结束并且管理人知道或者应当知道本人之日起计算。本人因不当无因管理行为产生的赔偿损失请求权的诉讼时效期间，从其知道或者应当知道管理人及损害事实之日起计算（《诉讼时效规定》第 9 条）。

6. 未定履行期的债权的时效期间的起算。关于未定履行期的债权的时效期间的起算问题，学者间颇有争议。有学者主张应从债权成立时计算；有学者主张应从主张权利而遭受债务人拒绝时开始起算；还有的学者主张应从予以债务人宽限期届满后的第二日开始计算。崔建远教授非常仔细地研究了这一问题，并区分不同情况进行了分析。他认为：①债权人催告当时债务人就同意履行，实际上却未履行的，诉讼时效期间自该催告的次日开始起算；②债务人主动提出履行，且双方约定有固定期间，该期间届满而债务人未履行的，诉讼时效期间自该期间届满的次日开始起算；③债权人向债务人主张一次，债务人当即明确表示拒绝，而且含有将来也不履行的意思的，诉讼时效期间应从该拒绝之日的次日开始计算，而不论债权人是否规定有宽限期以及该期限是否届满；④债权人向债务人主张履行债务，而债务人未明确表示拒绝，双方约定有债务履行的宽限期，该期限届满而债务人客观上未履行债务的，诉讼时效期间自该宽限期届满的次日开始计算；⑤债权人向债务人主张一次，债务人因行使抗辩权而拒绝。那么债务人的行为不构成违约，诉讼时效期间不起算。[1]

我国最高人民法院《诉讼时效规定》第 6 条规定："未约定履行期限的合同，依照合同法第 61 条、第 62 条的规定，可以确定履行期限的，诉讼时效期间从履行期限届满之日起计算；不能确定履行期限的，诉讼时效期间从债权人要求债务人履行义务的宽限期届满之日起计算，但债务人在债权人第一次向其主张权利之时明确表示不履行义务的，诉讼时效期间从债务人明确表示不履行义务之日起计算。"

笔者认为，从时效期间的意义上看，应认为"从债权成立之时"起算较合目的及逻辑。因为未定履行期的债权，实际上因法律的补充性规定而使得履行期仍然是明确的，即债权人可以随时请求债务人履行，即债权自成立时就已经使"债权人能够行使请求权"了，因此，应从债权成立时开始起算。如日本学者所言：在债权没有规定期限的情形下，债权人可以随时请求履行。因此，时效期间应自债权发生之时起进行。[2]至于宽限期，应是债务履行的实际期限，而非债权人得请求的期限。正确的理解应当是：债权自成立开始计算，而债权人请求则中断时效期间。宽限期是实际履行的期限，即使在定有期限的债权中，双方也可能定一个延展期，而这时诉讼时效期间也不从延展期开始计算。至于"债务人在债

---

[1] 崔建远："无履行期限的债务与诉讼时效"，载《人民法院报》2003 年 5 月 30 日。

[2] ［日］山本敬三：《民法讲义 I·总则》，解亘译，北京大学出版社 2004 年版，第 362 页。

权人第一次向其主张权利之时明确表示不履行义务"，则应当是诉讼时效期间的中断问题，即重新计算的问题。

7. 合同被撤销后的返还财产和损害赔偿请求权的诉讼时效期间计算。我国最高人民法院《诉讼时效规定》第7条第2款规定："合同被撤销，返还财产、赔偿损失请求权的诉讼时效期间从合同被撤销之日起计算。"该条规定的合同被撤销后的赔偿损失的诉讼时效期间没有问题，但是，合同被撤销后的返还财产问题是否适用诉讼时效，则存在重大理论争议。主要原因是：这与我国民法是否适用物权行为的独立性与无因性有关，如果承认物权行为的独立性与无因性，出卖人返还财产的请求权基础就是债权请求权，即不当得利请求权，当然适用诉讼时效。如果不承认物权行为独立性和无因性，则是物上返还请求权。那么，即使按照《民法总则》第196条的规定，除了不动产物权和登记的动产物权不适用诉讼时效外，其他物上返还请求权适用诉讼时效。但物权行为独立性和无因性这一问题在我国立法和司法解释上很是含糊，而且左右摇摆：《物权法》第15、106条显然是承认物权行为独立性与无因性的，但学理上并没有形成共识。《买卖合同司法解释》第3条至少是承认独立性的，无因性并不清楚。但从《诉讼时效制度规定》第7条第3款的规定看，显然属于不当得利请求权，因此，也是承认无因性的。

8. 附停止条件与始期的请求权的诉讼时效期间，应从条件成就或者期限届至开始计算。

9. 不作为请求权的时效期间的起算点。不作为在什么情况下构成义务的标的，是一个十分值得研究的问题。请求权（特别是债权的标的）一般是作为，不作为不能一般地作为请求权的标的，只有在当事人特别约定或者法律有特别规定时，才能成为请求权的标的。如对人身权、物权等绝对权的不侵犯义务，不能作为请求权的标的，假如有人侵犯，则属于法律对权利的保护而作为侵权行为论。因此，仅仅在当事人约定与法律规定时，不作为才能成为请求权的标的。

在当事人约定时，不作为成为义务，义务人违反该义务属于违约。此时，违约责任的诉讼时效期间的起算，无论是按照"权利人能够行使权利"，还是按照"请求权成立之时"（即不作为义务人违反义务而作为）起算，结果是一样的。在第二种情况下，虽然是法律的规定，但也多发生在契约领域，因法律顾及公平与诚信而规定之。例如，A将自己经营川菜的饭馆租赁给B收取租金。尔后不久，A又在附近重新开了一家饭馆经营川菜。A依据诚实信用原则应负有在相当范围（即对B的客源有影响的范围）内不竞争的义务。此时，也是合同相对人之间的问题。在这种情况下，适用"不作为义务人违反义务而作为"时计算更加合理。

综上所述，笔者认为，诉讼时效的起算只要规定"从权利人能够行使权利开始计算"，就可以解决不同情形的请求权的时效期间的起算问题。具体的情形，应当解释什么是"权利人能够行使权利"。至于我国《民法总则》第188条第2款规定的"诉讼时效期间自权利人知道或者应当知道权利受到损害以及义务人之日起计算"，与"从权利人能够行使权利开始计算"相比，虽然更加具体，容易理解，但后者更加合理。

四、影响诉讼时效期间进行的因素

诉讼时效期间及开始计算的方法，必然会使债权人产生这样的疑问：只要债务人拖延给付时间，时效期间就必然完成，进而影响自己权利的实现。在诉讼时效期间较短的情况下，更为突出。因此，为保护债权人利益，法律必须赋予债权人对时效期间的进程施加影

响的可能性。[1]一般国家的民法典规定了三种影响因素，即时效期间的中断、中止及不完成。我国《民法总则》对于这种影响诉讼时效期间进行的因素规定了诉讼时效期间的中止、中断和延长。

（一）诉讼时效期间的中断

1. 诉讼时效期间中断的概念。诉讼时效的目的在于惩罚那些"在权利上睡觉的人"，即对权利不行使的制裁。如果存在与当事人不行使权利相反的事由，则不应当实施这种惩罚。所以，中断就是这种解除惩罚的方法。所谓诉讼时效的中断，是指在诉讼时效期间进行的过程中，出现了与权利人不行使权利相反的法定事由，使得已经经过的时效期间归于消灭，而重新计算期间的制度。

2. 诉讼时效期间中断的事由。各国民法对于诉讼时效期间中断的事由都有专门的规定，而这些规定事由可能不尽相同，但大致可以分为以下几类：①请求（起诉或者相当于起诉的行为）；②债务人承认；③其他行为。我国《民法总则》第195条也规定大致相同的事由，但学理及司法实践在解释各种事由时，却与国外民法及判例存在较大的不同。下面具体分析之。

（1）向义务人请求履行义务。虽然"请求履行义务"是中断时效期间的法定事由，但关于何为"请求"的理解，却存在较大的差异。日本学者指出："这里所说的请求，不仅需要要求债务人的履行，还需要在有法院参与的正式程序中请求。"具体是指：裁判上的请求，支付督促，为和解而传唤任意出庭，破产程序的参加。[2]德国学者指出："在非法学专业人士中，有一种流行很广的看法，认为用挂号信向债务人发出履行催告（请求）即可中断消灭时效。实际上，这种方式是不起任何作用的。"[3]因此，德国学理及立法不将这种行为称为"请求"，而是直接称"起诉或者相当于起诉的行为。"[4]2002年修改后的《德国民法典》第204条规定了消灭时效因下述权利追及行为而中断：①提起给付之诉或者请求权确认之诉，或者诉请发给执行条款或者发布执行判决；②在关于未成年人抚养的简易程序中送达申请；③在督促程序中送达支付令；④向法定调解机构提出的和解申请被通告；⑤在诉讼中主张请求权的抵销；⑥送达诉讼告示；⑦送达进行独立的证明程序的申请；⑧开始约定鉴定程序或者委托鉴定人；⑨送达要求发布假扣押、假处分或者假命令的申请；⑩在破产程序或者在航运分配程序中申报债权；⑪开始仲裁程序；⑫如果是否准予诉讼取决于特定机关的预先裁定时，向该特定机关递交申请；⑬将申请递交给有管辖权的上级法院，并且在申请被处理后3个月内提起诉讼或者提出须为之而确定裁判籍的申请；⑭使要求给予诉讼费援助的最初的申请被通告，在递交申请后随即被通告的，在递交时即发生消灭时效的中断。

也就是说，在大陆法系许多国家，所谓中断时效期间的"请求"，必须有法院参与其中。当事人相互之间的直接请求不发生中断时效的效果。自我国《民法通则》开始，无论是学理，还是司法实践，对于"请求"却不作这样的"限缩性解释"，而是一旦通过口头形式（只要能够证明）、书面形式向对方主张权利，即可发生中断时效期间的效果。像梅迪库斯所说的非法学专业人的流行看法，即认为用挂号信向债务人发出履行催告（请求）即

[1]　[德]迪特尔·梅迪库斯：《德国民法总论》，邵建东译，法律出版社2000年版，第99页。
[2]　[日]山本敬三：《民法讲义Ⅰ·总则》，解亘译，北京大学出版社2004年版，第370页。
[3]　[德]迪特尔·梅迪库斯：《德国民法总论》，邵建东译，法律出版社2000年版，第100页。
[4]　[德]卡尔·拉伦茨：《德国民法通论》（上册），王晓晔等译，法律出版社2003年版，第344页。

可中断消灭时效，在我国的确能够起到中断时效期间的作用。《民法总则》第195条规定的"权利人向义务人提出履行请求"可以中断时效期间，恰恰就是这种表达。

这种差别实际上造成了许多制度性差别，例如，因《德国民法典》与《日本民法典》不认为一般的请求能够引起诉讼时效中断的效果，因此，在债权转让中，虽然有债权人通知债务人转移债权的事实，但却不中断时效期间，则属于当然的事。而在我国，因一般的书面或者口头请求就可以中断诉讼时效期间，而在债权转让时，债权人通知债务人向新的债权人履行义务，就含有主张债权的意思，因此，应当引起诉讼时效期间的中断。但有些学者也在这里使用德国与日本的观点，就与我国立法矛盾。因此，我国最高人民法院《诉讼时效规定》第19条之规定是对于之前我国学理的一次很好的纠正，也是符合我国民事立法和学理的做法。

应该如何理解《民法总则》第195条"权利人向义务人提出履行请求"呢？根据《诉讼时效规定》第10条的规定，具有下列情形之一的，应当认定为"当事人一方提出要求"，产生诉讼时效中断的效力：①当事人一方直接向对方当事人送交主张权利文书，对方当事人在文书上签字、盖章或者虽未签字、盖章但能够以其他方式证明该文书到达对方当事人的。对方当事人为法人或者其他组织的，签收人可以是其法定代表人、主要负责人、负责收发信件的部门或者被授权主体；对方当事人为自然人的，签收人可以是自然人本人、同住的具有完全行为能力的亲属或者被授权主体。②当事人一方以发送信件或者数据电文方式主张权利，信件或者数据电文到达或者应当到达对方当事人的。③当事人一方为金融机构，依照法律规定或者当事人约定从对方当事人账户中扣收欠款本息的。④当事人一方下落不明，对方当事人在国家级或者下落不明的当事人一方住所地的省级有影响的媒体上刊登具有主张权利内容的公告的，但法律和司法解释另有特别规定的，适用其规定。

（2）义务人同意履行义务。如果义务人同意履行义务，在我国法律上当然应该发生时效中断的效力。在这里，如果义务人仅仅向权利人表示承认债务的存在，但并未表示同意履行的，是否也发生中断的效力？尽管我国自《民法通则》开始，在立法上就是表述的"债务人同意履行债务"（《民法通则》第140条），但司法实践中，凡是债务人承认债务的，视为同意履行债务而中断时效期间。

我国最高人民法院《诉讼时效规定》第16条规定："义务人作出分期履行、部分履行、提供担保、请求延期履行、制定清偿债务计划等承诺或者行为的，应当认定为民法通则第140条规定的当事人一方'同意履行义务'。"

（3）提起诉讼或者仲裁或者有其他相当于提起诉讼的行为。《民法总则》第195条对于"权利人提起诉讼或者申请仲裁以及与提起诉讼或者申请仲裁具有同等效力的其他情形"作为中断诉讼时效期间的事由，作出了明确的规定，但是应如何解释呢？

根据我国最高人民法院《诉讼时效规定》第13、14、15条规定的精神，下列行为也被认定与提起诉讼或者仲裁具有同等效力的情形：①申请支付令；②申请破产；③申报破产债权；④为主张权利而申请宣告义务人失踪或死亡；⑤申请诉前财产保全、诉前临时禁令等诉前措施；⑥申请强制执行；⑦申请追加当事人或者被通知参加诉讼；⑧在诉讼中主张抵销；⑨其他与提起诉讼具有同等诉讼时效中断效力的事项；⑩权利人向人民调解委员会以及其他依法有权解决相关民事纠纷的国家机关、事业单位、社会团体等社会组织提出保护相应民事权利的请求，诉讼时效从提出请求之日起中断；⑪权利人向公安机关、人民检察院、人民法院报案或者控告，请求保护其民事权利的，诉讼时效从其报案或者控告之日起中断。上述机关决定不立案、撤销案件、不起诉的，诉讼时效期间从权利人知道或者应当知道不立案、撤销案件或者不起诉之日起重新计算；刑事案件进入审理阶段，诉讼时效期间从刑事裁判文书生效之日起重新计算。

由于我国对于时效中断采取比较宽松的解释态度，因此，以上事由作为我国民法上时效中断的事由当无问题。但需要说明的是，当诉讼或者申请仲裁后又撤回的，不发生时效中断的效力。因为，起诉或者申请仲裁后又撤回的，视为没有起诉或者申请仲裁。在其他相当于权利行使的情形中，若在行使的意思表示后又撤回的，也不发生中断时效的效果。

另外，需要说明的问题是：如果权利人仅就一部分权利具有行使的行为，则中断是就全部权利发生，还是仅就该部分发生？对此，有两种不同的主张：部分中断说与全部中断说。部分中断说认为，如果权利人仅就一部分权利具有行使的行为，则时效仅仅在行使的范围内中断，而其余部分并不中断。这是因为，权利只在被行使的部分的范围内得到确认。[1]德国学者也有此主张。[2]全部中断说认为，在此情形下，时效就全部债权中断。这是因为，既然没有明示是部分债权，就可以认为是以此金额作为全部债权而提起诉讼的。[3]

笔者赞成部分中断说的主张。最高人民法院《诉讼时效规定》采用了"全部中断说"，《诉讼时效规定》第11条规定："权利人对同一债权中的部分债权主张权利，诉讼时效中断的效力及于剩余债权，但权利人明确表示放弃剩余债权的情形除外。"

3. 时效中断的法律后果。无论是国外的民法学理及立法，还是我国的学理与立法（《民法总则》第195条、《民法通则》第140条）都认为，已经经过的时效期间归于消灭，重新计算时效期间。

4. 几种特殊情形下的时效中断的效力。

（1）对于连带债权或者债务的效力。

第一，对于连带债权人中的一人发生诉讼时效中断效力的事由，应当认定对其他连带债权人也发生诉讼时效中断的效力。

第二，对于连带债务人中的一人发生诉讼时效中断效力的事由，应当认定对其他连带债务人也发生诉讼时效中断的效力（《诉讼时效规定》第17条第2款）。

（2）代位权诉讼对于时效中断的影响。债权人提起代位权诉讼的，应当认定对债权人的债权和债务人的债权均发生诉讼时效中断的效力（《诉讼时效规定》第18条）。

（3）债权转让或者债务承担对于时效的影响。

第一，债权转让的，应当认定诉讼时效从债权转让通知到达债务人之日起中断。

第二，债务承担情形下，构成原债务人对债务承认的，应当认定诉讼时效从债务承担意思表示到达债权人之日起中断（《诉讼时效规定》第19条第2款）。

（二）诉讼时效的中止

1. 中止的概念。

（1）定义。诉讼时效中止是指在诉讼时效进行中，出现了请求权行使的障碍，诉讼时效期间停止计算，等到障碍事由消失后，期间继续计算的制度。

（2）中止的制度价值。中止的制度价值在于保护权利人的利益，起到真正惩罚不行使权利的人的作用。因为，在有些情况下，并不是权利人不想行使权利，而是不能行使权利。在此情况下，若继续计算诉讼时效期，就会与时效制度的价值背离。因此，必须中止计算，等到阻碍行使权利的事由消失后，再继续计算。

---

〔1〕〔日〕山本敬三：《民法讲义Ⅰ·总则》，解亘译，北京大学出版社2004年版，第372页。

〔2〕〔德〕迪特尔·梅迪库斯：《德国民法总论》，邵建东译，法律出版社2000年版，第100页。

〔3〕〔日〕山本敬三：《民法讲义Ⅰ·总则》，解亘译，北京大学出版社2004年版，第371页。

（3）中止与中断的主要区别。①事由不同：中断的事由是主观的原因，即权利行使的行为；而中止的事由一般都是客观的，即因权利人之外的原因导致权利不能行使。②法律效果不同：中断的法律效果是诉讼时效中断前已经经过的期间归于消灭，而重新计算时效期间；而中止则不导致已经经过的时效期间归于消灭，而是暂时停止，等到阻碍事由消灭后，再继续计算。③发生的期间不同：中断在任何时候都可以发生，而中止必须发生在诉讼时效进行中的最后 6 个月内。

（4）时效的中止与不完成。《德国民法典》区分时效的中止与时效的不完成。时效的中止是指由于特定原因，时效期间暂时停止进行，停止进行的时间不计入时效期间。[1] 按照现行《德国民法典》第 205～208 条的规定，时效期间可因下列原因而停止计算：①债务人有权拒绝给付的；②债权人在时效期间进行中的最后 6 个月内，因不可抗力而不能追及权利的；③婚姻关系存续期间，配偶之间的请求权；④在同性生活伴侣关系存续期间其相互请求权；⑤在未成年人成年前父母子女之间的请求权；⑥监护关系存续期间，监护人与被监护人之间的请求权；⑦照管关系存续期间，照管人与被照管人之间的请求权；⑧保佐关系存续期间，保佐人与被保佐人之间的请求权；⑨到债权人满 21 岁止，因侵害性的自我决定而产生的请求权。

时效的不完成与停止有别：在时效的不完成中，虽然时效本身可以继续进行，但它不在某个特定的时间之前届满，即时效期间必须延长至该期间到来之时。[2] 例如，根据《德国民法典》（2002 年前的民法典第 206 条、2002 年之后的民法典第 210 条）的规定，对于非完全行为能力人无法定代理人的情况下，时效期间在其取得行为能力后 6 个月内不完成。

我国台湾地区"民法"也仿照德国民法典之体例，也规定了时效的不完成。其事由为：①不可抗力；②继承财产的权利或者对于继承财产的权利，自继承人确定或者管理人选定，或者破产宣告时起 6 个月内，时效不完成；③对于无行为能力人或者限制行为能力人，在其成为完全行为能力人或者自确定法定代理人时起 6 个月内不完成；④无行为能力人或者限制行为能力人对于其法定代理人的权利，于代理关系消灭后的一年内不完成；⑤夫妻相互之间的请求权在婚姻关系消灭后的一年内不完成。[3]

如果同《德国民法典》及我国台湾地区"民法"比较，我国《民法总则》规定的许多所谓"中止"的事由，可以归于时效的"不完成"，《民法总则》第 194 条第 2 款规定："自中止时效的原因消除之日起满 6 个月，诉讼时效期间届满。"应该说，这也是《民法总则》不同于《民法通则》的地方之一。

2. 中止的事由。《民法总则》第 194 条第 1 款规定："在诉讼时效期间的最后 6 个月内，因下列障碍，不能行使请求权的，诉讼时效中止：①不可抗力；②无民事行为能力人或者限制民事行为能力人没有法定代理人，或者法定代理人死亡、丧失民事行为能力、丧失代理权；③继承开始后未确定继承人或者遗产管理人；④权利人被义务人或者其他人控制；⑤其他导致权利人不能行使请求权的障碍。"

但这些事由仍然过窄，不能周延地保护权利人利益，故应扩充之。具体来说，中止还应包括下列事由：①磋商。当事人就债权债务关系及有关事宜进行磋商的，时效停止进行。自一方当事人拒绝磋商时起，时效继续计算。②特殊关系。特殊关系包括两种：一是无民

---

[1]　［德］卡尔·拉伦茨：《德国民法通论》（上册），王晓晔等译，法律出版社 2003 年版，第 340～341 页。
[2]　［德］迪特尔·梅迪库斯：《德国民法总论》，邵建东译，法律出版社 2000 年版，第 101 页。
[3]　见我国台湾地区"民法"第 139～143 条。

事行为能力人或者限制民事行为能力人与法定代理人之间的请求权，在法定代理关系存续期间，诉讼时效期间停止进行。自代理关系终止时起，时效期间继续计算（这一点，在《民法总则》第190条已经规定）。二是夫妻之间的请求权或者家庭成员之间的请求权因夫妻关系或者家庭关系的存在而停止进行。

当然，我国《民法总则》对于有些特殊情况，用推迟"起算点"的方式解决，例如第190、191条关于行为能力欠缺及未成年人遭受性侵的请求权。

3. 中止的法律后果。时效期间中止并不导致已经经过的时效期间失去效力，仅仅是停止计算，待中止事由消灭后，继续计算。为了更好地保护债权人，并规定在中止事由消灭后的一定期间内时效不完成。我国《民法总则》第194条第2款规定："自中止时效的原因消除之日起满6个月，诉讼时效期间届满。"

五、诉讼时效的延长

诉讼时效的延长是指因特殊情况，经权利人申请，法院对于已经完成的时效期间给予延长的情形。

在具体到能够延长的期间是指什么期间时，《民法总则》之前学者之间就存在争议。有学者主张适用于所有的期间，而有的学者主张仅仅适用于20年期间，其他的适用中断与中止。但从《民通意见》第175条的规定看，诉讼时效的延长适用于所有期间。但从《民法总则》第188条第2款的规定行文解释，仅仅适用于最长时效期间。而诉讼时效的延长的条件是：①有特殊情况，按照《民通意见》第169条的规定看，所谓特殊情况，是指权利人由于客观的障碍在法定诉讼时效期间不能行使请求权；②权利人申请；③决定权在法院。

六、诉讼时效的援用

（一）援用的一般原则

法院能否主动适用诉讼时效而审判？从罗马法以来，时效制度一直有一条重要的原则，时效只能由当事人主张，而法官不能主动引用。例如，《法国民法典》第2223条规定："法官不得援用时效的方法。"《日本民法典》第145条规定："除非当事人援用时效制度，法院不得援用时效制度进行审判。"我国《民法总则》第193条对此进行了明确的规定："人民法院不得主动适用诉讼时效的规定。"

（二）法院不能援用的说明理由

虽然大陆法系国家的民法典都规定，时效仅能为当事人援用而法官不得主动适用，但在说明理由上却有不同。大致可分为两种观点：

1. 效果确定与辩论主义说。该说的主要观点是：时效的援用，是以时效的完成为基础要求裁判的行为。在要求裁判前，因时效的完成所发生的权利消灭或者取得这种效果虽然已经确定，但如果当事人不援用，则法院不得依时效进行裁判。要求这种援用，是民事诉讼法上的辩论主义——"构成裁判基础的事实的提出属于当事人的责任"——的体现。[1]

2. 不确定效果及良心说。该说认为，权利的取得或者消灭这种效果即使时效完成也不发生，如果被援用，才自始发生。根据这种见解，援用被理解为效果发生的停止条件。而只能由当事人援用的理由是：因时效而取得权利或者免除义务，是违反道德的。所以，把是否享有这种时效利益交由当事人的良心决定。[2]

虽然许多国家在时效完成后的效果规定不尽相同，有的采用抗辩主义，有的采实体权

---

〔1〕 ［日］山本敬三：《民法讲义Ⅰ·总则》，解亘译，北京大学出版社2004年版，第380页。

〔2〕 ［日］山本敬三：《民法讲义Ⅰ·总则》，解亘译，北京大学出版社2004年版，第381页。

利消灭主义，但在说明理由方面却可以共通。日本采取的是权利消灭主义，但在说明理由方面完全可以适用于采用"抗辩权发生主义"的国家。笔者赞成"不确定效果及良心说"，因为抗辩分为需要主张的抗辩与不需要主张的抗辩，而时效在采取抗辩权发生主义的国家中，恰恰属于需要主张的抗辩。之所以如此，是因为，对于义务人来说，他必须就两个问题进行权衡后决定：一是道德良心，二是抗辩的风险，因为如果抗辩不当，往往会承担迟延履行等债务不履行的责任。即如德国学者梅迪库斯所言：就某些辩护手段而言，应当由被告来决定其是否提出主张，是容易理解的。消灭时效的例子能够特别清楚地说明这一点。仅仅因为过了一定的时间，就想逃避承担一种确定无疑存在的义务，这种行为至少在以前的某些交易圈子内被视为不名誉的事情。因此，债务人在这里有可能不提出消灭时效的抗辩。另外，还要就费用等方面的风险进行衡量。[1]

（三）时效抗辩援用的时间

当事人在什么时候才能援用时效抗辩？具体来说，当事人在法院一审时没有提出，在二审时能否提出？对此，学理上，特别在诉讼法学界存在争论。《诉讼时效规定》第4条明确规定："当事人在一审期间未提出诉讼时效抗辩，在二审期间提出的，人民法院不予支持，但其基于新的证据能够证明对方当事人的请求权已过诉讼时效期间的情形除外。当事人未按照前款规定提出诉讼时效抗辩，以诉讼时效期间届满为由申请再审或者提出再审抗辩的，人民法院不予支持。"笔者支持最高人民法院的上述观点。

（四）时效利益的放弃与禁止

一般地说，因时效利益的放弃涉及受益人的利益，故受益人的放弃应当允许。但是，考虑到对弱者的保护及对第三人利益的照顾，下列两种情况下应予以限制：

1. 事先放弃时效利益的约定无效。由于债务人通常在债成立时处于弱者的地位，所以，如果允许放弃时效利益的约定，就可能迫使债务人放弃时效利益。因此，这种放弃是无效的。[2]如《日本民法典》第146条规定："时效利益不得事前放弃。"《德国民法典》第225条、我国台湾地区"民法"第147条也作了相同的规定。

我国《民法总则》第197条第2款明确规定："当事人对诉讼时效利益的预先放弃无效。"

2. 事后的放弃不得对抗第三人的利益。债务人虽然可以在事后放弃时效利益，但是，如果这种放弃损害第三人利益的，这种放弃对第三人无效。如根据我国《担保法》第20条的规定，债务人放弃时效抗辩的，对保证人不生效。

（五）诉讼时效与诚实信用

教皇格雷戈里九世在谴责罗马法中关于恶意占有人可因时效而取得所有权时指出：凡事只要不是出于忠诚就是罪恶。在教会法和罗马法中，时效在并非出于诚实信用的情况下毫无价值。[3]因此，若诉讼时效期间的经过违反诚实信用原则的，特别是债务人利用非诚信手段导致债权人不主张权利而致时效期间经过的，债务人不得主张时效利益。欧洲许多国家的学者及判例持这种观点。[4]我国《民法总则》既然将诚信原则作为民法的基本原则，

〔1〕 [德] 迪特尔·梅迪库斯：《德国民法总论》，邵建东译，法律出版社2000年版，第85~86页。
〔2〕 [日] 山本敬三：《民法讲义Ⅰ·总则》，解亘译，北京大学出版社2004年版，第388页。
〔3〕 [德] 莱因哈德·齐默曼、[英] 西蒙·惠克特主编：《欧洲合同法中的诚信原则》，丁广宇等译，法律出版社2005年版，第76页。
〔4〕 [德] 迪特尔·梅迪库斯：《德国民法总论》，邵建东译，法律出版社2000年版，第104~106页；[德] 卡尔·拉伦茨：《德国民法通论》（上册），王晓晔等译，法律出版社2003年版，第347页；[德] 莱因哈德·齐默曼、[英] 西蒙·惠克特主编：《欧洲合同法中的诚信原则》，丁广宇等译，法律出版社2005年版，第345~354页。

应该认为，债务人违反诚信，不得主张时效利益。

七、诉讼时效完成后的效力

诉讼时效届满后，其法律后果如何，各国立法及学理不一。大致可以分为以下几种：

1. 请求权实体权利消灭主义。《日本民法典》采取这种体例，该法典第 167 条规定："债权，因 10 年不行使而消灭。"

2. 诉权消灭主义。《法国民法典》第 2262 条规定："诉权，无论对人的或者对物的，均以 30 年为消灭时效完成的时间。

3. 抗辩权发生模式。时效完成后，债权人的债权实体权利并不消灭，仅仅使债务人发生拒绝履行的抗辩权。《德国民法典》第 222 条规定：消灭时效完成后，债务人得拒绝履行。德国学者拉伦茨指出：时效并不是请求权消灭的原因，而只是给义务人提供了"抗辩权"。时效抗辩权是永久性的。[1]

4. 胜诉权消灭主义。"胜诉权消灭主义"为我国学理的通说，已经影响了无数学者。这一观点来源于对我国《民法通则》第 135 条的理解，该条规定："向人民法院请求保护民事权利的诉讼时效期间为 2 年，法律另有规定的除外。"许多学者在解释该条规定的含义时，就解释为"胜诉权消灭主义"。但是，如果仔细对照一下司法实践，就会发现这种解释的错误所在：在实践中，经过诉讼时效期间的债权仍然可以起诉，法院也受理并且收取诉讼费用，但债权人却不能胜诉，那么，债权人为什么明知不能胜诉还要起诉呢？实际上，我国法院的司法实践采取的是德国式的"抗辩权发生主义"，即债权人可以起诉，也可能胜诉，条件是债务人不知诉讼时效已经经过，或者虽然知道但出于良心而不主张时效抗辩。

我国《民法总则》第 188 条虽然沿用了《民法通则》第 135 条的表达："向人民法院请求保护民事权利的诉讼时效期间为 3 年。"但与之不同的是，《民法总则》在第 192 条第 1 款明确规定："诉讼时效期间届满的，义务人可以提出不履行义务的抗辩。"这显然是采取"抗辩权发生主义"而不是"胜诉权消灭主义"。

■第三节　除斥期间

一、除斥期间的概念

除斥期间是法律规定或者当事人约定的形成权存续的有效期间。该期间届满，形成权即告消灭。除斥期间是学理称谓，一般未见诸立法，但各国法律都有这种期间。非常有趣的是，我国编纂《民法总则》时，就究竟如何规定除斥期间存在争议，最后通过的《民法总则》是将其规定在"诉讼时效"这一节中的第 199 条："法律规定或者当事人约定的撤销权、解除权等权利的存续期间，除法律另有规定外，自权利人知道或者应当知道权利产生之日起计算，不适用有关诉讼时效中止、中断和延长的规定。存续期间届满，撤销权、解除权等权利消灭。"

其实，在我国许多法律中对于除斥期间都有规定，例如，我国《合同法》第 55 条规定："有下列情形之一的，撤销权消灭：①具有撤销权的当事人自知道或者应当知道撤销事由之日起一年内没有行使撤销权；②具有撤销权的当事人知道撤销事由后明确表示或者以自己的行为放弃撤销权。"该条规定的一年即为法律规定的除斥期间。《合同法》第 95 条规

---

〔1〕　［德］卡尔·拉伦茨：《德国民法通论》（上册），王晓晔等译，法律出版社 2003 年版，第 345 页。

定："法律规定或者当事人约定解除权行使期限，期限届满当事人不行使的，该权利消灭。法律没有规定或者当事人没有约定解除权行使期限，经对方催告后在合理期限内不行使的，该权利消灭。"这就是当事人约定的形成权存在的除斥期间。

二、除斥期间适用的对象及作用

除斥期间适用于各种形成权，如撤销权、追认权、同意权、决定权、异议权等。其作用是使某种不确定的状态确定化。因此，形成权的行使不得再附条件，以免使不确定的状态不能确定化。

三、除斥期间的性质及届满后的法律后果

（一）除斥期间的性质

除斥期间为不变期间，不会因任何事由而中断、中止或者延长（《民法总则》第199条）。

（二）除斥期间满后的法律后果

除斥期间满后，形成权当然地、确定地消灭。

（三）除斥期间的起算

对于除斥期间的具体起算时点及方式，我国《民法总则》第199条规定"自权利人知道或者应当知道权利产生之日起计算"。另外，凡是适用除斥期间的地方，法律一般都有明确规定，如上述我国《合同法》第55条，就规定从具有撤销权的当事人知道或者应当知道撤销事由之日起计算。当事人约定的，也有明确的起算时点。

四、诉讼时效与除斥期间的区别

1. 构成要件不同。诉讼时效的构成要件有两个：一是期间经过，二是权利不行使。而除斥期间只有一个要件，即期间经过。

2. 适用对象不同。诉讼时效对象是请求权；除斥期间的对象是形成权。

3. 法律效力不同。诉讼时效期间经过不消灭实体权利；而除斥期间经过则消灭实体权利。

4. 期间的弹性不同。诉讼时效期间为可变期间；而除斥期间为不变期间。

5. 计算的开始不同。诉讼时效从权利人知道或者应当知道权利被侵害及义务人之日起计算；而除斥期间从权利成立起计算。

■第四节　关于期日与期间的实体法确定规则

一、期日与期间的意义及规范目的

时间在民法上具有重要意义，其能够直接导致权利的发生或者消灭，例如，出生或者死亡的时间计算就与继承有着重大关系。在实践中出现的时间问题，不仅有当事人以法律行为的约定，也有法律的规定，而且法院的裁判也涉及时间问题。人们由于语言习惯的不同，加之时间的循环流动性，往往会导致人们的分歧。例如，双方约定义务方应在2005年12月22日履行，那么，在22日的什么时间履行为正当履行？该日的什么时间点是计算义务人迟延的起点？因此，需要对之作出统一的解释规则，以避免计算中的分歧。

在民法上，时间主要由期日与期间构成。各国法律一般都有关于期日与期间的规定（《法国民法典》除外），其目的在于对时间的解释提供统一的实体法规则，就如德国学者拉伦茨所指出的：法律除规定了一些指示法官如何去解释意思表示的解释原则外，还规定了一些在依据一般原则不能得出准确结论的情况下，依表示的某一特定意义为准的实体解释规则。《德国民法典》第 186 条以下规定了对期间和期日的确定的解释这种实体解释规则，它们不仅适用于解释法律行为中所包含的期间和期日的确定，也适用于法律规定和法院判决与裁定中包含的确定期和期日的解释。就它们对法律规定中的期间和期日的确定进行解释而言，它们具有说明性法律规则的功能。[1]我国《民法总则》第 200～203 条规定了这种解释规则。[2]

二、期日及确定规则

（一）期日的概念

期日是指不可分或者视为不可分的一定时间，乃时之静态，可喻为时之点。[3]

期日可以分为独立的期日与为计算期间的方便而作为期间的起点与终点的期日，在实践中，这两种期日都大量存在。例如，2005 年 5 月 1 日，为独立期日；而"自合同签订时起 1 个月内履行"，便有作为"一个月"之期间的起点与终点的期日存在。我国《民法总则》第 201、202 条仅仅规定了期间及作为期间计算起点与终点的期日。

在本题目下，我们仅仅讨论独立期日。

（二）期日的决定规则

1. 期日的终结点。有学者指出，以某日为给付或者意思表示期日的，则该日全日皆视为不可分的期日，但原则上应于通常营业或者作息时间内为给付或者意思表示，于凌晨或者深夜为之者，依其情形，得构成对诚实信用原则的违反。[4]

该计算方式作为原则可资赞同，我国《民法总则》第 203 条第 2 款在规定作为期间终点的期日之终结点时，也作了相同的规定："期间的最后一日的截止时间为二十四时；有业务时间的，停止业务活动的时间为截止时间。"但也必须承认某些例外，例如，保险合同通常以最后一日的 24 点作为合同的终结点。

2. 期日的顺延。在一定期日应为意思表示或者给付者，如果遇到该日为星期日或者其他法定假日的，以休假日之次日为期日（《民法总则》第 203 条第 1 款）。但是，如果当事人有特别约定的，依其约定。

3. 不确定期日的确定规则。假如以"月初""月中""月终"为期日的，分别应确定为该月的"第 1 日""第 15 日""该月的最后一日"。《德国民法典》第 192 条作了如此规定，我国《民法总则》虽然没有明确规定，笔者认为也应作相同的解释。

三、期间及确定规则

（一）期间的概念与标示方法

期间，是指期日与期日之间的时间长度，如×年×月×日至×年×月×日。

期间的标示方法有两种：一是历法计算法，二是自然计算法。历法计算法是指依历法（非依农历）而为计算的方法。所称一日，是指午前 0 时到午后 12 时；所称一月，是指 1 月 1 日到末日；所称一年，是指 1 月 1 日至 12 月末日。月有大小，年有平闰，均依历法规

---

〔1〕 ［德］卡尔·拉伦茨：《德国民法通论》（下册），王晓晔等译，法律出版社 2003 年版，第 911 页。

〔2〕 《民法通则》第 154 条规定："民法所称的期间按照公历年、月、日、小时计算。规定按照小时计算期间的，从规定时开始计算。规定按照日、月、年计算期间的，开始的当天不算入，从下一天开始计算。期间的最后一天是星期日或者其他法定休假日的，以休假日的次日为期间的最后一天。期间的最后一天的截止时间为二十四点。有业务时间的，到停止业务活动的时间截止。"第 155 条规定："民法所称的'以上''以下''以内''届满'，包括本数；所称的'不满''以外'，不包括本数。"

〔3〕 王泽鉴：《民法总则》，中国政法大学出版社 2001 年版，第 509 页。

〔4〕 王泽鉴：《民法总则》，中国政法大学出版社 2001 年版，第 509 页。

定。而所谓自然计算法，是指按实际时间精确计算的方法。所称一日，是指 24 小时；所称一月，是指 30 天；所称一年，为 365 日。月不分大小，年不分平闰，均依此标准计算。历法计算方法较为简便，但不甚精确；自然计算方法虽然精确，却不甚简便。[1]

对此问题，许多国家与地区的民法采取的方法为：若是连续计算的年月，则依历法计算；若依非连续而是累加计算的年月，则适用自然计算标示。如我国台湾地区"民法"第123 条规定："称月或者年者，依历计算。月或年，非连续计算者，每月为 30 天，每年为365 天。"《德国民法典》第 191 条规定："某一时期以该时期无须连续经过的方式，按月或者年确定的，每月按 30 日计算；每年按 365 天计算。"

我国司法判例采取德国式的规定，《民通意见》第 198 条第 1 款规定："当事人约定的期间不是以月、年第一天起算的，一个月为 30 日，一年为 365 日。"这种立法例表明：若是连续计算的，例如，"自 1997 年 1 月 1 日起 2 年内"，属于连续计算，则以历法标示计算；若累加计算的，如"累计旷课 2 个月"，或者说"自合同签订之日起 2 个月内"，则属于非连续计算。

（二）期间的确定规则

1. 期间的开始。

（1）按小时计算期间的，从规定时开始计算（《民法总则》第 201 条），如上午 9 点交付照片洗印，约定 2 小时后取，则应在 11 点时期间届满。

（2）规定按日、月、年计算期间的，开始的当日不计算在内，从次日开始（《民法总则》第 201 条）。我国台湾地区"民法"第 120 条也有相似的规定，其立法理由称："一日未满之时间为一日，实为不当也。"[2]例如，2005 年 3 月 10 日订立合同，约定 20 日后交付货款，则 3 月 10 日当天不计算在内，应从 3 月 11 日起计算，至 3 月 30 日期间届满。

同时，如果期间开始于某一事实的发生，那么在计算期间时，该事实发生的当天不计算在内。[3]

2. 期间的终结。

（1）以日确定期间者，以期间最后一日过去之日为期间的终止（《德国民法典》第 188 条、我国台湾"民法"第 121 条）。所谓"最后一日过去之日"，即该期间最后一日的午夜12 时。

我国《民法总则》对此没有明文规定，但根据《民法总则》第 201 条的精神，应作相同的解释。

（2）以星期、月、季度、年确定的期间，则在最后星期、月、季度、年与起算日相当日的前一日终止时，为期间的末日。但在最后一日无相当者，以其月末最后一日终止时为期间末日（《德国民法典》第 188 条、我国台湾地区"民法"第 122 条）。例如，A、B 约定 A 于 10 月 23 日起 2 个月内交货，则交货期间的届满应是 12 月 22 日午夜 12 点。若 A、B约定自 12 月 31 日起 2 个月内交货，则因 2 月无 31 日，则 2 月的最后一天终了时，期间届满。

我国《民法总则》第 202 条规定："按照年、月计算期间的，到期月的对应日为期间的最后一日；没有对应日的，月末日为期间的最后一日。"

---

〔1〕 王泽鉴：《民法总则》，中国政法大学出版社 2001 年版，第 510 页。

〔2〕 王泽鉴：《民法总则》，中国政法大学出版社 2001 年版，第 510 页。

〔3〕 ［德］卡尔·拉伦茨：《德国民法通论》（下册），王晓晔等译，法律出版社 2003 年版，第 912 页。

3. 期间的延长。所谓期间的延长，是指如果期间的最后一日恰逢法定节假日的，该期间的届满以法定节假日结束后的次日终了时届满（《德国民法典》第 193 条、我国《民法总则》第 203 条）。德国学者拉伦茨指出：法律的这种规定是考虑到依据商业习惯，在星期天和假日，现在也包括星期六，作出意思表示或者接受履行大多是不可能或者不合理的，因为这些天中并不营业[1]。

4. 年龄的计算规则。在年龄的计算方法上，与上述规则略有不同。出生之日总计算在内，即使出生的时间是一天的最后几分钟。因此，于 10 月 1 日出生的小孩于翌年 9 月 30 日结束之日为一周岁，不管他出生于那天的什么时候。因此，所谓的生日，并不是一周岁的结束，而是又一周岁的开始。[2]法律这样规定的目的在于保护出生之人，使其一出生便成为具有权利能力的人。我国台湾地区"民法"第 124 条还特别规定有推定：出生之月日，无从确定时，推定为 7 月 1 日出生。知其出生之月，而不知其出生之日者，推定其为该月 15 日出生。这种推定为取其中也。

5. 期间的逆算。所谓期间的逆算，是指期间于自一定起算日往前溯及所为的计算，其期间的计算准用期间的顺算。例如，我国台湾地区"公司法"第 172 条规定，股东大会的召开应于 20 日前通知各股东，以逆算法，开会日为始日，不计算在内。假如股东大会开会日期为 3 月 27 日上午 9 点，则应以其前一日（3 月 26 日）为起算日，逆算至 20 天期间的末日（3 月 7 日）午前 0 时为期间的终止，则开会通知书最迟需要在 3 月 6 日寄送，始符合"应于 20 日前通知"的意旨。[3]

第十一章

---

〔1〕 ［德］卡尔·拉伦茨：《德国民法通论》（下册），王晓晔等译，法律出版社 2003 年版，第 914 页。

〔2〕 ［德］卡尔·拉伦茨：《德国民法通论》（下册），王晓晔等译，法律出版社 2003 年版，第 912～913 页。

〔3〕 王泽鉴：《民法总则》，中国政法大学出版社 2001 年版，第 512 页。

第四编　物权一般理论

第十二章

物权概述

■第一节　物权的概念与特征

一、物权的词源

如同民法上的其他诸多概念的渊源一样，物权的概念也滥觞于罗马法。罗马法曾确认了所有权（dominium）、永佃权（emphyteusis）、地上权（superficies）、役权（servitutes）、质权（pignus）、抵押权（hypotheca）等具体的物权形式，并创设了与对人之诉（actio in personam）相对应的对物之诉（actio in rem），以对上述诸种权利进行保护。不过，具有抽象概括性的物权（jus in re）及他物权（jus in re aliena）的名词和概念在罗马法中并未出现，它们是中世纪注释法学派在研究、诠释罗马法时创造的。

一般认为，1811 年的《奥地利民法典》率先在立法上采用了物权的概念，[1]该法第307、308 条规定："物权，是属于个人财产上的权利，可以对抗任何人。""物之物权，包括占有、所有、担保、地役和继承的权利。"1896 年的《德国民法典》以"物权"作为第三编的编名，用了 442 个条文对物权制度作了系统、完整的规定，奠定了物权作为一类基本民事权利的地位及物权法的基本体系。其后，物权概念为多数国家的立法所接受，物权法也成了现今大陆法系各国民法的重要组成部分。[2]

二、物权的概念

（一）关于物权含义的学说观点

尽管大陆法系诸国民法均有关于物权制度的系统规定，但通常并未给物权以明确的定义。民法理论上对物权的概念应如何认识，也有诸多不同的学说主张。

从法律关系上来阐释物权的含义，有对物关系说、对人关系说及两方面关系说（折中说）三种学说。对物关系说认为物权乃人与物的关系，是"支配物的财产权"；对人关系

---

〔1〕　不过，据国内权威学者的翻译，1804 年的《法国民法典》中已使用了"物权"一词，该法第 2262 条规定，"一切物权或债权的诉权，均经 30 年的时效而消灭"。

〔2〕　英美法系国家法律上没有物权的概念，与之相近的词汇是"财产"或"财产权"（property）。不过，英美法中的这一用语与大陆法中的"物权"并非对等的概念，其内涵、外延及所反映的财产权观念均有差别。

说认为物权是人与人之间的关系，是"得对抗一般人的财产权"；折中说认为前两种观点均有偏颇，物权同时反映着人与物、人与人之间的关系，它是直接支配物且得对抗一般人的财产权。现今学界的主流观点采折中说或两方面关系说，认为权利人直接支配标的物与得对抗一般人，皆为物权的要素，二者相辅相成，不可偏执其一。

从物权的性质与内容方面来给物权下定义，学者们的见解亦有不同，大抵可归并为四类：第一类，着重于对物的直接支配性的定义，认为物权为直接支配物之权利；第二类，着重于对物直接支配与享受利益的定义，指出物权为直接支配特定物并享受其利益的权利；第三类，着重于对物直接支配与排他性的定义，称物权为直接支配、管领特定物并具有排他性之财产权；第四类，一并着重直接支配、享受利益与排他性三个方面，将物权定义为直接支配标的物并享受其利益的排他性权利。[1]

（二）物权的概念界定

由上述各种定义可以看出，在物权的定义中应表明对物支配的内容，学界对此已形成共识，而对享受物之利益与排除他人干涉之内容，在物权的定义中应如何体现则有不同认识。我们认为，物权为存在于特定物之上的权利，法律规范物权制度，目的在于确定物的归属秩序及权利人对物的支配方法与范围，故对物支配性应为物权概念中的当然内容；但对物支配，仅揭示了权利人对物的关系，而对物权人与其他人之间的关系，物权得对抗一般人并得排除他人干涉的特性，尚须以排他性的表述来明示；由于凡属权利皆有利益之内容，物权中也当然含有利益的要素，指明物权为支配物之权利，已隐含了物权中的利益为因支配物所生之利益，故而享受物之利益的内容在物权的定义中无须明言。[2]基于这种认识，前述第三类定义更值得被接受，即物权是指权利人直接支配特定的物并具有排他性的权利。简而言之，物权就是对特定物的排他支配权。

我国《物权法》第2条第3款规定："本法所称物权，是指权利人依法对特定的物享有直接支配和排他的权利，包括所有权、用益物权和担保物权。"[3]这一物权概念的界定，强调了对物支配与效力排他这两个基本要素，并点明了物权的基本类别。

三、物权的特征

1. 对世性（主体上的特性）。在物权关系中，权利主体总是特定的，而义务主体则是不特定的任何人，物权人之外的其他任何人对物权人都负有不为侵害或妨碍的消极义务，换言之，物权为得对任何人主张的权利。在权利的分类上，物权为典型的"对世权"。

2. 支配性（内容上的特性）。物权以直接支配标的物为内容，即物权人得依自己的意思及行为对标的物为管领处置，实现其利益，而无需他人的意思或行为予以介入。在权利的分类上，物权又被认为是典型的"支配权"。物权人对标的物为支配的方式，可以是事实上的管领处分，也可以是法律上的管领处分；可以是有形的实体支配，也可以是无形的价值支配。不过，因物权的种类不同，物权人对物进行支配的内容和范围是有一定差别的。

3. 特定性（客体上的特性）。首先，物权本质上是民事主体对物质资料的占有关系在法律上的反映，同时出于使法律体系和权利类别清晰明确的需要，物权的客体原则上只能是物——有形的动产或不动产，而不能是行为或非物质的精神财富。其次，作为对物支配

---

〔1〕 梁慧星、陈华彬编著：《物权法》，法律出版社2005年版，第12～13页。

〔2〕 刘保玉："物权概念的二要旨：对物支配与效力排他——评物权法草案关于物权定义的规定及相关制度设计"，载《政治与法律》2005年第5期。

〔3〕 2017年颁行的《民法总则》第114条中沿用了此项规定。

权的物权，其客体还应是特定的、独立的、既存的物。由于物权系对物直接支配之权利，标的物如不特定或尚不存在，则无法进行支配，且在发生物权变动时也无法进行登记或交付，故作为物权客体的物须是具体指定且既已存在之物。同样基于物权的支配性及公示要求，物权的客体应是独立的物，无法单独支配又难以公示的物之组成部分，不得为物权的标的。有所例外的是，于法律有特别规定的情形下，财产性权利也可以作为担保物权的客体，未来的物可以列入浮动担保的财产范围。

4. 绝对性（实现方式上的特性）。物权在实现上的绝对性，是指除遵守法律之外，物权人行使权利完全基于自己的任意，且仅凭自己的意思和行为即可实现其权利，无须不特定的义务人以积极的行为予以协助，义务人承担的只是消极的容忍或不为侵害的义务。因此，物权属于"绝对权"。

5. 排他性（效力上的特性）。物权为直接支配标的物的权利，对外当然具有排除他人干涉而由权利人独占地享受其利益的性质与效力。不过，对于物权排他性的含义如何，学界的认识并不完全相同。多数学者认为，物权的排他性是指同一标的物上不容许性质不相容的两种以上物权同时存在。也有不少学者认为物权的排他性即指"排除他人干涉"的效力：一方面是指物权具有不容他人侵犯或得直接排除他人不法妨碍的效力；另一方面是指同一物上不得同时成立两个内容不相容的物权。[1]还有的学者指出物权的排他性中尚包含有得对任何第三人主张权利的意思。[2]我们认为，物权的排他性与"排除他人干涉""得对抗一般人"应作同一解释，即应从广义上来理解其含义，物权成立上的排他效力、实现上的排他效力、对债权的优先效力、物上请求权效力等均属物权排他性的应有之意。

除以上五点特性外，有学者认为物权还具有法定性和公示性的特征。[3]我们认为，法定性、公示性不宜解释为物权本身的固有属性，而应是法律上因物权具有绝对性、对世性、排他性而对其附加的特殊要求。但应注意的是，法律对物权所附加的法定性、公示性要求，与物权的固有属性具有密切的联系，甚至可以说是如影随形、密不可分的，并成为物权与债权相区别的重要标志。

■第二节　物权的客体

一、物权的客体问题概说

（一）物权客体的概念

法律上的权利义务必有其主体，亦必有其客体。主体为权利义务之所属，客体为权利义务之所附；主体非人莫属，客体则依权利的种类不同而不同。[4]依据民事法律关系理论，物权的客体是指物权中的权利义务所指向的对象，国内物权法著作的通说认为物权的客体为"物"。

但关于物权客体或者物的范围问题，立法上有不同的规定，理论学说中也尚存争议，

---

〔1〕 王利明主编：《民法》，中国人民大学出版社 2000 年版，第 143 页；马俊驹、余延满：《民法原论》（上），法律出版社 1998 年版，第 363～364 页。

〔2〕 郭明瑞、唐广良、房绍坤：《民商法原理（二）物权法　知识产权法》，中国人民大学出版社 1999 年版，第 29 页。

〔3〕 马俊驹、余延满：《民法原论》（上），法律出版社 1998 年版，第 364 页；陈华彬：《物权法原理》，国家行政学院出版社 1998 年版，第 9 页。

〔4〕 梁慧星、陈华彬编著：《物权法》，法律出版社 2005 年版，第 22 页。

主要有下列几种不同认识：①认为物权的客体只能是有体物；②认为物权的客体既可以是有体物，也可以是权利；③认为物权的客体包括有体物及"法律上可得支配的自然力"；④认为物权的客体既可以是有体物（本体物），也可以是法律上可得支配的空间、能源与自然力（拟制物），还可以是权利。

我们认为，在解释此一问题时首先应予澄清的是："物权的客体"与"物"是两个既有联系又有区别的概念，不应将其等同。作为物权客体的物，原本即指有体物，或者说只能是有体物。有体物虽然是物权的主要客体，但其毕竟只是物权的客体之一，除此之外，法律上可得支配的空间、能源与自然力等拟制物，以及可流转的财产权利，亦可作为物权的客体。而如果径自将物权的客体等同于物，再解释"物的范围"以及拟制物和权利是否为物等问题，实在是庸人自扰。[1]就物权的客体范围和种类而言，我们赞同上述第四种认识。

（二）物权法上对物权客体的规定

我国《物权法》第2条第2款规定："本法所称物，包括不动产和动产。法律规定权利作为物权客体的，依照其规定。"[2]该条规定，显然明确区分了物与物权的客体这两个不同的概念。此外，《物权法》在"所有权"编中，还规定"无线电频谱资源属于国家所有"，并对主物与从物、原物与孳息的关系问题作了规定。[3]整体而言，我国《物权法》中对物权的客体问题的规定颇为简略。

在《物权法》制定的过程中，学者提出的立法建议稿中还建议规定：特定空间以及电、气、光波、磁波等能源和自然力，视为物；除法律另有规定外，无体物准用物权法的规定。[4]我们认为，这些建议具有重要价值，值得重视，并建议将该条后句修改为："法律、行政法规规定权利等作为物权客体的，依照其规定。"

二、物的概念和特征

（一）物的概念

将"物"与"物权的客体"相区别而将"物"限定为有体物之后，仍有物本身的条件限制和范围界定问题。物或者说有体物，有广、狭二义。广义上的物，是指物理学意义上的一切物，除我们通常所说的不动产和动产之外，日、月、星、辰以及人体本身均包含在内。而狭义上的物，仅限于能够作为民事法律关系客体的物，即人身之外能够为人力所控制、支配并具有经济价值的有体物。物权法通常是在狭义上界定物的范围。

（二）物的特征

1. 须存在于人体之外。法律上的物限于存在于人体之外的可为权利客体的物。由于人是民事法律关系的主体，故人的身体及其组成部分不得为权利的客体，但与人体分离的牙齿、指甲、毛发等，属于物。另应注意的是：死者之尸体、遗骸，亦属于物，但有其特殊性。对尸体、遗骸的所有权，仅限于埋葬、祭祀、供奉的目的，而且继承人不得放弃对遗骸的所有权。[5]

---

〔1〕 参见刘保玉："物权法理解与适用中的十个问题"，载杨立新、刘德权主编：《物权法实施疑难问题司法对策》，人民法院出版社2008年版。

〔2〕《民法总则》第115条中沿用了此规定。

〔3〕 参见《物权法》第50、115、116条。

〔4〕 参见梁慧星编著：《中国物权法草案建议稿：条文、说明、理由及参考立法例》，社会科学文献出版社2000年版，第117页；王利明主编：《中国物权法草案建议稿及说明》，中国法制出版社2001年版，第2、4页。

〔5〕 梁慧星：《民法总论》，法律出版社2017年版，第152页。

2. 须为有体物。有体物是指占据一定的空间、依人的五官可以感知的物质，包括固体、液体、气体。电、热、声、光等能量，以在法律上有排他的支配可能性为限，亦可作为物来认识。作为物权客体的物通常限于有体物。与有体物相对应的无体物，是指不能为人的五官所感知的物，如专利、商标、著作、商业秘密、信息等，其归属和利用等问题不归物权法调整，唯相关问题在一定情况下可类推适用物权法的相关规定。[1]

3. 须能够为人力所支配。民事法律关系是民事主体针对一定的客体而设定的民事权利、义务关系，因此，只有能够为人力所控制、支配的物才能作为民事法律关系的客体。雷电、台风、日月星辰，虽然为有体物，但非人力所能支配，故其只是物理上的物，而非法律上的物。

4. 须独立为一体。物权法上的物必须是能够与其他的物区别开来而独立存在的物，具有独立性。其原因主要有两点：一是确定物权支配客体之范围，使其支配的外部范围明确化；二是使得物权便于公示，确保交易的安全。[2] 由数个物结合而形成的难以分离的合成物（如汽车、船舶等），亦可作为一个独立物来看待。无独立性的物的一部分或组成部分（即所谓物的成分）不属于物，也无从在物的成分上成立物权。但应注意的是，物的一部分虽原本不具有独立性，但在有些场合也认可其有所有权存在，如对建筑物组成部分的区分所有，此时应理解为法律拟制其具有独立性；物的构成部分，在与物的本体附合之前或分离之后，可以为独立的物，如电梯在安装于建筑物之前或被拆除之后，可为独立的物；泥土、沙石与土地、山体分离之后，亦可为独立的物。因此，判断一项动产或不动产是否属于独立物，不仅应从其物理属性考察，还应依社会之一般经济观念及法律规定而定夺。

5. 须能满足人们生产生活的需要。也就是说，物权法上的物必须对人有价值，具有有用性。此种价值和有用性，非以金钱和物质利益为限，精神价值和情感利益也包含于其中。因此，一滴水、一粒米，既难满足生产生活之需要，亦不能独立成为交易上的客体，故其虽为物理学上的物，但不能成为法律上的物。而故人的照片、情人的信笺等，则因具有情感价值，可以成为法律上的物。[3]

6. 须具有特定性。为使物权关系明确，便于公示以维护交易安全和第三人的利益，法律上要求物权的客体还必须是特定的、能与其他物相区分的物，此在学理上称为物权客体特定原则或客体特定主义。无法特定化的自然物（如海水和大气）、未以某种方式加以明确的种类物以及未来物，不能成为物权的客体。惟有例外的是，由浮动抵押权的特点所决定，其标的物具有不确定性（浮动性），未来物也可作为抵押财产。

三、物的分类

从不同的角度，可对物作不同的分类，其中诸多分类对物权的类型划分和规则设计，具有重要的影响。

（一）不动产与动产

这是民法上关于物的最基本的划分。根据学理通说和相关法律规定，不动产是指依自然性质或者法律规定不可移动的物，包括土地及其定着物。此处的定着物是指附着且固定于土地的物，如房屋、桥梁、堤坝、纪念碑等各种建筑物，以及林木等。动产是指不动产之外的一切物，如汽车、图书、家用电器等。我国《担保法》第92条规定："本法所称不

---

〔1〕 例如，《物权法》第105条关于准共有的规定，同样适用于知识产权等无形财产权的共有。

〔2〕 谢在全：《民法物权论》（上），中国政法大学出版社1999年版，第19页。

〔3〕 参见梁慧星、陈华彬编著：《物权法》，法律出版社2005年版，第24页。

动产是指土地以及房屋、林木等地上定着物。本法所称动产是指不动产以外的物。"其他法律文件和学理上，也均遵从这一界定方式。

将物区分为动产与不动产的法律意义在于：①由于不动产尤其是土地的稀缺性，法律对其倾注了更多的关注，作出了较多强制性规定并进行了更严格的保护。②因动产与不动产在性质上的不同，法律对动产与不动产的得丧变更设定了不同的规则。例如，动产依交付即可取得所有权，而不动产则须办理登记手续；不动产的取得时效期间要长于动产。③对区分不动产与动产的影响甚至决定物权的类型设计。例如，用益物权的客体一般限于不动产，而留置权和质权的客体则限于动产。另外，在民事诉讼中，诉讼标的物为动产或不动产，对确定案件的管辖法院，以及涉外民事诉讼中的法律适用等也有重要的意义。

（二）主物与从物

主物与从物的区分，一般是先确定从物，从物之外皆为主物。从物又称附属物，是指其并非主物的构成部分但从属于主物，依交易习惯或当事人的约定辅助主物发挥效用的物。相对于从物而言，主物则是指决定物的性质和效用而又有从物辅助其效用发挥之物。从物有三要件：一是非主物的构成成分；二是须辅助主物的使用；三是须与主物同属一人。例如，电视机与遥控器、网球拍与网球套、马与马鞍都是主物与从物的关系。而轮胎对于汽车，则属于汽车的构成部分，不属于从物。

此种区分的法律意义在于：对主物的处分及于从物，即在法律没有特别规定或者合同没有特别约定的情况下，从物上的权利随主物权利的转移而转移。《物权法》第 115 条规定："主物转让的，从物随主物转让，但当事人另有约定的除外。"

（三）融通物与不融通物

融通物是指可以作为交易标的的物。不融通物是指不能作为交易标的的物。绝大多数物为融通物，不融通物主要包括公有物（如政府机关的办公楼）、公用物（如道路、河流、公园等）、禁止物（如毒品、假币、淫秽书刊）等。在融通物中，有些物虽可作为交易的标的物，但法律对其作了某些限制性的规定，如金银、文物等。

此种区分的法律意义在于：以不融通物作为交易标的物的交易行为无效；不融通物不得为取得时效的客体；限制融通物只能在法律允许的主体之间依照法定方式流转。

（四）特定物与种类物

特定物是指具有独特的自然属性或由当事人的意思具体指定的物。种类物又称不特定物，是指当事人依抽象的种类、品质、型号予以限定的物。如独立的建筑物及特定门牌号的公寓、孤本的藏书、古玩字画等均为特定物；而生产厂家库存的或百货公司经销的某种规格型号的家电等，则为不特定物。[1]

将物作此区分的法律意义主要在于：在债法上，当债的标的为给付特定物时，义务人必须向对方交付约定的特定物，如特定物毁损、灭失，则只能以赔偿损失的方法予以救济；若债的标的为给付种类物，则即使在种类物于交付前毁损、灭失的情况下，义务人仍应依约定向权利人交付同种类的物。在侵权法上，造成特定物与种类物毁损、灭失的责任，也会有所不同。在物权法上，作为物权客体的"特定的物"及物权客体特定原则中所言的"客体特定"，强调的是物权的客体须既已存在且具体而明确、能与其他物相区分，此与物

---

[1] 学理上和现实生活中还有所谓"特定化了的种类物"，如经过改造、装饰并使用多年的轿车、家电等。对此种物究竟是适用特定物的规则还是种类物的规则，有不同的认识。我们认为应根据其特定化的程度不同，区分对待。

的分类中的"特定物"并非同一概念。无论特定物或种类物，都存在物权法上的所有权问题，但涉及种类物的交易，一般须因交付或登记而使之具体、明确后方能移转所有权或设立担保物权。

（五）可分物与不可分物

可分物是指依物的性质可以分割且分割后不减损其价值的物，如油料、粮食等。不可分物指依物的性质不能分割或经分割后将导致价值减损的物，如动物、房屋、机器等。

此种分类的法律意义在于：当共有关系终止时，决定对共有物是采用实物分割还是其他的分割方法；在留置权发生的情况下，留置财产如为可分物的，留置财产的价值应当相当于债务的金额。在债法上，此种分类还有决定多数人之债是属于可分之债还是不可分之债的作用。

（六）单一物、结合物与集合物

单一物是指形态上独立为一体的物，如一匹马、一本书等。结合物是指由数个物结合而成的物，如手表、汽车等。结合物的每个构成部分不丧失其个性，但形体上已成为单一体，法律上也将之与单一物等同对待。集合物是指多数单一物或结合物集合而成的物，如一群羊、百货公司的全部商品、企业财产、夫妻共同财产等。

对物作此区分的法律意义在于：依一物一权主义，对于单一物或结合物，物权应存在于物的全部，物的一部分不能成为权利客体；对于集合物，物权原则上应存在于构成集合物的各个单一物或结合物上，一般不得将集合物作为一个权利的客体，但法律另有规定或当事人另有约定的除外。如夫妻共同财产基于法律规定作为集合物而成为夫妻共有的权利客体，以及现代的财团抵押制度中将企业资产的集合作为抵押权的客体。

（七）原物与孳息

原物是指能够产生收益的物。孳息是指由原物所产生的收益。孳息依其产生的根据不同，可分为天然孳息和法定孳息。依物的自然属性而获得的收益，称为天然孳息，例如果树结果、母畜下仔等；[1]因民事法律关系的存在而产生的收益，称为法定孳息，例如存款之利息、出租物之租金等。

将物分为原物和孳息的法律意义主要在于确定物所生利益的归属。除法律另有规定或当事人另有约定者外，孳息的所有权归原物的所有人享有，取得孳息的权利也随原物所有权转移而同时转移。《物权法》第116条规定："天然孳息，由所有权人取得；既有所有权人又有用益物权人的，由用益物权人取得。当事人另有约定的，按照约定。法定孳息，当事人有约定的，按照约定取得；没有约定或者约定不明确的，按照交易习惯取得。"

四、物的观念的扩张

随着现代科学技术的发展，传统的物的概念受到挑战，人们对物的观念亦发生扩张，主要表现在如下几个方面：[2]

---

[1] 需要注意的是，依物的自然属性产生的收益，纵使加入了人工劳动，仍属天然孳息；物之收益须与原物分离才能称为孳息，如尚未分离，则仍为原物的组成部分，不能称其为孳息。

[2] 参见梁慧星：《民法总论》，法律出版社2001年版，第89页以下；梁慧星等：《中国物权法草案建议稿——条文、说明、理由与参考立法例》，社会科学文献出版社2000年版，第117页以下；王利明：《物权法论》，中国政法大学出版社2003年版，第27页以下；王利明主编：《中国物权法草案建议稿及说明》，中国法制出版社2001年版，第171页以下；孙宪忠：《中国物权法总论》，法律出版社2003年版，第124页以下。

(一) 无形的自然力

罗马法、法国民法中均将物分为有体物与无体物，凡是能成为权利客体者，均为物，权利也包括在内。而德国、日本民法中则排斥无体物，如《日本民法典》第 85 条规定，本法所称物，谓有体物。日本学者将有体物解释为物质上占有一定空间而有形存在者。据此观念，固体、气体、液体为物，而电、热、声、光等能量与自然力则非物。但由于社会经济和科学技术的发展，对电、热、声、光、磁波等"能"的广泛利用，迫使法律上扩张"物"的概念。在包括我国在内的许多国家的刑法中，窃电也成立盗窃罪。我国《合同法》中也明确规定了供电、水、气、热力合同。在物权法理论上，电、热、声、光、磁波等可为人力所支配的无形的自然力，亦可被视为物（包括拟制物）而成为物权的客体。

(二) 特定的空间

20 世纪以来，随着现代科学技术和建筑业的发展，地上高层建筑及地下建筑物比比皆是。美国、日本、德国以及我国的台湾地区，或通过判例、学说，或通过立法，确立了空间权制度，空间成了空间权的客体。依现今通说，物的概念已不限于有体物、有形物，凡具有法律上排他的支配可能性或管理可能性者，皆可以为物，地上或地下之特定空间亦然。

(三) 人力尚不能支配的物

传统民法理论上，法律上的物仅限于人力所能支配者，凡不能为人力支配者，则仅为物理上的物而非法律上的物。但随着科学技术的发展，人类征服自然、改造自然的能力日益增强，人类活动范围亦日益扩张，大洋海底、宇宙空间正逐渐成为人类探索、开发的范围。因此，即使人力尚不能支配但有支配可能性者，亦不妨承认其为法律上的物。

五、特种物

(一) 货币

货币是以票面标明的金额表现其价值的、在民事法律关系中具有特殊作用的物。货币具有一般等价物的特征，它既是衡量和表现其他商品的价值尺度，又是商品交换的媒介、支付的手段。在交易中，货币不仅可以作为民事法律关系的客体，而且还是许多民事法律关系中对价支付的手段。

货币为民法上的物的一种。货币为动产，但因其自身的特性，与其他动产又有显著的不同：①货币为具有高度可代替性的代替物。货币作为支付手段，人们往往并不关注其个性，交易时亦不考虑此货币与等额的彼货币的个性差异。②货币为消费物。供人消费是货币的唯一目的，同一主体就同一货币不能以同一目的反复使用，货币一经所有人使用，即转入他人之手。货币不能由同一主体重复使用，因而为消费物。

由货币的特性所决定，法律上对货币的所有权确立了"占有与所有一致"的特殊规则，但对于个性大于共性的特殊货币、封金、货币的辅助占有、某些专用资金账户中的钱款等，该规则的适用亦有例外。[1]

(二) 有价证券

有价证券是指设定并证明持券人有权取得一定财产权利的书面凭证。有价证券所代表的一定权利与记载该权利的书面凭证合二为一，权利人行使权利须持有证券，原则上不得离开证券进行。常见的有价证券有：票据（包括汇票、本票和支票）、债券、股票、提单和仓单。有价证券具有下列特征：

1. 代表财产权利。有价证券券面所记载的财产价值就是证券本身的价值。

2. 证券上的权利行使，离不开证券。有价证券属于特定物，证券与所记载的财产权利不能分离，享有证券上所代表的财产权利，就必须持有证券。权利人一旦丧失证券，就不能行使证券上的权利。

3. 有价证券的债务人是特定的。证券的权利人只能要求证券上记载的债务人履行债务，有价证券的持有人转让证券，不影响债务人对债务的履行。

4. 有价证券的债务人的支付是单方义务。债务人在履行证券义务时，除收回证券外，不得要求权利人支付相应对价。

■第三节　物权的种类

一、物权的法定种类

（一）近现代各国民法上的物权种类

近现代各国物权制度中，均奉行物权法定主义，并使其成为物权法的基本原则。据此原则，物权的种类及各种物权的具体内容，均须由法律明文规定，不允许当事人自由创设或依其意志而擅加改变。近代欧陆各国民法法典化以来，均对法律所承认的物权类型作了明确规定。

1804 年的《法国民法典》中的物权体系，由三个部分构成：①第二卷第二、三、四编有关所有权和各种用益物权的规定；②第三卷第十七、十八编有关担保物权的规定；③第三卷第二十编中有关占有的规定。其所确立的物权类型体系为：所有权、用益权、使用权、居住权、役权或地役权、质权、抵押权、优先权、留置权以及受法律保护的占有等。法典中没有规定地上权和永佃权，但其后的司法实践中承认了地上权和类似于永佃权的长期租赁权。

1896 年的《德国民法典》"物权编"中所确立的物权类型主要为：占有、所有权、地上权、役权（包括地役权、用益权和限制的人役权）、实物负担、抵押权、土地债务、定期金土地债务、质权（包括动产质权与权利质权）等。

1898 年的《日本民法典》是受法国、德国立法的影响与自身传统相结合的产物。该法典"物权编"所确立的物权类型体系为：占有权、所有权、地上权、永佃权、地役权、留置权、先取特权、质权、抵押权等。

1907 年的《瑞士民法典》将物权法置于法典的第四编，分"所有权""限制物权""占有及不动产登记簿"三大部分，主要规定了所有权、役权及土地负担（包括地役权、用益权、其他役权、土地负担）、不动产担保（包括不动产抵押、抵押担保附债务及定期金）、动产担保（包括动产质权、留置权、权利质权、当业质权）等。

2004 年修订的《意大利民法典》中，物权的类型主要被规定于第三编"所有权"中，包括所有权、地上权、永佃权、用益权、使用权和居住权、地役权等。其他大陆法系国家法律上所规定的担保物权则被规定于法典第六编"权利的保护"中，包括先取特权、质权、抵押权等。

1994 年通过的《俄罗斯联邦民法典》（第一部分），其第二编为"所有权和其他物权"，包括一般规定、所有权的取得、所有权的终止、共有、土地所有权和其他物权、住房的所有权和其他物权、经营权和业务管理权、所有权和其他物权的保护等八章。而抵押、留置等则被规定于第三编"债法总则"，作为债务履行的担保方式来规定。

1992 年的《荷兰民法典》第三编"财产法总则"和第五编"物权"中，规定了所有权、地役权、使用权、抵押权、优先权、留置权等物权类型。

我国民国时期的"民法典"（现施行于我国台湾地区）在"物权编"中所归纳、整理、确立的物权类型为：所有权、地上权、永佃权（2010 年修法时改为农育权）、地役权（2010 年修法时改称不动产役权）、典权、抵押权、质权、留置权、占有。

在民法典之外，各国的单行法或民商事的特别法上还规定有许多特别的或新型的物权种类，司法实践中对一些非典型物权也有确认。总体而言，近现代各国立法上所确认的物权基本类型均可界分为所有权、用益物权、担保物权以及占有四大形态；在物权的具体种类方面，各国立法规定有诸多共同之处，但也有因国情、立法传统、物权观念等方面的不同而产生的差异。

（二）我国法律上规定的物权种类

在《物权法》颁布之前，我国并无系统的物权制度，法律文件中甚至未使用"物权"一词。在我国制定《物权法》的过程中，对如何规范物权的种类，学界和立法机关进行了广泛的讨论与推敲，《物权法》中最终确定的物权类型包括所有权、用益物权、担保物权三大类，同时也专设编章规定了占有。其所系统规定和提及的物权的具体种类包括：所有权（含国家所有权、集体所有权、私人所有权、业主的建筑物区分所有权、相邻关系、共有）；土地承包经营权、建设用地使用权、宅基地使用权、地役权以及海域使用权、探矿权、采矿权、取水权、养殖权、捕捞权[1]；抵押权（含一般抵押权、最高额抵押权等）、质权（含动产质权、权利质权）、留置权。可见，我国法律上的规定，在物权的理念、基本类型等方面与国外制度大致相当，但在物权的具体类型、称谓和内容设计上，与传统制度也存在一定差异。

二、物权的学理分类

（一）自物权与他物权

这是根据物权的标的物为自有还是他有而作的分类。自物权是指权利人对自己所有的物所享有的物权，自物权通常即指所有权。[2]我国的物权法理论与司法实践中，也例外地承认于特定条件下得设定或存在所有权人抵押权。[3]他物权是指在他人所有之物上所设定或成立的物权，他物权均派生于所有权，是依据当事人的约定或法律的规定使所有权中的部分支配权能与所有权相分离而产生的。所有权以外的物权均属于他物权。

自物权与他物权是对物权的基本类别划分，物权的其他分类均以此为基础而展开。

（二）完全物权与定限物权

这是根据权利人对标的物的支配范围之不同而作的分类。完全物权是指可对标的物的使用价值与交换价值为全面支配的物权。完全物权即自物权、所有权，所有权人对自己所有的物得为占有、使用、收益、处分等各种支配行为，且其支配力及于物的各个方面，是物权中最完整、最充分的权利。定限物权或是对标的物的使用价值予以支配，或是对其交

---

[1] 2018 年 8 月的《民法典分则物权编（草案）》中，拟在用益物权部分增设专章规定居住权。

[2] 不过，在德国等国外民法上，还存在所有权人在某种条件下对自有物享有限制物权的特殊现象（参见孙宪忠：《德国当代物权法》，法律出版社 1997 年版，第 33 页）。

[3] 参见最高人民法院《关于适用〈中华人民共和国担保法〉若干问题的解释》（法释［2000］44 号，以下简称《担保法解释》）第 77 条、最高人民法院《关于审理融资租赁合同纠纷案件适用法律问题的解释》（法释［2014］3 号，以下简称《融资租赁司法解释》）第 9 条第 2 项。另见刘保玉："我国特别法上的担保物权之规范梳理与立法权进"，载董学立主编：《担保法理论与实践》（第 1 辑），中国法制出版社 2015 年版。

换价值进行支配，权利人仅能在法律或合同限定的范围内对标的物为支配，其对物为支配的范围不完全、不充分，故又称不完全物权。所有权以外的其他物权均为定限物权。由于一物之上设定其他物权后，标的物所有人的权利就在该他物权的支配效力范围内受到了限制，因此他物权也具有限制所有权的作用，故又称限制物权。

区分二者的意义，除可明晰二者在权利主体、权利内容及权利存续的条件与期限等方面的差异外，更主要的在于明确定限物权具有限制所有权的作用，其效力强于所有权。

（三）不动产物权、动产物权与权利物权

这是以标的物的种类不同为标准而作的分类。以不动产为标的物的不动产物权，主要有不动产所有权、不动产用益物权以及不动产抵押权等；以动产为标的物的动产物权，包括动产所有权、动产质权、动产抵押权与留置权；以可流通的财产性权利为标的的权利物权，主要包括权利抵押权与权利质权两种。

此类区分的意义在于：这三类物权的成立与变动之要件、公示方法及法律上的限制程度不同。

（四）用益物权与担保物权

在定限物权中，根据权利人对标的物所支配的内容不同，可再分为用益物权与担保物权。用益物权是以支配标的物的使用价值为内容，以对标的物的使用、收益为目的的物权。建设用地使用权（地上权）、土地承包经营权（永佃权或农育权）、宅基地使用权、居住权、地役权、典权等为用益物权。用益物权的实现常以对标的物的实体支配为基础，故又称为实体物权。担保物权是以支配标的物的交换价值为内容，以保障债权的实现为目的的物权。抵押权、质权、留置权等均属担保物权。担保物权着重于支配标的物的交换价值，并通过对标的物的变价而实现，故又称为价值物权。

作此区分的意义在于：通过揭示这两类物权对物支配的方面及设立目的上的不同，对他物权的类型进行系统化整理，并根据其不同特点确立相应的法律规则。

（五）独立物权与从属物权

根据物权的存在是否以物权人享有的其他民事权利为前提，物权可分为独立物权与从属物权。[1]独立物权，是指不以权利人享有的其他民事权利为前提，能够独立存在的物权。所有权与多数用益物权均属独立物权。从属物权，系指依附、从属于权利人所享有的其他权利而存在的物权。例如，以主体享有需役地的权利为存在前提的地役权、以担保债权实现为目的担保物权，均为从属物权。从属物权自身并无独立的存在价值，其存在是为了所从属的权利得以实现。

区分二者的意义在于：独立物权得单独存在，且在变动、消灭上有独立的命运；而从属物权的命运一般附随于主权利。

（六）意定物权与法定物权

根据成立原因的不同，物权可分为意定物权与法定物权。意定物权是指依据当事人的合意而设定的物权。绝大多数物权都属于意定物权。法定物权是指非依当事人的意思而根据法律的直接规定而成立的物权。有些国家法律上规定的法定抵押权、法定质权及优先权

---

〔1〕 其他著述中通常又称主物权与从物权。我们认为"主物权"与"从物权"之称谓不够严谨，不如将其称为"独立物权"与"从属物权"，或"作为主权利的物权"与"作为从权利的物权"。因为在担保物权与其所担保的债权之间的关系上，债权为主权利，担保物权为从权利，此无疑义，但如称担保物权为"从物权"，则必然发生与其对应的"主物权"为何的问题。

（先取特权）为法定物权，在我国法律上只有留置权被明确为法定物权。

此类区分的意义在于：二者的成立要件及适用条件有异。

（七）登记物权与非登记物权

此系以物权的成立及变动是否须登记为标准而作的划分。登记物权，是指物权的设定、变更及终止须经登记机构登记方能产生相应效力的物权。不动产物权一般都属于登记物权。非登记物权，指其得丧变更无须登记而只需交付标的物即可发生相应法律效力的物权。动产物权多以物之占有及占有的移转（交付）为公示方法和成立要件，属非登记物权。机动车辆、船舶、航空器等特殊动产物权，在法律上也往往有登记的要求。但我国对此类特殊动产物权变动采交付生效、登记对抗主义，其登记的效力有别于不动产登记，故仍应属于非登记物权。

区分二者的意义在于：其成立、变更及终止的法律要件不同。

（八）有期物权与无期物权

这是根据物权之存续有无期间限制而作的分类。有期物权是指有存续期限且仅能于约定或法定期限内存在的物权，他物权多属有期物权。无期物权是指无存续期限，得永久存在的物权。所有权为客观上无存续期限限制的物权，我国的宅基地使用权的存续也无期限限制，地役权、居住权有无期限得由当事人约定。

此种区分的意义在于：有期物权因存续期间的届满而归于消灭；无期物权则只可因标的物灭失、抛弃及权利人死亡等原因而消灭。

（九）普通法上的物权与特别法上的物权

根据物权所依据的法律不同，物权可分为普通法上的物权与特别法上的物权。[1]民法典或其他民事普通法上所规定的物权为普通法上的物权；特别法所规定的具有物权性质的财产权为特别法上的物权。

作此区分的意义在于：二者在法律适用上有所差别。特别法上的物权应优先适用特别法的规定（特别法上物权的取得通常有特别程序，其行使也有较多行政干预），只有在特别法没有特别规定时，才适用普通法的规定。

（十）本权与占有

根据是否有物权之实质内容，可分为本权与占有。占有是指对标的物有管领力的一种事实状态。在大陆法系民法中，除日本民法明定占有为权利（称占有权）外，大多都认为占有并非物权，而只是一种受法律保护的事实状态。[2]本权是相对于占有而言的，指当事人不仅对标的物有事实上的管领力，而且有产生该管领力所依据的权利。也就是说，对物进行占有所依据的基础权利，即为本权。不仅所有权及以占有标的物为内容的物权为占有之本权，租赁权、借用权等债权也属于本权。

区分本权与占有的意义主要在于：确定当事人对标的物的占有是否有权利基础，以便

---

〔1〕 其他著述中通常将其简称为"普通物权"与"特别物权"。但这种称谓易生歧义，因为"普通物权"与"特别物权"还另有其他的标准与含义。在普通法上所规定的"特别物权"（如最高额抵押权、共同抵押权等），仍应属普通法上的物权。

〔2〕 由于占有本身也受法律保护并能产生物上请求权，因此，也有学者将其称为"类物权"或"类似物权"。钱明星：《物权法原理》，北京大学出版社1994年版，第67页；王泽鉴：《民法物权·第1册：通则·所有权》，中国政法大学出版社2001年版，第48页。如果这种称谓无重大不妥，则我们主张物权的类型体系在整体上可以分为范物权（即典型物权、普通物权）、准物权与类物权（即占有）三大类。刘保玉：《物权体系论——中国物权法上的物权类型设计》，人民法院出版社2004年版，第125页以下。

采用不同的保护方法。

（十一）物权的其他分类

除上述分类之外，在理论上提及的物权分类还有广义物权（即"对物权"）与狭义物权、形式物权与实质物权、法律物权与事实物权、单一主体的物权与共同主体的物权、可分物的物权与不可分物的物权、公法中的物权与私法中的物权、制定法中的物权与习惯法中的物权、国际法中的物权与国内法中的物权、既得物权与物权取得权等，这些分类也均有其各自的意义。[1]

■第四节　物权的一般效力

一、物权的效力问题概说

（一）物权的效力之意义

物权的效力，是指法律赋予物权的强制性作用力与保障力。物权的效力反映着物权的权能和特性，界定着法律保障物权人对标的物进行支配并排除他人干涉的程度和范围，集中体现了物权依法成立后所发生的法律效果。

物权的效力，有各种物权所共有的效力与每种物权特有的效力之分。前者为物权的一般效力或基本效力，后者为物权的特别效力，这里所说的物权效力仅指前者。物权的效力为物权法中的一个重要问题：首先，物权的内容与性质，与物权的效力问题密切相关。若不明确物权的效力，则无法明确物权的属性及其与债权等其他民事权利的区别。其次，物权法上的其他基本问题，如物权的变动、物权的保护等，或由此衍生和展开，或与此唇齿相依。若不明确物权的效力，物权法的整个体系就无以形成。最后，物权的效力，关乎物权人相互之间，物权人与债权人及其他人之间的利益关系，既反映着静态的物之归属秩序，也影响着动态的物之交易秩序。

（二）关于物权效力问题的学说观点

各国的物权立法，虽对物权的对抗力、优先力、物权请求权等内容作出具体规定，但对物权的一般效力并无系统、完整的规定，学者们的认识与归纳也有所不同，主要有以下几种观点：

1. 二效力说。该学说认为物权的效力有优先效力与物上请求权效力两种，而物权的排他效力与追及效力，应包含于该两种效力之中。[2]

2. 三效力说。此学说中又有不同的归纳，有的认为物权具有排他效力、优先效力与物上请求权效力三种；[3]有的认为物权的效力有对物的支配力、对债权的优先力、对妨害的排除力（即物上请求权）三个方面；[4]还有的认为各种物权共通之效力为排他的效力、优

---

〔1〕　参见孙宪忠：《中国物权法总论》，法律出版社 2003 年版，第 52 页以下；孙宪忠：《德国当代物权法》，法律出版社 1997 年版，第 21~22 页；陈华彬：《物权法》，法律出版社 2004 年版，第 87 页；高富平：《物权法原论》（中），中国法制出版社 2001 年版，第 317、321、341 页；刘保玉：《物权体系论——中国物权法上的物权类型设计》，人民法院出版社 2004 年版，第 88 页以下。

〔2〕　史尚宽：《物权法论》，中国政法大学出版社 2000 年版，第 10 页；钱明星："论物权的效力"，载《政法论坛》1998 年第 3 期。

〔3〕　谢在全：《民法物权论》（上），中国政法大学出版社 1999 年版，第 31 页以下。

〔4〕　张俊浩主编：《民法学原理》（上册），中国政法大学出版社 2000 年版，第 400 页。

先的效力与追及的效力。[1]

3. 四效力说。该学说认为物权的效力有排他效力、优先效力、追及效力和物权请求权效力四种。[2]

以上诸学说所列举的物权的效力共有五个方面,即支配效力、排他效力、优先效力、追及效力、物上请求权效力,但对各种效力之归纳组合或者说对各种效力之间的关系,学说上颇有分歧;物权的优先效力虽为各说所共同主张,但对其含义如何,学说见解仍有不同;至于物权所具有的追及效力(即物权成立后,其标的物不论辗转于何人之手,物权人均得追及物之所在而行使其权利),虽为学界所公认,但对是否应将其作为物权之一项独立效力来认识,则有肯定说与否定说两种主张。[3]

我们认为,物权的效力可以概括为对物的支配效力、对其他物权的排他效力、对债权的优先效力和对妨害的排除效力四个方面。其中,支配效力乃物权于"对物关系"中的效力;而其余三项效力,所体现的均是物权在"对人关系"中的效力,此三种效力可以一并概括为物权的"对抗力"。至于物权的追及效力及其具体表现,都能够由物权实现上的排他效力、对债权的优先效力及物的返还请求权所解决,故无须单列。[4]

二、物权的支配效力

(一)物权的支配效力的含义

物权的支配效力,是指物权所具有的保障物权人对标的物直接为一定行为,并享受其利益的作用力。

物权的支配性与支配力所表明的是物权在对物关系中的特性与效力。物权的支配效力,直接为物权的概念所阐明。物权作为一种支配权,其首要或基本的效力就是对标的物的支配力,以保障物权人支配标的物并享受物之利益。不明示物权的对物支配效力,不足以表现和支持物权的支配权性,也难以说明物权的其他效力的基础。

(二)物权支配力的范围与程度

物权具有支配效力,意味着物权人在法律规定的范围内得依自己的意志直接对客体为占有、使用、收益及处分等支配行为并实现其权利内容,而无须他人的意思或行为的介入。但是,不同性质与种类的物权,其支配力的范围与程度是不同的:所有权是完全物权,有完全的支配力;他物权是不完全物权,有不完全的支配力。不同物权的支配力的内容也有差别:"所有权乃对物之使用价值与交换价值的全面支配;用益物权乃对使用价值部分的支配;担保物权则是对交换价值全部或一部分支配。"[5]物权法的基本任务之一,即确认各种物权对物的不同方面(使用价值或交换价值)与不同程度(全面或部分)的支配力。

在理解物权的支配力时,还应当认识到对物的"支配"与"支配力"是有区别的:①对物的支配,是指直接对标的物为一定的行为,具体表现为对物的占有、使用、收益、

[1] 姚瑞光:《民法物权论》,海宇文化事业有限公司1995年版,第4页以下。
[2] 陈华彬:《物权法原理》,国家行政学院出版社1998年版,第91页以下;王利明:《物权法论》,中国政法大学出版社1998年版,第25页以下;郭明瑞、唐广良、房绍坤:《民商法原理(二)物权法　知识产权法》,中国人民大学出版社1999年版,第41页。
[3] 梁慧星、陈华彬编著:《物权法》,法律出版社2005年版,第62页;王利明:《物权法论》,中国政法大学出版社1998年版,第31页以下;郭明瑞、唐广良、房绍坤:《民商法原理(二)物权法　知识产权法》,中国人民大学出版社1999年版,第45页。
[4] 刘保玉:"物权的效力问题之我见",载《山东大学学报(哲学社会科学版)》2000年第2期。
[5] 刘得宽:《民法诸问题与新展望》,中国政法大学出版社2002年版,第88页。

处分，而支配力则是能够支配标的物的法律保障，是法律强制力在物权效力上的具体表现；②支配通常讲的是一种对物管领、控制的事实状态，而支配力则是物权人合法支配标的物的意志和行为受到法律保护时所具有的强制性作用力，它所表现的是一种法律状态；③支配通常是指对物的现实、有形的控制和管领，而支配力则是无形的法律作用力，如抵押关系中，抵押权人并不占有抵押物，但其仍可支配标的物的交换价值。

（三）支配力与物之利益的享有

物权为民事权利之一种，而民事权利的本质为法律赋予特定人得以享受利益的法律上之力，法律上确认某物归属于某人支配，正在于使其享受该物之利益。物权人享受物之利益，实赖于其物权的支配力。

物之价值，大体可分为使用价值与交换价值两类。物之利益，则有物之归属利益、物之利用利益与物之担保利益（或融资利益）之分。物之利益的享有，实系对物之不同价值的享受与支配。物权的内容，也因物权人享有的利益之不同而分为所有权、用益物权与担保物权。

三、物权的排他效力

（一）物权排他效力的含义

物权的排他效力是指物权相互之间的对抗效力，即一项物权排斥内容和性质与其相抵触的另一物权并存于同一标的物之上，或者得压制同一标的物上的其他物权而先行实现的效力。也就是说，物权的排他效力不单指相斥物权之间于成立上的排他效力，也包括相容物权之间于实现上的排他效力，物权的排他效力可分为绝对的排他效力与相对的排他效力两个方面或层次。[1]由于对物的占有与支配状态不同，不同物权的排他效力也随之产生差别：一物之上客观上不能有两个直接占有与现实支配，故同以直接占有标的物为成立要件的物权之间不得并立，这是内容与性质相斥之物权在成立上的排他性；而非均以直接占有标的物为要件的两个物权之间不发生成立上的排他效力，可以并立，此种内容与性质相容的物权之间仅存在行使和实现上的排他效力，即被法律赋予较强效力之物权得压制较弱效力之物权而先行实现。[2]

物权的排他性、排他效力源于物权的支配权性质和支配力，物权的排他力与支配力二者之间有着密切的联系，但其表现了物权的两个不同方面的特性和效力：后者是从物权人与物的关系上而言的，强调的是物权人对特定标的物的管领力与控制力；前者是从物权人与其他人的关系上而言的，强调的是物权人对他人的对抗力。

（二）物权排他效力的表现

1. 所有权之间的排他效力。由于所有权是对物的全面支配权，同一标的物之上不可能存在两个相同的全面支配权，故所有权之间具有成立上的绝对排他效力。至于数人共同享有的一物之所有权的"共有"现象，与所有权之间的排他效力并非同一问题。

2. 用益物权之间的排他效力。用益物权是对他人之物为占有、使用、收益的实体支配

---

〔1〕 刘保玉："论物权之间的相斥与相容关系"，载《法学论坛》2001 年第 2 期。

〔2〕 对于排他效力较弱的相容物权之间的关系，诸多学者将其归之于"物权相互间的优先效力"，并认为此种情况下应以"时间在先，权利在先"为原则。但也有不少学者认为，数个内容或性质相容的物权之间的优先效力问题，实系何者得优先行使与实现排他效力问题，并不属于何种物权有优先的效力或何种物权无优先效力的问题，在同一物上存有数个物权时，也并非全是成立在先的物权优先于成立在后的物权。我们赞同后一种观点。

权。而于同一物之上势难同时成立两个现实占有，因此，用益物权之间当然具有成立上的排他性，但也有例外：①在承认典权为用益物权的立法上，一般也允许典权人于典期内将典物转典，甚至允许再转典乃至三转典，这样同一标的物上即得存在两个以上典权；②由地役权的性质、特点所决定，其与土地使用权等用益物权之间可以并存不悖，而且同一供役地上也可设定两个以上非继续性的地役权。

3. 担保物权之间的排他效力。由于担保物权是以获得标的物之交换价值为目的的价值权，因此，除动产质权及以权利凭证的交付为成立要件的权利质权之间具有成立上的排他效力外，其他担保物权及其相互之间仅有实现上的排他效力，其效力的强弱由担保物权的顺序来确定。

4. 用益物权与担保物权之间的排他效力。以不动产为标的的用益物权与不动产抵押权之间，不发生设立上的排他效力，而仅发生行使与实现上的排他效力，其效力的强弱，原则上依设立的先后而定。

5. 所有权与定限物权之间的排他效力。所有权与用益物权及担保物权之间，不具有成立上的排他效力。同一标的物之上的定限物权虽成立于所有权之后，但其效力当然地优先于所有权。

四、物权的优先效力

（一）物权优先效力的含义

关于物权的优先效力的含义与内容如何，向来有不同意见：有的学者认为仅限于物权优先于债权的效力；也有的认为仅指先成立的物权优先于后成立的物权的效力；而多数的学者则认为，此二者均为物权优先效力的范围。不过，此种多数学者的认识也遭到了有力的质疑。[1]在我国《物权法》的制定过程中，对物权的优先效力的含义如何、物权优先于债权是否应设为一般规则，也有不同意见。这导致最终《物权法》中对此问题未作明文规定。

如前所述，我们主张将所谓的物权相互之间的优先效力解释为物权的排他效力的一个方面，即实现上的排他效力。依此界分，则物权的优先效力限指物权优先于债权的效力，即当特定的物既是物权的支配物又是债权中的给付标的物时，无论物权与债权成立的先后，物权均有优先于债权的效力。同时，我们主张将物权优先于债权作为二者关系的一般性规则来定位（惟法律另有特别规定者除外）。我国的司法实践中，也是承认并贯彻这一基本规则的。[2]物权之所以具有优先于债权的效力，仍是基于物权的支配性、公示性及由此而产生的对抗力。

（二）物权优先于债权的表现

1. 所有权优先于债权。例如，在"一物二卖"的场合，因交付或登记而先取得标的物所有权的人，其权利优先于未取得标的物所有权的债权人的权利（后买受人恶意取得的除外）；[3]在所有权人以保留所有权的方式出卖或将其所有物出借、出租于他人时，如该他人

---

〔1〕 张俊浩主编：《民法学原理》（上册），中国政法大学出版社 2000 年版，第 401～402 页；郭明瑞、唐广良、房绍坤：《民商法原理（二）物权法　知识产权法》，中国人民大学出版社 1999 年版，第 43 页；马俊驹、余延满：《民法原论》（上），法律出版社 1999 年版，第 366 页；史尚宽：《物权法论》，中国政法大学出版社 2000 年版，第 10 页注。

〔2〕 参见杜万华主编：《最高人民法院物权法司法解释（一）理解与适用》，人民法院出版社 2016 年版，第 14 页。

〔3〕 参见《最高人民法院关于审理买卖合同纠纷案件适用法律问题的解释》（法释〔2012〕8 号，以下简称《买卖合同司法解释》）第 9、10 条。

陷于破产境地，则该物不得加入买受人、借用人、承租人的破产财产范围，所有权人有"取回权"；[1]财产共有人的以物权为基础的优先购买权优先于共有物承租人的以债权为基础的优先购买权。

2. 用益物权优先于债权。物上如有用益物权存在，无论其成立时间之先后，该物权有优先于以给付该物为内容的债权的效力，债权人不得对物权人请求移转其物，也不得请求除去该物上之物权。反之，在债权的存在妨害物权的实现时，用益物权人得因其权利的行使而除去债权。

3. 担保物权优先于债权。有担保物权担保之债权，就担保物之变价得优先于一般债权人之债权而受偿。债务人破产时，对债务人之特定财产有担保物权的人，就该项财产享有"别除权"。于标的物被征收时，担保物权人就该标的物之补偿费也有较一般债权人优先受偿的权利。

（三）物权优先于债权之例外

物权优先于债权虽为基本规则，但法律也设有一些例外规定，使特别规定的某些债权居于优先实现的地位。这种例外情形主要如下：

1. "买卖不破租赁"。即先设立的承租人的租赁权优先于租赁物受让人的所有权。这是由于租赁权被法律赋予了某些物权的效力成分（即所谓的"租赁权的物权化"）。我国《合同法》第229条规定："租赁物在租赁期间发生所有权变动的，不影响租赁合同的效力。"这一规则也同样适用于租赁权与抵押权的关系。[2]对用益物权能否破除在先设定的租赁关系的问题，法律上虽无规定，但在理论上通常作同样的解释。

2. 进行了预告登记的债权。例如，不动产买卖协议（尤其是期房预售合同）如果在登记机构进行了预告登记，该买受人的债权就具有了物权性的排他效力（参见《物权法》第20条）。也正因如此，此种权利可以作为"准物权"对待。[3]

3. 被法律特别赋予了优先受偿效力的债权。物权不一定能强于具有优先权效力的特别债权。例如，《海商法》第22、25条规定的船员工资、港口规费、海难救助款项的给付请求权等船舶优先权，优先于船舶抵押权；《合同法》第286条规定的建设工程承包人的优先受偿权优先于房屋抵押权。

五、物权的妨害排除效力

（一）物权的妨害排除效力的含义

物权的妨害排除效力是指物权具有的排除他人妨害、恢复权利人对物的正常支配状态的效力。妨害排除力是物权在法律上的救济力或保护力，从权利的角度观之，可称为排除妨害请求权、物权请求权或物上请求权。物权请求权是指物权的圆满状态受到妨害或有被妨害之虞时，物权人得请求妨害人除去妨害或防患于未然，以回复其物权的圆满状态的权利。物权请求权不仅可以基于所有权而发生，也可基于用益物权、担保物权而发生（从广义上讲，占有保护请求权也为物上请求权）。不过，基于不同物权而发生的物权请求权，其具体内容略有不同。

物权的妨害排除效力或物权请求权制度，源自物权的支配性、排他性与绝对性，该制

---

〔1〕　参见《买卖合同司法解释》第35条。

〔2〕　参见《物权法》第190条。

〔3〕　刘保玉："准物权及其立法规制问题初探"，载王利明主编：《中国民法年刊2004》，法律出版社2006年版，第374页。

度在近现代民法上得到了普遍承认和理论上的一致认可，我国《物权法》在"物权的保护"一章中也对其作出了规定。

（二）物权请求权的内容

物权请求权系以排除妨害及回复物权的圆满状态为目的，因此，根据妨害形态的不同，物权请求权也有多种。一般认为，物权请求权分为三类：

1. 物之返还请求权。占有人无权占有他人的不动产或者动产的，发生物权人的原物返还请求权。

2. 妨害排除请求权。物权受到侵害或物权的行使受到妨碍时，发生物权人的妨害排除请求权。

3. 妨害预防请求权。物权虽未受到现实妨害，但有受到妨害的可能时，发生物权人的妨害预防请求权。

关于造成不动产或者动产毁损但有修复可能时的恢复原状请求权，是属于物权请求权还是债权请求权以及是否得罹于消灭时效，理论上尚有不同认识。[1]我们倾向于将其定性为债权请求权。

（三）物权请求权的性质

关于物权请求权的性质，大致有物权作用说、债权说、准债权说、非纯粹债权说、物权派生之请求权说、物权效力所生请求权说等几种不同的见解。[2]其中，完全否认物权请求权的独立性或将物权请求权看作是纯粹的债权的观点，不足为取。至于其他诸说，都是从物权请求权的不同方面观察而得出的结论，均有相当的道理，惟着重点有所不同而已。通说认为，物权请求权系以物权为基础的独立请求权。[3]对此，说明如下：

1. 物权请求权是请求权，而非物权之本体。物权请求权在物权受到妨害时发生，是物权人请求妨害人为特定行为（除去妨害）的权利，为请求权的一种。该请求权不以对物权标的物的支配为内容，故不是物权的本体或其内容的一部分，而是与物权相区别的一种独立的权利。

2. 物权请求权为物权所派生，与物权同命运。物权请求权是物权的救济权，是物权的效用，因此，物权请求权以物权及其客体的存在为前提，为物权所派生，在物权受到侵害时作为保护手段而发生作用。物权请求权既然为物权所派生，就不能与物权相分离而单独存在，物权转移、消灭的，物权请求权也随之转移、消灭。

3. 物权请求权不同于债权请求权。作为请求权的一种，物权请求权与债权请求权（请求权的典型形态）有一些类似的属性，在其性质许可的范围内亦可适用债权的有关规定，如过失相抵、给付迟延、清偿以及债权让与等。[4]但是，决不能将物权请求权等同于债权请求权。

一般认为，物权请求权与债权请求权的区别主要在于：①二者发生的基础与根据不同。物权请求权以物权为基础，以物权的支配力受到妨害或有妨害之虞为发生根据；而债权本

〔1〕　侯利宏："论物上请求权制度"，载梁慧星主编：《民商法论丛》（第6卷），法律出版社1997年版，第670～716页。

〔2〕　谢在全：《民法物权论》（上），中国政法大学出版社1999年版，第38页。

〔3〕　谢在全：《民法物权论》（上），中国政法大学出版社1999年版，第39页；魏振瀛主编：《民法》，北京大学出版社、高等教育出版社2000年版，第209页。

〔4〕　谢在全：《民法物权论》（上），中国政法大学出版社1999年版，第39页；钱明星："论物权的效力"，载《政法论坛》1998年第3期。

身就是请求权，该请求权以债的存在为基础和根据。②目的与作用不同。物权请求权旨在保护物权、排除妨害、回复物权的圆满支配状态；而债权请求权的目的和效果为实现债权、消灭债的关系。③请求权的内容与相对人承担责任的方式不同。如前所述，物权请求权的内容包括物之返还请求权、妨害排除请求权、妨害预防请求权，与此相应，相对人承担责任的方式分别为"返还原物""停止侵害""排除妨害""消除危险"；债权请求权的内容主要是请求为给付或填补损害，责任方式主要是继续履行、修理、重作、更换、赔偿损失等。④对过错与损害的要求不同。物权请求权的行使原则上不要求有实际损害及对方有过错；而债权请求权（尤其是损害赔偿请求权）的行使通常要证明损害的实际存在及对方有过错。⑤时效的适用不同。多数学者认为，物权请求权（或者部分物权请求权）不适用消灭时效的规定；而债权请求权则均适用消灭时效。⑥物权请求权与债权请求权并存时，物权请求权优先于债权请求权。

（四）物权请求权与诉讼时效

关于消灭时效（诉讼时效）是否适用于物权请求权的问题，在立法与理论上有三种不同的主张：

1. 肯定说。其认为物权请求权虽非纯粹的债权，但与物权本身内容相异，是以特定人之给付为标的的独立请求权，物权虽不因时效而消灭，但由其所生的物权请求权则应依时效而消灭。

2. 否定说。其认为物权请求权是专为保护物权的救济方法，附随于物权本身而存在，物权既然不适用诉讼时效，物权请求权亦不因时效而消灭。

3. 折中说。其认为由动产物权及未登记的不动产物权所生的物权请求权，均罹于消灭时效，唯由已登记的物权所生的请求权不因时效而消灭。另有学者主张，在物权请求权中，适用诉讼时效的，只是其中的返还财产请求权和恢复原状请求权，而排除妨害、消除危险及所有权确认请求权，则不适用诉讼时效。

依学界通说，物权请求权中的排除妨害请求权、消除危险请求权以及物权确认请求权不适用诉讼时效。但对于物的返还请求权是否适用诉讼时效的问题，争议甚大，我国《物权法》中最终采用了回避方案，有关司法解释中对此也未作规定。比较而言，我们认为前述折中说的主张似乎较为允当，但仍有结合我国的具体情况加以完善的必要。[1] 我国《民法总则》第196条中规定："下列请求权不适用诉讼时效的规定：①请求停止侵害、排除妨碍、消除危险；②不动产物权和登记的动产物权的权利人请求返还财产……"这一规定，应属允当。[2]

（五）物权的妨害排除效力与物权的保护

我国《物权法》中，未使用"物权的妨害排除效力"或"物权请求权"的字样，而是设专章规定了"物权的保护"（第三章）。该章中，除对上述三种物权请求权作出规定外（第34、35条），还规定了因物权的归属、内容发生争议的，利害关系人可以请求确认权利

---

〔1〕　例如，在我国存在大量未登记的不动产（如农村的宅基地使用权和房屋所有权、土地承包经营权，以及尚未完成登记的商品房、"小产权房"等），此类的不动产权利人请求返还财产的权利是否受诉讼时效限制？笔者倾向于认为：普通动产的返还请求权，可以适用诉讼时效；而不动产物权（无论登记与否）的权利人请求返还财产的权利，则均不宜适用诉讼时效；已登记的特殊动产权利人请求返还财产的请求权，亦不应受诉讼时效的限制。

〔2〕　刘保玉："《民法总则》第九章诉讼时效规定评析"，载《判解研究》2018年第1期。

（第 33 条）；造成不动产或者动产毁损的，权利人可以请求修理、重作、更换或者恢复原状（第 36 条）；[1] 侵害物权，造成权利人损害的，权利人可以请求损害赔偿，也可以请求承担其他民事责任（第 37 条）。此外，该章中还对物权受到侵害时的纠纷解决途径、物权保护方式的单独适用与合并适用以及侵害物权可能发生的行政责任与刑事责任等内容作了规定（第 32、38 条）。

显而易见，"物权的保护"一章中规定的内容，远比物权请求权的内容要宽泛，其中既有物权性的保护方式（物权请求权），也有债权性的保护方式；既有民法上的保护，也有行政法和刑法上的保护。我们认为，这种规定方式与《物权法》以单行法的形式出台、自身应有一个完整的体系密切相关，但绝不能将"物权的保护"等同于"物权请求权"。我国在制定民法典时，物权编部分只宜规定物权性的保护方式，其他内容则应归入债权编或侵权责任编中加以规定。

第十二章

■第五节　物权与债权的关系

一、物权与债权的联系

近现代市场经济中自由的商品流通，不可或缺的前提是对商品所有者的绝对支配权的保护和自由处分权的保护。与此相应，作为近现代市场经济法制基础的民法，遂产生了保障商品所有者不受妨碍地支配其商品的所有权制度与保障所有者按照自己的意思自由交换其商品的契约（合同）制度。而随着近现代法上对权利体系性的逻辑要求，所有权法律制度与合同法律制度被归纳为物权法和债权法的抽象体系。

近现代法上，物权与债权有着紧密的联系，它们作为一组相对应的民事权利，共同构成了民法中最基本的财产权形式。在商品经济条件下，人和财产的结合表现为物权，当财产进入流通领域后，在不同的主体之间的交换则体现为债权。非有交易主体对标的物的物权，无从进行商品交换；商品在不同的主体之间进行交换的过程产生债权债务关系，即一方依约定承担将自己的财产让渡给对方的义务并享有请求对方为对待给付的权利；而交易的目的与结果则是标的物上之物权的让渡与取得，形成新的物权关系。因此，可以说商品之所有是交换的前提和归宿，物权是债权发生的基础和前提，也是债权运动的目的和结果。物权和债权构成了商品经济社会最基本的财产权利，而民法关于物权和债权的规定则构成了市场经济运行的基本规则。

二、物权与债权的区别

尽管物权与债权有着密切的联系，但毕竟是两类不同的财产权，它们反映的是不同的财产关系，有不同的特点与法律属性：

（一）权利性质上的区别

物权为支配权，债权为请求权，这是物权与债权的最基本的区别。物权人无须借助他人的行为而仅依自己的意志与行为即可对标的物进行管领、支配并享受和实现其利益。而债权人欲实现其利益，必须借助于他人的行为，即通过义务人履行义务的行为间接地实现自己的利益。在债务人为给付之前，债权人既不能直接支配该项给付的标的物，也不得直接支配债务人的行为，而只能请求债务人履行债务。

---

[1]　有必要说明的是，此条规定中的"修理、重作、更换"纯属合同法问题，与物权的保护问题无关。

（二）权利客体上的区别

作为对物支配权的物权，其客体是特定的、独立的、既存的，是有形的动产或不动产，唯担保物权有所例外。关于债的客体为何的问题，理论界向来存有争议，目前的通说认为债的客体是"给付"，至于给付行为之对象，则可以是物、劳务、智力成果等。同时，作为债权给付对象的物，也与作为物权客体的物有所不同，它可以是不特定的种类物，也可以是债权成立时尚不存在的物，但法律禁止流通的物不能作为债权给付的标的物。而作为法律禁止流通的物（如土地），却无妨成为物权的客体。[1]

（三）权利效力上的区别

1. 物权具有的基本效力为支配力，债权所具有的基本效力为请求力。物权所具有的支配力使其具有排他性和排他效力，同时，当物权与债权并存于一物之上时，物权优先于债权。而以请求力为基础的债权之间，则具有相容性和平等性，即同一标的物上可以并存两个或两个以上内容相同的债权，而且数个债权之间的效力一律平等，不因其成立的先后或发生原因的不同而有效力上的优劣之分。[2]

2. 物权的效力在范围上及于任何人，而债权的效力原则上只及于特定的债务人。基于物权的对世、绝对权性质，物权的效力及于不特定的任何人，而不特定的义务人所负担的义务为不为妨碍或侵害的消极不作为义务，物权人并得基于物权所生的请求权对抗、排除任何人的侵害或妨碍。而债权为对人权、相对权，债权债务只存在于特定的当事人之间，债权人只能请求特定的债务人履行积极的给付义务，而不能向债务人之外的他人主张权利。当债权的标的物被第三人占有、取得时，债权不能像物权那样产生追及效力，债权人不能向第三人请求返还。[3]

3. 物权的圆满状态受到妨害时，物权人可凭借物权请求权以保障其对物的圆满支配状态的回复，赔偿损失只是在不得已情况下的补充救济方法。而当债权不能正常实现时，主要的救济方法则是赔偿损失。可见，由于性质的不同，物权与债权在保护方法上也有差别。

（四）权利设定上的区别

物权的设定，法律上通常采用的是法定主义，而债权的设定则实行任意主义。物权的设定，不仅涉及当事人的利益，也常常涉及国家、社会及不特定他人的利益，故物权的种类及内容均由法律明定而不允许当事人自由创设；而且，物权的设立还须予以公示，当事人通过合同设立某项物权时，如果未以登记或交付的方式为公示，只能产生请求权性的债权而不能产生支配权性的物权。而债权则不同，它通常涉及的仅是当事人双方的利益，依据契约自由原则，合同债权的设立具有任意性的特点，当事人只要不违反法律的强行性规定和公序良俗，则可通过合意任意设定债权或创设新债权；而且，设立债权通常也无所谓公示问题。

---

[1] 参见张广兴：《债法总论》，法律出版社1997年版，第37页。

[2] 张广兴：《债法总论》，法律出版社1997年版，第27页；刘保玉、吕文江主编：《债权担保制度研究》，中国民主法制出版社2000年版，第6~7页。不过，近年来我国的司法解释在一物数卖等情形下有认可先成立的合同的履行顺位优先于后成立的合同之现象。这一做法的合理性如何，尚待讨论（参见刘保玉："论多重买卖的法律规制——兼评《买卖合同司法解释》第9、10条"，载《法学论坛》2013年第6期）。

[3] 不过，现代民法上债的效力范围有逐渐扩张的趋势，于特定情况下亦得具有涉他性，此以债的保全制度及第三人侵害债权制度为其适例。参见张广兴：《债法总论》，法律出版社1997年版，第25页以下，第163页以下；张俊浩主编：《民法学原理》（上册），中国政法大学出版社2000年版，第550页。

（五）权利期限上的区别

债权均为有期限的权利，法律上不允许存在无期限限制的债权。该期限可以是当事人约定的期限，也可以是时效期限及其他法定期限。期限届满，债权即归于消灭或失去法律的保护。[1]物权中的所有权则具有恒久性，为无期限的权利，只要所有物存在，所有权就存在；地役权和居住权，也可以约定无期限限制。不过，物权中的其他物权通常也是有存续期限的。

三、物权与债权区分的相对性问题

如上所析，典型的或理念型的物权与债权之间存在着明显的区别。但是，现实生活是丰富多彩、复杂多样的，一事物与他事物的区分往往是相对的。物权与债权的区分也是这样的，二者在某些特定部分会处于混合、模糊状态，其内容、效力、作用等方面会体现出一定的交错现象，其表现可归结为三个主要方面：

（一）物权与债权的目的性和手段性之更迭与交错

一般而言，物权与债权的联系，通常表现为物权为债权产生的前提，债权是物权变动的基础。"债权关系之首要法律目的，乃是将债权转变为物权或与物权具有相等价值之权利"。[2]在以债权为中介来取得物权的关系中，物权具有目的性，债权具有手段性，这既是物权与债权的原始机能之分工，也是迄今为止的社会生活中的重要经济现象。例如，通过劳动生产获得财物或作为报酬的金钱之所有权，再以债权为信用之纽带进行交易，让渡自己拥有之财物或金钱的所有权于他人，换回自己欲求的他人之财物或金钱，以满足生产和扩大再生产或生活消费的需要。但是，近现代以来，尤其是在今日的市场经济社会中相反的经济现象日益增多。例如，为获得租金而将不动产租与他人、为获得利息而将货币存入银行或贷与他人、将所有物提供担保以获得资金、中间商"为卖而买"的商品经营活动等。在这些现象中，我们可以看到物权的工具性、手段性和债权的目的性。进言之，在现代经济生活中，财产的静的所有与动的交换往往均非交易的终极目的，作为一个交易环节之目的的物权或债权取得或实现之后，通常还将发生新一轮的运动，为实现主体更大的利益和无止境的财产增值需求，物权与债权的目的性与手段性经常处在无休止的功能交替之中。"社会正如一有机体，物权如该有机体之骨骼或其他永久之组织，债权则如该有机体之血液或其他暂时之组织，不时在静止与运动中交替补充，物权既为交易之出发点，亦为交易之对象，唯有此种出发点与对象存在，债权所需之利益移动方能遂行，反之，唯有债权所营之利益移动可畅通无阻，社会之骨骼、财产之集资，方能形成与硕壮。"[3]正是物权与债权的相互交错与转换，以致二者相互结为一体，才真正推动了社会经济的全面发展。故此，从目的性与手段性方面来区分物权与债权，时常陷入困境。

（二）特定领域的债权之物权化与物权之债权化

债权的物权化现象，其主要表现可归纳为四个方面：①在债权人处分其债权时，其地位与所有权人的地位并无本质的区别，或谓有"类似所有权之地位"。[4]对物权的处分与对

---

[1] 王家福主编：《中国民法学·民法债权》，法律出版社1991年版，第8页；梁慧星、陈华彬编著：《物权法》，法律出版社2005年版，第20页；张广兴：《债法总论》，法律出版社1997年版，第26页。

[2] 林诚二："论债之本质与责任"，载郑玉波主编：《民法债编论文选辑》（上），五南图书出版有限公司1984年版，第32页。

[3] 谢在全：《民法物权论》（上），中国政法大学出版社1999年版，第31页。

[4] 孙宪忠：《德国当代物权法》，法律出版社1997年版，第24页。

第十二章

债权的处分，均适用处分行为的规则。②租赁权被普遍赋予了物权效力，即所谓的"租赁权的物权化"[1]。租赁权在性质上为债权，但为维护租赁关系中承租人的利益，各国法律普遍采用了日耳曼法的"买卖不破租赁"规则，在先设立且交付租赁物后，出租人纵使将其所有权转让给第三人，原租赁合同也仍然有效，在已出租的标的物上设定抵押权的情形中，亦适用同样的规则。③债权的设立本无须公示，但特定情况下为维护债权人的利益，当事人可通过一定的方式明示其权利的存在并取得对抗第三人的效力。房屋等不动产买卖中的预告登记制度，为其适例；近年来我国商品房买卖中实行的网签制度，也有类似功效。另外，在一些立法例中，还肯认共有人之间就共有财产的分管和利用的协议，如果经过登记亦可产生对抗第三人的效力。[2]④法律出于特殊政策性考虑，还可以直接规定某些特种债权具有实现上的优先效力。破产法上的工人工资优先权、海商法上的船舶优先权、民用航空法上的民用航空器优先权、合同法上的建设工程承包人优先受偿权等规定，即是法律因应社会生活之需要，为维护社会的公平正义，出于特殊政策性考虑而作出的特别规定，其作用在于破除债权平等原则以强化对某些特殊债权的保护。

物权的债权化现象，其主要表现有两个方面：①在采用登记对抗主义的法制下（如日本），因未登记而不具备对抗要件的物权，没有排他性和对抗力，与债权几乎没有实质的差异。[3]我国物权法在动产物权与某些不动产物权上也采用公示对抗主义。如此，未登记的动产抵押权、地役权等，尽管被规定于物权制度中，但其性质及效力与债权无本质差异，或可谓之不真正的、效力虚弱的物权。②第三人善意取得制度的普遍承认，在相当程度上阻滞了物权请求权的效力。于此情况下，原物权人物权的对抗效力、追及效力即被阻断，其物权请求权将无奈地蜕变为对无权处分人的债权请求权。

（三）物权与债权的相互渗透与融合

其主要表现在：①物权与债权结合适用的现象日渐普遍，二者的联结更为密切。例如，担保物权自其产生之初即是配合债权而发生作用的，而票据质权、债权质权、证券抵押权、让与担保、所有权保留买卖等现象与法律规定，则更为典型地表现了债权与物权的密切联结。②物权与债权相互渗透的情形，更为多见。例如，基于权利的不可侵犯性和"恶意不受保护"规则而确立的第三人侵害债权制度，反映出债权也具有不可侵犯性和对抗恶意第三人的效力。而物权的对抗力也往往并非绝对，如不得对抗善意第三人。前述物权的债权化和债权的物权化现象，从另一角度观察，所体现的也是物权与债权的相互渗透与转换。③在特定情况下，物权与债权还可能融为一体。在有价证券以及票据、提单、仓单等权利凭证上发生的物权与债权的竞合，为其典型表现。如有价证券所记载的权利本质上只能是请求权，即债权，但有价证券本身又是一种有形之物，而且有价证券尤其是不记名有价证券的流通同样采用的是物权法的规则，从而使有价证券变成"有形化的债权"，具有了物权的基本特征，或者说本质上又属于物权，[4]以致"在有价证券的权利中，所有权与债权融为一体，很难确定对证券的权利是物权还是债权"。[5]

---

[1] 史尚宽：《民刑法论丛》，荣泰印书馆1973年版，第96页。

[2] 王利明：《物权法论》，中国政法大学出版社1998年版，第12页。

[3] 梁慧星、陈华彬编著：《物权法》，法律出版社2005年版，第18页。

[4] 孙宪忠：《德国当代物权法》，法律出版社1997年版，第24页。

[5] 王利明：《物权法论》，中国政法大学出版社1998年版，第12页。

四、物权与债权"二元划分"的意义

对物权与债权在理论和立法上的"二元划分",主流观点向来持肯定态度,但仍存在一些不同意见。对于大量出现的物权与债权区分的相对性现象,应如何认识其意义,学者们的见解更是存在分歧。有学者认为上述现象对物权与债权区分的意义产生了冲击,甚至认为这种区分现今已无实际意义。[1]还有学者认为物权与债权区分的相对性为现代物权法的"发展趋势"之一。在我国《物权法》制定的过程中,也有一些学者持不同意见,主张不区分物权、债权而制定"财产法",或者主张将来在民法典中设"财产权编"。不过,多数学者并不赞同此种观点。

我们认为:物权与债权这一组权利概念的出现及其性质的区分,是人类法律文化长期发展和积淀的结果,也是对客观经济生活中所形成的不同法律关系的准确概括。在现今的经济生活中,物权与债权的基本区别仍是客观存在的,其在理论上、立法上的区分也是明晰可见的,而且,这种区分对于运用不同的法律规则调整不同的法律关系、解决不同的权益纠纷、维护交易的安全以及指导当事人正确行使权利和履行义务等,均具有重大意义。从立法技术上看,也正是由于物权与债权的区分,立法上实现了民法分则中物权编与债权编的分立,并据以确定其不同的技术规则,如不区分物权、债权等不同的权利类型,民法典分则的体系将无以构建。故此,物权与债权的二元划分应当坚持。但是,承认物权与债权的区分,并不意味着否定现实生活的复杂。同样地,承认和正视二者在某些特定情况下的融合、渗透、交错现象,也不能否定二者存在着主流上的基本区别。还应注意的是,随着社会经济生活的发展,物权与债权的类别及其具体权能、效力还会发生新的变化。我们应根据我国的情况对此进行缜密的立法技术上的处理,因应客观情况的需要作出相应的调整,更为准确地反映现实经济生活的需要。[2]

第十二章

---

[1] 谢哲胜:《财产法专题研究》,三民书局1995年版,第183页;[日]林良平:《物权法》,日本有斐阁1951年版,第11~12页;[日]于保不二雄:《物权法》,日本有斐阁1956年版,第5~6页。转引自陈华彬:《物权法原理》,国家行政学院出版社1998年版,第20页。

[2] 刘保玉、秦伟:"物权与债权的区分及其相对性问题论纲",载《法学论坛》2002年第5期。

物权法及其基本原则

■第一节　物权法的概念与特征

一、物权法的概念

欲界定物权法的概念，首先应明确物权法的调整对象。关于物权法的调整对象问题，有两种不同的认识：①侧重于对物的静态支配关系的认识，其在表述上又可分为占有关系说、支配关系说、静态财产关系说、财产归属关系说，以及占有、利用、归属关系说等几种不同的概括。依此认识，物权法被界定为"调整人对物的支配关系的法律规范的总称"。[1]②侧重于对物的静态支配与动态交易两方面关系的认识。认为物权法除了规范物权种类以及各种物权的内容外，还要规范因物权变动所发生的各种问题，以及物权变动涉及对第三人的排斥而应该建立的第三人保护制度问题。物权法的基本范畴和所要解决的基本问题可以归纳为"静态秩序，动态安全"八个字。依此认识，物权法被定义为"是关于人对物的支配关系、物权变动以及物权交易安全的法律规范的总和"。[2]

我们倾向于后一种认识，但同时认为：物权变动和交易安全之维护可以合并为对物的处分关系；而物的占有关系、归属关系、利用关系、处分关系等均属于人对物的支配关系及因支配所产生的其他法律关系。故此，物权法可以被界定为：调整人们基于对物的支配而产生的法律关系的法律规范总称。我国《物权法》第2条第1款规定："因物的归属和利用而产生的民事关系，适用本法。"其中所言的物的归属关系、物的利用关系以及该法中所规范的物的占有关系、物权变动关系等，均属于基于人对物的支配而产生的法律关系。

物权法所调整的社会关系，具体可以分为四个方面：

1. 物的占有关系。表现为人对物的实际控制而产生的法律关系。占有是一种非常复杂的法律现象：它可能是有基础权利（本权）的占有，也可能是无基础权利的占有；可能表现为有权利的占有（占有权），也可能只是一种控制物的事实状态；占有还存在自主占有与他主占有、直接占有与间接占有、瑕疵占有与无瑕疵占有等多种不同的样态，而不同的占有样态在物权法上产生的效果也有所不同。因此，占有关系是所有权关系及他物权关系所不能涵盖的，对占有关系的调整及对占有的保护应成为物权法的重要内容。

2. 物的归属关系。即特定的物归特定民事主体所有的财产关系。基于物的归属关系，物权人得对其物直接支配并享有由此而生的各种利益。物的归属关系既是物的利用关系的目的，又是利用关系发生的前提。调整归属关系的法律规范构成所有权制度，它是维护和巩固一定社会所有制和基本经济关系的重要制度。应当注意的是，财产的归属秩序涉及的

---

[1]　王利明：《物权法论》，中国政法大学出版社1998年版，第70页以下；李景丽：《物权法新论》，西苑出版社1999年版，第7页以下。

[2]　孙宪忠：《中国物权法总论》，法律出版社2003年版，第93页以下。

范围很广，物权法上仅以有体动产与不动产之归属秩序为调整范围，知识产权、债权、股权等权利的归属不属物权法的调整范围。

3. 物的利用关系。是指主体在生产、生活中对物的使用价值与交换价值进行利用而发生的财产关系。物的利用有自主利用与他主利用两种情况，物的自主利用已为物的归属关系所包容，而物的他主利用（即所有权人将其所有物交由他人利用）则为发生他物权关系的基础。因应生产的社会化和高效化的要求，现代物权法已从早期的以规范物的归属关系为重心向以规范物的利用关系为重心转化，所以，因物的他主利用而产生的他物权制度为物权法的另一重要内容。应注意的是，他主利用并不限于物权性的利用关系，还包括债权性的利用关系（如借用、租赁等），物权法主要规范物权性的他主利用关系。

4. 物的处分关系。物权主体在对物为处分时所发生的物权变动及由此所产生的法律关系，通常被归入动态的财产关系之中。这种动态的财产关系不仅由合同法来规范，物权法在其中也发挥着重要的作用。在现实生活中，物权经常处于运动状态之中，某一特定物上物权的发生或设立、物权的转让、物权内容的变化以及物权因某种原因的出现而消灭，都是常见的现象。对于物权变动中的问题，债权法中的合同规则并不能全部解决，甚至不能解决其中的主要问题。在因法律行为而发生的物权变动中，都存在着物权变动的原因事实与结果事实这两个不同的法律事实。合同法上的规则所解决的，只是原因事实方面的问题，即交易是否符合当事人的真实意思、合同是否能有效成立等问题，而物权变动的结果事实问题，如物权变动的公示、物权变动的时间与效力的确定等，只能依靠物权法自身特有的规范即物权变动的规则来解决。对非因法律行为而发生的物权变动，合同法更是无能为力，而只能直接由物权法来规范。对物的处分所发生的法律关系，不仅涉及双方当事人的利益，还经常涉及第三人的利益和交易安全的维护问题。[1]因此，物权变动关系是物权法所调整的社会关系的重要组成部分，物权人对物为处分的规则和第三人利益的保护、交易安全的维护等，也是物权法上重要而基本的问题。

二、物权法的性质

（一）物权法为私法

自罗马法以来，法学传统上将法律划分为公法与私法两大基本类别。大体言之，凡规范国家或公共团体为其双方或一方主体者之法律关系，而以权力服从关系为基础者为公法；规范私人间或私团体间之相互关系，而以平等关系为其基础者为私法。[2]民商法为私法，民法典为私法之基本法或普通法，已为共识。物权法既为民法之组成部分，性质上当然应被界定为私法。但有两点值得加以说明：其一，物权法规范常涉及社会之公共利益。如果以区分公法、私法标准之一的"利益说"来衡量，则物权法实非纯粹的私法。不过，近代以来，公私法之分类往往具有相对的性质，谓某一法典整体为私法而不许有公法之成分，或整个法典为公法而无私法之成分，殆不可能。因而，仅可从大体上说某一法律为公法或私法，而绝不可将其绝对化，物权法也不例外。就此而论，尽管相对于民法其他部分而言，物权法的公益性较强，但谓其为私法，并无不妥。[3]其二，物权法中含有不少经济行政法律规范。对物的支配与处分关系的调整，不仅要依靠民事法律规范，而且还须借助一些体现国家干预经济原则的强制性法律规范来调整。如不动产的登记，土地和其他自然资源的

〔1〕　孙宪忠：《论物权法》，法律出版社 2001 年版，第 36 页以下。

〔2〕　梁慧星：《民法总论》，法律出版社 2001 年版，第 29 页。

〔3〕　陈华彬：《物权法原理》，国家行政学院出版社 1998 年版，第 28 页。

第十三章

管理，某些物禁止或限制流转的规定，土地使用权取得的审批以及采矿权、渔业权的行政特许等，都是调整对物的支配和处分关系所必不可少的法律规范。从性质上说，这些规范属于经济行政法的范畴，但从广义物权法的角度来理解，它们也是物权法的渊源。因为这些公法性质的规范与物权法中规定和保护各种物权的私法规范是不可分割地密切联系在一起的，只有将这两类规范结合起来，才能更好地调整物权关系。因此，尽管物权法中包含不少经济行政法律规范，但并不能因此而改变物权法在整体上属于民法、私法的本质属性。[1]

（二）物权法为财产法

自罗马法以来，民法之内容有所谓财产法与身份法的分别。规范经济生活，保护财产秩序的法律，为财产法；规范伦理关系，保障身份秩序的法律，为身份法。[2]我国民法调整的社会关系分为平等主体之间的财产关系和人身关系两大类，物权法以规范人对物的占有、利用、归属关系为内容，这类关系显然属于财产关系，物权法在性质上也当然属于财产法。

财产法的各部分因目的与作用之不同，可再分为财产归属法与财产流转法。物权法主要调整人对物的静态支配关系，其关于物的处分和物权变动的规则也在于解决物权变动之结果所产生的新的支配关系，故物权法整体而言应属财产归属法范畴，此与债权法因主要调整财产的动态流转关系（侧重于流转过程）而属于财产流转法正相对应。

三、物权法的特征

（一）调整的财产关系之静态与动态结合性

物权法与债权法（尤其是其中的合同法）同属民法中财产法的基本组成部分，二者所调整的财产关系既有联系，也有区别。我国以往的民法理论一般认为，财产关系可分为静态财产关系与动态财产关系，"物权法规定和调整财产关系的静态，合同法规定和调整财产关系的动态"。[3]"物权法的重心在保护所有权不受侵犯，旨在维护财产的'静的安全'；而债法的重心乃在于保护和促进财产流转，旨在维护财产的'动的安全'。"[4]此种传统认识有其合理与正确的一面，但其在对物权法的调整对象的认识上，也存在忽视物权变动的动态财产秩序以及混淆物权变动与债权合同之关系的问题。新近的物权法理论和立法对此传统观念进行了矫正，认为物权法的调整对象既有静态的物之支配关系，也有动态的物之处分关系，已如前述。

在此应当强调的是，物权法与合同法虽然都调整动态的财产关系，但其所要解决的问题之侧重点是有差异的，不能理解为二者在动态财产关系的调整范围上发生了"重合"。物权法关于所有权的移转、他物权的设定等物权变动规则中所涉及的动态财产关系，侧重于物权变动的要件、时点和结果方面；而合同法上的规定则侧重于合同订立、履行的过程与合同的约束力、违约救济等方面。另外，物权法中也要规范一些合同关系，如土地使用权出让合同、土地承包经营合同、地役权合同、抵押合同、质押合同等，这些合同本质上也是反映交易关系的，只是由于其旨在设立、变更、移转物权，且与物权变动的规则紧密联系在一起，故从立法技术角度考虑，不宜在合同法中规定，而主要应由物权法调整，但其

---

〔1〕 王利明：《物权法论》，中国政法大学出版社1998年版，第75页。

〔2〕 谢在全：《民法物权论》（上），中国政法大学出版社1999年版，第2页。

〔3〕 王家福等：《合同法》，中国社会科学出版社1986年版，第12页。

〔4〕 王家福主编：《中国民法学·民法债权》，法律出版社1991年版，第3页。

在合同的订立、效力等方面仍要适用合同法的规定。[1]

（二）法律规范适用之强行性

从法律的适用程度来看，可以将其分为强行法与任意法，前者不考虑当事人的自由意志而须绝对适用，后者在适用中得依当事人的意志而加以协商变更。由于物权为对世权，具有绝对性与排他性，关乎当事人之外的第三人的利益、交易的安全以及社会公共利益，因此，物权法实行物权法定主义，不允许当事人依其协议而排斥法律的适用。也即是说，物权法的规范多属必须绝对遵从的强制性规范，物权法于整体而言为强行法。此点与贯彻契约自由原则因而整体上属于任意法的合同法显有差异。据此差别，一般而言，在物权法领域，当事人的约定违反法律规定的，应属无效；而在合同法领域，当事人的约定与法律规定不同的，原则上仍为有效。物权法上未置可否的事项，原则上应作禁止或否定之解释；而在合同法上，只要是未明确禁止的事项，均是可由当事人约定且受法律保护的。

当然，谓物权法为强行法，合同法为任意法，也只是从整体而言的，不能将其绝对化。物权法为民法的组成部分，而私法自治为民法的基本理念。因此，在物权法上也有任意性规范和当事人的自由意志表现的空间，如是否为他人设定物权、设立什么物权、对价如何、标的物具体是什么等，均可由当事人自由约定。因此，物权法的强行法性和物权法定原则的适用，并非绝对排斥当事人的意思自治。[2]

（三）规范内容之固有法性

物权法调整财产的占有、利用、归属等关系，最直接地确认和体现一定社会的所有制关系，反映和保护着一国的经济制度和经济基础。而由于各国的基本经济制度（尤其是土地制度）有着明显的差异，加之一国之物权法还受本国历史、地理、文化、民族传统和法律文化继受等方面的影响，因而各国（包括所有制性质相同的国家）的物权法都具有鲜明的本国或本民族的特色，互有差异，从而形成物权法的固有法性（或称本土性、土著性、民族性）。故此，一国的物权立法一般不能简单地直接移植他国的制度，而应重点依据本国国情。我国建立在公有制基础上的物权法，较之私有制国家的物权法，自然会有更多的特殊性。我国制定物权法、设计物权规则时，自应学习、借鉴其他国家的立法经验与先进制度，但对物权法的固有法性也不得不察。

物权法的固有法性，与债权法或合同法具有普遍、通用的性质也形成了明显的区别。合同法是反映财产流转关系的，而在市场经济条件下，财产流转的规则、交易的习惯具有被所有交易者一体遵循的需求，加之随着国际贸易的发达，还形成了许多国际公约和国际惯例。因此，合同法具有国际性的特点，各国的合同法差异较小且日渐趋同。

（四）维护利益之公共性

财产归谁所有、由谁支配，关系着社会物质资源的分配和全体社会成员的生活保障条件，尤其是土地，为有限、稀缺之自然资源，是人类生存之本，是"一切财富的原始源泉"，[3]在国家的经济生活中具有至关重要的地位，其与国家和社会公共利益密切相关。土地所有权也因此而具有了社会的、公共的性格，[4]土地所有权之行使须不违反公共利益，

---

〔1〕　王利明：《物权法论》，中国政法大学出版社 2003 年版，第 62 页。

〔2〕　陈华彬：《物权法原理》，国家行政学院出版社 1998 年版，第 35 页。另见王利明："关于物权法的若干问题"；苏永钦："社会主义下的私法自治：从什么角度体现中国特色？"，载中国民商法律网。

〔3〕　《马克思恩格斯选集》（第三卷），人民出版社 1995 年版，第 127 页。

〔4〕　温丰文：《现代社会与土地所有权理论之发展》，五南图书出版公司 1984 年版，第 127 页。

甚至须有利于增进社会福祉。因此，物权法所调整的财产关系并非纯属私人性关系，还常涉及第三人及社会公共利益，具有公共性。物权法一方面要维护物权人对其财产的正当支配利益，另一方面也要对物权进行适当的限制，防止物权的滥用，以维护他人之利益和社会公共利益。相比合同法所维护的利益因具有私人性（仅关系到当事人双方，一般不涉及第三人的利益及社会公共利益）而限制较少，二者有明显不同。[1]

■第二节　物权法的发展趋势与我国物权法（编）的制定

一、物权法的发展趋势

在古代物权法的发展过程中，曾经存在过两种具有代表性的物权制度，即罗马法物权制度与日耳曼法物权制度，它们在立法思想、体例、内容上都存在不同特点，并对后世两大法系国家的物权法或财产法制度产生了重要影响。大体而言，自近代资本主义社会开始至20世纪前叶，罗马法物权观念占主流地位，其"个人本位""所有为中心"的物权观念，适合资本主义初期发展的需要，因而被多数国家所接受。随着资本主义经济的发展、社会情事的变迁，日耳曼法的"团体本位""所有权的相对性""利用为中心"等观念日益被重视并渗透到物权法中。尤其是第二次世界大战以后，各国纷纷修订和完善其民法典，各种单行法也对物权法的发展起到了重大推进作用，物权制度呈现出诸多新的发展趋势与动向，而研究、考察现代各国尤其是市场经济发达国家的物权法的完善过程及其发展趋势，对我国的物权立法及其完善无疑具有重要的意义。

关于现代物权法变迁的重要动向与发展趋势，学者有着多种概括总结，大致涉及物权的社会化、价值化、国际化，物权种类的增加，相邻关系之公法与私法双轨规范体系的形成，共有制度之调整，用益物权之消长，担保物权机能之强化与类型的细分，物权关系上的私法自治之扩张，物权法定主义之缓和，物权与债权之相对化等诸多方面。[2]我们认为，从整体上看，现代物权法最令人瞩目的发展趋势可以概括为下列四个方面：[3]

（一）物权法编制的体系化

这一方面表现为物权类型体系的形成，另一方面表现为物权法独立成编的体制确立。如前所述，罗马法时代尚未抽象出物权的概念，也未形成完整的物权类型体系；法国民法典中仍未梳理出物权的类型体系，物权法也未独立成编。在德国民法典中，物权概念得到确认，并建立了物权的完整体系，即对物的价值为全面支配的所有权，对物的使用价值为支配的用益物权，对物的交换价值为支配的变价权，以及对物为事实支配状态的占有。德国民法典在体系设计和立法技术上也有了重大创新与突破，物权制度成为民法典分则的独立一编。这对其他大陆法系国家的物权制度产生了极为重要的影响，现代各国民法上的物权类型体系遂得以形成。不仅如此，各国立法在物权编的内容设计与结构编排上，也具有极大的相似性。例如，物权编的第一部分为物权通则，其后以所有权、用益物权、担保物

---

〔1〕梁慧星、陈华彬编著：《物权法》，法律出版社2005年版，第3页。

〔2〕王泽鉴：《民法物权》（一），中国政法大学出版社2001年版，第29页以下；谢在全：《民法物权论》（上），中国政法大学出版社1999年版，第7页以下；梁慧星主编：《中国物权法研究》（上），法律出版社1998年版，第4页以下；陈华彬：《物权法原理》，国家行政学院出版社1998年版，第33页以下；余能斌主编：《现代物权法专论》，法律出版社2002年版，第9页以下。

〔3〕刘保玉："现代物权法的发展趋势及其对我国物权立法的启示"，载《烟台大学学报（哲学社会科学版）》2005年第3期。

权、占有（也有的立法将占有列于物权通则之后）的物权类型体系而设计各章节。

（二）物权法本位的社会化

发端于罗马法的所有权绝对原则，在资产阶级革命初期被发扬光大，成为近代民法的三大原则之一。其在精神实质上，认为所有权先于国家而生，国家系为保护所有权而存在，所有权为基本的人权和神圣不可侵犯的权利，其行使应不受任何限制。但随着资本主义的进一步发展，所有权绝对原则日渐产生了诸多负面后果，于是，从社会公共利益需要出发，对所有权的范围与行使予以一定限制并课以一定义务和负担的所有权社会化思想应运而生。自 19 世纪末以来，所有权社会化思想逐渐取代个人主义的所有权思想，物权法的本位也从所有权绝对的个人本位向社会本位转移，对所有权效力范围的限制、物权行使方面的限制以及所有权的法定负担的设定等，均为其主要表现。[1]但应当说明的是，物权的社会化仅是对个人本位、权利本位的调整与矫正，并不意味着弱化私有财产权或对个人权利的否定，更非义务本位法制的复活，其实质在于匡正 19 世纪的立法过分强调个人权利而忽视社会利益之偏颇，以谋求个人利益与社会公共利益的协调发展。

（三）物权理念的价值化

物权尤其是所有权，其本来的目的只是实现所有人自己对财产的现实支配，源自罗马法的以"所有为中心"的物权观念有其自然法上的渊源。这一观念也颇为适合资本主义初期发展的需要，因而曾被广为接受并居主流地位。但随着资本主义经济的发展与社会情事的变迁，这种物权观念逐渐不能适应社会发展的需要。在现代经济条件下，为达到资源的合理配置和物尽其用的目标，常常需要将所有权的内容予以分化，在所有权人保留其所有权的前提下，将其某些权能分离而由他人行使，将其使用价值或交换价值交由他人支配。于是，近现代法上的用益物权与担保物权制度得到了空前的发展，其地位日益重要。在所有权与其权能的分离日益普遍、频繁的情况下，所有权获得了一种观念的存在，变成了对物的抽象的支配，但所有权人可以因权能的分离而获得相应的对价利益或融资利益，使自身利益得到最大的实现。同时，非所有权人则可以利用他人的财产组织生产经营，物的价值得到了充分、高效的利用。与此相应，物权由本来注重对标的物的现实支配的实体权，演变为注重收取用益之对价或获取融资利益的价值权。这就是所谓的物权的价值化趋势。[2]而物权的价值权化发展趋势，实际所反映的正是"从归属到利用"或"从以所有为中心到以利用为中心"的物权理念的转变过程。

（四）物权种类的现代化

随着社会生产力和科学技术的发展，人类对客观世界的控制能力不断加强，对物质财富的利用程度逐渐加深，物权的类别也适应现代社会的要求而相应地发生了重要的变化。这一现象可概括为物权种类的现代化，主要表现如下：

1. 物权客体的扩张。在现代法上，除不动产和动产外，电、热、声、光、磁、波等能量和自然力以及地上及地下之特定空间，亦得为物权的客体。不仅如此，票据、债券、股权、提单、知识产权中的财产权、取得应收账款和不动产收益的权利等还可以为质权的客体。

----

[1]　郭明瑞、唐广良、房绍坤：《民商法原理（二）物权法　知识产权法》，中国人民大学出版社 1999 年版，第 22～23 页。

[2]　梁慧星、陈华彬编著：《物权法》，法律出版社 2005 年版，第 3 页；王利明：《物权法研究》，中国人民大学出版社 2002 年版，第 66 页以下。

2. 物权种类的增加。例如，因空间权法理的产生，产生了空间所有权制度和空间地上权、空间役权及空间相邻关系制度；海域和陆域水面的利用权等用益物权形式，也日益重要；动产抵押、让与担保、最高额抵押、浮动式和固定式的财团抵押、证券抵押以及最高额质押、股权与基金份额质押、知识产权质押、应收账款质押等新的担保物权类别也被创设出来并得到普遍的承认。

3. 物权类别的国际化。随着现代经济的发展、交通与信息沟通的便利、国际贸易的发达、法制的相互借鉴与融合，各国物权法也呈现出固有法色彩减弱、国际化程度增强的趋向。这不仅表现在各国对物权法定与公示原则以及物权的价值化、社会化等基本理念与基本制度渐达共识上，也表现在物权类别的趋同化上。尤其值得注意的是，两大法系的财产权观念与制度也出现了日渐接近和融合的趋向，如英美法系的空间权制度、附条件买卖（所有权保留）制度、信托制度、动产担保制度、浮动担保与让与担保制度等，渐次为大陆法系各国的立法或判例所吸纳与借鉴。[1]

二、我国《物权法》的制定

在《物权法》制定之前，我国的物权法律制度主要由《民法通则》[2]《担保法》《土地管理法》《城市房地产管理法》《农村土地承包法》《矿产资源法》《草原法》《森林法》《水法》《海域使用管理法》《渔业法》《海商法》等法律以及相关行政法规、司法解释等构成。这种状况与我国市场经济发展的进程和现代先进的物权法律制度相比，存在着明显的差距与不足。

为适应我国社会主义市场经济发展的需要、完善民法基本制度体系并为民法典的制定奠定必要的基础，立法机关于 1993 年将物权法的制定列入立法计划，并在 1999 年《合同法》颁布后具体着手物权法的制定。由于物权法的制定涉及现行经济体制和经济政策的变革之处较多，加之现有法律制度的基础薄弱、理论的研究不足，故其制定有更大的难度。在 1999 年和 2000 年由学者主持完成的两部物权法草案建议稿的基础上，[3]全国人大法工委于 2002 年 1 月完成了《中华人民共和国物权法（征求意见稿）》，之后该草案经过多次修改和第十届全国人大常委会的七次审议，[4]方于 2007 年 3 月 16 日由第十届全国人大第五次会议通过，该法于 2007 年 10 月 1 日起施行。

我国《物权法》共分为 5 编（外加"附则"），19 章，共计 247 条。第一编为"总则"，分为 3 章：第一章"基本原则"，第二章"物权的设立、变更、转让和消灭"（分为"不动产登记""动产交付""其他规定" 3 节），第三章"物权的保护"。第二编为"所有权"，分为 6 章：第四章"一般规定"，第五章"国家所有权和集体所有权、私人所有权"，第六章"业主的建筑物区分所有权"，第七章"相邻关系"，第八章"共有"，第九章"所有权取得的特别规定"。第三编为"用益物权"，分为 5 章：第十章"一般规定"，第十一章"土地承包经营权"，第十二章"建设用地使用权"，第十三章"宅基地使用权"，第十四章"地役权"。第四编为"担保物权"，分为 4 章：第十五章"一般规定"，第十六章"抵押权"（分为"一般抵押权""最高额抵押权"两节），第十七章"质权"（分为"动产质权"

---

〔1〕 谢在全：《民法物权论》（上），中国政法大学出版社 1999 年版，第 11 页以下。

〔2〕 参见《民法通则》第五章第一节"财产所有权和与财产所有权有关的财产权"。

〔3〕 梁慧星等：《中国物权法草案建议稿——条文、说明、理由与参考立法例》，社会科学文献出版社 2000 年版；王利明主编：《中国物权法草案建议稿及说明》，中国法制出版社 2001 年版。

〔4〕 2005 年 7 月的第三次审议稿还曾向社会全文公布，广泛征求意见。

"权利质权"两节），第十八章"留置权"。第五编为"占有"，该编仅设有第十九章"占有"。"附则"中未分章节，仅有两条规定。

尽管由于种种原因，我国《物权法》的制度设计和规范内容仍有不尽如人意的地方，对有些问题的规定仍付诸阙如或暂时回避。[1]但该法的颁行，对维护我国基本经济制度，维护社会主义市场经济秩序，鼓励社会财富的创造，明确物的归属、发挥物的效用，平等保护各类权利人的物权，以及维护交易的安全、顺畅和促进交易的发展与经济的繁荣，起到了重大而积极的作用。另外，《物权法》的颁行，也为我国民法典的制定奠定了又一坚实的基础。

在《物权法》颁行之后，最高人民法院还出台了若干司法解释，国务院及有关部委也发布了有关不动产登记的行政法规、部门规章，对相关制度进行了细化和完善。[2]

三、2018 年 8 月的《民法典分则物权编（草案）》

自中国共产党第十八届四中全会提出"编纂民法典"的重大立法任务后，立法机关加快了民法典的制定工作，《民法总则》已于 2017 年 3 月 15 日发布、同年 10 月 1 日开始施行。分则各编的编纂工作也正在紧锣密鼓地进行中，力争于 2020 年完成整个民法典的编纂。2018 年 3 月，全国人大常委会委员长会议审议了民法典各分编草案。物权编被列为民法典分则的第一编，共计 20 章，253 条。《物权编（草案）》在现行《物权法》的基础上，有所改进、完善与发展。[3]

从体系设计来看，我国的《物权法》及《民法典分则物权编（草案）》沿袭了大陆法系国家立法例中通行的"总分结构"。总则中对物权法（编）中的基本、共通性问题作了总括性规定；分则部分则依物权的基本类型分别进行规定（各类物权的第一章也均设有"一般规定"），同时，对占有在物权法中的地位也给予了肯定。编章设计和章节名称既考虑到立法通制，也考虑了我国的国情与特点。这一体系设计，整体上来说是值得肯定的。

■第三节　物权法的基本原则

一、物权法基本原则问题概说

（一）物权法基本原则的意义

物权法的基本原则，是贯穿于物权法始终，反映物权的本质、规律和立法指导思想的根本准则，也是制定、解释、适用、研究物权法的基本准则。

物权法是民法的组成部分，所以民法的基本原则对物权法当然也是适用的，这里所讲的物权法的基本原则，只是在物权法领域适用的具有一定特殊性的重要而基本的规则。物

[1] 刘保玉："中国物权法的成就与不足——兼及法律移植与融合中的'鸡尾酒论'"，载《法学论坛》2008 年第 5 期。
[2] 参见《最高人民法院关于审理建筑物区分所有权纠纷案件具体应用法律若干问题的解释》（法释〔2009〕7号）、《最高人民法院关于审理物业服务纠纷案件具体应用法律若干问题的解释》（法释〔2009〕8 号）、《最高人民法院关于审理房屋登记案件若干问题的规定》（法释〔2010〕15 号）、《最高人民法院关于适用〈中华人民共和国物权法〉若干问题的解释（一）》（法释〔2016〕5 号，以下简称《物权法司法解释（一）》）；国务院 2014 年 11 月 24 日公布的《不动产登记暂行条例》（自 2015 年 3 月 1 日起施行）、国土资源部 2015年 6 月 29 日通过的《不动产登记暂行条例实施细则》（2016 年 1 月 1 日公布施行）等。
[3] 篇章结构方面的主要变化在于：不再设编，直接列出章名；第一章的章名改为"一般规定"；增设居住权，其位于宅基地使用权之后，列为第十四章。

权法的基本原则与物权法中的具体规则和制度相比，具有纲领性的作用，对其他规则具有整体的约束力。明确物权法的基本原则，对物权法具体内容与制度的理解、适用，具有重要意义。

（二）关于物权法基本原则的立法与学说

各国和各地区的物权立法上通常并未对物权法的基本原则作出明确、系统的规定，而一般是通过若干相对集中的法条来表明，或者分散体现于有关问题的具体规定之中。因此，所谓物权法的基本原则，主要是学者们从法理上对物权法中最重要、最基本问题的规定所作的抽象概括。

因各国和各地区的社会制度、法律传统、法律观念与立法技术等诸多方面的差异，关于物权法基本原则的规定也有不同的体现；又由于学者们的认识并不完全相同，故而对基本原则的归纳、概括也有不同。如在大陆法系民法典型代表之一的德国法上，其物权法除贯彻"私有所有权的承认"这一不言自明的政治经济体制原则外，学者们较一致认可的原则包括物权法定原则、物权绝对原则、物权公示原则、物权特定原则和物权抽象原则。[1]我国台湾地区学者一般认为，物权法的基本原则包括社会政治原则和结构原则，前者为私有财产制度，后者包含五项具体原则：就物权的性质而言，为物权之绝对性；就物权种类而言，为物权法定主义；就物权客体而言，为一物一权主义；就物权效力而言，为物权之优先效力；就物权变动而言，为物权行为无因性、公示原则。物权之绝对性系物权之基本性格，其他四个原则皆源于此种特性。[2]

在我国《物权法》的制定过程中，对于应确立哪些基本原则，学者们也进行了深入的讨论，并形成了几种不同的认识，大致可分为以下几类：

1. 二原则说。认为各国物权立法共同遵循、我国物权立法中也应肯定的基本原则有物权法定和公示公信两项。[3]

2. 三原则说。主张我国物权法应确立物权法定、一物一权和公示公信三项基本原则。[4]

3. 四原则说。在上述三原则的基础上，有的认为还应承认物权的效力优先原则；[5]有的认为效率或效益原则也应当坚持；[6]还有的则认为应肯定物权行为独立原则。

4. 五原则说。在五原则说中，也有观点的分歧。如有的认为物权法定、一物一权、公示公信、物权的效力优先、物权行为独立这五项原则应确认为物权法的基本原则；[7]有的认为只需变更其中的物权行为，独立原则为物权变动与其原因行为的区分原则；也有的赞同前述我国台湾地区学者的观点或德国法上认可的五原则。

总而言之，立法上与理论上对物权法定原则、公示公信原则的态度较为一致；对一物

---

〔1〕　孙宪忠：《德国当代物权法》，法律出版社1997年版，第78页以下。

〔2〕　王泽鉴：《民法物权》（一），中国政法大学出版社2001年版，第21～23页。

〔3〕　温世扬：《物权法要论》，武汉大学出版社1997年版，第21页。

〔4〕　张俊浩主编：《民法学原理》（上册），中国政法大学出版社2000年版，第388页以下；郭明瑞、唐广良、房绍坤：《民商法原理（二）物权法　知识产权法》，中国人民大学出版社1999年版，第9页以下；王利明主编：《民法》，中国人民大学出版社2000年版，第147页以下；李景丽：《物权法新论》，西苑出版社1999年版，第9页以下。

〔5〕　崔建远："我国物权法应选取的结构原则"，载《法制与社会发展》1995年第3期。

〔6〕　王利明：《物权法研究》，中国人民大学出版社2002年版，第68、73页。

〔7〕　钱明星："论我国物权法的基本原则"，载《北京大学学报（哲学社会科学版）》1998年第1期。

一权原则的内容及其在物权法上的地位有不同的主张；对物权绝对、物权特定、物权排他和效力优先等原则，在内容与制度意义上虽无疑义，但是否均应明确为基本原则，态度有所不同；对物权行为独立及无因性原则，理论上有肯定说与否定说的激烈争论，但对物权变动与其基础关系或原因行为的区分原则，学界多予赞同。

（三）我国物权法上的规定及其归纳

我国《物权法》中，对物权绝对、物权法定、物权客体特定、物权排他性、公示公信、物权变动与其原因行为的区分以及维护社会主义基本经济制度、平等保护各类主体的物权等重要原则均有体现，基本原则的体系确立亦应在此基础上再加以抽象概括。我们认为，经合理归并，物权法在结构技术方面的基本原则可归纳为三项，即关于物权性质的物权绝对原则、关于物权类型的物权法定原则和关于物权变动的物权公示原则。此三原则之鼎立，足以支撑起物权法基本规则制度的框架。至于坚持社会主义基本经济制度以及平等保护国家、集体和私人的物权等原则，则为社会政治原则，非为物权法的结构技术原则。[1]

二、物权绝对原则

（一）物权绝对原则的意义

物权绝对原则，是对物权所固有的基本属性的确认和申明，或者说是对物权法上关于物权为直接支配特定物的权利，仅凭权利人本人的意思及行为即可实现且得对抗任何人等特性予以确认的一系列规则的概括。各国物权法上无论是否明定其基本原则之地位，对其实质内容都是有充分体现的。正是基于对物权的特有属性的确认，才有了物权与债权的分野、物权制度与债权制度的差异及物权法与债权法的分立，因此，物权绝对原则应为物权法最基本的原则。

在理论上，关于物权绝对原则有最广义、广义、狭义等不同的理解。从最广义而言，物权绝对原则可以说是对物权的全部特性的至高抽象，因而涵盖了其他结构原则；从狭义而言，物权绝对原则仅指物权的绝对权性和对世权性，并不包含客体特定、效力排他与优先等内容。而在广义或中间意义上来理解物权绝对原则，大致可认为前述关于物权的五个特性的阐释均属该原则的内涵。我们认为，若从最广义来界定物权绝对性原则，则其内容过于宽泛，物权法的其他原则均将被其吸收以致形成物权法的唯一原则，物权法的基本原则体系将无以构成，对物权法之结构体系的建构也无助益，故不宜采用；而若从狭义上来界定物权绝对原则，则与物权性质紧密相关的其他几项内容势必再被分解为物权客体特定原则、物权排他原则、物权优先原则等，再加上物权法定、物权公示、区分原则等，物权法基本原则的体系则显得庞杂、散乱，此亦非最佳选择。既然称为"基本原则"，自应对密切相关的若干具体原则予以合理归并，如此看来，在广义或中间意义上来界定物权绝对原则最为允当。我国《物权法》中关于物权概念的界定及其相关规定，可以认为系采用了中间意义上的物权绝对原则。

（二）物权绝对原则的内容

在较广的意义上来界定物权绝对原则，则对其中的"绝对""绝对性"一词就不能仅局限于从"绝对权"一层意义上来解释，而应从支配的可靠性、行使的任意性、效力的强大性、实现的自力性、保护的严格性以及支配客体的特定性等多重角度来理解。其主要内容有以下几个方面：

---

[1] 刘保玉："论物权法基本原则的体系"，载孟勤国、黄莹主编：《中国物权法的理论探索》，武汉大学出版社2004年版，第67页以下。

1. 物权在内容上为对特定物的绝对支配权。这一层含义表明：①物权是权利人对客体得为直接、可靠、绝对的管领控制的支配权利。②由物权的支配权属性所决定，物权的客体须为特定、明确、具体、既存、独立的有体物（或权利）；物之成分在未与物之整体分离之前，不得单独为物权的客体。此即所谓"物权客体特定原则"的内容。

2. 物权在行使与实现上具有任意性与绝对权性。这一层含义表明：①物权人行使物权，只受法律的限制，其他则完全听凭自己的意思，不受他人的干涉。②物权的实现、物之利益的享受，仅凭自己的意思和行为即可达到，无须借助他人的意思及行为予以协助，义务人只需承担消极的容忍或不为妨害的义务。

3. 物权在效力上具有对世性与排他性。其含义包括：①物权为得对抗任何人的权利，其义务主体为不特定的一切人。②一物之上不得并存两个以上的完全物权（所有权），也不得并存两个以上性质、内容相抵触的定限物权；在相容物权之间，顺位在先者得压制、排斥顺位在后者而先行实现。此即所谓"物权排他性原则"之内容。③除法律另有特殊规定外，同一物上既有物权又有债权时，物权优先。此即"物权效力优先原则"之内容。

4. 物权在保护上也具有绝对性。物权人于其标的物之支配领域内，非经其同意，任何人均不得侵害或干预，否则即发生物权人对妨害的绝对排除力。此即所谓"物权保护之绝对性"。[1]其意义可从三方面来理解：①物权为得要求世间一切人就其对标的物之支配状态予以尊重的权利，任何人都负有不得侵害、干涉的义务。②同一标的物上发生数个权利实现上的争议时，物权人之权利得凭借其排他效力及优先效力而得到有效的保障。③任何人侵害物权时，不问有无故意或过失，物权人均得对之行使物权请求权或主张追及之效力，以回复物权的圆满状态；于构成侵权行为时，物权人并得请求损害赔偿。

在理解物权的绝对性时应当注意，任何权利皆有其限度，具有绝对性的物权也不例外。这是因为，效力极为强大的物权如无任何限制，难免会导致物权人滥用权利，妨害社会公共利益或他人的正当权益。如前所述，现代各国法上均对早期的极端个人本位的所有权绝对无限制原则进行了修正，我国物权法中也对此作有明确规定。

（三）关于一物一权原则的取舍

1. 一物一权主义的含义。为使物权所支配的客体范围明确化、便于公示，确保物权的实现及维护交易的安全，自罗马法以来的物权法在理论上遂抽象出"一物一权主义"，并将其奉为物权制度的一项基本规则。但在近现代社会中，一方面有物权法上"一物一权主义"的奉行，另一方面，因应现实生活之需要，"多物一权"与"一物多权"现象也大量出现并获得了法律的普遍承认。若仅从字面意义来简单看待"一物一权主义"，显然难得其解，以致困惑丛生。实际上，关于"一物一权主义"的内容，人们本来就有认识上的分歧，而"多物一权""一物多权"现象的大量出现，进一步引起了"一物一权主义"的确切含义应如何理解、其在物权法中的基本原则之地位是否动摇等问题的讨论。

关于"一物一权主义"的要旨如何，学说理论上主要存在以下三种认识：①物权客体特定论。其认为"一物一权主义"又称为物权客体特定主义，是关于物权客体的原则或者说是关于物权客体的基本要求，强调的是一项物权的客体应限于一个独立的物。[2]②物权

---

[1]　谢在全：《民法物权论》（上），中国政法大学出版社1999年版，第26页以下；王泽鉴：《民法物权》（一），中国政法大学出版社2001年版，第31页；孙宪忠：《德国当代物权法》，法律出版社1997年版，第82页。

[2]　谢在全：《民法物权论》（上），中国政法大学出版社1999年版，第18页；中国社会科学院法学研究所物权法研究课题组："制定中国物权法的基本思路"，载《法学研究》1995年第3期。

效力排他论。其认为一物一权是对物权的绝对效力或者排他效力的形象表述，"意指同一标的物之上不得设立内容和效力互不相容的两个以上物权，尤指一物之上只能存在一个所有权"。[1]③客体特定与效力排他论（或称综合论），这是较多学者所持的观点，其认为一物一权"是指一个物权的客体原则上应为一物，在一物之上只能存在一个所有权，并且不能同时设定两个内容相互抵触的其他物权"，[2]"一物一权原则实际上包括物权的排他性原则与物权客体特定性原则两个方面的内容"。[3]

依多数学者之见，在以所有权为中心的罗马法上，一物一权中的"一物"，原则上是指物理上或客观上独立、特定的一个有体物；"一权"亦仅指一个所有权。而在现代生活中及法律观念与法律实践上，"一物"的衡量标准发生了重大变化，是指"在法律观念上"具有特定性与独立性的一物，而不限于客观的独立一物；"一权"，也不再局限于所有权，而是包括其他物权在内，其意义是强调一物之上不得并存两个以上内容、性质相抵触的物权。因此，一物一权原则包含以下几项内容：①一项物权的客体应为特定的、独立的一物。②尚未与物之整体分离的物之组成部分之上，不能单独设立物权。③一物之上只能存在一个所有权，而绝不得并存两个以上所有权。④一物之上不得同时存在两个以上性质、内容相抵触的物权，但不相抵触的数个物权可以同时存在于一物之上。

也有学者指出："一物一权主义"的准确含义，应是指"一物上仅能设定一个所有权，一所有权之客体，以一物为限"。而诸多学者所作的宽泛解释，并不准确。如果将"一物一权主义"扩张适用于他物权，明显缺乏逻辑支撑，因为一物之上显然不止仅能存在"一权"，而是可以有数个物权并存。集合物之抵押权与集合物之所有权，是两个性质完全不同的问题，法律承认一个抵押权得设定于集合物上，不等于承认集合物上得设定一个单独的所有权，将集合物作为一个独立物并成立单独的所有权，这既无必要，也不可能。不过，持此严格意义上的"一物一权主义"观点的学者，也仍然认为一物一权在物权法上的基本原则地位"不可动摇"。[4]

2. 一物一权原则的取舍。在物权法理论和物权制度中应当如何对待"一物一权主义"，目前有坚持论、修正论与舍弃论（或称取代论）三种不同的主张。坚持论者中，采"严格意义上的一物一权主义"观点的学者，认为"多物一权""一物多权"现象与"一物一权主义"并不冲突，其根本不构成对一物一权原则的挑战，因而原本意义上的一物一权原则应当坚持；而采"宽泛意义上的一物一权主义"的学者，则大多主张将"多物一权""一物多权"等现象作为"例外情况"来认识（或谓一物一权原则的缓和、相对化）。持修正论的学者，也主张将"一物一权主义"奉为物权法的一项基本原则，惟应根据现实发展的需要对"一物一权"的含义作出新的解释以自圆其说。舍弃论则主张废弃"一物一权主义"，至少不能继续使其高居物权法基本原则的地位，其中仍有价值的一些内容，可由物权客体特定原则及物权效力排他原则取而代之。

我们赞同舍弃论或取代论者的主张，理由在于：若是坚持"宽泛意义上的一物一权主义"，而以"例外情况"来解释"一物多权"和"多物一权"现象以维持"一物一权主

[1]　温世扬：《物权法要论》，武汉大学出版社1997年版，第25页。
[2]　郭明瑞、唐广良、房绍坤：《民商法原理（二）物权法　知识产权法》，中国人民大学出版社1999年版，第11页以下。
[3]　王利明：《物权法研究》，中国人民大学出版社2002年版，第79页。
[4]　尹田："论一物一权原则及其与'双重所有权'理论的冲突"，载《中国法学》2002年第3期。

义"原则的地位，则因例外情况实在是太多，足以动摇其"基本原则"的地位；若以"修正论"者的主张赋予"一物一权"新的含义，不仅在解释上颇费周折，游离了其原有旨趣，而且有削足适履之嫌，与"一物一权"的浅显、直观、练达的字面意义相去甚远，既无必要和实益，也难以使人信服；而若是在"严格意义上"坚持一物一权原则，虽然解释上符合其原本含义，且逻辑明晰，殊值信服，但由于其适用对象的限定性，只宜降格定位为所有权制度的原则，而非整个物权法的基本原则。故此，我们主张在物权法基本原则体系中舍弃传统的一物一权原则。当然，舍弃该原则并不等于否定物权客体的特定性与效力的排他性、优先性等固有属性，惟将其统归于物权绝对原则之中而已。[1]

三、物权法定原则

（一）物权法定原则的意义

物权法定原则又称物权法定主义，是指物权的种类及其内容等均由法律明确规定，当事人不得任意创设新物权或变更物权的法定内容之原则。

关于物权的种类和内容的创设问题，历史上有放任主义（自由主义）与法定主义（限制主义）两种做法。近现代以来绝大多数国家在立法上采行或者在解释上承认物权法定原则，诸多国家或地区的民法中亦明确规定，物权，除本法或其他法律规定者外，不得创设。[2]我国《物权法》第5条和《民法总则》第116条也明确规定："物权的种类和内容，由法律规定。"

物权法上采行物权法定原则的理由及原因，概而言之，系由于物权乃绝对权，得对抗任何人，具有极强的效力，与他人的利益和社会经济秩序都有直接关系，只有以强行性规范规定物权的种类、内容、效力、变动等事项，才能使物权的存在明朗化、物权的变动公开化，才能既保障物权人的利益，又不至于发生当事人任意创设新的物权种类或滥用权利而损害第三人利益、危害社会经济秩序的现象。同时，实行物权法定主义，对物权的类型进行系统的整理，还有利于维护一国的基本经济制度，防止对物权设定过多限制，促进物的效用充分发挥。

（二）物权法定的内容

1. 物权的种类法定。理论上称此为"类型强制"，即物权的种类由法律明确规定，当事人不得以协议的方式创设法律所不认可的物权类型。例如，当事人不得创设我国法律未认可的不动产质权。

2. 物权的内容法定。理论上称此为"类型固定"或"内容固定"，即物权的内容由法律明定，当事人不得创设与法定物权内容不符的物权。例如，当事人协议设立不具有对抗所有权效力的用益物权，或者协议限制担保物权的权利内容等，均因与法律规定相悖而不被承认。

此外，还有一些学者认为，物权法定原则的内容还兼及物权的效力、公示方法、取得方式等事项的法定性。

（三）违反物权法定原则的后果

1. 违反物权法定原则的，物权的设立应属无效，不能发生物权法上的效果。但其他法律上如有特别规定的，不属于违反物权法定原则，而应从其规定。我国《物权法》第8条

---

〔1〕 刘保玉、李燕燕："一物一权原则质疑——兼论关于物权性质的物权绝对原则"，载《政法论丛》2004年第3期。

〔2〕 参见《奥地利民法》第308条、《日本民法典》第175条、《韩国民法典》第185条、我国台湾地区"民法"第757条。

规定："其他相关法律对物权另有特别规定的，依照其规定。"

2. 部分违反物权法定原则，但不影响其他部分的效力的，其他部分仍可有效。例如，关于担保物权实现方法的"流质约款"因违法而无效，但抵押权、质权的设立如果符合法定要件的，仍为有效。

3. 物权法上无明确规定的事项，一般应推定为禁止。当事人约定的有关物权的事项在物权法上无明确规定时，往往视同违反法律的强制性或禁止性规定，并依相应的规则处理。

4. 物权虽然归于无效，但当事人的行为若符合其他法律行为（如合同行为）的生效要件的，仍可产生该法律行为的效力。[1]例如，租赁合同的当事人约定承租人享有能够对抗任何人的具有物权效力的优先购买权，此在物权法上并无依据，但仍可认定该约定具有债权的效力，出租人违反约定时，应负债务不履行的损害赔偿责任。[2]

（四）物权法定原则的缓和

大陆法系国家的民法学说一般认为，物权法定原则所言之"法"，系指狭义上的法律（民法典及其他法律），法规、命令等不包括在内。国内学者一般也采此主张。但是，再完备的法律也难以穷尽社会生活中的所有问题，而且在法律颁行后，社会生活还要有新的发展，而法律又不能时时更新。因此，如何避免物权法定主义的过于僵化和可能出现的限制社会发展之弊端，是物权法上的一个不可忽视的问题。晚近以来，学说及实务上曾出现有多种学说观点，以期解释和解决这一问题。[3]其中，德国学者Raiser教授的观点颇值赞同，他认为：民法之所以采物权法定主义，其目的非在于僵化物权，阻止法律的发展，而旨在以类型之强制限制当事人的意思自治，避免当事人任意创设具有对世效力的新的法律关系，借以维持物权关系的明确与安定，但此并不排除于必要时得以补充立法或法官造法之方式，创设新的物权，盖法律必须与时俱进，始能适应社会之需要。[4]值得予以关注的是，在学界的呼吁和实践的推动下，我国台湾地区2009年修订后的"民法"第757条规定："物权除依法律或习惯外，不得创设。"其中的"习惯"，"系物权编修正时为解决争议及缓和物权法定主义之适用所增订"；习惯"系指具备惯行之事实及法的确信，具有法律上效力之习惯法而言"。"惟因物权法定主义旨在建立物权体系，以确保物权特性及交易安全，故习惯法形成之物权，必须具有确定性、填补社会经济之必要性，无违物权法定主义存立之旨趣，能依一定方法予以公示者，始足当之。"[5]

我国学界对"物权法定主义之缓和"的观点多有认同，诸多学者认为，物权法定主义并不意味着物权法是一成不变的封闭性立法，它应随着社会生活的发展而有所发展、变化，因此，在特定情况下可以对物权法定主义进行目的性扩张的解释。另外，由于法律具有稳定性的特点，难以及时通过修改、补充来反映实践中出现的新的且值得肯定的物权现象，这些现象往往是由法规及司法解释先予承认，此后再上升为立法，因此于一定条件下认可行政法规、司法解释所确认的物权的效力，也是有必要的。[6]

───────────

[1]　此一规则与后面物权公示原则中所论的"区分原则"具有内在的逻辑一致性，应注意其联系。

[2]　谢在全：《民法物权论》（上），中国政法大学出版社1999年版，第46页。

[3]　这些学说观点主要有：物权法定无视说、习惯法包含说、习惯法物权有限承认说、物权法定缓和说等。详见梁慧星、陈华彬编著：《物权法》，法律出版社2005年版，第42～43页。

[4]　转引自王泽鉴：《民法学说与判例研究》（一），中国政法大学出版社2003年版，第162页。

[5]　谢在全：《民法物权论》（上），中国政法大学出版社1999年版，第34～35页。

[6]　参见王利明主编：《中国物权法草案建议稿及说明》，中国法制出版社2001年版，第157页；王利明：《物权法研究》，中国人民大学出版社2002年版，第78页。

　　近年来，在如何对待特别法律规范中规定的新的物权类型和实践中出现的"非典型担保物权"等问题上，理论界和实务界有诸多不同意见的争议。我们认为，法律应当与时俱进，推动社会经济的发展，而绝不应起到相反的作用。因此，有必要采取开放性的立法模式，采纳"物权法定主义之缓和"的观点，允许在特定情况下对物权法定主义进行目的性扩张解释，即对于那些在实践中出现尤其是已在规范性文件中有所规定，符合物权的性质和特点，且具有特定的公示方法的新的物权形式，原则上应当持肯定态度，赋予其物权地位。[1]

四、物权公示原则

（一）物权公示原则的意义

　　物权公示原则是关于物权变动的基本规则，主要适用于基于法律行为而发生物权变动的情况。至于非因法律行为而发生的物权变动，则适用法律的特殊规则。

　　所谓物权的公示，是指以公开的、外在的、易于查知的适当形式展示物权存在和变动的情况。物权公示原则，就是法律上要求当事人必须以法定的方式公开展现物权变动的事实，否则，不能发生物权变动的效力和公信力的原则。

　　物权的公示与公示的公信力，历来是物权法上的重要问题。物权为具有支配性、对世性及排他性的权利，物权的变动如不能以一定的方式公开、透明，则既不利于明确物权人的权利并加以保护，也不利于维护善意第三人的利益，难免会对交易安全造成妨害。同时，依法公示的物权若不能产生公信力，则公示的效力难谓完整，他人仍将无所适从，交易的安全也将无以维护，交易的发展亦无从谈起。因此，为维护物权秩序和交易安全，近代以来各国物权法无不实行公示公信原则。

（二）物权公示的方法

　　在现代各国和各地区法上，物权公示的方法因不动产物权和动产物权的不同而有所区别。从物权变动的角度而言，不动产物权的公示方法为登记，动产物权的公示方法为交付；若从物权的享有与变动（静态与动态）两方面完整地来看，不动产物权的公示方法为登记与登记的变更，动产物权的公示方法为占有与占有的移转（即交付）。物权的公示方法为登记与交付，只是我们通常所用的简称。我国《物权法》第6条对物权公示原则作出了基本规定："不动产物权的设立、变更、转让和消灭，应当依照法律规定登记。动产物权的设立和转让，应当依照法律规定交付。"同时，该法设专章（第二章"物权的设立、变更、转让和消灭"）分三节（分别是"不动产登记""动产交付""其他规定"）对物权变动的公示问题作了系统的规定。

（三）物权公示的效力

　　物权的存在与变更满足了公示的要求时，就会引起相应的法律后果，这就是公示的效力。一般来说，物权公示的效力可以分为两大方面：一是决定物权的变动是否发生或是否能够对抗第三人的效力；二是权利正确性推定效力和善意保护效力。前者为物权公示的形成力或对抗力，后者则为物权公示的公信力。

　　1. 物权公示的形成力或对抗力。关于物权公示的效力及其与物权变动的关系，有三种不同的立法主义：

　　（1）公示对抗主义，又称公示对抗要件主义。依此主义，物权的公示并非物权变动的

〔1〕 刘保玉："我国特别法上的担保物权之规范梳理与立法改进"，载董学立主编：《担保法理论与实践》（第一辑），中国法制出版社2015年版，第73页。

要件而仅为发生对抗力的要件。换言之，物权变动的效果仅依当事人的意思表示即为已足，但未经登记或交付的，不得对抗第三人（或善意第三人）。法、日等国法律上采行此种主义。在这种立法例中，物权的公示不具有形成力，而只具有对抗力。

（2）公示要件主义，又称公示成立要件主义、公示生效要件主义。依此主义，物权的变动以完成公示为其生效要件（同时也是物权的成立要件），仅有当事人变动物权的意思而未依法予以公示的，不能发生物权变动的法律效果。德国法系国家采此主义。这种立法例使公示具有形成力，即决定物权变动的效力。

（3）折中主义，即兼采公示要件主义与公示对抗主义。换言之，折中主义是对某些种类的物权变动采行公示要件主义，而对另一些种类的物权变动则采行公示对抗要件主义。较常见的做法是以公示要件主义为原则，以公示对抗主义为例外。

我国《物权法》第9条第1款规定："不动产物权的设立、变更、转让和消灭，经依法登记，发生效力；未经登记，不发生效力，但法律另有规定的除外。"第23条规定："动产物权的设立和转让，自交付时发生效力，但法律另有规定的除外。"同时，该法对特殊动产物权变动（第24条）和土地承包经营权的流转（第129条）、地役权的设立（第157条）、动产浮动抵押权设立中的登记问题（第188、189条）采用了"未经登记，不得对抗善意第三人"的规定。据此可知，我国采用的是以公示要件主义为主、公示对抗主义为辅的折中主义。

2. 物权公示的公信力与公信原则。物权公示的公信力表现在两个方面：

（1）权利正确性推定效力。这是指依法定方法公示出来的物权，具有一种使人产生合理信赖的权利"外观"，具有使社会一般人信赖其为真实、正确的物权的效力。依此效力，在不动产登记簿上记载某人享有某项物权时，应推定该人享有该项权利；在登记簿上涂销某项物权时，应推定该项权利消灭；动产的占有人对其占有物实施某项行为时，应推定该人依法有为此种行为的权利。即便公示出来的权利与真实的物权不一致，对善意第三人而言也都应当被认为是正确的。否则，如果该权利外观所表现的权利状况不能为社会一般人所信赖，则势必造成物权秩序的混乱、妨碍交易的进行，交易的秩序和安全就难以得到维护和保障。

（2）善意保护效力。这是指法律对第三人因信赖公示而从公示的物权人处善意取得的物权，予以强制保护，使其免受任何人追夺的效力。换言之，在公示的物权与状况真实的物权状况不一致的情况下，因信赖公示而与公示的物权人进行交易行为的，法律承认其产生与同真实的物权人进行交易的相同效果。非真正权利人处分登记在其名下的不动产或者占有人处分其所占有的他人的动产时，善意第三人可以从其手中受让该项物权的"善意取得"制度，为此效力的典型表现。

应当说明的是，物权公示产生公信力，并不意味着在发生公示错误的情况下对真正权利人利益的忽视，也不意味着公信力对任何人均能产生效果。因为在发生登记的不动产物权与真实物权状况不一致的情况下，真正权利人可以提出"异议登记"或"更正登记"；另外，公信力原则只适用于对善意第三人的保护，即法律只对不知真情且无重大过失而信赖公示的物权并与公示的物权人进行交易行为的人予以保护。不符合善意条件的行为人，则不具备受公信力保护的前提，其所取得的权利得被追夺。[1]

---

〔1〕《物权法司法解释（一）》第15条规定："受让人受让不动产或者动产时，不知道转让人无处分权，且无重大过失的，应当认定受让人为善意。真实权利人主张受让人不构成善意的，应当承担举证证明责任。"

理论上通常将公信原则与公示原则并列作为物权变动的原则。[1]所谓公信原则，就是依法定方式进行公示的物权，具有使社会一般人信赖其正确的效力，即使公示的物权状况与真实的权利状态不符，法律对信赖公示的善意第三人从公示的物权人处所取得的权利仍予以保护。直言之，公信原则就是赋予并确认物权公示以公信力的原则。公信原则与公示原则相辅相成，以不同的功能确保物权变动能够快捷、顺畅、安全地完成。公示原则的作用主要在于使人"知"，公信原则的作用则在于使人"信"。[2]依法公示的物权若不能产生公信力，则公示的效力难谓完整，交易的安全仍难以维护，或将导致征信成本过高，影响交易的发展。公信原则有力地保护了信赖公示而从事正常交易活动的善意行为人，体现了鼓励交易和维护交易安全的立法宗旨。尽管公信原则会对真正物权人的权利有所牺牲，但由于有适用条件和范围的限制，能够求得真正物权人与善意第三人之间利益的相对平衡，兼顾财产的静态安全与动态安全。

（四）物权变动与债权合同效力的区分

在物权公示原则的适用中，还应当注意，未经登记或交付，只是物权变动不能发生，但不能因此而否定合法订立的债权合同的约束力。否则，合同将成为没有任何约束力而可任意撕毁的废纸，合同秩序将无以维护。"公示的欠缺不能反射到原因行为之上而使债权合同无效，因为公示不具有对债的关系的形成力，这是各国物权法理论公认的基本原理之一。相反，'登记得本于债权契约而强制之'，有效的债权契约是完成公示的根据。"[3]此即所谓物权变动与债权合同效力的区分问题。

物权变动与债权合同效力的区分原则（又称物权变动与其原因行为的区分原则、物权变动与其基础关系的区分原则、物权变动的原因与结果的区分原则），简称区分原则或分离原则，是指在发生物权变动时，物权变动的原因与结果作为两个法律事实，它们的成立生效应依据不同的法律根据的原则。[4]区分原则的基本含义，可以归纳为两点：①物权变动的基础关系即原因行为（通常为合同行为）的成立，应当按照该行为成立的自身要件予以判断，而不能以物权的变动是否成就为判断标准；②物权的变动，必须以动产的交付与不动产的登记为必要条件，而不能认为基础关系或原因行为的成立生效就必然发生物权变动的效果。以具有典型意义的房屋买卖合同为例：买卖双方订立了买卖合同，且符合主体合格、意思表示真实等要件，其合同即为有效。但买卖合同有效成立，甚至房屋和价款也均已交付的，并不意味着房屋的所有权随即发生转移，房屋所有权的转移应以物权法上的变更登记完成为要件；未办理过户登记手续的，只是意味着房屋的所有权尚未转移，出卖人的义务尚未履行完毕，但不能因此而认为买卖合同无效，出卖人不能移转房屋所有权的，买受人有权基于买卖合同而要求出卖人实际履行合同或承担违约责任。上述分析同样适用于其他以债权合同作为原因行为的物权变动，如抵押合同与抵押权的设立、质押合同与质

---

[1]　在理论上，无论是将公信原则与公示原则并列作为物权变动的原则，还是明确肯定公示原则并确认物权公示具有公信力，两者只是由于观察的角度和对物权法基本原则的体系归纳方式稍有不同，并无实质差异。本书系将公信原则囊括于公示原则之中而加以讲述。

[2]　钱明星：《物权法原理》，北京大学出版社1994年版，第43页。

[3]　孙毅："物权法公示公信原则研究"，载梁慧星主编：《民商法论丛》（第七卷），法律出版社1997年版，第479页。

[4]　关于此问题的详细论述，参见孙宪忠："物权变动的原因与结果的区分原则"，载《法学研究》1999年第5期；梁慧星等：《中国物权法草案建议稿——条文、说明、理由与参考立法例》，社会科学文献出版社2000年版，第7、310、312、363条及其说明；刘保玉：《物权法学》，中国法制出版社2007年版，第107~110页。

权的设立等。

我国《物权法》第15条规定："当事人之间订立有关设立、变更、转让和消灭不动产物权的合同，除法律另有规定或者合同另有约定外，自合同成立时生效；未办理物权登记的，不影响合同效力。"该规定所体现的正是区分原则的精神。依据物权法的其他相关规定可知，动产物权变动也应适用该规则，例如，动产买卖合同与动产所有权的转移、动产质押合同与动产质权的设立等。[1]

区分原则与物权公示的效力规则具有内在一致性，其不但符合物权为支配权而债权为请求权的基本法理，而且是一条分清物权法和债权法的不同作用范围、为物权变动与债权变动建立科学的规范基础、区分当事人的不同法律责任的行之有效的原则，具有重要的适用价值。[2]

---

[1] 有鉴于此，笔者认为宜将《物权法》第15条关于区分原则的规定加以修改并置于第一章"一般规定"中，统一适用于整个物权编。建议条文为："当事人之间订立有关取得、变更、移转和消灭物权的合同，除法律另有规定或者合同另有约定外，自合同成立时生效；未办理不动产登记或者交付动产的，不影响合同效力。"参见刘保玉、吴安青："民法典物权编的结构安排与内容设计"，载《甘肃政法学院学报》2017年第6期。

[2] 在有些著作中鉴于区分原则的重要性而将其单列为物权法的基本原则之一。我们认为：区分原则的内容与物权公示原则和物权法定原则中蕴含的"非经公示不能发生物权变动的效果""物权变动虽然无效，但其行为符合其他法律行为的生效要件的，许可其产生相应的法律效果"等内容，具有逻辑上的一致性，其内涵也并未超出物权公示原则的范畴，故不必将其单独作为物权法的一项基本原则。

第十四章

物权的变动

■第一节　物权变动的概念与原因

一、物权变动的概念

所谓物权的变动，就物权自身而言，是指物权的发生、移转、变更和消灭的运动状态；就物权主体而言，则为物权的得丧变更；就法律关系而言，是指人与人之间对物之支配和归属关系的变化。

物权的变动是物权法上的重要且基本的问题。在现实生活中，物权经常处于运动状态之中，某一特定物上物权的发生或设立、物权的转让、物权内容的变化以及物权因某种原因的出现而消灭，都是常见的现象。对此，法律必须加以规制，方能维护物的归属秩序和促进交易的发展。如前所述，关于物权变动的原因、过程和结果等问题，需要合同法与物权法的双重调整方能竟其功。

二、物权变动的形态

（一）物权的发生

物权的发生或产生，是指物权与特定主体相结合，即某一主体取得对某物的物权。物权的发生通常又被称为物权的设立，我国《物权法》中使用的即是"设立"之称谓。但严格说来，物权的发生或产生与物权的设立或设定，在词语含义及所适用的场合方面还是有一定差别的。基于法律行为或事实行为、双方行为或单方行为而使某一物权与特定主体相结合，均可称为物权的发生、产生；而物权的设立或设定，通常限于指通过当事人双方的法律行为而由一方为另一方创设物权（主要是他物权）的情况，其含义较为狭窄。

从获得物权的主体角度而言，物权的发生又称物权的取得，包括原始取得与继受取得两种情况。继受取得由于是从他人手中获得物权，其同时导致前手的物权消灭和后手取得物权的双重效果，故从前手的角度看，继受取得又是物权消灭的原因之一。

（二）物权的移转

物权的移转通常又称物权的转让，是指已经存在的物权在民事主体之间的流转，即一物上的物权从一个权利人手中转移至另一个权利人手中。我国《物权法》中使用的是"转让"一词。严格说来，物权的移转与转让也是有差异的。物权的转让，一般是指通过平等主体之间的有偿法律行为而使物权由转让人移转于受让人的情形，如通过买卖合同及标的物的交付而发生的动产所有权的转移。而物权的移转等同于继受取得中的移转取得，非基于法律行为而发生的物权的流转（如继承）及无偿的赠与，也属于物权的移转，但这种情况通常不以转让相称。[1]可见，物权的转让只是物权移转的一种情况。

---

[1] 根据《物权法司法解释（一）》第9条规定的精神，因继承、遗赠等原因发生物权变动的，不适用"转让"的规则。

物权的移转，从前手的角度来观察，意味着其物权的丧失，是物权消灭的原因；而从后手的角度来看，就是物权的继受取得或传来取得。故此，也有不少著述将物权的转移并入物权的发生之中，谓物权变动的形态有发生、变更与消灭三种形态。

（三）物权的变更

广义的物权的变更包括物权的主体、客体与内容等要素中的一项或数项的变更。通常所称的物权变更主要系就狭义而言，指物权客体与内容的变更，而不包括主体的变更（物权的移转）。

物权客体的变更又称物权的量的变更，是指物权标的物在量上有所增减。例如，所有权的客体因附合而增加，抵押物因部分毁损而减少。物权内容的变更称为物权的质的变更，是指物权发生内容上的扩张或缩减、期限上的延长或缩短等变化。例如，土地使用权存续期间经协议而延长或缩短，抵押权顺位的协议变更等。物权主体数量的增减，如单独所有变为共有及共有的人数、份额的变化，亦可归入物权的变更。

（四）物权的消灭

物权的消灭，就物权人方面予以观察，为物权的终止或丧失，即物权与其主体分离。

物权的消灭分为绝对消灭与相对消灭。前者是指权利人的物权消灭，且他人也不能取得该物的物权（如因标的物灭失）；后者是指物权虽与原主体分离，但又与另一新主体相结合。例如，因买卖而发生的所有权转移，从出卖人的角度说，为其物权的消灭；而从买受人的角度说，则为物权的传来取得。因此，物权的相对消灭与物权的传来取得，实际上是同一问题的两个方面。

三、物权变动的原因

物权变动的原因，是指引起物权变动的法律事实。物权变动的原因多种多样，从性质上可以分为三类：

（一）民事法律行为

引起物权变动的法律行为包括单方法律行为与双方法律行为。前者如物权的抛弃、遗赠等；[1]后者如设定、变更及转让物权的契约行为，这是物权变动的最常见、最主要的原因。

（二）事实行为与事件

事实行为，如商品的生产与制造、遗失物的拾得与埋藏物的发现、先占、添附、混同等；[2]事件，如法定期间的届满、物权人的死亡及继承的发生、因不可抗力导致物权客体灭失等。

（三）行政行为或法院判决等

公法上的行政行为或司法行为以及仲裁机构的裁决也可以引起物权的变动。例如，因公用征收或没收、法院及仲裁机构的裁判文书等而致物权发生变动。

在上述三类原因中，民事法律行为是物权变动的最重要、最常见的原因。基于法律行

---

〔1〕 物权法上所讲的抛弃，是指依权利人的意思表示，使物权归于消灭的单独行为。抛弃物权，除须有抛弃的意思表示外，并须抛弃对该物的占有或办理注销登记，始生抛弃的效力。

〔2〕 物权法上的混同，是指两个无并存必要的物权同归于一人的事实。对物权的混同是否导致或当然导致某一物权的消灭，立法上有不同的态度。德国民法采不消灭主义，而多数立法例采折中主义，即当所有权与其他物权因某种原因归属于一人时，其他物权原则上因混同而消灭，但如果其他物权的存续于所有人或第三人有法律上的利益时，其他物权则例外地不消灭；所有权以外的物权与以该物权为标的物的权利归属于一人时，也适用相同的规则。我国法律及法学理论采取的也是折中主义。

为而发生的物权变动，以不动产的登记或动产的交付为其生效要件，此为各国物权法上规定的重要事项；后两类一般被合称为非基于法律行为而发生的物权变动，法律上通常对其另作规定，且不以公示为要件。

■第二节 物权变动的规范模式与物权行为理论

一、基于法律行为的物权变动之规范模式

在引起物权变动的法律事实中，最重要的是法律行为。在物权基于法律行为发生变动上，主要有三种不同的学说主张和立法模式。

（一）债权意思主义

债权意思主义又称债权合意主义或意思主义，以法国、日本民法为其代表。依此主义，物权因法律行为而变动时，仅需由当事人订立债权合同即为已足，不须以登记或交付为其成立或生效要件。其要旨为：①物权变动是债权行为的当然结果，发生债权的意思表示与发生物权变动的意思表示二者合一；②由于不承认物权行为的独立存在，物权变动的结果当然受其原因关系即债权行为效力的影响，原因行为无效或被撤销的，物权变动的结果随之失效；③物权公示原则所要求的登记或交付，并非物权变动的成立或生效要件，而只是发生对抗力的要件。

（二）物权形式主义

物权形式主义又称形式主义，以德国民法为其典范。依此主义，物权因法律行为而发生变动时，除有债权契约（原因行为）外，还须另有物权变动的意思表示一致（物权合意或物权契约）以及登记或交付的法定形式，该变动始能成立或生效。其要旨为：①引起债权发生的债权契约与引起物权变动的物权行为，是两个不同的法律行为，一个法律行为不能发生债权和物权变动的二重效果，故物权行为与债权行为相分离而独立存在；②物权行为不仅独立存在，而且物权行为的效果不受债权行为效力的当然影响，具有无因性。债权行为无效或被撤销的，物权变动的结果并不当然随之无效或撤销；③物权公示原则所要求的登记或交付为物权行为的法定形式，是物权变动的生效要件和物权的成立要件而非对抗要件，非经登记或交付，物权变动根本不能发生。

（三）债权形式主义

债权形式主义又称折中主义、意思主义与登记或交付之结合，以奥地利民法为其典型。依此主义，物权因法律行为发生变动时，除当事人间须有债权合意外，还需另外践行登记或交付的法定方式始生物权变动的效力。其要旨为：①发生债权的意思表示即为物权变动的意思表示，二者合一；②物权变动的发生，仅有当事人的意思表示尚有不足，还需履行登记或交付的法定方式，公示为物权变动的生效要件；③物权的变动仅需在债权意思表示之外加上登记或交付即为足矣，不需另有物权变动的合意，故无物权行为的独立存在；④既然无独立的物权行为存在，则物权变动之效力自然受其原因关系即债权行为之影响，因而也就没有物权行为的无因性可言，至于交易安全的保护则委诸公示公信原则。

（四）简要的评析和我国立法的选择

一般认为，债权意思主义的优点在于使交易敏捷迅速。但若认为物权的变动仅因债权意思表示即发生效力，不仅不能从外部认识其时间和效果，不利于保障交易安全，而且公示对抗要件主义的采用，又会导致物权法律关系在当事人内部与对第三人之外部关系发生不一致的复杂问题，引发因未公示而不能对抗第三人的"物权"（实际只有债权的效力）

现象出现，理论上难称严谨。[1]至于物权形式主义与债权形式主义何者更优，学界尚有不同认识。目前的主流观点认为，物权形式主义以登记或交付为物权变动的生效要件，使当事人之间的内部关系与对第三人的外部关系完全一致，法律关系颇为明晰，有利于保障交易安全。但其承认抽象物权行为的独立存在，与社会生活的实际状况未尽相符。严格说来，物权变动的明确化乃来自物权变动的公示方法，而非形式主义。因形式主义与无因性相结合，物权形式主义就静的安全之保护也有不周之处，交易安全的维护实际上是有赖于公示的公信力而非物权行为的无因性。而债权形式主义则有上述两种模式的优点，其无明显的缺点，故二战以后为各国民事立法所广泛采用，代表着物权变动立法规制模式的潮流和趋向。[2]

从我国《民法通则》第72条和《物权法》第9、23条等规定来看，我国立法上采行的是债权意思主义与登记或交付相结合的模式，既不要求物权变动须有物权合意，也未承认物权变动的无因构成。但学界对债权形式主义和物权行为理论的讨论，仍在进行之中。

二、非基于法律行为的物权变动之规范模式

一般说来，非因法律行为而发生的物权变动，不经登记或交付即可直接生效，故此类物权变动又称为不必公示的物权变动。我国《物权法》采用了通行做法，于第28～30条规定，"因人民法院、仲裁委员会的法律文书或者人民政府的征收决定等，导致物权设立、变更、转让或者消灭的，自法律文书或者人民政府的征收决定等生效时发生效力"。[3]"因继承或者受遗赠取得物权的，自继承或者受遗赠开始时发生效力"。[4]"因合法建造、拆除房屋等事实行为设立或者消灭物权的，自事实行为成就时发生效力"。

非因法律行为而发生的物权变动，虽不经公示即可生效并受法律保护，[5]但毕竟上述物权变动不一定为社会一般人所明知，为维护交易的安全，法律通常对物权取得人的处分权作一定的限制，将完成公示作为处分其权利的前提要件。我国《物权法》第31条也规定，"依照本法第28条至第30条规定享有不动产物权的，处分该物权时，依照法律规定需要办理登记的，未经登记，不发生物权效力"。

三、物权行为理论

作为物权变动原因的法律行为，在德国法系国家被称为物权行为。但何为物权行为，其构成如何，当事人变动物权的合意是客观存在还是抽象存在，抑或根本就是人为的拟制，物权行为与其原因行为即债权行为的关系如何等问题，从物权行为理论产生之日开始，至

---

[1] 刘保玉："试论物权公示原则在物权性质界定与类别划分中的意义——兼评公示要件主义与对抗主义的立法模式选择"，载《政法论丛》2007年第3期。

[2] 王泽鉴：《民法学说与判例研究》（一），中国政法大学出版社2003年版，第272页；梁慧星、陈华彬编著：《物权法》，法律出版社2005年版，第74页。

[3] 该条规定中所称的"法律文书"是限指形成之诉的判决书，还是也包括给付之诉的判决书？是仅限判决书还是也包括调解书、裁定书？理论与实践中对此有不同的认识。为解决这一问题，《物权法司法解释（一）》第7条规定："人民法院、仲裁委员会在分割共有不动产或者动产等案件中作出并依法生效的改变原有物权关系的判决书、裁决书、调解书，以及人民法院在执行程序中作出的拍卖成交裁定书、以物抵债裁定书，应当认定为物权法第28条所称导致物权设立、变更、转让或者消灭的人民法院、仲裁委员会的法律文书。"

[4] 应当说明的是，遗嘱继承中也含有法律行为（立遗嘱）的因素。只是其规则与其他非基于民事法律行为而发生物权变动的规则相同而已；遗赠的效力规则与继承有别，不宜与继承一并规定，故此，在2018年8月的《民法典分则物权编（草案）》第26条的规定中删除了"受遗赠"。

[5] 《物权法司法解释（一）》第8条规定："依照物权法第28条至第30条规定享有物权，但尚未完成动产交付或者不动产登记的物权人，根据物权法第34条至第37条的规定，请求保护其物权的，应予支持。"

今仍争论不休。在我国物权理论和物权立法上，对物权行为理论应采取何种态度，争论也颇为激烈，因此有必要对其作一番介绍和说明。

（一）物权行为理论的产生及其基本内容

一般认为，物权行为的观念起源于中世纪的德国"普通法法学"，17世纪时德国法学家所编纂的《实用法律汇编》中已体现了类似思想。19世纪初，德国法学大儒萨维尼在大学讲学中进一步阐释了这一思想：以履行买卖合同或其他以所有权转移的合同为目的的交付，并不仅仅是一个纯粹的事实的履行行为，而是一个特别的以所有权移转为目的的"物权契约"。之后，萨维尼在1840年出版的《现代罗马法体系》一书中，进一步阐述了物权契约的概念："交付具有一切契约的特征，是一个真正的契约，一方面，包括占有的现实交付，他方面也包括移转所有权的意思表示。此项物权契约常被忽视，例如在买卖契约中，一般人只想到债权契约，但却忘记交付之中也包括一项与买卖契约完全分离，而以转移所有权为目的的物权契约。"萨维尼在区别了债权行为与物权行为之后，进一步主张物权行为必须抽象化（无因化），与作为其基础的债权行为分离，并认为一方当事人为履行买卖契约而交付某物，但他方当事人误认为赠与而受领时，此种错误对物权契约之效力不生影响，不排除所有权的转移，即"交付虽有错误，但仍完全有效，丧失所有权之人，仅能以不当得利之规定请求返还"。[1]

按照萨维尼的主张，在基于买卖契约而发生的物权交易中，同时包含两种法律行为，即债权行为与物权行为（物权契约），而且后者的效力不受前者之影响。一般所谓的买卖过程可以分解为三个行为：一是买卖合同即债权行为，它使得出卖人承担交付出卖标的物的义务，而买受人承担支付价款的义务；二是双方当事人达成物权合意并为不动产登记或动产交付，完成标的物所有权移转的行为；三是买受人向出卖人支付价款，完成价款的所有权转移的行为。标的物所有权的转移行为是"处分行为"，即所谓的物权行为，该行为与订立买卖合同的债权行为应当区分开来。物权的合意并不仅仅存在于买卖合同之中，而且存在于一切双方或多方的关于物权变动的法律行为之中。而且，有些行为直接以物权变动为目的，其并不因债的关系而生，如德国法上的土地债务设立契约。另外，单方物权行为也是存在的，如所有权的抛弃以及遗嘱中关于物权设定、变更的行为等。

在萨维尼的论述中，包含了物权行为理论的最基本观点：①交付是一个独立的契约。交付行为本身既具有意思表示，又具有外在行为，其目的是完成物权的设立、移转、变更或废止，因此交付已经具备作为一个独立合同的条件。既然交付是一个独立的合同，那么它就不可能与其原因行为是一个法律关系，而是原因行为之外的另一个法律关系。②交付中的意思表示是独立意思表示，该意思表示与当事人在原因行为中的意思表示性质不同。在原因行为中当事人所作的意思表示，是要承担债法或其他法律上的义务；而在交付中，当事人所作的意思表示是要完成物权的创设、变更、移转或废止。③变动物权的意思表示必须具有外在的形式。交付中不仅有设立、变更、废止物权的意思表示，"还必须加上物的实际占有取得作为其外在的行为"，即该意思表示必须具备公示性的形式要件。④交付引起的物权变动之效果不受原因行为效力的影响，即物权行为所引起的物权变动的效力，不因债权合同的无效或被撤销而当然丧失其效力。此即萨维尼所言"一个源于错误的交付也是完全有效的"的内在含义。[2]从萨维尼的思想中，德国民法学理论发展出了一系列对德国

---

[1]　转引自王泽鉴：《民法学说与判例研究》（一），中国政法大学出版社2003年版，第263页。

[2]　孙宪忠："物权行为理论探源及其意义"，载《法学研究》1996年第3期。

民法物权体系具有决定性意义、与法国法系和英美法系的物权法或财产法有所不同的原则，这些原则成为物权行为理论的重要组成部分：

1. 分离原则（Trennungsprinzip）。该原则的意义是将主体承担的移转标的物的交付义务的法律行为与其完成物权的各种变动的行为作为两个法律行为：前者为原因行为，后者为物权行为。这两个行为各自有其独立的意思表示和成立方式，因而是相分离的两个不同的法律事实。依分离原则，德国民法实现了物权法与债权法及其他民法制度在法学理论上彻底的、明确的划分，物权从此有了自己独特的设立、变更和终止的法律根据，即物权合意。

2. 抽象原则（Abstraktionsprinzip）。该原则的意义，指物权行为在其效力和结果上不依赖其原因行为而独立成立，原因行为的无效或被撤销不能导致物的履行行为的当然无效和被撤销，也就是说，物的履行的效力已经从债务关系的效力中被"抽象"出来。我国学者通常将此称为物权行为的"无因性"原则。该原则是依据分离原则进行推理的必然结果，因物的履行根基于物的合意而不是根基于原因行为。物的履行行为（如动产的交付）的效力只与物的合意成立因果关系，而不与债务关系成立因果关系，因而当债权行为（如买卖合同）无效或被撤销时，物的履行行为却不能当然失效，因为当事人之间的物的合意并未失效，物的取得人因此而取得的物权不能随之而丧失。不过，根据抽象原则并不能想当然地认为物权取得人可以无根据地取得他人的财产，当原因行为被宣告无效或被撤销后，已为物的交付的当事人可以向物的取得人提起不当得利的返还之诉。对此，《德国民法典》第812条有明确的规定。

3. 形式主义原则。即物权变动的公示要件主义原则。因为物的合意乃是对物的交付行为中存在的意思表示的抽象，所以必须有一个具有公示性的行为来加以表彰或记载，否则物的合意不能成立，更不能引起物权变动效果的发生。《德国民法典》为贯彻这一原则，为动产选择了交付这一公示方式，为不动产选择了登记这一公示方式。公示对物权的意思表示起着决定性的作用，无公示者，物权的设立、变更和废止也为无效。但不能忽略的是，物权的变动虽然无效，但债权行为仍可成立和生效，当事人仍得因债的关系而承担责任。[1]

（二）物权行为理论的价值与功能及其对立法的影响

根据研究德国法的学者的一般认识，物权行为理论的基本价值可以概括为：①根据当事人的意思表示发生物权变动时，确定当事人的物权意思在物权变动中的独立作用。②物权独立意思必须通过一定的形式加以确认，因此在法律上建立了物权公示原则。③根据一定形式确认的物权意思来确定对物的支配权利和支配秩序。

物权行为理论的基本功能及其对民法发展的贡献主要表现在：①物权独立意思表示的发现，进一步发展了法律行为理论，使其臻于完善。②物权行为与债权行为的区分原则，揭示了债权意思表示不能当然发生物权变动后果这一基本法理，为物权法规定物权变动制度奠定了理论基础。③物权行为理论的形式主义原则，既揭示了物权独立意思表示的表现方式，又最终科学地支持了物权公示原则。④根据物权行为理论建立了物权公示原则，借助不动产登记和动产占有、交付的公示作用，完成了保护善意第三人、维护交易安全的使命。⑤对债权让与行为、票据行为等处分行为制度的完善及其与负担行为的区分等，也具有重要的作用。[2]

---

[1]　孙宪忠："物权行为理论探源及其意义"，载《法学研究》1996年第3期。

[2]　孙宪忠：《论物权法》，法律出版社2001年版，第164页以下。

萨维尼的物权行为理论产生了极大的影响，并为《德国民法典》的立法者所接受，成为该法典的立法理论基础，该理论也因此被称为"德意志法系的特征"。[1]在《德国民法典》的总则编、物权编、债务关系编及其他各编中，都可以看到该理论所发挥的作用。并且，该理论对后来继受德国法律传统的国家和地区的民法典的制定以及学术研究，也都或多或少有所影响。

（三）物权行为理论讨论中的主要争点

无论是在德国民法理论中，还是在其他国家以及我国的民法理论中，关于物权行为理论的争论甚多，可以将其概括为以下几个重要方面。

1. 关于物权行为的概念与构成要件。萨维尼虽然提出了物权行为的概念，并被《德国民法典》所肯定，但其均未对物权行为进行概念的界定。在学说理论上，对物权行为的概念分析，因着眼点不同而有不同的见解：[2]

（1）目的说。从物权行为的目的角度出发，认为物权行为是指以物权的设立、移转、变更和废止为目的的法律行为，或者说是以物权变动为目的的法律行为。

（2）内容说。从物权行为的内容的角度分析，认为物权行为是以物权变动为直接内容的法律行为。

（3）要件说。对物权行为的构成，学界见解也有不同，主要有物权意思说和物权意思与登记或交付结合说。前者认为，物权的意思表示本身即为物权行为，登记或交付则为其生效要件；后者主张，物权行为系物权变动的意思表示与登记或交付相结合而成立的要式行为，登记或交付应为物权行为的成立要件（或特别成立要件），单独的物权合意不得谓之物权行为。要件说中持后一主张者居多。

（4）效果说。即从法律效果的角度界定物权行为，认为物权行为是发生物权法效果的法律行为。而所谓物权法上的法律效果，是指物权权利状态的变动。

（5）目的与要件结合说。其认为物权行为是指以物权变动为目的并须具备意思表示及交付或登记两项要件的法律行为。

我们认为，单纯以物权变动的目的来界定物权行为，并不能明确究竟什么是物权行为，同时也难以将其与债权行为明确区分开来（例如，我们很难说买卖合同中没有变动标的物所有权的目的，而买卖合同显然不属于物权行为）。内容说的见解，存在同样的问题。要件说中的物权意思说也有不足，因为仅有物权的意思而未登记或交付的，尚不具备法律事实的一般构成要素，也不具有体现该意思表示的外观，不能导致物权的变动发生。相较而言，效果说与要件说相结合的定义较为可取，物权行为可以被定义为：直接发生物权法效果而以变动物权的意思与登记或交付相结合构成的法律行为。

2. 物权行为的具体表现与认定。在物权行为理论的讨论中，对单方物权行为，如抛弃所有权、遗赠等，学者间似无不同意见，但对双方物权行为及其具体表现，则存在着争议。

一般认为，在买卖合同、赠与合同等移转标的物所有权的双方行为中，买卖合同与赠

---

〔1〕 ［德］K. 茨威格特、H. 克茨："'抽象物权契约'理论——德意志法系的特征"，孙宪忠译，载《外国法译评》1995 年第 2 期。

〔2〕 关于该问题的讨论及各种观点的出处，参见孙宪忠："物权行为理论探源及其意义"，载《法学研究》1996年第 3 期；王利明：《物权法研究》，中国人民大学出版社 2002 年版，第 138 页以下；王利明主编：《物权法专题研究》（上），吉林人民出版社 2002 年版，第 287 页以下；王泽鉴：《民法学说与判例研究》（五），中国政法大学出版社 2003 年版，第 6 页以下；谢在全：《民法物权论》（上），中国政法大学出版社 1999 年版，第 66 页以下；田士永：《物权行为理论研究》，中国政法大学出版社 2002 年版，第 5 页以下。

与合同本身属于债权合同、负担行为，而蕴含有物权变动合意的不动产登记或动产的交付行为，则为物权行为、处分行为。对此，肯定物权行为理论的学者在认识上比较一致。

对设定用益物权、担保物权等他物权的合同，是物权契约还是债权契约，则有较大争议。我们认为，他物权的设立契约是债权契约，而随后当事人在不动产物权登记时所为的意思表示才是所谓的物权契约。主要理由是：设定或转让他物权的合同与买卖合同具有同等的性质和效力，应一致对待；设定他物权的合同订立后，仍然残留合同约定义务的履行问题，而物权行为为处分行为，不残留履行问题；"设定他物权的约定（合同）"与"他物权的设定"是不同的概念，也是性质不同的行为，前者为债权契约（负担行为），后者为物权契约（物权行为、处分行为）。[1]尽管我国《合同法》中并未将土地使用权出让、转让合同以及抵押合同、质押合同等明定为债权合同，但学者们的观点与有关立法的精神在以下两点上是有共识的：①合同法总则的规定对这些设定他物权的合同也是适用的；②仅有这些合同的订立而无物权登记或标的物的交付的，不能发生物权设立或转移的效果。

3. 关于物权行为是客观存在还是抽象存在问题。由于不动产登记与动产交付的行为，无可否认是一种客观存在，所以关于物权行为是客观存在还是抽象存在的问题，争议的焦点实际上集中在"物权的意思表示"或"物权合意"是客观存在还是抽象存在，抑或根本就不存在。直言之，由于法律行为以意思表示为要素，无意思表示即无法律行为，因此，如果登记与交付中存在物权变动的意思表示，则其就符合法律行为的构成要件，否则就只能认为其是债的履行，是事实行为而非法律行为。

对单方的物权行为，如抛弃动产物权的行为，通说认为除须有抛弃该物的占有之表征外，还须有抛弃的主观意思，始能产生抛弃的效力；抛弃所有权的意思，可能是明示的，也可能是默示的（如将旧物抛掷于垃圾箱中）。在抛弃不动产物权的情况下，非经向不动产登记机构提出注销权利登记的申请并经办理注销手续，也不能发生抛弃的效力，而提出注销申请并出示必要的文件当然表现出抛弃物权的意思表示。在通过遗嘱而变动物权的情况下，变动物权的意思表示更为明确。因此，可以说在单方变动物权的行为中，都存在明示或默示的物权变动的意思表示，故其符合法律行为的构成要件。

基于双方行为的物权变动，物权合意的存在情况较为复杂，而且通常是抽象的存在。因此，人们的认识也颇有分歧：

第一，对于一手交钱、一手交货的即时清结的动产交易来说，往往无书面买卖合同的存在，但该行为肯定是法律行为。至于其中的意思表示一致，究竟是债权合意还是物权合意，抑或同时含有债权合意与物权合意，人们的认识并不一致，但似乎任何一种观点都能讲得通。而且，即时交易中的"合意"，本身就无客观的或有形的体现，不论认为有哪种合意，该合意都是抽象存在的。

第二，在订立有书面合同的交易中，发生债权债务关系的合意就体现在书面的合同上，合意有其外形或物质载体。而事后履行合同为不动产登记或动产交付时，在法律上及交易习惯上通常无须再有一个表现物权合意的载体。承认物权行为理论的学者认为，物权变动的合意就体现或者说蕴含在当事人双方申请物权变动登记或收受标的物的行为中，因此可以说有物权合意的抽象存在。例如，设立动产质权，仅有质押合同显然是不够的，还须出质人将质物的占有移转给质权人而质权人予以接受，此中应认为有物权合意的存在。再如，

---

[1]　王泽鉴：《民法学说与判例研究》（五），中国政法大学出版社 2003 年版，第 116 页；王利明、崔建远：《合同法新论·总则》，中国政法大学出版社 1996 年版，第 559 页。

只有买卖合同，物权变动尚不能发生，动产须经交付才能发生所有权的转移。而在交付之前，如不能形成转移所有权的合意，出卖人或买受人均可以要求解除合同，甚至拒绝交付或受领，如此，基于物权合意的物权变动则不能发生。[1] 故应认为因履行合同而为的交付中，存在着物权合意（尽管是抽象的）。在不动产物权买卖中，只有债权合同，不动产物权变动显然不能发生，甚至当事人一方拿着体现债权合意的买卖合同前往登记机构办理不动产物权变动登记时，其登记申请也将不被准许；双方共同前往办理登记并提交必要的材料，登记方能获准，而此一行为之中，自然应认为存在着变动物权的合意。就此来看，双方物权行为中的物权合意也是存在的，只不过有时该合意表现得直观、明确一些，有时表现得抽象、隐晦一些而已。[2]

4. 关于物权行为的无因性问题。对此问题的争论，焦点主要集中在承认物权行为的独立性是否意味着必然承认无因性，以及无因性是否违反交易活动中的公平正义。

（1）什么是物权行为的无因性？所谓物权行为之有因或无因，是指立法和理论如何解决作为原因的债权行为与物权行为的关系问题，即物权行为的法律效力是否受债权行为的影响。"若债权行为会左右物权行为之效力，则该物权行为系有因行为（有因主义）。反之，倘物权行为之效力不受其原因即债权行为所影响，则该物权行为系无因行为（无因主义），具有无因性。"[3] 依物权行为无因性理论，原因行为即债权行为的不成立、无效或被撤销，并不影响物权行为的效力，物权行为一旦生效，仍能发生物权变动的效果。例如，买卖标的物交付之后，买卖契约因意思表示有瑕疵或内容违反公序良俗而无效或者被撤销时，物权行为的效力或物权的变动并不因此而受到影响，买受人对接受的标的物仍能保有所有权，丧失所有权的出卖人只能依据不当得利的规定请求返还。

我们认为，讨论物权行为的无因性问题，首先应明确三个前提：①物权行为的有因或无因问题只存在于除即时交易之外的双方法律行为之中。只有在一个完整的交易中既存在债权行为又存在物权行为，物权行为乃是在有债权行为所设定的债权债务关系，当事人因此负有履行义务的情况下，方存在有因或无因的问题。如果仅有债权行为而无物权行为（如雇佣、借用等），或者仅有物权行为而无债权行为（如即时买卖、即时赠与，以及抛弃、遗赠等单方物权行为），则均不发生无因性理论的适用。②导致法律行为不成立、无效或被撤销的事由或称"瑕疵"，可能单独存在于债权行为，也可能单独存在于物权行为，在更多的情况下则是同时存在于债权行为和物权行为之中（即所谓的"共同瑕疵"）。而讨论物权行为的无因性问题时，仅仅针对影响法律行为效力的"瑕疵"单独存在于债权行为这一种情况。明确这一前提，极为重要。③根据承认物权行为理论学者的观点，在一个完整的双方交易行为中，通常情形是先有债权合同，后为物权行为，最后达到物权变动的结果，

---

[1] 此种情况下，如果经司法判决后的强制执行导致买卖标的物所有权的转移，对其是属于"非基于物权行为的物权变动"，还是笼统地说属于"非基于法律行为的物权变动"，抑或仍属于"基于法律行为的物权变动"（这里的"法律行为"，系债权合同），有不同的理解。我们倾向于认为：此种情况下，司法裁判的结果是基于当事人之间的买卖合同，故其仍属"基于法律行为（买卖合同）的物权变动"，但因当事人未能达成物权变动的合意，物权变动的结果是基于法律的强制而形成，所以其不属于"基于物权行为的物权变动"。

[2] 但否认物权行为独立性和物权合意客观存在的学者也可以提出这样的反驳：动产交付中的抽象物权合意，纯属人为的"拟制"，说有即有，说无亦无；不动产物权变动登记需要双方同时（或委托代理人）到场并提交有关材料，这只是登记机构为确认交易合同的真实性、合法性，以免登记出错而采取的程序性措施，并非要求当事人必须形成所谓的"物权合意"。此种反驳意见似乎也不无道理。

[3] 谢在全：《民法物权论》（上），中国政法大学出版社 1999 年版，第 71 页。

物权行为效力的发生即物权变动结果的实现。故此，应认为债权行为只是物权行为的"因"，而物权行为是物权变动结果之"因"（或者说是直接原因、近因；如此，则债权行为充其量只是物权变动的间接原因或称远因）。这里讨论的问题，名为"物权行为的无因性"，实际上则是"物权行为的效力"或"物权变动的结果"是否受债权行为效力的影响，而债权行为实际上并不是"物权变动"的"原因"。因而，这里存在着"名"与"实"不符的问题，所谓"物权行为的无因性"只是一个习惯的提法。此点也有必要加以说明，以免误解。

（2）对物权行为无因性理论的两种评价。肯定物权行为独立性和无因性的学者，一般认为无因性理论有以下优点：①有利于区分各种法律关系，准确适用法律；②充分保护交易当事人的利益和交易安全，在整体上较好地平衡了各有关当事人之间的利益；③有利于完善民法体系，支持法律行为理论，并有助于明确债权和物权、债权法与物权法的区别。[1]

早在德国普通法时期以及德国民法制定时，包括无因性理论在内的全部物权行为理论即受到了不少学者的批判和质疑。诸多学者认为，这完全是一个不顾国民生活感情而由法学家拟制出来的"技术的概念"。[2] 在《德国民法典》制定后，学说对物权行为及其无因性理论的争论依然存在。我国否定物权行为及其无因性的学者认为，该理论及其立法的最大缺点在于严重损害了出卖人的利益，违背了交易活动中的公平正义。在交付标的物之后发现买卖契约未成立、无效或被撤销，物权行为因其无因性，不受债权行为的影响，买受人仍取得标的物所有权，出卖人仅能依不当得利之规定请求返还，于是出卖人由所有权人变为债权人，不能享受法律对物权的特殊保护方法，其地位十分不利。反之，如不承认物权行为的无因性，则在买卖契约不成立、无效或被撤销时，所有权不发生转移，出卖人仍保有标的物的所有权，他可以得到物权法的特别保护。[3]

（3）关于物权行为无因性理论的相对化问题。反对物权行为无因性理论的学者指出，鉴于物权行为无因性理论和立法有上述缺点，德国判例学说于是通过解释方法对物权行为无因性理论之适用予以限制，使物权行为之效力受债权行为之影响，此即所谓物权行为无因性的相对化理论。该理论主要有三种：①共同瑕疵说。认为物权行为与债权行为得因共同的瑕疵而无效或被撤销。例如，物权行为与债权行为的当事人均有行为能力的欠缺或均存在欺诈、胁迫、错误、乘人之危、显失公平以及对诚实信用、公序良俗的违反现象时，会导致物权行为与债权行为均为无效或一并被撤销。②条件关联说。债权行为与物权行为虽为两个行为，但可解释当事人的意思系使物权行为的效力与债权行为的效力联系在一起，即债权行为有效存在，物权行为始能生效。并认为当事人的这种意思可以是明示，也可以是默示，在很多情况下可以解释为当事人有默示的意思。③法律行为一体说。即将物权行为与债权行为合为一个不可分割的整体法律行为，适用民法关于法律行为一部分无效而导致整个法律行为无效的规定。因此，当债权行为无效时，物权行为也归于无效。[4]

坚持物权行为无因性的学者则认为，在德国现代法学上确实有所谓"对物权行为理论

---

〔1〕　参见王泽鉴：《民法学说与判例研究》（一），中国政法大学出版社 2003 年版，第 264～265 页；王利明：《物权法研究》，中国人民大学出版社 2002 年版，第 146～147 页。

〔2〕　转引自刘得宽：《民法诸问题与新展望》，五南图书出版公司 1979 年版，第 468 页。

〔3〕　王泽鉴：《民法学说与判例研究》（一），中国政法大学出版社 2003 年版，第 265～267 页；梁慧星、陈华彬编著：《物权法》，法律出版社 2005 年版，第 70～71 页。

〔4〕　参见王泽鉴：《民法学说与判例研究》（一），中国政法大学出版社 2003 年版，第 268 页；梁慧星、陈华彬编著：《物权法》，法律出版社 2005 年版，第 71～72 页；王利明：《物权法研究》，中国人民大学出版社 2002 年版，第 149～150 页。

予以限制"的理论，所提出的限制方法包括附加条件、行为统一、瑕疵一致以及司法裁判四种。但这些观点恰恰是肯定无因性理论的学者和法官为反驳否定论者的观点而归纳出来的，其目的乃在于完善物权行为的无因性理论而不是否定该理论。其中所谓的"附加条件"（即我国学者所说的"条件关联"），最典型也是唯一的情形就是附所有权保留条件的买卖，对于其他的物权变动是否可以债权法上的意思作为条件束缚，不论是在德国法学中还是在司法实践中均持否定态度。所谓"行为统一"（即我国学者所说的"法律行为一体化"理论），指的是按照《德国民法典》第 139 条关于"部分无效"的规定，将物权行为的效力与债权行为的效力联系起来。这种观点被认为是彻底地违背了德国民法制度的原则，在德国法学及司法实践中基本上无人认可。所谓"瑕疵一致"或"瑕疵统一"（即我国学者所说的"共同瑕疵"），虽然能够导致债权行为与物权行为均为无效或被撤销，但此种情况并非是对抽象原则的破坏，而恰恰是对物权行为独立性的肯定，因为物权行为作为法律行为，其成立、生效当然必须符合法律行为成立、生效的一般条件，所以依据法律行为的共同规则确认物权行为无效或撤销该行为的情况，并不是根据债权行为的意思表示瑕疵来否定物权行为的意思表示。因此，在法学逻辑上，不能将此种情况理解为对无因性原则的破坏。至于在物权行为违背法律，由法院裁判撤销物权行为的情况下，由于司法权是公权力，在任何情况下依据公权力撤销债权行为、物权行为等私法上的行为，都不是私法上的意思表示的结果。因此，不能将此类撤销当作依据债权意思表示来撤销物权行为。[1]

5. 我国学界对物权行为理论的肯定说、否定说与折中说。物权行为理论经过历史的演变与发展、修正，至今仍然在德国民法上居于统治地位。我国台湾地区"民法"在主流观点上似乎也坚持该理论。我国大陆学者中虽也有许多物权行为理论的支持者，但主流观点仍然是否定说。有学者对物权行为理论的优缺点作了如下概括：①有利于明晰法律关系，但有悖于生活常情，物权行为概念出自人为的拟制，属于极端的形式主义；②有利于交易安全，但善意取得制度已能达到同样之功效，故非没有物权行为理论不可；③有利于减少举证困难的情形，但它属于登记或交付主义的功能所在，与物权行为及其无因性理论无关；④物权行为无因性理论和物权合意主义立法的最大缺点，在于严重损害出卖人的利益，违背交易活动中的公平正义。[2]此说也大致勾勒了否定论者的主要理由。

但据我们掌握的材料来看，否定物权行为理论的学者，也往往不是彻底的否定。他们一方面否定物权行为的独立性、无因性，另一方面又承认负担行为与处分行为的区别，承认法律行为制度的一般理论和单方物权行为的存在，或者承认有抽象的物权合意，并将其合并于债权行为之中。其中，我国台湾地区学者王泽鉴先生的观点可谓最具代表性，他认为：法国、日本等纯粹的债权意思主义立法，"程序简单，便利交易活动，是为其优点，但物权变动欠缺一项足由外部辨识的表征，对交易安全甚有妨害，自立法政策以言，似不宜采取"。而在我国台湾地区，"物权行为与债权行为分离，独立存在，但通说多方设法使物权行为之效力系属于债权行为，使物权行为成为有因性，此就逻辑言，显然欠缺一贯性，盖既承认物权行为之独立性，自不能使其与债权行为同一命运，但由此可知，物权行为是否具有独立存在价值，殊有疑问。对债权行为与物权行为在概念上加以区别，系法学上一项重大成就，并符合当事人之价值，如就买卖而言，当事人除有成立债之关系之意思，还有移转标的物所有权之意思，此在标的物所有权非即时移转之情形，特为显著。然而，此种移转所有权之意思，似不必加以独立化，使其成为独立之物权行为，在理论上尽可将其纳入债权契约之意思表示中，同时表示之"。"现行法上关于物权变动之规定，似有检讨余地，宜改采意思主义与交付、登记原则之混合制度。其基本内容，计有三点：①基于买卖、互易、赠与、设定担保约定等债权行为而生之物权变动，无须另有一个独立之物权行为。②使物权发生变动之意思表示，在观念上虽有独立存在之价值，但可纳入债权行为之中，与成立债之关系之意思一并表示之，不必加以独立化，自成一个法律行为。③为使物权变动具有外部之表征，以达公示之原则，'民法'所规定'交付'为动产物权变动之要件，'登记'为不动产物权变动之要件，此项原则应予维持。""在此种制度下，独立之物权行为已不存在，因此，亦不发生无因性之问题，其所产生之状态，较明确合理，分三点言之：①当事人纵有买卖契约或其他移转、设定物权之合意，但未践行交付或登记之法定方式者，尚不生物权变动之效力。②债权行为不成立或无效时，纵标的物已为交付或登记，物权仍不发生变动，就买卖契约而言，尚不发生所有权移转之效力，出卖人得对买受人或其他第三人，主张标的物所有人之权利。③善意第三人依善意取得制度受到保护，物权行为无因性理论虽不存在，对交易安全，不生影响。"[1]我国台湾地区学者谢在全先生也认为："与其承认物权行为之独立性与无因性，然后再巧立学说，以求减轻因此所带来之弊害，不如根本上以解释方法改采折中主义之理论，或在方法上改采折中主义之立法例，即所谓意思主义与形式主义混合之制度，使物权行为不必与债权行为分离单独存在，不过在债权行为后，必须践行登记或交付之程序，始能生物权变动之效力，再辅以公信原则即现有不动产登记有绝对效力与动产善意取得之制度，则原物权人之利益与社会交易之安全，均能兼顾而获保障。"[2]大陆学者陈华彬认为：在现代民法确立起物权变动的特殊的公示公信制度、善意取得制度后，无因性构成的生存空间几乎已丧失殆尽，其所谓的"交易保护机能"已被这些制度所抽空。[3]其他学者的观点，与此略同。

　　持"部分承认物权行为理论"（即承认物权行为的独立性但不采纳无因性的"折中观点"）的学者认为：瑞士、荷兰、智利等国的民法即是采用的这种模式。从理论上讲，承认物权行为的无因性当然也就意味着承认了其独立性及物权行为的概念本身，但反过来并不如此。承认物权行为概念本身，并不一定必须承认物权行为的独立性和无因性，抑或虽然承认物权行为的概念及其独立性，但并不一定必须承认其无因性。并且认为，在物权变动的模式上，采纳物权行为的独立性但否认其无因性，具有以下优点：①采纳物权行为的独立性与有因性，具有承认物权行为理论所具有的优点，却又克服了物权行为无因性所导致的弊端。②承认物权行为的独立性，有助于物权法、债权法上诸制度相互配套，并有利于保持民法体系的和谐。[4]实际上，这种主张也是认为物权法的公示公信原则和善意取得制度已足以解决交易安全的维护问题，尽管其与无因性对保护交易安全的机理有所不同，但在功能方面基本上是重合的，可以依此取代物权行为的无因性。不过，也有不少学者对肯

〔1〕　王泽鉴：《民法学说与判例研究》（一），中国政法大学出版社2003年版，第271页以下。

〔2〕　谢在全：《民法物权论》（上），中国政法大学出版社1999年版，第72~73页。

〔3〕　陈华彬："论基于法律行为的物权变动——物权行为及无因性理论研究"，载梁慧星主编：《民商法论丛》（第六卷），法律出版社1997年版，第154页。

〔4〕　李永军："我国民法上真的不存在物权行为吗？"，载《法律科学（西北政法学院学报）》1998年第4期；陈小君等："物权法制定的若干问题研究"，载王利明主编：《物权法专题研究》（上），吉林人民出版社2002年版，第153页以下。

定物权行为独立性而否认其无因性的折中观点在逻辑上是否一致的问题，提出质疑。

（四）简要的总结

国内肯定物权行为理论的学者与否定物权行为理论而主张债权形式主义的学者，均否定纯粹的意思主义的立法，也均肯定物权变动的公示公信原则、物权变动与债权合同的效力区分原则、善意取得制度以及民法基本原则和法律行为制度在物权法上的适用。尤其是在现实生活中，单纯的债权行为有瑕疵而物权行为无瑕疵的情况实属罕见，绝大多数情形下二者是存在"共同瑕疵"的，无因性适用的空间甚为狭小。[1] 如此一来，正、反两论的观点，在一些最重要、最基本或者说原本争议最大的问题的处理上，应当能够得出没有实质性分歧的大致相同的结论，唯在观念上或解释的角度上有所不同而已。

大致说来，可以认为物权行为理论具有理论深奥、逻辑严密、法律关系明晰、体系一致、前后连贯、触类旁通等优点，且该理论是法律行为理论、负担行为与处分行为区分理论的支撑。但该理论也确实具有导致恶意第三人也能够受到保护以及抽象、晦涩，难以被一般民众及法律初习者理解、把握的缺点。而债权形式主义的主张与立法，具有简洁明快、易于接受和把握等优点，以此为基础来解决物权变动的规制问题，相应的立法成本及操作成本可能低一些。两者各具所长，究竟以采行何种模式为优，似还有进一步深入论证的必要。"我们不得不承认，任何可供选择的法律制度总是有缺陷的。一种制度，只要针对一种主要的、基本的、常见的事实现象作出合理的规范，便已足矣。当采用一种制度会产生某种弊端，而采用另一种制度则会导致另一种弊端时，如果两种弊端均发生于特别情形而非普遍情形，则无论作何选择，均可成立。"[2] 我们赞同这样的主张，即关于物权行为理论的问题讨论还没有完全清晰之前，立法者不宜对此作出肯定或者否定的判断，最好是采用一种模糊的立场。[3]

鉴于我国物权立法中以采纳债权形式主义为主流意见，本书内容亦主要以此观点来解释和说明有关问题。

■第三节 物权变动的公示方式

一、不动产的登记

（一）不动产登记的意义

不动产登记是指不动产登记机构根据当事人的申请并经审查，将不动产物权的设定、归属及变更、转移、消灭等事项登录记载于特定簿册的行为。

不动产登记，是不动产物权变动的法定公示手段；是基于法律行为的不动产物权变动的生效要件；是非基于法律行为发生的不动产物权变动的处分要件；是国家对不动产进行行政管理、课征税赋等的依据；是公示物权状况、警示交易风险、维护不动产交易安全的有效措施；是不动产物权获得法律承认和保护的基本依据。因此，不动产登记在物权法上具有重要的意义。我国《物权法》中也明确规定了不动产物权登记制度，《物权法》第9条第1款规定："不动产物权的设立、变更、转让和消灭，经依法登记，发生效力；未经登记，不发生效力，但法律另有规定的除外。"

---

〔1〕 刘保玉：《物权法学》，中国法制出版社 2007 年版，第 88 页。

〔2〕 尹田："物权行为理论评析"，载梁慧星主编：《民商法论丛》（第二十四卷），金桥文化出版有限公司 2002 年版，第 190 页。

〔3〕 田士永：《物权行为理论研究》，中国政法大学出版社 2002 年版，第 444 页。

（二）不动产登记机构与登记程序

我国以往采用的是房地产等不动产的分别登记制，这种体制存在许多弊端。《物权法》中对此作了改变，其中第 10 条规定："不动产登记，由不动产所在地的登记机构办理。国家对不动产实行统一登记制度。统一登记的范围、登记机构和登记办法，由法律、行政法规规定。"第 246 条规定："法律、行政法规对不动产统一登记的范围、登记机构和登记办法作出规定前，地方性法规可以依照本法有关规定作出规定。"为整合不动产登记机构，规范登记行为，方便群众申请登记，保护权利人合法权益，根据《物权法》等法律的规定，国务院于 2014 年 11 月发布了《不动产登记暂行条例》（2015 年 3 月 1 日起施行）；由国土资源部负责制定的《不动产登记暂行条例实施细则》（以下简称《实施细则》）也于 2016 年 1 月发布施行。根据《不动产登记暂行条例》第 6、7 条的规定，国务院国土资源主管部门负责指导、监督全国不动产登记工作。县级以上地方人民政府应当确定一个部门为本行政区域的不动产登记机构，负责不动产登记工作，并接受上级人民政府不动产登记主管部门的指导、监督。不动产登记由不动产所在地的县级人民政府不动产登记机构办理；直辖市、设区的市人民政府可以确定本级不动产登记机构统一办理所属各区的不动产登记。跨县级行政区域的不动产登记，由所跨县级行政区域的不动产登记机构分别办理。不能分别办理的，由所跨县级行政区域的不动产登记机构协商办理；协商不成的，由共同的上一级人民政府不动产登记主管部门指定办理。国务院确定的重点国有林区的森林、林木和林地，国务院批准项目用海、用岛，中央国家机关使用的国有土地等不动产登记，由国务院国土资源主管部门会同有关部门规定。

根据《物权法》《不动产登记暂行条例》《实施细则》的规定，不动产登记的一般程序分为申请、受理、审核、核准登记和发证这四个步骤：

1. 由当事人向不动产所在地的登记机构提出书面登记申请，同时应当根据不同登记事项提供权属证明和不动产界址、面积等必要材料。《不动产登记暂行条例》第 14~16 条规定：因买卖、设定抵押权等申请不动产登记的，应当由当事人双方共同申请。属于下列情形之一的，可以由当事人单方申请：①尚未登记的不动产首次申请登记的；②继承、接受遗赠取得不动产权利的；③人民法院、仲裁委员会生效的法律文书或者人民政府生效的决定等设立、变更、转让、消灭不动产权利的；④权利人姓名、名称或者自然状况发生变化，申请变更登记的；⑤不动产灭失或者权利人放弃不动产权利，申请注销登记的；⑥申请更正登记或者异议登记的；⑦法律、行政法规规定可以由当事人单方申请的其他情形。当事人或其代理人应当到不动产登记机构办公场所申请不动产登记。申请时应当提交下列材料，并对其真实性负责：①登记申请书；②申请人、代理人身份证明材料、授权委托书；③相关的不动产权属来源证明材料、登记原因证明文件、不动产权属证书；④不动产界址、空间界限、面积等材料；⑤与他人利害关系的说明材料；⑥法律、行政法规以及本条例实施细则规定的其他材料。在申请登记的事项被记载于不动产登记簿前，申请人可以撤回登记申请。

2. 由有登记管辖权的登记机构受理当事人的申请。《不动产登记暂行条例》第 17 条规定：不动产登记机构收到不动产登记申请材料，应当分别按照下列情况办理：①属于登记职责范围，申请材料齐全、符合法定形式，或者申请人按照要求提交全部补正申请材料的，应当受理并书面告知申请人；②申请材料存在可以当场更正的错误的，应当告知申请人当场更正，申请人当场更正后，应当受理并书面告知申请人；③申请材料不齐全或者不符合法定形式的，应当当场书面告知申请人不予受理并一次性告知需要补正的全部内容；④申请登记的不动产不属于本机构登记范围的，应当当场书面告知申请人不予受理并告知申请人向有登记权的机构申请。不动产登记机构未当场书面告知申请人不予受理的，视为受理。

3. 由登记机构审核、查验申请材料有关证明、证书、文书等是否真实、合法、齐全，并可在必要时进行实地查看。《不动产登记暂行条例》第18条规定：不动产登记机构受理不动产登记申请的，应当按照下列要求进行查验：①不动产界址、空间界限、面积等材料与申请登记的不动产状况是否一致；②有关证明材料、文件与申请登记的内容是否一致；③登记申请是否违反法律、行政法规规定。第19条规定：属于下列情形之一的，不动产登记机构可以对申请登记的不动产进行实地查看：①房屋等建筑物、构筑物所有权首次登记；②在建建筑物抵押权登记；③因不动产灭失导致的注销登记；④不动产登记机构认为需要实地查看的其他情形。对可能存在权属争议，或者可能涉及他人利害关系的登记申请，不动产登记机构可以向申请人、利害关系人或者有关单位进行调查。

4. 登记机构经审核，认为资料齐全、合法，情况属实的，依法将物权变动的事项登载于不动产登记簿，并向当事人核发权属证书或登记证明。《不动产登记暂行条例》第20、21条规定，不动产登记机构应当自受理登记申请之日起30个工作日内办结不动产登记手续，法律另有规定的除外。登记事项自记载于不动产登记簿时完成登记。不动产登记机构完成登记，应当依法向申请人核发不动产权属证书或者登记证明。第22条规定，登记申请有下列情形之一的，不动产登记机构应当不予登记，并书面告知申请人：①违反法律、行政法规规定的；②存在尚未解决的权属争议的；③申请登记的不动产权利超过规定期限的；④法律、行政法规规定不予登记的其他情形。

根据《物权法》的规定，当事人申请登记，应当根据不同登记事项提供权属证明和不动产界址、面积等必要材料。登记机构收到申请后，应当查验申请人提供的权属证明和其他必要材料，就有关登记事项询问申请人，如实、及时登记有关事项，并履行法律、行政法规规定的其他职责。申请登记的不动产的有关情况需要进一步证明的，登记机构可以要求申请人补充材料，必要时可以实地查看。就此来看，我国对当事人申请的审查，既非形式审查主义，亦非实质审查主义，而是介于二者之间，较为灵活。登记机构不得要求对不动产进行强制评估、以年检等名义进行重复登记，也不得有超出登记职责范围的其他行为。不动产登记费按件收取，不得按照不动产的面积、体积或者价款的比例收取。具体收费标准由国务院有关部门会同价格主管部门规定。

（三）登记机构的职责与错误登记的赔偿责任

根据《物权法》第12、13、22条和《不动产登记暂行条例》的有关规定，不动产登记机构收到登记申请后，应当查验申请人提供的权属证明和其他必要材料，就有关登记事项询问申请人，如实、及时登记有关事项，并履行法律、行政法规规定的其他职责。申请登记的不动产的有关情况需要进一步证明的，登记机构可以要求申请人补充材料，必要时可以实地查看。[1]登记机构不得要求对不动产进行评估、以年检等名义进行重复登记，也不

---

[1] 不动产登记机构在办理登记事宜时对登记申请的审查，有形式审查和实质审查之分，但对于其区分的标准如何有不同的认识。而采用何种审查标准对于登记的公信力、登记的效率和质量，以及登记错误的赔偿责任承担等有着重要的影响。就我国《物权法》中的规定而言，对于究竟是何种审查制，学界有不同的理解。我们认为，我国对于当事人申请的审查，既非形式审查主义，亦非实质审查主义，而是介于二者之间但偏重或更接近于实质审查，较为灵活。为解决既要保证登记的准确性和公信力又要提高登记的效率之问题，《实施细则》第12条对代理申请不动产登记的事宜也作出了规定。

得有超出登记职责范围的其他行为。不动产登记费按件收取，不得按照不动产的面积、体积或者价款的比例收取。具体收费标准由国务院有关部门会同价格主管部门规定。

《物权法》第 21 条规定："当事人提供虚假材料申请登记，给他人造成损害的，应当承担赔偿责任。因登记错误，给他人造成损害的，登记机构应当承担赔偿责任。登记机构赔偿后，可以向造成登记错误的人追偿。"关于不动产登记行为的性质及登记机构登记错误赔偿责任的性质等问题，学理上有不同的认识。[1] 最高人民法院 2010 年 11 月发布的《关于审理房屋登记案件若干问题的规定》（法释［2010］15 号）于第 1 条规定："公民、法人或者其他组织对房屋登记机构的房屋登记行为以及与查询、复制登记资料等事项相关的行政行为或者相应的不作为不服，提起行政诉讼的，人民法院应当依法受理。"第 12、13 条规定："申请人提供虚假材料办理房屋登记，给原告造成损害，房屋登记机构未尽合理审慎职责的，应当根据其过错程度及其在损害发生中所起作用承担相应的赔偿责任。""房屋登记机构工作人员与第三人恶意串通违法登记，侵犯原告合法权益的，房屋登记机构与第三人承担连带赔偿责任。"2017 年修正的《中华人民共和国行政诉讼法》第 61 条规定："在涉及行政许可、登记、征收、征用和行政机关对民事争议所作的裁决的行政诉讼中，当事人申请一并解决相关民事争议的，人民法院可以一并审理。在行政诉讼中，人民法院认为行政案件的审理需以民事诉讼的裁判为依据的，可以裁定中止行政诉讼。"上述规定，明确了以行政附带民事诉讼的方式解决登记错误中行政赔偿与民事赔偿的关系问题。之后，最高人民法院发布的《关于适用〈中华人民共和国行政诉讼法〉的解释》（法释［2018］1 号）第 137、139 条进一步明确了其具体适用的问题。[2] 为厘清不动产纠纷案件中的民事诉讼与行政诉讼的关系和诉讼机制问题，《物权法司法解释（一）》第 1 条规定："因不动产物权的归属，以及作为不动产物权登记基础的买卖、赠与、抵押等产生争议，当事人提起民事诉讼的，应当依法受理。当事人已经在行政诉讼中申请一并解决上述民事争议，且人民法院一并审理的除外。"[3]

（四）不动产登记簿与权属证书、登记证明

根据《物权法》第 14 条的规定，不动产物权的设立、变更、转让和消灭，依照法律规定应当登记的，自记载于不动产登记簿时发生效力。根据《物权法》第 16 ~ 18 条的规定，不动产登记簿，是登记主管机构专门登载记录物权变动事项的特定簿册，该登记簿由登记机构管理，是确定物权归属和内容的根据。不动产权属证书和登记证明，是在依法办理登记手续后由登记机构制作并颁发给权利人作为其享有不动产物权的证明书件。不动产权属证书记载的事项，应当与不动产登记簿一致；记载不一致的，除有证据证明不动产登记簿确有错误外，以不动产登记簿为准。权利人、利害关系人可以申请查询、复制登记资料，登记机构应当提供。《不动产登记暂行条例》和《实施细则》中还对上述有关事项作了详细、具体的规定。

---

〔1〕　参见刘保玉："不动产登记机构错误登记赔偿责任的性质与形态"，载《中国法学》2012 年第 2 期。

〔2〕　不过，对于行政附带民事诉讼的方式如何具体操作，目前并无成熟的规范设计；而对于"共同侵权"的问题，登记申请人的民事责任与登记机构的行政责任之间如何"连带"，也存在疑问。故此，对于上述问题的妥善解决，仍有讨论的空间。参见丁宇翔："不动产错误登记司法救济中民事诉讼与行政诉讼之博弈——以诉讼程序选择规则的设计为中心"，载杜万华主编：《民事审判指导与参考（第 60 辑）》，人民法院出版社 2014 年版。

〔3〕　关于该条规定的含义阐释，参见杜万华主编：《最高人民法院物权法司法解释（一）理解与适用》，人民法院出版社 2016 年版，第 25 页以下。

（五）不动产登记的分类

《不动产登记暂行条例》第 3 条规定："不动产首次登记、变更登记、转移登记、注销登记、更正登记、异议登记、预告登记、查封登记等，适用本条例。"第 5 条规定："下列不动产权利，依照本条例的规定办理登记：①集体土地所有权；②房屋等建筑物、构筑物所有权；③森林、林木所有权；④耕地、林地、草地等土地承包经营权；⑤建设用地使用权；⑥宅基地使用权；⑦海域使用权；⑧地役权；⑨抵押权；⑩法律规定需要登记的其他不动产权利。"《实施细则》中对上列各种登记的程序事项等均作出了具体规定。依据各种不动产登记的内容、作用、效力等的差异，可以将不动产登记作以下分类：

1. 首次登记、变更登记、移转登记、注销登记。这是根据不动产登记自发生到消灭的一般过程而作的分类。

首次登记又称初始登记、原始登记，是指不动产权利第一次登记，即对未登记的不动产权利首次办理登记。例如，对新建的房屋，申请人应在房屋竣工后一定期限内提交有关证明文件向登记机构申请房屋所有权首次登记。在未办理房屋所有权登记手续之前，合法建造的房屋权属也受法律保护（有学者谓之事实物权），但不得转让（《城市房地产管理法》第 38 条）。违法、违章建筑，如不能事后获得法律的认可、补办有关手续的，不能办理登记，也不能成为交易的客体。[1]根据《实施细则》第 24 条的规定，除法律、行政法规另有规定的外，未办理不动产首次登记的，不得办理不动产其他类型登记。除房屋等建筑物所有权的首次登记外，市、县人民政府可以根据情况对该行政区域内未登记的不动产，组织开展集体土地所有权、宅基地使用权、集体建设用地使用权、土地承包经营权的首次登记。

变更登记，是指办竣首次登记后，因权利人的姓名、名称或不动产的状况发生变更而进行的登记。《实施细则》第 26 条规定：有下列情形之一的，不动产权利人可以向不动产登记机构申请变更登记：①权利人的姓名、名称、身份证明类型或者身份证明号码发生变更的；②不动产的坐落、界址、用途、面积等状况变更的；③不动产权利期限、来源等状况发生变化的；④同一权利人分割或者合并不动产的；⑤抵押担保的范围、主债权数额、债务履行期限、抵押权顺位发生变化的；⑥最高额抵押担保的债权范围、最高债权额、债权确定期间等发生变化的；⑦地役权的利用目的、方法等发生变化的；⑧共有性质发生变更的；⑨法律、行政法规规定的其他不涉及不动产权利转移的变更情形。

移转登记通常又称为转移登记、过户登记，是指因转让、赠与、继承、裁判等原因发生不动产权属转移时所进行的登记。《实施细则》第 27 条规定：因下列情形导致不动产权利转移的，当事人可以向不动产登记机构申请转移登记：①买卖、互换、赠与不动产的；②以不动产作价出资（入股）的；③法人或者其他组织因合并、分立等原因致使不动产权利发生转移的；④不动产分割、合并导致权利发生转移的；⑤继承、受遗赠导致权利发生转移的；⑥共有人增加或者减少以及共有不动产份额变化的；⑦因人民法院、仲裁委员会的生效法律文书导致不动产权利发生转移的；⑧因主债权转移引起不动产抵押权转移的；⑨因需役地不动产权利转移引起地役权转移的；⑩法律、行政法规规定的其他不动产权利转移情形。

注销登记又称涂销登记，是指在不动产灭失、权利人放弃权利或权利已经消灭等情况下，登记机构根据当事人申请而对原有的登记予以销除而作的登记。《实施细则》第 28 条

---

[1] 郭明瑞、唐广良、房绍坤：《民商法原理（二）物权法　知识产权法》，中国人民大学出版社 1999 年版，第 55~56 页。不过，关于违章建筑或违法建筑（含所谓"小产权房"）的地位、能否成为交易的客体等问题，在理论和实践中还存在着诸多值得探讨的问题。

规定：有下列情形之一的，当事人可以申请办理注销登记：①不动产灭失的；②权利人放弃不动产权利的；③不动产被依法没收、征收或者收回的；④人民法院、仲裁委员会的生效法律文书导致不动产权利消灭的；⑤法律、行政法规规定的其他情形。不动产上已经设立抵押权、地役权或者已经办理预告登记，所有权人、使用权人因放弃权利申请注销登记的，申请人应当提供抵押权人、地役权人、预告登记权利人同意的书面材料。

2. 不动产所有权登记与其他权利登记。这是根据登记的权利是自物权还是他物权而做的分类。

根据《不动产登记暂行条例》和《实施细则》的有关规定，不动产所有权登记主要包括：集体土地所有权登记；房屋所有权登记（包括建设用地上的房屋和宅基地上的房屋所有权登记）；其他建筑物、构筑物所有权登记；森林、林木所有权登记等。其他权利登记又称他项权利登记，主要包括：国有建设用地使用权登记；集体建设用地使用权登记；土地承包经营权登记；宅基地使用权登记；地役权登记；海域使用权登记；抵押权登记等。对于不同的登记，申请人及其所需提交的材料等也有所不同。

3. 预告登记、更正登记、异议登记、查封登记。这是根据各种登记的作用的不同而对其他登记所作的分类。《实施细则》中专设"其他登记"一章（第五章）对此作出规定。

预告登记是与正式登记相对应的概念。一般所讲的不动产登记，就是指对现实的不动产物权所进行的正式登记，而预告登记，是指为保全一项以将来发生不动产物权变动为目的的债权请求权而作的提前登记。在理论上及国外立法例上，预告登记又称为预先登记、暂先登记、预登记、假登记。我国《物权法》第20条规定："当事人签订买卖房屋或者其他不动产物权的协议，为保障将来实现物权，按照约定可以向登记机构申请预告登记。预告登记后，未经预告登记的权利人同意，处分该不动产的，不发生物权效力。预告登记后，债权消灭或者自能够进行不动产登记之日起3个月内未申请登记的，预告登记失效。"《物权法司法解释（一）》第4条规定："未经预告登记的权利人同意，转移不动产所有权，或者设定建设用地使用权、地役权、抵押权等其他物权的，应当依照物权法第20条第1款的规定，认定其不发生物权效力。"第5条规定："买卖不动产物权的协议被认定无效、被撤销、被解除，或者预告登记的权利人放弃债权的，应当认定为物权法第20条第2款所称的'债权消灭'。"根据《实施细则》第85、89条的规定，有下列情形之一的，当事人可以按照约定申请不动产预告登记：①商品房等不动产预售的；②不动产买卖、抵押的；③以预购商品房设定抵押权的；④法律、行政法规规定的其他情形。预告登记生效期间，未经预告登记的权利人书面同意，处分该不动产权利申请登记的，不动产登记机构应当不予办理。预告登记后，债权未消灭且自能够进行相应的不动产登记之日起3个月内，当事人申请不动产登记的，不动产登记机构应当按照预告登记事项办理相应的登记。不同类型的预告登记，当事人应当提交的材料也有所不同。预告登记未到期，有下列情形之一的，当事人可以持不动产登记证明、债权消灭或者权利人放弃预告登记的材料，以及法律、行政法规规定的其他必要材料申请注销预告登记：①预告登记的权利人放弃预告登记的；②债权消灭的；③法律、行政法规规定的其他情形。

更正登记，是指真正权利人或利害关系人因登记有错误时申请更正，或登记机构发现登记有错误时依职权对原登记进行更改、修正所进行的登记。更正登记能够彻底地终止现实登记权利的正确性推定效力，是对既有登记内容的改变。因此，更正登记必须在查明属实的前提下才能进行。

异议登记是与更正登记相配套而规定的登记类型，它是指真正权利人或利害关系人对现实登记的权利的正确性提出异议而进行的登记。该登记的直接法律效力，是对抗现实登记的权利的正确性，中止现实登记的权利人按照登记权利的内容行使权利或阻止第三人依登记的公信力而受让不动产物权。异议登记通常是在登记权利人与真正权利人不一致、真正权利人或利害关系人不能马上提出足够证据证明登记错误，而登记权利人不同意更正登记请求且意图马上实施行为损害后者利益（如处分登记在其名下的不动产）的情况下，法律赋予后者一种简便的、临时的保护措施，目的在于使其能够便捷地阻止登记权利人对不动产的现时处分或者能够进行事后追索。[1]

《物权法》第 19 条规定："权利人、利害关系人认为不动产登记簿记载的事项错误的，可以申请更正登记。不动产登记簿记载的权利人书面同意更正或者有证据证明登记确有错误的，登记机构应当予以更正。不动产登记簿记载的权利人不同意更正的，利害关系人可以申请异议登记。登记机构予以异议登记的，申请人在异议登记之日起 15 日内不起诉，异议登记失效。异议登记不当，造成权利人损害的，权利人可以向申请人请求损害赔偿。"《实施细则》第 84 条规定："异议登记期间，不动产登记簿上记载的权利人以及第三人因处分权利申请登记的，不动产登记机构应当书面告知申请人该权利已经存在异议登记的有关事项。申请人申请继续办理的，应当予以办理，但申请人应当提供知悉异议登记存在并自担风险的书面承诺。"此外，《实施细则》中还对权利人或利害关系人申请更正登记、异议登记应当提交的材料和有关程序性问题作出了细致的规定。

查封登记，是指在诉讼程序中，登记机构根据人民法院的协助执行通知书而对涉案不动产予以封存所作的登记。我国《物权法》中并未将此种登记作为不动产登记的类型加以规定，《不动产登记暂行条例》及《实施细则》中补充规定了这一登记类型并对人民法院要求不动产登记机构办理查封登记时应当提交的材料、轮候查封登记、注销查封登记、查封登记失效及人民检察院等其他国家有权机关依法要求不动产登记机构办理查封登记的参照适用等问题作出了具体规定。

二、动产的交付

（一）动产交付的意义

动产物权的公示方式，自古以来即为占有与交付。这是由于动产的数量难以计数且交易频繁，若均要求登记，既无必要也无可能。依一般生活观念和交易习惯，现实占有某物而有所作为者，当然被推定为物的权利人；动产物权的变动，也以标的物的现实交付为外观，法律上遵从这一观念，因而确认了"占有之所在即为动产物权之所在"的理念。我国《物权法》遵从这一惯行规则，于第 23 条规定："动产物权的设立和转让，自交付时发生效力，但法律另有规定的除外。"同时，针对特殊动产物权的变动问题，《物权法》第 24 条规定："船舶、航空器和机动车等物权的设立、变更、转让和消灭，未经登记，不得对抗善意第三人。"可见，在船舶、航空器、机动车等特殊动产物权的变动中，订立合同、交付标的物、办理登记各有其不同的法律意义。不过，关于交付和登记在特殊动产物权变动中的意义如何，在理解、适用方面还有不同的认识和争议。[2]依据立法精神，通说认为，在特殊

---

[1] 参见刘保玉："异议登记与财产保全关系的处理模式及其选择"，载《法商研究》2007 年第 5 期。

[2] 参见王利明："特殊动产物权变动的公示方法"，载《法学研究》2013 年第 4 期；崔建远："机动车物权的变动辨析"，载《环球法律评论》2014 年第 2 期；王利明："特殊动产一物数卖的物权变动规则——兼评《买卖合同司法解释》第 10 条"，载《法学论坛》2013 年第 6 期；刘保玉："论多重买卖的法律规制——兼评《买卖合同司法解释》第 9、10 条"，载《法学论坛》2013 年第 6 期。

动产物权的变动中，交付是物权变动的生效要件，而登记是产生对抗善意第三人效力的要件。关于第 24 条规定中的"善意第三人"的范围问题，理论上与实务中也存在不同的理解，为此，《物权法司法解释（一）》第 6 条规定："转让人转移船舶、航空器和机动车等所有权，受让人已经支付对价并取得占有，虽未经登记，但转让人的债权人主张其为物权法第 24 条所称的'善意第三人'的，不予支持，法律另有规定的除外。"

值得说明的是，不动产登记的公示方法由于有国家行政力量的介入、经过严格的程序并有文字记载，因此其所公示的物权状况与真实的物权状况出入极小，准确率较高。而动产占有人占有物的原因很多，占有人未必是享有物权的人，而且占有所公示的物权究竟是何种物权，通常还要以占有人的意思及行为来推断，因此，占有与交付作为动产物权的享有与变动的外形，其准确率较低，故往往还需考虑一些其他"参数"（如有无权利凭证、交易的场所、交易的性质以及受让人有无过失等情况），以提高其准确性。

（二）交付的一般形态——现实交付

现实交付又称直接交付，是指一方将物的直接占有移转给另一方的行为。在现实交付中，必要的单证（如发票、产品合格证、质量保证书、保险单等）应附随交付，但单证交付与否不影响物权变动的生效。

现实交付也可采用委托交付与拟制交付。委托交付是指让与人根据约定将动产交付给承运人或邮局的交付方式。在这种交付方式中，办理完毕托运、交邮等手续，即为交付。拟制交付是指让与人将代表标的物权利的有效凭证（如仓单、提单、票据等）交付给受让人，交付即告完成的交付方式。

（三）交付的变通形态——观念交付

所谓观念交付，是指在特殊情况下，法律允许当事人通过特别的约定采用变通的或观念上的方法转移标的物权利的交付方式。观念交付主要包括下列三种形式：

1. 简易交付。简易交付又称在手交付、先行占有，是指动产物权的受让人已因其他关系先行占有了标的物，尔后双方又达成了物权变动的合意，因而不必再行交付，物权变动自合同生效时发生。先租后买或先借后质等情形，为其适例。《物权法》第 25 条规定："动产物权设立和转让前，权利人已经依法占有该动产的，物权自法律行为生效时发生效力。"

2. 指示交付。指示交付又称长手交付、替代交付或返还请求权的让与，是指当标的物由第三人占有时，让与人将对该第三人的返还请求权让与给受让人并通知占有人，以代替物的实际交付。例如，所有人将交由他人仓储的动产出卖给买方时，只需将其对保管人的返还请求权转让给买受人，并将买卖之情事通知保管人即可。《物权法》第 26 条规定："动产物权设立和转让前，第三人依法占有该动产的，负有交付义务的人可以通过转让请求第三人返还原物的权利代替交付。"[1]

3. 占有改定。占有改定是指出让动产时，出让人仍有必要继续占有该项动产的，可以与受让人另行约定由其实际占有该动产而使受让人取得间接占有，以代替实际交付的情形。在让与担保和卖出租回或卖出借回等"混合交易"的情形下，有其适用价值。占有改定实际上是标的物的所有权转移，但不转移现实占有，只是占有人的占有名义发生了改变。《物权法》第 27 条规定："动产物权转让时，双方又约定由出让人继续占有该动产的，物权自该约定生效时发生效力。"

---

〔1〕　2018 年 8 月的《民法典分则物权编（草案）》第 22、23 条中，将《物权法》第 25、26 条中的"依法"二字删除。

显而易见，观念交付简化了交易的程序，颇为便捷和经济，有利于减少往返交付所造成的无端损耗。但观念交付中的占有改定与指示交付，毕竟未伴随有标的物占有的移转，因此，不具备完整的公示作用，也不具有公信力。为维护交易的安全，法律上通常有必要对其适用及引起物权变动的效力予以适当的限制。例如，不得以占有改定的方式设定质权；动产善意取得中占有改定的约定不具有对抗第三人和原权利人的追索的效力；以指示交付的方式设定动产质权，质权人尚应采取适当措施表彰其权利和控制质物（如粘贴质押封条、在保管人的仓库上加锁等），否则，该质权不能对抗善意第三人。我们认为，这些做法值得借鉴。

三、其他公示方式

登记和交付，是物权的一般公示方式，除此之外，还应承认存在着其他"特殊公示方式"。[1]由于登记和交付之外的特殊公示方式通常是起辅助作用的，故亦可称其为"辅助的公示方式"。一些国家或地区的法律所规定的于动产担保物上打刻标记、粘贴标签的"明认方式"，以指示交付的方式设定动产质权时须在存放质物的处所粘贴质押封条、加锁，以票据设定质押时的背书等方式，均属此类。我们在社会实际生活中常见的图书馆及个人藏书上的印章和签名、在个人饲养的动物身上涂烙的标记等，其意义也在于明示其所有权归属。在美国、加拿大等国，电子登记的公示方式已被普遍采用。基于计算机网络的现代发展，可以预见，未来通过互联网而进行的"电子登记"将成为物权公示的重要方法。为顺应这一趋势，《不动产登记暂行条例》第 9 条规定："不动产登记簿应当采用电子介质，暂不具备条件的，可以采用纸质介质。不动产登记机构应当明确不动产登记簿唯一、合法的介质形式。不动产登记簿采用电子介质的，应当定期进行异地备份，并具有唯一、确定的纸质转化形式。"

---

[1]　孙宪忠：《中国物权法总论》，法律出版社 2003 年版，第 184 页。

第十五章

物权法中的占有

■第一节　占有概述

一、占有的概念和特点

（一）占有的概念

通说认为，占有指占有人对物有控制与支配的管领力的事实状态。在占有法律关系中，主体为管领物之人，即占有人；客体为被管领之物，即占有物。

现代各国民法上的占有制度有两处历史渊源：一是罗马法上的占有（Possessio）制度，二是日耳曼法上的占有（Gewere）制度。在罗马法上，仅可对物为事实支配的占有与可对物为全面支配的所有权是分离的，二者皆受法律的保护。即使占有人对物之占有没有其背后合法权利的支持，法律也会出于维护社会和平与法律秩序的目的而给予保护；保护占有的法律手段为占有诉权，占有制度就是以占有诉权为中心而构筑的制度。与罗马法将占有作为一种事实而予以承认和保护不同，日耳曼法上的占有虽然从总体上来说也是对物的事实支配状态，但并非仅是一种单纯的事实，而是对物支配权的一种表现，占有具有"权利的外衣"性质，被作为权利的外在表现而受到法律的一并保护。由于罗马法上的占有与真实的支配权相分离，所以其占有诉讼仅保护占有这一事实，而不涉及真实的权利问题。而在日耳曼法上，因其视占有为权利之外衣，故其占有诉讼不仅解决占有本身的问题，而且还一并解决占有物实际权利的归属问题。

现代法上的占有制度，汲取罗马法与日耳曼法占有制度之合理成分，兼具两者之性质与特点，如占有诉权（占有人的物上请求权）、占有物的孳息收取权与费用偿还请求权，主要来自罗马法占有制度；而权利推定、权利移转（动产物权的移转以动产的交付为要件）及善意取得，则主要源于日耳曼法占有制度。[1]

（二）占有的特点

1. 占有关系以物为客体。作为一种事实状态的占有，反映的是一种人对物的管领关系，其客体为有体的动产和不动产。只是作为占有客体的物，并不以独立物为限，物的一部分或构成部分亦可成为占有的客体。如将墙壁出租于他人作广告之用等。可见，占有并不受物权法的一物一权的限制。[2]

2. 占有人须对标的物有事实上的管领力。占有的成立须占有人对物有事实上的管领力。

---

〔1〕 梁慧星、陈华彬：《物权法》，法律出版社 2005 年版，第 416 页。
〔2〕 郭明瑞、唐广良、房绍坤：《民商法原理（二）物权法　知识产权法》，中国人民大学出版社 1999 年版，第 387 页。

理论上称此为占有的"体素"。[1]所谓事实上的管领力，是指对物的事实上的控制与支配。所谓控制，是指物处于占有人的管理或影响之下；所谓支配，是指占有人能够对物加以一定的利用。通常对动产的占有表现为控制，而对不动产的占有表现为利用。某人的控制与支配力能否及于某物，应依社会一般观念并结合空间关系、时间关系以及法律关系确定。空间关系是指人与物在空间上有一定的、足以使他人认识的结合关系。占有不以对物有物理上的直接控制与支配为必要，依社会一般观念，只要某物并未脱离某人的控制与支配，就可认为该人与该物有事实上的结合关系。时间关系是指人与物的关系在时间上须有相当的继续性，使他人能足以认为该物为该人事实上所控制与支配。短暂的控制因不能建立确定的支配关系，不能成立占有。法律关系是指当人与物有某种法律关系存在时，即使没有空间或时间上的结合关系，仍可有占有的成立。如通过占有辅助人的占有以及间接占有，皆为其适例。

3. 占有是一种为法律所保护的事实。罗马法认为占有是一种受法律保护的事实，不管占有人是真正的权利人还是盗贼等非法占有人，法律出于维护社会的和平与秩序等目的皆对其予以保护。而日耳曼法上则以占有为权利的外衣而认为其是一种物权。现代民法对此也有争论，有的认为占有是一种权利（占有权），理由是从法理上讲，权利就是利益加法力，占有本身无疑是存在利益的，而这种利益又得到了法律的承认与保护。但更多的人则认为占有是一种事实，法律上确立占有制度，旨在保护对物的事实支配状态，而不问是否具有法律上的正当权利；从另一方面讲，将占有定为一种事实而非权利，也有助于对占有人的保护，因为占有人不必为其具有权利而举证，而仅仅基于其占有的事实即可要求保护。我国学界通说也认为：占有是一种受法律保护的对物为控制管领的事实。故此，可以认为占有在性质上是一种"法益"。

二、占有制度的社会作用

占有制度为物权法中不可缺少的一个组成部分。与物权法中的所有权和他物权以权利为本位、以公平与安全为价值目标的法律调节模式不同，占有制度以占有的事实为基础，以维护对物的支配秩序的和平与稳定为价值目标。占有制度不仅完善了物权法的体系，且对物权法之社会作用的发挥起到了重要的补充作用。其社会作用主要表现在如下几点：

1. 有利于稳定现实占有关系，维护社会经济秩序。这一功能是通过占有保护请求权（占有诉权）的行使来实现的。依占有制度，对物的占有不必在查明其权利状态的基础上才能予以保护，基于占有本身即可直接给予保护。这不但减轻了占有人的举证责任，而且符合经济、效率的原则。

2. 占有制度有助于维护交易安全，促进社会经济关系的发展。这一作用是通过占有的权利推定与善意取得机能来实现的。在现实的财产交易中，财产（尤其是动产）的占有人一般即被视为有处分权之人，据此处分而取得财产之人，只要没有恶意便可受到法律保护，而不必担心交易的标的物受到随意追夺。

---

[1]　除"体素"外，占有是否还同时需要内心的意思要件（所谓的"心素"），理论上则存在主观说、客观说和纯客观说三种主张。主观说认为，占有不仅要求对物的事实上的管领，还须有占有的意思。至于何为占有的意思，学者又有不同的解释，如德国学者萨维尼的所有人意思说、温得夏（Windscheid）的支配意思说、邓堡（Dernburg）的为自己意思说等。客观说为德国学者耶林（Jhering）所持，其认为占有不以特别的意思存在为必要，除时效取得须有所有的意思外，一般占有只要有持有（握有标的物）的意思就够了，理由是内在的意思是难以判断的，而法律不能因为当事人的观念变化就使同一占有事实不断变换性质。这种学说随后又发展为纯客观说，认为占有只要求纯客观的事实支配状态，而不管占有意思是否存在。

3. 有助于协调各方当事人的权益，维护社会之公平。占有物的孳息收取权与费用偿还请求权等，主要是为了保护占有人的个人利益；而把占有区分为善意占有和恶意占有、和平占有与强暴占有等情况并使其产生不同的法律效果，又体现了对占有人与本权人之间，乃至个人与社会之间的利益平衡。

三、占有的分类

（一）自主占有与他主占有

这是以占有人是否以所有的意思进行占有为标准所作的分类。自主占有是指占有人以自己所有的意思对物进行的占有；他主占有是指占有人非以所有的意思对物进行的占有。基于占有媒介关系占有他人之物的，皆属他主占有，如承租人、借用人、保管人对物的占有。自主占有不以对物有所有权为必要，误认他人之物为自己所有而进行占有乃至盗贼对盗窃物的占有，皆可构成自主占有。另外，他主占有亦可经过向权利人明示自己所有的意思而变更为自主占有。

区分二者的意义在于：时效取得及先占取得所有权等，均须以自主占有为要件。

（二）有权占有与无权占有

这是以占有是否有真正的权利基础为标准而作的分类。有权占有又称为有权源的占有或有本权的占有，是指有法律或合同依据的占有，如所有权人、留置权人以及保管人、承租人、质权人对标的物的占有。无权占有又称无权源的占有、无本权的占有，是指没有法律及合同依据的占有，如对赃物、遗失物的占有。我国《物权法》第 241 条规定："基于合同关系等产生的占有，有关不动产或者动产的使用、收益、违约责任等，按照合同约定；合同没有约定或者约定不明确的，依照有关法律规定。"

区分二者的意义在于：两者受法律保护的程度不同。有权占有人可以基于其占有权对抗任何人，而无权占有人则不能对抗权利人返还原物的主张。如承租人可在租赁期内对抗出租人返还租赁物的主张，而遗失物的拾得人在所有人请求其返还时，则应予以返还。

（三）善意占有与恶意占有

这是以无权占有人的主观状态为标准而对无权占有的再分类。善意占有是指占有人不知或不应知道自己无占有的权利而为的占有；恶意占有是指占有人明知无占有的权利或对有无占有的权利有所怀疑而仍然进行的占有。在善意占有中，根据占有人有无过失为标准，还可以再分为过失占有与无过失占有。严格来说，只有不知自己无占有的权利且无重大过失者，方构成善意占有。

区别二者的意义在于：①在时效取得中，善意占有与恶意占有的时效期间不同（如不少立法例上规定，动产时效取得的期间一般为 10 年，但占有之始为善意的，期间则为 5 年）；②动产的善意取得以受让人取得占有时的善意为要件；③占有人对回复请求权人的权利义务因其占有为善意或恶意而有所不同。

（四）直接占有与间接占有

这是以占有人是否直接占有标的物为标准而作的分类。直接占有标的物的，为直接占有。不直接占有标的物，但对物的直接占有人有返还请求权因而间接对该物有管领力的，称为间接占有。例如，质权人、承租人、保管人等，皆为直接占有人；出质人、出租人、寄托人等，则为间接占有人。

区分二者的意义在于：间接占有不能独立存在，间接占有人与直接占有人之间必须存在一定的法律关系。严格地说，间接占有并非真正的占有，所以占有的保护通常仅限于保护直接占有人。

（五）自己占有与辅助占有

这是以占有人是否亲自对标的物进行占有为标准所作的分类。自己占有是指占有人亲自对标的物进行的占有；辅助占有是指基于特定的从属关系，受他人指示而对标的物为事实上的管领，如营业员对店内货物的占有。

区分二者的意义在于：辅助占有不能独立存在，交易时应认清真正的占有人。

（六）单独占有与共同占有

这是以占有的人数为标准所作的分类。单独占有是指占有人为一人的占有；共同占有是指二人以上对物的占有。

区分二者的意义在于：在共同占有时，各占有人就物的使用不得互相请求占有的保护。

（七）和平占有与强暴占有

这是以占有手段的不同所作的分类。以强暴手段而为的占有，为强暴占有（如抢夺或抢劫他人财物而为的占有）。反之，则为和平占有。

区分二者的意义在于：时效取得之成立须以对物的和平占有为必要。

（八）继续占有与不继续占有

这是以占有的时间是否间断为标准所作的分类。时间上继续无间断的占有为继续占有，反之则为不继续占有。

区分二者的意义在于：时效取得一般以继续占有为条件。

（九）公然占有与隐秘占有

这是以占有方法为标准所作的分类。公然占有指不以隐藏方法避免他人发现而为的占有，反之则为隐秘占有。

区分二者的意义在于：时效取得的成立以对物的公然占有为必要条件。

■第二节　占有的取得和消灭

一、占有的取得

占有的取得也称占有的发生，是指占有人依照某种事实或原因对物产生了事实上的支配与控制。与所有权取得类似，占有的取得也分为原始取得和继受取得。

（一）占有的原始取得

占有的原始取得是指不以他人既存的占有为根据而取得的占有。例如，无主物的先占、遗失物的拾得、抢夺物的占有。

占有的原始取得不以占有人的意思表示为要素，因此是事实行为而非法律行为，它并不要求占有人取得占有时具有民事行为能力；占有原始取得的标的物既可以是动产，也可以是不动产；占有取得人可亲自占有，也可由其辅助人占有；原始取得的占有，也不以直接占有为限。还应当说明的是，取得物的占有未必能取得其所有权。作为一种事实状态的占有，与所有权的取得并无必然联系，是否能取得标的物的所有权，应依法律的规定而确定。

（二）占有的继受取得

占有的继受取得是指基于他人的占有而次后取得的占有。占有虽然是一种事实，但现代各国民法均承认占有具有移转性，可以继受的方式取得。占有的继受取得，主要有以下两种原因：

1. 占有的让与。占有的让与是指占有人以法律行为将其占有物交付于他人，受让人因此而取得占有。占有的让与须具备两项条件：①占有人须有让与占有的意思表示。非依占有人的意思发生的占有转移，如物之窃取，可能发生占有的原始取得而不能发生继受取得。②须交付占有物。只有物的交付才能使受让人得以对标的物形成事实上的管领，这是后一占有成立的必要条件。与所有权的转移要件不同的是，对不动产占有的让与，也须有交付才能成立。

2. 占有的继承。对占有能否因继承而取得，有不同的主张。否定说认为，占有是一种事实而非权利，占有人死亡，其占有的意思随之不复存在，其对物的管领也当然消灭，所以无继承性可言。肯定说认为，占有虽只是一种事实，但其有法律上的利益且不具人身专属性，故可以继承。现代各国民法多采肯定说。对占有转移至继承人的时间，通说认为从继承开始时即发生效力，不要求继承人知悉继承事实的发生，也不要求继承人事实上已管领其物或存在交付行为，更不需要作出继承的意思表示。可见，占有的继承完全系出于法律之拟制，与占有的让与中须受让人对物具有事实上的管领力显有不同。[1]

占有继受取得的效力是占有的受让人或继承人可以主张将自己的占有期间与前占有人的占有期间合并计算，以享受取得时效期间计算上的利益。但占有人主张合并计算的，应当在享受前占有人期间利益的同时承继前占有人的占有状态，前占有人的占有存在瑕疵的，后一占有人应一并承受。如果继承人或受让人单独主张自己的新占有，则无须承受前占有的瑕疵。是否主张占有的合并计算，继承人或受让人有选择的权利。

二、占有的消灭

如果占有人对标的物事实上的支配力与控制力不复存在，占有便归于消灭。对占有物的管领力丧失之确定，须就具体事实并依法律规定及一般社会观念予以认定。至于导致占有人丧失管领力的原因是法律行为还是事实行为抑或自然力，是否基于占有人的意思等，均非所问。但需注意的是，占有人对占有物的管领力的丧失，须为确定的、持续的丧失。如果仅是一时不能实行管领，或非出于自己意思丧失管领但仍能够在一定期间依法诉请追回的，则占有并不消灭。

占有人丧失对物的支配力而致其占有消灭的，如果客体尚存，无妨他人再行取得占有。

■第三节　占有的效力

占有的效力是指占有所具有的法律上的证明力和强制力，也就是指法律为了平衡占有关系中各主体的权益而对其权利义务所作的强制性配置。占有的效力主要体现为对占有人的保护，同时也须兼顾真正权利人和社会整体的利益。占有的效力主要有状态推定效力、权利推定效力、时效取得的效力、善意取得的效力、占有人的权利义务等。这里我们只谈占有的状态推定效力、权利推定效力和占有人的权利义务。

一、占有的状态推定效力

占有的状态推定效力是指为了更好地保护占有人的利益，实现占有制度设立之宗旨，在无相反证明的情况下，法律推定占有人的占有为自主、善意、和平、公开的占有，以及在能证明前后两端为占有时推定为无间断的继续占有。换言之，法律上直接推定占有人的占有为无瑕疵的占有，但有相反证据证明的除外。

---

[1] 谢在全：《民法物权论》（下），中国政法大学出版社1999年版，第958～959页。

占有的状态对取得时效有直接而重大的影响。各国民法均规定，占有人须以所有的意思、善意、和平、公然并继续占有标的物达一定期间，才能因时效取得其所有权。而占有人的占有为自主或他主、善意或恶意，均依其内心意思所定，难以举证，而占有为公开或隐秘、和平或强暴、继续或间断有时也难以确定，所以，为了加强对占有人的保护，合理分担当事人的举证责任，各国法律大多都设立了上述推定规则。此法律上的推定，可以由意欲否定无瑕疵占有之推定者以反证推翻，但惟在有确切的反证时才能被推翻。

二、占有的权利推定效力

占有的权利推定效力是指基于占有之背后真实权利存在的盖然性，为保护占有人的权益，实现占有制度的立法宗旨，法律所作的占有人基于其占有而产生的各种权利具有真实的权利基础的推定。占有的权利推定，是占有最主要的效力。

在现代民法中，占有是权利变动的要件，是权利的外观；占有存在时，通常均有实质或真实的权利为其基础。基于这种盖然性而赋予占有以权利推定的效力，体现了占有制度维护社会秩序、促进交易安全、贯彻经济效益原则的价值取向。[1]

关于占有的权利推定效力，应说明如下几点：①占有人在占有物上行使的权利，推定其合法享有此权利。占有人在占有物上行使的权利可以是依占有所表现的一切权利，不限于物权，也包括债权。例如，占有人于占有物上行使所有权或质权时，就推定其享有所有权或质权；于占有物上行使租赁权或借用权时，也推定其享有该权利。但是，不以占有为内容的权利（如抵押权），不在推定之列。②受权利推定保护的占有人不承担有权占有的举证责任。但当他人提出反证证明其无占有的权利时，占有人负有推翻反证的举证责任。③权利的推定效力，不仅占有人可以主张，第三人也可以主张。如债权人对债务人占有的动产，得主张该动产为债务人所有。④受权利推定保护的人，包括一切占有人，无论占有人的占有是否存在瑕疵。⑤权利的推定，既可以是为占有人的利益而为推定，也可以是为占有人的不利益而为推定。如推定占有人为所有人，则物上的负担也应由占有人承受。⑥权利的推定仅具有消极的效力，占有人不得利用此项推定作为享有权利的证明。例如，占有人不得利用权利的推定而申请权利登记。⑦权利的推定适用于动产和没有登记的不动产，已登记的不动产则不发生权利推定问题。[2]

三、占有人的权利和义务

占有人的权利与义务，包括有权占有人的权利义务和无权占有人的权利义务。有权占有人通常可依其权利来寻求救济而不必借助占有保护的规定，所以这里只重点讲无权占有人的权利义务。该权利义务主要发生在两个方面：一是无权占有人基于占有物而发生的权利义务；二是无权占有人对真正权利人的权利义务。概括而言，主要有如下几项：

（一）善意占有人的使用、收益权

善意占有人按权利推定规则，有权对占有物进行使用、收益，恶意占有人则不享有此项权利。善意占有人对占有物的使用、收益，应以其权利推定的权利范围为限，并且只有当所推定的善意占有人的权利中有使用、收益的内容时，才可在其推定的权利范围内为使用、收益。如果被推定的权利本身就没有使用、收益的内容，如质权、留置权等，占有人则不能享有此项权益。

〔1〕 梁慧星、陈华彬：《物权法》，法律出版社2005年版，第415~416页。

〔2〕 郭明瑞、唐广良、房绍坤：《民商法原理（二）物权法　知识产权法》，中国人民大学出版社1999年版，第401页；梁慧星、陈华彬：《物权法》，法律出版社2005年版，第425~426页。

（二）费用求偿权

费用求偿权是指在真正权利人请求占有人返还原物时，占有人享有的请求其偿还有关费用的权利。有关费用一般分为必要费用与有益费用两种。必要费用是指为保持占有物的效用和价值，避免占有物的毁损灭失而支出的费用，如占有物的维修费、饲养费等；有益费用是指能使占有物增值的费用，如对占有物进行加工、对房屋改建等。

依据法理和各国法律的通行规定，善意占有人对占有物所支出的必要费用和有益费用，都有权要求权利人偿还。但有两点需要注意：一是如占有人在占有期间已就占有物取得孳息的，则不再享有必要费用的求偿权。因为依一般观念，取得收益者亦应负担其必需费用。二是对有益费用的求偿，以原物返还当时仍然存在的增加部分为限，如果增加的价值于占有物返还时已不再存在，则权利人即不再负有偿还该费用的义务。一般说来，恶意占有人仅对其支出的必要费用享有求偿权，而对有益费用则不得享有求偿权。对必要费用的求偿，得按照无因管理的规定请求返还，如不能构成无因管理，则只能依不当得利而请求返还。

我国《物权法》第243条规定："不动产或者动产被占有人占有的，权利人可以请求返还原物及其孳息，但应当支付善意占有人因维护该不动产或者动产支出的必要费用。"其中只肯定了善意占有人的必要费用偿还请求权，其对占有人的保护水平相对较低。

（三）返还占有物的义务

无论是善意占有人还是恶意占有人，对真正权利人皆有返还占有物的义务。但对占有期间收取的孳息，立法上则通常区分占有为善意或恶意而有不同的处理。善意占有人对占有物有使用权、收益权，所以对权利人并无返还孳息的义务；而恶意占有人所收取的孳息则应当返还给权利人，如孳息已因其过错而毁损灭失，则应偿还相应的价金。

依我国《物权法》第243条的规定，无论恶意占有人还是善意占有人，均有返还原物及其孳息的义务。

（四）赔偿损失的义务

当占有物因可归责于占有人的原因而毁损灭失时，占有人负有向权利人赔偿损失的责任。但这种赔偿责任也因占有的善意、恶意而有不同：善意占有人因为对占有物行使的权利被推定为合法，所以其对占有物的毁损灭失负有较轻的赔偿责任，适用不当得利的返还原则，善意占有人仅在其因占有物的毁损灭失所得到的利益范围内负赔偿责任；恶意占有人的占有既无法律上的根据，又缺乏道德上的正当性，在法律上没有保护的必要，因此各国法律均对其规定了较重的责任。对可归责于恶意占有人的占有物的毁损灭失，按侵权行为处理，应负赔偿全部损失的责任。

我国《物权法》第242条规定："占有人因使用占有的不动产或者动产，致使该不动产或者动产受到损害的，恶意占有人应当承担赔偿责任。"第244条规定："占有的不动产或者动产毁损、灭失，该不动产或者动产的权利人请求赔偿的，占有人应当将因毁损、灭失取得的保险金、赔偿金或者补偿金等返还给权利人；权利人的损害未得到足够弥补的，恶意占有人还应当赔偿损失。"

■第四节　占有的保护

一、物权法上的保护

（一）占有人的自力救济权

自力救济又称私力救济，是指当权利受到侵害或妨害时，权利人以自我保护力排除妨害，确保其权利得以实现的行为。现代社会虽然以公力救济为主要的权利救济手段，但当权利人的权利受到他人侵害来不及寻求国家有关机关的帮助，且权利如不马上进行保护以后将不能实现或实现显然有困难时，法律亦允许权利人以自助行为实行救济。占有虽不是权利，但亦得适用自力救济的规则。占有被侵害时的自力救济权包括两种：

1. 自力防御权。其又称为占有防御权，是指占有人对侵夺或妨害其占有的行为，得以自己的力量防卫的权利。自力防御权的行使，应当具备三个条件：①只有直接占有人或辅助占有人才能行使此项权利。而间接占有人既无对标的物的事实上的管领，自然也无自力防御的问题。②必须针对现存的侵夺或妨害行为行使，对已过去的侵夺或妨害行为不得行使。③恶意占有人及其他有瑕疵占有的占有人，如其占有为侵夺原占有人的占有而来，则其对原占有人的就地追索或追踪取回，无自力防御权可言。

2. 自力取回权。其又称占有物取回权，是指占有人在占有物被侵夺后，有权立即以自力取回占有物而恢复占有的权利。通常情况下，被侵夺的占有物如为不动产，占有人应在被侵夺后即时排除；被侵夺之物如为动产，占有人可就地或追踪向加害人取回。但若以暴力夺回，通常仍为法所不许。

（二）占有保护请求权

占有保护请求权又称占有人的物上请求权，是指占有人在其占有被侵夺或妨害时，请求侵害人返还原物或者请求停止及除去妨害的权利。占有保护请求权包括三种：占有物返还请求权（又称回复占有请求权）、占有妨害除去请求权（又称占有妨害排除请求权）和占有妨害防止请求权（又称占有妨害预防请求权）。其适用的情形与条件，与物权请求权的相应情形大致相同。[1]

相对于自力救济权而言，占有保护请求权属于公力救济权。在占有保护请求权的行使中，占有人有无占有的本权以及侵害人对侵害是否具有过失等，均非所问。占有保护请求权与所有人等物权人的物权请求权作为对不同权益予以保护的两种制度，既有严格的区别，同时又可以协同发挥权益保护的效力。无权占有人，仅可依占有保护请求权获得一定的保护，而有权占有人则可根据条件而选择行使两种请求权中的任何一种。就举证责任而言，主张占有保护请求权较为有利（尤其在占有人难以举证证明其占有之本权的情况下），但如想获得终局、确定性的保护，则应选择物权保护请求权。

我国《物权法》第 245 条规定："占有的不动产或者动产被侵占的，占有人有权请求返还原物；对妨害占有的行为，占有人有权请求排除妨害或者消除危险；因侵占或者妨害造成损害的，占有人有权请求损害赔偿。占有人返还原物的请求权，自侵占发生之日起 1 年内未行使的，该请求权消灭。"

二、债权法上的保护

（一）不当得利返还请求权

占有虽然只是一种事实状态，但因其具有法律上的利益而可以成为不当得利的客体。因占有产生的不当得利包括两种：一是因侵害他人占有而获得的利益；二是因给付目的未达到而发生的不当得利。当合法占有人的占有被不法侵害后，可选择行使物权法上的请求权或者债权法上的请求权，于一定条件下亦可二者并用。

---

[1] 梁慧星、陈华彬：《物权法》，法律出版社 2005 年版，第 430～432 页；郭明瑞、唐广良、房绍坤：《民商法原理（二）物权法　知识产权法》，中国人民大学出版社 1999 年版，第 407～410 页。

（二）侵权损害赔偿请求权

对占有能否作为侵权行为的对象或客体，学理上有肯定说与否定说两种观点。否定说认为，占有仅为一种事实状态而非一种权利，与侵权法保护的对象不符，故不应成为侵权行为的客体。肯定说又有两种观点：一种观点认为，一旦法律承认了占有这一事实状态具有法律上的利益并对其予以保护，占有也就形成了一种权利，当然能成为侵权行为的客体；另一种观点认为，无论占有是否可以解释为权利，只要占有人在占有物上行使事实上的权利，就可推定占有人享有一种利益或法益，所以，占有可以成为侵权行为的客体，任何侵害合法占有者，皆应承担侵害占有的侵权责任。比较而言，肯定说中对法益的侵害说更为合理。我国《物权法》第245条中关于"因侵占或者妨害造成损害的，占有人有权请求损害赔偿"的规定以及《侵权责任法》第2条第2款关于所保护的民事权益范围的规定，实际上均已肯定了占有人享有侵权损害赔偿请求权。

第五编　所有权

第十六章

所有权通论

■第一节　所有权概述

一、所有权的概念和特点

（一）所有权的概念

从学理和立法例来看，对所有权的定义方式主要有两种：一是具体的列举式定义，即通过列举所有权的具体权能或效用来明确所有权的概念。此种定义中，所有权通常被认为是对物占有、使用、收益及处分的权利集合或各种作用的综合。二是抽象的概括式定义，即通过规定所有权的抽象权能或作用而确定其概念，如《德国民法典》第903条规定，"物的所有人，只要不违反法律或损害第三人利益，可以根据自己的意愿处分其物并排除他人的任何干涉"。上述两种定义模式各有其优缺点。具体列举式定义明确了所有权的权能，便于人们理解和掌握，但其很难概括所有权的全部权能，同时也给人们造成一种所有权就是占有、使用、收益、处分四项权能简单相加的印象。而抽象概括式定义，逻辑严谨，反映出所有权是对物的全面支配权这一根本法律属性，但失之抽象，不利于人们理解和把握。

我国《物权法》第39条规定："所有权人对自己的不动产或者动产，依法享有占有、使用、收益和处分的权利。"据此规定并吸收抽象概括式定义之所长，我们认为所有权的概念可以定义为：权利人在法律规定的范围内，对自己的不动产或者动产以占有、使用、收益、处分等方式为自由支配，并排除他人干涉的权利。

（二）所有权的特点

所有权除具有客体的特定性、内容的支配性、效力的绝对性与排他性等物权的一般特性外，还具有以下显著特点：

1. 自权性。自权性是指所有权系所有人对自己的物所享有的物权，即所谓的"自物权"。

2. 全面性。全面性是指所有权是最完全的物权，是主体对物所能享有的最完整、最充分的权利。

3. 整体性。所有权的整体性又称单一性、浑一性或统一支配力，是指所有权系对标的物具有概括管领力或统一支配力的物权。所有权尽管有占有、使用、收益、处分等各种权能或作用，但所有权并不是这些权能或作用的相加或总和，而是各种权能浑然一体的整体性权利。因此，所有权本身不得在内容或时间上加以分割。在基于所有权而设定用益物权、担保物权或债权性使用权时，并不是分割出所有权的某种权能，而是将所有权的单一内容的一部分予以具体化，由他人享有之。[1]

4. 弹力性。所有权的弹力性又称归一性或归一力，是指所有权的单一内容可以自由伸缩，其权能可以于一定情况下往复分出、回归。在所有权之上设定限制物权时，所有人对所有物的全面支配权将因受到限制而缩减，而于该限制解除时，所有人又恢复了对所有物的圆满支配状态。在现代社会，所有权的弹力性，使得所有权逐渐趋于观念化，即所有权不再囿于直接支配标的物的固有形态，而可以系观念的存在。[2]

5. 恒久性。恒久性又称为永久性、无期性，是指所有权因标的物的存在而永久存续，不得预定其存续期间。因此，所有权是无期物权。

二、所有权的本质和作用

关于所有权的本质问题，理论上众说纷纭，主要有先占说、劳动说、天赋说、社会说、人性说、法定说以及神授说、契约说、意志说、需要说、进化说、经济说等多种学说。这些学说虽都从一定程度或者从一个侧面说明了所有权的起源与性质，有些也具有相当的积极意义，但都没有真正揭示出所有权的本质。[3]我国学者通常从所有权与所有制的关系上认识所有权的本质，认为所有权的本质在于表现和保护特定的所有制关系，是所有制在法律上的反映。但这一命题，也已经受到了许多学者的批评。[4]根据马克思主义的观点，作为法律制度的所有权固然应决定于一定的经济基础，但如果就此简单地认为所有权就是所有制在法律上的反映则是值得检讨的。因为所有权与所有制并非一一对应的关系，例如，私有制社会也要保护公有财产所有权，而公有制社会仍要保护私有财产所有权。同时，无论是私有制还是公有制社会，都不存在与股份制经济相对应的"股份制所有权"，也不存在与法人所有权相对应的"法人所有制"。可见，所有权并不只是单纯直观地反映所有制，其本质应是对现有的财产归属关系的法律确认。

所有权制度为调整人类社会生活中有关物之归属与支配关系的重要且基本的法律制度，其社会作用大致可归为以下几个方面：

1. 所有权制度为支撑一个国家基本经济体制的基石。我国实行的是社会主义公有制，社会财富的公有所有权占主导地位，个人财产的私有所有权的存在并不动摇公有制，而且私人所有权是社会主义公有制的必要的和有益的组成部分。在物权法上对所有权制度加以规定，对国家基本经济体制的巩固，无疑具有重要意义。

2. 所有权制度是交易进行和市场经济发展的前提。交易进行的前提是参加交易的双方对所交易的财产拥有所有权，交易的结果是双方财产的所有权互易，从而满足其不同需求。没有一定的财产，交易无法进行；没有充足的财物，交易不能繁荣；没有共守的规则，交易难以有序。而如果没有平等、自由、安全、有序、繁荣的交易，就没有市场经济。因此，在市场经济发展中，财产所有权制度具有其他制度不能替代的基础性作用。

3. 所有权是人权保障和人格发展的基础。社会成员的个人人格的自我实现与健全发展，必须有其可以支配的财产。没有必要的、基本的财产所有权，也就无所谓真正的独立人格。对一个尚不能解决国民温饱的国度，阔论高贵的人权之尊重与保护，无异于强其所难；对

[1] 梁慧星、陈华彬：《物权法》，法律出版社2005年版，第103页。
[2] 梁慧星、陈华彬：《物权法》，法律出版社2005年版，第103~104页。
[3] 梁慧星、陈华彬：《物权法》，法律出版社2005年版，第108~109页；郭明瑞、唐广良、房绍坤：《民商法原理（二）物权法 知识产权法》，中国人民大学出版社1999年版，第66页以下。
[4] 刘心稳主编：《中国民法学研究述评》，中国政法大学出版社1996年版，第355~356页。

一个衣不遮体、食不果腹的人，高谈个人的隐私、名誉与尊严，则绝对是一种讽刺。同时，由于所有权制度保障个人对社会财富的合法拥有，因而其结果可激发个人对财富的追求，由此促进整个社会财富总量的增长。而整个社会财富的增长、国库的殷实，又是国家对人权进行保障的物质基础。因此，必要的和充足的财产的拥有及对其的法律保护，无论是对个人、团体，还是对社会和国家，都是不可或缺的。

4. 所有权是一切权利和权力的源泉。所有权在行使和运行的过程中，不仅可以产生用益物权和担保物权等物权类型，而且还可以产生债权、股权、继承权；知识产品的创造和知识产权的取得，也离不开必要的物质条件和财产的所有权；人格权的健全和发展，也离不开财富的基础；国家和国家机关公权力的运作，亦仰赖于所有权制度的支撑。因此，可以说所有权乃"万权之源"。

三、所有权的内容

一般来说，所有权的内容就是指所有权的权能。而所有权的权能，又谓所有权的作用，是指所有人为实现其利益而于法律规定的界限内可以采取的各种措施和手段。在学说上，所有权人对所有物的占有、使用、收益、处分权能被称为所有权的积极权能。另依通说，所有权尚有消极权能，即排除他人干涉的权能。

（一）所有权的积极权能

1. 占有权能。占有权能是指所有权人对标的物为实际控制、管领的权能。占有为所有权的基本权能，行使物的占有权能为行使物的支配权的基础与前提。但同时，作为所有权的一项权能，占有于一定条件下又可与所有权分离。当占有权能与所有权分离而由非所有人（如保管人、承租人、质权人）享有时，后者对物的占有权同样受法律保护，所有人不能随意请求其返还原物；当非所有人的合法占有被他人侵夺时，其同样可以诉请保护。

2. 使用权能。使用权能是指依所有物的性能或用途，在不毁损物的本体或变更其性质的情形下对物加以利用的权能。所有权的使用权能根基于所有物的使用价值，行使对物的使用权能为实现物之使用价值的手段。行使物之使用权能以对物的占有为前提，因此，享有物之使用权能必然同时享有物之占有权能。但在某些场合，享有物之占有权能却并不一定享有物之使用权能。例如，质权人、保管人即只能对标的物占有，而不能任意加以使用。物的使用权能，既可以由所有权人自己行使，也可以由非所有权人行使。非所有权人行使对物的使用权，须有合法的依据（如借用人、承租人、用益物权人的使用等）。无法定或约定原因而使用他人之物的，为无权使用或非法使用，使用人须返还因对物之使用而获得的不当利益并承担其他民事责任。

3. 收益权能。收益权能是指收取所有物所产生的经济利益或物质利益的权能。这里所讲的经济利益，并不限于物之天然孳息和法定孳息，还包括在生产经营活动中的劳动收益和利润。收益权能与使用权能有着密切的联系，通常是使用方有收益。但所有人也可以将使用权能授予他人，而自己保留收益权能（如出租）。同时，收益权能也可以与所有权相分离。在现代市场经济条件下，收益权能常与所有权相分离，且其分离的形式复杂多样，如企业的租赁经营、建设用地使用权和农村土地承包经营权的设立、对"四荒"土地设立一定期限内的无偿使用权和开发经营权等，均意味着所有权人将财产的收益权能部分或全部地让与他人。

4. 处分权能。处分权能是指依法对物进行处置，从而决定物的命运的权能。处分权能为所有权内容之核心，是最重要的权能。对物的处分，包括事实上的处分与法律上的处分两种情况：前者是指对物进行实质上的变形、改造、消费或毁损等物理上的事实行为，如拆除房屋、消费可消耗物等，事实上的处分导致原物所有权的绝对消灭；后者是指使标的物所有权发生移转、限制或消灭，从而使所有权或其权能发生变动的法律行为，如出卖、赠与、抛弃标的物等，法律上的处分导致所有权相对消灭。通说认为，在所有物上为他人设定抵押权、质权等，也属于法律上的处分。

（二）所有权的消极权能

所有权的消极权能又称为排除他人干涉的权能，是指所有权人得依法排除他人对其所有物或所有权的不法侵夺、干扰或妨害。由于此项权能须于遭受他人不法之干扰、妨害或侵夺时始能表现，否则仅隐而不彰，故称为消极权能。至于所有权的消极权能之根据，则在于所有权的绝对性。

四、所有权的限制

与其他权利一样，所有权也不是绝对无限制的。在现代社会，所有权的行使须符合法律的规定或在法律允许的范围内进行。根据我国《民法总则》第8、9、132条等的规定，所有权的行使应当有利于节约资源、保护生态环境，不得违背公序良俗，不得滥用权利而损害国家利益、社会公共利益或者他人的合法权益。我国《物权法》第7条规定："物权的取得和行使，应当遵守法律，尊重社会公德，不得损害公共利益和他人合法权益。"法律之所以对所有权予以一定的限制，目的在于保护社会公益和他人的正当权益。从所有权所受限制的情形来看，主要可分为三种：①所有人的容忍义务，即要求所有人容忍他人对其所有物在一定限度内的"妨害"行为，基于相邻关系而产生的限制多属此类；②不作为义务，即要求所有人不得任意实施某种自由支配行为，如不得破坏环境、擅自改变耕地的用途等；③积极的作为义务，即所有人于一定情况下不仅有行使其所有权的权利，而且还应负有积极行使的义务，如应及时拆除或加固危房、不能使土地撂荒等。此外，法律上规定的征收、征用制度以及所有权保护中的诉讼时效、取得时效制度，从某种角度上说，也可认为是对所有权的限制。

■第二节 所有权的种类

从不同的角度、依据不同的标准，可以对所有权作不同的分类。了解这些分类，对理解所有权的本质、功能及不同所有权的特点、作用等，具有重要的意义。

一、国家所有权、集体所有权、法人所有权和私人所有权

根据所有权的主体不同，所有权可分为国家所有权、集体所有权、法人所有权和私人所有权。在实行社会主义公有制的我国，这种分类尤其具有重要意义。《物权法》第五章即采用了国家所有权和集体所有权、私人所有权（含法人所有权）的分类。

（一）国家所有权

国家所有权是指国家对全民所有的财产享有的占有、使用、收益和处分的权利。《物权法》第45条第1款规定："法律规定属于国家所有的财产，属于国家所有即全民所有。"

根据学理共识和法律的规定，国家所有权具有如下主要特点：

1. 所有权的主体是国家，具有唯一性。国家具有多重性质和身份，在国家财产所有权问题上，国家是以特殊民事主体"物权权利人"的身份出现的。

2. 所有权的客体具有广泛性。任何财产都可以成为国家所有权的客体，而法律规定专属于国家所有的不动产和动产，任何单位和个人都不能取得其所有权。《物权法》第46～52条规定：矿藏、水流、海域、无线电频谱资源、国防资产，属于国家所有；法律规定属

于国家所有的野生动植物资源、文物以及铁路、公路、电力设施、电信设施和油气管道等基础设施,属于国家所有;城市的土地,属于国家所有;法律规定属于国家所有的农村和城市郊区的土地,属于国家所有;森林、山岭、草原、荒地、滩涂等自然资源,属于国家所有,但法律规定属于集体所有的除外。

3. 所有权的取得方法具有特殊性。诸如征用、没收、税收等只能产生国家所有权,其他主体的所有权不能以这些方法产生。依据我国《物权法》的规定,所有人不明的埋藏物及无人认领的遗失物、漂流物等,也归国家所有。

4. 所有权的行使具有特殊性。国家所有权由代表国家的专门机关或单位行使。《物权法》第45条第2款,第54、55条规定:国有财产由国务院代表国家行使所有权;法律另有规定的,依照其规定。国家举办的事业单位对其直接支配的不动产和动产,享有占有、使用以及依照法律和国务院的有关规定收益、处分的权利。国家出资的企业,由国务院、地方人民政府依照法律、行政法规规定分别代表国家履行出资人职责,享有出资人权益。

5. 所有权的保护具有一定的特殊性。《物权法》第56、57条规定:"国家所有的财产受法律保护,禁止任何单位和个人侵占、哄抢、私分、截留、破坏。""履行国有财产管理、监督职责的机构及其工作人员,应当依法加强对国有财产的管理、监督,促进国有财产保值增值,防止国有财产损失;滥用职权、玩忽职守,造成国有财产损失的,应当依法承担法律责任。违反国有财产管理规定,在企业改制、合并分立、关联交易等过程中,低价转让、合谋私分、擅自担保或者以其他方式造成国有财产损失的,应当依法承担法律责任。"另外,根据法理和有关司法解释,国家专有物、公用物等不能由他人依时效取得;国家未授权给公民或法人经营管理的财产受到损害的,其权利的保护不受诉讼时效的限制。

(二)集体所有权

集体所有权是指集体经济组织依法对集体财产享有的占有、使用、收益、处分并排除他人干涉的权利。集体所有权包括农民集体所有权和城镇集体所有权两类。《物权法》第59条第1款、第61条规定:"农民集体所有的不动产和动产,属于本集体成员集体所有。""城镇集体所有的不动产和动产,依照法律、行政法规的规定由本集体享有占有、使用、收益和处分的权利。"由于经过经济体制的改革,目前城镇集体已极少存在,故《物权法》中重点规定的是农民集体所有权问题。

集体所有权具有如下主要特点:

1. 集体所有权的主体具有团体性,是由个体成员所组成的集合体。因此,集体所有既不同于成员的个体所有,也不同于法人所有和一般的共同共有,[1]而类同于"总有""合有"。在我国,集体所有权是公有所有权的重要组成部分。

2. 集体所有权的主体是为数众多的劳动群众集体组织,具有多元性,而不像国家所有权那样具有主体的唯一性。

3. 集体所有权的客体范围受到一定限制,具有有限的广泛性。《物权法》第58条规定:"集体所有的不动产和动产包括:①法律规定属于集体所有的土地和森林、山岭、草原、荒地、滩涂;②集体所有的建筑物、生产设施、农田水利设施;③集体所有的教育、科学、文化、卫生、体育等设施;④集体所有的其他不动产和动产。"

---

[1] 全国人大常委会法工委编:《中华人民共和国物权法释义》,法律出版社2007年版,第306~308页;最高人民法院物权法研究小组编著:《〈中华人民共和国物权法〉条文理解与适用》,人民法院出版社2007年版,第197~198页。

4. 集体所有权可以由集体组织直接行使，也可由其代表行使，重要事项应依照法定程序经本集体成员决定。《物权法》第 59 条规定，农民集体所有权行使中的"下列事项应当依照法定程序经本集体成员决定：①土地承包方案以及将土地发包给本集体以外的单位或者个人承包；②个别土地承包经营权人之间承包地的调整；③土地补偿费等费用的使用、分配办法；④集体出资的企业的所有权变动等事项；⑤法律规定的其他事项"。第 60 条规定："对于集体所有的土地和森林、山岭、草原、荒地、滩涂等，依照下列规定行使所有权：①属于村农民集体所有的，由村集体经济组织或者村民委员会代表集体行使所有权；②分别属于村内两个以上农民集体所有的，由村内各该集体经济组织或者村民小组代表集体行使所有权；③属于乡镇农民集体所有的，由乡镇集体经济组织代表集体行使所有权。"第 62 条规定："集体经济组织或者村民委员会、村民小组应当依照法律、行政法规以及章程、村规民约向本集体成员公布集体财产的状况。"

5. 集体财产所有权和集体成员的合法权益同样受法律的严格保护。《物权法》第 63 条规定："集体所有的财产受法律保护，禁止任何单位和个人侵占、哄抢、私分、破坏。集体经济组织、村民委员会或者其负责人作出的决定侵害集体成员合法权益的，受侵害的集体成员可以请求人民法院予以撤销。"

（三）法人所有权

法人所有权是指法人对其不动产和动产依照法律、法规及章程享有的占有、使用、收益、处分并排除他人干涉的权利。我国《民法总则》第 58、60 条规定，法人应当有自己的财产或经费；法人以其全部财产独立承担民事责任。《物权法》第 67 条规定："国家、集体和私人依法可以出资设立有限责任公司、股份有限公司或者其他企业。国家、集体和私人所有的不动产或者动产，投到企业的，由出资人按照约定或者出资比例享有资产收益、重大决策以及选择经营管理者等权利并履行义务。"第 68 条规定："企业法人对其不动产和动产依照法律、行政法规以及章程享有占有、使用、收益和处分的权利。企业法人以外的法人，对其不动产和动产的权利，适用有关法律、行政法规以及章程的规定。"此外，《物权法》第 69 条还规定："社会团体依法所有的不动产和动产，受法律保护。"

（四）私人所有权

私人所有权是指自然人对合法取得的不动产和动产享有的占有、使用、收益、处分并排除他人干涉的权利。《物权法》第 64 条规定："私人对其合法的收入、房屋、生活用品、生产工具、原材料等不动产和动产享有所有权。"

值得强调的是，我国《物权法》在对不同主体的物权进行分类规定的同时，也坚持了"平等保护国家、集体和私人的物权"原则。[1]《民法总则》第 113 条规定："民事主体的财产权利受法律平等保护。"《物权法》第 3 条规定："国家在社会主义初级阶段，坚持公有制为主体、多种所有制经济共同发展的基本经济制度。国家巩固和发展公有制经济，鼓励、支持和引导非公有制经济的发展。国家实行社会主义市场经济，保障一切市场主体的平等法律地位和发展权利。"第 4 条规定："国家、集体、私人的物权和其他权利人的物权受法律保护，任何单位和个人不得侵犯。"第 66 条再次明确规定："私人的合法财产受法律保护，禁止任何单位和个人侵占、哄抢、破坏。"

---

〔1〕 王兆国："关于《中华人民共和国物权法（草案）》的说明——2007 年 3 月 8 日在第十届全国人民代表大会第五次会议上"，载《中华人民共和国全国人民代表大会常务委员会公报》2007 年第 3 期；刘保玉："所有权的类型化与平等保护原则的结合——物权法所有权编的基本结构设计思路"，载《法学评论》2005 年第 6 期。

第十六章

二、不动产所有权与动产所有权

根据客体的性质不同，所有权可分为不动产所有权和动产所有权，这也是各国法律对所有权进行分类规范的基础。

不动产所有权是以土地及其定着物为客体的所有权。不动产所有权通常分为土地所有权和建筑物所有权（包括建筑物的普通所有权和建筑物的区分所有权）；另外，不动产所有权中还涉及相邻关系问题。动产所有权是指以土地及其定着物外的其他有体财产为客体的所有权。动产的范围相当广泛，且种类庞杂、数量繁多，可以通过人类劳动不断创造、再生。

不动产所有权与动产所有权，在主体范围的限制、取得方法、公示原则等方面存在着明显差别，因而是所有权的一种基本分类，各国法律通常也是以此分类来构建所有权制度的框架。动产所有权的内容及行使，并无更多的特殊性，惟因动产的交易和变动较为频繁，理论研究与立法规范多从其取得方式的角度着手。因此，本编中我们不再单独讲述动产所有权的问题，关于其取得方式的特殊之处于第十九章"所有权的取得方式"中一并讲述。鉴于不动产所有权问题的重要性和复杂性，后面我们将分专章讲述。

三、单独所有权与共同所有权

根据所有权主体的数量，所有权可分为单独所有权与共同所有权。

单独所有权是指所有人为一人的所有权，这是所有权的常态，通常所讲的所有权均指单独所有的形态。共同所有权是指所有权人为二人以上的所有权形态。在共同所有权关系中，不仅涉及所有权人与其他人的关系，也涉及共有人的内部关系，情况较为复杂和特殊，因此后面将专章讲述共有问题。

四、完全所有权与限制所有权

根据所有权的权能范围及存续期间有无限制，可以分为完全所有权和限制所有权。

完全所有权是所有权的常态，各国民法或物权法上所规定的所有权均为完全所有权。限制所有权乃所有权的变态形式，是指所有权的权能范围或存续期间受有一定限制的所有权。例如，我国城镇住房制度改革中出现的"部分所有权"或"有限产权"问题，[1]信托关系中的有限所有权或不完全所有权现象，[2]国外作为新型旅游消费方式的分时度假（Timeshare）制中产生的有期限的所有权问题，[3]都可以作为限制所有权的形态来认识。关于限制所有权中的诸多问题，学界的研究尚待深入。

---

〔1〕 郭明瑞、唐广良、房绍坤：《民商法原理（二）物权法 知识产权法》，中国人民大学出版社 1999 年版，第 72 页。

〔2〕 高富平：《物权法原论：中国物权立法基本问题研究》（上），中国法制出版社 2001 年版，第 215、217 页；徐国栋主编：《绿色民法典草案》，社会科学文献出版社 2004 年版，第 4 页（关于一些术语的说明）、第 352～353 页。

〔3〕 高富平：《物权法原论：中国物权立法基本问题研究》（上），中国法制出版社 2001 年版，第 212～213 页；陈耀东、任容庆："所有权型分时度假对传统所有权理论的冲击与发展"，载《法学杂志》2005 年第 1 期。

第十七章

不动产所有权

■第一节 土地所有权

一、土地所有权的概念和特点

（一）土地所有权的概念

土地所有权是指以土地为权利客体的不动产所有权。

土地是人类生存之本和最为重要的物质财富，是"一切财富的原始源泉"或者说是"财富之母"，在国家的经济、政治生活中具有至关重要的地位，关系着一个国家的经济基础与国计民生。在民法上，土地与其他财货虽同属物的范畴，但在经济性质上，其与一般财货又有不同的品性，如土地为单纯的自然物，且为一切生物和财富的源泉，土地具有连绵不断的整体性、总量的固定性、稀缺性与不可再生性，以及位置的不可移动性、品级的差异性等特殊的自然属性。因此，立法上历来对土地所有权极为关注，将其作为最为重要的物权。同时，土地所有权也是不动产用益物权的权源。

（二）土地所有权的特点

由土地的特殊品性所决定，近代以来土地所有权表现出以下特点：

1. 土地所有权的公益性强于其私益性。土地所有权体现了私益性与公益性的结合，即土地所有权所蕴含的利益，不仅为个人而存在，还为全体社会成员的利益而存在。就私人及私团体而言，其必须占有、利用一定范围的土地，否则将无以为生，亦无从发展。同时，土地为总量有限的稀缺资源，除具有一般财货私有的、独占的属性外，尚有社会的、公共的属性。土地所有权与国家、民族和社会整体利益密切相关，因此，土地所有权之行使，不得违反公共利益，甚至须有利于增进公共福祉，此即土地所有权的公益性。现代法律上对土地所有权的公益性的关注已远远超过了其私益性，在实行土地公有制的我国，这一特点表现得更为显著。

2. 土地所有权优位向土地用益权优位的转变。近现代以来，土地用益权制度发展很快，各国土地立法纷纷对土地所有权的绝对性加以限制，提高土地利用人的地位，出现了土地所有权向土地用益权让步的现象。[1]这一现象，主要体现在土地所有与土地利用相分离时，提高并强化土地利用权人（不论是物权性的利用还是债权性的利用）的法律地位，强化的手段主要有确保土地利用权存续期间，赋予利用权对抗所有权的效力以及赋予土地利用人有益费用偿还请求权、工作物取回请求权或买取请求权等。

二、土地所有权的范围与空间权

（一）土地所有权的范围及其限制

土地所有权的范围，是指土地所有权的效力及其行使所及的界限。由于土地连绵无垠，

---

〔1〕 梁慧星、陈华彬：《物权法》，法律出版社2005年版，第150页。

涉及地表及其上下，因此土地所有权的范围可从"横""纵"两方面理解。在横的方面，可通过人为设置的经纬度确定其坐标，划定四至（地界）来确定某一土地所有权的范围并登记造册以确定其面积。在纵的方面，现代各国民法修正了罗马法及近代民法奉行的土地所有权"上达天宇、下及地心"的法则，对其范围予以必要限制。土地所有权人的权利虽可及于地面上和地面下的必要空间，但在对其利益并无影响的前提下，不得排斥他人对地上空间和地身的利用。[1]此外，法律关于土地相邻关系的规定，以及出于国防、电信、交通等公共利益需要和出于对自然资源和环境、名胜古迹的保护，也常对土地所有权的范围及其行使予以必要的限制。

（二）空间权的产生与发展

土地所有权范围的限制、现代社会都市化进程的加快及建筑技术的提高，为空间权的产生提供了坚实的基础。所谓空间权，是指以土地地表之上的一定空间或地表之下的一定的身为客体而成立的一种不动产权利。空间权产生于20世纪初，是随着土地利用的立体化发展而逐渐形成的一种权利。它改变了传统的土地之"垂直的所有、利用形态"，而形成了"水平的所有、利用形态"。高架桥、高架铁路、空中走廊、地下铁道、地下街道、地下商场、地下停车场等均属于土地立体化利用的典型形态。

依照空间权的法理，空间权可分为空中权与地中权、空间所有权与空间利用权等形态，而空间利用权除物权性的空间地上权、空间地役权外，还包括债权性的空间租赁权及空间借贷权。[2]目前，空间权在许多国家和地区已受到普遍的重视，并有相关的立法。我国《物权法》第136条也对空间利用权作了简要规定。

三、我国的土地所有权制度

（一）我国实行土地的社会主义公有制

依据《宪法》和《土地管理法》等法律的规定，我国实行土地的社会主义公有制。我国的土地所有权具有以下特点：

1. 主体的限定性。土地所有权的主体只能是国家或农村集体经济组织，而不能是其他组织和个人。

2. 交易的禁止性。在我国，严禁土地所有权以自由交易的方式流转，承担土地流转功能的只能是土地使用权。

3. 实现手段的特殊性。国家或集体除保有少量的土地供其直接使用外，其土地所有权的行使通常是通过设立建设用地使用权、土地承包经营权等方式由全民所有制单位、集体所有制单位、其他组织和个人使用和经营土地，以达到对土地的利用效益。

4. 用途管制的严格性。依据《土地管理法》等规定，国家实行土地用途管制制度。由国务院土地行政主管部门统一负责全国土地的管理和监督工作，代表国家编制土地利用总体规划，规定土地用途，将土地分为农用地、建设用地和未利用地；严格限制农用地转为建设用地，控制建设用地的总量，对耕地实行特殊保护；使用土地的单位和个人必须按照土地利用总体规划确定的用途使用土地。

（二）国家土地所有权的特点

1. 所有权的主体为国家。任何个人及组织都不能成为国家土地所有权的主体，并且只

---

〔1〕 刘保玉："空间利用权的内涵界定及其在物权法上的规范模式选择"，载《杭州师范学院学报（社会科学版）》2006年第2期。

〔2〕 梁慧星、陈华彬：《物权法》，法律出版社2005年版，第164页。

有国务院下设的国家土地行政主管部门才有权代表国家管理土地并行使土地所有权。

2. 所有权的客体具有确定性。根据法律规定，国有土地包括：城市市区的土地；法律规定属于国家所有的农村和城市郊区的土地；国家未确定为集体所有的林地、草地、山岭、荒地、滩涂、河滩地以及其他土地。

3. 国家土地所有权可以因征收取得。根据《宪法》和《物权法》第 42 条的规定，国家为了公共利益的需要，依照法律规定的权限和程序可以征收集体所有的土地，但应当依法足额支付土地补偿费、安置补助费、地上附着物和青苗的补偿费等费用，安排被征地农民的社会保障费用，保障被征地农民的生活，维护被征地农民的合法权益。

4. 国有土地的使用权可以依法出让或者转让。

（三）集体土地所有权的特点

1. 集体土地所有权的主体为农民集体。根据《民法通则》《土地管理法》《物权法》的规定，集体土地所有权的主体包括三种：村农民集体、村内的农民集体经济组织以及乡镇农民集体。集体所有的土地和森林、山岭、草原、荒地、滩涂等，属于村农民集体所有的，由村集体经济组织或者村民委员会代表集体行使所有权；分别属于村内两个以上农民集体所有的，由村内各该集体经济组织或者村民小组代表集体行使所有权；属于乡镇农民集体所有的，由乡镇集体经济组织代表集体行使所有权。

2. 集体土地所有权的客体为国有土地之外的其他土地。根据《土地管理法》的规定，农村和城市郊区的土地，除由法律规定属于国家所有的以外，属于农民集体所有；宅基地和自留地、自留山也属于农民集体所有。

3. 农业用地依法实行土地承包经营制度。农民集体所有的土地，可分为农用地、建设用地和未利用地。农民集体所有和国家所有由农民集体使用的耕地、林地、草地以及其他用于农业的土地，依法实行土地承包经营制度；本农民集体经济组织的成员按照平均享有、人人有份的原则享有承包经营权并按户进行承包经营。

4. 集体土地进行非农业使用具有限制性。根据《土地管理法》《城市房地产管理法》《物权法》的规定，国家严格限制耕地转为非耕地，实行占用耕地补偿制度和基本农田保护制度；农村村民依法可以拥有宅基地并享有宅基地使用权，但对宅基地使用权有面积和数量的限制；农民集体所有的土地可以依法用于兴办乡镇企业、公益设施等非农业建设，但须由县级人民政府登记造册、核发证书、确认建设用地使用权；集体土地不得进行商业性房地产开发建设并对外销售；城市规划区内的集体所有的土地必须经依法征收转为国有土地后，该土地的使用权才可有偿出让。

■第二节　房屋所有权与建筑物区分所有权

一、房屋所有权

（一）房屋所有权的概念与分类

房屋所有权属于建筑物所有权的一种，是指所有人在法律规定的范围内对其房屋独占性地支配并得排除他人干涉的权利。

根据房屋所处位置的不同，房屋所有权可分为城镇房屋所有权和农村房屋所有权；根据房屋所有权的主体不同，我国的房屋所有权亦有国家所有权、集体所有权、法人所有权及私人所有权之分；根据房屋所有权的主体数量和权利构成不同，房屋所有权还可以分为单独所有权、共同所有权和区分所有权。

（二）房屋与土地的关系

房屋与其他建筑物、构筑物同属于地上定着物，与土地有着密切关系。关于二者的关系，有两种立法例：一种是结合主义，即将房屋与土地结合作为一个不动产，房屋为土地的一部分，不构成独立的不动产。这主要为罗马法及受其影响的德国法所采用，依"土地吸收地上物"的原则，土地所有权人拥有房屋所有权，但在房屋所有权人与土地所有人相异时，房屋所有人可依地上权保有其房屋所有权。另一种是多数国家采行的分离主义或分别主义，即房屋与土地各为独立不动产，但两者基于密切关系而有一定联系。

我国法律上采取分别主义，房屋所有权独立于土地所有权，二者都可以独立成为权利的客体，但土地使用权与房屋所有权又有密切的联系。如《城市房地产管理法》第32条规定："房地产转让、抵押时，房屋的所有权和该房屋占用范围内的土地使用权同时转让、抵押。"其所贯彻的是"房随地走""地随房走"的"房地一体流转"规则。《物权法》第182、200条关于房地产一并抵押和抵押权实现问题的规定，贯彻的也是同一精神。

二、建筑物区分所有权

（一）建筑物区分所有权的概念与特点

建筑物区分所有权，又称公寓所有权、分层所有权，或简称为区分所有权，是指多个区分所有权人共同拥有一栋区分所有建筑物时，各区分所有权人对建筑物专有部分所享有的专有所有权和对共用部分所享有的共有权的总称。[1]

对建筑物区分所有权的概念，主要有一元说、二元说、三元说及新一元论说等。[2] 各说之主要分歧，在于区分所有权究竟包括专有权、共有权及成员权中的哪几项，尤其对成员权是否为区分所有权的构成要素争议最大。多数学者认为，成员权虽非区分所有权的物权性构成要素，但在认识区分所有权人的权利内容时，仍有提及成员权的必要。我国《物权法》第70条规定："业主对建筑物内的住宅、经营性用房等专有部分享有所有权，对专有部分以外的共有部分享有共有和共同管理的权利。"

建筑物区分所有权是随着经济的发展和都市化进程的加快、城市人口膨胀、诸多居民共同居住在同一高层建筑物内但分别拥有单元住宅的情况而出现的一种复杂且特殊的不动产所有权现象。这种所有权，既不是效力及于全部建筑物的单独所有权，也不是按份共有或共同共有的建筑物共同所有权，而是既非单独所有又非共有的区分所有制度。鉴于建筑物区分所有问题的普遍性和重要性，《物权法》所有权编中专设一章（第六章）规定"业主的建筑物区分所有权"；2009年，最高人民法院又专门发布了《最高人民法院关于审理建筑物区分所有权纠纷案件具体应用法律若干问题的解释》（以下简称《审理建筑物区分所有权纠纷案件的解释》）、《最高人民法院关于审理物业服务纠纷案件具体应用法律若干问题的解释》（以下简称《审理物业服务纠纷案件的解释》）两个司法解释，以明确其中的具体问题并规范有关案件的审理。

建筑物区分所有权具有如下特点：

1. 内容的复合性。即建筑物区分所有权系由专有所有权、共有部分持分权以及参与共同事务管理的成员权所构成。

2. 专有所有权具有主导性。区分所有人（业主）取得专有所有权即意味着同时取得了共有权及成员权，专有所有权的大小还决定着共有权及成员权（如表决权）的大小；在区

〔1〕 郭明瑞、唐广良、房绍坤：《民商法原理（二）物权法　知识产权法》，中国人民大学出版社1999年版，第83页。

〔2〕 梁慧星、陈华彬：《物权法》，法律出版社2005年版，第167页以下。

分所有权的成立上，仅需登记专有所有权即可；如果失去了专有部分所有权，也就失去了其他权利。[1]

3. 权利主体身份的多重性。即区分所有权人同时是专有部分所有人、共有部分的共有人及共同事务管理的成员权人。

4. 流转上的一体性。即专有所有权与共有权及成员权结为一体，不可分离，于转让、处分、抵押、继承时须一并进行。《物权法》第 72 条第 2 款规定："业主转让建筑物内的住宅、经营性用房，其对共有部分享有的共有和共同管理的权利一并转让。"

（二）专有部分的所有权

专有部分所有权又称专有权、特别所有权，是指建筑物区分所有人对建筑物中属于其独立所有的部分予以自由使用、收益、处分的权利。《物权法》第 71 条规定："业主对其建筑物专有部分享有占有、使用、收益和处分的权利。业主行使权利不得危及建筑物的安全，不得损害其他业主的合法权益。"

《审理建筑物区分所有权纠纷案件的解释》第 2 条规定："建筑区划内符合下列条件的房屋，以及车位、摊位等特定空间，应当认定为物权法第六章所称的专有部分：①具有构造上的独立性，能够明确区分；②具有利用上的独立性，可以排他使用；③能够登记成为特定业主所有权的客体。规划上专属于特定房屋，且建设单位销售时已经根据规划列入该特定房屋买卖合同中的露台等，应当认定为物权法第六章所称专有部分的组成部分。本条第 1 款所称房屋，包括整栋建筑物。"对公寓楼中的一套单元住宅之内房屋的专有部分范围的认定，一般认为应区分内部关系与外部关系而定：于区分所有人之间，尤其是在建筑物的维护、管理关系上，专有部分应包含壁、柱、地板及天花板等境界部分表层所粉刷之部分；但于外部关系上尤其是对第三人，如买卖、保险、税金关系上，专有部分应达壁、柱、地板及天花板厚度之中心线。[2]

（三）共有部分的共有权

共有部分的共有权也称共用部分持分权或简称为共有权，是指建筑物区分所有人依照法律或管理规约的规定，对建筑物专有部分外的共用部分所享有的占有、使用及收益的权利。《物权法》第 72 条第 1 款规定："业主对建筑物专有部分以外的共有部分，享有权利，承担义务；不得以放弃权利不履行义务。"

共有权的客体是建筑物除专有部分以外的共有部分，如道路、绿地、公用设施等。共有部分有些为全体业主共有，有些则仅为部分业主共有（如各楼层间之楼板、两套住宅间的隔墙等）。《物权法》第 73 条规定："建筑区划内的道路，属于业主共有，但属于城镇公共道路的除外。建筑区划内的绿地，属于业主共有，但属于城镇公共绿地或者明示属于个人的除外。建筑区划内的其他公共场所、公用设施和物业服务用房，属于业主共有。"第 74 条规定，建筑区划内，规划用于停放汽车的车位、车库应当首先满足业主的需要，其归属由当事人通过出售、附赠或者出租等方式约定。占用业主共有的道路或者其他场地用于停放汽车的车位，

---

[1] 《审理建筑物区分所有权纠纷案件的解释》第 1 条规定："依法登记取得或者根据物权法第二章第三节规定取得建筑物专有部分所有权的人，应当认定为物权法第六章所称的业主。基于与建设单位之间的商品房买卖民事法律行为，已经合法占有建筑物专有部分，但尚未依法办理所有权登记的人，可以认定为物权法第六章所称的业主。"

[2] 温丰文："论区分所有建筑物之专有部分"，载《法令月刊》第 42 卷第 7 期，第 276 页；陈华彬：《现代建筑物区分所有权制度研究》，法律出版社 1995 年版，第 105～107 页。

属于业主共有。第79条规定："建筑物及其附属设施的维修资金，属于业主共有。经业主共同决定，可以用于电梯、水箱等共有部分的维修。维修资金的筹集、使用情况应当公布。"第80条规定："建筑物及其附属设施的费用分摊、收益分配等事项，有约定的，按照约定；没有约定或者约定不明确的，按照业主专有部分占建筑物总面积的比例确定。"[1]《审理建筑物区分所有权纠纷案件的解释》第3条规定："除法律、行政法规规定的共有部分外，建筑区划内的以下部分，也应当认定为物权法第六章所称的共有部分：①建筑物的基础、承重结构、外墙、屋顶等基本结构部分，通道、楼梯、大堂等公共通行部分，消防、公共照明等附属设施、设备，避难层、设备层或者设备间等结构部分；②其他不属于业主专有部分，也不属于市政公用部分或者其他权利人所有的场所及设施等。建筑区划内的土地，依法由业主共同享有建设用地使用权，但属于业主专有的整栋建筑物的规划占地或者城镇公共道路、绿地占地除外。"

（四）共同事务管理的成员权

区分所有权人共同事务管理的成员权，也可谓业主的成员权，是指建筑物区分所有人基于一栋建筑物的构造、权利归属和使用上的密切关系而形成的作为建筑物管理团体成员之一所享有的权利和承担的义务。

业主的成员权内容非常广泛。根据我国《物权法》的规定，业主可以设立业主大会，选举业主委员会。下列事项由业主共同决定：①制定和修改业主大会议事规则；②制定和修改建筑物及其附属设施的管理规约；③选举业主委员会或者更换业主委员会成员；④选聘和解聘物业服务企业或者其他管理人；⑤筹集和使用建筑物及其附属设施的维修资金；⑥改建、重建建筑物及其附属设施；⑦有关共有和共同管理权利的其他重大事项。决定其中第⑤⑥项规定的事项，应当经专有部分占建筑物总面积2/3以上的业主且占总人数2/3以上的业主同意。决定其他事项，应当经专有部分占建筑物总面积过半数的业主且占总人数过半数的业主同意。[2]业主大会或者业主委员会的决定，对业主具有约束力，但业主大会或者业主委员会作出的决定侵害业主合法权益的，受侵害的业主可以请求人民法院予以撤销。业主应当遵守法律、法规以及管理规约。业主将住宅改变为经营性用房的，除遵守法律、法规以及管理规约外，应当经有利害关系的业主同意，否则不得擅自改变。业主大会和业主委员会对任意弃置垃圾、排放污染物或者噪声、违反规定饲养动物、违章搭建、侵占通道、拒付物业费等损害他人合法权益的行为，有权依照法律、法规以及管理规约，要求行为人停止侵害、消除危险、排除妨害、赔偿损失。业主对侵害自己合法权益的行为，也可以依法向人民法院提起诉讼。另外，前述两个司法解释中，对业主的权利义务等问题还有许多细致的规定。

■第三节　不动产相邻关系

一、相邻关系的概念和特点

（一）相邻关系的概念及意义

不动产相邻关系简称相邻关系，是指相互毗邻或邻近的不动产所有人或使用人之间在

---

[1] 2018年8月的《民法典分则物权编（草案）》中拟增加规定："建设单位、物业服务企业或者其他管理人等利用业主的共有部分产生的收益，在扣除合理成本之后，属于业主共有。"

[2] 为强化业主对共有部分共同管理的权利，2018年8月的《民法典分则物权编（草案）》中拟增加规定，改变共有部分的用途或者利用共有部分从事经营活动的，亦须由业主共同决定；同时，为了解决物业管理活动中业主作出决议难的问题，拟适当降低业主作出决议的门槛。

行使所有权或使用权时，因相互间依法应当给予方便或接受限制而发生的权利义务关系。这种权利义务关系从权利角度讲，又称为相邻权。

由于不动产往往是相互毗邻的，如果一项不动产的所有人或使用人仅注重自己权利的行使，则必然与相邻他方所有人或使用人的利益发生冲突。为调和其冲突，各国法律均设有不动产相邻关系的规定，使相邻各方享有法律规定的相邻权，同时也承担法律规定的义务。相邻关系的实质是对相邻的不动产所有人或使用人行使其权利的扩张及限制，这种扩张和限制既不损害所有人或使用人的合法权益，又给予了相邻他方必要的方便，有利于提高物的利用效益和增进邻里和谐、社会安定。

（二）相邻关系的特点

1. 相邻关系的主体是相邻近的不动产所有人或使用人。如果不动产不相毗邻，则所有人或使用人之间不会发生权利行使的冲突问题，自然也就不会发生相邻关系。但不动产的毗邻或邻近，并不以不动产相连为必要，只要不动产所有人或使用人行使权利会影响到另一方不动产所有人或使用人的利益，即可产生相邻关系。相邻的不动产既可以是土地，也可以是建筑物等地上定着物；相邻关系的主体既可以是不动产的所有人，也可以是不动产的使用人。

2. 相邻权的客体不同于一般物权的客体。关于相邻权的客体，理论上有不同的看法：第一种观点认为，相邻权的客体是不动产本身；第二种观点认为，相邻权的客体是行使不动产权利所体现的利益；第三种观点认为，相邻权的客体是相邻各方所实施的行为（作为或不作为）。我们认为第二种观点更为可取。因为相邻人之间对各自的不动产的所有权、占有使用权并无争议，双方只是在行使不动产权利时发生了利益冲突，相邻关系所要解决的就是这种利益冲突。相邻各方在行使权利时，既要实现自己的合法利益，又要为邻人提供方便，尊重他人的合法权益。因此，相邻权的客体是行使不动产权利时所体现的利益，而相邻各方的行为是相邻权的内容而不是客体。[1]

3. 相邻关系的内容十分复杂。相邻关系因种类不同而有不同的内容，主要包括两个方面：一是相邻一方在行使所有权或使用权时，有权要求相邻他方给予便利，而相邻他方应当提供必要的便利。所谓必要的便利，是指非从相邻方得到这种便利，就不能正常行使不动产的所有权或使用权。这种相邻关系是以相邻方的作为为内容的。二是相邻各方行使权利时，不得损害相邻他方的合法权益，这种相邻关系是以相邻方的不作为为内容的。

4. 相邻关系的产生有法定性。相邻关系不是由当事人通过合同设定的，而是法律直接为调和相邻的不动产所有人或使用人之间的利益冲突而对所有权所作的扩张和限制，属于所有权制度的一项重要内容。

二、相邻关系的处理原则

《物权法》第 84 条规定："不动产的相邻权利人应当按照有利生产、方便生活、团结互助、公平合理的原则，正确处理相邻关系。"第 85 条规定："法律、法规对处理相邻关系有规定的，依照其规定；法律、法规没有规定的，可以按照当地习惯。"据此规定，在处理相邻关系时应当坚持以下原则：

（一）有利生产和方便生活的原则

相邻关系是人们在生产、生活中因行使不动产权利而产生的，与人们的生产、生活直

---

[1] 郭明瑞、唐广良、房绍坤：《民商法原理（二）物权法 知识产权法》，中国人民大学出版社 1999 年版，第156 页。

接相关。法律规定相邻关系的目的就是充分发挥相邻不动产的使用效益，以满足相邻各方的利益需要。因此，在处理相邻关系时，应当从有利生产、方便生活的原则出发，妥善解决各方的利益需要。在有利于生产和方便生活两者之间不可调和的情况下，则需进行利益衡量而作取舍。

（二）团结互助和公平合理的原则

相邻关系发生在不动产相邻人之间，要求相邻各方在行使自己的权利时必须尊重相邻人的权利，为相邻他方行使权利提供方便。因此，处理相邻关系必须遵循团结互助的原则。在确认相邻关系各方的权利义务关系时，应当公平合理。相邻各方在获得便利时，也应当承担一定的义务，对受到损失的相邻方给予赔偿。《物权法》第92条规定："不动产权利人因用水、排水、通行、铺设管线等利用相邻不动产的，应当尽量避免对相邻的不动产权利人造成损害；造成损害的，应当给予赔偿。"

（三）尊重历史和习惯的原则

不动产相邻关系往往不是一朝一夕形成的，而是有其历史沿革和当地习惯因素的。因此，在处理相邻关系时就必须尊重历史和当地习惯，这也是各国处理相邻关系所普遍遵循的原则。例如，房屋滴水檐的设置、两房的间距等往往有当地的习惯，应当遵从；对建筑物范围内历史形成的通道，一方不得堵塞而妨碍他人的通行。

三、相邻关系的种类

相邻关系的种类相当多，情况也十分复杂，较为常见的有以下几种：

（一）相邻土地的通行关系

在相邻的土地之间，如果一方土地处于邻人的土地包围之中而与公共道路不相通，以致其非经过邻人土地不能为通常使用的，可以通行周围土地，而周围土地所有人或使用人则负有容忍其通行的义务。[1]通行人在选择道路时，应当选择对周围土地所有人或使用人损害最小的路线。例如，只需要小道即可，就不得开辟大道；能够在荒地上辟路，就不应在耕地上通行。根据《物权法》第87、92条的规定，"不动产权利人对相邻权利人因通行等必须利用其土地的，应当提供必要的便利"，后者则"应当尽量避免对相邻的不动产权利人造成损害；造成损害的，应当给予赔偿"。

（二）建造、修缮建筑物及管线铺设关系

不动产权利人在其疆界内或近旁营造或修缮建筑物以及铺设管线时，如果有临时使用相邻不动产的必要，相邻权利人应当准许使用并提供必要的便利。《物权法》第88条规定："不动产权利人因建造、修缮建筑物以及铺设电线、电缆、水管、暖气和燃气管线等必须利用相邻土地、建筑物的，该土地、建筑物的权利人应当提供必要的便利。"另据第92条的规定，此种情况下利用相邻不动产的，亦应尽量避免对相邻的不动产权利人造成损害，如造成损害，应当给予赔偿。

（三）相邻用水和排水关系

《物权法》第86条规定："不动产权利人应当为相邻权利人用水、排水提供必要的便利。对自然流水的利用，应当在不动产的相邻权利人之间合理分配。对自然流水的排放，应当尊重自然流向。"

---

[1] 关于相邻土地的通行关系，德国、瑞士民法称为"必要通行权"，日本民法称为"围绕地通行权""邻地通行权"，我国台湾地区"民法"称为"袋地通行权"或"必要通行权"。

（四）相邻的损害防免关系

《物权法》第 89 条规定："建造建筑物，不得违反国家有关工程建设标准，妨碍相邻建筑物的通风、采光和日照。"[1] 第 90 条规定："不动产权利人不得违反国家规定弃置固体废物，排放大气污染物、水污染物、噪声、光、电磁波辐射等有害物质。"[2] 第 91 条规定："不动产权利人挖掘土地、建造建筑物、铺设管线以及安装设备等，不得危及相邻不动产的安全。"

第十七章

---

[1]　妨碍相邻建筑物的通风、采光和日照的，学理和立法例上通常又称为"日照妨害"或"安居妨害"。

[2]　本条所规定的相邻关系，学理上通常称为"不可量物侵入的防免关系""相邻环保关系"。

共　有

■第一节　共有概述

一、共有的概念和特点

（一）共有的概念

我国《物权法》第93条规定："不动产或者动产可以由两个以上单位、个人共有……"据此规定，共有是指两个以上的权利主体对同一物共同享有所有权的法律状态。在共有关系中，共同享有所有权的人称为共有人，共有的不动产或者动产称为共有物或共有财产。

（二）共有的特点

1. 共有的主体为两个以上，即共有的主体具有复数性。

2. 共有的客体是同一项特定财产，即共有的客体具有同一性。这里所说的同一财产，既可以是单一的不动产或者动产，也可以是特定财产的集合。

3. 共有的内容包括对内对外双重权利义务关系，即共有的内容具有双重性。在共有的内部关系中，各共有人或是按照确定的份额享有权利和承担义务，或是不分份额、平等地分享权利、分担义务；在共有的对外关系中，共有人作为单一的权利主体同他人发生民事法律关系。

4. 共有是所有权联合的法律形式，而不是一种独立的所有权类型，即共有所有权具有联合性。这种联合既可以是同一类型的所有权的联合，也可以是不同类型的所有权的联合。值得说明的是，共有和"公有"是两个不同的概念，二者有着本质的区别，不可混淆。

二、共有的成立原因

共有的发生原因通常有两个：①基于当事人的意思而发生，即共有人因具有共有的目的、意思而成立共有关系，如数人共同出资购买一项财产并共有其所有权；②基于法律的直接规定而发生，如夫妻财产、家庭财产的共有，遗产分割前数个继承人对遗产的共有，数人基于先占、添附等行为而发生的共有等。

三、共有关系的意义

财产共有是社会经济生活中常见的现象，不仅自然人之间基于婚姻家庭关系和财产继承关系而产生的共有关系普遍存在，且自然人之间、法人之间及其相互之间因共同生产经营等而发生的共有关系也大量存在。随着市场经济的发展，自然人之间的合伙经营和法人之间的横向经济联合而形成的财产共有关系还会更加普遍。法律确认和保护财产共有关系，对巩固和发展经济联合、预防和减少纠纷、促进夫妻之间和家庭成员之间的和睦团结等，均有着重要的意义。

■第二节　共有的分类

《物权法》第93条规定，"共有包括按份共有和共同共有"。此外，理论上和立法上也承认准共有。

一、按份共有

（一）按份共有的概念

按份共有又称分别共有，是指共有人按照确定的份额对共有财产分享权利和分担义务的共有。《物权法》第94条规定："按份共有人对共有的不动产或者动产按照其份额享有所有权。"

（二）按份共有的特点

按份共有作为共有的一种形式，除具有共有的一般特点外，还具有以下特殊性：

1. 按份共有人之间的联系不以存在共同关系为必要，即按份共有人之间不需要存在特殊的团体性或身份关系（如亲属关系），而且通常情况下，按份共有人之间原本并无共有的基础关系，他们之间的联系是偶然的。《物权法》第103条规定："共有人对共有的不动产或者动产没有约定为按份共有或者共同共有，或者约定不明确的，除共有人具有家庭关系等外，视为按份共有。"

2. 各共有人分别享有确定的份额。该份额通常称为各共有人的"应有部分"，一般由共有人协议决定。《物权法》第104条规定："按份共有人对共有的不动产或者动产享有的份额，没有约定或者约定不明确的，按照出资额确定；不能确定出资额的，视为等额享有。"[1]

3. 按份共有人对其应有部分享有相当于所有权的权利。在法律或共有协议未作限制的情况下，按份共有人随时都可要求分出、转让其应有部分或就其应有部分设定负担。[2]

关于按份共有中各共有人的应有部分在法律上的性质，学理上有实在的部分说、想象的部分说、内容的分属说、计算的部分说以及权利范围说等多种观点。[3]其中，权利范围说为通说。该说认为，按份共有系数人共同享有所有权，为避免权利的冲突而划定个人的权利范围，将所有权从量上划分为数部分，以其各部分分别属于各共有人，使个人在其范围内行使其权利，这种范围就是个人的应有部分。

二、共同共有

（一）共同共有的概念

共同共有是指数人基于共同关系，不分份额地共享标的物所有权的共有。《物权法》第95条规定："共同共有人对共有的不动产或者动产共同享有所有权。"

（二）共同共有的特点

与按份共有相比，共同共有具有如下不同特点：

1. 共同共有以数人之间存在共同关系为基础和前提。这种共同关系，如夫妻关系、家

---

[1] 应注意的是：按份共有人的份额是所有权量上分割的份额，而不是共有物量上的份额。

[2] 关于按份共有人以其应有部分设定负担的问题，理论上有不同的看法。通说认为，共有人有权就其应有部分设定负担，但只能以不移转标的物的占有为内容的权利负担，如设定抵押权，而不能设定以占有为内容的物权。

[3] 钱明星：《物权法原理》，北京大学出版社1994年版，第243页。

庭关系等，一般发生在互有特殊身份关系的当事人之间。作为共同共有之基础的共同关系消灭，共同共有关系也随之消灭。

2. 共同共有是不分份额的共有。共同共有关系中没有各共有人的应有部分之说。只要共有关系存在，共有人对共有的财产就不能划分自己的份额，只有在共同关系消灭时，才能确定各共有人的应有份额。

3. 共同共有人平等地享有权利和承担义务。至于共同共有的性质如何，理论上有不分割的共有所有权说、社员权说以及结合的共有权说三种观点。其中，不分割的共有所有权说为主流观点。该说认为，共同共有是没有应有部分的共有所有权。即使有应有部分，该应有部分也只是潜在地存在，仅在共同共有关系解散时才能实现。[1]

（三）共同共有的类型

在我国实际生活中，常见的共同共有有如下几种：

1. 夫妻财产共有。这是共同共有的基本类型。根据《婚姻法》的规定，除法律另有规定或夫妻另有约定的外，夫妻在婚姻关系存续期间所得的下列财产，归夫妻共同所有：工资、奖金；生产、经营的收益；知识产权所产生的收益；继承或赠与所得的财产（但不包括遗嘱或赠与合同确定只归夫或妻一方的财产）；其他应当归夫妻共同所有的财产。夫妻对共同所有的财产，有平等的处分权。

2. 家庭财产共有。家庭共有财产是指家庭成员在家庭共同生活关系存续期间共同创造、共同所得的财产。应当注意的是，家庭共有财产不包括家庭成员各自所有的财产。关于家庭共有财产的共有人范围如何确定，理论上有不同的认识。有的认为所有的家庭成员都是家庭共有财产的共有人，这样有利于稳定家庭关系、促进家庭和睦团结。也有的认为仅限于对家庭共有财产的形成作出贡献的家庭成员，而并非每一个家庭成员都当然是共有人，也并非每个家庭成员的财产都当然属于家庭共有财产。我们赞同后一种观点，依此观点并不会产生无劳动能力的家庭成员生活无着的问题，因为法律上还有关于家庭成员间的扶养义务和监护人的职责等规定。另外，关于家庭成员可以有自己独立的财产的认识，也与《侵权责任法》第 32 条关于监护人责任的规定是一致的。

3. 遗产分割前的共有。在遗产继承人有数人且继承开始后、遗产分割前，通常会发生遗产的共有。通说认为，这种共有为共同共有。但我们认为对此不应一概而论，在遗嘱继承中如果遗嘱已对继承人的范围及各继承人继承的财产或其继承份额作了明确指定，则在遗产分割前的共有应为按份共有而非共同共有。[2]

除上述类型外，还有学者认为合伙人对合伙财产的共有也应是共同共有。[3] 我国台湾地区"民法"第 668 条即规定各合伙人的出资及其他合伙财产为全体合伙人"公同共有"（即共同共有）。我们倾向于认为，全体合伙人对合伙财产共有的形态，可以是共同共有，也可以约定为按份共有。

三、准共有

所谓准共有，是指两个以上权利主体共同享有所有权以外的财产权的共有形态。

在现实生活中，存在着大量数人共有所有权以外的财产权的现象，如数人共享一项债

---

〔1〕 梁慧星、陈华彬：《物权法》，法律出版社 2005 年版，第 253 页；郭明瑞、唐广良、房绍坤：《民商法原理（二）物权法 知识产权法》，中国人民大学出版社 1999 年版，第 149 页。

〔2〕 刘保玉主编：《中国民法原理与实务》，山东大学出版社 1994 年版，第 288 页。

〔3〕 魏振瀛主编：《民法》，北京大学出版社、高等教育出版社 2000 年版，第 254～255 页。

权、他物权、知识产权等。准共有的客体只能是所有权以外的财产权，而不能是有形的财产，也不能是人身性权利。这种类型的共有与普通的共有（即对有体物的共有）在性质上没有什么差别，所以，各国民事立法在规定了共有之后，一般也都附带对准共有作出了规定：准共有除适用法律的特别规定外，得适用共有的规定。我国《物权法》第 105 条亦规定："两个以上单位、个人共同享有用益物权、担保物权的，参照本章规定。"

■第三节　共有关系及其终止

一、共有的内部关系与外部关系

共有关系，是指共有人内部及共有人对外的权利义务关系。这些内、外部的权利义务主要包括以下方面：

（一）共有物的占有、使用、收益

所有权的占有、使用、收益等权能，共有人也同样享有。在共同共有中，各共有人对共有物平等地享有占有、使用、收益的权利，各共有人的权利平等地及于共有物的全部，任何共有人均不得主张对共有物的特定部分行使权利。在按份共有中，各共有人依其应有份额对共有物进行占有、使用、收益，不论应有部分的多寡，各共有人权利的行使及于共有物的全部。如果根据共有物的性质，全体共有人不能同时对共有物进行占有、使用、收益，最佳的处理办法是由共有人进行协商，并按协商一致的意见处理；在意见不一致时，按照拥有共有份额一半以上的共有人的意见处理，但不得损害其他共有人的利益。

（二）共有物的管理与费用负担

对共有物进行管理既是共有人的权利，也是其义务。《物权法》第 96 条规定："共有人按照约定管理共有的不动产或者动产；没有约定或者约定不明确的，各共有人都有管理的权利和义务。"共有物的费用，既包括管理费用，如因保存、改良或利用行为所支付的费用，也包括其他费用，如税费、对他人的损害赔偿金等。《物权法》第 98 条规定："对共有物的管理费用以及其他负担，有约定的，按照约定；没有约定或者约定不明确的，按份共有人按照其份额负担，共同共有人共同负担。"

（三）共有物的处分

《物权法》第 97 条规定："处分共有的不动产或者动产以及对共有的不动产或者动产作重大修缮的，应当经占份额 2/3 以上的按份共有人或者全体共同共有人同意，但共有人之间另有约定的除外。"

《物权法》第 101 条规定："按份共有人可以转让其享有的共有的不动产或者动产份额。其他共有人在同等条件下享有优先购买的权利。"按份共有人行使优先购买权，须符合下列条件：①限于在共有人向共有人之外的人有偿转让其份额时行使。《最高人民法院关于适用〈中华人民共和国物权法〉若干问题的解释（一）》（以下简称《物权法司解释（一）》）第 9 条规定："共有份额的权利主体因继承、遗赠等原因发生变化时，其他按份共有人主张优先购买的，不予支持，但按份共有人之间另有约定的除外。"第 13、14 条规定："按份共有人之间转让共有份额，其他按份共有人主张根据物权法第 101 条规定优先购买的，不予支持，但按份共有人之间另有约定的除外。""两个以上按份共有人主张优先购买且协商不成时，请求按照转让时各自份额比例行使优先购买权的，应予支持。"②须在同等的条件下行使。《物权法司法解释（一）》第 10 条规定："物权法第 101 条所称的'同等条件'，应当综合共有份额的转让价格、价款履行方式及期限等因素确定。"③须在一定的合理期限内行使。《物权法司法解释（一）》第 11 条规定："优先购买权的行使期间，按份共有人之间有约定的，按照约定处理；没有约定或者约定不明的，按照下列情形确定：①转让人向其他按份共有人发出的包含同等条件内容的通知中载明行使期间的，以该期间为准；②通知中未载明行使期间，或者载明的期间短于通知送达之日起 15 日的，为 15 日；③转让人未通知的，为其他按份共有人知道或者应当知道最终确定的同等条件之日起 15 日；④转让人未通知，且无法确定其他按份共有人知道或者应当知道最终确定的同等条件的，为共有份额权属转移之日起 6 个月。"此外，《物权法司法解释（一）》第 12 条规定："按份共有人向共有人之外的人转让其份额，其他按份共有人根据法律、司法解释规定，请求按照同等条件购买该共有份额的，应予支持。其他按份共有人的请求具有下列情形之一的，不予支持：①未在本解释第 11 条规定的期间内主张优先购买，或者虽主张优先购买，但提出减少转让价款、增加转让人负担等实质性变更要求；②以其优先购买权受到侵害为由，仅请求撤销共有份额转让合同或者认定该合同无效。"[1]

关于共有人抛弃其共有份额的行为，原则上应当允许，但抛弃行为不得损害国家的、社会的利益及他人的合法权利（如不得以逃避因共有物所产生的债务为目的抛弃共有份额）。对部分共有人行使抛弃权后，相应的份额是否可归其他共有人取得的问题，理论上有肯定说和否定说两种不同的观点。否定说认为，共有人抛弃其份额时，其他共有人不能当然取得这部分份额，这部分份额或应归国家所有，或应作为无主财产由其他共有人先占取得。肯定说认为，某一共有人抛弃的份额，既不应视为无主物而适用先占原则，也不应归属于国家，而应由其他共有人取得抛弃部分的所有权，并由其按比例分享。[2]我们赞同肯定说。

（四）共有关系的维持

共有关系成立后，共有人负有维持共有关系的义务，其不得出于个人利益的考虑而随意终止共有关系。《物权法》第 99 条规定："共有人约定不得分割共有的不动产或者动产，以维持共有关系的，应当按照约定，但共有人有重大理由需要分割的，可以请求分割；没有约定或者约定不明确的，按份共有人可以随时请求分割，共同共有人在共有的基础丧失或者有重大理由需要分割时可以请求分割。因分割对其他共有人造成损害的，应当给予赔偿。"

（五）因共有物产生的债权债务的享有与承担

因共有物产生的债权债务关系的享有与承担，既涉及共有人的内部关系，也涉及共有人全体的对外关系。《物权法》第 102 条规定："因共有的不动产或者动产产生的债权债务，

---

〔1〕　共有人出卖共有房屋时，还会涉及承租人的优先购买权问题，对此，《最高人民法院关于审理城镇房屋租赁合同纠纷案件具体应用法律若干问题的解释》（法释〔2009〕11 号）第 21～24 条规定："出租人出卖租赁房屋未在合理期限内通知承租人或者存在其他侵害承租人优先购买权情形，承租人请求出租人承担赔偿责任的，人民法院应予支持。但请求确认出租人与第三人签订的房屋买卖合同无效的，人民法院不予支持。""出租人与抵押权人协议折价、变卖租赁房屋偿还债务，应当在合理期限内通知承租人。承租人请求以同等条件优先购买房屋的，人民法院应予支持。""出租人委托拍卖人拍卖租赁房屋，应当在拍卖 5 日前通知承租人。承租人未参加拍卖的，人民法院应当认定承租人放弃优先购买权。""具有下列情形之一，承租人主张优先购买房屋的，人民法院不予支持：①房屋共有人行使优先购买权的；②出租人将房屋出卖给近亲属，包括配偶、父母、子女、兄弟姐妹、祖父母、外祖父母、孙子女、外孙子女的；③出租人履行通知义务后，承租人在 15 日内未明确表示购买的；④第三人善意购买租赁房屋并已经办理登记手续的。"

〔2〕　郭明瑞、唐广良、房绍坤：《民商法原理（二）物权法　知识产权法》，中国人民大学出版社 1999 年版，第 142 页；刘保玉主编：《中国民法原理与实务》，山东大学出版社 1994 年版，第 290 页。

在对外关系上，共有人享有连带债权、承担连带债务，但法律另有规定或者第三人知道共有人不具有连带债权债务关系的除外；在共有人内部关系上，除共有人另有约定外，按份共有人按照份额享有债权、承担债务，共同共有人共同享有债权、承担债务。偿还债务超过自己应当承担份额的按份共有人，有权向其他共有人追偿。"

二、共有关系的终止与共有物的分割

（一）共有关系终止的原因

共有关系会因一定情况的出现而终止。引起共有关系终止的原因有很多，常见的有：共有物灭失、一个共有人单独取得整个共有物的所有权、共有人协商终止、共同共有基础关系的解除或消灭等。

（二）共有物的分割

共有关系终止，应进行共有物的分割。关于共有物的分割方法，《物权法》第100条规定："共有人可以协商确定分割方式。达不成协议，共有的不动产或者动产可以分割并且不会因分割减损价值的，应当对实物予以分割；难以分割或者因分割会减损价值的，应当对折价或者拍卖、变卖取得的价款予以分割。共有人分割所得的不动产或者动产有瑕疵的，其他共有人应当分担损失。"据此，共有人对共有物的分割方式可以协议确定，在达不成协议时，可申请法院或仲裁机构裁判进行分割。不论是协议分割还是裁判分割，最终的具体分割方法不外乎以下三种：

1. 实物分割，即对共有物进行实体分割。实行这种分割的条件要求共有物是可分物，分割后不能损害共有物的价值。实物分割后，各共有人取得自己的应有部分。

2. 变价分割，即拍卖、变卖共有物，所得价金由共有人按份额比例分配。这种方式一般在分割实物将严重损害共有物的价值或共有人都不愿接受共有物的情况下进行。

3. 作价补偿，即由其中某个共有人取得共有物，并由该共有人向其他共有人补偿其应有部分的价值。实行这种分割后，共有物归一人所有。

第十八章

第十九章

所有权的取得方式

■第一节　所有权的取得方式概述

一、所有权取得的概念与分类

所有权的取得，指所有权与特定主体相结合，即某一主体取得对某一不动产或者动产的所有权。所有权的取得包括原始取得与继受取得两类情形。分述如下：

（一）所有权的原始取得

所有权的原始取得又称最初取得、固有取得，是指非依他人既存的权利而取得所有权，它包括三种情况：①一物之上原不存在任何人的所有权，主体第一次或最初取得该物的所有权。例如，对自己劳动创造的物取得最初的所有权，依先占而取得无主物的所有权等。②物上原存在他人的所有权，但法律上不予承认，而是依法律或国家权力而强制取得，如没收财产、时效取得等。③法律上承认原物上的权利，但新物权人不依据原权利人的意志而依法取得物权，如国家征收财产、添附等。

通说认为，由于原始取得不以他人既存的权利为依据，因此，原始取得的物权只能是所有权，而不能是其他物权；又由于原始取得多基于事实行为、法律的直接规定或公法上的行为，因而原始取得一旦完成，此前标的物上的一切负担皆归于消灭，原物权人不得就标的物再行主张其权利。[1]

（二）所有权的继受取得

所有权的继受取得又称传来取得，是指基于他人既存的所有权及权利人的意志而取得某物的所有权。在继受取得中，由于对标的物的所有权系因继受而来，基于权利人不得将大于其所有的权利让与他人的法理，存在于标的物上的一切旧的负担得继续存在，而转由取得人承继。[2]这是继受取得与原始取得在法律效果上的重要差异。

所有权的继受取得是物权继受取得的情形之一。物权的继受取得依继受取得方法的不同，可分为移转的继受取得与创设的继受取得。移转的继受取得简称移转取得，是指就他人的物权依其原状移转而取得。例如，基于买卖或赠与而受让某物的所有权，基于转让而取得建设用地使用权，附随债权的让与而取得该债权的担保物权等。移转取得的物权与原物权人的物权在性质和内容上是相同的。无论是所有权还是其他物权，均可发生移转的继受取得。创设的继受取得简称设定取得或创设取得，是指在自己所有的物上为他人设定用

---

〔1〕　上述规则在适用中也有例外。例如，通说认为"善意取得"属于原始取得的情况，但第三人善意取得的物权不限于所有权（参见《物权法》第106条第3款）；抵押物的归属依添附的规则发生变化时，抵押权人的权利仍能及于抵押人所得的补偿金或抵押人的共有份额之上，而并不当然消灭（参见《担保法解释》第62条）。

〔2〕　谢在全：《民法物权论》（上），中国政法大学出版社1999年版，第54页。

益物权或担保物权。例如，所有人在自己的房屋上为他人设定抵押权或地役权。创设取得实际上是在一物之上通过法律行为再设定另一物权。因此，它只能是他物权的取得方式而无法作为所有权的取得方式。

二、所有权取得的一般规定与特别规定

所有权取得的一般规定或者说原则规定，是不针对具体取得方式而就任何取得方式均予适用的通行规则。这种一般规定主要有两个方面：

1. 所有权取得的合法性问题。《民法总则》第8条规定："民事主体从事民事活动，不得违反法律，不得违背公序良俗。"《物权法》第7条规定："物权的取得和行使，应当遵守法律，尊重社会公德，不得损害公共利益和他人合法权益。"

2. 所有权取得的时间与条件问题。《物权法》第6条规定："不动产物权的设立、变更、转让和消灭，应当依照法律规定登记。动产物权的设立和转让，应当依照法律规定交付。"此外，《物权法》第二章关于物权变动的规定，也涉及所有权取得问题的一般规定。

《物权法》中专设"所有权取得的特别规定"一章（第九章），其中规定的就是各种具体情况下所有权取得的特别规定，内容涉及善意取得、拾得遗失物、发现埋藏物、从物、孳息等问题；另外，不动产的征收问题在《民法总则》《物权法》中也有规定。除前面已经阐述的内容外，下节我们着重讲述所有权取得的几种具体方式及其特殊规则。另外，先占、添附、取得时效等在《物权法》中虽未规定，但鉴于其重要性，我们将在下节一并讲述。

三、所有权取得规则的示范意义

从立法技术上讲，法律不可能对任何一种物权的取得方式问题均加以详细规定，而物权取得的原理和规则在许多方面是相通的。因此，《物权法》抽象出了物权取得的一般规定和物权变动的一般规则。而一些既适用于所有权也适用于其他物权的取得方式（如善意取得），法律上通常设"准用"或"参照"条款加以解决，也即是说《物权法》有关所有权取得的规定和本章讲述的内容，对其他物权的取得问题具有示范意义。因此，除特别情况外，对他物权的取得方式本书不再单独介绍。

■第二节　所有权取得的几种具体方式及其规则

一、先占

（一）先占的概念和成立条件

先占是指占有人以所有的意思，先行占有无主动产而取得其所有权的事实。通说认为，先占在法律性质上是一种事实行为，不以先占人具有民事行为能力为必要。

先占须具备如下几个条件：

1. 先占之物须是无主物。无主物是指现在不属于任何人所有之物，而不论其过去是否有主。

2. 先占之物限于动产。依各国立法，无主不动产通常只能归国家所有，不能成为先占的标的物。同时，也并不是所有的动产都能成为先占的标的物，一般认为下列几类动产不能成为先占的标的物：①禁止流通的物；②依诚实信用和善良风俗不得认定为无主物的物品，如遗体；③文物与珍稀动植物；④位于他人有所有权或使用权的土地上下之无主动产，非经权利人许可，不得依先占取得，但依照当地习惯无须许可的除外。

3. 先占人须以所有的意思占有无主动产。一方面，先占人须基于"所有的意思"；另

一方面，先占人须实际占有动产。非以据为己有的意思或者行为人仅发现无主动产而不予占有，均不能构成先占。

4. 先占不得违反法律、法规的规定。违法的行为（如在禁猎区、禁渔期内狩猎、捕鱼）以及法律禁止先占取得所有权的财物，不能成立先占。

（二）先占的效力

先占的基本效力是先占人取得无主物的所有权，但各国立法规定并不一致。关于先占的效力，主要有两种立法例：①先占自由主义，即不分动产与不动产，法律均允许自由先占而取得所有权；②先占权主义，即无主不动产只有国家才有先占权，动产则在法律不禁止的情况下得由先占人取得所有权。大多数国家民事立法采取后一种做法。我国民事立法中目前并未对先占制度作出规定，实践中依据共同生活习惯而予以认可。

二、善意取得

（一）善意取得的概念和意义

善意取得又称即时取得，是指无处分权人将其占有的他人动产或登记在其名下的他人的不动产转让给第三人，若第三人在交易时出于善意即可取得该财产的所有权，原所有权人不得追夺的法律制度。

罗马法上，奉行"任何人不得将大于其所有的权利让与他人"及"发现己物，我即收回"的原则，侧重对所有权人的保护，无善意取得制度的踪迹。一般认为，善意取得起源于日耳曼法"以手护手"制度（hand muss hand wahren）。据此原则，在所有人的动产由他人占有后无权转让给第三人的情况下，只能向侵犯其权利的相对人要求返还或赔偿，而不能向第三人要求返还；不知情的第三人对财产的占有具有转移所有权之效力。

法律规定善意取得制度，主要是为了维护交易安全。关于善意取得制度的根据或理论基础，有取得时效说与非时效说两类。非时效说又有权利外像说、法律赋权说、占有效力说、法律特别规定说等不同的主张。其中，以法律特别规定说为通说。[1]法律所保护的财产秩序的安全，有静态安全和动态安全两方面。从保护所有人的立场而言，所有权不应因他人的无权处分而消灭，所有人得追及物之所在，而受让人仅能从无权处分人处寻求救济。但如果绝对地保护所有权，漠视受让人对让与人占有物或权利登记之事实的合理信赖，则可能导致买受者人人自危、恐遭不测，从而使交易难以进行或使征信成本极大提高；在市场交易频繁、迅捷、复杂的现代经济中，要求买受人详为查知让与人是否为有权处分，常属不可能之事。善意取得制度区分受让人善意恶意，对善意第三人的利益予以保护，在公平原则基础上兼顾了动的安全与静的安全两种价值，适应了社会经济发展的要求，因而被现代各国民法普遍采用。

值得说明的是，国外立法上的善意取得的客体仅限于动产（不动产则适用登记的公信力规则），而依我国《物权法》的规定，不动产与动产均有善意取得的适用。

（二）善意取得的构成要件

《物权法》第106条第1款规定："无处分权人将不动产或者动产转让给受让人的，所有权人有权追回；除法律另有规定外，符合下列情形的，受让人取得该不动产或者动产的所有权：①受让人受让该不动产或者动产时是善意的；②以合理的价格转让；③转让的不动产或者动产依照法律规定应当登记的已经登记，不需要登记的已经交付给受让人。"据此

---

[1] 参见梁慧星、陈华彬：《物权法》，法律出版社2005年版，第215～216页；郭明瑞、唐广良、房绍坤：《民商法原理（二）物权法　知识产权法》，中国人民大学出版社1999年版，第116页。

规定并结合相关司法解释和学理，善意取得应符合下列条件：

1. 让与人须为动产的占有人或者登记的不动产权利人。善意取得的制度基础在于物权公示的公信力。不管是不动产的登记还是动产的占有，均为物权的公示方法，非真正权利人而登记为不动产所有权人（如真正权利人借用子女或他人名义为房地产权利登记等情况）或现实占有他人的动产的人（如承租人、保管人、借用人及保留所有权买卖中的买受人占有他人动产的情形等），方能给不特定的第三人以特定的权利外观，使其信赖登记权利人或占有动产的人就是真正权利人而与其进行交易。[1]这一条件是善意取得发生的前提。

2. 让与人须无处分权。善意取得恒与无权处分相对应，唯有在让与人处分他人财产时没有处分权的情况下，才有可能发生第三人善意取得的问题。因此，善意取得的另一要件就是让与人处分他人财产时没有处分权。让与人无处分权，既包括根本无处分权，也包括欠缺完整的处分权（如共有的不动产只以一人名义进行登记而该共有人未经其他共有人同意处分共有财产等）。如果登记的权利人或动产的占有人受权利人之委托而为处分，或者本无处分权但嗣后取得处分权或得到权利人的追认，均不适用善意取得的规则。还应注意的是，善意取得制度中无权处分人所处分的应是他人之物，其对自己的财产的处分权依法受到限制（如被监管、扣押、查封）却擅自为处分行为的，善意第三人能否受保护的问题，应依其他规则处理，不属于此处所言的善意取得问题。[2]

3. 让与人与受让人之间须基于交易行为而以合理的价格转让。只有在让与人与受让人间存在交易行为时，才存在善意取得问题。非通过交易行为而以受赠、继承等方式无偿取得财产的，不能发生善意取得的效力，否则将会造成各方利益保护上的失衡。《物权法》中将"以合理的价格转让"作为善意取得要件之一，体现了善意取得制度旨在维护交易的安全的价值目标。《物权法司法解释（一）》第19条规定："物权法第106条第1款第2项所称'合理的价格'，应当根据转让标的物的性质、数量以及付款方式等具体情况，参考转让时交易地市场价格以及交易习惯等因素综合认定。"据此，善意取得不仅应基于有偿的交易行为，而且以合理的对价为其成立条件。以明显的低价转让财产的，会影响到对第三人"善意"的判定，不能构成善意取得。至于约定的"合理的对价"是否已由受让人实际支付，一般并不影响善意取得的成立；该价款尚未支付的，让与人或者原权利人可以向受让人主张债权请求权。[3]

4. 受让人受让财产时须为善意。确定受让人是否为善意，应以其受让不动产或者动产当时的情况判定，至于其后受让人是否知晓真实情况，不影响善意取得的成立；让与人是善意还是恶意，则在所不问。善意之标准，理论上有积极观念说与消极观念说两种学说。前者认为，受让人须具有将让与人视为所有人之观念始为善意；后者认为受让人不知或不

---

[1] 至于登记权利人之外的人（如房主的子女或房屋的承租人等）通过骗取房产证原件、伪造房主的身份证件及授权委托书等必要书件的手段，骗取第三人和登记机关的信任而处分他人的不动产的情况，应依据民法上的无权代理（表见代理）的规则处理。

[2] 对于冒名顶替骗卖他人房屋的情况，是否适用善意取得的规定，尚有争议，我们倾向于认为此种情况与对应于善意取得的无权处分所要求的"权利外观"情况有别，宜通过其他规则处理。参见刘保玉："盗赃与诈骗所及财物的善意取得和赔偿责任问题探讨——由一起骗卖房屋的纠纷案谈起"，载王利明主编：《判解研究》（2009年第2辑·总第46辑），人民法院出版社2009年版；刘保玉、郭栋："权利外观保护理论及其在我国民法典中的设计"，载《法律科学（西北政法大学学报）》2012年第5期。

[3] 参见杜万华主编：《最高人民法院物权法司法解释（一）理解与适用》，人民法院出版社2016年版，第449页以下。

第十九章

应知让与人无处分权且无重大过失即为善意，后说为通说。另依通说，受让人的善意适用法律推定规则，主张受让人非为善意的一方应负相应的举证责任。《物权法司法解释（一）》第15条规定："受让人受让不动产或者动产时，不知道转让人无处分权，且无重大过失的，应当认定受让人为善意。真实权利人主张受让人不构成善意的，应当承担举证证明责任。"第16条规定："具有下列情形之一的，应当认定不动产受让人知道转让人无处分权：①登记簿上存在有效的异议登记；②预告登记有效期内，未经预告登记的权利人同意；③登记簿上已经记载司法机关或者行政机关依法裁定、决定查封或者以其他形式限制不动产权利的有关事项；④受让人知道登记簿上记载的权利主体错误；⑤受让人知道他人已经依法享有不动产物权。真实权利人有证据证明不动产受让人应当知道转让人无处分权的，应当认定受让人具有重大过失。"第17条规定："受让人受让动产时，交易的对象、场所或者时机等不符合交易习惯的，应当认定受让人具有重大过失。"

5. 转让的标的物应经完成登记或者交付。善意取得的完成，以转让的不动产或者动产已经登记或交付为条件，即依照法律规定应当登记的已经完成移转登记，不需要登记的已经实际交付给受让人。如果无权处分人与受让人双方仅达成了转让的合意而尚未办竣登记或尚未交付，则只产生债的关系，不发生善意取得，权利人得及时阻止其交易。

《物权法司法解释（一）》第18条规定："物权法第106条第1款第1项所称的'受让人受让该不动产或者动产时'，是指依法完成不动产物权转移登记或者动产交付之时。当事人以物权法第25条规定的方式交付动产的，转让动产法律行为生效时为动产交付之时；当事人以物权法第26条规定的方式交付动产的，转让人与受让人之间有关转让返还原物请求权的协议生效时为动产交付之时。[1]法律对不动产、动产物权的设立另有规定的，应当按照法律规定的时间认定权利人是否为善意。"第20条规定："转让人将物权法第24条规定的船舶、航空器和机动车等交付给受让人的，应当认定符合物权法第106条第1款第3项规定的善意取得的条件。"

另应注意的是，善意取得仅是涉及转让人无处分权情况下第三人能否取得转让财产的所有权问题，至于转让合同本身是否存在效力瑕疵，则应依合同法的规定处理。对此问题，《买卖合同司法解释》第3条第1款规定："当事人一方以出卖人在缔约时对标的物没有所有权或者处分权为由主张合同无效的，人民法院不予支持。"《物权法司法解释（一）》第21条规定："具有下列情形之一，受让人主张根据物权法第106条规定取得所有权的，不予支持：①转让合同因违反合同法第52条规定被认定无效；②转让合同因受让人存在欺诈、胁迫或者乘人之危等法定事由被撤销。"

（三）善意取得的效力

善意取得发生后，受让人取得不动产或者动产的所有权，原权利人丧失该财产的所有权，不得向受让人主张返还。一般认为，善意取得中受让人取得标的物的所有权系出于法律的直接规定，而非基于当事人之间法律行为的效力，故其属于原始取得。《物权法》第108条规定："善意受让人取得动产后，该动产上的原有权利消灭，但善意受让人在受让时知道或者应当知道该权利的除外。"

---

〔1〕 受让人依《物权法》第27条所规定的占有改定的方式取得动产的情况下，是否能够发生善意取得？对此问题，理论与实践中有不同认识的争议，司法解释中对此也未予明文，有关问题值得进一步研究。参见龙卫球、刘保玉主编：《最高人民法院物权法司法解释（一）条文理解与适用指南》，中国法制出版社2016年版，第297～301页。

善意取得的发生，还可以在原所有人与无权处分人之间产生债的关系，原所有人可就自己的损失向其选择行使债务不履行的损害赔偿请求权、不当得利返还请求权或者侵权损害赔偿请求权。《物权法》第106条第2款规定："受让人依照前款规定取得不动产或者动产的所有权的，原所有权人有权向无处分权人请求赔偿损失。"

此外，依据学界通说，如果受让人已经依登记或交付而善意取得不动产或动产的所有权，但价款尚未清结的，让与人可以向其主张债权请求权或追究其违约责任；[1]如果受让人虽依善意取得规定取得了让与人转让的不动产或动产，但若标的物存在瑕疵，受让人亦得依转让合同要求让与人承担瑕疵担保责任。[2]

（四）善意取得规定适用的扩张与限制

1. 善意取得规定适用的扩张。国外立法上除规定动产所有权的善意取得外，还承认动产质权等也可善意取得。我国《物权法》将善意取得的客体扩张于不动产，并于第106条第3款中规定："当事人善意取得其他物权的，参照前两款规定。"依此规定，在符合法定条件的情况下，用益物权及抵押权、质权亦可适用善意取得。但对于留置权，则无所谓善意取得问题。[3]

2. 善意取得对占有脱离物的适用。占有脱离物是指非基于权利人的意思而丧失占有的物，如遗失物、盗窃物、抢劫物。对遗失物和盗赃物是否得适用善意取得的规定，各国立法规定不尽一致，我国学界对此问题的态度也有分歧。[4]我国《物权法》中未规定盗赃物的善意取得，第107条只规定了与遗失物有关的问题："所有权人或者其他权利人有权追回遗失物。该遗失物通过转让被他人占有的，权利人有权向无处分权人请求损害赔偿，或者自知道或者应当知道受让人之日起2年内向受让人请求返还原物，但受让人通过拍卖或者向具有经营资格的经营者购得该遗失物的，权利人请求返还原物时应当支付受让人所付的费用。权利人向受让人支付所付费用后，有权向无处分权人追偿。"不过，司法实践中对盗赃物的善意取得问题已有所承认。[5]

3. 不适用善意取得的物。所有权的取得不得违反法律规定，此乃所有权取得的一般原则，《物权法》关于善意取得的规定也明确了"法律另有规定的除外"。据此并依据有关法律规定，一般说来，记名有价证券须依背书或办理过户手续的方式转让，不发生善意取得；货币现金通常适用"占有即所有"的规则，而不适用善意取得的规则；法律禁止流通物，如毒品、枪支弹药、国家专有财产、文物以及盗赃物等，依法不能善意取得。

---

[1] 参见最高人民法院物权法研究小组编著：《〈中华人民共和国物权法〉条文理解与适用》，人民法院出版社2007年版，第329页。

[2] 《最高人民法院关于审理买卖合同纠纷案件适用法律问题的解释》（法释［2012］8号）第3条第2款规定："出卖人因未取得所有权或者处分权致使标的物所有权不能转移，买受人要求出卖人承担违约责任或者要求解除合同并主张损害赔偿的，人民法院应予支持。"

[3] 刘保玉：《物权法学》，中国法制出版社2007年版，第224~225页。

[4] 刘保玉："刍议物权法草案中所有权取得的若干规定及其完善"，载《法学论坛》2007年第1期。

[5] 例如，《最高人民法院、最高人民检察院关于办理诈骗刑事案件具体应用法律若干问题的解释》（法释［2011］7号）第10条规定："行为人已将诈骗财物用于清偿债务或者转让给他人，具有下列情形之一的，应当依法追缴：①对方明知是诈骗财物而收取的；②对方无偿取得诈骗财物的；③对方以明显低于市场的价格取得诈骗财物的；④对方取得诈骗财物系源于非法债务或者违法犯罪活动的。他人善意取得诈骗财物的，不予追缴。"基于遗失物与盗赃的性质，本着举轻明重的解释规则，我们认为关于盗赃的善意取得问题，应参照适用《物权法》第107条的规定，而不应直接适用第106条。

三、拾得遗失物

（一）拾得遗失物的概念和成立要件

拾得遗失物，是指发现他人遗失的物并予以占有的事实行为。拾得遗失物的成立，需要具备以下条件：

1. 须有拾得的行为。所谓拾得，是指发现并且实际占有遗失物的行为。只发现而不占有，不能构成拾得。

2. 标的物须是遗失物。遗失物是指权利人丢失而未被任何人占有的动产。构成遗失物一般须具备四个条件：①应为动产。②须是他人之物（有主物）。③遗失人丧失了对物的占有。④占有的丧失不是出于遗失人的本意（否则应属抛弃物）。

（二）拾得遗失物的效力

关于拾得遗失物的效力，立法上有两种不同的体例，即拾得人不能取得所有权主义和依一定的条件而取得所有权主义。

多数国家民事立法规定，拾得人在履行一定义务的前提下，可以取得遗失物的所有权，或者在找到失主的情况下享有一定比例的报酬请求权。各国民法中通常规定，遗失物的拾得人通常应承担以下四项义务：①通知义务。拾得遗失物后，不能据为己有，而应当通知遗失人。②保管义务。拾得人在将遗失物交还之前应尽善良管理人的义务，对遗失物予以保管（遗失物易于腐烂、变质的，可将其变价保存）。③报告及交存义务。在不知失主为何人或在何处时，拾得人应向主管机关报告并交存遗失物。④返还义务。在一定期间内，如果遗失人认领其遗失物，拾得人应当返还。关于拾得人享有的权利，主要为三项：①费用偿还请求权。拾得人可以请求失主偿还其所支出的保管费、公告费、送还之交通费及误工费等合理费用。②报酬请求权。在经通知或公告找到失主时，多数国家法律上都承认拾得人有法定比例的报酬请求权。失主不支付该报酬的，拾得人得留置拾得物。③遗失物所有权的取得权。经通知、公告等程序仍不能找到失主的，或失主于一定期限内未予认领的，由拾得人取得拾得物的所有权。

我国《物权法》于第109～113条规定：拾得遗失物，应当返还权利人。拾得人应当及时通知权利人领取，或者送交公安等有关部门。有关部门收到遗失物，知道权利人的，应当及时通知其领取；不知道的，应当及时发布招领公告。拾得人在遗失物送交有关部门前，有关部门在遗失物被领取前，应当妥善保管遗失物。因故意或者重大过失致使遗失物毁损、灭失的，应当承担民事责任。权利人领取遗失物时，应当向拾得人或者有关部门支付保管遗失物等支出的必要费用。权利人悬赏寻找遗失物的，领取遗失物时应当按照承诺履行义务。拾得人侵占遗失物的，无权请求保管遗失物等支出的费用，也无权请求权利人按照承诺履行义务。遗失物自发布招领公告之日起6个月内无人认领的，归国家所有。[1]

四、发现埋藏物

（一）发现埋藏物的概念和成立要件

发现埋藏物，是指发现埋藏物并予以占有的事实行为。发现埋藏物的成立，需要具备

---

[1] 我国《物权法》中未承认拾得人能够取得遗失物的所有权及一般情况下的报酬请求权，仅承认了在失主悬赏情况下的报酬请求权。不少学者认为，这种规定超出了现阶段人们的一般觉悟程度，对市民社会中普通人的行为标准要求过高；对于价值极其微小的遗失物，仍须经公告且在公告期满无人认领的情况下归国家所有，并无实际意义，也难以操作。在拾得漂流物、发现埋藏物的规定中，也存在同样的问题。参见刘保玉：“刍议物权法草案中所有权取得的若干规定及其完善”，载《法学论坛》2007年第1期。

如下几个条件：

1. 须有发现行为。发现是指认识到埋藏物的存在或存在地点。通说认为，发现人只需有发现行为，不需要直接占有即可构成"发现"。埋藏物的发现人与占有人可能是不同的人，在这种情况下，应以占有人的占有是否基于他人的发现结果来作为确定埋藏物归属的标准。

2. 标的物须为埋藏物。埋藏物是指埋藏或隐藏于土地或他物之中且所有权归属不明的动产。埋藏物须满足以下条件：①应为动产。不动产（如矿脉等）不适用发现埋藏物之规则。②须是埋藏于土地或隐藏于他物之中而不易被发现之物。至于是因自然原因抑或人为原因而埋藏，在所不问。③须是所有人不明之物。埋藏物及隐藏物在性质上应是有主物，只是所有人是谁无法判定、查明而已。

（二）发现埋藏物的效力

关于发现埋藏物的效力，立法上有三种体例：①发现人有条件取得所有权主义，即埋藏物在无人认领的情况下，归发现人所有，或由发现人与土地所有人各取得一半。②公有主义，即无论在何种情况下，埋藏物只能归国家所有。③报酬主义，即埋藏物或隐藏物归土地或包藏物的所有人所有，但发现人可以请求土地或包藏物的所有人支付一定比例的报酬。

我国《物权法》第114条规定："拾得漂流物、发现埋藏物或者隐藏物的，参照拾得遗失物的有关规定。文物保护法等法律另有规定的，依照其规定。"其所贯彻的仍然是国家取得所有权主义。

五、添附

添附是指不同所有人之物结合、混合在一起或者不同人的劳力与物结合在一起形成一种新物的法律状态。依各国立法，添附是能够导致所有权变动的法律事实之一。添附的具体形式，包括附合、混合与加工三种。

（一）附合

附合是指不同所有人的物结合在一起而形成新物。因附合形成的新物，称之为附合物。在附合的情况下，不同所有人的财产虽从外观上可以识别，但非经毁损不能分离或虽能分离但耗费过巨。附合的具体情形有如下三种：

1. 动产与不动产的附合。指动产附合于不动产之上，成为不动产组成部分的情况。例如，将砖瓦、石板、木料、壁纸等建筑装修材料铺砌、安装、黏贴在房屋中。这种附合需具备三个条件：①动产附合于不动产之上，即附合者是动产，被附合者是不动产。②动产成为不动产的重要组成部分。其相互结合的程度在一般观念上已被视为一物，非经毁损或变更其性质不能使二者分离，或者虽能分离但花费过大。③动产与不动产须原本属于不同的人所有。若其原本就属于同一人，则不发生附合物的归属如何确定的问题。

动产附合于不动产的法律效果为：①不动产所有人取得动产的所有权且不问其是否为善意。此时，不动产的所有权扩及于整个附合物。②动产所有权因附合而消灭。原动产所有人不能请求恢复原状，但可依不当得利的规定要求不动产所有人给予补偿；若不动产所有人恶意为附合，还可能发生侵权损害赔偿问题。

对于实践中经常发生的承租房屋因装饰装修问题产生的纠纷处理问题，最高人民法院2009年发布的《房屋租赁合同司法解释》中区分不同情况，分别作出了相关规定，其中涉及的附合问题的规则，尤值注意。[1]

2. 动产与动产的附合。这是指不同所有人的动产互相结合而成为一物的情况。例如，将油漆涂刷于他人的家具上，将钻石镶嵌于戒指上。这种附合的成立也须具备三个条件：①附合之物与被附合物都是动产；②附合后形成的附合物非经毁损不能分离或分离花费过大；③原动产应分属于不同的人所有。

动产和动产附合后，原则上应由原动产的所有人共有附合物，各共有人的应有部分依附合时的价值比例确定或由各共有人协商确定；如果一方的动产价值明显高于他方的动产价值，则应由价值明显高的原动产的所有人取得附合物所有权，并由其对因附合而丧失权利或遭受损失的他方给予适当补偿。但恶意为附合行为者，不得取得附合物的所有权。

3. 不动产与不动产的附合。不动产与不动产的附合现象也是存在的，其主要情形可以分为两类，一是基于自然原因而发生的不动产附合，例如，河流泥沙淤积形成的土地附合于河流两岸的土地。这种现象一般由土地法来调整。在我国法律上，淤积地、冲积地通常归国家所有。二是基于人为原因而发生的不动产附合，例如，在他人的土地或建筑物上增添附属物。《民通意见》第86条规定："非产权人在使用他人的财产上增添附属物，财产所有人同意增添，并就财产返还时附属物如何处理有约定的，按约定办理；没有约定又协商不成，能够拆除的，可以责令拆除；不能拆除的，也可以折价归财产所有人；造成财产所有人损失的，应当负赔偿责任。"依据一般理解，该条规定亦适用于动产因装修房屋等附合于不动产的情形。[2]

（二）混合

混合是指不同所有人的动产互相混杂在一起而成为新物。例如，将前者不同的水泥、石灰和沙石掺杂在一起而形成混合物。混合的成立应具备三个条件：①发生混合的各物都是动产。②混合物各部分已无法识别，或者虽能采用某种方法识别但花费太大。混合物通常由气体、液体或粉末状物结合而成，原物已难以识别更无法分离，这也是混合与附合的主要区别。③混合前的各项动产分属于不同的所有人。

理论上及各国立法上一般认为，动产混合后发生的法律效果，准用动产与动产附合的

---

[1] 《房屋租赁合同司法解释》第9条规定："承租人经出租人同意装饰装修，租赁合同无效时，未形成附合的装饰装修物，出租人同意利用的，可折价归出租人所有；不同意利用的，可由承租人拆除。因拆除造成房屋毁损的，承租人应当恢复原状。已形成附合的装饰装修物，出租人同意利用的，可折价归出租人所有；不同意利用的，由双方各自按照导致合同无效的过错分担现值损失。"第10条规定："承租人经出租人同意装饰装修，租赁期间届满或者合同解除时，除当事人另有约定外，未形成附合的装饰装修物，可由承租人拆除。因拆除造成房屋毁损的，承租人应当恢复原状。"第11条规定："承租人经出租人同意装饰装修，合同解除时，双方对已形成附合的装饰装修物的处理没有约定的，人民法院按照下列情形分别处理：①因出租人违约导致合同解除，承租人请求出租人赔偿剩余租赁期内装饰装修残值损失的，应予支持；②因承租人违约导致合同解除，承租人请求出租人赔偿剩余租赁期内装饰装修残值损失的，不予支持。但出租人同意利用的，应在利用价值范围内予以适当补偿；③因双方违约导致合同解除，剩余租赁期内的装饰装修残值损失，由双方根据各自的过错承担相应的责任；④因不可归责于双方的事由导致合同解除的，剩余租赁期内的装饰装修残值损失，由双方按照公平原则分担。法律另有规定的，适用其规定。"第12条规定："承租人经出租人同意装饰装修，租赁期间届满时，承租人请求出租人补偿附合装饰装修费用的，不予支持。但当事人另有约定的除外。"

[2] 《房屋租赁合同司法解释》第13条规定："承租人未经出租人同意装饰装修或者扩建发生的费用，由承租人负担。出租人请求承租人恢复原状或者赔偿损失的，人民法院应予支持。"第14条规定："承租人经出租人同意扩建，但双方对扩建费用的处理没有约定的，人民法院按照下列情形分别处理：①办理合法建设手续的，扩建造价费用由出租人负担；②未办理合法建设手续的，扩建造价费用由双方按照过错分担。"

处理原则。

（三）加工

加工是指对他人的动产进行制作、改造，使之形成一种具有更高价值的新物。例如，将他人的布料做成衣服、将他人的玉石雕成工艺品、将他人的字画进行装裱等。因加工形成的新物称之为加工物。加工的构成应具备四个条件：①需要有加工行为；②加工的标的物仅限于动产；③加工的标的物必须是他人所有的物；④因加工行为而形成新物，即加工物与加工之前的动产必须是不同的物品。

关于加工物的归属问题，早在罗马法时期就有应归加工人所有的加工主义和应归原材料人所有的材料主义两种主张。至优士丁尼时期采用了折中主义，区分完全加工与不完全加工两种情形而分别实行加工主义或材料主义。[1] 现代各国立法均采折中主义的做法，或者以加工主义为原则，以材料主义为例外；或者以材料主义为原则，以加工主义为例外。我们主张，在确定加工物的归属时，应采纳以材料主义为原则，以加工主义为例外的做法。加工物所有权原则上应归属于原材料的所有人，唯在加工人为善意加工且加工后增值的价值明显高于原物价值的情况下，方可由其取得所有权。加工人主观上若为恶意，无论增值部分价值大小，均不应由其取得所有权。

六、取得时效

（一）取得时效概说

1. 取得时效的概念。取得时效又称占有时效或时效取得，是指无权利人以行使所有权或其他财产权的意思公然、和平地继续占有他人的财产，经过法律规定的期间，即依法取得该财产的所有权或其他财产权的法律制度。

在现代法上，取得时效与消灭时效共同构成完整的时效制度。消灭时效为权利消灭或抗辩权发生的原因之一，而取得时效则是所有权等财产权利的取得方式之一。通说认为，取得时效因系基于法律的直接规定而取得权利，并非继受取得前权利人的权利，故应属于原始取得，其本质系立法上就社会财货之归属与分配所作的一种强制性配置。[2]

2. 取得时效制度的价值与功能。肇端于罗马法的取得时效，其最初之功用主要是鼓励人们使用他人闲置之物（如土地、奴隶、牲畜等），以使物尽其用，并补救形式主义造成的所有权取得方面的缺陷；其后，随着罗马商品经济的发展，取得时效又具有了新的价值和功能。[3] 近现代大陆法系各国民法上大多承袭了罗马法而规定有取得时效制度。该制度之功用主要表现在以下几点：

（1）维护因一定事实状态达一定期间所建立起来的新的财产秩序，以便尽快确定当事人之间的法律关系。

（2）使长期地继续地占有他人之物者无论善意与否均能取得其所有权，具有促进物尽其用的社会功能。

（3）在特定情况下能够弥补权利取得的缺陷，具有维护交易安全的作用。一方面，在交易主体的能力或交易行为的要件有欠缺时，取得时效可以其特有的机制加以弥补，"法学专家制定的这个'时效取得'提供了一个自动的机械，通过这个自动机械，权利的缺陷就不断得到矫正，而暂时脱离的所有权又可以在可能极短的阻碍之后重新迅速地

---

[1]　周枬：《罗马法原论》（上），商务印书馆1996年版，第345～346页。

[2]　梁慧星、陈华彬：《物权法》，法律出版社2005年版，第137页。

[3]　周枬：《罗马法原论》（上），商务印书馆1996年版，第319页。

第十九章

结合起来"。[1]另一方面，无权利人以所有的意思，和平、公然地占有他人之物达一定时期后，人们常信其与真实的权利关系相符，从而与其在该物之上建立各种其他法律关系。轻易地否定此一系列关系，势必造成社会经济与法律秩序的混乱。而取得时效制度，能够稳定社会经济秩序，维护上述情况下的交易安全。

（4）取得时效制度的设立，使事实代替证据，可以有效地避免因岁月流逝所发生的当事人举证与法院查证的困难与烦累，有利于纠纷的解决。[2]

因此，可以说，设立取得时效制度，使"事实胜于权利"，是各国立法经过各种利益衡量后作出的选择。

3. 取得时效制度的立法例。从各国时效制度的立法体例来看，大致有取得时效与消灭时效统一并存制和分立并存制两种做法，多数国家采后一种体例，对两种时效分别在总则编与物权编中予以规定。关于取得时效的种类，立法上无例外地区别动产与不动产而规定两类不同的时效，所有权以外的其他财产权的取得时效则准用所有权取得时效之规定；绝大多数国家的立法还区分占有人的占有是否为善意占有而规定不同的时效期间；此外，一些国家的立法对不动产的取得时效还细分为占有取得时效与登记取得时效两种不同的类型。

在我国学者们的著述和立法建议中，多主张规定取得时效制度并认为应将其规定于物权制度中，在 2002 年九届全国人大第三十一次会议曾经审议过的《中华人民共和国民法（草案）》中，也曾对取得时效作出过规定（取得时效与诉讼时效一并规定于民法总则编第八章"时效"中）。但我国《物权法》中对取得时效未予规定，《民法总则》及分则各编中也未见有关取得时效的规定。取得时效制度在未来我国民法上的命运如何，尚有待进一步观察。

（二）所有权取得时效的一般构成要件

1. 占有之标的物须为他人之物。

依时效而取得所有权的标的物须为他人的动产或不动产，而不能是自己所有之物，也不能是无主物。对自己之物自不发生时效取得的问题；无主物可因先占而取得，亦不发生取得时效的适用问题。关于他人之物的具体范围，学界一般认为，他人的动产与不动产（无论是否登记），均有取得时效的适用；共有财产也可以作为取得时效的标的物。[3]但禁止流通物不得为取得时效的标的物，国家专有财产和公用物不适用取得时效。

2. 占有人对他人之物的占有须为自主占有、和平占有、公然占有。

（1）所谓自主占有，是指以自己所有之意思而占有标的物，此为取得时效的核心要件。自主占有的构成，应具备客观条件和主观条件两个条件，即要求占有人须在客观事实上能排他地支配占有物，主观上有自己所有的意思。占有人以自己所有的内心意思而为占有的认定，不应仅根据占有人的主张，还应从占有期间占有人的意思表示、管领方式等事实状态来判定。自主占有须具备的主客观条件，使之区别于单纯的"持有"，也区别于依运送、保管、租赁、借用、承揽等占有媒介关系而发生的"他主占有"。对物的持有与他主占有，

〔1〕 ［英］梅因：《古代法》，沈景一译，商务印书馆 1959 年版，第 163 页。

〔2〕 梁慧星主编：《中国物权法研究》（上），法律出版社 2005 年版，第 288 页以下。

〔3〕 梁慧星、陈华彬：《物权法》，法律出版社 2005 年版，第 139 页；郭明瑞、唐广良、房绍坤：《民商法原理（二）物权法　知识产权法》，中国人民大学出版社 1999 年版，第 125 页；刘保玉、钟淑健："取得时效制度若干问题探讨"，载杨振山、［意］桑德罗·斯奇巴尼主编：《罗马法·中国法与民法法典化——物权和债权之研究》，中国政法大学出版社 2001 年版，第 331 页以下。

不发生时效取得的问题。不过，立法例上均承认"他主占有向自主占有的转换"或"占有名义的转换""占有的变更"，也就是说，在占有人明示所有之意思或因新的事实而变为以所有之意思而占有的情况下，得发生取得时效的适用。

（2）所谓和平占有，指非以暴力或胁迫手段取得或维持的占有。这一要件限制了不法行为人以强力占有他人之物而取得其所有权。由于强暴占有与和平占有并非绝对一成不变，在一定条件下二者可以互相转化，因此，在计算时效期间时，应注意掌握二者转化的界线，惟和平占有的期间方得计入时效期间。[1]

（3）所谓公然占有，指不带隐秘瑕疵的占有，即将对标的物的占有事实向社会公开，不加隐瞒。公然占有并不要求公开所有的人，只需公开占有物的利害关系人；此外，认定占有为公然还是隐蔽，应依一般社会观念而为判断。[2]和平、公然占有这两个要件，决定了取得时效本质上不会鼓励哄抢、强占公共财产或他人财产，而且也将其与侵犯财产的犯罪行为区分开来。

3. 须经过法定期间。一定期间之经过，为取得时效的另一必备要件。但由于时效观念与法律传统等差异，各国立法对取得时效的期间长短规定有所不同，唯在不动产的取得时效期间应长于动产、善意占有的取得时效期间应短于恶意占有等方面，各国立法及学说较为一致。[3]我国多数学者认为：动产所有权取得时效的期间规定为10年为宜，但如果占有之始为善意，经过5年即可取得其所有权；不动产所有权的取得时效期间规定为20年为宜，但在占有或登记之始为善意的情况下，时效期间可缩短为10年；所有权以外的其他财产权的取得时效期间，准用动产与不动产所有权取得时效期间的规定。

（三）取得时效期间的计算

1. 取得时效的起算。取得时效的起算点，应是占有人开始以自己所有的意思和平与公然地占有他人财产之时。即取得时效起算之时应是财产的最后占有人或财产的让与人（前占有人）符合取得时效事实要件之时，后一情形被称为"占有的合并"。所谓占有的合并，指将前占有人的占有与后占有人的占有予以合并计算，以期使较后一阶段占有更长的占有期间。[4]依各国立法的通制，后一占有人主张与前占有人的占有合并时，应同时继受前占有人占有的瑕疵，换言之，占有人主张占有之合并时，若前后占有人之占有均为善意，按善意占有合并计算时效期间，否则均应按恶意占有计算时效期间。

2. 取得时效期间的中止与中断。

（1）取得时效期间的中止。这是指在取得时效期间进行中，因发生一定的法定事由使时效暂时停止计算，待阻碍时效进行的法定事由消除后，再继续计算取得时效期间。时效期间中止的目的是将权利人由于法定事由而不能行使其权利、不能自我保护或难于自我保护的时间排除在取得时效期间之外。各国立法对取得时效中止的事由（或时效不完成事由）通常不另作专门规定，而是准用消灭时效（诉讼时效）中止的规定。

（2）取得时效期间的中断。这是指在取得时效期间进行中，因发生一定的法定事由，

〔1〕　谢在全：《民法物权论》（上），中国政法大学出版社1999年版，第149页；陈华彬：《物权法原理》，国家行政学院出版社1998年版，第242页。

〔2〕　梁慧星主编：《中国物权法研究》（上），法律出版社1998年版，第291页。

〔3〕　对取得时效中的占有是否须以善意为必备条件，理论上及立法上有不同的态度。绝大多数立法是将占有之始是否为善意作为决定时效期间长短的条件。

〔4〕　梁慧星主编：《中国物权法研究》（下），法律出版社1998年版，第1121页。

致使已经经过的时效期间统归无效，待时效中断的事由消除后，时效期间重新起算。取得时效中断的目的在于督促真正的权利人行使权利，阻止非权利人取得权利。取得时效的中断事由，除法律另有规定外，亦准用消灭时效的中断规定。据此规则并依我国法律的相关规定，取得时效期间中断的事由主要有他主占有的承认、权利人向占有人主张其权利和提起诉讼三种。另外，一般认为占有人自愿抛弃或任意中止其占有，或者占有物被他人侵夺达1年以上而占有人未主张占有之回复，也发生取得时效期间中断的效果。

（四）所有权以外的其他财产权的取得时效

取得时效不仅适用于所有权，而且得适用于其他财产权。许多国家立法规定，所有权以外的财产权的时效取得，准用动产或不动产所有权时效取得的规定。但对可以适用取得时效的"所有权以外的财产权"究竟包括哪些权利，理论上及立法上并非没有争议。一般认为，非以占有为要件的财产权（如抵押权、知识产权等），无从适用取得时效。可适用取得时效的其他财产权，主要是指用益物权，也就是说，以行使某种用益物权的意思，和平、公然、持续占有标的物并行使该权利达一定期间者，得准用所有权取得时效的规定而取得该财产权。[1]至于动产质权与留置权是否可依时效取得，有学者持肯定态度，但我们认为，从动产质权与留置权的成立要件和取得时效的期限较长等特点上看，此类担保物权的时效取得并无多少实际价值。

七、国家征收

（一）国家征收的意义

所谓征收，是国家以行政权力强制性地取得其他主体的不动产所有权的行为。征收的特点是：征收的主体限于国家，由政府代表国家进行，其他任何组织均无权为之；征收的对象为其他组织、个人的不动产；征收具有强制性，是一种公法上的行政行为，属于政府行使行政强制权，不以被征收人的意志为转移，被征收人必须服从；征收的目的，限于公共利益的需要，而不得出于商业目的；征收应依法律规定的程序进行，并给予被征收人公平、合理的补偿。

为顺利实现国家的社会公共管理职能，满足发展社会公共利益的需要，各国法律上均有关于国家征收私人、团体的财产的规定，此与社会制度如何并无关系。不过，各国法律上关于征收的具体规定，有一定的差异。为妥善协调国家和民众、私人利益和公共利益的关系，防止政府滥用征收措施而侵犯、损害私人的利益，各国法律都对国家征收行为限定了条件，对此进行严格的控制。控制的途径主要包括四个方面：一是征收必须是基于"公共利益"的需要；二是征收必须依照法律规定的权限进行；三是必须符合法律规定的程序；四是必须给予被征收人以公平合理的补偿。其中最为重要的方面，是在"因公共利益的需要"和"公正补偿"两个条件上。[2]

改革开放政策实施后的40年来，我国的社会生产力有了极大的提高，社会结构和城乡面貌有了翻天覆地的变化，相应的公共建设任务也十分繁重，因此，征收措施被较多地和经常地采用。由于征收问题关系到广大人民群众的切身利益，加之我国在征收措施的实施中确实存在不少问题，因此为社会所普遍关注，法律上也需要对国家征收集体土地和单位、

〔1〕 王利明主编：《中国物权法草案建议稿及说明》，中国法制出版社2001年版，第232～233页。

〔2〕 参见梁慧星等：《中国物权法草案建议稿——条文、说明、理由与参考立法例》，社会科学文献出版社2000年版，第192页；全国人大常委会法工委编：《中华人民共和国物权法释义》，法律出版社2007年版，第101～102页。

个人的房屋等问题作出明确规定。

（二）征收的条件、程序与补偿

我国 2004 年修改后的《宪法》第 10 条第 3 款规定："国家为了公共利益的需要，可以依照法律规定对土地实行征收或者征用并给予补偿。"2004 年修改后的《土地管理法》第 2 条第 4 款重申了这一规定。鉴于征收是一种导致所有权变动的极为特殊的方式，同时也是国家所有权产生的原因之一，因此《物权法》第 42 条第 1、2、3 款对征收问题也作了原则性的规定："为了公共利益的需要，依照法律规定的权限和程序可以征收集体所有的土地和单位、个人的房屋及其他不动产。征收集体所有的土地，应当依法足额支付土地补偿费、安置补助费、地上附着物和青苗的补偿费等费用，安排被征地农民的社会保障费用，保障被征地农民的生活，维护被征地农民的合法权益。征收单位、个人的房屋及其他不动产，应当依法给予拆迁补偿，维护被征收人的合法权益；征收个人住宅的，还应当保障被征收人的居住条件。"第 43 条规定："国家对耕地实行特殊保护，严格限制农用地转为建设用地，控制建设用地总量。不得违反法律规定的权限和程序征收集体所有的土地。"

根据上述规定，可知征收的条件、程序如下：

1. 征收必须是为了公共利益的需要。这也是各国立法上的通行规定。但究竟何谓"公共利益"以及法律上应如何具体界定，这是我国《物权法》制定过程中产生重大争议的一个问题。经立法机关会同有关部门和学界专家反复研究，他们认为：在不同的领域内和不同的情况下，公共利益是不同的，情况相当复杂，《物权法》难以对公共利益作出统一的具体界定，还是分别由《土地管理法》《城市房地产管理法》等单行法律规定较为切合实际。现行的法律如《信托法》《测绘法》也已经对公共利益的范围作了一些具体规定。因此，《物权法》中只对公共利益作出原则规定即可。[1] 2011 年 1 月 19 日国务院第 141 次常务会议通过的《国有土地上房屋征收与补偿条例》第 8 条规定："为了保障国家安全、促进国民经济和社会发展等公共利益的需要，有下列情形之一，确需征收房屋的，由市、县级人民政府作出房屋征收决定：①国防和外交的需要；②由政府组织实施的能源、交通、水利等基础设施建设的需要；③由政府组织实施的科技、教育、文化、卫生、体育、环境和资源保护、防灾减灾、文物保护、社会福利、市政公用等公共事业的需要；④由政府组织实施的保障性安居工程建设的需要；⑤由政府依照城乡规划法有关规定组织实施的对危房集中、基础设施落后等地段进行旧城区改建的需要；⑥法律、行政法规规定的其他公共利益的需要。"多数学者认为，这一界定是比较妥当的。

应当注意的是，在"公益征收"之外，我国法律上还规定有因房地产开发的需要而将集体所有的土地依法征为国有再行出让的征收，此种征收可以被称为"商业征收"或"非公益征收"。根据《土地管理法》第 43、44、63 条的规定，集体所有的土地也有建设用地，但限于兴办乡镇企业和村民建设住宅，并经依法批准而使用。集体所有的土地纵使非为农用地，也不得由农民集体自行出让、转让或者出租而用于非农业建设。《城市房地产管理法》第 9 条规定："城市规划区内的集体所有的土地，经依法征收转为国有土地后，该幅国有土地的使用权方可有偿出让。"实践中，不少地方的农民集体组织将已划入城市规划区的集体土地自行进行开发建设并出售所谓"小产权"住宅，这种行为是违法的和不受保护的。对不再作农业使用而被划入城市规划区的集体土地进行房地产开发的行为，法律上之所以

第十九章

---

〔1〕　全国人大常委会法工委编：《中华人民共和国物权法释义》，法律出版社 2007 年版，第 102 页。

要求也必须先征收为国有然后再作为国有土地有偿出让其使用权，是为了强化对土地的统一管理，防止土地使用权市场的混乱无序。我们认为，法律上作此限制是必要的。但同时也应明确，这种征收与"公益征收"不同，其补偿标准应当"依照市场价格"来确定，以维护被征收土地的所有权人的正当利益。

2. 征收必须依照法律规定的权限和程序进行。就征收土地的权限而言，根据《土地管理法》第 45 条的规定，征收基本农田、基本农田以外的耕地超过 35 公顷的或者其他土地超过 70 公顷的，应当由国务院批准；征收上述土地之外的土地，应当由省、自治区、直辖市人民政府批准，并报国务院备案。征收农用地的，还应当依法先行办理农用地转用审批手续。就征收程序而言，根据《土地管理法》第 46 条的规定，国家征收土地的，依法定程序批准后，由县级以上地方人民政府予以公告并组织实施。被征收土地的所有权人、使用权人应当在公告规定期限内，持土地权属证书到当地人民政府土地行政主管部门办理征地补偿登记。《土地管理法实施条例》中还对征收土地的程序问题作有更详细的规定。《物权法》第 43 条对严格保护耕地，禁止违法征收土地作了进一步的强调。

3. 应当依法给予被征收人以公平合理的补偿，维护被征收人的合法权益。在物权法立法过程中，针对现实生活中存在征收土地的补偿标准过低、补偿不到位、侵害被征收人利益等问题，许多人建议对补偿问题作出具体规定。为此，《物权法》第 42 条第 2、3 款针对性地对征收的补偿原则和补偿内容作了明确规定。《民法总则》第 117 条中再次明确规定："为了公共利益的需要，依照法律规定的权限和程序征收、征用不动产或者动产的，应当给予公平、合理的补偿。"考虑到各地发展很不平衡，具体的补偿标准和补偿办法，宜由《土地管理法》等有关法律、法规根据该法规定的补偿原则和补偿内容作出具体规定。[1]针对现实生活中补偿不到位和侵占补偿费用的问题，《物权法》第 42 条第 4 款规定："任何单位和个人不得贪污、挪用、私分、截留、拖欠征收补偿费等费用。"

整体来看，我国《物权法》关于征收问题的上述规定是既积极又稳妥的，在现有规定的基础上有所发展，对被征收人合法权益的保护水平也有所提高。但有些规定仍较为原则，诸多具体问题尚待有关法律、法规加以具体规定和落实。

（三）征收与征用的区别

征用，是国家出于紧急状态的需要而强制使用单位、个人的财产的行为。许多国家的法律都对征用问题作有规定，我国的《宪法》以及《土地管理法》《防震减灾法》《防洪法》《传染病防治法》《药品管理法》《国防法》《戒严法》《国家安全法》等法律中也对征用有所规定。考虑到征用也是对所有权的限制，且事后会发生返还及补偿问题，因此我国《物权法》第 44 条对征用问题作了原则性规定："因抢险、救灾等紧急需要，依照法律规定的权限和程序可以征用单位、个人的不动产或者动产。被征用的不动产或者动产使用后，应当返还被征用人。单位、个人的不动产或者动产被征用或者征用后毁损、灭失的，应当给予补偿。"

虽然征收和征用都是政府通过法定权限和程序对单位和个人财产所有权的一种限制，都具有公权性和行政强制性，但二者也存在明显的差异：①适用的条件不同。征收是基于"公共利益的需要"；而征用则是基于"抢险、救灾等紧急需要"。②适用的对象不同。征收的对象仅限于不动产；而征用的对象不仅可以是不动产，也可以是动产。③法律效果不

---

[1] 我国《土地管理法》第 47 条及《土地管理法实施条例》中对征收土地的补偿标准问题作出了规定。但该标准偏低，已不能适应当前的情况，亟待修改。

同。征收的结果是国家取得被征收财产的所有权,其后不存在返还的问题;而征用的目的和结果是国家仅取得对标的物在特定时间和特定需要下的使用权,其后发生标的物的返还问题。④补偿标准不同。征收中应当对被征收人就标的物的损失及可得利益损失等给予公平合理的补偿,其补偿标准一般较高;而在征用的情况下,主要考虑补偿被征用人所受到的直接损失,动产被征用后毁损、灭失的,还应补偿标的物本身的损失,但征用中的补偿通常不及于可得利益的损失,其补偿标准相对较低。

第六编　用益物权

第二十章

用益物权总论

■第一节　用益物权概述

一、用益物权的概念和特点

用益物权是指以一定范围内的使用、收益为目的而在他人之物上设立的定限物权。《物权法》第117条规定："用益物权人对他人所有的不动产或者动产，依法享有占有、使用和收益的权利。"第118条规定："国家所有或者国家所有由集体使用以及法律规定属于集体所有的自然资源，单位、个人依法可以占有、使用和收益。"

用益物权具有以下法律特点：

1. 用益物权是一种定限物权。用益物权只具有对标的物的占有、使用、收益等权能，其行使限于一定范围和一定的期限之内，故属于定限物权。

2. 用益物权的成立和实现以占有他人之物为前提。用益物权的这一特点包括两层含义：①用益物权只存在于他人之物上，为他物权的一种；②用益物权的成立和实现须有对他人之物的占有，只有实际占有了标的物，用益物权人才能实现对标的物的使用和收益。

3. 用益物权的标的物一般限于不动产。这是因为，不动产（尤其是土地）价值较高且总量稀缺，拥有不易，社会上对其所有权与利用权分别归不同的人享有的需求较强，故用益物权通常仅以不动产为标的物。而动产价值通常较低，获得也比较容易，将其利用价值与所有权分离而由不同的人支配，并无多大社会意义，故法律上多不允许在动产上设定具有支配权性质的用益物权。[1]但在立法上也存在着以不动产和动产构成的综合财产为标的物的用益物权，法国、德国、瑞士等民法上的"用益权"属之。我国《物权法》第117条的规定中提及了动产，但目前并无关于动产用益物权的具体规定，立法意图上是为将来通过特别法的规定在大型船舶、航空器等特定动产上设立用益物权预留一定的空间。

4. 用益物权的设立目的是对物进行使用和收益。物的价值有使用价值和交换价值之分，用益物权侧重于支配物的使用价值，以对物为使用、收益并获取最大的经济效益为目的。

二、物权性的用益与债权性的用益

在对他人之物的使用、收益的方式上，除了设定用益物权外，还可以通过设定债权性用益合同来实现，如有偿的租赁和无偿的借用等。债权性的用益与物权性的用益，在权利的性质、成立要件、效力、转让的条件与限制、存续期间、标的物修缮义务、受侵害时的

---

〔1〕　谢在全：《民法物权论》（上），中国政法大学出版社1999年版，第51页；郭明瑞、唐广良、房绍坤：《民商法原理（二）物权法　知识产权法》，中国人民大学出版社1999年版，第37页。

保护等方面均有不同，不可混为一谈。[1] 我国立法上，除明确规定为用益物权的权利类型外，其他对物的用益均应归属于债权性用益。不过，国外某些立法上所规定的不动产租赁与用益物权非常近似，有的立法上径行将长期的土地租赁权确定为用益物权的一种。

三、用益物权的社会作用

自古以来，人们对物质资料的占有和需求之间就有矛盾。一方面，社会成员对物质资料的所有存在差异，所有人在一定条件下不必或者不能直接利用标的物；另一方面，非所有人在一定条件下又急需利用该物，同时又不想或不能取得该物的所有权。为了解决这种物的所有和利用之间的矛盾、提高资源的利用效率、弱化所有权的绝对性，需要构建一种既兼顾所有人利益又兼顾利用人利益的法律制度，这就是用益物权制度。罗马法时代，伴随着简单商品经济的发展和对物的利用的需要，已创立了较为完善的用益物权制度。近现代大陆法系各国继受罗马法传统，在其民法典中均规定了用益物权制度。近现代以来，还出现了所谓从以物的所有为重心向以物的利用为重心发展的趋势。用益物权制度在物权法中居于重要的地位，与用益物权的社会作用是分不开的。从宏观方面来说，用益物权制度的功能与作用可以归结为三个方面：①提高资源的利用效率，践行物尽其用的价值理念；②维护资源的利用秩序，协调用益人与所有人及其他人之间的关系；③强化资源的利用管理，促进社会经济又好又快地发展。

■第二节　用益物权的种类

一、国外的用益物权种类

用益物权制度是一项古老的法律制度，早在《汉穆拉比法典》中就已经出现了永佃权的萌芽。至罗马法时代，由于简单商品经济的发展，对物的利用也越来越广泛，罗马法除创立了较为完善的所有权制度外，还确立了地役权、人役权、地上权、永佃权等用益物权制度。

近现代大陆法系各国继受罗马法传统，在其民法典中均规定了用益物权制度。但由于用益物权主要以不动产为标的物，而不动产作为最重要的物质生产资料，其制度设计必然与各国的历史传统和习惯紧密相连，这就使各国用益物权的种类呈现出本国特色而互有差异。如《法国民法典》主要规定了用益权、使用权、居住权和役权（地役权）四种用益物权；《德国民法典》规定了地上权、先买权、土地负担和役权（包括地役权、用益权和人的限制物权）四种用益物权；《瑞士民法典》则规定了役权（含地役权、用益权、居住权、建筑权、对泉水的权利）和土地负担两大类用益物权；《意大利民法典》规定了地上权、永佃权、用益权、使用权、居住权、地役权六种用益物权；《日本民法典》则对地上权、地役权、永小作权（永佃权）和入会权作了规定。可见，虽然上述各国在用益物权种类的设计上存有差异，但地上权、地役权、永佃权、用益权显然是受到各国物权法普遍重视的用益物权种类。[2]

第二十章

---

[1]　梁慧星、陈华彬：《物权法》，法律出版社2005年版，第272～273页。

[2]　用益权作为一种独立的物权形态，滥觞于罗马法中的役权制度。罗马法上的役权有地役权和人役权之分，人役权是为特定的人的利益设定的役使他人之物的用益物权，包括使用权、用益权、居住权和奴畜使用权等具体种类，其中以用益权最为重要。后世的《法国民法典》《德国民法典》《瑞士民法典》《意大利民法典》《葡萄牙民法典》及受其影响的我国《澳门民法典》等，均规定了用益权制度。依《法国民法典》第578条的规定，用益权是指"对他人所有之物，如同自己所有，享受其使用和收益之权"。其特征可概括如下：①用益权是用益物权之一种。用益权人享有对物的使用及收益的权利，不仅可以对抗第三人，也可以在一定程度上对抗所有人。②用益权强调人身专属性。③用益权之标的物不限于不动产，在动产、权利上亦可设立用益权。④用益权人享有充分的占有、使用和收益权利，甚至还可享有部分处分权利。

二、我国的用益物权制度

我国民国时期的民法，借鉴国外立法经验并考虑中国历史传统，规定了地上权、地役权、永佃权和典权（典权系规定于质权与留置权之间）四种用益物权。[1]其中，前三种乃国外通行的用益物权类型，典权则是具有中国传统特色的用益物权类型。

中华人民共和国成立后，实行土地的社会主义公有制，土地、矿藏、水流等自然资源皆为国家所有或集体所有，且不能依民事方式流转。因此，建立和完善用益物权制度，对于妥善处理所有权人和用益物权人的利益关系，保护和合理开发利用自然资源，充分发挥自然资源的利用效益，具有更为重大的意义。在我国以往的法律、法规及司法解释中已确立了城镇国有土地使用权，农村土地承包经营权，国有耕地、林地、草原使用权和水资源使用权，宅基地使用权，房屋居住权，典权以及海域使用权，渔业权，采矿权等多种用益物权形式，但存在概念不明确、定性不准确、内容不完整、体系不科学等问题。我国《物权法》中分设专章重点规定了土地承包经营权、建设用地使用权、宅基地使用权、地役权四种用益物权，同时，在用益物权的"一般规定"中也明确了海域使用权以及探矿权、采矿权、取水权和养殖权、捕捞权的用益物权性质。至于学界有不少人主张并在物权法草案中曾有规定的典权、居住权等，由于争议较大，最终未被纳入立法规定。[2]在学界的呼吁和现实需求的感召下，我国2018年8月的《民法典分则物权编（草案）》，拟在用益物权类型体系中增设居住权一章（第十四章）[3]，冀有助于为公租房和老年人以房养老等特定人群对房屋的居住需求提供法律保障。

---

〔1〕 2010年我国台湾地区修改"民法"物权编时，将原来的永佃权予以改废，新规定了"农育权"。

〔2〕 中国传统法上的典权，是指一方依典契支付典价，占有他人不动产而为使用、收益的权利。其在具备用益物权的性质和特点外，兼具担保的功能与作用（参见梁慧星、陈华彬：《物权法》，法律出版社2005年版，第319~320页）。居住权，是指设定于他人房屋之上，供特定人长期或永久居住的权利。在不少大陆法系国家，居住权属于役权中的人役权之一种，乃用益权在标的物为房屋时的变型（参见刘保玉：《物权法学》，中国法制出版社2007年版，第293~295页）。

〔3〕 该章目前共设4个条文（第159~16条），分别规定："居住权人有权按照合同约定，对他人的住宅享有占有、使用的权利，以满足生活居住的需要。设立居住权，当事人应当采取书面形式订立居住权合同。设立居住权的，应当向登记机构申请居住权登记。居住权自登记时设立。""居住权不得转让、继承。居住权涉及的住宅不得出租，但当事人另有约定的除外。""居住权人死亡，居住权消灭，但当事人另有约定的除外。""以遗嘱方式设立居住权的，参照本章规定。"

土地承包经营权

■第一节　土地承包经营权的概念与特点

一、土地承包经营权的概念

土地承包经营权是指农业生产经营者为种植、养殖、畜牧等农业目的，对其依法承包的农民集体所有和国家所有由农民集体使用的土地享有的占有、使用、收益的权利。

土地承包经营权是我国农村土地法律制度中的特有概念，是中国农村集体经济组织实行土地承包责任制的产物。《物权法》第124条规定："农村集体经济组织实行家庭承包经营为基础、统分结合的双层经营体制。农民集体所有和国家所有由农民集体使用的耕地、林地、草地以及其他用于农业的土地，依法实行土地承包经营制度。"第125条规定："土地承包经营权人依法对其承包经营的耕地、林地、草地等享有占有、使用和收益的权利，有权从事种植业、林业、畜牧业等农业生产。"

二、土地承包经营权的特点

传统民法上，与我国的土地承包经营权制度最为接近的是永佃权。所谓永佃权，是指支付佃租，长期或永久在他人土地上为耕作或牧畜之权。2010年我国台湾地区修订"民法"时，以农育权取代永佃权，其所称的农育权，谓在他人土地为农作、森林、养殖、畜牧、种植竹木或保育之权（第850条之一）。虽然农地承包权与永佃权或农育权设立的目的都是进行农业生产，但二者在设立的经济基础、当事人双方的地位、收益分配的性质及存续期限等方面存有差异，故不可等同。我国的土地承包经营权具有如下特点：

1. 土地承包经营权的主体是农业生产经营者。享有土地承包经营权的是从事农业生产的个人、家庭或单位，并且一般都是农地所属的村集体经济组织的成员。《农村土地承包法》第5条规定："农村集体经济组织成员有权依法承包由本集体经济组织发包的农村土地。任何组织和个人不得剥夺和非法限制农村集体经济组织成员承包土地的权利。"非本集体组织成员的单位或个人也可以承包集体所有的土地，但需履行一定的程序并通过招标、拍卖、公开协商等方式取得承包权。《农村土地承包法》第48条第1款规定："发包方将农村土地发包给本集体经济组织以外的单位或者个人承包，应当事先经本集体经济组织成员的村民会议2/3以上成员或者2/3以上村民代表的同意，并报乡（镇）人民政府批准。"

2. 土地承包经营权的客体是农民集体所有和国家所有由农民集体使用的土地。由农地承包权的设立目的所决定，土地承包经营权的客体主要是农民集体所有的农业用地，但也可以是国家所有由农民集体使用的农业用地。在城市的国有土地以及农村集体所有的非农用土地上则不能设立农地承包权。根据《农村土地承包法》和《土地管理法》《物权法》的有关规定，所谓农业用地，是指农民集体所有和国家所有由农民集体使用的耕地、林地、草地，以及其他依法用于农业的土地。"其他依法用于农业的土地"，主要是指养殖水面、荒山、荒沟、荒丘、荒滩等。[1]

3. 土地承包经营权的设立目的是从事种植、养殖或畜牧等农业活动。设立土地承包经营权是为了以农业生产为目的而利用土地。以农业生产为目的，主要指从事种植业、林业、畜牧业、养殖业等农业活动。非以农业生产为目的的，不得成立土地承包经营权。

■第二节　土地承包经营权的取得与效力

一、土地承包经营权的取得

土地承包经营权主要是基于法律行为取得的，具体包括以下两种方式：

（一）土地承包经营权的设立

土地承包经营权由发包方与承包方签订土地承包合同设立。根据《农村土地承包法》的规定，农地承包分为"家庭承包"和"其他方式的承包"两种，以采用农村集体经济组织内部的家庭承包方式为主。

在家庭承包中，承包方是发包土地的本集体经济组织的农户。本集体经济组织的成员依法享有平等地承包土地的权利，该权利不得被剥夺，也不受非法限制。承包方案应当遵循民主协商、公平合理原则确定，并须经本集体经济组织成员的村民会议 2/3 以上的成员或村民代表同意。为实施承包方案而签订的承包合同应当采取书面形式，其条款一般应包括：发包方、承包方的名称，发包方负责人和承包方代表的姓名、住所；承包土地的名称、坐落、面积、质量等级；承包期限和起止日期；承包土地的用途；发包方和承包方的权利和义务；违约责任等。

其他方式的承包，是指对不宜采取家庭承包方式的荒山、荒沟、荒丘、荒滩等农村土地，可以采取招标、拍卖、公开协商等方式承包。以其他方式承包农村土地，本集体经济组织之外的其他单位或者个人也可以通过参加竞标、竞价或公开协商等方式取得承包经营权，但在同等条件下，本集体经济组织成员享有优先承包权；发包方将农村土地发包给本集体经济组织以外的单位或者个人承包的，应当对承包方的资信情况和经营能力进行审查，事先经本集体经济组织成员的村民会议 2/3 以上的成员或村民代表同意，并报乡（镇）人民政府批准。以其他方式承包农村土地的，也应当签订承包合同，当事人的权利和义务、承包期限等，由双方协商确定；承包费通过竞标、竞价确定，或者以公开协商的方式议定。

《物权法》第 127 条规定："土地承包经营权自土地承包经营权合同生效时设立。县级以上地方人民政府应当向土地承包经营权人发放土地承包经营权证、林权证、草原使用权证，并登记造册，确认土地承包经营权。"据此规定并结合第 129 条关于土地承包经营权流转的规定可知，土地承包经营权是自土地承包合同生效时设立或取得，而且其纵未登记也具有物权的对抗效力；地方人民政府发放证书、登记造册，只是为了"确认"土地承包经营权，而非其取得和发生物权效力的要件。这是根据我国农村

---

[1]《物权法》第 134 条规定："国家所有的农用地实行承包经营的，参照本法的有关规定。"本条中所称的"国家所有的农用地"，与前面所称的"国家所有由农民集体使用"的农业用地是不同的，是指并未交由农民集体使用的国有农地，如国有农场、林场等，此类国有农用地实行承包经营的，可以参照土地承包经营权的有关规定进行。

"熟人社会"之特点并考量农村不动产登记的现状和实际需要而设计出的一种特殊处理方案。

（二）土地承包经营权的流转

土地承包经营权作为用益物权的一种，从法理角度来说应允许其自由流转。但从我国农村土地的集体所有制、农业生产的稳定发展和农用土地的管理制度角度考虑，法律对土地承包经营权流转方式中的抵押和转让作出了一定限制。《农村土地承包法》中对土地承包经营权流转应遵循的原则、流转合同的一般条款、土地承包经营权互换、转包和转让的条件等作有详细规定。《物权法》第128、129条再次明确规定："土地承包经营权人依照农村土地承包法的规定，有权将土地承包经营权采取转包、互换、转让等方式流转。流转的期限不得超过承包期的剩余期限。未经依法批准，不得将承包地用于非农建设。""土地承包经营权人将土地承包经营权互换、转让，当事人要求登记的，应当向县级以上地方人民政府申请土地承包经营权变更登记；未经登记，不得对抗善意第三人。"该法第133条还规定："通过招标、拍卖、公开协商等方式承包荒地等农村土地，依照农村土地承包法等法律和国务院的有关规定，其土地承包经营权可以转让、入股、抵押或者以其他方式流转。"[1]

二、土地承包经营权的效力

（一）土地承包人的权利

1. 对土地的使用、收益权。土地承包权的设立目的就是在土地上从事耕作、林业、养殖或畜牧等农业活动，故承包人在此范围内当然可享有对该土地的使用、收益权。承包人在组织生产经营和处置农产品时，不受他人干涉。

2. 对土地承包权的转包、出租、互换和转让的权利。《农村土地承包法》第32条对承包人的这四种权利作了明文规定。第42条规定，承包方之间为发展农业经济，可以自愿联合将土地承包经营权入股，从事农业合作生产。第49条规定，通过招标、拍卖、公开协商等方式承包农村土地，依法登记取得权属证书的，其土地承包经营权还可以依法抵押。《物权法》第128、133条中，也确认了承包人享有的上述权利。如前所述，在《民法典分则物权编（草案）》中，进一步放开了土地经营权转让、土地承包经营权抵押的限制。

3. 投资补偿权。根据《物权法》和《农村土地承包法》的规定，承包人在下列情况下有权获得相应的补偿：①承包地被依法征用、占用的；②承包期内，承包人交回承包地或者发包人依法收回承包地时，承包人对其在承包土地上投入而提高土地生产能力的；③农地承包权依法流转时，承包人对其在承包地上投入而提高土地生产能力的。

（二）土地承包人的义务

《物权法》第119条规定："国家实行自然资源有偿使用制度，但法律另有规定的除外。"第120条规定："用益物权人行使权利，应当遵守法律有关保护和合理开发利用资源的规定。所有权人不得干涉用益物权人行使权利。"据此并结合其他有关规定，土地承包权

---

[1] 《农村土地承包法》中对于采取家庭承包方式获得的土地承包经营权的转让设有严格的条件限制；而对于采取家庭承包方式获得的土地承包经营权是否可以设定抵押，法律未有明文。中共十八届三中全会《关于全面深化改革若干重大问题的决定》中对此有所突破，按照农村土地"三权分置"的方案，其将土地承包经营权分解为承包权和经营权两项内容，在不改变承包合同和承包地原有用途的前提下，允许以经营权设定抵押担保。2018年8月的《民法典分则物权编（草案）》中拟明确规定实行家庭承包的土地承包经营权人有权出让土地经营权，同时修改了土地承包经营权抵押的相关规定。

人所承担的义务主要是：依法缴纳承包费用；依约定方法和用途合理使用土地；不得给土地造成永久性损害等。

■第三节 土地承包经营权的消灭

一、土地承包经营权的消灭原因

土地承包经营权因一定的法律事实而发生，亦得因法定事由的发生而消灭。根据《物权法》《农村土地承包法》等规定，土地承包经营权的消灭事由主要有以下几项：

（一）土地承包期限届满不愿继续承包的

《物权法》第126条规定："耕地的承包期为30年。草地的承包期为30年至50年。林地的承包期为30年至70年；特殊林木的林地承包期，经国务院林业行政主管部门批准可以延长。前款规定的承包期届满，由土地承包经营权人按照国家有关规定继续承包。"期满后如果承包人不愿继续承包、续展合同的，土地承包经营权消灭。《物权法》第131条规定："承包期内发包人不得收回承包地。农村土地承包法等法律另有规定的，依照其规定。"

（二）承包人在承包期内交回承包地

根据《农村土地承包法》的规定，承包人在承包期内交回承包地主要有三种情况：①承包期内，承包人全家迁入设区的市，转为非农业户口的，应将承包的耕地和草地交回发包人；②承包期内，承包人可以自愿将承包地交回发包人，但需提前半年以书面形式通知发包人；③承包人依法将土地承包经营权转让给第三人的，原承包关系消灭，第三人与发包人成立新的承包关系，此为土地承包经营权的相对消灭。

（三）发包人在承包期内依法收回土地

发包人在具备法定事由时，可以依法收回土地。例如，在承包人全家迁入设区的市并转为非农业户口时，如果承包人不交回承包的耕地和林地，发包人有权收回。

（四）土地被依法征收

国家基于公共利益的需要，在依照法定程序并给予合理补偿的前提下，可以依法征收集体土地，此时设立于该集体土地之上的土地承包权即归于消灭。

二、土地承包经营权消灭的法律后果

（一）返还土地、注销土地承包经营权

土地承包经营权消灭后，承包人应恢复土地原状并将土地返还给发包人；如果是已经依法登记的土地承包经营权消灭的，还应办理注销手续。

（二）取回土地上的出产物和农用工作物

除非另有其他特殊原因，所承包土地上的出产物、农用工作物等，均为土地承包人花费劳力或资金所得，依法应属其所有，在土地承包经营权消灭时，自应由其取回。但发包人或后续承包人提出以市价购买时，土地承包人不得拒绝。

（三）偿还改良费用或其他有益费用

土地承包经营权消灭时，土地承包经营权人为增加土地的生产能力或土地的使用便利而对承包地支出的改良费用或其他有益费用，应按照公平合理的精神，在现存的增加值限度内，由发包人或后续承包人予以折价补偿。

（四）承包地被征收时的补偿与安置

《物权法》第42条第2款规定："征收集体所有的土地，应当依法足额支付土地补偿

费、安置补助费、地上附着物和青苗的补偿费等费用，安排被征地农民的社会保障费用，保障被征地农民的生活，维护被征地农民的合法权益。"第132条规定："承包地被征收的，土地承包经营权人有权依照本法第42条第2款的规定获得相应补偿。"据此，承包地被征收的，承包人有权依照法律规定获得足额的补偿和相应的安置。

第二十二章

建设用地使用权

■第一节 建设用地使用权的概念与特点

一、建设用地使用权的概念

建设用地使用权，是指土地使用权人为营造建筑物或其他工作物而使用国有土地的权利。《物权法》第135条规定："建设用地使用权人依法对国家所有的土地享有占有、使用和收益的权利，有权利用该土地建造建筑物、构筑物及其附属设施。"

《物权法》中所规定的建设用地使用权，在以往的法律文件中也曾被称为国有土地使用权。在传统民法中，与我国这一权利类型最为接近的是地上权。所谓地上权，是指在他人土地上以所有建筑物或其他工作物或竹木为目的，而使用其土地的权利。地上权具有如下特点：①地上权为使用他人土地之物权；②地上权是以所有工作物或竹木为目的之权利；③地上权有继承性与让与性，并不以支付地租为必要。[1]多数学者认为，我国的建设用地使用权与传统民法中的地上权之间既有联系，也有区别；其最显著的差别，在于土地所有权的归属不同。

二、建设用地使用权的特点

1. 建设用地使用权的客体限于国有土地。我国以往的法律文件中规定的"国有土地使用权"和《物权法》根据土地用途的特点而改称的"建设用地使用权"，其客体均限于国有土地。[2]

2. 建设用地使用权的设立目的是在土地上建造建筑物或其他工作物。所谓建筑物，是指在土地上建设的房屋等；所谓其他工作物，是指在土地上除建筑物之外的构筑物及其附属设施等，如桥梁、沟渠、堤坝、地窖、隧道、纪念碑等。需要注意的是，建筑物、构筑物及其附属设施，不仅限于构建于地表，亦得构建于地上空间和地下空间，此即因土地的"垂直利用"而发生的"空间权"或"空间利用权"问题。我国《物权法》第136条规定："建设用地使用权可以在土地的地表、地上或者地下分别设立。新设立的建设用地使用权，不得损害已设立的用益物权。"

3. 建设用地使用权通过出让或者划拨的方式取得。建设用地使用权的取得方式较为特殊。《物权法》第137条规定："设立建设用地使用权，可以采取出让或者划拨等方式。工业、商业、旅游、娱乐和商品住宅等经营性用地以及同一土地有两个以上意向用地者的，应当采取招标、拍卖等公开竞价的方式出让。严格限制以划拨方式设立建设用地使用权。

---

〔1〕 史尚宽：《物权法论》，中国政法大学出版社2000年版，第189~191页。
〔2〕 在集体土地上营造建筑物、构筑物的，通常另称为集体建设用地使用权或农村建设用地使用权，适用的法律规则也与国有土地上的建设用地使用权存在差异。《物权法》第151条规定："集体所有的土地作为建设用地的，应当依照土地管理法等法律规定办理。"

采取划拨方式的，应当遵守法律、行政法规关于土地用途的规定。"

4. 建设用地使用权具有流通性。与土地所有权不同，建设用地使用权具有商品性质，可以进入流通领域。此点早已为1990年的《城镇国有土地使用权出让和转让暂行条例》和1994年的《城市房地产管理法》所规定。《物权法》第143条进一步明确规定："建设用地使用权人有权将建设用地使用权转让、互换、出资、赠与或者抵押，但法律另有规定的除外。"

■第二节 建设用地使用权的取得与效力

一、建设用地使用权的取得

（一）基于法律行为的取得

1. 建设用地使用权的设定。根据法律规定，建设用地使用权的设定包括两种方式：一是出让方式；二是划拨方式。

《物权法》第138条规定，采取招标、拍卖、协议等出让方式设立建设用地使用权的，当事人应当采取书面形式订立建设用地使用权出让合同。建设用地使用权出让合同一般包括下列条款：①当事人的名称和住所；②土地界址、面积等；③建筑物、构筑物及其附属设施占用的空间；④土地用途；⑤使用期限；⑥出让金等费用及其支付方式；⑦解决争议的方法。《物权法》第139条规定："设立建设用地使用权的，应当向登记机构申请建设用地使用权登记。建设用地使用权自登记时设立。登记机构应当向建设用地使用权人发放建设用地使用权证书。"

建设用地使用权的划拨取得，是指土地使用人依据法律规定通过行政划拨方式无偿取得建设用地使用权。依据《土地管理法》《城市房地产管理法》等的规定，下列建设用地的使用权，确属必要的，可以由县级以上人民政府依法批准划拨：①国家机关用地和军事用地；②城市基础设施用地和公益性事业用地；③国家重点扶持的能源、交通、水利等项目用地；④法律、行政法规规定的其他用地。

2. 建设用地使用权的让与。建设用地使用权具有商品性，可为让与之标的，土地使用人和让与人之间可通过合同转让建设用地使用权。建设用地使用权的让与为物权变动的一种，其转让一般应采书面形式并于登记后发生效力。法律对建设用地使用权的转让有限制性规定的，应当遵守法律的规定。

（二）基于法律行为以外的事实取得

建设用地使用权人为自然人的，在该自然人死亡时，其继承人可在剩余使用期限内依法继承该建设用地使用权。取得建设用地使用权的法人发生合并、分立的情形的，适用《民法总则》第67条的规定。

在国外立法例上，还承认地上权得因时效而取得，我国法律尚无此种规定。

二、建设用地使用权的效力

（一）建设用地使用权人的权利

1. 对土地的占有、使用、收益权。根据《物权法》第135条的规定和建设用地使用权的设立目的，权利人依法对作为标的物的四至界限明确的国有土地享有占有、使用和收益的权利。

2. 享有所建造的建筑物及其他工作物的所有权。《物权法》第142条规定："建设用地使用权人建造的建筑物、构筑物及其附属设施的所有权属于建设用地使用权人，但有相反

第二十二章

证据证明的除外。"

3. 将建设用地使用权转让、互换、出资、赠与或者抵押的权利。根据《物权法》第143～147 条的规定，除法律另有限制性规定外，建设用地使用权人有权将建设用地使用权转让、互换、出资、赠与或者抵押。建设用地使用权转让、互换、出资、赠与或者抵押的，当事人应当采取书面形式订立相应的合同，其使用期限由当事人约定，但不得超过建设用地使用权的剩余期限。建设用地使用权转让、互换、出资或者赠与的，应当向登记机构申请变更登记。建设用地使用权转让、互换、出资或者赠与的，附着于该土地上的建筑物、构筑物及其附属设施一并处分。建筑物、构筑物及其附属设施转让、互换、出资或者赠与的，该建筑物、构筑物及其附属设施占用范围内的建设用地使用权一并处分。

4. 从事必要附属行为的权利。建设用地使用权人为行使建设用地使用权，可以在依法占有使用的土地范围内，进行与营造建筑物或其他工作物有关的附属行为，如开辟道路、修筑围墙、种植花木等。

5. 建设用地使用权被提前收回时获得补偿的权利。《物权法》第 148 条规定："建设用地使用权期间届满前，因公共利益需要提前收回该土地的，应当依照本法第 42 条的规定对该土地上的房屋及其他不动产给予补偿，并退还相应的出让金。"

（二）建设用地使用权人的义务

1. 支付出让金的义务。根据《物权法》和《城市房地产管理法》的规定，以出让方式取得建设用地使用权的，建设用地使用权人应当依照法律规定以及合同约定支付出让金等费用；以划拨方式取得建设用地使用权的，无须支付出让金，但在转让时，应当由受让方办理建设用地使用权出让手续并缴纳出让金。

2. 对土地的合理使用和保护义务。根据《物权法》和《城市房地产管理法》的规定，建设用地使用权人应当按照建设用地使用权设立时登记的用途使用土地，不得擅自改变土地用途；需要改变土地用途的，应当依法经有关行政主管部门批准。同时，建设用地使用权人应当按照土地的自然属性和法律属性合理使用土地，维护土地的价值和使用价值。

■第三节　建设用地使用权的消灭

一、建设用地使用权消灭的事由

（一）建设用地使用权期限届满

建设用地使用权为有期限的权利，当法律规定或当事人约定的使用权期限届满时，建设用地使用权归于消灭。该期限及期满后的续展，因土地用途的不同而有所不同；以划拨的方式取得的土地使用权，除法律、行政法规另有规定外，没有使用期限的限制。根据有关规定，建设用地使用权出让的最长期限为：居住用地 70 年，商业、旅游、娱乐用地 40 年，工业用地和教育、科技、文化、卫生、体育用地以及综合或其他用地 50 年。根据住宅用地和非住宅用地的差异，我国《物权法》第 149 条规定："住宅建设用地使用权期间届满的，自动续期。非住宅建设用地使用权期间届满后的续期，依照法律规定办理。该土地上的房屋及其他不动产的归属，有约定的，按照约定；没有约定或者约定不明确的，依照法律、行政法规的规定办理。"[1] 续期的具体程序，由《城市房地产管理法》和有关行政法

---

[1] 关于续期费用的缴纳或者减免等事宜，《物权法》中并未明确。依 2018 年 8 月的《民法典分则物权编（草案）》中规定的精神，此等事宜由法律、行政法规另行规定。

规规定。

（二）建设用地使用权被撤销

土地所有权人在一定情况下，可依法律规定撤销建设用地使用权。如《城市房地产管理法》第 26 条规定，以出让方式取得建设用地使用权进行房地产开发的，必须按照出让合同约定的土地用途、动工开发期限开发土地。逾期满 1 年未动工开发的，可以征收相当于出让金 20% 以下的土地闲置费；满 2 年未动工开发的，可以无偿收回建设用地使用权。

（三）建设用地使用权被提前收回

根据《物权法》第 148 条和《土地管理法》第 58 条中的规定，为公共利益需要使用土地，或者为实施城市规划进行旧城区改建，需要调整使用土地的，国家可以提前收回建设用地使用权，但应当对土地上的房屋及其他不动产给予补偿，并退还相应的出让金。

（四）土地的灭失

作为建设用地使用权之标的物的土地一旦灭失，建设用地使用权自然随之归于消灭；[1]如果部分灭失而不影响其他部分使用的，则未灭失部分仍可继续使用。

二、建设用地使用权消灭的法律效果

建设用地使用权消灭事由不同，其法律效果也不尽相同。根据法律、行政法规的规定，国家无偿收回划拨的建设用地使用权的，对其地上建筑物或其他工作物，市、县人民政府应当根据实际情况给予适当补偿；国家提前收回出让的建设用地使用权的，应当根据建设用地使用权人已使用的年限和开发、利用土地的实际情况给予相应的补偿。根据《城市房地产管理法》第 22 条的规定，土地使用权出让合同约定的使用年限届满，土地使用者应当至迟于期满前 1 年申请续期，经批准准予续期的，应当重新签订土地使用权出让合同并支付土地使用权出让金；未如期申请或未获批准的，土地使用权由国家无偿收回。

《物权法》第 150 条规定："建设用地使用权消灭的，出让人应当及时办理注销登记。登记机构应当收回建设用地使用权证书。"

第二十二章

---

[1]　参见《城市房地产管理法》第 21 条。

第二十三章

宅基地使用权

■第一节　宅基地使用权的概念与特点

一、宅基地使用权的概念

宅基地使用权是指农村集体经济组织成员依法在集体所有的土地上建造住宅及其附属设施，供其居住使用的权利。《物权法》第152条规定："宅基地使用权人依法对集体所有的土地享有占有和使用的权利，有权依法利用该土地建造住宅及其附属设施。"

二、宅基地使用权的特点

宅基地使用权的主要特点如下：

1. 宅基地使用权的主体是农村集体经济组织的成员。宅基地使用权是根据农村集体土地所有权的特点，专为农村集体经济组织的成员设定的权利，城镇居民、法人和非法人团体等不能享有宅基地使用权。

2. 宅基地使用权的取得是无偿的。宅基地是农村集体所有的土地的组成部分，而每一农村集体经济组织的成员都是集体的一分子，依法都有利用集体土地建造住宅的权利，此为农村集体经济组织成员所享有的集体福利。因此，宅基地使用权的取得通常是无偿的，无须支付对价。

3. 宅基地使用权的客体是经依法批准划拨给个人建造住宅使用的集体所有的土地。宅基地使用权的客体，限于集体土地，且须是依照有关法律规定批准划拨的供建造住宅的土地。任何人不得违反法律规定抢占耕地等建造住宅。

4. 宅基地使用权的设立目的是供建造居住、使用的住宅及其附属设施。该项权利的名称即已明确其设立目的是依法建造、保有个人住宅、庭院及种植竹木等，为居住而对土地进行占有、使用的权利。出于其他目的而使用集体土地的，不能成立宅基地使用权。

5. 宅基地使用权没有期限限制。宅基地使用权是一种无期限限制的用益物权，具有永久性，不存在因期限届满而消灭的问题。

■第二节　宅基地使用权的取得、行使与消灭

一、宅基地使用权的取得

《物权法》第153条规定："宅基地使用权的取得、行使和转让，适用土地管理法等法律和国家有关规定。"依据《土地管理法》等法律的规定，宅基地使用权的取得，通常采取审批的方式，其程序大致包括三个步骤，即使用权申请、土地所有人同意、行政审批。宅基地使用权的审批，应当符合农村土地利用的总体规划。

由于宅基地使用权为无偿使用，带有一定的社会福利或集体组织成员的团体福利性质，

因此，原则上一户居民只能享有一处宅基地使用权（"一户一宅"原则），其面积也不得超过规定的标准。

二、宅基地使用权的行使

宅基地使用权人取得宅基地后，可以建造住宅及附属设施，供自己居住、使用或者兼而利用宅基地进行适当的家庭经营活动并获得收益；也可以出租、转让或作其他处分。但因房屋所有权的转让以及抛弃等原因丧失宅基地使用权的，原权利人不得再申请宅基地使用权。

基于宅基地使用权本身的特点，其为无期限限制的权利。宅基地使用权人死亡的，在符合分配宅基地的条件的前提下，其继承人可以连同地上建筑物一并取得宅基地的使用权；继承人均已分户或因其他原因不符合取得宅基地的条件的，宅基地使用权可以由集体收回，但继承人有权就地上建筑物和附属设施的价值获得补偿。

三、宅基地使用权的消灭

宅基地使用权的消灭原因主要有：

1. 宅基地被收回或者征收。在土地所有权人因城乡发展规划的调整而被收回宅基地或者国家因公共利益的需要而征收土地的情况下，原宅基地使用权消灭。但这种情况下，土地所有权人应获得相应的补偿并另行批给其宅基地；国家征收土地，也须依照法定程序并给予补偿。

2. 转让或抛弃宅基地。宅基地使用权人转让、抛弃其宅基地使用权或者转让、抛弃其宅基地上的住宅及其附属设施的，均将导致宅基地使用权消灭。

3. 宅基地的灭失。《物权法》第 154 条规定："宅基地因自然灾害等原因灭失的，宅基地使用权消灭。对失去宅基地的村民，应当重新分配宅基地。"至于宅基地上的建筑物或其他附属物灭失的，则不影响宅基地使用权的存续，宅基地使用权人可以重新建造房屋并居住、使用。《物权法》第 155 条规定："已经登记的宅基地使用权转让或者消灭的，应当及时办理变更登记或者注销登记。"

第二十三章

第二十四章

地役权

■第一节 地役权概述

一、地役权的概念

地役权是指为了自己的不动产使用的便利和效益，按照合同约定而使用他人不动产的权利。其中，为自己不动产的便利而使用他人土地的一方称为需役地人或地役权人，将自己的不动产供他人使用的一方称为供役地人。地役权的发生以需役地和供役地的同时存在为前提，但并不以邻近为必要。我国《物权法》第 156 条规定："地役权人有权按照合同约定，利用他人的不动产，以提高自己的不动产的效益。前款所称他人的不动产为供役地，自己的不动产为需役地。"

地役权制度起源于罗马法的不动产役权，为役权的一种。依罗马法，役权分为人役权和地役权。人役权是为特定人的利益而设定的利用他人之物的权利，如得居住他人房屋之居住权。地役权分为田野地役权与都市地役权，前者主要为土地耕作的便利而设，后者主要为房屋建筑和使用的便利而设。[1]后世各国民法上，大都规定有地役权制度。

二、地役权的特点及其与相邻关系的区别

（一）地役权的特点

1. 地役权是存在于他人不动产之上的物权。地役权的标的以不动产为限，且须存在于他人的不动产之上，在自己的不动产上不存在地役权的问题。地役权不仅可以存在于不同的不动产所有人之间，在不动产的使用人之间以及不动产使用人与所有人之间也都可以设定地役权。地役权既然存在于他人的不动产之上，客观上即为对他人权利的限制。我国《物权法》第 162 条规定："土地所有权人享有地役权或者负担地役权的，设立土地承包经营权、宅基地使用权时，该土地承包经营权人、宅基地使用权人继续享有或者负担已设立的地役权。"第 163 条规定："土地上已设立土地承包经营权、建设用地使用权、宅基地使用权等权利的，未经用益物权人同意，土地所有权人不得设立地役权。"

2. 地役权是以他人不动产供自己的不动产便宜之用的权利。地役权人使用他人不动产的目的，在于更好地利用自己的不动产，以增进其价值和利用效益。所谓便宜，是指方便利用的利益，此种利益不限于经济上的利益，也包括精神上或感情上的利益。前者如通行地役权，后者如眺望地役权。地役权的内容十分广泛，只要不违反法律的强制性规定及公序良俗，可由当事人自由约定。

3. 地役权具有从属性。地役权本质上是用益物权的一种，但地役权必须从属于需役地

---

[1] [意] 彼德罗·彭梵得：《罗马法教科书》，黄风译，中国政法大学出版社 1992 年版，第 251 页以下；周枏：《罗马法原论》（上），商务印书馆 1996 年版，第 360 页以下。

而存在，若无需役地，便不能产生地役权。地役权的从属性具体表现为两个方面：一方面，地役权不得与需役地相分离而单独转让；另一方面，地役权不得与需役地的所有权或使用权相分离而作为其他权利的标的，如不能单独以地役权设定抵押权。《物权法》第 164 条规定："地役权不得单独转让。土地承包经营权、建设用地使用权等转让的，地役权一并转让，但合同另有约定的除外。"第 165 条规定："地役权不得单独抵押。土地承包经营权、建设用地使用权等抵押的，在实现抵押权时，地役权一并转让。"

4. 地役权具有不可分性。地役权是为需役地的便利而存在于供役地之上的，必须及于需役地和供役地的全部，不能分割为数部分或仅为一部分而存在，即地役权不得被分割为两个以上的权利，也不得使其一部分消灭。需役地或供役地为共有的，地役权由各共有人共同享有或共同负担。需役地被分割时，各分割部分仍存在原地役权；供役地被分割时，各分割部分仍负担原来的地役权。《物权法》第 166 条规定："需役地以及需役地上的土地承包经营权、建设用地使用权部分转让时，转让部分涉及地役权的，受让人同时享有地役权。"第 167 条规定："供役地以及供役地上的土地承包经营权、建设用地使用权部分转让时，转让部分涉及地役权的，地役权对受让人具有约束力。"

（二）地役权与相邻关系的区别

我国《民法通则》及相关司法解释中未区分不动产相邻关系与地役权制度，统称为相邻关系。根据学界应将其二者区分的一致意见，我国《物权法》在所有权部分的第七章规定了相邻关系，在用益物权部分设专章规定了地役权。地役权与不动产相邻关系十分相似，都是存在于不动产上的权利，其目的也都是为了发挥相邻不动产的利用效益。但二者毕竟是两种性质不同的制度，不应混为一谈。其主要区别在于：

1. 二者产生的原因不同。相邻关系为不动产所有权或使用权内容的当然扩张或限制，因法律的直接规定而发生；地役权则为相邻近的不动产所有人或使用人基于合同关系而约定发生的所有权扩张或限制。

2. 是否为独立的权利类型不同。相邻关系不是一项独立的民事权利或物权类型，而是不动产所有权或使用权本身的限制或扩张，与所有权或使用权共存亡，不可能单独地取得或丧失；地役权则是一项独立的民事权利，属于用益物权的一种。

3. 二者对不动产利用关系的调节程度不同。相邻关系是法律对邻近不动产的利用所进行的最低限度的调节，其对不动产所有权或使用权的限制与扩张程度较小；而地役权作为当事人逾越法定的相邻关系限度而约定的权利义务关系，对不动产所有权或使用权的限制与扩张的程度较大，是对土地利用所进行的较高程度的调节。

4. 二者在取得的有偿性上不同。相邻关系中的权利扩张或限制，原则上是无偿的；当事人行使法律规定的权利时，只要不给邻人造成损失，也不发生赔偿责任。而地役权的取得既可有偿，也可无偿，并且通常是有偿的。

5. 是否需要登记不同。相邻关系的成立，无须登记；而地役权作为用益物权的一种，其成立或产生对抗第三人的效力，必须经过登记。[1]

三、地役权的种类

关于地役权的种类，可以从内容、客体和行使上进行分类。从地役权的内容上看，可以分为通行地役权、建筑地役权、引水地役权、排水地役权、眺望地役权等；从期限上看，

第二十四章

---

〔1〕 梁慧星、陈华彬：《物权法》，法律出版社 2005 年版，第 197 页；郭明瑞、唐广良、房绍坤：《民商法原理（二）物权法　知识产权法》，中国人民大学出版社 1999 年版，第 203～204 页。

可以分为有期限的地役权和无期限的地役权；从地役权的客体上看，可分为地表地役权与空间地役权。通常所讲的地役权，为地表地役权。空间地役权则是指以他人土地之上或地下特定空间供自己土地的上下空间便利之用的权利，为空间权的一种。[1]在理论上，一般从地役权的行使上对其进行以下分类：

1. 积极地役权与消极地役权。这是以地役权的行使内容为标准而进行的分类。积极地役权又称为作为地役权，是以需役地人在供役地上得为一定行为为内容的地役权。这类地役权要求供役地人承担容忍需役地人为一定行为的义务，如通行地役权、引水地役权等。消极地役权又称为不作为地役权，是以供役地人不为一定行为为内容的地役权。这类地役权要求供役地人承担不为一定行为的义务，如供役地人不得建造妨害需役地人远眺的高层建筑物。

2. 继续地役权与非继续地役权。这是以地役权的行使方法为标准而进行的分类。继续地役权是指地役权的行使无须每次有权利人的行为而能继续行使的地役权，如眺望地役权、筑有道路的通行地役权、装有管道的引水地役权。消极地役权通常为继续地役权。非继续地役权是指每次行使权利均须有权利人行为的地役权，如汲水地役权、放牧地役权等。

3. 表见地役权与不表见地役权。这是以地役权的行使状态为标准而进行的分类。表见地役权又称表现性地役权，是指地役权的行使有外部表现形态的地役权，如铺设道路的通行地役权、地面汲水地役权等。不表见地役权又称不表现性地役权，是指地役权的行使没有外部表现形态的地役权，如通过地下管道的排污地役权、汲水地役权，不铺设道路的通行地役权等。[2]

■第二节 地役权的效力

一、地役权人的权利与义务

1. 使用供役地的权利。这是地役权人最基本的权利。地役权设定的目的是为需役地所有人、使用人使用他人不动产提供方便。因此，地役权人当然享有使用供役地的权利。地役权由当事人约定而取得，需役地人应按当事人约定的使用方法、范围和程度来使用供役地。同一供役地上并存数个地役权时，设定在先的地役权优先于设定在后的地役权。但如果都是消极地役权，则不存在哪个权利优先的问题。依照诚实信用和禁止权利滥用原则，地役权人应选择对供役地损害最小的方法和处所为必要使用，这是地役权人应承担的当然义务。《物权法》第 160 条规定："地役权人应当按照合同约定的利用目的和方法利用供役地，尽量减少对供役地权利人物权的限制。"

2. 为附随行为与设置的权利。地役权人为达到设定地役权的目的，享有为必要的附随行为和设置必要设施的权利。如为达到排水的目的而开凿沟渠，为达到通行的目的而修筑道路。地役权人为这些行为时，同样应选择对供役地损害最小的方法和处所为之。

3. 行使基于地役权所生的物上请求权的权利。地役权人在其权利范围内，对供役地有直接支配和排除妨害的权利，不但供役地人应当容忍，而且第三人也不得妨碍。因此，对

〔1〕 参见梁慧星、陈华彬：《物权法》，法律出版社 2005 年版，第 316 页。

〔2〕 梁慧星、陈华彬：《物权法》，法律出版社 2005 年版，第 309～310 页；郭明瑞、唐广良、房绍坤：《民商法原理（二）物权法 知识产权法》，中国人民大学出版社 1999 年版，第 202～203 页；谢在全：《民法物权论》（中），中国政法大学出版社 2011 年版，第 507～508 页。

他人妨害地役权的行为，地役权人得请求排除；有妨害地役权的危险的，地役权人得请求预防。

4. 工作物取回权与恢复原状的义务。在地役权消灭后，原地役权人对在供役地上所设置的工作物有取回的权利，同时也负有恢复他人不动产原状的义务。但是，如果供役地所有人愿以适当价格购买其工作物，原地役权人不得拒绝。

5. 维护设置的义务。地役权人既然享有为必要的附随行为并设置工作物的权利，自然也须对因行使权利而建造的设置负有维持、防护的义务，以防止供役地因此而受到损害。如对因行使通行地役权而修筑的道路，应积极维护、保养。

6. 支付报酬或使用费的义务。依当事人的协议而设立的地役权多属有偿，在约定设立有偿利用的情况下，地役权人应依约定的方式、时间和标准支付有关的费用或报酬。

二、供役地人的权利和义务

1. 费用请求权。在有偿的地役权中，地役权人负有支付费用的义务，供役地人则享有请求费用的权利。

2. 使用设置的权利与分担维持设置费用的义务。对地役权人于供役地上所为的设置，供役地人在不妨害地役权行使的范围内有权加以使用。但在供役地人使用地役权人所为的设置时，应按其受益程度分担维持设置的费用，以求公平。

3. 供役地使用场所及方法的变更请求权。设定地役权时虽然约定了地役权的行使场所或方法，但如果变更该场所及方法对地役权人并无不利，而对供役地人有利益的，则供役地人对地役权人有请求变更地役权行使场所或方法的权利。

4. 容忍及不作为义务。地役权以供役地供需役地便宜之用为目的，因此，供役地人在地役权的目的范围内负有容忍及不作为的义务。在积极地役权中，供役地人应容忍地役权人于供役地为一定行为；在消极地役权中，供役地人则负有不为一定行为而保证地役权行使便利的义务，但供役地人不负有为积极行为的义务。《物权法》第 159 条规定："供役地权利人应当按照合同约定，允许地役权人利用其土地，不得妨害地役权人行使权利。"第 163 条规定："土地上已设立土地承包经营权、建设用地使用权、宅基地使用权等权利的，未经用益物权人同意，土地所有权人不得设立地役权。"

■第三节　地役权的取得与消灭

一、地役权的取得

地役权的取得原因，可以是法律行为，也可以是法律行为以外的其他法律事实。

基于法律行为取得地役权，包括设定取得和让与取得。因设定行为取得地役权，通常是指通过合同设定地役权，但也可以通过遗嘱等单方行为设定地役权。设定地役权，须采取书面形式并经登记方能成立或对抗第三人。我国《物权法》第 157 条规定："设立地役权，当事人应当采取书面形式订立地役权合同。地役权合同一般包括下列条款：①当事人的姓名或者名称和住所；②供役地和需役地的位置；③利用目的和方法；④利用期限；⑤费用及其支付方式；⑥解决争议的方法。"第 158 条规定："地役权自地役权合同生效时设立。当事人要求登记的，可以向登记机构申请地役权登记；未经登记，不得对抗善意第三人。"地役权具有从属性，不能与需役地所有权或使用权分离而单独让与，但需役地所有人或使用权人将需役地连同地役权一并让与时，受让人即因此而取得地役权。让与取得地役权的，同样须经登记才发生对抗第三人的效力。

需役地人死亡时，地役权即由其继承人继承。依国外立法例，地役权还可因时效而取得，但限于继续性的和表现性的地役权。[1]

二、地役权的消灭

物权的一般消灭原因，如标的物灭失、约定存续期间届满、抛弃、混同等当然也适用于地役权，但由于地役权具有从属性和不可分性，所以，物权的一般消灭原因适用于地役权时也会体现出不同的特点，主要表现在：

1. 因法定事由而解除地役权合同。《物权法》第 168 条规定："地役权人有下列情形之一的，供役地权利人有权解除地役权合同，地役权消灭：①违反法律规定或者合同约定，滥用地役权；②有偿利用供役地，约定的付款期间届满后在合理期限内经两次催告未支付费用。"

2. 不动产灭失。地役权以供役地和需役地的同时存在为其成立与存续要件。地役权不但会因供役地的灭失而消灭，也会因需役地的灭失而消灭。

3. 目的不能。设定地役权的目的事实上不能实现，即供役地在事实上不能再供需役地便利时，地役权消灭。例如，引水地役权因水源枯竭而消灭。

4. 存续期间届满与约定事由发生。地役权约定有存续期限的，当约定期限届满时，地役权消灭。当事人约定以特定事由发生作为地役权消灭原因的，则该事由一旦发生，地役权即归于消灭。如约定供役地上一旦建成建筑物，通行地役权即归消灭。

5. 混同。当需役地与供役地归属于同一人时，地役权则因混同而消灭，但如果需役地或供役地为第三人权利的客体，其存续对所有人或第三人有法律上的利益时，地役权不消灭。此外，基于地役权的不可分性，当需役地或供役地为共有时，若仅其中一人有混同现象，则地役权不因混同而消灭。

6. 抛弃。地役权人能否抛弃地役权，因地役权的有偿与否而不同。无偿的地役权，无论是否有期限，地役权人可以随时抛弃地役权。对有偿的地役权，通说认为，如果地役权定有期限，则地役权人须支付剩余期间的对价后才能抛弃；如为无期限的地役权，地役权人须事先通知供役地人并支付一定期间的对价后始得抛弃，以兼顾双方的利益。[2]

《物权法》第 169 条规定："已经登记的地役权变更、转让或者消灭的，应当及时办理变更登记或者注销登记。"

---

[1] 梁慧星、陈华彬：《物权法》，法律出版社 2005 年版，第 311 页。

[2] 谢在全：《民法物权论》（上），中国政法大学出版社 1999 年版，第 459 页以下。

第七编 担保物权

第二十五章

担保物权总论

■第一节 担保物权概述

一、担保物权的概念

担保物权是以确保特定债权的实现为目的、以支配和取得特定财产的交换价值为内容的定限物权。

债权人在借贷、买卖等民事活动中，为保障其债权实现，需要担保的，除可以选择保证、定金等担保方式外，还可以依照《物权法》等法律的规定设立担保物权。《物权法》第170条规定："担保物权人在债务人不履行到期债务或者发生当事人约定的实现担保物权的情形，依法享有就担保财产优先受偿的权利，但法律另有规定的除外。"担保物权因具有物权性而区别于债权；因标的物的特定性、权利的公示性及实现上的优先性而区别于保证、定金等担保方式；因具有在他人财产上设定的特点和内容的定限性而区别于所有权；因具有担保性和价值权性而有别于用益物权。

二、担保物权的特点

（一）价值权性

担保物权的价值权性又称为变价性或换价性，是指担保物权以支配和取得担保财产的变价价值（交换价值）为内容。担保物权的支配性主要并不是体现在支配标的物的实体及其使用价值，而是体现在对标的物的处分及对其变价价值的支配方面，最为典型的情形是抵押权人并不占有抵押物，却仍得控制担保财产的处分及其所得价款。在债务人届期不履行债务或者发生当事人约定的实现担保物权的情形时，担保物权人无论是以拍卖、变卖担保财产的价款受偿，还是与担保人协议以担保财产折价受偿，均是以担保财产的变价价值或交换价值受偿债权的。

（二）从属性

担保物权是为确保债权实现而设立的，与所担保的债权形成主从关系，被担保的债权为主权利，担保物权为从权利。[1]担保物权的从属性，可以从设立、移转、效力及消灭几个方面来认识：

1. 设立上的从属性。担保物权的设定或成立，应以债权的存在为前提，担保物权不能

---

[1] 应当注意的是：担保物权在具有从属性的同时，也具有相对独立性，如得成立限额的担保物权，担保物权的设立行为得单独无效，担保物权得因约定事由的出现而单独消灭等。

脱离债权关系而单独设立。对此从属性，不能仅从其与债权成立的时序上来看，而主要应从其与债权的主从关系上来理解。担保物权中的留置权因其发生条件的固有限制，只能对既存债权成立担保；而抵押权与质权，则既可以担保既存的债权，也可针对将来的债权或附条件的债权而设定，如最高额抵押权、最高额质权。但是在担保物权行使之际，必有确定债权的存在，因此，担保物权与被担保的债权之间仍有主从关系。

2. 移转上的从属性。移转上的从属性又称处分上的从属性或附随性、随伴性，是指担保物权原则上因所担保的债权的移转而移转。担保物权虽得因特约而脱离所担保的债权而单独归于消灭，却不得脱离债权而单独移转。[1]

3. 效力上的从属性。效力上的从属性是指担保物权的效力决定于其所担保的债权，被担保的债权无效的，担保物权原则上也无效。[2]此外，担保物权的效力范围也决定于被担保的债权，担保物权人无权就担保财产的变价价值获得大于其债权范围的清偿。

4. 消灭上的从属性。消灭上的从属性是指担保物权因所担保的债权的消灭而消灭。[3]惟在发生债权人与债务人混同等特殊情况下，法律承认抵押权得为所有权人的利益而存在（即成立所有人抵押权），不附随债权的消灭而当然消灭。

（三）不可分性

担保物权的不可分性是指担保物权人于其全部债权受偿之前，得就担保财产之全部行使其权利，担保财产的价值变化及债权的变化不影响担保物权的整体性。具体说来，不可分性表现在：担保财产部分灭失或价值减少时，其余部分或剩余价值仍担保债权的全部；担保财产因共有物的分割等原因而分割时，分割后的各部分仍各担保债权的全部；债权的一部分因清偿、抵消、混同等原因而消灭时，担保物权并不相应地缩减，担保物权人仍得就担保财产的全部行使其权利；债权之一部分分割或转让时，数债权人按其债权额共享原来之担保物权。我国《担保法》和《物权法》中虽未对担保物权的不可分性作出明确规定，但解释上均予认可。《担保法解释》第71条规定："主债权未受全部清偿的，抵押权人可以就抵押物的全部行使其抵押权。抵押物被分割或者部分转让的，抵押权人可以就分割或者转让后的抵押物行使抵押权。"第72条规定："主债权被分割或者部分转让的，各债权人可以就其享有的债权份额行使抵押权。主债务被分割或者部分转让的，抵押人仍以其抵押物担保数个债务人履行债务……"

（四）特定性与公示性

担保物权的特定性是指担保财产及其所担保的债权必须是特定的。担保财产无论是动产、不动产或财产权利，在担保物权成立时都必须是明确而特定的，应与担保人的其他财产区别开来。担保财产的特定性原则上要求在担保物权设定时，担保财产即已特定，但在浮动担保等情况下，担保财产亦得于担保物权实行时方为确定。担保物权所担保的债权也须是特定的，不能笼统地担保债务人的一切债务。在最高额抵押中，所担保的债权的具体数额虽在将来方为确定，但其种类、范围及最高限额仍须在担保物权设定时予以明确。

担保物权的公示性是指担保物权的成立须以适当的方式公示出来，为社会公众所知晓，否则，不能成立或不能对抗善意第三人。

---

〔1〕《物权法》第192条。
〔2〕《物权法》第172条。
〔3〕《物权法》第177条。

（五）追及性与物上代位性

担保物权为物权的一种，自然也具有物权的追及性，即当债务人不履行债务或担保财产被他人非法占有时，担保物权人得追及物之所在，以保全并实现其权利。不过，现代法上为维护善意第三人的利益和交易的安全，对物权的追及性有一定的限制，对付出相应对价而取得担保财产的善意第三人，担保物权人原则上不能行使追及权。

担保物权的物上代位性是指当担保财产灭失、毁损或者被征收而获有保险金、赔偿金或补偿金时，担保物权的效力及于该担保财产的代替物，担保物权人得就该代替物行使其权利。这是因为，担保物权以支配担保财产的交换价值为内容，以取得该价值而受偿债权为目的，在担保财产实体形态改变而其价值仍然存在时，担保物权人就其变化了的价值形态受偿，仍可达到同样目的。《物权法》第174条规定："担保期间，担保财产毁损、灭失或者被征收等，担保物权人可以就获得的保险金、赔偿金或者补偿金等优先受偿。被担保债权的履行期未届满的，也可以提存该保险金、赔偿金或者补偿金等。"此外，担保人依法或经担保物权人同意而转让或处分担保财产所得之价款，亦同为原担保物的代替物，担保权人同样有物上代位权。[1]

（六）优先受偿性

担保物权的优先受偿性是指当债务人不履行债务或破产时，担保物权人得就担保财产之价值优先于其他债权人而受清偿。正是由于担保物权人得就担保财产的价值优先受偿，这种担保才成为比人的担保（保证）更可靠、更优越的担保方式。

三、担保物权与用益物权的区别

用益物权与担保物权虽然同为他物权、定限物权，具有定限物权的共同特点，但二者亦有着重要的区别：

（一）权利的内容不同

用益物权以对标的物进行使用、收益为目的，须对物的实体加以直接支配，以取得物的使用价值。因此，用益物权又称为实体权。担保物权则是以取得担保财产的交换价值、担保债权的优先受偿为目的，它无需对物的实体加以支配，仅以能对其变价价值加以排他的支配为必要，因此担保物权又被称为价值权。也正因为如此，用益物权人不能对标的物予以法律上的处分，而担保物权人于一定条件下得对标的物予以法律上的处分。

（二）权利的客体不尽相同

用益物权的客体通常限于不动产，而担保物权的客体则可以是不动产或者动产，还可以是所有权之外的财产性权利。

（三）占有在权利成立和实现中的地位不同

如前所述，用益物权的成立和实现必须以占有他人标的物为前提。而担保物权的成立，除留置权、动产质权依其性质须占有标的物外，不以直接占有标的物为必要。

（四）实现时间不同

因用益物权旨在对标的物为使用收益，因此用益物权人一旦取得用益物权，就可以实现其权利，即用益物权的取得与实现是同时进行的，二者之间无时间间隔。而担保物权成立后，担保物权人虽得享有一定权利，但通常并不能立即实现其权利，而只能在该担保物权担保的债权已届清偿期，债务人不为债务之履行或者发生当事人约定的实现担保物权的

第二十五章

---

［1］《物权法》第191条。

情形时，始能行使变价受偿权，以实现其权利。因此，担保物权的实现之时也是其权利消灭之时。

（五）从属性不同

用益物权是独立物权，不以用益物权人享有其他权利为前提。而担保物权以存在被担保的债权为前提，属于从属物权。虽然用益物权中的地役权因其特点所决定，例外地具有从属性，但其与担保物权从属于被担保的债权也有明显的不同。

四、担保物权的功能与作用

（一）确保债权实现，维护交易安全

这是担保物权最直接的作用与功能。在市场经济条件下，有交易就伴随有风险。影响债的目的实现的交易风险，既有不可抗力事件发生、市场行情变化等客观风险，也有资产与负债变动不居、债务人舍义取利而逃避债务等主观风险。交易主体莫不希望最大限度地避免债权实现不能的风险，而债的担保即是此种希冀的物化形态。在债的各种担保方式中，担保物权因具有物权的支配效力及优先受偿效力，不受债务人及担保人的整体财产状况变化的影响，在确保债权实现的作用方面较之其他担保方式更为可靠、有效。

（二）媒介资金融通，利导商品交易

资金融通与商品流通的法律形式是债。在市场经济条件下，无论是资金的借贷还是商品的交易，只有在债的目的能够顺利实现的前提下才能广泛开展和顺利进行。如果缺乏足够的信用，资金的融通和商品的流通将会受到极大的滞碍。而债的担保，正是以其特殊的机制为债务人提供信用的，它往往是当事人双方建立信任关系的媒介与桥梁。债的担保不仅可以为资金融通与商品流通提供安全保障，而且还能够引导与促进借贷合同或商品交易合同本身的订立。而在这一方面，抵押担保、质押担保，尤其是伴随现代社会的发展而出现的最高额抵押、财团抵押与浮动担保、证券抵押以及最高额质押、权利质押等融资型担保物权的地位与作用日渐重要。

（三）克服信用危机，促进经济繁荣

市场经济是开放经济、自由经济，也是信用经济与法治经济。在市场经济条件下，即时清结的现货交易退居次要地位，非即时清结的交易活动成为交易之常态。这样，交易或借贷双方利益的实现，常常产生时间上的差距，亦即双方发生了一种以信守为对待给付之诺言为基础的信用关系。如果背信现象偶有发生，个别债的目的不能实现，一般仅影响到当事人的利益；而如若背信现象较为普遍地存在，诸多债的目的不能实现时，则会发生严重的信用危机，影响到整个社会的交易秩序和经济发展。担保物权作为担保制度中不可或缺的组成部分，对预防及克服信用危机、促进经济发展与繁荣，具有其他法律手段所不可替代的作用。

■第二节　担保物权的种类与分类

一、担保物权的种类

（一）立法例上关于担保物权种类的规定

由于法律传统及国情的不同，各国法律上对担保物权种类的规定有所不同。其中，抵押权、质权是各国立法上公认的担保物权。传统法律上抵押权的标的物原则上限于不动产及不动产权利，现今许多国家法律应客观经济生活的需要，对动产抵押也予以承认；关于抵押权的设定方式，有些国家法律上既承认约定抵押权，也规定有法定抵押权，甚至还有的规定了裁判抵押权与保全抵押权；另有些国家则只规定了约定抵押权。关于质权，立法上向来有动产质权与权利质权之分，另有些国家还规定有不动产质权。

留置权在各国法律上的地位有所不同，有的国家立法上规定的留置权为债权性留置权（但在其他规定中，往往另辅之以优先权的规定），而另有些国家立法上则将留置权径行规定为担保物权。在承认留置权为物权的国家，有些立法上将其标的物限定为动产，也有的承认有价证券和不动产上亦得存在留置权。

至于优先权（或称先取特权），有些国家承认其为担保物权的一种，也有的国家将其视为担保物权之外的一种特殊权利。另有些国家立法上承认让与担保亦为担保物权的类型，也有的国家在理论上及实务上都承认其属于非典型物的担保。

（二）我国物权法上关于担保物权种类的规定

我国《担保法》《物权法》规定的担保物权有抵押权、质权与留置权三种。其中，抵押权与质权只能依约定而设立，为约定担保物权，而留置权则在符合法定条件时当然发生，为法定担保物权；抵押权的客体或标的可以是不动产、不动产权利和动产，质权的标的可以是动产或财产权利而不包括不动产，留置权的标的则只能是动产。此外，我国法律上也有许多关于优先权的具体规定，但关于其性质，理论上有不同的认识。

（三）关于让与担保与优先权问题的讨论

在我国《物权法》的制定过程中，有学者主张增设让与担保制度，也有学者主张增设优先权为担保物权的类型，两者均曾在立法草案中有所体现，但最终未被立法所接受。[1]

据学者主张和物权法草案中曾有过的制度设计，所谓让与担保，是指为了担保债权的实现，将债务人或者第三人的财产转让给债权人，债务履行后，债权人应当将该财产返还债务人或者第三人；不履行债务的，债权人有权就该财产优先受偿。让与担保除应当采用书面合同的形式外，以动产作为让与担保的标的的，让与担保的权利自在该动产上标志让与担保时设立；以不动产或者权利作为让与担保的标的的，设立让与担保的权利适用有关不动产抵押以及权利质权的规定。这种让与担保的制度设计，在构成上，采用的是"担保权构成论"；在实现方式上，采用的是"变价清算型"，并在其他一些方面注意平衡双方当事人的利益。但也有许多学者对设立让与担保制度的合理性和必要性提出质疑。不过，在我国当今的金融实践中，让与担保在证券担保、有追索权的保理、股权转让以及普通买卖合同等领域已多有采用，但对于其能否发生物权性的效力，有不同的认识。我国2018年8月的《民法典分则物权编（草案）》中，尚未对该制度的地位予以明确。[2]关于让与担保的制度适用价值及具体规则设计问题，还有必要进一步讨论。

优先权，又称先取特权，系法律为保障某些特定权利的实现而规定的一种特殊权利，其作用在于破除债权人平等原则以强化对某些特殊权利的保护，其立法理由在于维护社会的公平正义或应客观事实之需要。优先权的具体种类繁多，且在各国立法上均有相关规定。但因立法政策上的差别及对某些权利的性质认识不同，法律技术上对某些问题的处理方法也存在差异：对同一问题的处理，有的规定为优先权，有的规定为法定抵押权、法定质权

第二十五章

---

[1] 梁慧星等：《中国物权法草案建议稿——条文、说明、理由与参考立法例》，社会科学文献出版社2000年版，第776页以下；王利明主编：《中国物权法草案建议稿及说明》，中国法制出版社2001年版，第512～526页。

[2] 2018年8月的《民法典分则物权编（草案）》第205条第1款规定了抵押权的清偿顺序，第2款规定："其他登记的担保物权，清偿顺序参照前款规定。"其中"其他登记担保物权"是否包括让与担保或者说可否赋予让与担保以登记能力，尚有待明确。

或特别留置权；有关优先权的事项，有的于民法典中规定，有的于特别法中规定，还有的规定于诉讼法等法律之中。根据各国立法规定的情况，学界通常将优先权分为一般优先权与特别优先权，特别优先权又因标的的不同而再分为动产优先权、不动产优先权以及知识产权优先权。[1]关于优先权的性质如何，在立法与理论上向有争议。我们对优先权是否为担保物权（尤其是典型担保物权）的问题，持否定的观点。其主要理由是：①担保物权是民法或者私法上为担保特定债权实现而设立的制度，而各国法律上所规定的各种优先权，并非尽为私法上的制度，诸多规定属于税法、劳动法、诉讼法等公法上的制度；具有优先受偿效力的诸多权利（如税款、司法费用、劳动保险费用等），其本身也难谓民法上所讲的"债权"。②优先权的设立，法律上并无公示方面的要求，此与物权的基本理念不合。③担保物权系在债权之外而设立的另一种权利，以约定设立为其成立的一般方式，其顺序原则上也以设定的先后而定。而优先权则系对特种债权或其他权利本身之效力的加强，并未形成另外的权利。而且，优先权的设立及顺序均为法定，这也与担保物权的规定有所不同。④担保物权在对其所担保的债权具有从属性的同时，尚具有相对独立性，而优先权应系特种债权或其他权利本身的效力，无独立性可言。此外，担保物权原则上得为将来的债权担保，具有融资性，而优先权只能用于保障既存的债权，无融资性可言。因此，我们认为，优先权只是法律上基于特殊政策性考虑而赋予某些特种债权或其他权利的一种特殊效力，以保障该项权利能够较之普通债权而优先实现，其性质仍未完全脱离其所强化的权利本身的性质；优先权的种类繁多，存在的法域也不尽相同，难以在民法典或物权法中作出统一规定。因此，我国法律上对优先权的具体规定，可根据客观情况的需要而加以细化和完善，但不宜在物权法上采用将其与典型担保物权并列规定的方式。[2]

二、担保物权的分类

根据不同的标准，在理论上可对担保物权作如下分类：

（一）法定担保物权与约定担保物权

这是根据担保物权的发生原因或成立方式的不同所作的分类。我国法律上规定的抵押权与质权为约定成立的担保物权，惟留置权为典型的法定担保物权（国外有些立法例上所规定的优先权以及法定抵押权、法定质权也属于法定担保物权）。约定担保物权较之法定担保物权在适用上更为广泛和普遍。

（二）动产担保物权、不动产担保物权与权利担保物权

这是根据担保物权的标的不同而作的分类。依我国法律规定，动产之上既得设定质权或成立留置权，也得设定抵押权；不动产及不动产用益物权仅得为抵押权的标的；其他可转让的财产权利之上得设定权利质权。

（三）留置性担保物权与优先受偿性担保物权

这是以担保物权的主要效力为标准所作的分类。留置性担保物权又称占有性担保物权，是指以债权人占有、留置担保财产而迫使债务人履行义务为主要效力的担保物权。留置权、动产质权和某些由债权人占有权利凭证的权利质权属于留置性担保物权。优先受偿性担保物权又称为非占有性担保物权，是指以支配担保财产的交换价值并从中优先受偿为主要效力的担保物权，抵押权及不占有权利凭证的权利质权属于优先受偿性担保物权。留置性担保物权虽更为可靠，但有损物之使用价值，故其适用范围有一定的限制。而优先受偿性担

---

[1] 王利明主编：《中国物权法草案建议稿及说明》，中国法制出版社2001年版，第134页以下及第513页以下。

[2] 刘保玉：《物权体系论——中国物权法上的物权类型设计》，人民法院出版社2004年版，第336页以下。

保物权，能使物之使用价值与交换价值各得其所，因而更受推崇。

（四）保全性担保物权与融资性担保物权

这是根据担保物与其所担保的债权之间有无牵连关系所作的分类。保全性担保物权是指担保物权与所担保的债权之间有牵连关系并以保全该债权为主要功能的担保物权。留置权为保全性担保物权的典型，某些优先权也具有保全特定债权的属性。融资性担保物权是指担保物权与其所担保的债权之间无须有牵连关系而纯为融资或保障因其他原因而发生的债权之实现而设定的担保物权，抵押权、质权均属此类。一般说来，法定担保物权多具有保全性特点，而约定担保物权均具有融资性特点；保全性担保物权只能为担保既存债权而成立，融资性担保物权则得为将来的债权而设立。

（五）登记担保物权与非登记担保物权

这是根据担保物权的成立是否须经登记所作的分类。依据我国《物权法》的规定，在不动产上设定的抵押权，非经登记不能成立，故其只能是登记担保物权；在权利质权中，除占有权利凭证的质权之外，其他权利质权也须以登记为成立要件，故也属登记担保物权。动产之上设定抵押权，采登记对抗要件主义，故其应属于非以登记为成立要件的担保物权；动产质权与留置权，则均属非登记的担保物权。

第二十五章

第二十六章

抵押权

■ 第一节　抵押权的概念与特点

一、抵押权的概念

抵押权是指债权人对债务人或者第三人不转移占有而供作债务履行担保的财产，在债务人不履行债务或当事人约定的情形发生时，予以变价并就其价款优先受偿的权利。

《物权法》第 179 条规定："为担保债务的履行，债务人或者第三人不转移财产的占有，将该财产抵押给债权人的，债务人不履行到期债务或者发生当事人约定的实现抵押权的情形，债权人有权就该财产优先受偿。前款规定的债务人或者第三人为抵押人，债权人为抵押权人，提供担保的财产为抵押财产。"

二、抵押权的特点

1. 抵押权为担保物权的一种。抵押权是对抵押财产的价值支配权而非实体支配权，抵押权以担保债权的实现为目的而非以对标的物的使用收益为目的，因此，抵押权属于担保物权。担保物权的从属性、不可分性、价值权性和物上代位性等在抵押权中均有典型和明确的体现。

2. 抵押权是在债务人或第三人提供的财产上设定的物权。在抵押权关系中，提供抵押财产的抵押人，既可以是债务人，也可以是债务人之外的第三人。尽管有的国家（如德国）法律上规定所有权人也可以在自己的财产上设定抵押权，但绝大多数国家法律并不承认原始的所有人抵押权，仅于特定情况下承认后来发生的所有人抵押权。因此，抵押权并非在自己的物上设定的权利，而是在他人的财产上设定的物权，因而属于他物权。

3. 抵押权是不移转担保财产占有的物权。抵押权之成立与存续，不以移转担保财产的占有为必要，这是抵押权与其他担保物权的重要区别。就抵押人而言，除得因担保的提供获得贷与的资金外，并得继续对抵押财产为占有、使用、收益；就债权人而言，不仅无占有、保管抵押财产之烦累，且能通过登记获得效力强大的担保物权，通过折价或者拍卖、变卖等变价方式，以特定的抵押财产之价值确保债务的优先清偿。因此，抵押权实为一项优良的担保制度，以致被誉为"担保之王"。

4. 抵押权为得就担保财产卖得价金优先受偿的权利。担保物权为债权人就担保财产的变价价值优先受偿的价值权。所谓优先受偿，包括三层意义：①有抵押权担保的债权，债权人得就抵押财产卖得的价金优先于普通债权人而受清偿；②债务人受破产宣告时，抵押权成立在前的，不受破产宣告之影响，抵押权人就特定的抵押物有"别除权"，仍得就其卖得的价金优先受偿；③如果同一抵押物上设定有两个以上的抵押权，先次序抵押权人优先于后次序抵押权人而受清偿。

■第二节　抵押权的取得

一、抵押权的设定

通过法律行为设定抵押权，是抵押权取得的基本方式。

（一）抵押权关系的当事人

抵押权法律关系的主体包括抵押人和抵押权人。抵押权人也就是被担保债权的债权人。抵押人又称设抵人或出抵人，是指以自己所有的或享有处分权的财产为债权人的债权设定抵押担保的人，抵押人可以是债务人本人，也可以是债务人以外的第三人（学理上又称"物上保证人"）；[1]可以是法人，也可以是自然人、其他组织，但自然人作为抵押人，必须是具有完全民事行为能力的人。另外，抵押人须对抵押物享有所有权或处分权，否则，其所设定的抵押权原则上应为无效（债权人善意取得的除外）。

（二）抵押权的标的

抵押权的标的，是指抵押人用以设定抵押的财产。抵押权的标的应符合下列条件：①具有特定性；②具有交换价值和可让与性；③须为非消耗物，不因抵押人继续占有、使用该物而灭失或损毁；④须为依法未被禁止抵押的财产。

《物权法》第180条规定："债务人或者第三人有权处分的下列财产可以抵押：①建筑物和其他土地附着物；②建设用地使用权；③以招标、拍卖、公开协商等方式取得的荒地等土地承包经营权；④生产设备、原材料、半成品、产品；⑤正在建造的建筑物、船舶、航空器；⑥交通运输工具；⑦法律、行政法规未禁止抵押的其他财产。抵押人可以将前款所列财产一并抵押。"第182条规定："以建筑物抵押的，该建筑物占用范围内的建设用地使用权一并抵押。以建设用地使用权抵押的，该土地上的建筑物一并抵押。抵押人未依照前款规定一并抵押的，未抵押的财产视为一并抵押。"第183条规定："乡镇、村企业的建设用地使用权不得单独抵押。以乡镇、村企业的厂房等建筑物抵押的，其占用范围内的建设用地使用权一并抵押。"

《物权法》第184条规定："下列财产不得抵押：①土地所有权；②耕地、宅基地、自留地、自留山等集体所有的土地使用权，但法律规定可以抵押的除外；③学校、幼儿园、医院等以公益为目的的事业单位、社会团体的教育设施、医疗卫生设施和其他社会公益设施；④所有权、使用权不明或者有争议的财产；⑤依法被查封、扣押、监管的财产；⑥法律、行政法规规定不得抵押的其他财产。"

另据《担保法解释》及其他有关规定，在抵押财产上还应注意以下问题：①以法定程序确认为违法、违章的建筑物抵押的，抵押无效；②以尚未办理权属证书的财产抵押的，在第一审法庭辩论终结前能够提供权利证书或者补办登记手续的，可以认定抵押有效，但当事人未办理抵押物登记手续的，不得对抗第三人；③以法律规定中所列的数项财产一并抵押的，抵押财产的范围应当以登记的财产为准，抵押财产的价值在抵押权实现时予以确定；④学校、幼儿园、医院等以公益为目的的事业单位、社会团体，以其教育设施、医疗卫生设施和其他社会公益设施以外的财产为自身的债务设定抵押的，可以认定抵押有效；⑤已经设定抵押的财产被采取查封、扣押等财产保全措施或者执行措施的，不影响抵押权

第二十六章

---

[1]　在债务人以外的第三人为抵押人的情况下，债务人本人并不是抵押关系的当事人，而仅是利害关系人。

的效力；⑥抵押人以其不享有所有权或处分权的财产设定抵押的，债权人得依善意取得的规定取得抵押权。

（三）抵押合同

依《物权法》第185条和《担保法》的相关规定，设立抵押权，当事人应当以书面形式订立抵押合同。抵押合同一般包括下列条款：①被担保债权的种类和数额；②债务人履行债务的期限；③抵押财产的名称、数量、质量、状况、所在地、所有权或者使用权归属；④担保的范围；⑤当事人认为需要约定的其他事项。抵押合同不完全具备上述规定内容的，可以补正，不影响抵押合同的效力。但抵押合同对被担保的主债权种类、抵押财产没有约定或者约定不明，且根据主合同和抵押合同不能补正或者无法推定的，抵押不成立。

（四）抵押登记

抵押登记又称抵押权登记，是指经当事人申请，登记机构依法在登记簿上就抵押物上的抵押权状态予以登录记载的行为，这是抵押权设立的公示要求。准确地说，抵押登记属于权利登记，而不属于财产登记。

依《物权法》《不动产登记暂行条例》及实施细则的规定，办理抵押登记的机构如下：①以不动产或不动产权利抵押的，统一由不动产所在地的登记机构办理；②以航空器、船舶、车辆抵押的，为运输工具登记部门；③以企业的设备和其他动产抵押的，为财产所在地的工商行政管理部门；④以其他普通动产抵押的，为抵押人所在地的公证部门。[1]

关于抵押登记的效力，《物权法》第187条规定："以本法第180条第1款第1项至第3项规定的财产或者第5项规定的正在建造的建筑物抵押的，应当办理抵押登记。抵押权自登记时设立。"第188条规定："以本法第180条第1款第4项、第6项规定的财产或者第5项规定的正在建造的船舶、航空器抵押的，抵押权自抵押合同生效时设立；未经登记，不得对抗善意第三人。"第189条规定："企业、个体工商户、农业生产经营者以本法第181条规定的动产抵押的，应当向抵押人住所地的工商行政管理部门办理登记。抵押权自抵押合同生效时设立；未经登记，不得对抗善意第三人。依照本法第181条规定抵押的，不得对抗正常经营活动中已支付合理价款并取得抵押财产的买受人。"据此可知，关于抵押登记的效力问题，我国物权法兼采了登记要件主义和登记对抗主义。另据《担保法解释》第56条第2款的规定，须经登记生效的抵押权，在抵押合同签订后，抵押人违背诚实信用原则拒绝办理抵押登记致使债权人受到损失的，应当承担赔偿责任。

二、抵押权的转让与继承

基于抵押权的物权性和财产权性，抵押权可以转让，也可以因继承而取得。

基于抵押权的从属性，抵押权不能单独转让而只能和其所担保的债权一同转让或者归于消灭。《物权法》第192条规定："抵押权不得与债权分离而单独转让或者作为其他债权的担保。债权转让的，担保该债权的抵押权一并转让，但法律另有规定或者当事人另有约定的除外。"在被继承人死亡时，被继承人的抵押权也应连同债权一并由继承人继承，且不经变更登记即可取得。

---

[1] 我国现行法已经建立了不动产的统一登记制度，但动产抵押和权利质押的登记机构仍较为分散，这种状况不能完全适应现代市场经济发展的需要。未来立法中，拟建立统一的动产抵押和权利质押登记制度，以促进动产和财产权利的融资功能。而统一登记的具体规则宜由国务院以法规、条例加以规定。故此，2018年8月的《民法典分则物权编（草案）》中删除了有关动产抵押和权利质押具体登记机构的内容，为建立统一的动产抵押和权利质押登记制度留下空间。

■第三节 抵押权的效力

一、抵押权及于抵押财产的范围

抵押权的效力所及的标的，首先是当事人设定抵押的财产。除此之外，学说和立法一般认为抵押权的效力还及于抵押财产的从物、从权利、孳息、代位物和附合物。

（一）抵押财产的从物

依照从物随主物处分的原则，抵押权的效力应当及于抵押财产的从物。但这一规则并非是强行性的，有以下例外：①当事人约定抵押权的效力不及于从物的，应遵其约定；②在抵押权设定之前，第三人已就从物取得物权或具有物权性效力的权利时，第三人的权利不受抵押权的影响。

对在设定抵押权以后新增加的从物是否能为抵押权的效力所及的问题，学说上有肯定说、否定说、区分动产与不动产两种情况分别对待说，以及从物虽可随主物一并拍卖但不能优先受偿说等多种不同的意见。[1]《物权法》第200条规定："建设用地使用权抵押后，该土地上新增的建筑物不属于抵押财产。该建设用地使用权实现抵押权时，应当将该土地上新增的建筑物与建设用地使用权一并处分，但新增建筑物所得的价款，抵押权人无权优先受偿。"《担保法解释》第63条规定："抵押权设定前为抵押物的从物的，抵押权的效力及于抵押物的从物。但是，抵押物与其从物为两个以上的人分别所有时，抵押权的效力不及于抵押物的从物。"我们认为，由从物与主物的关系所决定，抵押权的效力应及于从物，不论该从物为动产还是不动产，也不论该从物是于抵押权设定时即已存在的还是后来增加的，均应在抵押权效力所及的范围之内。但是，抵押权设定后成为抵押财产从物的物，毕竟是由抵押人的一般财产转化而来，因此抵押权人于必要时虽得将其随主物一并变价，但在法律另有特别规定或者抵押权人优先受偿会影响其他债权人的利益时，抵押权人对从物的变价部分无优先受偿权。

（二）抵押财产的从权利

从权利与主权利的关系，如同从物与主物的关系。例如，以需役地使用权设定抵押时，从属于需役地之地役权，应为抵押权效力之所及。[2]另外，虽非本质上的从权利，但该权利如为抵押物存在不可或缺，为保全抵押物的经济效用，也可扩充解释为从权利。

（三）抵押物的附合物

由于附合物与抵押物成为一体而不可分离，如分离则会降低抵押物的价值，因此附合物为抵押权的效力所及，此为通说。对于抵押权的效力是否及于抵押权设定后发生附合的物，学界颇有争论。《担保法解释》第62条规定："抵押物因附合、混合或者加工使抵押物的所有权为第三人所有的，抵押权的效力及于补偿金；抵押物所有人为附合物、混合物或者加工物的所有人的，抵押权的效力及于附合物、混合物或者加工物；第三人与抵押物所有人为附合物、混合物或者加工物的共有人的，抵押权的效力及于抵押人对共有物享有的份额。"此一规定，应属允当。

（四）抵押财产的孳息

根据《物权法》第197条、《担保法解释》第64条的规定，债务人不履行到期债务或

---

〔1〕 谢在全：《民法物权论》（下），中国政法大学出版社1999年版，第582页。
〔2〕 参见《物权法》第165条。

者发生当事人约定的实现抵押权的情形，致使抵押财产被人民法院依法扣押的，自扣押之日起抵押权人有权收取该抵押财产的天然孳息或者法定孳息，但抵押权人未通知应当清偿法定孳息的义务人的除外。作为一般规则，所收取的孳息，应当先充抵收取孳息的费用，次充抵主债权的利息，最后才是清偿主债权。

（五）抵押财产的代位物

根据《物权法》第174条、《担保法》第58条和《担保法解释》第80条的规定，在抵押期间抵押财产毁损、灭失或者被征收等，抵押权人可以就获得的保险金、赔偿金或者补偿金等优先受偿。被担保债权的履行期未届满的，也可以提存该保险金、赔偿金或者补偿金等或者请求人民法院对其采取保全措施。《物权法》第191条第1款还规定，抵押期间，抵押人经抵押权人同意转让抵押财产的，应当将转让所得的价款向抵押权人提前清偿债务或者提存。

二、抵押权所担保债权的范围

抵押权所担保债权的范围即抵押权对所担保的债权的效力，是指抵押权人实行抵押权时，能够优先受偿的债权的范围。根据《物权法》第173条的规定，抵押权担保的范围包括主债权及利息、违约金、损害赔偿金和实现抵押权的费用。抵押合同另有约定的，按照约定。

（一）主债权

主债权又称原债权，是指抵押权设定时约定予以担保的原本债权。该原本债权应在抵押权设定时予以登记，以使其确定和明确。

（二）利息

利息是指由原本债权所生之孳息。在通常情形下，无论法定利息或约定利息、期内利息或迟延利息，均属抵押权担保的范围。利息原则上应依法定利率计算，当事人约定的利率较高时，从其约定，但约定利率应受最高法定利率限制，超过部分不受法律保护。另外，对约定的高于法定利率标准的利息，一般认为也须在抵押权设立时予以登记，否则不能对抗第三人。

（三）违约金与损害赔偿金

违约金是债务人不履行债务时依法律规定或合同约定应当向债权人一方支付的一定数额的款项；损害赔偿金是债务人不履行债务或为加害给付时应向受到损害的债权人支付的赔偿款项。对此两种款项在抵押权担保的债权范围之内，是否以办理登记为必要，各国立法例有所不同，我国法律对此未作明确规定。我们认为，除法定的违约金与损害赔偿金不以登记为要件外，约定的违约金和损害赔偿金应当登记，否则不得对抗第三人。

（四）实现抵押权的费用和保全抵押权的费用

这两种费用是指抵押权人因保全和实行抵押权而支出的费用，如申请强制执行的费用、评估费用、拍卖费用等。由于此项费用完全因债务人之不履行债务而产生，故理应在抵押权所担保债权的范围内，且无须当事人事先约定，也无须登记。依据理论通说和最高人民法院的相关解释，为实现抵押权和债权而聘请律师的费用亦属于"实现抵押权的费用"。[1]

---

[1]　目前一些地方的不动产登记机构制作的抵押权登记证书中记载的"债权数额"，是否为登记的担保范围，理论与实践中有不同的认识。笔者主张其仅是对主债权数额的记载，而非对担保范围的限定。参见刘保玉："担保物权制度：理解适用与规则完善（上）"，载《山东审判》2017第3期。

三、抵押权的顺位确定

（一）确定抵押权顺位的意义

抵押权的顺位又称抵押权的顺序、位序或次序，是指同一抵押财产上设定数个抵押权时，各抵押权人就抵押财产变价的价值优先受偿的先后顺序。

理论上及各国立法都承认抵押人对抵押财产的再次出抵权，一方面是由于其与抵押制度的立法宗旨及抵押权的排他性并不相悖，另一方面也是为了充分发挥抵押财产的担保效用与融资功能。正是由于抵押人得以同一财产向两个以上的债权人抵押，抵押权并存之现象才可能发生并引发抵押权的顺位排序问题。抵押人以同一财产抵押担保两个以上债权的，有以下两种情况：①抵押人在抵押财产的价值大于所担保债权的情况下就其价值余额部分再设定另一抵押，即所谓的"余额（值）再抵"，又称"再次抵押"或"复合抵押"。对此，理论及立法上均一致认可。②抵押人就抵押财产的同一担保价值部分（含部分相同）重复设定另一抵押，即所谓的"重复抵押"。对于重复抵押，绝大多数国家的立法并不否定其效力，而是通过规制抵押权的顺位来解决并存的抵押权之间的效力关系。我国法律上曾有禁止重复抵押的规定，但从立法本旨及关于抵押权的顺序等规定的精神上看，重复抵押并非归于无效，仅是实现的顺序在后而已，重复抵押中超出抵押物价值部分的债权，亦非无效，只是应属无担保的普通债权。[1]我们认为，对重复抵押及由此而引起的抵押权并存，应予承认。实际上，包括我国在内的绝大多数国家的立法已对一物数押抵情况下抵押权的顺位排序作有明确规定，立法、学说及判例也大多都采纳前位抵押权消灭时后位抵押权位次升进规则，重复抵押及由此引起的抵押权并存问题已得到妥善解决。[2]

（二）确定抵押权顺位的规则

《物权法》第 199 条规定："同一财产向两个以上债权人抵押的，拍卖、变卖抵押财产所得的价款依照下列规定清偿：①抵押权已登记的，按照登记的先后顺序清偿；顺序相同的，按照债权比例清偿；②抵押权已登记的先于未登记的受偿；③抵押权未登记的，按照债权比例清偿。"其中所贯彻的原则，分别是各国立法上通行的"先登记原则"（即抵押权的顺序依登记的先后顺序定之，先登记的优先于后登记的）、"登记在先原则"（即登记的抵押权优先于未登记的）；在实行登记对抗主义的动产抵押中，如一物上的数个抵押权均未登记，基于"非登记不得对抗第三人"之本旨，自应使其处于相同地位，由各抵押权人按照债权比例受偿（次序同等原则）。[3]

在抵押权的顺位依法确定后，还可能发生顺位在先的抵押权因实现以外的原因消灭时（如债务清偿），后顺位的抵押权依序升进其位次的问题。[4]但在发生混同的情况下，先顺序的抵押权不因混同而当然消灭，而是存在"所有权人抵押权"。对此，《担保法解释》第 77 条规定："同一财产向两个以上债权人抵押的，顺序在先的抵押权与该财产的所有权归属一人时，该财产的所有权人可以以其抵押权对抗顺序在后的抵押权。"

---

[1] 《担保法解释》第 51 条。

[2] 刘保玉："论担保物权的竞存"，载《中国法学》1999 年第 2 期。

[3] 2018 年 8 月的《民法典分则物权编（草案）》第 205 条拟对上述规则作出两处修改：其一，删除第①项中已经过时、不符合登记要求的"顺序相同的，按照债权比例清偿"之规定；其二，增加了第 2 款，"其他登记的担保物权，清偿顺序参照前款规定"。以便为融资租赁登记、保理登记乃至让与担保登记预留出必要空间。

[4] 参见刘保玉：《物权法学》，中国法制出版社 2007 年版，第 327～328 页。

四、抵押权人的权利

（一）抵押权的保全权

《物权法》第 193 条规定："抵押人的行为足以使抵押财产价值减少的，抵押权人有权要求抵押人停止其行为。抵押财产价值减少的，抵押权人有权要求恢复抵押财产的价值，或者提供与减少的价值相应的担保。抵押人不恢复抵押财产的价值也不提供担保的，抵押权人有权要求债务人提前清偿债务。"依该规定，抵押权人的保全权可分为以下几项：①抵押物价值减少防止权或称停止侵害请求权。②恢复原状请求权及增加担保请求权。③提前偿债请求权及期前行使抵押权的权利。抵押物价值减少后，抵押人不能满足或拒绝抵押权人恢复抵押物原状或另行提供担保的请求时，债务人丧失期限利益，应立即偿还债务，抵押权人也得立即实行抵押权。④损害赔偿请求权。在抵押权受到损害时，抵押权人依物权基本原理，对侵害人（不论是抵押人还是第三人）可直接行使损害赔偿请求权。

（二）抵押权的处分权

抵押权人有权将其抵押权转让或另行供作担保。但因抵押权具有从属性，所以抵押权不得与其所担保的债权相分离而单独转让；也不得与债权分离单独作为其他债权的担保。[1]抵押权人还有权抛弃其抵押权，即放弃就抵押物优先受偿的权利。

（三）抵押权的次序权

同一抵押财产上存在数个抵押权时，按抵押权设定次序受偿，先次序的抵押权人相较于后次序的抵押权人有优先受偿的权利，这在理论上称为抵押权人的次序权。[2]对于次序权，抵押权人可以抛弃、转让。但在理论上，对抵押权次序权的抛弃，分为绝对抛弃和相对抛弃；关于转让抵押权次序的效力，也有绝对效力说与相对效力说等不同主张。[3]《物权法》第 194 条规定："抵押权人可以放弃抵押权或者抵押权的顺位。抵押权人与抵押人可以协议变更抵押权顺位以及被担保的债权数额等内容，但抵押权的变更，未经其他抵押权人书面同意，不得对其他抵押权人产生不利影响。债务人以自己的财产设定抵押，抵押权人放弃该抵押权、抵押权顺位或者变更抵押权的，其他担保人在抵押权人丧失优先受偿权益的范围内免除担保责任，但其他担保人承诺仍然提供担保的除外。"此一规定，应属允当。

（四）抵押权的优先受偿权

抵押权人的优先受偿权主要体现在：①在一般情况下，抵押权人优先于普通债权人受偿；在债务人破产时，抵押财产不列入破产财产，抵押权人对此财产有别除权并得就其变价优先于普通债权人受偿。②已经设定抵押的财产被其他债权人申请采取查封、扣押等财产保全或者执行措施的，不影响抵押权人的优先受偿权。[4]③顺序在先的抵押权优先于顺序在后的抵押权，后顺序的抵押权人只能就先顺序的抵押权人受偿后的余额受偿，但其地位仍优先于普通债权人。应注意的是，抵押权人的优先受偿权有时也有一定限制，如《担保法》第 56 条规定："拍卖划拨的国有土地使用权所得的价款，在依法缴纳相当于应缴纳的土地使用权出让金的款额后，抵押权人有优先受偿权。"

五、抵押人的权利

抵押权设定后，抵押人就抵押财产除仍享有占有、使用和收益权外，其享有的其他权

---

〔1〕　《物权法》第 192 条。

〔2〕　谢在全：《民法物权论》（下），中国政法大学出版社 1999 年版，第 614 页。

〔3〕　梁慧星、陈华彬：《物权法》，法律出版社 2005 年版，第 348 页。

〔4〕　《担保法解释》第 55 条。

利及限制主要为下列几个方面：

（一）抵押财产的处分权

对抵押财产的处分包括事实上的处分和法律上的处分。由于事实上的处分可能会导致抵押物的灭失或价值贬损，从而侵害抵押权人对抵押财产的优先受偿权，所以，在抵押权存续期间抵押人对抵押财产原则上不得为事实上的处分。

在抵押权设定后，抵押人对抵押财产是否可为法律上的处分，立法与学说有不同主张。通说认为，抵押权设定后抵押人并未丧失对抵押财产的所有权或使用权，其仍有法律上的处分权特别是让与权。这一方面是为了保护抵押人应有的权利和利益，另一方面是由于抵押权的效力具有追及性，其效力及于转让后的抵押财产，抵押权并不因抵押财产的转让而受影响。[1]我国的立法和司法实践中，对此问题的态度曾几经变化，[2]《物权法》制定中，考虑到赋予抵押人以任意转让抵押物的权利，同时再规定抵押权人的追及权和受让人的涤除权（代为偿还债务而消灭抵押权），不如直接对抵押人的处分权作出一定限制更为简洁，[3]因此《物权法》第191规定：“抵押期间，抵押人经抵押权人同意转让抵押财产的，应当将转让所得的价款向抵押权人提前清偿债务或者提存。抵押期间，抵押人未经抵押权人同意，不得转让抵押财产，但受让人代为清偿债务消灭抵押权的除外。”但多数学者认为，由于抵押权具有追及性和不可分性，故无须作此限制；这一限制性规定在司法实践的适用中亦有所松动。[4]未来我国的民法典物权编中，将根据学界通说和立法例上的通行做法对《物权法》的上述规定作出修改。[5]

（二）用益物权及租赁权的设定权

抵押人就抵押财产设定抵押权后，原则上仍得就同一财产再设定用益物权或租赁权等。《物权法》第190条规定：“订立抵押合同前抵押财产已出租的，原租赁关系不受该抵押权的影响。抵押权设立后抵押财产出租的，该租赁关系不得对抗已登记的抵押权。”[6]该规定对于解决抵押物上的用益物权与抵押权并存时相关问题的处理，同样适用。

---

[1] 郭明瑞、唐广良、房绍坤：《民商法原理（二）物权法　知识产权法》，中国人民大学出版社1999年版，第257页；陈华彬：《物权法原理》，国家行政学院出版社1998年版，第613页；陈本寒：《担保法通论》，武汉大学出版社1998年版，第172页。

[2] 《民通意见》第115条的规定中对抵押人的处分权持否定态度，《担保法》第49条中则采取了限制的态度，《担保法解释》中又采取了宽松的规则。根据《担保法解释》第67条的规定，抵押权存续期间，抵押人转让抵押物未通知抵押权人或者未告知受让人的，如果抵押物已经登记的，抵押权人仍可以行使抵押权；取得抵押物所有权的受让人，可以代替债务人清偿其全部债务，使抵押权消灭。受让人清偿债务后可以向抵押人追偿。如果抵押物未登记的，抵押权不得对抗受让人，因此给抵押权人造成损失的，由抵押人承担赔偿责任。该解释第68条还规定，抵押物依法被继承或者赠与的，抵押权不受影响。

[3] 参见胡康生主编：《中华人民共和国物权法释义》，第418～419页。

[4] 最高人民法院发布的《2015年全国民事审判工作会议纪要》第25条规定，《物权法》第191条第2款并非针对抵押财产转让合同的效力性强制性规定，当事人仅以转让抵押房地产未经抵押权人同意为由，请求确认转让合同无效的，一般不予支持。受让人因抵押登记未涂销无法办理物权转移登记而请求解除合同的，可予以支持；受让人要求转让人承担相应民事责任的，应当综合考虑当事人过错程度等因素进行处理。

[5] 2018年8月的《民法典分则物权编（草案）》第197条拟规定：“抵押期间，抵押人转让抵押财产的，应当通知抵押权人。当事人另有约定的，按照其约定。抵押财产转让的，抵押权不受影响。抵押权人能够证明抵押财产转让可能损害抵押权的，可以要求抵押人将转让所得的价款向抵押权人提前清偿债务或者提存。转让的价款超过债权数额的部分归抵押人所有，不足部分由债务人清偿。”

[6] 2018年8月的《民法典分则物权编（草案）》第196条拟对本条规定作出适当修改：“抵押权设立前抵押财产已出租并移转占有的，原租赁关系不受该抵押权的影响。”

（三）担保物权的再设定权

由于抵押权的设定并不移转抵押财产的占有，抵押财产的价值又未必恰与一债权之金额相当，抵押财产的价值高出一项被担保的债权金额的情况多有存在。为使抵押财产尽量发挥其担保价值，以利于资金融通，法律通常允许抵押人得就同一抵押财产设定数个抵押权乃至为重复抵押。数个抵押权的受偿次序规则，前已述及。

在动产抵押物之上，还可能出现抵押权与动产质权及留置权并存的情况。对此问题，《担保法解释》第79条第1款规定，同一财产法定登记的抵押权与质权并存时，抵押权人优先于质权人受偿。但这一规则设计并非妥当，有修改的必要。[1]同一财产上抵押权与留置权并存时，应使留置权人优先于抵押权人受偿。对此，《物权法》第239条规定："同一动产上已设立抵押权或者质权，该动产又被留置的，留置权人优先受偿。"[2]

另外，考虑到对所有权保留买卖中出卖人就出卖标的物的价金清偿请求权予以特殊保护的必要性，借鉴域外立法关于价金优先权的相关规定，我国2018年8月的《民法典分则物权编（草案）》第207条拟规定：动产抵押担保的主债权是抵押物的价款，标的物交付后10日内办理抵押登记的，该抵押权优先于其他担保物权受偿，但留置权除外。这一条款的增设，值得赞同。

（四）物上保证人的反担保请求权、追偿权与代位权

根据《物权法》第171条第2款、《担保法解释》第2条的规定，第三人为债务人向债权人提供抵押担保的，可以要求债务人或债务人之外的其他人提供反担保；反担保的方式可以为债务人提供的抵押或者质押，也可以是其他人提供的保证、抵押或者质押。[3]根据法理和《担保法》第57条、《担保法解释》第38条等的规定，提供抵押担保的第三人在抵押权人实现抵押权后，有权向债务人追偿；在另有其他人（如共同担保人）应分担担保责任的情况下，承担了担保责任的抵押人还可以代债权人之位要求其分担责任。[4]

■第四节 抵押权的实行与抵押权的消灭

一、抵押权的实行

（一）抵押权实行的概念与条件

抵押权的实行，是指在债务人届期不履行债务或发生当事人约定的实现抵押权的情形时，抵押权人处分抵押财产并以其变价价值优先受偿其债权的行为。抵押权的实行通常又被称为抵押权的实现，但严格地说，抵押权的实行与实现是有区别的：前者是一种行为，

---

[1] 动产抵押权与动产质权并存时的受偿顺序问题，有登记的抵押权优先说、占有标的物的质权人优先说和应以设定的先后确定其受偿顺序说等不同的主张和立法例。我们认为，就实践中可能发生情况而言，通常为先依登记而设定抵押，之后再移转占有而设定质押，但也不能绝对排除先质押后抵押的可能性。依物权法理，应以设定的先后确定其受偿顺序较为允当（参见刘保玉："论担保物权的竞存"，载《中国法学》1999年第2期）。2018年8月的《民法典分则物权编（草案）》第206条拟规定："同一财产既设立抵押权又设立质权的，拍卖、变卖该财产所得的价款按照登记、交付的时间先后确定清偿顺序。"

[2] 2018年8月的《民法典分则物权编（草案）》第247条维持了该规定。

[3] 反担保是为了保障提供本担保的第三人偿还债务后对债务人的追偿权的实现而设立的担保；反担保的设立、效力等适用法律关于普通担保的规定。参见刘保玉："反担保初探"，载《法律科学（西北政法学院学报）》1997年第1期。

[4] 我国现行法上对物上保证人的代位求偿权未有明文规定，但学理认识上有此共识。

侧重于权利行使的过程；后者是一种法律状态，侧重于权利行使而使债权受偿的结果。《担保法解释》第78条规定："同一财产向两个以上债权人抵押的，顺序在后的抵押权所担保的债权先到期的，抵押权人只能就抵押物价值超出顺序在先的抵押担保债权的部分受偿。顺序在先的抵押权所担保的债权先到期的，抵押权实现后的剩余价款应予提存，留待清偿顺序在后的抵押担保债权。"这里确立的规则是：顺序在后的抵押权虽可先实行其抵押权，但未必可以先实现债权的受偿。

《物权法》第195条规定："债务人不履行到期债务或者发生当事人约定的实现抵押权的情形，抵押权人可以与抵押人协议以抵押财产折价或者以拍卖、变卖该抵押财产所得的价款优先受偿。协议损害其他债权人利益的，其他债权人可以在知道或者应当知道撤销事由之日起1年内请求人民法院撤销该协议。抵押权人与抵押人未就抵押权实现方式达成协议的，抵押权人可以请求人民法院拍卖、变卖抵押财产。抵押财产折价或者变卖的，应当参照市场价格。"[1]第198条规定："抵押财产折价或者拍卖、变卖后，其价款超过债权数额的部分归抵押人所有，不足部分由债务人清偿。"[2]

（二）抵押权实现的方式

根据《物权法》的规定和实践做法，抵押权的实现方式有：

1. 以抵押财产折价。即抵押权人与抵押人协商以转移抵押财产的所有权或使用权归抵押权人的方式抵偿债务。这种方法的优点是程序简便、省时、省钱，但因这种方法的公开性不足，可能有失公平而损害到抵押人或其他债权人的利益，故立法多有限制，主要涉及两个方面：

（1）以抵押财产折价的协议须在债务清偿期届满后订立。此前订立的协议属于"流质契约"，法律上不承认其效力。流质契约又称流押契约、流抵契约、流担保契约或期前抵押物抵偿约款，是指物的担保当事人于设定抵押权或质权的合同中或于债务履行期届满之前，约定债权届期未获得清偿时担保财产即归债权人所有的条款。由于这种约定极易损害担保人的利益和他人正当权益，自罗马法以来，各国法律大多明文禁止。我国《物权法》第186条规定："抵押权人在债务履行期届满前，不得与抵押人约定债务人不履行到期债务时抵押财产归债权人所有。"第211条也同样规定："质权人在债务履行期届满前，不得与出

第二十六章

---

[1]　这一规定与《担保法》第53条规定相比较，有两处重要变化：①关于抵押权的实行条件，增加了"发生当事人约定的实现抵押权的情形"；②未再要求就抵押财产协议变价不成时抵押权人须向法院提起诉讼解决抵押财产的变价受偿问题，而是可以根据抵押权有效存在证据直接请求人民法院拍卖、变卖抵押财产，从而节约了抵押权实现的成本，提高了效率。作为与此规定配套的程序规则，2012年修正后的《民事诉讼法》第十五章（特别程序）中设专节（第七节）以两个条文（第196、197条）规定了实现担保物权的特别程序，《最高人民法院关于适用〈中华人民共和国民事诉讼法〉的解释》（法释［2015］5号），对其作了更为详细具体的规定（第361~374条）。

[2]　对于附抵押权等物权担保的债权人实现债权时是应先以担保财产受偿抑或得自由选择债务人的非担保财产受偿的问题，理论与立法例上存在先行主义与选择主义之争。从我国的既有规定及司法实践情况来看，宜采"限制型选择主义"的立场，即：当事人在相关协议中有先以某种财产变价偿债的约定的，应遵从约定；在"实现担保物权案件的特别程序"中及单纯"发生当事人约定的实现担保物权的情形"时，应仅限于就担保财产申请执行。除上述限制外，在债务人的资产足以清偿全部债务时，债权人得自由行使选择权（但对其他财产受偿时，债权人无优先受偿权）；在债务人资不抵债的情况下，原则上适用破产清算程序或者参与分配程序，但在担保财产价值不低于其所担保的债权额或其他债权人尚未取得参与分配资格的情况下，亦有债权人的选择权适用的空间。参见刘保玉："附物权担保债权人的执行选择权问题探讨"，载《法学家》2017年第4期。

质人约定债务人不履行到期债务时质押财产归债权人所有。"[1]

（2）协议以抵押财产折价的，作价应当公平，不能损害其他债权人的利益。依《物权法》第195条第3款的规定，抵押财产的折价以及变卖等，均应当参照市场价格，公平作价。否则，在损害到顺序在后的抵押权人或者其他债权人的利益时，其他权利人得主张撤销该折价协议，以各方都认可的价格折价，或者由评估机构评估后作价。

2. 拍卖抵押财产。拍卖因可使抵押财产的变价公开、公平，既最大限度地保障了债权的实现，又保护了抵押人的利益，所以各国立法都把拍卖作为实现抵押权的重要方式。拍卖分为任意性拍卖和强制性拍卖。前者由当事人自愿委托拍卖人拍卖，后者是抵押权人申请法院拍卖。有关拍卖的程序和效果等，具体应适用《拍卖法》的有关规定。

3. 变卖抵押财产或以其他方式处分抵押财产。变卖是指以公开拍卖之外的方式将抵押财产卖给第三人，并以变卖所得价金优先偿还抵押权人的债权。此种方式在法律上的限制与抵押财产折价类似。除折价、拍卖、变卖方式以外，理论上与实践中一般还承认抵押权人可与抵押人协商以其他方式实现抵押权。如金融部门与抵押人协商出租抵押房产，以租金抵还贷款，或由银行使用抵押房产，以房租抵还贷款。在我国涉外项目融资中，多认可境外债权人有权接管抵押财产并以其收益抵债的方式。[2]

需要注意的是，根据《物权法》第201条的规定，对依照《物权法》第180条第1款第3项规定的土地承包经营权抵押的，或者依照《物权法》第183条规定以乡镇、村企业的厂房等建筑物占用范围内的建设用地使用权一并抵押的，实现抵押权后，未经法定程序，不得改变土地所有权的性质和土地用途。

二、抵押权的消灭

《物权法》第177条规定："有下列情形之一的，担保物权消灭：①主债权消灭；②担保物权实现；③债权人放弃担保物权；④法律规定担保物权消灭的其他情形。"据此条文并结合其他有关规定，可知抵押权消灭的主要原因如下：

（一）主债权消灭

抵押权为担保债权而存在，主债权因履行、抵销、免除等原因消灭，抵押权也随之消灭。但依法理，若债务系由第三人清偿，则抵押权转移于该第三人，第三人为其追偿权的实现得代位行使原债权人的抵押权。主债权因混同而消灭的，若抵押权的存续对债权人仍有法律上的利益的，亦可例外的不消灭。

（二）抵押权的实现

抵押权人实行抵押权并就抵押财产的变价价值受偿债权后，无论其债权是否全部得到清偿，抵押权均为消灭。债权未全部受偿的，应由债务人另行清偿。

---

[1] 关于是否应禁止流质、流押条款（流担保条款）或一概否定该条款的效力，学理上向有争议；《物权法》颁行后，此种争议也并未消失。笔者认为，流担保禁止规定之目的本在于保护担保人之权益，若流担保条款本身无害于担保人之权益，亦无损于担保人的其他债权人的权益，则是否仍有必要予以禁止或否定其效力，不无疑义；无论是事先约定还是事后协议债务人到期不履行债务时抵押、质押财产归债权人所有的，均不得损害担保人及其他债权人的正当权益。而在不损害担保人及其他债权人权益的情况下，肯定当事人约定的流担保条款的效力，对于附物权担保债权人的利益保护、节省担保物权和债权实现的成本，是有益无害的。有鉴于此，建议改废"禁止流质"的规定，对流质条款的效力作出缓和规定，即：法律上对当事人之间约定的流质条款，原则上不干涉，但赋予当事人及其他债权人以一定条件下及一定期限内的撤销权。详见刘保玉："论我国质权制度的完善"，载《现代法学》2017年第6期。

[2] 刘保玉、吕文江主编：《债权担保制度研究》，中国民主法制出版社2000年版，第379页。

（三）抵押财产灭失

抵押权为物权，自然也会因抵押财产的灭失而消灭。但原物灭失后有残余物或残余价值或得有赔偿金、保险金、补偿费等时，抵押权可基于其不可分性、物上代位性而继续存在。

（四）抵押权行使的期间届满

多数学者认为，抵押权作为一种物权，不应因所担保的债权已过诉讼时效而消灭，从稳定民事法律关系的需要出发，也不应无限制地承认抵押权得永久存在，而应有其存续期间，该期间在性质上类同于除斥期间。不少国家或地区的立法上规定：主债权的诉讼时效期间届满后 5 年内仍未行使抵押权的，抵押权消灭。我国最高人民法院在《担保法解释》中也曾借鉴了这种规范模式，[1] 而我国《物权法》侧重从抵押权的从属性角度考虑，于第 202 条规定："抵押权人应当在主债权诉讼时效期间行使抵押权；未行使的，人民法院不予保护。"关于主债权罹于诉讼时效后，其对抵押权所产生的法律效果是不再受法律保护，还是抵押权本身归于消灭，有不同的认识。我们倾向于认为，《物权法》第 202 条规定的并非抵押权的诉讼时效问题，而是抵押权的行使期间，只是该期间附随于主债权的诉讼时效期间而已。抵押权因主债权罹于时效而应归于消灭，抵押人得要求注销登记；原抵押人自愿履行所谓"担保义务"的，等同于自愿偿还或代为清偿债务，此与抵押权是否消灭，非为同一问题。[2]

（五）抵押权人放弃抵押权

在不损害第三人利益的前提下，抵押权人有权放弃其抵押权。根据《物权法》第 194 条的规定，抵押权人可以放弃抵押权；债务人以自己的财产设定抵押，抵押权人放弃该抵押权的，其他担保人在抵押权人丧失优先受偿权益的范围内免除担保责任，但其他担保人承诺仍然提供担保的除外。

（六）债权人擅自许可债务人转移债务

《物权法》第 175 条规定："第三人提供担保，未经其书面同意，债权人允许债务人转移全部或者部分债务的，担保人不再承担相应的担保责任。"

■第五节　特殊抵押权

一、最高额抵押

（一）最高额抵押的概念和特点

最高额抵押又称最高限额抵押，是指在预定的最高限额内，为担保将来一定期间内连续性交易所生债权的清偿而设定的抵押。最高额抵押主要适用于连续交易关系、劳务提供关系及连续借款关系等场合，是顺应现代经济发展需要而产生的一项新的抵押制度。我国《物权法》第 203 条第 1 款规定："为担保债务的履行，债务人或者第三人对一定期间内将要连续发生的债权提供担保财产的，债务人不履行到期债务或者发生当事人约定的实现抵押权的情形，抵押权人有权在最高债权额限度内就该担保财产优先受偿。"

与普通抵押相比，最高额抵押具有以下特点：

---

[1]　《担保法解释》第 12 条第 2 款规定："担保物权所担保的债权的诉讼时效结束后，担保权人在诉讼时效结束后的 2 年内行使担保物权的，人民法院应当予以支持。"

[2]　参见刘保玉："担保物权：理解适用与规则完善"，载《山东审判》2017 第 3 期。

1. 最高额抵押系为担保将来不特定债权的清偿而设定的抵押。最高额抵押所担保的债权通常不是已经发生的特定债权，而是基于当事人间的连续交易关系将来可能发生的不特定债权。不过，考虑到当事人的实际需要，我国《物权法》第 203 条第 2 款规定："最高额抵押权设立前已经存在的债权，经当事人同意，可以转入最高额抵押担保的债权范围。"

2. 最高额抵押适用于一定期限内连续发生的债权的担保，目的在于避免连续交易中每笔债权均单独设定抵押担保所带来的繁琐。

3. 最高额抵押设定时，其所担保的债权的具体数额具有不确定性。最高额抵押所担保的债权不仅为将来发生的债权，而且债权之数额也未确定。

4. 最高额抵押对所担保的债权预定有最高限额，并附有实际发生的债权数额的决算期。所谓最高限额，是指抵押权人基于最高额抵押权所得优先受偿债权的最高数额限度。此最高限额，并非最高额抵押中实际发生的债权额，而只是指决算时剩余的债权额不得超过的最高担保限额。

最高额抵押的上述特点，在最高额质押中有同样的体现。因此，《物权法》第 222 条规定，出质人与质权人可以协议设立最高额质权。最高额质权除适用质权有关规定外，参照本法关于最高额抵押权的规定。

（二）最高额抵押权的设定

最高额抵押权通常在当事人订立抵押合同并办理登记后，始得成立并生效。最高额抵押合同除应具备一般抵押合同的内容外，须特别订明下列两项内容：①抵押权担保的债权范围和最高限额。未订明此种事项的，不能成立最高额抵押权。②确定计算抵押权所担保的债权实际数额的日期，即决算期。《物权法》第 206 条规定，最高额抵押中有下列情形之一的，抵押权人的债权确定：①约定的债权确定期间届满；②没有约定债权确定期间或者约定不明确，抵押权人或者抵押人自最高额抵押权设立之日起满 2 年后请求确定债权；③新的债权不可能发生；④抵押财产被查封、扣押；⑤债务人、抵押人被宣告破产或者被撤销；⑥法律规定债权确定的其他情形。

（三）最高额抵押权的效力

最高额抵押权除适用法律的特别规定外，应适用一般抵押权的规定。[1]因此，最高额抵押权具有一般抵押权的效力。关于其特殊效力，应注意以下五个方面的规定：

1. 由最高额抵押的性质决定，最高额抵押所担保的债权，仅限于最高限额范围内，决定其实际额。最高额抵押担保的债权于决算期届至前，得随时增减，纵因清偿或其他事由致债权额于决算期届至前减少或消灭，最高额抵押也不因此而消灭，学说上称此为抵押权消灭的从属性之例外。

2. 最高额抵押担保的债权确定前，部分债权转让的，最高额抵押权不得转让，但当事人另有约定的除外。[2]

3. 最高额抵押担保的债权确定前，抵押权人与抵押人可以通过协议变更债权确定的期间、债权范围以及最高债权额，但变更的内容不得对其他抵押权人产生不利影响。[3]

4. 当事人约定或法律规定的决算期届至，最高额抵押所担保的债权额方得以确定。抵押权人实现最高额抵押权时，如果实际发生的债权余额高于预定的最高限额的，超过部分

---

〔1〕《物权法》第 207 条。

〔2〕《物权法》第 204 条。

〔3〕《物权法》第 205 条。

不具有优先受偿效力；如果实际发生的债权余额低于最高限额的，以实际发生的债权余额为限对抵押物优先受偿。[1]

5. 当事人在抵押合同中约定的最高限额是否限于原本，应以当事人的约定为准；未明确约定担保的债权范围的，一般认为应当包括原本、利息以及违约金、损害赔偿金等。但实行抵押权之费用通常不得算入最高限额，应于抵押物拍卖价金中扣除。[2]

二、共同抵押

（一）共同抵押的概念与要件

共同抵押又称总括抵押、聚合抵押、连带抵押，是指为担保同一债权而于数个不同财产上设定抵押权的情形。

共同抵押权与一般抵押权的区别在于，抵押财产不是一项，而是数项。关于在数个财产上所设定的共同抵押权是一个抵押权，还是数个抵押权的问题，在理论上存在单一抵押权说、多项抵押权说和折中说（既可以是单一抵押权，也可以是多项抵押权）三种不同的观点。我们认为，共同抵押的构成只需具备两个要件：①抵押财产为数个而非一个，至于该数个抵押财产的性质如何，在所不问；②数个抵押财产所担保的为同一项债权，因而共同抵押中的债权人即抵押权人须是同一个人。而构成共同抵押的数个财产是同一个抵押人的财产，还是不同抵押人的财产，均不影响共同抵押的成立。共同抵押权可以就数个抵押财产一并设立，也可以先后或分别设立。至于共同抵押权设定的方式，与普通抵押权大致相同，即主要由当事人订立抵押合同并办理抵押登记而设定。

由于共同抵押权的标的物是数项财产，且数项财产是各自独立的，不是集合在一起被视为一物，因此，它与财团抵押将多数财产集合成一个团体而成立一项抵押权显有不同。共同抵押与连带债务也有差异。虽然共同抵押中各个抵押财产对所担保的债权负全部担保责任，与连带债务颇为相似，但二者毕竟为不同的法律制度。连带债务为"人"的连带，属债权关系范畴，负连带债务的人为债务人；而共同抵押为"物"的连带，属物权关系范畴，负连带责任之物，不以债务人所有的财产为限，第三人的财产也可为共同抵押之标的。

（二）共同抵押的效力

由于共同抵押权是为担保同一债权而于数个抵押财产上成立的一个或数个抵押权，因此抵押权人如何就数个抵押财产受偿债权成为一项重要问题。依多数国家的共同抵押立法及司法实践，一般分别依以下情形而作不同处理：

1. 如当事人就数个抵押财产负担的金额以特别约定作了明确限定，则各抵押财产应按照各自负担的金额承担其担保责任。此种情况，类似于按份共同保证，惟其为物上按份而已。

2. 如当事人未限定各个抵押财产负担的金额，抵押权人则有权就各个抵押财产卖得价金，受偿债权的全部或部分。换言之，于此场合，每一抵押财产之价值均担保着全部债权。抵押权人为使其债权得以清偿，既有权同时实行数个抵押权、变卖数个抵押财产，也可选择行使其中一项抵押权、变卖其中一个抵押财产。此种情形，发生物上连带关系，类似于连带共同保证。

由此可见，在共同抵押法律关系中，如不限定各抵押财产的负担金额，对抵押权人最为便利。但是，如果构成共同抵押的数项财产分属于不同的抵押人，且两个以上的抵押人

---

[1]《担保法解释》第83条第2款。
[2]《担保法解释》第81条。

一为债务人本人，一为物上保证人的，抵押权人原则上应当先就债务人本人提供的抵押财产变价求偿。如果两个以上的抵押人均为债务人以外的人，且各个抵押财产或某一抵押财产上又为其他债权设定了后次序抵押权的，则还会发生影响其他抵押权人利益的问题。因为在这种情况下，如果抵押权人任意选择某一抵押人提供的抵押财产受偿，该财产上的后次序抵押权人就可能丧失受偿机会。[1]为解决后次序抵押权人的利益保护问题，法律不得不就抵押权人的受偿问题设立特别规定，选择采用"分担主义"或者"代位求偿主义"规则。[2]我国的《担保法》及《物权法》中，均未对共同抵押的规则作出规定，惟《担保法解释》第75条规定："同一债权有两个以上抵押人的，债权人放弃债务人提供的抵押担保的，其他抵押人可以请求人民法院减轻或者免除其应当承担的担保责任。同一债权有两个以上抵押人的，当事人对其提供的抵押财产所担保的债权份额或者顺序没有约定或者约定不明的，抵押权人可以就其中任一或者各个财产行使抵押权。抵押人承担担保责任后，可以向债务人追偿，也可以要求其他抵押人清偿其应当承担的份额。"

（三）共同抵押规则的准用

共同抵押为物的共同担保的典型情形之一，除此之外，物的共同担保还有共同质押以及混合共同担保（如由质押、抵押构成的共同担保）。共同抵押的规则，对其他形态的共同担保也是同样适用的。

此外，还存在由保证担保和物的担保构成的混合共同担保。对此类情况的处理，《担保法》第28条有所规定，但其规定存在明显问题，后被《担保法解释》第38条第1款修正。[3]《物权法》第176条规定："被担保的债权既有物的担保又有人的担保的，债务人不履行到期债务或者发生当事人约定的实现担保物权的情形，债权人应当按照约定实现债权；没有约定或者约定不明确，债务人自己提供物的担保的，债权人应当先就该物的担保实现债权；第三人提供物的担保的，债权人可以就物的担保实现债权，也可以要求保证人承担保证责任。提供担保的第三人承担担保责任后，有权向债务人追偿。"[4]

三、浮动抵押与财团抵押

（一）浮动抵押与财团抵押的意义

浮动抵押是指以企业不固定的全部财产或部分财产为标的而设立的抵押；财团抵押是以企业固定的全部财产或部分财产所构成的财团为标的而设立的抵押。财团抵押中的"财团"，是指由企业的"有形资产"（如土地、建筑物、机器设备）以及"无形资产"（如专利权、商标权、著作权等）相结合而形成的集合财产。财团抵押与浮动抵押的标的，既非

---

〔1〕　梁慧星、陈华彬：《物权法》，法律出版社2005年版，第357页。

〔2〕　分担主义又称分别主义、同时分配的分割主义，即将抵押权人的债权分割，由数个抵押财产分担的规则。依此主义，抵押权人如同时就各抵押财产卖得价金受偿时，应按各抵押财产的价格分担其债权额。也就是说，各个抵押财产应按其份额比例分别负担其债权。代位求偿主义又称异时分配主义或异时分配的求偿主义，依此主义，抵押权人若就某一抵押财产卖得价金受全部清偿时，该财产上的后次序抵押权人得取代抵押权人之地位，就抵押权人于其他抵押财产上得优先受偿的金额而行使其追偿权。

〔3〕　《担保法解释》第38条第1款规定："同一债权既有保证又有第三人提供物的担保的，债权人可以请求保证人或者物的担保人承担担保责任。当事人对保证担保的范围或者物的担保的范围没有约定或者约定不明的，承担了担保责任的担保人，可以向债务人追偿，也可以要求其他担保人清偿其应当分担的份额。"

〔4〕　《物权法》第176条的规定，整体看应属允当，但该规定有意回避或者说是否定了担保人相互之间的追偿权，有所不妥。基于共同担保的原理和维护各担保人之利益公平的考虑，我们认为：在担保合同未明确约定排除的情况下，承担了担保责任的第三人向债务人追偿不能的部分，应得要求其他担保人承担其应当分担的份额。参见刘保玉："担保物权：理解适用与规则完善"，载《山东审判》2017第3期。

单纯的不动产或动产，也非单纯的财产权利，而通常是企业所有的不动产、动产及财产权利之总体。

浮动抵押与财团抵押是近代以来资本主义企业的发展要求方便地融通大额资金的产物，其在现代市场经济条件下具有十分重要的意义：①通过这种抵押，企业可以融通到较多的资金，进而促进企业进一步扩大再生产，而且更能发挥企业财产的整体效用。②就抵押权人而言，由于抵押标的具有集合的经济效益，其整体拍卖价值往往高于其个别财产价值的总和，因此对抵押权人债权的实现来说也较可靠。[1]

（二）浮动抵押与财团抵押的特点

浮动抵押主要为英美法系国家所采用，以英国的浮动担保（Floating Charge）为其代表。财团抵押主要为大陆法系国家所采用，以德国铁路财团抵押为其典范。日本于1950年曾仿效德国铁路财团抵押而颁行多种财团抵押法律，20世纪50年代末期又以英国浮动担保制度为蓝本制定了《企业担保法》，以适应经济发展并满足融通资金的需要。

浮动抵押主要有以下三个特点：①列入抵押标的的财产一般为企业的全部财产，包括固定资产与流动资产，现有财产与将来取得的财产。②设定抵押后，作为抵押人的企业，仍得利用企业的整体财产继续进行生产经营活动。③浮动抵押为支配继续流动中的全体企业财产的担保制度，即从抵押权设定当时迄至抵押权实行前，供作担保的标的物的集合财产浮动不定，于担保债权实行时，始获确定。换言之，抵押权人就抵押权实行之时构成企业财产的财产，优先受偿。于抵押权实行之前，各个抵押财产不受抵押权的支配。

财团抵押主要有以下三个特点：①列入财团抵押范围的财产限于企业现有的资产，随企业经营而变化的流动资产，不属财团抵押之范围。②财团抵押之设定，须将作为抵押标的之财团作成目录，使抵押财产的范围特定化。③财团抵押一经成立，企业对其财产的处分即受严格限制。概言之，企业财产一旦组成财团设定抵押，构成财团的各个物或权利，即不得与财团任意分离。

比较二者可看出，一方面浮动抵押更有利于企业的自由经营和发展，而财团抵押更有利于保护抵押权人的利益。详言之，设定浮动抵押后，企业仍可对其财产为自由处分，企业的生产经营活动不因此受任何影响。但另一方面，如企业因经营不善而致财产大量减少时，便会对抵押权人债权的实现产生不利影响。因此，抵押权人往往需采取适当措施以保全其抵押权。在财团抵押中，企业不得对作成抵押财团目录的财产为任意处分，故对企业的生产经营活动势必产生不利影响，但因抵押财产固定，有利于抵押权人债权之清偿。另就操作而言，浮动抵押简便易行，而财团抵押较为麻烦。

（三）我国《物权法》中的动产浮动抵押制度

我国制定《物权法》时，由于斟酌利弊得失和我国的现实需要，选择规定了动产之上的浮动抵押制度。《物权法》第181条规定："经当事人书面协议，企业、个体工商户、农业生产经营者可以将现有的以及将有的生产设备、原材料、半成品、产品抵押，债务人不履行到期债务或者发生当事人约定的实现抵押权的情形，债权人有权就实现抵押权时的动产优先受偿。"第189条规定："企业、个体工商户、农业生产经营者以本法第181条规定的动产抵押的，应当向抵押人住所地的工商行政管理部门办理登记。抵押权自抵押合同生效时设立；未经登记，不得对抗善意第三人。依照本法第181条规定抵押的，不得对抗正

〔1〕梁慧星、陈华彬：《物权法》，法律出版社2005年版，第359～360页；郭明瑞、唐广良、房绍坤：《民商法原理（二）物权法 知识产权法》，中国人民大学出版社1999年版，第228页。

常经营活动中已支付合理价款并取得抵押财产的买受人。"第196条规定："依照本法第181条规定设定抵押的，抵押财产自下列情形之一发生时确定：①债务履行期届满，债权未实现；②抵押人被宣告破产或者被撤销；③当事人约定的实现抵押权的情形；④严重影响债权实现的其他情形。"

实践中，还可能会遇到某一抵押财产上的固定抵押权与浮动抵押权并存的情形。我们认为，发生此种情形时，应以登记的先后确定其顺序，即：固定抵押登记在先的，抵押权人就该特定抵押财产优先于浮动抵押权人受偿；反之，浮动抵押登记在先的，则其优先于在某一特定财产上的固定抵押权，至于后顺序的固定抵押权人的利益保护，准用前述共同抵押的规则。

第七编

质 权

■第一节　质权概述

一、质权的概念

质押是债务人或第三人依担保协议将担保财产移转给债权人占有或经登记而担保特定债权实现的行为，为物的担保方式的一种。质权是指债权人于债务人不履行到期债务或发生约定的情形时，得就债务人或第三人移转占有或经登记而供作担保的动产或权利之变价价值优先受偿的权利。

《物权法》第208条规定："为担保债务的履行，债务人或者第三人将其动产出质给债权人占有的，债务人不履行到期债务或者发生当事人约定的实现质权的情形，债权人有权就该动产优先受偿。前款规定的债务人或者第三人为出质人，债权人为质权人，交付的动产为质押财产。"此外，《物权法》中还对以财产权利出质所形成的权利质权作有明确规定。

二、质权的特点及其与抵押权的区别

质权作为担保物权的一种，亦具有物权性、担保性、从属性、不可分性及优先受偿性等特点。但作为一种独立的担保物权类型，质权又具有自己的特点，其特点主要通过与抵押权的比较表现出来：

（一）成立要件不同

抵押权的成立一般须经登记，但无须将抵押物交付债权人占有；而质权的成立，则以出质人将质物移转于债权人占有为必要。质物的占有移转，既是质权的公示方法，也是其成立要件。有所例外的是，某些权利质权的成立，也以办理出质登记为必要。

（二）担保标的不尽相同

抵押权的标的为不动产、不动产用益物权及动产；而质权的标的则为动产、不动产用益物权以外的其他财产权利。抵押财产与质押财产的范围，于动产上存在交叉。因此，在动产上成立的担保物权究竟为抵押权还是质权，依合同的约定及债权人是否占有标的物而为区别。

（三）担保的机能不同

抵押权为非占有性担保物权，以优先受偿效力来发挥担保作用。而质权除有优先受偿效力外，尚具有对标的物或其权利凭证的占有、留置效力，即由质权人直接控制标的物，给出质人施加心理压力，以促使债务如期清偿。这种留置效力，为抵押权所不具有。

（四）实行方式有所不同

抵押权人实现其抵押权时，在达不成协议时一般需通过法定程序拍卖、变卖抵押财产并就其价款受偿，而不能强行夺取抵押财产并为变卖。而动产质权人于债权届期或约定事

由发生而未受清偿时，因其已事先占有标的物，在协商不成的情况下，可不必经司法程序而径行参照市场价格变卖质押财产或以其他方式处分质押财产并就其变价价值受偿。出质人如认为变价不公，可另行通过诉讼解决。不过，以登记为成立要件的权利质权，在实现方式上与抵押权类同。

三、质权的分类

（一）动产质权、权利质权和不动产质权

这是以质权的标的物为标准所作的分类。

以动产为标的设定的质权为动产质权；以不动产权利以外的财产权利为标的设定的质权为权利质权。权利质权派生于动产质权，在客体、成立方式、效力范围和实现方法等方面均有其特点，其地位也日渐重要。各国立法上均规定权利质权除适用特别规定外，准用动产质权的一般规定。

不动产质权是以不动产为标的物设定的具有用益内容的质权。一般认为，不动产质权是农业经济社会中的一种重要的物权担保形式，但随着近现代工商业的发展，不动产质权因其自身固有的缺点而渐被淘汰，尤其是随着抵押权适用范围的不断扩大，不动产质权的地位日渐衰微。时至今日，多数国家已不承认不动产质权。[1]

（二）民事质权、商事质权和营业质权

这是根据质权所适用的法律、法规的属性所作的分类。

在采取"民商分立"的国家，有民事质权与商事质权之分，前者是指适用民法的质权，后者指适用商法的质权，但二者并无实质区别。在实行"民商合一"的国家，则无此区分。我国采取"民商合一"主义，故不存在民事质权与商事质权之分，《物权法》和《担保法》所规定的质权，是一种具有普遍适用效力的担保物权。

营业质权是指以质押借贷为经营业务而适用当铺业管理规则的特殊质权。当铺业的经营，古代社会即已存在，近现代各国法律上也多予承认。从事质押营业者一般称为当铺、典当行、典当公司等。而所谓营业质权，有的称为质当、押当或典当，是指债务人以一定财物（当物或质物）交付于债权人（当铺等）作担保，向债权人为金钱借贷，在一定期限（回赎期限）内，债务人清偿债务后可取回担保物；期限届满而不能清偿的，担保物即归债权人所有，或者由债权人以其价值优先受偿。营业质权与普通民事质权的主要区别是：①二者的目的不同。营业质权人以质押借贷为经营活动的主业，并在此种营业中获得利益；而普通质权人仅是一般债权人，其取得质权仅是为债权设定担保，并不以此牟利。②二者的主体不同。从事营业性质押借贷业务的当铺、典当行等，须具备法人资格及经金融管理机构等部门特批的经营此种业务的资质；普通质权人则无主体范围与资质的限制。③二者所形成的法律关系不同。在营业质权中，借贷与质押密不可分地形成一个整体法律关系，无主从关系可言；而普通质权则为从属性法律关系，依附于所担保的主债关系。④权利义务的具体内容不同。例如，营业质权中有借贷人的回赎权问题，而普通民事质权中只有债务的清偿问题。有些国家的法律不禁止于营业质权中约定流质条款，或径行规定其为"物的责任制"，到期未赎的，当铺直接以当物抵偿；而普通民事质权中的流质条款通常为法律

---

[1] 但笔者认为，日本法、法国法上的不动产质权与中国传统法律上的典权制度及韩国法上的传贳权均为兼具用益功能和担保功能的物权类型。未来我国在民法典的制定中，应以保留典权并对其加以完善为宜。参见刘保玉、陈龙业、张珍宝："典权、传贳权与不动产质权之比较——兼论中国物权法上规定典权的必要性"，载渠涛主编：《中日民商法研究》（第四卷），法律出版社2006年版。

所禁止。[1]

（三）占有质权、收益质权和归属质权

这是根据质权的内容不同所作的分类。占有质权是指质权人对质物原则上只能占有而不得使用、收益的质权。通常所谓的动产质权大都属于占有质权。收益质权是指质权人不仅可占有质物，而且得对质物为使用、收益的质权。这种质权一般只能在非消耗物（尤其是不动产）上设定。收益质权又有利息质权与销偿质权之分：利息质权是指质权人以质物的收益充抵债权的利息的质权，日本民法上的不动产质权即属此类；[2]销偿质权是指以质物的收益抵销原本债权的质权，以法国民法上的不动产质权为其典型。[3]现代多数国家法律上未规定不动产收益质权。归属质权是指以质物代偿债务的质权，即质权人于债务人届期不清偿债务时有权以质物所有权抵偿债务的质权。归属质权是质权存在的最初形态，而现代各国民法大都禁止流质契约，因而民事质权中禁止设定归属质权，惟在营业质权中一般仍允许设定归属质权。[4]

■第二节　动产质权

一、动产质权的概念

根据《物权法》第208条和《担保法》第63条的规定，动产质权是指债权人占有由债务人或第三人因担保债权而移交的动产，于债务届期不履行或发生当事人约定的情形时得就其卖得的价金优先受偿的权利。

二、动产质权的取得

（一）基于法律行为而取得

质权的取得多因合同设立，依合同而设立质权者，以移转质物之占有为成立要件。根据《物权法》第210条和《担保法》第64、65条的规定，设立质权，当事人应当以书面形式订立质押合同。质押合同一般包括下列条款：①被担保债权的种类和数额；②债务人履行债务的期限；③质押财产的名称、数量、质量、状况；④担保的范围；⑤质押财产交付的时间；⑥当事人认为需要约定的其他事项。质权合同不完全具备上述规定内容的，可以补正。《物权法》第212条规定："质权自出质人交付质押财产时设立。"债务人或者第三人未按质押合同约定的时间移交质物，因此给质权人造成损失的，出质人应当根据其过错承担赔偿责任。[5]质权设定中动产占有的移转，一般指现实交付，但以简易交付与指示交付的方式移转占有，亦无不可。[6]但不得以占有改定的方法设定质权，这是各国立法的通制。《担保法解释》第87条规定，出质人代质权人占有质物的，质押合同不生效；质权人将质物返还于出质人后，以其质权对抗第三人的，人民法院不予支持。因不可归责于质权

---

[1]　根据我国2005年的《典当管理办法》的规定，依法设立的典当行既可以从事动产质押借贷业务，也可以从事权利质押和房地产抵押业务（第3条）；典当行经营典当业务，有关法律、法规要求办理抵押、质押登记的，应当依法办理登记手续（第42条）。绝当物估价金额不足3万元的，典当行可以自行变卖或者折价处理，损溢自负（第43条）。也就是说，其在一定范围内承认了"流质条款"或"流押条款"的效力。

[2]　参见《日本民法典》第358条。

[3]　参见《法国民法典》第2085条。

[4]　郭明瑞：《担保法原理与实务》，中国方正出版社1995年版，第228页以下。

[5]　《担保法解释》第86条。

[6]　《担保法解释》第88条。

人的事由而丧失对质物的占有，质权人可以向不当占有人请求停止侵害、恢复原状、返还质物。[1]

动产质权也可随债权让与而取得。同抵押权的让与一样，动产质权不得与其所担保的主债权分离而单独地转让，其只能随主债权一同移转或者单独归于消灭。

（二）基于法律行为以外的事实而取得

基于与动产所有权的善意取得相同的理由，多数国家法律也承认动产质权可以善意取得，即无处分权人将其占有的他人之物为债权人设定质权，如债权人为善意，可就该动产取得质权。根据《物权法》第106条第3款和《担保法解释》第84条的规定，我国法律上明确肯定了动产质权的善意取得制度。

动产质权为财产权，质权人死亡时，得由其继承人在继承债权的同时取得质权。

三、动产质权的效力

（一）动产质权所担保的债权范围

根据《物权法》第173条和《担保法》第67条的规定，质押担保的范围包括主债权及利息、违约金、损害赔偿金、质物保管费用和实现质权的费用；质押合同另有约定的，按照约定。另据《担保法解释》第90条的规定，质物有隐蔽瑕疵造成质权人其他财产损害的，应由出质人承担赔偿责任，但质权人在质物移交时明知质物有瑕疵而予以接受的除外。[2]

（二）动产质权及于标的物的范围

动产质权当然及于标的物本身，[3]如果质押合同中对质押的财产约定不明，或者约定的出质财产与实际移交的财产不一致的，应以实际交付占有的财产为准。[4]除此之外，动产质权所及的标的物范围，与抵押权大致相同，即同样及于从物、孳息、代位物和添附物等。[5]

（三）动产质权对于质权人的效力

动产质权设定后，质权人所享有的权利主要有：

1. 留置质物的权利。质权人于其债务受清偿前，得留置质物，质权人在其债权受偿前，对债务人或第三人返还质物的请求有权拒绝。[6]

2. 质物孳息的收取权。除合同另有约定的外，质权人有权收取质物所生的孳息。质权人收取孳息，应尽善良管理人的注意义务，并依通常的方法为之；所收取的孳息应先充抵收取孳息的费用，其次充抵原债的利息，最后充抵原债权。[7]

3. 经许可使用质物的权利。根据《物权法》第214条和《担保法解释》第93条的规定，质权人在质权存续期间，未经出质人同意，擅自使用、出租、处分质押财产，给出质人造成损害的，应当承担赔偿责任。以此推论，经出质人同意，质权人可以使用、出租乃

---

[1] 应予说明的是，在"动态质押"等情形下，质押财产虽仍存于出质人的库房等场所，但质权人或委托第三人以适当方式控制、监管质押财产的，不属于占有改定，亦无碍质权的成立。参见刘保玉："完善我国质权制度的建议"，载《现代法学》2017年第6期。

[2] 《担保法解释》第90条。

[3] 动产质押中的标的物，固以有形的动产为常，但以特定化的金钱作为质押物的，也无不可。《担保法解释》第85条规定："债务人或者第三人将其金钱以特户、封金、保证金等形式特定化后，移交债权人占有作为债权的担保，债务人不履行债务时，债权人可以以该金钱优先受偿。"

[4] 《担保法解释》第89条。

[5] 《担保法》第68、70、73条，《担保法解释》第91条。

[6] 《担保法解释》第95条。

[7] 《物权法》第213条，《担保法》第68条，《担保法解释》第74、96条。

至处分质物。这对克服质押担保的固有缺陷，发挥质物的效用，是具有积极意义的。

4. 将质物转质的权利。所谓转质，是指质权人为给自己的债务作担保，将质物移交于自己的债权人而设定新质权的行为。因转质而取得质权的人，称之为转质权人。转质不限于动产质押，权利质权亦有转质的适用。

从各国立法与实务看，转质有两种情况：①承诺转质，又称同意转质，是指质权人经出质人同意，为供自己债务的担保而将质物移转占有于其债权人，就质物再设定新质权的行为。承诺转质由于是原出质人同意以自己的财产为原质权人的债务作履行担保，是将质物的处分权授予原质权人，因此，法律上当然应当承认其效力。②责任转质，即质权人在质权存续期间，未经出质人同意而以自己的责任将质物转质于其债权人，为其设定新质权的行为。这种转质无须经出质人同意，故属于质权人的一种权利。也正是由于未经出质人同意，所以对质物在转质期间发生的一切损害，即使是由于不可抗力造成的，只要是不转质就不会发生的，转质人都应负赔偿责任。由此可见，责任转质在发生条件及效力等方面与承诺转质均有重大差异。由于责任转质实际上已超出了质权的担保目的范围，构成对质物的一种处分，因而对其应否承认，各国立法及理论上的态度不一。我国《担保法解释》第 94 条中肯定了承诺转质，而否定了责任转质。[1]《物权法》第 217 条规定："质权人在质权存续期间，未经出质人同意转质，造成质押财产毁损、灭失的，应当向出质人承担赔偿责任。"就此规定的精神看，应是肯定了责任转质的效力。

5. 质物变价权，又称预行拍卖权。《物权法》第 216 条规定："因不能归责于质权人的事由可能使质押财产毁损或者价值明显减少，足以危害质权人权利的，质权人有权要求出质人提供相应的担保；出质人不提供的，质权人可以拍卖、变卖质押财产，并与出质人通过协议将拍卖、变卖所得的价款提前清偿债务或者提存。"

6. 质权的实行权与优先受偿权。《物权法》第 219 条第 2 款规定："债务人不履行到期债务或者发生当事人约定的实现质权的情形，质权人可以与出质人协议以质押财产折价，也可以就拍卖、变卖质押财产所得的价款优先受偿。"关于质权的实行方式及流质约款的禁止问题，与抵押权相同，此不赘述。关于质权人的优先受偿权，主要包含两个方面的内容：①质权人得较一般债权人优先受偿，此与抵押权相同。②质权人得较后顺序担保物权人优先受偿。有些国家法律承认同一动产上得依指示交付的方式设定数个质权，并规定了其顺序。我国法律上不承认一物二质，但承认在转质的情况下，转质权人的质权优先于原质权人的质权。另外，同一动产上，还可能发生质权与抵押权并存的情况，对此情况的处理，学界通常认为应以权利设定（交付、登记）的先后定其位序。但《担保法解释》第 79 条第 1 款中却规定登记的动产抵押权一概优先于质权。这一规定有违法理，应属不妥，[2]我国《民法典分则物权编（草案）》中已准备对此规定作出修改。

质权人在享有权利的同时，也应承担一定的义务。质权人的义务主要有三项：①妥善保管质押财产的义务。因保管不善致使质押财产毁损、灭失的，质权人应当承担赔偿责任。

---

〔1〕《担保法解释》第 94 条规定："质权人在质权存续期间，为担保自己的债务，经出质人同意，以其所占有的质物为第三人设定质权的，应当在原质权所担保的债权范围之内，超过的部分不具有优先受偿的效力。转质权的效力优于原质权。质权人在质权存续期间，未经出质人同意，为担保自己的债务，在其所占有的质物上为第三人设定质权的无效。质权人对因转质而发生的损害承担赔偿责任。"

〔2〕刘保玉："论担保物权的竞存"，载《中国法学》1999 年第 2 期；房绍坤、郑莹："担保物权司法解释的缺陷"，载《法律科学（西北政法学院学报）》2002 年第 4 期。

质权人的行为可能使质押财产毁损、灭失的，出质人可以要求质权人将质押财产提存，或者要求提前清偿债务并返还质押财产。[1]②及时行使质权的义务。债务届期而未获清偿的，质权人既有行使质权的权利，也有及时行使的义务。《物权法》第220条规定："出质人可以请求质权人在债务履行期届满后及时行使质权；质权人不行使的，出质人可以请求人民法院拍卖、变卖质押财产。出质人请求质权人及时行使质权，因质权人怠于行使权利造成损害的，由质权人承担赔偿责任。"③返还质物或多余款项的义务。根据《物权法》第219条第1款、第221条的规定，债务人履行债务或者出质人提前清偿所担保的债权的，质权人应当返还质押财产。质押财产折价或者拍卖、变卖后，其价款超过债权数额的部分归出质人所有，不足部分由债务人清偿。

（四）动产质权对于出质人的效力

质权设定后，出质人仍享有一定的权利，主要包括：

1. 质押财产孳息的收取权。在合同有约定的情况下，质押财产虽已由质权人占有，但出质人仍可保留自己对质押财产所生孳息的收取权。

2. 质押财产的处分权。出质人虽将质押财产的占有移转于质权人，但并不因此丧失对质押财产的所有权，出质人可以以简易交付或指示交付方式，将质押财产予以让与或再设定动产抵押权。此时，原有质权并不因此而受影响。当质物应当适时出卖以取得较高卖价时，出质人也可以请求质权人及时出卖质物而将价款提前还债或者提存。

3. 物上保证人的反担保请求权、追偿权与代位权。根据《物权法》第171条第2款、《担保法》第5、72条和《担保法解释》第38条的规定，第三人为债务人向债权人提供质押担保的，可以要求债务人提供反担保。该第三人因质权的实行而丧失质押财产的损失，对债务人以及其他应分担担保责任的人有求偿权和代位权。

四、动产质权的消灭

除物权的一般消灭原因外，在动产质权的消灭原因上还应注意以下几种情况：

1. 因主债权的消灭而消灭。[2]

2. 因实行而消灭。质权实行后，无论其所担保的债权是否完全清偿，质权均归消灭。

3. 因质物的返还而消灭。质权的成立与存续，以质权人占有质物为必要。因此，如质权人将质物返还于出质人时，则不问返还原因为何，质权均归于消灭或者不得对抗第三人。[3]

4. 因质权人丧失质物的占有且不能回复而消灭。所谓丧失占有，是指质物因遗失、被盗、被侵夺或其他情形，质权人已失去事实上的管领力，如不能请求返还，动产质权自应消灭。质权人虽已丧失占有，但在能依物上请求权请求返还时，质权仍不消灭。[4]

5. 因抛弃而消灭。质权人可以放弃其质权。债务人以自己的财产出质，质权人放弃该质权的，其他担保人在质权人丧失优先受偿权益的范围内免除担保责任，但其他担保人承诺仍然提供担保的除外。[5]

6. 因质物的灭失而消灭。但如果因灭失而受有赔偿金、保险金等代替物，质权人仍得

---

〔1〕《物权法》第215条。

〔2〕《物权法》第177条第1项。

〔3〕《担保法解释》第87条第1款。

〔4〕《担保法解释》第87条第2款。

〔5〕《物权法》第218条。

就其受偿。

许多著作认为，如果当事人约定的质权存续期间届满或者质权行使的有效期间届满，也可发生质权消灭的后果。对此问题，理论上与立法上有不同的态度。《担保法解释》第12条第1款规定："当事人约定的或者登记部门要求登记的担保期间，对担保物权的存续不具有法律约束力。"第12条第2款规定："担保物权所担保的债权的诉讼时效结束后，担保权人在诉讼时效结束后的2年内行使担保物权的，人民法院应当予以支持。"第12条第1款与《物权法》的规定并不抵触，得继续适用；对于第12条第2款的规定是否与《物权法》的规定相抵触，是否仍得对动产质权和留置权适用，则有不同的认识，其原因在于我国《物权法》第202条对抵押权的存续期间作有规定，而对质权、留置权是否存在诉讼时效或行使期间的问题则未有规定。根据立法精神，实际占有担保财产的质权人、留置权人的权利，不随主债权的诉讼时效期间届满而消灭；《担保法解释》第12条第2款的规定，对动产质权和留置权也不再适用。因为《物权法》第220、237条已根据质权和留置权的特点对有关问题作了相应的规定，质权中的出质人和留置权中的债务人可以请求质权人、留置权人在债务履行期届满后及时行使质权或留置权，权利人不行使的，可以请求人民法院拍卖或变卖担保财产，因此无须再规定其行使的时效或期间。[1]

■第三节　权利质权

一、权利质权的概念和特点

权利质权是指以所有权、用益物权以外的可让与的财产权利为标的而设立的质权。权利质权有如下特点：

1. 权利质权以可让与的财产权利为标的。权利质权之标的为权利，而非有体物。充当质权标的之权利应具备以下条件：①须为财产权；②须为可让与的财产权，不可让与的财产权如扶养费请求权、继承权、损害赔偿请求权等均不得为质权标的；③须为适于设质的权利。质权设定之目的在于质权人就质押标的之交换价值受清偿，可让与的财产权若不能进行交换或不适宜设定质权，不得充当质权之标的。另外，依权利的分类，以不动产用益物权设定担保的，不属于权利质权，而应归入权利抵押权。

2. 权利质权以交付权利凭证或登记为其公示方法。由于权利质权标的的特殊性，其公示方法与动产质权有所不同。以具有权利凭证的财产权利设定质权的，应将该权利凭证交付给质权人占有；而以无权利凭证的权利设定质权的，则只能像抵押权一样采用登记的方式。

3. 权利质权是一种独立的质权形式。在传统民法上，一向把动产质权视为质权的一般

---

[1] 全国人大常委会法工委编：《中华人民共和国物权法释义》，法律出版社2007年版，第440～441页。不过，对于担保人未及时请求权利人行使其质权、留置权而后者也未有放弃权利的表示时，有关问题应如何处理，仍不明确。我们认为：以登记方式设立的权利质权，准用《物权法》关于抵押权的时效之规定；而以占有标的物或其权利凭证为成立和存续要件的动产质权、权利质权和留置权，则不应存在行使的诉讼时效或除斥期间问题（这也是立法例上通常采用的规则）。权利人在主债权的诉讼时效届满未实行其担保物权也未放弃对担保财产的占有的，应当推定其意思为以担保财产归自己所有的方式抵偿债权。担保财产的所有人如果认为这种依单方意思所做的处理损害了自己的合法权益（如担保财产的价值超过债权数额等），则其应在知道或者应当知道其权利被侵害之日起3年的诉讼时效期间内主张自己的权利，否则人民法院不予保护。参见刘保玉：《物权法学》，中国法制出版社2007年版，第360页。

形式，而权利质权则为质权的特殊形式。这一方面是由于权利质权的标的与动产质权不同；另一方面是因为由此带来的公示方式、标的的价值评估、权利的保全及实现方式等诸多方面的差异。依登记等方式设定的权利质权，与权利抵押权并无本质差异，只是由于人们在观念上一般将不动产权利以外的其他财产权利视为动产的特殊形态，故而将其划入质权的范围。在现代法上，可以质押的权利范围日益拓展，其在经济生活中的作用也与早期社会不可同日而语，故此，立法上通常将权利质权与动产质权一并作出规定，使其成为质权的两大类型。但鉴于权利质权仍有诸多不同于动产质权的特点，立法上须对此作出特别规定；至于权利质权与动产质权的共性，则不再重复规定，而是准用动产质权的一般规定。[1]

二、权利质权的设定

根据《物权法》第 223 条的规定，债务人或者第三人有权处分的下列权利可以出质：①汇票、支票、本票；②债券、存款单；③仓单、提单；④可以转让的基金份额、股权；⑤可以转让的注册商标专用权、专利权、著作权等知识产权中的财产权；⑥应收账款；⑦法律、行政法规规定可以出质的其他财产权利。[2]在理论上，通常将权利质权分为一般债权质权、证券债权质权、基金份额、股权质权、知识产权质权和应收账款质权等几种。出质的权利不同，其设定的要求也有不同。

（一）一般债权质权的设定

一般债权质权是指出质人将其对第三债务人的债权为其债权人设定质押担保而成立的质权。多数国家立法上要求一般债权质权的设定应以书面质权合同为之；有债权证书的，通常还规定应将其证书交付于债权人，质权始为成立。除此之外，当事人还应将订立质权合同的情况通知第三债务人，否则质权不能成立或不能对抗债务人及第三人。我国《担保法》及《物权法》对一般债权质权的设定未作明确的规定，但通说认为应采用上述通行的做法。另依《合同法》关于债权转让须通知债务人的规定，应以通知为债权质权对抗该债务人的要件，如果不对其为通知，该债务人得因向出质人清偿而免责。

（二）证券质权的设定

《物权法》第 224 条规定："以汇票、支票、本票、债券、存款单、仓单、提单出质的，当事人应当订立书面合同。质权自权利凭证交付质权人时设立；没有权利凭证的，质权自有关部门办理出质登记时设立。"依多数国家立法的规定，证券种类不同，其质权成立的具体要求也不尽相同。以无记名证券出质的，质权自该证券交由质权人占有时成立；以记名证券出质的，质权虽自证券交付时成立，但当事人同时应将质押的事实背书于证券上或者记载于证券存根簿及债券上，否则，该质权不得对抗第三人；以指示证券出质的，也应以背书记载"质押"字样为对抗要件。我国《票据法》等法律也采用上述规则。《担保法解释》第 98、99 条补充规定，以汇票、支票、本票出质，出质人与质权人没有背书记载"质押"字样，以票据出质对抗善意第三人的，人民法院不予支持；以公司债券出质的，出质人与质权人没有背书记载"质押"字样，以债券出质对抗公司和第三人的，人民法院不予支持。

---

[1] 《物权法》第 229 条。

[2] 本条规定的第 7 项采用的是封闭式的兜底条款，与可以抵押的财产范围的开放式兜底条款不同。为保持立法精神的一致性并适应权利质权的客体范围日益拓展的需要，多数学者主张对此项兜底条款加以修改。参见刘保玉："完善我国质权制度的建议"，载《现代法学》2017 年第 6 期。

（三）基金份额、股权质权的设定

基金份额和股权质权的设定方式因出质的基金份额、股权的性质不同而异。《物权法》第 226 条第 1 款规定："以基金份额、股权出质的，当事人应当订立书面合同。以基金份额、证券登记结算机构登记的股权出质的，质权自证券登记结算机构办理出质登记时设立；以其他股权出质的，质权自工商行政管理部门办理出质登记时设立。"

（四）知识产权质权的设定

《物权法》第 227 条第 1 款规定："以注册商标专用权、专利权、著作权等知识产权中的财产权出质的，当事人应当订立书面合同。质权自有关主管部门办理出质登记时设立。"

（五）应收账款质权的设定

应收账款是在交易活动中发生的或将会发生的不以票据等有价证券形式表现的金钱债权，为债权的一种。[1]《物权法》第 228 条第 1 款规定："以应收账款出质的，当事人应当订立书面合同。质权自信贷征信机构办理出质登记时设立。"

在此应予提及的是，为推进权利质权与动产抵押权登记机构的统一，2018 年 8 月的《民法典分则物权编（草案）》中删除了各类权利质权登记机构的具体规定，而是表述为"质权自办理出质登记时设立"。

三、权利质权的效力

关于权利质权所担保的债权范围、所及于标的物的范围以及质权人、出质人的权利义务和质权的消灭原因等内容，大多准用动产质权的有关规定，此不赘述，仅对几项特殊规定说明如下：

（一）关于证券质权的效力

《物权法》第 225 条规定："汇票、支票、本票、债券、存款单、仓单、提单的兑现日期或者提货日期先于主债权到期的，质权人可以兑现或者提货，并与出质人协议将兑现的价款或者提取的货物提前清偿债务或者提存。"另据《担保法解释》第 102 条的规定，以载明兑现或者提货日期的汇票、本票、支票、债券、存款单、仓单、提单出质的，其兑现或者提货日期后于债务履行期的，质权人只能在兑现或者提货日期届满时兑现款项或者提取货物。第 100 条还规定，以存款单出质的，签发银行核押后又受理挂失并造成存款流失的，应当承担民事责任。

（二）关于基金份额、股权质权的效力

《物权法》第 226 条第 2 款规定："基金份额、股权出质后，不得转让，但经出质人与质权人协商同意的除外。出质人转让基金份额、股权所得的价款，应当向质权人提前清偿债务或者提存。"另据《担保法解释》第 104 条的规定，以依法可以转让的股份、股票出质的，质权的效力及于股份、股票的法定孳息。

（三）关于知识产权质权的效力

《物权法》第 227 条第 2 款规定："知识产权中的财产权出质后，出质人不得转让或者许可他人使用，但经出质人与质权人协商同意的除外。出质人转让或者许可他人使用出质的知识产权中的财产权所得的价款，应当向质权人提前清偿债务或者提存。"

（四）关于应收账款质权的效力

《物权法》第 228 条第 2 款规定："应收账款出质后，不得转让，但经出质人与质权人

第二十七章

---

［1］　参见刘保玉、孙超："物权法中的应收账款质押制度解析"，载《甘肃政法学院学报》2007 年第 4 期。

协商同意的除外。出质人转让应收账款所得的价款，应当向质权人提前清偿债务或者提存。"

（五）关于质权对第三债务人的效力

《担保法解释》第106条规定："质权人向出质人、出质债权的债务人行使质权时，出质人、出质债权的债务人拒绝的，质权人可以起诉出质人和出质债权的债务人，也可以单独起诉出质债权的债务人。"

（六）关于抵押权有关规则的准用与比照适用问题

尽管法律上对此没有明文规定，但学理上一般认为，除法律另有规定及因权利性质的差异不能准用或参照的之外，抵押权制度中的许多规则准用于权利质权，或者可为其所参照。例如，以登记方式设立的权利质权，准用抵押权顺序确定的规则；关于最高额质押、共同质押等问题的处理，可以比照适用抵押权中的相关规则。

第二十八章

留置权

■第一节　留置权概述

一、留置权的概念

留置权是指债权人按照合同约定占有债务人的动产，于债务人未按照合同约定的期限履行义务时，对其占有的债务人的动产予以留置并就其变价优先受偿的权利。《物权法》第230条规定："债务人不履行到期债务，债权人可以留置已经合法占有的债务人的动产，并有权就该动产优先受偿。前款规定的债权人为留置权人，占有的动产为留置财产。"

我国《担保法》等以往的法律所规定的留置权，其适用范围过于狭窄，只存在于保管、运输、承揽、行纪等特定的合同关系中，这在一定程度上影响了留置权这种法定担保发挥作用的空间。《物权法》对其适用范围予以扩张，在合同之外的债的关系中，如果符合留置权的成立要件，亦可以成立留置权。

二、留置权的特点

1. 留置权是动产担保权和占有性担保物权。①留置权是动产担保物权，其标的物限于动产，其在标的物范围限定上与抵押权、质权均有不同。②留置权是占有性担保物权，只有留置权人占有动产，留置权才能成立。

2. 留置权是具有二次效力的担保物权。留置权作为担保物权，具有从属性、不可分性、物上代位性、价值权性、优先受偿性等担保物权的共性。但与其他担保物权不同的是，留置权具有二次效力性：其第一次效力为留置效力，即债权人在债务人清偿债务前，有权就其占有的留置物继续占有，并得对抗债务人对标的物的返还请求权。债务人欲使留置权人返还其标的物，非首先清偿债务不可，此留置效力也具有同时履行抗辩权的性质。其第二次效力是优先受偿效力，即当债务人不履行到期债务，经催告后仍不履行的，留置权人有权变卖留置物，或以留置物折价以使自己与留置物有牵连关系的债权优先得到清偿。

3. 留置权是法定担保物权。当符合一定条件时，依法律规定当然发生债权人的留置权，而无须合同事先约定。留置权的法定性及其成立条件的要求，使其仅能为担保既已发生的特定债务而成立，只能是保全性的担保物权，而不能是融资性担保物权。这是留置权与抵押权、质权的重要区别。另应注意的是：留置权有其法定的适用条件和范围，不得滥用；同时，留置权虽为法定权利，但当事人得在基础合同中事先约定排除。[1]

三、留置权与类似权利的区别

（一）留置权与动产质权的区别

留置权与动产质权均是基于对动产标的物的占有而产生的担保物权，二者有许多相似

---

[1]　参见《物权法》第231条。

之处，但其差异也是明显的：

1. 产生的依据不同。留置权是法定担保物权，依法律规定产生，无须当事人事先约定；而动产质权属意定担保物权，其产生以当事人的协议设定为依据。

2. 取得占有的原因不同。于动产质权，标的物系专门因担保债权而移转给债权人占有；而在留置权中，债权人占有债务人的财产通常乃履行合同本身所必需，而非专为设定担保，只有在履行期届满而债务人未履行义务时，随着留置权的产生，该财产才成为担保物。

3. 目的和功效不同。留置权的目的在于担保与留置物有牵连性或属于同一法律关系的特定债权获得清偿，纯属保全性担保物权，不具有金融媒介的功能；而动产质权所担保的债权，无须与担保物有任何关系，动产质权的设立除具有确保债权实现的功能外，还可具有融通资金的媒介作用。也正因如此，留置权的适用范围有一定的限制，而动产质权的适用则无硬性限制。

4. 标的物范围不同。留置权的标的物一般限于债务人本人的动产，且该动产与留置权人的债权之间须有牵连性或属于同一法律关系；而动产质权的标的物除可由债务人提供外，还可由第三人提供，且不要求与担保的主债权有牵连关系。

5. 实现条件不同。留置权实现分为留置和变价两个阶段，当合同约定的期限届满债务人仍未履行义务时，债权人可留置标的物，经催告债务人履行义务而债务人在一定期限内仍未履行的，债权人才可将留置物变价以受偿债权；而动产质权，于债权已届清偿期而未受偿时，即可实行，无须先为催告。

6. 消灭原因不同。留置权在债务人另行提供担保并被债权人接受的情况下，归于消灭，债权人不得继续留置标的物；而动产质权，则并不因债务人另行提供担保而当然消灭。

留置权与动产抵押权的区别也是显而易见的，除是否占有标的物、是否须登记两点之外，其他方面的区别与上述动产质权与留置权的比较情况大致相同。

（二）留置权与同时履行抗辩权的区别

同时履行抗辩权，是指在未定先后履行顺序的双务合同中，一方当事人在他方未为对待履行以前，有权拒绝其向自己提出的先予履行要求的权利。[1]同时履行抗辩权与留置权均基于公平的理念，二者的发生原因颇为相似，且同时存在也无妨。但对二者不可等同看待，其区别主要表现在：

1. 性质不同。留置权属担保物权，具有物权的支配性和担保物权的从属性、不可分性、物上代位性，并可用以对抗合同当事人以及合同以外的任何人；而同时履行抗辩权属双务合同的一种效力，为债权性权利，以拒绝相对人的请求为内容，且只能对合同的相对人主张。

2. 目的不同。留置权以担保债务履行为目的，在权利人留置标的物并催告债务人后，可依法对标的物变价和优先受偿债权；而同时履行抗辩权的发生和行使主要不在于担保债务履行，而在于谋求双方同时履行，以维护利益的公平，其只能消极地阻止对方的请求，并无积极实现自己的债权的功能。

3. 适用范围不同。留置权系法定担保物权，只适用于法律明确规定的特定债权；而同时履行抗辩权适用的合同债权的种类并无此限制，只要是双务合同且事先未约定当事人双方履行合同的先后顺序，原则上均得发生该项抗辩权。例如，买卖合同中常发生同时履行

---

[1] 参见《合同法》第66条。

抗辩权，但普通留置权在买卖合同中无从发生。

4. 标的不同。留置权所留置的标的限为动产，且该动产不属于权利人所有。而同时履行抗辩权中拒绝给付的标的，不限于物，还可以是金钱以及劳务等；在拒绝为物之给付时，该物通常属于行使抗辩权的一方当事人所有。

（三）留置权与抵销权的区别

抵销权，是指当事人双方互负到期债务，且其债务的标的物种类、品质相当，相互主张不再交互履行而予以抵偿的权利。[1]留置权与抵销权均源于罗马法上的恶意抗辩权，是法律基于公平观念所确立的制度。[2]但二者是性质不同的两种制度，其区别主要是：

1. 性质及目的不同。留置权系担保物权，其目的在于担保债务的履行；而抵销权在性质上为形成权，其行使的目的在于使当事人之间对立的债务于等额上归于消灭，以节约交互履行的成本。

2. 适用条件不同。留置权是在主债权基础上产生的担保权，其产生的过程中只存在一个合同关系；而抵销权则适用于当事人之间互有债权、互负债务的情形，存在两个或两个以上债的关系。

3. 标的物范围不同。留置权的标的物只能是动产；而抵销权的标的可以为一切适于抵销的债权债务，纵使其标的物的种类、品质不同，经双方协商一致也可以抵销。

4. 效力不同。留置权具有物权的支配力、对抗力与优先力，而抵销权无此效力；留置权并不能直接使双方的债权债务归于消灭，而抵销权则有使双方的债权债务在抵销的范围内确定地、终局地消灭的效力。

■第二节　留置权的成立

由于留置权是法定担保物权，其产生不以当事人协商一致为条件，故不存在依法律行为而"设定"的问题，在符合法定条件时留置权当然产生，除非当事人约定排除。根据《物权法》和《担保法》的规定，留置权的成立要件可分为积极要件与消极要件。

一、留置权成立的积极要件

（一）债权人因合法原因占有债务人的动产

留置权系为担保债权而成立，故留置权人自然须为债权人。但并非任何债权人都可以享有留置权，只有债权人以合法的原因占有债务人的财产时，才有可能发生留置。应当注意的是：①这里的占有，是指对物的实际控制，且单纯的持有不能成立留置权。例如，雇员占有商店的财物的情况，性质上为持有，不得以此迫使店主支付工资。②须有合法原因，通常为基于特定合同关系而占有他人的财产。如因保管、运输、承揽、行纪合同，债权人自然应占有他人的保管物、托运物、定作人提供的材料、委托物等。因其他正当原因而占有他人交付的物或给其造成损害的物品等，也属于合法占有。③标的物须为动产。关于留置物是否限于动产，各国立法规定不尽一致，我国法律上将留置物明确限定于动产。④债权人占有的动产一般限于债务人本人所有的或有处分权的动产。多数学者认为，如果标的物非为债务人之动产而债权人不知情的，可以善意取得留置权，《担保法解释》第108条也采此精神。我们认为，对"债务人的动产"应做宽泛解释，债务人所有的、债务人有

〔1〕　《合同法》第99、100条。

〔2〕　郭明瑞：《担保法原理与实务》，中国方正出版社1995年版，第321页。

第二十八章

处分权的以及由债务人送交债权人占有的动产，均属之；债权人只要是因正常的业务活动而占有与其债权有牵连关系的他人动产，即可产生留置权，无须限定留置权人必须为不知情的"善意"债权人。[1]例如，借人车辆使用而损坏，借用人将车辆送至修车厂修理，无论修车人是否知道送修人非为车的主人，于其修理费未清偿前，均得留置该车。

（二）债权人所占有的动产原则上应与其债权属于同一法律关系

留置权是为担保特定债权的实现而依法产生的担保物权，对其适用范围应有必要的限制。否则，若允许债权人任意留置债务人的与债权无关的任何财产，则必将导致法律关系和法律秩序的混乱。因此，各国立法一般都以留置物与所担保之债权间存在一定的牵连关系为留置权成立的必要条件。[2]关于债权的发生与动产有牵连关系，我国多数学者认为包括三种情形：①债权系由占有的动产本身而生（包括对标的物支出费用所生的费用偿还请求权、因标的物所生的损害赔偿请求权两类）；②债权与该动产的返还义务系基于同一法律关系而生；③债权与该动产的返还义务系基于同一事实关系而生。[3]根据《担保法》等法律规定的精神，债权人只有按照特定合同（如保管、运输、承揽、行纪）关系占有债务人的财产时才能发生留置权，也就是说，债权、债务和债权人对标的物的占有取得，均是基于同一原因事实（同一个合同）而发生的，才有牵连关系，才能成立留置权。《担保法解释》第109条规定："债权人的债权已届清偿期，债权人对动产的占有与其债权的发生有牵连关系，债权人可以留置其所占有的动产。"应当说，这一解释所采用的是债权与所占有的动产的牵连关系说，而且限于直接关联关系。

由于牵连关系的概念过于模糊，范围不易确定，法律适用中也容易发生分歧，又考虑到《担保法》等法律将留置权的适用范围仅限于特定的合同关系，未免过于狭窄。因此，我国《物权法》没有采用牵连关系的概念，《物权法》第231条中采用了颇有新意的规定方式："债权人留置的动产，应当与债权属于同一法律关系，但企业之间留置的除外。"该条前句中的"同一法律关系"，系指"同一个法律关系"，虽属同类但不属于同一个法律关系的，不能发生留置权；此同一法律关系的范围，较《担保法》和其司法解释的规定要宽，无论是基于同一个合同关系，还是基于同一个侵权行为关系、无因管理关系、不当得利关系等，如果符合其他条件，皆可有留置权的发生。[4]该条后句中"企业之间留置的除外"，主要是考虑到在商业实践中，企业之间相互交易频繁，追求交易效率，讲究商业信用，如果严格要求留置财产必须与债权的发生具有同一法律关系，则有悖交易迅捷和交易安全原则，故设此但书，意在表明特殊情形下的某些商事留置权的成立，不受"同一法律关系"的限定。

---

〔1〕 刘保玉："留置权成立要件规定中的三个争议问题解析"，载《法学》2009年第5期。

〔2〕 关于"牵连关系"如何界定，各国立法上的态度及理论上观点并不相同，主要有两种观点：一种是债权与债权有牵连关系说，即主张债权人占有的相对人的物上能否成立留置权，取决于债权人的债权与相对人的物之返还请求权之间是否存在牵连关系；另一种是债权与物之间有牵连关系说，即主张债权与债权人占有的标的物之间有牵连关系时，才可成立留置权。在如何理解债权与占有标的物有牵连上，又有包括直接关联与间接关联的"二元说"和占有物为债权发生原因的"一元说"；一元说中对何为发生原因，又有直接原因说、间接原因说和社会标准说等不同的认识。参见郭明瑞等：《民商法原理（二）物权法 知识产权法》，中国人民大学出版社1999年版，第353~354页。

〔3〕 梁慧星、陈华彬：《物权法》，法律出版社2005年版，第289~290页；邹海林、常敏：《债权担保的方式和应用》，法律出版社1998年版，第332页。

〔4〕 参见胡康生主编：《中华人民共和国物权法释义》，法律出版社2007年版，第500页。

（三）债权已届清偿期

留置权系基于公平观念，于债务人清偿其债务前，债权人得扣留债务人之动产而拒绝返还的权利。如债权未届清偿期，在债权人尚无请求债务人清偿其债务的权利时便允许债权人留置债务人的动产，则显失公允。因此，债权已届清偿期为留置权发生的当然要件。但作为例外，于债务人无支付能力（尤其是已受破产宣告）时，债权人的债权即使未届清偿期，债权人也有留置权，学说上谓此为"紧急留置权"或"留置权的紧急行使"。《担保法解释》第112条规定："债权人的债权未届清偿期，其交付占有标的物的义务已届履行期的，不能行使留置权。但是，债权人能够证明债务人无支付能力的除外。"

二、留置权成立的消极要件

留置权的发生，除需具备以上三个要件外，还必须不存在留置权成立的法定或约定障碍。否则，不能成立留置权。阻碍留置权成立的情形或因素，通常被称为留置权成立的消极要件，主要有以下情形：

（一）行使留置权违反公共秩序或善良风俗的

例如，对救援灾区的物资，其保管人、运输人、加工人不得主张费用未付而留置该物资。又如，尸体之运送人，不得以运费未付而对尸体主张留置权。另外，如留置之物品足以造成债务人公法上障碍的，或为维持债务人生活上或职业上所必要的，也应认为违反公序良俗。前者如扣留债务人之身份证、户口簿等；后者如留置债务人必需的炊饭器具、技工之谋生工具或跛者之拐杖等。

（二）合同约定排除留置权的

留置权虽为法定担保物权，其发生无须约定，但法律上允许当事人在有关合同中约定不得留置的物或排除留置权的适用。[1]

（三）行使留置权与债权人所承担的义务或合同的特殊约定相抵触的

《担保法解释》第111条规定："债权人行使留置权与其承担的义务或者合同的特殊约定相抵触的，人民法院不予支持。"第112条规定："债权人的债权未届清偿期，其交付占有标的物的义务已届履行期的，不能行使留置权。但是，债权人能够证明债务人无支付能力的除外。"例如，在加工承揽合同中，如果约定承揽人应先行交付工作物并经定作人验收合格后始为付款的，则承揽人一般就不再享有留置权。

■第三节　留置权的效力与留置权的消灭

一、留置权所担保债权的范围

根据《物权法》第173条和《担保法》第83条的规定，留置权的担保范围包括主债权及其利息、违约金、损害赔偿金、留置物保管费用和实现留置权的费用。

二、留置权标的物的范围

留置的财产并不限于动产本身，还应包括该动产的从物、孳息及其代位物。[2]留置财产为可分物的，留置财产的价值应当相当于债务的金额。[3]当然，留置物为不可分物的，

第二十八章

---

[1] 《物权法》第232条、《担保法解释》第107条。

[2] 《担保法解释》第114条。

[3] 《物权法》第233条。

留置权人在债权未受全部清偿前，可以就留置物的全部行使留置权。[1]

三、留置权人的权利和义务

（一）留置权人的权利

1. 留置占有的动产的权利。留置权本身即为占有性担保物权，留置权人于债权未受清偿前，自有扣留标的物、拒绝予以返还的权利。

2. 收取留置财产所生孳息的权利。《物权法》第235条规定："留置权人有权收取留置财产的孳息。前款规定的孳息应当先充抵收取孳息的费用。"

3. 为保管之目的而使用留置财产的权利。标的物在留置权人占有期间，留置权人负有妥善保管的义务，并不享有留置财产的使用权，只有在为有效地保管留置财产的限度内方可使用。例如，为防生锈而使用机械、电器。

4. 实行留置权并优先受偿的权利。当法定条件成就时，留置权人享有就留置物折价或以其变价价值优先受偿债权的权利。需要说明的是，债权已届清偿期只是留置权的成立条件，而非留置权的实行条件。留置权人要以实际变卖或者以留置物折价的方式使自己的债权得到清偿，各国法律上通常规定尚须以债务人不履行债务超过一定期限或事先通知债务人为必要。我国《物权法》第236条规定："留置权人与债务人应当约定留置财产后的债务履行期间；没有约定或者约定不明确的，留置权人应当给债务人两个月以上履行债务的期间，但鲜活易腐等不易保管的动产除外。债务人逾期未履行的，留置权人可以与债务人协议以留置财产折价，也可以就拍卖、变卖留置财产所得的价款优先受偿。留置财产折价或者变卖的，应当参照市场价格。"第238条规定："留置财产折价或者拍卖、变卖后，其价款超过债权数额的部分归债务人所有，不足部分由债务人清偿。"另外，《担保法解释》第113条规定："债权人未按担保法第87条规定的期限通知债务人履行义务，直接变价处分留置物的，应当对此造成的损失承担赔偿责任。债权人与债务人按照担保法第87条的规定在合同中约定宽限期的，债权人可以不经通知，直接行使留置权。"

关于留置权人的优先受偿权的内容，与抵押权、质权大致相同，但应注意的是，同一财产上的抵押权、质权与留置权并存时，留置权人应优先于抵押权人、质权人受偿。[2]

（二）留置权人的义务

1. 妥善保管留置财产的义务。《物权法》第234条规定："留置权人负有妥善保管留置财产的义务；因保管不善致使留置财产毁损、灭失的，应当承担赔偿责任。"

2. 不得擅自使用、出租或处分留置财产。根据《担保法解释》第114、93条的规定，留置权人擅自为此行为给留置财产所有人造成损失的，应当承担赔偿责任。

3. 返还留置财产的义务。当留置权担保的债权因清偿而消灭，或者债务人另外提供担保而导致留置权消灭时，留置权人负有返还留置财产的义务。

四、留置财产所有人的权利

在留置权关系中，留置物的所有人（通常为债务人本人）亦享有一定的权利。根据法律规定，其享有的权利主要有以下几项：

1. 损害赔偿请求权与留置财产返还请求权。在留置权法律关系中，留置权人负有妥善保管留置财产与返还留置财产的义务，在留置权人违反此项义务时，留置物所有人也就相应地享有留置财产损害赔偿请求权与返还请求权。

---

[1] 《担保法解释》第110条。
[2] 《物权法》第239条、《担保法解释》第79条第2款。

2. 留置财产的处分权。留置权成立后，留置财产的所有人并不丧失所有权，有权对留置财产为法律上处分，但该项处分不得影响留置权的效力。

3. 请求留置权人及时行使留置权的权利。《物权法》第 237 条规定："债务人可以请求留置权人在债务履行期届满后行使留置权；留置权人不行使的，债务人可以请求人民法院拍卖、变卖留置财产。"

4. 另行提供担保而使留置权消灭的权利。

五、留置权的消灭

留置权的消灭原因，除主债权受偿、留置权的实行等之外，还有下列几种：

（一）担保的另行提出

留置权的作用在于担保债权受偿，若债务人为债务的履行另行提供了有效的担保，留置权即无存续的必要。《物权法》第 240 条规定："留置权人对留置财产丧失占有或者留置权人接受债务人另行提供担保的，留置权消灭。"

（二）留置财产占有的丧失

留置权以债权人对留置财产的占有为其成立与存续要件，因此，留置权因占有之丧失而消灭。[1] 占有丧失的原因可分为两种：①出于留置权人自己的意思，而将留置财产返还给债务人。此种情况实际上等同于抛弃留置权，自然将导致留置权消灭。②非出于留置权人自己的意思而丧失占有，如占有财产被侵夺等。在这种情况下，如能依占有保护的规定请求返还原物，则仅属暂时而非确定地丧失占有，故在返还请求权的行使期限届满前，留置权不消灭。[2]

（三）债权清偿期的延缓

留置权的实行，以债权已届清偿期而未受清偿为要件。因此，债权人若嗣后同意延缓债权的清偿期，不能再认为债务已届期而未履行，因而也就欠缺了留置权的成立要件，原已发生的留置权应归于消灭。但其后债务人于延缓期届满时仍未履行其义务的，若符合留置权发生的其他条件，则可再行成立留置权。[3]

第二十八章

---

〔1〕　参见《物权法》第 240 条。
〔2〕　参见《物权法》第 245 条。
〔3〕　郭明瑞等：《民商法原理（二）物权法　知识产权法》，中国人民大学出版社 1999 年版，第 371 页。

债 权

第八编　债的一般原理

第二十九章

债的概述

■第一节　债的意义

一、债的概念

"债"这个词在日常生活中用得很多。提起债，人们就会想到"负债累累""债台高筑""欠债还钱"这样的词语。实际上，上述所指的债的含义，多指金钱借贷，仅仅是债法合同之债中一个微小的部分。民法上"债"的概念远比日常生活中所说的"债"之含义要广泛得多，除了当事人之间因各类合同引起的债权债务关系以外，还包括因缔约过失、公开悬赏、侵权行为、无因管理、不当得利等行为和事件的发生，在当事人之间产生的各种债之关系。如果注意大陆法系各国民法典关于债的条文数量的话，可以看出，债法规则在民法典各制度中所占的比重最大、条文数量最多，广泛且纷繁复杂的财产流转关系靠民法中的债法支撑。

既然民法"债"之意义比日常生活中"债"之含义广泛且有其特定内容，那么，立法者是基于何种共同因素，将引起债之不同的法律事实归纳在一起，从而建立民法债的概念的呢？我们以生活中的事实为例，通过演绎归纳方法研究债之关系的产生和债之概念的形成，以总结民法债的法律关系特点。

例如，甲与乙公司订立买卖合同，合同成立后，根据我国《合同法》第 130 条对买卖合同的规定，甲有权请求乙公司给付买卖标的物，乙公司有权请求甲给付价款。此为因买卖合同在甲乙之间产生的互为请求给付的债之关系。

设乙公司派其雇员将买卖标的物送至甲的家中，甲妻不知甲已经付款，又付款给乙公司该雇员。对于乙公司而言，多得的价款为无法律原因的获利，成立不当得利。根据我国《民法总则》第 122 条的规定，甲有权请求乙返还多付的价款，乙有返还的义务。此为因不当得利的事实在甲乙间引起请求给付不当得利的债之关系。

设甲在下班途中，因过失不慎将行人丙撞伤，于甲而言，是过失侵害他人权利，成立侵权行为。根据我国《侵权责任法》第 3、6 条的规定，被侵权人丙有权请求侵权人甲承担侵权责任，甲有给付赔偿的义务。此为因侵权行为的事实在甲丙之间引起请求给付损害赔偿的债之关系。

设丙因腿部受伤不能行走，路人丁将丙送至医院，并支付医药费等。丁无法律上的义务，而为他人管理事物，成立无因管理。根据我国《民法通则》第93条的规定，无因管理人丁可以向受益人丙请求偿还为其支付的必要费用，此为无因管理的事实在丁丙之间引起的请求给付管理费的债之关系。

基于上述案例，可以发现，不同的事实在形式上均产生了一致的法律效果：即一方当事人基于特定事实的发生，可依据协议或者根据法律向他方当事人请求为特定给付。例如，给付买卖标的物、给付价款、给付损害赔偿费、给付不当得利、给付无因管理费等。这里的特定给付，对于权利人而言，为请求权的内容之一，对于义务人而言，为义务人应为的特定行为。民法将这种因特定的事实，在特定的当事人之间发生的可以请求为特定给付的财产性法律关系，称为"债的法律关系"，简称为"债"。

我国《民法总则》第118条第2款规定："债权是因合同、侵权行为、无因管理、不当得利以及法律的其他规定，权利人请求特定义务人为或者不为一定行为的权利。"可见，民法上的债是对各种具体的债权债务关系的抽象概括。凡是因法律规定的事实产生的特定一方应当向特定他方实施以给付为内容的法律关系均可用"债"概括。立法者正是从不同的事实中抽象出具有共同特点的要素，从而建立了"债"的概念。

二、债的历史渊源

债的概念源于罗马法，拉丁文术语表示为"obligatio"［来自动词"捆绑"（ligare）］。从词源上，债（obligatio）这个词最初表示被约束、受束缚，是对某一主体的法律约束。罗马法称"债是一种迫使我们必须根据我们城邦的法律制度履行某种给付义务的法律约束"[1]考查罗马法的历史，这种法律约束，最早产生于侵权行为（私犯）和契约关系。例如，小偷窃取他人之物（侵权行为），则对小偷予以拘押，使其服劳役承担责任；借贷人违反誓约，欠债不还，同样对借贷人予以拘押，使其服劳役或施以其他人身制裁。因此，罗马最早期债之特点，以债务人的人身为债之标的，债务人必须以人身为担保，为债权人实施行为，才可解除这种约束（清偿）。以后，财产责任逐步取代人身债务，盗窃或欠债不还，要求当事人先支付罚金或还债款，只有当事人不能以财产给付，权利人才可通过执行方式对债务人的人身采取行动，至此，债真正获得财产性法律意义。

债的渊源始于私犯和契约，以后罗马法又把准契约（无因管理和不当得利）和准私犯（对他人行为的责任和物件致害）归为债的范畴，债的发生原因逐步扩大。现代民法债的发生原因基本源于罗马法，只是随着社会的发展又出现了缔约过失、悬赏广告等债的发生原因。

债的概念源于罗马法，但债的系统理论与学说由德国法学家创建，德国学者在研究罗马法债的关系基础上抽象出与债权关系不同的物权关系，从而在民法典中确立物权与债权的不同制度价值。大陆法系国家民法典中债编的理论基本上沿用了《德国民法典》债之理论。但各国立法对债法的称谓不同，有的称债权法（如日本、俄罗斯）；有的称债务法（如瑞士、土耳其）；有的简称债法。虽然称谓不同，但各国债法都是关于债权债务关系的法律规范的总称，即凡是涉及调整债权债务关系的法律规范，包括专门规定债的关系的法典（如《瑞士债务法》），或者民法典中关于债的规定，以及有关债的单行法规（如《合同

〔1〕　［意］彼德罗·彭梵得：《罗马法教科书》，黄风译，中国政法大学出版社1992年版，第284页。

法》《侵权行为法》），有法律约束力的关于债的判例、立法和司法解释，以及关于债的规定的国际公约（如《联合国国际货物买卖合同公约》）、双边协定等，所有这些调整债权债务关系的法律规范的总和统称为债权债务关系法，均为债法的规范渊源。

三、债法在民法中的地位

债法是民法的组成部分，债法规范直接调整具有民事流转形式的财产关系，在市场中各类具体主体大量不同的商品交换关系正是在债法规则中得到法律确认的。

债法作为民法的构成部分，与民法总论、物权、知识产权、继承权和人身权等民法的其他组成部分都不同。民法总论确定民事法律关系参加人的法律地位；物权、知识产权、继承权和人身权确定物质利益与精神利益的性质与归属，因此上述部分基本上可称为民法的"静态"规范。而债法规范则是在物质利益从一方主体向另一方主体的移转过程中得以实现，故称为"动态"的民法规范。

私法精神在债法中得到最突出体现。例如，交易的主体在实现属于他们的权利时，基本前提是法律地位平等、独立，意思自治，合同自由，公权力机构不得任意干涉其私人事务。因此，债的关系的参加人获得了最广泛的独立进行商品交换的可能性，而债法规范本身也成为规制市场经济的基本法律手段之一。

四、债的法律关系

（一）债的关系之要素

债的要素，是指构成债的法律关系所必须具备的因素，缺少任何一个要素都不能构成债的关系。任何债之法律关系均应具备债的主体、债的内容和债的客体三要素。

1. 债的主体。债的主体是指参加债的法律关系的当事人：债权人与债务人。有权请求他方为特定行为的是权利主体，称为债权人；有义务实施特定行为的是义务主体，称为债务人。债的主体，可以是自然人、法人和非法人团体。债权人或者债务人任何一方，既可以是单数，也可以是复数。

债的主体特点是，债在特定的当事人之间发生，即债权人与债务人都是特定的人。债的当事人之间这种特定关系称之为"债的相对性"。所谓债的相对性，是指债权人向特定的债务人为请求给付，债务人也仅向特定的债权人为给付，故债权也称为"对人权"。债权人和债务人以外的第三人不是债的关系的主体。债的相对性同时表明，债的关系须有债权人与债务人两个独立的人格，当债权债务集于一人时，债因混同而消灭。

在我国，一切民事主体都有资格成为债的主体。只是不同类型的债对主体能力有一定要求。如合同为双方法律行为，因此合同之债主体双方要受行为能力的限制；而无因管理之债、不当得利之债是非法律行为，对主体没有行为能力的要求。

2. 债的内容。债的内容是债权与债务。债权是权利人可以请求义务人为特定给付的权利；债务是义务人依权利人的请求实施特定给付的义务。

由于债产生以后，债权的内容之一是债权人有权请求义务人为一定行为，因此通常也把债权称为"请求权"。应注意的是，虽然债权具有请求权内容，但债权不等于请求权。请求权是债权的上位概念，与支配权相对应，用来说明权利的作用。债权除了具有请求权内容以外，还有其他内容，如执行权、保有权、受领权、抗辩权、抵销权、解除权、撤销权、代位权等内容，请求权只可谓债权的主要内容，并非等于债权的全部。[1] 请求权基于债的

---

〔1〕　郑玉波：《民法债编总论》，中国政法大学出版社 2004 年版，第 5 页。

关系产生，没有债的基本关系无所谓请求权，所以，请求权总是派生的权利。

债的内容，从义务人的义务方面说是债务，是义务人按照权利人的请求负有特定给付的义务，也是债务人根据债的关系应受的"拘束"或"负担"。债务人对于债务的履行，既不能随意变更，也不得自行免除，必须受其拘束。

债与责任不同，债务为应为给付的义务，强调意思自治、自主履行；责任为不履行给付义务的法律后果，体现为对权利的救济和强制履行。

债权与债务表明了债权人与债务人利益的不同。债权是权利人享有的特定利益，债务是义务人负担的不利益。债务与债权相对应，没有债务无所谓债权，债权的实现依靠债务人义务的履行，两者相辅相成。

3. 债的客体。债的客体是债务人的给付。债的客体通常也称债的标的，用来表示债的主体行动之目的、权利作用之对象。客体与标的二者无实质区别，仅是使用场合不同，在阐述法律关系的三要素时，多使用客体一词与主体相对应，"标的"为动态词，多适用于债权关系中具体的客体，以表示主体行为的目标。"标的"与"标的物"不同，"标的"，可以是物、权利、行为，或是权利义务的综合体。如果物以有体物为限，则"标的物"仅指有体物，此时"标的"的范围比"标的物"的范围更广。

债的标的是什么，在民法理论上一直是争论较多的问题。有观点认为，债的客体是债权债务共同指向的对象；有的观点认为，债的客体是债权人权利作用的对象；也有观点认为，债的客体是债务人本身。通说认为，债的标的是构成债之关系内容的"债务人的特定行为"。该特定行为在债法上用"给付"这一特定概念表示，即债的标的为债务人的给付。

"给付"（prestazione）产生于罗马动词"prestare"，它含有做、给、履行的意思。"给"是指转移所有权或其他物权的义务。"做"是一种单纯的行为，如实施某一劳作，允许享用某一物品等。"履行"既包括"给"的意思，又包括"做"的意思，更多涉及的是保证、责任，而不是直接的目标或债务，虽然这是一个并不具体地特指标的的一般术语，但它以特定的方式专门用来表示那些对于履行义务的保证和责任而言具有特别意义的附带的和偶然的要素。[1] 可见，债务人的给付作为债的标的，说明了债的动态性特点，同时也是现代民法区分物权与债权的标准之一，物权的实现，无须通过义务人的给付行为；而债权的享有，必须依靠债务人的给付才能实现。

债的标的应具备以下要求：合法性、可能性、确定性和财产性。①合法性，债的给付须为法律允许的合法正当的给付；②可能性，给付须为事实上或法律上能实现的给付；③确定性，给付须在债成立之时已经确定或至少是可确定的；④财产性，债的给付应具有财产价值，能给债权人带来利益。符合上述要求的标的为有效的给付。

债的标的包括积极的给付（作为）和消极的给付（不作为）。应该注意的是，债法中的给付须是发生在特定当事人之间的给付，任何人都应遵守的一般性法律义务不是给付。例如，不妨碍所有人行使权利，不得侵犯他人人身权，这里的不作为，是法定义务，是人人都应遵守的义务，不是特定的债权人与债务人之间的关系。但是如果当事人将这种法定义务作为约定义务时，也可称为债的关系的"给付"。

债务人按照债权人的请求所为的给付，可以是物，如交付物；也可以是行为，如提供服务。前者称为给予债务；后者称为行为债务。给予债务不能履行时，可以强制执行；行

---

〔1〕〔意〕彼德罗·彭梵得：《罗马法教科书》，黄风译，中国政法大学出版社 1992 年版，第 287 页。

为债务，可以是作为，也可以是不作为，行为债务不能履行时，原则上不能直接强制执行。

根据债达到的目的不同，给付有时指给付行为，有时指给付效果。至于给付是给付行为还是给付效果，由具体债要达到的目的决定或者由双方当事人约定决定。例如，某大学生受雇做家教，辅导学生高考，双方如果没有约定给付效果，该被辅导的孩子即使未考上大学，受雇人也有报酬请求权；反之，承揽合同以给付效果为前提，除非不可抗力使标的物毁损灭失致给付不能外，无给付效果时债务人则无费用请求权。

（二）债的法律关系特点

1. 债是民事法律关系。债的关系是民事法律关系之一，债的主体双方在法律地位上是平等的、独立的，相互不具有依附、命令关系；公法上的债的关系，如税收之债，不是民法上债的关系。

2. 债是以财产性给付为内容的法律关系。在古罗马，债的关系为人身关系，债务人不履行债务，债权人可以拘押债务人，从而以人身作为债的担保。现代民法与古代民法完全不同，债权人请求债务人的给付均为财产内容的给付，即使债务人未履行义务，债务人也不负人身义务，仅限于财产义务。对未履行义务的债务人，债权人不能直接强制其给付或者限制其人身自由，对债务人进行私自关押是违法行为。

3. 债是依合同约定或依法律规定在当事人之间发生的特别结合关系。债之关系并不是单纯靠违背法律上规定的一般性行为义务来设定的。相反，债务关系更多的是因法律行为，特别是因合同而产生，债的关系当事人比其他关系的当事人间关系更为密切。[1]例如，因买卖合同双方产生转移买卖标的物所有权和给付价款的义务，因侵权行为双方产生损害赔偿的债权债务关系，这里当事人均存在特别的结合关系。通常称："债是依国法使他人为一定给付的法锁。"所谓法锁或法律上的锁链，是指特定的当事人间的法律关系。[2]不论是当事人合意产生债或者是法律规定的债，只要债的关系成立，债就像一把锁，将当事人特别结合在一起。在债务履行之前，双方被法锁锁住，债务人的给付（履行）是解除该约束的钥匙。

4. 债是特定当事人之间的相对性民事法律关系。债的相对性包括主体的相对性、内容的相对性、责任的相对性。其具体表现为：债的关系是特定的债权人和特定的债务人之间的关系；债的关系以外的其他人不得请求享有该债的权利，债的关系以外的其他人不必履行该债的义务；如果任何一方不履行债务，只能要求相对人承担不履行义务的责任。

随着交易的发展，债的关系涉及第三人的情况较多，但这仅是债的涉他效力，而非第三人为债的主体。

5. 债的关系有狭义和广义之分。狭义的债之关系，就是一个债务关系，单指个别给付关系。一般而言，经一方的一次性给付，债的关系就消灭，这是狭义的债的关系。"广义的债之关系是一个极其复杂的架构，而这一复杂的架构主要由众多的债权或者义务（狭义的债务关系）组成。"[3]例如，继续性债之关系、连续雇佣关系、连续供货关系、长期房屋租赁关系等，不是一次性给付，而是数次给付。根据该法律关系可以产生出一系列请求权（债权）和义务（债务）。从债的广义性可以看出，债的关系是一个不断地变化着的形态，因当事人的约定，可随时间发生多种给付义务。大多数债的关系都是广义的债的关系。

---

〔1〕 ［德］迪特尔·梅迪库斯：《德国债法总论》，杜景林、卢谌译，法律出版社2004年版，第4页。

〔2〕 周枏：《罗马法原论》（下册），商务印书馆1994年版，第628页。

〔3〕 ［德］迪特尔·梅迪库斯：《德国债法总论》，杜景林、卢谌译，法律出版社2004年版，第9页。

研究债的狭义和广义这种结合关系，主要是强调信赖基础。债的成立使双方建立信赖关系，很多债并不是因一次给付消灭双方的权利义务关系，而是有很多延续义务，要求双方尽心尽力履行全部给付义务，实现债的目的。

五、债权的特征

尽管债法是关于债权债务关系的法律规范，但债的关系更多的是从债权的角度来说明的，故债法更多的被称为债权法，与物权法相对应。

揭示债的关系中债权之特点，有助于深入理解债的本质。我国台湾地区学者王泽鉴教授说，要了解债权的性质，可从两方面观察，一看债权不是什么，再看债权究竟是什么，最好的方法是将债权与物权加以对照比较。[1]债权与物权均为财产权，两者比较，债权特征如下：

（一）债权具有请求权作用

在权利的作用上，债权具有请求权特点，而非支配权；债权的请求权特点表现为：债权人必须借助于他人（债务人）的意思和行为，才能实现其权利，享受其利益。而物权为支配权，物权人无须借助于他人的行为，能够直接支配其标的物，并通过对标的物的直接支配享受其利益。

（二）债权为相对权

在权利性质上，债权是相对权、对人权，而非绝对权；债权的权利效力所能及的只限于特定的债务人，即使因第三人的行为使债权不能获得实现，债权人原则上不能依据债权的效力向该第三人请求给付。物权为绝对权、对世权，物权之效力得向一切人主张，权利人之外的一切人均为义务主体，均负有不得侵害其权利和妨害其权利行使的义务。应注意的是，现代债法为了保护债的相对性和尊重债的当事人的意思，在特定情形下，对债的相对性效力做了一定程度的扩张，如债的保全、涉他契约，以及第三人故意侵害债权需承担赔偿责任等均涉及债的当事人与第三人的效力关系。

（三）债权具有相容性

在权利效力上，债权具有相容性，不具排他性效力。在同一个标的物上可以成立内容相同或内容不同的数个债权，每个债权地位平等。物权具有排他性，物权人就其公示的物权具有对抗一切第三人的独占效力。

（四）债权不具优先权效力

在权利实现上，债权不具有优先权效力。一个物上存在多个债权时，不问其成立先后，均可同等受偿。物权则有优先权效力，一个物上存在债权与物权时，物权的效力优先于债权。

（五）债权不具追及权效力

追及权效力对区分物权与债权有特定意义，追及力是物权的独立效力，而债权不具有追及力。如果将追及力归为请求权效力中，不易区分物权与债权。追及力是两者的本质差别。

（六）债权标的为债务人给付

在权利客体上，债权的标的为债务人的特定给付；物权的客体为物。请求权与支配权的作用不同，体现在两者的客体不同，债权的作用是请求对方为一定行为，故债权的实现取决于债务人给付的完成，物权的作用是直接支配物，故物权的实现以管领、控制物为

---

[1] 王泽鉴：《王泽鉴法学全集——债法原理（1）》，中国政法大学出版社2003年版，第8页。

前提。

（七）债权的发生以任意主义为主，法定主义为辅

在权利发生上，债权的发生以非法定主义为主，合意债权之发生及内容则实行任意主义，但法定债权仍受法律的限制，不允许任意创设；而物权的创设为法定主义，按照物权法定主义，物权的类型和内容受法律限制，不允许当事人任意创设新的物权，也不允许变更物权的内容。

（八）债权为有期限权利

债权的存续受期限的限制，具体表现为：受当事人约定的期限和法律规定的期限限制，故请求权效力有存续期间。因此，在权利满足上，债权原则上因消灭（清偿）得到满足。而物权原则上因其存续得到满足。债权人或债务人行使权利履行义务是为了促使债的消灭，而物权人尽力维护物的存在，为的是保有物权的支配权。

债权与物权的不同性质与作用体现出："法律上物权与债权的关系，就像自然界中材料与力的关系。前者是静的要素，后者是动的要素。在前者占主导地位的社会里，法律生活呈静态；在后者占主导地位的社会里，法律生活呈动态。"[1]静态形式是中世纪直到近代法律生活的形式，在这个时期，物权是目的，债权主要是手段。随着资本主义经济的发展，"所有权最重要的作用已经不是利用物质客体，而是将其作为资本，利用资本获得收益"。[2]而所有权作为资本，必须与各种债权契约相结合，否则所有权不能发挥作用。

因此，在现代社会中，拥有财产并非拥有现实存在的物，而是拥有对他人的请求权，拥有对他人的信用。如果从拥有资本并运用资本以获得更大利益的角度观察，在一定范围内，可以说在今天的经济社会里，"债权已不是取得对物权和物利用的手段，其本身就是法律生活的目的"。[3]在从以占有资本为中心的静态的经济社会发展为以运用资本为中心的动态的社会的过程中，在一个拥有对他人的信用的社会中，债法规则的运作是极其重要的，这也是我们规定、遵行、研究和完善债法规范的意义所在。

六、债的本质

债的本质，简而言之，"是法律上可期待的信用"。能够称为可期待的，就不是现在、当前、即时的，而是有时间和空间的距离的，是对未来、将来的期待，从远到近或者从近到远的期待。"信用"就是相信、信任、"言而有信"，相信作出允诺的人能够履行诺言。如果不够信任，则可以通过进一步协商要求对方提供特别的和额外的信用，此即债的担保（比如保证）。由于债的担保是通过合同（债的方式）设立，仍是可期待的信用。

物权是支配权，从支配物直接享有物的现实利益而言，不存在可期待性。债权是请求权。对于债权人而言，其权利的实现需要义务人的协助，因此，债权并非是一种现实的利益。正如罗马法学家保罗所言，"债的本质不在于我们取得某物的所有权或获得役权，而在于他人必须给我们某物或履行某事"。[4]从这个意义上说，债权是一种可能性，是一种有待义务人的履行才能实现的权利，这就和信用的概念发生了联系。

简单商品交换关系中，一手交钱，一手交货，时空分离近乎为零，信用也趋于零。商

---

〔1〕［德］拉德布鲁赫：《法学导论》，米健、朱林译，中国大百科全书出版社1997年版，第64页。

〔2〕［日］我妻荣：《债权在近代法中的优越地位》，王书江、张雷译，中国大百科全书出版社1999年版，第8页。

〔3〕［日］我妻荣：《债权在近代法中的优越地位》，王书江、张雷译，中国大百科全书出版社1999年版，第6～7页。

〔4〕［意］彼德罗·彭梵得：《罗马法教科书》，黄风译，中国政法大学出版社1992年版，第283～284页。

品交换关系发展后，时空分离日趋复杂，当一个物权向另一物权过渡的中间途径无限延长时，可期待的信用发生。信用是相互的，每个人一面提供信用，一面又接受信用，所以，信用关系的双方具有依赖性，这种相互依赖性的信用是受法律保障的。

我们说，债的本质是可期待的信用，就是从法律保障的意义上说的，法律把债确定为权利义务关系，就是把信用关系确定为法律上的权利义务关系，保障信用实现的方式就是债法。债法通过规范告知、唤醒人们履行自己的诺言，保证在不同地域、不同时间的商品交换得以完成，从而保护人的预期利益的实现。从个人自身和前景看，债法的功能是协助个人规划未来的事业，保护其预期利益。从整个社会前景而言，债法的功能是推动整个社会的经济活动，建立一个规范的交易环境，使其朝着良性的方面发展。因此，诚实信用原则不仅是民法的基本原则，更是统领债之关系的核心原则。

七、债的体系与债法

债是因特定的事实在特定当事人之间引起的债权与债务的法律关系，债一经形成，核心就是尽一切可能实现给付，因此债务人的给付以及如何保障给付的实现就是债的中心。给付完成，债权实现，债之约束解除。债法规范也正是围绕着"给付"这一特定行为，建立了债法的和谐体系：

1. 依据给付产生的原因，债法确定了债的发生原因。
2. 依据给付主体、内容、方法、标的内容的不同，债法确定了债的类型。
3. 从保障给付义务履行之角度，债法规定了债的效力。
4. 从进一步确保给付义务的实现，债法规定了债的担保和保全。
5. 依给付主体的移位和给付内容之变化，债法规定了债的移转和变更。
6. 依给付目的的完成，债法规定了债的消灭。

上述债的体系，从理论结构上，分为两部分：债法总论与债法分论。债法总论，研究债的一般原理，内容包括：债的意义、债的发生、债的类型、债的效力、债的担保、债的移转、债的消灭等。债法分论，研究各种具体的债，内容为合同之债、无因管理之债、不当得利之债、侵权行为之债和其他的债。

由于我国尚无统一的民法典，目前研究债法的法律规范主要是：《民法总则》《民法通则》中关于债权、民事责任部分的规定，《合同法》《保险法》《担保法》《侵权责任法》等单行法律和最高法院相关的司法解释，以及我国政府签署或参加的涉及债的关系的双边协定和国际公约等。

■第二节　债的发生

债的发生，是指债权债务关系在相对的当事人之间产生。债的发生是研究债的前提，只有债的法律关系形成，权利义务内容确定后，才能有债的效力、债的保全与担保，以及债的变更移转和消灭的问题。

债是法律关系，引起债之法律关系发生的事实，为债的发生原因。在罗马法中，债的发生原因有四种：①契约；②准契约，即无因管理与不当得利；③私犯，即侵犯人身和私人财产的行为；④准私犯，类似现代法的特殊侵权行为。近代大陆法系民法典基本承继了罗马法的模式，将契约、无因管理、不当得利和侵权行为分别作为债的发生原因。我国《民法总则》也将上述事实作为债的发生原因，同时，《合同法》《物权法》《侵权责任法》还确定了其他引起债产生的法律事实，如缔约过失、悬赏广告等。下面仅就契约、无因管理、不当得利和侵权行为这些原因进行简要介绍，其他的原因则在本书合同法部分和其他相关部分阐述。

一、因合同所产生的债

（一）合同的意义

合同是当事人之间为了产生民法上的权利义务关系而形成的具有法律约束力的共同约定。合同的形成是把双方或多方当事人要发生某种权利义务关系效果的不同意思表示，通过协商合为统一、共同意思表示的过程。因此，合同为意定之债，体现了该债由当事人的意思表示"合致"产生。

在现代社会中，合同无时不在，无处不有，我们的生活已经离不开合同。如果没有合同，社会成员之间将不可能建立有效的相互结合、相互协作的关系；没有合同，作为现代工业基本特征的复杂的合作和社会分工也不可能像现在这样成为现实。合同在日常生活中的普遍适用，使得现在很多人都认为，合同的存在是理所当然的，是情理之中的事实。

实际上，今天比较完善的合同体系是社会进步、社会发展的结果。英国学者亨利·梅因指出："所有进步社会的运动，到现在为止，是一个'从身份到契约'的运动。"[1]在古代社会，"人的一切关系都被概括在家族关系中"，家庭、家族是法律的基本单位，古代社会中人与人之间相互依附，各种各样的身份都源于寄生在家庭中的权力与特权，家父是立法者，家族之中每个人遵守的是家庭的法律。有身份和特权的存在，自由意志的表达则受限制。自然，契约成立的前提，"个人自由的合意"也不存在。所以，在古代社会，人与人之间的关系是身份关系。

随着家庭依附关系逐渐解体，个人逐步替代了家庭，成为民法的基本单位。当个人从人身依附关系中解脱出来，不再成为被支配的对象时，自由意志的表达成为可能。这样，通过人的自由合意（契约）而结成的权利义务关系，逐步代替了源自家族的各种权利义务关系。如奴隶身份取消，夫权、父权特权地位改变，人与人的关系通过契约结合。尽管在社会的发展中，从意志的被支配到意志的自由运动是缓慢的过程，但所有进步社会的运动，迄今为止是一个"从身份到契约"的运动。

（二）合同是商品交换的法律形式

商品经济是以交换为目的的经济形式，交换的实质是商品所有权的让渡，故商品所有者地位平等、自由意志的表达和意思表示一致是商品交换得以实现的前提。体现前述特点的合同，正是调整参加交换关系当事人行为的基本的法律形式，商品的所有者和生产者通过与其相对人订立和履行合同的方式独立实现商品流转。"由一个人到另一个人的这种财产的过渡，称之为转让。通过两个人联合意志的行为，把属于一个人的东西转移给另一个人，这就构成契约（合同）。"[2]"由此可知，契约关系起着中介作用，使在绝对区分中的独立所有人达到意志同一。""它作为中介，使意志一方面放弃一个而且是单一的所有权，他方面接受另一个即属于他人的所有权；这种中介发生在双方意志在同一种联系的情况下，就是说，一方的意志仅在他方的意志在场时作出决定。"[3]因此，合同是双方当事人自由意志的突出体现，是商品交换的主要法律形式。

第八编

---

〔1〕 ［英］梅因：《古代法》，沈景一译，商务印书馆 1997 年版，第 97 页。

〔2〕 ［德］康德：《法的形而上学原理——权利的科学》，沈叔平译，商务印书馆 1991 年版，第 89 页。

〔3〕 ［德］黑格尔：《法哲学原理》，范杨、张启泰译，商务印书馆 1995 年版，第 81 页。

（三）合同与债

合同与债是原因与结果的关系，合同是债产生的原因，债是合同引起的结果。由于合同可引起债，所以在合同有效成立之时，合同之债即发生，在这个意义上，也将合同称为合同之债。

合同仅为债的一种类型，不能概括债的全部内容。债除了合同之外，还有法定之债。正因为合同只是债的一种形式，因此合同上的请求权仅是债权请求权体系中的请求权之一。

由于合同是法律行为，在《德国民法典》中，"合同的成立"规定在民法总则编中，债权编、物权编、亲属编与继承编中关于合同的订立都适用总则中有关合同订立的规定。《德国民法典》在分则中针对不同的合同再作不同规定。《德国民法典》将合同的一般规则规定在民法总则中的这种体系，说明德国民法的合同为广义合同，适用于民法中一切合同。

大陆法系某些国家以及我国《民法总则》把合同规定在债权部分中，采狭义合同的理论。但是，无论是广义或是狭义之合同，作为法律行为的一种，均受民法总则法律行为基本原理指导。

二、因无因管理所产生的债

（一）无因管理的意义

无因管理是指没有法定或约定义务的人，为了他人利益免受损失而自愿为他人管理合法、必要、适当事务的行为。无因管理行为发生后，依据《民法总则》第121条的规定，"没有法定的或者约定的义务，为避免他人利益受损失进行管理的人，有权请求受益人偿还由此而支付的必要费用"。故无因管理人有权请求受益人返还其管理事务所支出的费用，受益人依法有返义务。这一债权债务关系为因无因管理所生之债。由于无因管理之债的法律后果直接由法律规定，故无因管理之债为法定之债。

无因管理在罗马法中被认为是准合同。所谓准合同，就是在当事人之间虽然没有订立合同，但衡量公平原则以及社会的公共秩序和善良风俗，这个行为所发生的法律效果与订立合同相同，是因管理人（债权人）自愿的行为所发生的债务，称为"非合意而发生的债"，归为准合同。以后随着债法发展，各国民法排除准契约的概念，均将无因管理作为法定之债发生原因之一，我国民法也如此。

（二）无因管理之债的制度价值

民法上规定无因管理制度的社会功能，简言之，是平衡个人利益与社会利益的冲突，在个人利益和社会利益之间建立一个结合点，从而弘扬社会道德。既要保障帮助他人者的权利和利益，同时又要维护每个人自身的事务免受无端干涉。无因管理是基于个人利益与社会利益两种不同的理念而结合形成的行为规范。

管理他人事物，通常基于一定的法律关系。例如，基于委托合同、用工关系、监护关系等。但在日常生活中，未受委任且无法定义务而管理他人事务的时而有之，如收留走失的小孩；为出差远行的邻居代交房租；救助车祸受伤的人员等。在管理他人事务时，会涉及两方面利益：

1. 受管理者的个人利益。对个人利益、私人事务，法律的基本原则是：个人的事务，个人自行处理，他人不得任意干预。违反此原则，任意干预他人事务时，通常可构成侵权行为。所以在尊重个人自由意志的前提下，法律确立了个人事务应由自己决定，他人不得干涉的原则。

2. 管理人行为涉及的公共利益。尽管管理人的行为是个人行为，被管理的事务是个人事务，但又涉及社会利益。例如，路见他人有难，人人均袖手旁观，置之不理，其影响所及，不仅仅是他人协助者之利益受损，而且整个社会道德风尚和利益也受损害，与民法的精神理念相悖。因此，法律为使人类相互帮助易于实现，规定无因管理制度，对这种虽然干预了他人事务，但目的是帮助他人，为他人利益服务的行为予以承认，以弘扬人类危难相助、见义勇为的道德风尚。

然而，无论从立法上，还是在实践中，如何实现这两种不同利益理念的均衡，是件不易之事。如果规范不准确，则很容易造成不当干涉他人事务和利益，侵犯他人权利的情况。为防止对他人事务滥加干涉，保护本人和助人者的双重利益，法律对无因管理规定了严格的构成要件，区别哪些是私人的事，不能干涉，哪些是社会利益，应被鼓励和维护，并为其实施创设一定的条件。对于符合无因管理要件的行为，阻却违法，管理人不负损害赔偿责任，同时在当事人之间产生债权债务关系，管理人享有对支出费用的偿还请求权。对于不合无因管理要件，甚至侵害他人权利的行为，产生损害赔偿之债。因此，法律规定无因管理制度的目的在于平衡个人利益与社会利益，以期达到两者最大限度的契合。

三、因不当得利产生的债

（一）不当得利的意义

不当得利是一方无法律上的依据即获得利益而致他方受损的事实。为纠正这种不当的损益变动，我国《民法总则》第122条规定，因他人没有法律根据，取得不当利益，受损失的人有权请求其返还不当利益。这一债权债务关系为法律规定的因不当得利所生之债。

（二）不当得利之债的制度价值

法律规定不当得利之债的目的，简而言之，系公平正义，不得损人利己。具体而言，不当得利之债具有两个基本价值功能：

1. 纠正欠缺法律原因的财产移转。正常情况下，财物的取得，都是有法律原因的。例如，基于赠与合同、买卖合同取得物，是基于当事人间真实意思发生的财产转移，但是如果赠与人发生错误，或者买卖合同无效、被撤销，此时从对方那里获得的财物则欠缺法律上的原因，构成非债清偿、非债履行。对此，需要法律纠正因合同不成立、无效、被撤销引起的财产移转，使一方有权请求他方返还无法律原因获得的利益。这是不当得利制度的一个功能。可以看出，不当得利制度与合同制度有密切关系，合同产生给付义务，没有法律原因的给付，则构成不当得利，因此不当得利制度也是纠正不当给付的制度。

2. 保护原权利人对财产的归属权。一方无原因的获得利益，必然使相对方受到损失。例如，擅自出售他人之物；擅自出租他人所有的房屋；擅自使用他人肖像做广告等，都会使他方受损。法律规定受损方有不当得利请求权，可见，受损方可以通过行使不当得利请求权以保护自己的权利。因此，不当得利制度具有保护权利不受侵害的作用。

需要指出的是，不当得利制度对受损人权利的保护与侵权行为法对受害人权利的保护机能有区别。侵权行为法中对受害人权利保护的目的，是填补损害，只要有损害，就赔偿损害，赔偿的是受害人的实际损失。同时侵权行为法中的损害赔偿责任的成立，还要求加害人须有过错。不当得利制度是要把不当的利益返还给受损害的人，尽管也需要有受损人受到损害这一事实，但是受损人受损事实的成立必须以受益人获得不当利益为前提。如果一方受损，另一方未获利，或者一方获得一定利益而另一方没有受损失，均不构成不当得利。

四、因侵权行为产生的债

（一）侵权行为法概说

侵权行为是不法侵害他人支配型权利或者受法律保护的利益，因而行为人须就所生损害负担责任的行为。[1]侵权行为事实发生后，依据《侵权责任法》第 3 条的规定，"被侵权人有权请求侵权人承担侵权责任"，即受害人有权请求加害人赔偿损失，加害人有赔偿义务。这一损害赔偿的债权债务关系，因法律规定而产生。

在现代大陆法系法典化国家的民法典体系中，侵权行为法是民法的组成部分，是债的发生原因之一。由于该债之效果是法律规定的效果，故因侵权行为所产生的债，也称为法定之债，或称非合意之债。侵权行为法作为大陆法系法典化国家中债法之内容，在债法体系中位置略有差异，但均为债之体系的内容，仅有极少数国家将赔偿法作为特别法单独规定。

在非法典化的英美法系国家，侵权行为法为独立的一门法，由各类具体侵权行为的规定和大量具体侵权诉讼的法院判例构成，法官判案以判例为依据，并在判例基础上发展补充。

（二）侵权行为法的价值功能

综观各国侵权行为法的第 1 条，可以发现，尽管措词表述不同，但都体现了这样的基本思想，即因过错（故意或过失）不法侵害了他人权利的人，有义务向他人赔偿由此造成的损失。这说明侵权行为法的主要目的就是要求那些因过错给他人造成损失的人负赔偿义务。要达到此目的，归责是侵权行为法需首先解决的问题。

过错归责包含了这样一个立法的价值观：即当我们在对损失给以赔偿，维护法律秩序的同时，必须考虑人的行为自由。如果立法不问原因，只看损失，就会限制人的行为自由，人人都尽量避免积极的行为，保持安静就成了公民的首要义务，那么，这个世界将是一个无为的世界。过错归责，恰恰是有利于人的行为自由的。

侵权行为法的过错归责有其伦理道德的基础，强调了理性人的标准。当然，随着社会的发展，交通事故、医疗事故、产品责任、环境污染等现代型的侵权行为大量发生，这些事故造成的损害往往超出了理性人的行为预期，即使尽到谨慎、注意义务，也有可能发生事故，这时出现了少数不问加害人过错，也应赔偿的侵权类型，并引用保险机制分散转移赔偿义务。由于某些侵权行为不考虑加害人过错，保险机制又承担了分配损害的风险，就出现了这样的观点，认为现代侵权法有"反侵权行为化"的趋向，等于是强调结果责任。

应该看到，随着社会的发展，侵权行为法的宗旨并没有变，仍然是尊重人的行为自由，维护法律秩序，补偿受害人的损失。过错归责是最基本的责任归属的确定原则，不问过错的侵权类型，仅对一些特殊的工业侵权适用，而且这些作业类型都是社会不可缺少的，也是可以给企业家带来巨大财富的。每个人是自己利益最好的选择与判断者，获得财富的同时，必然要有成本的付出，包括侵权损害赔偿的成本。从事这些职业的企业者，不能将损失转嫁给受害方，选择保险机制，分散风险，是理性的选择。所以，从法经济学角度出发分析，现代侵权法既维护了社会秩序，保护了受害人，也保护了从事危险作业的企业者，社会发展并没有因此而止步。

在意思自治原则的指导下，侵权行为法的价值功能体现为：

1. 保护功能：民法是权利法，以保护私主体的民事权利为中心，法律不仅确认主体享有哪些权利，而且对主体所享有的权利给以物质利益的法律保障，任何人不得侵犯他人的权利和受法律保护的利益，这是法律要求每一个人对他人应负的一般义务，违反法定义务，应承担法律规定的后果。

2. 补偿功能：填补损害。在大陆法系，侵权行为的后果被确定为"债"；在英美法系，

---

〔1〕　张俊浩主编：《民法学原理》（下册），中国政法大学出版社 2000 年版，第 902 页。

称之为"补救"，其本质都是为了补偿受害人所蒙受的损失。因此，只要具备侵权行为的构成要件，对造成的损害，均须负全部赔偿责任。

3. 预防功能：预防损害的发生。通过赔偿损害，教育和惩戒违法行为人，同时，也教育他人遵守法律，减少损害的发生。

4. 分险功能：与其他救济措施共同分散损失。随着社会科学技术的发展，损害的样态越来越多。为了减少和防止损害，补偿受害人，国家法律采取包括刑事、行政以及社会保险制度等综合措施与侵权行为法共同达到填补损失的效果。侵权行为法是这些综合措施中的一种，例如，通过民事保险、责任保险、强制保险、劳动保险、社会保险等分散损失，冲破了过去的那种"要么损失由加害人承担，要么由受害人承担"的狭隘的观点。

五、因其他原因产生的债

除了上述几种主要的债的发生原因以外，民法中其他部分的规定也会产生债的关系，我们统称为因其他原因所生之债。例如，因悬赏广告所生之债，因缔约过失所生之债，所有人与占有人之间关于物的返还请求产生的债，遗失物的拾得人与遗失人之间产生的债，因物的添附或混同产生的债，因共有关系产生的债，因监护关系、无权代理产生的债之关系，因亲属关系和继承关系产生的债等。

上述债的发生原因，从表面上看，似乎彼此间没有关联，各制度有自己的价值功能，但从这些制度的本质上观察，上述债的原因均为民法意思自治原则的体现。

民法为私法，以任意性规范为主。作为私法的民法，给个人提供了广泛选择的机会，每一种机会和条件（民法规范）都明确告知了这是一种什么法律关系，这种关系的设定会产生什么样的法律后果，每一个人可以根据私法规范，按照自己的意愿，自主选择设定哪一种法律关系，这个过程即意思自治的过程。债的发生根据充分体现了民法意思自治和私法自治原则的精神理念。

合同之债是意思自治原则的正面体现。根据契约自由原则，合同的当事人可以依照自己的理性判断和自由的意志，选择缔约的相对方，选择合同的内容、履行方式、合同不能履行时的救济方式等。合同当事人在合同中为自己设定的权利和义务，就是法律的一部分，自然是意思自治的具体体现。

无因管理之债是意思自治原则的扩张。为了他人利益免受损害而主动对他人事务进行管理，是人的理性选择，法律鼓励人的正当意思活动和正当管理行为。

不当得利之债是意思自治原则的补充。在意思自治原则下，个人基于正当意思活动获取的正当利益，法律自然要保护，反之，则属于不正当获利，应发生返还之债。

侵权行为之债是对滥用意思自治原则的防止。民事活动应当遵循自愿、自由原则，但是自愿与自由不是没有界限范围的，如果超过了界限范围而损害到他人的权利和利益时，则产生损害赔偿的权利义务关系，也是加害人对受害人应负担的民事责任。承担责任的重要依据是行为人有过错。过错是人的主观心理状态，行为人应对自己有过错的行为负责，这也是自己选择，自己负责。所以，侵权行为之债是对人所实施有过失行为的追究，也是对意思自治原则的进一步贯彻。

■第三节　债的类型

债的类型，是根据债的不同标准对债进行分类。债的类型是债之关系的不同表现形式，表述了债权与债务关系的不同作用。研究债的分类重要的是应关注债的分类意义及其适用，而不应仅将其看作是理论上的划分。债的主要类型是：

一、意定之债与法定之债

以债的给付发生原因为标准，债可分为意定之债和法定之债。

（一）意定之债

意定之债也称因法律行为所生之债，是指债的发生和债的内容都由当事人的自由意志决定的债。意定之债又可再分为：因单方行为所生之债和因双方行为所生之债。

1. 因单方行为所生之债。在债法理论上，通常认为因单方行为所生之债主要是因悬赏广告、遗赠、捐助行为、代理权的授予而产生的债。因单方行为产生的债较少。

2. 因双方行为所生之债。因双方行为所生之债也称之为合意之债、契约之债、因合同所生之债。该债的发生以双方当事人之间的协议为基础，而该协议是双方当事人意思表示一致的结果。合同是债发生的最主要的原因。

（二）法定之债

法定之债是债的发生原因和债的权利义务关系均由法律规定，而非由行为人的意思确定的债，也称因法律行为以外的原因所生之债。引起法定之债产生的法律事实，可以是事件，也可以是事实行为和违法行为，但并非所有事件和非法律行为都能产生债，引起债的法律事实要由法律明确规定。因此，这类债被称为法定之债。法律规定的债有：无因管理之债、不当得利之债、侵权行为之债、缔约过失之债，以及因其他法律规定的原因所产生的债。

意定之债与法定之债分类的基本意义是：两类债适用的法律不同。合同之债首先适用合同本身的条款，悬赏广告之债，适用悬赏广告当事人的意思，如果当事人在合同中无约定，或者意思表示不明确，应根据合同的种类寻找该合同的具体规范，以及适用法律行为的规范，遵从当事人真实合法的意思表示。法定之债不能按当事人意思适用，应适用法律对相关债的规定。

二、单数主体之债与复数主体之债

以债的主体为单数或复数为标准，将债分为单数主体之债和复数主体之债。

（一）单数主体之债

单数主体之债是债的主体双方（债权人、债务人）各为一人的债。单数主体之债的关系比较简单，单个债权人仅针对单个债务人主张请求权，债务人仅向该债权人履行义务。

（二）复数主体之债

复数主体之债是债的主体双方或者一方（债权人或债务人）为两个或者两个以上人的债。由于复数主体之债中债权人或者债务人一方或双方均为多数人，因此在对内和对外效力上比单数主体之债复杂。

将债区分为单数主体之债与复数主体之债的基本意义是区分这两类债的简单与复杂程度。单数主体之债中债权人与债务人关系简单明了，债务人一人清偿债务，债权人即实现债权，债权与债务在相对人之间归于消灭。复数主体之债中债权人或者债务人一方或双方均为多数人，因此较单数主体之债复杂。复数主体之债中的主体间的权利义务要发生对外、对内两方面的特殊效力：①对外效力，主要体现在各多数债权人如何对各多数债务人行使债权或各多数债务人如何对各多数债权人履行义务；②对内效力，主要体现在多数债权人内部之间或多数债务人内部之间的关系。另外，复数主体之债，是以同一给付为标的的债的关系，因此还须考虑给付是否可分，因给付是否可分，其多数主体之间的对内、对外效力也不尽相同。本书将复数主体之债另设一节专门论述。

第二十九章

三、实物之债、货币之债、利息之债、劳务之债、损害赔偿之债

根据债的客体，即债的给付标的的不同，债可以是给付实物、给付货币、给付利息、给付劳务、给付损害赔偿金等，由此可将债分为实物之债、货币之债、利息之债、劳务之债、损害赔偿之债等。

（一）实物之债

实物之债是指给付的标的系实物的债。实物是指车、房屋、家具等有体物。实物之债又根据在债成立时给付的标的是否特定为准，分为特定物之债与种类物之债。

1. 特定物之债。

（1）特定物之债的概念。特定物之债是以特定物为给付标的的债。例如，甲请求乙拍卖行给付梵·高的名画《向日葵》，这是具体的特定给付。

（2）特定物之债与特定给付不同。特定给付是广义的概念，可包括给付特定物，特定行为，特定权利。特定物之债是特定给付之一种，仅指给付特定物而言，是狭义的特定给付。

（3）特定物之债的特征。①由于给付的是特定物，所以，债之履行，不能用其他物替代，只能交付特定物。②特定物之债中，如果给付标的物灭失，则发生给付不能，如果灭失因债务人原因引起，债务人负赔偿责任。如果因债务人以外原因引起，债务人免给付义务。③给付物特定后，债务人原则上不得再以同种类之他物，代替特定化给付。

2. 种类物之债。

（1）种类物之债的概念。种类物之债是以种类物为标的的债，也称不特定物之债。种类物之债在债发生时，给付的标的物尚未确定，只有在交付时才能确定。

（2）种类物之债与种类给付不同。种类物之债，债的标的以"物"为限。种类给付者，可以是物、权利或劳务，可见，种类给付的内容广于种类物之债。

（3）种类物之债的特点。①种类物之债原则上不发生给付不能的问题。②种类物之债履行前，须将标的物特定化，其特定化的方法通常是：债务人交付种类物的必要行为完结或者债务人对种类物特定化的方法经债权人同意。

3. 区分特定物之债与种类物之债的意义。特定物之债和种类物之债划分的意义主要是两类债之效力不同。其具体表现为：①债的关系终止后，两债对标的物返还要求不同。由于特定物具有独立特征，是不能以其他物代替的物，所以以特定物为标的物的债，债务人在履行债务时，只能交付该特定物，不能以其他物代替。②两债因标的物灭失引起的风险负担不同。如果在交付前，特定物非由债务人的原因意外灭失，债务人免负给付义务。种类物之债不存在此问题，即使种类物在给付前非由债务人的原因意外灭失，也不能免责，可用同种类的物履行。所以，通常也称种类物之债为"永不灭失之债"。③当事人对特定物所有权移转的时间可以作出约定。一般情况下，无论是以特定物或以种类物为标的的合同，标的物移转的时间都以交付为准，但当事人可以作出约定，特定物之债在合同成立时物之所有权即可发生转移，也可依法定。种类物之债，交付前未特定化，只能以物的交付作为所有权移转时间。

实物之债在履行不能时，可转化为货币之债，由债务人以货币代替实物给付。

（二）货币之债

以货币为给付标的的债，为货币之债，也称为金钱之债。货币之债是特殊的种类之债，原则上仅发生履行迟延的事实，不发生给付不能的问题。货币之债中，以特定的货币为给付标的的债，为特定货币之债。该债系当事人非以通用货币的给付为目的，惟以有一定货

币形体之物之给付为目的的，即以货币为特定物而成立的债。[1]特定货币之债的产生及效力以特定物之债为原则。

货币可以是本国货币，也可以是外国货币。货币之债的履行方法是：债务人将约定的金额交付债权人，或者将约定金额汇往债权人的账户。为了保障债权人不因货币贬值而受到损害，双方可以协商将保值条款订立在契约中。

（三）利息之债

利息之债是以给付利息为标的的债。利息之债具有附从性，必须以原本债权的存在为前提，是原本债权的收益，无原本债权无所谓利息。原本债权不成立或被撤销或因其他原因消灭时，利息之债也不再存在。原本债权须被所有人以外的人利用后，才产生利息，如果是原本债权所有人自己利用，则仅为收益，而非利息。原本债权一般是金钱或者是物，利息为债务人所支付的物，其为何物在所不问。利息的支付，可为定期支付，也可一次给付。

利息可分为约定利息和法定利息。约定利息可因单方行为或合同产生。法定利息是依法律的规定直接产生的利息，如迟延利息。

（四）劳务之债

劳务之债是以提供劳务为给付的债。演出、雇佣、修理等服务合同都是以提供劳务为给付的债。劳务之债具有人身的特点，故债务人应当亲自履行其债务。当债务人拒绝履行时，该劳务之债不得强制履行，只能通过损害赔偿予以救济。

（五）损害赔偿之债

对造成的损害给付赔偿的债为损害赔偿之债。损害赔偿之债是民法中最常见的债。因侵权行为、不当得利、不适法的无因管理、缔约过失、合同的不履行或不完全履行造成的损害等，都会产生损害赔偿之债。

损害赔偿之债的成立，首先须有损害，包括财产或人身的损害。但是有了损害并不一定能要求赔偿，还要有使他人负赔偿义务的条件。这需要根据不同的事实确定。例如，侵权行为的损害赔偿要求具备四个要件：损害事实、违法行为、因果关系、过错；合同不履行的损害赔偿要求具备三个要件：违约行为、损害、因果关系。

损害赔偿的方法为恢复原状和金钱赔偿。

四、简单之债与选择之债

根据债的标的（给付）是否可由当事人选择为标准，债可分为简单之债与选择之债。

（一）简单之债

1. 简单之债的概念。简单之债也称不可选择之债或单纯之债，是指债的标的在成立时只有一宗给付，当事人只能按该种标的履行，没有选择余地的债。

2. 简单之债的特点。债成立之时，仅有一种给付，当事人对履行给付无选择权。

（二）选择之债

1. 选择之债的概念。选择之债是指在债成立之初存在数宗给付，当事人须在数宗给付中选择其一作为债之标的的债。这里的"数宗给付"，可以是数个标的物、数个行为、数种给付手段或者数种履行期、履行地、履行方式等。选择之债在日常生活中很多，如从北京到上海的火车有卧铺、硬座、软卧，乘客可选择其中之一。选择之债的要件如下：一是须

---

[1]　史尚宽：《债法总论》，中国政法大学出版社 2000 年版，第 247 页。

有数宗给付；二是在数宗给付中选择其中之一以为给付。

2. 选择之债的发生。选择之债的发生原因有二：约定产生；法律直接规定产生。无论是约定或法定产生的选择之债，一般同时约定或法律直接规定选择权由谁行使。

3. 选择权的行使。选择权为形成权，因一方的意思表示，可引起法律关系的变动，因此，要在数宗给付中选择其一，选择权的行使很重要，这是将选择之债变为简单之债的方法。由于一旦在数宗给付中选择了某种给付，就要履行，因此选择权的行使在当事人没有特别约定或法律无明确规定时，原则上由债务人行使，因为选择与债的履行有关，而债的履行主要由债务人的给付行为完成，因此选择权应归属于债务人，目的是便于履行。当然，当事人也可作出约定或者法律另行规定由其他人选择（如规定由债权人或第三人行使）。

选择权的行使以意思表示为之，书面、口头均可，当事人一方行使选择权时，应向他方当事人以意思表示为之，民法对于意思表示的规定，适用于选择权的行使，如果是由于错误、欺诈、胁迫等而为的选择，可使该选择无效或可撤销。

4. 选择之债的特定。数个给付中确定其一为给付的，为选择之债的特定。特定的方法通常为两种方式：①选择。选择是由选择权人向对方做出选定一种特定给付的意思表示，一旦在数宗给付中选择其一，选择之债特定化。②给付不能。给付不能作为选择之债的特定化方式是指因给付不能，使原为两种可能性给付仅剩下一种可能性给付时，该无选择性给付为选择之债的特定给付。应注意的是：如果原来是三种可能性给付，一个给付不能，仍存两个给付，此为选择范围缩小，仍成立选择之债。只有数宗给付因给付不能仅存在一个时，才能称之为因给付不能而特定，变为单纯之债。

5. 给付不能与选择之债特定化效力的关系。给付不能有自始不能和嗣后不能。自始不能，不成立选择之债。嗣后不能，债务人在其余的给付中继续选择，当仅剩下一宗给付时，该宗给付能特定为简单之债的条件如下：①该嗣后不能是由于不可归责于双方当事人的事由造成的，如地震使原有给付标的仅剩一种。②该嗣后不能是因有选择权人的事由造成时，选择之债特定化。

如果给付不能是由于无选择权人的过失造成的，不产生选择之债特定化，而产生如下效力：①如果选择权人为债务人，因债权人的原因导致的给付不能，债务人免给付义务。②如果选择权人是债权人，因债务人的原因导致的给付不能，债权人可选择剩余给付，或请求赔偿损失。

简单之债与选择之债区分的主要意义是：债的给付有选择与简单之分，简单之债适用债的一般规定，选择之债因有多种给付，故须行使选择权使标的特定化后，使之成为简单之债。

（三）选择之债与类似概念比较

1. 选择之债与任意之债。所谓任意之债，是指债权人或债务人可以用原定给付之外的其他给付来代替原定给付的债。例如，旅游合同的原给付为去颐和园，由于某些原因颐和园当日不开放，经合同当事人双方协商同意，改去长城。这是原定给付不能时，采代用给付履行。这种用来代替原给付的代用给付称之为任意之债。

代替给付的人，应有代替权。代替权由合同约定或法律规定。例如，合同约定，如果某物不能给付，则以金钱给付代替。代替权属于债务人时，尽管债务人可用别的给付代替他种给付，但如果债务人不想代替，债权人无权请求代替，只能请求原给付；代替权属于债权人时，债权人如果不请求用其他给付代替原给付时，债务人也无权用其他给付代替，只能以原给付履行。

从任意之债的特点可以看出，选择之债与任意之债不同：任意之债是一宗给付，如果原始给付不能，债不成立。如果嗣后给付不能非由债务人原因引起，债即消灭，如果给付不能由债务人原因引起，债务人可以用他种给付代替原给付，或赔偿损失。简单之债，仅有一宗给付，既无选择余地，也不存在代用给付的问题。一旦发生履行不能，债的关系消灭，如果是债务人原因发生给付不能，债的关系解除，发生损害赔偿。而选择之债是数宗给付，当事人可行使选择权，如果所选的给付发生给付不能，在其余的给付中再选，最后没有选定或者给付不能，均不能用其他给付代替原给付。

2. 选择之债与种类物之债。①种类物之债是以种类物为标的的债；选择之债是在数宗给付中以择一给付为标的的债。②种类物之债的给付物，须为同种类物；选择之债的数宗给付可以是不同种类的给付。③种类物之债履行时，不存在选择权的行使，须将标的物特定化。而选择之债的履行须经选择，否则给付不特定。选择之债可因给付不能而特定，而种类物之债原则上不发生给付不能的问题。

五、继续之债与非继续之债

根据给付的时间性分类，债可分为继续之债和非继续之债。

（一）继续之债

继续之债是给付有时间的继续的债。房屋租金的给付、定期工资的给付、存款利息的给付，以及连续供货合同、继续性劳务的给付等，均为继续给付。

（二）非继续之债

非继续之债也称一时给付，是一次行为即可完成的给付。如一次性结清的现金行为即为非继续之债。

区分继续之债与非继续之债的主要意义是，当事人所受的拘束的时间长短不同，信赖利益也相对不同。继续性债务关系中，当事人受到的约束通常是长期的，有时时间甚至不确定。因此，继续性债务关系经常以特殊的信赖关系为先决条件，如果因一次或几次的过失没有按时履行义务，客户就会转向竞争对手。某种情况下，保持信赖基础，也是为了维护继续性债务关系。

六、主债与从债

根据债的相互关系，债可以分为主债和从债。主债是能够独立存在的债，从债是从属于主债效力的债。借款合同与保证合同就是主债与从债的关系。

区分主债与从债的意义在于：主债与从债既具有从属性也具有相对独立性。从属性表现为，从债以主债的存在作为其存在的前提。没有主债，就没有从债；主债消灭，从债也随之消灭。相对独立性体现在：从债虽然效力上从属于主债，但若主债无效，从债并不当然无效。主债移转，从债并不当然随之移转。从债的相对性须法律有特别规定。

七、法定之债与自然之债

根据债是否依法受强制执行力保护，债可分为法定之债与自然之债。

法定之债是受诉权保护、具有强制实现力的债。与法定之债相对应的概念是自然之债，自然之债是当事人之间存在给付与可请求给付的相互关系，当事人可自愿履行，但不受强制执行力保护的债。如经抗辩后超过诉讼时效期限的债、超过法定申请执行期限的债、基于婚姻居间产生的债等。

自然之债与法定之债的区别在于，法定之债是根据法律规定的原因产生的债，因此在效力上受诉权保护，具有强制实现力。自然之债产生的原因不是法律上能够引起强制义务的原因，而是因法律之外的原因产生，如因社会义务、道德义务、宗教义务产生或者因法定义务贬降为自然债务，债权人虽然可请求债务人履行债务，但由于缺乏法律上能够引起强制义务的正当原因，债权人的债权不受法律强制力保护。

自然之债尽管无强制履行力，但是在债务人自愿履行后，不得再以不当得利请求返还，债权人享有保有受领权。因此自然之债与法定之债相比较，是效力不完全的债，这也是把自然之债归类于民法债编体系中的关键之处。

■第四节　复数主体之债

一、概说

（一）复数主体之债的意义

债的关系，以其主体人数为标准，可分为单数主体之债与复数主体之债。以同一给付为标的的债的关系，债权人与债务人均为一人者，称之为单数主体之债。债权人与债务人一方或双方为数人者，称之为复数主体之债。因债权人或债务人为多数人，根据债权人为复数或债务人为复数的标准，又可分为多数债权人之债与多数债务人之债。复数主体之债在债的权利义务关系上比单数主体之债复杂，因此有专门论述之必要。

对于复数主体之债，各国民法规定不同，我国《民法通则》仅规定了按份之债和连带之债，对于按份之债与连带之债的标的是否可分在法律中只字未提，这容易使人产生误解，认为按份之债与连带之债与给付的可分与不可分无关。例如，以卡车为给付标的时，如果法律无其他规定，就会使人认为它也可以成为按份之债的标的。观察大陆法系主要国家的民法典，可以发现，多数国家没有按份之债的规定，而直接规定可分之债，因为当债的给付可分时，债权就按份受领，债务也按份分担，故可分之债与我国《民法通则》规定的按份之债实质上是一样的。如果给付不可分，多数人之间就准用连带之债的规定。由此，上述国家的立法，在可分之债后，接着规定连带之债与不可分之债。

我国《民法通则》债权部分的立法者也许是这样考虑的：既然按份之债与可分之债相同，我们直接规定按份之债即可，就像其他国家直接规定可分之债一样。其实这里有一个逻辑偏差，即按份之债的标的首先是可分给付，只有在给付可分的前提下，债权才能按份受领，债务才能按份负担。换言之，可以不规定按份之债，但应规定可分之债，或者在规定按份之债的同时，对按份之债的标的的可分特性予以说明。

有观点认为，我国立法受苏联民法典的影响，因为苏联民法典也未规定可分之债，而仅规定了按份之债与连带之债。但该观点却没有注意俄罗斯民法典在规定按份之债与连带之债时对两者关系的说明。实际上，无论是苏联的《苏俄民法典》（1964 年），还是现行的《俄罗斯联邦民法典》（1994 年）都规定，对于复数主体之债，首先必须以按份之债为前提，只有在债的客体不能分以及法律或合同规定应适用连带之债时，才不适用按份之债（1964 年《苏俄民法典》第 180 条，1994 年《俄罗斯联邦民法典》第 321、322 条）。因此，这些法典强调的是，复数主体之债以债的标的能分的按份之债为原则。而我国《民法通则》在第 86 条关于按份之债的规定中，并没有与苏联民法典相类似的规定，在法律规定中只字未提标的的可分与不可分。因此，不能认为，我们的立法与《苏俄民法典》规定类似。只能认为，我们的立法在规定上有欠缺考虑的地方。

正是因为在复数主体之债中，连带之债与按份之债是可分之债可能发生的两种效力，而对于不可分之债，只能发生连带之债的效力，不能发生按份之债的效力，因此，为了全面揭示复数主体之债的特点，除了应掌握《民法通则》规定的按份之债与连带之债以外，还应依民法学理论将大陆法系国家普遍规定的可分之债与不可分之债也归入复数主体之债的体系中，以深入理解按份之债与连带之债的功能。此外，在吸收相关司法解释和《侵权责任法》的成功经验的基础上，我国《民法总则》第 177、178 条依据过失大小和原因力的标准，对按份之债和连带之债的具体适用进行了规定，可谓一大进步。

（二）复数主体之债的类型

依据债法原理，复数主体之债，可分为下列形态：

1. 可分之债。可分之债是以同一可分给付为标的，其债权可分享或其债务可分担的多数人之债。所谓可分给付，是指债的整体给付可以分成数个独立的给付并且不损害其性质和价值。可分之债由可分债权或可分债务构成，其中，数个债权人分享同一可分给付的债权，称为可分债权；数个债务人分担同一可分给付的债务，称为可分债务。可分之债的多数债权人间或多数债务人间的债权债务关系，效力独立，彼此互不牵连。

2. 连带之债。连带之债是以同一给付为目的，由数个债权或数个债务构成的效力彼此牵连的多数人之债。连带之债有连带债权与连带债务之别，当债权人为数人时，各债权人对享有的同一债权可请求各债务人全部给付；当债务人为数人时，各债务人对所负的同一债务负有向各债权人全部给付的义务，并且债的关系因一次全部给付而归于消灭。

3. 不可分之债。不可分之债是以同一不可分给付为标的，其数个债权或数个债务间的效力准用连带之债的多数人之债。不可分之债由数个不可分债权或数个不可分债务构成，因给付不可分，享有同一债权的多数债权人，必须请求债务人向其全部给付；负有同一债务的多数债务人，必须共同履行债务。在法律无特别规定时，不可分之债可准用连带之债的规定。

二、可分之债

（一）可分之债的意义

可分之债是以同一可分给付为标的，其债权可分享或其债务可分担的多数人之债。可分之债分为可分债权与可分债务：债权人为数人时，数个债权人分享同一可分给付的债权，为可分债权；债务人为数人时，数个债务人分担同一可分给付的债务，为可分债务。

须注意的是，可分之债以可分给付为标的，但可分给付未必一定为可分之债，连带之债也可以是可分给付，但连带之债通常由法律规定或当事人另有约定时适用。在法律没有规定或当事人无特别约定时，复数主体之债以可分之债为原则，这是自罗马法以来大陆法系的立法传统，除非法律有规定或当事人有明确约定，否则不能推定为连带之债。

（二）可分之债的特点

1. 须以同一可分给付为债的标的。这是与不可分之债的区别所在。

2. 债权人或债务人须为多数人。这是债权与债务得以分享或分担的前提。

3. 债权与债务由各债权人或各债务人分享与分担。这是与连带之债的本质区别。

（三）可分之债的效力

1. 分受债权分担债务。由于给付可分，债权人或债务人是按份分受债权或按份分担债务。

2. 给付各自独立。债务人就自己应负担部分履行债务，债权人就自己可受领部分主张债权。

由此可见，可分之债的另一面即发生按份之债的效力。这也是为什么有的国家（如德国、法国、日本、瑞士等）和我国台湾地区的"民法"仅规定可分之债，而未规定按份之债，或者如同《俄罗斯联邦民法典》仅规定了按份之债，并指出按份之债标的的可分性的原因。可分给付一旦被分解，被分解的债权债务关系效力便各自独立，实际上构成各自独立的数个债之关系，并不是典型的多数人之债。

我国立法未规定可分之债，仅规定了按份之债，故需从按份之债的角度分析其特点。

（四）按份之债

1. 按份之债的概念。按份之债是以同一可分给付为标的，债的多数主体各自按照确定的份额分享债权或分担债务的债。按份之债与可分之债无本质区别，仅是分类标准与研究角度不同。按份之债是从债的多数主体间的权利义务的效力方面研究债的关系，因是按份享有权利负担义务，效力不及于整个债的关系，所以与连带之债相对。而可分之债与不可分之债相对，是以债的标的是否可分为区分标准的。

我国《民法通则》第 86 条规定：“债权人为二人以上的，按照确定的份额分享权利。债务人为二人以上的，按照确定的份额分担义务。”这里的确定的份额，就是复数主体在全部债中所占有的比例。其中，每个债权人就自己的份额享有的请求和接受清偿的权利，称为按份债权；每个债务人就自己应负担的债务份额负清偿的义务，称为按份债务。《民法总则》第 177 条则对按份之债的承担方式进行了明确的规定：“二人以上依法承担按份责任，能够确定责任大小的，各自承担相应的责任；难以确定责任大小的，平均承担责任。”

2. 按份之债的特点。按份之债中各按份债权人的权利和按份债务人的义务的效力是独立的，效力不涉及其他债权人与债务人。各债权人只能就其享有的那部分债权份额有权请求债务人履行，或接受债务人的给付，而无权接受超过其债权份额的给付。债务人也只就自己所负担的债务份额向债权人清偿，对其他债务人的按份债务不负清偿义务。因此，各个债权人或各个债务人的行为仅对自己的那一份债权或债务发生效力，而不对整个的债权债务关系发生效力。

尽管按份之债中的各债权人或各债务人的权利与义务是独立的权利与义务，但彼此之间并非全无关系。首先，按份之债通常是基于同一个原因或是相关联的事实所发生的多数人之债，故按份之债的发生是基于共同的法律行为引起的，如甲、乙、丙三人以 900 元与丁订立购买 60 箱苹果的合同。在双务合同中，债权人在一个债务人未给付时，可以对其他给付的债务人行使同时履行抗辩权。其次，如果按份之债发生争议，全体债权人或全体债务人须作为共同诉讼人起诉或被诉。此外，基于共同原因产生的按份之债，如果一个人提出解除合同，该解除的效力对其他人也有效。可见，按份之债主体之间并非都是独立的关系，彼此之间的结合关联，正是在债权人或债务人为多数人时才可发生。

德国、法国、日本等国家的民法，以及我国台湾地区的“民法”中对按份之债均无规定，而仅规定可分之债。如前所述，这些国家的民法以及我国台湾地区的“民法”规定的可分之债与我国《民法通则》《民法总则》规定的按份之债实质相同，只是研究角度不同。

3. 按份之债的成立要件。

（1）以同一可分给付为债的标的。按份之债虽然是由数人的共同法律行为引起，但是债的标的须可分，即基于同一个原因发生的联合之债的整体给付可以分为数个给付，每个人就自己的那部分给付享有权利或分担债务。如果给付性质上不可分，则不能成立按份之债。但是不可分给付可变为可分给付。例如，房子在给付前毁损，实物给付已经不可能时，不可分给付可变为损害赔偿。

（2）债权人或债务人必须是多数人。这是按份享有债权与按份承担债务的必要条件。

（3）债权分享或债务负担的份额自债的关系成立时确定。

4. 按份之债的效力。

（1）按份之债的对外效力：各按份债权或各按份债务，效力各自独立。对于按份债权而言，每个债权人仅对自己所享有的债权份额有权请求债务人清偿，而无权请求债务人向自己履行全部债务。接受超过自己债权份额的给付，构成不当得利。对于按份债务而言，每个债务人仅对自己所负的债务份额向债权人履行债务，对其他债务人应负的债务份额没有清偿义务。因某一债权人或债务人所为而发生的事项，如给付迟延、受领迟延、给付不能或其他关于履行的过失，对其他债权人或债务人不产生影响。某一债权人或债务人的免除债务、提存、无效、撤销和抵销，对其他债权人也不产生影响，效力仅及于该人。因此，可以说，按份之债是数个独立的债的关系的联合。

（2）按份之债的对内效力：除当事人另有约定或法律另有规定外，多数债权人之间或多数债务人之间的债权债务以平均分享、平均分担为原则。

三、连带之债

（一）连带之债的概念

连带之债是以同一给付为目的，由数个债权或数个债务构成的效力彼此牵连的多数人之债。连带之债分两种：连带债权与连带债务。在连带之债中，数个债权人中的任何一个债权人，对其享有的同一债权均有权请求各债务人向其履行全部债务，因一人的全部给付使各债权全部消灭的债权，称为连带债权；数个债务人中的任何一个债务人，对所负的同一债务均有向各债权人负全部给付的义务，因一人的全部给付使各债务全部消灭的债务，称为连带债务。《民法通则》第87条规定："债权人或者债务人一方人数为二人以上的，依照法律的规定或者当事人的约定，享有连带权利的每个债权人，都有权要求债务人履行义务；负有连带义务的每个债务人，都负有清偿全部债务的义务，履行了义务的人，有权要求其他负有连带义务的人偿付他应当承担的份额。"《民法总则》第178条规定："二人以上依法承担连带责任的，权利人有权请求部分或者全部连带责任人承担责任。连带责任人的责任份额根据各自责任大小确定；难以确定责任大小的，平均承担责任。实际承担责任超过自己责任份额的连带责任人，有权向其他连带责任人追偿。连带责任，由法律规定或者当事人约定。"

连带债权在实践中作用不大，甚至有时有一定弊端，因为多数债权人中的一个债权人可以独立地请求全部给付，而债务人也可向任何一个连带债权人为全部给付，如果接受全部给付的债权人不诚实或者缺少资金，将债务人的全部给付用光，则其他债权人的求偿权可能无法实现。所以，连带债权对于债权人而言并非有利。实践中，连带债权发生不多。当然，从意思自治原则出发，当事人可以自己作出选择，法律无干涉之必要。在实务中，为使债权人的权利不会因为某一个债务人不具清偿能力而不能实现，债权人可以向连带债务人中最具清偿能力者请求给付。当今法律的规定以及当事人的约定多以连带债务为中心，针对连带债权的规定或约定则相对简单。

（二）连带之债的特点

1. 债的主体一方或双方须为数人。连带之债须有多数债务人或债权人，此为主体间连带关系得以发生的条件。

2. 连带之债以数个独立的债务或数个独立的债权存在为前提。正是因为在连带之债中每个债务人都有自己应给付的债务，才会有各债权人可请求任何一个债务人为全部给付的可能性。

3. 连带之债的给付目的（利益）须同一。同一目的，在连带之债的表述上，就是各债权人"享有的同一债权"和各债务人"所负的同一债务"。这里的"同一",并非是给付内容同一或给付原因同一,而是目的同一。可能给付内容不同一,例如,某房屋建成后,发现建筑工程有瑕疵,该瑕疵一方面是建筑商有过失,需要负瑕疵修补义务;另一方面建筑师在设计上也有过失,须负金钱赔偿义务。那么,建筑商和建筑设计师对这一瑕疵是否应负连带债务?虽然是以两种不同的方式赔付,但都以实现债权人的同一给付利益为目的,构成连带债务。尽管连带之债的发生通常情况下是因为同一原因,如共同实施同一侵权或共同契约,但不以此为必要,也可能给付原因不同一,但也成立连带之债。例如,我国《侵权责任法》第11条规定:"二人以上分别实施侵权行为造成同一损害,每个人的侵权行为都足以造成全部损害的,行为人承担连带责任。"尽管连带之债中各债务的给付内容或给付原因可能不同,但是各个债务的目的是共同的,即确保债权人权利的实现和使债权利益得到满足。因为目的(利益)同一,所以,一个人履行全部给付而使债权实现、达到目的时,其他债务人的债务也就可因一人的全部履行而消灭,至于债务人之间其后的内部求偿与债权人就没有关系了。这也是为什么在连带之债中一人的行为会对他债权人或他债务人产生效力的原因。

4. 各债权人可独立向各债务人请求全部给付,各债务人须负全部给付义务。连带之债规定的目的是确保债权的实现,正是为了此共同利益的满足,创设了便于债权行使的手段。连带之债的债权人,可按其选择,对债务人中的一人或数人或全体,同时或先后请求一部或全部履行。债务人也负有一部或全部履行的义务。

5. 因一人的全部给付,使各债权或债务全部消灭。各债务因共同目的互相结合,因债务人一人的履行而使债权目的的达到时,其他债务则因失去存在的理由而消灭。

从连带之债的上述特点可以看出,连带之债与按份之债不同:按份之债的债权人间的债权与债务人间的债务效力彼此独立,没有牵连关系。如果按份债务人之一履行的债务超过自己的份额部分,只认为是对债务人以外的第三人清偿,债权人超额受领的部分,除非他具有代为其他债权人受领的代理人资格,否则多受领的部分为不当得利,应返还给债务人。而连带之债的多数债权人之间的债权或者多数债务人之间的债务在效力上互相牵连。如果一个债务人为全部给付,效力及于其他债务人,其他债务人免除给付义务,一个债权人如果全部受领,其他债权人的权利则同归消灭。这是连带之债与按份之债的本质区别。

(三)连带之债的产生

连带之债的产生不外乎两种情况:当事人约定和法律规定。

1. 当事人在合同中明示约定负连带债务。默示不能成立连带之债。因为连带债务中,各债务人均有义务履行全部债务,对于债务人责任较重,因此,除非有法律规定或当事人明示约定,不得为债务人设定连带债务。如果无法律明确规定,当事人又无约定,则应推定债务人负按份债务。

2. 法律规定连带之债。法律规定的连带之债,在我国的民事立法里主要有:个人合伙对合伙的债务的连带债务、代理关系中的四种连带债务、共同侵权行为人负担的连带债务、保证人间的连带债务等。

(四)连带之债的效力

连带之债的效力分为对外效力和对内效力。

1. 连带之债的对外效力。连带之债的对外效力是指多数债务人与多数债权人之间的效力关系,其表现为:

(1)给付请求。各连带债权人可向任何一个债务人请求全部或部分给付,一个债权人受领了全部债务，其他债权人的债权也消灭。同样，各债务人也有履行全部债务的义务，被请求的债务人不能以债务已超过自己应负担的份额为由拒绝给付，连带债务可因债务人中的一人、数人或全体债务人的全部给付而消灭。在连带债务未全部履行前，全体债务人仍负其责任。

（2）总括效力与个别效力。连带债务中各债务人的债务既为各个独立的债务，然而又因一个共同目的而相互结合，连带债务人一人与债权人之间所生事项，对其他债务人而言有总括（绝对）效力和个别（相对）效力之分。

总括效力，是债的目的因一个债务人所生事项而达到时，对其他债务人均产生绝对效力，即其他债务人的债务也因失其目的产生相同效力。产生绝对效力的事由为：债务履行，全部或部分清偿，提存、债权人迟延，时效中断等，我国《最高人民法院关于审理民事案件适用诉讼时效制度若干问题的规定》第 17 条第 2 款规定："对于连带债务人中的一人发生诉讼时效中断效力的事由，应当认定对其他连带债务人也发生诉讼时效中断的效力。"

个别效力，是连带债务人中一人所生事项，仅就该债务人一人生效，对其他债务人不生效力，因此也称相对效力。产生相对效力的事由主要是：债权人无消灭其他连带债务的意思，仅对连带债务人之一的告知、债务的免除、抵销、混同以及连带债务人之一的给付过失、给付迟延、给付不能等。

2. 连带之债的对内效力。连带之债的对内效力体现为连带债权人之间或连带债务人之间的法律关系。连带之债的对内关系是：

（1）求偿权。《民法通则》第 87 条规定，"履行了义务的人，有权要求其他负有连带义务的人偿付他应当承担的份额"。此为求偿权的规定。所谓求偿权，是指因清偿了他人应负担的债务而给付财产的人，可向他人请求偿还的权利。例如，连带债务人中的一人因清偿债务超出了自己应负担的份额，可以请求其他债务人按各自承担的份额偿还。

（2）份额分担。《民法通则》第 86 条规定，"债权人为二人以上的，按照确定的份额分享权利。债务人为二人以上的，按照确定的份额分担义务"。若有约定或法律规定，"按照确定的份额分担义务"。若无，则推定为平均分担。

《德国民法典》第 426 条第 2 款规定："如果连带债务人中一人对债权人清偿，并且可以从其他债务人处要求分担时，债权人对其他债务人的债权即移转于该债务人。上述移转不利于债权人的，不得主张。"

一人将债务全部履行后，在求偿时，连带债务人之一无偿还能力或者死亡，对于该债务人不能偿还的分担数额，其他债务人应按各自负担部分的比例负担，这称为求偿权的扩张。[1]

（五）连带债务与不真正连带债务

1. 不真正连带债务的概念。不真正连带债务中，数债务人对债权人，亦负同一给付，亦因其一债务人的清偿而使得债的关系消灭。但不真正连带债务人之间并无主体牵连关系，其共负债务因偶然原因发生。如甲偷乙车，行驶中被丙酒后肇事撞毁，甲丙负不真正连带债务。

不真正连带债务与连带债务相类似：债务人为多数；给付为同一；各债务人各负全部给付义务；因一人的全部给付而全体债务消灭。但两者为不同性质的债务。

---

〔1〕　郑玉波：《民法债编总论》，中国政法大学出版社 2004 年版，第 404～405 页。

2. 连带债务与不真正连带债务的区别。

（1）发生原因不同。连带债务是基于数债务人的共同行为发生；不真正连带债务因数债务人各自行为发生。

（2）目的不同。连带债务中的数个债务有共同目的，因此债务人之间发生主观的关联；不真正连带债务人之间不存在共同目的，只是由于客观原因成立同一给付，各债务人之间无主观的关联。

（3）各债务人之间有无内部效力关系不同。连带债务人之间因共同目的成立债，债务人之间当然有求偿关系和债务分担；不真正连带债务因偶然原因发生，各债务人之间无内部关系，也无求偿关系，即使有之，也与连带之债的内部效力关系性质不同。

四、不可分之债

1. 不可分之债的意义。不可分之债是以同一不可分给付为债的标的的多数人之债。其中，以同一不可分给付为标的的债权，为不可分债权；以同一不可分给付为标的的债务，为不可分债务。例如，两人共同完成一个定作物，该定作物是服装、艺术品或家具，这里的给付在性质上不可分割，为不可分给付。数个继承人继承共同遗产时，在遗产分割前，对于被继承人的债务，为不可分之债，须共同负担。

在不可分之债中，给付不可分，原则上适用连带之债的规定。各债权人仅得请求债务人全体为给付，各债务人亦仅得向债权人全体为给付，因此不存在部分给付的问题。

2. 不可分之债与连带之债的区别。不可分之债在形式上与连带债务相同，但两者性质上有差异，其主要表现在以下方面：

（1）连带债务的债权人除了可以向债务人请求全部给付外，还可向债务人请求部分给付。不可分之债的债权人不能请求部分履行，只能请求全部履行。

（2）不可分之债因债的标的不可分，决定了债务人须履行全部给付。但债务人之间没有连带关系，因此，不可分之债中不存在类似连带之债中的关于一债务人债务的免除、抵销、清偿等对他债务人的效力问题。

（3）不可分之债因一个债务人全部给付使债归于消灭后，受领的债权人或给付的债务人是否在内部产生求偿权，要看债产生的性质。例如，因夫妻共有产生的不可分之债，就不发生求偿权的问题，因为夫妻共同共有没有份额，有份额时按比例分担。

3. 不可分之债的效力。不可分之债由于给付不可分，在立法例上，准用连带之债的规范。

划分可分之债与不可分之债的主要意义在于不可分之债不允许部分履行，可分之债可以分割履行，从而维护物的整体利益。同时说明债的多数主体之间在不可分之债情形下，不能存在按份之债，只能为连带之债。

需要指出的是，不可分之债虽然适用连带之债的规定，但两者性质上不能等同。不可分之债中，仅是因为标的不能分，债务人负全部给付的义务或者债权人有权请求全部给付。而连带之债，是从债权人和债务人的关系上规定的，其给付或可分或不可分，各个债务人均负连带债务。

债的一般效力

基于前述债的发生原因，根据债法规范，在特定的当事人之间产生合意之债或法定之债。具体到每一个债的关系的当事人而言，债权人根据债权请求权得向债务人请求给付，债务人应债权人的请求得为给付义务，而债权人有权受领、保有该给付。如果给付顺利完成，债权得到满足，债的目的实现，债的关系随之消灭，这是理想的债之目的实现方式。然而给付如果出现障碍，债权人权利的实现则受到威胁或者不能实现。此时债权人或向债务人再次提出继续给付的请求，或者借助于公权力请求司法机关的裁判，判令债务人给付，通过强制执行以最终达到实现债权的目的。债权人的上述权利和义务人应履行的给付义务，以及不履行义务应负担的结果是根据什么产生的呢？这是本章"债的效力"所回答的问题。

■第一节　债的效力概述

一、债的效力之意义

（一）债的效力概念

所谓法律效力，是指法律上的力。力为一种作用，有其作用的方向和内容。法律上的力，是法律以权威的力量赋予法律关系的当事人某种作用力。该作用力对于权利人而言，即权利人有权请求义务人做什么；对于义务人而言，即义务人有义务做什么的程度和范围。而且这种作用力具有延展性，如果义务人未履行义务，法律继续为权利人提供救济空间，此时义务人须承担不履行义务的后果。可见，债之法律效力是当债的法律关系成立后，为了规范当事人的行为，保障债的实现，由法律对构成债的关系内容的权利和义务赋予的强制性作用力和保障力。

目前学者对债的效力有不同的解释，有的认为，债的效力是债的关系从其发生时起，就具有的约束力；[1]有的认为，债的效力系债的关系成立后，为实现其内容，法律上所赋予的效果，包括债的履行与不履行的效果；[2]也有的认为，债的效力从广义上讲是实现给付或填补其给付利益之作用，包括债之履行及债务不履行之效果；从狭义上讲，则单指债务不履行之效果。[3]

各国民法对债的效力的规定，名称略有不同。《法国民法典》称其为"债的效果"；《德国民法典》称其为"债的关系的内容"；《日本民法典》称其为"债权的效力"；《瑞士民法典》称其为"债的效力"；我国《民法通则》把债的效力规定在"债权"和"民事责任"中。我国《民法总则》第118条规定："民事主体依法享有债权。债权是因合同、侵权

---

〔1〕《中国大百科全书·法学》，中国大百科全书出版社1984年版，第721～722页。

〔2〕黄立：《民法债编总论》，中国政法大学出版社2002年版，第426页。

〔3〕史尚宽：《债法总论》，中国政法大学出版社2000年版，第327页。

行为、无因管理、不当得利以及法律的其他规定，权利人请求特定义务人为或者不为一定行为的权利。"如果观察大陆法系各国民法债编关于债的效力的内容以及关于债的效力的理论的规定，可以发现，上述那些不同的观点都包括了债的效力的内容，只是研究债的效力的角度不同，其本质是一致的，即当债的关系成立后，如何以法律保障债的关系的实现。

（二）债的效力之本质

债的效力是债法规范本身内在的、应具有的效力，是债法功能的必需，体现了债法的作用，法律规定债的效力的目的，简而言之，是以法律的强制力维护正常的交易秩序。我国《民法通则》将债的效力规定为债的履行和不履行；《合同法》第四章"合同的履行"和第七章"违约责任"分别规定了合同的效力。

（三）债的效力与债的拘束力

债的效力与债的拘束力不能等同。债的拘束力，是指债发生后，当事人即受债法的约束，除非有法律允许解除的原因，否则不能自行脱离该约束。比如，双方订了合同后，要受合同约束，任何一方不经他方同意，不能擅自变更、撤销或解除合同。拘束力强调法律关系成立后受约束，而未强调权利义务的问题。

债的效力强调的是债成立且效力（权利义务）发生后，如何行使权利和履行义务，以最终实现债的目的问题。债的关系成立了，拘束力产生，但未必同时发生效力。例如，附停止条件的合同成立了，任何一方不能擅自解约，即具有约束力；而合同的效力，还要等条件成就时才能发生。

（四）债的效力与债的效果

债的效力与债的效果也不同：效力应从动态上理解，具有某种发展性空间的想象力；而效果为静态的概念，仅为结果上的效力。例如，动产交付、不动产登记产生物权变动的效果，这是实际的效果。债的效力包括权利与义务的发生、发展、演变、运动的过程，效果是运动发展后的结果。但是，效果又是效力中的部分内容，例如，债的效力包括债的履行和不履行的效果。这里的效果仅仅是债的效力的组成部分。效力与效果，为"应然"与"实然"的关系。

二、债的效力体系

民法理论上，债的效力可以分为：一般效力与特殊效力，对内效力与对外效力，积极效力与消极效力。

（一）一般效力和特殊效力

1. 债的一般效力。债的一般效力又称普通效力，是所有债均具有、适用的共同效力，包括债权人应有的权利和债务人应履行的义务，以及债务人不履行义务时的责任。

2. 债的特殊效力。债的特殊效力是指法律针对不同债的发生原因对个别债的效力的规定。债法将特别效力均规定在该债的具体规范中。例如，特殊侵权行为之债的效力，合同之债中的违约金的支付、定金罚则，双务合同的同时履行抗辩权、不安抗辩权等均为特殊效力。

（二）对内效力和对外效力

债的对内效力与对外效力是对债的一般效力的再分类。

1. 债的对内效力。债的对内效力是指债在债权人与债务人之间的效力，包括对债权人效力和对债务人效力两方面的内容。对债权人的效力也称为债权效力，是指债的关系发生后，法律赋予债权人的一系列权利。债权人有权请求债务人履行债务，并受领债务的履行，当债务人不履行债务，或者第三人侵害债权时，债权人有权依诉讼程序请求对债权强制保护，即强制债务人履行债务，并强制排除第三人对债权的侵害，使债权得以实现。对债务人的效力也称债务效力，是指债务人应当按照债的内容全面、适当地履行给付义务，以及不为给付时应负担的责任。

2. 债的对外效力。债的对外效力是债权对第三人的效力。债权人债权的实现要靠债务人的给付，如果债务人不能履行义务，债权则不能实现。为使债权实现有保证和保障，民法规定了债的担保和保全，因债的担保与保全均涉及债权人与债务人之外的第三人，故称债的对外效力。

（三）积极效力和消极效力

1. 债的积极效力。债的积极效力系指债权的效力。如债权人依债的关系具有给付请求权，给付受领权，债的执行请求权，债的保全权等。

2. 债的消极效力。债的消极效力主要指债务的效力。如债务人须依债权人的请求给付标的物，给付价款，不履行给付时，须承担不履行给付义务的后果等。

（四）债的效力的演变

债法发展至今，债之效力已有相当发展变化，其变化表现为：

1. 债之效力由过去及于债务人的人身到现在只及于债务人的财产。古代的债法注重债务人的人身责任，当债务人不履行债务时，债务人可成为债权人支配的客体。例如，沦为债权人的奴隶、允许债权人出卖，甚至规定，可以用债务人的妻子、儿女抵债。到了封建社会，虽然各国法律逐渐禁止对债务人及其家属的人身进行奴役的私力救济手段，却代之以公力手段对债务人的人身予以强制。例如，设立债务人监狱，用来关押不履行债务的人。中国的封建社会的法律规定，债务人不履行债务，须承担刑事责任。

现代各国民法均废止了对债务人人身强制的规定，债的担保仅限于债务人的财产或第三人的财产。这一变化是人格平等法律思想确立的结果。

2. 债的效力的范围逐渐扩张。债权是相对权，不具有涉及第三人的效力。但随着商品经济社会的发展，债之效力涉及第三人的情况出现。例如，为第三人利益订立的保险合同产生，债的保全和担保制度出现，不法侵害债权理论创立等。另外，根据诚实信用原则，债务人对与债权人有特殊关系的人负有照顾、保护的义务。例如，雇佣合同、租赁合同、买卖合同都涉及债权人的家属、家中的客人、共同居住者等，如果债务人违反了保护义务，受损害的第三人也可请求赔偿。但应注意的是，随着社会发展，债的效力范围虽涉及第三人，但并非改变债的相对性特征，第三人并未成为债的主体，债的主体仍是债权人与债务人，仅是这一债的关系效力会涉及第三人。

3. 债的效力内容的扩张（附随义务的出现）。按照传统的民法理论，债的内容，即当事人的权利和义务，以法律明文规定或当事人的明确约定为限，规定或约定外的，对当事人没有约束力。但随着诚实信用原则的确立和该原则在实践中的运用，理论和判例上产生了"附随义务"的概念。附随义务是指法律没有规定，当事人也没有明确约定，但为了维护当事人的利益，并且按照社会上一般的交易观念，当事人应当负担的义务。例如，若所出借的图书被传染病患者接触过，出借人应将此情况告知借阅人；出卖易碎物品应妥为包装。附随义务的出现，使债的效力的内容扩张到当事人之间事先不确定的权利义务范围。

总之，债的效力随着社会的演进、发展而有所发展变化，而这些变化都是为了使交易手段更文明，交易更有秩序，更有利于保护当事人的合法利益。

第三十章

■第二节　债权的效力

债权的效力是法律赋予债权人一方行使债权各权能的作用力。这一作用力的内容是：赋予债权人有请求债务人为给付的权利，当债务人不履行给付时，法律并不主动采取行动，而是由债权人自行决定权利的行使，这里的自行决定，指债权人依债法可以自力救济，也可公力救济。如果债权人诉请履行，法律为其提供实现该权利的力量和制度，必要时债权人也可以自力实现其债权。惟应注意的是，这里所指债权系完全债权。

一、完全债权（普通债权）的效力

债权分完全债权与不完全债权。所谓完全债权，是涵盖债权一切可能权能的债权；所谓不完全债权，是欠缺债权某一权能的债权。一个完全的债权，法律赋予其以下效力：

（一）债权请求权效力

债权请求权效力是指债权人得依债权向债务人请求给付的权利，以及当债务人不履行债务时，债权人可向法院诉请履行的权利。基于债的关系首先产生债权，而后产生请求权，请求权是为了债权的实现所延伸出来的关于债权的行使或保护的权利。由于债权的行使或保护在实务上往往要借助于公权力，特别是通过司法机关的裁判与强制执行实现，因此，请求权经常飘忽在实体法与程序法之间。我们可以把基于债权产生的请求权效力分为债权的原权性请求权效力和债权的救济性请求权效力。

1. 债权的原权性请求权效力。该效力表现为债权人的给付请求权。我国《民法通则》第84条第2款规定："债权人有权要求债务人按照合同的约定或者依照法律的规定履行义务。"第87条规定，享有连带权利的每个债权人，都有权要求债务人履行义务。此即债权人给付请求权的规范基础。我国《民法总则》第118条规定："民事主体依法享有债权。债权是因合同、侵权行为、无因管理、不当得利以及法律的其他规定，权利人请求特定义务人为或者不为一定行为的权利。"

债权人向债务人提出给付请求权，可发生如下效力：①使未确定期间的债权发生期间确定的效力；②成为认定债务人迟延的时间基准；③发生诉讼时效中断的效力。

2. 债权的救济性请求权效力。当债务人不履行义务使债权受损害时，债权人可自力救济或借助于公权力救济受损害的债权，此即债权作为救济性请求权效力的发生。

自力救济，也称"债权的私力实现力"，是债权人不依诉讼、判决及强制执行即可实现自己债权的途径。例如，为保护债权，在法律允许的范围内，暂时对他人财产予以留置；在双方当事人互负债务时，采用抵销的方式实现债权等都是较为常见的私力实现债权的方式。

公力救济，也称"债权的执行力"，是债权人在债务人不履行债务时，有权请求法院依强制执行程序对债务人强制执行之义。

救济性请求权的内容表现为：补正给付请求权、损害赔偿请求权和强制执行请求权。当债务人不履行其给付时，债权人可请求债务人补正给付。当补正给付不能使受损的债权得以恢复时，债权人就该损害有赔偿请求权。在债务人不履行补正给付或赔偿损失的义务时，便发生强制执行请求权，债权人可向法院提出给付之诉，并根据给付之诉获得的胜诉判决，通过执行程序实现给付的效力。执行的方法和程序表现在民事诉讼法上。因此，救济性请求权效力，可表现为"私力实现力"或"债权的执行力"。超过诉讼时效已经抗辩的债权可排除债权请求力。

（二）债权的给付利益受领权效力

给付利益受领权效力指债权人依此效力得受领债务人履行的债务。该给付利益受领权的合法性体现在债履行的任何阶段。例如，债履行期限届至，债务人依债清偿时，债权人有权受领债务人的给付。债务人不履行债务而发生损害赔偿给付时，债权人有权受领该给付。债务诉讼时效期间届满，债务人自愿给付时，债权人有权受领。

债权人的给付受领权是债权的主要效力，如日本学者我妻荣先生所言："受领债务人给付才是债权在法律上的本来目的，对债务人的请求只不过是这一权能的作用罢了。"[1]

（三）债权的受领利益保有权效力

债权人对依债权取得的给付利益具有永久保持力，该保持力称之为债权的保有权效力。债权保有权效力的原因是有"合法依据"的债权存在，故债务的受领有法律上的合法依据，对受领的给付结果有保持的权利。债务人履行后，不得依"不当得利"请求返还。

（四）债权处分权效力

债权的处分权效力指债权人可依据其意愿决定其债权命运的权利。该处分权具体表现为债权人具有债务免除权、债权让与权、债权设质权、债权抛弃权、债权选择权等。

（五）债权保全权效力

债权的保全权效力是债权人为了确保其债权获得清偿，依法取得的防止债务人责任财产减少的权利，保全权包括债权人的代位权和债权人的撤销权。

债权除了具有上述效力以外，就契约之债而言，债权人还有契约之债的解除权。解除权发生的原因是，当债的履行出现给付障碍，如给付迟延、给付不能、不完全给付以及债务人行为以外的原因或者其他违反诚实信用原则的情况，债权人可依单方意思表示，使债自始消灭。

一个完全的债权均具有上述效力。如果债权人的债权不具有或者缺乏上述某一效力时，这样的债权，学说上称为不完全债权或称债权效力的排除或阻却。

二、债权效力的排除

如果出现下述情况之一，将排除债权的某一效力，即法律不赋予该债权应有的法律效力。

1. 诉讼时效届满抗辩权发生的债权。罹于诉讼时效抗辩权发生的债权欠缺债权执行力，此种债权虽然还有请求力，但由于债务人可以拒绝给付，故债权请求力已经减损，很难依诉讼的方式强制实现，这种债权实质上已经成为被排除请求力的债权，债权不完全。如果债权的请求力失去被保护的功能，等于债权的强制执行力也被排除。但是由于债权本身还存在，所以，债权人还有受领权、处分权和保全权。

2. 债权人受领迟延的债权。债权人受领迟延的债权发生债权请求力减损的效力。所谓债权人受领迟延，应包括以下几点：

（1）债务人的给付须是经债权人的受领才能完成的债务，无须债权人受领或其他协助履行的，并不发生受领迟延的问题。

（2）债务已到清偿期，债务人提出给付或已实际给付。例如，债务人已做好给付的一切准备并告知债权人受领，或者债务人按照债的给付时间、地点和内容实际给付。

（3）债权人应当受领并且能够受领但不受领，或者不能受领。不受领，就是拒绝受领；

---

〔1〕　〔日〕我妻荣：《新订债权总论》，王燚译，中国法制出版社2008年版，第5页。

不能受领，是由于某种客观的原因。例如，自然的原因，无法协助履行。债权人受领迟延时，使债权的效力发生减损，债权人须承担受领迟延的法律后果，具体而言，就是减轻债务人的责任。如果因债权人受领迟延致履行不能，债务人免除履行义务并对造成的损失有权请求债权人赔偿。通常情况下债的履行要求债务人履行很高的注意义务，在债权人受领迟延时，减轻了债务人的注意义务，债务人仅就故意和重大过失负其责任。例如，债务人因债权人受领迟延受到损失，应当及时采取措施防止损失的扩大；没有及时采取措施致使损失扩大的，无权就扩大的损失要求赔偿。[1]

3. 婚姻行为不得请求强制履行。当事人之间原来有婚约，之后不履行该婚约，一方当事人不可基于婚约提起诉请履行的诉讼。同居行为也如是。婚姻行为与同居行为是建立在双方自愿基础之上的行为，故排除请求力、强制执行力的适用。

4. 自然债务。自然债务是没有强制实现力的债，因此法律上的保护效力全无，法律对自然债务任其自生自灭，如赌债、媒婆报酬等。如果当事人之间自愿履行，不能以债务不存在为理由，请求返还。

5. 当事人约定不得让与的债权。如果债权人与债务人约定债权不得让与时，债权处分权效力受限制。

■第三节　债务的效力

债的效力尽管包括债权人和债务人两方面的效力，但由于债权的实现主要取决于债务人的给付，因此，债务的效力是债之效力的核心内容。债务的效力是法律要求债务人依诚实信用原则，按照法律规定或当事人间的约定全面、适当地履行义务，使债的目的得以实现。如果债务人不履行或不适当履行，须承担责任。

民法对债务效力的规定是围绕着满足债权这一目标来设计的。债务履行，则债权满足；债务不履行，则债务人须承担不履行后果。因此，债务的效力体现为两方面：一是给付义务（债的履行）；二是违反给付义务须承担的后果。债务的效力就是以给付为核心的义务群和给付违反的后果。

一、给付义务

（一）给付的意义

"给付"是债法中的特定用语，它有两个含义：一是作为名词，指债的标的，即债务人履行债务的特定行为（作为与不作为）；二是作为动词，与债的履行同义，给付也可指债的清偿。如果是双务合同，就是双方互为给付。这里指第二种意义的给付，即债的履行。

给付与交付意义有别，尽管交付是给付的一项内容，如交付物、交付金钱，也是履行义务的部分内容，但是，给付的意义要广泛得多，如支付价金、提供劳务、完成工作、演出、作画、运输、上门安装、不泄露公司商业秘密等，所有的都为给付。交付仅仅是作为，不作为不是交付，而且交付仅指物从一方移转于他方的意思，内容比给付的内容窄。

（二）给付义务的分类

债的关系产生后，债务人的给付义务在理论上可以分为几种类型，这些义务是基于诚实信用原则，为实现债，由近而远、渐次发生的义务。一般来讲，给付义务可以分为：

---

[1]《民法通则》第114条。

1. 主给付义务与从给付义务。主给付义务是债的关系固有、必备并决定债的关系类型的基本义务。例如，买卖合同中卖方有给付标的物、移转标的物所有权的义务，买方有支付价金、受领标的物的义务，这是买卖合同的主给付义务；租赁合同中的主给付义务是给付租赁物和给付租金的义务；无因管理之债的管理人有权请求支付管理费，被管理人有给付管理费的义务；侵权行为之债的损害赔偿义务等。就双务合同而言，主给付义务构成对待给付。

从给付义务是主给付义务之外，辅助主给付义务的义务，它并不决定债的关系的类型，但债权人可就从给付义务独立诉请履行。从给付义务有的是法律明文规定的，有的是当事人约定的，有的是基于诚实信用原则应履行的。如无因管理发生后，管理人有报告的义务；房屋的出卖人有向买受人移交房屋登记文件的义务；家用电器出售后，有交付出售物的发票、保修卡的义务。

2. 原给付义务与次给付义务。无论是主给付义务还是从给付义务，在理论上都可再分为原给付义务与次给付义务。原给付义务也称第一次义务，即债原本存在的主给付义务和从给付义务。

次给付义务，也称第二次义务，是当原给付义务在履行过程中，因特定事由演变而产生的义务。例如，原给付义务发生给付不能、给付迟延或者不当给付时，会产生损害赔偿的义务；或者合同解除时产生的恢复原状的义务。这些义务相对于原给付义务而言，都是在原给付义务的履行过程中发生了某些特定事由演变而生的义务。故相对于原给付义务而言，是次给付义务。

3. 附随义务。

（1）附随义务的概念。附随义务是民法债的理论中一个新的内容，目前学者们对附随义务的理解还有一些差异，但对附随义务的基本认识还是一致的，即它是在债的关系发生发展过程中，依据诚实信用原则，根据债的性质、目的和交易习惯产生的作为与不作为义务，或者说是附随于主从给付义务的补充性义务。

（2）附随义务的种类。附随义务是在债的关系的发展过程中发生的各种义务，根据义务产生的时间不同，可以表现为先契约义务，或表现为债的履行过程中的附随义务或者后契约义务。具体为照顾义务、通知义务、保护义务、协助义务、保密义务、注意义务、告知义务等。例如，卖方在交付标的物前，须对标的物负保管义务；出售物时，须告知买方关于此物的使用、安装、保养、注意事项以及对出售物进行包装的义务；对买票的旅客有义务告知车次、发车时间、到站时间等，这些都为附随义务。

（3）附随义务的特点。附随义务相比约定义务，其最大特点是平衡当事人之间、当事人与社会之间的利益关系。其具体表现为：①具有利益全面调节功能。原有的主从义务是在合同成立后至履行前对当事人利益的协调，而附随义务可以发生在合同成立之前和合同履行后，对债的关系的当事人利益关系的调节更加严密和细腻。②附随义务是单向义务，不具有对等性，在承担附随义务的同时，不享有相应的附随权利，即不能请求支付报酬。例如，免费包装、免费通知、免费保管。③内容不确定。附随义务是随着债的发展，从维护当事人利益的需要出发而逐步确定的义务。有的时候，在债成立之初，该义务并未发生，到履行或者履行完毕时，当事人才提出须履行保密义务等。④地位具有"附随性"。附随义务衍生或附随于法定和约定义务中，容易被忽视。总之，附随义务的功能是促进主给付义务的实现，使债权人的给付利益获得最大可能的满足，维护他方当事人的人身和财产利益。但其先天的"内容不确定性"和地位的"附随性"也使得违反附随义务的责任不明确。

（4）附随义务与主给付义务的区别：①主给付义务依债的类型自始确定，附随义务随着债的发展而确定。②主给付义务不履行，债权人有权解除合同，附随义务不履行，不能解除合同。③主给付义务如果有对待给付，可发生同时履行抗辩，附随义务是单向义务。

（5）附随义务与从给付义务的区别。附随义务与从给付义务的区别往往不易确定。一般可以这样区分：从给付义务在债的关系中属于债务，而附随义务原则上不以债务称之，而是为了更顺利地履行债务，避免因债务人的过失而给债权人的人身和财产带来损害而附随于债务的义务。由于地位的"附随性"，而且也不是以"给付"为内容，所以附随义务不独立，债权人不能以诉的方式请求债务人遵守。而从给付义务是独立的义务，并以"给付"为内容，从给付义务不履行，债权人可以通过诉讼的方式请求债务人履行。

总之，附随义务与给付义务有依从关系。给付义务的功能在于实现债权，而附随义务的存在目的是确保给付义务能够圆满获得实现，最终是协助或者确保债权的实现。

4. 前契约义务与后契约义务。

（1）前契约义务。前契约义务是指在契约成立前，当事人在订立契约中发生的各种义务。例如，告知、说明、保密、保护等其他义务，这些义务是缔约过程中对订立契约的他方当事人的保护义务，称前契约义务。违反前契约义务，构成缔约过失责任。例如，我国《合同法》第42条规定："当事人在订立合同过程中有下列情形之一，给对方造成损失的，应当承担损害赔偿责任：①假借订立合同，恶意进行磋商；②故意隐瞒与订立合同有关的重要事实或者提供虚假情况；③有其他违背诚实信用原则的行为。"第43条规定："当事人在订立合同过程中知悉的商业秘密，无论合同是否成立，不得泄露或者不正当地使用。泄露或者不正当地使用该商业秘密给对方造成损失的，应当承担损害赔偿责任。"这些就是对前契约义务的要求。

（2）后契约义务。后契约义务是指契约消灭后，当事人应负的某种义务。比如，服务合同消灭后，有的合同需要主人签字，签字的义务是后契约义务；受雇人离职后请求雇主开具证明书，受雇人于离职后不得泄露雇主营业秘密的义务，都属后契约义务。前契约义务和后契约义务也可以以附随义务出现。

债的关系，除了上述债务人的给付义务以外，还有所谓的不真正义务。不真正义务不是债务人的给付义务，严格而言，不属给付义务的分类体系。但该义务与给付义务的履行有密切关系，故在此研究。

5. 不真正义务。不真正义务，俗称假义务，此非债务人的义务，而是债权人对自己权利的照顾义务，如果债权人没有履行这些义务，会使自己的债权效力减损或丧失，因此，这种义务也称为债权人的权利性义务或称对己义务。如乘车人明知驾车人为无照驾驶，还乘其车，出车祸发生损害，驾车人可以减轻赔偿额，受害人须忍受减免赔偿额的不利益。买受人对于物的瑕疵怠于检查和通知，被保险人怠于向保险人报告保险事故等，都可使债权效力减损或丧失，此为债权人须承受的不利益。从另一方面说，由于债权人有过错，债务人的赔偿义务减轻或者消失，这样债务人的义务成为"不真正义务"。

从上述义务的不同类型可知，随着债的准备开始到产生、发展、履行以及消灭的不同阶段，形成了庞大的义务网络，所有这些义务都源自债的关系，权利义务的发生、发展都由债的目的所主导。债的履行就好像一部计划书，告知我们每一步应该做什么。如果全面、正确、适当地履行义务，大量的义务和附随义务便完成了使命，履行的目的实现。

除了上述给付义务以外，债的效力内容还包括债务人的选择权与抗辩权。债务人的选择权是债务人为了履行义务的便利，在给出的数宗给付中选择其一作为实际履行内容的权利。债务人的抗辩权是双务合同的债务人针对债权人的给付请求提出的阻止请求权效力的权利，包括同时履行抗辩权和不安抗辩权。应注意的是，双务合同之债的债务人同时也是其相对人的债权人，故这里所称的债务人的抗辩权是针对双务合同之债的双方当事人而言的。

二、依诚信原则正确履行给付义务

订约的目的是履行，至于如何正确履行，各国民法及学说都提出了债的履行原则。例如，诚实信用原则、全面适当履行原则、经济合理原则、协作履行原则、情势变更原则等。应该说，债的履行最根本的原则是诚实信用原则，其他一些原则是诚实信用原则的表现形式。

诚实信用原则在债的履行上的适用，具体表现在：

1. 全面适当履行原则。履行主体、履行标的、履行地点、履行期限、履行方式等应正确（参见本书"合同的履行"部分）。

2. 协作履行原则。债务人履行债务，债权人应适当受领，为债的履行创造必要的条件。如提供协作履行所需的技能和必要的专业知识。债务人因故不能完全履行时，债权人应采取措施，防止损失扩大。

3. 经济合理原则。债务人履行债务时，在履行方式、选用设备、选择材料、仓储、保管方面，应体现经济合理，以最小的成本，取得最佳利益。

4. 情势变更原则。合同依法成立之后、终止之前，如果由于不可归责于双方当事人的原因，发生了当事人订立合同时无法预见的情势变更事实，使履行原合同的基础改变或丧失，若继续维持合同原有效力则显失公平或使合同目的落空，合同当事人得请求人民法院变更或解除合同。

总之，诚实信用原则表现在债的履行的多方面，属于强行法规范，不允许当事人以约定排除其适用。合同约定条款违背诚实信用原则的，应为无效。当事人履行合同违背诚实信用原则，使对方受到损害的，应承担损害赔偿责任。

债的实现核心为债务人履行义务，如果背离了原来的履行计划，则出现给付义务违反，也称为债务不履行或不适当履行。由于债务履行出现障碍，债的关系发生变化，使债走上了另一条道路，或者解除合同，或者承担损害赔偿责任，这种变化称之为债不履行的后果。这是债务效力的另一方面，既是对债务人的一种约束，也是法律以强制力给债权人的救济空间。因此，债的效力，除了债务人的给付义务以外，还包括给付义务违反后的效力。

三、给付义务的违反及其效力

债务与债权为同一法律关系的两面。债权与物权不同，债权不能因债的关系成立而自动实现，只能等待债务人履行债务才能获得满足。如果债务人不自觉、不适当履行，则是对给付义务的违反。债权人在必要时得请求公力救济，在取得胜诉给付判决后，申请强制执行，以实现债权。

给付义务违反的效力，也称债务不履行的后果，这一后果是不履行原给付义务而生的延伸义务，也是第二次义务。第二次义务经常体现为债务人应负担的责任。这一责任体现为强制履行及损害赔偿。"就责任的形态而论，履行强制属于程序意义下之责任，而损害赔偿责任则属于债务不履行时，在原来债务上增加的实体意义下的责任。"[1]

---

〔1〕　黄茂荣：《债法总论》（一），中国政法大学出版社 2003 年版，第 63 页。

第三十章

债务与责任，均基于债的关系产生，均为债的效力。但是，债务与责任不同。债务是应为特定给付义务；而责任是强制实现此项义务的手段，是不履行义务应承担的后果，是对债权的保护，责任往往通过外力的强制手段实现。有责任的债务，才有完整债务的效力。因此，债务与责任相伴而生、如影相随，债务发生时，责任随之而至。只是在通常情况下，责任未必都实现。

（一）给付义务的违反

给付义务的违反，也称债务的不履行，是指债务人未依债务的本来目的，不按照应为给付的时间、地点和适当的方法向债权人或债权人指定的人或其他法定的应受领给付的人履行债务。当一项债务没有及时得到履行，而且也没有适用以其他物代替清偿的方法，即给付出现障碍。给付障碍的表现形式是：给付不能、给付迟延、拒绝给付和不当给付，包括瑕疵给付和加害给付。其中，给付不能、给付迟延、给付拒绝为消极侵害债权；瑕疵给付、加害给付为积极侵害债权。

民法债法总论中关于债务不履行的规定，为一般规定。除了合同以外，也适用于无因管理、不当得利、侵权行为等法定之债。例如，拾得遗失物成立无因管理；但因过失导致遗失物毁损时，无因管理人应负债务不履行的责任。再如，迟延返还不当得利时，负迟延责任等。

不履行债务的行为有多种形态，不同的形态，效力不同，以下分别研究之。

（二）违反给付义务的样态

1. 给付不能。

（1）给付不能的意义。给付不能也称履行不能，是指债务人不能实现债务中所确定的给付的内容。如物灭失或毁损导致的给付不能；物本身存在，但该物被法律确定为禁止流通或限制流通的物；演员生病不能演出；画家手臂骨折不能作画等原因都使原给付义务不能履行。

应注意的是，给付不能不能仅从物理学和逻辑学意义上认定，还应从社会观念和法律意义上认定。如某珠宝商卖出一枚戒指，而这枚戒指在交付过程中坠入一条河中，由于这枚戒指仍然存在，因此在理论上是可以交付的。但是为了完成这种给付所需付出的代价过于巨大，人们就将之称为事实给付不能或实际给付不能。[1]

第八编

有的情况下，当债务人声称自己不能给付时，债权人未必知道其真正的原因，比如，某人借了他人的一本藏书（绝版），然后想自己保留不还。通常给付不能时，仅产生损害赔偿的后果，这对于债权人而言并不公平，利益损失很大（即使赔偿几倍价格，损失也不能弥补）。德国判例采取的方式可资借鉴：当债权人对债务人的给付不能持有怀疑时，可以诉请强制履行。判决后，债权人可以执行债务人的财产，如果执行时找不到所负担的标的物，债务人必须作出宣誓保证，保证自己不占有该物，并且也不知物在何处。如果对这种保证的正确性还产生疑问，债权人可以依照刑法告发债务人，由警察机关和检察机关审查债务人主张的正确性，在不存在疑义时，再请求赔偿。[2]

给付不能不包括种类之债，债务人永远要对自己的不履行负责，除非作为种类之债的所有这类标的物都灭失。金钱之债原则上不发生给付不能，仅发生给付迟延的问题，债务人永远不能因资金短缺而免责，履行困难也不能成为不履行的理由。

---

〔1〕　〔德〕罗伯特·霍恩等：《德国民商法导论》，楚建译，中国大百科全书出版社 1996 年版，第 104 页。

〔2〕　〔德〕迪特尔·梅迪库斯：《德国债法总论》，杜景林、卢谌译，法律出版社 2004 年版，第 281~282 页。

（2）给付不能的形式：对给付不能进行分类并赋予其不同的法律效力，由德国民法债法学说所创。该理论为我国台湾地区现行"民法"所采纳，大陆的民法理论也深受其影响，在债法理论中，多以"给付不能"作为确定给付义务违反的出发点。需要指出的是：2002年1月1日生效的德国《债法现代化法》对《德国民法典》进行了涉及200多个条款的修改，其中包括对原《德国民法典》第306条"以不能的给付为合同标的的合同无效"这一规定的废除，代之以"将所有的给付障碍形态都归结到违反义务这个更高一级的上位范畴中，据此，债权人享有损害赔偿请求权的基本要件是债务人违反由债务关系产生的义务，并对违反义务的行为承担责任。至于债务人究竟违反了哪一种类的义务，是主义务、附随义务、给付义务还是保护义务，或者究竟发生了哪一种类的给付障碍，是债务人根本不给付、不及时给付还是履行的给付完全不同于所负担的给付，都不重要"[1]。由于德国民法典对给付障碍法的重大修订，并且不问各类给付不能的情形，将所有的给付障碍都归结为违反义务，故我国有观点认为，债法总论研究给付不能的各种类型已无意义。应该看到，尽管2002年新版《德国民法典》放弃了对给付不能类型化的规定，但仍保留了给付不能的概念[2]，并且"新文本《德国民法典》第275条涵盖了一切情形的给付不能"[3]。同时将"客观履行不能与主观履行不能，嗣后履行不能与自始履行不能及可归责不能与不可归责不能置于同样的位置"[4]。鉴于此，本书认为，德国新债法并未取消给付不能，其改革是在原给付障碍法的基础上进行的，而且要了解现代债法无论其为何种履行不能，均不影响合同的效力，债务人应负违约责任的新理念，仍需知道履行不能的各类情形。同时传统民法理论也仍保留各类给付不能的学说，故对给付不能的各种类型的分析是有意义的，否则，不能深入理解德国民法学创立的给付不能的意义及其变化特点。

第一，客观不能与主观不能。客观不能，指在现存的条件下对任何人而言都不能完成该给付，如出租已烧毁的房屋。主观不能，是因债务人个人的事由不能实现给付，如债务人腿骨折，致使与他人订立运送货物的合同不能实现。

第二，自始不能和嗣后不能。自始不能和嗣后不能区分的界限以债成立之时为标准，在债的关系成立之前给付不能的情况就已存在，为自始不能；在债的关系成立后才发生的给付不能，为嗣后不能。自始不能仅对合同才可能存在，法定之债不存在自始不能的问题。自始不能，可分为自始主观不能和自始客观不能。嗣后不能，也可分为嗣后主观不能与嗣后客观不能。

第三，全部不能和部分不能。全部不能，指法律行为的内容全部不能实现。部分不能，是法律行为的内容有部分可以实现，对于可以实现的部分应有效。我国《民法总则》第156条规定："民事法律行为部分无效，不影响其他部分的效力的，其他部分仍然有效。"此为部分不能的规定。

第四，永久不能和一时不能。永久不能，是不能实现的情况，永久持续，也称确定的继续不能，如债务人不仅在给付期限内不能给付而且在逾期后仍不能给付。一时不能，是现在不能，但具备给付可能的希望，如因一时的障碍不能给付，待障碍排除后仍可给付。

---

〔1〕　参见杜景林、卢谌编著：《德国债法改革——〈德国民法典〉最新进展》，法律出版社2003年版，第38~39页。

〔2〕　《德国民法典》第275条。

〔3〕　杜景林、卢谌编著：《德国债法改革——〈德国民法典〉最新进展》，法律出版社2003年版，第32页。

〔4〕　朱岩编译：《德国新债法——条文及官方解释》，法律出版社2003年版，第39页。

　　第五，事实不能和法律不能。事实不能也称自然不能，指给付依自然状况、自然规律不能履行，例如，洪水冲毁铁路，导致运送合同不能履行。法律不能，是基于法律规定的给付不能，例如，给付的标的物被法律禁止流通，即为法律不能。

　　第六，可归责的给付不能和不可归责的给付不能。因可归责于当事人一方的事由导致的给付不能为可归责的给付不能，如因债务人的过失或者因债权人的受领迟延使债不能履行。因不可归责于当事人一方的事由产生的给付不能为不可归责的给付不能，例如，因不可抗力使债务人不能履行债务。

　　（3）给付不能的效力。在债的履行上，给付不能是个复杂的问题，虽然均为给付不能，但其效力在法律上有区别。

　　修改前的《德国民法典》第306条规定，以不能的给付为合同标的的，合同无效。

　　对于给付本身是可能的，但由于债务人自身的原因无法履行的主观自始给付不能，合同有效，债权人因债务人不履行受到的损失，可请求积极利益的损害赔偿。

　　对于嗣后给付不能的情况，不论是客观或是主观嗣后不能，以给付不能的原因是否可归责于债务人区分两种情况：如果是不可归责于债务人的给付不能，对于特定之债，免除债务人的给付义务；如果是种类之债，债务人仍应负担给付义务。如果是可归责于债务人的嗣后给付不能的情况，债务人应赔偿因不履行而产生的损失（原《德国民法典》第275、280条）。

　　如果履行不能是由第三人的行为造成的，债务人对第三人有损害赔偿请求权。债权人对债务人从第三人处得到的赔偿有代偿请求权。债权人在取得代偿价值的范围内，损害赔偿的赔偿数额因之缩减，但是，如果代偿利益的价值不足补偿因给付不能给债权人造成的损失，则债权人仍可就不足的部分向债务人提出损害赔偿请求权（原《德国民法典》第281条）。

　　在部分不能的情况下，如果继续给付该部分不符合债权人的利益，债权人可以拒绝全部给付，并对全部债务的不履行要求赔偿损失。

　　原《德国民法典》上述关于给付不能的效力，是适用于任何债务关系的一般性规定，故放在债法第一章规定。但对于合同之债中的双务合同而言，除了适用上述一般性规定以外，还涉及双务合同的对待给付的效力问题，双务合同的嗣后给付不能被分为三种情况并赋予不同的效力：①因不可归责于双方当事人的事由导致的给付不能，免除债务人的给付义务，债务人也丧失对待给付的请求权。②因可归责于债务人的事由导致的给付不能。原则上债权人可向债务人请求赔偿因不履行造成的损失或者债权人可解除合同。而且债权人在对方履行义务不能时，有权拒绝其相应的履行要求（同时履行抗辩权）。③因可归责于债权人的事由导致的给付不能，免除债务人的给付义务，同时债务人保留对债权人的对待给付请求权。

　　原《德国民法典》对给付不能的类型及其效力的规定，对大陆法系债法理论产生了重要影响。我国台湾地区的"民法"及其债法理论基本继受了德国民法的理论。我国《合同法》虽然没有明确规定以给付不能为标的的合同无效，但在对《民法通则》第55条关于法律行为的要件解释中，都将"标的可能"作为法律行为发生效力的要件之一。[1]表明理论学说对"自始不能，法律行为无效"持肯认态度。而对于合同订立之后发生嗣后给付不能

---

〔1〕　张俊浩主编：《民法学原理》（上册），中国政法大学出版社2000年版，第250～251页。

的情形，根据有无可归责于债务人的事由确定给付不能的效力：因不可归责于债务人的事由导致的给付不能，可免除给付义务。例如，根据《合同法》第 117 条的规定，因不可抗力不能履行合同，根据不可抗力的影响，部分或全部免除责任。如果履行不能是由第三人的行为造成的，债务人应当向债权人承担违约责任，然后债务人对第三人有损害赔偿请求权。因可归责于债务人的事由导致的给付不能，债权人可请求赔偿损失。如果是部分不能，债权人仅能请求部分不能的损失赔偿，其他部分仍应受领。除非继续受领对债权人已经无利益时，债权人可拒绝受领，请求全部赔偿损失，或者可解除合同，并对造成的损失后果请求赔偿（《合同法》第 72、94、97 条）。如果因可归责于双方的事由导致给付不能，依《合同法》第 120 条、《民法通则》第 113 条的规定，各自承担相应的责任。

须指出的是，在今天，人们普遍认为，原《德国民法典》中的给付障碍法对自始客观不能无效的规定是失败的。判例认定债务人已就自己约定的给付的可履行性承担了担保，在此种情形，合同以有效论，债务人负责赔偿积极利益。[1] 从新近的合同立法趋势可以看出，《联合国国际货物销售合同公约》已放弃履行不能的类型化，而赋予同一的法律效果，即无论何种履行不能，均不影响合同的效力，债务人应负违约责任。2002 年 1 月 1 日生效的德国《债法现代化法》对原《德国民法典》中的给付障碍法作了重大修改，取消了原民法典中第 306 条的以自始给付不能为标的的合同无效的规定。在 2002 年新版《德国民法典》第 275 条关于给付不能的规定中涵盖了一切情形的给付不能。[2] 并在新法第 280 条中以债务人违反债务为中心，确立了债权人的损害赔偿请求权。以该条为基础建立的赔偿损失制度，不但适用于单务的债务关系也适用于双务的债务关系，不但适用于合同之债也同样适用于法定之债。这一制度中的请求权的成立始终以违反义务为前提。[3] 德国债法改革的成果将对中国债法理论的研究有启发和借鉴作用。

2. 给付迟延。

（1）给付迟延的概念。给付迟延也叫作迟延履行或者债务人迟延，是指由于债务人的原因，债务人对已到清偿期的债务，能履行而未按期履行的情形，此为时间上的不当给付。

（2）给付迟延的构成要件。①根据有效的债务关系，有给付义务的存在。②给付已到清偿期。给付有确定期限的，债务人自期限届满之日起，负迟延给付的责任。未确定期限或者期限不明的给付，债权人可随时请求履行，但须给债务人必要的准备时间，此期间届满，经债权人请求并催告，债务人仍不履行，则为履行迟延。③给付须可能。这是与给付不能的区别。如果在迟延后发生给付不能，按给付不能处理。④迟延履行是由可归责于债务人的事由而没有履行，如果非因其故意或过失，可作为免责理由，但应由债务人举证证明，由法院依具体情况判定。在有特殊原因不能按期履行时，应通知债权人，能通知而不通知的，仍应负迟延履行的责任。

（3）给付迟延的效力。①债权人可诉请法院强制债务人履行债务，继续履行。②迟延赔偿，除了给付外，还要赔偿因迟延给债权人造成的损害。③替补赔偿，由于给付迟延，继续履行对债权人已经无意义，债权人可拒绝继续履行，请求赔偿因迟延履行造成的损失。④责任扩大。在迟延期间因不可抗力造成标的物毁损，债务人应承担履行不能的责任，不得以不可抗力主张免责。⑤支付迟延利息。在迟延期间涨价的，按原价履行，降价的按新

〔1〕　杜景林、卢谌编著：《德国债法改革——〈德国民法典〉最新进展》，法律出版社 2003 年版，第 19 页。

〔2〕　杜景林、卢谌编著：《德国债法改革——〈德国民法典〉最新进展》，法律出版社 2003 年版，第 32 页。

〔3〕　齐晓琨：《德国新、旧债法比较研究——观念的转变和立法技术的提升》，法律出版社 2006 年版，第 89 页。

第三十章

价履行。如果是债权人受领迟延，减轻债务人的责任，债务人在债权人受领迟延时，仅就故意和重大过失负责，并由债权人承担价格不利的责任。

3. 给付拒绝。

（1）给付拒绝的概念。给付拒绝是指债务人在债成立后履行期届满之前，能够给付而拒不给付的情况，拒绝给付属于一种违法事实。拒绝给付的后果是通过诉讼追究债务人的责任。

（2）给付拒绝的要件。①给付拒绝发生于债成立后，并且客观上存在债务。②能为给付。如果给付不可能，不成立给付拒绝。③有拒绝给付的意思表示。该意思表示可以是明示或者默示。④债务人有故意或者过失。⑤违法。如果拒绝履行有理由，为正当权利的行使。例如，行使同时履行抗辩权、先诉抗辩权或者行使留置权时的拒绝履行或者条件尚未成就的拒绝履行，都是有理由的拒绝履行。这里的拒绝履行系指无正当理由的拒绝履行。

拒绝履行与迟延履行不同。迟延履行与时间、期限有关，到期不履行，发生迟延履行。拒绝履行与期限无关，无论期限未到或者届至（期满日），都可发生。在期限未到之前，拒绝履行，在大陆法系称为"预期拒绝履行"，在普通法系称为"预期违约"。

我国《合同法》第108条规定："当事人一方明确表示或者以自己的行为表明不履行合同义务的，对方可以在履行期限届满之前要求其承担违约责任。"此为预期拒绝履行的规范基础。预期违约和实际违约责任略有不同：预期违约因为期限未到，如果是明示毁约，债权人在接到拒绝履行的通知后，可以请求法院强制义务人实际履行，所以预期违约有继续履行的可能。继续履行不可能，可以解除合同，赔偿损失。而通常的实际违约是在期满后违约，实际履行往往不能实现，只能请求支付违约金或者赔偿损失。

（3）拒绝给付的效力。可以根据拒绝给付的不同情况，或请求实际履行，或采取补救措施，或支付违约金，或赔偿损失。

4. 不完全给付。

（1）不完全给付的概念。不完全给付，又称积极侵害债权或给付不当。不完全给付与前述几种违反给付义务的情况不同。给付不能、给付拒绝或给付迟延，都是不履行债务，故为消极侵害债权。不完全给付是债务人有积极的履行债务的行为，但由于债务人的履行有瑕疵，使债权人的利益受损害，所以是积极侵害债权，也叫积极违约，不完全给付须可归责于债务人。

（2）不完全给付的要件。①债务已按照债务人的意思为给付。②债务人所为的给付不完全，即给付有瑕疵。③不完全给付须因可归责于债务人的事由而产生。

（3）不完全给付的形式。不完全给付分为两种形式：瑕疵给付和加害给付。①瑕疵给付，即债务人的给付有瑕疵，这是违反了与给付义务有关的义务中最常见的情况，也称为不适当履行。例如，给付标的物的质量、数量、品种不完全，或者给付的地点、时间、给付的方法不当，或者未履行附随义务等情形。总之，因为履行不符合约定或法律规定的条件，导致减少或丧失履行的价值或效用，如购买的书缺页；交付的冰箱不制冷；大米里掺杂许多沙子等，都属于瑕疵给付。②加害给付，是指因为给付有瑕疵，给债权人造成财产或人身损害的情形。加害给付可因标的物质与量的瑕疵给付，导致债权人及其相关人利益受损，如出售的轿车刹车不灵，导致使用人出车祸受伤。加害给付也可因不作为义务的不完全给付或附随义务的违反使债权人受损失。

（4）不完全给付的效力。对于给付有瑕疵的不完全给付，债权人可拒绝受领。已受领的，可请求补正给付（修理、重做、更换），不能补正给付的，赔偿损失。我国《合同法》

第 107 条规定："当事人一方不履行合同义务或者履行合同义务不符合约定的，应当承担继续履行、采取补救措施或者赔偿损失等违约责任。"对于给付不仅有瑕疵，而且还给债权人造成其他财产和人身损害的加害给付，受损害方可依照合同法的规定要求债务人承担违约责任或者依照其他法律规定要求债务人承担侵权责任。[1]

从债的效力的核心内容可知，债成立后，法律要求债务人积极履行债务，对债务的不履行要视情况课以不同的责任。而对于不履行债务的一般效力是：继续履行；采取补救措施；因不履行债务而致债权人损害的，债务人负损害赔偿的责任。

---

[1] 《合同法》第 122 条。

第三十一章

债的保全

■第一节　债的保全概述

一、债的保全概念

债的保全，就是确保债权完满而免受债务人侵害的制度。从前述债的效力可知，债权主要是通过债务人的给付，即从债务人的财产上获得满足。债务人财产是债权实现的基础。因此，债务人的财产，通常被称为"责任财产"，是用来担保债权实现的一般财产，也是债务人承担不履行债务责任的财产。责任财产的增加或者减少，与债权人的利益息息相关。债的保全制度就是为了增加或者恢复债务人的财产而设立的制度。"全"具有完整的含义；"保全"，就是保持责任财产完整，防止其减少的意思。

二、债的保全方法

现代民法上，债的保全方法有两种：一是债权人的代位权；二是债权人的撤销权。前者是当债务人消极地放任其财产减少时，如债务人怠于行使自己的债权时，债权人可代替债务人维持其财产的权利；后者是当债务人有积极地减少其财产的行为时，债权人可以撤销该行为，有恢复债务人财产的权利。通过保全制度，直接维持债务人责任财产的状况，使债权间接得以清偿。

三、债的保全的制度价值

从债的效力可以看出，法律为债的实现赋予了相对完整的效力空间，债权人可依据法律赋予他的各种权能效力获得其应受领的给付利益；债务人也应依债权人的请求积极地履行义务。如果债务人不履行债务，债权人可诉请法院，由法院运用国家强制力强制债务人履行债务，并对因债务的不履行或不适当履行给债权人造成的损失给予损害赔偿，以保障债的实现。

然而毕竟债权具有请求权特点且为相对权，故债权的实现，债权利益的享有，总是要通过债务人的给付才能满足，而且其效力原则上不涉及第三人。但是当债务人不能给付或者与第三人实施足以危及债权人的行为时，如果不许债权人针对债务人与第三人的行为形成的法律关系予以干预，则债权难以实现。为了防止上述情况发生时债权人的权利不能得到满足，现代民法在债的效力之外又确立了债的保全制度，其功能是填补债权效力顾及不到的空间。

四、债的保全的性质

债权保全的两种方法，均为对债务人以外的第三人发生作用力，故通说认为债的保全是债权的对外效力。但也有学者认为，债的效力就是债权人与债务人之间的对内效力，债的保全仍属债的对内效力，是法律赋予债权的保护力。对债务人而言，有不得侵犯债权的义务，违反了这一义务，成立侵权行为之债的后果。因此，这里的对第三人不过是债的对内效力的反射作用而已。应看到，债的保全毕竟与前一章所述的仅发生在债务人与债权人之间的效力不同，这一权利效力总是反射到了债的关系以外的人，称其为债的对外效力是可行的。

关于债权的保全制度，大陆法系各国民法并非均有规定。例如，罗马法没有该项制度。德国民法、瑞士民法、俄罗斯民法也没有此规定。德国民法不认为债的保全中债权人的两个权利为实体权利，认为这是程序法中的问题，所以在民事诉讼法的强制执行程序中解决债务人责任财产的不完全问题。法国法系的民法，如《法国民法典》《西班牙民法》《意大利民法典》都有该制度的规定；《日本民法典》、我国台湾地区现行"民法"也规定了这一制度。我国《民法总则》和《民法通则》未设此制度，而在《合同法》第73、74条对此作了规定。虽然债的保全规定在《合同法》中，但它也适用于法定之债。"两种立法体例，留给我们思索的问题是，债权保全究竟是实体权利还是程序权利？值得思考。"[1]

■第二节　债权人的代位权

一、债权人代位权的概念

债权人的代位权是指债务人怠于行使其到期债权，债权人为了保全其债权不受损害而以自己的名义向人民法院请求代位行使债务人所怠于行使之权利的权利。

我国《合同法》第73条第1款规定："因债务人怠于行使其到期债权，对债权人造成损害的，债权人可以向人民法院请求以自己的名义代位行使债务人的债权，但该债权专属于债务人自身的除外。"此为债权人代位权的规范基础。

要理解债权人的代位权，首先须弄清代位权关系。例如，甲对乙享有30万的债权，而乙对丙有35万的到期债权不行使，当甲要求乙偿还债务而乙不能履行时，甲可要求代为行使乙对丙的债权。在此代位权关系中，乙为甲的债务人，丙为乙的债务人，相对于债权人甲而言，丙为第三人，也称"次债务人"。

可见，债权人的代位权是当债务人享有对第三人的权利而又怠于行使，致其财产应能增加而不增加危害债权时，债权人可代位行使属于债务人的权利，以增加债务人的财产，使债权得以实现。

二、债权人代位权的特征

1. 债权人的代位权是债权的一种效力。该效力具有保全债权请求权的作用，行使代位权可以增加债务人的财产，加大债权担保的资力。

2. 代位权是法律赋予债权人的固有权。有观点认为，债权人的代位权，也是债权人对其债务人的代理权，是替债务人为法律行为。应注意，债权人的代位权不是由他人授权获得的，此点与代理权有别：

（1）名义不同。代位权的行使是债权人以自己的名义（代位权人）为之；代理是代理人以被代理人的名义为之。

（2）权限不同。代理人的权限是在委托授权或法定、指定范围内；代位权人的权限是在债权人的债权范围内。

（3）后果不同。代理的效果归于被代理人；代位权行使的效果是债权人债权的实现。

---

[1]　张俊浩主编：《民法学原理》（下册），中国政法大学出版社2000年版，第688页。

3. 代位权是实体法上的权利。虽然代位权是债权人通过诉讼代位行使债务人的债权，但我国合同法以实体法形式确定债权人代位权内容。债权人不仅依法可行使代位权，而且可以直接受领行使代位权后取得的财产。

对于债权人代位权的性质，有两种说法：一是形成权；二是能权或管理权。债权人行使代位权是通过形成之诉使原有的法律关系发生变动，但视代位权为形成权的说法有些勉强，因为代位权毕竟不是因债权人（权利人）一方的意思表示就可使法律关系发生变动的，还要根据债务人的债权内容去行使。因此，认为代位权是对他人权利的可能权（能权）比较合适。[1]

三、债权人代位权的成立要件

根据我国《合同法》第73条与《合同法解释（一）》第11条的相关规定，债权人行使代位权，须具备下列条件：

1. 合法性。债权人对债务人的债权须合法或不属于自然债权。这是代位权行使的前提。如果债权人与债务人之间存在赌债、买卖婚姻之债，债权人则不能行使代位权。同理，债务人与次债务人之间的债权须是合法的债权或者不属于自然债权。如果两债权中其中一债权因违法而被认定无效或被撤销或债权已过诉讼时效，都不能行使代位权。如果债权的无效、被撤销是由次债务人的过错造成的，当债务人对次债务人有返还请求权、赔偿请求权时，应认定该债权人仍能行使代位权。

2. 因果性。须债务人怠于行使其到期债权，对债权人造成损害。所谓怠于行使债权，一般认为是指债务人对于其已到期的债权，应行使并能行使但不行使的事实状态。至于债务人是什么原因不行使，以及其主观上有无故意或过失，在所不问。

在实践中，如何认定怠于行使？如债权到期1个月，没有主张债权，是否属于怠于行使？发出催款通知或者向调解委员会或者找有关的行政机关请求处理，是不是就是积极行使？对此，《合同法解释（一）》第13条第1款作了解释："合同法第73条规定的'债务人怠于行使其到期债权，对债权人造成损害的'，是指债务人不履行其对债权人的到期债务，又不以诉讼方式或者仲裁方式向其债务人主张其享有的具有金钱给付内容的到期债权，致使债权人的到期债权未能实现。"该条解释说明：只要债权到期，没有行使债权，就属怠于行使，无时间的要求。而且以私力救济的方式主张权利不行，只有以诉讼或者仲裁的方式向次债务人主张权利，才不构成"怠于行使"债权。仅向债务人的代理人主张；发出催款通知；向调解委员会或者有关的行政机关请求处理，都属于怠于行使到期债权之列。次债务人不认为债务人有怠于行使其到期债权情况的，应当承担举证责任（《合同法解释（一）》第13条第2款）。

我国《合同法》这样要求的目的，是防止代位权制度形同虚设。因为债务人与次债务人如果串通造假，则会阻止债权人代位权的行使。如果个人主张权利（私力救济）也被认为是行使债权，会使代位权形同虚设。

代位权旨在保全债权，因而须以确有保全的必要为前提。债务人的财产若足以充分清偿其债务，债权人只需诉请强制执行即可获得满足，自无行使代位权的必要。代位权行使的必要性应理解为债务人不行使其对次债务人的到期债权，对债权已造成损害，或者有使其债权人的债权不能被清偿的可能性。

---

[1] 史尚宽：《债法总论》，中国政法大学出版社2000年版，第463页。

那么，当债权人对其债权已经设立了抵押、质押或者其他担保时，债权人的代位权是否就不成立了呢？不是。即使有担保，也不妨碍成立代位权。因为，有的时候担保仅仅是对债权的一部分而非全部的担保。判例及学说认为：对于不特定及金钱债权，应以债务人是否陷于无资力为判断标准；而在特定债权及其他与债务人资力无关的债务中，则以有必要保全债权为全部条件。

3. 期限性。债务人的债权已到清偿期。这是行使代位权的时间界限，具体是指债务人对次债务人享有的债权已到清偿期。如果债权没有到期，请求权不发生，债权人也不能对次债务人行使代位权。附停止条件的债权，条件成就前，效力尚不发生，故无代位权成立之可能。

通常认为，债权人行使代位权，必须是两个债权都到期才能行使。我国《合同法》的司法解释没有把债权人的债权已到期作为行使代位权的必要条件，说明在某些情况下，债权人的债权未到期也可以行使代位权，如债权人的债权到期之时正是债务人的债权时效届满之日，如果等到期，代位权的行使已经没有意义，这时就要考虑对债权人预期损害的救济。

4. 可代位性。债务人怠于行使的到期债权须具有可代位性。代位权的客体须不是专属于债务人自身的债权。①与债务人的人格与身份相关的债权不得代位。②专属于债务人的财产权不得代位：一是基于亲属关系而发生的财产权，如基于扶养、抚养、赡养、继承关系产生的给付请求权和劳动报酬请求权；二是专属于自然人的债权，如退休金、养老金、抚恤金、安置费、人寿保险、人身伤害赔偿请求权等权利，这些权利不属于代位权的标的，不能成为强制执行的标的。

四、债权人代位权的行使

1. 行使代位权的主体。行使代位权的主体为一切债权人，即债务人的所有债权人，不管他们的债权成立的时间先后，只要具备了代位权成立的上述要件，都可单独行使代位权。故只要是债务人的债权人，原则上都可以成为代位权的主体。债权人行使代位权，以自己为原告，以次债务人为被告，要求次债务人对债务人履行到期债务，并直接向自己履行。

2. 代位权的客体。债权人代位权的客体是债务人怠于行使的到期债权。我国《合同法解释（一）》第12、13条将债务人怠于行使其到期债权的内容作了缩小解释，除了规定专属于债务人自身的债权不得代位外，还将代位权的标的限定在债务人对次债务人"享有的具有金钱给付内容的到期债权"。可见，并非任何性质的债权均可代位行使。

从比较法的角度观察，债权人得代位行使的债务人的权利，依其性质，可包括以下几种：

（1）纯粹的财产权利。其包括：合同上的债权；基于无因管理或不当得利而产生的偿还或返还请求权；物权及物上请求权，如所有物返还请求权、债务人对于第三人之抵押权；关于财产的保存行为，如中断时效、各种登记请求权；以财产利益为目的的形成权，如合同解除权、买回权、选择之债的选择权、损害赔偿请求权、抵销权、担保物权、债务人的代位权、债务人的撤销权、清偿受领权等。

（2）主要为财产上所有之权利，如因重大误解、显失公平的民事行为所生之撤销权与变更权。

（3）诉讼上的权利，如代位提起诉讼、申请强制执行等。在债务人怠于行使对于第三人的权利，而于债权人行使代位权之际，第三人又拒绝履行对债务人的债务时，债权人得代位行使债务人诉讼上的权利，但在诉讼中不得处分债务人的权利，如权利之抛弃、债务之免除等。

但是我国《合同法》将代位权的标的限于债务人对次债务人享有的具有金钱给付内容的到期债权，债务人的其他权利不得作为代位权的标的。具有金钱给付内容的到期债权，除了因合同关系产生的金钱给付债权外，基于股东权所享有的红利分配请求权、合伙解散时剩余财产分配请求权、共有物分割时的应得份额请求权等，也可以代位行使。

3. 代位权行使的方法。行使代位权，债权人应以自己的名义通过诉讼方式为之，具体而言：①不能以债务人的名义为之；②只能通过法院行使，以裁判方式为之。这一点，我国《合同法》与大陆法系其他国家规定不同，后者可以通过诉讼外方式行使，我国不允许私力救济的方式，只能依民事诉讼程序，通过公力救济的途径实现。债权人行使代位权时，负有善良管理人之注意义务，如违反注意义务对债务人造成损害的，应负赔偿责任。

4. 代位权行使的范围。代位权行使的范围，以保全债权人债权的必要范围为限度。如行使代位权的结果已足以保全其债权时，即不得再代位行使债务人的其他权利。

五、代位权行使的效力

依照有代位权规定的大陆法系国家的民法立法例，代位权诉讼的效力只能及于债务人。也就是说，代位权行使的效果直接归于债务人，使债务人的财产增加，为将来债权人的债权实现提供足够的责任财产。换句话说：通过代位权诉讼要回的财产，债权人不能直接受领，要交付给债务人，这一般称为"入库原则"。这样规定也符合债法的基本理论，因债权是相对权，不具有优先受偿的效力。

我国《合同法征求意见稿》曾规定，行使代位权取得的财产，归债务人后，再清偿债权。但在就合同法草案征求意见时，一些学者提出，这样规定虽然有理论依据，但不具操作性，将使代位权制度失去实际作用。因为，规定代位权诉讼取得的财产只能先归债务人，会使债权人丧失代位权诉讼的积极性，而怠于行使权利的债务人却坐享其成。而且，财产归债务人后，债权人再以债务人为被告提起诉讼，也增加了当事人诉讼的成本，徒增当事人的诉累，不符合诉讼经济原则，甚至还可能会产生人民法院对本诉和代位权诉讼作出不同判决的情形。

立法者认为，规定债权人直接受领，不会损害债权平等原则，理由是：①符合法定条件的债权人可以依法提起代位权诉讼；②如果是两个或两个以上的债权人以同一次债务人为被告提起代位权诉讼，法院可以合并审理，财产不足的，依照各自债权的数额按比例分配；③在代位权诉讼中，每一个债权人行使代位权的范围都以其债权为限，请求数额超出债务人对其所负债务额或者超出次债务人对债务人所负担的债务额的，对超出部分，人民法院不予支持。最终颁布的《合同法》取消了"入库规则"。《合同法解释（一）》第20条具体规定了债权人有权直接受领通过代位权诉讼取得的财产。

当然，这一规定与大陆法系其他国家的规定不同，也引起了学者的不同意见。认为，代位权不是优先受偿权，如果债权人通过代位诉讼直接冲抵自己的债务，将侵害其他债权人的利益。

具体而言，代位权行使后对各方当事人的效力如下：

1. 对于债务人的效力。债权人行使代位权时，债务人以次债务人为被告提起的诉讼要受到限制；无论债务人是否参加诉讼，法院对代位权作出的判决对债务人均有影响。也就是说，次债务人因代位权诉讼向债权人履行义务后，债务人与次债务人，债务人与债权人之间的债权债务关系即予消灭。

2. 对于次债务人的效力。对于次债务人而言，无论权利是由债务人自行行使，还是由债权人代位行使，对次债务人的法律地位及其利益均无影响。因此，凡该次债务人得对抗债务人的一切抗辩，均得用以对抗行使代位权的债权人。例如，同时履行抗辩、不安抗辩、先履行抗辩、时效抗辩等，均可向债权人主张。有些不属于债务人的抗辩事由，次债务人也可据以抗辩；但是专属于债务人的抗辩，次债务人不得主张。

3. 对于债权人的效力。债权人行使的是债务人的权利，不得超出债务人权利的范围。债权人可以直接接受次债务人的履行。行使代位权的必要费用，由债务人承担，可以从实现的债权中优先支付。

债权人提起代位权诉讼的，应当认定对债权人的债权和债务人的债权均发生诉讼时效中断的效力。[1]

从以上我国对债权人代位权的规定，可以看出，我国立法与大陆法系传统民法对债权人代位权的规定，在代位权的客体、代位权行使的方式、代位权行使的效力等方面均有差异。

■第三节　债权人的撤销权

一、债权人撤销权的概念

债权人的撤销权是指债权人对于债务人损害债权的行为，有请求法院对该行为予以撤销的权利。我国《合同法》第74条规定："因债务人放弃其到期债权或者无偿转让财产，对债权人造成损害的，债权人可以请求人民法院撤销债务人的行为。债务人以明显不合理的低价转让财产，对债权人造成损害，并且受让人知道该情形的，债权人也可以请求人民法院撤销债务人的行为。撤销权的行使范围以债权人的债权为限。债权人行使撤销权的必要费用，由债务人负担。"此为债权人撤销权的规范基础。

要了解债权人撤销权，同样须弄清债权人撤销权各当事人之间的关系。例如，甲对乙享有债权，当甲要求乙偿还债务而乙不能履行时，债权人甲可请求执行债务人乙的财产清偿债务。而乙此时将其财产无偿赠与或低价出售给第三人，使其财产减少，有害债权实现。债权人甲可行使撤销权，请求法院撤销债务人乙与第三人的法律行为，经撤销后的行为自始无效。

通常情形下，无偿赠与他人财产、放弃到期债权、减价出售或者用自己的财产为第三人提供担保等行为，都是当事人自愿的行为。但如果实施这些行为的人有债务，其上述行为，将使其财产减少，进而会危害其债权人债权的实现，故债权人得知后，有权行使撤销权。所以，债权人的撤销权是针对债务人滥用财产处分权而侵害债权的行为，为了恢复债务人的财产而设立的制度。

债权人的撤销权与债权人的代位权不同，代位权针对的是债务人的不作为行为（怠于行使其到期债权），目的是保障责任财产的正当增加；而撤销权针对的是债务人的作为行为（滥用处分权），目的是避免责任财产的不当减少。

撤销权制度起源于罗马法，被称为"废罢诉权"。所谓"废罢诉权"，是指债权人通过诉讼的方式，撤销（废除）债务人有害债权的处分行为。由于该概念是罗马法学家保罗创设的，所以又称为"保罗诉权"。罗马法的"废罢诉权"对后世民法产生了较大影响，大

---

[1]　《最高人民法院关于审理民事案件适用诉讼时效制度若干问题的规定》第18条。

陆法系多数国家的民法都采纳了这一制度。

尽管撤销权须通过诉讼方式行使，但撤销权仍属实体法上的权利，而不是诉讼法上的权利。主要理由在于撤销权是由民法实体法规定的权利，在诉讼中含有私法上撤销某项行为的意思表示。

二、债权人撤销权的性质

关于债权人撤销权的性质，有不同的观点，归纳起来主要有三种学说：第一种观点认为撤销权为形成权，依债权人的意思表示就可使债务人与第三人之间法律行为的效力发生变化。请求撤销的诉讼为形成之诉，而且认为这一撤销权与可撤销法律行为中的撤销权的行使不应有不同的解释，所以认为撤销权应是形成权。第二种观点认为撤销权是恢复原状的请求权（即债权），对因债务人的行为而获得利益的人，债权人可行使撤销权，请求获得利益的人返还该利益，以恢复债务人财产的原来状态。因此，债权人提起撤销权的诉讼应是给付之诉。第三种观点为折中说，即将上述两种观点折中，认为：撤销权既有撤销债务人与第三人之间有害行为的效力，也有恢复债务人财产原状的效力。撤销权诉讼是形成之诉与给付之诉的结合，即债权人撤销权行使后的判决应是：撤销与财产的返还。采取折中说的比较普遍。

大陆法系国家的法律通常将撤销权分为两部分：一是破产法上的撤销权，这种撤销权规定在商法或单独的破产法里；二是破产法外的撤销权，这种撤销权规定在民法或债法中。我国《企业破产法》也规定了破产法上的撤销权：人民法院受理破产申请前 1 年内，债务人无偿转让财产、以明显不合理的价格进行交易等行为，管理人有权请求人民法院予以撤销。这是破产法上的撤销权。

破产法上的撤销权与破产法外的撤销权从权利的性质上看，是一样的，都是撤销有损于债权的行为，恢复债务人的责任财产。但两者因分别规定于民法和破产法中，其要件和适用范围有不同的规定。例如，破产法上的撤销权是在企业进入破产程序后，破产管理人发现企业有上述行为时，依法行使撤销权，以保障破产企业全体债权人的权利。破产法外的撤销权是债权人为了实现自己的债权向法院提出撤销债务人处分行为的权利，这种撤销与破产无关。我们研究的是破产法外的撤销权。

三、债权人撤销权的成立要件

我国《合同法》关于撤销权的规定，分了两种情况：①债权人对债务人无偿行为损害债权的撤销权的行使。即因债务人放弃其到期债权或者无偿转让财产，对债权人造成损害的，债权人可以请求人民法院撤销债务人的行为。②债权人对债务人有偿行为损害债权的撤销权的行使，即债务人以明显不合理的低价转让财产，对债权人造成损害，并且受让人知道该情形的，债权人也可以请求人民法院撤销债务人的行为。对于债务人无偿或有偿处分财产损害债权的这两种行为，债权人都可行使撤销权，但要件不同。

（一）债务人无偿处分财产损害债权时，债权人撤销权的成立要件

从《合同法》的规定可知，对于债务人的无偿行为损害债权的，撤销权的成立仅需具备客观要件即可，不要求主观要件，即只要有损害债权的行为，不要求债务人与第三人的主观意思。该客观要件是：

1. 债务人有无偿处分财产的行为。这种行为具体表现为：

（1）债务人放弃到期债权。放弃到期债权，是无偿处分债权的行为。无偿债权让与、免除债务、对利息的豁免等都是。本来，放弃债权是单方行为，可以自愿为之，但是在债务人有债务的情况下，放弃到期债权，会使他的财产减少，此时，债权人可以行使撤销权。

（2）无偿转让财产。例如，赠与、遗赠，对于财团法人的无偿捐助行为，这与放弃债权的效果一样。

2. 债务人的行为对债权造成损害。害及债权，是指因债务人的上述行为，致债权不能得到满足，债务人积极减少财产，如无偿移转物的所有权、免除债务等，使自己陷于无资力，即不能清偿债权，且此种状态持续至撤销权行使时仍然存在者，即可视为害及债权。但清偿到期债务，获取相当代价之买卖互易，并不必然导致责任财产的减少，不得视为对债权造成损害。另外，所损害的债权应是以财产的给付为目的的债权。不作为的债权、以劳务为目的的债权，不包括在内。

造成损害的标准如何认定，有不同的观点，有人赞同"债务人债务超过债权说"，即债务人的行为造成其债务超过债权则为损害；有人赞同"债务人支付不能说"，即债务人的行为导致其支付不能则为损害债权；有人赞同"债务人财产不足清偿说"，即债务人实施处分行为后，他已不具有足够的财产偿债则为损害债权。一般认为，债务人不当处分财产后使自己陷于无资力的状态，足以导致债务人对其债务履行不能或者履行有困难，就害及债权。如果债权人清偿其应清偿的到期债务，或者进行正常的买卖交易，不能认为是损害债权的行为。如果债务人处分财产不会导致其无法清偿债务，也没有行使撤销权的必要。债务人之无资力，须客观地存在，且与债务人的行为有相当因果关系。若其无资力系其他原因引起，则不发生撤销权。

3. 债务人损害债权的无偿行为须在债权发生后有效成立且继续存在。①债务人这种无偿的行为已经成立，如果没有成立，或者成立后无效，债权人都没有撤销的余地，因为撤销权是对已经成立并生效的行为的撤销；无效行为不能成为撤销的标的。②这一行为是在债务人与债权人之间的债权成立后所为的，并且一直存在，如果无偿行为已经解除，也没有撤销的余地。

无偿行为，债权人撤销权的产生不以债务人或受让人（受益人）有无恶意为要件，仅有前述客观要件即可行使。这是因为无偿行为的撤销仅使受让人（受益人）失去无偿所得的利益，而并未损害其他利益，因而法律应首先保护受到危害的债权人利益。

（二）债务人有偿处分财产损害债权时，债权人撤销权的成立要件

当债务人有偿处分其财产，并危害债权人的债权时，按照我国《合同法》规定的精神，债权人行使撤销权应同时具备客观要件和主观要件。

1. 客观要件。

（1）债务人有有偿的行为，如以明显不合理的低价转让财产，这也会使债务人的责任财产的总量减少。

（2）该行为损害债权。

（3）该有偿行为须在债权发生后有效成立且继续存在。

2. 主观要件。尽管我国《合同法》对债务人的有偿行为的主观要件没有明确要求，但从《合同法》第74条的规定"债务人以明显不合理的低价转让财产，对债权人造成损害"可以看出，实际上已包含了债务人的非善意成分。《合同法》第74条还规定"并且受让人知道该情形的"，即受让人（第三人）明知，希望这样，主观上有故意，因此，这里既包括了债务人的非善意（恶意），也包括了受益人的非善意（恶意）。如果仅有债务人的恶意而受益人为善意时，不得撤销，以此保护善意第三人。"严格言之，此时债务人的恶意，为

撤销权之成立要件。受益人的恶意，为撤销权行使之要件"。[1]

因此，在论述撤销权的要件时，应注意有偿与无偿行为对客观与主观要件的要求问题。

四、撤销权的行使

(一) 行使撤销权的主体

在撤销权成立的情形下，债务人的债权人中的任何一人都得行使撤销权。但是这些债权人的债权必须是在债务人的行为发生前成立的债权，而且这些债权人都是因债务人的有害行为而受到损害的债权人。债权人为多数人时，可以共同行使撤销权，也可以单独行使撤销权。不过，当债务人被宣告破产时，由破产管理人（清算人）以破产财团的名义行使撤销权时，各债权人就不能再行使撤销权了。

(二) 撤销权的客体

撤销权的客体是债务人有害债权的行为。如果是债务人单独的行为（抛弃债权），撤销的是该债务人的单独行为；如果是债务人与第三人的合同，撤销的是双方行为。

撤销只能针对债务人的财产行为。对于债务人的身份行为，不能行使撤销权。例如，由于婚姻、收养或放弃继承权等行为，即使财产减少，也不能行使撤销权。另外，债务人拒绝接受赠与或遗赠，这是债务人的自由意志，也不能撤销。撤销权的目的是恢复其原有财产的资力，而不是对其原本没有的财产想办法增加。

(三) 撤销权的行使

撤销权的行使，应由债权人以自己的名义，以诉讼的形式为之。因撤销权的行使，对于第三人的利害关系甚为重大，应由法院审查决定。

撤销之诉的被告究竟应为何人，依学者对撤销权性质的不同认识，而有不同的主张。通说认为，当债务人的行为为单独行为时，债权人是原告，债务人为被告；债务人的行为为双方行为时，应以债务人及其相对人为被告（一般第三人作为无独立请求权的第三人参加诉讼），兼有财产返还请求的，应以债务人、相对人及受益人为被告。

(四) 撤销权行使的范围

关于撤销权行使的范围，我国《合同法》第 74 条规定，"以债权人的债权为限"。目前对此有不同的理解。一种理解认为应以原告对被告享有的债权总和为限。如果债权人是一个人，原则上以该撤销权人自己的债权额为标准；即使有其他债权人存在，也不得超过自己的债权额。如果是两个以上的债权人为撤销权人，则应以保全该行使撤销权的债权人之全部债权为其限度，多余的部分仍归债务人，或者只能请求部分撤销，满足自己的债权额即可。另一种理解认为，撤销权行使的目的在于保全所有的一般债权，因此行使的范围，不以保全行使撤销权的债权人享有的债权额为限，而应以保全全体一般债权人的全部债权为其限度。

(五) 撤销权行使的期间

我国《合同法》第 75 条规定："撤销权自债权人知道或者应当知道撤销事由之日起 1 年内行使。自债务人的行为发生之日起 5 年内没有行使撤销权的，该撤销权消灭。"此撤销权的存续期间，也称为撤销权的除斥期间。这两种计算方法中，依任何一种方法计算除斥期间届满的，都导致撤销权消灭。

第
八
编

---

[1] 史尚宽：《债法总论》，中国政法大学出版社 2000 年版，第 491 页。

五、撤销权行使的效力

1. 对于债务人的效力。被撤销的债务人行为，包括单独行为和与第三人的双方行为，归于消灭，视为自始无效。债务免除者，视为未免除；承担债务者，视为未承担；设定权利者，视为未设定；债权让与者，视为未让与；移转财产者，视为未移转。

2. 对于受益人的效力。已受领债务人之财产者，应撤销权人的请求，受益人应向撤销权人给付其所得财产利益。原物不能返还者，应折价赔偿。已向债务人支付代价者，可向债务人主张不当得利返还。

3. 对于债权人（撤销权人）的效力。撤销权人有权请求受益人向自己返还所受利益，并有义务将收取的利益加入债务人的一般财产，作为全体一般债权人的共同担保，而无优先受偿权。行使撤销权的一切费用，系管理事务之费用，得对于债务人或其他债权人请求偿还。

4. 对于其他债权人的效力。撤销权的行使系为全体债权人的利益，撤销权人取回的财产或代替原来利益的损害赔偿，归属于全体一般债权人的共同担保，得按债权数额比例分受清偿。

债的债权性担保

■第一节　债的担保概述

债的担保是指债的双方当事人为了保证债权的实现、债务的履行，由债务人向债权人作出的具有法律意义的保证措施。债的担保是为主债的实现而设立的从债，它以主债的存在为前提，主债因履行、清偿而消灭，从债也随之消灭。故债的担保不像主债那样是一定要实现的债权，它只起补充性和预防性作用，只有在主债不能履行时，担保之债才实现。

设立债的担保的目的在于增加债权实现的安全系数。尽管债务人的财产是责任财产，但也有靠不住的时候。如果一个债务人有数个债权人，那么该债务人的财产上就会存在多个债权，当债务人的财产有限时，各个债权的实现就有风险，法律为保障债权的实现，除了规定债权对内的效力，债权人的代位权和撤销权以外，还规定了债权担保制度，以供债权人选择。

债的担保，可以分为债的物权性担保和债的债权性担保。物权性担保是以债务人或第三人特定的财产或权利来担保，即通过设定抵押权、质押权、留置权等担保物权的方式担保。债权性担保是以债权合同的方式，即以保证合同和定金合同担保。物权性担保已经在担保物权中研究。本章主要研究债权性担保，即保证和定金。

■第二节　保　证

一、保证的概念

保证是指主债当事人以外的第三人（保证人）与主债权人约定，当主债务人不履行债务时，保证人按照约定履行债务或者承担责任的合同担保方式。

保证不仅适用于合同之债，凡是以物品或金钱交付为内容的债，均可适用。

二、保证的特点

（一）保证是保证人的信用担保，是以请求权关系为基础的担保方式

债的担保方式有多种，在我国《担保法》中，保证与抵押、质押、留置和定金一样均为债的担保方式之一。但保证既不同于抵押、质押、留置等物的担保方式，也不同于定金。保证是以保证人的信用为基础的人的担保方式，其由主债权人与保证人订立保证合同，当主债务人不履行债务时，债权人只能请求保证人履行保证义务，而不能直接支配保证人的财产，所以，主债权人和保证人之间的关系是请求权关系，是可期待的信用关系，保证是债权效力性担保。

（二）保证是担保主债实现的从债

保证与其他担保方式一样，是担保主债实现的从债。保证涉及债权人、债务人和保证

人三方之间的关系。在债权人与债务人之间，存在主债权债务关系；在债权人与保证人之间，存在保证合同关系。

保证虽然须以主债的存在为前提，但保证合同本身具有相对独立性，例如，保证合同完全基于债权人和保证人的意思表示一致而成立，双方可以约定保证方式和保证债务范围及其形式。如果保证人对合同约定的内容不同意，在合意不成时，可以拒绝担保。保证债务也是一个相对独立的债务，可以由双方约定保证债务的范围和强度。

（三）保证是第三人代为履行债务的债权性担保

保证合同的保证人必须是主合同以外的第三人，这也和抵押与质押不同。在抵押和质押的情况下，提供抵押物或质押标的的人可以是债务人本人，也可以是债务人以外的第三人。在留置权的情况下，实际上是债务人用自己预先交付的财物为债务履行的担保，由债务人自己作为担保人。定金合同的当事人也是主合同的当事人。而保证则必须是主合同以外的第三人提供担保。另外，担保物权中的第三人只能以物担保，因此称为物上保证人。保证合同的第三人，可用金钱或非金钱提供担保。金钱担保是在债务人不履行债务时，保证人以金钱代为履行；非金钱担保中，保证人也可以代为履行保证合同约定的其他给付。

三、保证的设立

保证因主债权人与保证人订立保证合同而设立，保证的设立，应注意如下问题：

（一）保证的设立需以主债务有效存在为前提

保证是从债，依据主债与从债的关系原理，首先须有主债务存在；其次主债务须有效。有效存在的主债务，不以现实的债务为限，对将来可能发生的债务，也可以成立保证，如最高额保证。就主从关系而言，保证合同的效力从属于主合同的效力，一般情况下，主合同无效、被撤销或解除、消灭时，保证合同也失去效力。

我国《担保法》第5条第1款规定："担保合同是主合同的从合同，主合同无效，担保合同无效。担保合同另有约定的，按照约定。"这里的"另有约定的，按照约定"应理解为合法的约定：

1. 主合同无效，担保合同并非可自行约定有效；或者主合同无效，担保合同并非仍可约定代为履行。当事人可以约定，主合同无效后，因主合同无效引起的责任，如违约责任、赔偿责任仍须担保。这时保证合同的效力并不丧失。

2. 担保合同另有的约定是对担保合同与主合同之间从属性的但书，即承认担保合同的独立效力。主合同无效，担保合同并不随之无效，对于有效保证合同中双方约定的合理付款要求，保证人仍需按约定负担保责任。《担保法》的这一规定，也可以认为是我国立法承认保证具有独立法律地位的体现。这也是适应国际商业界和金融界的实践和惯例而产生的一种担保方式。

保证合同作为一个独立的合同，其本身也应符合合同的有效要件，如果不具备合同有效要件，则产生合同无效的后果。例如，因为保证人的无效保证行为造成债权人经济损失的，保证人应承担相应的赔偿责任。

（二）保证合同为要式法律行为

我国《担保法》第13条规定："保证人与债权人应当以书面形式订立保证合同。"保证法律关系比较复杂，而且关系到第三人是否应承担保证责任以及所担保的债权利益能否实现的问题，所以法律要求采用书面形式。书面合同是处理保证纠纷的依据之一。

保证合同的书面形式，可以体现为在被担保的债权合同之外另订独立的保证合同，也可以体现为在被担保的债权合同中约定保证条款，当事人之间发送的具有保证性质的信函、传真等，也可以视为保证合同。根据《担保法解释》第22条的规定，第三人单方以书面形式向债权人出具保证书，债权人接受且未提出异议的，保证合同成立。主合同中虽然没有保证条款，但是，保证人在主合同上以保证人的身份签字或者盖章的，保证合同成立。

书面保证合同，通常采用以下方式认定：①债权人与保证人之间签订了书面的保证合同。保证人与债务人之间一般存在委托合同关系，如果保证人未受债务人委托，与债权人签订保证合同，亦应承担保证责任。保证人承担保证责任后，可依不当得利向债务人追偿。②主合同中有保证条款，保证人在该条款的保证人栏中签名；主合同中如果没有保证条款，但保证人在主合同上以保证人的身份签字或盖章。③保证人单方以书面形式出具担保书，债权人接受且未提出异议。

（三）保证人需具备保证人资格

保证人资格是保证人承担保证责任的前提条件，对于保证人的资格，我国《担保法》第7条规定："具有代为清偿债务能力的法人、其他组织或者公民，可以作保证人。"

1. 保证人可以是自然人、法人或其他经济组织。这里的自然人包括：本国人、个体工商户、农村承包经营户、个人合伙以及外国人。通说认为，保证人须是具有完全民事行为能力的人。从维护未成年人利益的角度出发，未成年人所签保证合同，应为无效。但有行为能力人签订保证合同后，以自己无代偿能力反悔的，人民法院不予支持。

法人，指的是企业法人，我国《民法通则》规定了各类企业法人，如国有企业、集体企业、中外合资、中外合作经营企业以及外资企业法人等，以上各企业法人均可为保证人。我国《民法总则》第三章"法人"将法人分为营利法人、非营利法人和特别法人。企业法人是以营利为目的的团体，提供的保证通常与该企业法人的营利事业有关。

至于其他组织，《担保法解释》第15条对其规定了一个范围：依法登记领取营业执照的独资企业、合伙企业、联营企业、中外合作经营企业，经核准登记领取营业执照的乡镇、街道、村办企业，经民政部门核准登记的社会团体。这些其他组织作为保证人的共同特点是，都经依法登记并领取了营业执照；虽然这些组织不是法人，但都合法成立，有一定的组织机构和财产。而国家机关和以公益为目的的事业单位和社会团体不能作保证人，其所签订的保证合同无效。

上述主体虽然可以作保证人，但不意味着对任何债务都可提供担保，如涉外担保还需要具备相应的条件和手续。

2. 保证人资格的限制。

（1）国家机关不得为保证人。我国《担保法》第8条规定："国家机关不得为保证人，但经国务院批准为使用外国政府或者国际经济组织贷款进行转贷的除外。"我国在接受外国政府和国际经济组织贷款后，就把这些贷款转贷给地方政府或有关特定项目使用。由于这些贷款多用于交通运输、能源、环保、邮电、农业等基础项目，所以资金需求量很大，而且多数不盈利，或盈利有限，仅靠项目使用单位无法偿还贷款，也没有单位和个人愿意为这些项目作保证人。所以，在使用外国政府和国际经济组织贷款转贷的问题上，目前已形成了独特的还款及担保方式，即中央政府在将筹借到的贷款转贷给项目使用的同时，要求地方政府委托其计划管理部门向中央提供还款担保，保证向中央政府偿还所用的贷款，中央和地方政府通过这种担保，共同维护国家偿还外债的信誉。因此，国家机关在这样的情况下，可以作保证人，但须经国务院批准。

（2）学校、幼儿园、医院等以公益为目的的事业单位、社会团体不得作保证人。学校、幼儿园、医院不能作保证人的原因是，这些都是以公益为目的的团体，如果它们作保证人，可能会造成学校的学生无处上学，病人无法就医的结果。因此，这样的团体不能作为保证人。

（3）企业法人的分支机构、职能部门不能作保证人。因为它们没有独立的财产，仅对财产有经营管理权，不能独立地承担民事责任。但是企业法人的分支机构有法人书面授权的，可在授权范围内提供保证。也就是说，如果保证人是企业法人的分支机构，在订立保证合同时，应要求其出示企业法人有关保证的授权委托书，如果不能提供，不能与其订立保证合同。有了保证授权，可以与其订立保证合同，因为当分支机构的财产不足以承担责任时，债权人可以直接向企业法人主张。如果主债务人提供的保证人是企业法人的职能部门，债权人可以拒绝与其订立保证合同。如果债权人明知保证人的性质是职能部门，还与其订立保证合同，保证合同认定无效后的一切后果，由债权人自行承担；如果债权人不知情的，如在被隐瞒的情况下订立的保证合同，该合同被确认无效后，行为人按照各自过错的大小承担责任。

（4）不得强令银行等金融机构或者企业作保证人。通常，银行等金融机构或者企业作保证人对于债权人而言比较有利，因为它们的清偿能力比较强。但是，我国《担保法》第11条规定，任何单位和个人不得强令银行等金融机构或者企业为他人提供保证。强令提供保证的，银行等金融机构或企业有权拒绝。因为银行的资金来自存款人，擅自担保，关系到存款人存款的安全性。《中国人民银行法》规定，中国人民银行不得向任何单位和个人提供担保。

综上所述，一般情况下，国家机关、公益事业单位和社会团体、法人的分支机构和职能部门、银行等金融机构原则上不能作保证人，但也有例外的规定。能作保证人的包括：有行为能力的自然人、企业法人和依法成立有营业执照的其他组织。从事经营活动的事业单位和社会团体可作保证人，由法人授权的企业分支机构可在授权范围内提供保证。

3. 保证人原则上应具有行为能力和清偿债务的能力。一般而言，具有清偿能力，是对保证人的基本要求。如果保证人不具有清偿能力，被担保的主债权就不能保障实现。然而，《担保法解释》第14条规定："不具有完全代偿能力的法人、其他组织或者自然人，以保证人身份订立保证合同后，又以自己没有代偿能力要求免除保证责任的，人民法院不予支持。"从《担保法》的解释看，保证人代偿能力的有无并不影响保证合同的效力。这主要是由于保证合同所担保的主债务是一个变化的量，保证人的清偿能力也是一个变化的量，主债务可因部分履行而相应减少，保证人的清偿能力也会因资产的变化，在不同的时期有不同的状态。因此，把代偿能力作为保证人资格的必要条件，进而作为确定保证合同是否有效的依据，不具客观性。不过，尽管保证人的清偿能力如何并不影响保证合同的效力，但在订立保证合同时，仍应注意考察保证人的清偿能力，因为保证人的清偿能力实际上会影响债权人债权受清偿的可能性。

（四）保证合同应具备保证责任实现的主要内容

依据我国《担保法》第15条的规定，保证合同应包括如下内容：

1. 被保证的主债权种类、数额。在保证合同中须确定主债务是继续性还是一时性债务，是将来的还是既存的债务，并具体确定主债权种类，是买卖、借贷、运输还是加工承揽等债务，明确约定被担保主债权的数额。

2. 债务人履行债务的期限。在保证合同中确定主债务履行期限对保证人而言至关重要。因为主债务履行期限届满之时，既是保证期间开始之时，又是主债务的诉讼时效开始之时。对于一般保证人而言，主债务履行期限届满意味着其有可能承担保证责任；对于连带保证人而言，债权人在债务履行期限届满后可直接要求其履行保证债务。

第三十二章

3. 保证的方式。订立合同时，应对保证方式做出明确规定，保证方式有一般保证和连带保证。当事人对保证方式没有约定或约定不明的，由保证人承担连带保证责任。

4. 保证担保的范围。保证担保的范围是保证人对哪些债务承担保证责任。保证担保的范围，有约定担保的范围和法律规定担保的范围。当事人如果有特别约定的，按照约定。

法律规定的保证范围包括：主债务、主债务的利息、损害赔偿金、违约金以及实现债权的费用等。该保证债务的范围依当事人的约定，如果没有约定或者约定不明的，根据我国《担保法》第21条的规定，保证人应当对全部债务承担保证责任。在保证期限内，如果主债务减少，保证债务会随主债务的减少而减少，但当主债务增加时，非经保证人同意，保证范围不能随之扩大。

保证范围通常也被称为保证人的保证责任或保证债务。当主债务不能履行时，债权人请求保证人代为履行保证合同约定的内容（债务），该债务可能是金钱债务或非金钱债务，如果保证人不能代为履行，或者拒绝代为履行，债权人对因此受到的损失有权请求保证人赔偿。所以，保证债务的内容可以为代为履行，也可以为赔偿责任，这也是保证人应负担的责任形式。

5. 保证的期间。保证期间是保证人承担保证责任的起止期间，保证人仅在保证期间内承担保证责任，过了该期间，保证人不再承担保证责任。

6. 双方认为需要约定的其他事项。保证合同的内容除了上述规定的以外，保证人和债权人还可就双方认为需要的其他事项做出规定。

不完全具备以上内容的保证合同，一般情况下，不影响保证合同的效力，可以根据具体情况予以补正。如果没有补正，有可能影响保证合同的效力。但是，任何保证合同都应有被保证的主债权的条款，没有该条款，保证合同不成立。但在银行实际工作中，先有保证合同，再有主债权合同的情况也是有的，这种对于未来发生的债权的保证，在主债权不发生或无效时，保证也不能发生效力。

（五）保证责任的发生以主债务不履行为要件

保证债务为从债，主债务全部履行，保证债务生效的条件确定不成就。主债务如果因可归责于主债务人的事由不履行，保证债务效力发生的条件成就。对于一般保证而言，保证债务的效力以主债务强制执行未果为特别生效要件。

四、保证的类型

保证的类型也称之为保证的方式。保证设立后，当事人在保证合同中可以选择不同种类的保证方式。保证方式可以进行以下分类：

（一）一般保证和连带保证

1. 一般保证。一般保证也称补充保证，是指当事人在保证合同中约定，只有在债务人不能履行债务，并在强制执行其财产后仍不能清偿债务时，保证人才履行保证债务的保证方式。

一般保证是当事人在合同中约定的保证方式，如果双方没有约定一般保证，或者约定不明，根据我国《担保法》第19条的规定，则依法推定为连带保证。

一般保证的特点是：保证人享有先诉抗辩权。当主债务人不履行债务时，保证人并不立即履行保证合同中约定的保证债务，而是债权人先向主债务人诉请履行，在诉请法院强制债务人履行仍然不能实现债权时，保证人才履行。因此，在一般保证中，当债权人没有向主债务人请求履行，而直接请求保证人履行债务时，保证人可以先诉抗辩权对抗该债权人履行保证债务的请求权。

（1）先诉抗辩权的意义。先诉抗辩权又称检索抗辩权，是指在一般保证中，保证人在债权人就主债务人的财产强制执行而无效果之前，得拒绝清偿主债务的抗辩权。也就是说，当债权人向保证人请求履行保证债务时，保证人有权以先诉请法院强制执行债务人的财产进行抗辩，要求债权人先就债务人的财产申请强制执行，只有在法院对债务人的财产强制执行后仍不能使债权人的债权得到满足时，保证人才履行保证债务。在债权人未诉请法院强制执行前，保证人可拒绝履行债务。诉请法院强制执行但无效果后，保证人才履行。

当主债务人不履行债务时，债权人有时把主债务人与一般保证人作为共同被告一并提起诉讼，对于这种情况，法院可以一并解决与案件有关的纠纷。只是在判决中明确，在对债务人的财产依法强制执行不能完成履行债务时，方由保证人承担保证责任。这样可以减轻债权人的诉讼负担。否则，债权人有可能要起诉两次。

（2）先诉抗辩权的性质。先诉抗辩权是法律基于保证的从属性和补充性而设立的专属于保证人的一种抗辩权，具有防御性和阻却性。先诉抗辩权的性质是一种延期性抗辩，也是一时性抗辩，仅能暂时对抗请求权，当执行确实无效果时，就得履行义务，所以不具有永久性抗辩的效力。诉讼时效届满后的抗辩为永久性抗辩。由于一般保证中保证人可行使先诉抗辩权，所以，在一般保证中，保证人的责任较轻，是补充性责任，有第一和第二顺序的差别。主债务人先承担责任，只有在请求强制执行以后，主债务人确实无力承担时，保证人才承担责任，如果强制执行后主债务人承担了一部分，剩下的一部分由保证人承担。

（3）先诉抗辩权行使的限制。先诉抗辩权虽然是为了一般保证人的利益而设置的，但是如果对其不加以限制，也会给债权人带来不利益。根据我国《担保法》第17条第3款的规定，有下列情形之一的，保证人不得行使先诉抗辩权：

第一，债务人住所变更，致使债权人要求其履行债务发生重大困难的。这种情况主要是债务人下落不明或者移居国外，并且无财产可供执行。如果债务人住所变更，债权人知道，或者债务人移居国外，国内有财产可执行，都不属于履行债务发生重大困难。所以，住所变更与履行债务发生重大困难应该有因果关系。这时，保证人就不能行使先诉抗辩权了。

第二，人民法院受理债务人破产案件，中止执行程序的。债务人破产，已经表明债务人资不抵债，当进入破产程序后，我国《破产法》规定，对债务人财产的其他民事执行程序必须中止。也就是说，任何个别的民事执行程序都须中止，不经破产程序，不能执行债务人的财产。所以，只要债务人进入破产程序，债权人请求强制执行债务人的财产无论如何不可能取得效果，在这种情况下，债权人只能要求保证人清偿债务，保证人不得主张先诉抗辩权。

第三，保证人以书面形式明示放弃先诉抗辩权的。先诉抗辩权是民事权利之一，放弃该权利后，不能再主张。

在以上情形下，保证人的责任与连带保证相同。

2. 连带保证。连带保证也称连带债务保证或连带责任保证，是指债务人在债务履行期届至时未履行债务，债权人既可以请求债务人履行债务，也可以请求保证人履行保证债务的保证方式。连带保证的特点是：保证人不享有先诉抗辩权，保证人与债务人处于同一顺序，只要主债务履行期届至时债务人未履行债务，不问其原因如何，也不问其有无履行能力，债权人可不请求执行债务人的财产，而直接向保证人请求履行保证债务。因此，连带保证时保证人的保证责任较重。

连带保证的保证人自己对债权人本无债务，保证债务的履行纯系代债务人履行。不过，一旦主债权人和保证人约定连带保证后，保证人与主债务人在性质上就属于连带债务人，所以，关于连带债务的规定，对于连带保证均可适用。应注意的是，主债务人不履行债务时，主债权人不能直接要求执行保证人的财产，而只能就保证合同向人民法院起诉，法院要对保证合同关系和保证的效力进行认定作出判决或裁定后，才能执行保证人的财产。

但根据我国《担保法》第26条的规定，债权人向连带保证的保证人请求履行的，必须在担保期间内为之。此与一般的连带债务不同。保证人是负补充责任还是连带保证责任，应在合同中约定，没有约定或者约定不明的，根据我国《担保法》第19条的规定，推定保证人承担连带保证责任。

3. 一般保证与连带保证的区别。

（1）保证人是否享有先诉抗辩权不同。一般保证的保证人享有先诉抗辩权；连带保证的保证人不享有先诉抗辩权。

（2）保证方式的发生原因不同。一般保证由当事人约定；连带保证也由当事人约定，但当事人没有约定一般保证或连带保证，或者约定不明时，推定为连带保证。

（3）保证人承担保证责任的轻重不同。一般保证人责任较轻，承担的是补充责任；连带保证人与债务人处于同一顺序，责任较重。

（4）保证合同诉讼时效的始期计算不同。一般保证中保证合同的诉讼时效期间从判决、仲裁生效之日起计算；连带保证中保证合同的诉讼时效期间从债权人在保证期间内要求保证人承担保证责任之日起计算。

（5）保证合同诉讼时效与主合同诉讼时效间的关系不同。一般保证中主合同诉讼时效中断，保证合同的诉讼时效也中断；连带保证中主合同诉讼时效中断，保证合同诉讼时效不中断。

（二）单独保证与共同保证

1. 单独保证。单独保证是一个保证人为同一债务作保证的方式。单独保证可以采一般保证的方式，也可以采连带保证的方式。

2. 共同保证。共同保证，也称数人保证，是指两个或者两个以上的保证人为同一债务人的同一债务作保证的方式。有时需要保证的主债务数额较大，一个保证人不具备代为清偿债务的能力，或者债权人担心万一某个保证人失去代偿能力将影响债权的实现，这样，债权人往往要求债务人找两个以上的保证人承担保证责任。这里的多数人，可以是法人，也可以是自然人。

构成共同保证通常有两种情况：一种情况是数个保证人之间在提供保证时，相互之间有意思上的联络，即彼此之间均知道除了自己之外，还有其他保证人。例如，各个保证人均在同一保证合同上签字盖章或者分别提供经签字盖章的保函。另一种情况是，各保证人之间事先没有意思上的联络，即他们可能并不知道还有其他保证人，只是这数个保证人都分别与主债权人签订了保证合同。无论哪种情况，只要有数个保证人为同一债务人的同一债务提供担保的事实，即成立共同保证，并不需要各个保证人之间事先有意思联络。

由于共同保证的主体为两个以上的多数人，所以共同保证与单独保证不同。关于在数个共同保证人之间存在如何承担保证债务的问题，我国《担保法》第12条规定了共同保证人之间承担保证债务的方式：一种是按份共同保证；另一种是连带共同保证。

（1）按份共同保证。这是共同保证人按照保证合同中约定的份额承担保证债务（责任）的保证方式。按份共同保证的共同保证人在履行了保证债务之后，在其履行的范围内，可以向主债务人追偿，但是不得向其他保证人主张权利。

（2）连带共同保证。这是共同保证人中的每一个保证人都对全部主债务承担保证义务的保证方式。也就是说，如果主债务人到期不能清偿债务，债权人有权要求任何一个保证人承担全部保证责任，该保证人不得拒绝。

承担了全部债务的保证人具有双重追偿权：一是向主债务人追偿；二是对向主债务人不能追偿的部分，可以按内部约定向其他连带保证人追偿超出自己份额的部分。若保证人之间对份额未作约定，则平均分担。如果保证人中有人缺乏偿还其分担部分的能力，那么其不能偿还的部分应当由承担了保证责任的人与其他有资金实力的保证人按比例分担。

如果保证人对于各人承担的份额没有明确约定或者虽然约定了却没有告知债权人，那么依据《担保法解释》第19条的规定，此种情形仍应当认定为连带共同保证。如果各保证人以自己约定的份额对抗债权人，人民法院不予支持。

连带共同保证与连带保证不同，前者是共同保证人之间的连带关系；后者是保证人与债务人之间的连带关系。连带保证中的保证人承担责任后，向主债务人追偿。连带共同保证人具有双重追偿权，保证人承担责任后，即可向主债务人追偿，对超出其份额的部分可向其他连带保证人追偿。从理论上说，共同保证可以是一般保证，也可以是连带保证。

（三）单个形式保证和最高额形式保证

我国《担保法》第14条规定："保证人与债权人可以就单个主合同分别订立保证合同，也可以协议在最高债权额限度内就一定期间连续发生的借款合同或者某项商品交易合同订立一个保证合同。"这是关于单个形式保证和最高额保证的规定。

1. 单个形式保证。单个形式保证是指保证人仅为债务人与债权人一次性交易所产生的债务或者就单个主合同产生的债务提供保证。单个形式保证的特点是合同独立，互不牵连。单个形式保证是最常见的保证形式。

2. 最高额保证。最高额保证是指债权人和保证人可以协议就一定期间内连续发生的借款合同或者某项商品交易合同在最高债权额限度内订立一个保证合同，只要债权人和债务人在保证合同约定的债权额度内进行交易，保证人即应依法承担保证责任。

最高额保证不仅方便简单，而且减少了债权人与保证人之间要不断签订保证合同的麻烦，也有效地保证了债权人利益的实现，使得原本要多次办理的保证能一次解决，有利于资金融通和商品经济的发展。需要指出的是：最高额保证所担保的主债务必须是在将来一定期间内循环往复、多次发生的合同债务。并且适用最高额保证的主合同债务仅限于借款合同或者某项商品交易，这当中的商品交易包括货物买卖、技术转让等，而不及于其他合同债务，例如，租金债务、薪金债务等。

保证人仅在主合同约定的最高债权额限度内提供保证，如果债务人与债权人之间的债务已超过原主合同约定的债权额限度，那么保证人对于超过债权额限度的债务不承担保证责任。所以适用最高额保证须具备一定的条件。

最高额保证的保证债务范围由约定的期间和最高数额确定，它和单个形式保证的效果没有太大的区别。在最高额保证的期间确定后，主债务的数额也随之确定。最高额保证实际上也就转化为普通保证。

最高额保证期间根据债权人与保证人之间的约定确定，如果对保证期间没有约定或约定不明的，最高额保证合同约定有保证人清偿债务期限的，保证合同期间为清偿期限届满之日起6个月。没有约定债务清偿期限的，保证期间自最高额保证终止之日或自债权人收到保证人终止保证合同的书面通知到达之日起6个月。

五、保证期间

（一）保证期间的意义

保证期间是保证人承担保证责任的起止期间。换言之，保证期间也是债权人依保证合同主张保证请求权的有效期间。债权人只能在保证期间内向保证人行使请求权，请求保证人履行保证债务，保证人也只在此期间内有义务履行保证债务。在此期间内债权人未向保证人请求的，过了该期间，保证人的保证债务消灭。因此，保证期间也是当主债务履行期届满以后，保证人能够允许债权人主张权利的最长期间。

（二）保证期间的类型

根据保证期间产生的原因不同，保证期间可作如下分类：

1. 约定保证期间和法定保证期间。

（1）约定保证期间。约定保证期间是由当事人在保证合同中自行约定承担保证责任的期限。通常保证期间由当事人约定，没有约定或者约定不明的，依法律规定。

（2）法定保证期间。法律规定的保证期间是：从主债务履行期届满之日起6个月内。

无论约定或法律规定的保证期间，法律后果是一样的，保证期间届满，保证人不再负保证义务。

如果保证合同约定的保证期间早于或者等于主债务的履行期间，视为无约定，保证期间按法定期间为主债务履行期届满之日起6个月（《担保法解释》第32条第1款）。如果保证合同约定保证人承担保证责任直至主债务的本息还清为止，视为约定不明，保证期间为主债务履行期届满之日起2年（《担保法解释》第32条第2款）。

2. 一般保证的保证期间与连带保证的保证期间。

（1）一般保证的保证期间。该期间是适用于一般保证类型的保证期间。我国《担保法》第25条规定："一般保证的保证人与债权人未约定保证期间的，保证期间为主债务履行期届满之日起6个月。在合同约定的保证期间和前款规定的保证期间，债权人未对债务人提起诉讼或者申请仲裁的，保证人免除保证责任；债权人已提起诉讼或者申请仲裁的，保证期间适用诉讼时效中断的规定。"《担保法解释》第34条第1款规定："一般保证的债权人在保证期间届满前对债务人提起诉讼或者申请仲裁的，从判决或者仲裁裁决生效之日起，开始计算保证合同的诉讼时效。"

根据担保法和担保法解释的上述规定可知，对于一般保证而言，债权人未在约定或法定保证期间内，向债务人提起诉讼或申请仲裁，保证人免除保证责任。债权人在保证期间内已提起诉讼或申请仲裁，保证期间适用诉讼时效中断的规定。换言之，当债权人在保证期间内主张权利后，保证期间作用停止，转为保证合同诉讼时效期间，保证合同诉讼时效期间从判决或者仲裁裁决生效之日起计算，即从主债务人的财产强制执行后仍不能得到清偿之时起算。债权人须在该期间内向保证人主张保证给付，超过该期间再主张保证给付的，保证人不承担保证义务。但是，保证人对已经超过诉讼时效期间的债务承担保证责任或者提供保证，又以超过诉讼时效为由抗辩的，人民法院不予支持。

（2）连带保证的保证期间。该期间是适用于连带保证类型的保证期间。我国《担保法》第26条规定："连带责任保证的保证人与债权人未约定保证期间的，债权人有权自主债务履行期届满之日起6个月内要求保证人承担保证责任。在合同约定的保证期间和前款规定的保证期间，债权人未要求保证人承担保证责任的，保证人免除保证责任。"《担保法解释》第34条第2款规定："连带责任保证的债权人在保证期间届满前要求保证人承担保证责任的，从债权人要求保证人承担保证责任之日起，开始计算保证合同的诉讼时效。"

根据《担保法》和《担保法解释》的规定，连带保证的保证期间与一般保证的保证期间的作用是相同的，均为债权人向保证人主张权利的有效期间，而且，债权人一旦在保证期间内主张权利，保证期间即转为保证合同诉讼时效。两者的根本区别是：两类保证合同诉讼时效期间的起算点不同。一般保证中，因保证人享有先诉抗辩权，故保证合同诉讼时效期间从判决或者仲裁裁决生效之日起计算。连带保证的保证合同诉讼时效期间是从债权人在保证期间届满前要求保证人承担保证责任之日起计算。

（三）保证期间的始期

无论是约定保证期间，还是法定保证期间，保证期间自主债务履行期届满开始计算，如果主债务的履行期不明确，债务人可以随时向债权人履行义务，债权人也可以随时要求债务人履行义务，但应给对方必要的准备时间，即"宽限期"。由此，《担保法解释》第33条规定："主合同对主债务履行期限没有约定或者约定不明的，保证期间自债权人要求债务人履行义务的宽限期届满之日起计算。"

（四）保证期间的性质

保证期间是债权人主张保证请求权的期间，债权人在该期间内不行使请求权，保证人则免除保证债务。一般保证中，债权人先向主债务人提出请求，当主债务人的财产强制执行后仍不能清偿债务之时，保证人才履行保证给付；连带保证中，主债务人与保证人在债务履行期届满后有同等地位，债权人可向保证人或主债务人之一提出请求。

保证期间非诉讼时效期间。诉讼时效期间是法定期间，该期间不能约定，而保证期间可以约定。诉讼时效期间届满，债权人的实体权利仍然存在。而保证期间届满，保证人免除保证责任，债权人实质上丧失的是实体权利（请求权）。诉讼时效期间可以终止、中断或延长，保证期间则不能。

保证期间也非除斥期间。虽然两者都是不变期间，但除斥期间是法定的不变期间，而保证期间既有法定的不变期间，也有约定的不变期间。另外，除斥期间适用撤销权、解除权等形成权，除斥期间届满，丧失的是形成权；而保证期间指向的是请求权，保证期间届满，债权人不得再请求保证人履行保证债务。

（五）保证期间与保证合同诉讼时效和主合同诉讼时效的关系

根据《担保法》第25、26条以及《担保法解释》第34条的规定，保证期间与保证合同以及主合同诉讼时效的关系可以概括如下：

1. 无论一般保证还是连带保证，主债权人均需在保证期间内向保证人行使保证债务请求权，在保证期间内债权人行使请求权，保证期间的作用停止，保证合同诉讼时效期间开始发生作用。

2. 一般保证的债权人在保证期间届满前对债务人提起诉讼或者申请仲裁的，从判决或者仲裁裁决生效之日起，开始计算保证合同的诉讼时效。连带责任保证的债权人在保证期间届满前要求保证人承担保证责任的，从债权人要求保证人承担保证责任之日起，开始计算保证合同的诉讼时效。

3. 主合同诉讼时效期间与保证期间的起算相同，从主债务履行期届满开始计算。

4. 一般保证中主合同诉讼时效中断，保证合同的诉讼时效也中断；连带保证中主合同诉讼时效中断，保证合同诉讼时效不中断。

六、主债变动对保证责任的影响

1. 主债权转让。《担保法》第22条规定："保证期间，债权人依法将主债权转让给第三人的，保证人在原保证担保的范围内继续承担保证责任……"但是保证人与债权人事先约定，仅对特定的债权人承担保证责任或者禁止债权转让的，保证人不再承担保证责任。

2. 主债务转让。《担保法》第 23 条规定："保证期间，债权人许可债务人转让债务的，应当取得保证人书面同意，保证人对未经其同意转让的债务，不再承担保证责任。"

3. 债权数额变更。根据《担保法解释》第 30 条第 1 款的规定，保证期间，债权人与债务人对主合同数量、价款、币种、利率等内容作了变动，未经保证人同意的，如果减轻债务人的债务的，保证人仍应当对变更后的合同承担保证责任；如果加重债务人的债务的，保证人对加重的部分不承担保证责任。

七、保证与担保物权并存时的关系

在同一债权上同时设立担保物权和保证的，当债务人不履行到期债务或者发生当事人约定的实现担保物权的情形时，担保人应根据《物权法》第 176 条和《担保法解释》第 38 条的规定的精神，承担担保责任：

1. 如果债权人与保证人或物的担保人事先约定担保责任的分担，则按约定办。

2. 如果债权人与保证人或物的担保人事先无约定或者约定不明确，则应区分两种情况承担担保责任：①债务人自己提供担保物的，物权担保优于保证人担保，即债权人先就物的担保实现债权，保证人对物保实现后的剩余债务再负担保责任。②第三人提供担保物的，物的担保与保证人担保并存，债权人既可先向提供物的担保的第三人提出请求，也可向保证人提出请求，两个第三人地位平等。提供担保的第三人承担担保责任后，有权向债务人追偿。

3. 债权人放弃物的担保的，不论是债务人还是第三人提供担保物的，保证人在债权人放弃的权利范围内免除保证责任。

4. 如果物的担保合同被确认无效或者被撤销，保证人仍应按保证合同履行保证责任。因为物的担保合同无效或被撤销，不存在拍卖问题，也就不存在就物保以外的债权实现保证的问题，因此，保证人应负保证责任。

5. 如果担保物因不可抗力的原因灭失而没有代位物的，保证人仍应当按合同的约定或者法律的规定承担保证责任。

6. 如果债权人在主合同履行期届满后怠于行使担保物权，致使担保物的价值减少或者毁损、灭失的，视为债权人放弃部分或者全部物的担保。保证人在债权人放弃权利的范围内减轻或者免除保证责任。

八、保证人的免责

出现下列情形之一的，保证人不承担保证责任：

1. 保证期间内，债权人未主张保证请求权。

2. 主合同双方当事人串通，骗取保证人提供保证的。

3. 主合同债权人采取欺诈、胁迫等手段，使保证人在违背真实意思的情况下提供保证的。

4. 同一债权既有保证又有物的担保的，债权人完全放弃物的担保的。

5. 保证期间内，债权人将主债权转让给第三人，而该债权是保证人与债权人事先约定仅对特定的债权人承担保证责任或约定禁止转让的，保证人对该转让的债权不再承担保证责任。

6. 保证期间内，债权人许可债务人转让部分债务，未经保证人书面同意的，保证人对未经其同意转让的部分，不再承担保证责任。

7. 主合同当事人双方协议以新贷偿还旧贷，除保证人知道或者应当知道的外，保证人不承担保证责任。

九、保证人的追偿权

我国《担保法》第 31 条规定："保证人承担保证责任后，有权向债务人追偿。"所以，保证人的追偿权是保证人向主债权人履行保证责任后，有权向主债务人请求偿还的权利。保证人向主债务人追偿的范围仅限于保证人履行保证责任的范围。

如果是按份共同保证，保证人仅向主债务人追偿按份共同保证合同中约定的保证份额。连带共同保证人如果承担了全部保证责任后，有权向债务人追偿。向债务人不能追偿的部分，由各连带保证人按其内部约定的比例分担；没有约定的，平均分担。

保证人追偿权的实现是以债务人有财产为前提的。如果债务人没有任何财产，保证人的追偿权不能实现。立法为了保护保证人追偿权的实现，特别规定了追偿权的预先行使制度。我国《担保法》第 32 条规定："人民法院受理债务人破产案件后，债权人未申报债权的，保证人可以参加破产财产分配，预先行使追偿权。"例如，债务人资不抵债，经债权人或者自己申请破产，人民法院受理后，进入破产程序。这时债务人的各个债权人开始申报债权，执行债务人财产后，债权可能还有不能清偿的部分，可在破产程序终结后 6 个月内向保证人提出承担保证责任。可以看出，保证人不因债务人破产而免除责任。

但是，进入破产程序后，债权人从申报债权到最后分配破产财产，时间较长，而且这种申报也不是保证期间中断的原因，有可能破产程序还没结束，保证期间就已经过了，而且经常是经过破产程序执行债务人财产后，还有不能清偿的部分，还得找保证人请求偿还。

因此，设立保证的债权人经常是在法院受理债务人破产案件后，不参加破产程序，直接向保证人主张权利。保证人在承担责任后，是债务人的债权人，如果此时再向法院申报债权参与破产财产分配，可能就晚了，所以我国《担保法》规定，人民法院受理债务人破产案件后，债权人未申报债权的，保证人可以参加破产财产分配，预先行使追偿权。当然，债权人在债务人破产后未申报债权的，应通知保证人，以便保证人预先行使追偿权。如果不通知，保证人就在该债权在破产程序中可能受偿的范围内免除保证责任。

十、保证的消灭

保证可因以下原因消灭：

1. 主债务消灭。保证为从债，根据"从随主"的原则，主债务消灭，从债务也消灭。
2. 主债务承担。主债务人更换时，除经保证人同意外，保证归于消灭。
3. 保证人死亡或法人解散。保证人为自然人的，该自然人死亡，其继承人仅在其遗产范围内负有限保证责任，如果没有遗产，保证消灭；法人解散时，其清算组织仅在该法人财产清算范围内负有限保证责任，法人没有任何财产的，保证消灭。
4. 保证期间届满，保证债务因债权人未请求而消灭。
5. 保证合同解除，保证也归于消灭。

■第三节　定　金

一、定金的意义

定金是合同一方当事人为确保合同的履行而预先向对方给付的一定数量的货币或其他替代物。我国《担保法》将定金作为债的担保的方式之一。它的担保作用体现在：如果给付定金的一方不履行约定的债务（违约），无权要求返还定金（丧失定金）；如果接受定金的一方不履行约定的债务（违约），应当双倍返还定金，通常将此称为定金罚则。

第三十二章

二、定金担保的特点

定金担保作为一种债权担保方式，具有以下特点：

1. 定金担保为金钱担保。定金作为钱保，是指在订立合同时，交付一定数额的金钱以担保合同的履行。与人保和物保相比，定金担保的担保功能比较弱，只具有象征性的担保意义。因为对于双方而言，当一方不履行义务（违约）时，其相对方（不违约的一方）都不能从定金中获得充分清偿，只产生一种抗辩权或者请求权（抗辩权即对抗对方返还定金的请求；请求权即请求对方双倍返还定金）。而且接受定金一方由于在接受定金后将定金与他的其他财产混同，并没有将定金特定，如果他的清偿能力有限，定金双倍返还的担保作用甚至都无法正常发挥。所以，从保障债权的实现角度而言，定金的担保功能比较弱。

2. 定金担保仅为合同履行担保。定金作为我国担保法规定的五种担保方式之一，与其他担保方式不同的是，定金作为钱保的方式，是合同之债特有的效力，对于法定之债不适用定金，而其他担保方式既可适用于法定之债，也可适用于合同之债，所以定金是纯粹的合同之债担保方式。

由于不可抗力是主合同不履行的免责事由，因此，不可抗力也是定金合同不履行的免责事由。不可抗力是不可归责于双方当事人的事由导致的合同不能履行，故合同双方都免责。但是，如果是第三人的过错造成的合同不能履行，仍适用定金罚则，违约方适用定金罚则后，再向有过错的第三人追偿。

3. 定金担保的设定人是被担保的主合同的当事人。这与抵押、质押、保证有区别。抵押人、质押人可能是第三人，保证人则必须是主合同以外的第三人。而定金的交付人和接受人都是主合同的当事人。

4. 定金是主合同双方互为担保。定金担保具有双向性，担保的是双方的债权。这一点也与前面所说的担保方式不同。保证、抵押、质押、留置都一样，只具有单向的担保功能，只是债务人向债权人担保。定金对债权人和债务人都有担保功能，任何一方不履行合同，都适用定金罚则。

三、定金的设立

定金担保是约定担保，是通过主合同当事人设立定金合同而发生的。依据我国《担保法》规定的精神，定金合同设立的特点如下：

1. 定金合同是从合同。定金的设立是担保主合同的实现。这个合同可以单独为一个合同，也可以作为主合同的条款，但在合同中须明确"定金"字样。如果没有定金字样，不发生定金效力。但是合同内容有符合定金内容和定金罚则的约定，也认定存在定金合同。

定金合同的效力从属于主合同的效力，主合同无效，定金合同也无效。定金合同另有约定的，效力可以与主合同效力分离，但应是合法内容的约定。

2. 定金合同是要式合同。定金合同应采用书面形式。书面形式是定金合同的成立要件，在采用书面合同的情形下，合同自双方当事人签字或盖章时成立。如果没有采用书面形式，或者采用了书面形式，但在签字盖章前，一方已实际履行了义务，对方也接受，该合同也成立。

3. 定金合同是实践性合同。如果仅有书面约定，也签了字盖了章，但没有实际交付定金，定金合同不成立，也不生效。定金的交付是定金合同的生效要件。

定金须在合同履行前交付，即在主债成立后，履行期届满前交付。交付的标的原则上是金钱，也可以是替代物。定金缴付的数额由双方约定，但法律限定不得超出主债务额（合同标的额）的20%。超过部分，人民法院不予支持。超过部分不发生定金效力，发生预付款的效力。

如果合同订立后，实际交付的数额多于或者少于约定数额，定金合同是否成立？根据《担保法解释》第 119 条的规定，实际交付的数额多于或者少于约定数额，视为变更定金合同。也就是说，如果少交或多交的，实际交付的定金数额为实际生效的定金数额，如果收受定金一方提出异议并拒绝接受定金的，定金合同不生效。

四、定金的种类

定金作为一种合同担保方式，因其设立的目的、性质和效力不同，可以分为以下类型：

1. 违约定金。此种定金是指在交付或者接受定金以后，任何一方当事人不履行主合同，都应按照定金罚则予以制裁。此种定金在实践中运用得最为广泛。

2. 立约定金。此种定金是指当事人为保证以后正式订立合同而专门约定的定金。对于立约定金，我国《担保法》没有规定，但我国《担保法解释》第 115 条对立约定金有规定："当事人约定以交付定金作为订立主合同担保的，给付定金的一方拒绝订立主合同的，无权要求返还定金；收受定金的一方拒绝订立合同的，应当双倍返还定金。"

立约定金在经济生活中很常见。例如，当事人在订合同之前经常签订意向书，双方经常在意向书中约定立约定金，约定某日订立合同，并给付约定的定金作为签订正式合同的担保。因为意向书不是合同，违反意向书不构成违约，这时的定金不是违约定金，而是立约定金。

3. 证约定金。此种定金乃是为证明合同关系的成立而设立的。当事人为证明合同已经成立，防止一方以合同未成立为由而违约，因此专门设立证约定金，作为订立合同的证据。

4. 成约定金。通常情况下定金交付不应成为合同成立的要件，但是如果当事人特别约定，以定金的交付作为主合同成立的要件，那么交付定金与否，就会决定合同是否成立。这就是成约定金。对此种定金，我国《担保法》没有规定，《担保法解释》第 116 条则规定："当事人约定以交付定金作为主合同成立或者生效要件的，给付定金的一方未支付定金，但主合同已经履行或者已经履行主要部分的，不影响主合同的成立或者生效。"也就是说，当事人可以约定把交付定金作为合同成立或生效要件，这是成约定金，但是如果一方没有交付定金，主合同已经实际履行，也视为合同成立和生效，任何一方当事人不能以没有交付定金为由宣布合同不成立或不生效。

5. 解约定金。此种定金是指当事人为保留单方解除主合同的权利而交付的定金。一方在交付解约定金以后可以放弃定金而解除合同，而接受定金的一方如果愿意加倍返还定金也可以解除合同。这种定金最大的特点在于通过定金的放弃和加倍返还而给予当事人解除合同的权利或机会。我国《担保法解释》第 117 条规定，定金交付后，交付定金的一方可以按照合同的约定以丧失定金为代价解除主合同，收受定金的一方可以双倍返还定金为代价而解除主合同。对解除主合同后责任的处理适用《合同法》的规定。此为解约定金。

从担保功能上说，定金罚则可担保当事人不至于轻易解除合同。

五、定金与其他金钱质（预付款、订金、押金等）的区别

（一）定金与预付款

有的时候，双方在合同订立后，履行付款义务前，会由一方请求对方预先交付一定数额的金钱。这从表面上看很像定金，都是在合同履行前，先交付；而且，在合同履行后，这部分预先交付的定金可以抵作价款。所以，定金很像预付款。

但定金与预付款在性质、作用、法律后果、交付方式上均有不同。定金是从债，具有担保合同履行的作用，如果合同不履行，交付定金的一方不能收回预先交付的定金，收受定金的一方不履行合同则双倍返还定金，并且定金为一次性交付。而预付款没有担保作用，仅是依约定一方提前交付另一方一定数额的金钱，这种提前履行，通常是为了给对方提供资金上的方便，预付款可以分期交付。依约定应交预付款而未交时，构成对主合同义务的违反。交付和收受预付款的当事人一方不履行合同义务时，预付款可抵作损害赔偿金，不发生丧失预付款和双倍返还的效果。

（二）定金与订金

"订金"往往代表一种意欲订立合同的约定金或履行合同的预付款，而不具有担保合同履行的定金的效力。例如，在订立商品房预售合同前预交的房号预留金、订约保证金等。因此，区别"订金"与"定金"的关键在于理解定金所特有的惩罚规则，具体而言，分辨"订金"是否具有定金的性质，关键在于当事人订立的合同内容中是否有对符合定金特性的定金罚则进行约定。如果双方当事人仅简单地约定"订金"，而未在合同中就"订金"进行定金性质的约定，就不能视为定金，不具有定金的法律效力。所以，这种订金主要是用来限制双方当事人的行为的。

（三）定金与押金

押金，目前在我国少数合同中适用，尤其是房屋租赁合同使用比较多，例如，出租人与承租人约定，在合同订立后，承租人多交相当于1个月房租的押金。押金的实质是为了担保债务的履行，如果债务人不履行债务，债权人可以从押金中优先受偿。押金因为交付移转货币所有权，受领人享有对押金的支配权。

押金与定金不同，定金具有双向担保作用，具有惩罚性，而且适用范围比较广，所有的合同都可适用。押金仅具有单向担保功能，由债务人提供，对债权人担保。如果债务人履行义务，押金就返还或者折抵合同价款。如果债权人不履行合同，不能从押金中追究法律责任，所以，押金仅具单向担保性。而且，押金不具有惩罚性，适用范围较窄，目前仅适用于房屋租赁等有限的几类合同中。

六、定金的适用

1. 不履行合同或不适当履行合同，如因当事人一方迟延履行或者其他违约行为，致使合同目的不能实现，可以适用定金罚则。但法律另有规定或者当事人另有约定的除外。

2. 当事人一方不完全履行合同的，能够按比例适用定金规则的，应当按照未履行部分所占合同约定内容的比例，适用定金罚则。

3. 因合同关系以外的第三人的过错导致主合同不能履行的，适用定金罚则。受定金处罚的一方当事人，可以依法向第三人追偿。

4. 因不可抗力、意外事件致使主合同不能履行的，不适用定金罚则。

5. 当事人既约定违约金，又约定定金的，一方违约时，对方可以选择适用违约金或者定金条款。

债的移转

■第一节　债的移转概述

一、债的移转的含义

债的关系在其存续过程中，债的主体、内容和客体都会发生变化，这些变化统称债的变更，也称为广义的债的变更。广义的债的变更又分为两种情况：一是债的主体变更，称为债的移转；二是狭义的债的变更，即债的内容、客体的变更。债的内容、客体的变更原因和方式都比较复杂，特殊性比较强，不具有概括性。所以，对于债的内容与客体的变更在债法总论中都没有相关的规定，而将这部分规定在各类具体债的部分中，例如，我国《合同法》有合同变更的规定。

从债的一般原理的意义上，债的移转主要研究债的主体变更，即债的主体移位。债的移转，就是在不变更债的内容和标的的情形下，债的主体发生移位，新的债权人或债务人代替原来的债权人或债务人，包括债权让与、债务承担和债权债务概括移转。当债权人发生变更时，则为债权让与；当债务人变更时，则为债务承担；当债权债务一并移转时，称为概括承受。

无论是债权或债务单独移转，还是债权与债务一并移转，债的关系并没有失去同一性。所谓没有失去同一性，是指原来的债的内容都没有发生变化，没有因债的移转，而使债的效力、权利义务发生变化。债的效力、债的原有利益和内容、债的各种抗辩权、债原有的瑕疵、原来的从权利都不会发生变化，例如，附随的担保物权等都不会因移转而发生变化。反之，如果是买卖变成租赁，赠与变为买卖，或者原来的债消灭，变为另一个新债，就不叫债的移转，通常称为债的更改（更新），这已经失去了原债的同一性。债的移转是在债的关系不失去其同一性的前提下的主体的变更。

二、债的移转的原因

1. 因法律行为发生债的移转。债的移转可以因法律行为发生，法律行为可以是单方法律行为，如通过遗嘱行为处分债权；附义务的遗赠，在遗赠发生效力时，即同时成立债务承担。也可以是双方法律行为，如通过债权让与合同处分债权或订立债务承担合同移转债务。

2. 因法律规定产生债的移转。除了法律行为以外，也有依法律规定移转债权债务的，例如，依继承法中的法定继承，如果被继承人未立遗嘱，被继承人死亡，依照法定继承，继承人继承被继承人的债权债务。

依据《合同法》"买卖不破租赁"的规定，当出租人把租赁物的所有权转让给受让人时，原租赁合同对新所有人继续有效，这时，新的所有人成为出租人，等于是依法律规定原出租人把债权（租赁权）移转给新的所有人。

在保证中，保证人替主债务人履行债务后，依《担保法》可以向主债务人追偿，保证人的追偿权等于是保证人依法律替代了主债权人的位置，成了主债务人的债权人。这也是因法律规定发生债的移转。

3. 因法院或仲裁机构的裁定或判决产生债的移转。通过单方法律行为、法律规定以及法院或仲裁机构的裁定或判决产生债权的移转的情况不多，债权移转多数情况下是通过债权让与合同完成的。

三、债的移转之立法

在罗马法早期，债是不允许变更和移转的。罗马法早期认为，债是特定人之间的关系，债是连结债权人和债务人之间的法锁，变更其任何一端，都会使债的关系失去原有的同一性。所以，认定债的主体不能变更，债权不能转让。

随着近现代商品经济逐步发展，一切财产都被视为资本，债权的资本化也已经成为人们的一般观念，债权不得让与的理论逐渐改变。

大陆法系不少国家立法都规定了债的移转制度。而且在债的移转制度之外，还规定了债的更改制度。债的更改就是消灭旧债成立新债。我国立法仅规定了债的移转（主体的变更），没有规定债的更改，这被认为是继受德国立法，而法国、日本、瑞士等国都有债的更改制度。

我国《民法通则》对于债的移转仅规定了一条（第91条），不够完善。我国《合同法》第五章用14个条文专章规定了"合同的变更和转让"，这是目前我国立法对债的移转的总括性规定。

债的移转分为债权让与、债务承担和债权债务概括移转。分述如下：

■第二节　债权让与

一、债权让与的意义

债权让与是指不改变债的内容与客体，债权人通过债权让与合同移转其债权于第三人（受让人）的处分行为。

例如，甲对乙享有50万元金钱债权，之后，甲因资金周转的需要，将自己对乙的债权以40万元的价格通过债权让与合同转让给丙，并就该债权让与行为向乙作出了通知，事后，丙向乙主张该让与债权。

从债权让与当事人的关系可知，债权让与是法律行为。法律行为分负担行为与处分行为。处分行为又分物权处分行为（产生物权变动的行为）和准物权处分行为（产生物权以外的权利变动的行为）。债权让与是处分行为，具体而言是处分债权的准物权行为。债权让与行为一经生效，受让人即取得债权。

债权让与行为相当于将债权作为"物"、作为"有金钱价值的财产"来处分，只是让与客体不是物的所有权，而是债权。通常把处分债权的合同（债权让与合同）称为准物权合同。规定债权让与制度，具有融通资金的重要功能。债权也是财产，将其作为交易的标的，使债权的实现力、变现性增强。

债权让与可以是部分让与，也可以是全部让与。债权人可以把按份债权或连带债权让与他人，受让人则成为该按份之债和连带之债的新的债权人。

二、债权让与的特点

1. 债权让与根据让与人与受让人的债权让与合同成立。债权让与是双方法律行为，只有双方意思表示一致，通过合同行为，债权让与才成立。那么，是否存在无需通过合同即可发生债权主体的变更的情形呢？显然存在。例如，根据遗嘱、遗赠等单方法律行为发生债的主体的变更，或者根据法律的规定发生债权主体变更，根据法定继承、保证人的代位追偿权、连带债务人的代位追偿权等发生债的主体的变更，或者根据法院的裁定和判决发生债权主体的变更等。上述非基于合同发生的债权主体的移位，严格地说，称之为债的移转或债的主体变更。债权让与是合同行为，故民法中关于双方法律行为以及合同的规定，对债权让与合同均适用。

2. 债权让与合同的标的是债权。债权让与是通过让与合同将债权当作财产处分，故债权让与合同是债权处分行为，通过让与行为发生债权的变动。债权让与和物权处分行为有类似之处也有其不同之处。债权让与是处分行为，因此，让与人对债权须有处分权，无权处分为效力待定。由于债权是权利，而非有体物，故民法关于有体物的处分规定，不适用于债权让与。债权让与合同除了须通知债务人以外，不存在交付或登记的问题。

三、依债权让与合同让与债权的要件

（一）须有有效债权存在

1. 须让与的债权存在。债权不存在，相当于转让的标的物不存在，构成给付不能。

2. 须让与的债权有效。债权存在，还须有效，无效的债权，实质仍为给付不能。受让无效债权不受法律保护，无效的债权转让后仍然无效。

已过诉讼时效的债权是自然债权，还有履行的可能，可以转让；有可撤销原因的债权在撤销前、附条件的债权在条件成就前，也可以转让。

（二）让与的债权须是可让与之债权

并非一切债权都可让与，有些债权不允许让与或者限制让与。我国《合同法》第79条对此规定了三种限制。根据此规定的精神，可以归纳出如下不得让与的主要债权：

1. 依债权的性质不得让与的债权。这主要是指和债的当事人有人身或者"类人身"关系的债权，这类债权不适合让与。例如，人身损害赔偿请求权不得让与。这类债权是因身体健康、名誉受侵害而产生的赔偿金、慰抚金债权，这是债的性质决定的不得让与。基于信任关系而须由特定人受领的债权不得让与，如因代培、雇佣合同产生的债权。基于合同的特性不能转让的债权，如基于演出合同、作画等产生的债权。从债权不得单独让与，例如保证、定金等债权，应与主债权一并让与，否则其让与无效。

2. 当事人约定不得让与的债权。违反约定之债权让与，原则上无效。根据合同自由原则，在不违反法律的强行性规定和公序良俗的前提下，当事人在合同中可以特别约定禁止相对方转让债权的内容，该约定对当事人产生约束力。禁止让与的约定属于民法的意思表示，应适用民法有关意思表示的规定。值得讨论的是，根据契约自由的原则允许双方当事人做出禁止让与债权的特别约定，然而，该约定是否具有对抗善意第三人的效力呢？有学者认为，该约定有效只是意味着在债权人和债务人之间具有约束力，负担行为有效，但是并不能直接产生约束善意第三人的效力，也不能直接达到限制财产权利人之处分权的目的。[1]

3. 法律规定不得让与的债权。如我国《合同法》第272条规定，承包人不得把其承包的全部建设工程转包给第三人或将其承包的全部建设工程肢解以后以分包的名义转包给第

---

[1] 赵廉慧："债权让与禁止之约定的效力"，载《人民法院报》2008年11月4日。

三人。

而有的债权，并非禁止让与，如果经过债务人同意，也可以让与。这属于限制让与的债权。我国《合同法》第 272 条规定，总承包人或者勘察、设计、施工承包人经发包人同意，可以将自己承包的部分工作交由第三人完成。

（三）让与人与受让人须就债权让与达成合意

让与人与受让人须就债权让与达成合意，即双方要有债权移转合同。债权让与合同是准物权合同，以移转、处分债权为标的，属于处分行为。债权让与合同是不要式合同，法律没有要求必须采用书面形式，当事人协商一致，可以变更。如果法律、行政法规规定债权让与合同应当办理批准、登记等手续的，依照其规定。合同对债权让与的约定应明确，如果约定不明确，推定为没有移转。

债权让与合同基于一定的原因而发生，例如，买卖、赠与、借贷、清偿债务等。债权让与与其原因合同是否有关系呢？其原因行为不成立、撤销或无效，是否影响债权让与合同的效力？对此问题有争论。部分观点认为，债权让与合同应为无因性合同。原因无效，债权让与合同有效，仅发生不当得利的问题。也有观点认为，我国现行法律采有因说，故原因行为无效或被撤销，债权让与不发生效力，债权自动复归于让与人，票据债权让与除外。我国立法目前尚未明确承认物权行为的无因性，但物权法将处分行为的原因效力与结果效力进行了区分，可以认为，原因行为无效，债权让与合同并非随之无效，其效力应依据合同法规定的合同有效要件来判断。如果债权让与合同具备法律规定的生效要件，应认为该合同有效。

债权让与协议自债权人与受让人签订之日起生效，无须经债务人同意。如果债权让与协议转让的是不得转让的债权，不能实现转让权利的受让人可向转让人主张损害赔偿责任。

（四）债权让与合同移转的债权须属于让与人

如果让与的债权有瑕疵，例如，让与人对债权无处分权，受让人不能取得债权，让与人应负权利瑕疵担保责任，无权处分经追认的让与行为除外。

（五）债权让与须通知债务人

债权让与的结果对债务人的利益有重大关系，所以，我国《合同法》第 80 条第 1 款规定："债权人转让权利的，应当通知债务人。未经通知，该转让对债务人不发生效力。"这是对债务人利益的保护，未通知债务人，债权让与对债务人不发生效力，债务人仍可向原债权人（让与人）清偿。须注意的是，债权让与无需经债务人同意，只要债权让与合同符合合同有效要件，债权让与在债权人与受让人之间就发生效力。未通知债务人的，该转让仅对债务人不发生效力。

债权人转让债权的通知到达债务人后，则已实际生效，债权人不得撤销该通知，如果允许随意撤销，被转让的债权会处于不稳定状态。所以，我国《合同法》第 80 条第 2 款规定："债权人转让权利的通知不得撤销，但经受让人同意的除外。"

债权让与通知为观念通知，准用意思表示的规定。即使债权让与合同有效，如该通知有无效或可撤销的原因，仍为无效或得撤销之。[1]

四、债权让与的效力

债权让与涉及出让人（原债权人）、受让人（新债权人）和债务人之间的关系，因此，

---

〔1〕 史尚宽：《债法总论》，中国政法大学出版社 2000 年版，第 725 页。

债权让与的效力，就是因债权让与而在让与人、受让人之间和让与合同当事人与债务人之间产生的效力，分为对内效力与对外效力。

（一）债权让与的对内效力

债权让与的对内效力是债权让与在让与人与受让人之间的效力。其具体效力如下：

1. 债权人发生更替。让与人通过债权让与合同将债权转给受让人。

2. 债权的从权利也随之移转。《合同法》第81条规定："债权人转让权利的，受让人取得与债权有关的从权利，但该从权利专属于债权人自身的除外。"例如，主债权设定有担保物权、保证或定金时，根据从随主的原则，主债权移转，从债权随之移转。如果存在当事人特别约定不得移转从债权的情况，只要该约定不违法，应按约定。形成权、解除权、撤销权等属于债权人自身的从权利的让与，可使整个债的关系消灭，故不发生移转的效力。

3. 让与人须向受让人交付证明债权的文件和告知必要的情形。为了使受让人完全行使债权，让与人在债权转让时，应将足以证明债权的一切文件交付给受让人，如债务人的借据或者存单、票据、合同书、账本等。同时应将关于主张该债权之必要情形告知受让人，如告知受让人债务履行期、履行地、履行方式、债务人住所、债的担保方式、债务人可能主张的抗辩权等。

4. 有关原债权的一切利益也归新债权人。债权让与仅为债的主体变更，原债权的一切利益不变，因此，在债权让与时，应将原债权上存在的一切利益同时移转于受让人。

（二）债权让与的对外效力

债权让与的对外效力是相对于债权让与合同的当事人而言的。根据债的相对性原理，债权让与合同的当事人是让与人与受让人，然而该债权让与的效力又涉及让与人和受让人之外的第三人（债务人）。因此，债权让与的对外效力主要是指债权让与在让与人与债务人之间的效力和在受让人与债务人之间的效力。

1. 在让与人与债务人之间的效力。《合同法》第80条规定："债权人转让权利的，应当通知债务人。未经通知，该转让对债务人不发生效力。债权人转让权利的通知不得撤销，但经受让人同意的除外。"由此可知，让与人对于债务人的义务主要是将债权让与的情况通知债务人，并把受让人的情况（商号、住所）告知债务人，以便债务人履行债务。未经通知，该债权让与对债务人不生效。该通知由让与人作出，受让人通知债务人时，除非债务人未提出异议，否则，债务人可拒绝向受让人履行。通知的方式为非要式行为，口头、书面均可。

债权让与通知可以撤销，但须经受让人同意，否则，不得撤销。

2. 在受让人与债务人之间的效力。

（1）债权让与经通知后，债权人发生更替，被让与的债权以及从权利移转给受让人，受让人成为债务人之新债权人，债权也因此对债务人生效。但是，专属于债权人的从权利不发生移转的效力。债权让与生效后，债务人只有向受让人（新债权人）履行给付，才能发生债务的清偿、使债归于消灭的效力。

债权转让的，应当认定诉讼时效从债权让与通知到达债务人之日起中断。

（2）债务人因债之关系，原来可对抗让与人的一切权利，除法律另有规定或当事人另有约定外，均可以对抗受让人。我国《合同法》第82条规定："债务人接到债权转让通知后，债务人对让与人的抗辩，可以向受让人主张。"

3. 债权双重让与或多次让与时对其他第三人的效力。由于债权让与不存在公示，债权人根据让与合同将债权转给受让人后，可能就该债权又与他人订立债权让与合同，发生二次让与或多次让与，此情形类似"一物二卖"。那么，此时第一受让人是否可对抗第二受让人呢？我国合同法对此没有规定。从立法例观察，通常的做法是，以让与通知到达债务人的时间先后为准，即先到达的让与债权通知可以对抗后到达的让与通知。也有不采通知对抗主义，按合同成立先后决定债权让与顺序。

■第三节　债务承担

一、债务承担的意义

1. 债务承担的概念。债务承担是指不改变债的内容，由第三人（受让人）承受债务人的部分或者全部债务的法律行为。

债权可以移转给第三人（受让人），同样，债务也可以移转给第三人。债务承担的范围可以是全部债务，也可以是部分债务。

2. 债务承担的特点。

（1）债务承担为双方法律行为，须债务让与人与受让人意思表示一致，债务承担始为成立。

（2）债务承担合同是准物权契约，对于债务人而言，移转债务于他人，是对债务的处分行为；而对受让人（新债务人）而言，是负担行为。债务承担在性质上属效力待定行为，以债权人同意为生效要件。由于新债务人是否有清偿能力、是否有信用，对于债权人的债权的实现影响很大，因此须经债权人同意，债务承担才可生效。

（3）债务承担合同的标的是可移转的债务。

二、债务承担的类型

债务承担一般分为两种：免责的债务承担和并存的债务承担。

（一）免责的债务承担

即在一个债的关系中，由承担人（受让人即新债务人）取代原债务人的位置而承受其债务，使原债务人脱离债的关系，可简称为债务承担。

（二）并存的债务承担

即承担人加入债的关系，与债务人共同负担债务。并存的债务承担受让人与原债务人是连带债务人的关系。

一般所指的债务承担，仅指免责的债务承担。对于并存的债务承担，通常适用连带之债的规定。我国《合同法》第84条以下规定的债务承担为免责的债务承担。

三、免责的债务承担的要件

（一）债务须存在、合法并具有可移转性

既然是把债务移转给第三人，所以须以债务存在为前提。就本不存在的债务订立债务承担合同，不发生债务承担的效力。另外，债务承担合同的标的应当是合法债务和可移转的债务，不法债务或性质上不可移转的债务不能成为债务承担的标的。

法律规定不得移转的债务，不得由受让人承担。例如，根据我国《民法通则》的规定，债务人承担的恢复名誉、消除影响、赔礼道歉的债务，不得由受让人承担。某些债务仅可由受让人代为履行，而不得以债务承担合同移转于受让人。例如，因扶养请求权而发生的债务在性质上是不可移转的债务，原则上不得作为债务承担合同的标的。但该债务经债权人同意移转，也可由受让人予以承担。例如，债为债务人亲自为债权人加工或修理物品、书写字画、处理事务，如经债权人同意，该债务即可由受让人承担。

债权人与债务人特别约定不得移转的债务，原则上不得作为债务承担的标的。但此种特别约定也可因债权人同意债务人移转债务而失其效力，此时债务人移转债务的行为和债权人同意移转的行为，可视为其取消该特约的行为。

（二）须有债务承担合同

债务承担的方式有两种：

1. 承担人（受让人，即新债务人）与债权人订立债务承担合同。受让人与债权人订立债务承担合同时，债务在债务承担合同成立时移转于该受让人。该受让人成为债务人，原债务人则脱离债的关系，不再向债权人负担债务。此种债务承担的方式，我国合同法没有直接规定，但从学理上说，尽管无原债务人参加，也可成立。因为对于原债务人而言，仅享受利益，承担人愿意，债权人同意，自然发生债务转让效力。

2. 承担人与债务人订立债务承担合同。受让人与债务人订立的债务承担合同，自债务人与受让人达成关于移转债务于受让人的合意时成立。

（三）债务承担须经债权人同意

债权人同意是债务承担合同生效的最主要要件。债的关系通常建立在债权人对债务人的履行能力有所信任的基础之上。如果未经债权人同意而将债务移转于受让人，该受让人是否有足够的资力和信用履行债务，往往不能确定，债权人的利益是否能够实现也就不能确定。为保护债权人的利益不受债务人与受让人之间的债务承担合同的影响，各国民法及学说均以债权人同意为债务承担合同生效的要件。

债权人同意的方式，明示或者默示均可。债权人即使未明确表示同意，但如果债权人向受让人请求履行债务或者受领第三人以债务承担为意图的履行，即可推定其已经同意。

债权人拒绝债务承担的，通常都采用明示方式，但默示拒绝也可以。债务人或者受让人为避免债务承担合同的效力久悬不决，可确定一定期限请求债权人对是否同意债务承担作出答复。债权人逾期不为答复的，即可推定其拒绝同意。

债权人同意后，债务承担即发生法律效力。在债权人同意之前，债务承担合同处于效力未定的状态，债务人或受让人得变更或撤销该合同。债权人拒绝同意债务承担时，债务人与第三人订立的债务承担合同无效。

债务承担的情形下，构成原债务人对债务承认的，应当认定诉讼时效从债务承担意思表示到达债权人之日起中断。

四、并存的债务承担的要件

并存的债务承担要件如何，《合同法》对此没有规定，解释上其债务承担的要件与免责的债务承担要件基本相同。在并存的债务承担中，虽然原债务人因为法定或约定的原因未免除债务，而是与承担人并负同一债务，但由于第三人（承担人）加入到债权债务关系中，不仅原债务人负责承担债务，且又增加了新的负责人履行债务。因此，并存的债务承担要件，除了债务应具有可转移性，承担人与债权人订立合同或承担人与债务人订立债务承担合同以外，债权人是否同意不是必要条件，因为原债务人与承担人共同负担债务，对于债权人而言有利无害。

五、债务承担的效力

（一）免责的债务承担的效力

1. 债务人发生更替。原债务人脱离债的关系，而由承担人直接向债权人承担债务。如果承担人不履行债务的，债权人仅可向承担人请求债务不履行的损害赔偿或者请求法院对承担人强制执行。原债务人并不担保承担人的履行。

2. 原债务人基于债的关系所享有的对于债权人的抗辩权移归承担人。债务承担以债务移转时的状态移转于承担人，故承担人可以主张承担债务时已经存在的事由对抗债权人。例如，债务具有无效原因，承担人可向债权人主张无效。但专属于合同当事人的解除权和撤销权，只能由原债务人行使，承担人不得享有。另外，债务承担为无因行为，因而承担人不得以承担债务时的原因事由对抗债权人。

3. 从属于主债务的从债务移归承担人负担。例如，附随于主债务的利息债务，即随着主债务的移转而移转于承担人。但他人为原债务人提供的保证有所不同，债务承担未取得保证人同意的，保证人的保证责任消灭。

（二）并存的债务承担效力

并存的债务承担与免责的债务承担在要件上原则上是一致的。在效力上不同的是，在并存的债务承担中，原债务人不免除债务，仍处于债务关系中，仅是多了新债务人与原债务人共同承担债务，与原债务人成立连带债务关系。

■第四节　债权债务的概括承受

一、债权债务的概括承受的意义

债权债务的概括承受，也称契约承担，是承担全部由债的关系所生的法律地位。[1]债权债务的概括承受与前述单纯的债权让与和单纯的债务承担不同，债权让与仅是债权人地位发生变更，债务承担也仅是债务人地位发生变更，而债权债务的概括承受是债的当事人的债权与债务一并移转于第三人。这种债的当事人地位的整体移转，对于合同而言，即合同当事人中一人发生更替。例如，双务合同的当事人一方将其主体地位完全移转于他人。这种移转把因合同产生的债权与债务以及其他的附随权利义务一并移转。再如，继续性买卖合同中卖主的地位移转于第三人，租赁合同中出租人的地位移转给第三人。

我国《合同法》第88~90条对债权债务的概括移转作出了原则性规定。

二、债权债务的概括承受发生的原因

债权债务的概括承受可以由法律规定而发生。如我国《民法总则》第67条规定，法人分立、合并的，其权利义务由变更后的法人享有和承担。债权债务的概括承受可因继承的事实发生，继承开始后，继承人没有表示放弃接受继承的，被继承人合法存在的债权债务关系一并移转于继承人承受。债权债务的概括承受也可因当事人之间的协议而发生，如根据债权债务转让合同。

三、债权债务的概括承受的类型

债权债务的概括承受的类型主要有：

1. 财产或营业的概括承受。将因一定的目的结合为一团的财产或营业，作为概括承受的标的，可因赠与或出卖等原因，整体移转于他人。

2. 企业的合并。两个以上的企业合并为一个企业。合并的方式分为两种：创设式合并与吸收式合并（兼并），因合并消灭的企业的权利义务由合并后新设的或存续的企业概括承受。

3. 合同承受。将原合同当事人的一切权利义务移转于承担人。

---

〔1〕　史尚宽：《债法总论》，中国政法大学出版社2000年版，第754页。

四、债权债务概括承受的要件

（一）财产或营业概括承受的要件

1. 移转的财产须为独立财产的一团，包括积极的或消极的财产，上述财产集合于同一使用方法及同一管理。[1]

2. 对债权人为承受的通知或公告。

（二）企业合并的要件

企业的合并，无须取得对方当事人的同意，原企业的债权债务的移转，以通知或公告为准，即对债权人发生法律效力。

（三）合同承受的要件

1. 须有合法有效的转让协议存在。

2. 所承受的合同须是双务合同。

3. 原债的关系当事人与承受人有协议。

4. 须经承受人同意。

五、债权债务概括承受的效力

原债当事人的一切权利与义务移转给新的承受人。

第三十三章

---

[1]　史尚宽：《债法总论》，中国政法大学出版社 2000 年版，第 756 页。

债的消灭

■第一节 债的消灭概述

一、债的消灭的意义

债的关系为动态的关系，有其从发生到消灭的过程，债的消灭就是债的关系根据某种原因客观地不复存在。债的关系客观的不存在是相对于债的主观不存在而言的，例如，债权让与，债务承担，债权债务概括承受，对于原债权人或债务人而言，已不存在债权债务，但债的关系本身仍然存在，同一性关系未变，仅是债的主体移位，并非债客观不存在，仅为债的相对消灭。债的客观不存在指债的绝对消灭，本章研究债根据某种事实客观不存在。

债是债的当事人达到其利益要求的法律手段。而债权人欲达其利益目的，必然要求债务人全面履行义务。债务人对其义务的全面履行，一方面使债权人的利益得到实现，另一方面也使债的关系消灭。因此，可以说，在债消灭的同时，债的目的往往也即达到，而债不消灭，则表示着债的目的没有达到。

债的消灭与债的效力的停止不同。债的效力停止，是指债务人基于抗辩权的行使，中止债权的效力。抗辩权的作用仅在于阻止债权人行使请求权，因而以债权人仍享有请求权为前提，此时债的关系并不消灭，只是其效力暂时停止，抗辩权消灭后债即恢复原来的效力。

债的消灭与债的变更也不同，债的变更仅为债的主体、客体或内容发生变更，而债的关系仍然存在，债的消灭则是债的关系在客观上失其存在。

二、债消灭的原因

债的消灭须有法律上的原因。自其消灭原因发生之时起，债的关系即在法律上当然消灭，并不需要当事人主张。债的消灭原因有以下几类：

（一）债的目的消灭

债的目的消灭可分为目的达到和目的不能达到。债的当事人设立债的目的利益得到满足时，债的目的即为达到。债的目的达到是债的消灭最为经常的原因，例如，因清偿、混同、抵销等使债权得到满足。债的目的不能达到而消灭，指债的当事人利益要求在客观上已无法得到满足。目的不能达到，主要指因不可归责于债务人的事由而导致履行不能或者当事人死亡或者当事人丧失行为能力使债之目的不达。

依照法律规定，若履行不能系因不可归责于债务人的事由（如不可抗力）引起的，债务人免除履行义务，因而债权债务关系消灭。当事人死亡或者丧失行为能力，并非一概导致债的消灭。但在法律有直接规定或债权债务与当事人的人身不可分离时（如委托合同、以债务人本身的劳务为标的的合同），或者当事人约定以一方当事人死亡为消灭原因等情形下，债得依当事人的死亡或丧失行为能力而消灭。

（二）基于当事人的意思消灭债

债权为财产权之一种，原则上债权人可抛弃债权。债权人抛弃债权时，债的关系即归于消灭。债权的抛弃为单方法律行为，一经作出，债务人即免除给付义务，债权债务关系也即不复存在。合同之债经双方当事人协商一致，或者一方当事人行使解除权，债即因解除而消灭。当事人约定有解除条件的债，解除条件成就时，债权债务关系消灭。附有期限的债，期限届至时，债权债务关系消灭。

（三）作为债的基础的法律行为被撤销

债的关系一旦发生，即具有法律效力。但当作为债的基础的法律行为具有瑕疵时，此种行为属可撤销的法律行为。撤销权人行使撤销权后，在此基础之上产生的债权债务关系即随着基础行为效力的消失而消灭。

（四）法律的规定

法律为了维护社会的财产秩序，规定在某种情形下，债的关系消灭，但此种消灭债的原因很少。

三、债消灭的一般效力

债的消灭，除消灭原债权债务关系外，还发生以下效力：

1. 从权利和从义务一并消灭。债消灭后，依附于主债权债务关系之上的从属债权债务，如担保、违约金、利息等债务亦随之消灭。

2. 负债字据的返还。负债字据为债权债务关系的证明。债权债务消灭后，债权人应将负债字据返还于债务人。债权人如因负债字据灭失而不能返还，应向债务人出具债务消灭的字据。

3. 在债的当事人之间发生后契约义务。后契约义务是指依诚实信用原则，在债的关系消灭后，原债的当事人所负担的对他方当事人的照顾义务。例如，租赁合同消灭后，出租人对寄送给原承租人的信件应妥为保存，并设法通知其收取等。

民法债法总论仅讨论债消灭的一般原因，对于各类具体债的消灭原因由各类债规定。债消灭的一般原因是：清偿、免除、混同、提存、抵销。以下分别研究之。

■第二节　债因清偿而消灭

一、清偿的意义

清偿为依照债的本旨实现债务内容的给付行为。[1]债的目的因给付行为而消灭，故清偿与履行意义有类似之处，只是履行从债的效力方面，强调义务人应为的义务，而清偿则是从债的消灭角度而言，强调履行效果，如果履行有瑕疵，债并不消灭。由此观之，履行比清偿的内容广泛且复杂。

清偿是债消灭的最主要原因之一。从债权实现角度观之，债务人履行债务是清偿，而债务承担人为满足债权人目的已实现的给付行为，也属清偿。此外，债权人通过强制执行或者实现担保物权而满足债权的，性质上也属清偿，因为此种给付是达到消灭债之效果的给付。

债务人为清偿的行为，不外乎通过事实行为与法律行为为给付。债务人履行债务需有

---

〔1〕　林诚二：《民法债编总论——体系化解说》，中国人民大学出版社2003年版，第535页。

债权人协助时，债权人不为协助，成立受领迟延，仅发生受领迟延的效果，不能消灭债的关系。因而债务人的履行行为未达其目的时，尚非清偿。

债的清偿不以有行为能力人所为者为限。民法关于行为能力的规定，对于清偿并非一概适用。例如，未成年人的履行行为为事实行为时，也可成立有效的清偿。如果履行行为为法律行为，清偿人自然须具有完全行为能力。另外，关于代理的规定也并非对一切清偿均可适用。履行行为为法律行为时，才可适用代理的规定。

二、清偿的要件

清偿作为债消灭的最主要和最常见的法律事实，依法律规定和学理解释，应具备以下要件：

（一）按清偿目的清偿

清偿须依债的目的（主旨）为给付，把诚实信用原则作为清偿的指导原则。

（二）清偿主体须明确，须有清偿人和受领清偿人

清偿关系的主体为，清偿人与受领清偿人，要由清偿人向清偿受领人给付。清偿一般应由债务人为之，但不以债务人为限。可为清偿之人包括：

1. 债务人。债务人负有清偿义务，必须为清偿。连带债务人、保证债务人亦同。

2. 债务人的代理人。除法律规定、当事人约定或性质上须由债务人本人履行的债务外，债务的清偿可由债务人的代理人为之。但履行行为系法律行为时才可适用代理。

3. 第三人。第三人是债权债务关系以外的人。第三人清偿与债务人的代理人清偿有别。债务人的代理人的清偿是以债务人的名义清偿，第三人的清偿是以自己名义清偿他人债务，因此，第三人于清偿时应向债权人说明。

第三人清偿可分为一般的第三人清偿和与债有利害关系的第三人清偿。对于一般第三人的清偿，如果债务人提出异议，债权人有权拒绝受领，而不负受领迟延责任，如果债权人不予拒绝而受领，第三人的清偿仍属有效。

所谓与债有利害关系的第三人，如保证人、连带债务人、物上保证人等。与债有利害关系的第三人清偿称为代位清偿，其清偿债务后，在法律上即取得债权人的位置。当与债有利害关系的第三人清偿时，如保证人代债务人清偿债务、合伙人清偿合伙的债务等，债务人即使有异议，债权人也不得拒绝其清偿，否则即应负受领迟延责任。

有些债不能由第三人清偿，如债权人与债务人有特别约定，不得由第三人清偿的；依债的性质须由债务人亲自履行，不得由第三人清偿的，如以债务人本身的特别技能、技术制造物品为标的的债，即不许由他人代为清偿。另如，建立在债权人与债务人之间特别信任关系基础上的债，如委任、雇佣等，债务人应亲自清偿，非经债权人同意，不得由第三人清偿。

第三人清偿后，第三人与债务人之间的关系，应依各具体情况决定。第三人以赠与为目的而代债务人清偿时，清偿后第三人对于债务人无求偿权。第三人与债务人之间有其他法律关系时，则可依该法律关系而为求偿。一般第三人替债务人清偿后，仅对债务人有求偿权。与债的清偿有利害关系的第三人清偿后，直接取得债权人的位置，如保证人的代位求偿权。

清偿须向有受领权的人为之。清偿受领人如下：

1. 债权人。债权人为无行为能力或限制行为能力人时，是否可以单独受领清偿，应依债务履行行为的性质而定。履行行为系非法律行为或虽为法律行为但无须债权人协助时，债权人不以具备行为能力为必要。履行行为系法律行为且须债权人协助时，受领人应具有

完全行为能力。

2. 债权人以外的可受领清偿之人，有以下数种：①债权人的代理人。②破产财产管理人。③债据的持有人。应注意的是，债据持有人所持债据应为真实，而持有的原因在所不问。但债务人已知或因过失而不知持有债据之人无权受领仍为清偿的，不发生清偿的效果。④行使代位权的债权人。⑤债权人与债务人约定受领清偿的受让人。⑥经债权人认可或受领后取得债权的人。

（三）须依清偿标的给付

1. 依债的给付内容清偿。债务履行行为须依债的本旨为之，才能发生清偿的效力。各种债的内容并不一致，有应交付财物的；有应移转权利的；有应提供劳务的；有应完成工作的；也有以不作为为标的的；等等。因此，要发生清偿效果，债务人即应按照债的具体内容，以债的关系确定的标的履行债务。

2. 经债权人同意，可以代物清偿。

债务人原则上应依清偿标的给付，不得以其他标的物代替，否则不发生清偿效果。如以其他标的物代替原标的物履行（代物清偿），并经债权人同意，债的关系亦可消灭。

代物清偿是指债权人受领他种给付以代原定给付，而使债的关系消灭的契约。[1]代物清偿的要件如下：

（1）须有债权债务存在。须有因代物清偿而应消灭的债权，原债的标的的给付种类如何在所不问。因合同发生之债可代物清偿，无因管理、不当得利及侵权行为所生之债，均可成立代物清偿。

（2）须以他种给付代替原定给付。给付的内容，无非有财产、劳务与权利三者。此三者相互代替，可成立代物清偿。即使同为财产，但种类不同，亦可成立代物清偿，例如以牛代马、以支票代金钱等。在代物清偿中，有时原定给付与他种给付在价值上并不相同，但只要成立代物清偿，债的关系即归于消灭。

（3）须有当事人之间的合意。代物清偿因系以他种给付代替原定给付，故必须经清偿人（包括清偿的第三人）与清偿受领人（包括其他有受领权人）就代物清偿达成合意。仅依清偿人的意思，而无清偿受领人的同意，不能成立代物清偿。

代物清偿的效力是：①债的关系消灭，债权的从权利也随之消灭。②原债务因有偿契约发生的，清偿人应保证代替给付不具有权利上或物的品质上的瑕疵，否则可能构成瑕疵履行。

代物清偿与债的更改有别。债的更改又称债务更替，是指当事人意思表示一致，以新债务关系代替旧债务关系，旧债务关系进而消灭的契约。[2]虽然代物清偿是以他种给付代替原定给付，与债的更改相似，但此替代的目的，并非在于消灭旧的债务而成立新的债务。代物清偿客观上需要清偿人提出现实的他种给付，由清偿受领人现实受领，此时债务完全消灭，代物清偿经常发生于债务人不能按约定履行债务的情形下，当事人通过新的合意，以他种给付代替原定给付，该给付可能与原债权的目的并不完全契合，是债权人退而求其次的结果。

（四）须全面给付

全面给付的内容包括债务人应履行的全部给付义务，包括：主义务给付、从义务给付、

---

[1] 史尚宽：《债法总论》，中国政法大学出版社2000年版，第814页。
[2] 黄立：《民法债编总论》，中国政法大学出版社2002年版，第674页。

附随义务给付等。另外，在履行给付义务时，在清偿时间、清偿地和清偿方式上也须符合债的主旨要求。

1. 在清偿地清偿。清偿地是指清偿人清偿的场所，又称债务履行地、给付地。在清偿地以外的场所清偿，因不合债的履行要求，不发生清偿的效力。清偿地应依下列方法决定：

（1）合同中有约定者，从其约定。当事人的约定，可在合同订立时完成，也可在合同成立后，债务履行前为之。

（2）依债务性质而定。例如，不动产权利移转，应在不动产权登记机关所在地点履行；修缮房屋，应在房屋所处地点履行等。

（3）有习惯者从习惯。例如，车站、码头的物品寄存，应在该寄存场所履行债务。

（4）法律对清偿地有特别规定者，应依其规定。例如，我国《民法通则》第88条第2款第3项规定："履行地点不明确，给付货币的，在接受给付一方的所在地履行，其他标的在履行义务一方的所在地履行。"《合同法》第62条第3项规定："履行地点不明确，给付货币的，在接受货币一方所在地履行；交付不动产的，在不动产所在地履行；其他标的，在履行义务一方所在地履行。"

未明确约定履行地的，以习惯或法律填补当事人的意思，并据此确定当事人的清偿地。

2. 按清偿期清偿。清偿期为债务人应为清偿的期间。有确定期限的债务，债务人应在期限到来时清偿。提前清偿的，债权人有权拒绝受领，自不发生清偿效力。

但期限利益专为债务人而设者，债务人可抛弃期限利益，提前清偿。未定清偿期限的债务，债务人可随时清偿，但其清偿需债权人协助时，应给债权人必要的准备时间。

3. 须依债给付清偿费用。清偿费用，指清偿所需的必要费用。例如，物品运送的费用、金钱邮汇的邮汇费，但并不包括债的标的本身的价值。通常情况下，清偿费用有运送费、包装费、汇费、登记费、通知费用等。

法律对清偿费用无明文规定，当事人对此又无明确约定的，清偿费用由债务人负担。但因债权人变更住所或其他行为而致清偿费用增加时，增加的费用由债权人负担。

三、清偿的效力

因清偿导致债权债务关系消灭。债权的从权利，如担保物权、保证债权及其他权利也随同消灭。如果第三人代债务人清偿，债的关系仅对债权人消灭，而第三人取代债权人的位置，受债务人清偿。

■第三节　债因提存而消灭

一、提存的意义

（一）提存的概念

提存是债务人移转交付不能的标的物于法定机构，以代替向债权人交付从而消灭债务的行为。

债务的履行往往需要债权人的协助，如果债权人无正当理由而拒绝受领或者不能受领，债权人虽应负受领迟延责任，但债务人的债务因未能履行而不能消灭，债务人仍处于债务拘束之下，这对债务人很不公平。为解决这一问题，在罗马法早期，允许债务人在债权人拒绝受领时抛弃标的物而免除债务。但此种规定不利于经济发展，于是之后设立了提存制度，即在债权人拒绝受领或不能受领标的物时，债务人得将标的物提交有关机关，从而免除债务。现代各国民法，一般都将提存规定为债的一种消灭原因。此外，一些国家和地区除在民法中将提存规定为债的消灭原因外，还制定有提存法，对提存制度作详细规定。

我国《合同法》第101~104条对以消灭债为目的的提存作了专门规定。

（二）以消灭债之目的的提存为清偿提存

《合同法》中规定的提存是以消灭债之目的的提存，也称为清偿提存。在民法上，还有其他目的的提存，如《物权法》第191条规定，抵押期间，抵押人经抵押权人同意转让抵押财产的，应将转让所得的价款向抵押权人提前清偿债务或者提存。这种提存是以担保债权实现的提存。《物权法》第215条第2款规定，质权人的行为可能使质押财产毁损、灭失的，出质人可以要求质权人将质押财产提存，或者要求提前清偿债务并返还质押财产。这里所指的提存是对质物的保管提存。另外，还有执行提存，为了执行的便利，先将被执行物提存。由此观之，提存不仅仅具有消灭债的作用。

本节研究的是具有清偿债之目的的提存。债务人通过将标的物提存，达到消灭债的目的，所以，提存是清偿的一种代用方法。

提存是由于债权人的原因致使债务人不能履行债务时，法律规定债务人可以把标的物交给提存机关从而终止债。可见，提存是为救济交付不能而设，交付不能的原因即为提存的原因。

二、提存的要件

（一）须有提存的原因

根据我国《合同法》第101条第1款的规定，出现下列情形之一，难以履行债务的，债务人可以将标的物提存：

1. 债权人无正当理由拒绝受领。债务已届清偿期，债务人为现实给付，债权人应当受领且无拒绝受领的理由而拒绝受领。

2. 债权人下落不明。例如，债权人住所变更，未通知债务人，或者债权人居所因变动而不明，债务人不能确定谁是受领权人等。

3. 债权人死亡未确定继承人或者丧失民事行为能力而未确定监护人。

4. 法律规定的其他情形。例如，法人分立或者合并而财产继受关系未清等。

通过以上可知，提存是由于债权人的原因，使债务人交付不能。债务人为了消灭债，可以将标的物（提存物）交与提存机关。

（二）提存关系的当事人须明确

1. 提存人。提存人须具备提存资格。具备提存资格的人为清偿义务人，通常情形下，为债务人及其代理人。

2. 提存受领人。提存受领人应为债权人或者债权人的继承人、监护人、破产管理人等。

3. 提存机构。提存机构是国家设立的负责受理提存事务，接收并保管提存物，寻找债权人并通知债权人领取提存物的专门机构。在国外，一般都设有专门的提存所，附属于法院。东欧一些国家的提存机关为公证机关。我国《提存公证规则》第4条规定，提存公证由债务履行地的公证处管辖。

提存机构是国家设立的机构，具有中介组织的性质，以中间人的身份介于债权人和债务人之间。故一般的企业、营利性服务机构不能作提存机构。法院是审判机构，不应办理提存业务。银行是经营货币业务的机关，也不能办理提存业务。

提存须在清偿所在地的提存机构为之。

（三）提存的标的须适当

提存的标的，为债务人依债务的规定应当交付而交付不能的标的物，并以物的交付为限。提存应依债务的本旨为之，否则不发生消灭债务的效力。因此，债务人为提存时，不得将与债的内容不相符的标的物交付提存机关。提存的标的物应是全部的债务，原则上不允许部分提存。

提存的标的物，以适于提存的物为限。作为提存的物，可以是特定物或种类物，但应限于动产，主要是金钱、物品或有价证券等。因不动产在性质上不适宜提存，债的标的物为不动产的，在债权人受领迟延时，债务人可抛弃占有。

有毁损灭失的危险以及提存费用过巨的标的物也不适于提存。例如，易燃易爆之危险品，木材、家具等笨重物品，需人照料或需有特殊设备的禽兽、鱼肉蔬菜等新鲜且易变质的食品等，提存人可申请法院拍卖而提存其价金。如果这些标的物有市价，法院也可允许提存人按照市价出卖而提存价金。

（四）提存人应以法律规定的方式提存

提存须符合提存程序。提存人应在交付提存标的物的同时，提交提存申请书。提存申请书上应载明提存人姓名（名称），提存物的名称、种类、数量，以及债权人的姓名、住址等基本内容。

此外，提存人应提交债务证据，以证明其所提存之物确系所负债务的标的物。提存人还应提交债权人受领迟延或不能确定，以致自己无法向债权人清偿的证据。如有法院或仲裁机关的裁判书，也应一并提交。其目的在于证明其债务已符合提存要件，以便提存机关确定是否应予提存。

对提存人的提存请求经审查符合提存条件后，提存机关应接受提存标的物，登记验收并妥善保管，并自提存之日起 3 日内出具公证书。提存公证书具有与清偿受领证书同等的法律效力。因提存并非向债权人清偿，所以提存机构需通知债权人前往领取提存物。根据我国《提存公证规则》第 18 条的规定，由公证处在提存之日起 7 日内以书面形式通知债权人，债权人不清或下落不明、地址不详无法通知的，公证处应自提存之日起 60 日内以公告方式通知。公告应刊登在国家或债权人在国内住所地的法制报刊上，公告应在 1 个月内在同一报刊刊登 3 次。

三、提存的效力

从提存之日起，提存之债即告清偿。提存涉及三方当事人，即提存人（债务人）、提存机关和债权人，因而发生提存人与提存机关、提存机关与债权人、提存人与债权人的三方法律关系。该三方当事人在提存中的地位，直接影响着提存的性质。提存因涉及三方当事人，故在提存人与提存机关、提存机关与债权人以及提存人与债权人之间发生不同的法律效力。

（一）债务人与债权人之间的效力[1]

1. 债务人或其他得为清偿的人将债的标的物提存后，不论债权人受领与否，依法均发生债务消灭的效力。

2. 提存标的物毁损灭失的危险负担，移转于债权人。

3. 提存物的所有权因提存而移转于债权人，提存期间产生的一切收益，归债权人所有，提存费用也由债权人负担。

4. 债务人有通知债权人（债权人下落不明的除外）或者债权人的继承人或监护人的

---

[1] 《合同法》第 102、103 条。

义务。

（二）提存人与提存机构之间的效力

提存人与提存机构之间的关系可以适用保管合同的规定。提存机关依照法律规定，负有保管提存物的义务。债权人不领取或者超过保管期限不领取的，提存机关可以拍卖，保存其价款。

我国《提存公证规则》第 26 条规定，下列情况下，提存人可以取回提存物：①提存人可以凭人民法院生效的判决、裁定或者提存之债已经清偿的公证证明取回提存物；②债权人以书面方式向公证处表示抛弃提存受领权的，提存人得取回提存物。提存人取回提存物的，视为未提存。提存人应负担提存机关保管提存物的费用。提存人未支付该费用的，提存机关可留置价值相当的提存标的物。

（三）提存机构与债权人之间的效力

1. 债的标的物提存后，债权人可随时领取提存物，同时应承担提存机构保管、变卖或出卖提存物的费用。债权人对于提存物所生的现实利息，有权要求返还。

2. 标的物提存后危险负担已移转于债权人，故因不可归责于提存机构的事由而致提存物毁损灭失的，提存机构不负责任；但如系提存机关的故意或重大过失所致，债权人得请求损害赔偿。

3. 在对待给付中，如果债权人未履行债务或者未提供担保，提存机关根据债务人的请求应拒绝债权人领取提存物。

4. 债权人请求领取提存物时，应持提存通知，并应提交债权存在的证明文件。债权人自提存之日起 5 年内不行使领取提存物的权利，提存物视为无主财产，扣除提存费用后归国家所有（《合同法》第 104 条第 2 款）。

■第四节　债因抵销而消灭

一、抵销的概念

抵销是指二人互负债务，且给付种类相同，均已届清偿期时，各自可使自己的债务与对方债务在对等额内同归消灭的行为。

债的抵销具有便利功能，通过抵销，双方当事人直接实现对等数额的债权，而不必亲自履行各自的债务，节省履行费用，是债消灭的简便、经济方式。

抵销依其不同的发生根据，可分为法定抵销与合意抵销。其中，法定抵销由法律规定其构成要件，法定抵销的抵销权性质上为形成权，根据抵销权当事人的单方意思表示即可发生效力。而合意抵销可不受法律规定的构成要件限制，根据当事人就抵销达成合意的抵销合同，即可发生效力。

二、法定抵销的要件

（一）须抵销人与被抵销人之间互负债务、互享债权

抵销是当事人一方为了消灭债，以自己对他方的债权在对等额内冲抵对同一人债务的行为，故以双方互享债权、互负债务为必要前提。只有债务而无债权或者只有债权而无债务，均不发生抵销问题，因此，双方须互负对待给付债务。另外，当事人双方存在的两个债权债务关系，须均为合法存在。其中任何一个债为不法，均不得主张抵销。

（二）抵销的债务须是同种类的给付

如果双方互负债务的标的物种类不同，若允许抵销，则不免使一方或双方当事人的目的难以实现，因而用以抵销的债的标的物种类必须相同，通常是同种类的货币或者实物。如果种类相同而品质不同，用品质较高者与品质较差者抵销时，对于被抵销人并无不利，应当允许。如果一方或双方的债权标的物为特定物，原则上不许抵销，尤其是以种类物债权抵销特定物债权时，更不应允许。

合意抵销的标的物可以是种类、品质不相同的物，但须经双方协商一致抵销。

（三）须双方债务均已届清偿期

抵销具有相互清偿的作用，应自双方债务均已届清偿期，始得为抵销，债务未到清偿期，债权人尚不能请求履行，因而不能以自己的债权用作抵销，否则等于强令债务人期前清偿。

如果清偿期限利益系为债务人而设，原则上债务人得提前清偿，此时债务人主张以自己的未届清偿期的债务与对方当事人已届清偿期的债务抵销，可认为其放弃期限利益，应允许抵销。在破产程序中，破产债权人对其享有的债权，无论是否已届履行期，无论是否附有期限或解除条件，均得抵销。

（四）双方适用抵销的债务是能抵销的债务

不得用以抵销的债务，大致有如下几种：

1. 性质上不得抵销的。如不作为债务、提供劳务的债务等。另外与人身不可分离的债务，如抚恤金、退休金、抚养费债务等，也不得抵销。因此，此类债务必须相互清偿，不得抵销。

2. 法律规定不得抵销的。例如：①禁止强制执行的债务。法院决定扣留、提取收入时，应保留被执行人及其所扶养家属的生活必需费用；查封、扣押、冻结、拍卖、变卖被执行人的财产，应当保留被执行人及其所扶养家属的生活必需品。②因故意侵权行为所发生的债务。故意实施侵权行为的债务人，不得主张抵销。因为此种债务如允许抵销，就意味着债权人可任意侵害债务人的人身和财产权利，有违公序良俗。③约定应向第三人为给付的债务。第三人请求债务人履行时，债务人不得以自己对于他方当事人享有债权而主张抵销；他方当事人请求债务人向第三人履行时，债务人也不得以第三人对自己负有债务而主张抵销。

3. 当事人特别约定不得抵销的。抵销为法律行为，适用民法关于意思表示的规定。抵销权为形成权，此种意思表示一经抵销权人作出即发生法律效力，无须对方当事人的同意，也不以诉讼上裁判为必要。抵销的方式也无限制，抵销的意思表示发出后，不得撤回。法定抵销可因单方通知实现，合意抵消不得采取单方通知的方式，而应经双方当事人协商一致。

抵销不得附有条件或期限，附有条件或期限的，该抵销的意思表示无效。

三、抵销的效力

1. 双方互负的债务按照抵消数额消灭。双方债务数额相同时，其互负债务均归消灭。双方债务数额不等时，债务数额较小一方的债务消灭，债务数额较大者仅消灭债务的一部分，其效果与部分清偿相同，对未被抵销的债务数额，该方债务人仍应负清偿义务。

2. 双方债权的消灭效力溯及抵销权发生之时。抵销生效时，即抵销权发生之时，双方债务的清偿期有先后的，以在后的清偿期届至时为准。如债务未届清偿期而主张抵销的，应认为其已放弃期限利益。在此情形，以抛弃期限利益之时为准，债的关系归于消灭。

■第五节　债因免除而消灭

一、免除的概念

免除指债权人为消灭债而向债务人作出的抛弃债权的意思表示。

二、免除的性质

免除为法律行为，该法律行为的性质如下：

1. 无因行为。免除的原因或动机有为赠与，有为对待给付，也有为和解而为。但此等原因，并非免除的要件。其原因无效或者不成立时，不影响免除的效力。

2. 无偿行为。免除的原因虽然可以有偿或者无偿，但与免除的效力无关，免除本身仍属无偿行为。

3. 非要式行为。免除的意思表示不须特定的方式，书面或者口头，明示或者默示，均无不可。

4. 有相对人的行为。故而须向债务人或其代理人为之。

5. 单独行为。免除因以债权的消灭为内容的意思表示而成立，不以债务人的承诺为必要。

三、免除的要件

1. 免除为债权人的处分行为，因免除直接发生财产权得失的效力，故免除人应当有对债权的处分权。

2. 免除须以意思表示向债务人为之。免除旨在消灭债务人的债务，其法律效力规定在意思表示之中，民法关于意思表示的规定适用于免除。

3. 免除的意思表示不得撤回。免除为单独行为，自债权人向债务人或其代理人表示后，即发生法律效力。故一旦债权人作出免除的意思表示，即不得撤回，否则将有违诚实信用，还可能损及债务人的利益。

4. 免除应为被免除人接受。免除虽为单独行为，该行为无从使债务人受约束，既属有相对人的行为，应待债务人受领。

四、免除的效力

免除对于债务人的效力，是在免除范围内使其债务消灭。对于被免除人而言，可受领或不受领免除。债务全部免除的，债的关系全部消灭；债务部分免除的，仅该部分消灭。免除主债务时，从债务也同归消灭。但免除从债务时，主债务并不消灭。

■第六节　债因混同而消灭

一、混同的意义

混同是指债权债务同归一人的情形。民法上的混同包括两种情形：一是所有权与其他物权同归一人，其他物权因混同而消灭；二是主债务与保证债务同归一人，保证债务为主债务吸收而消灭。

债的混同，仅指债权与债务同归一人而使债的关系全部消灭的情形。混同为一种事实，无须有任何意思表示，只要有债权与债务同归一人的事实，即发生债的关系消灭的效果。

二、混同的原因

混同的原因有多种，如企业合并，合并的两个企业之间互有债权债务时，合并后债权债务即同归于合并企业，从而发生混同，导致债的消灭。另外，因继承也可能发生混同。这在民法上称为概括承受。

三、混同的效力

债是相对权法律关系，须有双方当事人。当其双方当事人为一人时，债的相对权关系已不复存在，以该债权或者债务为内容的债便随之消灭。混同的效力在于绝对地消灭债的关系以及由债的关系所生的从债权和从债务。

但是，债权为他人权利的标的时，纵然发生混同，债的关系也不消灭。例如，债权为他人质权的标的，如果债权因混同而消灭，则有害于质权人的利益，故此种情形下债不应因混同而消灭。

第九编　侵权行为之债

第三十五章

侵权行为之债概述

■第一节　侵权行为的意义

一、侵权行为的概念

（一）侵权行为的词源

"侵权行为"一词，为外来语，它是近代随着西方法律文化的输入传入中国的。对于侵权行为，各国均有其特有的表达文字。法国、日本、俄罗斯称之为"不法行为"。在德国，称为"不许行为"或"不法行为"。英美法中"侵权行为（tort）"一词源于拉丁语"tortus"，原意为"扭曲""弯曲"，以后该词被用作民事侵权和不法侵害的法律专门用语。各国法中的"侵权行为""不法行为"一词均源于拉丁语"delictum"（delict），该词的原意是"过错""罪过"。

"罪过（delitto）"一词源于罗马法，是指一切受刑罚打击的非法行为。"犯"罪的"犯"（delitto）是一种对他人利益的侵害行为，犯罪要求具备两个要件：一是对他人权利的侵害；二是行为人主观上有罪过。[1]所以，犯罪是一种侵害他人权利的有过错行为。

拉丁语"delictum"的词根具有"偏离正确道路"的意思。因此，侵权行为的原词义含有"扭曲""不正""歪"的意思。无论是英美法，还是大陆法各国在立法中使用"不法行为"或"侵权行为"一词，首先意味着侵权行为是不正常的、不正当的、错误的，为法律所不允许的行为。

（二）侵权行为的法律渊源

侵权行为之债，从历史渊源上讲，源于罗马法中的"私犯"。在罗马法中，犯罪被区分为公犯和私犯。公犯与私犯的区分和公法与私法的区分有联系。当侵犯国家利益时，即为"公犯"；当侵犯个人利益时，为"私犯"。而在国家未产生之前，所有的犯罪均为私犯，在国家这一公共力量产生后，公犯产生，由此，公犯与私犯的区别产生。属于公犯这类的犯罪，侵犯了社会公共秩序，诉讼和刑罚具有公共的特点，即由国家提起公诉，并由国家科处刑罚，相当于现代民法中的公法领域。属于私犯这类的犯罪，从诉讼和刑罚的角度而言，具有私人和债的特点，即这种私犯的犯罪能够产生债的结果。

罗马法中的"私犯"规定在古罗马《十二表法》第八表"私犯"中。该表是针对侵害他人的人身和财产权应承担法律责任的专门规定。虽然罗马法区分"公犯"和"私犯"，

---

〔1〕　［意］彼德罗·彭梵得：《罗马法教科书》，黄风译，中国政法大学出版社1992年版，第401页。

将侵犯个人权利与侵犯国家权力和社会公共利益区别开来，但是罗马法中的"私犯"还不能与现在的侵权行为法同日而语。因为罗马法中的"私犯"包括盗窃、抢劫、对财产的损害和对人身的侵辱这四类犯罪。而盗窃和抢劫在现代法律中属于刑法的范围。现代法意义上的侵权行为已经完全与刑法中的犯罪行为脱离，分属于私法与公法的不同部门。

综上研究，无论从词源上观察，还是从法律渊源上探究，侵权行为是一种有过错的侵犯他人权利和利益、违反公共行为规范，为社会不容许、为法律禁止的不正当行为。但此过错行为是私法上的过错，即其法律效力不是赎罪，而是通过损害赔偿之债，救济受害人。

（三）侵权行为的界定

民法上的侵权行为有其特定的内涵，如何以法律规范的形式给侵权行为一个准确的定义，一直是各国立法者和研究者们感到棘手的问题。

1. 侵权行为界定的立法例。从比较法角度观察，大陆法系主要国家均未通过法律规范明确界定侵权行为的概念，基本上都是在法律条文中以列举侵权行为要件的方式说明侵权行为的。这以法国与德国的民法典为代表。

例如，《法国民法典》第1382条对侵权行为这样规定："任何行为使他人受损害时，因自己的过失而致使损害发生之人，对该他人负赔偿的责任。"从该规定可以看出，《法国民法典》对侵权行为列举了三个要件：①有损害行为（行为使他人受损害）；②行为人有过错（因过失）；③过错与损害之间要有因果关系（因过失使损害发生）。

《法国民法典》第1382条被认为是侵权行为的一般条款，即一个行为只要符合一般条款的全部要件，这个行为就被认定为侵权行为，就要对这样的侵权行为造成的损害提供统一的赔偿，而没有具体列举侵害权利的类型。这种立法被称为侵权行为"一般条款"的立法模式。

《德国民法典》对侵权行为的规定比《法国民法典》详细。《德国民法典》第823条第1款规定："因故意或过失不法侵害他人的生命、身体、健康、自由、所有权或其他权利者，负向他人赔偿因此所生损害的义务。"这里也是对侵权行为列举了几个要件：故意或过失；侵害他人权利；行为不法；行为与损害结果之间应有因果关系。同时，有限列举了侵权类型，侵害的是人身权和所有权等绝对权利。

为了防止滥用《德国民法典》第823条第1款中规定的赔偿责任，《德国民法典》在第823条第2款中又补充规定，违反了以保护他人为目的的法律的人，负有同样义务。这一规定将不具有绝对权类型，但与绝对权有关的利益也被纳入侵权法保护的范围。同时，《德国民法典》第826条又进一步扩展了侵权法保护的利益的范围："以违背善良风俗的方式，故意加害于他人的人，负有向该他人赔偿损害的义务。"换言之，如果某个行为侵犯的可能不是绝对权和相关的利益，但是以违背善良风俗的方式故意侵犯这些利益，同样构成侵权行为。德国的这种立法采取的是"责任构成要件＋有限列举侵权类型和法益保护"的模式。

继法国与德国的民法典之后，大陆法系国家民法典对侵权行为的界定基本上延续了前两个法典的做法，或者用一般条款高度概括，或者在规定责任构成要件的同时，有限列举侵权行为的类型。

2. 我国立法对侵权行为的界定。我国《民法通则》对侵权行为的界定，基本上采取的是"责任构成要件＋概括列举式"。《民法通则》第106条第2、3款规定，"公民、法人由于过错侵害国家的、集体的财产，侵害他人财产、人身的应当承担民事责任。没有过错，但法律规定应当承担民事责任的，应当承担民事责任"。该规定首先包括了侵权行为的诸要件（过错、侵害行为、因果关系），同时规定，在法律规定的某些情况下，没有过错要件，也是侵权行为。

《民法通则》的规定，一直被有的学者认为是没有明确指明侵权行为侵害的权利特点，例如，侵害他人财产，是否包括侵害债权呢？侵害的是商业秘密，是否为侵权呢？

为了弥补《民法通则》的不足，《侵权责任法》对侵权行为的界定，采取了"一般条款＋全面列举侵权类型"的立法方式。《侵权责任法》第6条规定："行为人因过错侵害他人民事权益，应当承担侵权责任。根据法律规定推定行为人有过错，行为人不能证明自己没有过错的，应当承担侵权责任。"第7条规定："行为人损害他人民事权益，不论行为人有无过错，法律规定应当承担侵权责任的，依照其规定。"同时，《侵权责任法》第2条规定："侵害民事权益，应当依照本法承担侵权责任。本法所称民事权益，包括生命权、健康权、姓名权、名誉权、荣誉权、肖像权、隐私权、婚姻自主权、监护权、所有权、用益物权、担保物权、著作权、专利权、商标专用权、发现权、股权、继承权等人身、财产权益。"第6条和第7条以一般条款说明了侵权责任的构成要件，第2条则全面列举了侵权行为的类型。

这种对侵害的权益采取列举性规定的立法模式值得思考，显然列举不可能穷尽侵权行为，日常生活中的侵权类型形形色色，甚至难以归类，在法条中未列举的是否不属于侵权？用概括性条款说明《侵权责任法》第2条的意义反而更有利于法律的适用。

（四）侵权行为的概念与特征

1. 侵权行为的概念。观察大陆法系国家法典对侵权行为的规定，可知各国法律基本上未对侵权行为有概括性定义。尽管立法难给侵权行为定义，然而为研究需要，学者们根据法律的规定尝试从学理上给侵权行为下定义。侵权行为的学理概念有多种，各有其特点。例如，有学者认为侵权行为是因过错侵害他人的人身和财产而依法应承担民事责任的行为，以及依法律的特别规定应当承担民事责任的其他损害行为。[1] 该定义把侵权行为限定在私法行为内，指出了侵权行为是应承担民事责任的行为，但对于侵犯财产权的内容没有明确区分。我国台湾地区学者史尚宽教授从广义的方面将侵权行为定义为：侵权行为者，因故意和过失不法侵害他人之权利或故意以背于善良风俗的方法，加害于他人之行为也。简而言之，即侵犯他人权利和利益之违法行为。[2] 从广义上确定侵权行为，没有明确划定私法和公法上的违法行为。

应该说，用简洁的语言概括具有特定内涵的侵权行为，实属不易。本书尝试给侵权行为作如下界定：侵权行为是行为人因过错或不以过错为要件侵害他人绝对性权利，或受法律保护的已公开的权利及利益，因而须就所生损害负担赔偿义务的行为。

2. 侵权行为的特征。就上述侵权行为的概念，可从以下几方面说明民法侵权行为的特点：

（1）侵权行为是违法行为，是引起损害赔偿的法律事实之一。

第一，对侵权行为的性质定位。侵权行为是行为，而非事件。尽管动物、地上工作物致人损害，表面上是由事件引起的，但该事实的发生受人的行为控制。侵权行为法规范的对象是人的行为而非事件。

第二，侵权行为是违法行为而非法律行为。侵权行为是不以意思表示为要素的违法行为，此点与法律行为有别。但是实施侵权行为的人要求有责任能力，而责任能力是由意思

---

[1]　王利明：《侵权行为法研究》（上卷），中国人民大学出版社2004年版，第8～9页。

[2]　史尚宽：《债法总论》，中国政法大学出版社2000年版，第105页。

能力决定的，因此，侵权行为与不要求意思能力的事实行为有别。

第三，侵权行为的效力产生法定之债。侵权行为作为法律事实之一，在当事人之间引起损害赔偿权利义务关系的变动。只要行为符合法律规定的侵权行为构成要件，直接发生损害赔偿之债的法律效力。

（2）侵权行为是侵犯了绝对性权利和受法律保护利益的行为。绝对性权利，即人身权、物权、知识产权等支配型权利，该权利的效力针对一切不特定人，绝对权对应的义务是法定义务。侵权行为是违反了法律要求一般人应遵守的法定义务的行为，而非违反了特定人之间约定的合同义务，由此将侵害相对权的违约行为排除在侵权行为之外。

需要注意的是，我国《侵权责任法》将侵害"民事权益"的行为均规定为应承担侵权责任的范围。因此，侵权行为侵害的客体除了侵犯绝对权以外，还会侵犯与绝对权利相似或相关的利益，例如，侵害占有人的利益，侵害近亲属对死者人格享有的利益。尤其是在存在竞争关系的商业领域中，第三人以故意为目的，侵害他人的债权，实质上是对他人公开权利和利益的侵犯。

（3）侵权行为是应就损害行为的结果负担赔偿义务的行为。侵权行为发生后，产生损害赔偿之债的效力。损害赔偿强调了私法效果。这一效果区别于公法效果，不是对加害人的人身自由进行限制，也不是对其财产进行扣押管制，更不是对行为人开除公职、警告、降级等，而是赔偿损失，救济受害人。

二、侵权行为与相关行为的区别

（一）侵权行为与刑法上犯罪行为的区别

侵权行为与犯罪行为同为违法行为，均侵犯了他人的权利和受法律所保护的利益，但两者具有明显区别：

1. 对行为人的主观过错要求不同。犯罪行为的成立以故意为原则，以过失为例外，行为人仅有过失，只有在法律有规定的情况下，才认为是犯罪。而侵权行为以过失为原则，以不问过失为例外。由于犯罪以故意为原则，故犯罪行为的手段、方法多是恶性的、强制的、暴力的。侵权行为以过失为原则，在手段上不具有上述特点，多是疏忽大意造成的。

2. 两者侵犯的客体不同。犯罪行为侵犯的客体比较广泛，除了侵犯一般人的财产权利和人身权利以外，还涉及国家法律保护的政治、军事、经济和文化等多方面权利和利益。侵权行为侵犯的客体相对而言，则比较窄，主要侵犯的是主体的支配性权利和利益。

3. 法律对两行为的构成要件要求不同。犯罪行为无论是既遂、未遂或预备犯罪，都可能构成犯罪，被害人有无损害，与犯罪成立无关，即使没有损害，仍构成犯罪。而侵权行为必须是造成损害结果的行为，如果没有造成损害结果（不是既遂），不构成侵权行为。

4. 价值功能不同。犯罪行为是具有社会危害性的行为。因此，犯罪行为的法律效果是维护社会公共利益，惩罚犯罪行为人本人，对受害人的救济不是刑法解决的问题。而侵权行为在具备构成要件后即产生给付赔偿义务，以救济、填补受害人损失为目的。

5. 性质不同。犯罪行为是公法的范畴，是受刑法处罚的行为，令犯罪人受刑罚处罚的依据是刑法。侵权行为是私法的范畴，是民法上的特定概念，违反的是民事法律，是民事违法行为，令侵权行为人负赔偿义务的依据是民法。

6. 适用的诉讼程序不同。犯罪行为适用刑事诉讼程序，是国家依职权主动查处，即使受害方放弃追究犯罪分子，检察机关也应依职权追诉，当事人通常不得自行解决。侵权行为适用民事诉讼程序，侵权行为发生后，当事人可以自行协商赔偿数额，协商不成，可以诉讼。当然，当事人也可以放弃要求赔偿或诉讼。

从民法上的侵权行为与刑法上的犯罪行为的区别当中，可以看出，侵权行为法的目的，对于受害的原告一方而言，是对其受到的伤害予以补偿、救济。而对加害的被告一方而言，侵权行为法保护了他的人身自由，并不像刑法那样，对其人身自由予以限制。而从社会的整个角度看，通过侵权行为法，可以防止伤害，告知人们应当尊重他人的权利。

应注意的是，虽然侵权行为与犯罪行为有明显区别，然而两个行为之间有一定的联系，其联系表现为规范竞合的存在。当一个行为事实，既符合民法对侵权行为规范的要件，也符合刑法对犯罪构成的规范要件时，两种规范互相并不排斥，均可适用。因此，《侵权责任法》第4条第1款规定，侵权人因同一行为应当承担行政责任或者刑事责任的，不影响依法承担侵权责任。

（二）侵权行为与违法行政行为的区别

行政法上的违法行为，是指行政法律关系的当事人违反行政法律规范的行为。行政法上的违法行为包括两类：一类是违法行政行为，这是指行政机关或者国家公务员，以及行政机关的工作人员，在实施行政管理行为时，违法行政，致人损害的行为。另一类是行政违法行为，这是指自然人、法人或者其他团体违反行政法律、法规的行为。侵权行为与违法行政行为的主要区别如下：

1. 违法主体不同。违法行政行为有主体方面的限制，是行政机关或机关工作人员。侵权行为的主体不受任何限制，几乎所有的自然人、法人和其他团体都可成为侵权行为的主体。

2. 性质不同。侵权行为是民事违法行为，受民法调整；行政法上的违法行为违反行政法，受行政法调整，属于公法的范畴。

3. 归责原则不同。侵权行为主要是过错归责，我国对行政违法行为主要采取违法原则。这样可以减轻受害人证明加害人有主观过错的责任，便于受害人获得赔偿。

4. 法律后果不同、赔偿主体不同、适用的诉讼程序不同。侵权行为的法律后果主要是赔偿，赔偿的主体是侵权人，适用民事诉讼程序。行政法上的违法行为的后果除了国家赔偿以外，还有行政处罚，或者自行纠正，责令履行职责等行政责任方式，国家赔偿的主体是国家，适用行政诉讼程序。

同样，侵权行为与行政行为两者间也有联系，当一个行为既违反了行政法律，又违反了民事法律，构成规范竞合，行为人既要承担行政责任，也要负民事赔偿义务，构成行政附带民事损害赔偿。因此，《侵权责任法》第4条第1款规定，侵权人因同一行为应当承担行政责任或者刑事责任的，不影响依法承担侵权责任。

如果侵害人因同一违法行为，同时要承担刑事责任与侵权责任、行政责任和侵权责任时，或者同时承担刑事责任、行政责任和侵权责任时，这些责任方式同时并存，而加害人可供执行的财产较少，不足以在赔偿受害人的同时又支付行政罚款和刑法的罚金或者没收财产时，应当用侵权人的财产优先赔偿受害人的损失，原因是相比国家对违法行为的惩罚而言，受害人损害的填补更重要。《侵权责任法》第4条第2款规定："因同一行为应当承担侵权责任和行政责任、刑事责任，侵权人的财产不足以支付的，先承担侵权责任。"这里坚持了私权优先的原则。

（三）侵权行为与违约行为的区别

违约行为与侵权行为均为对民事权利的侵犯，都是民事违法行为，都是债发生的原因，同属私法范畴，然而在自罗马法以来的各国民法中，侵权行为与违约行为是不同的行为。罗马法将违约行为规定在"债务执行"中，侵权行为规定在"私犯"中。大陆法系债法，一般都将违约规定在合意之债中，引起的是契约责任；侵权规定在非合意之债中，引起的是非契约责任。这种区别的理论根据主要如下：

1. 两行为产生的前提不同。违约行为是当事人之间事先有合同关系，对合同义务的违反构成违约，其属于合意之债的范畴；侵权行为发生之前，当事人之间没有特定的法律关系，侵权行为发生后，在当事人之间产生损害赔偿之债，其属于法定之债的范畴。

2. 两行为侵犯的权利不同。侵权行为侵害的权利为绝对权，违约行为侵害的权利为相对权，即债权。所以，侵权行为是不法侵害他人的非合同权利，而违约行为是不法侵害当事人因约定产生的债权。

3. 两行为违反的义务不同。侵权行为违反的义务是法律事先规定的义务，是一般人都应遵守的义务；违约行为违反的是当事人自己约定的义务，是针对特定的一人或数人规定的义务。

4. 两行为主体不同。侵权行为的主体是不特定的任何主体，由于违约以契约存在为要件，故违约行为的主体必须是合同关系中的特定当事人，且必须是完全行为能力人。

5. 两行为责任的后果及承担责任的方式不同。违约损害赔偿仅限于财产损害，目前不认可精神损害赔偿，因违约造成的人身伤亡和精神损害，须通过侵权损害赔偿予以救济。而侵权行为可以产生精神损害赔偿义务。承担责任的方式也不同，例如，恢复名誉、赔礼道歉等责任形式对违约不适用。

侵权行为与违约行为虽然是不同的行为，但在实践中两种行为发生规范竞合的情况是存在的。当规范竞合时，会根据不同情况产生违约与侵权的责任竞合与重合。当责任竞合时，当事人可择一行使请求权，当责任重合时，当事人的请求权可分别实现。

（四）侵权行为与不当得利的区别

侵权行为与不当得利均属于私法范畴，实践中，人们往往把不当得利也当作侵权行为对待，认为无法律原因的获利而致他人受损的行为，也是侵权行为。然而我们发现，虽然侵权行为与不当得利都产生法定之债，但民法并未将两者视为一体，而是作为两类债，说明侵权行为与不当得利是有区别的：

1. 两者属性不同。侵权行为属于不法行为的范畴，不当得利性质上属于事件的范畴，是由于无法律上的原因获利，致他人受损的事件，事件本身不存在合法与违法的问题。

2. 两者构成要件不同。

（1）不当得利以一方无法律上的原因受有利益为要件，没有实际获利（如物的所有权没有发生移转），不构成不当得利。因此，规定不当得利的主要目的是为了纠正财产的不当移转，使不当移转的财产回归到物的所有人，取消受益人无法律原因所受的利益，而侵权行为不以受益为要件。

（2）一般侵权行为以过错为要件，而不当得利产生的原因则形形色色，可以是自然事件，可以是人的给付，并未要求取得不当得利的人一定存在过错，行为一定违法。

（3）不当得利中的"致他人受损害"的"损害"与侵权行为法中的"损害"意义不同。不当得利中的一方"损害"的参照物，是相对于他方的"得利"而言的，即我获得的利益也正是他方所受的损害。侵权行为中"损害"的参照物，是与损害前相比较的，前后比较，受害人有损害。可以看出，不当得利要求物的所有权发生不当移转，损害与得利相对应。

（4）在因果关系要件上，不当得利因果关系的判断不像侵权行为那么复杂。不当得利多采直接因果关系，侵权行为多采相当因果关系。

3. 两者的制度价值功能不同。侵权行为制度是填补受害人所受的损失，不当得利制度不是填补损害，而是让受领人返还没有法律原因获得的不当利益。

虽然两者是民法中的不同制度，但侵权行为与不当得利经常会发生规范竞合的情况。

（五）侵权行为与无因管理的区别

无因管理与侵权行为在构成要件上不同，所以比较容易区分。无因管理是合法行为，是法律提倡、鼓励的行为。侵权行为是违法的行为，是法律禁止的行为。因此，从正当的无因管理的角度而言，侵权行为与无因管理是不同性质的行为，是违法与合法的区别。但须注意的是，正当的无因管理在未尽到善良管理人的注意义务时，也有可能产生侵权行为之债的效力，不能因无因管理就排斥侵权行为的成立。

（六）侵权行为与准侵权行为的区别

准侵权行为的概念源于罗马法的准私犯。在罗马法有私犯和准私犯的区别，"私犯"包括盗窃、抢劫、损害、侵辱四种行为，私犯这类行为的特点都是行为人有"罪过"（过错），是行为人要对自己的过错负责任的行为。

"准私犯"不是对自己的不当行为造成的损害负责，而是对危险物致害和第三人的行为造成的损害负责，在罗马法中，准私犯行为包括四种：①放置物或悬挂物致害；②落下物或投掷物致害；③审判员误判致害；④产生与自己属员的盗窃或侵害行为的责任。

可以看出，在罗马法中，已经区别对自己不当行为的责任和在自己没有不当行为时的责任，前者为私犯，后者为准私犯。尽管罗马人已经认识到它们之间的不同，但又无法解释为什么这两类行为会产生同样的损害赔偿的法律后果，于是就用了"准私犯"这样的词与"私犯"相区别，表示这是与私犯不同的范畴，但准用私犯的赔偿后果。

在罗马法的基础上，后世法律将私法的侵权行为与刑法的犯罪行为分开后，也注意到私犯与准私犯的不同之处，有些国家的民法典在罗马法的基础上分别规定了侵权行为与准侵权行为，并规定在一个范畴内，即侵权行为法中。

1804 年《法国民法典》继受了罗马法"准私犯"的概念，在民法典中提出了准侵权行为的概念，规定了准侵权行为的条文。在准侵权行为的条文下，规定了因第三人的过失引起损害的赔偿责任、监护责任、雇主责任、教师对学生的监督责任、动物致害责任、建筑物倒塌致害责任等。《法国民法典》第 1384 条规定，"任何人不仅对其自己的行为所造成的损害，而且还应对其负责的他人的行为或在其管理下的物体所造成的损害负赔偿责任"。《德国民法典》未采用准侵权行为的概念，而是把侵权行为分为一般侵权行为和特殊侵权行为，统一在侵权行为的概念下。我国的侵权法理论基本接受了德国的做法，把因自己的过错致人损害的行为称为一般侵权行为，把因第三人的行为或者物件致害造成的损害行为称为特殊侵权行为。《侵权责任法》第 6、7 条的规定包括了这两类行为。

以上对侵权行为与各种类似的行为比较之后，我们进一步理解了民法上侵权行为的特定意义，对此，我们用《牛津法律大辞典》对侵权行为的表述作总结：侵权行为是可以引起民事诉讼的伤害或不法行为，侵权行为规则要求人们负有不得加害于他人的义务，以及加害了他人，则应对之进行补救或赔偿的义务，这种义务不是由当事人的协议而设定的，而是根据一般法律的实施产生的，与当事人的协议无关。[1]这一表述较为合理地说明了侵权行为的特点。

---

〔1〕 ［英］戴维·M. 沃克编：《牛津法律大辞典》，北京社会与科技发展研究所译，光明日报出版社 1988 年版，第 886 页。

■第二节 侵权行为法的理念

一、侵权行为法律规范

侵权行为法律规范是关于损害与赔偿的民事法律规范的总和，其核心内容是如何确定损害行为，以及对造成的损害如何救济。侵权行为法律规范表现的形式（法源）是：《宪法》（关于保护人的财产权和人身权的规定）、《民法总则》、《民法通则》、《侵权责任法》、单行的民事法律、司法解释及其他法律渊源（《国家赔偿法》和经济、行政法律、法规中有关侵权行为的规范）等。

二、侵权行为法在民法中的地位

在现代大陆法系法典化国家的民法典体系中，侵权行为法在民法中的地位不是一个热点问题，因为继受罗马法的各类民法典几乎一致地将侵权行为归入债法体系，作为与合同之债并行的非合同之债的发生原因，纳入债的体系中。

在非法典化的英美法系判例法国家，侵权行为法则是独立的一门法，这门法由各种具体的侵权行为类型的规定和大量具体的侵权诉讼的法院判例构成，法官判案依据的是以前的判例，并在判例的基础上发展补充。

在我国民法学界，部分学者认为，侵权行为规范应该从民法债编中分离出来，在民法典体系中独立成编，称为侵权责任法，或称民事责任编。主张把侵权行为法从债法中分离出来的观点主要认为：

1. 虽然侵权行为与合同、无因管理、不当得利等均为债产生之原因，但其相互之间有许多方面的差异，例如，各类债的构成要件、责任后果、归责原则、免责要件都不同，特别是"债的一般规则主要适用于合同之债，并不完全适用于侵权行为和其他债的形式"。[1]因此，应把侵权法从债法中独立出来。

2. 侵权行为法本质是责任法，侵权行为无论怎样定义，都是一种在法律上应受谴责的行为。法律对其谴责的直接表现，就是责任的施加。[2]责任法的特点是强制性和国家干预性，这是侵权行为法本身的特殊性。随着侵权行为的类型越来越多，例如，产品责任、工业事故、环境责任、国家赔偿责任、医疗事故责任、交通事故责任等，这些类型的责任事故不仅要求专门的法律调整，而且也突出体现了国家干预性，使得这些侵权行为类型不仅仅是受害人与加害人之间个人的私的关系，还是关系到整个社会的事。因此，从保护社会公共利益、保护弱者的角度出发，应强调侵权行为的本质是要承担责任，所以，应把侵权行为从债法中独立出来，形成专门的责任法。

3. 侵权行为作为债之效果的作用有所减弱。过去把侵权行为作为债法的组成部分，其主要依据在于侵权行为的后果是产生损害赔偿之债，功能是预防和救济。但是，侵权行为法的这一作用已经微乎其微，例如，现在工伤、疾病、交通事故、产品责任等都可在社会保障制度以及其他责任保险制度中获得补偿，因此，侵权行为法的古老作用已被责任保险和社会保障的存在所掩盖。这样，侵权行为法的效果与过去债法之效果已不同了，所以应与债法分离。

除了上述主要理由外，还有的观点认为我国《民法通则》已经把侵权行为法从债法中

---

〔1〕 王利明：《侵权行为法研究》（上卷），中国人民大学出版社 2004 年版，第 161 页。
〔2〕 麻昌华：《侵权行为法地位研究》，中国政法大学出版社 2004 年版，第 172～173 页。

分出来了，归入民事责任这一章，说明我国立法已经把侵权行为与债分开。也有人认为，随着社会的发展，侵权行为的类型越来越多，对此规定的条文也越来越多，把侵权行为与不当得利和无因管理并列放在债法中规定，从条文的数量上也不协调，应该把它独立出来。

2009年12月底通过的《侵权责任法》使上述理由成为现实。尽管立法者单独制定了侵权责任法。但侵权行为的效果是债，还是责任？它应在民法体系中处于何种地位？仍有讨论必要。我们认为，将侵权行为规范放在民法的债编部分更为合理，理由在于：

第一，侵权行为法是民法意思原则的重要体现。在债法中，债的发生原因是按照合同、无因管理、不当得利、侵权行为这样的顺序排列的，合同是当事人之间的约定，是合法行为，无因管理与合同的区别是当事人双方没有协议。但是在一些国家的民法典，如《俄罗斯民法典》《德国民法典》中，无因管理被放在合同类型里规定，类似于委托合同。但就无因管理特性而言，其具有合法性特点。不当得利因其不具有法律依据获得利益，故而是需要法律纠正之行为，但还不能一概确定不当得利是违法行为。侵权行为则是违法行为。因此，四种典型之债的排列，是从合法到有违法的因素，再到违法的渐进过程。这种排列，正是从积极和消极方面说明私法自治原则。如果把侵权行为与债分离，则破坏了这种逻辑体系。

第二，自罗马法以来，大陆法系许多国家的民法，如法国、德国、日本、俄罗斯等国的民法，都将侵权行为与合同、不当得利、无因管理等归入债法体系，作为债的发生根据。侵权行为规则在大陆法系过去是，而且现在也一直是债法的一部分，这种体例是市民法传统的组成部分。传统民法之所以将侵权行为作为债发生的原因，显然区别了债与责任的不同。

我国台湾地区学者史尚宽先生指出，"德国固有法，始将债务与责任，截然区别，以债务为应为给付之义务，责任为此义务之财产的担保。债务人不为给付时，债权人得依强制执行之方法，以实行其债权者，即以此也"。[1]债务既然是应给付的义务，则须依诚信履行，这也是自然法、道德、伦理之要求，强调义务人以自己的良知自觉履行。责任带有强制性，是对违反义务的制裁和担保，而这种强制手段，通常需要借助公力救济的手段实现，而义务因是"应为"，故多数情况是义务人在权利人的请求下（自力救济）履行义务，但未必一定通过强制手段实现，除非义务人不按权利人的请求自觉履行，权利人才提起诉讼。

虽然债务与责任为不同概念，但两者通常相伴而生。用责任保障债务的履行，不履行债务，债权人可请求公力机关对债务人强制履行，承担不履行义务的责任。债务履行后，责任不再存在。因此，从对权利保护角度而言，责任是对权利的救济和法律保障。有救济，才有真正意义上的权利。无救济的权利是没有意义的权利，无救济的权利仅存在于已过诉讼时效的自然债务上，称为无责任的债务。

侵权行为发生后，在当事人之间产生损害赔偿之债的权利义务关系，损害赔偿又是民事责任形式之一，对于义务人而言，损害赔偿也是其应承担的民事责任。如此看来，好像债与责任无区别。然而，两者性质是不同的，在债的效力中，当事人依债之关系应履行的给付义务，为第一性义务；如果未履行或不完全履行，则产生第二性义务，第二性义务是对不履行第一性义务的救济。不履行第一性义务，相对而言，也是对与义务相对应的权利的侵害，故第二性义务，也是对被侵害的权利的救济。因此，在提出救济请求权时，救济

---

[1]　史尚宽：《债法总论》，中国政法大学出版社2000年版，第3页。

同时获得了请求权的外观，救济手段自身也成了一种权利。

关于救济的权利性质，《牛津法律大辞典》是这样表述的："法律制度赋予特定关系中的当事人以两种权利和义务，第一与第二权利和义务，前者（第一权利与义务）如取得所购买的货物和取得货物价款，后者（第二权利与义务）如强制对方交货或强制对方就未交货一事给付赔偿，或强制对方支付货物的价款，或强制对方就拒收货物给付赔偿。虽然只有在第一权利未被自愿满足或未被令人满意地满足的情况下，第二权利或救济权利才能发挥作用，但要求对方履行义务的权利，或要求对方就未履行的义务或不适当履行义务给予救济的权利，却都是真正的法定权利。相应的，救济是一种纠正性质的权利，这种权利在可能的范围内会矫正由法律关系中他方当事人违反义务行为造成的后果。"[1]

由此可知，损害赔偿作为对被侵害的权利的救济，其本质也是一种权利，是对原权利的救济权，这种权利的产生必须以原有的实体权利受到侵害为前提，通过救济方式使原权利得以恢复或实现。在当事人行使第二性权利（救济权）时，与救济权相对应的是债务人承担的第二性义务，是不履行或不能完全履行第一性义务的后果。从不履行义务的后果而言，第二性义务通常也称为责任。所以，把损害赔偿这种对权利的救济称为损害赔偿义务或者损害赔偿责任，从理论上说都是可以的。

然而，为什么大陆法系国家的立法把第二性义务称为给付义务，并不直接称为责任，而且又将第二性义务归在债的效力的范围内，没有与债的效力脱离单列为责任法呢？这里体现了民法私法自治的理念。

不履行义务以及侵权行为多数情况下是由过失引起的，侵权损害发生后，在原本没有任何权利义务关系的侵害人与受害人之间，依法产生了请求赔偿和给付赔偿的法定之债的权利义务关系，义务人根据债的规则自觉地、理性地履行给付赔偿义务。我国台湾地区学者梅仲协先生说："就绝对权言，在权利不受侵害时，其请求权则隐不显现，然若一旦遭遇侵害，则随时可以发动，且发动不限次数。受一次侵害，则可表现为一次请求权也。"[2]梅仲协先生这里所指的请求权的行使，就是对原权利的救济性请求权，该请求权具有实体和程序意义的双重性质，是介于实体与程序的枢纽，这一请求权可通过法律自己获得实现，也可以请求司法机关获得解决。因此，它包含两个意义：一是自力救济；二是公力救济。而就民法为私法的特点而言，权利人的请求权的行使绝大多数为自力救济，一般是在权利人自己救济无望时，才请求国家公权力机关强制义务人履行，此时，对债务人而言，是应承担的民事责任。

从义务人自觉理性的履行到依靠公权力强制的履行，应该认为，把侵权行为列为民法的债的部分更合乎民法私法的特点，把侵权行为的效力归为债，要求债务人自觉履行或监督履行，这也体现了义务人履行赔偿义务的本质是补偿性的，不是惩罚性的。如果将侵权行为效果直接看作是民事责任，把"致害→产生债→债的不履行→民事责任"四个环节缩减成"致害→民事责任"两个环节，减少了当事人意思自治的空间，提前了公权力介入的时间，与民法的私法性质不合。这等于否认了意思自治、私法自治的民法基本理念，不承认民事主体能够自觉地履行义务，理性地生活。另一方面无形中增加了法院的负担、当事人之间的诉讼之累。我们同意我国学者张俊浩先生的观点，即"市民法以意思自治为基本

---

〔1〕　［英］戴维·M. 沃克编：《牛津法律大辞典》，北京社会与科技发展研究所译，光明日报出版社 1988 年版，第 764 页。

〔2〕　梅仲协：《民法要义》，中国政法大学出版社 1998 年版，第 37 页。

理念,该理念尊崇理性,相信在正常情况下义务人的良知,即使其义务是违约或侵权所致,仍会承认并且自觉或经监督而履行。因而,民法是从债的构想去规范侵权行为,而不是从责任与强制的角度去构想"[1]。这也正是大陆法系国家的民法典将侵权行为归为债法体系的原因。

尤其是当我们把民法上的侵权行为与公法上的犯罪行为、违法行为进行区别以后,结论是:侵权行为发生的结果应该是债,并且只能是债,当侵权行为效力转为责任时,应该认为侵权人故意违反义务,这就需要国家公权力机关进行干预。而犯罪行为与行政违法行为的效力只能是责任,这也是公法与私法的区别所在。基于上述理由,本书将侵权行为法律规范仍归入债法体系。

三、侵权行为法与保险制度

由于保险机构参与到赔偿损害中,解决了侵权行为法不能解决的社会问题,有观点认为保险制度成为埋葬侵权行为法的土壤,因为投保以后,发生事故,一切由保险公司承担,责任人什么责任都没有了。而且保险理赔迅速,举证责任简单,补偿功能明显,比通过侵权行为法,通过诉讼获得救济省事得多,因此,人们自然愿意选择保险赔偿而舍侵权之诉,由此认为侵权行为法的存在面临着危机。

应该看到,随着市场经济体系的逐步建立和不断完善,我国目前初步建立了包括侵权赔偿制度、责任保险制度、社会保障制度在内的一整套损害综合补救体系。这些综合救济体系各有其价值功能,不能相互替代。以投保人自身的财产或人身为保险标的的损失保险为例,此类保险主要包括:人寿保险、意外伤害保险、健康保险、火灾保险、综合汽车保险等。损失保险与侵权赔偿制度产生的基础和制度功能不同,损失保险基于意思自治产生,由投保人与保险人订立保险合同;而侵权赔偿制度是强制性法律关系,一方之所以向他方负担侵权损害赔偿之债是基于法律的强制性规定。而且侵权赔偿以填补损害为其基本功能;而损失保险并非均具有损害赔偿的功能,如纯粹人身保险的场合,就不具备填补损害的重要功能。

另外,并非所有的风险均可保险,保险只存在于某些风险中,也并非所有风险都能强制保险,还有不投保的情况。而且,保险赔偿仅在投保额范围内赔偿,超过部分还要通过侵权行为法解决。在保险事故由第三人造成的某些情形中,保险人承担保险赔偿后,法律赋予了保险人向第三人追索的权利,而保险人行使追索权的前提性法律是侵权行为法,没有侵权行为法,保险追索权成了无本之源。尤其是普通市民的一般侵权行为,通常都需要侵权行为规范调整。

总之,现代社会的损害综合救济体系,特别是保险制度并不会导致侵权行为法的衰微,相反这些制度相互配合与补充,能够更好地发挥填补损害的作用。

■第三节　侵权行为的归责原则

一、归责原则的含义

归责在法律上的含义,是指根据某种事实状态确定责任的根据和归属。归责原则,即确定责任归属必须依据的法律准则,是确定责任的标准和基础。"归责"的核心内容,是一

第三十五章

---

[1]　张俊浩主编:《民法学原理》(下册),中国政法大学出版社 2000 年版,第 904 ~ 905 页。

个原因与结果的关系，如德国学者拉伦茨所言："承担责任，是指接受其行为所产生的后果，并对这种后果负责。"[1]而"承担责任必须具备法律上的可归责性，而可归责性又必须具有特定的、适用于全体人的归责标准"。[2]

二、归责原则的发展

一种法律秩序在何时，在什么条件下让已经发生的损失转由他人承担，取决于在该社会占主导地位的思维方式和传统习惯。古代法、近代法、现代法对归责原则的认识各有不同。

（一）古代法的加害责任

确定责任归属的原则，在古代法中已经存在，只是由于当时社会发展的限制，归责原则才表现为一种非理性的原则。

侵权行为法的历史根源于复仇。古代社会由于生产力不发达，人们主要是基于血缘亲属关系共同劳动，共同生活，所以家族之间形成了非常密切的关系。如果家族中的某个成员被侵害，则整个家族要进行血族复仇，这种复仇经常发生，逐步形成了社会公认的一种规则——血族的连带责任。就是说，家族的一个成员被害，整个家族成员复仇，而加害人的全体亲属在受害人家族进行复仇时，对加害人承担防卫和保护义务。这样，复仇实际就是宗族之间一次次小型的战争。

复仇是在社会公力还不能对侵权进行控制的情形下，通过私力救济对抗侵权行为的手段，然而人们会在无谓的复仇中牺牲生命。要限制复仇，减少流血的发生，有效的办法就是金钱赔偿。支付赔偿通常是加害人一方的请求，这一请求能否实现完全取决于被害人的亲属是否愿意和解，如果他们不愿意和解，被害人的亲属就可行使复仇的权利。因此，加害人支付赔偿是自愿的、主动的，而且是无条件的。在这种情形下，要考虑加害人是否有过错，考虑在加害人没有过错的条件下是否可免责的问题，完全不可能。当时唯一可行的归责原则就是加害责任原则。[3]加害责任，也称结果责任，是行为人须就其行为的损害结果当然负责的原则。这是人类社会早期，法学还没有认识到过错在责任归属上的价值时，而采取的原始责任观。

（二）过错责任观念产生

随着古希腊法将保护私有财产权和法律上的平等观念引入法律，自然法和理性法的思想开始渗透到法律规范中，使侵权行为的归责理念逐步发生了变化。在罗马法中开始出现故意、过失的用语，开始把加害人的主观过失作为责任的构成要件，过错责任的归责方式开始形成。随着中世纪罗马法的复兴，过错责任受到普遍重视，大陆法系国家的民法典相继规定了过错责任原则。英美法系的侵权行为的归责原则也以罗马法为基础确立了过错责任原则。

19世纪是过错责任原则成熟时期。过错责任在伦理上的意义是，人应对自己的行为、对自己的错误负责。这是个人主义的自然要求，每个人都有行为的自由，但应该知道把自己的自由控制在什么范围内。如果对自己行为的后果，没有预见，没有控制和防止，就是有过错。可见，过错责任原则是对个人自由的尊重和保护。

---

〔1〕［德］卡尔·拉伦茨：《德国民法通论》（上册），王晓晔等译，法律出版社2003年版，第50页。
〔2〕［德］卡尔·拉伦茨：《德国民法通论》（上册），王晓晔等译，法律出版社2003年版，第51页。
〔3〕王卫国：《过错责任原则：第三次勃兴——民事归责原则的历史发展、基本原理及立法对策》，浙江人民出版社1987年版，第17页。

19世纪前的社会是以农业为主流的社会，工业、交通、医疗均不发达。因此，现代社会所说的各种危险事故，如工伤、医疗事故、环境污染、产品事故等都不多，对于一般的侵权损害结果，从行为人的主观注意程度上，是可以预见，也是能防止其发生的，所以对过错的证明并不困难，即使在当时社会中也有一些被今天学者所称的古典危险事故，如动物、工作物、建筑物致人损害，也仅仅适用过错推定，并不存在无过失责任。因此，以过错作为归责基础成为当时侵权行为法的主导原则。

（三）过错推定归责方式的适用

社会演进到19世纪后，工业、科学技术的发展，改变了人类的生活方式，然而，人类在享受社会科技便利的同时，也面临着风险。对于大工业发展而产生的各种危险事故所造成的损害，如果坚守主观过错责任原则，会使受害人因无法证明加害人的过错，而不能得到赔偿。因为不少危险事故的发生多是工业技术缺陷的结果，是人类现有能力无法控制和预料的，受害人很难证明加害人是否有过错。于是在适用过错原则的同时，大陆法对某些危险案件开始适用过错推定的方式归责。

过错推定是，先验的推定加害人有过错，如果加害人能够证明自己无过错，即可免责。过错推定在大陆法的民法典中得到了广泛采纳，特别是对物件致害，建筑物倒塌致害，抛掷物、悬挂物掉落致害等多适用推定过错。英美法的过错推定称为"事实自证"或称"情况不言自明"，即损害事实已经说明被告有过失，除非被告证明自己没有过失，才可以解除责任。可以看出，推定过错，或者事实自证都是以过错的存在为前提条件的，因此它们属于过错责任的范畴，与一般主义上的过错责任不同的是，过错的举证责任由原告移向被告。因此，过错推定是在适用过错原则时采用的一种特殊的举证方式，这种举证方式比举证正置对受害人更有利，这是在程序法方面对受害人采取的一项补救措施。

（四）无过错责任的产生

随着社会的进一步发展，人们发现，不少危险事故即使通过过错推定的方式来解决受害人举证困难的问题，仍有大量的受害人不能得到赔偿。因为在现代工业事故中，有的危险难以防范，有的即使相当地谨慎也无法预防，有的工业事故即使防范，也有可能发生。在这些事故中，加害人可能确实无过失，如果依过错推定的方式，企业家可以以不可抗力或者受害人自己的过失为由，证明自己无过错而免除责任。

显然，这种情况与法的公平正义的理念不符，于是为了保护受害人，各国侵权法针对现代工业社会发展所产生的各种危险事故提出了新的归责学说——危险责任，所谓危险责任，是指凡是持有或是经营某种特定的具有危险的物品、设施或活动的人，当这些危险物品、设施或活动本身所存在的危险发生而给他人造成损害时，不考虑造成损害的人对该事故的发生是否有过错，均应就该损害负赔偿责任。

由于危险责任不把加害人过错作为侵权行为的构成要件，只要是法律规定的危险事故发生，就须承担责任。学者也把危险责任称为"无过错责任"或"不问过错责任"，与"问过错"的过错责任相对应。

这样在归责方式和原则上，形成了过错责任与无过错责任二元并立的归责原则。

从上述侵权行为法归责方式（原则）的发展变化，可以看出，侵权行为的归责方式是一个随着社会的演进从非理性归责到理性归责的发展过程。从这个过程中也可以看出侵权行为法发展的轨迹是一个从不合理到逐步合理的发展过程。

三、过错责任原则

我国《侵权责任法》第6条规定："行为人因过错侵害他人民事权益，应当承担侵权责任。根据法律规定推定行为人有过错，行为人不能证明自己没有过错的，应当承担侵权责任。"这是过错归责原则的确定。

（一）过错责任原则的含义

过错责任原则的基本含义是，侵权行为以过错为责任要件，加害人只有在有过错的情况下才承担民事责任，即"有过错有责任，无过错即无责任"的原则。

过错责任原则强调："过错"是行为人对其行为负责任的基本构成要件，加害人之所以要承担损害赔偿的义务（责任），可归责的事由是其主观上有过错，即有故意或者过失。因此，在强调过错归责的情况下，证明行为人的过错成为这类侵权行为的中心问题。

有过错的加害人，都是主观心理上能够意识到自己行为后果的人。因此，过错责任原则，也称主观归责原则。在以过错为归责原则的情况下，只要法律无其他特别规定，无行为能力、不可抗力、某些意外事件、正当防卫、第三人的过错等，都可能成为免除加害人责任的理由。

民法的传统观点认为，过错原则意味着只要有过错，就承担责任；过错程度，并不决定赔偿责任的有无。传统的观点认为民法与刑法不同，刑法中过错的大小、轻重决定刑事责任的有无，而民法只有在共同过错、混合过错中，过错程度的认定才对确定损害赔偿的范围有一定实际意义。但我们认为，在民法上，无论是单一过错，还是共同过错，过错的划分和过错的程度对于确定赔偿范围都是有意义的。故意侵权与过失侵权，重大过失与一般过失在赔偿的数额上应有所区别。而且，在证明加害人过错时，要看受害人或者第三人是否有过错，这对加害人赔偿范围的确定有重要意义。

（二）侵权行为法适用过错归责的哲学基础

过错责任原则，是建立在康德"意志自由"的哲学原理基础上的。康德的法哲学理论概括起来就是：尊重人。因为只有人才有自由意志，才有与生俱来的权利，即自由。由于人是理性的动物，又有选择自己行为的能力，人不仅能作出合法的选择，也能作出违法的选择。所以，人必须对自己所选择的行为负责，对自己选择的行为结果负责。康德认为，自由是人与生俱来的权利，每个人都有自由权。在社会生活中，人为了自己的自由，必须尊重他人的自由，务必使自己的自由与他人的自由并行不悖，如果侵犯了他人的自由，就是违反义务，就要受到责任的约束，因此，责任是自由行为的必要性。要求一个人承担责任，则须有判断标准。康德认为，"责难"是一种判断，当事人或者行为者的心理状态不同，根据他是怀着强烈的热情去做或者是冷静地、审慎地去做，对该行为的评价就有所不同。如果一个人的行为合于义务，行为就值得赞扬；如果行为严格遵守法律规则，这种行为就是守本分；如果行为比法律要求要做得少，行为的结果就在道德上有缺点和有错。[1]

正是行为人个人主观心理状态欠缺注意，即本来能够注意而不注意，以致在伦理上，或是道德上具有可非难性、可责难性，以此称其有"人格过失"或者"道德过失"。

在上述基础上，侵权行为法采用过错责任原则的理由主要是：如果一个人已经尽了注意的义务，在法律上、道德上无可非难，就不负侵权责任，如具有可非难性，则应负责任。过错责任原则的基础，如同德国学者耶林所言，使人负损害赔偿的，不是因为有损害，而是因为有过失。其道理就如同化学上的原则，使蜡烛燃烧的，不是光，而是氧气一般的浅

---

[1] 参见［德］康德：《法的形而上学原理——权利的科学》，沈叔平译，商务印书馆1991年版，第26～32页。

显明白。[1]

（三）过错责任原则的适用特点

1. 在适用范围上，过错责任原则是侵权行为法的核心归责原则，主要适用于以过错为必备要件的一般侵权行为，对于某些考虑过错因素的特殊侵权也适用。除非法律有特别规定，要求对某些侵权行为不以过错为要件时，过错责任原则才不适用。可见，只要法律没有特别规定，过错责任原则是侵权行为归责的首要原则。

2. 在责任构成上，适用过错责任原则的侵权行为，其责任构成必备要件是：行为的违法性、损害事实的存在、损害事实与违法行为有因果关系、行为人主观上有过错。

3. 在适用方法上，适用过错归责时，对过错的举证和证明有两种方法：①"举证正置"，即谁主张，谁举证。通常是由受害人对加害人的过错进行举证和证明，而加害人无须证明自己没有过错。②"举证倒置"，也称为"推定过错"，即法律推定加害人有过错，而由加害人证明自己没有过错，如果加害人不证明或者不能证明自己不存在过错时，则认定其有过错；如果加害人能够证明自己没有过错，就不承担民事责任。

可以看出，过错推定坚持的仍然是过错归责，只是在确定过错时采用的是另一种举证方式，这种方式克服了"举证正置"方式的局限性，缓和了过错责任的僵化，在一定程度上避免了受害人因不能证明对方有过错而无法获得赔偿的情形，扩大了对受害人的法律救济。但过错推定又赋予了加害人某种权利，使其不致过于被动，没有主张的余地。

4. 适用过错归责确定责任时，以谁有过错谁承担责任为原则，但以加害人为核心归责。在以加害人为核心归责时，须注意过错的不同类型，尤其是第三人的过错和受害人过错可以成为减轻或免除加害人责任的事由。如果损害完全是第三人的过错和受害人的过错造成的，加害人无过错，加害人不承担责任。如果存在混合过错，适用过错相抵。

5. 过错及过错程度对归责的意义。①过错既是承担责任的依据，也是减责或免责的依据。②侵权行为不论故意或过失，均须承担赔偿责任。多数人侵权时，其内部可根据侵权行为原因力的大小和过错程度确定其应分担的赔偿数额。③精神损害赔偿须以过错程度等因素确定赔偿范围。④产品责任中惩罚性赔偿的适用，须以过错为要件。

四、无过错责任原则

（一）无过错责任的形成

现代工业社会发展的同时，各种危险事故频繁发生，如果仍以过错责任为判断标准，事故的制造者可以以自己无过错为由推脱责任，那么损害结果就要由受害人自己承担。于是，各国开始通过特别立法对这些危险事故进行调整，并提出了新的归责学说。

例如，德国的航空交通法、道路交通法、水土保持法、原子能法、联邦公害防治法等，针对航空事故、铁路事故、汽车事故、矿害事故以及环境污染等，采取无过错责任，即这类危险事故不以行为人的故意和过失为责任要件，行为人有无过错对民事责任的构成和承担不产生影响。由于德国是以特别立法来规定无过失责任原则，这样，特别法的规定就脱离了民法一般侵权行为的适用，即民法的一般侵权行为适用过错责任原则；特别法规定的某些侵权行为适用无过错责任。有学者将德国侵权行为法形容为"民法等于过失责任主义""诸特别立法合成特别危险责任"的立法模式。[2]

可以发现，我们通常所称的无过错责任的术语，在德国法上称之为"危险责任"。德国

第三十五章

---

〔1〕　转引自王泽鉴：《民法学说与判例研究》（二），中国政法大学出版社1998年版，第145页。

〔2〕　邱聪智：《民法研究》（一），中国人民大学出版社2002年版，第100页。

人之所以不用"无过错责任"的术语,是因为这一术语消极地指明"无过错也应负责"的意义,与过错责任原则在内容上为体系违反,因而用了"危险责任"的用语。如我国台湾地区学者王泽鉴教授所言,"危险责任的概念比较能积极地凸现无过失责任的归责原因"。[1]

1804年《法国民法典》有侵权行为与准侵权行为的概念。侵权行为,又称"对自己行为的责任",即过失(错)责任。"准侵权行为",是对非自己行为的责任,包括行为人对因自己负责的他人行为(如父母对未成年子女的责任;雇主对雇工,教师和技师对其监督下的学生和学徒的责任)和因保管物的行为(动物和建筑物所有人对动物和建筑物所生的损害)负赔偿责任,由于不是对自己的行为,而是对他人的行为或对物件致人损害负责,适用什么归责方式,《法国民法典》并没有特别明确的规定。根据对其条文的分析,通常认为是"过错推定"法理的运用,还不能与无过失责任等同。因为《法国民法典》制定之时,危险活动并不普遍,因此,也没有危险归责的概念。

同样,随着社会的发展,危险事故增加,法国根据判例解决危险事故的赔偿,在原来的准侵权行为的基础上,提出了"无生物责任"的概念。对于无生物责任,不要求加害人过错的要件。这样,在法国法中也出现了与过错相对应的"无过错"责任。

"无生物责任",是法国法对原来的侵权行为进一步进行归类而提出的概念。法国法将对自己的行为的责任和对他人的行为的责任称为对人的行为的责任;把物件致害称为对物的行为的责任。由于人的行为是生物行为,而与生物行为相对应地,物件致害(动物的占有人的责任以及建筑物所有人的责任)也被称为无生物责任。后来发生的各类危险事故,均属于无生物责任的范围。现代法国法的无生物责任,也是过去的古典危险物责任的扩大,相当于德国的"危险责任"。

日本民法和我国台湾地区现行"民法"把"危险责任"称为"无过失责任"。在英美法系,对于危险事故多称"严格责任"。

由此可见,无论是德国法的"危险责任",法国法的"无生物责任",还是日本法的"无过失责任",英美法的"严格责任",都是为了适应现代社会发展的需要,针对随工业、科技的发展而相继产生的危险活动以及在这些危险活动中出现的损害事故,在过失责任之外,又确立了无过失责任,用以弥补过失责任的不足。

(二)无过错责任的基本含义

无过错责任原则的基本含义是:在责任构成中,不把加害人的过错作为责任要件。如何理解无过错责任,也是侵权行为法理论上有争论的问题之一。《民法通则》第106条第3款规定:"没有过错,但法律规定应当承担民事责任的,应当承担民事责任。"在《民法通则》的基础上,《侵权责任法》第7条规定,"行为人损害他人民事权益,不论行为人有无过错,法律规定应当承担侵权责任的,依照其规定"。这是我国立法对无过错责任原则的肯认。

对无过错责任的理解,教科书通常解释为,"加害人即使没有过错,也应依法承担民事责任"。

有学者认为,《民法通则》第106条第3款的这一规定,不是无过错责任,而是过错责任——从法条的正面看,"没有过错,但法律规定应当承担民事责任的,应当承担民事责

---

〔1〕　王泽鉴:《侵权行为法》(一),中国政法大学出版社2001年版,第16页。

任"。但是这一条从反面推之，"没有过错，法律又没有规定负责任的，即不负责任"。这恰是"无过错即无责任"的最佳证明。[1]

也有学者认为，无过错责任的特点是：①不考虑双方当事人的过错；②不能推定加害人有过错；③因果关系是决定责任的基本要件；④有法律的特别规定。[2]

还有学者认为，无过错责任中的不考虑过错是不考虑加害人的过错，决不意味着不考虑受害人的过错。他认为，无过错责任原则的特征有三个：①法律对其适用对象予以特别规定以由此与过错责任原则的适用范围区别开来；②在构成要件方面，适用无过错责任原则，不考虑加害人的过错；③适用无过错责任原则的案件，侵权行为由加害行为（或准侵权行为）、损害以及二者间的因果关系三项要件构成。[3]

无过错的"无"，可理解为"无""不要求"加害人过错这一要件，即在责任构成上，"无"加害人过错这一要件，与要求加害人须有过错的过错责任相对应。由于不要求加害人的过错作为责任的构成要件，受害人也无须就加害人的过错进行举证，加害方也不能以自己无过错为由主张免责或抗辩。因此，无过错责任的正确理解应该是，不把加害人的过错作为民事责任的构成要件，只要法律规定应该承担责任，就应对损害结果承担责任。

如果把无过错责任理解为"加害人即使没有过错，也应依法承担民事责任"，实际上是将无过错责任等同于结果责任，掩盖了无过错责任产生的理念。无过错责任与古代社会的结果责任的本质区别正是：无过错责任考虑了原因，而结果责任不考虑原因，只考虑结果。这其中也正是理性与非理性的区别。当然，无过错责任的免责事由不能规定得过多，否则，就失去了其适用的意义。

有人提出，侵权行为的归责原则解决的是责任的归属，即根据"可归责的事由"确定行为人应否承担责任，过错责任的一般归责事由是加害人有过错。那么无过错责任的可归责事由是什么呢？是加害人无过错吗？显然不是。如果把无过错作为归责事由，则与过错责任体系相悖。从现代各国侵权行为法对无过错责任适用的范围来看，主要是工业灾害性事故侵权（如火车、汽车、航空事故、电气、煤气、核能设备损害）和动物侵权，这些都是对他人有可能产生侵害的危险源，因此，德国法将危险作业、危险设备、危险物等危险源作为归责事由，简称为危险责任，与过错责任相对应。因此，从归责事由上，应称为危险责任。危险责任的构成，不以加害人过错为必备要件。

（三）无过错责任原则的适用特点

1. 适用法律有特别规定的侵权行为。法律没有规定时，不能擅自使用该原则。

2. 在侵权行为构成要件方面，"无"加害人过错这一要件，但要考虑损害事实、损害行为以及损害行为与损害事实之间的因果关系等其他要件。

3. 由于不要求以加害人的过错作为侵权行为的构成要件，所以不存在受害人对加害人过错的举证问题，也不存在加害人证明自己无过错的情况。这样，在程序上，一是可以减轻原告方的负担，不需要举证证明对方有过错；二是可以简化诉讼程序，法院也不必对有关加害人的过错进行听证审理。

4. 无过错责任不是绝对责任，虽然在责任构成上不考虑加害人过错，但是需考虑其他减免责事由，如受害人的过错、第三人的过错、不可抗力等，在法律规定的情形下，可作

〔1〕 张俊浩主编：《民法学原理》（上册），中国政法大学出版社 2000 年版，第 40 页。

〔2〕 王利明：《侵权行为法研究》（上卷），中国人民大学出版社 2004 年版，第 317～318 页。

〔3〕 张新宝：《侵权责任法原理》，中国人民大学出版社 2005 年版，第 36 页。

第三十五章

为减责或免责的事由，只是适用无过错责任的侵权行为，免责事由严格受限制。

5. 适用无过错责任的侵权行为，原则上有最高赔偿限额，如高度危险责任。

综上所述，在我国侵权法中，过错责任与无过错责任均为归责原则，但过错责任是主导的、核心性归责原则，无过错责任为补充性归责原则。

过错推定不是独立的归责原则，它仍是过错责任原则的内容，过错推定仅是举证责任利益的分配问题，是过错原则适用的一种举证方式。

公平责任也不是归责原则，有观点认为：公平责任在《民法通则》中有所体现：我国《民法通则》第132条规定："当事人对造成损害都没有过错的，可以根据实际情况，由当事人分担民事责任。"我国《侵权责任法》基本解决了这个问题，《侵权责任法》第24条规定："受害人和行为人对损害的发生都没有过错的，可以根据实际情况，由双方分担损失。"从"分担责任"改为"分担损失"，并将此规定置于赔偿的责任方式的体系中，说明：①它不具备确定责任归属的功能。②如果是归责原则，《民法通则》或者《侵权责任法》应将其放在关于责任构成规定的最开始，而《民法通则》第106条和《侵权责任法》第6、7条都没有规定公平原则，从《民法通则》第132条的位置和《侵权责任法》第24条的位置可知，公平责任是赔偿的原则，即在责任已经确定后，在赔偿损失时，考虑当事人的具体情况，分担损失的原则。③公平原则的适用前提，应是对损害结果的发生，双方当事人均无过错。

第九编

第三十六章

侵权行为的法律要件

■第一节 侵权行为法律要件概述

一、侵权行为法律要件的含义

侵权行为的法律构成要件是指行为人的某一行为，依法构成侵权行为，承担相应责任的必备要件。侵权行为的构成要件在侵权法中占有重要地位，是归责原则的具体适用。在侵权诉讼中，侵权行为构成要件是原告与被告证明与反驳是否承担责任的依据。

将侵权行为归入债法体系的大陆法国家，研究侵权行为作为产生债的原因时，均称之为侵权行为的构成要件，侵权行为的事实构成后，则在当事人之间产生损害赔偿之债的关系。我国《侵权责任法》从责任的角度研究侵权行为，称之为侵权责任的构成要件，研究的是侵权责任构成而非侵权行为构成。无论侵权行为产生的效力是债还是责任，均以侵权行为的存在为前提，只有侵权事实构成，才产生损害赔偿的法律效力。本书从民法债的理念规范侵权行为，故称之为侵权行为的法律要件。

二、侵权行为一般构成要件

侵权行为以一般侵权行为与特殊侵权行为为基本类型。

一般侵权行为，也称过错侵权或称自己的加害行为，是指行为人因过错实施的适用侵权行为一般构成要件的侵权行为。特殊侵权行为是指法律对其构成要件有特别规定的侵权行为。因此，侵权行为构成要件可以分为一般构成要件和特殊构成要件。本章专门研究一般侵权行为的构成要件，特殊侵权行为要件将在后边的章节论述，但本章构成要件的理论，对于特殊侵权行为也适用，因为特殊侵权行为除了不要求加害人具有过错外，尚须具备其他要件，因此，构成要件理论对一切侵权行为类型均具有普遍指导意义。

三、关于一般侵权行为法律要件的争议

对于一般侵权行为的构成要件，一直存在"三要件"说与"四要件"说的争议。多数观点主张，基于过错责任原则承担侵权责任的构成要件应为四个：加害行为的违法性、损害、加害行为与损害之间的因果关系以及行为人的过错。[1] 持"三要件"说的观点认为，不应当以违法性作为责任的构成要件，主要理由在于：一方面，即便某种行为并没有违反法律的明确规定，但由于行为人具有过错，也可能要承担侵权责任；另一方面，在过错责任中，即便多数侵权行为是违法的，但是，违法性要件通常被过错要件所包含。因此，一般责任构成要件主要应由损害、过错与因果关系三个要件构成。[2]

我国《侵权责任法》第6条第1款规定："行为人因过错侵害他人民事权益，应当承担

〔1〕 张新宝：《侵权责任法原理》，中国人民大学出版社2005年版，第50页。
〔2〕 王利明、周友军、高圣平：《中国侵权责任法教程》，人民法院出版社2010年版，第183页。

侵权责任。"这是我国立法对过错侵权应具备要件的规范基础，但如何理解立法规定的过错侵权构成要件，是"三要件"说抑或"四要件"说仍是有争议的问题。实质上，"三要件"说与"四要件"说的理论分歧是对过错本质的认识问题，如果坚持主观过错说，会将过错与违法行为分开，但如果坚持客观过错说，则过错与违法行为会结合为一个要件。本书采纳侵权行为的一般构成要件"四要件"说，现分述如下。

■第二节　违法性侵害行为要件

一、违法性侵害行为的含义

（一）概念

在侵权法上，违法性侵害行为也称损害行为，或简称加害行为、不当行为、违法行为等。所谓违法性侵害行为，是指行为人违反法定义务，或者违反法律规范的禁止性规定所实施的侵害他人民事权利和利益的作为与不作为。

（二）违法性侵害行为的特点

违法性侵害行为应包括行为、违法与侵害三个要素。

1. 客观上须有侵害行为。这里的"行为"，是受人的意识支配和意志左右的作为与不作为。既然是受意识支配的行为，那么无意识的身体运动就不是行为，例如，睡眠中的身体运动，因痉挛、心肌梗死、脑溢血而导致的突然晕厥状态下的身体运动，都为无意识的身体运动。在民法意义上，"动作"和"行为"不是一回事。

对于过错行为而言，行为均是行为人自己的行为，要求以有过错的"行为"为要件，行为的意识性是确定过错的前提，在无意识的情况下，谈不上行为，更谈不上过错。因此，讨论行为与动作的不同在归责上有意义，因为，当属于无意识的动作时，行为人可以举证证明这不是自己有意识（过错）的行为，从而免除责任。

如果一个人喝酒、吸毒达到不能控制自己行为的程度，不能以案发时行为不能控制而免责。因为此时的无意识是由他的主观意识（过错）造成的。因此，我国《侵权责任法》第33条规定："完全民事行为能力人对自己的行为暂时没有意识或者失去控制造成他人损害有过错的，应当承担侵权责任；没有过错的，根据行为人的经济状况对受害人适当补偿。完全民事行为能力人因醉酒、滥用麻醉药品或者精神药品对自己的行为暂时没有意识或者失去控制造成他人损害的，应当承担侵权责任。"

但对于特殊侵权行为而言则有所不同，因这类侵权行为不问加害人的过错，在其他过错和免责事由都不存在时，只要有损害结果，加害人就须负责。此时，区别人的身体运动和人的行为则没有意义。不管是有意识的还是无意识的动作，加害人均须负责。

2. 侵害行为具有违法性。侵害行为须违法，违反了法律对人的权利和利益的保护性规定。违法表明了行为与法律规范之间的关系。

确定何种行为属于违法的侵权行为，应注意对"法"的含义的理解。所谓违法，包括违反以下三种意义上的"法"：

（1）行为违反了国家以保护他人为目的的法律。例如，违反了宪法、民法、刑法、行政法等实体法，或者违反了目前认为是法律表现形式的单行法或司法解释的有关规定。只要上述任何一个法律包含有确认与保护他人民事权利和利益的内容或者包含有行为人法定义务的内容，加害人的行为违反了这样的法律，即为违法。

（2）违反公序良俗。公序良俗，是公共秩序和善良风俗的合称。我国《民法总则》第

8条规定："民事主体从事民事活动，不得违反法律，不得违背公序良俗。"应当注意的是，公序良俗不能作扩大解释，不能将道德义务解释为法定义务。侵权行为法中所说的"公序良俗"应理解为与绝对权有关的各类权利和利益。因为立法不可能周延地规定各种权利和利益，对于没有规定的，可以适用我国《民法总则》第8条的相关规定。

（3）违反了按职务上的要求所应承担的义务。这是指担当该职务的人依诚信原则应承担的义务。例如，消防队员的救火义务；医务人员救助病人的义务；游泳场的救助员救助落水者的义务；等等。对于担当该职务的人而言，上述义务是他们的法定义务。

违法是从加害人的角度观察侵害行为的。违法中的"法"的内容，其特征就是在客观上应与法律规定的精神、基本原则相一致。违反了上述法律精神，即为不履行法定义务。"原则上，只有当某一法律是以保护原告免受其实际已经遭受的损害为目的时，违反法定义务才具有侵权行为法上的意义。"[1]

违反法定义务应与违反道德义务区分开，即"违法行为"与"漠视行为"是不同的。"漠视行为"在普通法中也被称为"无义务规则"，即"行为人对处于危险之中的他人没有提供帮助的义务，不论有多么容易就能给他人提供帮助，也不论不提供帮助是出于故意还是粗心"。[2]"违法行为"与"漠视行为"是一对非常接近，但又有不同法律后果的两种行为。当行为人（被告）的行为表现为不作为的时候，两者之间的关系非常微妙。实施违法行为者通常要承担侵权行为责任，因为其违反了法定义务。而对于漠视行为，在我国法律上还没有明确规定一般人都有必须采取积极的行动或采取肯定性的手段去保护他人的法定义务。"每个人只对自己的行为负责。"因此，行为人并不对漠视行为承担侵权行为的责任，即违反法定义务与违反道德义务的后果不同。当然，负有职责义务的人则不同。例如，警察、医师都有救助义务，如果能采取救助措施而不采取，就是违反了法定义务。

普通法根据救助者与被害人之间是否存在特殊关系，把漠视行为分为：特殊关系人之间的漠视和无特殊关系人之间的漠视。例如，监护人与被监护人之间；雇主与雇员之间；房主与房客之间；医生与病人之间；救助人与受害人之间等存在某种法律关系或法定义务关系，也是一定的信赖或者合同关系。特殊关系人之间存在救助义务，没有积极采取救助义务，被告要对漠视行为承担责任。而一般的路人之间，不存在救助义务。但对于普通人而言，这个规则也存在例外：如果一个人的初始行为使受害人处于危险的境地，而后他又漠视这种危险；或者已经采取了救助行为但没有完成该救助行为，导致受害人的情况变得更糟，这时被告就要承担责任。[3]一个人没有帮助他人的义务，然而一旦帮助了他人，就有了一种注意义务，如果此时因为过失发生了危害结果，就要为该帮助行为承担侵权行为的责任。

3. 侵害。这是指侵害了他人的权利和受法律保护的利益。违法是从加害人角度上说的，违反了法定义务。行为人违反法定义务的结果，则是侵害他人受法律保护的民事权利和利益。例如，《德国民法典》第823条第1款规定："因故意或者过失不法侵害他人生命、身体、健康、自由、所有权和其他权利者，对他人因此所造成的损害负赔偿义务。"我国《侵权责任法》第2条规定："侵害民事权益，应当依照本法承担侵权责任。本法所称民事

---

〔1〕　［德］克雷斯蒂安·冯·巴尔：《欧洲比较侵权行为法》（下卷），焦美华译，法律出版社2001年版，第277页。

〔2〕　［美］文森特·R. 约翰逊：《美国侵权法》，赵秀文等译，中国人民大学出版社2004年版，第140~141页。

〔3〕　［美］文森特·R. 约翰逊：《美国侵权法》，赵秀文等译，中国人民大学出版社2004年版，第142~146页。

权益，包括生命权、健康权、姓名权、名誉权、荣誉权、肖像权、隐私权、婚姻自主权、监护权、所有权、用益物权、担保物权、著作权、专利权、商标专用权、发现权、股权、继承权等人身、财产权益。"这里都具体列举了所侵害的权利，因此，侵害是从受害人角度来考察的，是违法行为的结果。

需要注意的是，侵害他人的权利和利益的结果仅是判断违法性的一个表征，这里强调的仍是人的行为，而非损害结果本身，损害结果是判断违法的基础，最终还是要归结为引起结果的行为上，即把造成侵害他人的权利和利益的结果作为判断"违法性"的一个因素。

二、关于违法行为要件的争论

对于行为的违法性是否构成侵权行为的要件，在学说上有不同的见解。有的学者认为，违法行为不应作为一个要件，因为侵权行为大多是过失行为，许多损害是由于行为人缺乏注意和足够的技术，或者是没有能力造成的，对这些行为很难判定它是否违法，只能确定他是否有过失，过失包括了违法行为。因此，有过错要件即可，违法行为要件可以取消。由此，提出侵权行为"三要件"说，即过错、损害事实、因果关系。这种将过错与违法行为主客观要件统一的观点，也称为过错的客观化。

把违法性损害行为作为侵权行为要件之一的是以《德国民法典》为代表的侵权行为立法的特点。违法性是责任成立的前提要件，一个与损害具有因果关系的行为，如果不具违法性，则责任不成立，这一违法性要求也为受德国学说影响的奥地利、瑞士、日本、俄罗斯以及我国台湾地区的立法和学说所采纳。而法国法模式则持侵权行为"三要件"说，否认违法行为这一要件。

表面上看，这是违法性要件的取舍问题，实质上，是坚持主观过错还是客观过错的问题。德国理论坚持将违法行为作为一个要件，坚持把主观不法与客观不法区分开，尽管大多数侵权行为确实既是违法行为又体现了过错，但德国主流理论认为过错是主观要件，行为是客观要件。耶林在他的《罗马私法中的过错要素》一文中比较了所有权人与善意的不法占有人以及所有人与小偷之间的关系后指出，善意占有人行为违法，但主观上不具责难性，而小偷则是有意识地通过盗窃侵害他人权利。因此纯粹的客观不法与主观不法是不同的。主观不法是一种有过错的侵犯，客观不法是一种无过错的侵害。[1]

德国理论将违法与过错两要件分开，不仅是法解释的需要，也体现了德国理论追求法律关系表述清晰、逻辑清晰的特点。将过错与违法合二为一，会产生这样的误解：有过错的行为都是违法的，违法的行为都是有过错的。尽管过错通过行为体现，但两者不能等同。把违法行为作为构成要件之一，着眼点是研究行为的客观性，而过错要件关注行为的主观性。从主客观范畴的不同可看到，有些行为客观不法，主观没有过错；有些行为主观有过错，但客观上不违法，并非有过错的行为一定是违法行为，违法行为也并非一定是有过错的的行为。

尽管加害行为往往基于过错引起，但在侵权行为法中，应把客观性的违法行为与主观性的过错分开，分别作为不同的要件。若将两者归为一个要件，不利于将侵权行为类型化、体系化。过错是主观要件，违法行为是客观要件，通过主观要件，可以考察过错的不同情况，从而确定责任的归属，这是侵权行为法归责原则的体现。特殊侵权行为，由于不要求加害人过错这一要件，因此，要看行为人的行为违反了何种法律规定，以及违法行为与损

第九编

---

〔1〕 ［德］鲁道夫·冯·耶林：《罗马私法中的过错要素》，柯伟才译，中国法制出版社 2009 年版，第 6~9 页。

害事实的关系。同时，通过行为这一客观要件，还可以明确划分不同类型的侵权行为。不同类型的侵权行为侵犯的客体、引起的赔偿后果是不同的。因此，将违法与过错区分开来，无论从理论上还是实务上都有重要意义。

另外，否认违法行为这一构成要件，将无法解释因果关系。因为，因果关系是违法行为与损害事实之间的关系，只有行为才能直接造成损害，过错不能直接造成损害。所以，违法性是侵权行为的构成要件之一。

三、违法阻却

（一）违法阻却的含义

违法为侵权行为的构成要件之一。通常情况下，违反法定义务，侵犯他人权利或合法利益，即为违法，但有时从行为的形式上看是违法的，而实质上不违法，这种情况称为违法阻却。换言之，致人损害的违法行为在法律特别规定的情形下，被排除了行为的违法性。违法阻却，从另一个角度说，也是被告针对原告的诉讼请求证明违法不成立或不完全成立使自己免责或减轻责任的抗辩事由。

可以看出，当把违法行为作为一个要件时，才会有违法阻却的事由存在，没有违法的要件，阻却违法的前提不存在。

（二）违法阻却的理由

作为阻却违法的抗辩事由主要有：依法执行职务的行为；自力救济行为（包括正当防卫、紧急避险以及法律允许的自助行为）；受害人同意；自甘冒险；适法的无因管理；不可抗力；受害人过错；第三人过错；等等。这些抗辩事由将在下一章专门研究。

四、违法行为的类型

违法性侵害行为可分为：

1. 积极的违法行为（作为）和消极的违法行为（不作为）。实施积极的行为导致他人损害的行为为积极的违法行为；应履行法定作为义务，而消极不履行法定作为义务的行为为消极的违法行为。

2. 有过错的违法行为和无过错的违法行为。行为人因故意或过失实施的侵害他人民事权益的行为为有过错的违法行为；在客观上造成了损害他人的权利和利益的结果，但并非是因行为人的过错导致的行为为无过错的违法行为。

3. 对自己的违法行为（直接违法行为）和对他人的违法行为（间接违法行为）。对自己的违法行为是侵害人自己实施的损害他人民事权益并由自己对损害负责的行为；对他人的违法行为是赔偿义务人依法对他人的侵权行为负赔偿责任的行为。

4. 单个人的违法行为和多数人共同的违法行为（共同侵权）。实施侵权行为的主体为单个人的，为单个人的违法行为；两个或两个以上的加害人共同实施损害他人权利和利益的行为为多数人共同的违法行为。

■第三节　损害事实要件

一、损害事实的含义

损害事实是指权利人的权利和受法律保护的其他利益受到破坏或失去以及降低了原来具有的价值，侵权人须负赔偿义务的事实。损害事实也可以理解为：一个人在其财产、人身权利和利益方面遭受的一切不利结果。

二、损害事实的特点

一个事实在民法意义上被称为损害事实，通常的判断标准是：

1. 结果性。损害是指受害人因他人的加害行为而受到人身和财产权益的不利后果。结果性将侵害与损害作了区别。确定违法行为时，是从权利是否受到侵害定位的，侵害了一个人的权利，违反了法定义务，就是违法行为。损害是违反法定义务的结果，只侵害了权利，如果没有实际损害结果，则无赔偿的问题。

"不是每一个发生在权利上的不利都必然产生可赔偿性损害。"[1]如房屋被损坏，需要修理，在修理期间不能使用，造成直接利益损失和间接利益损失，这是损害事实。如果没有引起财产价值的减少，则不能成功提起损害赔偿之诉。侵害了某人的隐私权、肖像权、名誉权，使受侵害的人社会评价降低，遭受精神痛苦，这是利益损害。尽管是非财产损失，也需要证明这种人格利益的损害所造成的损害后果。损害结果的确定，涉及损害赔偿之诉是否成立的问题。

损害事实强调原告在权利和人身遭到侵害时是否有实际损害，这是成功提起损害赔偿之诉的前提。更确切地说，在侵害权利的事实外还必须有财产价值的减少或者人身非财产利益受损的结果。合法行为产生的后果不是损害，如外科手术的截肢、因救火切断电源。

2. 真实确定性。损害不是虚构的、臆想的、尚未发生的现象，而是一个已经发生的事实，即损害可以认定。如果一个12岁的孩子受到伤害，其监护人要求加害方补偿孩子上大学的奖学金，该请求是不能成立的，因为这是尚未发生的事实。

3. 损害的可赔偿性。损害须是可赔偿性损害，具有法律上的可补救性。有时候，从事物的现象看，某一行为或事实确实是对人的权利和利益的损害，使权利人遭受不利后果，但这种不利如果还没有构成损害赔偿的义务，则不是侵权法意义上的损害。例如，空气中弥漫着粉尘，烟味、焦味等难闻的气味，如果没有达到一般人不能容忍的程度，就没有形成侵权法意义上的损害；如果超过一般人忍受的限度，就是损害事实。因此，不是每一个发生在权利上的不利都必然引申出可赔偿性损害，损害应在量上达到一定程度，并有必要对该损害进行法律上的补救，这种损害才是可赔偿性的。换言之，要达到赔偿的目的，除了要证明存在侵害财产权的事实外，还须证明实际的财产价值损失，即要使财产损失恢复到损害发生前的状态，应该用一定计算方法折算出金钱数额的损失。

对于财产损害的认定一般采"差额说"，即事实发生后的利益状态与发生前的利益状态的差额，就是受害人所遭受的损害。但"差额说"不适用于可得利益的损害和精神利益的损害的认定。对这些利益的损害的认定，还需要结合各个具体的损害事实进行个案分析。例如，因果关系、过失、受害人的情况等。损害的可赔偿性并不是说损害必须以金钱计量，还包括停止侵害、恢复原状、返还原物、恢复名誉、赔礼道歉等赔偿方式。

损害事实是由违法的侵害行为造成的后果，这一后果具体表现为：各种类型的财产损失，人身伤害、生命丧失、精神损害、社会评价性降低等非财产性损害。仅有违法行为，没有损害结果，行为人不承担责任，故损害是侵权行为的必要要件。

三、损害事实的分类

1. 从侵害的客体（权利和利益）角度区分，损害的形态分为：财产损害与非财产损害。非财产损害又分为人身损害和精神损害。

---

[1] ［德］克雷斯蒂安·冯·巴尔：《欧洲比较侵权行为法》（下卷），焦美华译，法律出版社2001年版，第7页。

（1）财产损害是指损害了财产权利和具有财产性的利益。例如，侵犯了财产所有权、他物权，表现为侵占财产和损坏财产，使所有人的财产权利丧失或行使有阻碍，使物的价值丧失或减少；侵犯知识产权、继承权；积极侵犯第三人的债权，造成被侵害人财产利益的损害等。

（2）人身损害是指损害人格、身份权利和利益。例如，侵害他人的生命权与健康权，导致受害人死亡或伤残；侵害他人的名誉权、荣誉权、隐私权，导致其社会评价降低，使受害人在社会生活中受到孤立、冷落，使他在职业、职务等方面发生困难或可能发生困难。

（3）精神损害是指受害人在受到侵害后，精神上受到痛苦和肉体上遭受疼痛两个方面。自《德国民法典》第847条明确提出"非财产损害"可以获得金钱赔偿以来，精神损害可获得物质赔偿的理念基本为大多数国家的立法所接受。但在近百年的过程中，精神损害能否获得物质赔偿一直是各国理论界争论的话题。

对精神损害赔偿持"否定说"的主要理由是：人格不能商品化。人格是高尚的，不能像商品一样用金钱来评价，否则会降低人的价值。而且，精神损害无法计量，精神上、身体上的痛苦，失去亲人的悲伤是金钱不能恢复和补救的。财产损害赔偿的数额可以依据所受损失的大小来确定，但精神和财产是不同质的，损失无法确定。

对精神损害赔偿持"肯定说"的主要理由是：虽然金钱无法完全弥补精神利益的损害，但可使受害人在其他方面得到精神上的安慰，赔偿金对于受害人而言，主要是慰抚，不是赔偿；对于加害人而言，赔偿具有一定的惩罚性。因此，精神损害赔偿在某种程度上具有惩罚和补偿双重功能。

我国《侵权责任法》第22条规定，侵害他人人身权益，造成他人严重精神损害的，被侵权人可以请求精神损害赔偿。我国立法首次以法律规范的形式肯定了精神损害赔偿。从立法的规定可以看出，精神损害的赔偿有程度的区别，轻微的、一般的，可要求停止侵害、赔礼道歉；严重的，可请求赔偿。

从目前多数国家立法对精神损害赔偿的肯认可以看出，精神损害赔偿制度的出现和不断发展，表明了社会文明发展的程度已到了一个新的阶段。经济的不断发展和物质生活水平的不断提高使人们不再满足于近代民法对财产权及外部世界的保护，转而更关注人身权的不受侵害及内心世界的安静。精神损害赔偿制度是民法"以人为本，终极关怀"的体现。精神损害在过去一直具有"寄生"的特点，不具有独立的"诉因"，必须与其他情况结合才可构成独立的侵权行为。例如，侵犯人身权可请求精神损害赔偿。近年来，精神损害赔偿可以作为独立的诉因提出请求。

2. 从侵害的结果角度区分：损害有直接损害和间接损害，表现在财产损失上，也称为直接损失和间接损失。财产损害的结果表现为财产损失。损害和损失两者的含义是不同的，损害是客观事实状态，损失是利益的丧失或减少。无论是财产损害还是人身损害，这些都可以表现为财产损失。这种损失可能是直接损失或间接损失。

直接损失，也称为积极损失，是受害人已有财产的减少和既得利益的丧失，通常也称为实际损失。

间接损失，也称为消极损失、预期利益或可得利益的损失。房屋或果树的破坏，使受害人可得的法定和天然孳息丧失；身体受损，使受害人因伤残不能工作，应得的工资、奖金减少或丧失，均属受害人可得利益的损失。由于预期利益不像直接损失是一个定型化和定量化的事实，所以，在计算间接损害时，要求非常严格，不能无限制地、无根据地扩大它的数量。

3. 法定损害和边际类型损害。根据法律规定在损害确定后可以赔偿的、可以补救的损害为法定损害，如财产损害、人身损害、精神损害以及直接和间接损害，这些都可以统称为法定损害。法定损害也是指在法律条文中以及有关的司法解释中对应当赔偿哪些损失，赔偿数额有哪些限制，以及赔偿损害的计算方法作了明确规定的损害。

所谓边际类型损害，是指不能明确认定其类型归属的损害。有人认为是财产损害，也有人认为是非财产性损害。有人说是直接损失，也有人说是可得利益的损失。由于类型不易确定，这种损害在法律上如何救济，以及是否可以赔偿，争论比较大，因此，将这类损害统称为边际类型损害。例如，因过失导致某人多年不用的电脑或者过时的服装损坏，是否还要赔偿其财产损失以及可得利益。有人说，只要有使用的可能性，就应赔。也有人说，如果使用者是营利性的使用者，就应赔可得利益。

一个大学生在一次事故中受了伤，虽然由于没有工作而没有误工工资，但脸部伤疤将影响他找到一份收入较高的工作，这个损害是否属于可得利益损害？一个人在一次人身伤害中成了"植物人"，该人是否有精神损害？如果该人不是植物人，有意识，但没有肉体痛苦的感觉和疼痛的知觉，能否请求非财产损害（精神损害）？一次医疗事故使夫妻一方严重受伤，不能进行性生活，受害方配偶受到的损害是什么损害？这些都是现代侵权法上有待研究的问题。

4. 纯经济损失。"纯经济损失"，是英美法上的概念，对它的解释有较大的分歧，通说将它解释为对某人造成的除了人身损害和财产损害以外的经济上的损失，经常表现为一种费用或利润的丧失。例如，有车撞坏马路上的隔离带，造成堵车1小时，公交公司营业收入的减少就是纯经济损失；因为堵车，使得开往火车站的汽车不能行走，赶火车的人下来绕道打出租车的费用，或者因此而误了火车的损失，都属纯经济损失。

纯经济损失的特点是损失具有独立性、抽象性、不确定性、隐秘性：对于受损人而言，既没有对其具体物权的侵害，也没有对其人身权的伤害，但是纯经济损失独立、抽象地存在于受害人的全体财产中，因某一事故的出现发生连锁性效应而波及他，使其总体财产消极减少。由于纯经济损失的发生并不依存于人身或物的损害，仅是一种经济利益的丧失，而且引起连锁性效应，使受害人损失的范围难以确定并具有隐秘性。因此，有的国家法典称"纯经济损失"是与个人人身或物的损坏本身没有联系的损失。

各国法律一般认为，对纯经济损失原则上不予赔偿，原因如下：①纯经济损失与加害行为间的因果关系过于遥远，依传统的相当因果关系理论很难给予赔偿。②如果都给予赔偿，则会妨碍行为自由。因为这种损害后果往往超出一般人的行为预期，不具有可预见性，如果让行为人对所造成的纯经济损失都给予赔偿将导致其责任过重。③社会成本增加，如果对这些损失给予赔偿，实质上提高了全体社会成员的生活成本，影响了正常的经济流转。④导致诉讼泛滥。如给予赔偿，则犹如开闸放水，要求赔偿的请求会像洪水一样铺天盖地卷来。但在例外情况下可以赔偿，如因为故意造成的损害。

■第四节 因果关系要件

侵权行为法的因果关系问题，是一个复杂的问题。尽管各国关于侵权行为的法律都承认因果关系是确定侵权行为责任的必备要件，但对因果关系的研究，学术上可以说是众说纷纭。对于因果关系要件，本节将介绍其中主要的观点和学说。

第九编

一、因果关系的含义

因果关系是一个哲学概念，反映事物、现象之间的相互联系、相互制约的一种关系。无论是在自然界，还是在人类社会中，处在相互联系、相互制约关系中的任何一种现象的出现，都是由某种或某些现象引起的，而这种或这些现象的出现又会进一步引起另外一种或一些现象的产生。这里，引起某一现象产生的现象叫原因，而被某些现象所引起的现象叫结果。客观现象之间的这种引起和被引起的关系，就是事物的因果关系。把哲学上因果关系的概念和原理借用于侵权行为法中，是指违法行为作为原因，损害事实作为结果，只有在违法行为与损害结果之间有因果关系，并符合其他构成要件时，侵权人才负赔偿责任。

在侵权行为法中，因果关系的认定是一个复杂难解的问题，原因是：人们往往将哲学中的因果关系的理论直接套用在侵权法中，想追求或者建立一个单一的、适用于一切情况的因果关系认定标准，这实际上徒劳无益。因为，侵权行为法中的因果关系要在形形色色各具特点的案件中寻找人的受意志控制的行为与损害结果之间是否有因果关系，而不是要将这种关系进一步抽象，上升为哲学的概念。应把哲学上的因果关系具体化，应用到侵权行为的这一特别场合，运用正确的逻辑思维和正确的认识推理方法确定责任的归属，这是民法研究因果关系的目的。因此，要在侵权行为法的体系中研究因果关系的相对性，而不能绝对性地研究因果关系。

二、侵权法因果关系的主要学说

（一）条件说

条件说认为，凡是引起损害结果发生的条件，都是损害结果的原因，所有条件均具有同等价值，都是法律上的原因，只要这些原因与损害结果之间存在着某种逻辑上的联系，就是有因果关系。这种学说，也称"条件即原因说"。

显然，条件说存在固有的缺陷。把所有的事实都作为原因，没有从因果关系的根本规则考虑，而且条件说中的因果关系的链条过长，一个加害人甚至要对行为的遥远结果负责，这样，会使不应负责任的人承担责任，应负责任的人逃脱责任。为了弥补条件说的不足，产生了因果关系的另一学说——原因说。

（二）原因说

原因说，把条件和原因严格区分，认为引起损害结果的发生可能有多个条件，但这些条件中只有一个或者部分是在法律上被确定为应承担责任的原因，其余的都是条件，即只承认原因与结果间存在因果关系，不承认条件和结果之间的因果关系。因此，也区别了法律上的原因与事实上的原因。在如何确定法律上的原因问题上，又出现了直接原因说、必然原因说以及相当原因说等理论。

1. 直接原因说，也称直接因果关系说。直接原因与间接原因相对，直接原因是指不经中间事物和中间环节，直接导致事件发生离损害后果最近的原因；而间接原因则是指那些中间的或离损害后果较远的原因。直接原因说认为，造成损害的是最直接、最近的原因，侵权人应对其行为或其负责的事件所产生的直接后果承担责任，而不必对间接结果负责。

间接原因对损害的发生可能并不直接发生作用，但是间接原因比较复杂，不能简单地认为行为人负全责或行为人都不负责。在有些情况下，诱因是引起损害发生的间接原因，间接原因与损害结果也存在着因果关系。尤其是有第三人的行为介入时，不能简单地认为第三人的行为都是间接原因而不予考虑。

2. 必然原因说，也称必然因果关系说。必然与偶然在哲学上是一对范畴。必然原因说认为，只有行为人的行为与损害结果之间存在内在的、必然的联系，才具有法律上的因果关系。偶然原因是行为人的行为对损害结果的发生是非根本性、非决定性作用的原因，行为与结果二者之间仅存在外在的、偶然的联系，故偶然原因不能作为法律上的原因。

对此学说，学者们提出了不同意见。有学者认为：偶然性是必然性的特殊表现，必然性寓于偶然性之中。从事物发展的原因而言，必然性是决定事物发展的内在依据，偶然性取决于事物发展的外部条件，但是内在根据和外部条件都是事物发展的原因，所以，不能完全同意必然因果关系和偶然因果关系的提法。[1]

必然因果关系说也存在其不足之处，如果将其贯彻到底，将会使许多受害人得不到保护。由于原因说没有确定认定因果关系的统一标准，随后理论上又出现了相当原因说。

3. 相当原因说，又称相当因果关系说。也有观点认为，相当因果关系也称为盖然性因果关系。严格地说，盖然性因果关系还不是完整意义上的因果关系，往往是用来确定相当因果关系中原因造成损害的可能性程度，可以说，它主要是一种证明因果关系的方式。

例如，一个案件发生后，受害人无法提出严密的科学证明，证明原因与结果的关系，这时则用统计学的百分比计算，确定"通常情况下发生的可能率"。通常情况下，可能率如果超过50%，就认为达到了充分的程度，就是有因果关系；反之，就没有因果关系，通常称此为盖然性因果关系。这种以统计学的百分比计算确定因果关系的方法是否合适，仍需要研究。盖然性因果关系理论形成于日本，最早用于涉及人身损害的公害案件的证明，现在经常被用来作为证明相当因果关系存在的一种方式。

相当因果关系说由德国学者冯·克里斯在19世纪提出，这种学说在一些西欧国家比较流行。相当因果关系说目前被认为是一种相对合理的因果关系学说。

该学说认为，某一事实在现在的情形下发生某种现实结果，还不能认为该事实与损害结果之间有因果关系，应该考察在一般情形下，依社会的通常经验常识，亦认为该事实能发生同一结果的时候，才能认为（该事实与损害结果）有因果关系。

相当因果关系说分两步确定因果关系：

第一步：事实上的因果关系判断。把行为人的行为所造成的客观存在的事实，作为观察的基础。在这一阶段，采用"如果无此行为，则必不产生此损害"这种检验方式。我国台湾地区学者王泽鉴教授称这一阶段为"条件关系"。[2]那么，该事实条件是否为法律上的原因呢？这将是第二阶段的任务。

第二步：法律上因果关系的判断。王泽鉴教授称其为"相当性"[3]判断阶段。相当性的判断是：就这个客观存在的事实，根据人的知识经验法则判断，是不是这个事实通常都会发生同样的损害结果，如果这个事实在通常情况下都可能发生同样的损害结果，那么，这个行为与损害结果之间就有因果关系。这一阶段的判断方法是：有此行为，通常足以产生此种损害；或者，有此行为，通常也不产生此种损害。相当性的阶段排除"非通常性的"的条件（原因）。

在确定"相当性"的时候，即充分原因时，通常采用的方法是：某个原因造成损害发生的可能性，是否超过50%的概率；或采用经验法则判断，是不是在一般情况下，同样的环境为同样的行为，一般都会发生同样的结果；或者根据一个"合理人"的标准，在为行为时，是否能预见到行为的后果，如果一个合理人通常能预见，就有相当因果关系。

〔1〕 王利明、方流芳、郭明瑞：《民法新论》（上），中国政法大学出版社1988年版，第468页。
〔2〕 王泽鉴：《侵权行为法》（一），中国政法大学出版社2001年版，第191~194页。
〔3〕 王泽鉴：《侵权行为法》（一），中国政法大学出版社2001年版，第194页。

相当因果关系说，一方面对条件说导致的责任范围过大予以限缩；一方面又对直接因果关系和必然因果关系导致的责任范围过于狭窄予以拓展，从而有一定的说明优势。该说是目前侵权行为法上的通说。尽管相当因果关系说比较流行，但也存在缺陷，对于某些特殊情况不能适用。

（三）法规目的说

法规目的说是检讨条件说以及相当因果关系说的不足而产生的另一种确定因果关系的学说。法规目的说的中心理论是：行为人是否应对其引发的损害负责任，不要探究行为与损害之间有无相当因果关系，而应探究相关法规的意义和目的。只有当被主张的损害根据其种类及存在的方式应属于该法规保护之下时，损害赔偿的义务才能存在。从对法规目的说的解释中可以看出：表面上，因果关系是确定侵权行为的构成要件之一，但已经是空有其名，因为衡量因果关系的标准是以法规的内容和目的来决定的，并不探究实际的因果关系。法规目的说把特定的标准虚化了。

一些学者对法规目的说持肯定态度，认为：法规目的说将因果关系予以虚化达到了返璞归真的效果，这是侵权行为法的真正目的，因为行为人对其行为引发的损害应否负责任，基本上是法律的问题，应该依有关法律规定探究因果关系。按法规目的说确定因果关系，可以将没有具体答案的因果关系的诸学说的争论置之不顾，使问题回归到就法论法的单纯层次。而且，以法规目的说确定行为与损害的因果关系进而确定赔偿责任，简易而且合理。

但法规目的说存在的问题是：法律规范保护的目的范围究竟有多大？侵权的案件错综复杂，很多纠纷找不到明确的法律依据，对这样的案件，还是要适用相当因果关系说。另外，立法者制定法律时，都以当时的社会现状为基础制定法律，随着社会的发展，很多情况发生了变化，但如果法律不变，那么基于当时社会现状所作的法律判断是否仍适用于现在的案件，也是要考虑的问题。

（四）预见力说

预见力说，最早产生于法国。法国对于违约的损害赔偿采"以订约当时预见或可得预见者为限"。不过，法国没有在侵权行为的案件中适用"预见力说"。而英国法借鉴了预见力说的观点，在违约和侵权案件中都采用了"预见力说"。

预见力说在侵权行为法上应用的基本含义是：如果一个普通人都可以预见到加害人的类似行为将对受害人造成损害后果，那么加害人对受害人就应有一种注意义务。如果加害人没有尽到这种注意义务，他就要承担受害人所受损害的赔偿责任。反之，如果受害人受到的损失一般情况下无法预料，那么加害人（被告）在法律上就不承担责任。

以上介绍的几种关于侵权行为因果关系的学说是有代表性的理论。对于大陆法系和英美法系而言，侵权行为案件的发生是没有区别的。在确定因果关系方法的问题上，两大法系尽管略有差异，却是很接近的，也是经常互相借鉴的。德国学者在形成的因果关系的一般学说中，也受到英美判例学说的影响；英美法在判例中形成的因果关系的规则，也使用了大陆法系的某些概念和理论。只是英美法的特点是通过判例形成因果关系的判定规则，并在这样的判例规则的基础上又进一步补充和发展，形成了较为灵活多样的因果关系规则，这些规则也经常被大陆法系学者在理论中采用，并在实务中借鉴使用。

侵权行为法将因果关系作为构成侵权行为的要件之一，目的是确定责任、限制责任和排除责任。因为法律上因果关系的判断过程是基于这样一个前提：任何人都不应理所当然地对其行为所造成的所有后果承担责任，尤其是那些与损害后果离得太遥远的原因以及那些完全不可预见的后果，应属被限制的范围。因此，法律上因果关系的判断是一种政策性、

第三十六章

法律价值性的判断，是朝着限制责任方向发展的判断。

三、因果关系的表现形态

1. 一因一果。这是单一的因果关系，一个原因造成一个损害结果的发生。在一因一果的因果关系形态中，侵权行为的主体与其应承担的损害赔偿的范围的确定相对简单。

2. 多因一果。一个损害结果的发生是由多个原因造成的。在多个原因造成同一项损害结果的因果关系形态中，确定损害赔偿的范围及数额时相对复杂，须考虑不同原因对整体损害结果的影响。

3. 一因多果。一个原因导致多个结果的发生。在一因多果的因果关系形态中，侵权行为人须对其单个的加害行为引起的多个损害后果承担损害赔偿责任。

4. 多因多果。多个原因引起多个结果。在多因多果的因果关系形态中，原因是多个加害行为，导致一个受害人的多项损害后果或者多个受害人的损害结果。在计算赔偿数额时，首先应将侵权行为案件视为一个整体，其次将整体案件中的每一个损害结果分别计算清楚，最后确定整个案件的赔偿数额。

■第五节　过错要件

过错为侵权行为的主观要件，也是一般侵权行为的必要构成要件。对于特殊侵权行为而言，尽管不把加害人的过错作为要件，但是过错的因素对于责任的确定是有意义的。如果能够证明损害结果是因受害人或者第三人的过错造成的，在法律规定有免责事由的情况下，加害人就不承担责任。因此，无论是一般的侵权行为，还是特殊的侵权行为，过错的认定均具有重要意义。

一、过错的概念

过错是加害人在实施行为时主观上对其行为后果具有故意或过失的一种可归责的心理状态，即加害人在实施行为时，或是故意要达到某种后果，或是心理上没有达到其应达到的注意程度，有过失。

二、过错的性质

对于过错的性质，学说上有不同的主张。归纳起来有以下几种：主观说、客观说和主客观统一说。

1. 主观过错说。持主观过错说的认为，过错是人的主观心理态度，是违法行为人对自己的行为和后果的认识。对行为的控制程度，应以主观的心理状态作为衡量过错的标准。过错与人的主观心理相关，不法是对客观行为的描述。所以，应当把主观的过错与客观的不法行为区别开来。这对应的就是侵权行为构成的"四要件"说。主观过错说以《德国民法典》为代表，理论依据源于耶林的"客观的不法与主观的不法"之分。

2. 客观过错说。持客观过错说的认为，过错不是由人的主观心理状态决定的，而是由人的客观行为判定，如果一个人的行为没有达到一个正常人在相同情况下应该达到的标准，那么这个人就是有过错。这样，以《法国民法典》为代表的法国法系国家的立法把过错与违法二者结合为一个责任要件，这对应的是侵权行为构成的"三要件"说。客观过错说以《法国民法典》为代表，其哲学基础是实证主义哲学。

3. 过错主客观统一说。持过错主客观统一说的认为，对过错的概念应建立在主客观相统一的基础上，认为过错是一种心理状态，但这种心理状态要通过行为人的行为表现出来。所以，应结合心理和行为一起判断。

三、过错的表现形式

过错表现为故意和过失两种形式。

（一）故意

1. 故意的概念。故意是指行为人明知和能预见其行为的不良后果，希望或放纵其结果发生的心理状态。

2. 故意的类型。故意分为直接故意和间接故意。①直接故意是指能预见自己的行为会导致某种损害后果的发生，但仍然追求这一损害后果发生的主观心理状态。②间接故意是指能预见自己行为的后果，但放任这种后果发生的主观心理状态。

3. 故意在民法中的意义。故意在民法中较少出现。而且，民事责任与刑事责任不同，在刑法中，以故意为原则，过失犯罪较少，因此，故意和过失决定犯罪是否成立，直接故意与间接故意决定量刑的程度。但在民法中，由于原则上是过失侵权，故意侵权的较少，因此，多数情况下不论故意，还是过失，都要负担赔偿责任。民事责任的有无，原则上不以主观恶性程度决定，主观恶性程度只是决定赔偿数额的多少。但在侵权行为法中，应注意法律对故意和过失的规定，有些侵权行为，法律规定以故意为构成要件，过失不构成侵权。例如，第三人故意侵害债权。

（二）过失

1. 过失的概念。过失是行为人对自己的行为结果应当预见且能够预见，但未能预见，或者虽有预见却轻信能够避免而依然实施该行为的心理状态。

我国台湾地区学者曾世雄把"过失"归纳为"能预见损害的发生，能避免损害的发生，未避免损害的发生"。[1]归根到底，过失是未尽必要的注意义务，丧失其应有的预见性。就一个具体事件而言，本来是应该注意的，也是能够注意的，但没有注意，那么行为人主观上有过失。

2. 过失的类型。过失表现为两种情况：①疏忽大意的过失，即应预见、能预见而没有预见；②过于自信的过失，即预见到了行为的后果，但轻信可以避免。

3. 过失作为归责的理由。过失责任是自主参与的必然逻辑。民法以意思自治为理念，一切以意思表示为特征的行为均由行为人自主、独立、自由选择，自主参与的结果有利益，也有风险，参与者对自己失误造成的风险也必须负担，而不能转嫁他人。过失强调人对自己行为后果的注意性、预见性和控制性，一般情况下，如果主观上注意了是可以避免损害后果的，但由于疏忽或轻信，导致没有注意，那么加害人应该对自己的过失负责。

过失在民法中具有普遍性。基于此，我们把过错的重点放在过失上。

4. 过失与过失程度的判断。判断过失须有客观注意标准，但不等于过失是客观性要件，因为行为人对此行为标准需要依靠自己的自由意志进行控制和掌握，需要用自己的理性进行判断，是人的主观意志决定了人的行为。

判断过失，应以一般人的注意和注意程度来判断：

（1）一般人的确定。一般人是指诚实的、守信用的、善意的人，也叫作"善良管理人"。一个初始状态的善良管理人是一个受过一般教育，具有一般的知识水平和技能，具有一般道德水准的人，是一个正常的理性人。在确定一个人是否有过失时，应以这样的一般人作为起点。

第三十六章

---

〔1〕　曾世雄：《损害赔偿法原理》，中国政法大学出版社 2001 年版，第 81 页。

（2）确定一般人"所能注意"的标准。一般人所能注意，是指在当时、当地、同等条件下，要求一般人、一个普通人应注意的程度。

从理论上说，一般人能注意的程度可以分为：一般人所不能注意的情况、一般人所能注意的极限和一般人所能注意的起点。按照一般人的注意程度，可以判断过失的有无与过失的程度：

第一，一般人所不能注意的情况。例如，某一特定事件，一般人都不能注意，也就是说，应尽的注意义务，但一般人都不能尽到，因此谁也不能避免这种事件的发生。这种情况属于不可抗力。对于不可抗力，一般人都无法尽到注意义务，实质上没有过失。所以，对于一般侵权行为而言，不可抗力是可以免责的。

第二，一般人所能注意的极限。在现有的科学技术和条件下，采取了尽可能的预防措施，已经尽到了注意的最大极限，但还是出现了不良后果，这是意外事件。意外事件、突发事件是非因当事人的故意和过失而发生的偶然事件，实质上当事人也不存在过失。这种后果在原理上与不可抗力是一样的，等于还是不能注意。但是，意外事件与不可抗力从概念上不能等同，不可抗力是不能预见、不能避免、不能预防的，而意外事件在有些情况下是可以预见、可以克服、可以避免的。所以，意外事件能不能免责，不能一概而论。

第三，一般人所能注意的起点。这是对每一个人最低标准的要求，是最低义务的注意，如果连最简单的、最起码的注意都没有，当然有过失。

以一般人所能注意的起点作为原始起点，过失分为重大过失和轻过失。连普通人应有的注意义务都未尽到，是重大过失。反之，违反了较高要求的注意义务，则为轻过失。

轻过失在理论上又分为一般轻过失和具体轻过失。一般轻过失，也称抽象轻过失，是违反了善良管理人的一般注意义务。善良管理人的注意义务，是一种客观标准，不以人的特性划分，因此，这种过失是抽象的，不是具体的。具体轻过失，是指违反了行为人平日在处理自己同一事务时所应具有的注意的义务，违反了如同处理自己事物时应有的谨慎注意义务。

以上三种义务的违反，构成三种过失：①违反最低的注意义务，为重大过失；②违反善良管理人一般注意义务，为抽象轻过失；③违反平日处理自己同一事务时的注意义务，为具体轻过失。民法上的过失，通常多指抽象轻过失。

从过失的上述情况可以看出，注意程度要求越高，过失越轻，注意程度要求越低，过失越重，但在责任的有无原则上不以过失的轻重决定，过失的轻重只决定责任的范围和比例。

5. 过失的经济分析方法。前述研究的判断过失和过失程度的方法是传统的方法，这里提及的是另一个判断过失的学说，即"过失的经济分析"，也称为"效率说"。

"过失的经济分析"源于美国1947年的一个著名案例：很多驳船用一根泊绳系在几个凸式的码头边。实际操作驳船的丙公司船员用乙公司的拖船拖甲公司的驳船。驳船上没有人，丙公司的船员在调整泊绳时，由于没有调整好，驳船脱离了泊绳发生了漂移，在大风的作用下，这个漂移的驳船撞上另一条船，连同货物一起沉入海底。驳船船主甲公司以拖船船主存在过失为由向法院起诉，要求拖船公司以及操作拖船的丙公司对其损失承担赔偿责任。拖船公司认为，驳船的船员尽管不在船上，也有一定过失。美国著名法官汉德（Learned Hand）在审理此案时，运用经济分析的方法，提出了著名的判断过失有无的公式。汉德提出：设损失发生的概率为 P，损失额为 L，预防成本为 B，当预防成本小于损失全额乘以损失发生概率时，即 B < PL 时，加害人就有过失。[1]

汉德将该公式应用到这个案件中，认为驳船上无人看守，是一种过失。分析理由是：损害发生在日短夜长的 1 月，这是潮水涌动的高峰期，而且有风，驳船又是停在一个繁忙的港口，船偏移的可能性较大，即意外发生损害的可能性"P"较大。而水手离开船 21 小时后发生损害，也就是说，在这样长的时间内都没有水手看管，预防成本"B"很小。当 B < PL 时，说明驳船船主有过失。美国的著名经济学者、法学家波斯纳称汉德公式为"过失的经济分析"。

我国台湾地区学者王泽鉴教授认为"汉德公式"对过失的经济分析具有启发性。但侵权行为法上的过失，不应等同于经济上的方程式，因为，传统的侵权行为法根植于个人的道德性，看重的是个人间的公平，不是要增进广泛的社会政策或福利。而且，生命、身体、健康、自由等非经济的内容是很难用金钱来计量的，所以，不能将侵权行为法上的善良管理人等同于冷血的精于计算的经济人。[2]

6. 过失的种类。

（1）普通过失与推定过失。法律没有直接规定，在诉讼中由当事人（受害人）一方负举证责任的过失，是普通过失。法律直接推定过失，被推定人须证明自己无过失的过失为推定过失。普通过失与推定过失区分的意义是：两者在归责时举证责任不同。

（2）重大过失与轻微过失。对自己行为的注意程度有重大缺陷，未尽到最低的注意义务，为重大过失。对自己行为的注意程度有轻微缺陷，违反了较高的注意义务的，为轻微过失。重大过失与轻微过失两者区分的主要意义是：法律规定有些侵权行为，只有受害人在重大过失的情形下，才免除或减轻加害人的责任。

（3）单独过失与共同过失。行为主体是单个人，单一行为人有过失的，为单独过失。行为主体是多数人，两个人以上共同实施加害行为都有过失的情形，为共同过失。单独过失与共同过失区分的基本意义是：单独过失产生单独责任；共同过失产生共同责任，共同责任的形式可以是连带责任、不真正连带责任、按份责任及补充责任。

（4）单方过失与双方过失（混合过失）。单方过失是指一方有过失，他方无过失。单方过失可以是受害人自己有过失，加害人没有过失；也可以是加害人一方有过失，受害方无过失。双方过失也称"混合过失""与有过失"，是指双方都有过失，即受害方与加害方对于损害的形成均有过失。单方过失与双方过失区分的基本意义是：由于受害方有过失，则可抵销加害人的责任。这在民法中被称为"过失相抵"。

（5）第三人过失。第三人的过失是指除原告和被告以外的第三人，对原告损害的发生或扩大具有过失，这种过失包括故意和过失。第三人过失的特点是：①第三人不属于被告或原告一方。②第三人和被告之间不存在共同的故意和共同的过失。如果第三人和被告之间基于共同的意思联络，而致原告损害，他们将作为共同侵权行为人而对受害人负连带责任，这属于共同侵权的类型。第三人和被告对损害的发生虽无共同的故意和过失，但他们的行为对损害的发生都起了一定的作用，第三人和被告的行为可能构成无意思联络的共同侵权。在该情况下，各自应分别负责。当然，亦可能因为在被告或第三人中有一方具有故意和重大过失而导致另一方责任的免除，或者因为一方过错程度轻微而对损害结果不负责任。③第三人的过失是减轻或免除被告责任的根据。有时，损害纯粹由第三人的过失所致，

---

[1] 王成：《侵权损害赔偿的经济分析》，中国人民大学出版社 2002 年版，第 99～104 页。

[2] 王泽鉴：《侵权行为法》（一），中国政法大学出版社 2001 年版，第 264 页。

被告对此没有过错，因此应使被告免责，而由第三人承担责任。我国《民法通则》第127条在动物致人损害的责任中明确规定，"由于第三人的过错造成损害的，第三人应当承担民事责任"。第三人故意侵害债权构成侵权行为。一般情况下，第三人侵害债权不承担责任（债权具有相对性）。但是如果法律规定，第三人故意以有悖于善良风俗的方法加害他人，应负赔偿责任，这就是第三人侵害债权应负侵权责任的规范基础。

有些侵权事实的发生，不存在任何过失。这里可以是双方均无过失，或者第三人也无过失。我国《民法通则》第132条规定："当事人对造成损害都没有过错的，可以根据实际情况，由当事人分担民事责任。"《侵权责任法》第24条规定："受害人和行为人对损害的发生都没有过错的，可以根据实际情况，由双方分担损失。"无过失不属于过失的类型，应在当事人均无过失时，根据实际情况，公平分担损失。

以上为一般侵权行为的构成要件，上述要件不是孤立存在的，而是互相联系的。四要件中任何一个要件均不具有独立的责任功能，必须与其他要件相结合才有意义。有加害行为，但无过错，对于一般侵权行为而言，不构成侵权；有过错，有违法行为，但无损害事实，也不构成侵权，其他要件具备，没有因果关系，也不构成责任。在一般侵权行为的构成要件中，过错是一个核心要件，对其他要件的分析，都不能离开过错要件的满足这一前提。

第
九
编

侵权行为的抗辩事由

■第一节 抗辩事由概述

一、抗辩事由的意义

侵权行为法的抗辩事由，简而言之，就是被告针对原告的损害赔偿请求，证明自己责任不成立或者可减轻责任的理由。抗辩事由，通常也被人们称为违法阻却的事由，即排除行为的违法性。

抗辩事由是从加害人利益角度提出的，对于加害人而言，其抗辩事由包括两方面的内容：一方面，主张因缺少某一构成要件而导致侵权行为不成立，从而不承担责任；另一方面，主张有法定的违法阻却事由，从而减责或免责。我国《侵权责任法》没有使用抗辩事由的概念，而是在该法第三章使用了"不承担责任和减轻责任的情形"的称谓。这是从抗辩成立后的结果定位，由于抗辩成立，被免责或减责，所以，抗辩事由从结果看，也叫作"免责或减责事由"。

抗辩事由是英美法系通常使用的术语，阻却违法的事由是大陆法系民法理论通常使用的术语，受英美侵权行为法的影响，现在人们通常也把阻却违法的事由称为抗辩事由。虽然两个概念互相使用，但这两个概念是有差别的：阻却违法事由是针对行为的违法性而言，抗辩事由不仅仅针对违法行为而言，还针对整个侵权行为的构成而言。出现某个抗辩事由，侵权行为或不成立，或即使侵权行为成立了，但可以免责或减轻责任。

二、抗辩事由成立的要件

任何一种抗辩事由能够成立，均应具备以下要件：

1. 对抗性。即这种事由足以对抗原告的指控和诉讼请求，以达到减轻或免除责任的目的。

2. 客观性。作为抗辩理由，必须是已经发生的客观事实而不是加害人一方的主观臆断或尚未发生的情况。

3. 法定性。作为侵权行为法上的阻却违法的事由，应是法律规定的特定事由，而不能对阻却违法的事由作扩张解释。法律规定的阻却违法的事由是：不可抗力、第三人过错、正当防卫、紧急避险、受害人过错。以上内容，详见我国《民法通则》第107、127～129、131条，《民法总则》第180～182条，以及《侵权责任法》第三章的规定。另外，从其他一些法律规定的条文中可以间接认定某些抗辩事由也为减责或免责的事由。例如，执行公务的行为、适法的无因管理行为、正确行使权利的行为、某些条件下的受害人同意、某些条件下的免责条款等。

4. 适用范围的限定性。不同的抗辩事由具有不同的适用范围。这里有两层含义：

（1）对于一般侵权行为而言，其抗辩事由多一些，上述所说的抗辩事由对适用过错归责原则的一般侵权行为都适用。而对于特殊侵权行为而言，则需要具体看法律的特别规定，针对不同的特殊侵权行为，法律规定的减责或免责事由不同。

（2）某些抗辩事由只能适用于某些侵权。例如，侵害隐私权、肖像权、名称权、名誉权等不存在紧急避险的抗辩事由；对于物件致人损害，适用正当防卫则不合适，因为正当防卫都是针对人的行为而言的。

■第二节　抗辩事由的分类

依损害事实的发生是否与人的行为有关为标准，抗辩事由可分为正当理由与外来原因两大类，分述如下：

一、正当理由

正当理由着眼于加害行为本身的合法性或合理性进行抗辩，即承认某行为是损害发生的原因，但主张行为的实施有合法的根据。正当理由与外来原因的抗辩不同，正当理由是从与人的意志有关的行为角度抗辩，行为人实施了某种行为，然而该行为不违法，成为阻却违法的正当理由；而外来原因，是从与加害人的行为无关的角度抗辩，损害事实的发生与加害人本人行为无关，是不可抗力或其他人的行为引起的。

正当理由主要有：

（一）依法执行职务的行为

依法执行职务的行为是依照法律的授权及有关规定，在必要时行使职权，损害他人财产及人身的行为。如产品质量监督部门依法烧毁假冒产品，公安人员依法开枪打伤逃犯，外科医生做必要的截肢手术，均为依法执行职务的行为。

依法执行职务作为抗辩事由须具备几个要件：

1. 须有合法的授权。执行职务的人只有根据法定权限行使职权并在法定范围内履行职责，才对损害后果不负责任。越权或者行为不符合法律规定，不是依法执行职务的行为。

2. 执行职务的客体、方式、程度须与职务授权相适应。

3. 执行职务的活动是必要的职务活动。只有不造成损害就不能执行职务时，执行职务的行为才是必要的。

（二）正当行使私权的行为

正当行使私权的行为是指权利人有合法根据地行使自己的权利。如抵押权人行使抵押权，拍卖抵押人的财产；留置权人行使留置权，扣留债务人的财产；为被监护人的利益需要，监护人行使监护权，处分被监护人的财产；所有权人行使所有权的处分权；等等。

合理的自助行为。例如对吃白食者、逃票者、不履行债务要出逃者的暂时性限制人身自由。广义上，合理的自助行为也属正当行使私权的行为。

（三）正当防卫

1. 正当防卫的概念。正当防卫是对正在发生的危害本人和他人人身、财产的行为在合理的限度内采取的必要性防卫措施。我国《侵权责任法》第30条规定，"因正当防卫造成损害的，不承担责任"；并同时规定，"正当防卫超过必要的限度，造成不应有的损害的，正当防卫人应当承担适当的责任"。该条确认了正当防卫是法定免责事由。

2. 正当防卫的条件。正当防卫能够成为不承担责任的正当理由，必须符合一定的条件：

（1）时间性要求：须对正在发生的侵害行为进行防卫。换言之，防卫行为既不能事先防卫，也不能事后防卫，不作为的违法也不适用正当防卫。防卫针对侵害行为而言，故对物件致害也不适用防卫。

（2）目的性要求：防卫的是违法行为，即通过正当防卫达到保护自己与他人的合法权利和利益不受损害的目的。显然，合法行为不存在防卫问题。

（3）对象性要求：正当防卫须针对不法侵害者本人。

（4）防卫的方式和强度要求：防卫应采用适当的方式，不能超过必要的限度。防卫超过必要的限度造成不应有的损害时，其行为本身已构成侵权行为。

3. 正当防卫的法律效果。根据我国《侵权责任法》第30条的规定，正当防卫的法律效果如下：

（1）因正当防卫造成损害的，不承担民事责任。

（2）正当防卫超过必要的限度，造成不应有的损害的，正当防卫人应当承担适当的责任。

（四）紧急避险

1. 紧急避险的概念。紧急避险是指为了使本人或第三人的人身、财产或公共利益免遭正在发生的危险而不得已采取的致他人人身或财产损害的行为。

我国《民法通则》第129条规定："因紧急避险造成损害的，由引起险情发生的人承担民事责任。如果危险是由自然原因引起的，紧急避险人不承担民事责任或者承担适当的民事责任。因紧急避险采取措施不当或者超过必要的限度，造成不应有的损害的，紧急避险人应当承担适当的民事责任。"另外，《民通意见》第156条规定："因紧急避险造成他人损失的，如果险情是由自然原因引起，行为人采取的措施又无不当，则行为人不承担民事责任。受害人要求补偿的，可以责令受益人适当补偿。"在上述规定的基础上，《侵权责任法》第31条规定："因紧急避险造成损害的，由引起险情发生的人承担责任。如果危险是由自然原因引起的，紧急避险人不承担责任或者给予适当补偿。紧急避险采取措施不当或者超过必要的限度，造成不应有的损害的，紧急避险人应当承担适当的责任。"《侵权责任法》与《民法通则》的规定基本一致，不同的仅是：如果危险是由自然原因引起的，紧急避险人不承担任何责任。《民法总则》第182条在立法上与《侵权责任法》第31条保持了一致。

2. 紧急避险的要件。根据法律的上述规定，紧急避险的要件如下：

（1）急迫性。必须是合法权益面临正在发生的紧急危险。没有发生的、假想的或已经消除的危险均不属于紧急避险中"危险"的范围。正在发生的危险须是危害到避险者本人或者第三人的利益，或者是公共利益正受到紧急危险。危险来源可以是人的行为，也可以是自然力。

（2）必要性。必须是在迫不得已的情况下采取的避险措施。所谓迫不得已，是指不采取避险措施，就不能保全更大的利益。

（3）适度性。避险行为不要超过必要的限度。即以尽可能小的损害保全较大的利益。

3. 紧急避险的法律后果。根据《侵权责任法》的规定，紧急避险的后果应从三方面观之：

（1）因紧急避险造成损害的，由引起险情发生的人承担民事责任。引起险情发生的人可以是避险人自己，或受益人、受害人，也可以是其他人。

（2）如果危险是由自然原因引起的，紧急避险人采取的措施又无不当，避险人不承担责任，受害人要求补偿的，可以责令受益人适当承担民事责任。如果找不到受益人，紧急避险人可给予适当补偿。

第三十七章

（3）如果紧急避险采取措施不当或超过必要限度，造成不应有的损害的，紧急避险人应承担适当的民事责任。

（五）受害人同意

受害人同意是指受害人通过明示或默示的方式对某种特定的损害作出同意的表示。受害人同意作为加害人免责的一种事由，是按照私法自治的原则，除了依法不能处分的权益以外，受害人有权处分自己的权利和利益，只要这种处分不违反法律的强制性规定和善良风俗，即为有效。受害人同意的法定性，可根据我国《合同法》第53条规定的内容得出。双方当事人可以在合同中约定免责条款，在免责条款中，约定免除一方的责任，这就意味着受害方放弃了损害赔偿的请求权。但《合同法》规定，当事人约定的两个免责条款无效：一是造成对方人身伤害的免责条款无效；二是因故意或重大过失造成对方财产损失的免责条款无效。

（六）自甘冒险

自甘冒险也称为风险自负或者危险自担行为，是指受害方知道或者应当知道存在某种风险，却依然冒险行事，从而自行负担损害发生的风险。

自甘冒险有体育竞赛中的自甘冒险行为；有职业危险人自愿承担危险的行为；也有普通人在日常生活中的自甘冒险行为。对于体育竞赛中的自甘冒险的行为，职业危险人的自愿承担危险的行为，加害方原则上是没有过错的，个别情况下也可能是自甘冒险人因自己的失误受到损伤。虽然自甘冒险是风险自负，但不能认为，只要他自甘冒险，一切后果就要由其本人负责，对方完全免责。如果加害方有过错，加害方也要承担责任。

但是，应注意区别受害人同意与自甘冒险。在英美法上，受害人同意适用在故意侵权领域，而自甘冒险适用在过失侵权领域。受害人同意的对象是一种确定的损害，而自甘冒险的对象既然是一种风险，显然具有不确定性。受害人同意从本质上说是受害人对自己权益的处分，因而法院对此应当重点审查受害人同意有效还是无效的问题，从而决定加害人的行为是否构成侵权行为，是否需要承担侵权责任。受害人自甘冒险从本质上说，并非希望自己的人身与财产遭受危险。换言之，尽管受害人在照顾自己利益方面是有过错的，但是他并没有直接去追求对自己利益的损害。真正使其遭受损害的还是加害人的过失行为，因此法院重点审查的是所承受的危险是否来自于被告违反义务的行为，并借此在双方之间分配风险。

（七）适法的无因管理行为

正当的救助他人的行为为适法的无因管理。在无因管理中，有时会给他人造成某种损害，但只要尽到善良管理人的管理义务，无因管理人不承担责任。被侵权人要求补偿的，受益人应当给予适当补偿。当然，在无因管理中，也要尽善良管理人的注意义务，如果未尽注意义务，也会产生侵权责任。

二、外来原因

外来原因是行为人将损害发生的全部或部分原因归结于某种外部事件或他人的行为，从而主张其行为不构成或不单独构成法律上应负责的原因。

外来原因是指损害非由被告的行为引起，而是一个外在于其行为的原因导致的损害后果，比如，因不可抗力、意外事件、受害人的过错或第三人的过错等原因而造成。外来原因与正当理由均可作为抗辩理由，但两者的区别是，正当理由是被告有行为，但该行为是正当、合法的行为，故该行为成为阻却违法的理由。外来原因是行为人没有实施与损害结果有关的任何行为，即被告无行为，损害结果完全是外来原因造成的，所以，行为人没有过错。作为抗辩事由的外来原因主要有：不可抗力、意外事件、受害人过错、第三人过错等几种情况，以下分述之：

（一）不可抗力

1. 不可抗力的概念。根据我国《民法总则》第 180 条和《合同法》第 117 条第 2 款的规定，不可抗力指不能预见、不能避免且不能克服的客观情况。不能预见，是从人的主观认识能力上考虑的，根据现有的认识水平，一般人对某种事件的发生不能预见。不可避免、不可克服，是指一般人已经尽到最大的努力和注意，并采取了一切可以采取的措施，仍然不能避免和不可克服。

我国立法对不可抗力的界定采取的是主客观两方面结合的折中说。主观上不能预见，客观上不能避免与克服。这里的不能预见应理解为根据现有的技术水平，一般人对某种事件的发生不可预见，以及一般人的不能避免和不能克服。

2. 不可抗力的表现形式。属于上述不可抗力概念范围的一般可以归纳为三方面：

（1）自然原因的不可抗力。例如，地震、台风、洪水、海啸等。不可预见性是从一个普通人的预见力判断的。如果气象台已经预报某种自然灾害的到来，行为人未能注意预报，则不符合不可预见性的要求。一般的火灾不是不可抗力，自然界的森林大火应属不可抗力。

（2）社会原因的不可抗力。例如，战争、武装冲突、罢工、暴乱等。

（3）国家原因的不可抗力。国家行使行政或司法职能而导致损害的发生和扩大。

我们把不可抗力称为客观情况，是指它是独立于人的行为的事件。虽然第三人的行为对于被告而言也是不能预见和不能避免的，但其不属于不可抗力的范畴。

3. 不可抗力的效力。我国《侵权责任法》第 29 条规定，因不可抗力造成他人损害的，不承担责任。法律另有规定的，依照其规定。据此可知，在法律没有特别规定时，不可抗力均可作为免责事由。不可抗力作为免责事由应注意的是：

（1）当不可抗力作为免责事由时，必须是损害的发生完全是不可抗力造成的，方可免责；如果损害有当事人自己的原因，也有不可抗力时，不能全部免责，当事人要负一定的责任。

（2）一般情况下，不可抗力是免责事由。但是如果法律另有规定不可抗力不能作为免责事由时，不可抗力也不能免责。例如，《侵权责任法》第 71 条规定，民用航空器造成他人损害的，民用航空器的经营者应当承担侵权责任，但能够证明损害是因受害人故意造成的，不承担责任。该条规定仅指受害人故意可以免责，没有列举不可抗力，说明不可抗力不能免责。

（二）意外事件

意外事件是由当事人意志以外的原因而偶然发生的意外事故或突发事件。意外事件与不可抗力都是外来原因，但两者有区别：不可抗力作为客观情况，其整个事件的发生以及结果的发生都是一般人不能预见、不能避免和不能克服的，是人力暂时不可抗拒的事实。而意外事件也是客观情况，但就事件本身而言，并不是完全不可预见、不能避免和不能克服的。

对于意外事件能否作为抗辩事由，我国《民法总则》以及《侵权责任法》均未规定。从比较法的角度观察之，也有分歧。我国有些学者认为意外事件不能免责，如果某个事件作为意外事件被免责，实际是套用不可抗力的学说。[1]我国立法没有规定意外事件作为免

〔1〕　张新宝：《中国侵权行为法》，中国社会科学出版社 1998 年版，第 601 页。

第三十七章

责事由，主要是在侵权法制定过程中，立法者认为，如果将意外事件作为法定免责事由，可能会使行为人找出各种理由，认为是不可预见的意外事件造成的损害，从而希望免责。因此，未将意外事件作为免责事由。[1]申言之，如果意外事件作为法定免责事由，会使免责事由扩大，对于受害人十分不利。

不过，尽管法律没有将意外事件作为免责事由，并不等于实践中意外事件一律不能成为减责或免责的事由，法官会根据案件的具体情况考虑意外事件在导致损害方面的影响大小作出免责或减责的判决，但意外事件作为免责的事由须慎重对待。

（三）受害人过错

在侵权行为案件中，受害人过错表现为两种情况：一是损害的发生完全是受害人自己的故意或过失造成的，由此免除加害人的责任；二是损害的发生，除加害人有过错外，受害人也有过错，即混合过错，在比较受害人与加害人的过错程度后，减轻或免除加害人的责任。

1. 受害人故意。所谓受害人故意，是指受害人明知自己的行为会发生某种损害结果，其仍追求或者放任这种损害结果的发生。我国《侵权责任法》第27条规定，损害是因受害人故意造成的，行为人不承担责任。我国立法将受害人故意引起的损害后果作为行为人的法定免责事由。

对于一般侵权行为而言，一旦损害结果完全是因受害人的故意引起的，就等于加害人的行为与损害结果之间没有任何因果关系，因果关系要件不具备，加害人当然不承担责任。

受害人故意不仅是一般侵权行为的抗辩事由，也是特殊侵权行为的抗辩事由。受害人故意作为某类特殊侵权行为的抗辩事由，须由法律明确规定，未规定的，不能作为减责或免责事由。

受害人故意既可以是免责的理由，也可以是减轻责任的理由。如果损害的发生完全是受害人故意造成的，则是免责的理由。

2. 受害人也有过错。我国《侵权责任法》第26条规定，被侵权人对损害的发生也有过错的，可以减轻侵权人的责任。须注意《侵权责任法》第26条的"被侵权人对损害的发生也有过错的"与第27条的"损害是因受害人故意造成的"二者之间表述的差别。第26条所谓"被侵权人对损害的发生也有过错的"，是指混合过错的情况。如果损害的发生仅由单方原因造成，则不适用该条。例如，仅因受害人的故意或重大过失造成损害后果，加害人没有过错，或者损害后果仅是加害人的过错，受害人没有过错，均不适用第26条的规定。

在加害人有过错、受害人也有过错的混合过错的情况下，适用过失相抵原则，即根据受害人的过错程度依法减轻或免除加害人的赔偿责任。

受害人的过错，可以是受害人故意、受害人具有重大过失、受害人具有一般过失或具有轻过失等。而加害人的过错，也可以表现为故意、重大过失、一般过失或具体轻过失等。受害人过错的表现形式，可以是引起损害的发生，也可以是受害人与加害人共同引起损害的发生，还可以是受害人对损害的扩大有过错。因此，在适用过失相抵原则时，需要综合考虑加害人与受害人过错的类型与双方的过错程度即表现样态，从而确定损害赔偿的效力。

例如，当加害人有过错，受害人具有重大过失时，并不免除加害人的责任，可以成为

减轻加害人责任的事由。当受害人的过错表现为故意时，则需注意加害人过错的不同情况，可以成为减轻和免除加害人责任的事由（《侵权责任法》第72、78条）。

（四）第三人过错

我国《侵权责任法》第28条规定，损害是因第三人造成的，第三人应当承担侵权责任。第三人过错作为抗辩事由一般有两种情况：一种是损害完全由第三人过错所致，被告没有过错，此时，第三人承担责任，被告免责；另一种是第三人的行为是造成损害结果的部分原因，可减轻被告的部分责任。

被告免责，完全由第三人承担责任的情形通常是：第三人故意，第三人有重大过失，第三人引起险情，或第三人的介入行为中断了因果关系而成为替代原因时，被告可免除责任。

如果第三人的行为是造成损害结果的部分原因，同时第三人的行为与被告的行为没有共同的故意或过失，只是由于第三人的行为与被告的行为的偶然结合共同造成了对原告的损害，则需要区分第三人的过错是主要原因还是次要原因，以减轻被告的责任。

可见，存在第三人过错造成损害的情况下，责任的承担通常有这样几种情况：①第三人单独承担侵权责任；②第三人和被告共同负责；③第三人承担部分责任；④被告首先承担责任，之后向第三人追偿。

（五）诉讼时效

根据我国《民法通则》第136条的相关规定，身体受到伤害要求赔偿的诉讼时效期间为1年。超过诉讼时效，又没有延长理由的，加害人可以免责。《民法总则》第188条第1款规定："向人民法院请求保护民事权利的诉讼时效期间为3年。法律另有规定的，依照其规定。"该规定虽然将诉讼时效期间普遍延长至3年，但《最高人民法院关于适用〈中华人民共和国民法总则〉诉讼时效制度若干问题的解释》第2条规定："民法总则施行之日，诉讼时效期间尚未满民法通则规定的2年或者1年，当事人主张适用民法总则关于3年诉讼时效期间规定的，人民法院应予支持。"第3条规定："民法总则施行前，民法通则规定的2年或者1年诉讼时效期间已经届满，当事人主张适用民法总则关于3年诉讼时效期间规定的，人民法院不予支持。"

上述抗辩事由，其中被侵权人也有过错、受害人故意、第三人过错、不可抗力、正当防卫、紧急避险，都是我国《侵权责任法》明确规定的免责与减责的事由。

一般侵权行为

一般侵权行为和特殊侵权行为是侵权行为的基本分类，本章研究一般侵权行为的特征及类型。

■第一节 一般侵权行为概述

一、一般侵权行为的概念和特征

（一）一般侵权行为的概念

一般侵权行为相对于特殊侵权行为而言，是指行为人因过错而实施的，适用过错责任原则和侵权行为一般构成要件的侵权行为。有的教科书也将一般侵权行为称为"除了法律有特殊规定以外的侵权行为"。

（二）一般侵权行为的特征

1. 一般侵权行为适用过错责任归责原则。我国《侵权责任法》第 6 条规定，行为人因过错侵害他人民事权益，应当承担侵权责任。根据法律规定推定行为人有过错，行为人不能证明自己没有过错的，应当承担侵权责任。我国立法明确规定了一般侵权行为以过错为归责原则。

2. 一般侵权行为的责任主体是行为主体，是对自己不当行为的责任。一般侵权行为的责任主体是有过错的当事人，当事人是为自己的过错行为负责，而非为他人的行为负责。既然责任主体是有过错的当事人，故实施行为的人须是有相应责任能力的人。

3. 在侵权行为构成要件上，一般侵权行为适用统一的构成要件。一般侵权行为的责任要件适用统一的一般责任条款，即《侵权责任法》第 6 条的规定。根据该条的规定，一般侵权行为的构成必须具备违法性侵害行为、损害事实、违法行为与损害事实之间有因果关系和当事人有过错这四个要件。

4. 在抗辩事由上，一般侵权行为的抗辩事由多于特殊侵权行为。由于一般侵权行为以过错为构成要件，因此，只要能够证明行为没有过错，即可减轻或免除责任，因此，正当理由和外来原因等抗辩事由对一般侵权行为均可适用。

二、一般侵权行为的类型

我国《侵权责任法》第 2 条规定："侵害民事权益，应当依照本法承担侵权责任。本法所称民事权益，包括生命权、健康权、姓名权、名誉权、荣誉权、肖像权、隐私权、婚姻自主权、监护权、所有权、用益物权、担保物权、著作权、专利权、商标专用权、发现权、股权、继承权等人身、财产权益。"根据我国《侵权责任法》的精神，侵权责任法保护的对象是绝对权和与绝对权相关的利益。依侵权的对象不同，一般侵权行为的类型可分为：

1. 侵犯物权的行为。侵犯物权包括侵犯所有权、用益物权和担保物权等。

2. 侵犯人身权的行为。侵犯人身权包括侵犯人格权和身份权。

3. 侵犯知识产权的行为。侵犯知识产权包括侵犯著作权、专利权、商标专用权、发现权等。

4. 侵犯与绝对权相关的民事权益。与绝对权相关的权利和利益是一个开放性的内容，其范围将随着社会的发展而逐渐扩展。例如，侵犯股权、继承权、商业秘密、人格利益，侵犯占有以及第三人侵害债权等均可认为是《侵权责任法》规制的侵犯与绝对权有关的民事权益的行为。

5. 共同侵权行为。侵权行为根据行为人主体的数量可以分为单独侵权和共同侵权。尽管侵权责任法对共同侵权行为的类型作出特别规定，然而共同侵权行为是适用侵权行为一般构成要件的两个或两个以上的侵权人侵犯绝对权和其相关民事权益的行为。换言之，共同侵权行为以过错归责，并要求损害事实、违法行为和因果关系构成要件。因此本书将共同侵权行为归为一般侵权行为。共同侵权行为包括普通型共同侵权，教唆、帮助型共同侵权，共同危险型共同侵权和无意思联络型数人侵权等类型。

■第二节　侵犯物权的行为

一、侵犯物权的类型

物权是权利主体对其特定物享有的排他性支配权。这类侵权行为从被侵害的客体而言，可能是所有权，包括：单一所有权（国家、集体、自然人所有权）、共同所有权（共同共有权和按份共有权）以及相邻权；也可能是他物权，包括：用益物权和担保物权；还可能是对动产物权或不动产物权的侵犯。

二、侵权的样态

这类侵权行为的主要表现形式有：非法的侵入、侵占、不法妨害、毁损、无权处分他人财产，包括：非法出卖、出租、抵押他人财产或者妨碍所有人、他物权人行使所有权和他物权等。

出现上述侵犯事实，并且具备一般侵权行为构成要件后，权利人可以提起侵权行为请求权，请求侵权人返还原物、停止侵害、排除妨碍、消除危险和赔偿损失。

三、侵权行为请求权与物权请求权的区别

我国《物权法》与《侵权责任法》均规定了对物权受到侵害时的救济性请求权。应注意《物权法》上的物权请求权与《侵权责任法》上的侵权行为请求权适用的区别，其主要区别如下：

1. 两个请求权产生的法律基础不同。物权请求权基于物权产生，侵权行为请求权基于侵权责任法产生，这两个请求权基础分别属于绝对权与相对权两个不同的权利体系。

2. 两个请求权的价值功能不同。物权法上的请求权的方式主要是请求返还原物、排除妨害和消除危险，其目的在于排除物权受侵害的事实或物权受侵害的可能，对物权的保护功能主要是使被侵害的物权恢复到侵害前的圆满状态。侵权责任法上的侵权行为请求权是债权请求权，要求加害人履行损害赔偿责任，其目的是填补物权人无法通过物权请求权恢复的损失，对物权的保护功能主要是通过损害赔偿填补和救济被侵害的物权。

3. 两个请求权要求相对人承担的责任构成要件不同。物权请求权不要求证明相对人有过错，也不要求以损害事实为要件，只要有损害、妨碍的可能时，即可提出物权请求权。侵权责任法上的损害赔偿请求权则须具备侵权行为的"四要件"。

4. 法律对两个请求权保护的期限不同。侵权责任法上的请求权为债权请求权，故受诉

讼时效期间的限制。目前，我国立法尚未规定物权请求权的诉讼时效，从比较法观之，物权请求权的诉讼时效期间较长，而且，并非所有的物权请求权均适用诉讼时效。

一般而言，当物权受到侵害或者有被侵害的可能时，首先应提出物权请求权，以恢复物权的圆满支配状态，只有在损害无法通过行使物权请求权恢复圆满状态时，才行使侵权行为法上的请求权。

■第三节　侵犯知识产权的行为

侵犯知识产权包括侵犯著作权、专利权、商标专用权、发现权、发明权等。

一、侵犯著作权

著作权是作者基于作品创作而享有的著作人格权与著作财产权。侵犯著作权的主要表现形式为：侵犯著作人身权和侵犯著作财产权。

（一）侵犯著作人身权

1. 侵犯发表权。未经著作权人许可，将作品公之于众。

2. 侵犯署名权。未经作者同意，不署作者的姓名；未经作者许可，把与他人（作者）合作创作的作品当作自己单独创作的作品发表；没有参加创作，为牟取个人名利，在他人作品上署名；剽窃抄袭他人作品。这些都是侵犯署名权的行为。

3. 侵犯修改权。作者有权修改作品，禁止或限制作者对作品的修改，是对著作权的侵犯。

4. 侵犯作品完整权。歪曲、篡改他人作品；对他人作品剪头去尾、断章取义、歪曲引用以及胡乱改编都属于对作品完整性的破坏。

（二）侵犯著作财产权

1. 侵犯使用权。未经著作权人许可，以表演、播放、展览、发行、摄制电影、电视、录像或者改编、翻译、注释、编辑等方式使用他人作品是侵犯著作使用权的行为。合理使用已经发表的作品一般不必取得著作权人的事先同意，但著作权人声明不许使用的除外。

2. 侵犯获得报酬权。使用他人作品，不按规定支付报酬。

3. 侵犯邻接权。邻接权是出版者、表演者、录音录像制作者、电视台、广播电台享有的权利。他们经过作者的同意，对作者的作品有传播权。这些权利因为与著作权邻近，所以国际上统称为"著作权的邻接权"。对邻接权的侵犯，是目前国内以及涉外知识产权纠纷中发案率最高的一类行为。即未经出版者、表演者、录音录像制作者、电视台、广播电台的许可，非法复制他人享有专有出版权的图书，表演者的录音、录像，广播，电视节目等。承担责任的形式主要是：停止侵害、消除影响、赔礼道歉、赔偿损失。

二、侵犯专利权

专利权是专利权人对发明、实用新型和外观设计享有的独占使用权。侵犯专利权的行为是：

1. 侵犯专利权人对专利的独占权。专利权人对其发明创造享有独占权，除非法律有特别规定，任何人未经专利权人的许可，不得实施其专利。如果非专利权人未经专利权人的许可处分他人的专利权，是非法处分专利权的行为。专利权的共同权利人之一侵犯其他共同权利人权利的行为，为侵犯专利权人对专利的独占权。

2. 侵犯署名权。专利权人有权在其产品和产品包装上标明专利标记和专利号。发明人或设计人有权在专利文件中写明自己是发明人或设计人。如果拒绝专利权人在其产品或产品包装上标明专利标记和专利号，或者篡改这种标记或专利号，或者拒绝发明人或设计人在专利文件中写明自己是发明人或设计人，都是对专利权人署名权的侵害。

3. 侵犯使用和实施权。专利权人有权使用和实施自己所有和持有的专利方法及专利产品。假冒、篡改、仿制专利产品和专利方法是非法实施和使用他人专利的行为。假冒，即以非专利技术冒充他人的专利技术。篡改，即把他人的专利技术改头换面，表面上不是他人的专利技术，实质上是在实施他人的专利技术。仿制，是把他人的专利技术拿来制造产品，并称该产品是专利产品。非法使用是未经专利权人的同意，使用他人的专利产品和专利方法，这是侵犯使用和实施权。

4. 侵犯许可和转让权。专利权人可以许可他人实施专利，也可以将所有的专利转让给他人。如果强迫专利权人许可或不许可，或者强迫其转让或不转让，都是侵犯许可和转让权。

5. 侵犯获得报酬的权利。专利权人许可他人实施或转让专利时，有获取报酬的权利。如不支付、拖延支付、不如数支付报酬等都是侵犯报酬权的行为。

三、侵犯商标专用权的行为

商标是商品的标志，商品的生产者和经营者为了使自己的商品与市场上的其他商品相区别，在商品的表面或商品的包装上使用一定的文字、图形或者文字与图形组成的标志标明自己商品的来源，如麦当劳的商标、海尔的商标、格力空调的商标等。

商标一经注册，注册商标的所有人就对其商标享有独占权、使用权和处置权等专有权，并享有排除他人在同一商品或者类似商品上使用与其商标相同或者相近似的商标的权利。

侵犯商标专用权行为的主要表现形式是：

1. 未经注册商标所有人的许可，在同一种商品或者类似的商品上使用与注册商标相同或相似的商标。

2. 销售明知是假冒注册商标商品的行为。

3. 伪造、擅自制造或者销售他人注册商标标识的行为。

侵犯商标专用权应承担责任的主要形式是：停止侵害、赔偿损失、消除影响、赔礼道歉。

■第四节　侵犯人身权的行为

人身权包括人格权与身份权。

一、侵犯人格权

人格权分为物质性人格权和精神性人格权。我国《民法总则》第110条第1款具体规定的人格权是生命权、身体权和健康权、姓名权、肖像权、名誉权、荣誉权、隐私权、婚姻自主权等权利。生命权、身体权和健康权是物质性人格权；姓名权、肖像权、名誉权、荣誉权等是精神性人格权。

（一）侵犯物质性人格权

1. 侵犯生命权。生命权是自然人享有的维持其生命安全的权利。过失杀人、故意杀人、伤害致死，杀害被继承人或继承人，国家司法机关错判、错杀，制作假酒、假药使人中毒死亡等都属侵犯自然人生命权的情况。

人的权利能力始于出生，终于死亡。生命是人最基本的、最高的利益。然而在侵权行为法中，生命作为人的最高利益的意义是很小的。因为，私法能对死者所作的不过是使死者的名誉不被侮辱，其尸体不被买卖。连丧葬费的补偿也是给死者家属的。如果不是因为有刑法的存在，要对加害人予以刑事处罚的话，仅仅依靠私法对死者保护是不足够的，因为对于加害人而言，反而是致人死亡要比致人重伤赔偿的数额要小。因此，如何在私法的意义上保护人的生命权，在立法上使人们认识到生命是无价的，这是一个在理论上和立法上都需要认真研究的问题。

2. 侵犯身体权。身体权是自然人对其身体利益的维护和对其肢体、器官及其他组织完整性的保护与支配的权利。身体是生命的载体，身体权强调的是自然人对其身体组织器官有保持完整性的权利。尽管身体与生命相互依赖，但这是不同的权利。身体权受侵犯，表现为身体完整性的破坏；生命权受侵犯，必须以生命不可逆转的丧失为标准。

对身体权的侵犯形式有多种，如故意或未经同意而接触他人的身体，强迫他人输血、献器官，不破坏身体组织的殴打等，都属侵犯他人的身体权。对身体权的侵犯，既可能是对身体组织的伤害，也可能因对人的身体的冒犯，给人造成精神痛苦。

按照传统的观点，人身体的一部分如果脱离人体，如血液、毛发等某个器官与人分离后，与人分离的部分就视为客体，不再和人视为一个整体，对这些脱离部分的侵害不再认为是对人身体的侵害。但是近些年来，这种观点被有些国家的判例逐步修正，代之以这样的规则：如果人的身体的某一部分在与人分离后仍对该人有重要意义，那么损害该脱离部分如同损害人的身体一样，也构成对人的身体完整性的侵犯。

3. 侵犯健康权。健康权是自然人以其器官乃至整体的功能利益为内容的维护人的生命活动的权利。健康包括生理健康和心理健康两部分内容。生理健康，是指人的身体的各个器官正常运转。心理健康，即精神健康。现代健康学认为，一个人即使各部分器官功能正常，但精神不健康，也不是正常的人。

侵犯健康权的行为有：贩卖不良食品致人中毒，交通肇事，工伤事故、医疗事故致人伤残等。或者，使用谩骂、诋毁、骚扰以及暴露他人隐私的手段，给他人造成心理疾患，也属于侵犯健康权。侵犯劳动能力应包括在侵犯健康权里，因为身体健康受到伤害，会导致劳动能力的减弱或丧失。

我国《民法通则》对上述三种物质性人格权没有明确划分。《民法通则》第 98 条规定："公民享有生命健康权。"但《最高人民法院关于确定民事侵权精神损害赔偿责任若干问题的解释》中使用了身体权的概念。《民法总则》第 110 条第 1 款则作出了明确的规定。生命权、身体权、健康权这三种权利的内容不同。生命权的内容是维持其生命的存在，身体权强调的是自然人有对其身体组织器官保持其完整性的权利。健康权强调的是人的生理机能的正常运转，功能的正常发挥，维持人的正常生命活动。

（二）侵犯精神性人格权

1. 侵犯姓名权。姓名权是指自然人对姓名有设定、变更和专用的人格权。姓名权包括三项内容：姓名的设定权、修订权和专用权。侵害行为包括：干涉、盗用和假冒行为。任何人不得干涉、冒用、盗用他人的名字。

对于商主体而言，享有对商号的设定、变更和专用的人格权，其原理与姓名权一样。不同的是，商号由从事商业的主体享有并使用，商号要符合法律规定，文字图形都须符合法律对商主体名称的规定。商号权有财产价值，可以转让。

2. 侵犯肖像权。肖像权是自然人对自己的肖像制作和使用的专属权。肖像权具有两个主要内容：①对肖像的拥有权和制作权。自然人可以为自己拍照，为自己画像，也可以委托他人或照相馆、画室制作肖像，并对制作的肖像享有拥有权。②专用权。未经肖像者本人同意，不得擅自使用他人肖像，不管是出于营利还是非营利的目的。非法制作和拥有他人的肖像，侮辱、毁损他人肖像，未经本人同意利用他人肖像等行为都是侵权行为。

新闻出版部门刊登社会公众人物的肖像，无须征得本人的同意，但须无恶意，无侮辱、丑化等情节。在新闻图片、报纸刊登的照片中，虽有某人的形象，即使是非公众人物，也不认为是侵犯肖像权，因为图片的主题不是肖像，而是报道某一事件。新闻出版部门为行使舆论监督职能，刊登违法犯罪或者损害公共利益、社会公德之人的图片，尽管图片的内容不利于当事人的名誉，也不认为是侵犯肖像权的行为。司法部门公告被通缉者的肖像，不认为是侵犯他人肖像的行为。漫画作品不认为是侵犯肖像权的行为。

3. 侵犯自由权。自由权没有统一的界定。有的界定为："自由权是不受不当的拘束或妨碍的权利。"有的界定为："尊重人的自由选择，指导个人外在行为不受他人约束、强迫、控制的意思的权利。"或界定为："身体的活动和内在的意志不受非法干预的人格权。"

自由包括人的身体活动的自由和内在意志的自由。侵犯自由权的主要形式有：①侵犯人的身体自由权，如非法限制人身自由，非法搜查他人身体，非法妨碍他人通行自由，暴力绑架，非法逮捕、监禁等。②侵犯人的精神自由权。侵犯精神自由主要表现为：欺诈、恐吓、胁迫、骚扰导致人的精神痛苦、情绪紧张。

4. 侵犯隐私权。隐私权为自然人私生活的不公开权。私人生活范围广泛，自然人享有的隐私权主要有以下几个方面：①自然人享有保守姓名、肖像、住址、住宅、电话等秘密的权利，未经其许可，不得加以刺探、公开和传播。②自然人的个人活动，尤其是在住宅内的活动不受监视、监听、窥视，但依法监视居住者除外。③自然人的住宅不受非法侵入、窥视和骚扰。④自然人的性生活不受他人干扰、窥视、调查或公开。⑤自然人的储蓄、财产状况不受非法调查或公布，依法需要公布财产状况的除外。⑥自然人的通信、日记和其他私人文件不受刺探或公开，其个人的数据不受非法搜集、传输、处理和利用。⑦自然人的社会关系，包括亲属关系、朋友关系，不受非法调查和公开。⑧自然人的档案材料不受非法公开或扩大知晓范围。⑨其他个人情况，例如，多次婚恋情况、患有某种疾病的情况、年龄情况、体重、被罪犯强奸、生育情况等，都属于个人隐私。个人有对私生活秘而不宣的权利和禁止他人干涉的权利。反之，非法公开、传播他人的隐私，即使传播的内容是真实的，也构成对隐私权的侵犯。

5. 侵犯名誉权。名誉权是自然人有保有和维护就其自身属性和价值所获得的社会评价的权利。名誉是特定人受到的有关其品行、才能、功绩、职业、资历等方面的社会评价。名誉权正是对上述内容所享有的权利。任何人都不能以侮辱、诽谤或者以失实报道、诬告等行为损害他人名誉。

名誉权的侵犯有一个重要的特征，即公开。所谓公开，是指有第三人在场或者通过某种方式使第三人知晓，如果没有向第三人传播，不认为是侵犯名誉权的行为。至于公开的范围与是否构成公开，则无重大关系。

侵犯名誉权与侵犯隐私权在实践中常常容易混淆，而且，我国《民法通则》没有明文规定隐私权，而在司法实践中，隐私权常常归为名誉权的内容。最高人民法院的司法解释中将揭露和宣扬他人隐私的行为解释为侵犯隐私权，由此将侵犯隐私权与侵犯名誉权作为不同的侵权行为。侵犯隐私权与侵犯名誉权的主要区别是：①侵犯的客体不同。隐私权的客体是个人的私生活，这种私人的领域具有客观性，与人的主观评价无关；名誉权的客体是名誉利益，名誉具有主观性，在很大程度上取决于社会公众的评价。②侵犯的方式有区别。隐私权侵犯的手段除了具有揭露、宣扬等公开的特点外，还有窥视、刺探、监听、私自潜入等特点；名誉权的侵犯是以公开的方式或侮辱、诽谤的方式向公众散布对权利人不利的消息。③侵权责任方式不同。名誉权被侵犯后，侵权人应承担停止侵害、消除影响、恢复名誉等责任方式；而隐私一旦披露出去，影响将不可避免地形成，信息也不再具有秘密性，所以，侵犯隐私权不适用消除影响、恢复名誉等责任方式。

6. 侵犯荣誉权。荣誉权是指主体对其荣誉不可让与地支配并享受其利益的人格权。荣誉是特定组织对那些在某方面有突出贡献或有突出成绩的人所作出的积极评价。不管荣誉的来源如何，一旦主体获得荣誉，都是荣誉者自己的人格，是不依赖于他人的人格，是人自己的一种尊严。主体对其尊严有权维护，不允许他人侮辱、诽谤。因荣誉是自己的人格，而不是依赖于他人的人格，因此不能认为是身份权。

二、侵犯身份权

身份权是基于出生、收养、婚姻等事实产生的家庭关系中亲属相互间享有的权利，包括亲权、配偶权、亲属权。

（一）侵犯亲权

亲权是父母对未成年子女在人身和财产方面的管教和保护的权利（义务）。亲权只存在于父母与未成年子女之间。如果父母把子女交给他人收养，亲生父母丧失亲权，养父母取得对养子女（未成年养子女）的亲权。

亲权内容包括的范围很多，具体地说有：对未成年子女姓名的设定权、管理教育权、住所的指定权、惩戒权、子女交还请求权、职业许可权、法定代理权和对未成年子女行为的同意权、财产管理权等内容。在不毁损和变更财产的前提下，有权使用其未成年子女的财产的收益，如果遗赠和赠与的财产中明确指明不得使用收益的，父母不得使用。对上述权利的滥用和义务的违反，就是侵犯亲权。

（二）侵犯配偶权

配偶权是妻对夫或夫对妻的权利（义务）。婚姻关系成立后，夫妻双方互有配偶权。配偶权的具体内容一般有：夫妻姓氏权、住所决定权、同居的权利和义务、贞操请求权（忠诚义务），夫妻各自享有职业、学习、社会活动的自由权，有相互扶养扶助的权利和义务、日常事务代理权；死亡、失踪宣告权等。对上述权利内容的侵犯，就是侵犯配偶权。

（三）侵犯亲属权

亲属权是父母与成年子女、祖父母与孙子女、外祖父母与外孙子女以及兄弟姐妹之间的权利（义务）。亲属权，是父母与成年子女、祖父母与孙子女、外祖父母与外孙子女以及兄弟姐妹之间的身份权。

亲属权的具体内容是：子女对父母的尊敬、孝敬义务；亲属之间的相互尊敬、帮助、体谅的权利义务；亲属之间为共同生活的利益互相扶助、谅解、关心的义务；父母对未成年子女和无独立生活能力的成年子女的抚养义务；有负担能力的祖父母、外祖父母对父母已经死亡的孙子女、外孙子女的抚养义务；子女对无劳动能力或生活有困难的父母有赡养的义务；有负担能力的孙子女、外孙子女对子女已经死亡的祖父母、外祖父母的赡养义务；配偶之间以及平辈亲属之间的扶养义务。兄姐对弟妹的扶养义务，以父母已经死亡或父母无力抚养为条件。侵犯了上述权利，不履行上述义务，则构成侵权。

■第五节　侵害其他民事权益的行为

一、侵权责任法保护的民事权益

我国《侵权责任法》第 2 条首次以法律规范的形式具体列举了侵权法保护的权益类型，

但立法不可能穷尽侵权类型，因此，《侵权责任法》在列举侵权类型的同时，使用了"等人身、财产权益"的概括性表述，这使该条的适用有较大的包容性。

除了法律规定的权利类型以外，随着社会的发展，受法律保护的人格权、身份权和财产权利益的范围不断扩大，类型也日益丰富，例如，经常被人们提及的侵犯生育权、贞操权、婚姻自主权、监护权、信用权、精神纯正权、谈话权、知情权、尊重个人感情权、个人资料情报权、休息权、环境权、家庭安宁权，甚至悼念权、哺乳权等。这些权利有的可归为人格权的内容，有的仅为人身权利益。侵犯股权、继承权，侵犯占有，第三人故意侵害债权等，都应属于侵犯与绝对权有关的权利和利益。

二、第三人故意侵害债权

（一）第三人侵害债权能否作为侵权行为

第三人故意侵害债权是指合同外的第三人明知合同债权的存在，仍故意以损害他人债权为目的，实施某种侵权行为致使债权人的债权受损害的行为。对第三人侵害债权的行为，我国《合同法》以及《民法通则》都未明确规定。该侵权行为，是否为侵权法上的问题，我国理论界对此有否定说与肯定说两种观点。

持否定说的认为，侵权行为以侵犯绝对权为对象，债权是相对权，不能成为侵权的对象。如果第三方侵权，造成一方不能向他方履行义务，违约方仍须向对方履行，然后再向侵权的第三方行使追偿权。而且，债权不具有公示性，让第三人承担责任不合理。

持肯定说的认为，债权是财产权，对于合同当事人而言，合同外的第三人侵犯他的债权，使其不能得到其应得到的利益，实质上就是侵犯了合同当事人的财产所有权，这种第三人侵权行为与合同当事人之间的违约不同。而且，现在英美法系以及大陆法系的许多国家都已将第三人侵害债权纳入侵权行为法，我国民法也应予以规定。

我国《合同法》第121条规定："当事人一方因第三人的原因造成违约的，应当向对方承担违约责任。当事人一方和第三人之间的纠纷，依照法律规定或者按照约定解决。"从《合同法》的规定可以看出，债权人因第三人的原因受到侵害，只能谋求合同法上的救济，不能寻求侵权行为法上的救济。立法者作此规定的目的是要坚持债的相对性原理，如果对侵害债权的行为给予侵权行为法上的救济，会破坏合同之债与侵权行为之债内在结构的和谐与统一，动摇合同之债的基础。

那么，第三人侵害债权是否应作为一种侵权行为？如果在侵权行为法律规范中规定第三人侵害债权是否破坏了合同之债与侵权行为之债的和谐？

（二）第三人侵害债权作为侵权行为的理由

我们认为，第三人过失侵犯债权不应作为侵权法规范的范围，而第三人故意侵犯债权可以作为一类侵权行为，理由如下：

1. 第三人是合同以外的人，不是债权人与债务人，因此，当债权作为第三人故意侵害的目的（对象）时，对于第三人而言，债权并不是相对权，而可以视为绝对权。因为第三人已经把他人的债权作为一项"特定的财产""特定的物"，即侵犯的客体对待。

2. 当第三人故意以侵害他人债权为目的时，违反的是法律规定的针对一般人的义务，并不是违反了当事人自行约定的特定人之间的合同义务，这不会与合同法中的特定人之间的权利义务关系相冲突。

3. 虽然债权不具有公示性，但当第三人故意侵害债权时，他已经是明知他人债权的存在。换言之，这个债权对于该人而言，是公开的，让其承担侵权行为法上的责任符合侵权行为法的宗旨。

4. 把第三人故意侵害债权作为侵权行为，须构成一般侵权行为的构成要件，这与违约责任的构成要件也不相同，不会与合同法上的责任相冲突。

基于上述理由，我们把第三人故意侵害债权作为一般侵权行为的一个类型。

（三）第三人故意侵害债权应具备的要件

1. 第三人侵害的必须是合法的债权，不合法的债权不受法律保护。

2. 第三人实施的侵权行为具有违法性，致使合同债务不能履行。

3. 第三人的侵权行为给债权造成损害，且侵权行为与债权损害之间有因果关系。

4. 第三人主观上具有侵害债权的故意。

5. 债权人依合同责任得不到救济。如果依照我国《合同法》第121条的规定通过行使违约请求权能够得到救济，就不必行使另一项请求权；如果得不到救济，债权人可以行使侵权损害赔偿请求权。

■第六节 共同侵权行为

一、共同侵权行为概述

（一）共同侵权行为的概念

共同侵权行为是指二人以上共同实施的需对损害后果负连带赔偿责任的加害行为。共同侵权行为是一般侵权行为的类型之一，因为这类侵权行为也适用过错归责原则，其构成要件也是四要件：违法行为、损害事实、因果关系和过错。其特殊性仅是加害人是两个以上的多数人。

我国《侵权责任法》第8条规定："二人以上共同实施侵权行为，造成他人损害的，应当承担连带责任。"《侵权责任法》规定的"共同实施侵权行为"强调了共同侵权行为的特点，即共同性。这里的共同包括主观上具有共同过错，共同实施违法行为，损害结果同一，共同行为与损害结果之间具有因果关系以及共同的责任，这也是共同侵权行为与单个人实施的侵权行为的本质不同。

（二）共同侵权行为的特点

1. 加害主体的复数性。实施侵权行为的加害人是两个或者两个以上的多数人，这里的多数人可以是自然人，也可以是法人或非法人单位。虽然主体为多数人，但这些多数人都是对自己行为负责的主体，多数人不存在替代责任关系，不对他人的行为负责。例如，某法人或某团体的数个雇员在执行职务时给他人造成损害，就不属于共同侵权，因为承担责任的不是雇员而是它们共同的雇主或法人，这是替代责任，属于特殊侵权的范畴。

2. 数个加害人主观上过错内容相同或相似。对于共同侵权行为中的过错要件的理解，一直是侵权法中有争议的问题。争议点在于：共同侵权的构成是否必须是数个共同侵权人有共同的意思联络（共同过错），无意思联络的数人侵权是否为共同侵权。

从共同侵权的发展历史看，早期的共同侵权要求共同加害人之间要有意思联络，而且意思联络仅限于共同故意。之后，又提出共同侵权行为也可不以共同故意为要件，共同过失也可构成共同侵权。要求共同侵权须有意思上联络的学说，称为主观说。

主观说的理论基础是：既然法律规定共同侵权人要承担连带责任，那么共同侵权人必须应有共同的过错，即共同的意思联络，这是负连带责任的基础，如果没有共同的过错，不是连带责任，仅为分别责任。显然，主观说严守过错责任原则，担心扩大共同侵权行为的范围以及适用连带责任会加重加害人的负担，因此坚持无意思联络的侵权行为只是单独侵权行为，各个加害人仅依各自的过错承担责任，限制连带责任的适用。我国部分学者坚持共同侵权行为的"主观说"，认为没有共同过错的数人行为，不能按共同侵权论。[1]

与共同侵权行为"主观说"对应的是"客观说"。客观说在共同侵权行为的认定上，强调即使多数加害人之间没有意思上的联络，只要"各自之行为，客观的有关联共同，即为已足。盖数人之行为皆构成该违法行为之原因或条件，行为虽无主观之联络，以使就其结果负连带责任为妥"[2]。可以看出，客观说试图寻求对受害人更有力地保护与救济，强调民法上的共同侵权人与刑法上的共同正犯不同，只要他们的行为客观上有共同关联，即可成立共同侵权行为。主观说与客观说争论的焦点即在于对连带责任适用的扩大与限制，持共同侵权主观说的观点认为，应限制连带责任的适用，强调谁的过错谁负责。持共同侵权客观说的观点认为，应扩大连带责任的适用，以强调保护受害人利益。法律的天平究竟应倾向哪种学说，《侵权责任法》并未给予明确的解答。

共同侵权行为的主观说与客观说各有可取之处以及相应的法理，共同侵权行为主观说与客观说的争论，涉及无意思联络的共同侵权行为是否属于共同侵权行为类型的问题。我们认为，构成共同侵权行为，数个加害人均应有过错，但无须共同故意或有意思联络，只要每个人都有过错，过错的内容相似，每个人的相似过错行为有共同关联，而且有共同关联的行为是导致同一不可分割损害后果的共同原因，即构成共同侵权，数个行为人应承担连带责任。

3. 数个加害人行为共同关联。每个加害人的行为具有共同关联性，是构成损害结果的不可或缺的一部分，他们相同或相似的有过错的行为是造成同一不可分的损害结果的共同原因，或者每个加害人的行为均是导致损害结果的全部原因。

4. 加害结果的统一性。这里指共同侵权行为与整体损害后果之间有因果关系，共同的加害行为导致统一的、不可分割的后果，该损害后果构成一个整体，受害人为同一主体，受到损害的民事权利是同类别的，损害后果在事实上或法理上均不具有分割性。

5. 侵权责任的共同性。对于共同加害人来说，他们作为一个整体对损害共同承担责任。当加害人为数人时，从产生损害赔偿之债的角度出发，共同责任也即多数人之债，多数人之债的形式可以是连带之债、按份之债（可分之债）及不可分之债。

共同责任的内容是：

（1）连带责任。在法律规定共同侵权人应承担连带责任时，共同侵权行为人中的任何一个义务人都有义务对全部损害承担责任。当其中的一人或数人对全部损害承担责任后，有权向未承担责任的人追偿。对于受害人来说，可以将全体加害人作为被告，也可以将一个加害人作为被告，一旦一个加害人履行了全部赔偿义务，受害人不得再向其他加害人提出请求。反之，如果受害人的请求没有得到实现或没有完全实现，他可以向其他加害人请求全部赔偿或者剩余部分的赔偿。连带责任是共同侵权行为的基本责任形式。

（2）按份责任。按份责任是与连带责任相对的一种共同责任，是指共同侵权人中的每一个人均只对自己应当承担的债务份额承担清偿义务，而不与其他责任人发生连带赔偿关系。按份责任可以表现在共同侵权行为人之间的对外和对内关系上。在对外关系中，如《侵权责任法》第12条规定："二人以上分别实施侵权行为造成同一损害，能够确定责任大小的，各自承担相应的责任；难以确定责任大小的，平均承担赔偿责任。"此为对共同侵权

---

[1] 王利明等：《中国侵权责任法教程》，人民法院出版社2010年版，第363页。

[2] 史尚宽：《债法总论》，中国政法大学出版社2000年版，第173页。

行为人的对外按份责任的规定。

在对内关系中，体现为共同加害人之间的追偿（分别）责任。《侵权责任法》第14条第1款规定："连带责任人根据各自责任大小确定相应的赔偿数额；难以确定责任大小的，平均承担赔偿责任。"根据该条的规定，在一人或者数人承担了超出自己赔偿数额的责任后，在共同加害人之间形成分别责任（按份之债），承担超出自己赔偿数额的连带责任人有权向其他连带责任人追偿。追偿的原则是：①比较过错的大小，确定相应的赔偿数额。如果过错不相上下，平均分担。②比较共同加害人各自作用的大小。作用一样，平均分担。③考虑共同加害人经济状况的原则。

追偿是连带责任人之间的事，法院在判决中对共同侵权行为一般只判定负连带责任。如果追偿发生纠纷，相关人员再起诉，与受害人无关。

共同侵权人承担连带责任的规定，其目的是保护受害人的利益，使每一个共同侵权人成为其他侵权人的保证人，以防止因为某些侵权人无偿还能力而使受害人得不到赔偿。但是，连带责任也有不公正的情况，即当有的被告无偿还能力时，先行给付的被告就得不到追偿，其支出超过自己应支付的赔偿数额进而承担了其不应承担的那部分数额，在这种情形下，虽然对受害人公平了，但对先行给付的被告就不公平。任何制度均具有两面性，在利益平衡上，法律以受害人的利益保护为重。但连带责任的适用应谨慎，不能扩大适用。我国《侵权责任法》对共同侵权行为连带责任的适用是有所限制的：对于有意思联络的共同侵权行为适用连带责任；对具有行为能力的教唆人、帮助人、实施人的共同侵权行为适用连带责任；对共同危险行为人适用连带责任；在无意思联络的数人侵权中，尽管数人中每个侵权人是单独实施侵权行为，但每个加害人的行为均足以造成全部损害的，行为人负连带责任。

（三）共同侵权行为的类型

鉴于上述共同侵权行为的特征，我们将共同侵权行为基本分为两大类：普通型共同侵权行为和复杂型共同侵权行为。复杂型共同侵权行为又可再分为：教唆、帮助型共同侵权行为；共同危险行为；无意思联络的数人侵权行为。

二、普通型共同侵权行为

普通型共同侵权行为是共同侵权行为的一般情况，也称有意思联络的共同侵权，是共同侵权的传统类型，符合共同侵权的一般要件：加害人是数人；数个加害人有共同的过错；共同的违法行为；共同违法行为导致了同一损害结果；共同的违法行为与同一损害结果之间有因果关系。依照法律规定，共同侵权人负连带责任。一般共同侵权行为，也是简单的共同侵权行为，每个人均为实行行为人。

普通型共同侵权行为的典型特点是，数个加害人之间有意思联络。因此，受害人只要证明多个加害人之间有意思联络，而且数个加害人中的任何一个人的行为与损害结果之间有因果关系即可。反之，任何一个加害人只要能证明自己的行为与其他加害人之间没有意思联络或与损害结果没有因果关系，即不属于共同侵权人之一。

三、教唆、帮助型共同侵权行为

（一）教唆、帮助型侵权行为的含义

教唆、帮助型共同侵权是指一方教唆或帮助他方实施侵权而致人损害须承担侵权责任的行为。教唆、帮助型共同侵权行为也称复杂的共同侵权行为，其与普通共同侵权行为的区别是，教唆、帮助型共同侵权加害人分为实行行为人、教唆行为人和帮助行为人。实行行为人是具体实施致人损害行为的人；教唆行为人是没有直接参加具体的损害，但是用语言或通过其他引诱或激励的方法使被教唆者接受教唆意图的人；帮助行为人是在行为实施过程中起帮助作用的人。

（二）教唆、帮助型侵权行为的法律依据

可以看出，教唆人和帮助人都不是具体实施侵权行为的人，因此，教唆人、帮助人与实施人不存在共同行为，所以，《民法通则》对这类侵权行为没有明文规定。而《民通意见》第148条对这类行为作了补充规定，第148条第1款规定："教唆、帮助他人实施侵权行为的人，为共同侵权人，应当承担连带民事责任。"该款规定说明：一般情况下，教唆、帮助他人造成损害的人，本来不是共同侵权人，但由于其特殊性，法律认定其为共同侵权人。这种特殊性在于：教唆、帮助行为与实施侵权行为之间有积极的联系，教唆人教唆原来无侵权行为意思的人，使他产生了侵权行为的意思，从结果上，与实施行为没有区别；帮助人对损害结果具有促成作用，否则实施人也难以完成行为，基于行为之间的积极关系，法律使其准用共同侵权行为的规定，对他们课以连带责任。

《民通意见》第148条规定："教唆、帮助他人实施侵权行为的人，为共同侵权人，应当承担连带民事责任。教唆、帮助无民事行为能力人实施侵权行为的人，为侵权人，应当承担民事责任。教唆、帮助限制民事行为能力人实施侵权行为的人，为共同侵权人，应当承担主要民事责任。"该条将教唆、帮助他人实施共同侵权行为的责任承担分为了几种情况。

《侵权责任法》第9条对《民通意见》第148条作了进一步修改，《侵权责任法》第9条规定："教唆、帮助他人实施侵权行为的，应当与行为人承担连带责任。教唆、帮助无民事行为能力人、限制民事行为能力人实施侵权行为的，应当承担侵权责任；该无民事行为能力人、限制民事行为能力人的监护人未尽到监护责任的，应当承担相应的责任。"

（三）教唆、帮助型侵权行为的责任特点

根据《侵权责任法》第9条的规定，教唆、帮助他人实施侵权行为的特点如下：

1. 如果被教唆者或被帮助者是完全行为能力人时，教唆、帮助他人实施侵权行为的人与该实施人为共同侵权人，应当承担连带责任。

2. 如果被教唆者或被帮助者是无行为能力人或限制行为能力人时，该无行为能力和限制行为能力的实施人不承担责任，教唆人、帮助人应当承担民事责任。此时实施人仅仅是侵权的工具，没有侵权意思能力，责任完全由教唆、帮助人承担。如果仅有教唆人，或者仅有帮助人，则教唆人或帮助人承担单独责任；如果既有教唆人，也有帮助人，且均有行为能力时，则教唆人与帮助人承担连带责任。

3. 监护人在其未尽到监护责任的范围内对受害人承担相应的过错责任。所谓"相应"的责任，与被监护人相应的能力有关。如果被教唆、被帮助人是无行为能力人时，监护人承担相对轻的责任；如果被教唆、被帮助人是限制行为能力人时，监护人承担相对重的责任。因为与无民事行为能力人相比，限制行为能力人对自己的行为有一定程度的判断力与理解力，其监护人进行监护的难度相对小一些，故在限制民事行为能力人实施了加害行为的情形下，认定其监护人"未尽到监护责任"的可能性更大，认定"未尽到监护责任"的程度要更重。[1]

应注意的是，监护人的责任与教唆人或帮助人的责任不是连带责任，监护人在其未尽

第三十八章

---

[1] 参见奚晓明主编：《〈中华人民共和国侵权责任法〉条文理解与适用》，人民法院出版社2010年版，第81页。

到监护责任的范围内对受害人承担相应的过错责任。如果受害人仅起诉教唆人或帮助人，法院没有必要追加监护人，因为教唆人与监护人之间不是一个必要共同诉讼的当事人。即便教唆人或帮助人无清偿能力，监护人也仅在其过错的相应范围内承担责任。

四、共同危险行为

（一）共同危险行为的概念

共同危险行为，在侵权行为法中，也称"准共同侵权行为"，或"表见型共同侵权行为"。它是指数人均实施了危及他人民事权益的行为并造成损害后果，但无法确定谁是真正加害人，则将该数人均判断为是造成危险的人，由其共同承担连带责任的情况。

我国《民法通则》没有规定共同危险行为。2003 年 12 月，《最高人民法院关于审理人身损害赔偿案件适用法律若干问题的解释》（以下简称《人身损害赔偿解释》）第 4 条对共同危险行为作了规定："二人以上共同实施危及他人人身安全的行为并造成损害后果，不能确定实际侵害行为人的，应当依照民法通则第 130 条规定承担连带责任。共同危险行为人能够证明损害后果不是由其行为造成的，不承担赔偿责任。"

《侵权责任法》第 10 条首次以立法形式对共同危险行为作出专条规定："二人以上实施危及他人人身、财产安全的行为，其中一人或者数人的行为造成他人损害，能够确定具体侵权人的，由侵权人承担责任；不能确定具体侵权人的，行为人承担连带责任。"

（二）共同危险行为的特点

1. 数人均实施了加害行为。虽然损害结果可能是某一个人或者某部分人的行为造成的，但是数人或同时或相继均实施了加害行为，如果加害人是一人，或者是数人中一个人实施了行为，则都不构成共同危险行为。需要注意的是，尽管数人均实施了加害行为，但各侵权人的行为是独立的，而非共同构成一个整体的侵权行为。

2. 数人的行为均有危险性。数人均实际实施了危及他人人身、财产安全的行为，这种具有危险性的共同行为是在同一时间、同一地域、对同一对象实施的，危险性的共同行为是致人损害的原因。

3. 加害人具有不确定性。各侵权人均实施了危险行为，但致受害人损害的行为是数人中的何人所为难以确定。

（三）共同危险行为的责任特点

共同危险行为人均实施了危险行为，由于每个人的行为均有造成损害结果发生的可能性，但又不能确定真正的加害人是谁，为保护受害人的利益，故推定所有参与危险行为的人对受害人承担连带责任。所以，共同危险行为的效力与共同侵权行为的效力均是连带责任，受害人有权向共同危险行为人中的任何一人请求赔偿全部损失，一个共同危险行为人也有义务赔偿全部损失。但在内部责任划分上与一般共同侵权行为不同。一般共同侵权的行为人之间的内部责任，除非过错难以比较大小时由加害人平均分担，多数情况下按各自的过错程度确定，因此一般共同侵权行为人的加害人最后应承担的责任份额，可能并不平均。但共同危险人在实施共同危险行为中致人损害的概率相等，过失相当，责任结果不可分割，所以共同危险行为人内部责任的划分一般是平均分担，各行为人以相等的份额对损害结果负责。

由于共同危险行为中无法确定谁是真正的加害人，因此就推定这些实施共同危险行为的人都是加害人，在归责方式上，属于推定过错。在免责事由上，如果共同危险行为人其中的一人或数人能够证明自己没有实施加害行为，或证明其行为与损害结果无因果关系，则不承担责任。

五、无意思联络的数人侵权行为

（一）无意思联络数人侵权行为的含义

无意思联络的数人侵权行为是数个行为人事先没有共同的意思联络，但他们的单独行为在客观上共同导致了受害人的损害，法律根据其损害的可分与不可分确定赔偿责任的行为。

（二）关于无意思联络数人侵权行为性质的争议

如前所述，无意思联络数人侵权行为是否为共同侵权，有主观说与客观说两种不同的观点。持主观说的观点认为，无意思联络数人侵权行为不属于共同侵权，因为数人主观上无共同过错，故不适用连带责任，每一个侵权行为人只就自己造成的那部分损失承担责任。

持客观说的观点则认为，尽管数人主观上无共同过错，但只要行为在客观上有共同关联，该共同关联的行为是导致同一损害结果的共同原因，该无意思联络的数人侵权行为应构成共同侵权。

上述主观说与客观说的争论在《人身损害赔偿解释》中显现出来，该司法解释第 3 条规定："二人以上共同故意或者共同过失致人损害，或者虽无共同故意、共同过失，但其侵害行为直接结合发生同一损害后果的，构成共同侵权，应当依照民法通则第 130 条规定承担连带责任。二人以上没有共同故意或者共同过失，但其分别实施的数个行为间接结合发生同一损害后果的，应当根据过失大小或者原因力比例各自承担相应的赔偿责任。"

根据司法解释的规定，在无意思联络的数人侵权中，如果侵害行为直接结合产生同一损害结果的，为共同侵权，而数人的侵害行为间接结合导致同一损害结果的，不是共同侵权。司法解释将无意思联络的数人侵害行为的直接结合确认为共同侵权，显然是采客观说。尽管司法解释对无意思联络的数人侵权分为两种情况并分别作出不同的责任规定，但并没有终止主观说与客观说的争论，反而使无意思联络的侵权行为的认定更为复杂化，比如，何谓直接结合，何谓间接结合，理论与实践并没有统一的认定标准。

从无意思联络数人侵权行为可以看出，无意思联络的数个侵权人之间不存在一致行为，也不存在共同计划，没有共同的过错，按照传统规则，如果没有这些共同点，承担连带责任的基础就不存在。但是，如果严格遵守这一规则，对于受害人而言，是不公正的。当数个侵权人的独立行为共同关联导致一个不可分的损害结果，并且该损害不能确定地划分出每个侵权人应承担的比例时，如果不以共同侵权论，受害人则不能在同一诉讼中同时对数个侵权人提起共同诉讼或者连带责任诉讼，只能分别起诉；而在分别起诉时，要求受害人单独举证加害人的责任大小，并非易事，如果不能确定责任比例，受害人则不能对该被告主张权利。其结果可能是，宁可让原告（受害人）得不到赔偿，也不能让被告（加害人）承担不应有的责任份额。这一结果，对于具有惩罚性特点的刑法而言是可行的，而对于具有填补损害、救济受害人的侵权法而言，与其私法功能是不相符的。

（三）我国《侵权责任法》对无意思联络数人侵权的规定

我国《侵权责任法》对无意思联络数人侵权行为是否为共同侵权没有明确规定。从该法第 11、12 条规定的精神可以认为我国立法采取了折中的观点。根据这两条规定的精神，无意思联络的数人侵权的特点如下：

1. 数人分别实施侵权行为。无意思联络数人实施的侵权行为多有时间的先后，此点与其他类型共同侵权行为有区别，一般共同侵权是数人同时实施侵权行为；共同危险型共同侵权是数人侵权行为具有时间和空间的一致性。

2. 数人分别实施的侵权行为造成同一损害后果。该损害结果根据《侵权责任法》第11、12 条的规定，可以表现为两种情形：①"分别实施，足以造成"。即二人以上分别实施侵权行为造成同一损害，其中每一个人的侵权行为都足以造成全部损害结果，每个人的行为均是该损害后果的充足原因。②"分别实施，结合造成"。即二人以上分别实施的侵权行为须结合构成同一损害结果，其中每一个人的侵权行为仅是引起损害结果的部分原因。

3. 数人主观上无共同过错。这是与普通型共同侵权的根本区别。无意思联络数人侵权的各行为人之间既无共同故意，也无共同过失，只是因为偶然的因素使无意思联络的各个行为结合而造成同一损害结果。

4. 数人分别实施的侵权行为与损害结果之间或为原因并存或为原因结合。此点也与普通型共同侵权行为有区别，一般共同侵权行为是数人共同实施的违法行为导致同一损害结果，共同违法行为与同一损害结果之间有因果关系。无意思联络数人侵权中，或是每个人的行为均是损害结果的充足原因，该原因力不可分；或是每个人的行为是原因力的一部分，间接结合导致同一损害结果。

5. 数个侵权人对受害人的整体损害后果或承担连带责任或承担按份责任。《侵权责任法》第 11 条规定："二人以上分别实施侵权行为造成同一损害，每个人的侵权行为都足以造成全部损害的，行为人承担连带责任。"由于每个人的行为均足以造成全部损害，其原因力不可分，法律要求数人承担连带责任。《侵权责任法》第 11 条的规定实质上将无意思联络数人侵权造成不可分损害后果的行为视为共同侵权。

《侵权责任法》第 12 条规定："二人以上分别实施侵权行为造成同一损害，能够确定责任大小的，各自承担相应的责任；难以确定责任大小的，平均承担赔偿责任。"根据该条的规定，尽管二人以上分别实施的行为造成同一损害结果，但每个侵权行为单独不能导致侵害结果的发生，须结合在一起才能导致损害结果的发生，在原因力可分的情形下，原告也能举证各侵权人的不同责任，则可以适用分别责任，或者按损害比例承担相应的责任，不能确定损害比例的，平均承担赔偿责任。

可以看出，一般共同侵权与无意思联络的数人侵权在行为是否共同、过错是否共同、因果关系、责任承担等方面均有区别，但两者之间也有密切联系。如果共同侵权行为采客观说，不强调数人须有共同过错是构成共同侵权行为的必要条件，则共同侵权行为实际上可包括无意思联络的数人侵权。如果共同侵权行为采主观说，则无意思联络的数人侵权与共同侵权是性质不同的行为。

特殊侵权行为

■第一节 特殊侵权行为概述

一、特殊侵权行为的意义

特殊侵权行为，通说系指立法特别规定其法律要件和法律效果的侵权行为。[1]这里所指的"立法"，既包括民法一般法的特别规定，也包括民法特别法的规定，还包括民法之外的其他特别法的规定。

具体到我国，一般侵权行为的责任要件统一适用《民法通则》第106条和《侵权责任法》第6条的规定；对于特殊侵权行为，适用《侵权责任法》第32～91条的特别规定，以及《民法通则》第121～127、133条对特殊侵权行为的规定（民法一般法的特别规定）。属于民法特别法的，如《产品质量法》对产品责任的规定；属于民法一般法之外的其他特别法的，如《环境保护法》《水污染防治法》《食品安全法》《药品管理法》《国家赔偿法》《道路交通安全法》等规定，在这些法律中规定的应负赔偿责任的行为，都属于特殊侵权行为。

不难看出，由于立法技术的原因以及部门法调整的内容不同的特点，有些特殊侵权行为会因一般法和特别法的同时规定而发生竞合。特殊侵权行为法律渊源的无系统性和分散性特点，决定了这类侵权行为不能像一般侵权行为那样在理论上作系统性的说明，也难有统一的标准。而且，随着社会的发展变化，还会相继出现新的特殊侵权行为的类型。

特殊侵权行为的"特殊"，首先表现在立法对这类侵权行为作了分别规定。其次，"特殊"的意义还在于：法律针对这类侵权行为规定了特别的法律要件、法律效果、免责事由等。基于此，特殊侵权行为是由民法特别责任规范和特别法规定的须具备特别构成要件的侵权行为。

二、特殊侵权行为的特点

特殊侵权行为既然是法律规定特别要件的侵权行为，故不具有类型化的一般性特征。这里仅从宏观上对特殊侵权行为进行归类性分析，从而与一般侵权行为进行相对性比较。现代侵权法的特殊侵权行为源于罗马法的"准私犯"，其主要表现形式基本上分为两大类：或是对他人的不当行为负责，或是对物件致害承担责任。而物件致害，又可分为工业危险物致害和一般危险物致害，法律对上述特殊侵权行为规定的要件各有不同。综合分析特殊侵权行为的基本类型，其主要特点如下：

1. 特殊侵权责任多为间接责任。一般侵权是对自己不当行为的责任，就行为的特点而言，一般侵权行为均为直接责任。而特殊侵权，或是对他人的不当行为致害负责，或是对

---

[1] 张俊浩主编：《民法学原理》（下册），中国政法大学出版社2000年版，第917页。

物件致害负责，均非对自己的直接行为负责，从承担责任人的角度观之，为间接责任。

2. 特殊侵权适用的归责方式不统一。一般侵权行为是对自己的过失行为负责，因此统一适用过错责任归责。而特殊侵权行为的归责方式不统一，这是由于每类特殊侵权行为的构成有法律特别规定，从而决定了其不统一性。多数情况下，特殊侵权行为不以加害人是否有过错为要件，故在归责上，以不问过错为原则，有些情况下适用过错推定归责，也有的情况下，过错责任原则与无过错责任原则同时适用。

3. 责任构成要件不统一。对于一般侵权行为的构成要件，法律通常只作概括性规定而不作具体列举，其责任构成的一般要件为损害事实、过错、违法行为和因果关系。而特殊侵权行为则根据该侵权行为的特征由法律具体确定其责任构成要件，各类不同特殊侵权行为责任具有不同的责任构成要件和法律效力。例如，用人单位的责任，要求侵权主体是用人单位的工作人员，并且是在完成工作的过程中致人损害；高度危险作业侵权，必须是从事对周围环境有高度危险作业的人等。不具备该特殊要件的，不构成该类特殊侵权行为。鉴于此，一般侵权行为适用侵权责任法的一般条款，特殊侵权行为适用法律的特别规定。

4. 举证方式不同。由于归责方式不同，在责任的举证上也不同。一般侵权行为适用"谁主张，谁举证"的举证方式，要求受害人就加害人的过错或因果关系等事由举证。特殊侵权行为责任，因为适用不问过错或者推定过错的归责原则，因此，主张赔偿的受害人一方对加害人的过错不负举证责任，同时加害人主张自己无过错的抗辩，原则上不能成为免责事由，但法律规定其为免责事由的除外。对于推定过错的责任类型，如果行为人不能提出合理的抗辩事由，以证明自己无过错，则将被推定为有过错。

5. 免责事由不同。一定的抗辩事由总是与一定的责任构成要件和归责原则相联系的。由于一般侵权行为和特殊侵权行为适用不同的归责方式和责任构成要件，因此，它们所适用的抗辩事由也不相同。一般侵权行为是对自己有过错的行为负责，证明行为人无过错的抗辩事由可以是阻却违法的正当理由，也可以是外来原因，因此一般侵权行为的抗辩事由明显多于特殊侵权行为，而对于许多特殊侵权行为来说，法律为保护受害人的利益，常常要具体规定或限制抗辩事由的种类，并严格限定免责事由。

6. 类型开放。特殊侵权行为的类型是随着社会的发展而发展的。古代社会，生产力不发达，风险类型少，准私犯类型较少。随着社会、经济、科技水平的不断发展，风险的种类日益增多，法律对风险的预防和减少的规范也日益增加，由特别法规定的特殊侵权行为的类型也不断增加。因此，特殊侵权行为的类型不具有固定性，而具有开放性的特点。

三、特殊侵权行为的类型

根据我国《民法通则》和《侵权责任法》的规定，特殊侵权行为可以归纳为以下基本类型：

1. 对他人不当行为的责任。对他人不当行为的责任也称替代责任。该责任的特点是：责任主体与行为主体相分离，承担责任的人不是直接实施侵权行为的人，责任主体对他人的侵权行为负替代责任。该责任又分为：①监护人责任；②用人者（雇主）责任。

2. 负有安全注意义务的特定主体不作为侵权责任。侵权行为可以分为作为的侵权和不作为的侵权。通常情况下，不作为原则上不构成侵权行为，只有当不作为违反了作为的法定义务时，才认定为侵权。《侵权责任法》规定了几种特定主体违反作为的义务而须承担不作为侵权的责任。该类不作为侵权有：①网络服务提供者的不作为侵权；②公共场所的管理人未尽安全保障义务的不作为侵权；③学校、幼儿园教育机构未尽教育、管理职责的不作为侵权等。

3. 工业灾害危险物侵权责任。这类侵权是由大工业生产造成的，是社会生产力、生产方式发展的结果。有的侵权按现有的技术发展水平，即使尽了极其谨慎的注意义务，仍不能避免、不能控制和防止事故的发生。这类侵权有：①高度危险作业致人损害；②环境污染致人损害；③产品缺陷致人损害；④机动车交通事故责任。

4. 非工业灾害危险物侵权责任。这类特殊侵权的危险来源与上述危险来源不同，是工业灾害以外的危险来源。这类侵权行为有：①建筑物危险型致人损害；②地面施工致人损害；③堆放物致人损害；④林木致人损害；⑤动物致人损害；等等。

5. 医疗损害责任。

■第二节 对他人不当行为的责任

一、对他人不当行为责任的特点

对他人不当行为责任，是指责任人没有直接实施侵权行为，但依法应对他人的不当行为承担责任，故也称替代责任。对责任人而言，也称为间接侵权或间接责任。这类侵权行为的基本特点如下：

1. 必须以他人有不当行为为条件。这一特点将此类责任与物件责任分开：①只有人才能有行为，物不存在行为；②人的行为须是不当行为；③该不当行为是他人的不当行为，而非自己的不当行为。

2. 责任主体与行为主体相分离。承担责任的人不是直接实施侵权行为的人，是对他人的不当行为负责，故也称替代责任。

3. 责任人与实施侵权的人具有特定关系。如职务关系、雇佣关系、用工关系、监护关系等。基于此，我国《侵权责任法》也将此类责任归于"关于责任主体的特殊规定"中，表明这种责任主体与一般侵权行为的责任主体不同。

4. 此类侵权行为适用无过错归责原则。自己行为，自己负责，是民法侵权责任的基本形态。自己没有实施行为，却要对他人的不当行为负责，似乎与民法的价值理念不合。其实，对他人不当行为的责任，从终极目的上看，与自己的责任一样，因为对他人不当行为承担责任的人，均与实施不当行为的人有特定关系，立法并非是无原因地让其负责，从责任理念上，责任主体之所以要对他人的行为负责，归根到底在于，提醒责任主体须对他人的行为尽到一定的监督、管理、教育或控制义务，防止损害的发生。因此，对他人行为负责，表面上不要求责任人的过错要件，实质上将过错理念包含在此责任中，要求责任人承担较大的注意义务。

我国《侵权责任法》对他人不当行为的责任规定了两种：监护人对被监护人侵权行为的责任，雇主对雇员侵权行为的责任。

二、监护人责任

（一）监护人责任的含义

监护人责任是指因被监护人实施的加害行为而由监护人负责的特殊侵权责任。由于监护人是被监护人的法定代理人，因此，也称为法定代理人责任。

《侵权责任法》第 32 条规定："无民事行为能力人、限制民事行为能力人造成他人损害的，由监护人承担侵权责任。监护人尽到监护责任的，可以减轻其侵权责任。有财产的无民事行为能力人、限制民事行为能力人造成他人损害的，从本人财产中支付赔偿费用。不足部分，由监护人赔偿。"该条基本保持了《民法通则》第 133 条对监护人责任的规定，仅作了小幅修改。

（二）监护人责任的构成要件（特点）

1. 被监护人实施了侵权行为。被监护人为未成年人和精神病人，他们实施了侵害他人权利和利益的违法行为。

2. 被监护人的损害行为造成了第三人受损害的事实。被监护人的损害行为致受害人受到实际损害，包括财产损害和人身损害。受害人须是监护人和被监护人以外的第三人。

3. 被监护人的损害行为与损害事实之间有因果关系。被监护人因无责任能力而无过错，但因其违法行为导致第三人的财产或人身损害结果。从保护第三人的利益出发，要求有监护职责的监护人承担替代赔偿责任。

4. 有监护关系的存在。对未成年人而言，监护人为父母、祖父母（父母双亡时）、成年的兄弟姐妹、关系密切的其他亲属和朋友及有关组织。对精神病人而言，监护人包括配偶、成年子女或有关单位等。

（三）被监护人侵权的责任承担

被监护人的侵权后果，由监护人承担。在承担责任时：

1. 如果被监护人无财产的，监护人承担全部赔偿责任。

2. 如果被监护人自己有财产的，优先从他本人的财产中支付赔偿费；如果被监护人的财产不足以支付全部赔偿，不足部分，由监护人赔偿。监护人是单位的，同样适用。

3. 父母离婚后，由与该子女共同生活的父母一方承担责任，如果独立负担赔偿有困难的，可以要求不与该子女共同生活的另一方共同负责。

4. 监护人如果把监护职责部分或全部委托给他人的，除了当事人有约定的以外，监护人仍需承担责任。被委托人确有过失的，负连带责任。

5. 如果被监护人的侵权行为是被教唆、被帮助的，由教唆人、帮助人承担责任，监护人不承担责任，但监护人未尽到监护责任的，应当承担相应的过错责任。应注意的是，如果教唆人、帮助人和行为人均是无行为能力人或限制行为能力人时，因缺少过错要件，而不构成教唆、帮助型共同侵权，应适用监护人责任。

6. 监护人尽了监护职责，可以适当减轻民事责任，但不能免责。

（四）归责原则

对于监护人责任的归责原则，学理上有不同的解释，多数观点认为监护人是对他人的行为负责，监护人自己无行为，也无过错，属于无过错范畴；但也有观点认为，监护人是对自己的行为负责，因为其未尽到监护义务，属于过错范畴；还有一种是折中的观点，认为虽然监护人客观上是为他人行为负责，但主观上还是对自己的行为负责，如果能证明自己确实尽了监护职责，没有过错，可以减轻责任，因此应该是推定过错。也有观点认为，应在推定过错归责基础上，考虑一定的公平因素。

从我国《侵权责任法》的规定观之，监护人责任适用的是无过错责任原则。因为即使监护人尽了监护责任，也不能免除责任，说明责任的承担本质上是不以过错的有无作为要件的。但法律同时规定"监护人尽到监护责任的，可以减轻其侵权责任"，这也说明我国立法对监护人的替代责任并非完全不考虑其注意义务的履行，一定程度上适用推定过错的理念，缓和无过错责任原则的过度苛刻，否则不利于促使监护人尽监护义务。

无论如何，当被监护人的行为致人损害时，监护人是无法推卸其责任的，这也是立法没有将"尽到合理的注意义务作为免责事由"的根据。只有在损害有第三人的行为介入时，监护人才可以免责。

（五）抗辩事由

法律没有具体列举监护人责任的抗辩事由，根据责任构成要件做相反推论，不符合监护人责任构成要件的，监护人不承担责任。

实践中经常发生完全行为能力人在给他人造成损害时，对自己的行为暂时没有意识或者失去控制的情形，此时暂时无意识人实施侵权行为的责任应如何承担？是过错责任？或是无过错责任？还是适用监护人责任？

《侵权责任法》第33条对此明确规定："完全民事行为能力人对自己的行为暂时没有意识或者失去控制造成他人损害有过错的，应当承担侵权责任；没有过错的，根据行为人的经济状况对受害人适当补偿。完全民事行为能力人因醉酒、滥用麻醉药品或者精神药品对自己的行为暂时没有意识或者失去控制造成他人损害的，应当承担侵权责任。"根据该条规定可知，完全行为能力人因为暂时丧失意识或者失去控制造成他人损害的，如果有过错，行为人应承担过错责任。该过错责任包括两种情形：①行为人因醉酒、滥用麻醉药品和精神药品以外的原因而丧失意识造成他人损害有过错的；②行为人因醉酒、滥用麻醉药品或者精神药品导致对其行为失去控制造成他人损害的。

如果完全行为能力人对无意识行为导致的损害后果没有过错，无须承担责任。但应当根据行为人的经济状况对受害人进行适当补偿。这是公平分担损失的体现。

因此，对于完全行为能力人由于自己的过错（醉酒、滥用麻醉药品、精神药品或其他原因等）导致其行为暂时没有意识或失去控制造成他人损害的，适用过错责任原则，而不适用监护责任。

三、用人者责任（雇主责任）

（一）用人者责任的含义

用人者责任是指用工者根据用工关系对其工作人员在执行工作任务或从事雇佣活动时致他人损害的后果负赔偿责任。

我国《侵权责任法》第34条规定："用人单位的工作人员因执行工作任务造成他人损害的，由用人单位承担侵权责任。劳务派遣期间，被派遣的工作人员因执行工作任务造成他人损害的，由接受劳务派遣的用工单位承担侵权责任；劳务派遣单位有过错的，承担相应的补充责任。"第35条规定："个人之间形成劳务关系，提供劳务一方因劳务造成他人损害的，由接受劳务一方承担侵权责任。提供劳务一方因劳务自己受到损害的，根据双方各自的过错承担相应的责任。"

从比较法观之，我国《侵权责任法》第34、35条规定的情况，多数国家立法普遍称为雇主责任。我国《民法通则》未规定雇主责任，《民法通则》第43条规定了企业法人对其法定代表人和其他工作人员的经营活动，承担民事责任。第121条规定了"国家机关或者国家机关工作人员在执行职务，侵犯公民、法人的合法权益造成损害的，应当承担民事责任"。这两类责任，在最高人民法院2003年底颁布的《人身损害赔偿解释》中，统称为职务侵权。为了区别职务侵权与雇主责任，该解释第9条专门规定了雇主责任，雇主责任被认为适用于私有企业（私人企业、三资企业、合伙企业）和个人（包括个体工商户和承包经营户）使用劳务的情况，职务侵权被认为是适用于国有、集体企业法人使用劳务的情况。显然，职务侵权与雇主责任的区分是以公有制与私有制的区分为前提的。

《侵权责任法》未继续采纳最高人民法院司法解释将雇佣活动区分为公有与私有的做法，也未使用雇主责任的概念。而是将用工者（雇主）分为单位与个人，在第34条中规定了用人单位的责任，第35条规定了个人为雇主使用劳务的责任。从比较法角度而言，我国

《侵权责任法》第34、35条的规定就是雇主责任，本书以为，《侵权责任法》应统称为雇主责任较为妥当。

（二）用人者责任的要件

1. 须有用工关系存在。用工者要对其工作人员的行为负责，前提是两者之间存在特定的用工关系，如职务关系、劳务关系、雇佣关系、委托关系、合同关系等。判断双方是否存在用工关系，一般看双方是否签订了合同，雇员是否有报酬，是否提供劳务，是否受雇主的监督，是否受雇主指示执行职务活动等。如果没有合同，也没有报酬，是无偿的帮工，被帮工人又没有拒绝，帮工人在帮工活动中致他人损害，被帮工人视为用工者，也要负责任，如果明确拒绝，被帮工人不承担责任（《人身损害赔偿解释》第13条）。

2. 须有工作人员因执行工作任务造成他人损害的行为。用人者并非对其工作人员的一切行为负责，而是对工作人员在完成用人者授权或者指示范围内的生产经营活动、职务活动或其他劳务活动中的侵权行为负责。鉴于此，工作人员的行为须是违法行为，须有过错，须是执行职务或劳务活动。

执行工作任务或执行职务的行为有时确实不易判断，一般认为，应以雇主名义工作；依社会共同经验认为雇员的行为与雇主职务有关联，而且应从行为的内容，行为的时间、地点、场合以及雇主作为受益人的受益情况，是否与雇主有关联等多方面认定。雇员的行为超出授权范围，但其表现形式是履行职务或者与履行职务有内在联系的，应当认定为从事职务活动。

3. 须有损害后果。工作人员在执行用人单位职务活动中造成他人的财产和人身权损害后果。应当注意的是，雇主与雇员之间的责任关系存在几种情况：雇主对雇员造成伤害，雇员对雇主造成伤害，他人对雇员伤害，雇员对他人伤害，雇员自己在工作中因自己的过失受到伤害。用人者责任中的损害后果是其工作人员给他人（第三人）造成的，不是雇员自己受到损害，也不是雇员和用人者之间的伤害。

4. 工作人员在执行工作职务时的损害行为与损害结果之间有因果关系。《侵权责任法》第34条第1款"因执行工作任务造成他人损害"以及第35条"因劳务造成他人损害"的规定，都表明，用人者承担替代责任的条件之一是雇员的损害行为与损害结果之间具有因果关系。

（三）免责要件

法律和司法解释均没有规定用人者责任的免责要件。根据责任要件可以推知这样的情形可免责：用人者对无用工关系的雇员不承担责任，雇员的非职务行为，雇员的职务行为与损害没有因果关系，损害完全是由受害人或第三人的行为造成的。

（四）用人者责任的效力

根据《侵权责任法》和《人身损害赔偿解释》的相关规定，用人者责任可分为不同类型：用人单位责任；劳务派遣中的用人单位责任；个人用工责任；义务帮工中被帮工人责任。由此，用人者责任的效力根据不同的用工类型有所区别：

1. 用人单位责任效力。"用人单位"是我国《劳动法》和《劳动合同法》上的特有概念。劳动法上的用人单位，是指法律允许招用和使用劳动力的单位和组织，包括国内的各类企业、个体经营组织、民办非企业单位，还包括国家机关、事业单位、社会团体以及各种合伙组织等，它们只要与劳动者订立了劳动合同，均可称为用人单位。但是《侵权责任法》使用的用人单位比《劳动法》的范围更宽泛，它不限于《劳动合同法》领域的用人单位，其工作人员也不限于劳动者，还包括公务员、参照公务员进行管理的其他工作人员。

只要用人单位与其工作人员之间存在特定的用工关系，包括正式在编人员，也包括临时雇佣人员，都是侵权责任法中所指的用人单位与其工作人员的关系。因此除了个人、家庭、农村承包经营户不能称为用人单位外，其余均统称为用人单位。

《侵权责任法》第34条第1款规定，用人单位的工作人员因执行工作任务造成他人损害的，由用人单位承担侵权责任。据此，用人单位承担的是一种替代责任。用人单位的责任是单独责任，即使工作人员因为故意或者重大过失导致他人受有损害的，仅以用人单位为唯一的侵权责任主体，承担单独责任，不再依《人身损害赔偿解释》的规定要求雇主与雇员承担连带责任。

2. 劳务派遣中的用人单位责任效力。劳务派遣中的责任是用人单位责任的特殊形式。劳务派遣中，派遣机构与被派遣员工订立劳动合同，将员工派遣到特定企业工作，劳动过程中受特定企业管理，劳动工资等由用工单位（接受劳务派遣的单位）提供给派遣机构，再由派遣机构支付给被派遣员工。可见，劳务派遣关系是劳务派遣单位（用人单位）、接受劳务派遣单位（实际用工单位）和被派遣劳动者三方当事人之间的关系。

如果被派遣工作人员在劳务派遣期间致他人损害，责任应如何承担？《侵权责任法》第34条第2款规定，劳务派遣期间，被派遣的工作人员因执行工作任务造成他人损害的，由接受劳务派遣的用工单位承担侵权责任；劳务派遣单位有过错的，承担相应的补充责任。据此规定，在劳务派遣期间，如果被派遣的工作人员在执行职务工作时造成他人损害的，由用工单位（接受劳务派遣的单位）承担责任，用工单位相当于新的雇主，承担无过错责任。劳务派遣单位有过错的，承担相应的过错补充责任。即先由用工单位赔偿，如果受害人不向用工单位请求，而直接向派遣单位请求赔偿，劳务派遣单位享有先诉抗辩权，有权要求受害人追加用工单位为共同被告，并先向用工单位提出请求，派遣单位的补充责任仅按其过错程度确定，而非连带责任。

3. 个人用工责任效力。《侵权责任法》第35条规定："个人之间形成劳务关系，提供劳务一方因劳务造成他人损害的，由接受劳务一方承担侵权责任。提供劳务一方因劳务自己受到损害的，根据双方各自的过错承担相应的责任。"

侵权责任法为区别单位用工与个人用工的不同，使用了"个人之间的劳务关系"限定"个人用工"，以区别于用工者与工作人员之间具有广义"劳动关系"的单位用工，其实质仍是雇主与雇员间的关系，不同之处仅为雇主是个人。个人劳务关系，如家庭或个人与钟点工、保姆、家教、家庭装修等个人之间形成劳务关系。

在个人劳务关系中，提供劳务一方因劳务致他人受害的，由接受劳务一方承担侵权责任。

4. 义务帮工中被帮工人责任效力。《人身损害赔偿解释》第13条规定："为他人无偿提供劳务的帮工人，在从事帮工活动中致人损害的，被帮工人应当承担赔偿责任。被帮工人明确拒绝帮工的，不承担赔偿责任。帮工人存在故意或者重大过失，赔偿权利人请求帮工人和被帮工人承担连带责任的，人民法院应予支持。"第14条规定："帮工人因帮工活动遭受人身损害的，被帮工人应当承担赔偿责任。被帮工人明确拒绝帮工的，不承担赔偿责任；但可以在受益范围内予以适当补偿。帮工人因第三人侵权遭受人身损害的，由第三人承担赔偿责任。第三人不能确定或者没有赔偿能力的，可以由被帮工人予以适当补偿。"

根据上述规定，义务帮工中被帮工人责任区分几种情形：

（1）帮工人致他人损害：①被帮工人承担无过错责任；②被帮工人明确拒绝帮工的，不承担责任；③帮工人故意或重大过失的，帮工人与被帮工人承担连带责任。

（2）第三人以外原因引起帮工人受害：①被帮工人承担无过错责任；②被帮工人明确拒绝帮工的，不承担责任，但可由被帮工人在受益范围内适当补偿，公平分担。

（3）第三人原因引起帮工人受害：①第三人承担侵权责任；②侵权人不能确定或者没有赔偿能力的，可以由被帮工人适当补偿。

（五）归责原则

对于用人者责任，我国适用的是无过错归责原则，因为我国立法并未采用大陆法系传统的类似于"但雇主对选任雇员及监督其执行职务已尽相当注意者，可不负赔偿责任"这样的表述。

适用无过错归责原则的理由是控制理论和报偿理论：让雇主承担无过错责任，有利于加强雇主对雇员的管理、监督，可以控制减少损害的发生；另外，雇主通过雇员的工作获利，出了风险雇主应承担责任，不能把风险转移给雇员。

（六）用人者责任与相关责任的区别

1. 用人者责任与适用《国家赔偿法》的公务侵权责任。两者的主要区别在于行为主体、责任要件、责任主体、依据的法律方面有不同之处。

2. 用人者责任与工伤事故责任。用人者责任是指工作人员在从事职务活动中致他人损害的，由用人者负赔偿责任。工伤事故责任是指依法参加工伤保险统筹的用人单位的劳动者在工作中自己受到人身损害，按《工伤保险条例》的规定处理。如果是第三人造成劳动者伤害的，可请求第三人赔偿。所以，工伤事故责任不是侵权行为法上的问题。如果没有参加保险，则由雇主承担责任。参加了工伤保险，受害方或其家属向法院请求用人单位赔偿的，法院不受理这类案件，告知其按《工伤保险条例》处理。可见，这两个责任具有先后顺序性和互补性。

3. 用人者责任与定作人指示过失责任。定作人指示过失责任是指在承揽合同中，承揽人在完成工作中造成第三人损害，而定作人对此负有指示过失时，定作人应承担相应赔偿责任（《人身损害赔偿解释》第10条）。定作人指示过失责任外观上类似于用人者责任，但两者的本质区别是：用人者责任是为他人的行为负责，定作人指示过失责任，是定作人对自己的过失负责。

■第三节　负有安全注意义务的特定主体不作为侵权责任

一、负有安全注意义务的特定主体不作为侵权责任的含义

侵权行为分为作为侵权和不作为侵权。因积极的行为侵害他人权利构成作为侵权行为；不作为侵权，须以作为义务的存在为前提。例如，基于合同、法律或公序良俗而有作为义务的，不履行上述义务时方可能构成不作为侵权。除此以外，基于侵权行为法旨在防范危险的原则，发生所谓的社会活动安全注意义务。例如，因从事一定营业或职业而承担防范危险义务的主体，未采取必要措施维护安全，即违反了作为的义务，构成不作为侵权。[1]

我国《侵权责任法》从主体的角度规定了三类不作为侵权：①网络服务提供者对其支配的网络空间未尽安全保障义务的责任；②宾馆、商场、银行、车站等公共场所的管理人或群众性活动的组织者对其管理的范围未尽安全保障义务的责任；③幼儿园、学校或其他

---

[1]　参见王泽鉴：《侵权行为法》（第一册），中国政法大学出版社2001年版，第92~94页。

教育机构对其掌控的范围未尽安全注意义务的责任。可以看出，这三类主体均在特定领域从事对公众产生影响的活动，他们掌控的空间均是对他人开放的领域，他们负有避免和防止危险发生的安全注意义务，如果未尽注意义务，构成不作为侵权。因此《侵权责任法》以特定主体在特定领域内应承担的安全注意义务为基础，设计了特定主体的不作为侵权责任。

二、负有安全注意义务的特定主体不作为侵权责任的特点

1. 侵权责任主体的特定性。负有作为义务的不作为侵权类型很多，一般侵权和特殊侵权类型中都存在不作为侵权类型。我国《侵权责任法》第36~40条是从特定主体的角度规定的不作为侵权，这类特定主体从事的职业与经营的活动是对社会公共安全有重要影响的职业与活动，法律特别要求这类特定主体对进入其支配空间的人和物负有安全交往、安全保障的注意义务。

2. 义务的特定性。网络服务提供者，公共场所管理者，群众性活动组织者，幼儿园、学校或其他教育机构所负担的作为义务为安全注意义务，该义务为法定义务，不限于合同义务，违反此种作为义务则构成不作为侵权，侵权责任人对与其有合同关系或无合同关系的一切受害人均须承担责任。

3. 适用过错归责原则。此类侵权的损害后果在有些情况下是由第三人的行为造成的，责任人的责任为间接责任，但此类特定主体的不作为侵权责任与前述监护人责任、雇主责任的替代责任不同，不作为侵权是对自己未尽注意义务的行为负责，是过错责任。如果能够证明此类主体没有采取必要措施而间接导致损害的发生，该特定主体则须对自己有过错的不作为侵权负责。

4. 责任形态的多样性。未尽安全注意义务的复杂性决定了此类责任效力的多样性。如果无第三人行为介入，损害后果是由特定主体未尽义务所致，则由特定主体单独承担责任；如果因第三人行为导致损害后果，负有安全注意义务的主体也未采取必要的防范措施，法律规定间接侵权人须承担连带责任或相应补充责任。

三、负有安全注意义务的特定主体不作为侵权责任的类型

(一) 网络服务提供者不作为责任

1. 概念。网络服务提供者不作为责任是指网络服务提供者未能尽到网络安全注意义务，未能采取必要措施避免网络用户利用网络实施侵权行为而承担的不作为侵权责任。随着互联网的出现和发展，网络成为人们交往的空间和场所，人们可以利用网络从事购物、发信息、打电话、聊天、收视新闻及影视、写评论等多种活动，网络空间已成为人们交往的实际空间。网络服务提供者基于对网络空间的支配而负有安全保障义务，该义务与现实生活中的安全保障义务无本质区别。

基于网络侵权后果具有快速性和广泛传播性的特点，我国立法要求网络服务提供者承担作为的义务，以避免网络侵权的严重后果。《侵权责任法》第36条第1款规定："网络用户、网络服务提供者利用网络侵害他人民事权益的，应当承担侵权责任。"第2款规定："网络用户利用网络服务实施侵权行为的，被侵权人有权通知网络服务提供者采取删除、屏蔽、断开链接等必要措施。网络服务提供者接到通知后未及时采取必要措施的，对损害的扩大部分与该网络用户承担连带责任。"第3款规定："网络服务提供者知道网络用户利用其网络服务侵害他人民事权益，未采取必要措施的，与该网络用户承担连带责任。"

根据立法的规定，网络服务提供者自己利用网络侵权的，属于作为的侵权，应对自己的侵权承担直接侵权责任。《侵权责任法》第36条第2、3款的规定为不作为侵权责任。

2. 网络服务提供者不作为侵权责任构成要件。根据《侵权责任法》的规定，网络服务提供者的不作为侵权责任构成要件如下：

（1）网络用户利用网络实施侵权行为。

（2）网络用户的行为导致受害人损害。

（3）网络服务提供者负有法定作为的义务而不作为。该不作为具体表现为：①网络用户利用网络实施侵权行为，被侵权人通知网络服务商采取删除、屏蔽、断开链接等必要措施。网络服务提供者接到通知后未及时采取必要措施。②网络服务提供者知道网络用户利用网络侵害他人权利，而未采取必要措施。

（4）网络服务提供者的不作为与损害结果有因果关系。

（5）网络服务提供者的行为有过错。

3. 责任承担。

（1）网络用户、网络服务提供者利用网络侵害他人民事权益的，应当承担侵权责任。

（2）网络服务提供者接到通知后未及时采取必要措施的，对损害的扩大部分与该网络用户承担连带责任。

（3）网络服务提供者知道网络用户利用其网络服务侵害他人民事权益，未采取必要措施的，与该网络用户承担连带责任。

（二）公共场所的管理者或群众活动组织者不作为的责任

1. 概念。公共场所的管理者或群众活动组织者不作为的责任是指宾馆、商场、银行、车站、娱乐场所等公共场所的管理人或群众性活动的组织者，未尽合理范围内的安全保障义务致他人损害所应承担的侵权责任。日常生活中时有这样的情况发生：在宾馆居住，财物被盗；在银行存取钱，钱被抢、人被伤；去超市购物，遭遇踩踏；等等。对这些事件，过去的做法是：或在《消费者权益保护法》中找依据，或在《合同法》中找依据。由于之前法律均未对此有明确规定，类似案件不能得到很好的解决。

《人身损害赔偿解释》第6条对安全保障义务作了规定。该条规定："从事住宿、餐饮、娱乐等经营活动或者其他社会活动的自然人、法人、其他组织，未尽合理限度范围内的安全保障义务致使他人遭受人身损害，赔偿权利人请求其承担相应赔偿责任的，人民法院应予支持。因第三人侵权导致损害结果发生的，由实施侵权行为的第三人承担赔偿责任。安全保障义务人有过错的，应当在其能够防止或者制止损害的范围内承担相应的补充赔偿责任。安全保障义务人承担责任后，可以向第三人追偿。赔偿权利人起诉安全保障义务人的，应当将第三人作为共同被告，但第三人不能确定的除外。"

在该司法解释的基础上，《侵权责任法》第37条规定："宾馆、商场、银行、车站、娱乐场所等公共场所的管理人或者群众性活动的组织者，未尽到安全保障义务，造成他人损害的，应当承担侵权责任。因第三人的行为造成他人损害的，由第三人承担侵权责任；管理人或者组织者未尽到安全保障义务的，承担相应的补充责任。"

2. 责任构成要件。根据《侵权责任法》的规定，公共场所的管理者或组织者承担不作为责任的构成要件如下：

（1）责任主体是公共场所的管理人和群众性活动的组织者，包括自然人、法人和其他组织。他们对其支配的场所负有安全保障义务。

（2）未履行法定安全保障义务。安全保障义务主要体现在对"物"和对"人"上。对物的安全保障义务应是管理人或组织者对其所控制的场所、设备、配套设施、运输工具等的安全性负有的保障义务。对人的安全保障就是对这些场所可能出现的各种危险情况要有相适应的有效预警，包括设置各种警告，履行指示说明、通知、组织、看守、保护等义务，以防他人遭受损害。未履行上述义务，则为不作为。

（3）有人身和财产损害事实。

（4）损害事实与未履行安全保障义务间有因果关系。如果未尽合理限度范围内的安全保障义务，造成受害人人身与财产损害，而且未尽安全保障义务与损害事实有因果关系，就应承担赔偿责任。

（5）安全保障义务人有过错。

3. 责任承担。①在没有第三人行为介入的情况下被保护人受到损害，未尽安全保障义务的人承担单独责任。②因第三人行为造成被保护人损害，由实施侵权行为的第三人承担责任。③因第三人行为造成被保护人损害，安全保障义务人有过错的，须在其未能防止或者制止损害的范围内承担相应的补充赔偿责任。安全保障义务人承担责任后，可以向第三人追偿。

（三）幼儿园、学校或其他教育机构的不作为责任

1. 概念。教育机构的责任是指幼儿园、学校或其他教育机构未尽教育管理职责，导致无行为能力人和限制行为能力人在其机构学习和生活期间受到人身损害，该教育机构应承担侵权责任。

《侵权责任法》第38条规定："无民事行为能力人在幼儿园、学校或者其他教育机构学习、生活期间受到人身损害的，幼儿园、学校或者其他教育机构应当承担责任，但能够证明尽到教育、管理职责的，不承担责任。"第39条规定："限制民事行为能力人在学校或者其他教育机构学习、生活期间受到人身损害，学校或者其他教育机构未尽到教育、管理职责的，应当承担责任。"第40条规定："无民事行为能力人或者限制民事行为能力人在幼儿园、学校或者其他教育机构学习、生活期间，受到幼儿园、学校或者其他教育机构以外的人员人身损害的，由侵权人承担侵权责任；幼儿园、学校或者其他教育机构未尽到管理职责的，承担相应的补充责任。"

2. 教育机构责任的构成要件。根据《侵权责任法》的上述规定，教育机构承担侵权责任的要件如下：

（1）欠缺民事行为能力人在教育机构学习和生活期间受到人身损害。该人身损害应包括孩子相互之间的损害，老师对孩子的损害，孩子自身受到损害以及第三人对孩子造成损害等。

（2）教育机构未尽到教育、管理义务。该义务应与安全保障义务性质相同，即未能在自己控制的范围内采取一切措施避免和防止危险的发生。

（3）教育机构的不作为与损害事实之间有因果关系。

（4）教育机构具有过错。教育机构的责任与监护人的责任不同。监护人的责任为无过错责任。教育机构与学生、幼儿之间不是监护关系，教育机构的不作为侵权责任是对自己的过错行为负责。

3. 责任承担。①无行为能力人在教育机构学习、生活期间受到人身损害，教育机构承担推定过错责任，如果教育机构能够证明尽到教育、管理义务的，不承担责任。②限制行为能力人在教育机构学习、生活期间受到人身损害，教育机构承担过错责任。③无行为能力人、限制行为能力人在教育机构学习、生活期间受到教育机构以外的人员人身损害的，由侵权人承担责任；教育机构有过错的，承担相应的补充责任。

《侵权责任法》在特殊侵权类型中关于责任主体的部分规定了若干补充责任，如劳务派

遣单位对所派遣的工作人员因职务行为造成他人损害时，用工单位承担侵权责任，劳务派遣单位有过错的，承担相应的补充责任；在违反安全保障义务的责任中，因第三人的行为造成他人损害的，第三人承担责任，管理人或者组织者未尽安全保障义务的，承担相应的补充责任。学校、幼儿园等教育机构的孩子在教育机构受到外来人员侵害，由侵权人承担责任，学校、幼儿园等教育机构未尽到管理职责时，承担相应的补充责任。被监护人侵权时，由监护人承担赔偿责任，但被监护人有财产时，从本人财产中支付，不足部分，由监护人负补充责任。

从立法规定的补充责任的情形可以看出，补充责任是指因同一债务，在承担赔偿责任的人财产不足时，由补充责任人基于与承担赔偿人的某种特定法律关系或基于补充责任人的过错程度，就财产不足部分，承担赔偿责任。需要注意的是，补充责任的核心是补充，该补充，既包括程序意义上的补充，也包括实体意义上的补充。

程序意义上的补充是指顺序的补充，即直接责任人承担的赔偿责任是第一顺序的责任，补充责任人的赔偿责任是第二顺序的责任。补充责任的顺序至关重要，其目的是赋予补充责任人先诉抗辩权，如果赔偿权利人单独起诉补充责任人，则补充责任人可以要求原告追加直接责任人为共同被告。程序意义上的补充排除了补充责任人和直接责任人承担连带责任的可能性。

实体意义上的补充是指补充责任的赔偿数额是补充性的，其赔偿数额的大小，取决于直接责任人承担的赔偿数额的多少以及补充责任人的过错程度。如果侵权补充责任人的过错程度足以涵盖受害人的全部损失，而直接责任人无力承担任何责任，则侵权补充责任人应当承担全部损失；如果补充责任人的过错程度不足以涵盖受害人的全部损失，则不论直接责任人有无能力承担全部或者部分责任，侵权补充责任人仅在其过错相当的范围内承担责任，至于受害人能否获得全部赔偿与补充责任人无关，补充责任人仅负有限补充责任。

监护人的补充责任仅为被监护人财产能力的补充，当被监护人财产不足时，由监护人赔偿。由于监护人的责任是无过错责任，因此，监护人的补充责任不是按照过错的程度的补充，而是财产能力的补充。

以上是从主体的角度研究间接侵权，下面从物件致害的角度研究责任人与致害物的关系。物件致人损害的"物"，从广义上说，均为危险物，当这些危险物致人损害时，危险物的所有者、占有者应承担责任，因此，危险物侵权也称物件保有者的责任。致人损害的物，可分为两类：工业灾害危险物和工业灾害以外的危险物，对这两类物致害，法律适用的归责方式有所区别，以下分别研究。

■第四节　工业灾害危险物侵权责任

这类侵权的出现是社会生产力、生产方式发展的结果。科技进步给人类生活带来巨大便利和利益的同时，也给人类生存带来无时不在的风险，然而不能因为有风险就不生产，不发展。法律作为社会关系的调节器，通过立法尽力控制、预防风险的发生，并在风险发生后，对受害人利益予以赔偿和保护。

工业灾害危险物侵权责任的主要特点是：致害源为工业危险物，风险分配是此类责任的理念，以无过错原则为基本归责原则。此类侵权责任类型有：高度危险责任、环境污染责任、产品责任、机动车交通事故责任。

一、高度危险责任

（一）高度危险责任概述

1. 高度危险责任概念。高度危险责任是指我国立法予以特别规范的从事高度危险作业和掌控高度危险物的所有人或持有人，因危险事故的发生所承担的损害赔偿责任。我国《侵权责任法》第 69 条规定：“从事高度危险作业造成他人损害的，应当承担侵权责任。”这是我国立法对高度危险责任的原则性规定。

高度危险责任属于危险责任的一种，危险责任是德国法上的概念，是指“特定企业、特定装置、特定物品的所有人或持有人，在一定条件下，不问其有无过失，对于因企业装置、物品本身所具危害而生之损害，应负赔偿责任”[1]。德国法上的危险责任范围较广，包括火车、汽车、动物、电气、煤气、航空、矿产、药品、原子能设备、环境污染等，并具有继续扩展的趋势。我国《侵权责任法》中的高度危险责任仅为危险责任中的某些类型。

《侵权责任法》颁布之前，关于高度危险责任，仅有《民法通则》一个条文的规定，《民法通则》第 123 条规定：“从事高空、高压、易燃、易爆、剧毒、放射性、高速运输工具等对周围环境有高度危险的作业造成他人损害的，应当承担民事责任；如果能够证明损害是由受害人故意造成的，不承担民事责任。”《侵权责任法》用 9 个条文规定了高度危险责任，细化了责任类型和相应的抗辩事由。

2. 高度危险责任特点。根据《侵权责任法》的相关规定，高度危险责任的特点如下：

（1）适用无过错归责原则。之所以适用无过错责任原则，原因在于：责任人运营某套高度危险设备、使用某危险物或从事某一危险活动和进行高度危险作业，而这些设备、物、作业或活动本身即包含着潜在的巨大危险，所以，责任人的行为就创设了一个特别的风险。当这种危险成为现实时，责任人则应当对由此而发生的损失进行赔偿。在危险责任中，并不涉及责任人的作为或不作为是否违法和有过错，并且，不受过错的影响也恰恰是危险责任制度的特点。据此，危险责任是在寻求对允许从事危险行为的一种合理平衡。[2]

（2）从事高度危险作业或高度危险物的掌控与损害事实之间有因果关系是高度危险责任的基本构成要件。特殊的归责原因使得高度危险责任的构成要件与过错责任不同，即不以“违法性”和“过错”为要件，只要因该危险作业活动和危险物造成他人损害后果，即构成侵权。

（3）责任人为危险作业和危险物的保有者。保有者是利用危险作业和危险物谋得利益的人，具体而言，责任人为危险作业活动和危险物的所有者、持有者、经营者、管理者等，而非具体作业的操作人。

（4）抗辩事由依高度危险责任的具体类型由立法严格限定。基本抗辩事由是受害人故意，不可抗力为例外的抗辩事由。高度危险责任的一般免责或减责理由是，受害人未经许可进入危险活动区域或危险物存放区受到损害，管理人已经采取警告措施并尽到了警示义务，可以减轻或不承担责任。

（5）存在最高赔偿限额的限制。《侵权责任法》第 77 条规定，承担高度危险责任，法律规定赔偿限额的，依照其规定。

3. 高度危险责任类型。《侵权责任法》将高度危险责任分为两类：①高度危险活动责

---

[1]　［德］卡尔·拉伦茨：“德国法上损害赔偿之归责原则”，转引自王泽鉴：《民法学说与判例研究》（五），中国政法大学出版社 1998 年版，第 262 页。

[2]　［德］马克西米利安·福克斯：《侵权行为法》，齐晓琨译，法律出版社 2006 年版，第 256 页。

任；②高度危险物责任。

高度危险活动责任又可分为三类：①民用核设施发生核事故致人损害责任；②民用航空器致人损害责任；③从事高空、高压、地下挖掘活动或者使用高速轨道运输工具致人损害责任。

高度危险物责任又分为三类：①易燃、易爆、剧毒、放射性等高度危险物致人损害责任；②遗失抛弃危险物致人损害责任；③非法占有高度危险物致人损害责任。

（二）高度危险活动致人损害责任

1. 民用核设施发生核事故致人损害责任。民用核设施致人损害责任是指为和平目的而建的各类非军用核动力厂、核反应堆、核燃料生产、加工设施以及放射性废物处理设施等核设施发生核事故，造成他人人身、财产或环境损害的，民用核设施的经营者应当承担侵权责任。根据《侵权责任法》第70条的规定，如果经营者能够证明损害是因战争等情形或者受害人故意造成的，则不承担责任。

2. 民用航空器致人损害的责任。民用航空器致人损害责任是指除执行军事、海关、警察飞行任务外的，具有民用目的的各类民用飞机、飞船等高速运载航空器发生危险致人损害时，民用航空器的经营者应当承担侵权责任。根据《侵权责任法》第71条的规定，经营者如果能够证明损害是因受害人故意造成的，则不承担责任。

3. 高空、高压、地下挖掘活动或者使用高速轨道运输工具致人损害责任。这是指高度危险作业活动造成他人损害的责任。高空作业指的是在建筑、设备、作业场所、工具、设施等高部位作业，如高空建筑，高空维修，高空安装，高空美化、装饰，高空清洗等，[1]这些作业具有可能坠落的危险，不仅作业人本人可能因坠落造成伤亡，而且在高空作业中，可能因作业工具、材料、设备脱落或人员坠落造成他人或其他建筑物、财产损害。高压，根据最高人民法院《关于审理触电人身损害赔偿案件若干问题的解释》（已失效），包括1千伏（kV）及其以上电压等级的高压电。高压作业，则是以高压制造、储藏、运送电力、液体、煤气、蒸汽等气体的对周围环境有高度危险的作业。地下挖掘活动是指地下挖煤、采矿，以及地下建筑、地下管道铺设等具有高度危险性的地下挖掘、开采活动。高速轨道运输工具是指以火车速度为标准的高速轨道运输工具。上述高度危险作业活动致人损害，对高度危险作业的设备拥有支配权并享受运营利益的经营者应承担侵权责任。根据《侵权责任法》第73条的规定，经营者如果能够证明损害是由受害人故意或者不可抗力造成的，不承担责任。

（三）高度危险物致人损害

1. 占有和使用易燃、易爆、剧毒、放射性等高度危险物致人损害责任。该责任是指对易燃、易爆、剧毒、放射性等对周围环境有高度危险物的占有人，在实际控制和掌握危险物的过程中致他人损害，或者在制造、加工、使用、利用该危险物时造成他人人身和财产损害后果时，该危险物的占有人或使用人应当承担侵权责任。《侵权责任法》第72条规定，占有人或者使用人能够证明损害是因受害人故意或者不可抗力造成的，不承担责任。被侵权人对损害的发生有重大过失的，可以减轻占有人或者使用人的责任。

2. 遗失、抛弃危险物致人损害责任。该责任是指高度危险物的所有人或管理人非基于本人的意思丧失对该危险物的占有，或者基于放弃危险物的意思表示抛弃危险物而丧失对

---

[1] 奚晓明主编：《〈中华人民共和国侵权责任法〉条文理解与适用》，人民法院出版社2010年版，第501页。

该物的占有时，该遗失或抛弃的危险物造成损害他人的后果，所有人或管理人应承担责任。当所有人将危险物交由他人管理时，如未履行必要的告知或注意义务，即所有人有过错的，与管理人承担连带责任。

3. 非法占有高度危险物致人损害责任。此责任是高度危险物被他人非法占有期间，危险物致他人人身或财产损害后果时，均由该非法占有人承担侵权责任。《侵权责任法》第75条规定，所有人、管理人不能证明对防止他人非法占有尽到高度注意义务的，与非法占有人承担连带责任。《侵权责任法》强调了高度危险物的所有人、管理人负有对该危险物的"高度注意义务"，应采取足够谨慎的措施保证高度危险物的安全，如果未尽到高度注意义务，失去对高度危险物的控制造成他人损害，不仅非法占有人要承担侵权责任，危险物的所有人、管理人也要与非法占有人承担连带责任。

二、环境污染侵权责任

（一）环境污染侵权的概念

现代立法中，环境污染侵权是指由于生产、科研、生活及其他活动向人类生存环境排放废水、废气、废渣、粉尘、垃圾等有害物以及噪声、恶臭等其他有害因素致人损害的行为。环境污染是由人类的活动引起的，自然灾害虽然也会引起环境质量下降，但不属于环境污染责任规制的范围。应承担环境污染责任的污染行为须是已经影响到人类的生存和发展，达到对生态系统和人身及财产造成重大不利的程度。

（二）环境污染侵权责任构成要件

1. 有污染环境的行为。污染环境的行为往往是加害人排污以后，污染物通过空气、水、土壤等环境要素的渠道致使他人人身和财产权益受到侵害。而且污染源和致人损害的过程具有复杂性、长期性、潜伏性等特点，损害结果往往是基于多种因素长期积累后逐渐形成的。污染环境的行为是否须以违法性为必要要件？例如，某些排污行为并未违反国家规定的排污标准，是否就不承担赔偿责任？应该看到，环境污染责任是一种危险责任，而非过错责任，即使排污者的排污行为没有违反国家规定的排污标准，但其行为实质已污染环境致他人损害的，仍应负赔偿责任。

2. 须有环境污染的损害事实。损害事实除了污染环境造成他人人身和财产权损害的结果，还应包括污染环境的行为给他人的人身和财产权益构成威胁，存在现实的危险。

3. 污染环境行为与污染损害事实之间有因果关系。我国环境保护法律法规对环境污染责任的因果关系证明采取了举证责任倒置的模式，《侵权责任法》第66条规定，因污染环境发生纠纷，污染者应当就法律规定的不承担责任或者减轻责任的情形及其行为与损害之间不存在因果关系承担举证责任。因此，在环境污染责任中，由污染者就行为与损害之间不存在因果关系进行举证。污染者只有证明其污染环境的行为与损害之间没有因果关系时，才不承担责任。

（三）责任承担

我国《民法通则》第124条规定，违反国家保护环境防止污染的规定，污染环境造成他人损害的，应当依法承担民事责任。《侵权责任法》第65条规定，因污染环境造成损害的，污染者应当承担侵权责任。对于环境污染单独侵权而言，由污染者单独承担无过错责任。

环境污染侵权行为中，往往存在数个污染者污染环境造成同一损害结果的现象，数人的污染环境的行为可以构成共同侵权、共同危险侵权或者无意思联络的数人侵权等。《侵权责任法》第67条规定："两个以上污染者污染环境，污染者承担责任的大小，根据污染物的种类、排放量等因素确定。"换言之，如果能够根据污染物的种类、排放量等因素确定各污染者的责任，那么，数个污染者造成损害的责任是按份责任。如果责任后果不能区分，应为连带责任。

即使环境污染损害结果是由第三人的过错造成，也不是污染者免责的事由。《侵权责任法》第68条规定："因第三人的过错污染环境造成损害的，被侵权人可以向污染者请求赔偿，也可以向第三人请求赔偿。污染者赔偿后，有权向第三人追偿。"根据这一规定，因第三人过错造成环境污染损害的，受害人有损害赔偿请求的选择权，受害人既可以向污染者请求赔偿，也可以向第三人请求赔偿。如果受害人向污染者请求赔偿，污染者不能以损害是由第三人的过错造成的，向受害人提出免责的抗辩，而应先赔偿损失，然后向第三人追偿。侵权责任法的这一规定，是从保护受害人的目的出发，允许受害人根据赔偿能力的强弱选择第三人或者污染者要求赔偿，以获取充分救济。

（四）抗辩事由

《侵权责任法》没有规定环境污染的抗辩事由。目前，我国有不少关于环境保护的单行法。例如，《环境保护法》《水污染防治法》《大气污染防治法》《海洋环境保护法》等单行法。由于环境污染的复杂性，各单行法对不同的污染环境的行为规定了范围和程度不同的减责或免责事由。《侵权责任法》作为一般法很难对污染环境的情况确定统一的免责和减责事由，按照特别法优于一般法的原则，在减责或免责的事由上，适用特别法的规定。例如，我国1989年修正的《环境保护法》第41条第3款（后于2014年再次被修正时被删除）将不可抗力作为免责事由，但作了以下限制：①须是自然原因的不可抗力；②对自然灾害采取了合理的措施仍不能避免损害的，可以免责。《海洋环境保护法》规定，战争期间引起的海洋环境污染为免责条件；因不可抗拒的自然灾害造成海洋环境污染损害；负责灯塔或者其他助航设备的主管部门在执行职责时的疏忽或者其他过失行为造成海洋、水污染损害的，为免责条件。《水污染防治法》规定，水污染损害是由于受害人故意造成的，排污方不承担责任，由受害人重大过失造成的，可减轻排污方的责任；由于不可抗力造成水污染损害的，排污方不承担赔偿责任；法律另有规定的除外。

三、产品责任

（一）产品缺陷致人损害的概念

产品缺陷致人损害是指由于产品有缺陷，造成消费者、使用者或者第三人的人身和财产损害的行为，该行为应由产品的制造者、销售者等承担侵权责任，这一责任也称为"产品责任"。因有缺陷的产品致人损害，责任人承担的也是对物件致害的责任。

关于产品责任，我国立法过去规定得较为分散，《民法通则》《产品质量法》《消费者权益保护法》均有关于产品责任的规范，由于法律规定不统一，在适用中对产品责任如何归责，理解不一。《侵权责任法》以7个条文规定了产品责任，这些条文成为解决产品责任纠纷的一般法律依据。

（二）产品责任不同于违约责任

在研究产品缺陷致人损害的侵权行为时，应注意与违约行为区别开。早期的产品责任属于合同责任，不属于侵权责任。直至各国普遍制定产品责任法之后，产品责任才由合同责任转为侵权责任。把产品侵权由合同责任归为侵权责任，体现了各国立法价值取向的转变。一般的合同责任，保护的是债权的实现。而产品责任保护的不是个别人的债权，而是消费者的人身和财产权，特别是公众的生命和健康权，解决的是在生产技术高度发达的社会中如何才能更有效地维护社会安全和公平的问题。将有缺陷的产品致人损害归为侵权行为，表明了产品责任法律规范不仅仅是对违反特定给付义务的违约行为予以制裁，而且要保护广大消费者的生命健康、人身和财产权。产品责任作为一种特殊的侵权责任，具有两层含义：

1. 产品责任是侵权责任，不是违反合同的责任。因为产品质量缺陷造成人身、财产伤害的，可能加害人与受害人之间存在合同关系，也可能不存在合同关系。因此，产品责任不以加害人与受害人之间存在合同关系为前提，而是基于产品缺陷造成他人损害这一事实而产生。因此，无论是与该产品有合同关系的消费者、用户，还是无合同关系的第三人，只要因产品缺陷造成损害，受害人均可要求赔偿。而违约责任的承担须以当事人之间存在合同关系为前提。

2. 产品责任适用无过错责任的归责原则。受害人无须证明加害人有过错，只需要证明产品缺陷、损害事实以及缺陷产品的使用与损害之间的因果关系即可。而违约责任的归责原则是过错与严格责任相结合。产品责任在构成要件、免责事由、责任承担上均与违约责任有所区别。

（三）产品责任的构成要件

1. 产品须有缺陷。各国产品责任法对产品均有明确的界定。《欧共体产品责任指示规定》规定，产品是指各种动产，但初级农业产品及猎获物排除在外，即使它们与其他动产或不动产相附着，也不属于产品责任法上的"产品"。初级农产品，是指经初加工的从土壤产出的产品、牧业和渔业产品。电力属于产品。在美国，产品是指一切商品、货物、消费品以及它们的零部件。

我国《产品质量法》第2条第2款规定："本法所称产品是指经过加工、制作，用于销售的产品。"由于产品要求经过加工、制作，而初级农产品一般未经过加工、制作，不认为是产品，但专门作为良种销售的农产品应认定为产品，因为专门作为良种销售的农产品存在缺陷往往会造成重大损害。根据国际惯例，不动产（土地、房屋）不宜作为产品，其存在缺陷的，往往适用一般侵权行为规则或专门法调整。

产品责任中的缺陷，是指产品存在危及人身、他人财产安全的不合理的危险，不符合国家法定的强制性标准。缺陷包括：设计缺陷、制造装配缺陷、营销缺陷（欠缺对使用方法、产品用途适当的警示与说明）。设计缺陷是制造者在设计产品时，产品的结构、配方等方面存在不合理的危险。制造缺陷是在工艺流程的某个环节可能出现危及人身、财产安全的不合理危险。例如，儿童玩具制造中用了某种胶，使婴幼儿在玩玩具时中毒。营销缺陷是指没有提供警示说明或适当的警示或说明。国外大公司的产品非常重视警示说明，用叹号或用黑框标识，并将剧毒品用骷髅标识，这样在使用、运输和仓储时都会引起注意。如果有警示说明，消费者、使用者无视警示说明，不按说明用途使用而受到损害的，不认为是产品有缺陷。

2. 有缺陷的产品造成人身或财产的损害事实。有缺陷的产品与合同法上的瑕疵产品不同，有缺陷的产品存在安全上的质量问题，造成了受害人合同产品以外的人身或财产等固有利益的绝对权损害，适用侵权法，当事人因产品缺陷要求损害赔偿的诉讼时效为2年。瑕疵产品主要是产品存在不合标准的质量问题，侵犯了合同当事人的信赖利益和履行利益，致当事人对合同产品的相对权受损害，依合同法由销售者负责修理、更换、退货以及赔偿损失，当事人因产品瑕疵请求赔偿的诉讼时效为1年。

3. 产品缺陷与受害人的损害事实之间有因果关系。受害人人身和财产的损害事实是有缺陷的产品导致的损害后果。

（四）责任承担

1. 产品的生产者与销售者均为责任主体，受害人可以向产品的生产者或销售者请求损害赔偿。

产品缺陷多数情况下是在生产过程中出现的，生产者承担无过错责任。但受害人有时不知道生产者，只知道销售者，为了方便受害人行使请求权，《侵权责任法》第41条规定，因产品存在缺陷造成他人损害的，生产者应当承担侵权责任。第43条第1款规定，因产品存在缺陷造成损害的，被侵权人可以向产品的生产者请求赔偿，也可以向产品的销售者请求赔偿。立法实质上确定了生产者与销售者的连带责任。即使产品缺陷造成损害是生产者的原因造成，但当受害人向生产者或销售者任何一方主张请求权时，责任主体均有义务全部赔偿。

2. 生产者、销售者相互享有追偿权。虽然法律规定受害人享有对生产者或销售者的赔偿请求权，但并不等于最终的责任人就是受害人请求赔偿的人。根据《侵权责任法》第43条第2、3款的规定，如果产品缺陷由生产者造成，销售者赔偿后，有权向生产者追偿。如果因销售者的过错使产品存在缺陷的，生产者赔偿后，有权向销售者追偿。

可以看出，对于受害人而言，责任人承担的是无过错责任。受害人无须举证证明生产者或销售者谁有过错。而在内部追偿权上，销售者向生产者追偿的责任性质为无过错责任。而生产者向销售者追偿的责任性质为过错责任。换言之，销售者只要证明产品缺陷由生产者造成，而且自己已向受害人承担了赔偿责任即可向生产者追偿。而生产者则需证明产品缺陷致人损害是因销售者的过错造成的，方可向销售者追偿。如果赔偿的人，也正是造成损害结果的人，自然不存在追偿的问题。至于销售者、生产者之间的内部责任如何划分和追偿，不影响受害人选择被告。

3. 销售者不能指明缺陷产品的生产者或也不能指明缺陷产品的供货者时，销售者应当承担侵权责任。因此，销售者的过错责任表现为两种情形：①产品的缺陷是由销售者造成，此时销售者承担一般过错责任。②销售者不能指明缺陷产品的生产者或也不能指明缺陷产品的供货者的，销售者承担过错责任，这一过错责任可认为是承担最终过错责任。

4. 产品缺陷致人损害是因运输者、仓储者等第三人的过错引起的，产品的生产者、销售者赔偿后，有权向第三人追偿。运输者、仓储者等第三人的责任是过错责任。

根据《侵权责任法》第44条的规定，即使产品缺陷致人损害是因运输者、仓储者等第三人的过错引起的，产品的制造者、销售者为直接责任主体，有过错的运输者和仓储者是间接责任主体。受害方可以向生产者（制造者）请求赔偿，也可以向销售者请求赔偿，还可以将制造者和销售者作为共同被告请求赔偿，而不能直接向有过错的运输者、仓储者请求赔偿。产品的制造者或者销售者赔偿后，有权向运输者、仓储者等第三人追偿，但这是《合同法》调整的范围（运输合同、仓储合同）。我国法律把销售者与生产者共同作为责任主体是有积极意义的，因为消费者在购买商品时，有的没有注意生产厂家是谁，有时产品甚至没有标明生产厂家的厂名和厂址，把销售者作为被告，便于保护受害人。

有时某一产品是由多个厂家合作生产的，应该找最终产品的生产者，因为它对产品的质量有最终的控制力，而提供配件和原料的厂家一般不是最终产品的生产者。有的时候，生产同类商品有多个生产者，受害人能证明损害是由某缺陷产品引起的，但难以确定生产同类产品的生产者是谁。在这种情况下，可以把这些生产者都确定为被告，任何一个被告除非能证明自己的产品未被受害人使用，才能免责；如果不能证明，则各被告根据自己的产品在市场所占的份额承担赔偿责任。

提出损害赔偿的请求权人，可以是与销售者存在买卖合同关系的用户、消费者，也可以是没有合同关系的第三人。这样既可以公平地保护无辜的第三人，还可以减少诉讼环节，不必让自身未受损害的购买者因第三人的损害而卷入诉讼。当然，如果是由购买者的过错导致产品事故的，则另当别论。

（五）免责事由

我国《产品质量法》规定，生产者能证明下列情形之一的，不承担赔偿责任：①未将产品投入流通的。②产品投入流通时，引起损害的缺陷尚不存在的。③产品投入流通时的科学技术水平尚不能发现缺陷存在的。④其他免责条件：受害人过失；在有警示说明时，非正常性使用或错误使用；使用过期的产品。

（六）产品责任的具体形态

1. 赔偿损失。赔偿损失是产品责任的基本形式，适用于因产品缺陷造成他人人身和财产损害后果时。

2. 排除妨碍、消除危险。如果产品有缺陷，虽然没有发生实际损害后果，但有致人损害和财产损害的危险可能性，而且继续使用有缺陷的产品有可能危及他人人身及财产安全，则可请求排除妨碍、消除危险，其前提是需证明缺陷产品存在安全隐患。

3. 产品售后警示、召回义务。产品投入流通领域后，发现产品存在缺陷，生产者和销售者应当及时采取警示、召回等补救措施，未及时采取补救措施或者补救措施不力造成损害的，应当承担侵权责任。

4. 惩罚性赔偿。惩罚性赔偿是指行为人明知产品有缺陷仍然生产、销售造成他人死亡或者健康严重损害的，受害人可以获得的除实际损害赔偿金之外的损害赔偿金。根据《侵权责任法》第 47 条的规定，适用惩罚性的赔偿的条件是：①惩罚性赔偿金仅适用于产品责任案件。对于其他一般侵权和特殊侵权，法律均未规定惩罚性赔偿。②惩罚性赔偿的适用以侵权人具有主观过错为前提。即明知产品有缺陷仍然生产、销售致人损害。③造成受害人死亡、健康严重受损。④有过错的违法行为与损害事实之间有因果关系。

四、机动车交通事故责任

（一）机动车交通事故责任的概念

从侵权行为法的角度观之，机动车交通事故责任，是指因在道路上驾驶机动车，过失或意外造成他人人身伤亡、财产损失而应当承担的侵权责任。机动车交通事故是产生机动车交通事故责任的法律事实。道路、机动车和交通事故是构成机动车交通事故的三个组成要素，也是判断是否存在机动车交通事故责任的构成要素，缺少三个要素中任何一个要素，就谈不上机动车交通事故责任。

（二）机动车交通事故责任的构成要件

1. 事故须是机动车造成的，是机动车在道路上运行和使用中发生的交通事故。例如，非机动车的事故，或者发生在封闭施工路段的事故，以及停靠在路边自燃导致他人损害的均不能认定产生机动车交通事故责任，因为封闭施工路段不属于《道路交通安全法》所规定的道路的范畴，未运行的停止状态中的车辆不符合"交通事故"的定义。

2. 事故造成损害后果，该损害后果或是人身损害或是财产损害，人身损害是指机动车发生交通事故侵害被侵权人的生命权、健康权等人身权益所造成的损害，包括精神损害。财产损害是因机动车发生交通事故侵害被侵权人的财产权益所造成的损失。根据《最高人民法院关于审理道路交通事故损害赔偿案件适用法律若干问题的解释》（以下简称《道路交通事故损害赔偿解释》），财产损失包括：因交通事故导致的维修被损坏车辆所支出的费用、车辆所载物品的损失、车辆施救费用；因车辆灭失或者无法修复，为购买交通事故发生时与被损坏车辆价值相当的车辆重置费用；依法从事货物运输、旅客运输等经营性活动的车辆，因无法从事相应经营活动所产生的合理停运损失；非经营性车辆因无法继续使用，所产生的通常替代性交通工具的合理费用。纯经济损失不包括在内。

3. 事故与损害后果之间具有因果关系。受害人的人身与财产损害的后果是交通事故引起的。根据《道路交通事故损害赔偿解释》的相关规定，如果因道路管理维护缺陷导致机动车发生交通事故造成损害，或者因在道路上堆放、倾倒、遗撒物品等妨碍通行的行为，导致交通事故造成损害，或者未按照法律、法规、规章或者国家标准、行业标准、地方标准的强制性规定设计、施工，致使道路存在缺陷并造成交通事故，当事人请求赔偿的，人民法院应予支持。

4. 事故的构成在一定程度上需考虑过错因素。机动车驾驶人在道路运行中，违反了道路交通安全法律法规的规定，违反了操作规范，以及未遵守道路交通安全法关于道路优先通行权的规定，均可认定为驾驶人未尽到一般的注意义务而有过错。

除此之外，因在道路上堆放、倾倒、遗撒物品等妨碍通行的行为，或者因道路管理维护缺陷导致机动车发生交通事故造成损害，如果道路管理者不能证明已按照法律、法规、规章、国家标准、行业标准或者地方标准尽到清理、防护、警示等注意义务的，应当承担相应的赔偿责任。再比如，未按照行业相关标准设计、施工，致使道路存在缺陷并造成交通事故，建设单位与施工单位承担相应赔偿责任。上述责任的认定均考虑了过错因素。

（三）机动车交通事故责任的归责原则

机动车为工业危险物，但机动车交通事故责任的归责方式与其他工业灾害危险物责任的归责方式有一定区别，并非绝对的无过错责任，而是过错与无过错相结合的归责方式。因此机动车交通事故适用特殊的归责原则，既包括无过错责任原则，也包括过错责任原则，而非一元化归责原则。

（四）机动车交通事故的责任承担

《侵权责任法》第48条规定："机动车发生交通事故造成损害的，依照道路交通安全法的有关规定承担赔偿责任。"而《道路交通安全法》第76条规定："机动车发生交通事故造成人身伤亡、财产损失的，由保险公司在机动车第三者责任强制保险责任限额范围内予以赔偿；不足的部分，按照下列规定承担赔偿责任：①机动车之间发生交通事故的，由有过错的一方承担赔偿责任；双方都有过错的，按照各自过错的比例分担责任。②机动车与非机动车驾驶人、行人之间发生交通事故，非机动车驾驶人、行人没有过错的，由机动车一方承担赔偿责任；有证据证明非机动车驾驶人、行人有过错的，根据过错程度适当减轻机动车一方的赔偿责任；机动车一方没有过错的，承担不超过10%的赔偿责任。交通事故的损失是由非机动车驾驶人、行人故意碰撞机动车造成的，机动车一方不承担赔偿责任。"

根据《道路交通安全法》的规定，机动车交通事故责任在不同的情形下适用不同的归责原则，具体如下：

1. 保险公司在机动车第三者责任强制保险和第三者责任商业保险责任限额范围内赔偿。如果同时投保机动车第三者责任强制保险和第三者责任商业保险的机动车发生交通事故造成损害，当事人同时起诉侵权人和保险公司的，根据《道路交通事故损害赔偿解释》第16条的规定，先由承保交强险的保险公司在责任限额范围内予以赔偿；不足部分，由承保商业三者险的保险公司根据保险合同予以赔偿；仍有不足的，依照道路交通安全法和侵权责任法的相关规定由侵权人予以赔偿。被侵权人或者其近亲属请求承保交强险的保险公司优先赔偿精神损害的，人民法院应予支持。

2. 保险公司在机动车第三者责任强制保险和第三者责任商业保险责任限额范围内赔偿后，不足的部分的赔偿责任，根据下列不同情形确定：

（1）如果是机动车之间发生的交通责任事故，适用过错责任原则，即有过错的一方承担责任，没有过错的，不承担责任；双方都有过错时，适用过错相抵原则，按照双方的过错分担责任。之所以适用过错责任原则，是因为机动车之间没有强弱之分，发生交通事故，应该适用侵权责任的一般归责原则，由有过错的一方承担赔偿责任，双方都有过错的，应当按照各自的过错比例分担责任，如此处理方符合民法基本价值。

（2）如果是发生在机动车与非机动车驾驶人、行人之间的交通事故，适用无过错责任原则，即不问机动车一方是否有过错，都要承担一定的赔偿责任。无过错责任体现在：①行人等没有过错的，由机动车一方承担责任。②行为人等有过错的，根据过错程度适当减轻机动车一方的赔偿责任。③机动车一方没有过错的，机动车一方承担不超过10%的赔偿责任。

（3）免责或减责的事由：①交通事故的损失是由非机动车驾驶人、行人故意碰撞机动车造成的，机动车一方不承担责任。②依法不得进入高速公路的车辆、行人，进入高速公路发生交通事故造成自身损害，当事人请求高速公路管理者承担赔偿责任的，适用《侵权责任法》第76条"管理人已经采取安全措施并尽到警示义务的，可以减轻或者不承担责任"的规定。

可见，适用无过错责任原则，并不是任何情况下机动车都要承担全部的赔偿责任，在非机动车驾驶人、行人一方具有过错的情况下，可以根据过失相抵的原则相应减轻机动车一方的责任。这里适用无过错责任原则的理由是：①报偿理论。谁享受利益谁承担风险，机动车所有人和驾驶人在享受机动车带来的快捷方便的同时，自然应该承担相应的风险。②危险控制理论。机动车驾驶人在驾驶之前都受到过专业的训练，对交通规则也很熟悉，车在他们手里，他们能最大限度地控制风险。③危险分担理论。在交通事故中，机动车的肇事者与非机动车驾驶人、行人受害人相比，多数情况下不会有人身伤害，此时要求机动车加害人分担一部分的经济损失，也不失公允。

（五）特殊情形下的机动车交通事故责任及其赔偿主体

在机动车交通事故责任中，确定责任主体是至关重要的环节，对于维护受害人及其他赔偿权利人的合法权益都有重要的意义。当机动车的驾驶人就是所有权人时，此时所有权人与使用人为同一人，所有权人为赔偿义务主体，但实际情况并非如此简单，各类责任主体的认定要视机动车交通事故责任的各类具体情况而定。

1. 因租赁、借用等使机动车所有人与使用人不是同一人的情形。机动车租赁，是指机动车所有人将机动车在一定时间内交付承租人使用、收益，机动车所有人收取租赁费用，不提供驾驶劳务的行为。机动车借用，是指机动车所有人将机动车在约定的时间内交付借用人使用，不提供驾驶劳务的行为。在现实生活中，机动车租赁、借用的现象非常普遍。如汽车租赁公司在一定期间内按照约定的租金将机动车出租给其他单位或者个人使用。《侵权责任法》第49条规定："因租赁、借用等情形机动车所有人与使用人不是同一人时，发生交通事故后属于该机动车一方责任的，由保险公司在机动车强制保险责任限额范围内予以赔偿。不足部分，由机动车使用人承担赔偿责任；机动车所有人对损害的发生有过错的，承担相应的赔偿责任。"也就是说，因租赁、借用等情形使机动车所有人与使用人不是同一人时，发生交通事故后属于该机动车一方责任的，应该按照如下的方式承担责任：

（1）首先由保险公司在机动车强制保险责任限额范围内予以赔偿，依据《机动车交通事故责任强制保险条例》第2条的规定，在中华人民共和国境内道路上行驶的机动车的所有人或者管理人，应该依照《道路交通安全法》的规定投保机动车交通事故责任强制保险。作为机动车的所有人，应当为自己的机动车购买第三者责任强制保险。在发生交通事故后，首先由保险公司在机动车强制保险责任限额范围内予以赔偿。

（2）保险公司在机动车强制保险责任限额范围内赔偿以后，不足的部分，由机动车的使用人予以赔偿。作为机动车出租人、出借人的所有人，将机动车出租或出借以后，就丧失了对该机动车不给他人带来损害的直接控制力。机动车的承租人和借用人作为机动车的使用人，有直接的运行支配力并享有运行利益，应该承担赔偿责任。此处的"使用人"不仅包括承租人、借用人，还包括机动车出质期间的质权人、维修期间的维修人、由他人保管期间的保管人等。在机动车出质、维修和他人保管期间，机动车由质权人、维修人和保管人占有、控制，他们对机动车有运行支配力。质权人、维修人、保管人擅自驾驶机动车发生交通事故的，应该由质权人、维修人、保管人承担责任。

（3）机动车的所有人对损害的发生有过错的，承担相应的赔偿责任。机动车所有人在机动车出租、出借时应该对承租人、借用人进行必要的审查，如查明承租人、借用人是否有驾驶资格，机动车的借用用途等。同时，还应该保障机动车性能符合安全驾驶的要求，如车辆制动是否灵敏等。机动车所有人没有尽到类似的注意义务，便可认定为存在过错，另外，根据《道路交通事故损害赔偿解释》第1条的规定，机动车发生交通事故造成损害，机动车所有人或者管理人有下列情形之一，人民法院应当认定其对损害的发生有过错，并适用《侵权责任法》第49条的规定确定其相应的赔偿责任：①知道或者应当知道机动车存在缺陷，且该缺陷是交通事故发生原因之一的；②知道或者应当知道驾驶人无驾驶资格或者未取得相应驾驶资格的；③知道或者应当知道驾驶人因饮酒、服用国家管制的精神药品或者麻醉药品，或者患有妨碍安全驾驶机动车的疾病等依法不能驾驶机动车的；④其他应当认定机动车所有人或者管理人有过错的。该过错可能成为该机动车造成他人损害的一个因素，机动车所有人应该对自己因过错造成他人损害承担相应的赔偿责任。

2. 当事人之间已经以买卖等方式转让并交付机动车但未办理转移登记的情形。机动车所有权发生移转的，应当办理相应的登记。在现实生活中，经常出现机动车已经通过买卖、赠与等方式转让所有权，但还未及时办理所有权转移登记的情况，甚至还存在连环转让机动车但都没有办理所有权转移登记的情形。《物权法》第24条规定："船舶、航空器和机动车等物权的设立、变更、转让和消灭，未经登记，不得对抗善意第三人。"也就是说，机动车的所有权在交付时发生效力，未经登记，只是缺少公示而不产生社会公信力，在交易过程中不能对抗善意第三人，这就会出现机动车登记的所有人与实际的所有人不一致的情况。立法有必要对这种情形下发生交通事故的赔偿责任主体做出明确规定。

《侵权责任法》第50条规定："当事人之间已经以买卖等方式转让并交付机动车但未办理所有权转移登记，发生交通事故后属于该机动车一方责任的，由保险公司在机动车强制保险责任限额范围内予以赔偿。不足部分，由受让人承担赔偿责任。"也就是说，当事人之间已经以买卖等方式转让并交付机动车但未办理所有权转移登记的，机动车发生交通事故后，按照如下的方式承担责任：

（1）首先由保险公司在机动车强制保险责任限额范围内予以赔偿。只要机动车原所有人已投保机动车第三者责任强制保险的，无论机动车买卖双方、赠与和受赠方双方是否办理了转移登记手续，都应当首先由保险公司在机动车强制保险责任限额范围内予以赔偿。

机动车所有权在交强险合同有效期内发生变动，保险公司在交通事故发生后，以该机动车未办理交强险合同变更手续为由主张免除赔偿责任的，人民法院不予支持。被多次转让但未办理转移登记的机动车发生交通事故造成损害，属于该机动车一方责任，当事人请求由最后一次转让并交付的受让人承担赔偿责任的，人民法院应予支持。

未依法投保交强险的机动车发生交通事故造成损害，当事人请求投保义务人在交强险责任限额范围内予以赔偿的，人民法院应予支持。投保义务人和侵权人不是同一人，当事人请求投保义务人和侵权人在交强险责任限额范围内承担连带责任的，人民法院应予支持。

（2）保险公司在机动车强制保险责任限额范围内赔偿后，不足部分，由受让人赔偿。虽然没有办理转移登记手续，原机动车所有人已经不是真正的所有权人，更不是机动车的实际占有人，丧失了对机动车实际支配的能力，不具有防范事故发生的控制力。在机动车发生事故后，若仍然要其承担损害赔偿责任，既不合理，又不公平。赔偿义务应该由买受人、受赠人等对机动车有运行实际控制力和享有运行利益的实际所有权人、占有人承担。

另外，在附所有权保留特别约定的分期付款买卖机动车的情形下，如果机动车已经交付购买人，虽然出卖人仍然保留机动车所有权，但并不影响购买人取得机动车的实际支配利益和使用权益。因此，发生交通责任事故后，应当由购买人承担责任，保留车所有权的出卖人不应承担赔偿责任。《最高人民法院关于购买人使用分期付款购买的车辆从事运输因交通事故造成他人财产损失保留车辆所有权的出卖方不应承担民事责任的批复》也规定："采取分期付款方式购车，出卖方在购买方付清全部车款前保留车辆所有权的，购买方以自己名义与他人订立货物运输合同并使用该车运输时，因交通事故造成他人财产损失的，出卖方不承担民事责任。"

3. 以买卖等方式转让拼装或者达到报废标准的机动车的情形。已达到报废标准的机动车是指以下两类机动车：一是达到国家报废标准；二是虽未达到国家报废标准，但发动机或者底盘严重损坏，经检验不符合国家机动车运行安全技术条件的机动车。拼装车，是指使用报废汽车发动机、方向机、变速器、前后桥、车架以及其他零配件组装的机动车。国家对报废机动车的回收、拆解和机动车的修理实行严格的监督管理，回收的报废运营机动车，应在公安机关的监督下拆除，拆解的材料也不能用于拼装机动车。因研制、生产机动车，需要很高的技术水平，拼装车很难达到机动车应该有的安全技术标准。

《侵权责任法》第51条规定："以买卖等方式转让拼装或者已达到报废标准的机动车，发生交通事故造成损害的，由转让人和受让人承担连带责任。"《道路交通事故损害赔偿解释》第6条规定："拼装车、已达到报废标准的机动车或者依法禁止行驶的其他机动车被多次转让，并发生交通事故造成损害，当事人请求由所有的转让人和受让人承担连带责任的，人民法院应予支持。"

可见，对以买卖、赠与等方式转让拼装的或者已达到报废标准的机动车，发生交通事故造成损害的，适用无过错责任原则且没有法定的免责事由，并由买卖双方、赠与人与受赠人双方承担连带责任。这是因为转让已达到报废标准的机动车和拼装车，本身就具有违法性，上路行驶，对他人的生命财产安全会造成更大的威胁，让买卖双方、赠与人与受赠人承担连带责任有利于预防并制裁转让、驾驶拼装的或者已达到报废标准的机动车的行为，更好地保护人民群众的生命财产安全；在受害人有损害时，也可以为其提供较为充分的损害赔偿。

4. 机动车被盗窃、抢劫的情形。机动车被盗窃、抢劫、抢夺也是所有人与驾驶人相分离的形态之一。《侵权责任法》第52条规定："盗窃、抢劫或者抢夺的机动车发生交通事故造成损害的，由盗窃人、抢劫人或者抢夺人承担赔偿责任。保险公司在机动车强制保险责任限额范围内垫付抢救费用的，有权向交通事故责任人追偿。"也就是说，被盗窃、抢劫或者抢夺的机动车发生交通事故造成损害的，由盗窃人、抢劫人或者抢夺人承担赔偿责任，机动车所有人不承担赔偿责任，理由是：①机动车被盗窃、抢劫或者抢夺后，机动车所有人丧失了对机动车的运行支配力，而这种控制力的丧失是由于盗窃人、抢劫人或者抢夺人的违法行为造成的，又是所有人不情愿的，有时还是所有人不知悉、未料想到的。②在机动车被盗的情形下，因所有人对机动车保管上的疏忽，导致机动车丢失，如忘记拔车钥匙，但这种保管上的疏忽与机动车发生交通事故，没有直接的因果关系。③由于盗窃人、抢劫人或者抢夺人认为自己不是车辆的所有者，自认为可以轻易逃脱法律的制裁，常发生不遵守交通法规、任意违章，甚至漠视他人生命财产安全的情况。让违法者承担损害赔偿责任，机动车所有人不承担责任，可以减少对公众生命财产的危险。

5. 机动车驾驶人发生交通事故后逃逸的情形。机动车肇事逃逸，是指发生道路交通事故后，道路交通事故当事人为逃避法律追究，驾驶车辆或者遗弃车辆逃离道路交通事故现场的行为。机动车肇事逃逸可能会使被侵权人的损失得不到补偿，导致人身伤亡的抢救费用、丧葬费等无法解决、无法落实。针对这种情况，《侵权责任法》第53条规定："机动车驾驶人发生交通事故后逃逸，该机动车参加强制保险的，由保险公司在机动车强制保险责任限额范围内予以赔偿；机动车不明或者该机动车未参加强制保险，需要支付被侵权人人身伤亡的抢救、丧葬等费用的，由道路交通事故社会救助基金垫付。道路交通事故社会救助基金垫付后，其管理机构有权向交通事故责任人追偿。"也就是说，机动车驾驶人发生交通事故后逃逸的，被侵权人的损失按照如下的方式赔偿：

（1）如果发生交通事故的机动车参加了机动车强制保险的，并且在发生交通事故后能够确定机动车的，由保险公司在机动车强制保险责任限额范围内予以赔偿。

（2）发生交通事故的机动车不明或该机动车未参加强制保险的，需要支付被侵权人人身伤亡的抢救、丧葬费用的，由道路交通事故社会救助基金垫付。根据《机动车交通事故责任强制保险条例》第24条的规定，道路交通事故中，抢救费用超过机动车交通事故责任强制保险责任限额的，肇事机动车没有参加机动车强制保险的，机动车肇事后逃逸的，受害人人身伤亡的丧葬费用、部分或全部抢救费用，由救助基金先行垫付。

（3）道路交通事故社会救助基金垫付后，其管理机构有权向逃逸的机动车驾驶人、应该购买而未购买强制责任保险的机动车所有人或管理人等交通事故责任人追偿。

6. 牵引车与挂车的责任。依法分别投保交强险的牵引车和挂车连接使用时发生交通事故造成第三人损害，当事人请求由各保险公司在各自的责任限额范围内平均赔偿的，人民法院应予支持。

7. 机动车挂靠情形下的责任。机动车挂靠，是指为了满足法律或者地方政府对车辆运输经营管理的需要，个人或者合伙出资购买的机动车，经具有运输经营资质的企业同意，将车辆登记在该企业名下，挂靠者（机动车出资人）向该公司缴纳或不缴纳一定管理费，由该公司（被挂靠者）为挂靠车主办理各种法律手续，挂靠者以该运输企业名义从事运输经营的行为。在挂靠机动车发生交通事故导致损害后果的情形下，根据《道路交通事故损害赔偿解释》第3条的规定，"以挂靠形式从事道路运输经营活动的机动车发生交通事故造成损害，属于该机动车一方责任，当事人请求由挂靠人和被挂靠人承担连带责任的，人民法院应予支持"。

8. 机动车套牌情形下的责任。根据《道路交通事故损害赔偿解释》第5条的规定，套牌机动车发生交通事故造成损害，属于该机动车一方责任，当事人请求由套牌机动车的所有人或者管理人承担赔偿责任的，人民法院应予支持；被套牌机动车所有人或者管理人同意套牌的，应当与套牌机动车的所有人或者管理人承担连带责任。

■第五节 工业灾害以外危险物侵权责任

一、工业灾害以外危险物侵权责任的特点

工业灾害以外的危险物，也称传统危险物，其基本危险在前工业化社会就存在，并非源自工业化生产，当然，随着社会的发展，这类危险源也日趋复杂化、现代化并具开放性特点，但其基本形态是工业灾害之外的危险物。该侵权责任的危险物分为两类：一类是动物，由于动物是非理性的危险物，在某些情况下行为人很难驾驭；另一类是日常生活中易被普通人控制和管理的危险物。基于两类危险源的特点，这类侵权的归责原则呈现多样化特点，有的为无过错归责，有的适用过错推定。根据《侵权责任法》的规定，这类侵权行为分为饲养的动物致人损害和物件致人损害两大类。

二、饲养动物致人损害责任

（一）饲养动物致人损害的概念

饲养动物致人损害责任，是指饲养的动物造成他人人身或财产权益损害时，动物的饲养人或管理人依法应该承担的责任。

《侵权责任法》第78条规定，饲养的动物造成他人损害的，动物饲养人或者管理人应当承担侵权责任，但能够证明损害是因被侵权人故意或者重大过失造成的，可以不承担或者减轻责任。这一条对动物致害的要件、责任归属以及免责要件都作了明确规定。

（二）饲养动物损害责任的归责原则

饲养动物造成他人损害应该承担责任是一项古老的法律规则。动物致人损害也应属于物件致害的特殊侵权，但在我国法律中一般物件致害主要适用推定过错归责，而动物致害适用无过错责任归责。其理论依据是：动物是没有理智但又有生命的物，即使主人严加管束，也难免有损害事件的发生，因此动物属于危险物。对于动物致害实行无过错责任，不仅保护了受害人的利益，对动物饲养人也提出了更高的要求，使动物的主人采取一切可能的措施以防止发生动物致人损害的事件，减少社会危险因素。

从比较法的角度来看，各国对饲养动物致人损害责任也多以无过错责任为归责原则。我国《民法通则》采取了无过错责任原则，《侵权责任法》继续保留《民法通则》的做法，但也设置了一些例外，具体如下：

1. 对于一般情形下的动物致人损害，适用无过错责任，即《侵权责任法》第78条的规定："饲养的动物造成他人损害的，动物饲养人或者管理人应当承担侵权责任，但能够证明损害是因被侵权人故意或者重大过失造成的，可以不承担或者减轻责任。"凡是《侵权责任法》未特别规定的饲养动物致人损害的情形，均适用无过错责任原则，在此类案件中，饲养人或管理人可以以被侵权人故意或重大过失作为免责或减责事由。

2. 对于违反管理规定，未对动物采取安全措施造成他人损害和禁止饲养的烈性犬等危险动物造成他人损害的这两种情形，立法强调了更为严格的无过错责任，饲养人或管理人不可以以被侵权人故意或重大过失为抗辩事由。

3. 动物园的动物造成他人损害的情形，适用过错推定原则。《侵权责任法》第81条规定，动物园的动物造成他人损害的，动物园应当承担侵权责任，但能够证明尽到管理职责

的，不承担责任。换言之，如果动物园能够证明兽舍设施、设备没有瑕疵，有明显的警示牌，或当游客有挑逗、投打动物或者擅自翻越栏杆靠近动物等行为出现时，管理人员进行了劝阻等，动物园即可不承担侵权责任。

（三）动物致人损害责任的构成要件

1. 致人损害的动物须是饲养的动物。简言之，是有主人的动物，动物为特定的饲养人所有或者管理人占有。判断动物是否为饲养，学者提出了以下几条标准：①动物为家畜、家禽、宠物或驯养的野兽；②动物为特定的人所有或有主人的占有；③饲养者或管理者对动物具有适当程度的控制力；④动物依其自身的特征，有可能对他人的人身或财产造成损害。按照这几条标准，将野生状态的动物排除在外。野生动物致人损害的，不属于《侵权责任法》的适用范围。

自然保护区的野兽，虽然要定期投放食物并在一定程度上予以管理，但人们对它们的控制力较低，也不认为是此条规定的"饲养的动物"。国家森林公园的动物，尽管处于半野生状态，但因国家投资进行管理，并准许游人观赏，应是饲养的动物，如果国家森林公园的动物造成他人伤害，适用国家赔偿责任。家养的、杂技团驯养的、军用、警用、科研、专业表演团队驯养的动物以及动物园驯养的动物，都属于"饲养的动物"的范围。

2. 须有动物加害的损害事实。动物加害是基于动物的本能所造成的损害，动物在外界的刺激下由其本性所为的行为仍是动物加害。例如，火车鸣笛动物受惊，动物因鞭炮响受惊致人损害都适用此条规定。但是，如果是人唆使动物伤人，等于是在人的控制下导致他人损害，不是特殊侵权，应按一般侵权行为处理。

动物加害可以是积极的加害，如动物咬人、踢人或者咬伤、咬死其他动物或者毁坏财产；也可以是消极的加害，即不实施任何动作，如动物静卧铁轨致火车颠覆，恶犬立于小孩上学的必经之路，这些都属消极加害。虽然动物处于静止状态，但如果构成侵害的事实，也属于侵害。

3. 须有损害后果。被动物咬伤留下疤痕或致残，甚至死亡；地里的庄稼被牲畜吃掉或践踏；动物将其他动物咬伤等。正所谓有损害才有救济，饲养动物致害责任的承担必须以受害人损害的发生为前提。此处受害人的损害仅仅是对绝对权的侵害，不包括纯经济利益的损失。

4. 动物侵害事实与损害结果之间有因果关系。在因果关系认定的过程中，并不要求饲养动物的致害是损害发生的唯一原因，即使受害人的损害是动物危险的实现与其他原因相结合导致的，只要动物致害与损害之间存在因果关系，饲养人或管理人就应该承担责任。另外，如果受害人自己的行为也是损害发生的原因之一，只要受害人的行为没有导致因果关系中断，就不能否定动物致害与损害之间的因果关系。例如，受害人要驱赶闯进自己土地的动物，或者要分开正在撕咬的两只动物，因此受到损害，饲养人或管理人也要承担侵权责任，只不过要适用过失相抵规则。在因果关系方面，应注意这样的情况，即被动物咬伤后，因怠于治疗，导致伤口感染，造成截肢，一般认为没有法律上的因果关系，此时动物咬伤人仅为一个条件。

（四）动物致害责任的效果归属

动物的饲养人或管理人均为责任主体。动物的饲养人是指动物的所有人，即对动物享有占有、收益、使用、处分权的人；动物的管理人是实际控制和管束动物的人，管理人对动物不享有所有权，而是依据某一法律关系直接占有和控制动物，在实际生活中，动物的饲养人与管理人有时为同一人，有时则为不同的人，当动物的饲养人与管理人是同一个人时，赔偿的主体是饲养人；但当动物的饲养人与管理人为不同人时，管束动物的义务由饲养人转至管理人，赔偿的主体是管理人，至于管理人是有偿管理还是无偿管理，是长期管理还是临时管理，在所不问。

（五）抗辩事由——被侵权人的故意或重大过失

并非动物的饲养人或管理人对其饲养或管理的动物所造成的一切损害都要承担责任。根据《侵权责任法》第78条的规定，因被侵权人自己的故意或重大过失造成损害的，动物的饲养人或管理人可以不承担责任或减轻责任。

若被侵权人的损害是因自己挑逗、刺激等行为直接诱发动物的侵害行为导致的，就可以认定被侵权人存在故意或重大过失；如果被侵权人的行为不足以诱发动物的侵害行为，其行为只是引起损害的部分原因或次要原因，则不能认定被侵权人在该损害中存在故意或重大过失。实践中，动物致害因被害人故意引起的情况较为少见。例如，管理人已经对特定的私人场所内饲养的动物及可能发生的危险后果进行了警示并已经采取了防范措施，但被侵权人仍在未经允许的情况下擅自进入该特定场所挑逗动物，一般认为是受害人故意。因被侵权人故意或重大过失而造成损害的，动物的饲养人或管理人必须对被侵权人的故意或重大过失负举证责任，如果举证不足或举证不能，动物饲养人或管理人就应该承担动物致害的赔偿责任。

（六）饲养动物损害责任的特殊类型

1. 违反管理规定饲养动物的损害责任。违反管理规定饲养动物的损害责任，是指动物的饲养人或管理人违反管理规定，未对动物采取安全措施造成他人损害，而应承担的侵权责任。此处的管理规定，应该限于规范性法律文件的规定，包括法律、行政法规、规章、条例、办法等。社区的管理规约不包含在内。所谓的未对动物采取安全措施，是指没有按照规范性法律文件的要求，采取保护社会公共安全的措施。很多的地方法规、规章不仅对养犬收费、携犬乘车、养犬溜犬范围、管理处罚等问题作出了规定，同时也规范了饲养人的行为，例如：①携犬出户时对犬戴束犬链，且由成年人牵领，并应当避让老年人、残疾人、孕妇和儿童；携犬乘坐电梯的，应当避开乘坐电梯的高峰时间，并为犬戴嘴套或者将犬装入犬袋、犬笼。②在重点管理区内，禁止饲养烈性犬及大型犬，如猎狐犬、澳洲牧羊犬、松狮犬、斑点狗等。③主要区域和道路禁止溜犬。饲养人不得携犬进入市场、商店、商业街区、饭店、公园、公共绿地、学校、医院、展览馆、影剧院、体育场馆、社区公共健身场所、游乐场、候车室等公共场所。饲养人或管理人违反规定，没有采取规定的安全措施的，就要承担侵权责任。管理规定涉及的事项很多，如还有办证、年检、登记等手续，如果是违反这些规定，而不是违反采取安全措施的规定，不适用《侵权责任法》第29条的规定。

2. 禁止饲养的危险动物的损害责任。禁止饲养的危险动物的损害责任，是指禁止饲养的烈性犬等危险动物造成他人损害的，动物的饲养人或管理人应该承担侵权责任。禁止饲养的烈性犬等危险动物，是指应当按照规范性法律文件禁止饲养的动物，如猎狐犬、澳洲牧羊犬、松狮犬、斑点狗等，但需要注意的是：对于有特定需要的法人或其他组织，可以在经过批准后饲养危险动物，如机关、团体、部队、企事业单位饲养的军犬、警犬、护卫犬、科研医疗实验用犬，不属于禁止饲养的危险动物。

3. 动物园动物的损害责任。动物园的动物造成他人损害的，动物园应该承担侵权责任，但能够证明尽到管理职能的，不承担责任。可见，动物园动物的损害责任的责任主体是动物园，适用过错责任原则，且实行举证责任倒置，与其他饲养动物致害的侵权责任不同，

第三十九章

动物园是就自己没有尽到管理职责承担责任，属于不作为侵权责任。动物园应仅限于为公众提供服务的国家动物园，如综合性的动物园、专类性的动物园、野生动物园、城市公园的动物展区等，不包含私人动物园。

所谓动物园的管理职能，可以解释为对动物的看管义务，动物园应该根据动物的特点和动物利用的目的，在具体的情形下，采取社会观念所要求的安全管理措施，例如，对于用栅栏围起来的动物，动物园要避免其逃出栅栏，且确保栅栏没有损坏；动物园的参观者大多是对动物充满好奇的未成年人，动物园的管理职责就是要避免儿童触摸河马、蟒蛇、老虎等凶猛的动物。

从法律适用的角度来看，考虑到动物园的动物致害采取的是过错责任原则，说明立法适当倾斜于动物园一方，司法实务中可以通过对注意义务标准的提高来实现受害人与动物园之间的利益平衡。[1]

4. 遗弃或逃逸动物的损害责任。遗弃或逃逸动物的致害责任，是指动物在遗弃或逃逸期间造成他人损害，原动物饲养人或管理人应该承担的侵权责任。《侵权责任法》第 82 条规定："遗弃、逃逸的动物在遗弃、逃逸期间造成他人损害的，由原动物饲养人或者管理人承担侵权责任。"此条的规定可以在一定程度上解决现实生活中流浪动物致害的问题。遗弃的动物是指动物的饲养人抛弃了动物，逃逸的动物是指饲养人或管理人并不是放弃自己饲养或管理的权利，只是暂时失去了对该动物的占有和控制。遗弃或逃逸的动物的损害责任规则适用于所有类型动物，可以是动物园的动物，也可以是禁止饲养的烈性犬等危险动物，还可以是其他动物。

无论是动物的饲养人或者管理人遗弃动物，还是未尽到管理责任致使动物逃逸，其行为都加剧了动物对人和社会的危险性，而损害事实的发生正是动物在失去人为的管束下任意流动的危险实现所导致。因此，出于对社会公共利益的考虑，为了充分保护被侵权人的利益，遗弃或逃逸动物的原饲养人或管理人应该对自己遗弃动物的行为，以及疏于管理没有尽到管理义务的行为承担责任。原动物饲养人或管理人承担责任必须是遗弃或逃逸的动物在遗弃或逃逸期间所致的损害，如果遗弃或逃逸的动物被新的饲养人收留，原动物饲养人或管理人就不必再承担责任。

5. 因第三人过错导致动物致害的责任。现实生活中，很多动物致害事件不是因被侵权人自己的过错，也非动物独立致人伤害，很多时候是由于第三人的原因致使动物伤及他人。第三人，是指动物饲养人或者管理人以及受害人以外的人。动物饲养人或管理人是法人或其他组织的，其工作人员不属于这里所说的第三人；第三人实施的过错行为，可以是作为，也可以是不作为，前者如第三人故意驱使他人的动物攻击受害人；后者如第三人负有避免动物致害的作为义务而未尽到该义务，在大多数场合表现为：故意挑逗、投打、投喂、诱使动物，致使他人受到人身或财产的损害，实际上是诱发动物致害的行为。

比较《民法通则》第 127 条与《侵权责任法》第 83 条的规定将发现二者表述有所不同：《民法通则》第 127 条规定，"由于第三人的过错造成损害的，第三人应当承担民事责任"；《侵权行为法》第 83 条规定，"因第三人的过错致使动物造成他人损害的，被侵权人可以向动物饲养人或者管理人请求赔偿，也可以向第三人请求赔偿。动物饲养人或者管理人赔偿后，有权向第三人追偿"。

---

〔1〕 王利明、周友军、高圣平：《中国侵权责任法教程》，人民法院出版社 2010 年版，第 723 页。

　　可以看出，按照《民法通则》第 127 条的规定，动物致人损害如果是由于第三人的过错造成的，受害人只能请求第三人赔偿。按照《侵权责任法》第 83 条的规定，因第三人过错导致动物致害的情形下，被侵权人有救济选择权，即被侵权人可以根据具体情况，依据当事人的赔偿能力，请求第三人承担赔偿责任，或者请求动物饲养人或管理人承担赔偿责任。

　　可见，《侵权责任法》没有将第三人过错引起的动物致人损害作为免除动物饲养人或管理人责任的事由。法律之所以允许被侵权人在动物的饲养人或管理人和第三人之间进行选择，原因在于一方面可使被侵权人获得法律救济、得到实际赔偿的可能性增大；另一方面，也会使动物饲养人或管理人对动物的管束尽更高的注意义务，从而减少动物伤人的机会。

　　在动物饲养人或者管理人对被侵权人赔偿后，有权向第三人追偿。动物饲养人或管理人之所以享有追偿权，是因为动物饲养人或管理人实际上是代替第三人履行赔偿义务，在动物饲养人或管理人与第三人之间，第三人仍是责任的最终承担者。如果第三人失踪或者无赔偿能力，那么，为保护受害人的利益，动物的保有者须承担责任。

三、物件致害责任

（一）物件致害责任的概述

1. 概念。物件致害责任，是指建筑物、构筑物或者其他设施及搁置物、悬挂物、堆放物、妨害通行物和林木等由于存在缺陷或疏于管理、维护，造成他人损害，侵权人应该承担的侵权责任。物件致害责任并不是侵权人对自己的不当行为承担责任，而是责任人对因自己所有或控制的物致他人损害应承担的责任，属于准侵权行为。

2. 物件致害责任的基本特点。物件致人损害责任的基本特点是：①危险源均与不动产或土地或房屋有关；②责任人违反了作为的法定义务，是不作为责任；③适用推定过错归责方式；④物件的所有人、管理人、使用人，即物件的保有人承担责任。

　　物件致害责任是侵权行为法的重要组成部分，其原因在于建筑物等工作物随着社会的发展日益巨大化、科技化、高层化及地下化，已经成为一种危险的来源。为控制风险，防止损害的发生，确立了物件致害责任，督促物件的所有人或管理人、使用人及建设单位与施工单位及时履行控制风险的义务。由于物件损害责任中的物件的危险高于一般生活用品，但还没有达到高度危险物品的程度，其责任状态处于过错责任与无过错责任之间，在归责上适用过错推定归责方式，即损害发生后，被侵权人证明自己的损害是因立法规定的物件类型造成的，物件的所有人、管理人或者使用人则须承担责任，除非能够证明自己没有过错，如果举证不能或举证不足，则应承担侵权责任。

3. 物件致害责任的类型。《民法通则》对于物件致害责任仅规定了两条，即建筑物或工作物致害责任和地面施工未设安全标志致害责任。《侵权责任法》增加为 7 条，细化了物件致害责任的类型，具体包括：①建筑物、构筑物或者其他设施及其搁置物、悬挂物发生脱落、坠落造成他人损害的侵权责任；②建筑物、构筑物或者其他设施倒塌造成他人损害的侵权责任；③从建筑物中抛掷物品或者从建筑物上坠落的物品造成他人损害的侵权责任；④堆放物倒塌造成他人损害的侵权责任；⑤在公共道路上堆放、倾倒、遗撒妨碍通行的物品造成他人损害的侵权责任；⑥林木折断造成他人损害的侵权责任；⑦在公共场所或者道路上挖坑、修缮安装地下设施等造成他人损害的侵权责任。

（二）建筑物、构筑物或者其他设施致人损害责任

　　建筑物、构筑物或其他设施致人损害责任，是指因建筑物、构筑物或者其他设施及其搁置物、悬挂物存在设计缺陷、施工缺陷或维护缺陷而发生倒塌、脱落、坠落等事故，导

致他人人身或财产损害的侵权责任。《侵权责任法》第 85 条规定："建筑物、构筑物或者其他设施及其搁置物、悬挂物发生脱落、坠落造成他人损害，所有人、管理人或者使用人不能证明自己没有过错的，应当承担侵权责任。所有人、管理人或者使用人赔偿后，有其他责任人的，有权向其他责任人追偿。"第 86 条规定："建筑物、构筑物或者其他设施倒塌造成他人损害的，由建设单位与施工单位承担连带责任。建设单位、施工单位赔偿后，有其他责任人的，有权向其他责任人追偿。因其他责任人的原因，建筑物、构筑物或者其他设施倒塌造成他人损害的，由其他责任人承担侵权责任。"

1. 建筑物、构筑物或者其他设施及搁置物、悬挂物概念界定。建筑物是指人工建造的、固定在土地上，其空间用于居住、生产或者存放物品的设施，如住宅、写字楼、车间、仓库等。

构筑物或者其他设施是指人工建造的、固定在土地上、建筑物以外的某些设施，如道路、桥梁、隧道、城墙、堤坝、电柱、广告塔、烟囱、屋檐、门窗、电梯等。

建筑物、构筑物或者其他设施上的搁置物、悬挂物是指搁置、悬挂在建筑物、构筑物或者其他设施上，非建筑物、构筑物或者其他设施本身组成部分的物品。如搁置在阳台上的花盆、悬挂在房屋天花板上的吊扇、脚手架上悬挂的建筑工具等。

2. 建筑物、构筑物或者其他设施致人损害责任的构成要件。建筑物、构筑物或者其他设施致人损害责任的构成要件是：①建筑物、构筑物或者其他设施倒塌、脱落、坠落。②被侵权人遭受损失。有损失，才有赔偿。被侵权人遭受的损失既可以是人身伤害，也可以是财产伤害。③建筑物、构筑物或者其他设施倒塌、脱落、坠落与被侵权人遭受到的损失存在因果关系。④所有人、管理人或者使用人存在推定的过失。建筑物、构筑物或者其他设施的所有人、管理人或者使用人应当对建筑物、构筑物或者其他设施及其搁置物、悬挂物进行合理的管理、维护，避免给他人造成损害。如若违反了这一义务，就认定所有人、管理人或者使用人存在推定的过失。

建筑物、构筑物或者其他设施致人损害责任是物件的所有人、管理人、使用人及建造人因违反建造或维护义务而承担的不作为责任，而且建筑物、构筑物或者其他设施致人损害责任救济的应当是因物件的坚固性瑕疵和重力作用结合所致的损害，且其适用过错责任归责原则，适用举证责任倒置。

3. 责任承担。由建筑物、构筑物或其他设施的保有人承担责任。建筑物、构筑物或其他设施致人损害责任的责任主体的情形相对比较复杂一些，具体如下：

（1）所有人。所有人是指对建筑物的设施等拥有所有权的人，建筑物、构筑物或者其他设施多为不动产，一般说来，不动产的所有人是在不动产登记机构依法登记确认的人。我国《物权法》第 9 条第 1 款规定："不动产物权的设立、变更、转让和消灭，经依法登记，发生效力；未经登记，不发生效力，但法律另有规定的除外。"第 16 条规定："不动产登记簿是物权归属和内容的根据。不动产登记簿由登记机构管理。"有时，虽然没有登记，但是也可以依法确定不动产的所有权人，如《物权法》第 30 条规定："因合法建造、拆除房屋等事实行为设立或者消灭物权的，自事实行为成就时发生效力。"因此，在农村宅基地上自建的房屋和城市中一些依法新建的房屋，虽然没有来得及登记，仍然可以依法确定具体的所有权人。

（2）管理人。管理人是指对建筑物、构筑物或者其他设施及其搁置物、悬挂物负有管理、维护义务的人。对此处的"管理人"应该作限制性的解释，是指依照法律、法规或者行政命令对国有建筑物进行经营管理的人，包括全民所有制企业、事业单位、国家机关等。

如《教育法》第 29 条规定，学校及其他教育机构管理、使用本单位的设施和经费，因此，学校里国家所有的建筑物、构筑物等由学校管理、维护，学校是管理人，造成损害，学校应该承担责任。

（3）使用人。使用人是指因租赁、借用或者其他情形使用建筑物等设施的人。一般来讲，使用人承担赔偿责任适用于以下两种情形：①使用人依法对其使用的建筑物、构筑物或者其他设施负有管理、维护义务时，因其管理、维护不当造成他人损害。②使用人对建筑物、构筑物或者其他设施的搁置物、悬挂物管理、维护不当，造成他人损害。

（4）所有人、管理人或者使用人的追偿权。在实际生活中，损害的发生除了与所有人、管理人或者使用人的过错有关外，还与其他人有关，只是该其他人不直接对被侵权人承担侵权责任。但是，所有人、管理人或使用人向被侵权人赔偿后，有权向其他责任人追偿。例如，房屋的所有人与承揽人签订承揽合同，由承揽人为房屋安装防盗网，由于承揽人的过错，防盗网没有安装牢固，坠落将他人砸伤。如房屋所有人不能证明自己没有过错的，就应该对被侵权人承担侵权责任，在对被侵权人承担侵权责任后，有权向承揽人追偿。

（5）建设单位、施工单位承担连带责任。建筑物、构筑物或者其他设施倒塌造成他人损害的，建设单位与施工单位承担连带责任。有其他责任人的，建设单位、施工单位赔偿后，有权向其他责任人追偿。

倒塌，是指建筑物、构筑物或者其他设施坍塌、倒覆，造成建筑物、构筑物或者其他设施丧失基本使用功能。例如，楼房倒塌、桥梁的桥墩坍塌、电视塔从中间折断、烟囱倾倒等。建筑物、构筑物或者其他设施倒塌的，除了建设单位、施工单位以外，还有可能存在其他的责任人，如设计人的设计存在缺陷，造成房屋的倒塌。此处的其他责任人员主要包括勘察单位、设计单位、监理单位，勘察、设计、监理单位以外的责任人，如负责颁发建筑工程许可证的部门及其工作人员对不符合施工条件的建筑工程颁发施工许可证，负责工程质量监督检查或者竣工验收的部门及其工作人员对不合格的建筑工程出具质量合格文件或者按合格工程验收，造成损失的，由该部门承担相应的赔偿责任。

另外，建筑物、构筑物或者其他设施倒塌有很多种原因，有的是质量不合格，有的是年久失修，有的是业主擅自改变承重结构，不应该一概由建设单位、施工单位承担侵权责任。因此，《侵权责任法》第 86 条第 2 款规定："因其他责任人的原因，建筑物、构筑物或者其他设施倒塌造成他人损害的，由其他责任人承担侵权责任。"如建筑物等设施已经超过合理的使用年限，所有人不采取必要的加固、维修等安全措施，或擅自改变承重结构，导致建筑物倒塌造成他人损害的，所有人应该承担被侵权人的损失，建设单位、施工单位不承担责任。

（三）建筑物中抛掷物或坠落物致人损害责任

建筑物抛掷物或坠落物致人损害责任，是指建筑物中的抛掷物或坠落物造成他人损害，且无法确定具体侵权人时，由可能加害的建筑物使用人承担补偿责任。《侵权责任法》第 87 条规定："从建筑物中抛掷物品或者从建筑物上坠落的物品造成他人损害，难以确定具体侵权人的，除能够证明自己不是侵权人的外，由可能加害的建筑物使用人给予补偿。"

建筑物中抛掷物或坠落物致人损害责任的构成要件是：①造成他人损害的物品是从建筑物中抛掷或坠落的。如果物体并非从建筑物中抛掷或坠落，则不适用该规定。②受害人遭受了损害，包括人身损害和财产损害。③建筑物中抛掷物或坠落物与受害人的损害之间存在因果关系，因果关系的认定应该采取相当因果关系理论。④难以确定具体的侵权人。也就是说无法确定物品从哪一个具体方位抛掷、坠落。

在建筑物中抛掷物、坠落物致人损害的情形下，实施举证责任倒置规则，由建筑物使用人证明其非为侵权人，如果举证不能，则应对被侵权人受到的损害进行补偿。如果有证据确定具体的侵权人，其他可能加害的建筑物使用人则不用再证明自己不是侵权人。建筑物使用人要证明自己非为侵权人，一般有以下几种情况：①证明在损害发生时，自己不在建筑物内；②证明自己所处的位置不可能实施该加害行为；③证明自己就算实施了该侵害行为，也无法使抛掷物或坠落物达到损害发生的位置；④证明自己根本就没有造成损害发生的物。

建筑物抛掷物、坠落物造成他人损害，在难以确定具体侵权人时，由可能加害的建筑物使用人对侵权人给予补偿。各个可能的建筑物使用人之间承担的不是连带责任，是按份分别对被侵权人进行补偿。应注意的是，立法在这里使用了"补偿"而非"赔偿"的用语。补偿责任的规定不仅是对受害人利益的保护，也是对可能加害的建筑物使用人人格利益的尊重。

被侵权人不能要求某一个或一部分可能加害的建筑物使用人补偿其全部的损害，可能加害的建筑物使用人按照自己的份额对被侵权人进行补偿后，也不能向其他可能加害的建筑物使用人追偿。但是，如若发现真正的侵权人，就可以向真正的侵权人进行追偿。

（四）堆放物致人损害责任

堆放物致人损害责任，是指由于堆放物整体倒塌或者个别滑落、滚落而致人损害，堆放人应承担的侵权责任。

堆放物是指堆放在土地上或者其他地方的物品，是非固定在其他物体上的，如建筑工地上堆放的砖块，木料场堆放的圆木等。所谓堆放物的倒塌，不仅仅指堆放物整体的倒塌，还包括部分的脱落、坠落、滑落、滚落等，例如，码头堆放的集装箱倒塌、建筑工地上堆放的建筑材料倒塌、伐木场堆放的圆木滚落等。堆放人应当合理选择堆放地点、堆放高度，要堆放稳固并看管好堆放的物品。

《侵权责任法》第88条规定："堆放物倒塌造成他人损害，堆放人不能证明自己没有过错的，应当承担侵权责任。"在堆放物致人损害责任中，堆放人因之前的堆放行为而产生维护堆放物安全、防止损害发生的义务，如果构成对该义务的违反，则为不作为侵权，产生堆放人的过错推定责任，即堆放物致人损害责任适用过错推定的归责原则。堆放人如果不能证明自己没有过错的，应承担侵权责任。

堆放物的倒塌如果是由于不可抗力、第三人的故意造成的，堆放人不承担侵权责任。需要说明的是，在这种情形下，堆放人仍需要举证证明自己对堆放物的倒塌致人损害没有过错，不能证明自己没有过错的，堆放人仍需承担侵权责任。

（五）妨碍通行物致人损害责任

妨碍通行物致人损害责任，是指在公共道路上堆放、倾倒、遗撒妨碍通行的物品造成他人伤害的，由实施该行为的单位、个人或者负有道路安全保障义务的主体承担侵权责任。《侵权责任法》第89条规定："在公共道路上堆放、倾倒、遗撒妨碍通行的物品造成他人损害的，有关单位或者个人应当承担侵权责任。"

公共道路是指公共通行的道路。《公路法》和《公路安全保护条例》规定，公路是经过公路主管部门验收认定的城间、城乡间、乡间能够行使汽车的公共道路，公路包括公路渡口、公路路基、路面、桥梁、涵洞、隧道。《道路交通安全法》规定，道路是指公路、城市道路和虽在单位管辖范围内但允许机动车通行的地方，包括广场、公共停车场等用于公共通行的场所，而妨碍通行物致人损害责任中的公共道路包括但不限于《公路法》《公路安全保护条例》《道路交通安全法》中的道路，建筑区划内属于业主共有但允许不特定的公众通行的道路都属于公共道路。

在公共道路上堆放、倾倒、遗撒妨碍通行物，影响他人对公共道路正常、合理地使用，既可以是堆放、倾倒、遗撒固体物，例如，在公共道路上非法设置路障、晾晒粮食、倾倒垃圾等，也可以是倾倒液体、排放气体，如运油车将石油泄漏到公路上、非法向道路排水、热力井向道路散发出大量的蒸汽等。可见，妨碍通行物致人损害责任，大多数情况下属于行为责任，行为人要对自己的过错行为承担责任，而不是对物的损害承担责任，只是在找不到行为人时，可能由公共道路管理人承担责任，此种情形下的责任属于物件致人损害责任。

被侵权人因堆放、倾倒、遗撒妨碍通行物受到损害的情形也有多种，例如，行人被公共道路上的妨碍通行物绊倒、滑倒；司机被公共道路上非法堆放的物体挡住视线，驾驶的机动车撞到路边的树上。

妨碍通行物致人损害责任赔偿主体，在通常的情形下，应该是实施堆放、倾倒、遗撒行为的人，但对公共道路负有管理、维护义务的单位或个人如果没有及时清理妨碍通行物而致人损害，也应该承担责任。因为，为了保障公共道路具有良好的使用状态，公共道路的管理、维护者要及时发现道路上出现的妨碍通行的情况并采取合理的措施，此时，行为人与道路管理、维护者之间属于不真正的连带责任，道路管理、维护者承担赔偿责任后，可以向行为人追偿。[1]

（六）林木致人损害责任

林木致人损害责任，是指因林木折断、倾倒造成他人损害，林木所有人或管理人应承担的侵权责任。《侵权责任法》第90条规定："因林木折断造成他人损害，林木的所有人或者管理人不能证明自己没有过错的，应当承担侵权责任。"此处的林木，包括自然生长的林木和人工种植的林木，对林木生长的地域范围没有限制，林地中的林木、公共道路旁的林木、旅游景区栽种的林木及院落周围零星生长的树木等都包括在内，只是，林木生长的地理位置不同会使林木的所有人或管理人注意义务的标准以及认定林木所有人或者管理人的过错也有所区别。所谓林木折断，不仅包括林木枝蔓的掉落、折断等造成他人伤害，还包括林木的果实坠落砸伤路人造成伤害、林木倒伏压坏汽车等。

林木的所有人或管理人对自己栽种的林木有合理维护的义务，以防止林木发生危险，造成他人权益的损害。例如，所有人或管理人应当固定好新栽种的树木，及时修剪干枯的树枝，及时采伐干枯的树木，及时清理树木上的积雪，及时采摘树上的果实，在林木出现危害他人安全的情形下，要设置明显的标志并采取相应的安全措施以及时消除树木的危险状态。如果林木的所有人或管理人没有正确、合理地履行这一义务，就要承担侵权责任，正因为这样，林木致人损害责任适用过错推定的归责原则。林木折断造成他人损害，林木的所有人或者管理人不能证明自己没有过错的，应当承担侵权责任，在通常的情况下，就是要证明其对林木已经尽到了管理、维修的义务。

在实际生活中，林木的折断表面上是由于自然原因或者第三人过错等原因造成的，但实质上仍是与所有人或管理人的过错有关的。例如，大风将因虫害而枯死的大树刮倒，砸伤过路的行人，大风和虫害是导致树木折断的原因，但虫害可能是因为所有人或管理人没

第三十九章

---

[1]　参见王利明主编：《中华人民共和国侵权责任法释义》，法律出版社2010年版，第434页。

有尽到管理、维护的义务造成的，因此，如所有人或管理人不能证明自己对已有虫害的树木采取了必要的维护措施，仍然要承担责任，之所以要求林木的所有人或管理人承担赔偿责任是因为林木的所有人或管理人有善尽管理的义务，保证林木不因虫蛀、枯死、老化等原因发生倾倒、折断而致人损害。

（七）地面施工致人损害责任

地面施工致害责任，是指地面施工人在公共场所施工因其没有采取安全措施造成他人损害而应该承担的侵权责任。公共场所是不特定的人聚集、通行的场所，在这些地方施工，更有可能对他人造成损害，因此，需要更加注意保护他人的安全。《侵权责任法》第91条规定："在公共场所或者道路上挖坑、修缮安装地下设施等，没有设置明显标志和采取安全措施造成他人损害的，施工人应当承担侵权责任。窨井等地下设施造成他人损害，管理人不能证明尽到管理职责的，应当承担侵权责任。"可见，地面施工责任强调施工的地点必须是公共场所。

地面施工致人损害责任的构成要件：①有地面施工，但没有采取安全措施的行为。即有在公共场所、道路旁或者通道上施工但没有设置明显警示标志或者采取安全措施的行为。在公共场所或者道路上施工，应该设置具有警示性的明显标志，且同时要保证警示标志的稳固并负责对其进行维护，使警示标志持续地存在于施工期间，如仅仅设置明显的标志但不足以保障他人安全的，施工人还应该采取其他有效的安全措施。施工人没有正确、合理履行这一义务，造成他人损害的，就应该承担侵权责任。②受害人受到损害。受害人是施工作业人员以外的其他人，施工作业的人员不包括在内。损害包括人身损害和财产损害。③地面施工但没有采取安全措施的行为与受害人的损害之间存在因果关系。

地面施工致人损害责任的责任主体是施工人。施工人是指组织施工的单位或者个人，而非施工单位的工作人员或者个体施工的雇员，施工人一般是承包或承揽他人工程进行施工的单位或个人。

地面施工致人损害责任的抗辩事由有：不可抗力、受害人的过错、第三人的过错及施工人证明自己没有过错。

与地面施工致人损害责任类似的是窨井等地下设施造成他人损害，管理人不能证明尽到管理职责的，应该承担侵权责任。窨井是指上下水道或其他地下管线工作中，为了便于检查或疏通而设置的井状构筑物。其他地下设施包括地窖，水井，下水道，输水、输油、输气设施等，地下设施造成他人损害责任的构成要件与地面施工致人损害责任构成要件大体相同。不同的地下设施，造成损害的方式不同，要具体情况具体认定。

地下设施致人损害责任的责任主体是管理人，管理人是对地下设施负有管理职责的单位或个人。地窖、水井、下水道和输水、输油、输气设施等不同的地下设施属于不同的单位管理，在损害发生后要确定明确具体的管理人，由相关的管理人依法承担侵权责任。

■第六节　医疗损害责任

一、医疗损害责任的含义

医疗损害责任是指医疗机构和医务人员在诊疗过程中因过错导致患者人身或其他伤害，由医疗机构赔偿损害的侵权责任。

医疗损害责任，其称谓一直不统一，有医疗事故责任、医疗过失责任、专家责任、医师责任、医疗侵权纠纷等称谓。之所以称谓不统一，与我国医疗损害责任制度存在的双轨制有关。所谓双轨制，即在我国医疗损害赔偿案件中适用两个不同的法律、不同的赔偿标准、不同的责任范围和不同的鉴定机构。

我国现行的《医疗事故处理条例》为行政法规，按该条例规定，属于医疗事故的，适用《医疗事故处理条例》。不构成医疗事故，构成医疗过错的，适用《民法通则》和《人身损害赔偿解释》。由于适用法律不同，出现了以下情况：鉴定为医疗事故，损害严重的，根据《医疗事故处理条例》承担有限的赔偿责任；不构成医疗事故，仅构成医疗过错的，按照《民法通则》和《人身损害赔偿解释》的赔偿规定，却能够获得比依照《医疗事故处理条例》更多的赔偿额。

医疗纠纷案件中的法律适用和赔偿标准不统一的情形，损害了法治的统一性和严肃性，不仅影响司法公正，还加剧了医患矛盾。《侵权责任法》专章规定了医疗损害责任，调整的范围既包括医疗事故，还包括非医疗事故，患者在诊疗过程中只要受到损害，其损害赔偿统一适用《侵权责任法》中的各项规定。

二、医疗损害责任构成要件

1. 具有医疗机构和医务人员的诊疗行为。所谓诊疗行为，是医疗机构及其医务人员借助其医学知识、专业知识、仪器设备及药物手段，为患者提供救治、检查、治疗、护理等维护患者生命和健康所必需的活动之行为总和。

2. 患者受到诊疗行为的实际损害。该损害主要是指因过错的诊疗行为侵害患者的生命权、健康权、身体权而造成的财产和精神损害。

3. 诊疗行为与损害后果之间具有因果关系。

4. 医疗机构及其医务人员主观上有过错。《侵权责任法》第54条规定，患者在诊疗活动中受到损害，医疗机构及其医务人员有过错的，由医疗机构承担赔偿责任。由此可知，医疗侵权责任的构成以医疗机构及其医务人员主观上有过错为必要条件，适用过错责任归责原则。为了平衡双方当事人的利益，《侵权责任法》对于诊疗活动中引起的纠纷一般情况下适用过错归责，原则上由受害人承担过错的举证责任。但在法律有特别规定的情况下，适用过错推定的举证方式，如《侵权责任法》第58条规定，医务人员有违规治疗，隐匿或拒绝提供与纠纷有关的病历资料，伪造、篡改或销毁病历资料等行为时，适用过错推定的举证方式。

三、责任承担

在医疗侵权案件中，直接加害人往往是医务人员，而承担责任的主体是该医务人员所属的医疗机构。表面上看，这与雇主责任（用人单位责任）是一致的。但雇主责任是无过错责任，医疗机构的责任是过错责任，雇主责任是对他人不当行为负责，医疗机构是对自己的过错行为负责。

四、医疗致害责任的特殊责任形态

1. 侵犯患者知情同意权的责任。知情同意权包括知情权和同意权两方面的内容，只有在知情的基础上，才可能作出是否同意的意思表示。患者在接受诊疗服务的过程中，医务人员负有告知义务，应向患者说明病情和医疗措施，如果需要实施手术或特殊检查、特殊治疗的，应及时向患者说明医疗风险、替代医疗方案等情况。在履行了上述告知义务后，须征得患者的同意，并应由患者本人签署同意书。患者不具备完全行为能力时，应由其法定代理人签字。当病情和医疗风险不宜向患者说明，如有可能造成患者悲观、恐惧、心理负担等不利于治疗的情形时，医务人员应向患者近亲属说明，并取得其近亲属的书面同意。

如果在紧急情况下，如为抢救生命垂危的患者的紧急情况下，不能取得患者或者近亲属同意的，经医疗机构负责人或者授权的负责人批准，可以立即实施相应的医疗措施。

医务人员未履行前述告知义务，未取得患者同意造成医疗损害的，医疗机构应当承担赔偿责任。

2. 侵犯患者隐私权的责任。患者的隐私，属于隐私权的内容之一，由于权利主体的特殊性，患者的隐私内容具有一定的特殊性。医疗损害中患者的隐私是指在医疗活动中患者拥有保护自身的隐私部位、自身病史、家族病史、身体缺陷、特殊经历、特殊遭遇等隐私，以及患者在诊疗过程中只向医师公开的、不愿让他人知道的个人信息等。如果患者不进入医疗机构，不进行医疗诊治，则谈不上患者的隐私，仅为普通隐私。

《侵权责任法》第62条规定，医疗机构及其医务人员应当对患者的隐私保密。泄露患者隐私或者未经患者同意公开其病历资料，造成患者损害的，应当承担侵权责任。

3. 药品、消毒制剂、医疗器械缺陷或者输入不合格的血液的致害责任。药品、消毒制剂、医疗器械缺陷或者输入不合格的血液导致患者损害的，适用产品责任的规定。我国立法将药品、消毒制剂、医疗器械和血液视为产品，当这些产品有缺陷不合格，造成患者损害时，适用产品责任的相关规定，即患者可以向生产者或者血液提供机构请求赔偿，也可以向医疗机构请求赔偿。患者向医疗机构请求赔偿的，医疗机构赔偿后，有权向负有责任的生产者或者血液提供机构追偿。

五、医疗机构不承担责任的事由

根据《侵权责任法》第60条的规定，患者有损害，如果是因为下列情形之一的，医疗机构不承担赔偿责任：①患者或者其近亲属不配合医疗机构进行符合诊疗规范的诊疗；②医务人员在抢救生命垂危的患者等紧急情况下已经尽到合理诊疗义务；③限于当时的医疗水平难以诊疗。前款第①项情形中，医疗机构及其医务人员也有过错的，应当承担相应的赔偿责任。

六、医疗机构的义务

1. 医疗机构及其医务人员负有保管病历资料的义务。医疗机构及其医务人员应当按照规定填写并妥善保管住院志、医嘱单、检验报告、手术及麻醉记录、病理资料、护理记录、医疗费用等病历资料，并保管好上述资料。

2. 医疗机构及其医务人员具有向患者提供查阅、复制病历资料的义务。

3. 医疗机构及其医务人员具有不得实施过度诊疗检查的义务。医疗机构及其医务人员不得违反诊疗规范实施不必要的检查。

以上内容为我国《侵权责任法》规定的特殊侵权类型。该特殊侵权类型是开放性的，并且随着社会的发展，其类型也将有所增加。

第九编

侵权行为的效力

　　无论是一般侵权行为，还是特殊侵权行为，只要具备该类侵权行为的构成要件，依法律规定，在受害人和侵害人之间就产生法定之债，即损害赔偿债权债务关系。受害人为债权人，有损害赔偿请求权；法律规定应负担责任的人为债务人，有给付损害赔偿的义务。侵权行为发生后，因在特定当事人之间产生了以给付赔偿为内容的法律关系，符合债的特点，因此，大陆法系各国立法将侵权行为归入债编。

　　本书将侵权行为的效力归为债，即损害赔偿之债，将侵权行为纳入债的体系，原因是：①这是特定人之间的债权债务关系，而不仅仅是一方的债务。②具有给付性质，至于给付的内容是财产，还是恢复名誉、赔礼道歉之类，不影响给付的特征。③债与责任含义不同。虽然侵权行为发生后，对于加害人而言，依法产生损害赔偿的义务，而损害赔偿又恰恰是民事责任的形式之一。但从法律意义上说，债务是应给付的义务，责任是不履行义务的担保。只有在义务人不能自觉履行义务时，损害赔偿之债才转化为民事责任。如果义务人履行了债务，或者权利人放弃了请求给付的权利，债不会转化为责任。当损害赔偿在债的意义上使用时，它强调的是义务人的自觉履行，体现了民法意思自治原则的特点。当损害赔偿直接作为民事责任的形式时，它的性质已经转变为具有制裁性的强制履行了。

■第一节　损害赔偿之债的主体

一、赔偿关系的权利主体

　　在侵权损害赔偿法律关系中，受害人是提出损害赔偿请求权的权利主体，如果进行诉讼，则为原告。诉讼请求的提出者，除受害人本人以外，还有受害人的利害关系人、死者的近亲属，他们也是请求赔偿的权利主体。具体而言，受害人可以分为：直接受害人和间接受害人。

　　（一）直接受害人

　　直接受害人是侵权行为损害后果的直接承受者，是因侵权行为而使民事权利受到侵害的人。例如，财产被非法占有的人，被侵害名誉的人，著作权被侵害的人，事故中的伤者、死者、精神受到损害的人，被动物伤害的人等。具体而言，直接受害人可以是：

　　1. 有完全行为能力的直接受害人。受害人的资格不在于是否具有完全行为能力，而在于其是否具有民事权利能力。凡是具有实体法上的民事权利能力，又因侵权行为使其民事权利受到侵害的人，就具有受害人的资格。但是，有无民事行为能力，涉及是否可以行使赔偿请求权。具有完全行为能力的直接受害人，可以自己名义行使侵权赔偿请求权，向赔偿义务主体请求赔偿。

　　2. 无行为能力或限制行为能力的直接受害人。直接受害人如果是无行为能力人或限制行为能力人，自己则不能行使赔偿请求权，应当由其法定代理人代其行使侵权赔偿请求权。

法定代理人可以作为直接受害人委托的诉讼代理人进行诉讼。

3. 多数直接受害人。一个侵权行为如果有数个直接受害人，所有的直接受害人都享有赔偿请求权，都可以提起侵权赔偿诉讼。依其人数，有 2 ~ 9 个直接受害人的，作为必要的共同诉讼，一般应当合并审理，个别直接受害人不起诉的，并不影响其他直接受害人提出赔偿请求。有 10 个以上直接受害人的案件，按照《最高人民法院关于适用〈中华人民共和国民事诉讼法〉的解释》第 75 条的规定，可以进行集团诉讼或代表诉讼。

4. 生命权被侵害的直接受害人。侵害生命权，有双重直接受害人，即死亡的受害人和为死者送葬、治疗而遭受财产损失和精神损害的近亲属。前者已经死亡，权利能力终止，不能行使赔偿请求权；后者可以依法行使请求赔偿财产损失和精神损害的权利。

（二）间接受害人

间接受害人是侵权行为的非直接受害人，但须是直接受害人生前或丧失劳动能力之前扶/抚养的人。换言之，间接受害人是因直接受害人的死亡、伤残而受不利影响的人，例如，生命权、健康权被侵害造成直接受害人死亡或劳动能力丧失，而原来依靠直接受害人扶/抚养，因直接受害人死亡或丧失劳动能力，而使其丧失扶/抚养来源的人。这样的人可能是完全行为能力人，如靠父母的收入在读的大学生；也可能是无行为能力或限制行为能力的人。他们被扶/抚养的权利因直接受害人受害而受到侵害，因而享有法定的扶/抚养损害赔偿请求权。间接受害人的扶/抚养损害赔偿请求权是独立的赔偿请求权，可以和其他直接受害人一并提起诉讼，也可以独立提起扶/抚养损害赔偿诉讼。

（三）胎儿的赔偿请求权

胎儿在其孕育过程中受到损害，如何行使赔偿请求权，我国《民法通则》未作规定，《民法总则》仅在第 16 条规定，涉及遗产继承、接受赠予等胎儿利益保护的，胎儿视为具有民事权利能力，但是胎儿娩出时为死体的，其民事权利能力自始不存在，这是亟待解决的问题。例如，胎儿的父亲因他人侵权行为而丧生或丧失劳动能力，胎儿出生后的抚养损害赔偿问题；因环境污染，严重损害父母的健康及生殖遗传功能，导致婴儿出生时先天畸形或患病；因为母亲在怀孕期间服用某种药品或者身体以及精神上受到某种创伤导致婴儿出生时先天畸形或患病；其他原因而使胎儿健康、生命权益受到损害的赔偿问题等。对此，应当准许胎儿在其出生为活体，取得民事权利能力后，行使赔偿请求权；出生为死体的，可由胎儿的父母行使该权利。

（四）死者近亲属的赔偿请求权

因侵权行为导致受害人死亡，或者侵害死者的遗体，以及公民死亡后，其名誉、隐私、肖像等权益受到侵害的，因死者已经丧失民事权利能力，故死者不是民事权利主体。针对死者的侵权行为实质上是侵害其近亲属的经济或者精神利益的行为。因此，就上述损害事实主张赔偿的权利只能由死者的近亲属及其利害关系人享有，他们可以提出损害赔偿诉讼。

二、赔偿关系的义务主体

在侵权损害赔偿法律关系中，加害人是赔偿义务主体，在诉讼中，为被告。多数情况下，加害人是侵权行为的直接实施者，也是被告。但在某些情况下，被告不是直接加害人，而是责任的承受者，即替代责任的责任人，也是赔偿义务主体。例如，雇主责任、国家赔偿责任，被告是雇主、国家，直接加害人是雇员或者国家机构的工作人员。

在物件致人损害中，物的所有人、占有人为赔偿义务主体，具体而言，赔偿义务的主体可以分为三种人：直接加害人，替代责任人，致害物件的所有人、占有人。

（一）直接加害人

直接加害人是直接实施侵权行为，造成受害人损害的人。直接加害人分以下三种情况：

1. 单独的加害人。加害人为一人，为单独加害人。单独加害人为赔偿义务主体，由其个人承担赔偿责任。

2. 共同加害人。共同侵权行为的加害人，为共同加害人。共同加害人承担连带赔偿责任。在诉讼中，为必要的共同诉讼，应合并审理。

3. 共同危险行为人。共同危险行为的行为人不是共同加害人，但因共同危险行为的责任形式是连带责任，故共同危险行为人为共同的赔偿义务主体，为共同被告。

（二）替代责任人

在替代责任形式的特殊侵权中，直接造成损害的行为人并不是赔偿义务主体，不直接承担损害赔偿责任。其赔偿义务主体是为直接造成损害的行为人承担赔偿责任的替代责任人。例如，受雇人在雇用活动中致人损害，雇佣人承担赔偿责任；法人工作人员执行职务致人损害，法人承担赔偿责任；无民事行为能力人或者限制民事行为能力人致人损害，其法定代理人承担赔偿责任等。这些直接承担责任的主体，是赔偿义务主体。

在实务中，关于未成年人致人损害的赔偿案件，确定赔偿义务主体的做法，是值得研究的。未成年人致人损害，实务上把实施加害行为的未成年人列为被告，而不将其法定代理人列为被告，只是列为法定代理人。这种做法，不符合《民法通则》第133条和《侵权责任法》第32条的规定，亦违背替代责任的原理。应将未成年人的法定代理人列为被告，直接判决该法定代理人承担赔偿责任，如果未成年人有财产，可从未成年人的财产中支付赔偿费用，但此时未成年人承担的仅为财产责任，而非侵权责任。

（三）致害物件的所有人、占有人

物件致人损害，应由物件的所有人、占有人承担赔偿责任，这是侵权行为法一贯遵循的规则。因而，致害物件的所有人、占有人是该赔偿法律关系的赔偿义务主体，是赔偿诉讼中的被告。例如，高度危险作业的所有人、占有人，地上构筑物、建筑物及其他地上物的所有人、管理人，缺陷产品的销售者、制造者，污染环境的企业，动物的所有者、管理者等，都是赔偿义务主体。

■第二节　损害赔偿之债的客体

损害赔偿法律关系的权利义务主体确定后，双方当事人就何种对象行使请求权、履行赔偿义务，涉及侵权损害赔偿的客体问题。损害赔偿的客体，简而言之，是财产利益和非财产利益的给付。给付财产利益，是指给付具有财产价值的物质利益。给付非财产利益，是对不能用金钱衡量的精神利益给予抚慰，表现为对生理上的痛苦和心理上的不愉快的慰藉。物质利益与精神利益是人生活的必需。

当财产权与人身权受到侵犯时，会产生财产上的不利益和非财产上的不利益。物质上的财产损失称为财产上的不利益；精神痛苦也称为非财产上的不利益。这种不利益表现为财产的减少或精神上的痛苦。是不是所有的这些不利益都是损害赔偿的给付客体呢？原则上，物质上的损失与精神上的损失都是赔偿的范围，不过在具体确定赔偿的客体时，需要进一步具体分析。侵权事实发生后，产生损害赔偿义务关系从而导致一方必须向他方填补损害的，就是法律上的不利益；反之，则是事实上的不利益。法律上的不利益是损害赔偿的客体，事实上的不利益原则上不作为赔偿的客体。

■第三节 损害赔偿的方式

一、损害赔偿方式的含义

损害赔偿的方式，是指侵权人依据《侵权责任法》就其实施的侵权行为所造成的损害应当承担的具体赔偿方式，从责任的角度而言，即侵权民事责任形式。

侵权行为之债的效力是损害赔偿之债。有人认为，损害赔偿就是用金钱填补受害人的损失。是否只有金钱赔偿才是赔偿呢？我们认为，损害赔偿应从广义上理解，造成损害，应该赔偿，但规范意义上的侵犯责任赔偿不能仅仅理解为金钱赔偿，而且金钱赔偿并非对每一个受害人均有益，有时甚至会适得其反，比如物被非法占有的情形，让所有人忍受金钱赔偿等于强制物的所有人将物卖给非法占有人。当妨碍或危险正在危害所有人的权利和利益时，让所有人接受金钱赔偿，意味着强制所有人、占有人允许妨碍或危险继续存在。在侵害隐私权的情形，让加害人停止侵害，不公开某些信息比金钱赔偿更符合受害人的利益。因此，作为对损害的救济措施，在很多情况下，非金钱赔偿的方式比金钱赔偿的方式更重要。

二、我国《侵权责任法》确定的损害赔偿方式

我国《侵权责任法》第15条规定了8种承担侵权责任的方式：停止侵害；排除妨碍；消除危险；返还财产；恢复原状；赔偿损失；赔礼道歉；消除影响、恢复名誉。上述方式，从赔偿的意义上理解，都是损害赔偿的方式，侵权之债的效力之所以为赔偿，就是要使义务人通过给付填补损害，这种给付，可以是排除妨碍、消除危险，也可以是赔礼道歉、恢复名誉，尽量使受害人的利益恢复到侵害和损害前应有的状况。

赔偿方式基本可以分为两大类：一类是恢复原状；另一类是金钱赔偿。民法传统的方式是以恢复原状为首选，只有在恢复原状不能时，才采取赔偿损失的方法。因此，当侵权行为发生后，具体履行损害赔偿义务时，首选恢复原状，其次选择金钱赔偿。在请求恢复原状仍有价差时，可以再以金钱赔偿的方式请求赔偿价差，两者可以同时使用。

侵权责任法规定的赔偿方式，即侵权责任形式，可以单独适用，也可以合并适用。当合并适用时，则为侵权赔偿方式的聚合，即因同一个法律事实产生了多种赔偿方式，各种赔偿方式（责任）并存的现象。

■第四节 损害赔偿的范围

损害分为财产权损害和人身权损害。无论是财产权损害还是人身权损害，均有直接损失和间接损失。

一、对于财产损害的赔偿

对财产损害的赔偿原则是：能实物赔偿的，实物赔偿；不能实物赔偿的，以金钱折价赔偿。《侵权责任法》第19条规定，侵害他人财产的，财产损失按照损失发生时的市场价格或者其他方式计算。

以金钱赔偿损失时，在确定了实际损失数额后，以实际损失为限，损失应全部赔偿。该实际损失的计算，依照《侵权责任法》所称"按照损失发生时的市场价格"计算的方法，也称之为"差额计算法"，即损失 = 原物价值 – 物的残存价值。

财产损害的间接损失是可得利益的减少，对于间接损失的计算通常较为严格，应该是

合理的损失，不能无限制地扩大。间接损失计算时相对复杂，通常采用的方法是收益平均法，例如，某商店被毁坏，影响营业 20 日，可以用上一个月的总收益除以该月的天数，得出商店 1 日的收益额，用该一日的收益额乘以 20 日，即为商店的间接损失额。也可采用同类比照法，以条件基本相同的同类生产、经营者为对象，计算他们在同等条件下的平均收益值，然后再乘以受害人财产被毁后不能经营的时间。

二、对于人身损害的赔偿

人身损害赔偿是指受害人的生命、健康、身体和人身权益遭受侵害，造成伤残、死亡以及其他损害后果的，受害人有权请求侵权人以财产赔偿的方式予以救济和抚慰的法律制度。《侵权责任法》第 16 条规定，侵害他人造成人身损害的，应当赔偿医疗费、护理费、交通费等为治疗和康复支出的合理费用，以及因误工减少的收入。造成残疾的，还应当赔偿残疾生活辅助具费和残疾赔偿金。造成死亡的，还应当赔偿丧葬费和死亡赔偿金。

根据《侵权责任法》规定的基本精神，人身损害赔偿通常分为以下几种类型：身体与健康损害型赔偿，这是一般伤害的常规性赔偿；劳动能力丧失的赔偿，这是伤残型赔偿；致人死亡的赔偿；人身损害的抚慰金（精神损害）赔偿。

1. 一般的身体健康损害赔偿。赔偿必要的医疗费、护理费、交通费等为治疗和康复支出的合理费用以及因误工减少的收入。除了上述费用外，最高人民法院《人身损害赔偿解释》还规定应赔偿必要的住院伙食补助费、必要的营养费和住宿费。这是一般的常规性赔偿，主要赔偿因医治一般的身体健康损害而支付的医疗和康复等必要费用。

2. 丧失劳动能力的赔偿。丧失劳动能力是指人身伤害致人残疾，使受害人创造物质财富和精神财富的脑力和体力受到减损。丧失劳动能力的赔偿，除了赔偿以上常规治疗费用外，还须赔偿伤残人因伤残所增加的生活上须支出的必要费用以及因丧失劳动能力导致的收入损失。包括：残疾赔偿金、残疾辅助器具费（安装假肢及残疾人所需的车等费用），以及因康复护理、继续治疗实际发生的必要的康复费、护理费、后续治疗费等。除此以外，还要赔偿依靠受害人实际扶养而又没有其他生活来源的人的必要生活费。

3. 致人死亡的赔偿，赔偿侵害生命权所造成的损失。这类赔偿除以上常规赔偿外，还要赔偿丧葬费（丧葬费包括运尸、寿衣、火化、骨灰盒购置、存放等费用），死亡赔偿金以及死者生前扶养的人的必要生活费、受害人亲属办理丧葬事宜支出的交通费、住宿费和误工损失等其他合理费用。

《侵权责任法》第 17 条规定，因同一侵权行为造成多人死亡的，可以以相同数额确定死亡赔偿金。第 18 条规定，被侵权人死亡的，其近亲属有权请求侵权人承担侵权责任。被侵权人为单位，该单位分立、合并的，承继权利的单位有权请求侵权人承担侵权责任。被侵权人死亡的，支付被侵权人医疗费、丧葬费等合理费用的人有权请求侵权人赔偿费用，但侵权人已支付该费用的除外。

4. 间接受害人的扶养损害赔偿。此项赔偿的是死者生前或伤害致残丧失劳动能力的受害人原来扶养的人所受的扶养损失的费用。

5. 人身损害的抚慰金赔偿。侵害公民的身体权、健康权、生命权是对人格权的损害，虽然属于非财产损害，但这种损害引起了受害人及其亲属的财产的变动，例如，治疗费、丧葬费等费用。

上述赔偿是对人身损害的财产性赔偿。

在损害人身权的同时，还可能给本人及其亲属造成精神痛苦。有时人身伤害与受害人的财产变动无关，而仅表现为受害人心理和生理上的痛苦，这主要是对精神性人格权的损害。对身体、健康、生命、姓名、名誉、荣誉、肖像、隐私、亲权等人身权利和利益造成损害的，受害人有权要求精神损害赔偿。

因此，对于人身权的损害，除了赔偿因人身伤害所引起的财产损失以外，还应该赔偿因人身伤害给受害人本人和其近亲属造成的心理痛苦，这种赔偿现在通常也被称为精神损害赔偿。不过，对于精神、心理的损害能否称其为赔偿，学说有不同观点。通常认为，赔偿的功能是用来填补受害人的损失的，包括恢复原状和金钱补偿。而对于精神上的痛苦，是不能用金钱弥补的。正是因为金钱不具有填补精神痛苦的功能，因此，对精神损害给付的金钱，不能称为赔偿金，仅能叫作抚慰金，它仅仅起到一种安抚、慰藉受害人及其近亲属的作用。抚慰金是借助货币的心理功能，达到人道主义的目的。

《民法通则》第120条第1款规定："公民的姓名权、肖像权、名誉权、荣誉权受到侵害的，有权要求停止侵害，恢复名誉，消除影响，赔礼道歉，并可以要求赔偿损失。"这里的赔偿损失，即指对人身权受到损害引起的财产损失和精神上、心理上痛苦的救济。不过，《民法通则》没有用抚慰金这样的表述。

2001年3月颁布的《最高人民法院关于确定民事侵权精神损害赔偿责任若干问题的解释》（以下简称《精神损害赔偿解释》）对自然人人身权受到侵害，请求赔偿精神损害的，规定可以根据受害人一方的请求判令赔偿相应的精神损害抚慰金。这种精神抚慰金包括：致残、致死和其他损害情形的精神抚慰金。

对于精神损害赔偿需要说明的是，2001年3月颁布的《精神损害赔偿解释》将残疾赔偿金、死亡赔偿金归入精神损害抚慰金的内容。2004年5月1日施行的《人身损害赔偿解释》把残疾赔偿金和死亡赔偿金作为对残疾者或者死者家庭收入整体减少的赔偿，而不再具有精神损害抚慰金的性质，这样将精神损害抚慰金的赔偿与残疾赔偿金和死亡赔偿金的财产性赔偿分离。《侵权责任法》继续了这种分离，该法第22条规定，侵害他人人身权益，造成他人严重精神损害的，被侵权人可以请求精神损害赔偿。

根据《侵权责任法》和《人身损害赔偿解释》，对于精神损害赔偿应注意的是：

1. 精神损害赔偿是对人身权益受到侵害的抚慰，财产权受损，不存在精神抚慰，但受具体人格利益约束的特定纪念品受到侵害也可请求精神损害赔偿。

2. 侵权人致人精神损害，未造成严重后果的，受害人请求赔偿精神损害的，一般不予支持，仅适用停止侵害、恢复名誉、消除影响、赔礼道歉等责任方式。精神损害造成严重后果的，可判令赔偿精神抚慰金。

3. 关于精神损害抚慰金数额的确定，根据最高人民法院的上述司法解释，应当根据侵害人的过错程度，侵害的手段、场合、行为方式等具体情节，侵权行为所造成的后果，侵权人的获利情况，侵权人承担责任的经济能力，受诉法院所在地平均生活水平等多方面因素确定。由此可以看出，同样类型的案件，精神损害抚慰金的数额可能会相差很大，因为决定抚慰金数额的因素有多种。

4. 精神损害抚慰金请求权行使具有专属性，不得让与或继承。除非赔偿义务人已经以书面方式承诺给予金钱赔偿或者赔偿权利人已经向人民法院起诉。

5. 当事人在侵权诉讼中没有提出精神损害赔偿请求的，诉讼终结后又基于同一侵权事实另行起诉请求赔偿精神损害的，人民法院不予受理。

当然，对精神损害的物质赔偿不可能使人的精神得到完全的恢复，但我们不能因此否认物质赔偿的法律功能，这毕竟是历史的进步。另外，从立法的规定来看，其认为法人是组织，是无精神痛苦可言的，所以，法人或者其他组织没有精神损害赔偿请求权。法人名誉受损的，登报道歉、恢复名誉即能恢复原状。

■第五节　损害赔偿的原则

损害赔偿应遵循的原则是：

一、财产赔偿原则

无论是财产侵害还是人身伤害以及精神损害，均以财产赔偿的方式予以赔偿，不能用人身制裁的方式赔偿。以财产方式赔偿，体现了民法同质救济的特征。

二、恢复原状为主，金钱赔偿为辅的原则

侵权损害赔偿以恢复原状为主，以金钱赔偿为例外。恢复原状以重建权利人被侵害之前的权利和利益的原貌为目的。例如，非法占有他人财物，应返还原物。如果是金钱，还应一并返还法定利息。不能恢复原状时，用金钱赔偿损失。

三、对实际损失全部赔偿的原则

在赔偿损失时，要求侵权行为人以自己的财产赔偿权利人遭受的全部经济损失，包括直接经济损失和间接经济损失。对于直接经济损失，毫无疑问，侵权人应予以全部赔偿。如果权利人能够以确切的证据证明自己的间接损失，间接损失也应予以全部赔偿。在具体赔偿时，通常采用的方式是实物赔偿和折价赔偿。实物赔偿是以同种类、同质量的物替代受到损害的物。折价赔偿是将受害人所遭受的损害折合成金钱的形式予以赔偿。赔偿直接损失，可以折价赔偿，也可以实物赔偿；间接损失的赔偿，只能折价赔偿。全部赔偿，简而言之，就是损失多少，赔偿多少。

四、损益相抵原则

损害发生后，受害人有损害，但在损害发生的同时，也有利益的存在，例如，房屋被撞后倒塌，对于所有权人而言是损害，房屋的所有人可以要求赔偿。但是，房屋倒塌后所呈现的建筑材料，对于房屋所有人而言，也是一种利益。因此，在计算损失、赔偿损害时，应将权利人所得利益从赔偿额中扣除，这称为损益相抵。但是，侵权人的过错是故意或重大过失，而受害人只有一般过失的，不减轻赔偿义务人的责任。

五、过失相抵的原则

受害人对损失的发生和扩大也有过失时，在赔偿损害时，可以减轻或免除加害人的赔偿责任。这也是公平原则在赔偿上的体现。

六、公平原则

公平原则不是归责原则，是责任确定后，在赔偿中适用的原则。公平原则的含义是：

1. 在双方都无过失的情况下，公平分担损失。有的时候，损害事实的出现，受害方和加害方都没有过错，这时，让受害方一方承担不利益，有失公平。《侵权责任法》第24条规定："受害人和行为人对损害的发生都没有过错的，可以根据实际情况，由双方分担损失。"

2. 在双方当事人均有过失的情况下，应减轻加害方的赔偿数额。否则，等于是把自己的过失所引发的损害转嫁给赔偿义务人，这显然不公平。因此，在受害方对损害的发生以及损害的扩大也有过失时，只要加害人主张受害人也有过失，则可减轻或者免除加害人的赔偿金额。

3. 如果损害是受害方引起的，则行为人不负赔偿责任。

4. 在计算赔偿额时，应考虑双方当事人的经济状况。应保留加害人及其家属的必要生活费用，不能让加害人因负担赔偿责任而陷入极度贫困。

第四十章

第十编　因其他原因所生之债

第四十一章　因无因管理所生之债

■ 第一节　无因管理概述

一、无因管理的意义

（一）无因管理的概念

无因管理是指没有法定或约定义务的人，为了他人利益免受损失而自愿为他人管理合法、必要、适当事务的行为。其中，无法律义务管理他人事务的人称为管理人，接受管理事务的他人称为被管理人或受益人，也称本人。

从无因管理的定义可知：①无因管理的发生无法律上的缘由，既无法定义务，也无当事人约定的义务。②无因管理是为了他人利益考虑，为避免他人利益受损失，自愿为他人管理事务或者提供服务的行为。③无因管理所管理的事务应该是合于法律精神的，是正义的、合理的、适法的，并且是必要的事务。

无因管理是日常生活中经常发生的现象。例如，甲的小孩不慎摔伤，其父母外出不在家，邻居乙代为送医院救治，支付医药费；甲出远门，其房屋漏雨，如不及时修理，会造成屋内财产损失，邻居乙雇请工人帮助修理，支付施工费用。

（二）无因管理的法律依据

无因管理发生后，管理人是否有权向被管理人索要管理中支出的费用？被管理人如果声称，自己的事务自己处理，他人对其事务的管理构成侵权行为，该理由是否成立？我国《民法总则》第121条规定："没有法定的或者约定的义务，为避免他人利益受损失而进行管理的人，有权要求受益人偿付由此支出的必要费用。"据此，无因管理人在管理活动中支出的必要费用，有权请求被管理人补偿，被管理人作为受益人有给付必要管理费的义务，管理人和被管理人之间这种权利义务关系称为因无因管理所生之债。由于该债因法律的直接规定产生，因此称为法定之债。

二、无因管理的性质

（一）无因管理是事实行为

无因管理是引起债发生的根据之一，无因管理发生后，当事人可以基于无因管理这一法律事实行使无因管理请求权。但是，无因管理这种法律事实，其性质是什么？属于法律事实中行为的范畴，还是事件的范畴？显然，事件与人的意思无关，而无因管理以管理人有管理的意思为成立要件，是人的有意思的行为，应该属于行为的范畴，不是事件。然而，无因管理作为一种行为，是否为法律行为呢？民法关于法律行为的规定，能否适用无因管理？对此，学者意见不一。有人认为是事实行为，有人认为是法律行为，或认为是混合的事实行为。

通说认为，无因管理的性质是事实行为。事实行为的效力与行为之目的是独立的，无论管理人有无发生民事法律后果的意思表示，只要存在此类管理行为的事实，就产生法律规定的效力。比如，管理人帮助他人的意思是避免他人利益受损，而法律规定因无因管理产生费用偿还请求权的法律效力，这一效力与管理人的意思无关。无因管理的法律效力与法律行为的效力不同，法律行为的效力是行为人通过意思表示预期要达到的效果，该效力是行为人意思表示的内容。而无因管理，不以管理人有无意思表示为要件，管理的意思也不需要表示，只要有管理行为的事实，就产生法律规定的权利义务效果。

（二）确定无因管理性质的意义

强调无因管理的性质，在处理案件时很重要。如果认为无因管理是法律行为，则限制行为能力人所为的无因管理行为无效，无因管理不成立，自然也不发生无因管理费用偿还请求的效力；如果无因管理是事实行为，则不要求管理人的行为能力，无行为能力人与限制行为能力人均可为无因管理。

■第二节　无因管理的法律要件

一、无因管理必须是管理他人事务

此要件包括两点：一是"管理事务"；二是"他人事务"。

（一）管理事务的意义

1. 对事务的管理必须是一个积极的行为，即以管理人的智慧和劳务处理应处理的事项，比如，保管、利用、改良、修理、处分行为等均属管理，单纯的不作为称不上管理事务。

2. 就管理的"事务"本身而言，范围广泛，但并非一切事务均为无因管理中的事务。无因管理中所管理的事务须是一切能满足人们生活利益各方面需要而又适宜作为债的客体的事项。既然事务是一切可以满足人们生活利益各方面需要的事项，此事项可以是法律行为，如代为购买书籍、处分保管物、出售货物；也可以是事实行为，如代为收取果实，帮忙搬家具；可以是有关财产的行为，如维修他人房屋；也可以是有关身体健康的行为，如将急重病人送往医院；可以是继续的行为，如看护邻居之病人；也可以是一时的行为，如入水抢救落水者；可以是单一事务，如将遗失物送还失主；也可以是复合事务，如代他人收取果实并为之出卖后，将价款存入银行等，均属事务的范畴。

管理的事务如此广泛，如何理解一切可以满足人们生活利益各方面需要的事项呢？例如，作为介绍人，把两个人撮合在一起成婚；帮小偷把偷的东西藏起来，是否为无因管理？显然不是。管理的"事务"虽然广泛，但须注意对所管理的"事务"的要求：

（1）所管理的"事务"应该是能够产生债权债务关系的事务。关于宗教、道德、友谊、习俗的事务，不是无因管理中的事务，如为生病的朋友祈祷。

（2）所管理的"事务"须为合法事务。非法事务的管理，不得作为无因管理之债中所要求的事务。例如，为窃贼隐藏赃物；甲把乙的房屋点燃，然后为其领取火灾险。

（3）须是不属被管理人个人的专属事务。专属事务必须由被管理人亲为处理，他人不得代办，因而不能作为无因管理上的事务，如结婚、离婚、收养等。

（4）事务不是被管理人授权的事务。经被管理人授权的事务，便产生了约定的义务，管理人的行为即不再属于无因管理。

（5）须是必要的事务。所谓"必要"，是指如果不及时处理，通常会导致他人不可避免的损失。

因此，无因管理对所管理的事务是有一定的限制的。

（二）他人的事务

无因管理中所管理的事务除了具备上述"事务"的要求外，还要求管理的事务须是"他人的事务"。事务可以分为：纯粹的自己的事务、客观的他人事务和中性的事务。

1. 纯粹的自己的事务。收取自己出租房的租金，修缮自己的房屋，为自己购买日用品等，均为纯粹为自己事务的管理。纯为自己的事务不能成为无因管理上的事务。

2. 客观的他人事务。这是指事务在性质上与他人具有当然的结合关系，事务的内容属于他人利益的范畴。例如，修缮他人漏雨的房屋，为突发急病之友处分摊位剩余货物，保管他人丢失之物，从客观上一看便知这是他人的事务。无因管理是对他人必要事务为管理的行为。

3. 中性的事务。这是指该事务在外表上属于中性，须依管理人的主观意思判断是否为他人管理事务。如购买某本书籍，购买邮票，交医疗费等，这些行为很难判断是属于何人的事务，因此，从外表上看，这些行为是中性的。中性事务是否为无因管理中所管理的事务？理论一般认为，以行为人的主观意思判断：如果管理人的意思是为自己为之，则为自己的事务；如若为他人为之，则为他人事务。所以判断是否属于无因管理，只要判断管理人主观上是否将该事务作为他人的事务管理即可。此种他人事务，也称为主观的他人事务。

对于主观的他人事务是否成立，需要探讨。这种判断首先对于行为人以外的人而言，不容易判断。因为管理人的意思存在于其行为内部，除非他明确表示，否则他人无法判断。管理人自己举证也不容易，这种举证，还是通过客观行为来证明。如用自己的钱，买建筑材料，给他人修理房屋。主观的意思只能通过客观的事实来判断。而且管理人的意思也可能发生变化，故较难判断管理人的意思究竟系为自己抑或为他人。因此，一般认为，对于主观的他人事务，应由管理人举证，如果不能证明自己是管理他人事务，即应推定其系纯为管理自己的事务。

修缮邻居漏雨的房屋，是无因管理。如果管理的事务系为管理人自己和他人的共同事务，可以就属于他人的事务部分成立无因管理，如修缮自己与他人共用的院墙。

二、无因管理人须有为他人管理的意思

为他人管理的意思，是无因管理成立的主观要件，又称管理意思，是指管理人于管理事务时所具有的为他人谋利益的意思。这也是区别无因管理与无权代理、无权处分、侵权行为的标准之一。

应注意的是，无因管理是事实行为，而非法律行为，所以，这里的管理意思为事实上的意思，而非法律行为的效果意思，故不要求像法律行为那样，把产生某种权利义务后果的目的表示出来。管理人的行为一旦作出，意思已经体现在事实中。例如，替他人修理房屋，送邻居生病的孩子上医院等，这些行为都体现了管理人"为他人"的意思。只要有为他人谋利益而管理事务的事实，法律就使这一事实产生权利义务效果。至于法定之债这一效力是否是管理人想要达到的效果，或者管理人的管理目的和效果是否达成，均不予考虑。

由于无因管理的效力源于法律的直接规定，而非基于管理人的欲求，因此管理人只要具有一般的"防止他人利益受损的意思能力"即可，不要求法律行为的意思表示能力，因此，无因管理不要求主体的行为能力合格。如前所述，客观的他人事务，从外表上一看便知；主观上的他人事务则需从行为人的主观意思中判断。而这种意思判断，实质上仍是从

其行为中判断。

具有"为他人管理的意思"这一要件在实践中应注意以下几点：

1. 管理人为他人管理的意思和管理行为是事实上的意思和事实行为，因此与代理人的代理意思及代理法律行为的效果区分开来。

2. 明知是他人事务，而当作自己的事务进行管理的，欠缺为他人管理的意思要件，不仅不成立无因管理，甚或构成侵权行为。但在特定情况下，管理人主观上系为自己谋利，但客观上于他人也有利益时，是否成立无因管理尚有争议。有观点认为，无因管理制度系以社会连带共同依存之思想为出发点，因而管理行为客观上已予他人以利益，或者免除了对他人的损害，即使管理人无管理的意思，也应认为成立无因管理。但也有人对此持不同观点，认为无因管理的目的在于奖励人类之义举，如果人在主观上根本无此义举之意思，法律何必自作多情？而一定要赋予其管理人的地位而保护之？[1]

3. 为他人管理的意思，不以管理人须认识被管理人为必要。管理人只要具有为他人管理的意思即可成立无因管理，而不要求他在管理时知道该事务具体属于何人。例如，管理人误将甲的事务认作乙的事务而为管理，仍可对甲成立无因管理。

4. 为他人管理的同时，兼为自己获利，是否成立无因管理？通说采肯定见解，认为为他人的意思与为自己的意思可以并存，为他人管理事务兼具为自己利益，无碍于无因管理的成立。[2]

三、无因管理行为需无法律上的义务

民法上"有因"与"无因"的"因"，不是指原因，而是指"法律根据"或"法律缘由"。从法律角度评析无因管理，可知该管理是非基于法律义务的管理。如果是基于法律义务的管理，则是"有因"管理。例如，基于扶养、监护、遗嘱执行、破产管理等，或者履行合同上约定的义务都不能成立无因管理。

这里应注意"义务"两字，负有义务、履行义务，当然不是无因管理，因为有法律缘由。如果负有义务，超过义务范围处理事务，超过的部分属于无义务，就是没有法律缘由，则可能成立无因管理。例如，受雇人依约为雇佣人修筑堤坝，这是雇佣合同的义务。但是完工后因突降暴雨，受雇人为使堤坝免遭洪水冲毁，为之加固，就其加固行为，合同没有约定，可成立无因管理。这是合同义务人的管理行为超出合同中约定的义务。按份共有人就超过自己应负担的费用为其他按份共有人的支付，如有为他人管理事务的意思，也可成立无因管理。在连带之债中，一债务人清偿债务超过自己应清偿的数额时，是否可认为是无因管理呢？在对外关系上，任一债务人都负有全部清偿的义务，如果他清偿了，是连带之债的义务，这是由法律规定的义务。在内部关系上，他仅就自己应负担的那部分负有义务，超过的部分没有义务，从无因管理的要件看，也可成立无因管理。

负有公法上义务的人管理他人事务，例如，消防队员救火、警察救助他人，系为履行其公法上的义务，而非履行对于私人的义务，其对个人利益的保护为公法上义务的内容，故不能成立无因管理，其管理事务后不得向受益人请求费用偿还。

管理人有无义务，以管理事务开始时为准。管理事务开始时无义务，而后发生义务的，在义务发生前为无因管理；管理事务开始时有义务，而后义务消灭的，自义务消灭之时起，其后的管理为无因管理。管理人是否有管理事务的义务，应依客观上是否负有管理义务为

---

[1] 郑玉波：《民法债编总论》，中国政法大学出版社 2004 年版，第 76 页。

[2] 转引自王泽鉴：《王泽鉴法学全集——债法原理（1）》，中国政法大学出版社 2001 年版，第 339 页。

判定标准，而不以管理人主观上的认识为准。管理人本无管理的义务而误以为有义务而为管理，仍可成立无因管理；管理人有管理的义务而误以为没有管理义务而为管理，则不能成立无因管理。

以上为无因管理成立的三个要件，三个要件缺一不可。

有观点认为，无因管理的构成要件还应有"不违反被管理人的意思"，认为管理事务须有利于本人且不违反本人明示或可推知的意思表示。对此，各国法律规定并不明确，学者意见也不一致。但多数学者认为，无因管理之债的发生并不以管理事务的效果符合被管理人的意思为要件，即使管理的效果违背被管理人的意思，只要管理人具有为他人管理的意思，并符合立法的目的和精神，仍可成立无因管理。例如，甲自杀，乙将其救起，违背甲的意志，但是尽人了类互助义务；甲盖房，挖地基时没有设置必要的警告或安全设施，乙代替他设置，尽了公益义务（交通安全义务）等。这些虽然都违反了被管理人的意思，但是为被管理人尽到了社会公益义务，各国普遍认为上述行为成立无因管理，是合于法律精神的。因此，是否违反被管理人的意思不应作为无因管理的构成要件之一。

■第三节 无因管理的类型及其法律效力

以无因管理是否违反本人意思或管理效果是否对本人有利为划分标准，可以将无因管理分为适法的无因管理与不适法的无因管理。前已述及，管理效果以及管理是否违反被管理人的意思不影响无因管理的成立，仅有适法与不适法之分，两类无因管理在法律效力上有所不同。

一、适法的无因管理

（一）适法的无因管理意义

适法的无因管理，也称正当的无因管理，是与法律规定无因管理制度的立法宗旨相符合的无因管理。为什么用适法，不用合法？我们认为，合法的范围比较窄，而且合法对于实施行为的人要求都比较高，而作为事实行为的无因管理，由于不强调行为人一定要有行为能力，法律行为以外的合于法律精神的行为均可实施，因此，用适法比较能体现该制度的价值理念。适法的无因管理又可分为两类：

1. 主观适法的无因管理。管理的事务不违反本人明示或可推知的意思，并且管理事务的效果也利于本人，可称为主观适法的无因管理。如邻家失火，予以救之；收留迷路老人；送突发急病者去医院；等等。

2. 客观适法的无因管理。管理的事务违反本人明示或可推知的意思，但管理的事务是本人应尽的法定义务或具有公益性义务的事务，因此管理事务的客观效果符合无因管理的立法精神。如收留本人应尽法定赡养义务而不尽赡养义务的老人；代本人设置其施工应设置安全警示而未设置的安全标志；代缴本人拖欠的税款；救助自杀者；等等。

（二）适法的无因管理的要件

适法的无因管理的要件，即前述"第二节"所述的内容。此处不再赘述。

（三）适法的无因管理的效力

适法的无因管理产生法定之债的效力。这一法律效力表现为：

1. 阻却违法。适法的无因管理行为成立后，首先具有阻却违法的效力。无因管理虽然干预了他人事务，从某方面说，也侵害被管理人某方面的权益。但无因管理人是以为他人谋利为目的，管理并不违反本人的意思，或虽违反本人意思，但是为维护社会公益，故法律使无因管理成为阻却违法性的理由。

尽管可将无因管理作为违法阻却的事由，但管理人在管理他人事务时，可能存在行为有过失而致被管理人受到损害的情形，此时应负赔偿责任。不过，这种情况下管理人承担责任的根据为义务不履行，而非管理行为具有侵权性质。当然，在管理过程中，管理人出于故意或过失不法侵害了被管理人的合法权益，而且此种侵害与所管理的事务无关或者仅与事务管理具有间接关系时，仍可成立侵权行为，但这时会发生无因管理的债务不履行与侵权行为竞合的情况。

在确定管理人的侵权责任时，不但要看其行为是否符合侵权行为的一般构成要件，而且要看其致害行为与事务管理行为的关系。管理人未尽管理人的注意义务，构成无因管理债务不履行的责任。

2. 在管理人与被管理人之间发生债权债务关系。管理人自管理开始，即应负担一定的义务，管理人的义务主要有：

（1）通知义务。管理人在管理开始时，以能通知者为限，应立即通知被管理人。如无急迫的情形，应停止管理，等待被管理人的指示。但如其无法通知，例如，不知被管理人为何人、不知被管理人的行踪，或者被管理人已知其开始管理的，不在此限。管理开始的通知为判断管理人是否具有为他人管理的意思的重要标准。

（2）适当管理的义务，尽善良管理人的注意义务。管理人在管理事务时，其采用的管理方法也应有利于被管理人。管理方法是否有利于被管理人，应根据具体情况客观判断。抽象而言，管理人于管理时，应尽善良管理人的注意义务。被管理人是否认为有利，并非决定标准。

在继续管理事务时，管理人一般不负继续管理的义务，但管理人于管理开始后，如其中途停止管理行为较之不开始管理对被管理人更为不利时，管理人有继续管理的义务。例如，为他人修缮房屋，于揭去瓦顶后不为继续修缮，显较不开始修缮对被管理人更为不利，此时管理人即应继续修缮行为。但被管理人或者其继承人、代理人可以进行管理或者继续管理对被管理人不利时，管理人即可停止或应当停止管理。

（3）报告及计算义务。管理人于管理时，应向被管理人报告事务管理的进行情况及其管理结果。因管理所收取的物品、金钱及利息，应交付被管理人。因管理所取得的权利，应当移转于被管理人。管理中使用管理人金钱的，被管理人应支付利息。

在德国民法上，为了保护无行为能力或限制行为能力的管理人，特别规定管理人为无行为能力或限制行为能力人时，不负无因管理规定的义务，例如管理开始之通知、管理情况之报告等义务。如果在管理中，发生了损害事实或不当得利，仅依侵权行为或不当得利的规定负其责任。此种规定，可资借鉴。

被管理人应负担的义务，也是管理人的权利。被管理人对管理人所负的义务，为无因管理的特有义务，它具有自己的特点和内容。自管理人方面而言，被管理人的义务即表现为管理人的请求权。

被管理人对管理人所负的义务主要有：

（1）偿还必要费用（管理人具有费用偿还请求权）。管理人为管理被管理人事务而支出的必要费用，被管理人应当予以偿还，并应同时偿还自支出时起的利息。被管理人向管理人偿还的范围不以其所受利益为限，纵然事务管理的结果对被管理人无利益，被管理人也应偿还管理人支出的必要费用。该费用是否必要，依支出时的客观情况判定，而不以管理人的主观认识为准。支出时为必要，纵因其后情况发生变化，费用的支出变得不必要，被管理人偿还的范围也不缩小。支出时其费用即为不必要时，被管理人自然不必偿还。

（2）清偿必要债务（管理人具有清偿负担的债务请求权）。注意应是必要的债务。管理人为管理事务而以自己的名义向第三人负担的必要债务，被管理人应当予以清偿。例如，为了救助邻居的孩子，向第三人借钱让孩子住院。但在此种场合，被管理人并不直接向第三人负担债务，债务人仍是管理人。被管理人向第三人清偿时，适用债务承担或代为清偿的规定。如果管理人以被管理人的名义向第三人负债，则应适用民法关于无权代理的规定，即被管理人不为追认时，管理人应向第三人负责，但同时管理人可依无因管理的效力，向被管理人请求清偿。

（3）赔偿损害的义务（管理人具有损害赔偿请求权）。管理人为管理事务而受到损害时，被管理人应当予以赔偿。被管理人对于损害的发生有无过失在所不问，但其损害的发生应与管理事务具有相当因果关系。如管理人对于发生损害具有过失，应当适当减轻被管理人的赔偿责任。

管理人除可请求被管理人履行以上三项义务外，是否可向其请求报酬？该问题虽有争论，但多数人对此持否定态度。但德国有学者认为，如管理人在其职业范围内管理他人事务，例如，医生救助负伤者，出租车司机将病人送往医院，可认为有间接财产支出，应可请求通常报酬。此观点可资赞同。当然实践中，也有无因管理发生后，管理人放弃权利的，例如，某人拾得密码箱，有巨额钱财，送还失主，不要任何报酬。

（四）管理事务的承认

管理人对于事务的管理，被管理人可予以承认。无因管理经被管理人承认后，适用民法关于委托合同的规定，但其效力并非是使无因管理变为委托合同，而是在无因管理的性质许可的范围内，将委托的规定比照适用于无因管理。因无因管理系为法律所称许和鼓励的合法行为，故被管理人对事务管理承认后，民法上关于无因管理和委托合同中有利于管理人的规定，均可予以适用。

被管理人对事务管理行为承认后，管理人在事务管理行为中具有的瑕疵即被视为不存在，即被管理人的承认如无特别保留，视为对管理行为及其结果均予以承认；对因管理人欠缺注意而造成的损害，也视为被管理人抛弃赔偿请求权。

二、不适法的无因管理

（一）不适法的无因管理的意义

不适法的无因管理是一种违反了被管理人的明示或可推知的意思，而且所管理的事务又不是被管理人应尽的法定和公益义务的管理行为。因此这种管理也被称为不当的无因管理。

一般而言，被管理人对于自己的事务都会作出对自己有利的处理。而在特殊情况下，被管理人暂时不处理自己的事务，甚至抛弃某项利益，总有一定原因。对民事主体实现或者处分自己利益的行为，法律不允许任何他人予以干涉，否则即以侵权行为认定其行为的性质。因此，管理人在管理他人的事务时，原则上应与被管理人的意思相吻合。否则，其管理行为不仅于被管理人没有利益，而且在性质上属于对被管理人自由意思的强制。对于不适法的无因管理，如使其管理行为发生无因管理的效果，允许管理人依无因管理向被管理人请求费用偿还或损害赔偿，显然与情理和法律设立无因管理制度的旨意不合。

当然代被管理人履行法定义务的行为不属于对其自由意思的强制，因为被管理人这种行为与社会公共利益不符，不被法律允许。

第十编

（二）不适法的无因管理的构成要件

1. 成立无因管理。这种管理也符合无因管理的构成条件，即未受委托，也无法律义务，为他人管理事务，并有为他人管理事务的意思，因此，也构成无因管理。

2. 管理人管理事务的行为违反了本人明示或可推知的意思，而且又不属于为本人尽公益上和法定义务的行为。所以这种管理属于对他人事务的过分干预，有一点好管闲事之嫌，俗称"好心办坏事"，即一方当事人主观上有帮助他人的意思，但客观上造成了对他方的损害。如修缮本人计划拆除的房屋；雇人摘取本人用于观赏的果蔬；修缮本人计划抛弃的旧家具等。对于不当管理行为，法律效力如何，须视具体情况而定。

（三）不适法无因管理的法律效力

1. 不阻却违法。不当无因管理的行为违反了被管理人明示或可得推知的意思，管理效果不利于本人。虽然管理人主观上希望帮助被管理人，但客观上造成对他人的损害，已经构成对他人事务的干涉，为了保护本人的利益，应认为行为不具有违法阻却性，如果符合侵权行为的要件，应适用侵权行为的规定。

2. 对于无因管理所生的损害，管理人承担赔偿责任，即使无过失，也须赔偿。但是如果管理人为了避免被管理人的生命、身体或财产上的急迫危险，而管理其事务时，对于其管理所生的损害，适用过错责任较为妥当，换言之，除非管理人故意或重大过失管理他人事务造成他人损失，一般情形下，不负赔偿责任，这样更符合侵权行为法的内容体系。

3. 被管理人可以享有因管理产生的利益。无论所管理的事务对于被管理人有利或无利，被管理人有选择权，均可主张无因管理所得的利益。

4. 被管理人不主张管理利益时，产生不当得利之债。例如，甲之房屋，雇乙看管，乙担心房屋闲置浪费资源，违背甲之意思，出租房屋于丙。如果事后甲主张因乙管理事务所得利益时，则甲得向乙主张租金的利益，并在所得利益范围内，支付乙出租房屋所支出的必要费用。如果甲不主张无因管理所得利益时，甲乙之间的法律关系依不当得利之债处理，即甲可依不当得利请求乙返还其所受的租金利益。

5. 管理人与被管理人之间成立不当得利之债，应符合不当得利的要件。例如，甲修缮乙计划拆除的房屋，如果乙不主张无因管理所得利益时，甲乙之间不成立不当得利，因为此种情形，乙并未受有利益。如果甲修缮乙计划出售的房屋，乙于此种情形，受有利益，甲乙之间成立不当得利。

■第四节　不真正的无因管理

一、不真正的无因管理的概念

在学说上，误以他人事务为自己的事务而为管理和明知系他人事务而作为自己的事务管理，称为不真正的无因管理。不真正的无因管理与前述两类无因管理不同，前述两类行为因符合无因管理的要件，构成无因管理，所以，也是真正的无因管理，只是有正当和不正当及其法律效力不同之分。而不真正的无因管理，具备无因管理的客观要件，不具备无因管理的主观要件，这种管理，从客观上观之，也有无法律上的缘由，为他人管理事务的现象，然而，不具备为他人管理事务的主观意思，因此不符合无因管理的构成要件，不成立无因管理。为了与真正的无因管理相区别，对不真正的无因管理的类型分述如下。

二、不真正的无因管理的类型

1. 不法管理。不法管理是指管理人明知是他人的事务，却故意将其作为自己的事务而加以管理。这种不法的无因管理，目的系纯为自己的利益，明知而有意干预他人事务，实质上是侵权行为。例如，将他人之物，作为自己之物，高价出售而取得价款；将他人房屋，占为己用，出租他人，收取租金等。

对于不法管理的效力，《德国民法典》第 687 条第 2 款规定，某人虽知道自己无权将他人的事务当作自己的来对待却这样做的，本人可以基于无因管理的规定主张无因管理请求权。我国台湾地区"民法"第 177 条也规定，于管理人明知为他人之事务，而为自己的利益者，准用无因管理的规定。

不法管理准用无因管理的规定，可使不法管理人承担无因管理人的同一义务，最终本人可通过主张无因管理之债的请求权，获得因不法管理产生的一切利益，同时也可减少不法管理的发生。反之，如果依照侵权行为主张损害赔偿，本人尚需举证，且举证困难。如果主张不当得利，请求返还的范围也只能以所受损害为最高限度，超过此限的所得利益，不得请求返还。因此，不法管理准用无因管理之债的规定，对本人保护更有利。

2. 误信管理。误信管理是误把他人的事务作为自己的事务，而为管理。例如，误把他人之物作为自己的物出卖；误把他人的手表作为自己的手表修理；误把他人遗忘之物作为自己之物而为保管等。误信管理尽管有时从客观效果上使他人受益，但不成立无因管理。因为误将他人的事务作为自己的事务管理，说明管理人在主观上没有为他人谋利益的意思，主观上实质是为自己谋利益。

对于误信管理按照不当得利处理。误信管理人在被管理人主张返还请求权时，原则上在现存利益范围内，负返还不当得利的义务。如果产生损害，应负损害赔偿责任。

3. 幻想管理。幻想管理是把自己的事务误认为是他人的事务，而为管理。例如，甲将自己的牛，误认为乙之牛，而喂养；甲将自己的果树，误认为是乙的果树，雇人收取果实。幻想管理与误信管理类似的是，均是管理人主观上发生错误。不同的是，幻想管理的结果多数情况下是管理人自己获利，并未使他人受益。这种情况，自然不成立无因管理。

幻想管理的效力依具体情形确定，可以根据不当得利或者侵权行为处理，或者依据错误的（如有关重大误解的）规范处理。

■第五节　无因管理与类似行为的区别

在实践中，无因管理易与无权代理、无权处分、不当得利等情况混淆。例如，某 16 岁的未成年人，出售哥哥用过的考研用书，并称哥哥用这些书考上了北大。就 16 岁的限制行为能力人出售书的行为而言，是无因管理？是无权代理？还是无权处分？再如，甲出国长期居住，将其住房钥匙交给邻居保管，房屋空置 1 年后，邻居感觉房屋空置 1 年经济利益损失很大，遂将该房屋出租，月租金 3000 元。邻居的行为是无因管理？无权处分？还是无权代理呢？

一、无因管理与无权代理

无权代理与无因管理表面上看，有相同之处，无权代理人是"无法律根据"（没有代理权资格）以本人名义进行民事活动。无因管理人也是无法律原因地管理他人（本人）事务。当无权代理人或无因管理人与第三人为法律行为时，都涉及与本人的效力问题，然两者有如下区别：

1. 两行为性质不同。无因管理为事实行为，故对管理人无行为能力的要求；无权代理为法律行为，要求行为人须有相应的行为能力。

2. 行为人是否以本人名义进行活动不同。无因管理中的管理人并不以本人名义实施管理行为；而无权代理的行为人以本人名义进行民事活动。

3. 本人追认与否对行为效力的影响不同。无因管理中本人是否接受无因管理的后果不影响无因管理的效力。无权代理分为真正的无权代理和表见代理。对于真正的无权代理，是效力未定的行为，经本人追认后的无权代理为有权代理，不追认的，由无权代理人负责。如果第三人非善意，则其与无权代理人负连带责任。对于表见代理，为保护善意第三人，本人承担无权代理的后果。

4. 是否与第三人发生法律关系不同。无因管理关系中，管理人不一定与第三人产生法律关系，如果管理人与第三人为法律行为时，该法律行为的效力也仅在管理人与第三人之间产生，与本人无关。而无权代理中，无权代理人必定与第三人产生法律关系，该法律关系的效力与本人密切相关。

二、无因管理与无权处分

无权处分与无因管理也有相似之处，均是无法律义务或权利的行为，也都产生行为人与本人、权利人之间的效力问题。但两者区别是：

1. 性质不同。无因管理是事实行为；无权处分可以是事实行为，但更主要的是法律行为。

2. 法律效力不同。无权处分中的双方行为是无处分权人以自己的名义与他人为法律行为，法律效力待定，需本人追认或拒绝。无因管理未必与第三人为法律行为，即使管理人与第三人为法律行为，其行为的效果仅在管理人与第三人之间发生，与被管理人无关。因此无因管理不存在本人的追认和拒绝的问题。

三、无因管理与见义勇为

在民法理论上，见义勇为常被归为无因管理的范畴，实践中两者也容易混淆，因为见义勇为与无因管理有相似之处：两者都具有行为人无法定或约定的义务，为避免他人利益受损害而管理他人事务的意思，行为人都因此而使自己的利益受到损失，两者均体现了危难相助、为他人服务的道德品质，而且行为人均有权要求相关人对自己的损失承担责任。

然而，民法对无因管理和见义勇为的规定有所不同。《民法通则》第93条规定，没有法定的或者约定的义务，为避免他人利益受损失进行管理或者服务的，有权要求受益人偿付由此而支付的必要费用。《侵权责任法》第23条规定，因防止、制止他人民事权益被侵害而使自己受到损害的，由侵权人承担责任。侵权人逃逸或者无力承担责任，被侵权人请求补偿的，受益人应当给予适当补偿。《民法通则》第109条规定，因防止、制止国家的、集体的财产或者他人的财产、人身遭受侵害而使自己受到损害的，由侵害人承担赔偿责任，受益人也可以给予适当的补偿。

从立法规定可知，无因管理与见义勇为在构成要件、行为的方式以及法律效力上均有区别：

1. 两者发生的前提条件不同。见义勇为发生的前提条件是：他人民事权益受到正在发生的"侵害"，行为人为防止和制止他人免受侵害见义"勇为"，而使自己的人身或财产遭受损害。无因管理产生的条件仅是为避免他人利益免受"损害"而非"侵害"，管理人的管理行为并非要求"勇为"，在管理中所受的损失仅为财产损失，而非人身受到损害。

2. 两者手段行为的性质不同。见义勇为的手段行为纯粹是事实行为，是针对他人正在发生的危险事件而勇于相助，一般不以法律行为作为手段行为。而无因管理可以事实行为或法律行为进行管理。

第四十一章

3. 两者的法律效力不同。见义勇为关系中，多数情形下有侵害人、见义勇为行为人和受益人三个主体，因此，行为人在见义勇为中受到的损害，由侵害人直接赔偿，只有在侵权人逃逸或者无力承担责任，而且行为人请求补偿时，受益人才负适当补偿义务。同时，见义勇为人可以获得见义勇为基金的奖励。而在无因管理中，只有管理人和受益人（本人）两个主体，没有侵害人。受益人与管理人因无因管理产生法定之债，受益人直接承担管理人为管理所支出的全部必要费用。

因不当得利所生之债

■第一节　不当得利概述

一、不当得利的意义

（一）不当得利的概念

不当得利是一方无法律上的原因而受有利益，致他方受损害的事实。不当得利事实发生后，依据法律规定，致他人损失的一方，应将取得的不当利益返还受损失的人，取得不当利益的人，对受损人的这一返还义务，即法律规定的因不当得利所生之债。在不当得利之债法律关系中，受损人为债权人，受益人为债务人。不当得利之债的发生与无因管理之债的产生相同，均为法定之债，非因当事人之间的约定产生的债。

不当得利是日常生活中经常发生的事，可涉及债权法、物权法、人格权法、亲属权法等多个领域。例如，甲无权处分乙之物，丙善意取得该物，甲因此获利，致乙损失。又如，甲未经乙同意，擅自用乙之相片做杂志封面，获丰厚收益。

（二）不当得利之债的法律依据

我国《民法通则》第92条规定，"没有合法根据，取得不当利益，造成他人损失的，应当将取得的不当利益返还受损失的人"。《民法总则》第122条规定："因他人没有法律根据，取得不当利益，受损失的人有权请求其返还不当利益。"根据法律规定，不当得利，实质上是财产的损益发生变动，一方当事人受损，另一方得利。而且，这种损益变动没有合法根据，立法为了纠正这种没有合法依据的财产损益变动，规定受损人有权请求返还不当得利，受益人有义务返还不当得利，由此在受损人和受益人之间产生法定债权债务关系。

（三）不当得利之债的法律渊源

不当得利返还请求权制度，发源于罗马法诉权。由于罗马法时代尚无关于不当得利的一般规则，只就不当得利发生的各种原因，承认个别的诉权。例如，因非债清偿的诉权：清偿债务后，债务人发现债务自始不存在或已经消灭，可依非债清偿不当得利的诉权，请求返还之。因目的不达到之诉权：当事人一方为特定目的给付，其后目的不能实现，给付一方可依目的不达到之诉权，请求受领给付一方返还所受利益。因给付原因不法之诉权：例如，依收取高利贷获得的利益，给付的原因与法律目的不符，受领给付一方负有返还义务。在罗马法中，物权的变动与其原因债权，独立发生效力。给付原因有缺陷或不存在时，如果给付行为合法，则物权发生移转，从而给付者不能基于所有权请求返还。然而受领给付者因缺乏受领给付的原因，如果继续保持受领利益，有悖公平原则，故给付者可依无给付原因之诉权，请求受领给付一方返还所受领之利益。可见，在物权变动中，只有在一方失去物的所有权时，才能行使不当得利返还请求权，如果物的所有权尚存，返还不当得利请求权无适用余地。

18世纪，自然法学者将罗马法诉权的制度，扩充到无原因给付以外的事由，以谋求确立基于自然公平的关于不当得利的一般原则。即不得以他人的损失谋取自己的利益。然而此观念失之过广，因为交易上的利得，往往多少基于他人的损失，不能都称其为不当得利。故学者及现代立法对其均加以限制，以"不当"或"无法律上的原因"作为不当得利的要件。[1]

二、不当得利的法律性质

不当得利的事实是引起债的原因之一。那么，不当得利这一法律事实的性质是属于行为还是事件呢？对此，学说上观点不一。有学者认为，不当得利主要是由人的行为引起的，是由与人的主观意志有关的不公正行为引起的，因此不当得利的性质属于行为。也有学者认为，引起不当得利的原因很多，不以人的行为为限，也有因事件引起的，故不当得利应属事件的一种。我们认为，因为不当得利的请求权是基于"无法律上的原因而受利益，致他人受损害的事实"产生的，这一事实本身，应属事件的范畴。至于造成这一事件的原因是法律行为或是事实行为，或是行为以外的事件，在所不问。不当得利发生的原因不能决定不当得利的法律性质。

■第二节　不当得利的法律要件

由于不当得利产生的原因复杂，有由于行为产生的，有由于行为外的原因产生的。而且进一步探究不当得利中的无法律上的原因，则更是各有其特点，有的是违反了债权，有的是违反了公平和正义，有的涉及物权、人身权、知识产权等，因此，对于不当得利是否应有一般的构成要件，学说上有统一说与非统一说两种观点。统一说认为，不管不当得利产生的原因有多复杂，它也应有统一的构成要件；非统一说认为，各种不当得利各有其基础，不能要求统一，因此，对于不当得利的构成要件也难作统一的说明，只能就各种不当得利分别进行判断。

通说认为，不当得利应有一般的构成要件（判断标准）。至于各种特殊的不当得利，在对不当得利的分类中再具体说明。不当得利的一般构成要件为：

一、一方受有财产上的利益

不当得利既称"得利"，必有受利益的情形。如果无人受有利益，也就不存在"得利"的问题，更不存在"当"与"不当"的问题，因此，是否受有财产上的利益，是不当得利成立的前提。

需要注意的是，受利益并不以行为为要件，因自然事件也可获得利益，更不必有受利益的意思，仅须存在受利益的事实即可。纵使因行为获得利益，也不以当事人具有行为能力为必要，例如未成年人或精神病人均可成为受领给付的"得利"者。

受益人受有财产上的利益，即"得利"，表现为两方面：积极的得利和消极的得利。积极的得利：受益人现在的财产或利益都在积极地增加；消极的得利：财产或利益本应减少而未减少。既有得利又有损失，但其损益抵消后剩余有利益的，仍为受有利益。

任何具有财产价值的权利均可成为不当得利的客体。例如，所有权、他物权、知识产权的取得，当然为受有利益。债权的取得，性质上也为受有利益。但如果受益人取得的债

〔1〕　史尚宽：《债法总论》，中国政法大学出版社2000年版，第71～72页；王泽鉴：《王泽鉴法学全集——债法原理（2）》，中国政法大学出版社2002年版，第7～8页。

权是须为对待给付的债权（双务合同），因取得人须以减少自己的财产作为对价，不构成受有利益。

本应设定的权利负担未设定。依据我国《担保法》的规定，在财产上设定抵押，除应当办理登记之外，其他财产的抵押是否办理登记，采自愿原则。如当事人约定办理登记而未办理，财产的所有人即为受有利益。通常，劳务的提供或者为履行债务，或者为无因管理，或者为纯粹的助人行为。如果劳务提供的基础法律关系不存在（如误耕他人之田）、无效或被撤销，劳务的提供人不得请求报酬。劳务的消费人因他人劳务的提供节省了自己的支出，因而构成受有利益。无合法权源或者合法权源消灭后而使用他人之物的，因其使用具有财产上的价值，且可以减少自己的费用，故可以构成受有利益。例如，租赁关系消灭后，承租人仍使用他人房屋。

二、致他人受有损失（损害）

受益人受有利益，是相对于他人利益的变动而言的。如果"利己不损人"，虽受有利益，但未致他人受有损失的，不构成不当得利。如果受益是以他方受损为前提，则为不当得利。受损人的损失与受益人的受益，内容可不必相同。例如，甲无权处分乙的汽车，善意第三人丙买了该汽车。对于甲而言，所受的利益是价金；对于乙而言，损失的是汽车的所有权。虽然损益内容不相同，但也成立不当得利。受益大于损失，或者损失大于受益，都成立不当得利。不过一般情况下，受损人仅就其所受损失的范围有不当得利请求权。

这里应注意的是，使他人受损，与侵权行为法中的"损害赔偿"中的损害是不同的。不当得利中的"致他人受损害"必须与"得利方受有利益"同时成立，例如，因大风引起甲之鱼塘中的鱼进入乙之鱼塘，乙之鱼塘多出的鱼（获利）与甲之鱼塘减少的鱼（损失）相对应，是同一事实的两个方面。而侵权行为法中受害人损害事实的成立，不以加害人获利为必要。

三、受损人的受损与受益人的受益具有因果关系

不当得利，必有相关人受损害，而且所受损害与得利者的得利有因果关系。否则，不构成不当得利。例如，拾得他人抛弃物，拾得人虽得利，但无人受损害，故而不属不当得利。

这里的因果关系是指受损人的损失是受益人受益导致的结果，或者说受益人的受益系建立在受损人损失的基础之上。一方受益并不致他方受损，自无因果关系可言。对受益与损失之间的因果关系，一般有直接因果关系说与非直接因果关系说两种学说。

直接因果关系说认为，受益与损失须基于同一事实而发生。如果损失和受益系基于两个不同的原因事实，即使这两个事实之间有牵连关系，也不应视为具有因果关系。例如，甲买乙公司的水泥修理丙的房屋，后来甲乙的买卖合同被撤销。按直接因果关系说，乙公司不能向受益人丙主张不当得利请求权。因为丙的受益来自于甲，不是直接来自乙水泥公司。二者非基于同一事实，不构成因果关系，乙不得向丙请求不当得利的返还。

非直接因果关系说并不固守直接因果关系说的理论，认为：如果受益与受损之间具有牵连关系，依社会观念，也应成立不当得利。例如，甲误取乙的肥料施于丙的土地。按直接因果关系说，乙受损，丙受益，是因为甲的行为，不是基于同一事实，二者之间不具有直接因果关系。但是依非直接因果关系说，则成立不当得利，乙有权请求丙返还不当得利。直接因果关系说与非直接因果关系说的争论，焦点在于当受益人与受损人之间有第三人介入时，在受损人与受益人之间是否成立不当得利。

当受益人的受益和受损人的受损之间有第三人的行为介入，即二者之间如果不具有直

接因果关系，而具有牵连因果关系时，不当得利是否成立呢？从不当得利立法宗旨观之，该制度是对无法律原因获得利益的纠正，并未拘泥于直接因果关系，只要一方受损与他方受益因不当原因引起，均应以公平的理念，纠正利益的不当移动，因此，受益与受损之间，虽有第三人行为介入，但只要利益的移动，依社会观念被认为不当时，就应适用不当得利的规定。

四、无法律上的原因

无法律上的原因，即无合法根据。一方获得利益，一方受到损害，而且获利与受损又有因果关系，并不当然成立不当得利，还必须具备"无法律上的原因"这一要件才行。

"没有合法根据"是我国《民法通则》的用语。罗马法上称之为"无原因"；德国民法和日本民法，以及我国台湾地区"民法"称之为"无法律上的原因"；瑞士债务法称之为"无适法原因"。罗马法上的不当得利制度以基于给付行为的不当得利为其主要内容，其所谓无原因，即指欠缺给付原因。至18世纪，不当得利的适用才扩张到给付行为以外的事由，利用他人之物或权利而受益，依受益人或第三人的行为或者自然事件而受益等均被包括在内。故"无法律上的原因""无适法原因""没有合法根据"的含义较之罗马法上的"无原因"为广。不当得利的"不当"的限定语，是界定受利益一方的得利有无合法根据的意思。

无法律上的原因是不当得利的一项重要的构成要件，受益人之所以不能永久保持其所取得的利益，就在于其利益的取得没有合法根据。没有合法的根据是一个概括的概念，因为各种得利的情况不同，引起的原因不同，既然是不当得利，则这些原因都可认为是没有合法根据的原因。

无因管理与不当得利的成立要件均有"无法律上的原因"，然而两者含义不同。无因管理中的"无法律上的原因"是指管理人管理他人事务并无法定的或约定的义务，至于本人因其事务被管理人管理而受益则是无因管理行为的效果，是基于无因管理行为受益，此受益是有合法根据的。因此，被管理人受有利益，具有法律上的原因，不成立不当得利。管理人也不存在不当得利返还请求权，仅对被管理人有必要费用和有益费用的偿还请求权、债务清偿请求权及损害赔偿请求权。不当得利的受害人对受益人有不当得利返还请求权。

不当得利中的"无法律上的原因"是对受益人的受益而言，指受益人获得利益不是基于法律规定，也不是基于与他人的合法约定。

■第三节　不当得利的基本类型

依据发生的原因，不当得利可分为两个基本类型：因给付产生的不当得利和因给付外的事实产生的不当得利。

一、因给付产生的不当得利

"给付"一词的含义很广，不但有为清偿的目的而为的给付，也有为其他目的而为的给付，例如，给付为法律行为的有给付保管物、给付物之所有权（交付）、设定与移转他物权、债权让与、债务免除等；给付依事实行为所为的有提供劳务、管理他人财产、为他人清偿债务、对他人之物进行加工等。通常，给付他人财产，源于给付人的各种目的、原因，但无论当事人的目的如何，给付原因都应合于法律目的和精神，此谓有法律原因的给付。欠缺给付原因时，他方当事人受领给付即为无法律上的原因，应构成不当得利。

基于给付而获得的不当利益这一类型，主要在于调整欠缺给付目的的财产变动，其基本思想为：凡依当事人意思而增进他人财产者，均有一定的目的。如其给付目的自始不存在、给付目的没有达到或给付目的消灭时，财产变动即失去法律上的原因，受领人应负返还义务。不当得利返还请求权的成立应由主张成立不当得利的给付人举证证明。

（一）欠缺给付原因（目的）的形态

1. 给付目的自始不存在。给付目的自始不存在即自始欠缺给付目的，指当事人给付之时即不具有给付的原因。自始欠缺给付目的的不当得利主要有两种：①非债清偿，例如，对原本不存在的债务实行清偿、不知债务已经清偿仍为履行、误偿他人的债务等。此为给付不当得利的典型形态。②作为给付的原因行为未成立、无效或被撤销，例如，因买卖合同交付物品，而合同不成立等。

应当指出，在我国民法上，合同不成立、无效或者被撤销时，只有在下列情形下才构成不当得利：①交付的财产已被受领人有偿转让于第三人，且该第三人已取得财产的所有权；②交付的财产已被受领人消费；③交付的财产为受领人使用或由受领人有偿交由他人使用；④交付的财产已经灭失；⑤给付人的给付为劳务等事实形态，依其性质不能原状返还；⑥其他受领人就交付的财产取得利益的情形。

2. 给付目的嗣后不存在。给付目的嗣后不存在，指给付时虽有法律上的原因，但其后该原因已不存在时，因一方当事人的给付而发生的不当得利。此种不当得利的主要情形有：①附解除条件或终期的法律行为，其条件成就或期限届至；②依双务合同交付财产后，因不可归责于对方的事由而致不能履行对待给付；③婚生子女的否认，例如，父母子女之间有抚养与被抚养的法定义务，但是后来经鉴定，孩子不是父亲所生，判决生效后，父亲对孩子给付抚养费的义务不再存在。

3. 给付目的不达。给付目的不达，指为实现将来某种目的而为给付，但因种种障碍，日后不能达到目的时，因一方当事人的给付而发生的不当得利。此种不当得利的主要情形有：①附停止条件的法律行为，其条件未能成就；②以清偿为目的而交付收据，而债务并未清偿等。

（二）给付原因的欠缺与不当得利请求权的适用

在当事人之间基于债权合同而给付"物"时，该债权合同即是给付的原因，当给付行为欠缺原因时，受领给付者则不能再保有其给付，否则有违公平理念，故受领给付者须返还不当利益。因此，给付不当得利请求权的成立要件是：当事人之间具有给付关系，一方基于给付受有利益；受益人的受益致他人受损害，给付欠缺法律上的原因。

物权变动采物权行为的独立性和无因性立法模式的国家或地区，物权变动分债权行为（负担行为）与物权行为（处分行为），债权行为是物权行为的给付原因，给付原因欠缺时，物权的移转不因债权行为的不成立、无效、被撤销而受影响，他方当事人仍能依有效成立的物权行为取得物权，但因债权行为不成立、无效或被撤销，给付欠缺目的，受领给付者的受领利益成为无法律原因的给付，符合不当得利的要件，给付受领人应返还该不当利益。可见，物权变动采物权行为无因性时，"扩大了给付不当得利请求权的适用范围及重要性"。"给付不当得利请求权具有调节因物权行为无因性理论而生财产权变动的特殊规范功能"。[1]

如果物权变动采要因行为，通说认为，如果欠缺给付原因，则物权行为全部无效，物

_____

[1] 王泽鉴：《王泽鉴法学全集——债法原理（2）》，中国政法大学出版社2002年版，第33～35页。

权不发生移转，物权自然复归于原主，而无须借不当得利返还请求权进行调剂。因此，欠缺给付原因时，给付"物"之不当得利请求权的适用，须以受领者已取得标的物之所有权为前提。

我国《物权法》第15条规定："当事人之间订立有关设立、变更、转让和消灭不动产物权的合同，除法律另有规定或者合同另有约定外，自合同成立时生效；未办理物权登记的，不影响合同效力。"通说认为，我国《物权法》没有采用物权行为理论，但强调在基于法律行为引起的物权变动中，应区分给付原因与物权变动之间的关系。在不采用物权行为理论的立法中，不动产登记和交付，被视为履行债权合同的事实行为。如果债权合同不成立、无效或被撤销，给付原因欠缺，依该给付原因已经完成的不动产物权登记和动产交付自始不生效力，给付方并未丧失所有权，给付方有权依物权请求权请求相对方返还所有物。

尽管我国立法未承认物权行为理论，但不当得利制度并不因此受到重大影响，仍有适用余地。例如，交付的财产由受领人（无权处分人）有偿转让给善意第三人，该第三人依法已取得物权时，或者在交付的财产已由受领人消费或财产灭失等情况下，受领物之人均须返还不当得利。即使交付之物并未灭失，当受领人占有物之原因不存在时，受领人对物的占有也构成不当得利，给付一方仍有不当得利返还请求权。由此可知，不当得利制度具有自己特定的独立功能。"民法上很少有一种制度，像不当得利那样，源远流长，历经两千余年的演变，仍然对现行法律的解释适用具有重大的影响。"[1]

（三）给付不当得利请求权的排除

通常情况下，因给付而受利益，当欠缺给付目的时，应成立不当得利，发生不当得利返还请求权。但在具有特别事由的情形下，给付人（所谓的受损人）不得向受益人请求不当得利之返还，这种情况称为给付不当得利请求权的排除。以下情形不当得利不成立：

1. 给付系基于履行道德上的义务。给付基于道德上的义务时，虽然受领人无合法原因而受领，给付人也不得请求返还。

2. 清偿期前的给付。在期限专为债务人的利益而设时，清偿期到来之前，债务人并无为清偿的义务，其非基于提前清偿为目的的清偿，即为欠缺给付目的。但债权人的受领并非无合法原因，而且此时的清偿也发生债务消灭的效果，故债务人于清偿后，不得依不当得利请求返还。

3. 明知无债务而为清偿。非债清偿，本来构成不当得利，给付人得请求返还，但给付人明知无债务而为清偿，阻却不当得利请求权的行使。对此，有人认为系其有意抛弃给付返还请求权；有人认为是赠与；有人认为是咎由自取；也有人认为是基于诚信原则的要求。总之，均认为对其没有保护的必要。在举证责任上，就给付原因不存在的事实，应由请求返还的原告举证；就明知债务不存在而仍为给付的事实，应由受领给付的被告举证。

4. 履行已过诉讼时效的债务。诉讼时效期间届满的债务为自然债务，债务人履行已过诉讼时效的债务，债权人有权受领。这种情况不视为不当得利，而视为债务人放弃时效利益。

5. 基于不法原因之给付。对因不法原因而为给付，应依《民法通则》第134条规定的"收缴进行非法活动的财物和非法所得"，以求社会的公平正义，维护公序良俗。

---

〔1〕 王泽鉴：《王泽鉴法学全集——债法原理（2）》，中国政法大学出版社2002年版，第7页。

二、因给付外的事实产生的不当得利

因给付外的事实产生的不当得利，是指不当得利不是因给付产生，而是或基于事实行为，或基于特定事件，或基于法律规定等多种情形产生的。其受利益有无法律上的原因，应依其事由，分别判断，从而确定受益人是否得保有其所受利益。此种类型是开放性的，可以依据新的法律规定，随时加以调整，以容纳新的不当得利类型。

给付以外可致不当得利发生的事由，主要包括：人的行为、自然事实以及法律规定，以下分述之。

（一）因行为产生的不当得利

因人的行为产生的不当得利，又可分为基于受益人的行为、受损人的行为和第三人的行为发生的不当得利。

1. 基于受益人行为发生的不当得利。基于受益人行为而发生的不当得利，其实质即为侵害他人权益而发生的不当得利。基于受益人的行为而发生的不当得利主要有：

（1）无权处分他人之物。就无权处分人而言，可有两种情况：①为有偿处分；②为无偿处分。而就受让人于受让时是否知道处分人为无权处分而言，也可有两种情况：一是善意；二是恶意。因而无权处分他人之物可能发生四种结果：

第一，无权处分人为有偿处分，受让人于受让时为善意。此时受让人依善意取得制度取得物之所有权。因无权处分人受有利益，构成不当得利，所有人得就其所得利益请求不当得利返还，也可依侵权行为法的规定向其请求损害赔偿。

第二，无权处分人为有偿处分，受让人于受让时为恶意。此时受让人不能取得物之所有权，所有人得对其主张所有物返还请求权。因无权处分人受有利益，构成不当得利，所有人不得行使所有物返还请求权，而只能向其请求不当得利的返还。无权处分人构成侵权行为的，发生不当得利请求权和侵权行为损害赔偿请求权的竞合。当然所有人还可对无权处分予以承认，从而取得物之价金。

第三，无权处分人为无偿处分，受让人于受让时为善意。因无权处分人未获利益，不成立不当得利，如其构成侵权行为，所有人得向其请求侵权的损害赔偿。根据《德国民法典》第816条的规定，受益人在此情形应负利益返还的义务，此属善意取得制度的例外。其他国家的民法无此规定，受让人当可依善意取得制度取得所有权。但学说上有赞同德国民法规定的。

第四，无权处分人为无偿处分，受让人于受让时为恶意。此时受让人不能取得所有权，所有人得向其主张所有物返还请求权。无权处分人因未获得利益，不成立不当得利，其构成侵权行为的，所有人也不得行使所有物返还请求权，而应向无权处分人主张侵权的损害赔偿请求权。

（2）无权使用或消费他人之物。无权使用或消费他人之物，使用人或消费人因使用或消费他人之物所得利益，多为节省自己应支出的费用。而受损人的损失则系因自己之物为他人使用或消费而丧失可能取得的利益。至于受损人是否有利用自己之物为使用收益的计划，在所不问。无权使用或消费他人之物，通常还构成侵权行为。在此情形，发生不当得利请求权与侵权损害赔偿请求权的竞合。

（3）擅自出租他人之物。无偿使用他人之物，而于使用中将该物有偿出租于他人，或者于租赁期满后未向出租人返还，而将租赁物出租于他人而收取租金的，因其受有利益并造成物之所有人的损失，应将所收取的租金依不当得利返还于所有人。如其交由他人使用为无偿时，所有人得向物之使用人请求返还所受利益。原使用人可能构成侵权行为。

（4）侵害他人知识产权。因无权使用他人的知识产权受有利益时，构成不当得利。其依不当得利所返还的数额，为通常使用他人知识产权所应支付的对价。

（5）侵害他人人格权而获得不当经济利益。通常情况下，侵害他人人格权不构成不当得利。但如擅自使用他人的肖像、姓名或名称，而获取不当的经济利益，无权使用人可构成不当得利。

侵害他人权益的行为，通常还会构成侵权行为。侵权行为赔偿目的是填补受害人的损失。而不当得利制度的目的在于使受益人返还其不当利益，因而不以受益人有故意、过失和行为具有不法性为要件。侵害他人权益的行为有时仅构成不当得利而不构成侵权行为，有时仅构成侵权行为而不构成不当得利，有时会同时构成不当得利和侵权行为。对于不同的情况，应分别作不同的处理。在行为同时构成不当得利和侵权行为时，发生两种请求权的竞合。

2. 基于受损人行为发生的不当得利。基于受损人行为发生的不当得利，以受损人为他人之物支出费用最为常见。例如，误将他人的家畜饲养，误以他人事务为自己的事务而为管理等。但要发生不当得利，受损人的行为须不构成无因管理。

3. 基于第三人行为发生的不当得利。不当得利因第三人行为发生的情形有：①债务人对债权的准占有人（债权凭证的持有人）清偿，使债权人的债权消灭；②债权的让与人于让与通知前，债务人对让与人清偿，致债权的受让人受到损害；③第三人以甲的饲料喂养乙的家畜等。

因第三人的行为发生不当得利，使受益人负返还义务应有严格的条件限制：①受益与受损这两个原因事实之间应具有牵连关系，即如无受益则无损失；②须第三人不能弥补受损人的损失，即第三人不构成不当得利或侵权行为；③须受益人为无偿受益。对此，《德国民法典》规定，在无权处分中，无偿之受让人有向权利人返还因处分而取得的利益的义务。但其返还的性质并不明确。其他国家的民法对此则缺少规定，受让人当可依善意取得制度取得物上的权利。而我国台湾地区多数学者认为，于此情形，所有权人得向无偿之受让人请求返还，但对请求权的基础是否为不当得利，意见并不一致，主流意见持否定态度。

当然，如果受益人明知第三人无权处分他人权益仍为接受，则可能构成恶意串通（通谋），其所受利益已无加以保护的必要，应依不当得利返还于受损人。

（二）因自然事件产生的不当得利

甲喂养的鱼因天降暴雨而被冲入乙的鱼塘；因自然原因发生动产与动产的附合而取得所有权；家畜吃掉他人的饲料等，均可发生不当得利。

（三）因法律的规定产生的不当得利

对此可能会产生疑问，不当得利都是无法律原因而产生的，如果得利是由于法律规定，如何解释为无法律原因的不当得利呢？这需要从具体的某一法律规范的立法目的来看。有的时候，法律规定某一规范的目的是保护某种财产状态，维护财产状态的新秩序，或法律上便于操作，但是这种规定会产生不当得利的情况。例如，《民通意见》第 86 条规定，当非产权人在使用他人的财产而增添附属物时，"不能拆除的，也可以折价归财产所有人"。这一规定，是对因添附丧失所有权的人可对受益人有不当得利请求权的法律规定。因为当两物合为一物时，共有的情况不多，当一人得新物的所有权时，应给对方补偿；不补偿，即为不当得利。

■ 第四节　不当得利的效力

《民法通则》第92条规定，"没有合法根据，取得不当利益，造成他人损失的，应当将取得的不当利益返还受损失的人"。《民通意见》第131条规定："返还的不当利益，应当包括原物和原物所生的孳息。利用不当得利所取得的其他利益，扣除劳务管理费用后，应当予以收缴。"

依据立法规定，具备不当得利要件后，在受益人和受损人之间产生法定债权债务关系，债权人为受损人，其权利为不当得利返还请求权，债务人为受益人，其义务为不当得利的返还。不当得利的客体，为所受的不当利益，包括原物和原物所生的孳息。

一、返还原物

受领人因给付或非给付所受的利益，包括权利，如物权、债权、知识产权等，包括物的占有、使用，债务免除，非债清偿的利益等。返还时，如果原物或原权利在，不当得利的受益人应返还原物或原权利。

二、偿还价格

偿还价格时应注意如下几点：

1. 须是返还原物不可能，或者依其性质或其他情形不能返还原物时，才应偿还价格，例如：所受领的标的物遗失、灭失或被盗，或者受领人将原物出售、赠与，他人依法取得原物所有权，或者原物不存在。如果受领人受领的利益表现为提供的劳务、服务、物的使用或消费、债务的免除等，依所受利益的性质不可能返还原物时，依其价额偿还原物的价值和孳息。总之，不当得利的返还优先适用返还原物，返还原物不能时，才适用偿还价格。

2. 偿还价格的计算，应以偿还义务成立时的市场价格为准。偿还的利益为出卖物的价金时，该价金应以出卖物的市场价为准。偿还的利益为劳务时，应偿还的价格，应以该项劳务应取得的报酬为准。消费他人之物时，应偿还该物的市价。

三、返还的范围

受益人除了返还原物或者偿还价格外，在占有期间原物或权利所产生的孳息及使用利益也应一并返还，例如占有房屋的使用利益或出租的租金，债权所受的清偿，占有彩票的中奖利益等。

四、返还不当得利时，应区分受益人是善意或恶意

我国《物权法》第243条规定："不动产或者动产被占有人占有的，权利人可以请求返还原物及其孳息，但应当支付善意占有人因维护该不动产或者动产支出的必要费用。"依据法律可知，对于无法律原因的物之占有，无论善意占有人或恶意占有人皆有向物的权利人返还占有物及其孳息的义务。但物的真正权利人在请求善意占有人返还占有物时，还应向善意占有人给付因维护该不动产或者动产支出的必要费用，否则，善意占有人有同时履行抗辩权。而立法未规定恶意占有人对必要费用的请求权，此时善意占有人对物的占有准用无因管理的规定，恶意占有人则不适用无因管理的规定。

如果占有物毁损、灭失，权利人请求赔偿的，《物权法》第244条规定，"……占有人应当将因毁损、灭失取得的保险金、赔偿金或者补偿金等返还给权利人；权利人的损害未得到足够弥补的，恶意占有人还应当赔偿损失"。立法再次强调，物毁损灭失，返还原物不能时，善意占有人依照不当得利的返还原则，向权利人返还占有物毁损灭失后的替代物（保险金、赔偿金或者补偿金），而非赔偿损失。但是恶意占有人对于占有物的毁损灭失，

不仅要赔偿占有物本身的价值，在损害未得到足够弥补的情况下，还应当赔偿权利人因此受到的利益损害。因此，恶意占有人对物的占有为侵犯权利人合法利益的侵权行为，适用侵权行为的规范。

立法规定说明，受益人为善意时，仅负返还现有利益的义务，而不负赔偿义务。立法目的在于善意受领人对物的占有、使用、收益被推定为合法，其财产状态不会因具备不当得利的要件而受不利影响，不当得利之债的特殊功能就在于去除受益人取得的不当利益。对于恶意受益人，法律没有保护的必要，使其承担侵权责任合于立法宗旨。正如《民通意见》第39条规定："利害关系人隐瞒真实情况使他人被宣告死亡而取得其财产的，除应返还原物及孳息外，还应对造成的损失予以赔偿。"恶意使他人被宣告死亡，占有他人财产，属于侵权行为，应按侵权行为法承担法律责任，不仅应该返还原物和孳息，还要赔偿由此造成的损失。

返还不当得利时，除了区分受益人是善意或恶意外，还会涉及第三人的返还义务。如《民通意见》第40条规定："被撤销死亡宣告的人请求返还财产，其原物已被第三人合法取得的，第三人可不予返还。但依继承法取得原物的公民或者组织，应当返还原物或者给予适当补偿。"由此可知，被宣告死亡的人重新出现的事实使取得被宣告死亡人财产的人失去了取得财产的原因。因此，这部分取得的财产构成"无法律原因"的不当得利。在权利人请求返还时，如果原物被善意第三人有偿取得，受善意取得制度的保护，第三人可不予返还，由出让人给予权利人适当补偿。依继承法取得原物的公民或者组织，因是无偿取得财产，应负返还原物的义务；如果原物不在，则应给予适当补偿。

第十编

合　同　法

第十一编　合同法总论

第四十三章

合同的一般原理

■第一节　合同的概念和特征

一、合同的概念

合同是平等主体的自然人、法人、其他组织之间设立、变更、终止民事权利义务关系的协议。这是我国《合同法》第2条第1款对合同的定义。对这个定义解释如下：

（一）合同是一种协议

协议是两方以上的当事人对某一事务经过协商所达成的一致的意见。

在社会生活中，签署协议是一种普遍存在的现象，协议的适用范围，可以涵盖当事人之间的各种事务；其内容，是当事人对各自利益所作出的安排；其本质属性，是当事人之间关于各自利益安排所形成的的一致意见；其表现形式，可以为口头、书面、音像资料、网络信息等。

合同是协议的一种，是在法律上能够产生权利、义务效果的协议。在法律生活中，合同是设立、变更和终止权利、义务的重要手段，是社会成员之间进行交往，安排生产、交换和消费的基本法律工具，是法律上的主体相互联系、互通有无的纽带。

（二）合同的广义和狭义

广义的合同，是指能够产生法律上权利、义务效果的各种合同的总称，如民法上的合同、行政法上的合同、劳动法上的合同等。不同的合同，其法律性质、规范依据、权利义务、救济方法等均不相同。

狭义的合同，是指能够产生民法上权利义务的合同，即民事合同。民事是民法上的主体之间的事务，具有私人事务的特性，因此，民事合同所确立的权利义务是私权利义务。

行政法上的合同即行政合同，与公共事务紧密相连，以公共利益为内容，确立的是行政法上的权利义务，其主体中至少一方为实现公共利益的机构，救济的方法是通过对行政行为的撤销、改正等恢复对方的利益；劳动法上的合同即劳动合同，原本属于民事合同，随着现代劳资关系的演化、工会力量的不断强大，劳动法从私法中逐渐独立，劳动合同也同其他民事合同渐行渐远，成为相对独立的合同种类，其内容是劳动关系中的权利义务，其救济方式是通过劳动诉讼救济受到损害的劳动者。

（三）《合同法》上的合同，是民事合同中的财产合同

民事合同也有广义和狭义之分。广义的民事合同，是指两个以上的民事主体之间设立、变更或终止民事权利义务关系的双方民事法律行为，包括财产权合同、人身权合同。前者如买卖合同、租赁合同等；后者又分为身份合同和身体合同，身份合同如收养协议、离婚协议中关于解除夫妻身份关系的协议，身体合同如医疗合同中关于身体器官的切除、移植等协议。狭义的民事合同，仅指财产权合同。

《合同法》第2条第2款规定："婚姻、收养、监护等有关身份关系的协议，适用其他法律的规定。"排除了对身份合同的调整；对身体权合同，立法可谓空白，理论研究也极少。

关于财产权合同，又有两种立法模式和理论：①承认财产权合同有"债权合同"和"物权合同"。债权合同是设立、变更、终止债权的合同，如买卖合同、运输合同等。物权合同是设立、变更、终止物权的合同，如抵押、质押等担保物权合同，以及地上权合同、地役权合同等用益物权合同。德国的民法典和合同理论是其代表。②不承认物权合同，认为财产权合同就是债权合同，因合同发生的物权变动产生债权的效果，用益物权合同和担保物权合同都是债权合同。法国的民法典和合同理论是其代表。《合同法》颁行后，对其第2条的定义中是否包含物权合同，"总则"是否认可物权合同，曾有一些讨论。有人认为，《合同法》既调整债权合同也调整物权合同，"总则"的规定适用于抵押、质押、土地使用权出让等物权合同；也有人主张，《合同法》是债权合同法，否认《合同法》确认并调整物权合同。我们认为，《物权法》确立了不动产物权变动合同的效力和物权变动的效果相区分的"区分原则"，但是从整个制度来看，无法认定立法采纳了物权合同理论，确认用益物权合同和担保物权合同是物权合同。据此应认为《合同法》是债权合同法，调整的是债权合同。

二、合同的特征

合同具有以下法律特征：

（一）合同属于民事法律行为

民法上的行为有民事法律行为和事实行为的区分。合同是民事主体设立、变更或终止民事权利义务的行为，是依行为人双方一致意思表示的内容发生法律效果的行为，以行为人的意思表示为要素，因此属于民事法律行为。

（二）合同是双方或多方的民事法律行为

合同大多数是双方法律行为，双方当事人的意思表示达成一致，即形成合意，合同即告成立。也有一些合同是多方法律行为，如三人以上的合伙合同、股份有限公司的设立合同和公司章程等。

（三）合同的内容是设立、变更、终止特定民事权利义务关系

1. 合同的目的在于设立、变更、终止民事权利义务关系。设立民事权利义务关系，是指当事人之间通过订立合同发生民事权利义务关系；变更民事权利义务关系，是指当事人之间通过合同将原有的民事权利义务关系改变为新的民事权利义务关系；终止民事权利义务关系，是指当事人之间通过合同消灭既有的民事权利义务关系。

2. 合同设立、变更和终止的是特定的权利义务关系。合同当事人之所以实施合同行为，是为了其特定的权利义务，如是买卖而不是租赁，也不是赠与。即便是买卖，具体的合同中，买卖的标的物，价金，履行的时间、地点、方式等也不尽相同而各具特殊性。因此，

各个合同所设立、变更和终止的权利义务关系都是特定的。无论在理论上还是在实务上，认识合同的共性固然重要，而清醒地认识具体合同的特殊性，即不同合同所涉及的权利义务的特定性，更为重要。

三、合同与契约

"合同"和"契约"都是汉语中表述当事人之间的"合意"的词语。《周礼·秋官·朝士》"判书"疏："云判，半分而合者，即质剂傅别分支合同，两家各得其一也。"[1]不过，在我国20世纪50年代之前的法律中，"契约"一词被普遍使用，"合同"一词使用极少。

契约是"契"与"约"的偏正组合，二者都是多义词。"契"的多项意义中，有"契约""合"等义[2]，"古代把合同、总账、案卷、具结都称作契"[3]；"约"字的多项含义中，有"缠束""约束"[4]"阻止""预先规定须共同遵守的条文或条件"等意[5]；"契约"是双方或多方同意订立的条款、文书"[6]。

有学者认为，大陆法系合同的定义来源于罗马法，罗马法上"contractus"一语，由"con"和"tractus"二字组合而成，"con"由"cum"转化而来，有"共"字的意义，"tractus"有"交易"的意义，合而为"共相交易"，中文译为合同、契约。[7]在这个意义上，使用合同或者契约没有实质区别。

在我国民法学说史上，曾经对合同和契约有过区分，认为合同是当事人意思表示的方向一致、目的相同的共同行为，如合伙合同；契约是当事人意思表示的方向相对、目的也相对的法律行为，如买卖、租赁等相互交易的契约。[8]但是，如果以"当事人间发生债权债务的合意"为标准来观察，区分合同和契约没有实质意义。我国自1952年开始，在规范性文件中逐渐弃用"契约"而采用"合同"。六十多年来，《合同法》的颁行和相关司法解释的出台，使"合同"这个词已进入人们的生活，深入法官、律师和社会公众的头脑。现在，"契约"只在我国台湾、香港、澳门三个地区是正式称谓。

从另一方面说，契约的概念并没有完全退出人们的思维，像"缔约""履约""违约""契约自由"等许多概念，在司法文书、律师业务、理论研究中仍大量出现，而这些表述都是以契约为思维基础的。

四、外国合同法上的合同概念

大陆法系和英美法系关于合同的概念有所不同。大陆法系通常认为合同是一种协议，或者说是基于一种双方法律行为而达成的协议。[9]《法国民法典》第1101条规定："合同为

---

[1]《词源》，商务印书馆1988年版，第259页。

[2]（清）张玉书等编：《康熙字典》，上海书店出版社1985年版，第270页。

[3]《词源》，商务印书馆1988年版，第391页。

[4]（清）张玉书等编：《康熙字典》，上海书店出版社1985年版，第1018页。

[5]《词源》，商务印书馆1988年版，第1303页。

[6]《词源》，商务印书馆1988年版，第392页。

[7]黄右昌：《罗马法与现代》，京华印书局1930年版，第408页。

[8]崔建远主编：《合同法》，法律出版社2000年版，第1页；韩世远：《合同法总论》，法律出版社2004年版，第11页；李永军：《合同法原理》，中国人民公安大学出版社1999年版，第14页。

[9]依《法国民法典》来看，"协议"与"合同"似乎有不同的含义。合同仅指当事人旨在引起债的关系发生的意思表示一致的行为，而协议则是指当事人旨在产生某种法律效果的意思表示一致的行为，其法律效果可以是债的发生，也可以是债的移转与消灭，即并非一切协议都是合同，而一切合同都是协议。然而此种区分在立法或实践中均未被严格遵守，事实上，即使在《法国民法典》中，协议和合同两个词也常常交替使用，不加区别。参见尹田编著：《法国现代合同法》，法律出版社1995年版，第4～5页。

一种合意，依此合意，一人或数人对于其他一人或数人负担给付、作为或不作为的债务。"英美法系则认为"合同是一种允诺"。例如，美国《法律重述·合同（第二版）》第1条规定："合同是一个允诺或一系列的允诺，违反该允诺将由法律给予救济，履行该允诺是法律所确认的义务。"英国《不列颠百科全书》也认为，合同是可以依法执行的诺言，这个诺言可以是作为，也可以是不作为。苏联采取"合同是一种协议"的学说，认为合同是两个或两个以上的民事主体设立、变更或消灭民事权利义务关系的协议。我国民法理论界，由于深受苏联的民法理论的影响，从现行的民事立法来看，采取的是"合同是一种协议"的学说。

五、合同与法律行为、债的关系

（一）合同与法律行为

合同是一种具体的法律行为，是法律行为的典型；法律行为是合同的上位概念，是合同、遗嘱等表意行为的共性的抽象结果。合同具有法律行为的一般性特点，因此，法律行为的一般性法律规则完全适用于合同；合同作为具体的法律行为，仍然有一些未能被完全抽象出去的个性，所以，合同自有其特殊的规则，不能用法律行为取代合同，也不能用法律行为的一般规则取代合同的特殊规则。

（二）合同与债

合同作为法律行为，属于法律事实。债是大陆法系民法对"各种特定当事人之间以给付为客体的法律关系的总称"，属于一类法律关系。合同是债的发生原因之一，债是合同的结果。债由意定之债和法定之债共同构成，因合同发生的债是"合意之债"，也叫"合同之债"，属于"意定之债"的主要形式，所以债的一般性规定适用于合同，但是，债法上法定之债的规定，不能适用于合同。

合同之债与法定之债相比较，主要的区别在于，合同之债中作为客体的"给付"和作为内容的债权、债务，是当事人约定的而非法律规定的，因此，当事人的合同权利、义务的基本依据是依法成立的合同。我国《合同法》第8条第1款规定，依法成立的合同，对当事人具有法律约束力；《法国民法典》第1134条第1款规定，依法订立的契约，对于缔约当事人双方具有相当于法律的效力。这些规定，表明了合同之债在效力方面的特殊性。

（三）合同与法律行为、债的法律逻辑关系和法律适用方面的关联

由于合同是一种法律行为，是债的发生原因之一，导致合同与法律行为、债的法律逻辑方面形成了密不可分的关联。在法律适用方面，基本的路径是：面对具体的合同之债，首先以合同为依据，并适用合同法分则中相应的合同规范；按照合同约定和分则中相应规范不能确定合同行为的效力时，到合同的一般性规定中寻找依据；合同的一般性规则仍然不能解决问题的，应当求诸法律行为的一般性规定。经过法律适用工作，确定合同生效的，合同之债有效成立，按照合同约定来界定当事人的债权、债务；确定合同效力有瑕疵的，根据其瑕疵的性质是无效、可撤销或效力待定来界定当事人的债权、债务。在界定当事人债权、债务的过程中，债的一般性规定，如债的发生、债的效力、债的移转、债的消灭等规定，有着标准的功能。

六、我国合同的规范依据

（一）法律

合同法律规范分为合同一般法和合同特别法，二者之间依据"特别法优于一般法、一般法补充特别法"的原则处理其相互关系。合同一般法就是指《民法总则》和《合同法》。合同特别法主要有《物权法》《保险法》《电力法》《铁路法》《海商法》《著作权法》《专

利法》《商标法》《农村土地承包法》等法律中关于合同的规定。

（二）行政法规

国务院根据宪法和法律，依照法定的程序制定的有关合同的规范性文件是合同的规范依据之一，如《中华人民共和国著作权法实施条例》《中华人民共和国商标法实施细则》《中华人民共和国专利法实施细则》等法规中有关合同的规定。

（三）最高人民法院的司法解释

最高人民法院有关合同的司法解释是我国合同的规范依据之一。如《最高人民法院关于贯彻执行〈中华人民共和国民法通则〉若干问题的意见（试行）》《最高人民法院关于适用〈中华人民共和国合同法〉若干问题的解释（一）》《最高人民法院关于适用〈中华人民共和国合同法〉若干问题的解释（二）》《最高人民法院关于审理买卖合同纠纷案件适用法律问题的解释》[1] 等一系列的司法解释。

（四）交易习惯和国际惯例

交易习惯为习惯之一类，是指在当时、当地或者某一行业、某一类交易关系中，为人们所普遍采纳的，且不违反公序良俗的习惯。[2]

《合同法》对交易习惯给予了明确的认可，具体表现为第22、26、60～62、92、139、141、154、159～161、205～206、226、250、263、310、338、354条和第379条第2款、第426条等。从这些条文中可以看出，交易习惯对确定合同当事人的权利义务有十分突出的作用。

交易习惯可以分为国内交易习惯和国际交易习惯。一般所讲的交易习惯是指国内交易习惯。国际交易习惯属于国际惯例的范畴。国际惯例毫无争议地为合同的规范依据之一。

■第二节　合同法的概念、发展和体系

一、合同法的概念和特征

（一）合同法的概念

合同法是现代各国民事法律制度的重要组成部分，主要调整财产流转关系，规制交易行为，是国家在现代经济发展时期依法管理经济的重要法律依据。

合同法有形式意义的合同法和实质意义的合同法之分。形式意义的合同法是以合同法命名的法律，是由立法机关通过严谨的立法技术创制的、具有系统性和科学性的立法文件。在制定民法典的国家，形式意义的合同法一般指的是法典中的合同法部分，在我国现行法上指的是《合同法》。实质意义的合同法，则是指调整合同关系的法律规范的总和。[3]

合同法有广义和狭义之分。学者们对于广义合同法和狭义合同法的认识不一致。[4] 本书所说的合同法是狭义的、实质上的合同法，即调整平等主体之间基于合意而产生的债权债务关系的法律规范的总和。

（二）合同法的特征

合同法是民法的重要组成部分之一，与物权法、侵权行为法、人格权法、知识产权法

---

〔1〕　以下分别简称《民通意见》《合同法解释（一）》《合同法解释（二）》《买卖合同司法解释》。

〔2〕　王利明：《合同法研究》（第一卷），中国人民大学出版社2002年版，第65页。

〔3〕　具体内容请参见前一节有关"我国合同的规范依据"部分的讨论。

〔4〕　郭明瑞、房绍坤：《新合同法原理》，中国人民大学出版社2000年版，第38～40页。

等其他的民法分支相比较，合同法具有以下特性：

1. 直接以交换规则作为法的规则，是交换关系的法律形式。合同法的各项规则，实质是财产交换规则的法律化。例如，"货真价实、童叟无欺"的规则成为"诚实信用"原则；"愿买愿卖、不强买强卖"成为"契约自由"原则；"一分价钱一分货"成为"等价有偿原则"；"讨价、还价"成为"要约、反要约"；"公平交易"衍生"契约正义"原则；等等。可以说，合同法上的任何规则，都有实际生活中财产交换规则的印记。合同法的基本内容，从一般规则到买卖合同、租赁合同、运输合同、保管合同、承揽加工合同、借款合同、保险合同等具体合同的规则，无一不是经济生活中相关交换规则的法律形式。即便是赠与、借用等无偿合同，看起来没有财产交换的表征，实质上也是当事人之间通过财产的给予，以期建立特定信用关系或者情感关系的行为。

2. 是私人财产事务自治法。私人的财产交换虽然与社会公共利益、国家利益有联系，但是它首先是私人的事务，应当维护私人在自己财产事务上的自主和自治，以此激发人们创造物质财富的积极性，不断增加社会财富。合同法尊重当事人的意愿，允许当事人在法律规定的范围内通过自己的意志行事。当事人是否订立合同，订立何种合同，合同的内容如何，均由当事人基于自己利益的需要自由决定，法律并不加以干涉。当事人不仅可以通过平等协商确定合同的内容，而且可以通过协商改变合同，并约定解决合同纠纷的方式（协商、法院管辖或仲裁）和适用的法律。从某种意义上说，合同法认可合同是当事人为自己制定的法律，对当事人来说，"合同就是法律"[1]。

3. 任意性规范占主导地位。合同法主要通过任意性规范调整财产流转关系，大多数条款都是任意性的条款，少数的强制性条款则是为了保障交易安全、社会公共利益、公平正义而设置的。合同法允许当事人协商确定合同条款，只要当事人协商的条款不违反法律的禁止性规定和社会公共利益，法律即承认其效力；合同法虽规定了有名合同，但并不禁止当事人创设新的合同形式；法律虽规定了合同成立的形式，但并不绝对地否认口头合同的效力。[2]

4. 国际趋同性。现代市场经济是开放性的、全球化的经济，作为调整交换关系的市场经济基本法，各国合同法随着世界经济一体化进程的发展，具有相当多的共性。近几十年来，合同法的国际化已经成为法律发展的重要趋势，关于合同关系的国际条约影响越来越大。例如，《联合国国际货物买卖合同公约》（1980 年）、《国际商事合同通则》等，已为大多数国家接受，对各国合同法产生了重大影响。我国《合同法》自然没有例外，许多合同规则都借鉴了这些国际条约上的共同性规定。

（三）我国《合同法》的适用范围

根据《合同法》第 2 条的规定，我国《合同法》的适用范围具体为：

1. 平等主体之间订立的财产性民事权利义务关系的协议。即《合同法》应适用于各类财产性民事合同，具体包括：①《合同法》已确认的 15 类有名合同；②其他法律所确认的抵押合同、质押合同、专利权或商标权转让合同等；③虽未由民法所确认但仍然由平等的民事主体所订立的财产性民事合同。

2. 各类民事主体基于平等自愿等原则所订立的财产性合同。公民之间、法人之间、公民与法人之间订立的财产性合同，都应当适用《合同法》的规定。

［1］　余延满：《合同法原论》，武汉大学出版社 1999 年版，第 3 页。

［2］　王家福等：《合同法》，中国社会科学出版社 1986 年版，第 12 页。

3. 既包括当事人设立财产性民事权利义务关系的协议，也包括当事人变更、终止财产性民事权利义务关系的协议。

下列关系不适用《合同法》：①政府依法进行管理活动所订立的合同，即行政合同；②法人、其他组织内部事务管理方面的合同；③婚姻、收养、监护等有关身份关系的协议。

二、合同法的发展

从世界范围来看，合同法都经历了古代合同法、近现代合同法的发展历程，每一阶段都有不同的合同法律制度和合同法律理念。所以，合同法的发展其实就是合同制度和合同理念从古代到近现代的演变过程。

（一）合同制度的发展

合同制度从古代到现代日渐丰富和完善，更加注重公平和正义。在合同的主体制度、合同的形式、合同的内容和合同的责任方面，都发生了巨大的变化。

1. 合同的主体制度。古代的合同主体受到严格限制，范围狭窄。合同的主体仅限于少数人，很多人没有订立合同的主体资格。在古罗马法上，奴隶如同牛马、工具和物品，属主人所有，只是合同的标的物，任其买卖或租赁；合同的主体只限于奴隶主和自由民之列。家庭关系中，法律也仅赋予家长订立合同的主体资格，妻子儿女没有法律人格。另外，在法律发展史上，古代的法律虽然有了团体组织，但却没有完备的团体制度，团体组织往往没有法律人格。近现代和当代合同法，是在资本主义自由竞争时期的合同法的基础上发展起来的，以《法国民法典》和《德国民法典》中的合同制度为代表，强调合同自由、抽象的平等人格、个人责任。《德国民法典》规定了法人制度，自然人、法人、其他组织等在订立合同方面具有同等的主体资格。这样，就扩大了合同主体的范围。

2. 合同的形式。古代的合同形式复杂，程序繁琐。当时商品经济不发达，在商品交换中，当事人特别关注交易的安全和可靠，尽可能切实地取得财产，因而，合同的手续或形式甚至比当事人之间的合意重要得多。《汉穆拉比法典》规定，订立合同必须有证人到场且须采取书面形式，如果既无书面契约又无证人，那么其取得的财产将被视为盗窃所得。"单纯的契约不能发生诉权"甚至是罗马法的一个原则，因此订立合同的形式十分严格。我国古代也不例外，《周礼·天官·小宰》曰"听称责以傅别""听买卖以质剂""听取予以书契"，其中"傅别""质剂""书契"均为借贷、买卖等不同关系的书面合同形式。而近现代的合同法关于合同形式的规定却多种多样，当事人可以采用口头、书面、电文等形式来订立合同，甚至默示也可以订立合同。

3. 合同的内容。古代的合同内容受到法律的干涉和限制，而且合同的种类多为买卖、借贷等，而现代合同的内容由当事人自由决定，法律一般不加以干涉和限制。现代合同的种类繁多，除了典型的有名合同以外，还存在大量的无名合同。而且现代合同法具有完备的制度，如要约和承诺制度、合同履行制度、预期违约制度、缔约过失责任制度、合同的保全制度等。

4. 违反合同的责任制度。古代违反合同的责任不限于财产责任，还包括刑事责任，且手段残酷。古代许多国家的法律都规定，债务人以其人身对债务进行担保，债权人则拥有很大的自力救济权，他们可以自行决定对债务人实行制裁，如关押债务人，将不能偿还债务的人处死。而近现代的合同法，严格地采用财产责任，不得因一方违反合同而对其人身加以限制和伤害，否则就是侵害他人人身权，这是社会文明进步的体现。

（二）合同法理念的发展

契约自由是合同法的灵魂，是合同法固有的理念。根据这一基本理念，当事人相互缔结的合同被认为是约束当事人的法律，对缔约者直接发生法律效力。《法国民法典》第1134条第1款对缔约自由作了最为经典的表述："依法成立的契约，在缔约的当事人间有相当于法律的效力。"但契约自由并不是绝对的，在保证契约自由的同时，主张契约正义，规制契约不得违反社会的公平正义，契约正义也就成为合同法理念的另一侧面。

契约自由理念以主体的人格独立、平等为前提。在古代社会，尽管也存在合同，但并未也不可能确立契约自由理念，直到近代（即自由资本主义时期），该理念才得以确立和发展。契约自由理念的确立，主要得益于以亚当·斯密为代表的自由主义经济思想和理性哲学。自由主义经济思想认为，最好的经济政策就是经济自由主义，政府对经济的干预有百害而无一利。每个人在平等的地位上进行自由竞争，既可以促进社会的繁荣，也可以使个人的利益得到满足，国家的任务主要在于保护自由竞争，而非干预自由竞争。这种经济思想为契约自由提供了经济理论根据。而理性哲学认为，人生而平等自由，追求自由幸福和取得财产是每个人不可剥夺的天赋人权。每个人都有自己的意志自由，这种意志自由是个人行为的基础，个人必须在自己自由的选择下，按照自己的意志才能承担义务、接受约束。法律的职责就是赋予当事人在其合意中表达的自由意志以法律效力。这种自由意志的理性哲学为契约自由理念提供了哲学基础。但是，自20世纪以来，资本主义进入垄断阶段，特别是在发生世界性的经济危机和两次世界大战之后，各国认为传统的自由主义经济理论和自由放任经济政策是产生危机的根源，主张扩大国家的经济职能，加强对经济生活的干预，于是，以个人主义和绝对自由为基础的契约自由理念受到挑战，各国普遍对契约自由予以限制。这主要体现为：①强制缔结某些种类的合同。在某些领域，特别是提供公众服务的行业，法律规定其缔约的义务，只要对方当事人提出订约要求，就不得拒绝，如我国《合同法》中规定的供用电、水、气、热力合同。②规制格式条款，限制合同自由。格式条款，是当事人为了重复使用而预先拟定，并在订立合同时未与对方协商的条款。现代社会中，格式合同的使用日益广泛。法律对于格式条款予以特别的规制，我国《合同法》第39~41条就是关于格式条款合同的规定。③规定强行性条款，限制契约自由。对于强行性条款，不得排除其适用，当事人间与其相反的约定一律无效。如为保护消费者的利益，《消费者权益保护法》中特别规定消费者的权利和经营者的义务、责任。

1. 契约自由。契约自由作为一种价值判断，是贯穿于合同法始终的第一性理念，其内容包括契约意思自由和契约形式自由两个方面。

（1）契约意思自由。只有依当事人意思发生的合同之债才具有合法性，才能够发生合同之债的效力。契约意思自由包括以下几个方面：①缔结合同的自由，即决定是否与他人缔结合同的自由。《合同法》第4条规定："当事人依法享有自愿订立合同的权利，任何单位和个人不得非法干预。"②选择相对人的自由，即与何人缔结合同的自由。③合同内容自由，即确定合同条款的自由。《合同法》第12条第1款规定，合同的内容由当事人约定，尊重当事人在确立合同内容方面的自由，并且规定了合同的一般条款，如当事人的名称（或姓名）和住所、标的、数量、质量、价款或报酬等。该条使用"一般包括"的提法，表明该条不是当事人订立合同时必须具备的条款，而只是一个建议性的条款。④合同类型自由，即当事人可以根据自己的意愿决定选择何种合同类型的自由。如需要物品时，可以任意选择买卖、租赁或加工等交易方式。合同类型自由的核心是创设合同的自由。⑤解约自由，即当事人有依单方的意思表示解除合同的自由。根据《合同法》第93条的规定，当事人享有按照约定解除合同的自由，在合同生效后，约定的合同解除条件成就时，有解除权的一方通过行使约定的解除权而解除合同。⑥选择解决合同争议方式的自由，即在发生合同争议时，当事人可以协商解决，也可以选择诉讼、仲裁等方式解决。⑦涉外合同的当事人有选择合同所适用法律的自由。

（2）契约形式自由。契约形式是合同意思的表现，如对话、书面形式以及行为等。古代法上对契约形式要求较严格，现代合同法对合同形式的态度大为宽松，除要式合同外，合同形式由当事人协商确定。《合同法》第 10 条规定："当事人订立合同，有书面形式、口头形式和其他形式。法律、行政法规规定采用书面形式的，应当采用书面形式。当事人约定采用书面形式的，应当采用书面形式。"当事人可以在缔约的过程中，也可在合同订立后，通过协商，确定合同形式。

2. 契约正义。契约正义，是指当事人在订约、履行合同中，应合理分配权利、义务、责任，体现公平正义的价值观念。

第二次世界大战以后，由于资本主义垄断加剧，垄断组织为取得超额剩余价值，在一定程度上滥用契约自由，损害消费者和社会公众的利益，导致垄断组织与消费者之间矛盾激化并演化为社会矛盾。为纠正契约自由被滥用之弊端，保护弱者的利益，契约正义理论应运而生，其主张在契约关系中实现公平正义，防止社会矛盾的激化。契约正义不是对契约自由的否定，而是对契约自由的发展，是在新的社会条件下，为契约自由提供的新的道德评价，两者在价值目标上具有同一性。

契约正义理念是民法公平原则在合同法中的体现。《合同法》第 5 条规定："当事人应当遵循公平原则确定各方的权利和义务。"该条要求实现契约正义，贯彻契约正义理念。合同法上的正义有形式上的正义和实质上的正义之分。形式上的正义表现为在合同法上赋予当事人以平等的缔约权，合同当事人在合同中的法律地位是平等的，不因其经济实力、社会地位及行政权力不同而有所差异。《合同法》第 3 条规定："合同当事人的法律地位平等，一方不得将自己的意志强加给另一方。"该条就是合同形式正义的体现。合同的实质正义表现为合同法保障当事人真实意思的实现以及合同权利义务的公平，对违背当事人的真意或者权利义务显失公平的合同给予否定性的评价。[1]

契约正义主要体现在以下几个方面：①合同当事人之间给付的对等性。契约正义强调当事人之间给付的对等性。这种彼此相对等的给付，很难用客观标准加以判断，所以，合同法采用"主观上对等原则"，即当事人主观上自愿以自己的给付换取对方的给付，就是对等给付。至于客观上是否对等，在所不问。这样，体现了尊重当事人意愿的正义思想。法院或仲裁机构不能以自己的价值判断来认定当事人自愿设定的权利义务不对等，变更合同内容。不过，在胁迫、欺诈、乘人之危的情况下违背真意订立合同，则依据"客观对等原则"来判断当事人之间的给付是否对等，变动当事人之间的权利义务关系，以维护双方之间给付的对等性。《合同法》第 54 条对于"在订立合同时显失公平的合同"和"一方以欺诈、胁迫的手段或者乘人之危，使对方在违背真实意思的情况下订立的合同"予以否定，受害方可以请求变更或撤销合同。②合理分配合同负担和风险。合同负担和风险的分配涉及当事人各方利益，实际上是一种利益分配。因此，合同负担和风险的分配是否合理，体现了合同是否符合正义理念。合同正义要求在当事人之间合理地分配负担和风险。《合同法》规定，除法律另有规定或者当事人另有约定外，买卖合同中的风险依交付而转移，风险负担与利益承受相一致；造成对方人身伤害的，以及因故意或重大过失造成对方财产损

---

〔1〕 郭明瑞、房绍坤：《新合同法原理》，中国人民大学出版社 2000 年版，第 82～83 页。

失的免责条款无效。③合同成立后发生情事变更，继续履行合同对于一方当事人明显不公平或者不能实现合同目的的，当事人可以请求人民法院变更或者解除合同。④合理地规定格式条款、免责条款和损害赔偿归责条款。例如，《合同法》第39条等条文对格式条款和免责条款的生效作了限制性规定。⑤对涉及公共服务行业的特殊合同作强制订立规定，经营者不得拒绝与消费者订立合同。例如，《合同法》第289条规定，从事公共运输的承运人不得拒绝旅客、托运人通常、合理的运输要求。

3. 契约自由与契约正义的关系。自由与正义都是法律追求的价值目标，因此，契约自由和契约正义都是合同法的基本理念，二者之间有密切的关系。一方面，契约正义以契约自由为前提和基础，没有契约自由也就谈不上契约正义，契约正义的实现取决于合同当事人自由的约定，只有赋予当事人契约自由，才能达到公平正义。另一方面，契约自由又以实现契约正义为目的，契约自由不能违背契约正义的要求，契约正义对契约自由的膨胀有一定的限制，能够防止一方当事人利用契约自由侵害另一方的权益。契约自由和契约正义共同构成了合同法的支柱，在契约领域为实现自由和正义共同发挥积极作用。

三、我国合同法的体系

在《合同法》出台以前，我国合同法体系由《经济合同法》《涉外经济合同法》《技术合同法》三部合同法，《民法通则》中的合同制度，其他单行法律中的合同规范，以及有关合同的条例、办法、实施细则、司法解释等组成。其弊端是：体系比较混乱，不统一，各合同法之间重复、不协调，一些重要的合同制度欠缺，可操作性差，不适应我国市场经济的发展。为了改变这种状况，完善合同法的体系，全国人民代表大会于1999年颁布了《合同法》，统一原有的3个单行合同法。总体而言，《合同法》体系完备、协调，制度理念先进，是一部成功的市场法，适应我国经济发展的需要。

现行的合同法体系以《民法通则》《民法总则》和《合同法》为核心，加上《著作权法》等单行法中的合同规范以及相关司法解释构成。单就《合同法》本身来看，它由总则、分则和附则构成。

总则包含一般规定（主要是立法目的、合同定义、合同法原则）、合同的订立（要约、承诺制度）、合同的效力（无效合同、可撤销合同、效力待定合同规则）、合同的履行（履行的时间、地点、方式等条款，三种抗辩权，第三人履行规则）、合同的变更和转让（债权让与、债务承担、合同的概括转移规则）、合同的权利义务终止（合同终止、解除、抵销、提存、债务免除、混同规则）、违约责任（拒绝履行、瑕疵履行、损害赔偿、违约金、定金、减损规则、免责规则等）、其他规定（合同解释、合同争议的解决、涉外合同、时效等规则）。分则包含买卖，供用电、水、气、热力，赠与，借款，租赁，融资租赁，承揽，建设工程，运输，技术，保管，仓储，委托，行纪，居间等典型的有名合同类型。附则规定了《合同法》的施行日期。

总则对分则具有指导作用。《合同法》总则是高度抽象的立法技术的结果，它从各种具体合同中抽象概括出来，反映了具体合同的共性。所以，总则的各种规定一般都适用于各种具体合同。分则中的规范对总则中的规范形成制约，具有优先适用性。总则中的规范是针对所有合同而予以适用的一般规范，分则中的规范则是针对被类型化的合同（有名合同）所作的特殊规定。根据特别规定优于一般规定的法理，应当优先适用特别规定。《合同法》第124条规定，"本法分则或者其他法律没有明文规定的合同，适用本法总则的规定"。即对于具体合同，分则有优先于总则而适用的效力。

四、大陆法系合同法和英美法系合同法的基本异同

大陆法系的合同法和英美法系的合同法，在理念上是一致的，都强调契约自由和契约正义，注重当事人之间的合意，保护其利益。但是，由于大陆法系和英美法系的法律传统、文化背景等不同，二者在合同法的编纂、渊源、具体制度、创制途径、适用方法方面又有所不同，主要表现为：①在合同法的编纂方面，大陆法系国家一般采用系统的法典形式，合同制度有体系化的规则，作为债的组成部分统一规定在民法典之中；而英美法系国家一般不倾向法典形式，合同法要么是单行法，要么就是由判例组成，没有立法机关颁行的法典形式。②在合同法的渊源方面，大陆法系国家的合同法渊源是制定法，法院的判例不被认为是正式的合同法的渊源，只对法院的审判具有参考作用；而英美法系国家的法院判例是合同法的重要渊源，上级法院的合同判例对下级法院的类似案件的审判具有法律约束力，重大的、典型的合同判例是重要的合同规则，英美法系国家的许多重要的合同规则都是由判例确定的。③合同法的许多具体制度有所不同。如大陆法系国家在确认合同效力方面，强调合意和原因；而英美法系国家在合同效力方面强调约因或对价。在违约赔偿范围、赔偿方式等方面，二者也有所不同。④合同法创制的途径不同。大陆法系国家的合同法主要是由法学家从理论上发展，然后通过立法途径创制的，合同法是民法的一个组成部分；而英美法系国家的合同法主要是由法官创制和发展的。⑤法的适用方法不同。在审理案件中，大陆法系国家的法官是在查明合同关系的事实的基础上，从成文的合同法中"找法"，找到恰当的法律规范后依相关的法律条文作出裁判；而英美法系国家的法官，在审判中关心的是如何为当事人提供法律救济，有在先的类似案件的判例的，得援引判例裁判，没有相似案件的判例的，法官得根据契约自由和契约正义之理念，作出公正判断。

■第三节　合同的分类

一、合同分类的意义和作用

合同的分类，是指根据一定的标准将合同区分为不同的类型。

合同的分类有以下作用：①将众多的合同按照一定的标准划分成不同的类型，可以清楚地看出不同类型的合同成立与生效的条件及法律效力等特点，从而便于人们掌握，有助于指导当事人订立和履行合同。②合同的分类有助于合同法的妥当适用。人民法院和仲裁机构在处理合同纠纷时，将争议的合同归入相应的合同类型中，能够准确、便捷地确认当事人的权利义务，正确地适用法律。③合同的分类，有助于构建合同法的分论体系。学理上对合同分类的研究，主要是为了分析和描述各类合同的意思表示内容和所发生的债权债务结构，这样就有助于构建合同法分论体系，为完善和健全合同立法提供理论依据。④合同法的分类有助于合同法理论的完善，即通过合同的分类能够准确地揭示不同类型的合同的本质属性，描述合同之间的联系和区别，丰富和发展合同法理论。

二、有名合同与无名合同

这是以法律是否作出规定并赋予特定名称为标准进行的分类。

有名合同，又称典型合同，是指法律作出规定并赋予特定名称的合同。《合同法》分则中所规定的 15 种合同，皆为有名合同。

无名合同，也称非典型合同，是指法律未作规定，也未赋予特定名称，任由当事人自由创立的合同。

划分有名合同和无名合同的意义在于：对于有名合同，当事人可以参照法律有关规定

订立，在合同发生争议时，法院或仲裁机构应按照法律的有关规定进行裁判。对于无名合同，法律未作具体规定，其成立、生效及纠纷解决，除适用有关民事法律行为和合同的一般规定外，可以参照与之类似的有名合同的法律规定。由于法律不可能对一切合同都作出规定，因此，无名合同只要其内容不违反国家法律和政策，不违反社会公德和社会利益，法律即承认其效力。

三、诺成合同与实践合同

这是根据合同的成立是否以交付标的物为要件而进行的分类。

诺成合同，是指不依赖标的物的交付，只需当事人意思表示一致即可成立的合同，如买卖合同、承揽合同、委托合同等。大部分合同都是诺成合同。

实践合同，又称要物合同，是指除当事人意思表示一致外，还需交付合同标的物或完成其他给付才能成立的合同，如保管合同、借用合同等。

区分诺成合同与实践合同的意义在于明确：①二者成立的要件不同。诺成合同不以交付标的物或完成其他给付为成立要件；而实践合同的成立以交付标的物或完成其他给付为要件，如《合同法》第 367 条规定："保管合同自保管物交付时成立，但当事人另有约定的除外。"②交付标的物的意义不同。在诺成合同中，交付标的物或完成其他给付系当事人的给付义务，即合同的履行行为，违反该义务便产生违约责任；而在实践合同中，交付标的物或完成其他给付不是当事人的给付义务，是合同的成立要件，违反它不产生违约责任，构成缔约过失责任。

四、单务合同与双务合同

这是依合同当事人双方是否互负义务进行的分类。

单务合同，是指当事人一方负担给付义务，而他方不负担给付义务的合同，如赠与合同、借用合同。

双务合同，是指当事人双方互负对待给付义务的合同，如买卖合同、租赁合同、有偿保管合同等。

区分单务合同与双务合同的意义在于：①双务合同有对待给付及同时履行抗辩等特殊规则；单务合同则无。②双务合同一方履行不能时，他方可解除合同；单务合同不发生这种结果。③双务合同因不可归责于双方当事人的原因而不能履行时，发生风险负担问题；而单务合同中，因不可归责于双方当事人的原因而不能履行时，风险由债务人负担，不发生双务合同中的复杂问题。

五、有偿合同与无偿合同

这是以当事人是否因给付而取得对价为标准进行的分类。

有偿合同是指当事人取得权利必须支付相应的对价的合同，如买卖合同、租赁合同、保险合同等。所谓支付相应的对价，是指财产利益的给付，可以给付金钱，也可以给付实物或者提供劳务。

无偿合同是指当事人一方取得权利无须支付对价的合同。赠与合同、借用合同是典型的无偿合同。

有偿合同和无偿合同的划分与双务合同与单务合同的划分不能等同。一般而言，双务合同都是有偿合同，但单务合同并非皆为无偿合同。例如，赠与合同就是无偿的单务合同；而借贷合同则是有偿的单务合同。

区分有偿合同和无偿合同的意义在于明确：①当事人的注意义务不同。法律对有偿合同中的债务人的注意义务，要求程度较重；而无偿合同中的债务人负担较轻的注意义务，仅对故意或重大过失负责。如《合同法》第374条规定："保管期间，因保管人保管不善造成保管物毁损、灭失的，保管人应当承担损害赔偿责任，但保管是无偿的，保管人证明自己没有重大过失的，不承担损害赔偿责任。"②主体资格要求不同。限制民事行为能力人订立有偿合同时，须经其法定代理人的同意或追认才有效；但对于纯获利益的无偿合同，如赠与合同，限制行为能力人无须经法定代理人的同意，即可独自为之。③债权人行使撤销权的条件不同。债务人通过无偿合同将财产转让给第三人的，只要该转让行为有害于他的债权人的债权，债权人就可以行使撤销权；但对于通过有偿合同将财产转让给第三人的，除该行为有害于债权人的债权外，还须债务人和第三人在实施交易时存在加害债权人的恶意，债权人方可行使撤销权。《合同法》第74条第1款规定："因债务人放弃其到期债权或者无偿转让财产，对债权人造成损害的，债权人可以请求人民法院撤销债务人的行为。债务人以明显不合理的低价转让财产，对债权人造成损害，并且受让人知道该情形的，债权人也可以请求人民法院撤销债务人的行为。"④有无返还义务不同。如果无权处分人通过有偿合同将财产转让给第三人，第三人为善意时，可以善意取得该财产的所有权，原则上对于原物所有人不负返还义务；若无权处分人通过无偿合同将财产转让给第三人，在原物存在时，第三人负有返还原物的义务。

六、要式合同与不要式合同

这是根据合同的成立是否需要采用特定的形式或程序进行的分类。

要式合同，是指合同的成立须采用特定形式的合同。其中，根据特定形式是属于法律规定还是当事人约定，又分为法定要式合同与约定要式合同。

不要式合同，是指不需要特定的形式或程序就可成立的合同，如《合同法》第10条所列举的一般书面形式、口头形式和其他形式。在我国，"特定形式和程序"，主要有特别指定的书面形式、公证、鉴证、批准和登记等。

区分要式合同与不要式合同的意义在于明确两者成立或生效的条件不同。如果为要式合同，则只有在符合法律规定或当事人约定的特别形式或程序时，合同才能成立或生效；如果是不要式合同，则只要符合合同的一般成立或生效要件，合同就能成立或生效。

七、一时性合同与持续性合同

这是依据合同所确定的给付形态进行的分类。

一时性合同，是指债务因一次给付即履行完毕的合同，如买卖、赠与、承揽等合同。值得注意的是分期交付合同，只要其总给付自始确定，分期给付的时间因素对给付的内容和范围不发生影响，仍属一时性合同，只是在给付方面，债务人的履行方式可以是分期给付而已。

持续性合同，是指合同的内容非一次给付，而是须经持续的给付才能履行完毕的合同，如租赁合同、委托合同等。持续性合同的特征在于，时间因素在合同履行上居于重要的地位，总给付的内容取决于应为给付时间的长短。

持续性合同和分期给付合同不同：前者自始没有一个确定的总给付，在一定时间内提出的给付，不是总给付的部分，而是履行当时所负的债务。后者自始有一个确定的总给付，只是分期履行而已，每期给付皆为总给付的一部分。

区分一时性合同和持续性合同的意义在于明确：①债务不履行的后果不同。持续性合同之债务不履行，一般发生合同终止效果，且应向将来发生效力，一般不具有溯及既往的效力；而一时性合同不履行的，在合同因违约而解除时具有溯及既往的效力。②适用的抗辩权不同。持续性合同的给付不可以同时履行，必有一方先行给付，所以仅适用不安抗辩权和先履行抗辩权，不适用同时履行抗辩权；而一时性合同的给付，上述三种抗辩权皆可适用。③债权债务的转移限制不同。持续性合同的当事人双方多有信用关系，如合伙、雇佣等，其债权债务原则上不得任意转移；而一时性合同则没有如此严格的限制。

八、主合同与从合同

这是以两合同之间存在的主、从关系为标准进行的分类。

主合同，是指两合同中不依赖另一合同而独立存在的合同。其特点在于，主合同能够独立存在，不以其他合同的存在为前提。主合同和从合同是相对而言的，没有从合同就无主合同，没有主合同也就无从合同。

从合同，是指两合同中以另一合同的存在为存在前提的合同。一般情况下，从合同依赖于主合同的存在而存在，从合同自身不能独立存在。抵押合同、质押合同、保证合同、定金合同等担保合同与其所担保的合同之间的关系，就是主从合同关系。其中，担保合同是从合同，被担保的合同为主合同。担保合同的效力及存续往往取决于债权合同的效力及存续状况，但我国《物权法》也作出了例外规定。根据《物权法》第172条第1款的规定，"担保合同是主债权债务合同的从合同。主债权债务合同无效，担保合同无效，但法律另有规定的除外"。但书中所谓法律另有规定的情况，主要是指当事人设立最高额抵押或最高额质押的情形，此时，最高额担保合同一般不因某一笔被担保的债权合同无效而无效。

区分主从合同的意义在于明确主从合同间的制约关系。在通常情况下，从合同以主合同的存在为前提，主合同变更或消灭，从合同原则上也随之变更或消灭。

九、束己合同与涉他合同

这是以合同是否涉及第三人为标准进行的分类。

束己合同，也称为"为订约人利益订立的合同"，是指订约当事人为自己设定权利和义务，使自己受约束的合同。该类合同的特点在于：合同仅在当事人之间发生效力，体现合同的相对性。此乃合同之常态。

涉他合同，是指当事人在合同中为第三人设定了权利或义务的合同。涉他合同突破了合同的相对性原则，使合同权利或义务涉及第三人。它包括"为第三人利益的合同"和"由第三人履行的合同"两种类型。

为第三人利益的合同，是指当事人为第三人设定了合同权利，由第三人取得利益的合同。我国《合同法》第64条就是对该类合同的规定。第三人为受益人的保险合同是其典型。该类合同只能为第三人设定权利，而不得为其设定义务；第三人不是合同当事人，无须在合同上签字或盖章，也不需要通过其代理人参与缔约，但其于合同成立后直接享有合同权利。订约人虽然可以为第三人设定合同权利，但不能强迫第三人接受该权利，即第三人可以接受合同权利，也可以拒绝接受。第三人拒绝接受的，该权利归缔约人享有。

由第三人履行的合同，是指合同当事人为第三人约定了合同义务，由第三人向合同债权人履行该合同义务的合同。《合同法》第65条就是对该类合同的规定。该类合同中，第三人不是合同当事人，无须在合同上签字或盖章，也不需要通过其代理人参与缔约，该合同不能当然地约束第三人，第三人拒绝履行合同时不承担违约责任，由合同债务人负责履行。

区分束己合同与涉他合同的意义在于：①两类合同的缔约目的不同，束己合同是为缔约当事人自己设定合同权利义务，涉他合同是为第三人设定权利或者义务。②两类合同的效力也不同，束己合同对缔约当事人有约束力，涉他合同对第三人不能当然地有约束力。涉他合同虽然对合同的相对性原则有所突破，却不能完全背离这一原则。因第三人原因而发生违约的情形，仍由债务人向债权人承担违约责任，至于债务人和第三人之间的关系，则另案处理。

十、确定合同与射幸合同

这是根据合同的效果在缔约时是否确定为标准进行的分类。

确定合同，又称实定合同，是指合同的法律效果在缔约时已经确定的合同。大多数合同，如买卖、租赁、承揽、运输、保管、委托等合同，都属于确定合同。

射幸合同，是指合同的法律效果在缔约时尚未确定的合同。该类合同的特点在于合同订立后，法律效果是否发生取决于偶然事件是否出现。保险合同、博彩合同是典型的射幸合同。

区分确定合同和射幸合同的意义在于：确定合同一般要求等价有偿，若不等价则可能被撤销乃至无效；射幸合同一般不从等价与否的角度衡量其是否公平，法律往往从维护公序良俗出发，对其种类、效力等加以限制，只有在法律许可的场合或领域才可订立射幸合同。

十一、预合同与本合同

这是依据订立合同是否有事先约定的关系为标准进行的分类。

预合同，又称预约或预备合同，是指当事人约定在将来订立一定合同的合同。

本合同，又称本约，是指为履行预约而订立的合同。

预合同和本合同是相对而言的，没有预合同就没有本合同，没有本合同也就无所谓预合同。例如，当事人之间关于将来买卖商品房的"意向书"就是预合同，而按照"意向书"订立的商品房买卖合同就是本合同。

区分预合同和本合同的意义在于：明确二者具有不同的订约目的和法律效力。预合同的目的和效力是将来按照预合同约定的条件订立本合同，预合同本身不产生实体权利义务；而本合同的目的和效力则是确定当事人之间的实体权利义务。

十二、单一合同与复合合同

这是以合同的内容是否唯一为标准进行的分类。

单一合同，是指仅有一种权利义务的合同。这类合同的特点是，合同约定的权利义务是单一性质的，如一般的买卖合同。多数合同都属于单一合同。

复合合同，又称混合合同，是指约定了两种以上性质的权利义务的合同。如融资租赁合同，就有"融资"和"租赁"两种权利义务。复合合同的特点是：合同约定了多种性质的权利、义务，但仍属一个合同。

区分单一合同和复合合同的意义在于：有利于准确适用法律。复合合同的法律适用比单一合同复杂。对于复合合同适用何种法律，有 3 种学说：①吸收说认为，应适用构成合同主要部分的合同对应的规定，非主要部分被主要部分吸收；②结合说认为，应先将复合合同的各个部分的意思分解，依当事人的意思调和其分歧后再统一适用之；③类推适用说认为，法律既未对复合合同作出规定，故应就其各构成部分类推适用各有名合同的规定。[1]

十三、格式合同与非格式合同

这是根据当事人能否对合同条款进行充分协商为标准进行的分类。

格式合同，又称附和合同、定式合同、标准合同、定型化合同，是指由一方当事人为重复使用而预先拟定合同条款，并于订立合同时不容相对人协商的合同。即另一方当事人要么

---

〔1〕　王泽鉴：《王泽鉴法学全集——债法原理（1）》，中国政法大学出版社 2003 年版，第 112～113 页。

从整体上接受合同条件，要么不订立合同，如保险合同。格式合同具有以下特点：①合同的条款由一方当事人预先拟定。格式合同的条款由提供商品或服务的一方当事人事先确定，相对人不参与合同条款的拟定。②格式合同的相对人只有订约自由，而没有决定合同内容的自由，即相对人只能对合同条款表示全部接受或全部不接受，而没有与对方就合同个别条款进行协商的余地，也就是"要么接受，要么走开"（take it or leave it）。当然，格式合同并非完全否定合同自由，因为相对人虽然不能决定合同条款，但仍可以决定是否订立合同和选择合同当事人。因此，格式合同仅是对合同自由的限制，而不是否定合同自由。③格式合同条款具有广泛性、持久性和细节性，有利于节省交易成本。所谓广泛性，是指格式合同条款是向公众发出的，或至少是向某一类有可能缔结该类合同的人发出的。所谓持久性，是指格式合同的条款一般总是涉及某一特定时期所要订立的全部合同。所谓细节性，是指格式合同中包括了成立合同所需要的全部条款。正是上述特点，决定了格式合同具有广泛的适用性，采用格式合同，可以免去订立合同中的谈判过程，有利于节省交易成本。

非格式合同，是指当事人可以就合同条款进行充分协商而订立的合同。其特点是：合同条款是双方充分协商达成一致的。多数合同是此类型。

区分格式合同和非格式合同的意义在于：格式合同具有不同于非格式合同的特别规制制度和解释原则。原因就在于，虽然格式合同具有简便手续、节省交易费用和时间等优点，但是格式合同也存在一定的弊端，如免除或限制条款提供者的责任、加重合同相对人的责任、限制或剥夺相对人的权利行使、不合理分配合同风险等。因此，为了保护相对人的权利，体现"契约正义"，法律对格式合同的使用、效力以及解释等，有以下特别限制：

1. 不可排除法定条款的效力。法律直接规定格式合同提供人的义务或相对人的权利，以替代合同的约定，这种法定条款具有在合同中强行使用、不可排除的效力。《合同法》第40条规定，提供格式条款的一方免除其责任、加重对方责任、排除对方主要权利的，该条款无效。

2. 免责条款的提示、说明义务。免责条款是指格式合同中免除或者限制格式合同提供人责任的条款。由于免责条款对相对人不利，所以，《合同法》第39条特别要求格式合同提供人在缔结合同时，采取合理的方式提请对方注意免责条款，并按照对方提出的要求，对该条款予以说明。

3. 非格式条款效力优先。相对人就格式合同中的某些条件提出磋商，经磋商而订入合同的条款就属于非格式条款。由于非格式条款融合了相对人的自由意思，更符合公平原则，所以，《合同法》第41条规定，格式条款和非格式条款不一致的，应当采用非格式条款，即非格式条款的效力优于格式条款。

4. 有利于相对人的解释原则。《合同法》第41条规定，对格式条款的理解发生争议的，应当按照通常理解予以解释。对格式条款有两种以上解释的，应当作出不利于提供格式条款一方的解释。易言之，就是从有利于相对人一方解释，由格式合同提供人承担条款歧义产生的不利后果。

■第四节   合同的订立

一、合同订立的意义

合同的订立又称缔约，是指当事人为设立、变更、终止财产权利义务关系而进行协商、达成合意的过程。

合同的订立就是当事人各方接触、洽商直至达成合意的过程，该过程主要包括要约和承诺两个阶段。《合同法》第 13 条规定："当事人订立合同，采取要约、承诺方式。"也就是说，要约、承诺是合同订立的一般程序。

二、要约

（一）要约的概念、性质和要件

要约，是指一方当事人以订立合同为目的而发出的，由相对人受领的意思表示。其中，发出要约的人称要约人，受领要约的人称相对人或受要约人。在商业活动和对外贸易中，要约又称为报价、发价或发盘。

要约从性质上来说，是一种意思表示，是以设立、变更、终止民事权利义务关系为内容的意思表示。要约既然属于意思表示，即应适用法律关于意思表示的规定。应当指出，要约虽是意思表示，但仅有要约这一意思表示尚不构成法律行为。法律行为是以意思表示为核心要素，旨在发生一定私法效果的法律事实。法律行为生效后，当事人意欲的私法效果即能够依当事人的意思而实现；而要约生效后，其法律效果的发生并非基于要约人的意思，而是基于法律的规定。要约作为一种意思表示，在相对人承诺前，只有形式上的拘束力，并不产生当事人的实质上的权利义务关系。

要约是一种意思表示，但意思表示并非皆为要约。只有具备要约构成要件的意思表示才为要约。根据《合同法》第 14 条的规定，要约的构成须具备以下要件：

1. 意思表示的内容具体确定。所谓具体确定，是指意思表示能够反映所要订立合同的主要内容。要约除须表明要约人订立合同的愿望外，一个详细的要约还须具备所要订立的合同的主要条款，如标的、质量、数量、价款或酬金、履行期限、履行地点和方法、违约责任和解决争议的方法等。一个简略的要约虽然可以稍有节略，但是，也要包括最基本的条款，如标的、价款或酬金、履行期限等。

2. 意思表示须表明要约人在受要约人承诺时即受其约束。也就是说，要约人必须向受要约人表明，受要约人一旦承诺，要约人就受其意思表示的约束，合同即告成立。

3. 一般是向特定人发出的意思表示。要约是为了唤起相对人的承诺进而成立合同，故要约一般向特定的相对人做出。但在特殊情况下，即使要约向不特定的人做出，只要无碍要约所要达到的目的，要约也可以成立，如悬赏广告。[1]

（二）要约的效力

要约的效力，又称要约的拘束力，其内容包括要约的生效、对要约人的效力和对相对人的效力。

1. 要约生效的时间。要约自何时生效，在理论上主要有发信主义和受信主义两种观点。发信主义主张，要约人发出要约后，要约即发生效力。受信主义主张，要约只有到达受要约人之时才能发生效力。因受信主义以要约到达受要约人为要约生效之时间点，所以受信主义又称为到达主义。要约到达，是指要约到达受要约人的控制范围之内，并非指要约为受要约人所阅知。我国《合同法》采用受信主义，《合同法》第 16 条第 1 款规定："要约到达受要约人时生效。"

---

〔1〕 按照要约说，悬赏广告属于要约。《合同法解释（二）》第 3 条规定："悬赏人以公开方式声明对完成一定行为的人支付报酬，完成特定行为的人请求悬赏人支付报酬的，人民法院依法予以支持。但悬赏有合同法第 52 条规定情形的除外。"依此关于悬赏广告的规定，最高人民法院认可悬赏广告为要约。

要约因其形式的不同,其生效的具体时间有所差别:对话形式的要约,自受要约人了解时发生效力。传统书面形式的要约,于到达受要约人时发生效力。采用数据电文形式进行要约,收件人指定特定系统接收数据电文的,该数据电文进入该特定系统的时间,视为到达时间,即要约生效时间;未指定特定系统的,该数据电文进入收件人的任何系统的首次时间,视为到达时间,即要约生效时间。

2. 要约对要约人的效力。要约对要约人的效力,在理论上称为"要约的形式拘束力",是指要约生效后,在其存续期间不得变更或撤回的效力。其目的在于保护相对人的利益,维护交易的安全。

3. 要约对相对人的效力。要约对相对人的效力,在理论上称为"要约的实质拘束力",是指要约经相对人承诺,合同即告成立的效力。要约生效后,相对人即获得承诺的权利。相对人一旦承诺,合同即成立,相对人与要约人共同成为合同的当事人。

4. 要约的存续期间。要约的法律效力有其存续期间,此期间是指要约受承诺拘束的期间,故亦称承诺期间。要约在存续期间内受相对人承诺的拘束,非于此期限内承诺,对要约人无拘束力。要约于到达相对人时生效,其存续期间有约定期间和法定期间两种。前者依意思自治原则,要约的存续期间由要约人自定,要约在约定的期限内有效。后者是在要约人未定有存续期间时,依法律规定确定的期间。法定期间因要约发出的方式不同而不同:以对话方式进行的要约,相对人须即时承诺;以非对话方式进行的要约,应以可期待承诺到达的合理期间为其存续期间。该合理期间通常包括要约到达相对人的必要期间、相对人考虑承诺与否的必要期间以及承诺到达要约人所需的必要期间。

(三) 要约的撤回和撤销

1. 要约的撤回。要约的撤回,是指在要约生效之前,要约人欲使其丧失法律效力的意思表示。要约发出后,因某种原因,要约人可以撤回要约,但撤回要约的通知必须在要约到达相对人之前到达或与要约同时到达相对人,方能发生撤回的效力。要约一旦被撤回,即对要约人失去拘束力。

2. 要约的撤销。要约的撤销,是指在要约生效后,要约人使其丧失法律效力的意思表示。

关于要约生效后是否可以撤销的问题,大陆法系和英美法系有所不同。大陆法系国家认为,要约对要约人有拘束力,因而要约生效后,要约人不得随意撤销要约。例如,《日本民法典》第521条规定:"定有承诺期间而为的契约的要约,不得撤销。"[1]第524条又规定:"未定承诺期间,向隔地人所为的要约,要约人在承诺通知的相当期间内,不得撤销。"英美法系国家认为,要约对要约人没有拘束力,所以在受要约人未承诺前,要约人可随时取消要约。两大法系的这种矛盾,影响了国际贸易的顺利进行。为减少国际贸易中的法律障碍,《联合国国际货物销售合同公约》和《国际商事合同通则》采取折中的方式:在合同订立之前,如果撤销通知在受要约人发出承诺之前送达受要约人,则要约可以撤销。但在下列情况下,要约不得撤销:①要约写明承诺的期限或者以其他方式表示要约是不可撤销的;②受要约人已经依赖该项要约行事。

《合同法》采取了《联合国国际货物销售合同公约》和《国际商事合同通则》的做法,一方面允许要约人撤销要约,另一方面又规定在某些情形下要约人不得撤销要约。根据

---

[1] 《日本民法典》,曹为、王书江译,法律出版社1986年版。

《合同法》第 18、19 条的规定，要约可以撤销，但撤销要约的通知应在要约生效以后相对人发出承诺通知之前到达受要约人。要约一旦被撤销，即丧失对要约人的拘束力。但是，有下列情形之一的，要约不得撤销：①要约人确定了承诺期限或者以其他形式明示要约不可撤销；②受要约人有理由认为要约是不可撤销的，并已经为履行合同作了准备工作。

要约撤销的效力溯及要约生效之时，即要约一经撤销，则视为自始不生效。

（四）要约的消灭

要约的消灭，又称要约的失效，是指要约丧失其法律效力，要约人和相对人均不再受其拘束。即是说，要约人解除了其受要约约束的义务，相对人丧失了作出承诺的资格或权利。

根据《合同法》第 20 条的规定，要约因下列原因而失效：

1. 拒绝要约的通知到达要约人。要约被拒绝包括相对人不承诺接受要约和相对人对要约进行扩张、限制或变更两种情形，后者在法律上被视为一项反要约。拒绝要约的通知，于到达要约人时生效。

2. 要约人依法撤销要约。要约人依法撤销要约，自撤销要约的通知到达相对人时，要约效力即告消灭。必须指出，撤回要约并非要约失效的事由，因为要约在有效撤回之前尚未生效，也就不存在所谓"失效"问题。

3. 要约有效期限（承诺期限）届满，受要约人未作出承诺。承诺期限，是相对人可以承诺的期限，也就是要约的有效期限。要约中明确规定了承诺期限的，相对人应在该期限内决定是否作出承诺，未承诺的，该期限届满时，要约失去效力。要约未规定承诺期限的，在对话方式的要约中，相对人未即时承诺的，要约即失去效力；非对话方式的要约中，要约人在承诺所需的合理期间内未收到承诺时，要约即失去效力。

4. 受要约人对要约的内容作出实质性变更。相对人对要约的内容作出实质性的变更，视为反要约。一般情况下，提出反要约就是对要约的拒绝，要约人即不受其要约的拘束。

（五）特殊形式的要约

1. 反要约。反要约是指相对人对要约的内容进行扩张、限制或变更后所作的"承诺"。因承诺须与要约的内容一致方能成立合同，对要约修改后所作的"承诺"，实为一种新的要约，而并非对原要约的承诺。

《合同法》对反要约作出了明确的规定。《合同法》第 30 条规定："承诺的内容应当与要约的内容一致。受要约人对要约的内容作出实质性变更的，为新要约。有关合同标的、数量、质量、价款或者报酬、履行期限、履行地点和方式、违约责任和解决争议方法等的变更，是对要约内容的实质性变更。"根据《合同法》第 31 条的规定，要约人对于非实质性的要约内容明确表示不得变更，或者受要约人变更后，要约人及时表示反对的，受要约人变更要约意思的行为，也为反要约。除第 31 条所列情形外，受要约人对要约作出的非实质性变更即构成有效承诺，合同的内容以承诺的内容为准。

2. 交叉要约。交叉要约，也称交错要约，是指当事人双方互为意思内容相同的要约。交叉要约中的两个意思表示，是相向发出的，且均在收到对方要约之前发出，可谓"不谋而合"，故交叉要约互达于相对人时，合同即成立。通常以后到达要约的到达时间为合同的成立时间。

3. 悬赏广告。悬赏广告，是指以广告的方式，对完成一定行为的人给予报酬的意思表示。根据《合同法解释（二）》第 3 条的规定，悬赏广告是订立合同的形式。

悬赏广告是日常生活中常见的现象，但对其性质的认定则存在争议：①单独行为说。

该学说认为，悬赏广告是因为广告人一方的意思表示而对完成一定行为的人负担支付报酬的债务，故无须行为人的承诺，惟以完成一定行为为停止条件。《德国民法典》采用此说，该法第657条规定，通过公开的通告，对完成某行为，特别是对产生效果悬赏的人，有向完成此行为的人支付报酬的义务，即使该行为人完成行为时，未考虑到此悬赏广告者，亦同。②要约说（又称契约说）。该学说认为，悬赏广告是广告人向不特定的多数人即向公众发出的要约，相对人须以完成指定的行为作承诺，《日本民法典》采用此说。③债的关系说。该学说认为，广告的相对人，因完成指定的行为而在当事人之间发生给付，悬赏广告成为独立的债，《俄罗斯联邦民法典》采用此说。我们认为，单独行为说更为可采，理由如下：①从逻辑上看，悬赏广告是悬赏人单方作出的意思表示，完成特定行为的人于行为时可能并不知道悬赏广告的存在，也就不存在所谓的"承诺"行为。②从价值判断上看，单独行为说有利于保护完成特定行为的人，符合公平价值的要求，体现诚实信用原则。一方面，依单独行为说，完成特定行为的人于行为时即使并不知道悬赏广告的存在，也不影响悬赏广告的效力，仍可获得报酬；另一方面，完成特定行为的人即使为无行为能力人，也可获得报酬。

在单独行为说之下，悬赏广告为附停止条件的单方法律行为。悬赏广告的成立，须具备以下要件：①以广告的方式声明。悬赏广告是对不特定的人（公众）发出的，因此，要求悬赏广告人悬赏之意思必须公开，且以广告方式为之，即以文字或言词使不特定的多数人得知其悬赏之意思。②给付报酬之意思。悬赏广告应约定由广告人对完成指定行为的人给付报酬，只要完成广告指定的行为，行为人无须再行支付对价，就可以请求广告人给付所允诺的金钱、物品或其他物质奖励。悬赏广告的生效条件为停止条件的成就，即行为人完成指定的行为。悬赏广告的目的就在于使相对人完成一定的行为，否则，悬赏之意思不生效。指定行为如果是事实行为，完成行为人不以有无行为能力为条件，只要完成指定行为，即可在广告人与行为人之间发生债的关系，但法律禁止的行为不得作为指定行为。广告人对完成广告要求行为的人负有给付报酬的义务，行为人在完成广告中指定的行为时，对广告人有报酬请求权。在数人同时或先后完成指定行为时，行为标的不竞合的，数个行为人的报酬请求权可以并存；行为标的发生竞合时，应由先完成者取得报酬请求权。

4. 现物要约。现物要约，是指未经订购而当事人一方向相对人径寄物品的行为。对于现物要约，相对人同意接受寄送物品的，合同即告成立。当然，相对人不负有承诺的义务，即使寄送人表示"在一定期限内不拒绝或不退还物品即视为同意购买"，这种表示对相对人也不产生效力。相对人亦不负有退回物品的义务，但不得丢弃、损毁，在要约人来领回前，有保管义务。这种保管行为所产生的法律关系，《合同法》及相关的立法并未作出明确规定，可以适用"无因管理"的有关规则来处理。现物要约也区别于试用买卖，《合同法》第171条规定："试用买卖的买受人在试用期内可以购买标的物，也可以拒绝购买。试用期间届满，买受人对是否购买标的物未作表示的，视为购买。"

（六）要约邀请

1. 要约邀请的概念。要约邀请，又称要约劝诱、要约引诱，是指一方当事人邀请他人向自己发出要约的意思表示。

要约与要约邀请的区别在于：

（1）性质不同。要约邀请，是当事人为唤起他人对其发出要约而作出的意思表示，本身不发生要约的法律效力，是订立合同的预备行为，对行为人不具有拘束力；而要约是订立合同的行为，对要约人具有拘束力。

（2）针对的对象不同。要约邀请一般是向不特定人发出的，故多通过电视、报刊等媒介手段来实现；而要约一般是向特定人发出的，多采用对话或信函的方式为之。

（3）内容要求不同。要约邀请的内容不必具备成立合同的全部必要条款，如普通的商业广告；要约的内容具体确定，具备成立合同的全部必要条款，并含有当事人表示愿意接受要约拘束的意思。

2. 要约邀请的形式。根据我国《合同法》第15条的规定，要约邀请主要有：

（1）寄送的价目表。向特定的或不特定的相对人寄送商品价目表，是商品生产者或经营者推销商品的一种手段。寄送价目表的目的，就是为了唤起相对人购买商品或接受服务的欲望，希望相对人提出订立合同的意思表示。但由于该行为本身并不具备一经对方承诺即受拘束的意图，只是向对方表达了寄送人希望对方提出购买商品或者接受服务的条件。因此，寄送价目表的行为是要约邀请，而不是要约。但是，如果寄送的价目表中明确表明了行为人愿意接受承诺的拘束，或者从价目表中可以确定该行为具有接受承诺后果约束的意图，则应当认定其为要约。

（2）拍卖公告。拍卖是以公开竞价的形式，将特定物品或财产权利转让给最高应价者的买卖方式。拍卖公告是一种宣传和介绍将要进行某项拍卖活动的意思表示，目的是邀请不特定的相对人参加竞买，所以，拍卖公告是要约邀请。通过拍卖方式缔结合同的，竞买人的报价为要约，拍卖人的拍定为承诺。

（3）招标公告。招标公告，是指招标人通过招标通知或者招标广告的方式，向数人或公众公开招标内容及要求。发布招标公告的目的，是邀请更多的相对人按照招标内容的要求投标，从而使招标人能够从更多的投标人中寻找到条件最佳者与自己订立合同；另外，招标公告的结果，也只是导致他人按照招标要求向自己投标。因此，招标公告属于要约邀请。通过招标投标方式缔结合同的，投标人向招标人发出的投标为要约，招标人的定标为承诺。

（4）招股说明书。招股说明书，又称招股章程，是指专门表达募集股份的意思并载明有关信息的书面文件，其目的就是引诱不特定的相对人认购股份。因此，招股说明书性质上是要约邀请，而非要约。

（5）商业广告。商业广告，是指商品经营者或者服务提供者通过一定媒介或其他方式介绍自己所推销的商品或提供的服务的行为。其目的是推销商品或提供服务，引诱他人选购自己的商品或要求提供服务。因此，商业广告为要约邀请。但如果商业广告中明确注明是要约，或者含有广告者希望与他人订立合同的意思表示，其内容也具备与他人订立合同的必要条款，且表明了愿意承受拘束的意旨，如含有"保证现货供应"、"款到发货"或含有确切的期限保证供货等用语的，则认定为要约。

三、承诺

（一）承诺的概念、性质和要件

承诺，是指受领要约的相对人为成立合同而同意接受要约的意思表示。要约一经承诺，合同即告成立。在商业交易中，承诺又称为接受、还盘、收盘。与要约的性质一样，承诺属于意思表示，适用法律关于意思表示的规定。

一项有效的承诺，必须具备以下构成要件：

1. 承诺须由受要约人作出。受要约人及其代表人、代理人有权承诺，非受要约人的意思表示不构成承诺。承诺的意思表示一般应以明示的方式作出，但当事人约定或交易习惯允许默示的，承诺可采默示方式。承诺通常不必以与要约相同的方式作出。

2. 承诺的内容须与要约的内容一致。承诺是受要约人愿意按照要约的全部内容与要约人订立合同的意思表示，因此，相对人须对要约表示绝对和无条件地同意，否则，合同不能成立。承诺对要约内容进行实质性变更的，不构成承诺，而视为一项新要约或反要约。所谓实质性变更，是指有关合同的标的、数量、质量、价款或报酬、履行期限、地点和方式、违约责任和解决争议方法等变更。承诺未对要约内容进行实质性变更的，除要约人及时表明反对或者要约表明不得对要约内容作任何变更的以外，该承诺有效，合同内容以承诺的内容为准。

3. 承诺须于承诺期限内作出，否则，除要约人及时通知受要约人该承诺有效外，视为新的要约。承诺期限，是指受要约人作出承诺的有效期限，即要约的存续期限。该期限有约定和法定两种。承诺应当在要约确定的期限内到达要约人。对于要约中没有规定承诺期限的，承诺期限的确定因要约方式的不同而有别：要约以对话方式作出的，应当即时作出承诺，但当事人另有约定的除外；要约以非对话方式作出的，承诺应当在合理期限内到达要约人。

4. 承诺须向要约人作出。承诺是对要约的同意，受要约人承诺的目的在于同要约人订立合同，须由要约人作为一方当事人，故承诺只有向要约人作出才有意义。非向要约人作出同意要约的意思表示，不为承诺，但向要约人的代理人作出承诺，视为向要约人承诺。

（二）承诺的生效

《合同法》第 25 条规定："承诺生效时合同成立。"即承诺的生效，通常意味着合同的成立，因此承诺的生效时间意义重大。依《合同法》的规定，承诺于承诺期限内到达要约人时生效。

1. 要约人约定承诺期限的，承诺在承诺期限内到达要约人时，承诺生效。

2. 要约人没有确定承诺期限的，如果要约以对话方式作出，受要约人即时承诺的，承诺即时生效；如果要约以非对话方式作出的，承诺于合理期限内到达要约人时生效。

3. 约定以数据电文形式承诺的，在承诺期限内，该数据电文进入要约人所指定的特定系统时，承诺生效；要约人未指定特定的系统的，该数据电文进入要约人的任何系统的首次时间，即为承诺的生效时间。

4. 承诺需要通知的，承诺于通知到达要约人时生效；承诺不需要通知的，根据交易惯例或要约的要求作出承诺行为时，承诺生效。

5. 采用信件、数据电文形式订立合同的场合，当事人约定采用确认书确认承诺的效力的，承诺自确认书签订时生效。

（三）承诺的迟到和迟延

承诺应在承诺期间作出，才发生承诺的效力。承诺之意思表示超过承诺期间作出的，承诺没有效力。

1. 承诺的迟到，即迟发而迟到的承诺，又称逾期承诺，是指受要约人超过承诺期限所发出的承诺。逾期承诺是在承诺期限届满后发出的，要约已经失效，故不应发生承诺的效力，不能成立合同。根据《合同法》第 28 条的规定，原则上，逾期承诺视为新要约，但要约人及时通知该承诺有效的，合同成立。

2. 承诺的迟延，即未迟发而迟到的承诺，又称承诺逾期，是指受要约人在承诺期间发出的承诺通知，按照通常情形能够及时到达要约人，但因传达障碍或其他原因而超过承诺期限到达要约人的承诺。根据《合同法》第 29 条的规定，对于承诺迟延，要约人负有及时通知义务，怠于履行该通知义务的，承诺视为未迟延，该承诺有效；要约人及时通知受要约人不接受承诺的，承诺无效。

《合同法》第 23 条第 1 款规定："承诺应当在要约确定的期限内到达要约人。"从逻辑上看，承诺未在承诺期限内到达要约人的情形分为三种：①《合同法》第 28 条规定的迟发而迟到的情形；②《合同法》第 29 条规定的未迟发但因其他原因造成的承诺迟延；③承诺人在承诺期限几近届满时发出承诺，导致承诺未能在承诺期限内到达。《合同法》对第三种情形未作规定，应属法律漏洞，我们认为，第三种情形应类推适用《合同法》第 28 条的规定予以处理。

（四）承诺的撤回

承诺的撤回，是指承诺人阻止承诺发生法律效力的意思表示。承诺于到达要约人时生效，因此，撤回承诺的通知应当在承诺通知到达要约人之前或者与承诺通知同时到达要约人，才能发生撤回的效力。应当指出，由于承诺生效时合同即告成立，因此承诺不得撤销，此点应与要约撤销相区别。

四、订立合同的特殊形式

订立合同一般通过要约和承诺的形式，经过反复协商达成一致，该过程体现了合同自由的理念和当事人地位平等的观念，是合同订立的常态。但是，有些合同的订立并没有反复磋商的过程，如格式合同；有些合同的订立要求一方必须接受对方提出的订立合同的要求，如强制缔约。这些都是订立合同的特殊形式。

对于以特殊形式订立的合同，由于其与合同的常态有所不同，所以，法律对于该类合同予以特别规制。

（一）竞争订立合同

竞争订立合同，是指多个相对人相互竞争而胜出者与对方订立合同的方式。其特点在于：订立合同的一方当事人有数人，且相互竞争，获取订立合同的机会和资格。在合同的订立过程中引入了竞争机制，以便使订立的合同更公平，更有效率。竞争订立合同主要有两类：

1. 招标投标。招标投标订立的合同，是指通过招标、投标和定标的竞争程序订立的合同。

招标投标的当事人包括招标人、投标人、中标人。招标人是公开发布意思表示、邀请他人向自己提出要约的人。《中华人民共和国招标投标法》（以下简称《招标投标法》）规定，"招标人是依照本法规定提出招标项目、进行招标的法人或者其他组织"；投标人为响应招标人的要约邀请、愿意同招标人订立合同的表意人，一般为多方的人，即"响应招标、参加投标竞争的法人或者其他组织"。中标人是满足了招标条件而被招标人依法选定的投标人。他也是将要订立的合同的对方当事人。

由上也可见，招标投标合同的订立，是招标人向数人或公众发出招标通知或招标公告，在诸多投标人中选择自己最满意的投标人，然后同其订立合同的缔约形式。

依照《招标投标法》第 3 条的规定，大型基础设施、公用事业等关系社会公共利益、公共安全的项目，全部或者部分使用国有资金投资或者国家融资的项目，使用国际组织或者外国政府贷款、援助资金的项目，在勘察、设计、施工、监理以及与工程建设有关的重要设备、材料等的采购中，必须采用招标投标程序订立合同。该程序分为以下几个阶段：

（1）招标阶段。招标是招标人以招标公告的方式邀请不特定的法人或者其他组织投标，或者以投标邀请的方式邀请特定法人或者其他组织投标的意思表示。招标文件通称"标书"。

在招标中，标书只开列某些事项，不提出合同的必备条款，以足以达到邀请他人投标为必要，因此，招标的法律性质为"要约邀请"；同时，招标人对报价符合要求的投标人有订立合同的义务，故招标对招标人而言，又有预约的效力。

招标人预先拟制了基本交易条件并隐蔽其中某些核心条件，如价格、技术指标等，这些被隐蔽的交易条件，叫作"标底"，是被严格要求保密的对象。向某投标人泄露标底促其投标成功的行为，叫作"串标"，是恶意串通的行为。

（2）投标阶段。投标是投标人按照招标文件的要求，向招标人提交投标文件、发出订立合同意愿的意思表示。投标在性质上为要约，投标文件须具备合同的全部必要条款。投标人须以招标文件确定的交易条件为基础而投标，故投标的内容受制于标书。投标中发生的多方、多次报价，叫作"竞标"。

（3）定标。定标是招标人对全部投标进行评比，对最优投标人承诺与其订立合同的意思表示，也叫作决标。评标由招标人依法组建的评标委员会负责，依据《招标投标法》的规定，依法必须进行招标的项目，其评标委员会由招标人的代表和有关技术、经济等方面的专家组成，成员人数为 5 人以上单数，其中技术、经济等方面的专家不少于成员总数的2/3。评标是否公开以及公开的范围，应按约定，在可能侵害投标人商业秘密的条件下，评标应按适当的方法公开进行。

定标确定的投标人，叫作中标人。

定标是否为承诺，要视定标的内容来确定。定标对投标完全接受的，就是承诺；定标对投标并不完全同意、在选定中标人后进一步谈判的，定标则是以谈判为标的的预约。

（4）签订合同。招标人与中标人遵照《招标投标法》的规定，按照中标人的投标文件订立书面合同，合同订立程序完成。

2. 拍卖。《中华人民共和国拍卖法》（以下简称《拍卖法》）第 3 条规定，拍卖是以公开竞价的形式，将特定物品或者财产权利转让给最高应价者的买卖方式。

拍卖当事人包括拍卖人、委托人、竞买人和买受人。依据《拍卖法》的规定，拍卖人是指依照《拍卖法》《公司法》设立的从事拍卖活动的企业法人。委托人是指委托拍卖人拍卖其特定的物品或者财产权利的公民、法人或者其他组织。竞买人是指参加竞购拍卖标的的公民、法人或者其他组织。买受人是指以最高应价购得拍卖标的的竞买人。

拍卖属于竞争订立合同的方式，拍卖的标的，可以是动产、不动产或财产权利，法律禁止拍卖的，不得以拍卖方式为之。

依据《拍卖法》，拍卖要经过以下程序：

（1）拍卖委托。即委托人根据《拍卖法》的规定，委托拍卖人拍卖自己的物品或者财产权利。

（2）拍卖公告及展示拍卖物。拍卖公告，是拍卖人将拍卖的标的物的名称、质量、数量、拍卖场所及日期等事项以公开的方式所作的宣示。拍卖人须于拍卖 7 日前发布拍卖公告，并在拍卖前展示拍卖标的物，提供查看拍卖标的的条件和有关资料。拍卖公告在法律性质上属于要约邀请，拍卖人没有据此必须与应买人缔结合同的义务。

（3）竞买。即竞买人以应价的方式向拍卖人作应买的意思表示。其法律性质属于要约，应买一旦作出后，不得撤销。在拍卖过程中，竞买一般多次发生。

（4）拍定。即拍卖人同意与最后报价的竞买人订立合同的意思表示。拍定在法律性质上为承诺，拍定时拍卖成交，买受人和拍卖人应当签署成交确认书，合同订立程序完成。

拍卖若有保留价，竞买人的最高报价低于该保留价的，最高报价不发生拍定的法律效力。

（二）强制订立合同

强制订立合同，是指个人或企业负有应对方的请求与其订立合同的义务，也就是说，一方当事人对相对方的要约非有正当理由不得拒绝承诺。其特点是：一方当事人负有必须承诺的义务，这是为了保障公共利益而对合同自由的限制。

强制订立合同的情形主要体现在公共事业领域。如邮政、电信、电力、天然气、自来水、铁路、公共汽车等公用事业单位负有缔结合同的义务，非有正当理由不得拒绝用户缔结合同的请求；医院和医生非有正当理由不得拒绝治病请求等。

在强制订立合同的情况下，负有缔结合同义务的人不得拒绝对方的请求，对相对方的请求不作表示的，通常认为默示承诺。至于缔结合同的内容，有国家标准或行业标准的，依据该标准确定；没有该标准的，按照合理的标准确定。负有强制订立合同义务的人在无正当理由的情况下拒绝订立合同，致使对方受损的，应负损害赔偿责任。

（三）附合订立合同

附合订立合同，是指合同条款由一方当事人预先拟定，对方只有附合该条款才能成立合同的缔约方式。附合订立合同方式所订立的合同即是格式合同或定式合同。

附合订立合同形式具有以下特征：①要约向公众发出，并且规定了在某一特定时期订立该合同的全部条款；②合同的条款是单方事先制订的，对方当事人不能就合同条款进行协商；③该类合同一般采取书面形式；④该类合同条款的制定方一般具有绝对的经济优势或垄断地位，而另一方为不特定的、分散的消费者。

附合订立合同虽然具有节约交易时间、事先分配风险、降低经营成本等优点，但同时也存在诸多弊端。由于附合订立合同限制了合同自由原则，合同条款的拟定方可以利用其优越的经济地位，制定有利于自己而不利于消费者的合同条款。例如，拟定方为自己规定免责条款或者限制责任的条款等。但无论如何，附合订立合同作为社会经济不断发展的产物，必然有其存在的合理性，现实生活中的车票、船票、飞机票、保险单、提单、仓单等都是附合订立合同的典型，法律当然不能因为附合订立合同的诸多弊端而取消其存在。因此，法律应当对附合订立的合同加以特别规制，不断完善对附合订立合同的规则。

五、合同的内容和形式

（一）合同的内容

合同的内容即合同的条款，是指当事人依程序订立合同，意思表示一致，然后形成的合同条款。合同条款构成了合同的内容，主要记载着合同当事人双方的权利和义务。合同条款有必要条款和普通条款、提示性条款和格式条款的区别。

所谓必要条款，是指合同成立所必须具备的条款。欠缺必要条款的合同不能成立。所谓普通条款，是指合同必要条款以外的合同条款。

《合同法》没有规定必要条款，而是规定了提示性条款、格式条款、免责条款等。

1. 提示性条款。合同的提示性条款，是指法律规定的对当事人订立合同起示范和提示作用的合同条款。一般来说它不是合同的全部条款，仅是其中含有的必要条款。

根据《合同法》第12条第1款的规定，提示性条款主要有：①当事人的名称或者姓名和住所；②合同的标的；③合同标的的质量和数量；④价款或酬金；⑤履行的期限、地点和方式；⑥违约责任；⑦解决争议的方法。

2. 格式条款。格式条款是指当事人为了重复使用而预先拟定，并在订立合同时未与对方协商的条款。格式条款具有如下特征：①格式条款是由当事人一方为了重复使用而预先拟定的；②格式条款适用于不特定的相对人；③格式条款的内容具有定型化特点；④相对人在订约中居于附从地位。

格式条款合同通常由一方当事人事先拟定好固定格式和内容，它的应用适应了社会化大生产的需要，简化了当事人订立合同的过程，提高了交易的效率。但是，它在使经济流转简便、迅捷的同时，剥夺了合同相对人选择合同条款的自由权。相对人只能在下面两种情形中"自由选择"：①全盘接受格式合同的既定条款而订立合同；②拒绝整个合同。

格式条款合同的相对人在订约中处于劣势，而格式条款制定人在订约中处于优势。由于双方地位差异，且格式条款为一方事先拟定，含有不公平内容的可能性较大。为此，我国法律规定，对某些格式条款合同的条款由超然于双方当事人的社会团体、国家授权机关制订，以维护交易的安全。并规定采用格式条款订立合同，提供格式条款的一方应当遵循公平原则确定当事人之间的权利和义务，并采取合理的方式提请对方注意免除或者限制其责任的条款，按照对方的要求，对该条款予以说明。

格式条款合同的适用范围，我国法律目前尚无明确规定。在合同实务中，一些法律上和事实上垄断经营的行业均适用格式条款合同。法律上垄断经营的行业有公用事业，如邮电，铁路，航空，城市交通，国有公路运输，城市供水、供电、供气，以及国有房地产经营等。事实上垄断经营的行业有保险、银行、海上运输等。

3. 免责条款。免责条款是指当事人约定免除或者限制其未来责任的合同条款。无效免责条款，是指没有法律拘束力的免责条款。

免责条款是当事人协商一致的合同的组成部分，具有约定性。免责条款的提出须为明示，不允许以默示的方式作出，也不允许法官推定。免责条款包括免责事项和免责范围两方面的内容。免责条款具有约定性，法律不强加干预。但依照《合同法》的规定，合同中的下列免责条款无效：造成对方人身伤害的；因故意或者重大过失给对方造成财产损失的。

法律之所以规定上述两项免责条款无效，是因为上述两种行为均可构成侵权行为，即使当事人之间没有合同关系，也可以追究当事人的侵权责任。如果允许当事人约定这种侵权行为免责，无异于允许当事人以合同方式剥夺他人的合同以外的权利。

（二）合同的形式

合同的形式，是指合同当事人意思表示一致的外在表现形式。《合同法》第10条第1款规定："当事人订立合同，有书面形式、口头形式和其他形式。"

1. 口头形式，是指当事人只以口头语言为意思表示订立合同，而不用文字表达协议内容的合同形式。口头形式的优点在于方便快捷，缺点在于发生合同纠纷时难以取证，不易分清责任。口头形式适用于能即时清结的合同关系。

2. 书面形式，是指当事人以合同书或者电报、电传、电子邮件等数据电文形式及其他各种可以有形地表现所载内容的形式订立的合同。书面形式有利于交易的安全，重要的合同应该采用书面形式。书面形式又可分为下列几种形式：①由当事人双方依法就合同的主要条款协商一致并达成书面协议，并由双方当事人的法定代表人或其授权的人签字盖章；②格式合同；③双方当事人来往的信件、电报、电传等也是合同的组成部分。

3. 其他形式，是指采用书面形式、口头形式以外的方式来表现合同内容的形式，包括默示（作为的默示形式和不作为的默示形式）和视听资料等。

所谓作为的默示形式，是指当事人不直接用书面或者口头进行意思表示，而是通过实施某种行为进行意思表示。例如，房屋租赁期限已届满，双方并未通过口头或书面延长租赁期限，但承租人继续交租金，出租人依然接受租金，就推定双方有延长租赁期限的意思。

所谓不作为的默示形式，即沉默形式，是指当事人既无言语表示，又无作为表示，而以消极行为来进行意思表示。在不作为的默示形式中，由于当事人一方不得自行给对方强加义务，原则上不作为的默示不构成意思表示，除非法律另有规定或者当事人另有约定。[1]即只有在法律规定或当事人约定的情形下，沉默才构成意思表示的形式，产生相应的法律后果。对此，《合同法解释（二）》第 2 条规定："当事人未以书面形式或者口头形式订立合同，但从双方从事的民事行为能够推定双方有订立合同意愿的，人民法院可以认定是以合同法第 10 条第 1 款中的'其他形式'订立的合同。但法律另有规定的除外。"

视听资料形式是指以录音、录像之类的视听手段记载合同内容的形式。最高人民法院《民通意见》第 65 条对此种形式加以肯定。

（三）合同的内容、形式与合同权利义务的关系

1. 合同的内容与合同权利义务的关系。合同的内容主要记载的是合同的权利义务，但并非全部的合同内容皆是当事人权利义务的记载，如合同的签订日期。合同的内容违法的，合同权利义务不成立。

2. 合同的形式与合同权利义务的关系。合同的形式对合同权利义务的影响，取决于合同是要式合同还是不要式合同。对于不要式合同，其形式对合同的权利义务没有影响；对于要式合同，依据《合同法》第 10 条的规定，法律、行政法规规定采用书面形式的或当事人约定采用书面形式的，应当采用书面形式。也就是说，采用书面形式为该类合同成立的特殊要件。若未采用书面形式，则可能发生以下法律效果：①一般情况下，合同不成立，合同权利义务当然不发生，可能产生缔约过失责任。②法律特别规定的情形下，合同的成立不受影响，合同权利义务仍然发生。《合同法》第 36 条规定："法律、行政法规规定或者当事人约定采用书面形式订立合同，当事人未采用书面形式但一方已经履行主要义务，对方接受的，该合同成立。"《合同法》第 37 条规定："采用合同书形式订立合同，在签字或者盖章之前，当事人一方已经履行主要义务，对方接受的，该合同成立。"

六、合同成立和合同生效

（一）合同成立与合同生效的关系

1. 合同成立。

（1）概念。合同成立，是指当事人的合意符合一定的要件而被法律认为是客观存在的事实。在法律上，合同成立被认为是一种客观存在，必须具备法定或者约定的构成要件，否则合同将被认为不存在，当事人间没有合同。合同的成立和合同的订立是不同的概念，合同的订立是当事人双方为使合同成立而实施的行为，而合同的成立是订立的后果。

（2）合同成立的要件。其一般包括：①有双方的当事人。合同是一种双方民事法律行为，故须存在双方当事人，合同才能成立，一方当事人的人数多少，在所不问。②当事人须对合同的主要条款达成合意。合同成立的标志就是当事人意思表示一致，即达成合意。但是，有些合同须具备特殊条件方能成立，如法律规定或当事人约定合同须采用特殊形式才能成立的，该特殊形式就是合同成立的特殊条件。实践合同就是实际交付标的物才能成立的合同，故实际交付标的物就成为该类合同成立的特殊要件。

2. 合同生效。

（1）概念。合同生效，是指合同发生法律效力，对合同当事人及第三人产生强制性的

---

[1]　孔祥俊：《合同法教程》，中国人民公安大学出版社 1999 年版，第 78 页。

拘束力。合同的法律拘束力，并非来自当事人的意志，而是来自法律的赋予。

（2）合同的效力。合同生效时，对当事人而言，其拘束力表现为：合同当事人依据合同而产生的权利和利益，受法律保护，当事人必须履行合同义务，否则将依法承担违约责任。对第三人而言，第三人不得违反公序良俗干预和侵害合同权利。

3. 合同成立和合同生效的联系与区别。合同成立与合同生效是两个不同的概念。合同成立是指当事人间达成了符合法定或约定条件的合意发生了合同关系。合同生效是指合同因具备法定要件而产生了法律效力。合同成立是合同生效的前提条件，合同不成立就谈不上合同生效的问题。合同成立后，在符合生效条件时才能生效。在合同实务中，多数情况下合同成立与合同生效是同时发生的。尽管如此，作为两个不同的概念，二者存在如下区别：

（1）二者解决的问题不同。合同成立解决的是合同是否发生、存在的问题，体现的是合同当事人的意志；合同生效解决的是合同的法律效力问题，体现的是国家对业已成立的合同关系的肯定或否定的评价。

（2）二者的效力不同。合同成立以后，当事人不得对自己的要约和承诺随意撤回，但是，成立而未生效的合同，尚不具备履行的必要性；合同生效后，当事人必须按照合同约定履行。

（3）合同不成立与合同无效的后果不同。合同不成立的后果，在可归责于当事人的条件下表现为缔约过失责任；而合同无效的后果，除能够产生民事责任之外，还可能产生行政责任和刑事责任。

（二）合同成立的时间

合同成立的时间，是指合同开始对当事人产生法律约束力的时间。合同的成立时间因合同订立的形式不同而有所不同：

1. 以一般形式订立合同的成立时间。《合同法》第25条规定："承诺生效时合同成立。"这是我国法律确定合同成立时间的原则，即在承诺生效时，合同即告成立。以直接对话方式签订合同的，以相对人作出承诺的时间为合同成立的时间；以非对话方式签订合同的，以承诺送达要约人的时间为合同成立的时间。

2. 以特殊形式订立合同的成立时间。

（1）要式合同的成立时间。要式合同除当事人之间意思表示一致外，还需完备特定的手续，故其成立时间应为完成特定手续的时间。

（2）法律、法规规定应采用书面形式或当事人约定采用书面形式订立合同，当事人未采用书面形式，但当事人一方已经履行了合同主要义务，对方接受的，合同成立，对方接受履行的时间为合同成立时间。

（3）当事人采用信件、数据电文形式订立合同，在合同成立前要求签订确认书的，以签订确认书的时间为合同成立的时间。在签字或者盖章之前，当事人一方已经履行主要义务，对方接受的，合同成立，对方接受履行的时间为合同成立时间。

（4）交叉要约之合同的成立时间。非对话方式的交叉要约，以后到达相对人的要约的到达时间为合同的成立时间。

3. 确定合同成立时间的意义。确定合同成立时间主要有以下意义：①合同成立的时间，多数情况下也是合同生效的时间，可以作为判断合同生效的时间标准。②合同成立的时间，通常是对合同当事人产生法律效力的时间，即合同成立且有效时，该合同受法律保护，当事人之间产生合同权利义务关系，不得擅自变更或解除合同。

（三）合同成立的地点

1. 合同成立的地点的确定。《合同法》第 34 条第 1 款规定："承诺生效的地点为合同成立的地点。"这是确定合同成立地点的一般原则，具体说来有以下几种情形：

（1）要式合同成立的地点。要式合同因需完成特别手续，故以完成特别手续的地点，为合同成立的地点。《合同法》第 35 条规定："当事人采用合同书形式订立合同的，双方当事人签字或者盖章的地点为合同成立的地点。"

《合同法解释（二）》第 4 条规定，采用书面形式订立合同，合同约定的签订地与实际签字或者盖章地点不符的，人民法院应当认定约定的签订地为合同签订地；合同没有约定签订地，双方当事人签字或者盖章不在同一地点的，人民法院应当认定最后签字或者盖章的地点为合同签订地。

（2）不要式合同成立的地点。不要式合同的成立地点，通常由当事人约定，可以是要约生效地、承诺生效地或标的物所在地等；当事人无约定的，一般以承诺生效的地点为合同成立的地点。

（3）交叉要约之合同成立的地点。以后到达相对人的要约的到达地点为合同成立的地点；若双方要约同时到达相对人，则到达地点同时为合同成立的地点。

2. 确定合同成立地点的意义。确定合同成立地点主要有以下意义：①合同发生纠纷后，合同成立地点是合同当事人选择诉讼管辖法院的标准之一；②合同成立地点是处理涉外合同纠纷时适用法律的一个重要连结点，当事人可以选择合同成立地点的法律作为处理涉外合同纠纷的依据。

七、意思实现

（一）意思实现的概念

意思实现，是指依交易习惯、事件的性质或要约的要求，承诺无须通知，在相当时期内有可认为承诺的事实时，合同即告成立。《合同法》肯定了意思实现的承诺效力，该法第 26 条第 1 款规定："承诺通知到达要约人时生效。承诺不需要通知的，根据交易习惯或者要约的要求作出承诺的行为时生效。"

（二）意思实现的适用条件

合同成立须有承诺通知，但意思实现不必通知，合同即成立。为了保护要约人的利益，一般对意思实现有严格的限制，只有在特定情形下，意思实现才发生承诺的效力：①依交易习惯，承诺无须通知的，如向酒店订酒席；②依事务性质，承诺无须通知的，如现物要约；③依要约人的意思，承诺无须通知的，如即刻发货之要约。

八、事实合同

事实合同，是指在某些特殊情形下，不问当事人意思如何，因特定的事实而成立的合同。

事实合同是德国学者哈帕特（Haupt）提出的概念。通常，合同是双方法律行为，依据当事人意思表示一致而成立，无意思表示则无合同。哈帕特却认为：在某些情形下，一定的事实导致合同成立，无须考虑当事人的意思如何。事实合同发生的债的关系，与合意发生的债，完全相同。[1]

事实合同只在一定范围内有适用的余地，它不能取代合意在合同中的地位。不过，该理论的提出丰富和发展了合同理论。

---

[1]　王泽鉴：《民法学说与判例研究》（一），中国政法大学出版社 1998 年版，第 104～106 页。

按照哈帕特的理论，事实合同主要基于下列事实而形成：①社会接触。如游客在商店观赏而被商店的器物损伤。商店与游客虽然未签订合同但是负有先合同义务。②社会给付义务。与现代社会生活不可分离的公共服务事业，如电力、电信等行业，提供者负有社会义务，相对人无选择的自由，合同并不是基于当事人的意思成立，而是基于给付行为成立。③团体关系。它主要指合伙和劳动关系。

事实合同理论并未得到普遍赞同。相反，产生了针对性观点。例如，对所谓因社会接触形成的事实合同关系，有缔约过失理论相对；对因社会给付形成的事实合同关系，有社会典型行为理论相对；对因团体关系形成的事实合同关系，也有"有瑕疵的合伙""有瑕疵的劳动关系"等理论相对。

九、合意与不合意

（一）合意

合同成立的主要标志就是当事人意思表示一致，即达成合意。"合意"一词源自罗马法，它是指合同当事人内心意思的一致，因而当事人内心意思不一致的，合同不能成立。例如，依罗马法，错误不是撤销的依据，而是合同不成立的标准之一。[1]现代各国的民法与罗马法不同，尽管德国民法学说区分"合意"有两种形式："内心的意思"和"意思表示的意义"，但在现代的民法上，"合意"被认为是由解释所确定的"表示内容的一致"，而非内心的意思一致。[2]所以，所谓的合意，是指双方当事人就表示内容的一致，对合同的主要条款在客观上意思表示一致。《合同法》就是以表示主义为原则，即客观标准，一般不问当事人的内心意思，仅依当事人的外在表示来确定"合意"与否。但是，在合同因重大误解、欺诈、胁迫等原因而成立时采取意思主义，赋予意思表示瑕疵一方以撤销权。

（二）不合意

双方当事人对合同的内容未达成一致意见，为不合意。不合意可分为公然的不合意和隐蔽的不合意。所谓公然的不合意，又称有意识的不一致，是指当事人明知其意思不一致。此种情况下，合同当然不成立。所谓隐蔽的不合意，又称无意识的不一致，是指当事人不知其意思表示不一致，即当事人自信其意思已一致，实际上并未一致。对于此种情况，史尚宽先生在其《债法总论》中认为，隐蔽的不合意的情形下，当事人的"一致"是基于误解造成的，因而当存在隐蔽的不合意时，合同不成立。我国大陆学者则认为，在隐蔽的不合意的情形下，若存在遗漏的不合意，合同可成立；若当事人的意思表示客观上有歧义，又不能通过合同解释加以排除，合同不成立。[3]

合同成立所要求的合意，是对合同的全部内容完全一致还是对合同的主要条款（或必要条款）一致？一般而言，当事人对合同的主要条款在客观上意思表示一致即可，但如果当事人要求必须对合同的内容完全一致的，应按其要求对合同内容表示一致，是为合意。

■第五节　合同的效力

一、合同的效力概述

合同的效力，是指依法成立的合同具有的由法律赋予的拘束当事人各方的强制力。

---

〔1〕　余能斌、马俊驹主编：《现代民法学》，武汉大学出版社1995年版，第237页。

〔2〕　崔建远主编：《合同法》，法律出版社2000年版，第63页。

〔3〕　崔建远主编：《合同法》，法律出版社2000年版，第63~64页。

合同的效力，是法律效力的表现和结果。依法成立的合同，具有法律上的效力，即在法律上产生债的效果。合同一旦依法生效，法律即以其强制力迫使合同当事人必须按照其相互之间的约定完成一定的行为。

二、合同的效力的四种状态

法律在对合同进行效力评价时，对符合生效要件的合同，按当事人的合意赋予法律效力；对不符合生效要件的合同，则区分情况，分别按无效、可撤销、可变更或效力待定处理。

（一）有效合同的效力

法律赋予依法成立的合同（有效合同）具有拘束合同双方当事人和第三人的强制力，所以，有效合同的效力表现为以下情形：一是对当事人的拘束力，包括：①当事人负有全面适当履行合同的义务。②当事人享有依法律规定和合同约定产生的权利，并受法律保护。这些权利包括请求给付的权利、接受给付的权利、抗辩权、代位权、撤销权、处分债权的权利、一方违约时的救济权等。③当事人不得擅自变更、解除合同，不得擅自转让合同权利义务。④违约方依法承担违约责任。二是对第三人的约束力，包括：①任何第三人不得违背公序良俗侵害合同债权，在合同债权受到第三人侵害时，债权人得请求排除妨害并享有要求赔偿损失的权利。②在合同债权人行使代位权或撤销权时，合同对第三人发生效力。③在涉他合同中，合同可以由第三人代替履行或者向第三人履行。

（二）无效合同的效力

1. 无效合同的概念。无效合同，是指业已成立但因欠缺合同的生效要件，在法律上不发生合同当事人预期的法律效果的合同。

无效合同之"无效"是指不能按照当事人订立合同时的主观愿望发生法律效力，并不是没有任何法律效力，该种合同会发生不得履行、返还财产、赔偿损失、收缴财产等效果；过失造成无效合同的，应承担缔约过失赔偿责任。

依照《合同法》第52条的规定，无效合同有：①一方以欺诈、胁迫手段订立的损害国家利益的合同；②恶意串通，损害国家、集体或者第三人利益的合同；③以合法形式掩盖非法目的的合同；④损害社会公共利益的合同；⑤违反法律、行政法规的强制性规定的合同。其中的"强制性规定"，是指效力性强制性规定。所谓效力性强制性规定，包括两种：一是法律和行政法规中明文确定违反即致合同无效的规定；二是法律和行政法规中虽未明文确定违反即致合同无效，但合同履行的结果损害国家利益和社会公共利益因而合同无效的规定。

2. 无效合同的效力。①自始无效，指合同从成立时起就不具有法律拘束力；②确定无效，指合同从成立时起就无效，是确定无疑的无效，此后的任何事实都不能使之变为有效；③当然无效，指合同无效不以任何人的主张或法院、仲裁机构的确认为要件。即不论是否有人主张无效，也不论是否经法院、仲裁机构确认为无效，该合同都是无效的。

无效合同可能是全部无效，也可能是部分无效。无效的原因存在于合同内容的全部时，合同全部无效；无效的原因存在于合同内容的一部分时，仅该部分无效，其他部分仍然有效。

（三）效力待定合同的效力

效力待定合同，是指合同的效力处于不确定状态，尚待享有形成权的第三人同意或拒绝来确定效力的合同。

《合同法》上效力待定合同有：①限制民事行为能力人所订立的合同；②无权代理人所

订立的合同；③无处分权人处分他人财产的合同；④债务承担合同。

关于效力待定合同的其他内容，参见本书第三编"法律事实"中第九章"法律行为"。

（四）可撤销、可变更合同的效力

可撤销、可变更合同，是指欠缺生效要件，一方当事人可依照自己的意思请求法院或仲裁机构予以变更或撤销的合同。

可撤销、可变更合同是意思表示不真实的合同，是一种相对无效的合同。可撤销合同这一制度体现了法律对公平交易的要求，同时又体现了意思自治原则。

可撤销、可变更合同包括：①因重大误解订立的合同；②显失公平的合同；③一方以欺诈、胁迫的手段或者乘人之危，所订立的未损害国家利益的合同。一方以欺诈、胁迫的手段或者乘人之危，使对方在违背真实意思的情况下订立的合同，受损害方有权请求人民法院或者仲裁机构变更或者撤销。以欺诈、胁迫的手段或者乘人之危所订立的合同，如果损害国家利益，则属无效合同。如果未损害国家利益，则根据意思自治原则，由受害方选择合同效力，既可以使合同保持有效，也可以请求人民法院或仲裁机构变更或者撤销。

三、合同被确认无效和被撤销的法律后果

（一）合同被确认无效的后果

合同被确认无效后，尚未履行的，不得履行；正在履行的，应立即终止履行；已履行的，产生下列法律后果：

1. 返还财产。这是对已履行或部分履行情况所采取的方法。返还财产，是指使当事人的财产关系恢复到合同成立以前的状态。合同被确认无效后，当事人依据合同所取得的财产，应返还给对方。返还财产，通常只返还依据合同业已取得的财产，而不包括约定财产，并且只要原物存在，即应返还原物，而不能以他物替代。

2. 折价补偿。合同被确认无效后，依据该合同取得的财产不能返还或没有必要返还的，采取折价补偿的方法。该方法是对返还财产的方法的一种补充，即在应当返还财产的条件下，对于不能返还、没有必要返还两种情况所采用的方法。不能返还，指客观事实上不能返还，如财产已灭失、财产所有权已合法转移等。没有必要返还，是指返还给对方已无必要，或对方已不再需要，或返还后可能给对方造成新的损失。

3. 赔偿损失。合同被确认无效后，有过错的一方应赔偿对方因此受到的损失，双方都有过错的，各自承担相应的责任。所谓各自承担相应的责任，不是各自承担自己的损失，也不是平均分担损失，而是按各自责任的轻重、大小，分别承担经济损失中与其责任相适应的份额。

4. 收归国库或返还集体、第三人。因当事人恶意串通，损害国家、集体或第三人利益而导致的无效合同，其当事人已经取得或约定取得的财产均应收归国库或返还集体、第三人。双方故意的，追缴双方已经取得或约定取得的财产，收归国库或返还集体、第三人；一方故意的，故意的一方从对方取得的财产应返还非故意的一方，非故意的一方已经取得或约定取得的财产，应予追缴，收归国库或返还集体、第三人。

（二）合同被撤销的后果

撤销权人行使了撤销权的，合同从成立之日起无效。未履行的，不再履行；已履行的，停止履行；从对方取得的财产应返还对方，财产已不存在或被第三人善意取得的应折价补偿；因自己的过错给对方造成损失的，应赔偿损失；双方都有过错的，则各自承担相应的责任。

■第六节　缔约过失责任

一、缔约过失责任概述

缔约过失责任，是指在合同订立过程中，一方当事人因过错导致合同不成立、无效或被撤销，致对方遭受损失时所应承担的损害赔偿责任。

缔约过失责任理论为德国法学家耶林于 1861 年首创。该理论认为，法律所保护的并非仅是一个业已存在的合同关系，正在发生中的合同关系亦应包括在内，否则，合同交易将暴露于外，不受保护，缔约一方当事人不免成为他方疏忽或不注意的牺牲品。合同的缔结产生了一种履行义务，若此种效力因法律上的障碍而被排除时，则会产生一种损害赔偿义务。因此，所谓合同无效者，仅指不发生履行效力，非谓不发生任何效力。当事人因自己过失致使合同不成立的，对信其合同有效成立的相对人，应赔偿于此项信赖而产生的损害。[1]

合同的订立是一个过程。当事人在这一过程中的关系，是正在发生中的合同关系，而不是已经存在的合同关系。根据诚实信用原则，当事人在订立合同的过程中，应当负有一定的注意义务。交易是个过程，包括当事人开始接触、相互洽商、最后成交几个阶段。法律保护交易，应该是对整个交易过程的保护。合同关系和违约责任是对有效成立的合同的充分保护，而合同前义务的规定和缔约过失责任则是对接触磋商的最好保护。

缔约过失责任制度的确立，有利于交易的达成和交易安全的维护。在缔约过程中，当人们遭受损害时因合同尚未成立，无法追究当事人的合同责任。人们只能运用侵权责任理论寻求救济。但由于侵权行为的构成要件较为严格，当事人往往难以达到目的。鉴于此，适用缔约过失责任更有利于对当事人的保护。该项制度的存在，可以鼓励人们大胆进行交易，同时也提醒交易中的人要彼此诚实对待，否则，将承受因自己的过失所带来的不利法律后果。

二、缔约过失责任的构成要件

《合同法》第 42 条规定了缔约过失责任，按照该条的规定，当事人在订立合同过程中具备下列条件的，构成缔约过失责任。

（一）须对方有损失的存在

该损失包括信赖利益的损失和因过失方未尽照顾、保护义务所造成的其他损失。所谓信赖利益的损失，是指在缔约过程中，由于一方当事人的过失导致合同不成立、无效或被撤销，使信赖合同能有效成立的他方当事人因此所蒙受的损失。

（二）须行为人违反合同前义务

合同前义务，是缔约双方为签订合同相互接触磋商过程中逐渐产生的注意义务，包括协助、照顾、保护、通知、诚实信用等义务。这些义务不是合同约定的义务，而是一种合同前义务，即先合同义务。合同前义务不同于合同义务。合同义务是当事人约定的基于有效合同产生的义务，通常表现为给付义务，旨在通过一方当事人的履行而满足他方当事人的履行利益；而合同前义务是基于诚实信用原则和当事人之间的信赖关系而产生的法定义务，是一种附随义务，旨在保护缔约中的当事人的利益。

---

[1] 王泽鉴：《王泽鉴法学全集——债法原理（1）》，中国政法大学出版社 2003 年版，第 230 页。

第
十
一
编

行为人违反合同前义务的情形主要如下：

1. 恶意磋商责任。一方当事人假借订立合同，以损害对方利益为目的，恶意进行磋商，导致对方丧失交易机会、增加交易成本等不利后果的，过失方应承担缔约过失责任。

2. 虚假陈述责任。在缔约过程中，一方当事人故意隐瞒与订立合同有关的重要事实或者提供虚假情况，给对方造成损失的，应承担缔约过失责任。

3. 未尽通知、协助义务，造成对方损失的责任。

4. 未尽告知义务，造成对方损失的责任。

5. 未尽照顾、保护义务，造成对方损失的责任。

6. 泄露或不正当使用商业秘密责任。当事人在缔约过程中知悉的商业秘密，无论合同成立与否，都不得泄露或不正当使用。泄露或不正当使用该商业秘密给对方造成损失的，过失方应当承担损害赔偿责任。

（三）须行为人有过错

行为人对合同的不成立、无效和被撤销，主观上应存在故意或过失。缔约过失责任以过错为要件，而《合同法》上的违约责任则不以过错为要件。

（四）须缔约过失行为与损失之间存在因果关系

对方当事人的损失由缔约过失行为造成，并非违约行为或侵权行为造成。

三、缔约过失责任的赔偿范围

缔约过失责任的承担方式是赔偿对方信赖利益的损失。

信赖利益的损失，即信赖合同有效成立的缔约人因对方做出致使合同不成立、无效或被撤销的缔约过失行为所蒙受的损失，具体包括：①缔约费用，包括邮电费用、赶赴缔约地及验查标的物所支出的合理费用等；②准备履行所支出的费用，如为运送标的物或受领对方的给付所支出的合理费用；③上述费用的利息；④因对方未尽照顾、保护义务所遭受的财产或人身损害；⑤因丧失与第三人的缔约机会所遭受的损失。

四、缔约过失责任与违约责任的主要区别

缔约过失责任与违约责任的区别主要有：

1. 从赔偿范围看，缔约过失责任赔偿的范围是信赖利益的损失，而违约责任赔偿的范围则是履行利益的损失。

2. 从责任方式看，缔约过失责任只有赔偿损失一种方式，而违约责任既有赔偿损失的方式，也有支付违约金、强制继续履行等方式。

3. 从责任性质看，缔约过失责任基于法律的直接规定，具有法定性；而违约责任具有约定性，当事人可以在合同中约定责任的内容，如约定违约金的计算方法、免责事由等。

■第七节　合同的履行

一、合同履行的概念

合同的履行，是指合同生效后，合同当事人依照合同的约定为给付的行为。

从动态看，合同履行是当事人在实施合同过程中，全面、适当地完成合同义务的行为，是当事人实施给付义务的过程。

合同的履行是合同关系的核心，表现在：①合同的订立是为了履行合同，合同成立是合同履行的前提；②合同的效力是履行合同的依据；③合同的移转是履行主体的变更；④合同的履行是合同终止的原因之一；⑤违约责任能促使合同当事人履行合同。

二、合同履行的原则

《合同法》第60条规定了合同履行的原则，具体包括：

（一）适当履行原则

适当履行原则又称正确履行原则、全面履行原则，是指当事人按照合同约定的标的及其数量、质量，由适当的主体在适当的履行期限、履行地点，以适当的履行方式，全面完成合同义务的原则。

适当履行原则要求下列各个方面都要符合约定：

1. 履行主体。合同关系的当事人是债权人和债务人，通常情况下，债权人和债务人是当然的履行主体。但除法律规定、当事人约定、性质上必须由债权人、债务人本人亲自履行的以外，债权人和债务人的代理人、履行辅助人、合同约定的第三人皆可成为履行主体。

2. 履行标的。履行标的，是指债务人应为的特定行为，即给付。它因合同关系的不同而有别，主要包括交付财物、移转权利、提供劳务、完成工作等。当事人应按合同约定适当履行。合同没有约定或约定不明确的，根据《合同法》第61~63条的规定，可以协议补充；不能达成补充协议的，按照合同有关条款或者交易习惯确定。如果仍不能确定，质量要求不明确的，按国家标准、行业标准履行；没有国家标准、行业标准的，按照通常标准或者符合合同目的的特定标准履行。合同对价款或者报酬没有约定或者约定不明确的，按照订立合同时履行地的市场价格履行；依法应当执行政府定价或者政府指导价的，按照规定履行。执行政府定价或者政府指导价的，在合同约定的交付期限内政府价格调整时，按照交付时的价格计价。逾期交付标的物的，遇价格上涨时，按照原价格执行；价格下降时，按照新价格执行。逾期提取标的物或者逾期付款的，遇价格上涨时，按照新价格执行；价格下降时，按照原价格执行。

3. 履行地点。履行地点，是债务人应为履行行为的地点。当事人应当按照合同约定的履行地点履行。合同对履行地点没有约定或约定不明确的，可以协议补充；不能达成补充协议的，按照合同有关条款或交易习惯确定。如果仍不能确定，给付货币的，在接受货币一方所在地履行；交付不动产的，在不动产所在地履行；其他标的，在履行义务一方所在地履行。

4. 履行期限。当事人应当按照合同约定的期限履行。合同对履行期限没有约定或约定不明确的，可以协议补充；不能达成补充协议的，按照合同有关条款或者交易习惯确定。如果仍不能确定，债务人可以随时履行，债权人也可以随时要求履行，但应当给予对方必要的准备时间。债权人可以拒绝债务人提前履行债务，但提前履行不损害债权人利益的除外。债务人提前履行债务给债权人增加的费用，由债务人负担。

5. 履行方式。履行方式与当事人的权益密切相关，合同当事人应当严格按照约定的方式履行。合同对履行方式没有约定或约定不明确的，可以协议补充；不能达成补充协议的，按照合同有关条款或者交易习惯确定。如果仍不能确定，按照有利于实现合同目的的方式履行。债权人可以拒绝债务人部分履行债务，但部分履行不损害债权人利益的除外。债务人部分履行债务给债权人增加的费用，由债务人负担。

6. 履行费用。履行费用，是合同当事人为履行合同义务所支出的必要费用。履行费用的负担应当在合同中明确约定。合同对履行费用的负担没有约定或约定不明确的，可以协议补充；不能达成补充协议的，按照合同有关条款或者交易习惯确定；如果仍不能确定，由负有履行义务的一方负担。

（二）实际履行原则

实际履行原则是当事人按照合同约定的标的完成合同义务的原则。该原则要求当事人在履行合同的过程中，要实际履行标的，不能用其他标的代替原合同的标的，也不能以违约金或赔偿金代替履行标的。

当发生《合同法》第110条规定的情形时，不适用实际履行原则：①法律上或者事实上不能履行。如以特定物为标的物的合同，当标的物灭失时，实际履行已不可能。②债务的标的不适于强制履行或者履行费用过高。③债权人在合理期限内未要求履行。其原因可能是义务人不能按期交付标的，实际履行对权利人已失去意义或不必要；或者标的质量不符合合同要求，权利人放弃实际履行的请求。

（三）协作履行原则

协作履行原则是当事人在合同履行过程中，相互协作、共同完成合同约定的义务。《合同法》第60条第2款规定了这一原则。合同的履行是当事人的相互行为，权利的实现需要义务人的合作，义务的履行也需要权利人的帮助。只有债务人的给付行为，没有债权人的受领给付，合同的内容仍难实现。可以说，没有相互协作，就没有合同的履行。该原则要求当事人应尽量为对方的履行创造必要的条件；合同履行发生变化或确实不能履行合同时应及时通知对方；发生合同纠纷时应及时协商解决，尽量减少或避免损失的发生。

三、双务合同履行中的抗辩权

双务合同履行中的抗辩权，是双务合同的当事人一方在履行过程中依《合同法》享有的对抗对方当事人的履行请求权，暂时得不履行其债务的权利。

双务合同履行中的抗辩权，是合同的特殊效力，故有的著作将其安排于"合同效力"部分。本书按照其发生于合同履行过程中这一特点，编排于"合同履行"一节中，并不影响其为"合同的特殊效力"。

双务合同履行中的抗辩权，发生的原因在于出现了《合同法》规定的"抗辩事由"，效力是抗辩权人得暂时不履行自己的义务，但不能消灭对方的债权，抗辩事由消失后，抗辩权人仍应履行其所负债务。因此，双务合同履行中的抗辩权为一时的、延缓的抗辩权。

依据《合同法》第66～69条的规定，双务合同履行中的抗辩权有三种。

（一）同时履行抗辩权

1. 概念。同时履行抗辩权，是指在没有规定履行顺序的双务合同中，当事人一方在对方履行之前或履行不符合约定时，能够拒绝对方履行请求的权利。《合同法》第66条规定了这种抗辩权。同时履行之"同时"，不应做绝对化理解，凡当事人认同的双方俱为给付的同一时间段，均属同时。

2. 构成要件。具备下列条件的，方得行使同时履行抗辩权：

（1）须当事人因同一双务合同互负债务。同一双务合同中才能产生同时履行抗辩权。互负债务，是指双方当事人所负的债务具有对应关系。

（2）合同中未约定履行顺序。合同未约定履行的先后顺序的，当事人即应同时履行。双方当事人的债务同时到期时，才可能产生同时履行抗辩权。

（3）须履行期届至而对方当事人未履行或者履行不符合约定。此为同时履行抗辩权的抗辩事由。未到履行期限的合同，当事人无须履行，自无从发生抗辩事由，不得行使此种抗辩权。未约定履行先后顺序的合同为同时履行的合同，一方不按照约定履行即给对方构成风险，为防止风险演变为损害，法律赋予对方同时履行抗辩权，得暂时不履行己方的合同债务。抗辩事由消失，须恢复履行，否则构成违约。

（4）对方的对待给付是可能履行的义务。同时履行抗辩权的目的是使双方当事人同时履行自己的义务。因此，只有在债务可以履行的情况下，同时履行抗辩权才有意义。如果当事人的债务成为不能履行的债务，则不发生同时履行抗辩权问题，当事人只能通过其他途径请求救济。如卖方不慎毁损标的物而不能履行，就应按违约对待，不能行使同时履行抗辩权。

（二）先履行抗辩权

1. 概念。先履行抗辩权，是指在约定了先后履行顺序的双务合同中，后履行一方当事人享有的在先履行一方未为履行或者履行债务不符合约定时，得拒绝其履行请求的权利，也称顺序履行抗辩权。

2. 构成要件。根据《合同法》第67条的规定，先履行抗辩权有下列四个要件：

（1）须当事人因同一双务合同互负债务。当事人之间有两个以上合同关系的，一合同的不履行不能构成另一合同的抗辩事由。

（2）须合同中约定了履行的先后顺序。合同未约定履行先后顺序的，应为同时履行，不能发生先履行抗辩权。

（3）应先履行的一方当事人未履行或者履行债务不符合约定。

（4）应先履行的债务有履行的可能。

先履行抗辩权人行使抗辩权致使合同迟延的，不承担迟延履行的责任。

（三）不安抗辩权

1. 概念。不安抗辩权，是指在约定了先后履行顺序的双务合同中，应先履行的一方在应后履行一方因财产状况恶化而难为对待给付时所享有的、得于应后履行一方未履行且未提供担保之前拒绝先为履行的权利。

这一抗辩权是有先后履行顺序的合同中应先履行一方才能享有的权利。不安抗辩之"不安"，其义是先履行后不能获得对待给付之危险。在应后履行一方有难为对待给付的情形时，先履行则是有去无回，为平衡双方之利益，法律赋予先履行一方不安抗辩权，暂时中止履行。

2. 构成要件。根据《合同法》第68、69条的规定，其适用条件如下：

（1）须合同约定了先后履行顺序。如果没有约定先后履行顺序，可能发生同时履行抗辩权，而不能构成不安抗辩权。

（2）须应后履行一方有难为对待给付的情形，包括经营状况严重恶化、转移财产或抽逃资金以逃避债务、丧失商业信誉、有丧失或者可能丧失偿债能力的其他情形等。

（3）须应后履行一方的债务尚未届履行期。如果应后履行一方的债务履行期届至而难为履行，则发生债务不履行的后果。

（4）应后履行一方未履行且未提供担保。应后履行一方有难为对待给付之情形，又不提供担保，先履行一方之"不安"便随之加剧，为保自身合法利益，即得中止履行。相反，如果应后履行一方虽有难为对待给付之情形，但提供了适当担保，应先履行一方的"不安"即不存在，自然应当履行其债务。

3. 不安抗辩权的效力。

（1）应后履行一方有难为对待给付的情形时，应先履行一方有权请求其提供担保。

（2）在后履行一方提供适当担保前，先履行一方有权中止履行，但应当及时通知对方。

（3）后履行一方提供了适当担保的，先履行一方应恢复履行。

（4）在先履行义务人中止履行后，对方在一定期限内仍没有恢复履行能力，且未提供适当担保的，中止履行的一方可以解除合同。

4. 滥用不安抗辩权的效力。当事人没有确切证据证明对方有难为对待给付的情形而中止履行的，应当承担违约责任。

四、向第三人履行和由第三人履行

合同关系是一种信用关系，在合同的履行中应由债务人亲自向债权人履行，这是由合同相对性所决定的。但是，禁止第三人参与合同履行不利于提高财产流转效率，因此，除当事人约定或依合同的性质须由当事人本人履行外，合同履行也可以由第三人参与。这种现象突破了合同的相对性。《合同法》第64、65条确认了合同履行涉及第三人的两种情形：向第三人履行、由第三人履行。

（一）向第三人履行

1. 概念。向第三人履行，是指合同当事人约定由债务人向第三人履行合同债务。《合同法》第64条是关于向第三人履行的规定。

2. 条件。债务人向第三人履行必须符合下列条件：①债务人向第三人履行须由合同当事人约定。②向第三人履行不得违反法律、法规的强制性规定，即法律、法规规定必须向当事人履行的合同，不得约定向第三人履行。

3. 效力。向第三人履行有以下法律效果：①第三人可以向合同债务人请求履行，即第三人可以根据当事人之间的合同向债务人主张债权。②债务人未向第三人履行或者履行不符合约定的，应当向债权人承担违约责任。第三人不是合同当事人，只是替代债权人行使权利，向第三人履行只是履行方式的变化，所以，当债务人违约时，仍应向债权人而不是向第三人承担违约责任。③债务人享有的对抗债权人的一切抗辩权，均可对第三人行使。④因向第三人履行债务而增加的费用，除当事人另有约定外，由债权人承担。

（二）由第三人履行

1. 概念。由第三人履行，是指当事人约定，由第三人代替合同债务人向债权人履行合同债务。《合同法》第65条是关于由第三人履行的规定。

2. 条件。由第三人向债权人履行应当符合下列条件：①由第三人向债权人履行须由合同当事人约定。②由第三人履行不得违反法律、法规的强制性规定。

3. 效力。由第三人履行的法律效果是：①债权人有权要求第三人履行债务人的债务。②第三人不履行或者履行不符合约定，债务人应当向债权人承担违约责任。③债权人请求第三人履行时，第三人得行使债务人对于债权人的一切抗辩权。④由第三人向债权人履行所增加的费用，除当事人另有约定外，由债务人承担。

■第八节 合同的变更和终止

一、合同的变更

（一）合同变更的概念

合同的变更，有广义和狭义两种含义。广义的合同变更是指合同关系的部分要素发生变化，包括主体、内容和客体的变更。狭义的合同变更，仅指合同内容或客体的变更。现代民法所称合同变更多指狭义，而将合同主体的变更称为合同的转让。[1]

---

[1] 关于合同的转让，请参见本书第八编"债的一般原理"中第三十三章"债的移转"。

（二）合同变更的内容

当事人协商一致，可以变更合同。合同变更包括以下情形：①标的物种类的变换、数量的增减、品质的改变、规格的更改等；②履行期限、履行地点、履行方式、结算方式等履行条件的变更；③合同的性质的变更，如因合同债务的违反而产生了损害赔偿债务；④合同的担保方式的变更；⑤合同的附款的变更；⑥其他内容的变更。

法律、行政法规规定变更合同应当办理批准、登记等手续的，依照其规定。

（三）合同变更的效力

合同变更后，当事人应受变更后的合同的拘束，以变更后的合同作为履行的根据。合同变更的效力原则上仅对未履行的部分发生，对已履行的部分无溯及力，但法律另有规定或当事人另有约定的除外。当事人对合同变更的内容约定不明确的，推定为未变更。

二、合同的终止

合同的终止，又称合同的消灭，指合同关系在客观上不复存在，合同债权债务归于消灭。

与合同的成立一样，合同的终止也由一定的法律事实引起，这些法律事实便是合同终止的原因。引起合同终止的法律事实有：清偿、抵销、提存、免除、混同、解除。[1]

（一）合同解除的概念与类型

1. 概念。合同的解除，是指合同成立后，因当事人一方的意思表示或者双方的协议，使基于合同而发生的债权债务关系归于消灭的行为。《合同法》第93~97条规定了合同解除的主要制度，第92、98条的规定也适用于合同解除。

2. 类型。合同的解除分为约定解除和法定解除两种。

（1）约定解除，是当事人通过行使约定的解除权或者双方协商决定而进行的合同解除。可见，约定解除分两种情况：①当事人在合同成立后生效前，在合同中约定了解除条件，并约定一方或双方保留解除合同的权利，一旦条件成就，一方或双方即可行使约定的解除权，解除合同；②当事人未在合同中约定解除条件，但在合同履行完毕前，经双方当事人协商一致而解除合同。

（2）法定解除，是指出现法律规定的解除事由而由享有解除权的一方当事人解除合同。

（二）合同解除的条件

1. 约定解除的条件。约定解除的条件包括：①须经当事人双方协商一致；[2]②须不因解除而损害国家利益和社会公共利益。

2. 法定解除的条件。法定解除的条件包括：①因不可抗力致使不能实现合同目的，当事人双方均可解除合同；②预期违约，即在合同履行期限届满之前，当事人一方明确表示或者以自己的行为表明不履行主要债务的，对方当事人可以解除合同；③当事人一方迟延履行主要债务，经催告后在合理期限内仍未履行的，对方可以解除合同；④当事人一方迟延履行债务或者有其他违约行为致使合同目的不能实现的，对方可不经催告而解除合同；⑤法律规定的其他情形。

（三）合同解除权的行使

约定或者法定的解除条件出现后，并不当然发生合同解除的效力。只有当事人行使解

---

[1] 有关合同的清偿、抵销、提存、免除、混同的内容请参见本书第八编"债权"中第三十四章"债的消灭"。本节只涉及合同的解除。

[2] 《合同法》第93条第1款。

除权后，合同才能解除。这区别于附解除条件的合同，附解除条件的合同的解除条件一旦成就，合同即自动解除。

解除权的行使，属于有相对人的单方法律行为，应由解除权人向相对人为解除的意思表示。当事人一方依照约定解除权或法定解除权主张解除合同的，应当通知对方。合同自通知到达对方时解除。对方有异议的，可以请求人民法院或者仲裁机构确认解除合同的效力。解除权为形成权的一种，应当受到除斥期间的限制。解除权有法定或约定期间的，如期间届满而未行使，则解除权消灭；解除权未定有期间的，相对人可以催告解除权人于合理的期间内行使解除权，解除权人逾期未行使的，解除权消灭。法律、行政法规规定解除合同应当办理批准、登记等手续的，依照其规定。

（四）合同解除的效力

合同一经解除，其效力溯及地消灭，当事人回到未订立合同时的状态。合同解除后，尚未履行的，终止履行；已经履行的，根据履行情况和合同性质，当事人可以要求恢复原状、采取其他补救措施，并有权要求赔偿损失。

三、因情事变更发生的合同变更和解除

（一）情事变更的概念

情事变更，是指合同成立之后、终止之前发生的不可归责于当事人的，使订立合同的基础改变或者丧失，维持合同原来效力就会显失公平或者使合同目的落空的客观情况。

对此定义简要解释如下：①情事变更是合同成立之后、终止之前发生的客观情况；②该客观情况的发生，使订立合同的基础改变或者丧失；③该客观情况的发生，不可归责于当事人；④该情况发生后，如果维持合同原来效力，会使当事人之间的利益显失公平，或者使订立合同的目的落空。例如，出卖人 A 市公民甲因调到 B 市工作而同本市公民乙订立房屋买卖合同后，B 市毫无预兆地改变了调用甲的决定，如果继续履行合同，甲即失去居住条件。

本书认为，情事变更的本义是特定客观情况，因情事变更发生的合同变更或者解除，是情事变更的效力而非其自身的内涵，所以，其定义不应扩及合同变更或者解除。对情事变更，从制度的角度讲，表述为"情事变更原则"[1]。

《合同法》没有规定情事变更制度。《合同法解释（二）》第 26 条规定，合同成立以后客观情况发生了当事人在订立合同时无法预见的、非不可抗力造成的不属于商业风险的重大变化，继续履行合同对于一方当事人明显不公平或者不能实现合同目的，当事人请求人民法院变更或者解除合同的，人民法院应当根据公平原则，并结合案件的实际情况确定是否变更或者解除。该规定被解释为情事变更的法律规范。本书在讲解情事变更时也以此规定为依据。

（二）情事变更的构成要件

1. 须有情事变更的客观事实。所谓"情事"，是指合同成立当时作为合同基础的客观情况，即当事人双方订立合同的立足点和目的，也是当事人双方合同利益的平衡点。例如，因筹办饲养厂而订立饲料预订合同，签订商铺租赁合同是为了经营小超市等，而对方的出卖、出租，则是为了取得金钱利益。如果这个基础改变或者丧失，合同就失去了意义。而一旦合同基础改变或者丧失，仍然绝对地要求当事人履行合同，表面看是维持合同的效力，

---

[1] 对情事变更原则之沿革、理论根据等，参见史尚宽：《债法总论》，中国政法大学出版社 2000 年版，第 444~449 页。

实质却是失去了当事人之间的合同利益的应有平衡，失去了公平正义。如饲料购买方因开办饲养厂未被有关行政机关批准，就不应强使其购买饲料。

2. 须该情事的变更是当事人订立合同时无法预见、非不可抗力造成且不属于商业风险。

（1）当事人在订立合同时无法预见的、既不是不可抗力造成的又不是商业风险的客观情况的重大变化，才能构成情事变更。当事人无法预见，即不可归责于当事人；不可抗力造成的则构成法定免责事由，自不能构成情事变更；商业风险属于当事人应当预见到的客观情况，因商业风险而受有不利，不能成立情事变更。判断是否"无法预见"，采用"一般人"标准，即与当事人相同类型的一般人都无法预见的，构成当事人"无法预见"，否则，就是能够预见而未尽应有的注意义务，不能成立情事变更。

（2）影响合同履行的情事。其包括政治、经济、法律及商业上的种种客观情况，如国家政策、行政措施、法律规定、物价、币值、国内和国际市场运行状况等，都会对合同的履行有所影响。其中，有的是当事人在订立合同时能够预见并应当预见的，如市场经济条件下的各种商业风险、一定时期内天气的资讯、交通运输状况、国家倡导或者限制的活动等；[1]有的则是当事人无法预见的，如突发的自然灾害以及其他不可抗力等。

3. 须客观情况发生重大变化导致合同履行显失公平或者合同目的不能实现。所谓重大，应理解为足以发生这个结果。相反，如果发生了当事人订立合同时无法预见的客观情况的变化，但是合同目的能够实现，履行不会显失公平的，不构成情事变更。

4. 须客观情况发生于合同成立之后、终止之前。合同成立之前，不发生合同权利义务，自无履行必要，也无显失公平或者合同目的不能实现之前提；合同终止才有客观情况重大变化的，当事人双方的合同权利义务已经消灭，不存在因此而显失公平或者合同目的落空的条件。只有在合同成立之后、终止之前客观情况发生使合同基础改变或者丧失的重大变化，才能成立情事变更。

（三）情事变更的效力

依照《合同法解释（二）》第26条的规定，构成情事变更的，当事人得请求人民法院变更或者解除合同；人民法院应当根据公平原则，并结合案件的实际情况确定是否变更或者解除。据此，情事变更的效力是：

1. 当事人得请求人民法院变更或者解除合同。发生情事变更的，当事人可首先采用协商的方法，变更或者解除合同。不能协商或者达不成协议的，得请求人民法院裁判。因情事变更而请求变更或者解除合同的诉讼，一般由因情事变更受有不利的一方当事人提起，以期获得司法救济；但是，有的场合，一方也会因情事变更使对方不能履行合同而提起诉讼。

受有不利的一方当事人在主张变更或者解除合同时，负担证明责任，既要证明情事变更本身的发生，亦应证明履行合同显失公平或者合同目的不能实现。有一方面不能证明的，不发生变更或者解除合同的效果。

〔1〕《最高人民法院关于当前形势下审理民商事合同纠纷案件若干问题的指导意见》指出："人民法院要合理区分情势变更与商业风险。商业风险属于从事商业活动的固有风险，诸如尚未达到异常变动程度的供求关系变化、价格涨跌等。情势变更是当事人在缔约时无法预见的非市场系统固有的风险。人民法院在判断某种重大客观变化是否属于情势变更时，应当注意衡量风险类型是否属于社会一般观念上的事先无法预见、风险程度是否远远超出正常人的合理预期、风险是否可以防范和控制、交易性质是否属于通常的'高风险高收益'范围等因素，并结合市场的具体情况，在个案中识别情势变更和商业风险。"

2. 变更抑或解除合同，由人民法院裁判。受有不利的一方当事人提出变更或者解除合同的请求，即使具备了适用情事变更规则的条件，人民法院也不是照准其请求，而是根据公平原则，并结合案件的实际情况确定是否变更或者解除，包括是变更合同还是解除合同。其中的道理在于情事变更不可归责于双方当事人，受有不利的一方经过法律救济，减轻或者避免了损失，而对方当事人也不应因情事变更遭受无端的损失。[1]

3. 因情事变更而变更或者解除合同，受有不利的一方当事人就此得到救济而对方受到损失的，应当给对方适当补偿。情事变更原则的适用，以不可归责于双方当事人为必要条件。因情事变更而变更或者解除合同后，受有不利的一方得到救济，避免了损失，但是，对方当事人同样无过错，其可能因此而受到损失。在一般损失的情形下，不必补偿，在较大甚至重大损失情形下，理应由获得救济的一方给受损一方适当补偿。《合同法解释（二）》虽然没有明文规定这一点，但是，从体系解释层面讲，因情事变更发生的合同变更和解除，属于合同变更和解除的范畴，适用合同变更和解除的法律规范，是理所当然的事情。

另外，《合同法解释（二）》中虽然规定当事人因情事变更请求人民法院变更或者解除合同，由人民法院审判，但是不应机械理解为不可通过仲裁程序解决相关纠纷。依照《中华人民共和国仲裁法》第5条、《最高人民法院关于适用〈中华人民共和国仲裁法〉若干问题的解释》第2条，[2] 当事人之间有仲裁协议的，由仲裁机构依法裁决。

■第九节　合同不履行的法律效果

一、合同不履行的概念和特征

（一）合同不履行的概念

合同不履行，是指合同当事人不履行合同债务或者履行合同债务不符合约定的行为，简称"违约"。

（二）合同不履行的特征

1. 不履行的主体为合同当事人，通常为债务人。不论是否涉及第三人履行，合同不履行的后果均由当事人承担。

2. 不履行的是约定义务，包括给付义务和依诚实信用原则而派生的附随义务。

3. 不履行产生债务不履行的后果。该后果，在大陆法系国家定位于"二次债务"，在英美法系国家，则称"违约责任"。《合同法》采用的是违约责任的表述。[3] 依法成立的合

---

[1] 《最高人民法院关于当前形势下审理民商事合同纠纷案件若干问题的指导意见》指出，在调整尺度的价值取向把握上，人民法院仍应遵循侧重于保护守约方的原则。适用情势变更原则并非简单地豁免债务人的义务而使债权人承受不利后果，而是要充分注意利益均衡，公平合理地调整双方利益关系。在诉讼过程中，人民法院要积极引导当事人重新协商，改订合同；重新协商不成的，争取调解解决。为防止情势变更原则被滥用而影响市场正常的交易秩序，人民法院决定适用情势变更原则作出判决的，应当按照《最高人民法院关于正确适用〈中华人民共和国合同法〉若干问题的解释（二）服务党和国家的工作大局的通知》（法［2009］165号）的要求，严格履行适用情势变更的相关审核程序。

[2] 《仲裁法》第5条规定，当事人达成仲裁协议，一方向人民法院起诉的，人民法院不予受理，但仲裁协议无效的除外。《最高人民法院关于适用〈中华人民共和国仲裁法〉若干问题的解释》第2条规定，当事人概括约定仲裁事项为合同争议的，基于合同成立、效力、变更、转让、履行、违约责任、解释、解除等产生的纠纷都可以认定为仲裁事项。

[3] 《合同法》第七章。

同，对当事人具有拘束力，当事人应当按照约定履行债务，任何一方违反约定，不履行债务或履行债务不当，均应向对方承担相应的违约责任。

二、合同不履行的样态

合同不履行的样态，亦称违约形态，是根据合同当事人不履行合同义务的不同情况所作的分类。根据《合同法》的规定，不履行的样态有以下几种：

（一）预期违约

预期违约，是指合同当事人在履行期限届满前，没有正当理由而明确表示不履行合同，或者以其行为表明不可能履行合同的情形，又称先期违约、期前违约、先期毁约等。

《合同法》第108条对预期违约制度作了规定："当事人一方明确表示或者以自己的行为表明不履行合同义务的，对方可以在履行期限届满之前要求其承担违约责任。"从该条规定看，预期违约是在履行期届前的违约行为。

预期违约主要表现为明示预期违约和默示预期违约两种样态。

1. 明示预期违约。明示预期违约是指一方当事人无正当理由，向另一方当事人明确表示其将在履行期限到来时不履行合同。构成明示预期违约的条件为：①合同一方当事人向另一方明确表示将不履行合同。②须当事人明确表示不履行合同的主要义务（如不履行买卖合同中的付款或交货义务），从而使另一方不能实现订约目的，或严重损害对方的期待利益。③须当事人不履行合同无正当理由。当事人有正当理由，如因履行期限到来前发生不可抗力致使标的物灭失而表示不履行合同，则不构成明示预期违约。

2. 默示预期违约。默示预期违约是指在合同履行期限届满之前，一方当事人以自己的行为表明其将在履行期到来时不履行合同。默示预期违约的构成要件是：①合同一方当事人以行为表明其将不会履行合同。例如，特定物买卖的出卖人又将该特定物转让于第三人，该出卖人的行为就表明其将不履行合同。②合同当事人须有证据证明"对方的行为表明其将不履行合同"。③以其行为表明不履行合同的当事人不提供履行担保。合同一方当事人有足够的证据证明对方不履行合同时，为保证债权实现，可以要求对方提供适当的履行担保，若对方不提供担保，则可确定对方当事人的行为表明不履行合同，构成默示预期违约。

（二）现实违约

现实违约，是指在合同约定的履行期届至时，债务人明确表示或者以自己的行为表明不履行合同。

预期违约的特点是履行期届至前不履行，现实违约的特点是履行期届至而不履行。

（三）全部不履行和部分不履行

根据《合同法》第107条的规定，合同不履行分为全部合同不履行和部分合同不履行，前者即全部不履行，后者即不适当履行。

1. 全部不履行。全部不履行是根本不履行债务的行为。依不履行的原因又分为拒绝履行和不能履行。

（1）拒绝履行。拒绝履行是指债务人在履行期限届满前，能够履行而不履行其债务。拒绝履行有以下要件：①合同有效。合同不成立或无效，就无所谓履行。②债务人有拒绝履行的表示。拒绝可以是明示的，也可以是以其行为表明的。③不履行的表示在履行期限届至时作出。如果在履行期届至前作出，则构成预期违约。④当事人有履行的条件。若当事人已无履行的条件，则构成不能履行，不属于拒绝履行。⑤不履行无正当理由。债务人有抗辩事由拒绝的，不构成拒绝履行。

（2）不能履行。不能履行是指当事人一方由于某种原因不能履行其债务，又称履行不能。例如，在以提供劳务为标的的合同中，债务人有能力而不提供为不履行，而丧失劳动能力则为不能履行。

2. 不适当履行。不适当履行，是指债务人虽然履行了债务，但履行的内容不符合法律规定或者当事人的约定，即不符合债务的本旨。不适当履行又可分为迟延履行（包括给付迟延和受领迟延）、不完全履行、瑕疵履行、加害履行以及其他不适当履行。

（四）根本违约与非根本违约

根本违约是指使对方的订约目的不能实现的违约。如出卖人随意改换标的物、出租人擅自改变租赁物的功能、债务人的给付质量不合约定（包括标的物质量不合格、行为不合约定等）、民航公司擅自取消航班等。

非根本违约是指虽使对方受到损失但是尚不损害其订约目的或尚不致对方重大损害的违约。如出卖人交付的标的物数量稍有欠缺、技术开发方提供的技术成果与约定存在非实质的微小差异、付款义务人短时间迟延付款等。

二者的法律效果有实质区别：①是否发生合同解除权效果不同。根本违约的，成立合同解除条件，守约方得主张合同解除权、违约赔偿请求权。非根本违约的，不构成合同解除条件，守约方得主张违约赔偿请求权，但没有合同解除权。②拒绝受领给付的范围不同。根本违约的，守约方有权拒绝受领任何给付，或者有权退回质量瑕疵标的物等。非根本违约的，守约方仅得就瑕疵给付部分主张违约赔偿请求权，在没有特别约定的条件下，无权拒绝受领无瑕疵的部分。

区分根本违约和非根本违约，具有相当高的专业技术要求，甚至是多专业的技术要求，要避免简单化的认识。

（五）双方违约

双方违约，是指双方当事人均未履行合同义务或履行合同义务不适当。

双方违约与单方违约相比较，在构成要件、责任承担等方面有区别。

双方违约的构成要件为：①须为双务合同。②须双方当事人都违约。③须双方当事人均无免责事由。单务合同中只有一方当事人负担合同义务，不发生双方违约；虽为双务合同但仅一方违约的自无双方违约；当事人双方均未履行但是一方有免责事由的，不发生双方违约。

根据《合同法》第 120 条的规定，当事人双方都违反合同的，应当各自承担相应的责任。

三、合同不履行的效果

合同不履行的效果是指当事人不履行合同义务时所产生的法律效力。亦即债务不履行的效果。《民法通则》中叫作"违反合同的民事责任"，《民法总则》和《合同法》上称为"违约责任"。

（一）违约责任的性质

1. 违约责任是财产责任。违约责任是民事责任自不待言，然我国民法上的民事责任，有财产责任和非财产责任的区分，诸如赔礼道歉之类就是非财产责任。《合同法》规定的种种违约责任，如继续履行、支付违约金、赔偿损失等，都是财产责任。[1]

---

[1] 中国政法大学民法研究所教师们集体备课讨论违约责任问题时，有的教师提出，违约发生时，守约方解除合同也是违约责任的一种形式。其理由是：合同解除的直接效果，是使违约方不能享有合同履行利益或者期待利益，同时，兼有赔偿损失责任等其他效果。本书特将此观点列明于此，供有兴趣者思考。

2. 违约责任主要为补偿性财产给付责任，个别的为惩罚性财产给付责任。《合同法》规定的多种违约责任，大部分或者说主要的都是强制违约方"填补"守约方因违约所受财产损失，达到"填平"损失的效果。该制度的基本理念，是不容许违约方因违约而获利，也不许可守约方因违约方的违约责任，获得超过其损失的财产利益，导致当事人之间"损益不相当"。对于这一理念，《合同法》第113条第1款规定的违约方"给对方造成损失的，损失赔偿额应当相当于因违约所造成的损失"，就是经典性标志。

例外的是，个别的违约责任，超越了"填补""填平"损失的界限，立法意趣明显是使违约方受到财产惩罚。例如，《合同法》第113条第2款规定，经营者对消费者提供商品或者服务有欺诈行为的，依照《消费者权益保护法》的规定承担损害赔偿责任。而根据《消费者权益保护法》第55条的规定，在此情形，经营者向消费者承担的违约责任是给付"加倍赔偿金"，即给予"消费者购买商品的价款或者接受服务的费用的3倍"的赔偿金。又如，《合同法》第116条规定，当事人既约定违约金，又约定定金的，守约方可以选择适用违约金或者定金。据此，在定金的金额大于违约造成的损失而守约方选择适用定金规则的，交付定金而违约的一方不得要求减少定金。这一法律规范，也包含了惩罚性违约责任的立法意趣。

（二）违约责任的一般构成要件

1. 须合同有效。合同有效方有履行的效力，不履行才会发生违约责任。未生效合同、无效合同（含被撤销而无效的合同）均无履行效力，没有违约基础，自不发生违约责任。这个要件似乎不被经常提起，但是，在思维方式上，它实在是首要的考虑点。

2. 须有违约行为。无论预期违约还是现实违约、全部违约还是部分违约、根本违约还是非根本违约，有违约行为的，就具备违约责任的一个要件。

3. 须违约方没有法定或者约定的免责事由。免责事由是法律规定的或者当事人约定的不承担违约责任的事由，也叫"免责抗辩事由"。合同不履行而有免责事由的，不履行一方得据其不承担或者减轻违约责任。发生合同不履行而无免责事由的，就应当承担违约责任。

免责事由的成立，或为法定，或为约定。法定免责事由，如《合同法》第117条规定之不可抗力。约定免责事由，除法律禁止者外，全由当事人双方约定。

绝不可认为"不可抗力"当然地是免责事由，在法律不禁止的情形，当事人可以约定免责排除条款，即使发生不可抗力也不免责。

上述乃违约责任的一般要件即共同要件，各种具体的违约责任，除具备这些要件之外，各自还具备其个别要件。

（三）违约责任的形式

《合同法》第107条规定："当事人一方不履行合同义务或者履行合同义务不符合约定的，应当承担继续履行、采取补救措施或者赔偿损失等违约责任。"依据该规定与法理，违约责任形式主要有继续履行、赔偿损失、支付违约金和其他补救措施等。

1. 继续履行。

（1）概念。继续履行是指债权人要求违约方继续履行原定的合同义务的责任形式。如出卖人拒绝交付标的物，买受人请求人民法院强制出卖人交付原定标的物。

（2）特点。①发生于违约之后。债务人违约后债权人仍然需要合同约定的给付，而债务人能够继续实施该给付的，发生继续履行的违约责任。②是债权人主张的违约责任而不是债务人迟延履行。迟延履行是违约行为，继续履行是违约责任的一种形式，迟延履行也能够发生继续履行的违约责任。违约出现之后，债权人要求继续履行的，才发生继续履行，债权人不要求的，不发生继续履行。债权人要求债务人承担继续履行责任得采取两种方式：一种是直接请求债务人继续履行；另外一种，是请求人民法院强制债务人继续履行。此种方式即所谓"强制实际履行"。③金钱债务不存在不能继续履行的情形。金钱债务不履行的，除当事人另有约定外，普遍适用这一责任。非金钱债务不履行的，这一责任的适用受法律限制。对非金钱债务，《合同法》第110条规定了三种不能继续履行的情形：①法律上或者事实上不能履行。②债务的标的不适于强制履行或者履行费用过高。③债权人在合理期限内未要求履行。有其中情形之一的，不能构成继续履行。

（3）构成要件。除须具备违约责任的一般构成要件外，尚须债权人请求且债务人能够继续履行、事实上和法律上无继续履行的限制等个别要件。

（4）效力。①按照原约定的义务继续履行的效力。债权人不得要求改变原定的给付义务，债务人也不得擅自改变给付。所谓"继续"履行，就是指继续按照原定义务履行的意思。②债权人得于请求继续履行的同时，请求债务人赔偿损失。《合同法》第112条规定，当事人一方不履行合同义务或者履行合同义务不符合约定的，在履行义务或者采取补救措施后，对方还有其他损失的，应当赔偿损失。

2. 采取补救措施。

（1）概念。补救措施是指由债务人对可采用更换、修理、重作、退货、减少价款或者报酬等方式的瑕疵给付，实施相应补正措施，消除或者减轻债权人所受损害的责任形式。例如，房屋装修合同承揽人装修工作的一部分质量不合格，房主要求其拆除不合格部分重新装修。再如，因第三人主张权利，致使承租人不能对租赁物使用、收益的，承租人可以要求减少租金或者不支付租金。《合同法》第107、111、228条等是这一责任形式的具体规范依据。

（2）特点。①债务人的履行不合约定但是在事实上尚有补救的条件。债务人不合约定的履行在事实上能够通过合理补救措施，消除或者减轻债权人的损害，才能适用这一责任。如果违约行为在性质上无可补救，就不适用这种责任形式。如医生错误切除患者无疾病之器官、汽车修理公司给车主更换零配件以次充好而发生操纵失灵撞坏汽车。②债权人和债务人均得主张适用相应的责任形式。债权人有补救措施请求权自无疑义，而债务人亦得提出请求，只不过其请求不构成权利罢了。在诉讼程序中，人民法院得依其职权，根据瑕疵给付可以补正、采取补救措施对债权人无实质损害等，判定适用合理的补救措施。如房屋承租人因卫生间水管有滴漏现象而请求退租，出租人反对而发生诉讼，即可通过出租人及时修理而维持租赁关系。

（3）效力。债务人采取补救措施的，不改变其违约行为的性质，债权人仍得就补救措施未能弥补的损失部分，主张赔偿请求权。

3. 赔偿损失。

（1）概念。赔偿损失是指以违约方的财产赔偿对方因违约所受财产损失的责任方式。在民法上，赔偿损失有广、狭二义。广义者，囊括缔约过失、债务不履行、侵权行为等各种行为导致的赔偿损失。狭义者，则根据具体语言环境，分别指向各种具体行为导致的赔偿损失。如缔约过失损害赔偿、侵权赔偿、违约赔偿等。赔偿损失的一般性规定，抽象地规定于民法总则，各种具体的赔偿损失规范，分散规定于债法通则（或总则）、合同法、侵权行为法等制度体系中。本节所讲自然是违约的赔偿损失。赔偿损失通常采用金钱赔偿，在当事人有约定或者债务人确实无金钱可赔偿的情形，不排除以实物折价赔偿。

（2）适用条件。除须具备违约责任的一般构成要件外，还须完全具备下列条件，方得适用赔偿损失责任：①债权人有财产损失。②债务人的违约行为与债权人的财产损失之间有因果关系。

（3）适用赔偿损失责任的规则。《合同法》第107、113、119、120条等，从多方面规定了赔偿损失责任的规则。本书认为，这些条文从四个方面形成适用赔偿损失责任的规则：①债务人应当完全赔偿。所谓完全赔偿，是指债务人对债权人所受损失，负全部赔偿责任。《合同法》第113条规定，当事人违约给对方造成损失的，损失赔偿额应当相当于因违约所造成的损失，包括合同履行后可以获得的利益。②赔偿不应超过债务人合理预见的损失。所谓合理预见的损失，是指按照一般人的标准判断，债务人在订立合同时预见到的或者应当预见到的因违反合同可能造成的损失。《合同法》第113条第1款有此规定。该规定在学理上被称为"合理预见原则"或"可预见性规定"。其含义主要包括以下几个方面：一是预见的主体为违约的债务人；二是确定债务人预见或者应当预见的时间为合同订立之时；三是债务人预见的内容为违约可能造成的财产损失的范围；四是判断债务人能否预见，以同类型事务的一般人的预见能力为标准。③防止损失扩大。即债务人违约并造成损失时，债权人应当采取合理措施防止损失扩大。《合同法》第119条规定："当事人一方违约后，对方应当采取适当措施防止损失的扩大；没有采取适当措施致使损失扩大的，不得就扩大的损失要求赔偿。当事人因防止损失扩大而支出的合理费用，由违约方承担。"该规定在学理上被称为"减损规则"。债权人不遵守该规则致使已经发生的损失扩大的，对扩大的损失无赔偿请求权，从另一方面讲，债务人则得请求扣减扩大损失部分的赔偿额。④双方违约的，责任分担。当事人双方都违约而造成损失的，按照双方各自应负的责任确定赔偿范围。《合同法》第120条规定的"当事人双方都违反合同的，应当各自承担相应的责任"，确定了这一点。

本书主张，从思维方式角度讲，在适用赔偿损失责任形式时，不应该简单地拘泥于某一条文，而应当根据个案事实，综合分析相关法律规范，给出合法、公正的认识。

4. 支付违约金。

（1）概念。违约金是当事人双方约定的违约方应当向对方支付的一定数额的金钱。《合同法》第114条是其基本规范依据。

（2）特点。①以金钱为其形态。依违约金的名称和对《合同法》第114条的一般理解，违约金是一定数额的金钱。违约方没有足够金钱以实物赔偿充抵违约金的，应当合理折价为一定金钱。②由当事人约定，没有约定的不能请求支付违约金。通常的表现方式是合同书中记载"违约方向对方支付人民币若干元的违约金""违约金是合同标的金额的若干百分比"等。违约发生之后，赔偿范围和数额的确定通常是复杂和麻烦的事情，当事人在订立合同时预先约定违约金数额或者计算方法，一旦发生违约，能够直接根据约定确定赔偿范围和数额，减少和避免这些麻烦。当事人之间没有违约金约定的，债权人不能请求支付违约金，得请求其他违约赔偿责任。③功能是填补违约给对方造成的损失。违约金的功能有二：一是明确违约赔偿的范围和界限，以此避免违约行为发生时对违约赔偿范围和数额的争议，徒增纠纷解决成本。二是确定违约行为的代价，以此督促债务人不要违约，否则支付违约金的代价将是不可避免的。此二者之间虽然有密切的关联性，但填补违约损失属于实质，构成违约金的核心功能。其第二个功能，能够督促债务人守约、履约，具有担保性质，或认为违约金是债的担保方式之一。④违约发生时，约定的违约金不适当的，当事人得请求予以变更。当事人约定违约金的数额或者比例时，是对可能的违约损失作出的模糊测算，违约发生时造成的损失，可能约等于、大于或者小于违约金的金额。基于公平理念，合同法律和理论认为，约定的违约金数额或者比例与违约造成的损失显然不适当的，准许当事人请求变更。《合同法》第114条第2款规定，约定的违约金低于造成的损失的，当事人可以请求人民法院或者仲裁机构予以增加；约定的违约金过分高于造成的损失的，当事人可以请求人民法院或者仲裁机构予以适当减少。这一特点，其实也是违约金填补损失功能的展开。

（3）适用条件。①须具备违约责任的一般构成要件。②须有违约金约定。即使具备违约责任的一般构成要件，但是当事人之间无违约金约定的，不能适用之。

（4）违约金与其他违约责任的关系。①违约金与违约赔偿金。首先，从广义讲，违约金也是违约赔偿金。但是，由于《合同法》规定了"赔偿损失"的责任方式，在理论上，除违约金之外还存在"赔偿金"的概念，二者在狭义的概念上就发生了区隔。其次，在依据上看，违约金以约定为必要依据，赔偿金则无此要求，因违约而有损失的，无须赔偿金约定即得主张赔偿请求权。最后，在制度适用层面，二者也有分别：赔偿金的数额以违约造成的损失为准，原则上是损失多少赔偿多少；违约金的数额以约定为依据，只是在低于或者过分高于损失时，得依法定程序予以增减，这样，发生支付"不过分高于损失"的违约金的情形，在所难免。②违约金和定金。定金虽然被定性为债的担保，但是，其违约责任的性质不容否认。交付定金的一方违约的无权请求返还定金，收取定金的一方违约的应当双倍返还定金，本身就展示了违约责任的性质和功能。在合同关系中，存在兼有定金和违约金约定的情形，对此，《合同法》第116条规定，当事人既约定违约金，又约定定金的，一方违约时，对方可以选择适用违约金或者定金条款。债权人自然得选择利益最大的一种责任方式。③违约金和继续履行。当事人无相反约定的，债权人要求继续履行而违约方有继续履行条件的，支付违约金不能排除继续履行。④违约金和其他补救措施。当事人没有相反约定的，二者得予并用。

第十二编　合同法分论

移转标的物所有权的合同

■第一节　买卖合同

一、买卖合同的概念与特征

（一）买卖合同的概念

买卖合同是出卖人转移标的物并转移标的物的所有权于买受人，买受人支付价款的合同。这是《合同法》第130条给出的定义。

买卖合同中，出卖人是根据合同应当交付标的物并转移标的物所有权的一方，受领标的物并支付价款的一方叫作买受人；双方约定转移的动产或不动产是标的物。标的物须是出卖人所有的或有权处分的动产或不动产，且须是不禁止流通物。

（二）买卖合同的特征

买卖合同有下列特征：

1. 是约定标的物所有权与价款所有权互易的合同。出卖人承诺转移标的物所有权于买受人，目的是取得买受人的价款的所有权。同理，买受人承诺支付价款，是为了得到标的物的所有权。这是买卖合同得以成立的前提，也是买卖合同区别于其他合同的本质特征。在类似的合同中，赠与合同也交付标的物和转移标的物所有权，但是无价款支付现象，受赠人属于无偿取得；租赁合同一方交付标的物，另一方支付租金，但是，不发生标的物所有权的转移，租金也不是标的物的价款。

2. 是双务合同、有偿合同。买卖合同的双方当事人互负给付义务，因此，买卖合同是双务合同、有偿合同；当事人一方的权利正是另一方的义务，呈现彼此对等关系，双方权利义务的交换价值具有当事人主观上等价的特点，所以，买卖合同也是对价合同。

3. 是诺成合同。买卖双方之间意思表示一致，无须交付实物，买卖合同即告成立。

4. 一般是不要式合同，但是法律另有规定或者合同另有约定的除外。例如房屋买卖合同，就是要式合同。

（三）买卖合同的重要作用

市场经济是合同经济。市场体制中，可以有各种各样的合同，但是，买卖合同是整个合同体系的典型和核心。所谓典型，是指买卖合同反映了市场经济中各种合同的基本属性，即市场交换无非是货币和其他各种形态的财产的交换。所谓核心，是指在市场经济体制中，其他合同大都以买卖合同为中心而发生和存在，如围绕买卖所发生的运输合同、保管合同、借款合同、委托合同、居间合同、行纪合同等。即便是融资租赁合同，当事人也可以约定在具备一定条件时，将租赁物的所有权转移给承租人。

从理论上讲，买卖合同集中了各种合同的核心要素，如当事人双方的权利义务的配置、财产和权利转移的规则、交易风险的负担等。掌握了买卖合同的理论，再加上适当的变通和取舍，就能够比较容易地理解各种合同的基本问题。在一定意义上讲，其他合同都是买卖合同的"变种"。

二、买卖合同的效力

买卖合同的效力是指买卖合同对当事人双方的约束力，表现为双方的权利义务。由于当事人双方的权利义务具有对等的特点，一方的义务就是对方的权利，清楚了一方的义务，也就明白了对方的权利，所以在习惯上，从双方的主要义务展开合同效力的论述。

（一）出卖人的主要义务

1. 按照约定交付标的物。出卖人必须按照合同约定的种类、规格、数量、质量、期限、地点和方式交付标的物。至于是现实交付还是拟制交付，只要符合约定，均无不可。

（1）交付的期限。合同约定交付期限的，出卖人应当在约定的交付期限内交付。出卖人提前交付的，须征得买受人的同意；否则，买受人有权拒绝。合同没有约定交付期限或约定不明确的，可由当事人协议补充；不能达成补充协议的，则按照合同的有关条款或交易习惯确定；仍不能确定的，出卖人可以随时交付，买受人也可以随时提出交付请求，但均应给对方必要的准备时间。

（2）交付的地点。根据《合同法》第141条的规定，出卖人应当按照合同约定的地点交付标的物。合同没有约定交付地点或约定不明确的，可以协议补充；不能达成补充协议的，按照合同的有关条款或交易习惯确定。仍不能确定的，适用下列规定：标的物需要运输的，出卖人应当将标的物交付给第一承运人以运交给买受人。标的物不需要运输，出卖人与买受人订立合同时知道标的物在某一地点的，出卖人应当在该地点交付标的物；不知道标的物在某一地点的，应当在出卖人订立合同时的营业地交付标的物。

（3）交付的质量。出卖人应当按照约定的质量要求交付标的物。当事人对标的物的质量没有约定或约定不明确的，可以协议补充；不能达成补充协议的，按照合同的有关条款或交易习惯确定；仍不能确定的，按照国家标准、行业标准确定；没有国家标准、行业标准的，按照通常标准或符合合同目的的特定标准确定。出卖人提供标的物的样品或者有关标的物的质量说明的，交付的标的物应当符合该样品或说明的质量标准。

（4）交付的数量。出卖人应当按照约定的数量交付标的物。出卖人多交付标的物的，买受人可以接受或者拒绝接受多交的部分。买受人接受多交部分的，应当按照合同的价格支付价款；买受人拒绝接受多交部分的，应当妥善保管并通知出卖人，因保管而支出的必要费用由出卖人承担。

（5）交付的方式。如包装方式，合同对包装方式有约定的，出卖人应按照约定的方式交付标的物。合同没有约定或者约定不明确的，当事人可以协议补充；不能达成补充协议的，按照合同的有关条款或者交易习惯确定；仍不能确定的，应当按照通用的方式包装；没有通用方式的，应当采取足以保护标的物的包装方式。

（6）标的物有从物的，应随主物一并交付。标的物的孳息在原物交付前产生的，归出卖人；在交付后产生的，归买受人。

（7）出卖人在交付标的物时，须将与标的物有关的单证一并交付，如发票、产品合格证、使用说明书等。

2. 标的物质量瑕疵担保义务。标的物质量瑕疵担保，是指出卖人对其所交付的标的物，应担保其符合约定或者法定的质量，不存在有损质量的瑕疵；一旦存在瑕疵，即应按照约定或者法律规定，履行更换、修理等补正义务。

所谓标的物质量瑕疵，是指标的物存在不符合约定或者法定的质量缺陷，分为表面瑕疵和隐蔽瑕疵。

（1）表面瑕疵是存在于标的物表面，从其外观或者按照通常方法能够发现的质量缺陷，也称外观瑕疵、外在瑕疵，如皮鞋鞋帮与鞋底开胶、汽车喷漆剥脱等。

（2）隐蔽瑕疵是存在于标的物内部，经过使用或者专门的技术检测才能发现的质量缺陷，也称内在瑕疵，如手机信号接受能力不符合约定、电脑配置不符合约定等。

对标的物的质量瑕疵，买受人有检验义务和通知义务。所谓检验义务，是指买受人应当在约定的检验期间内检验，未约定检验期的，买受人也应当及时检验。所谓通知义务，是指标的物有瑕疵的，买受人应当在约定的检验期间内通知出卖人并主张权利；未约定检验期间的，在发现或者应当发现质量缺陷的合理期间内应当通知出卖人并主张权利；怠于通知、在合理期间内未通知或者自标的物收到之日起2年内未通知的，视为质量符合约定。但是，有质量保证期的，不适用该2年的规定，适用质量保证期。

出卖人隐瞒瑕疵的，买受人不受上述通知时间的限制。所谓隐瞒瑕疵，是指出卖人知道或者应当知道标的物质量不符合约定而予以交付的行为。

标的物存在质量瑕疵时，买受人可以请求减少价金或解除合同，也可以请求出卖人更换、修理，费用由出卖人承担。标的物为种类物时，买受人可以请求出卖人另行交付无瑕疵的替代物。因质量瑕疵而致买受人或第三人损害的，出卖人应负损害赔偿责任。

出卖人的标的物质量瑕疵担保义务是法定义务，适用无过错责任原则，无须当事人在合同中约定。

3. 按约定转移标的物所有权。标的物为动产的，须按照约定完成交付；标的物为不动产的，须按照约定办理不动产所有权转移登记。否则，构成违约。

不动产买卖关系中，绝不能认为只要办理了标的物所有权转移登记，是否交付标的物无关宏旨。尤其是标的物上有他人权利的情形，必须重视标的物交付的程序。标的物的交付与所有权转移登记都是重要的。

4. 标的物权利瑕疵担保义务。标的物权利瑕疵担保，是指出卖人就其所交付的标的物，除法律另有规定者外，负有保证第三人不得向买受人主张任何权利的义务。

标的物权利瑕疵，是指出卖人对于标的物无处分权、所转让的权利存在未告知的负担，如标的物上存在抵押权、租赁权等。标的物存在权利瑕疵时，买受人可以请求出卖人除去权利负担，并可以依债务不履行的规定，向出卖人主张违约金、实际履行、解除合同、损害赔偿或其他权利。

出卖人的标的物权利瑕疵担保义务应符合下列条件：①权利瑕疵须在标的物交付时已经存在。交付时权利无瑕疵，权利瑕疵担保就没有实际意义。②买受人不知道或者不应当知道标的物权利存在瑕疵。根据《合同法》第151条的规定，买受人订立合同时知道或者应当知道第三人对买卖的标的物享有权利的，出卖人不承担标的物权利瑕疵担保义务。

如果标的物存在权利瑕疵，买受人可以进行权利瑕疵的抗辩。《合同法》第152条规定："买受人有确切证据证明第三人可能就标的物主张权利的，可以中止支付相应的价款，但出卖人提供适当担保的除外。"

（二）买受人的主要义务

1. 支付价金。买受人应依合同关于价金数额、给付期限、地点和方式的约定为给付。

合同对价款没有约定或者约定不明确的，当事人可以协议补充；不能达成补充协议的，按照合同的有关条款或交易习惯确定；仍无法确定的，依据订立合同时履行地的市场价格履行。依法应当执行政府定价或政府指导价的，按照政府定价或政府指导价履行。在合同约定的交付期限内政府价格调整的，依交付时的价格计价。逾期交付标的物的，遇价格上涨时，按原价执行；价格下降时，按新价格执行。逾期提取标的物或者逾期付款的，遇价格上涨时，按新价格执行；价格下降时，按原价格执行。

买受人应当按照约定的地点支付价金，没有约定支付地点或者约定不明确的，当事人可以协议补充；不能达成补充协议的，按照合同的有关条款或交易习惯确定。如仍不能确定，买受人应当在出卖人的营业地支付；但约定的价款以交付标的物或者交付提取标的物单证为条件的，在交付标的物或者交付提取标的物单证的所在地支付。

买受人应当按照约定的时间支付价款，没有约定支付时间或者约定不明确的，当事人可以协议补充；不能达成补充协议的，按照合同的有关条款或交易习惯确定；如仍不能确定，买受人应当在收到标的物或者提取标的物单证时同时支付。

2. 受领标的物。对于出卖人交付的标的物及有关权利凭证，买受人应及时受领，否则将负受领迟延的责任。

3. 标的物检验、瑕疵通知和保管义务。买受人受领标的物后，应在约定或者法定的期限内及时检验标的物。如发现标的物存在应由出卖人负担责任的瑕疵时，应及时通知出卖人并妥善保管标的物。

三、标的物所有权转移的时间

按照《物权法》和《合同法》的有关规定，动产所有权的转移，以交付为一般规则，以当事人的特别约定和法律的特别规定为特殊规则。[1]不动产所有权的转移，以完成所有权转移登记为一般规则，以法律的特别规定为特殊规则。[2]

（一）一般规则

标的物为不动产时，其所有权自办理完转移登记手续时转移到买受人。[3]标的物为动产时，交付时所有权转移到买受人，普通动产如此，船舶、航空器和机动车等特殊动产也是如此。[4]

（二）特殊规则

1. 所有权保留买卖关系中的所有权转移规则。《合同法》第134条规定："当事人可以在买卖合同中约定买受人未履行支付价款或者其他义务的，标的物的所有权属于出卖人。"此为所有权保留买卖的规定。在这种买卖合同中，通常是买受人支付了约定价款时，标的

---

〔1〕《物权法》第23条、《合同法》第133条。

〔2〕《物权法》第9、28～31条。

〔3〕《物权法》第9、16、31条。

〔4〕《物权法》第23、25～27条，《合同法》第140条与《物权法》第25条大致相同。需要强调的是，其中第23条关于船舶、航空器和机动车等特殊动产的买卖，因涉及出卖人和买受人之间的转移登记问题，在解释论上存在"交付时转移所有权、未登记不能对抗善意第三人"和"交付但是未登记的，对善意第三人不能发生所有权转移效果"的不同观点。最高人民法院在《买卖合同司法解释》第10条明确了自己的立场：出卖人就同一船舶、航空器、机动车等特殊动产订立多重买卖合同，在买卖合同均有效的情况下，买受人均要求实际履行合同的，应当按照以下情形分别处理：①先行受领交付的买受人请求出卖人履行办理所有权转移登记手续等合同义务的，人民法院应予支持；……④出卖人将标的物交付给买受人之一，又为其他买受人办理所有权转移登记，已受领交付的买受人请求将标的物所有权登记在自己名下的，人民法院应予支持。

物所有权才转移给买受人。

2. 按照推定交付时间确定所有权转移时间。法律没有具体规定、合同也未明确约定交付时间的，一般将完成下列行为的时间推定为交付时间，并由此适用交付主义：①出卖人送货的，出卖人将标的物运到预定地点，由买受人验收后为交付；②出卖人代办托运或邮寄的，出卖人办理完托运或邮寄手续后即为交付；③买受人自己提货的，出卖人通知的提货时间为交付时间；④买受人在订立买卖合同前已经占有标的物的，买卖合同生效的时间为交付时间。

四、买卖合同标的物的风险负担

买卖合同标的物的风险负担，是指在买卖过程中，标的物因不可归责于当事人的事由毁损、灭失的风险的分配。

此处所谓的风险，是指标的物毁损、灭失的危险。在合同关系中，标的物可能因当事人主观原因之外的现象而毁损、灭失，如自然灾害、社会动乱、标的物自身的物理特性、第三人行为等。在发生导致标的物毁损、灭失的现象之前，毁损灭失是一种风险，一种损失的可能性。一旦这些现象发生，标的物毁损、灭失的风险就成为现实的损失。在合同关系中，标的物风险负担事关由哪一方承担可能的损失直至实际损失的问题，因此，风险负担实际是个责任分配问题。

为合理分配当事人的风险负担责任，各国合同法都有相关的规则，但是规定有所不同。有的国家采用"所有人负担风险"原则，即标的物的风险负担随所有权而定，由所有人负担标的物意外灭失的风险。如《法国民法典》第 1138 条第 2 款规定："自物件应交付之日起，即使尚未实现交付，债权人即成为所有人，并负担物件受损的风险，但如交付人迟延交付，物件受损的风险由交付人负担。"有的国家采用"交付转移风险"原则，即标的物意外灭失的风险随标的物的交付而转移，交付前风险责任由出卖人负担，交付后由买受人承担。如《德国民法典》第 446 条规定，自交付买卖标的物之时起，意外灭失或意外毁损的风险责任转移于买受人。

《合同法》规定了以"交付转移风险"为一般原则、法律另有规定或者当事人另有约定为例外的风险分配规则。

（一）一般规则

《合同法》以"交付转移风险"为一般原则，《合同法》第 142 条规定："标的物毁损、灭失的风险，在标的物交付之前由出卖人承担，交付之后由买受人承担，但法律另有规定或者当事人另有约定的除外。"这一原则的合理之处在于：标的物归谁占有，谁有最大的方便去维护财产的安全，防止风险发生。因此，标的物发生意外毁损、灭失的，由实际占有标的物的出卖人或者买受人承担损失。

依据我国现行法律及相关司法解释的规定，在合同标的物的风险负担方面，不动产和动产适用相同的原则。《最高人民法院关于审理商品房买卖合同纠纷案件适用法律若干问题的解释》第 11 条规定："对房屋的转移占有，视为房屋的交付使用，但当事人另有约定的除外。房屋毁损、灭失的风险，在交付使用前由出卖人承担，交付使用后由买受人承担；买受人接到出卖人的书面交房通知，无正当理由拒绝接收的，房屋毁损、灭失的风险自书面交房通知确定的交付使用之日起由买受人承担，但法律另有规定或者当事人另有约定的除外。"

（二）特殊规则

根据《合同法》第 143～149 条的规定，买卖合同标的物的风险负担在特定情形下的规则是：

1. 因买受人的原因致使标的物不能按照约定的期限交付的，买受人应当自违反约定之日起承担标的物毁损、灭失的风险。

2. 出卖人出卖交由承运人运输在途的标的物，除当事人另有约定的以外，毁损、灭失的风险自合同成立时起由买受人承担。

3. 当事人没有约定交付地点或者约定不明确，标的物需要运输的，出卖人依法将标的物交付给第一承运人后，标的物毁损、灭失的风险由买受人承担。[1]

4. 出卖人按照约定或者法律的规定将标的物置于交付地点，买受人违反约定没有收取的，标的物毁损、灭失的风险自违反约定之日起由买受人承担。

5. 出卖人未按照约定交付有关标的物的单证和资料，但已交付标的物或提取标的物的单证的，仍发生风险负担的转移。即出卖人未履行从合同义务的，不影响风险责任的转移。

6. 因标的物质量不符合质量要求，致使不能实现合同目的，买受人拒绝接受标的物或者解除合同的，标的物毁损、灭失的风险由出卖人承担。

■第二节　特殊买卖合同

一、特殊买卖合同的含义和特点

特殊买卖合同，亦称特种买卖，是指具有特殊要件的买卖合同。

特种买卖虽有其特殊性，但与一般买卖没有本质区别。我国《合同法》规定的特种买卖有分期付款买卖、凭样品买卖、试用买卖、招标投标买卖和拍卖。特殊买卖合同，因其特殊的构成要件，在法律适用上，适用特殊规则。

二、分期付款买卖合同

分期付款买卖合同，是指当事人双方约定，出卖人先行给付标的物于买受人，而买受人分期给付价金的买卖合同。其根本特征是：买受人按照约定在受领标的物后分期分批向出卖人付清总价款。

分期付款买卖，对出卖人而言，有利于促销；对买受人而言，只给付总价金的一部分，即可占有和使用标的物。分期付款买卖一般用于房屋及高档耐用消费品的买卖中。因买受人的价金是分期支付的，影响了出卖人的资金周转，故分期付款的总价金一般略高于一次性付款的价金。

分期付款买卖对出卖人而言，有不能获得全部价金的风险。为此，出卖人可采取下列担保方式以确保其债权：①就所交付标的物设定第一顺序抵押权。即分期付款买卖中，当事人可以约定以标的物作抵押，作为支付价款的担保。②所有权保留。即在分期付款买卖中，当事人可以约定买受人在支付所有价款之前，出卖人得保留标的物的所有权。③保留合同解除权。《合同法》第167条规定："分期付款的买受人未支付到期价款的金额达到全部价款的1/5的，出卖人可以要求买受人支付全部价款或者解除合同。出卖人解除合同的，可以向买受人要求支付该标的物的使用费。"

三、样品买卖合同

样品买卖合同，是指双方当事人约定按照样品的质量交付标的物的买卖合同，又称货

---

[1] 《买卖合同司法解释》第11条规定，《合同法》第141条第2款第1项规定的"标的物需要运输的"，是指标的物由出卖人负责办理托运，承运人系独立于买卖合同当事人之外的运输业者的情形。

样买卖合同。

样品，又称货样，是指从一批商品中抽取出来的或者由生产、使用部门加工、设计出来，用以反映和代表整批商品质量的少量实物。样品可以是卖方提供的"卖方样"，也可以是买方提供的"买方样"，还可以是由买方提供，卖方据此复制加工出一个类似样品并由买方确认的"回样"，即"确认样"。

样品买卖中，当事人应当封存样品以备日后对照，并且可以对样品质量予以说明。卖方交付的标的物应与样品及其所说明的品质相一致。如果样品买卖中的买方不知道样品存在隐蔽瑕疵，即使交付的标的物与样品相同，卖方交付的标的物的质量仍然应当符合同类物的通常标准。

四、试用买卖合同

试用买卖合同，是指当事人双方约定，出卖人将标的物交付买受人试用，以买受人在约定期限内对所试用标的物的认可作为生效条件的买卖合同。

试用买卖合同作为一种特殊买卖，与一般的买卖合同相比，具有以下特点：①买受人有试用或试验标的物的权利；②以买受人对标的物的认可为合同生效要件。试用买卖合同经当事人双方合意而成立，但达成合意时合同并未生效，试用人在试用后对标的物予以认可，是合同的生效条件。因而，试用买卖合同是一种附停止条件的买卖合同。

试用买卖合同的效力取决于买受人对标的物是否认可。《合同法》第 170 条规定，试用买卖的当事人可以约定标的物的试用期间。对试用期间没有约定或者约定不明确的，可以协议补充；不能达成补充协议的，按照合同的有关条款或者交易习惯确定；仍不能确定的，由出卖人确定。

《合同法》第 171 条规定："试用买卖的买受人在试用期内可以购买标的物，也可以拒绝购买。试用期间届满，买受人对是否购买标的物未作表示的，视为购买。"试用人全部或部分支付价款，也视为认可购买；试用人作出除试验、检验以外的行为，如将该标的物转让或者转租的，虽未作出明确认可的意思表示，也视为同意购买。

试用买卖合同成立后、生效前，标的物的交付不产生标的物所有权的转移。在试用期间，试用人不认可标的物的，负担返还原物的义务。试用过程中，因可归责于试用人的原因造成标的物毁损、灭失的，试用人应当承担赔偿责任；由于不可归责于出卖人和试用人的事由而导致标的物毁损、灭失的，当事人如果没有特别的约定，由标的物所有权人负担损失；因标的物的瑕疵造成试用人人身或者其他财产损害的，除因可归责于试用人的原因以外，出卖人应当承担赔偿责任。

五、招标投标买卖合同

招标投标买卖合同，是指通过招标、投标和定标的竞争程序订立的买卖合同。

通过招标、投标和定标订立合同，属于合同订立的特殊形式，本书合同法总论部分已有讲解，在此不赘述。然而以招标投标方式订立的买卖合同，因其特殊性，一般也认为是特殊买卖合同。《合同法》第 172 条规定："招标投标买卖的当事人的权利和义务以及招标投标程序等，依照有关法律、行政法规的规定。"

判研此类合同，应当首先适用《招标投标法》和相关行政法规。实务中，国务院有关部门颁行的规定，虽然不能直接作为裁判的规范依据，但是对合同效力的判研，有相当的作用。

六、拍卖合同

拍卖合同是指以公开竞价的方式，在众多的竞买人中选定最高报价者并与其订立的合同。关于拍卖合同的订立，本书合同法总论部分已有所讲解，在此不赘述。

拍卖合同当事人的权利义务，主要是委托人与拍卖人之间、拍卖人与竞买人之间、拍卖人与买受人之间的权利义务。《合同法》第173条规定："拍卖的当事人的权利和义务以及拍卖程序等，依照有关法律、行政法规的规定。"此处所谓有关法律，是《拍卖法》，具体内容见该法第三、四章，此处不作详述。

■第三节 互易合同

一、互易合同的概念和特征

互易合同，是指当事人双方约定易货交易，互为转移标的物所有权的合同。双方当事人均称为互易人。

互易合同是商品交换的古老形式，在货币产生后，互易合同的重要性下降，但在现今社会里互易合同仍有其存在的价值。所以，各国立法一般都给互易合同留有一席之地。我国《合同法》第175条规定："当事人约定易货交易，转移标的物的所有权的，参照买卖合同的有关规定。"

互易合同具有下列法律特征：①是以物易物的实物直接交换合同，无须支付价金；②是双务、有偿合同，合同当事人双方都须直接向对方转移标的物所有权，互负义务；③是诺成合同，互易合同自双方当事人达成互易协议时起即告成立；④一般为不要式合同，但不动产互易应以书面方式为之，且应办理登记手续。

二、标的物所有权的转移

互易合同的当事人有相互交付标的物并转移标的物所有权于对方的义务。除法律另有规定或当事人另有约定外，在互易人同时交换标的物时，双方标的物所有权自标的物交付时起转移；在一方先于他方受领标的物时，标的物所有权的移转应以相对方也受领标的物的时间为准。

■第四节 供用电、水、气、热力合同

一、供用电、水、气、热力合同的概念和特征

（一）概念

供用电、水、气、热力合同，是指一方提供电、水、气、热力供另一方使用，另一方支付报酬的买卖合同。

提供电、水、气、热力的一方是供方，使用电、水、气、热力的一方是用方。

供用电、水、气、热力合同包括四种合同，即供用电合同、供用水合同、供用气合同、供用热力合同。由于这四种合同有许多共同特点，《合同法》把它们安排在同一章内，以供用电合同为主作了规定，并规定供用水、气、热力的合同，参照供用电合同的有关规定。

（二）特征

从法律性质上看，供用电、水、气、热力合同属于特殊的买卖合同。与一般买卖合同相比，其具有以下特征：

1. 主体的特殊性。供方是依法取得供电、供水、供气、供热力营业资格的企业，其他任何单位和个人都不得作为供方；用方是社会公众和企业、机关、社会团体和事业单位。

2. 公益性。供用电、水、气、热力合同的目的主要是满足用方的需要，满足社会生产、

生活对电力、水、气和热力的需要。国家对于这类合同的收费标准有一定的限制，供方不得随意提高收费标准。

3. 连续性。在供用电、水、气、热力合同中，合同不因一次给付而终止，而是连续提供和使用。因此，这些合同也叫连续供给的买卖合同。

4. 合同形式的特殊性。这类合同的订立都采用标准合同。一方面可以提高效率，另一方面也便于国家管理，以保证该类合同的公益性。

二、供用电、水、气、热力合同的效力

供用电、水、气、热力合同属于连续供给的买卖合同，合同都采用标准合同，因此，双方当事人应按照国家的有关规定和约定享有权利、承担义务。下面以供电合同为例，说明供方与用方的义务。供用水合同、供用气合同、供用热力合同当事人的义务，则参照供用电合同的有关规定。

（一）供方的义务

1. 安全供应的义务。供电人应当按照国家规定的供电质量标准和约定安全供电。供电人未按照国家规定的供电质量标准和约定安全供电，造成用电人损失的，应当承担损害赔偿责任。

2. 中断供电的通知义务。供电人因供电设施计划检修、临时检修、依法限电或者用电人违法用电等原因，需要中断供电时，应当按照国家有关规定事先通知用电人。未事先通知用电人中断供电，造成用电人损失的，应当承担损害赔偿责任。

3. 断电时的及时抢修义务。因自然灾害等原因断电，供电人应当按照国家有关规定及时抢修。未及时抢修，造成用电人损失的，应当承担损害赔偿责任。

（二）用方的义务

1. 交付电费的义务。用电人应当按照国家有关规定和当事人的约定及时交付电费。用电人逾期不交付电费的，应当按照约定支付违约金。经催告，用电人在合理期限内仍不交付电费和违约金的，供电人可以按照国家规定的程序中止供电。现在，有些城市已经采用了"用电卡"的方式，用方先购买一定度数的电量，在供方预先给自己安装的电表上"插卡输入"所购买的电量，才能用电。这种方式，改变了过去先用电后交电费的情况。一些城市的天然气、热力等的供用，也采用"气卡"、分户供气等方式。

2. 安全用电的义务。用电人应当按照国家有关规定和当事人的约定安全用电。用电人未按照国家有关规定和当事人的约定安全用电，造成供电人损失的，应当承担损害赔偿责任。

■第五节　赠与合同

一、赠与合同的概念与特征

赠与合同是赠与人将自己的财产无偿给予受赠人，受赠人表示接受赠与的合同。在赠与合同中，赠与人是将自己的财产无偿转让给他方所有的当事人；表示接受财产的一方当事人，称为受赠人；当事人所转让的财产，称为赠与物。

赠与合同具有下列法律特征：

1. 赠与合同是双方法律行为。赠与合同必须在双方当事人意思表示达成一致时才能成立。一方有赠与的意思表示而另一方无接受赠与的意思表示，或者一方有接受赠与的意思表示而另一方无赠与的意思表示的，赠与合同均不成立。正是这一特征，使赠与合同区别于遗赠。

2. 赠与合同以转移赠与物的所有权于受赠人为目的。赠与是对财产归属的一种处分行为，其目的是将赠与物的所有权从赠与人处转移至受赠人处。赠与合同的成立，将导致赠与物所有权的转移。

3. 赠与合同是单务合同。在赠与合同中，赠与人负有转移赠与物的所有权给受赠人的义务，而受赠人则仅享有接受赠与物的权利，并不承担对价性义务。

4. 赠与合同是无偿合同。在赠与合同中，赠与人将赠与物的所有权转移给受赠人是没有对价性给付条件的，受赠人取得赠与物的所有权无须支付对价。

5. 赠与合同是诺成性合同。《合同法》第185条把赠与合同规定为诺成合同，与传统观点把赠与合同定位于实践合同不同。按照《合同法》，赠与合同当事人意思表示一致，不需将赠与财产实际交付受赠人，合同即告成立。

二、赠与合同的类型

依据不同的标准，可以将赠与合同分为不同的种类。常见的分类有以下几种：

（一）一般赠与和特殊赠与

根据赠与合同有无特殊情形，赠与合同分为一般赠与和特殊赠与。一般赠与又称单纯赠与，是指不具有特殊情形，权利义务没有特别规定的赠与合同；特殊赠与则是指具有特殊情形，权利义务具有特别规定的赠与合同。特殊赠与在实践中有以下几类：

1. 附义务赠与，亦称附负担赠与，是指赠与人在赠与时使受赠人对于赠与人或者第三人负担一定义务的赠与。赠与所附义务必须合法，不得违背法律规定或公序良俗，否则，赠与合同无效。

2. 混合赠与，是指受赠人负有一定对待给付义务的赠与。如当事人以明显低价转让某财产，转让时明确表示其赠与的意思，这样的转让财产行为是同时具有两种性质的法律行为：一是有偿转让行为；二是赠与行为。所以学者称之为混合赠与。关于混合赠与的性质，有分离说和单一说之分：分离说认为，混合赠与实际上是两个法律行为，有偿转让行为适用有偿合同的规定，赠与行为适用赠与的规定；单一说认为，混合赠与是一个独立的合同，而不是两个不同的合同。

3. 捐赠，又称捐助，是指为了公益事业、公共目的或其他特定目的而无偿给予他人财产的行为，如向灾民捐赠衣物，向希望工程捐款等。根据受赠对象和捐赠目的的不同，可将捐赠分为不附加任何条件的捐赠、附加特定条件的捐赠、为特定目的的捐赠。

区分一般赠与和特殊赠与的意义在于：二者在法律适用的规则上有所不同，一般赠与适用赠与的一般规定，特殊赠与应当适用有关的特别规定。

（二）现实赠与和非现实赠与

根据赠与合同的成立时间与履行时间的不同，可将赠与合同分为现实赠与和非现实赠与。现实赠与亦称即时赠与，是指在合同成立之时赠与人即将赠与的标的物交付给受赠人的赠与。非现实赠与，是指合同成立后，赠与人按照合同的约定将标的物交付给受赠人的赠与。

区分现实赠与和非现实赠与的法律意义在于：现实赠与于合同成立时，赠与人即交付标的物，合同成立与交付标的物同时进行；非现实赠与，并不要求合同成立时即交付标的物。

（三）履行道德义务的赠与和非履行道德义务的赠与

以赠与人赠与的目的是否以履行道德上的义务为标准，可将赠与分为履行道德义务的赠与和非履行道德义务的赠与。履行道德义务的赠与，是指赠与人为履行道德义务而为的赠与，如为救灾目的而实施的赠与；非履行道德义务的赠与，是指赠与人不以履行道德义务为目的的赠与。

区分履行道德义务的赠与和非履行道德义务的赠与的意义在于：履行道德义务的赠与对赠与人的约束力较强，赠与人不得任意撤销；而对于非履行道德义务的赠与，除非赠与合同经过公证，赠与人在赠与财产的权利转移之前，可以任意撤销。

三、赠与合同的效力

赠与合同为单务合同，故赠与合同的效力主要表现为赠与人的义务及其免除。

（一）赠与人的义务

1. 交付赠与物并转移财产权利的义务。赠与合同是诺成性合同，合同生效后，按照约定交付赠与物是赠与人的主要义务。赠与人应当按照约定的时间、地点、方式等，将赠与物交付受赠人，同时，还应将赠与物的所有权转移给受赠人。但是，赠与人的经济状况显著恶化，严重影响其生产经营或者家庭生活的，可以不再履行赠与义务。[1]

2. 特殊情形中赠与物的瑕疵担保责任。赠与合同为无偿合同，原则上赠与人对赠与物的瑕疵不承担责任，但是，在下列两种特殊情形，赠与人负有责任：①附义务赠与中，赠与物有瑕疵的，赠与人在附义务的限度内承担与出卖人相同的责任；②赠与人故意不告知瑕疵或者保证无瑕疵，造成受赠人损失的，应当承担损害赔偿责任。

3. 损害赠与物的赔偿义务。《合同法》第189条规定，因赠与人故意或者重大过失致使赠与的财产毁损、灭失的，赠与人应当承担损害赔偿责任。该规定的意旨在于设置赠与人对赠与物的善良管理义务，防止因赠与人的故意或者重大过失损害受赠人的合同利益，而一旦发生此种损害，则将损失分配给故意或者重大过失者。

（二）履行赠与义务的免除

赠与合同虽为诺成合同，但是因其为无偿合同，在特殊情形下，如果拘泥于合同效力，难免使当事人利益分配失却公平。因此，《合同法》第195条规定，赠与人的经济状况显著恶化，严重影响其生产经营或者家庭生活的，可以不再履行赠与义务。

赠与人依该条请求免除履行义务的，负有举证义务，证明自己经济状况显著恶化。导致经济状况恶化的原因并不重要，关键是要有经济状况恶化、严重影响其生产经营或者家庭生活的事实。

四、赠与合同的撤销

赠与合同的撤销，是指在赠与合同生效后，因发生法定的撤销事由，赠与人或其他撤销权人撤销该赠与合同的行为。

赠与合同的撤销分为任意撤销和法定撤销。前者是指赠与人基于其独立意志而撤销赠与合同的情况；后者则是指赠与人基于法律规定而撤销赠与合同的情况。赠与合同一经撤销，赠与关系即自始归于消灭。尚未交付的赠与物无须再交付；已经交付的赠与财产应当返还给赠与人，撤销权人可以向受赠人要求返还赠与财产。

（一）任意撤销

任意撤销赠与合同应具备下列两个条件：

1. 须在赠与合同生效之后、赠与财产的权利转移之前，作出撤销的意思表示。

---

[1] 《合同法》第195条。

2. 须所撤销的赠与合同不在法律禁止撤销之列。《合同法》第 186 条规定："赠与人在赠与财产的权利转移之前可以撤销赠与。具有救灾、扶贫等社会公益、道德义务性质的赠与合同或者经过公证的赠与合同，不适用前款规定。"据此，具有救灾、扶贫等社会公益、道德义务性质的赠与合同或者经过公证的赠与合同，不允许赠与人任意撤销。

（二）法定撤销

当法定事由发生时，赠与人或者其他撤销权人得行使撤销权撤销赠与合同。法定撤销分为赠与人的撤销和其他撤销权人的撤销。

1. 赠与人撤销的法定事由。①受赠人严重侵害赠与人或者赠与人的近亲属；②受赠人对赠与人有扶养义务而不履行；③受赠人不履行赠与合同约定的义务。

赠与人撤销权的除斥期间为 1 年，自知道或者应当知道撤销原因之日起计算。

2. 其他撤销权人撤销的法定事由。因受赠人的违法行为致使赠与人死亡或者丧失民事行为能力的，赠与人的继承人或者法定代理人可以撤销赠与。

赠与人的继承人或者法定代理人的撤销权的除斥期间为 6 个月，自知道或者应当知道撤销原因之日起计算。

移转标的物用益权的合同

■第一节 租赁合同

一、租赁合同的概念与特征

租赁合同是出租人将租赁物交付承租人使用、收益，承租人支付租金的合同。在租赁合同中，租赁物是特定物，出租人是交付租赁物供对方使用、收益而收取租金的人，根据合同对租赁物使用、收益的人是承租人。

租赁合同的法律特征是：

1. 租赁合同是标的物的使用权、收益权与租金交易的合同。出租人保留租赁物的所有权，承租人对租赁物享有占有、使用和收益的权利，但没有取得租赁物所有权的权利。

2. 租赁合同是双务、有偿、诺成合同。出租人负有交付租赁物于他方占有、使用、收益的义务，承租人有支付租金的义务，彼此的义务互为对价关系，故租赁合同为双务、有偿合同；租赁合同于当事人意思表示一致时即告成立，无须交付标的物，故其为诺成合同。

3. 租赁物为特定的非消耗物。租赁合同并不移转标的物的所有权，租期届满，承租人须返还租赁物，只有特定的非消耗物才能实现这一点。

4. 租赁权有一定的物权的功能。承租人的租赁权可以对抗他人。例如，在租赁合同有效期内，出租人将租赁物再租给第三人的行为对承租人无效。又如，在租赁关系存续期间，出租人出卖租赁物于第三人，租赁合同不受影响，对买受人继续有效，此即所谓"买卖不破租赁"，买受人作为新的所有权人，须尊重承租人的租赁权，仅发生其取代原出租人地位而成为出租人的结果。

5. 租赁期限在6个月以上的租赁合同为要式合同。《合同法》第215条规定："租赁期限6个月以上的，应当采用书面形式。当事人未采用书面形式的，视为不定期租赁。"

二、租赁合同的效力

（一）出租人的主要义务

1. 交付租赁物。出租人应依照合同约定的时间、方式交付租赁物。

2. 保持租赁物符合约定的使用、收益状态。此义务又称租赁物瑕疵担保义务。租赁合同是继续性合同，在其存续期间，出租人有保持租赁物质量的法定或约定的义务。如租赁物发生质量降低而害及承租人使用收益，出租人应予以维护修缮，恢复原状。当租赁物存在质量瑕疵或权利瑕疵使承租人不能依约使用、收益时，承租人得解除或终止租赁合同。承租人因此受损失的，出租人应负赔偿责任，但承租人于订约时明知存在瑕疵的除外。

3. 返还担保物。承租人于订约时交付了押金或其他担保物的，合同终止时，出租人应予返还。

（二）承租人的主要义务

1. 按照约定支付租金。此乃承租人的主要义务。租金是承租人对租赁物使用和收益的对价，承租人应依约定的租金标准、给付时间和方式交付。

2. 依照约定善意使用、收益和保管租赁物。承租人应按约定的方法或依租赁物的性质所确定的方法对租赁物使用和收益，善意保管租赁物。承租人因过失致租赁物毁损、灭失的，应负违约责任。

3. 通知义务。租赁关系存续期间，租赁物有修理、防止危害的必要，或第三人就租赁物主张权利，或出现其他应当通知的情况时，承租人应及时通知出租人。因承租人怠于通知，致出租人不能及时救济而受损害的，承租人应负赔偿责任。

4. 返还租赁物。租赁合同终止时，承租人应返还租赁物于出租人。否则，构成违约。

5. 不得擅自转租。承租人转租，须经出租人同意。非经出租人同意，承租人不得将租赁物转租，否则，出租人可终止合同。承租人经出租人同意将租赁物转租于他人的，承租人与原出租人的租赁关系继续存在。因为次承租人的过错造成租赁物毁损的，由承租人对原出租人负赔偿责任。

三、租赁合同的变更和终止

（一）租赁合同的变更

租赁合同的变更包括租赁合同主体的变更和租赁合同内容的变更两种情形。

1. 租赁合同主体的变更。

（1）出租人的变更。出租人的变更，是指在租赁期间，原出租人退出租赁关系而由第三人取代出租人的地位的情形。

出租人的变更有两种情形：①出租人死亡或作为出租人的法人变更，由出租人的继承人、变更后的法人或其他组织取得出租人的地位。②出租人转让租赁物，由第三人取得出租人的地位。

出租人变更后，第三人享有原出租人的权利，承担原出租人的义务。承租人的权利义务不受影响。对此，《合同法》第229条规定，租赁物在租赁期间发生所有权变动的，不影响租赁合同的效力。

（2）承租人的变更。承租人的变更，是指在租赁期间，承租人退出租赁关系而由第三人取得承租人的地位的情形。

承租人的变更有三种情形：①承租人死亡或作为承租人的组织发生变更。一般认为，租赁权是承租人的专属权利，不能继承，承租人死亡后，租赁合同应终止。但是房屋租赁有所例外，《合同法》第234条规定，承租人在房屋租赁期间死亡的，与其生前共同居住的人可以按照原租赁合同租赁该房屋。显然，承租人的继承人与承租人共同居住的，能够按照原租赁合同租赁该房屋。②租赁权转让。租赁权转让，是指承租人将其权利义务概括转让给第三人。其实质是租赁合同债权债务的概括移转，适用债的概括转移的规则。③转租。转租，是指承租人在不脱离原租赁关系的情况下，将租赁物出租给第三人的情形。转租中的第三人叫"次承租人"。转租不同于租赁权的转让，在租赁权的转让中，承租人退出原租赁关系；而转租中，承租人并未退出原租赁关系，只是在承租人和次承租人之间又形成一个租赁关系。转租须经出租人的同意。按照《合同法》第224条的规定，承租人经出租人同意，可以将租赁物转租给第三人。承租人转租的，承租人与出租人之间的租赁合同继续有效，第三人对租赁物造成损失的，承租人应当赔偿损失。承租人未经出租人同意转租的，出租人可以解除合同。

2. 租赁合同内容的变更。租赁合同内容的变更，是指在租赁期间，当事人就租赁合同的内容加以修改或补充。租赁合同内容的变更一般由出租人和承租人协商确定，也可以依据法律规定，直接请求人民法院、仲裁机构予以变更。例如，《合同法》第 231 条规定："因不可归责于承租人的事由，致使租赁物部分或者全部毁损、灭失的，承租人可以要求减少租金或者不支付租金；因租赁物部分或者全部毁损、灭失，致使不能实现合同目的的，承租人可以解除合同。"

（二）租赁合同的终止

依据《合同法》的规定，租赁合同终止的原因主要有以下几种：

1. 租赁期限届满。租赁合同订有期限的，在期限届满时租赁合同终止。租赁期限不得超过 20 年，超过 20 年的，超过部分无效。但我国《合同法》第 236 条规定："租赁期间届满，承租人继续使用租赁物，出租人没有提出异议的，原租赁合同继续有效，但租赁期限为不定期。"

2. 租赁合同被解除。租赁合同期限未满，当事人可以协商解除，或者按照约定或法定的解除事由解除。法定解除事由有以下几种：

（1）承租人未按约定的方法或租赁物的性质使用租赁物，致使租赁物受到损失的。[1]

（2）承租人未经出租人同意转租的。[2]

（3）承租人无正当理由未支付或者迟延支付租金，在出租人给予的合理期限内仍然不支付的。[3]

（4）因不可归责于承租人的事由而使租赁物部分或者全部毁损、灭失，致使不能实现租赁合同目的的。[4]

（5）不定期租赁合同，当事人可以随时解除。但出租人解除合同应当在合理期限之前通知承租人。[5]

（6）租赁物危及承租人的安全或者健康，即使承租人订立合同时明知该租赁物质量不合格，承租人仍然可以随时解除合同。[6]

租赁合同终止的后果是：①租赁合同终止不具有溯及力，即双方对已经履行的部分不负有相互返还的义务；②租赁关系终止后，除租赁物全部灭失而无法返还外，承租人应将租赁物返还给出租人；③租赁关系终止时租赁期限未满的，出租人预收租金的，应将多收的未到期租金和利息返还给承租人。

■第二节　房屋租赁合同

一、房屋租赁合同的概念和特征

房屋租赁合同，是指房屋所有人或者其授权的人将其房屋出租给承租人占有、使用，由承租人支付租金的合同。

在我国，房屋租赁分为公房租赁和私房租赁，两种租赁在出租人、租赁合同的内容、法律适用等方面有一定差别。

---

〔1〕《合同法》第 219 条。
〔2〕《合同法》第 224 条第 2 款。
〔3〕《合同法》第 227 条。
〔4〕《合同法》第 231 条。
〔5〕《合同法》第 232 条。
〔6〕《合同法》第 233 条。

房屋租赁合同除具有租赁合同的一般特征外，其主要特征是标的物是房屋。

二、房屋租赁合同的特殊效力

房屋租赁合同除具有租赁合同的一般效力外，还有以下特殊效力：

1. 房屋承租人的优先购买权。房屋承租人的优先购买权，是指在房屋租赁合同存续期间，出租人出卖租赁房屋时，承租人在同等条件下，享有优先于其他人而购买房屋的权利。

《合同法》第 230 条规定了承租人的优先购买权。据此，房屋承租人的优先购买权是一种法定的优先权。承租人的优先购买权只能属于房屋承租人，是专属权，承租人不得将该项权利转让给他人。

房屋承租人行使同等条件下的优先购买权，应具备以下条件：

（1）出租人在承租人承租期间转让房屋。这是承租人行使该优先购买权的前提和基础。

（2）承租人须在同等条件下才得行使优先购买权。对"同等条件"有三种学说：①绝对同等说，认为承租人认购的条件应与其他买受人的条件绝对相同或完全一致；②相对同等说，认为承租人认购的条件与其他买受人的条件大致相等；③价格同一说，认为同等条件主要是价格的同一，价格上大致相等。[1]本书认为，所谓同等条件，首先是与出租人同其他人协商的条件或者可供参照的市场条件同等；其次，价格固然应当同等，价款的支付条件包括支付时间、支付方式等也应当相同。一次性付清和分期分批付款，对出租人有实质性不同。

（3）承租人应在出租人履行通知义务后的 15 日内行使优先购买权。《合同法》没有规定承租人行使优先购买权的期限，《最高人民法院关于审理城镇房屋租赁合同纠纷案件具体应用法律若干问题的解释》（以下简称《房屋租赁合同司法解释》）第 24 条规定，出租人履行通知义务后，承租人在 15 日内未明确表示购买的，人民法院不支持其优先购买权的主张。这一规定明确了承租人优先购买权的行使期限。

2. 出租人出卖出租房屋的，有在合理期限内通知承租人的义务。该项义务含两个方面：

（1）通知的时间要合理。《合同法》第 230 条原则性地规定了"应当在出卖之前的合理期限内通知承租人"，没有规定具体的时间范围，《房屋租赁合同司法解释》中也没有给出明确的解释，然而，该司法解释第 23 条规定，出租人委托拍卖人拍卖租赁房屋，应当在拍卖 5 日前通知承租人，该期限虽然只适用于房屋拍卖的情况，但其中的"5 日前"可以看作一个底线性的规定，[2]应该能够消除《合同法》规定不具体造成的疑义。

（2）应当通知出卖的条件，包括价格、交付房屋的时间、付款的时间与方式等。出租人违反通知义务，未在合理期限内通知承租人或者存在其他侵害承租人优先购买权的情形，承租人请求出租人承担赔偿责任的，人民法院应予支持。但请求确认出租人与第三人签订的房屋买卖合同无效的，人民法院不予支持。[3]

3. 承租人共同居住人的继续租赁权。《合同法》第 234 条规定："承租人在房屋租赁期间死亡的，与其生前共同居住的人可以按照原租赁合同租赁该房屋。"与承租人生前共同居

〔1〕 陈小君主编：《合同法学》，高等教育出版社 2003 年版，第 323～324 页。

〔2〕 最高人民法院曾经在《民通意见》第 118 条中规定，出租人出卖出租房屋的，应提前 3 个月通知承租人，然而，随着房屋市场的变革，提前 3 个月通知对租人、承租人、第三人等来说仍有较大的潜在商业风险，2008年 12 月 8 日最高人民法院《关于废止 2007 年底以前发布的有关司法解释（第七批）的决定》废止了该第 118 条。同时废止的还有《民通意见》第 88、94、115、117、177 条。

〔3〕 《房屋租赁合同司法解释》第 21 条。

住的人按照原租赁合同租赁房屋的，应当与出租人办理续租手续，变更承租人。

4. 出租人对房屋及其设备，应当及时、认真地检查、修缮，保障住房安全。

5. 承租人擅自将承租的房屋转租、转让或转借；利用承租的房屋进行非法活动，损害公共利益的；或者累计 6 个月不交租金的，出租人有权解除租赁合同。

6. 承租人需要与第三人互换住房的，应当事先征得出租人的同意；出租人应当支持承租人的合理要求。换房后，原租赁合同即行终止，新承租人与出租人应当另行签订租赁合同。

7. 房屋租赁合同终止后，承租人应当将房屋返还给出租人。如果承租人到期确实无法找到房屋，出租人应当酌情延长租赁期限。

■第三节　融资租赁合同

一、融资租赁合同的概念和特征

融资租赁合同，是指出租人根据承租人对出卖人、租赁物的选择，向出卖人购买租赁物，并提供给承租人使用，承租人支付租金的合同。

与一般租赁合同相比，融资租赁合同具有下列特征：

1. 涉及两个合同、三方当事人。融资租赁合同中的当事人包括：出租人、承租人、出卖人。所涉及的两个合同为：出租人和承租人之间的租赁合同，出租人与出卖人之间的买卖合同。

在融资租赁合同关系中，首先是承租人与出租人协商，由承租人确定供货商（出卖人）和所购租赁物的条件；然后，出租人按承租人的要求，以自己的名义出资与出卖人订立买卖合同；最后，出租人将所购租赁物出租给承租人使用，承租人按约定向出租人支付租金。

2. 具有融资、融物双重功能。融资租赁合同的目的在于通过融物（以出租作为媒介）来达到融资的目的。出租人不仅向承租人提供租赁物，更重要的是，承租人在无力一次性购买租赁物时，为了取得对租赁物的使用、收益，得以分期支付的租金为对价，获得出租人按其要求出资购买的租赁物，以满足其生产、生活的需要。

3. 出租人是经批准从事融资租赁业务的企业法人。只有经国家金融管理部门批准许可经营的公司，才有资格从事融资租赁业务，同承租人订立融资租赁合同。

4. 标的物一般由出租人按照承租人的要求购买。承租人的要求，表现为对出卖人的选择和对租赁物的选择。标的物一般是设备、交通运输工具等价值较高的动产。

5. 融资租赁合同为诺成、要式、双务、有偿合同。融资租赁合同只需当事人达成合意，无须标的物的交付即可成立。《合同法》第 238 条第 2 款规定："融资租赁合同应当采用书面形式。"第 248 条规定："承租人应当按照约定支付租金……"

二、融资租赁合同的沿革和制度价值

与一般租赁相比，融资租赁是适应近代社会经济生活的需要而产生的新的租赁方式，是第二次世界大战后发展起来的集金融、贸易和租赁于一体的新型信贷方式。融资租赁最早出现在美国。第二次世界大战后，美国企业界急需巨额的资金发展经济。为适应企业界的需求，美国创立了以租赁动产为业务的租赁公司。与其他信贷方式相比，融资租赁具有颇多优势，因而在美国得到了急速发展，并于 20 世纪 60 年代传入了德国和日本，成为风靡世界的融资方式。[1]

---

[1] 梁慧星：《民法学说判例与立法研究》，中国政法大学出版社 1993 年版，第 180 页；曾隆兴：《现代非典型契约论》，三民书局 1998 年版，第 93 页。

融资租赁这种方式之所以受到当事人各方的青睐，其价值就在于：①对承租人而言，无须支付巨额资金，即可获得长期使用租赁物的权利，并可从租赁物的使用收益中分期支付租金，以此方式解决生产所需；②对出租人而言，则可利用手中的资金向承租人提供信贷，利用融资租赁合同这种特殊的投资方式实现其金融活动，从中获得丰厚的利润，而且无须承担租赁物的维修、保管义务以及瑕疵担保责任和租赁物毁损、灭失的风险。

三、融资租赁合同的特殊效力

融资租赁合同除具有租赁合同的一般效力外，还有如下特殊效力：

（一）出租人的主要义务

1. 按照承租人的要求购买租赁物。在融资租赁合同中，购买租赁物是出租人的一项基本义务。购买租赁物时，出租人虽然是以自己的名义与出卖人签订买卖合同，但出租人不能自己选定出卖人和租赁物，必须根据承租人对出卖人、租赁物的选择订立合同，未经承租人同意，出租人不得变更与承租人有关的合同内容。出租人擅自变更与承租人有关的买卖合同内容的，构成对融资租赁合同的违反，应向承租人承担违约责任，承租人有权拒收标的物，解除合同，并要求出租人赔偿损失。

2. 交付租赁物。在融资租赁合同中，承租人的目的在于取得对租赁物的使用收益，因此，出租人在购得租赁物后，应将租赁物交付给承租人占有使用。租赁物的交付并不要求出租人亲自交付，而由出卖人代替出租人交付租赁物。出卖人没有交付或者迟延交付标的物给承租人的，出租人应当承担违约责任。因出租人的过错致使租赁物不能交付或者迟延交付的，承租人有权请求出租人采取补救措施；出租人未采取补救措施的，承租人有权解除合同，并请求损害赔偿。

3. 向出卖人支付价款。出租人支付价款，不仅是对出卖人的义务，也是对承租人的义务。出租人未按照约定向出卖人支付价款，致使承租人不能使用租赁物的，应当向承租人承担违约责任。承租人可以解除合同，或者请求减少租金，或者相应地延长租期。

4. 协助索赔义务。一般情况下，出卖人不履行买卖合同，应由出租人行使索赔权，这是合同相对性的要求。但依据《合同法》第 240 条的规定，出租人、出卖人、承租人三方当事人可以约定索赔权利让与条款，即约定在出卖人不履行买卖合同义务时，可由承租人行使索赔的权利。承租人行使索赔权利的，出租人应当协助。

5. 一定条件下的瑕疵担保义务。在融资租赁合同中，由于出租人是按照承租人的要求购买租赁物，因此，对租赁物一般不负瑕疵担保责任。但依据《合同法》第 244 条的规定，承租人依赖出租人的技能确定租赁物或者出租人干预选择租赁物的，出租人应承担瑕疵担保义务。

（二）承租人的主要义务

1. 接受和验收出卖人交付的标的物。出租人虽然是买卖合同的当事人，但出卖人不直接向出租人交付租赁物，而是直接向承租人交付。因此，承租人负有按照约定接受出卖人交付的标的物，并及时验收的义务，验收完毕后，应将收到标的物的结果通知出租人；若发现租赁物不符合约定，应及时向出卖人提出异议。

2. 按照约定支付租金。承租人按照约定支付租金是其基本义务。《合同法》第 243 条规定，融资租赁合同的租金，除当事人另有约定的以外，应当根据购买租赁物的大部分或者全部成本以及出租人的合理利润确定。

3. 对租赁物的妥善保管、使用和维修的义务。承租人不仅应当妥善保管、使用租赁物，并且负有维修义务。承租人不得擅自转租、抵押租赁物，亦不得出卖租赁物。承租人未尽妥善的保管、使用和维修义务，致使租赁物毁损、灭失的，应当恢复原状；无法恢复原状的，应当赔偿损失。

4. 返还租赁物。当事人对租赁物的归属没有约定，或者约定不明确的，可以协议补充；未能达成补充协议的，依据合同的有关条款和交易习惯确定；仍不能确定归属的，租赁物的所有权归出租人。在此情形下，融资租赁合同终止后，承租人应当将租赁物返还给出租人。

（三）出卖人的主要义务

1. 向承租人交付租赁物。出租人根据承租人对出卖人和租赁物的选择而订立买卖合同，是买卖合同的当事人。但是，承租人、出租人、出卖人三方可以约定，出卖人不直接向出租人而是向承租人交付标的物。出卖人未按照约定向承租人交付标的物的，应负违约责任，承租人可以要求出卖人继续履行交付义务，也可以解除合同并要求赔偿损失。

2. 租赁物的瑕疵担保义务。出租人是根据承租人对出卖人和租赁物的选择而订立买卖合同，故出租人一般不负瑕疵担保义务，而由出卖人向承租人承担瑕疵担保义务。出卖人交付的标的物不符合约定的，承租人得向出卖人请求瑕疵担保责任。

四、融资租赁合同的终止

（一）融资租赁合同终止的原因

1. 因期限届满而终止。租赁期限届满而当事人没有续租的，融资租赁合同终止。

2. 因解除而终止，包括：①当事人可以在合同生效后协商一致而解除；②在订立合同时约定解除条件，当条件成就时，可以解除合同；③因法定的事由出现而解除合同，如承租人未按期支付租金，经催告在合理期限内仍未支付的，出租人可以解除合同。

（二）融资租赁合同终止的法律后果

融资租赁合同终止的法律后果主要涉及两方面：

1. 租赁物的归属。出租人和承租人可以约定租赁期届满时租赁物的归属；没有约定或者约定不明的，可以协议补充；未能达成补充协议的，依据合同的有关条款和交易习惯确定；仍不能确定归属的，租赁物的所有权归出租人。

2. 租赁物价值的部分返还请求权。当事人约定租赁期间届满租赁物归承租人所有，承租人已经支付大部分租金，但无力支付剩余租金，出租人因此解除合同收回租赁物的，收回的租赁物的价值超过承租人欠付的租金以及其他费用的，承租人可以要求部分返还。

■第四节　借用合同

一、借用合同的概念和特征

借用合同，是指当事人双方约定，一方将特定的非消耗物无偿地借给另一方使用，另一方于约定的期限返还原物的合同。提供特定物者为出借人，使用出借物者为借用人。

借用合同具有下列特征：

1. 标的物为非消耗物，如汽车、工具、耕牛等。这一点区别于消费借贷合同，消费借贷合同的标的物为消耗物，如食品。

2. 是无偿合同。借用合同的借用人无须支付对价。这一点区别于租赁合同。

3. 是实践合同。借用合同在出借人交付出借物时成立。

4. 是单务合同。借用人负有返还原物的义务，出借人不负担义务。出借人交付出借物，是借用合同成立的要件，而非出借人的义务。

5. 是不要式合同。当事人意思表示一致，出借人交付出借物，合同即告成立，无须履行特别的方式。

二、借用合同的效力

借用合同是单务合同，其效力主要是借用人的义务：

1. 须按照约定或者依照物的自然性能加以利用。如果借用人使用方法不当，出借人可以终止合同，并要求借用人赔偿损失。

2. 妥善保管义务。借用人应以善良管理人的注意保管借用物，并负担借用期间维护借用物的费用。借用人违反此义务造成借用物毁损、灭失的，应负恢复原状或者损害赔偿责任。

3. 未经出借人同意，不得将借用物转借他人，亦不得出租借用物收取租金。否则，出借人可以终止借用合同。

4. 返还借用物的义务。合同终止后，借用人应依约返还借用物，并将其天然孳息一并返还。返还时间应依约定；无约定的，在实现借用目的时返还。

完成工作的合同

■第一节　承揽合同

一、承揽合同的概念和特征

承揽合同是承揽人按照定作人的要求完成工作、交付工作成果，定作人给付报酬的合同。承揽合同包括加工、定作、修理、复制、测试、检验等合同。

在承揽合同中，按照他人的要求完成一定的工作，并交付工作成果的一方当事人是承揽人；要求承揽人完成一定的工作并接受工作成果、给付报酬的一方是定作人。

承揽合同的标的是完成并交付工作成果，而不是提供劳务，即使承揽人付出了劳务，如果没有完成工作成果，也不能取得报酬。

承揽合同具有以下法律特征：

1. 是双务、有偿、诺成合同。在承揽合同中，承揽人交付工作成果，定作人接受工作成果并支付报酬，故承揽合同是双务、有偿合同。承揽合同因当事人双方的意思表示一致而成立，属于诺成合同。

2. 以完成一定的工作为目的。双方当事人订立承揽合同，约定的是承揽人按照定作人的要求完成一定的工作、形成劳动成果，而不是承揽人提供劳务。承揽人的劳务只有形成符合约定的工作成果，才能满足定作人的需要。

3. 承揽人独立完成约定工作。承揽合同具有特定的信任关系的性质，定作人相信承揽人的技术条件、设备、工作能力和信誉等适合自己的要求，而承揽人也是凭借定作人的这种信任才能承揽，合同始得成立。因此，承揽人须以自己的技术条件、设备等独立完成主要工作，不得擅自转交第三人完成，否则，定作人可以解除合同；经定作人同意将承揽工作的一部分转让给第三人完成的，承揽人应就第三人的工作向定作人承担责任。通常，定作人不参与承揽人的工作，但是当事人也可以作相反约定。

4. 标的物具有特定性。承揽合同因定作人的特定需要而订立，由此决定承揽人完成的工作成果具有特殊性，即必须符合定作人的特定需求。

5. 承揽人承担工作中的意外风险责任。意外风险，是指在承揽合同履行过程中不可归责于合同当事人的财产、人身损失的危险。此风险的责任，通常由承揽人负担。承揽人在履行合同的工作中，可能发生意外风险，由于承揽人独立完成工作，在双方无特别约定的情形下，承揽人独立承担风险责任，主要包括：①不能完成定作物而无法交付工作成果，不得向定作人要求报酬的风险责任。②工作成果虽已完成但在交付前意外毁损灭失的风险责任。工作成果的完成，不是合同义务的结束，工作成果交付之后，承揽人的义务才归于消灭，因此，工作成果在交付之前发生的意外毁损灭失，损失应由承揽人承担。③承揽人提供的原材料、半成品意外毁损灭失的风险责任。如果原材料、半成品是定作人提供的或定作人已向承揽人购买的，风险责任则由定作人承担。④意外事故造成人身伤亡的风险责任，由承揽人独自负担相关损失。

二、承揽合同的种类

承揽合同是常见的合同，种类繁多。就我国的经济生活实践来看，承揽合同主要包括以下几种：

1. 加工合同，即承揽人以自己的设备、技术或劳力，根据定作人的要求对其提供的材料进行加工的合同。

2. 定作合同，即承揽人按照定作人的要求，用自己的材料和技术制成成品交付给定作人，由定作人支付报酬的合同。

3. 修理合同，即承揽人为定作人修理损坏的物品、设备、交通工具等，取得修理费用的合同。

4. 房屋修缮合同，即承揽人为定作人维修、装修房屋并收取报酬的合同。

5. 测试合同和检验合同，即承揽人运用自己的知识、技能，对定作人提供的物品的数量、质量、性能等内容进行测试、检验，并将结果提交给定作人，由定作人支付报酬的合同。

6. 其他承揽合同，如复制、印刷、设计、翻译、改造、改建等合同。

三、承揽合同的效力

（一）承揽人的主要义务

1. 按约定的时间、方式、数量、质量、品种等完成工作，并交付工作成果。

2. 亲自完成约定的工作。未经定作人同意，承揽人不得将合同转让给第三人。如果承揽方擅自转让合同，可能导致定作方信任落空、利益受损，故承揽人须亲自履约。

3. 妥善保管、正当使用定作方提供的原材料或物品，不得以次充好、偷换定作方提供的原材料或物品及零部件。

4. 由承揽人提供原材料的，应按约定选用原材料，并接受定作人的检验。

5. 在完成工作过程中，应将影响工作质量和进程的情况及时通知定作人，以便定作人及时采取措施消除影响。

6. 在工作期间，接受定作人的监督、检查，以确保工作符合定作人的要求。

7. 须按定作人的要求，对承揽工作保密。未经定作人同意，不得将技术资料或复制品留存或转让于第三人。

8. 对其所完成的工作成果负瑕疵担保义务。

（二）定作人的主要义务

1. 按约定的时间、数额和结算方式，向承揽人支付酬金。

2. 合同约定有协助义务或依承揽工作的性质需要协助的，须对承揽人协助。

3. 按约定提供原材料、相关物品及有关的技术资料、数据等。

4. 对要求完成的工作成果提出具体要求或特别指定标准，以便承揽人工作。

5. 按照约定的地点、方式及时验收承揽人交付的工作成果。

6. 接受的工作成果存在瑕疵的，应在约定或合理的期限内，及时通知承揽人。

四、工作成果意外灭失风险责任的负担

工作成果在交付定作人之前，风险由承揽人负担。但定作人受领迟延的，迟延期间的风险由定作人负担。原材料由承揽人提供的，风险由承揽人负担；原材料由定作人提供或定作人已付款购买的，风险由定作人负担。

五、承揽合同的终止

承揽合同因下列原因而终止：

（一）合同解除

1. 协议解除，即承揽合同的双方当事人于承揽合同成立后，通过协商的方式解除合同。

2. 定作人的任意解除。依据《合同法》第268条的规定，定作人可以随时解除承揽合同，造成承揽人损失的，应当赔偿损失。

3. 因当事人一方严重违约而解除。在一方严重违约致使合同不能继续履行时，另一方有权解除承揽合同。这种情形主要有：①承揽人未经定作人同意，将承揽合同的主要工作转由第三人完成的；②定作人未尽协助义务，承揽人可催告其在合理期限内履行，经承揽人催告仍不履行的，承揽人有权解除合同；③承揽人未依约按时完成合同工作义务，致使其工作于定作人已无意义的；④定作人在检验监督中发现承揽工作存在问题，经向承揽人提出，而承揽人拒不更改的。

（二）法定终止

1. 承揽人死亡或者丧失工作能力。由于承揽合同是以承揽人的特定技能为前提的，因此，承揽人死亡或者丧失工作能力的，承揽合同终止。

2. 定作人死亡且继承人不需要该项工作。一般而言，定作人死亡，若其继承人需要承揽人的工作，则承揽人应继续完成工作，由定作人的继承人承担给付报酬义务；但如果继承人不需要该项工作，承揽合同应当终止。

3. 作为法人或者其他组织的承揽人、定作人被宣告破产，承揽合同是否终止，各国法律规定并不一致。《合同法》对此没有规定。有学者认为，定作人受宣告破产时，如合同不终止，承揽人完成工作后也难以得到应得的全部报酬，因而承揽合同应当终止。承揽人被宣告破产时，已无继续完成承揽工作的能力和条件，承揽合同也应终止。

■第二节　建设工程合同

一、建设工程合同的概念和特征

建设工程合同，是承包人进行工程建设，发包人支付价款的合同。发包人是建设工程的所有人，承包人是进行工程建设的人。

建设工程合同是承揽合同的一种，除具有承揽合同的一般特征外，它还有下列特征：

1. 标的是基本建设工程的建设。所谓基本建设工程，是指土木工程和建筑业范围内的线路、管道、设备安装工程的新建、扩建、改建及大型的建筑装饰等工程。

2. 具有国家管理的特殊性。一般来说，建设工程具有投资大、周期长、质量要求高等特点。从整体上看，建设工程还会影响国计民生。因此，建设工程合同的订立和履行、资金的投放、工程的验收等，都受到国家的严格管理和调控。

3. 主体一般是法人。发包人是经过批准建设工程的法人；承包人是具有从事工程勘查、设计、施工，有国家认可的一定的建筑资质的法人。

4. 为有偿、诺成、双务合同，且应当采用书面形式，是要式合同。

二、建设工程合同的种类

根据《合同法》的规定，建设工程合同分为三大类：

1. 建设工程勘察合同，是指委托人（建设单位）与承包人（勘察单位）达成协议，由承包人完成建设工程所需地质、环境评估等勘察工作，委托人按约定验收工作成果并支付报酬的合同。

2. 建设工程设计合同，是指委托人与承包人（设计单位）达成协议，由承包人为委托人的建设工程提供图纸、建设要求等设计，委托人受领该成果并支付报酬的合同。

3. 建设工程施工合同，是指委托人与承包人（施工单位）达成协议，约定承包人为委托人完成建设工程的建筑、安装工作，委托人按约定验收工程并支付报酬的合同。

上述三类建设工程合同，还可以分为若干亚类型的合同，如建设工程施工合同即可分为工程建设合同和工程安装合同。

三、建设工程合同的订立

建设工程合同的特殊性，决定了其订立的程序不同于一般的合同。根据我国《合同法》的有关规定，建设工程合同的订立，主要有以下特殊程序：

1. 一般应采用招标投标方式订立。《中华人民共和国建筑法》第19条强制要求建设工程合同的订立必须以招标发包的方式进行，只有对不适于招标发包的建设工程，才可以采取直接发包的方式订立合同。其目的就是鼓励竞争，促进公平交易，确保建设工程的质量。

2. 按照国家规定的程序订立。《合同法》第273条规定：“国家重大建设工程合同，应当按照国家规定的程序和国家批准的投资计划、可行性研究报告等文件订立。”由此可见，建设工程合同的订立应按照国家规定的程序订立，要有一定的依据。如一个工程项目的确定，要经过立项、可行性研究、编制计划任务书、选定工程地址、批准计划任务书等不同的程序。

按照我国基本建设程序，基本建设分为四个阶段：立项、筹建准备、建设施工、验收交付使用四个阶段。建设工程合同是在基本建设的不同阶段，由筹建单位与勘察、设计、建筑施工、安装单位之间签订的各种合同，这些合同的订立都要严格按照国家规定的程序进行。

3. 可以采取总承包和分别承包的方式订立。《合同法》第272条第1款规定：“发包人可以与总承包人订立建设工程合同，也可以分别与勘察人、设计人、施工人订立勘察、设计、施工承包合同。发包人不得将应当由一个承包人完成的建设工程肢解成若干部分发包给几个承包人。”

总承包，是指发包人将建设工程的勘察、设计、施工等工程建设的全部任务一并发包给一个承包人，由承包人对整个建设工程负责，直至工程竣工。分别承包，是指发包人将建设工程的勘察、设计、施工任务分别发包给不同的承包人，各承包人仅对自己承包的部分向发包人负责。

《合同法》第272条第2、3款规定：“总承包人或者勘察、设计、施工承包人经发包人同意，可以将自己承包的部分工作交由第三人完成。第三人就其完成的工作成果与总承包人或者勘察、设计、施工承包人向发包人承担连带责任。承包人不得将其承包的全部建设工程转包给第三人或者将其承包的全部建设工程肢解后以分包的名义分别转包给第三人。禁止承包人将工程分包给不具备相应资质条件的单位。禁止分包单位将其承包的工程再分包。建设工程主体结构的施工必须由承包人自行完成。”

四、建设工程合同的效力[1]

（一）发包人的义务

1. 协助义务。发包人负有按照约定的时间和要求提供原材料、设备、场地、资金、技

---

[1] 调整建设工程合同的法律还有《最高人民法院关于审理建设工程施工合同纠纷案件适用法律问题的解释》。

术资料的义务。发包人违反该义务的，承包人可以顺延工程日期，并有权要求赔偿因停工、窝工等造成的损失。

2. 验收义务。建设工程竣工后，发包人应当及时对工程进行验收。建设工程未经验收或者验收不合格的，不得交付使用。

3. 支付工程价款的义务。根据《合同法》第 286 条的规定，在建设工程验收合格后，发包人应按照约定支付工程价款。未按照约定支付的，承包人可以催告发包人在合理的期限内支付价款。经催告在合理期限内仍未支付的，除按照建设工程的性质不宜折价、拍卖的以外，承包人可以与发包人协议将工程折价，也可以申请人民法院将该工程依法拍卖，就该工程折价或者拍卖所得价款优先受偿。该优先受偿的权利为法定优先权，优先于建设工程上其他债权人的担保权利。

（二）承包人的义务

1. 接受检查、监督的容忍义务。承包人有义务接受发包人、监理人对工程进度和质量的监督检查。发包人在不妨碍承包人正常作业的情况下，可以随时对作业进度、质量进行检查。承包人对发包人、监理人的监督检查应给予支持和协助。

2. 报告、通知义务。承包人应及时向发包人提交开工通知书、施工进度计划表、竣工验收报告、月份施工统计报表、工程事故报告，以及应由发包人提供的材料、设备的供应计划等。隐蔽工程在隐蔽以前，承包人应当通知发包人检查，承包人不得在自行检查后将工程隐蔽。发包人没有及时检查的，承包人可以顺延工程日期，并有权要求赔偿停工、窝工等损失。

3. 依法、按约施工及交付工程的义务。承包人应严格按照法律规定和合同的约定按时、保质地完成工程建设，并交付工程。《合同法》第 281 条规定："因施工人的原因致使建设工程质量不符合约定的，发包人有权要求施工人在合理期限内无偿修理或者返工、改建。经过修理或者返工、改建后，造成逾期交付的，施工人应当承担违约责任。"

4. 建设工程在合理使用期内致人损害的赔偿义务。《合同法》第 282 条规定："因承包人的原因致使建设工程在合理使用期限内造成人身和财产损害的，承包人应当承担损害赔偿责任。"

五、建设工程合同的变更和解除

建设工程合同受到国家的严格管理，不允许随意变更和解除。发包人和承包人在不违反法律强制性规定的前提下，可以协商变更或解除。变更和解除建设工程合同要符合法定的程序和形式。变更和解除合同造成另一方损失的，由提出变更或解除合同的一方承担赔偿责任。

给予信用的合同

■ 第一节　借款合同

一、借款合同的概念和特征

借款合同是借款人向贷款人借款，到期返还本金并支付利息的合同。提供借款的一方，称为贷款人；受领借款的一方，称为借款人。借款合同的标的物仅限于货币。

借款合同的特征如下：

1. 是转让货币所有权的合同。借款合同生效后，借款人取得所贷货币的所有权，借款人可以处分所取得的货币。

2. 借款人返还相同金额的货币。借款合同到期后，借款人向贷款人返还同等种类、约定数量的货币，不须返还原借货币。

3. 除自然人之间的借款合同外，其他借款合同为诺成合同。按照《合同法》第十二章的规定，除自然人之间的借款合同自贷款人提供借款时生效外，[1]其他借款合同都是诺成合同，在借、贷双方意思表示一致时合同成立。

4. 可以为有偿或者无偿合同。一般而言，商业借款是有偿合同；非商业的民间借款约定利息的，为有偿合同，没有约定利息或者约定不明的，视为不支付利息，属于无偿合同。

5. 除法律另有规定或者合同另有约定外，借款合同一般是双务合同。《合同法》第十二章规定，一般的借款合同，贷款人有按照约定提供借款的义务，借款人有按照约定返还借款、支付利息的义务。自然人之间的借款合同是实践性合同，没有约定利息或者约定不明确的，视为不支付利息。[2]

6. 借款利息不得违反中国人民银行的利率规定。法人之间的借款，利息约定违反中国人民银行利率规定的无效。自然人之间借款的利息可以略高于法定利率，但不得超过银行同期、同类贷款利率的4倍。

7. 除自然人之间的借款外，其他借款合同必须采取书面形式。没有采取书面形式，当事人双方就该合同关系的存在发生争议的，推定合同关系不成立；但是一方当事人已经履行主要义务，对方接受的，合同成立。

二、借款合同的种类

根据不同的标准，可对借款合同作不同分类：

1. 按照主体的不同，可分为以金融机构为贷款人的借款合同和以非金融机构为贷款人的借款合同。金融机构包括各种商业银行、城市信用合作社、农村信用合作社等。非金融机构为贷款人的，分为法人之间的借款和自然人之间的借款。我国法律不允许非金融机构

---

[1]《合同法》第210条。

[2]《合同法》第211条。

的法人相互借款。

2. 依据借款方式的不同，分为担保借款合同和信用借款合同。担保借款合同，是借款人提供担保的借款合同。信用借款合同，是无特别担保，以借款人的信用保证偿还借款及利息的合同。

3. 依据贷款有无利息的不同，分为有息借款合同和无息借款合同。有息借款合同，是当事人约定借款人应当支付一定利息的借款合同。无息借款合同是当事人约定借款人无须支付利息的借款合同。

此外，依借款期限长短的不同可分为短期借款合同、长期借款合同和中期借款合同。

三、借款合同的效力

（一）贷款人的主要义务

1. 按照约定提供借款的义务。

（1）须按约定足额提供借款。贷款人应当按照约定的金额提供借款，不得擅自扣减。《合同法》第 200 条规定，借款的利息不得预先在本金中扣除，利息预先在本金中扣除的，应当按照实际借款数额返还借款并计算利息。如果允许贷款人预先在本金中扣除利息，借款人就少收了借款，还多付了利息，严重违反了公平原则。

（2）须按照约定日期提供借款。贷款人未按照约定的日期提供借款，造成借款人损失的，应当赔偿损失。

2. 保密义务。贷款人对于其了解的借款人的商业秘密，有保密义务，不得泄露或不正当使用。该义务是贷款人的附随义务。

（二）借款人的义务

1. 订立合同时的告知义务。《合同法》第 199 条规定："订立借款合同，借款人应当按照贷款人的要求提供与借款有关的业务活动和财务状况的真实情况。"

2. 按照约定提供担保的义务。当事人双方约定了担保的，借款人应当按照约定提供担保。否则，贷款人得行使抗辩权，甚至得以借款人违约为由解除合同。

3. 按照约定用途使用借款的义务。借款人须按照约定的用途使用借款，接受贷款人对贷款使用情况的监督检查；未按照约定的用途使用借款的，贷款人可以停止发放贷款、提前收回贷款或者解除合同。

4. 按期支付利息的义务。借款人应当按照约定的期限支付利息。对支付利息的期限没有约定或者约定不明确的，可以协议补充；不能达成补充协议的，按照合同的有关条款或者交易习惯确定。依据前述方法仍不能确定的，借款期间不满 1 年的，应当在返还借款时一并支付；借款期间在 1 年以上的，应当在每届满 1 年时支付，剩余期间不满 1 年的，应当在返还借款时一并支付。

5. 偿还本金的义务。借款到期后，借款人应当返还本金。双方当事人对借款期限没有约定或者约定不明确的，可以协议补充；不能达成补充协议的，按照合同的有关条款或者交易习惯确定。依据前述方法仍不能确定的，借款人可以随时返还；贷款人可以催告借款人在合理期限内返还，但是应当给借款人必要的准备时间。借款人到期未偿还借款的，应当按照约定或者国家有关规定支付逾期利息。借款人提前偿还借款的，除当事人另有约定外，借款人有权要求按照实际借款的期间计算利息。

四、借款合同的终止

借款合同因下列原因而终止：

1. 因期限届满而终止。借款合同期限届满，双方当事人未约定延展期限的，合同终止，借款人应依约定将借款及利息返还贷款人，借款合同因此而消灭。

2. 因解除而终止。《合同法》第203条规定："借款人未按照约定的借款用途使用借款的，贷款人可以停止发放借款、提前收回借款或者解除合同。"

■第二节　储蓄合同

一、储蓄合同的概念和特征

储蓄合同是存款人将货币交付给银行、信用社及其他储蓄机构，储蓄人在约定期限届满时，向存款人返还本金并给付利息的合同。

储蓄合同具有下列特征：

1. 是转让货币所有权、取得特种金钱债权的合同。存款人将货币交付给储蓄人，储蓄合同生效，储蓄人取得货币的所有权，可以处分所取得的存款人的货币。存款人对储蓄人享有存款的债权，按照合同请求提取款项时，储蓄人有义务即时支付，并支付约定的利息。[1]

2. 储蓄人必须是有权开办存储蓄业务的金融机构，主要是银行、信用社和开办邮政储蓄业务的邮局等。

3. 是要式、实践、有偿合同。储蓄人在接受存款人的存款时，须向存款人签发存折、存单等存款凭证，故储蓄合同为要式合同；储蓄合同的生效以存款人交付货币，储蓄人发给存款凭证为条件，故储蓄合同为实践合同；储蓄人须按照国家规定或约定向存款人支付一定的存款利息，故储蓄合同为有偿合同。

二、储蓄合同的效力

（一）存款人的主要权利

1. 本息给付请求权。即存款人对于存款本金及其所生利息享有给付请求权。

2. 停止支付请求权。存款人的存折、存单等存款凭证遗失的，有权请求其开户金融机构暂停支付存款，并在一定期限届满且履行一定手续后，提取其所存货币。因存款人未立即声明挂失致使存款被他人冒领的，视为存款人自愿放弃权利，后果由存款人承担。

3. 合同解除权。存款人有权放弃约定的利率，随时解除合同，取回存款。

（二）储蓄人的主要权利和义务

1. 询问权。储蓄人发现存款人的存单、存折等存款凭证不符合要求的，有权询问，以便核实存款人的权利。

2. 按照约定和法律规定支付本息的义务。存款人要求支付本息的，储蓄人应当按照法律规定或者约定向存款人返还本金、支付利息。

3. 保密义务。储蓄人必须为存款人保密。除司法机关依法定的程序查询外，储蓄人不得泄露存款人的身份及存款数额等。

三、储蓄合同的终止

储蓄合同因下列原因而终止：

1. 期限届满。储蓄合同期限届满，双方当事人未约定延展期限的，合同终止。储蓄人应依约定将存款人交存的本金及利息返还存款人，储蓄合同消灭。

2. 合同解除。存款人放弃约定的利率，解除合同取回存款，合同终止。

---

〔1〕　在现阶段，储蓄的本质是存款人将自己的金钱"借给"银行和其他有从事储蓄业务资质的机构使用，储蓄人以低息吸收存款，以高息向实体工商企业放贷，收取息差，甚至从事理财等金融业务。

第四十八章

提供服务的合同

■第一节 运输合同

一、运输合同的概念和特征

运输合同是承运人将旅客或者货物从起运地点运输到约定地点，旅客、托运人或者收货人支付票款或者运输费用的合同。承运人是将旅客或货物运送到约定地点的人；托运人是将货物交付给承运人运输的人。

运输合同具有下列特征：

1. 合同标的是运送行为。运输合同中，旅客、货物不是运输合同的标的，而是运送行为的对象，运送行为才是合同标的，当事人的权利义务关系因运送行为而产生。

2. 是双务、有偿合同。承运人负有将旅客、货物安全运送至目的地的义务；旅客、托运人或收货人则负有支付报酬或运费的义务。双方当事人之间的义务互为对价，故运输合同为双务、有偿合同。

3. 一般为诺成合同。客运合同自承运人向旅客交付票证时成立，但当事人另有约定或者另有交易习惯的，也可以是实践合同。货运合同通常是诺成合同，承运人和托运人达成合意，货运合同即告成立，但当事人有约定或者法律有特别规定的，货运合同也可以是实践合同。

4. 多为格式合同。承运人多为专门从事铁路、公路等运输营业的部门，具有垄断经营的特点。为了便于订立合同，简化手续，承运人往往事先拟制运输条款。客票、货运单、提单等都统一印制，运费也是统一规定的。

5. 从事公共运输的承运人负有强制缔约的义务。根据《合同法》第289条的规定，从事公共运输的承运人不得拒绝旅客、托运人通常、合理的运输要求。法律之所以这样规定，是因为公共运输行业往往是垄断经营行业，且具有公共性或公益性，与社会生活密切联系，人们生活中无法离开公共运输；如果允许公共运输的承运人可以任意拒绝旅客等消费者的正当缔约要求，则消费者的利益无法得到保障。

二、运输合同的种类

1. 依据运输对象的不同，运输合同可分为：客运合同和货运合同。以旅客为运输对象的运输合同为客运合同；以货物为运输对象的运输合同为货运合同。

2. 依据运输工具的不同，运输合同可分为：铁路运输合同、公路运输合同、航空运输合同、水路运输合同、海上运输合同、管道运输合同等。对于这些运输合同，法律另有规定的，从其规定；没有规定的，适用《合同法》关于运输合同的规定。

3. 依据运输方式的不同，运输合同可分为：单式运输合同和多式联运合同。以一种运输工具进行运送的运输合同为单式运输合同；以两种以上的运输工具进行运送的运输合同为多式联运合同。

4. 依据运输区域的不同，运输合同可分为：国内运输合同和国际运输合同。国内运输合同，是指运输的起点和到达点均在一国境内的运输合同；国际运输合同，是指运输的起点和到达点在不同国家境内的运输合同。国际运输合同因具有涉外因素，故在法律适用上与国内运输合同有所不同。

三、客运合同

（一）客运合同的概念

客运合同，是指当事人约定承运人将旅客及其行李运送到约定的地点，旅客支付相应报酬的合同。客运合同属于格式合同，其表现形式为客票，如火车票、飞机票等。客票既是客运合同的书面形式，也是旅客要求承运人运送的凭证。

（二）客运合同的订立与生效

根据《合同法》第293条的规定，除当事人另有约定或另有交易习惯外，客运合同自承运人向旅客交付客票时成立。其具体情形是：①先购票的情形下，自交付客票时客运合同成立。②先登上运输设备后购票的，自登上运输设备时起运输合同成立。③预定客票的情形下，预订行为为预约合同，旅客自行取票的，自交付客票时起运输合同成立；承运人送票的，自旅客签收客票时起运输合同成立。

（三）客运合同的效力

1. 承运人的主要义务。根据《合同法》及相关法律、法规的规定，在客运合同中，承运人负有下列主要义务：

（1）告知义务。承运人应当向旅客及时告知有关不能正常运输的重要事由和安全运输应注意的事项。

（2）依约定运输旅客的义务。承运人应当按照客票载明的时间、班次、约定的路线或者通常路线运输旅客，不得随意改变运输工具或降低服务标准。承运人迟延运输的，应当根据旅客的要求安排改乘其他班次或退票，但旅客因自己的原因不能按客票记载的时间乘坐，旅客须在约定的时间办理退票或者变更手续，逾期办理的，承运人可以不退票，并不承担运输义务；承运人未按约定的路线或者通常路线运送增加票款的，旅客可以拒付增加部分的票款；承运人擅自变更运输工具而降低服务标准的，应当根据旅客的要求退票或者减收票款；承运人提高服务标准的，不应当加收票款。

（3）安全运输和救助义务。承运人对运输过程中旅客的伤亡承担损害赔偿责任，但伤亡是旅客自身健康原因造成的或者承运人证明伤亡是旅客故意、重大过失造成的除外。旅客在运输期间发生急病、分娩以及遇险情况的，承运人有救助义务。

（4）安全运输旅客的行李和妥善保管义务。承运人对旅客随身携带的行李和交付托运的行李负有安全运输和妥善保管义务，因过失致使行李毁损灭失的，应当承担损害赔偿责任。

2. 旅客的主要义务。

（1）支付票款的义务。旅客必须按照规定支付票款、行李运费等费用。旅客应当持有效客票乘坐，无票乘运、超程乘运、越级乘运或者持失效客票乘运的，应当补交票款。旅客不交付票款的，承运人可以拒绝运输。

（2）限量携带行李的义务。旅客应当按照规定限量携带一定的行李，携带行李超过限量的，应当办理托运手续。

（3）不得携带危险物品及其他违禁品的义务。旅客不得携带或者在行李中夹带危险品及其他违禁品。旅客违反此义务，承运人可以将违禁品卸下、销毁或者送交有关部门处理。旅客坚持携带或者夹带违禁品的，承运人有权拒绝运输。

（四）客运合同的变更与解除

1. 因旅客自身的原因导致的变更或解除。客运合同成立后、履行前，旅客因自己的原因不能按照客票记载的时间乘坐的，应当在约定的时间内办理退票或者变更手续，变更或者解除客运合同，承运人不得拒绝变更或者解除。承运人在按规定收取一定比例的手续费后，应当按照旅客的要求变更客运合同或者退还扣除手续费后的剩余票款。旅客变更或解除合同，应当在法定或约定的时间内办理，逾期办理的，承运人可以不退还票款，并不再承担运输义务。

2. 因承运人的原因导致的变更或解除。其有两种情况：①因承运人迟延运输导致的变更或解除。《合同法》第299条规定，承运人迟延运输的，旅客有权要求安排改乘其他班次，或者退票。旅客有选择变更或者解除合同的权利。旅客要求解除合同的，承运人应原价退还票款，并不得另收手续费。②因承运人擅自变更运输工具导致的变更或解除。《合同法》第300条规定，承运人擅自变更运输工具而降低服务标准的，是违约行为，旅客有权要求退票或减收票款；承运人提高服务标准的，不应当加收票款。

四、货运合同

（一）货运合同的概念

货运合同即货物运输合同，是指承运人按照约定将托运人交付的货物运送到约定地点并交付给收货人，托运人或者收货人支付运费的运输合同。

货运合同的主体，包括承运人、托运人，有时还有收货人，收货人可以是托运人自己或者第三人。

（二）货运合同的订立与生效

订立货运合同，一般由托运人发出要约，承运人作出承诺。托运人托运货物时，应当办理托运手续，托运手续经承运人签字认可后，货运合同即告成立。

货运合同为诺成合同，除当事人约定附有条件和期限外，货运合同自合同成立时起生效。

（三）货运合同的效力

1. 承运人的主要义务。

（1）依约定运输货物。承运人应当按照约定的时间、路线将货物运输到约定的地点。因承运人的原因致使错发到货地点或逾期运到的，承运人应当承担相应的责任；承运人未按约定的路线或者通常路线运送而增加运输费用的，应自行承担增加部分。

（2）及时通知收货人提货。承运人将货物运输到约定地点后，应当及时通知收货人提货。收货人逾期提货的，承运人可以收取保管费。

（3）保证货物的安全。承运人在运输过程中，应当妥善保管货物。货物发生损失的，除承运人能够证明货物的毁损、灭失是因不可抗力、货物自然损耗以及托运人、收货人的过失造成的以外，由承运人负损害赔偿责任。

（4）按照约定交付货物。承运人须按照约定向收货人交付货物以及与货物有关的凭证。

2. 托运人的主要义务。

（1）支付运费。托运人应当按照约定的数额、时间、地点、方式支付运输费用及其他费用。不支付运费、保险费等应付费用的，除有相反的约定外，承运人享有留置权。运输货物因不可抗力发生毁损、灭失的，托运人可以免交运费，已交付的可以请求返还。

（2）如实告知有关情况。托运人托运货物时，应当向承运人如实告知有关收货人、货物的情况。《合同法》第304条规定："托运人办理货物运输，应当向承运人准确表明收货人的名称或者姓名或者凭指示的收货人，货物的名称、性质、重量、数量，收货地点等有关货物运输的必要情况。因托运人申报不实或者遗漏重要情况，造成承运人损失的，托运人应当承担损害赔偿责任。"

（3）办理审批检验手续。托运人托运货物，需要办理审批、检验手续的，托运人应当办理有关手续，并将有关的手续文件提交承运人。这些手续文件主要是有关检疫、商检、海关、公安、监理等证明文件。

（4）包装货物。托运人应当按照约定的方式包装货物。对包装方式没有约定或者约定不明确的，托运人和承运人可以协商解决。如果双方不能达成协议的，应当按照通用的方式包装。没有通用方式的，应当采取足以保护标的物的方式包装。托运人没有按照约定或规定的方式对货物进行包装的，承运人有权拒绝运输。

（5）对危险品的妥善包装和警示。托运人托运易燃、易爆、有毒、有腐蚀性、有放射性等危险品的，应当按照国家有关危险品运输的规定对危险品妥善包装，作出危险物标志和标签，并将有关危险物的名称、性质和防范措施的书面材料提交承运人。托运人违反前款规定的，承运人可以拒绝运输，也可以采取相应措施避免损失的发生，因此产生的费用由托运人承担。

3. 收货人的主要义务。

（1）按照约定支付费用。货运合同约定由收货人支付运费的，收货人应当支付。对于运输过程中产生的合理费用，收货人也应支付。收货人不支付运费等费用的，除当事人另有约定外，承运人对运输的货物有留置权。

（2）按照约定领取货物。收货人须按约定的时间、地点领取货物。逾期领取货物的，应当向承运人支付保管费用。收货人无正当理由拒绝受领货物的，承运人可以提存货物。

（3）按照约定检验货物。收货人在受领货物时，应当按照约定的期限对货物进行检验。对检验货物的期限没有约定或者约定不明确的，当事人可以协商解决；协商不能达成协议的，按照合同的有关条款或交易习惯确定；仍不能确定检验期限的，收货人应当在合理的期限内检验货物。收货人检验后对货物的数量、毁损等有异议的，应在约定的期限或合理期限内提出，未提出的，视为检验合格。

（四）货运合同的变更与解除

在承运人将货物交付收货人之前，托运人可以对合同作如下变更或解除：①解除合同，中止运输、返还货物；②要求变更货物到达地；③要求变更收货人。

货物已交付收货人的，不得变更或解除。承运人因变更或解除合同受有损失的，托运人负赔偿责任。

当事人双方也可以协商变更或者解除合同。

五、多式联运合同

（一）多式联运合同的概念

多式联运合同，是指多式联运经营人和托运人约定，采用两种以上不同运输方式运输货物到达约定地点，由托运人或者收货人支付运费的运输合同。

多式联运合同涉及托运人、收货人、联运经营人和实际承运人。多式联运合同由托运人和多式联运经营人订立，由多式联运经营人负责履行或者组织履行，并对全程运输负责。

（二）多式联运合同的效力

与单一运输合同相比较，多式联运合同具有下列特殊效力：

1. 托运人同多式联运经营人之间发生合同权利义务关系。多式联运经营人负责履行或者组织履行多式联运合同，对全程运输负责。多式联运的承运人之间的内部责任约定，不影响多式联运经营人对全程运输承担责任，其不得对抗托运人。

2. 一次性支付全程费用。托运人将全程的运费一次性支付给多式联运经营人，并取得多式联运单据。多式联运单据由多式联运经营人签发，是多式联运合同的证明。

3. 多式联运经营人的赔偿责任有特殊规定。在多式联运过程中，货物的毁损、灭失可能发生于多式联运的某一运输区段，而不同区段、不同运输方式的货物赔偿规定有所不同，不能统一，多式联运经营人的赔偿责任和责任限额适用有关调整货物毁损、灭失区段运输方式的法律规定。货物毁损、灭失的运输区段不能确定的，由多式联运经营人负赔偿责任。

■第二节　保管合同

一、保管合同的概念与特征

保管合同是保管人保管寄存人交付的保管物，并返还该物的合同，也称寄托合同。在保管合同中，保管人是对他人物品进行保管的人，寄存人是将自己的物品交托保管人保管的人。

保管合同有以下法律特征：

1. 原则上为要物合同，即实践性合同，除当事人另有约定外，保管合同自保管物交付时成立。

2. 合同的标的是保管行为。保管物是标的物而不是合同标的，保管人与寄存人之间因保管行为发生权利义务关系。

3. 合同可以有偿，也可以无偿。保管合同是否有偿，由当事人自由约定。当事人对有偿、无偿没有约定或约定不明，依合同其他条款或交易惯例仍无法确定的，视为无偿保管。

4. 一般是不要式合同。一般情形下，保管人和寄存人形成保管合意，保管合同即告成立，无须具备特定的形式，故其为不要式合同。但是，由于市场经济的发展，一些新的保管行业，如专业物品保管行业，开始采用格式合同。

二、保管合同的效力

（一）保管人的主要义务

1. 善良管理人的保管义务。保管人应尽善良管理人的注意义务，按照约定的保管场所、方法进行保管，应当亲自为寄存人保管物品，非经寄存人同意或非有不得已的事由，不得转托第三人保管。保管人因保管不善造成保管物毁损、灭失的，有偿保管的，承担损害赔偿责任；无偿保管的，能够证明自己没有重大过失的，不承担赔偿责任。

2. 不得使用保管物的义务。非经寄存人同意，保管人不得使用或者许可第三人使用保管物。

3. 按照约定返还保管物及其孳息的义务。保管事务完成，保管人应将保管物及其所生孳息全部返还给寄存人。

4. 告知义务。当保管物发生危险或第三人对保管物主张权利、提起诉讼或实行扣押时，保管人应及时通知寄存人。

第
十
二
编

（二）寄存人的主要义务

1. 按照约定支付报酬或者偿还保管费用的义务。有偿保管合同的寄存人应向保管人支付约定的报酬。寄存人不支付报酬，保管人有权留置保管物。无偿保管的，寄存人应当偿还保管人为保管而支出的必要费用。

2. 赔偿损失的义务。保管人因保管物自身性质或瑕疵而遭受损害的，寄存人应当给予赔偿。

3. 告知和声明义务。①保管物瑕疵和特殊保管措施告知义务。保管物有瑕疵或者需要采取特殊保管措施的，寄存人应当告知保管人。未告知致使保管物损失的，保管人不承担赔偿责任；保管人因此遭受损失的，除知道或者应当知道并且未采取补救措施外，寄存人承担赔偿责任。②贵重物品声明义务。寄存人寄存货币、有价证券或者其他贵重物品的，应当向保管人声明，由保管人验收或者封存。寄存人未声明的，该物品毁损、灭失后，保管人可以按照一般物品予以赔偿。

■第三节　仓储合同

一、仓储合同的概念和特征

仓储合同是保管人储存存货人交付的仓储物，存货人支付仓储费的合同。仓储合同的保管人通常是具有仓储营业资格的商人，仓储物则常为货物。

仓储合同属于特殊类型的保管合同，与一般保管合同比较有下列特征：

1. 保管人是依法核准登记从事仓储业务的人。仓储是商事行为，经仓储营业登记的人方有担当仓储合同保管人的资格。存货人则无资格方面的特别要求。

2. 仓储合同为诺成、双务、有偿合同。仓储合同的当事人双方就合同的主要条款协商一致，无须交付储存物，合同即告成立。仓储合同成立后，保管人提供仓储服务，存货人给付仓储费，双方当事人有对应的权利义务。

3. 以仓单为货物返还请求权的凭证。这是仓储合同不同于一般保管合同的重要特征。仓单是指表示特定货物的返还请求权的有价证券。存货人凭仓单提取仓储物，存货人可以用背书的方式转让仓单上所载明货物的所有权。

二、仓储合同的效力

（一）保管人的义务

1. 验收仓储物的义务。保管人在接受存货人交付仓储物入库时，应按约定验收仓储物，发现入库仓储物与约定不符的，应当及时通知存货人。验收合格即接受仓储物并入库进行保管。

2. 交付仓单的义务。保管人在仓储物验收无误后，须向存货人交付仓单。

3. 妥善保管仓储物的义务。保管人应当按照合同约定的条件，妥善保管仓储物。对于易燃、易爆、有毒、有腐蚀性、有放射性等危险物品，必须按照国家或合同规定的要求严格操作。因保管不善，造成仓储物毁损、灭失的，仓储保管人负赔偿责任。但因仓储物的性质、包装不符合约定或者超过有效储存期造成仓储物变质、毁损的，保管人不承担赔偿责任。

4. 仓储物变质或者损坏时的通知义务。《合同法》第389、390条规定，入库仓储物有变质或其他损害发生时，保管人应当及时通知存货人或者仓单持有人；当仓储物变质或其他损害危及其他仓储物的安全和正常保管的，应当催告存货人或者仓单持有人作出必要的处置。若情况危急，保管人可以自行作出必要的处置，但事后应及时通知存货人或者仓单持有人。

5. 满足存货人、仓单持有人检查、提取样品要求的义务。存货人或者仓单持有人为了了解仓储物的储存情况，向保管人提出对仓储物进行检查或提取样品的要求时，保管人应当满足其要求。

6. 仓储物返还义务。仓储合同因期限届满或者因法定事由而终止时，保管人应当将仓储物返还存货人或者仓单持有人。当事人对储存期间没有约定或者约定不明确的，存货人或者仓单持有人可以随时要求返还仓储物。

（二）存货人的主要义务

1. 按照约定支付仓储费的义务。存货人应当按照约定的时间、地点和方式支付仓储费。否则，保管人对仓储物得行使留置权。

2. 提供仓储物相关资料和说明的义务。《合同法》第383条规定，储存易燃、易爆、有毒、有腐蚀性、有放射性等危险物品或者易变质物品，存货人应当说明该物品的性质，提供有关资料。若存货人违反该义务，保管人可以拒收仓储物，也可以采取相应措施以避免损失的发生，因此产生的费用由存货人承担。

3. 及时提取仓储物的义务。储存期限届满，存货人或者仓单持有人应当凭仓单提取货物。逾期提取的，保管人有权加收仓储费；提前提取的，不减收仓储费。未约定仓储期限的，存货人或仓单持有人可以随时提取货物，保管人也可以随时要求存货人或仓单持有人提取货物，但应给对方必要的准备时间。

■第四节　委托合同

一、委托合同的概念与特征

委托合同是指委托人和受托人约定，由受托人处理委托人事务的合同。委托人是委托他人为自己处理事务的人，受托人是按照约定为委托人处理事务的人。委托人可以特别委托受托人处理一项或数项事务，即特别委托；也可以概括委托受托人处理一切事务，即概括委托。

委托合同具有以下法律特征：

1. 合同标的是处理事务的行为。处理事务的行为可以是法律行为，也可以是事实行为。但委托合同不适用于具有人身性质的行为，如婚姻登记行为；也不适用于履行具有人身性质的债务的行为，如演唱行为。

2. 受托人须在委托人授权范围内，以委托人名义从事与委托事务有关的活动，其活动后果由委托人承担。

3. 委托合同是诺成性、不要式合同。双方当事人达成合意，合同即告成立。除法律有特别规定外，合同的形式由当事人自由协商，书面、口头均无不可。

4. 委托合同既可以是有偿合同，也可以是无偿合同。对此，依意思自治原则由当事人自由约定。

5. 委托合同的订立和履行具有人身信任的属性。委托合同的订立，体现着委托人对受托人能力和信誉的信任，也表明受托人愿意为委托人办理委托事务的意志。这种彼此信任是委托合同订立和存续的基础。因此，法律要求受托人除有特殊情况外，应当亲自处理委托事务。

二、委托合同的种类

1. 依受托人是否以自己的名义处理委托事务，委托合同分为直接委托和间接委托。直接委托是受托人以委托人的名义处理委托事务，其效果直接归属于委托人的委托。直接委托是委托代理的代理权授予的基础，间接委托是受托人以自己的名义处理委托事务，其效果间接或直接归属于委托人的委托。

2. 依受托人的人数，委托合同可分为单独委托和共同委托。单独委托是指委托人将自己的特定事务或全部事务委托给一个受托人处理的委托；共同委托是指委托人委托两个以上的受托人共同处理委托事务的委托。共同委托中的受托人对委托人承担连带责任。

3. 转委托，是受托人为委托人再选任受托人的委托。根据《合同法》第400条的规定，转委托应当经委托人同意，未经委托人同意的，受托人应当对转委托的第三人的行为承担责任，但在紧急情况下受托人为维护委托人的利益需要转委托的除外。

三、委托合同的效力

（一）受托人的主要义务

1. 按照委托人指示处理委托事务。受托人为委托人处理有关事务，其行为的后果归属于委托人，因此，受托人应当按照委托人的指示处理委托事务。需要变更委托人指示的，应当经委托人同意；因情况紧急，难以和委托人取得联系的，受托人应当妥善处理委托事务，但事后应当将该情况及时报告委托人。原则上，受托人应当亲自处理所受托的事务，不得随意转托他人。但经委托人同意或遇紧急情况，为保护委托人利益可以转委托。转委托经同意的，委托人可以就委托事务直接指示转委托的第三人，受托人仅就第三人的选任及其对第三人的指示承担责任。转委托未经同意的，受托人应当对转委托的第三人的行为承担责任，但在紧急情况下受托人为维护委托人的利益需要转委托的除外。

2. 妥善管理委托事务。无论有偿委托还是无偿委托，受托人对受托的事务都应当尽到善良管理人的注意义务，不应有所懈怠和轻慢，否则，给委托人造成损失的，应当根据约定或者法律规定承担赔偿责任。区别在于：有偿的委托合同，受托人有较高的注意义务，因其过错给委托人造成损失的，应当承担赔偿责任；无偿的委托合同，受托人因故意或者重大过失给委托人造成损失的，才有赔偿的责任。

3. 及时、如实报告事务处理情况。受托人应按照委托人的要求，报告委托事务的处理情况。委托合同终止时，应当向委托人报告最终结果。

4. 交付处理委托事务所收取的财产。受托人在处理事务过程中所收受的物品、孳息及其他财产，应当转交委托人。

5. 承担过错赔偿责任。受托人因自己的过错，包括懈怠、处理事务失当、超越权限等，给委托人造成损失的，应当依约定或法律规定承担赔偿损失的责任。

6. 发生违约现象时依法披露第三人、委托人。受托人在处理委托事务同第三人订立合同时，可以委托人名义也可以自己的名义。受托人以自己的名义同第三人订立合同时，第三人不知道受托人与委托人之间的代理关系的，发生违约时，受托人须依法披露第三人或者委托人。其具体的规则是：①第三人的披露及其后果。受托人因第三人的原因对委托人不履行义务，受托人应当向委托人披露第三人。委托人因此可以行使受托人对第三人的权利，但第三人与受托人订立合同时如果知道该委托人就不会订立合同的除外。②委托人的披露及其后果。受托人因委托人的原因对第三人不履行义务，受托人应当向第三人披露委托人。第三人因此可以选择受托人或者委托人作为相对人主张权利。但第三人不得变更选定的相对人。

（二）委托人的主要义务

1. 按照约定或者法律规定支付处理事务的费用。委托人应当预付处理委托事务的费用；受托人为处理事务垫付必要费用时，委托人应当偿还该费用及其利息。

2. 按照约定支付报酬。有偿的委托合同，受托人完成委托事务的，委托人应依约定向受托人支付报酬。因不可归责于受托人的事由，委托合同解除或者委托事务不能完成的，委托人应当向受托人支付相应的报酬。当事人另有约定的，按照其约定。

3. 按照法律规定赔偿受托人的损失。受托人在处理受托事务过程中，因不可归责于自己的事由受到损失的，委托人应当赔偿。委托人经受托人同意，可以在受托人之外委托第三人处理委托事务，但因此给受托人造成损失的，受托人可以向委托人要求赔偿损失。

4. 受领委托事务的处理后果。受托人根据委托的权限完成委托事务的，委托人应当受领由此形成的权利义务。对受托人超越权限的行为的后果，委托人追认的，也应当受领；委托人拒绝追认的，由受托人自行负责。

5. 在发生违约现象，受托人依法披露第三人、委托人时，须成为相对人，主张权利、承担违约责任。对此，《合同法》第403条作了规定，前述"受托人的主要义务"中已述及，此不赘述。

四、受托人以自己名义同第三人订立的合同的特殊效力

通常合同只对当事人具有法律约束力，对第三人不能产生合同权利义务。但是，某些合同因其特殊的因素具有特殊的牵连性，牵连到特定第三人，能够使合同当事人与牵连的第三人之间产生权利义务关系。

受托人以自己的名义与第三人订立的合同，是具体的贸易合同，如买卖、租赁等，该类合同本应对受托人、第三人具有约束力，然而，因"第三人知道受托人与委托人之间的代理关系"这个因素，与受托人订立合同的第三人同委托人之间发生牵连关系，产生合同权利义务。

《合同法》第402条规定，受托人以自己的名义，在委托人的授权范围内与第三人订立的合同，第三人在订立合同时知道受托人与委托人之间的代理关系的，该合同直接约束委托人和第三人，但有确切证据证明该合同只约束受托人和第三人的除外。此所谓"该合同直接约束委托人和第三人"，就是该合同特殊效力的表现。

五、委托合同和相关法律行为的关系

（一）委托合同与直接代理

委托合同和直接代理都是以提供特定的劳务为目的，二者具有密切关系，委托合同是代理的基础，但是，二者又不能混同。二者的区别主要在于：①委托合同的标的范围较广，包括法律行为和事实行为，而直接代理的代理行为一般是法律行为。②委托所形成的是对内关系，委托合同的效力存在于委托人与受托人之间，与第三人无必然关系；而直接代理则是代理人以被代理人的名义与第三人发生法律关系，属于对外关系。③委托合同是双方法律行为，委托合同的成立须当事人意思达成一致；而代理关系的成立，是基于被代理人的授权行为而产生，授权行为是单方法律行为。

（二）委托合同与间接代理

间接代理，是指代理人以自己的名义，为被代理人利益计算而为的法律行为。委托合同与间接代理既有联系又有区别，联系在于：二者皆是一方主体为另一方处理事务，间接代理人的权限一般由委托人以委托合同的形式授予，委托合同是间接代理的基础关系。

二者的区别主要在于：①间接代理人的代理行为一般为法律行为；委托合同中受托人

可以为事实行为，也可以为法律行为。②委托合同通常仅约束委托人与受托人，特殊场合才对委托人、受托人和第三人有约束力；而间接代理关系涉及第三人，委托人有介入权，第三人有选择权。

（三）委托合同与雇佣合同、劳动合同

雇佣合同，是指当事人双方约定一方为他方提供劳务，他方给付报酬的合同。劳动合同，是指劳动者与用人单位确立劳动关系，明确双方权利义务关系的协议。委托合同与雇佣合同、劳动合同都属于提供劳务类合同。它们之间的区别在于：

1. 标的不同。雇佣合同、劳动合同的标的通常为事实行为；而委托合同的标的既可以是法律行为，也可以是事实行为。

2. 是否有偿不同。雇佣合同、劳动合同均为有偿合同；而委托合同可以是有偿的，也可以是无偿的。

3. 是否有授权不同。委托合同的受托人，一般从事的是法律行为，没有授权就无法为委托人处理事务；而雇佣合同和劳动合同中提供劳动的人，没有授权也能够从事合同约定的事实行为，授权不是必要因素。

六、委托合同的终止

委托合同终止的原因，除了委托合同期限届满、履行不能、委托事务处理完毕等通常原因以外，《合同法》还规定了下列原因：

1. 因当事人随时解除合同而终止。委托合同以当事人之间的相互信任为基础，一旦当事人之间的信任发生动摇，就会影响合同目的的实现，当事人就会随时提出解除合同。根据《合同法》第410条的规定，委托合同的双方当事人可以随时解除合同，委托合同因解除而终止。如果因解除而给对方造成损失，除不可归责于该当事人的事由外，应当赔偿损失。

2. 因委托人死亡、丧失行为能力或者破产而终止。委托人死亡、丧失行为能力或破产的，委托合同终止，但当事人另有约定或根据委托事务的性质不宜终止的除外。如果委托人死亡、丧失行为能力或者破产，致使委托终止将损害委托人利益的，在委托人的继承人、法定代理人或清算人承受委托事务前，受托人应当按照原委托合同继续处理委托事务。

■第五节　行纪合同

一、行纪合同的概念和特征

行纪合同，是行纪人以自己的名义为委托人从事贸易活动，委托人支付报酬的合同。接受委托以自己的名义为他方从事贸易活动的人，为行纪人。委托行纪人从事贸易活动并支付报酬的人，为委托人。

行纪合同具有以下法律特征：

1. 行纪人为经批准经营行纪业务的人。在我国，行纪合同的委托人并无限制，可以是自然人、法人或其他组织；但行纪人只能是经批准经营行纪业务的法人、自然人或其他组织，未经法定手续批准或核准经营行纪业务的人，不得从事行纪业务。

2. 行纪人的行纪行为是委托人委托的特定的法律行为。行纪活动是法律行为，如代委托人买卖物品等。行纪活动不包括事实行为。

3. 行纪人以自己的名义为委托人办理事务。行纪人在为委托人办理事务时，以自己的名义与第三人发生法律关系，其与第三人之间的权利义务关系由行纪人自己享有或承担。

4. 行纪人为委托人的利益办理委托事务。行纪人虽是以自己的名义办理委托事务，但所产生的权利、义务却最终应归属于委托人，因此，行纪人应当为委托人利益计算。

5. 行纪合同为双务、有偿、诺成合同。行纪人负有为委托人办理贸易活动的义务，而委托人负有给付报酬的义务，故行纪合同为双务、有偿合同。行纪合同的成立依双方当事人的合意而成立，故为诺成合同。

二、行纪合同的沿革

行纪制度在罗马法时代尚未产生，罗马法上所谓的行纪契约，只是委托的一种，而非后来真正意义上的行纪合同。行纪合同是商品经济的产物，是随着信托业务的发展，出现独立从事行纪业务的行纪组织而产生的。在欧洲中世纪，由于国际贸易的兴起，出现了专门从事受他人委托办理商品购入、贩卖或其他交易事务并收取一定佣金的经纪人，行纪制度已经较为发达。但是，由于当时代理人滥用其信用而产生不利于委托人的代理后果，而且不管业务繁简，商人都需要委派代理人，代理费用过高。因而，受托人以当事人身份参与委托人要求的交易行为，以自己的名义履行义务并接受委托人给付的行纪制度，就有了蓬勃发展的可能。现代各国大都有关于行纪合同的规定，只是规定的体例和内容有所不同而已。[1]我国自汉代起就出现了经营行纪业务的行栈。在民国时期的民法典中曾设专章对行纪加以规定。中华人民共和国成立后，在许多城市曾相继出现国营信托公司和贸易货栈，经营行纪业务。但自20世纪50年代以来，行纪业务日趋衰微，一些行纪组织被撤销。改革开放以来，行纪业务又兴盛起来，已成为一种客观存在的社会现象，为了适应现实经济生活的需要，我国《合同法》用专章对行纪合同加以规定。

三、行纪合同的效力

（一）行纪人的主要权利和义务

1. 行纪人的主要权利：

（1）报酬请求权。行纪人有请求委托人支付约定报酬的权利，行纪人高于指定价格卖出或低于指定的价格买入时，有增加报酬的请求权。

（2）留置与提存权。根据《合同法》第420、422条的规定，委托人逾期未支付报酬的，行纪人对委托物享有留置权，但当事人另有约定的除外；委托人无正当理由，拒绝受领买入物品或者未卖出的物品的，行纪人有权提存委托物。

（3）介入权。行纪人接受委托实施行纪行为时，以自己的名义介入买卖活动，即是行纪人的介入权。《合同法》第419条规定，行纪人卖出或者买入具有市场定价的商品，除委托人有相反的意思表示以外，行纪人自己可以作为买受人或者出卖人。

2. 行纪人的主要义务：

（1）依指示处理委托事务。这是行纪人的基本义务。行纪人在处理委托事务时，应当亲自为之，并尽谨慎注意义务，不得违反委托人的指示。《合同法》第418条规定，行纪人高于委托人指定的价格买入或者低于指定的价格卖出的，应当经委托人同意。未经委托人同意的，该差额由行纪人负担。

（2）负担行纪费用。行纪人在处理行纪事务时所支出的费用，除当事人另有约定外，由行纪人自己负担。

---

[1] 有些国家把行纪合同规定在商法典中，如《法国商法典》和《德国商法典》对行纪合同都作了专门详细的规定；有的国家则把行纪合同规定在民法典中，如《俄罗斯民法典》；而英美法则将行纪合同概括在委托合同中。

（3）妥善保管委托物。行纪人占有委托物的，应当妥善保管，未尽注意义务致使委托物毁损灭失的，应当负损害赔偿责任。

（4）合理处分委托物的义务。委托物交付给行纪人时有瑕疵或者容易腐烂、变质的，经委托人同意，行纪人可以处分该物；不能及时和委托人联系的，行纪人可以合理处分。

（二）委托人的主要权利和义务

1. 验收权。对于行纪行为的结果，委托人有权检验。如果行纪人未按指示实施行纪行为，委托人有权拒绝接受行纪结果，并可要求行纪人赔偿损失。

2. 支付报酬的义务。行纪人完成或者部分完成委托事务的，委托人应当按照约定支付相应的报酬。

3. 及时接受行纪人完成委托事务的后果。委托人在接到行纪人完成行纪事务的通知后，应当及时接受行纪人依约定所完成的事务的一切后果。对行纪人购进的物品，委托人应按约定及时验收。如发现不符合约定的情况，应立即通知行纪人。如果委托物不能卖出或者委托人撤回卖出的，委托人应当及时取回或者处分委托物。

■第六节　居间合同

一、居间合同的概念和特征

居间合同，是居间人向委托人报告订立合同的机会或者提供订立合同的媒介服务，委托人支付报酬的合同。

提供订立合同机会或媒介服务的一方为居间人，给付报酬的一方为委托人。

居间合同具有下列法律特征：

1. 是提供服务的合同。居间合同的标的是居间人为委托人提供劳务。在居间合同中，居间人的居间活动是向委托人报告订立合同的机会或者提供媒介服务，促使委托人与第三人达成协议。

2. 合同的目的是促成委托人与第三人订立合同。居间人按照委托人的要求，为其提供订约机会或媒介服务，不参与委托人与第三人之间的合同关系，是中介服务人。

3. 为双务、有偿、诺成、不要式合同。居间人为委托人提供媒介服务，委托人向其支付报酬，故居间合同为双务、有偿合同。居间合同的成立不以居间人现实地提供居间服务为要件，当事人双方意思表示一致即告成立，且无须采用特定的形式，口头、书面、其他形式均可。故居间合同为诺成、不要式合同。

二、居间合同的沿革

居间是一种古老的商业现象，在简单商品经济形态的古希腊、古罗马时代就存在居间制度。到中世纪，欧洲居间活动日趋发达，传统的商法中一般都有关于居间的规定。后来国家对居间行业加以控制，从自由经营主义转为干涉主义，对于未经允许私自进行的居间活动多加限制或禁止。在近代民法中，居间合同最早出现在《德国民法典》中，以后大多数国家的民商法典和民商法理论都承认居间合同为一种独立的有名合同。

我国古代亦有居间活动，当时的居间人被称为"牙行""牙纪""捐客""跑合人"等，是促进双方成交而从中取得报酬的中间人。我国民国时代的民法就有了居间合同的规定。当前，我国各种居间活动日渐活跃，居间人在商品流通中起着重要的中介作用，为了适应社会经济生活的需要，《合同法》以专章的形式明确规定了居间合同，使其成为有名合同。

三、居间合同的效力

（一）居间人的主要义务

1. 报告订约机会或提供媒介服务。居间人为委托人提供订约机会或提供缔约服务是其主要义务，是居间人获得报酬的条件。不履行该义务，居间人无权获得报酬。

2. 忠实和勤勉义务。居间人应如实报告有关订立合同的事项，不得隐瞒重要事实或者提供虚假情况。居间人违反该义务，损害委托人利益的，不得要求支付报酬并应当承担损害赔偿责任。居间人应当尽力创造条件，促使委托人与第三人之间的合同成立。

3. 保密义务。委托人要求居间人不得将自己的姓名或名称、商号等隐名事项告知相对人时，居间人负有保密义务。

4. 负担居间费用。居间人促成合同的，自行负担因居间事务而支出的费用。

（二）委托人的主要义务

1. 按照约定支付报酬。居间合同是有偿合同，居间人促成合同的，委托人应当按照约定支付报酬；没有约定报酬或者约定不明确的，可由当事人协议补充；不能达成补充协议的，按照交易习惯确定；仍不能确定的，则根据居间人的劳务合理确定。委托人未按约定支付报酬的，应当承担违约责任。

2. 偿付必要费用的义务。居间人未促成合同的，不得要求支付报酬，但可以要求委托人支付从事居间活动所支出的必要费用。

■第七节　雇佣合同

一、雇佣合同的概念和特征

雇佣合同，是指双方当事人约定，一方在一定期间内向他方提供劳务，他方给付报酬的合同。提供劳务的一方为受雇人，受领他方劳务并给付报酬的人为雇佣人。

雇佣合同具有下列特征：

1. 以给付劳务为直接目的。雇佣是提供劳务的合同，与承揽、委托等一样，同属于广义的劳务供给合同。但是雇佣合同以提供劳务为直接目的，劳务是雇佣合同的主给付行为；而其他如承揽、委托运送等劳务供给合同，提供劳务不是目的而是达到目的的手段。

2. 是双务、有偿合同。雇佣合同的当事人一方为他方提供劳务，他方支付报酬，故为双务、有偿合同。

3. 是诺成、不要式合同。雇佣合同于双方当事人达成合意时成立，不需要任何现实的给付，也无须具备任何形式。

4. 是继续性合同。雇佣合同的受雇人在一定期限内持续提供劳务，故其为继续性合同。

二、雇佣合同的沿革

雇佣作为一种以劳务换取报酬的社会关系，古已有之。在罗马法中就已经出现雇佣租赁合同，当时的罗马法学家们将以人的体力劳动供他人使用的行为视为对物的租赁，雇佣合同被包含在租赁合同之中。《法国民法典》中的雇佣合同带有浓重的罗马法气息，在体系上全盘接受了罗马法对雇佣关系的认识。在民法典中，仍然称雇佣合同为劳动力租赁，与物的租赁、畜类租赁并列置于租赁一章。至《德国民法典》，劳动的租赁被称为"雇佣合同"，并在第二编"债的关系法"中对雇佣进行了详细规定，不再认为雇佣是反映租赁关系的合同，而是认为属于广义上的给予服务的合同，至此，雇佣合同正式从租赁中独立出来。

20世纪之前，雇佣合同领域也体现着完全的契约自由，雇佣合同被看成是法律面前平等、独立的工人与雇主之间的自由意志相一致的产物。但是，自 20 世纪以来，随着工业化运动的勃兴，社会经济的发展，劳动者相对于拥有生产资料及生产工具的雇主，居于明显的弱势地位。基于双方不平等的经济地位，雇佣合同实质上是雇主单方的意思表示。为了消除劳动就业中因经济地位悬殊而发生的不平等现象，保护经济上的弱者，避免雇主滥用"意思自治"损害劳工的利益，许多国家加强了对劳资关系的干预。由此，在传统的雇佣合同的基础上，产生了一种具有新的特性、新的内容的合同，即劳动合同。

劳动合同是雇佣合同社会化的产物，其旨在建立现实社会中难以实现的、实质性的平等，使经济力量薄弱的合同一方当事人得到较多的保护。劳动合同没有取代雇佣合同，在市场经济条件下，雇佣合同仍然普遍存在。

我国《合同法》虽然没有规定雇佣合同，但是，这种合同在市场上客观存在，纠纷也较多，应当以法律的手段加以调整。

三、雇佣合同的效力

（一）受雇人的义务

1. 按照约定提供劳务。受雇人应按照合同约定的内容和方式，以自身的劳动、技能等履行合同义务。合同约定了受雇人应具备从事受雇活动的技能或者专门知识的，受雇人应当保证自己确有该技能或者专门知识，否则雇佣人有权终止合同。

2. 勤勉和忠实。雇佣合同成立后，受雇人应当服从雇佣人的安排，勤勉劳动、忠实地履行合同，不泄露雇佣人的经营秘密。

3. 维护雇佣人利益。在合同履行期间，受雇人应维护雇佣人的财产和其他合法利益，防止自己的行为致雇佣人损失，因过错而致使雇佣人利益受损害的，应负赔偿责任。

（二）雇佣人的义务

1. 给付报酬的义务。雇佣人须按照约定给付酬金，不得以任何借口克扣受雇人应得的酬金。因雇佣人的原因致使受雇人不能履行义务的，雇佣人无权要求受雇人补充履行，并应当按合同约定支付报酬。

2. 对受雇人在从事雇佣活动中所受人身损害予以赔偿。受雇人在从事雇佣活动中遭受人身损害的，雇主应当承担赔偿责任。第三人造成受雇人人身损害的，受雇人可以请求第三人承担赔偿责任，也可以请求雇主承担赔偿责任。雇主承担赔偿责任后，可以向第三人追偿。在承包关系中，发包人知道或者应当知道承包的雇主没有相应资质或者安全生产条件而发包或者分包的，受雇人在工作中发生人身伤亡时，发包人应当与雇主承担连带赔偿责任。但是，属于《工伤保险条例》调整的劳动关系和工伤保险范围的，不适用前述规定。

四、雇佣合同与近似合同的关系

（一）雇佣合同与劳动合同

雇佣合同与劳动合同都是提供劳务的合同，劳动合同是雇佣合同社会化的产物，在学理上被称为特种的雇佣合同，有学者称之为从属的雇佣合同。[1]二者的主要区别在于：

1. 法律干预的程度不同。雇佣合同是通过双方当事人的自由协商来确立劳动关系的，其内容法律一般不加干预；而劳动合同却受国家的干预，自由协商受到限制。劳动合同须以法定的关于劳动条件、劳动保护等的内容为最低基准条款，否则劳动合同无效。

2. 法律渊源不同。雇佣合同属民事合同的一种，由民法和合同法调整；而劳动合同属

---

〔1〕 史尚宽：《债法各论》，中国政法大学出版社 2000 年版，第 294 页。

于劳动法调整，是独立的合同种类。

3. 解决纠纷的程序不同。劳动合同纠纷采用仲裁前置程序，即劳动合同纠纷如果不经过劳动争议仲裁机构处理，人民法院不予受理；雇佣合同是民事合同，审理机关是人民法院，纠纷发生后当事人无须经过仲裁，有权直接向人民法院起诉。

4. 劳动合同是要式合同，须以书面形式订立。雇佣合同则是不要式合同。

（二）雇佣合同与委托合同

雇佣合同与委托合同皆是提供劳务的合同。二者之间的区别在于：

1. 目的不同。雇佣合同以给付劳务为目的；而委托合同则以完成一定的法律行为或处理一定的事务为目的。

2. 是否有偿不同。雇佣合同为有偿合同；委托合同可以有偿，也可以无偿。

（三）雇佣合同与承揽合同

雇佣合同与承揽合同皆是提供劳务的合同。二者的区别主要在于：

1. 目的不同。雇佣合同以给付劳务为目的；而承揽合同则以完成工作成果为目的，给付劳务仅是达到目的的手段。

2. 风险承担者不同。雇佣合同履行中所发生的风险由雇佣人承担；而承揽合同履行中所发生的风险由承揽人承担。

第四十八章

提供智力成果的合同

■第一节 技术合同

一、技术合同概述

（一）技术合同的概念和特征

技术合同是当事人就技术开发、转让、咨询或者技术服务所订立的确立相互之间权利义务的合同。

技术合同具有以下特征：

1. 合同标的是提供技术的行为。技术合同的标的，包括技术开发行为、技术转让行为、技术咨询行为和技术服务行为。技术合同以特定技术的提供为要素，这一特征使技术合同区别于其他合同。合同约定的技术可以是现有技术，也可以是待开发的技术。

2. 是双务、有偿合同。在技术合同中，一方当事人进行开发、转让、咨询或者服务，另一方支付报酬，故技术合同为双务、有偿合同。

3. 是诺成合同。技术合同自双方当事人达成合意时即告成立，属于诺成合同。

（二）技术合同的种类

根据《合同法》的规定，技术合同分为技术开发合同、技术转让合同、技术咨询合同、技术服务合同四大类型。其中，技术开发合同又可分为委托开发合同和合作开发合同；技术转让合同又可分为专利申请权转让合同、专利权转让合同、专利实施许可合同和非专利技术转让合同。

（三）技术合同的订立

技术合同的订立，适用《合同法》关于合同订立的一般规定，同时针对技术本身的特点，还应遵循以下原则：

1. 有利于科学技术进步，有利于加速科学技术成果的转化、应用和推广的原则。

2. 不得妨碍科技进步的原则。技术合同不得妨碍技术进步、侵害他人技术成果，或非法垄断技术。违背这一原则的技术合同无效。

3. 专有技术的保密原则。专有技术又称技术秘密，即不为公众所知悉的技术成果。其特点是不寻求专利保护，而是以秘密的方式去获得利益。技术秘密一旦被公开，权利人就会失去专有的独占状态，其利益就会受到损失，因此，在技术合同中，涉及专有技术的，当事人应当负保密义务，违反该项义务，应承担损害赔偿责任。

二、技术开发合同

（一）技术开发合同的概念和特征

技术开发合同是指当事人之间就新技术、新产品、新工艺或新材料及其系统的研究开发所订立的合同。

技术开发合同包括委托开发合同和合作开发合同。委托开发合同是当事人一方委托另一方进行技术研究开发所订立的合同。合作开发合同是指当事人各方就共同进行技术研究开发所订立的合同。

进行研究开发的当事人叫作研究开发人，委托研究开发人进行技术开发的当事人是委托人。

技术开发合同除具有技术合同的一般特征外，还具有如下法律特征：

1. 合同的标的是开发具有新颖性、创造性的技术成果的行为。开发人的开发研究行为，应当是针对尚未问世的技术项目。如果实施的是现有技术的提供行为，就不是技术开发行为。

2. 研究开发人须有技术研究开发能力。即研究开发人应具有合同约定的研究开发技术所需的科技人员、财力、物力等。无此能力而与他人订立技术开发合同的，构成可归责于当事人的自始不能履行的合同。

3. 是要式合同。《合同法》第 330 条第 3 款规定："技术开发合同应当采用书面形式。"

（二）技术开发合同的效力

1. 委托开发合同的效力。委托人的主要义务包括：①按照合同约定支付研究开发费用和报酬。②按合同约定提供技术资料、原始数据并完成协作事项。③按期接受研究开发成果。委托人违反上述义务造成研究开发工作停滞、延误或者失败的，应当承担违约责任。

研究开发人的主要义务包括：①依约亲自制定和实施研究开发计划。非经委托人同意，不得将技术开发工作的主要部分交由第三人完成。②按照约定合理使用研究开发经费。③按期完成开发研究工作，交付工作成果，提供有关的技术资料和必要的技术指导，帮助委托方掌握研究开发成果。④除当事人另有约定或法律另有规定外，研究开发人不得向第三人泄漏所开发的技术秘密，不得向第三人提供该项技术成果。研究开发人违反上述义务造成研究开发工作停滞、延误或者失败的，应当承担违约责任。

2. 合作开发合同的效力。合作开发合同的各方当事人的主要义务有：①按约定进行投资。②按约定的分工参与研究开发工作。③协作配合研究开发。④保守技术情报和资料的秘密。当事人违反上述义务造成研究开发工作停滞、延误或者失败的，应当承担违约责任。

（三）技术开发合同的特别法律规则

1. 技术开发合同的成果归属。技术开发合同的成果归属，应当区分以下情形分别确定：

（1）依委托合同所完成的发明创造，除当事人另有约定外，申请专利的权利属于研究开发人。研究开发人取得专利权的，委托人可以免费实施该专利。研究开发人转让专利申请权的，委托人在同等条件下有优先受让的权利。

（2）依合作开发合同所完成的发明创造，除当事人另有约定的以外，申请专利的权利归合作开发的当事人共有。当事人一方转让其共有的专利申请权的，其他合作开发人享有以同等条件优先受让的权利。合作开发的当事人一方不同意申请权利的，另一方或者其他各方不得申请；但如果合作开发的当事人一方声明放弃专利申请权的，可由另一方单独申请或者其他合作开发人共同申请。申请人取得专利权的，放弃专利申请权的合作开发当事人一方可以免费实施该专利。

（3）委托开发或合作开发完成的技术秘密的使用权、转让权以及利益的分配办法，由当事人约定；没有约定或者约定不明确的，当事人可以协商补充；不能达成补充协议的，应按照合同有关条款来确定；仍不能确定的，当事人均有使用和转让的权利，但委托开发的研究开发人不得在向委托人交付研究开发成果之前，将研究开发成果转让给第三人。

2. 技术开发合同的风险负担。根据《合同法》第 338 条的规定，在技术开发合同履行过程中，因出现无法克服的技术困难，致使研究开发失败或者部分失败的，该风险责任由当事人约定。没有约定或者约定不明确的，当事人可以协商补充，不能达成补充协议的，应按照合同有关条款或交易习惯确定；仍不能确定的，风险由当事人合理分担。当事人一方发现可能致使研究开发失败或部分失败的情形时，应当及时通知另一方并采取适当措施减少损失。没有及时通知并采取适当措施，致使损失扩大的，应当就扩大的损失承担责任。

三、技术转让合同

（一）技术转让合同的概念和特征

技术转让合同，是指当事人就专利权转让、专利申请权转让、技术秘密转让和专利实施许可所订立的合同。

技术转让合同除具有技术合同的一般特征外，还具有下列特征：

1. 合同的标的物为现有的技术成果。作为技术转让合同标的物的技术成果，必须是现有的技术成果。尚待研究开发的技术或者不涉及专利或者非专利技术成果的知识、技术、经验、信息等，不能成为技术转让合同的标的物。这是技术转让合同与技术开发合同的重要区别。

2. 技术转让合同可以对转让标的物的使用范围作出限制。技术转让合同的双方当事人可以在合同中对实施专利的期限、实施专利或者使用非专利技术的地区和方式作出限制性约定。但是，不得以合同条款限制技术竞争和技术发展。

3. 技术转让合同为要式合同。《合同法》第 342 条第 2 款规定："技术转让合同应当采用书面形式。"

（二）技术转让合同的种类

技术转让合同分为以下四类：

1. 专利转让合同，是指专利权人作为让与人将其专利权让与受让人，受让人支付使用费的合同。

2. 专利申请权转让合同，是指双方当事人约定，一方将自己的技术成果的专利申请权转让给他方，他方支付使用费的合同。

3. 技术秘密转让合同，是指让与人将自己的技术秘密提供给受让人，受让人支付约定的使用费的合同。

4. 专利实施许可合同，是指专利权人许可受让人在约定的范围内实施专利，受让人支付约定使用费的合同。专利实施许可合同又可分为：①独占实施许可合同，是指专利权人许可受让人在约定的范围内独占地实施其专利，并排除专利权人和任何第三人在相同的范围内实施该专利的许可合同。②排他实施许可合同，是指专利权人许可受让人在约定的范围内排除任何第三人实施该专利，但不排除专利权人自己实施的许可合同。③一般实施许可合同，是指专利权人许可受让人在约定的范围内实施其专利的同时，专利权人还可以许可第三人实施或者自己实施同一专利的许可合同。

（三）技术转让合同的效力

1. 技术让与人的义务：①保证转让的技术及技术的权利无瑕疵。让与人须保证自己是所提供技术的合法拥有者，并保证所提供的技术完整、无误、有效，能够达到约定的目标。②按照约定转让技术成果、进行技术指导。让与人未按照约定转让技术的，应当返还部分或者全部使用费，并承担违约责任。③交付有关实施技术的资料，并提供必要的技术指导，保证技术的实用性、可靠性。④对技术保密。技术转让合同中涉及技术秘密的，应当保守秘密。

2. 技术受让人的义务：①按照约定支付使用费。未按照约定支付使用费的，应当补交使用费，并按照约定支付违约金；不补交使用费或者支付违约金的，应当停止实施专利或者使用技术秘密，交还技术资料，承担违约责任。②对技术保密。受让人应当按照约定的范围和期限，对让与人提供的技术中尚未公开的秘密，承担保密义务；受让人违反约定的保密义务的，应当承担违约责任。③按照约定合理使用技术。受让人应当按照合同约定的范围、方式使用技术，未经让与人同意，不得允许第三人使用技术。实施专利或者使用技术秘密超越约定的范围的，未经让与人同意擅自许可第三人实施该专利或者使用该技术秘密的，应当停止违约行为，承担违约责任。

四、技术咨询合同和技术服务合同

（一）技术咨询合同

1. 技术咨询合同的概念和特征。技术咨询合同，是指当事人一方为对方就特定技术项目提供可行性论证、技术预测、专题技术调查、分析评价报告等咨询服务，对方给付报酬的合同。

技术咨询合同具有如下特征：①合同以特定的技术咨询行为为标的。合同当事人应当完成的是一定的技术项目的可行性论证、技术预测、专题技术调查等行为。②合同的目的在于为委托人提供可供选择的咨询报告。受托人为委托人进行科学研究、技术开发、成果推广、技术改造、工程建设、科技管理等项目提出建议、意见和方案，供委托人在决策时参考。③受托人是具有专门的技术能力的专门机构和专门人才。④是双务、有偿、诺成、不要式合同。

2. 技术咨询合同的效力。

（1）委托人的主要义务是：①按照约定提供咨询问题和相关技术资料。委托人须按照约定阐明咨询的问题，提供技术背景材料及有关技术资料、数据。如未按约定提供必要数据或资料而影响工作进度或质量，经催告仍未在合理期限内提交的，受托人有权解除合同。委托人支付的报酬不得追回，未付的报酬应当支付。②按约定接受受托人的工作成果，支付报酬。委托人不接受或逾期接受工作成果的，支付的报酬不得追回，未付的报酬应当支付。

（2）受托人的主要义务是：①须按约定完成咨询工作。受托人应当利用自己的技术知识，按约定如期完成咨询报告或解答委托人的问题。②保证咨询报告和意见达到约定的要求。《合同法》第 359 条第 2 款规定："技术咨询合同的受托人未按期提出咨询报告或者提出的咨询报告不符合约定的，应当承担减收或者免收报酬等违约责任。"③受托人对委托人提供的技术资料和数据，在合同约定的范围和期限内，有保密义务。

3. 咨询报告或者意见实施的风险负担。根据《合同法》第 359 条第 3 款的规定，除当事人另有约定外，委托人按照受托人符合约定要求的咨询报告和意见作出决策所造成的损失，由委托人承担。

（二）技术服务合同

1. 技术服务合同的概念和特征。技术服务合同是指当事人一方以技术知识为对方解决特定技术问题，对方支付报酬的合同。

技术服务合同具有下列特征：①为解决特定技术问题而订立。②受托人向委托人提供的技术服务是日常专业技术工作中反复运用的现有知识和经验，不包括专利技术和技术秘密。③是双务、有偿、诺成、不要式合同。

2. 技术服务合同的效力。

（1）委托人的主要义务有：①按照约定为受托人提供工作条件，完成配合事项。②按期接受受托人的工作成果并支付报酬。委托人不接受或逾期接受工作成果的，支付的报酬不得追回，未付的报酬应当支付。

（2）受托人负有以下义务：①按照约定完成服务项目，解决技术问题，保证工作质量，并传授解决技术问题的知识。②对委托人提供的技术资料、数据、样品按照约定范围和期限承担保密义务。委托人提供的技术资料、数据、样品、材料不符合约定的，应及时通知委托人在约定的期限内补充、修改或者更换。③妥善保管委托人提供的技术资料、样品。

（三）技术咨询合同和技术服务合同所新创技术成果的归属

根据《合同法》第363条的规定，除当事人另有约定外，在技术咨询合同、技术服务合同履行过程中，受托人利用委托人提供的技术资料和工作条件完成的新的技术成果，属于受托人。委托人利用受托人的工作成果完成的新的技术成果，属于委托人。

■第二节　商标使用许可合同和转让合同

一、商标使用许可合同

（一）商标使用许可合同的概念和特征

商标使用许可合同，是商标权人许可对方使用自己的注册商标，对方支付使用费的合同。许可对方使用注册商标的商标权人，称为许可人；被许可使用注册商标的一方称为被许可人。

商标使用许可合同具有下列特征：

1. 合同的标的物是注册商标。按照《商标法》的规定，商标注册人可以通过商标使用许可合同，许可他人使用其注册商标。

2. 是要式合同。《商标法》规定，商标使用许可合同应当采用书面形式，并向商标主管机关办理备案手续。

3. 商标使用许可合同一般为双务、有偿合同。即商标使用许可合同当事人一方许可他方使用其注册商标，他方支付使用费，故为双务、有偿合同。但法律规定或当事人约定无偿使用的除外。

（二）商标使用许可合同的效力

1. 许可人的主要权利义务：①按照约定取得使用费的权利。合同约定被许可人有偿使用注册商标的，许可人有权请求被许可人按约定支付使用费。②对被许可人商品质量有监督权。许可人有权对被许可人使用其注册商标的商品的质量进行监督，以确保商标的信誉。③商标使用权保证及维持义务。许可人须在合同有效期内维持被许可人正常使用商标。④协助义务。许可人须在法律、技术等方面协助被许可人正常使用其商标。

2. 被许可人的主要权利义务：①依约使用商标。被许可人须在约定的范围内，以约定方式使用商标。超出约定范围的使用，构成违约和侵权。②须明确标示许可人是商标权人。被许可人使用商标时，应依约定明示商标权人的姓名或名称，不得损害许可人的商标权。③须保守许可人的商业秘密。被许可人通过商标使用许可获悉许可人商业秘密的，应当严守该秘密。泄露许可人商业秘密造成许可人损失的，无论是否在许可合同期限内，许可人都有损害赔偿请求权。

二、商标转让合同

（一）商标转让合同的概念和特征

商标转让合同，是指商标注册人与受让人约定将注册商标转让给受让人，受让人支付报酬的合同。

商标转让合同具有如下特征：①合同的标的物是注册商标。②合同须采取书面形式，并经商标主管机关核准登记。依据 2013 年修订的《商标法》第 42 条的规定，转让注册商标的，转让人和受让人应当签订转让协议，并共同向商标局提出申请；转让注册商标经核准后，予以公告。

（二）商标转让合同的效力

1. 商标转让人的义务：①在同一种或类似商品上注册的相同或近似商标一并转让。②保证转让的注册商标合法有效。即商标转让人必须保证其商标不属于被商标局责令限期改正或撤销注册的商标，保证其转让的商标不侵害第三人的权利。③协助受让人办理商标转让手续。

2. 受让人的义务：①按照约定支付转让费。②保证使用注册商标商品的质量，以维护该商标的声誉和消费者的利益。

第四十九章

合伙合同

■第一节 合伙合同概述

一、合伙合同的概念和特征

合伙合同，是指两个以上的当事人为实现共同的经济目的而达成的共同出资、共同经营、共享利益、共担风险的合同。合伙合同的当事人称为合伙人，包括自然人、法人和其他组织，作为合伙人的自然人必须具有民事行为能力。

合伙合同具有以下特征：

1. 是共同的民事法律行为。与一般合同相比，合伙合同的当事人为多数，是多数当事人之间为了共同的经济目的而成立的民事法律行为。

2. 是以经营共同事业为目的的合同。合伙合同的当事人应按照合同的约定，共同出资，参与合伙事业的经营，按照约定或出资的比例分享利益，承担风险。

3. 是诺成性合同。当事人意思表示一致，无须交付财产，合伙合同即告成立。

合伙合同，有的为要式合同，有的为不要式合同。民事（消费性）合伙为非要式合同，商事（经营性）合伙则必须以书面方式订立，为要式合同。

二、合伙合同的订立

合伙合同的订立主体须是具有民事行为能力的人，且不属于法律、法规禁止从事营利活动的人。合伙合同的订立一般采用书面形式。

根据《合伙企业法》的规定，合伙合同应当载明以下重要事项：①合伙企业的名称和主要经营场所的地点。②合伙目的和合伙经营范围。③合伙人的姓名或者名称、住所。④合伙人的出资方式、数额和缴付期限。⑤利润分配办法和亏损分担办法。⑥合伙事务的执行。⑦入伙和退伙。⑧解散与清算。⑨违约责任、争议解决方式等。

三、合伙合同的效力

（一）合伙合同对合伙人的效力

1. 合伙人的权利。①财产共有权。合伙人依据合同和法律，对合伙财产享有财产权。任何合伙人都不能侵害其他合伙人的财产权利。②合伙事务的决策权。每个合伙人对合伙事务的决策均有参与权。③合伙事务的执行权。各合伙人对执行合伙企业事务享有同等的权利，合伙事务可由全体合伙人共同执行，也可以在合伙合同中约定或者由全体合伙人决定委托一个或数个合伙人负责执行。④合伙事务的监督权。全体合伙人，尤其是不负责执行合伙事务的合伙人，有权监督检查合伙事务的执行情况，了解财产使用及管理情况，查阅合伙账目等。

2. 合伙人的义务。①按照约定出资。合伙合同一经成立，合伙人须按照约定的出资方式、数额，如期出资。②分担亏损。合伙人对合伙债务负无限连带责任；在合伙人之间，按照约定的比例或者出资比例分担合伙债务。③对因自己过失给合伙组织或企业造成的损失承担赔偿责任。合伙人不履行合伙事务，不按约定履行出资或者在执行合伙事务中，因自己的过失致使合伙组织遭受损失的，应当负赔偿责任。④执行合伙事务的忠实义务。合伙人应亲自执行合伙事务，及时向合伙组织汇报合伙事务执行情况，转移所取得的权利或财产于合伙组织。任何合伙人都不得经营与合伙业务相竞争的事业（竞业禁止）。除合伙合同另有约定或者全体合伙人一致同意外，任何合伙人不得与合伙企业进行交易（交易禁止）。

（二）合伙合同的对外效力

1. 合伙人的权利。①执行合伙事务使用合伙组织或企业名称的权利。在商事合伙中，经登记的合伙企业都有名称并享有名称权，各合伙人在执行合伙事务时，无须特别授权即得使用合伙企业的名称。②代表权。在没有约定合伙事务执行人时，每一个合伙人均可代表合伙组织或企业对外进行与合伙事务有关的活动，该行为直接对全体合伙人发生效力。合伙合同约定合伙事务执行人的，该执行人的行为对全体合伙人发生效力，合伙人之间对合伙执行人的限制，不得对抗善意第三人。

2. 合伙人的义务。合伙人对合伙债务负连带责任。合伙的债权人有权向合伙人中的任何一人请求履行全部或部分债务，合伙人对偿还超过自己应当承担部分的债务，有权向其他合伙人追偿；合伙人之间对合伙债务的分担比例，对合伙组织或企业的债权人没有约束力。

四、合伙合同的变更

合伙合同的变更包括合同主体的变更和合同内容的变更。合同内容的变更主要是合伙人对合同所约定的内容进行变更的情形。这里主要介绍合伙合同主体的变更，即合伙人的变更，包括入伙和退伙。

（一）入伙

入伙，是指在合伙合同成立后，合伙人同意接受非合伙人加入合伙的意思表示，使非合伙人取得合伙人资格的行为。

非合伙人加入合伙应当按照合伙合同的约定处理；没有约定的，须经全体合伙人的同意。

（二）退伙

退伙，是指合伙人脱离合伙，丧失合伙人资格的行为。根据退伙原因的不同，退伙可以分为声明退伙、法定退伙和除名退伙。

声明退伙亦称任意退伙，是指合伙人基于自己的意思而退伙。

法定退伙，是指并非基于合伙人本人的意思，而是根据法律规定的条件退伙。

除名退伙，是指合伙人基于法定的原因或合伙合同约定的原因被其他合伙人一致同意开除出合伙，丧失合伙人资格的情形。

退伙有以下法律效力：①一般而言，退伙人终止与其他合伙人的合伙关系，并丧失合伙人资格。②退伙时进行财产结算，以其退伙时的合伙财产状况为准，分割的合伙财产包括合伙时投入的财产和合伙期间经营积累的财产，以及合伙期间的债权债务。③合伙人因退伙而转让出资份额时，其他合伙人有优先购买权。④退伙人对在合伙期间发生的合伙债务，退伙时未按约定分担或者未合理分担的，退伙人应当对原合伙债务承担清偿责任，退伙人对其在退伙前发生的合伙债务，应与其他合伙人承担连带责任。⑤退伙人因退伙给其他合伙人造成损失的，应当考虑退伙的原因以及双方当事人的过错等情况，确定其赔偿责任。

五、合伙合同的终止

合伙合同的终止，是指合伙合同因法定或约定的原因丧失其对各合伙人的约束力，致使合伙关系归于消灭。

合伙合同终止的原因主要包括：①合伙合同约定的期限届满，合伙人不愿继续合伙经营；②全体合伙人一致同意终止合伙合同；③合伙合同约定的目的已经达成或者已不可能达成；④因从事违法活动被有关部门勒令终止或被人民法院判决解散；⑤因破产使合伙合同失去效力；⑥合伙合同约定的其他终止事由出现；⑦法律、行政法规规定的其他原因。

■第二节　隐名合伙合同

一、隐名合伙合同的概念和特征

隐名合伙合同，是当事人约定一方对他方经营的事业出资并分享盈余、分担亏损，但不显示自己合伙人地位的合伙合同。出资并参与盈余分配及分担亏损，不显示其合伙人地位的人为隐名合伙人；以自己的名义进行经营活动的人为显名合伙人。

隐名合伙合同与显名合伙合同相比较，基本特征是不显示隐名合伙人。

二、隐名合伙合同的效力

（一）隐名合伙人的主要义务

1. 出资义务。隐名合伙人应将自己出资财产的权利全部交给显名合伙人。

2. 分担亏损义务。即隐名合伙人在其出资范围内对合伙债务承担有限责任。

（二）显名合伙人的主要义务

1. 业务执行义务。显名合伙人在利用出资进行经营活动时，应尽力妥善地使用隐名合伙人的出资，充分发挥其效用。

2. 接受监督义务。隐名合伙人虽然不参与经营活动，但有权监督显名合伙人的经营活动，可以查阅账目、检查资金使用情况等。显名合伙人负有协助隐名合伙人监督检查的义务。

3. 分配盈余义务。显名合伙人应按照约定向隐名合伙人支付其应得的盈余份额。

4. 财产返还义务。当经营的事业终结时，显名合伙人应向隐名合伙人返还其出资财产，并按照约定分配盈亏。

射幸合同

■第一节　保险合同

一、保险合同的概念和特征

保险合同，是投保人按约定向保险人支付保险费，保险人在约定的保险事故或者约定的条件出现时，按约定给付保险金的合同。

投保人是按约定支付保险费的一方，可以是自然人、法人或者其他组织。保险人是按约定给付保险金的一方，只能是依法成立的保险公司。保险费是投保人按照约定支付给保险人的一定数额的货币；保险金是保险人于约定的损害或者条件发生时，按照约定给付给投保人的一定数额的货币。保险事故是指保险合同约定的保险责任范围内的事故。

保险合同具有下列特征：

1. 是双务、有偿合同。保险合同的投保人负有支付保险费的义务，保险人负有在约定的保险事故发生时支付保险金的义务，故保险合同为双务、有偿合同。

2. 是要式合同。保险合同应采取法定的书面形式。通常是保险人签发保险单或其他保险凭证；当事人协商同意的，也可采用一般的书面协议订立保险合同。

3. 是格式合同。保险合同的基本条款由保险人事先拟定，投保人通常只有接受或不接受的权利，并无磋商的余地。

4. 是射幸合同。射幸合同是以将来发生的事件（机会）作为标的的合同。在保险合同中，保险人是否给付保险金以保险事故的发生与否为前提，保险人仅在特定的不可预料的保险事故发生时，负有给付保险金的义务。保险事故发生的随机性决定了保险金给付的或然性，故保险合同为射幸合同。

5. 是最大诚信合同。保险合同的订立与履行须基于当事人的最大诚信。保险人负有提示说明义务，投保人有告知、危险通知义务。当事人不得隐瞒有关的事实情况，否则将导致保险合同的解除或无效。

二、保险合同的种类

保险合同根据不同的标准，可分为以下类型：

（一）财产保险合同和人身保险合同

根据保险合同的标的不同，可分为财产保险合同和人身保险合同。

1. 财产保险合同。财产保险合同是指以财产及其他有关经济利益为保险标的的保险合同。财产保险合同又可分为：①海上保险合同，主要包括与海洋运输有关的船舶保险合同、货物保险合同以及有关利益保险合同等。②货物运输保险合同，包括陆上货物运输保险合同、海上货物运输保险合同和航空货物运输保险合同。③火灾保险合同，包括不动产火灾保险合同、动产火灾保险合同和利益火灾保险合同。④责任保险合同，是指以被保险人对第三人依法应负的赔偿责任为标的的保险合同，主要包括公众责任险、产品责任险、雇主责任险、职业责任险等保险合同。⑤信用保险合同和保证保险合同，即在债务人不履行或者不能履行债务时，由保险人对以信用或保证方式担保其债权的被保险人所遭受的损失负赔偿责任的保险合同。此外还有工程保险合同等类型。

2. 人身保险合同。人身保险合同是指以人的寿命和身体为保险标的的保险合同，包括：①人寿保险合同，即以被保险人的生命为保险标的的保险合同。当被保险人的生命发生保险事故时，保险人支付保险金。常见的人寿保险合同有死亡保险合同、生存保险合同和生死两全保险合同。②健康保险合同，又称疾病保险合同，是指保险人在被保险人因疾病致残或死亡时给付被保险人或受益人约定保险金的保险合同。③意外伤害保险，是指被保险人遭受意外事故致残或死亡时，保险人向被保险人或受益人支付保险金的保险合同。

（二）自愿保险合同和强制保险合同

根据实施保险方式的不同，可分为自愿保险合同和强制保险合同。

1. 自愿保险合同。自愿保险合同是指投保人和保险人经过自愿协商而订立的保险合同。投保人是否投保可以自由选择；保险人对于条件不符合规定的投保也有权拒绝，但对符合条件的自愿投保一般不得拒绝。

2. 强制保险合同。强制保险合同是指根据法律特别规定，强制特定人投保的保险合同，如铁路、飞机、轮船旅客意外伤害保险合同。

（三）单一保险合同和重复保险合同

根据保险人是唯一或是多数，分为单一保险合同和重复保险合同。

1. 单一保险合同。单一保险合同是指投保人就同一保险标的、同一保险利益或同一保险事故，与一个保险人订立的保险合同。

2. 重复保险合同。重复保险合同是指投保人就同一保险标的、同一保险利益或同一保险事故，分别向两个以上的保险人订立的数个保险合同。重复保险合同的保险金额总和不得超过保险标的的价值，除合同另有约定外，各保险人按照其保险金额与保险金额总和的比例承担赔偿责任。

（四）原保险合同和再保险合同

根据保险人所负保险责任的先后次序可分为原保险合同和再保险合同。

1. 原保险合同。原保险合同是指保险人对被保险人因保险事故所致的损害，承担直接的原始保险责任的保险合同。

2. 再保险合同。再保险合同是指保险人以其所承保的风险为标的向其他保险人投保而订立的保险合同。原保险合同是再保险合同存在的基础，但再保险合同是一个独立的保险合同，原保险合同的投保人、被保险人或者受益人与再保险人不发生直接的权利义务关系。再保险人不得向原保险合同的投保人请求支付保险费，原保险合同的被保险人或者受益人不得向再保险人提出赔偿或者给付保险金请求，原保险人也不得以再保险人未履行再保险责任为由，拒绝履行或者迟延履行原保险责任。

三、保险合同关系的三要素

（一）保险合同的主体

1. 保险合同当事人。

（1）保险人。保险人亦称承保人，是指与投保人订立保险合同，收取保险费，并在保险事故发生或者保险期满时给付保险金的保险公司。在我国，保险人必须是依法设立的经营保险业务的保险公司，非保险公司不得经营商业保险业务。

（2）投保人。投保人。亦称要保人，是指与保险人订立保险合同并按照约定负有支付保险费义务的人。投保人可以是自然人，也可以是法人或其他组织。

投保人对保险标的必须具有保险利益，否则，保险合同无效。

保险利益是指投保人或者被保险人对保险标的具有的法律上承认的利益。

2. 保险合同关系人。

（1）被保险人。被保险人是指其财产或者人身受保险合同保障，享有保险金请求权的人。

（2）受益人。受益人亦称保险金受领人，是指人身保险合同中由被保险人或投保人指定的享有保险金请求权的人。人身保险合同中的受益人由被保险人或投保人指定，投保人指定或变更受益人时须经被保险人同意。被保险人为无民事行为能力人或者限制行为能力人的，可由其监护人指定受益人。被保险人或者投保人可以指定一人或数人为受益人。受益人为数人的，被保险人或投保人可以确定受益顺序和受益份额；未确定受益份额的，受益人按照相等份额享有受益权。如果没有指定受益人，或者受益人先于被保险人死亡又没有其他受益人，或者受益人依法丧失受益权或放弃受益权又没有其他受益人的，则被保险人的继承人为受益人。

根据《保险法》第43条第2款的规定，受益人故意造成被保险人死亡、伤残、疾病的，或者故意杀害被保险人未遂的，该受益人丧失受益权。

3. 保险合同辅助人。

（1）保险代理人。保险代理人是指根据保险人的委托，向保险人收取代理手续费，并在保险人授权范围内，以保险人的名义办理保险业务的单位或个人。

（2）保险经纪人。保险经纪人是指为投保人与保险人订立保险合同，提供中介服务并收取佣金的单位，个人不得成为保险经纪人。

（二）保险合同的标的

保险合同的标的，也叫作保险标的，是指保险合同的当事人享有的权利和承担的义务所指向的对象。即财产及其有关利益或者人的寿命和身体。

（三）保险合同的内容

保险合同的内容，是指保险合同当事人所享有的权利和承担的义务。其表现为保险合同中约定的条款，包括：①保险人的名称和住所；②投保人、被保险人的姓名或者名称、住所，以及人身保险的受益人的姓名或者名称、住所；③保险标的；④保险责任和责任免除；⑤保险期间和保险责任开始时间；⑥保险金额；⑦保险费以及支付办法；⑧保险金赔偿或者给付办法；⑨违约责任和争议处理；⑩订立合同的年、月、日。

除上述基本条款外，当事人还可以约定与保险有关的其他事项（即特约条款），使双方的权利义务更加明确。

四、保险合同的订立

保险合同的订立，通常由投保人向保险人提出投保要求，即投保要约；保险人在接到投保人的投保申请时，应当向投保人说明保险合同的条款内容，并可就保险标的或者被保险人的有关情况进行询问。保险人对投保人提出的保险要求同意承保（即保险承诺），双方就合同的条款达成协议，保险合同即告成立。依法成立的保险合同，自成立时生效。

保险合同成立后，保险人应当及时向投保人签发保险单或者其他保险凭证，并在保险单或其他保险凭证中载明当事人双方约定的合同内容。保险人没有及时签发保险单或者其他保险凭证的，不影响保险合同的效力。

五、保险合同的效力

（一）投保人、被保险人的义务

1. 按约定缴纳保险费。缴纳保险费是投保人的主要义务，在保险合同成立后，投保人即应按照约定方式、期限向保险人缴纳保险费。

2. 如实告知相关真实情况。根据《保险法》第 16 条的规定，在订立保险合同时，保险人就保险标的或者被保险人的有关情况提出询问的，投保人应当如实告知。投保人故意或者因重大过失未履行前款规定的如实告知义务，足以影响保险人决定是否同意承保或者提高保险费率的，保险人有权解除合同。投保人故意不履行如实告知义务的，保险人对于合同解除前发生的保险事故，不承担赔偿或者给付保险金的责任，并不退还保险费。投保人因重大过失未履行如实告知义务，对保险事故的发生有严重影响的，保险人对于合同解除前发生的保险事故，不承担赔偿或者给付保险金的责任，但应当退还保险费。

3. 及时通知保险事故和相关情况。在财产保险合同中，投保人应将合同生效后发生的保险事故、保险标的危险程度增加、保险标的的转让等情况及时通知保险人；在人身保险合同中，投保人、被保险人或者受益人知道保险事故发生后，应当及时通知保险人。

4. 索赔举证义务。根据《保险法》第 22 条第 1 款的规定，保险事故发生后，按照保险合同请求保险人赔偿或者给付保险金时，投保人、被保险人或者受益人应当向保险人提供其所能提供的与确认保险事故的性质、原因、损失程度等有关的证明和资料。

5. 防灾减损义务。根据《保险法》第 51 条的规定，被保险人应当遵守国家有关消防、安全、生产操作、劳动保护等方面的规定，维护保险标的的安全。投保人和被保险人未按照约定履行其对保险标的的安全应尽责任的，保险人有权要求增加保险费或者解除合同。保险事故发生时，被保险人有责任尽力采取必要的措施，防止或减少损失。

（二）保险人的义务

1. 赔偿或给付保险金的义务。在保险合同成立后，一旦发生保险人责任范围内的保险事故，被保险人或者受益人行使保险金请求权，保险人应按照合同约定承担赔偿或者给付保险金的义务。

2. 说明义务。在订立保险合同时，保险人应当及时向投保人说明保险合同的条款内容。免责条款未明确说明的，该条款不产生效力。

3. 保险费退还义务。例如，《保险法》第 32 条规定，人身保险的投保人申报的被保险人年龄不真实，并且其真实年龄不符合合同约定的年龄限制的，保险人可以解除合同，并按照合同约定退还保险单的现金价值。投保人申报的被保险人年龄不真实，致使投保人支付的保险费多于应付保险费的，保险人应当将多收的保险费退还投保人。又如，《保险法》第 52 条规定，财产保险合同有效期内，保险标的的危险程度显著增加的，被保险人应当按照合同约定及时通知保险人，保险人可以按照合同约定增加保险费或者解除合同。保险人解除合同的，应当将已收取的保险费，按照合同约定扣除自保险责任开始之日起至合同解除之日止应收的部分后，退还投保人。

4. 保密义务。保险人或者再保险人对在办理保险业务中知悉的投保人、被保险人或者再保险分出人的业务和财产情况，负有保密义务。

六、保险合同的终止

保险合同终止的原因主要有以下几个方面：

1. 保险合同因期限届满而终止。

2. 保险合同因履行而终止。在保险合同的有效期内，约定的保险事故发生后，保险人依约定赔偿或者支付全部保险金后，保险合同即告终止。

3. 保险合同因解除而终止。根据《保险法》的有关规定，保险合同的解除有：①投保人的任意解除。即在保险合同成立后，除法律另有规定或者保险合同另有约定的以外，投保人可以任意解除合同。②保险人的法定解除。如《保险法》第16条第2款规定，投保人故意或者因重大过失未履行前款规定的如实告知义务，足以影响保险人决定是否同意承保或者提高保险费率的，保险人有权解除合同。③约定解除。保险合同的当事人可以约定合同解除的事由，当约定的解除事由发生后，保险合同得以解除，保险合同终止。

■第二节 博彩合同

一、博彩合同的概念和特征

博彩，英文称 gambling，意为博得各种中彩机会的游戏活动。博彩合同，是指合同当事人约定一方支付价款购买他方彩票，获取中奖机会，在符合中奖条件的情况下，另一方给付奖金的合同。支付价款的一方当事人为彩票购买人；对中奖彩票支付奖金的一方当事人为彩票出卖人。博彩合同中的彩票有广义、狭义之分，狭义仅指名为"彩票"的票券，广义则包括各种定有中奖机会的票券。

彩票出卖人是彩票发行机构，而不是彩票销售机构。在我国，多数情况下是由各销售机构的工作人员在其销售场地直接将有纸彩票或者通过计算机网络系统将无纸彩票出售给彩票购买者，因此容易理解为销售机构是博彩合同的卖方。事实上，彩票销售机构只是彩票发行机构的受托人，二者之间形成委托代理的法律关系。代理人（彩票销售机构）以被代理人（彩票发行机构）的名义销售彩票，其法律效果由被代理人承担。因此，博彩合同中的彩票出卖人是依法设立的彩票发行机构，彩票销售机构只是代理彩票发行机构销售彩票。

博彩合同具有下列特征：

1. 是诺成合同。彩票出卖人与购买人就彩票的买卖达成合意，合同即告成立。出卖人交付彩票，属于履行彩票合同中的给付义务，而不是博彩合同成立的必要条件。

2. 是双务、有偿合同。在博彩合同中，彩票出卖人的义务是交付彩票并移转彩票的所有权于彩票购买人，彩票购买人的义务是按照彩票票面金额支付价款，故博彩合同为双务、有偿合同。

3. 是格式合同。博彩合同的内容由彩票发行机构和彩票销售机构事先拟定，并在彩票销售时通过适当的方式提示彩票购买人知悉。彩票购买者没有与彩票销售机构及其代销商就合同的内容进行商议、讨价还价的余地。彩票购买者对于既定的彩票销售、兑奖等规则"要么接受，要么走开"，因而彩票合同属于典型的格式合同。

4. 是射幸合同。射幸合同是以将来发生的事件（机会）作为标的的合同。博彩合同中，彩票出卖人给付奖金或奖品，以彩票购买人所购买的彩票符合中奖条件为前提，彩票出卖人仅在彩票符合中奖条件时，负给付奖金的义务。

二、博彩合同的种类

1. 彩票博彩合同。彩票博彩合同，是指通过购买彩票，获取中奖机会的博彩合同。彩票是指印有号码、图形或文字供人们填写、选择、购买并按特定规则取得中奖权利的凭证。国家发行彩票的目的是筹集社会公众资金，资助福利、体育等社会公益事业的发展。在我国，彩票分为福利彩票和体育彩票两大类，按其特征可分为传统型彩票、即开型彩票、乐透型彩票、数字型彩票和透透型彩票等。

2. 赛马博彩合同。赛马博彩合同是指通过马匹竞赛的结果决定中奖与否的合同。操作办法是：主办者将马匹和驭手组成能力相当的组合并编上号，让其在同一时间、同一跑道上比赛，并且事先给出名次、顺序等各种条件及相应的赔率，印成马票，让参与者填票押注，比赛结束，按实际结果决定是否中奖及中奖多少。中奖者按规定兑取奖金，未中奖者填票押注资金不予返还。

三、博彩合同的订立

彩票发行人将彩票名称、具体游戏方法、单注彩票价格、设奖和兑奖方式以及发行销售细则等彩票游戏规则公之于众的商业广告是要约，购买者同意购买的意思表示是承诺，承诺生效，彩票博彩合同成立。

就我国目前福利彩票和体育彩票而言，博彩合同主要是通过委托代理的方式订立，即彩票发行人委托彩票销售机构以自己的名义与彩票购买者订立彩票博彩合同，彩票发行人承担法律后果。

彩票发行机构、彩票销售机构、彩票代销者不得向未成年人销售彩票。[1]

四、博彩合同的效力

（一）彩票发行人的义务

1. 说明义务。由于彩票合同内容是格式条款，因此，彩票发行人应明确、公开、真实地拟定彩票合同的条款以及彩票的种类、格式和游戏规则，并在订立彩票合同时予以说明，以便购买者了解有关信息。

2. 按照购买者的选择交付彩票的义务。彩票不仅表明存在合同关系，更是购买者兑奖的凭证，发行者必须将购买者选定的彩票交付给购买者。由于彩票发行人的原因导致出现空白票、废票、不能辨认的票时，购买者有权要求发行者退还本金，支付利息，或者提供新的彩票替代原交付的彩票，并应赔偿损失。

3. 公开摇奖开奖义务。为了保障公平、公正，彩票的发行人必须对摇奖设备、摇奖时间、摇奖方式、摇奖过程、摇奖结果予以公开。

4. 兑奖义务。彩票的发行人应当对符合中奖条件的彩票购买者履行兑奖义务，不得拒绝支付奖金。《彩票管理条例》第 26 条规定，彩票中奖奖金应当以人民币现金或者现金支票形式一次性兑付，不得向未成年人兑奖。《彩票发行销售管理办法》第 20 条规定，在兑奖有效期内，彩票中奖者提出兑奖要求，经验证确认后，彩票发行机构、彩票销售机构或者彩票代销者应当及时兑付，不得拖延。彩票发行机构、彩票销售机构未以人民币现金或者现金支票形式一次性兑奖的，应当依照《彩票管理条例实施细则》第 62、63 条的规定承担法律责任。

5. 保密义务。《彩票管理条例》第 27 条规定，彩票发行机构、彩票销售机构、彩票代销者以及其他因职务或者业务便利知悉彩票中奖者个人信息的人员，应当对彩票中奖者个人信息予以保密。

（二）彩票购买人的义务

1. 支付价款义务。即彩票购买者应当按照彩票票面金额支付价款，这是彩票购买人的主要义务。

---

[1] 2009 年国务院《彩票管理条例》第 18、26、41 条；2012 年中华人民共和国财政部、民政部、国家体育总局《彩票管理条例实施细则》第 25 条。

2. 按期兑奖、提供证明的义务。即购买彩票中奖者须在兑奖期限内提出兑奖要求，并提供有效的身份证明，填写兑奖登记表。

五、博彩合同的终止

博彩合同的终止，是指博彩合同成立后因一定事由的发生，博彩合同对当事人的效力归于消灭的事实。

《彩票管理条例》第 2 条第 2 款规定，彩票不返还本金，不计付利息。所以，博彩合同因履行而终止，即彩票发行人经过开奖，对中奖者支付奖金后，合同即告终止；未中奖者也因未中奖而合同终止。

亲属法与继承法

第十三编　亲属法[1]

第五十二章

亲属与亲属法

■ 第一节　亲属概述

一、亲属的概念

（一）定义

《说文解字》谓："親（亲），至也，从見（见）"；"屬（属），連（连）也，从尾"。[2]可见，"亲属"一词在汉语中为偏正结构，"属"用来表明"亲"之间的从属关系："以卑而属尊，以幼属长，以庶属嫡，以旁属正。"现代社会中，人身附从关系已日渐淡化。相互构成亲属关系者，或者具备血统关联，或者为婚姻所联结，因而，亲属可定义为：相互之间具有血统、婚姻关联之人。

（二）分类

我国历史上曾有内亲（宗亲、宗族）、外亲与妻亲之别，他们各有不同的权利义务。中华人民共和国立法采男女平等原则，以男方、女方或妻方来区分亲属已无太大意义。以下所介绍者，惟具法律意义之主要分类。

1. 血亲与姻亲。亲属或者有相同的血统，或者为婚姻所联结。彼此具血统关联者，称血亲。血亲又有自然血亲与拟制血亲之别：前者谓有自然血统关系之亲属，即彼此系出自相同祖先；若本无自然血统关系，法律拟制其为血亲者，则为拟制血亲，如养父母子女之间。

姻亲是由婚姻联结的亲属。我国大陆现行法未对姻亲范围作出界定，我国台湾地区"民法"第969条规定，"称姻亲者，谓血亲之配偶、配偶之血亲及配偶之血亲之配偶"，可作参考。

需要略作讨论的是配偶的法律地位。依据我国台湾地区"民法"的规定，亲属包括血

---

〔1〕　中国政法大学2007级民法学博士研究生吴香香（现中国政法大学民商经济法学院副教授）通读了本编初稿，提出许多有价值的修改意见，作者朱庆育表示感谢。

〔2〕　（汉）许慎：《说文解字》，中华书局1963年版，第175、178页。

亲与姻亲两类，配偶不属姻亲之列，此立法例同于德国，[1]这意味着，配偶非亲属。《日本民法典》第725条则以配偶与血亲、姻亲并列，为独立之亲属类型。关于配偶在我国法律制度中的地位，学者之间存有争议。[2]《民通意见》第12条规定："民法通则中规定的近亲属，包括配偶、父母、子女、兄弟姐妹、祖父母、外祖父母、孙子女，外孙子女。"据此，配偶为我国民法上的亲属无疑。

2. 直系亲与旁系亲。这是根据亲系所作的分类，包括直系血亲、直系姻亲与旁系血亲、旁系姻亲。不过，由于"姻亲从血亲"，故一般只谈血亲亲系。

《婚姻法》等法律使用了"直系血亲"与"旁系血亲"的概念，[3]但未作定义。其含义可参考我国台湾地区"民法"第967条之规定：直系血亲，"谓己身所从出或从己身所出之血亲"，如父母与子女之间；旁系血亲，"谓非直系血亲，而与己身出于同源之血亲"，如兄弟姐妹之间。

3. 自然亲属与法律亲属。只要存在婚姻或血缘关联，无论多远，皆为自然亲属；法律亲属则仅指能够产生法律关系，受法律调整之亲属关系。

此等分类的意义，可见于20世纪70年代我国台湾地区的一则案例。1976年，郭寿华以笔名"干城"发表《韩文公、苏东坡给予潮州后人的观感》一文，称"韩愈为人尚不脱古人风流才子的怪习气，妻妾之外，不免消磨于风花雪月，曾在潮州染风流病，以致体力过度消耗，及后误信方士硫磺下补剂，离潮州不久，果卒于硫磺中毒"云云。韩愈第39代直系血亲韩思道为此向台北地方法院自诉"诽谤死人罪"。法院判决结论为："自诉人以其祖先韩愈之道德文章，素为世人尊敬，被告竟以涉于私德而与公益无关之事，无中生有，对韩愈自应成立诽谤罪。"郭寿华不服判决，提起上诉，我国台湾地区"高等法院"维持原判。此案一出，立即引起学界轩然大波，该判决更被指为"文字狱"。杨仁寿先生认为，其间问题之关键，在于我国台湾地区"民法"未限定亲属等级，而致法律出现漏洞。实际上，并非所有自然亲属皆具有法律意义，而各国立法例亦多设亲属等级限制。[4]对此，《日本民法典》第725条明确规定，配偶、六亲等内的血亲与三亲等内的姻亲方为"亲属"，可供参考。

二、亲等

（一）概述

所谓亲等，是指计算亲属关系亲疏远近的标准单位。关于亲等的计算，需要注意两点：一是姻亲从血亲。故亲等之计算仅需关注血亲即可，具体如我国台湾地区"民法"第970条之规定，姻亲之亲系及亲等的计算规则是：①血亲之配偶，从其配偶之亲系及亲等；②配偶之血亲，从其与配偶之亲系及亲等；③配偶之血亲之配偶，从其与配偶之亲系及亲等。二是配偶之间无亲等。

（二）亲等的计算

关于亲等计算的方法，主要有以下几种：

1. 罗马法亲等计算法。罗马法亲等计算法为：①直系血亲的亲等计算法：从一方当事人开始，一世代为一亲等，世代总数即为亲等数；②旁系血亲的亲等计算法：分别数至双

---

[1] 《德国民法典》第1590条。

[2] 杨大文主编：《亲属法》，法律出版社2004年版，第50~51页。

[3] 《婚姻法》第7条。

[4] 杨仁寿：《法学方法论》，中国政法大学出版社1999年版，第3页以下。

方相同的尊亲属，各自亲等数之和即为该旁系血亲的亲等数；按照这一计算方法，直系血亲最近亲属为一亲等，旁系血亲最近亲属则为二亲等。《德国民法典》第1589条与我国台湾地区"民法"第968条均采用罗马亲等计算法。

2. 寺院法亲等计算法。寺院法亲等计算法为中世纪寺院法所创，具体为：①直系血亲的亲等计算法：与罗马法相同。②旁系血亲的亲等计算法：分别上数至双方相同的尊亲属，以亲等数大的为准。该计算方法在计算旁系血亲时往往不能准确反映血缘远近，例如，叔伯与侄、堂兄弟姐妹之间在寺院法计算法下，皆为二亲等旁系血亲，但他们的亲疏远近却显然并不相同。

3. 代数计算法。我国现行法律采代数（代份）计算法，其计算规则为：①直系血亲的代数计算法：从一方当事人开始，一世代为二代，世代总数即为代数。即罗马法直系亲等数加1。②旁系血亲的代数计算法：分别数至双方相同的尊亲属，以代数大的为准，即寺院法旁系亲等数加1。

■第二节　亲属法概述

一、亲属法的地位

（一）亲属法的称谓

我国承袭苏联例，只有《婚姻法》而无《亲属法》，将亲子关系等问题纳入《婚姻法》当中，此即所谓"大婚姻法"，亦称"婚姻家庭法"。直至1991年，《收养法》得以颁布（经1998年修正后重颁），亲子关系的一部分问题由其调整。就概念范围而言，"亲属"显然比"婚姻""家庭"更为广泛：没有婚姻、家庭之人，不等于没有亲属关系。因此，"以婚姻法代替亲属法在逻辑上、理论上都讲不过去"[1]。

另外，"亲属法"对应的英文是family law（德文则为Familienrecht），family（德文Familie）一般被译为"家庭"，如此，"亲属法"亦得称为"家庭法"。[2]不过，依谢怀栻先生之见，family（德文Familie）一词实际上有广狭两义，"广义的家庭是指有一定亲属关系的人，这些人组成家庭，具有一定的亲属关系……所以，英文的'family'与德文的'Familie'翻译为'亲属'才是正确的"。[3]

（二）亲属法的编排体例

1. 罗马式编制与德国式编制。罗马式编制的代表为法国、意大利等国。其中，《法国民法典》第一卷"人"包括亲属法在内，计11编，依次规定了民事权利与国籍、身份证书、住所、失踪、婚姻、离婚、亲子关系、收养、亲权、未成年监护及解除亲权、成年与受法律保护的成年人。第二卷"财产以及所有权的各种变更"与第三卷"取得财产的各种方式"则为财产法。

德国式编制以亲属法为第四编，各编依次为：总则、债的关系法、物权法、亲属法与继承法。

2. 亲属法与"人法"。史尚宽先生认为，罗马式编制与德国式编制的特点是："前者以

---

[1]　谢怀栻：《外国民商法精要》，法律出版社2002年版，第92页。
[2]　例如，《德国民法典》（郑冲、贾红梅译，法律出版社1999年版）即将其第四编译为"家庭法"。
[3]　谢怀栻：《外国民商法精要》，法律出版社2002年版，第92页。

家制为基础，后者以个人制为依据。"〔1〕换言之，罗马—法国体例关心的是"家庭关系中的人"，而德国体例则注重"作为社会个体的人"。对于这一问题，意大利学者斯奇巴尼在阐述《意大利民法典》的特点时表达了类似的观点："《意大利民法典》很突出对家庭法的调整，把此议题同人法一起放在第一编中……在婚姻和家庭问题上，法典使那种把家庭的共同利益看得高于单个成员利益的罗马法观点占上风。"〔2〕不过，上述观点的合理性似乎不是理所当然的。

作为东方国家，传统中国与日本对于家族伦理的重视远甚于西方。但是，南京国民政府时期通过的《中华民国民法典》的体例却是典型的德国模式。更具有意义的是，日本明治时期的"法典论战"中，"延期施行派"正是以"民法出而忠孝亡"为由，成功地阻止了法国式"旧民法"的施行。〔3〕几年之后正式颁行的《日本民法典》采用了德国式体例。可见，以形式性的法典体例结构来论证法典价值取向，该做法虽具有一定的想象力与启发性，但论据与结论的关联程度却稍显微弱。就法律规范自身而言，它的意义必须通过法律效果的实现才能得以彰显，而法律规范在适用时，并不会因为处于法典的不同位置而受到影响。因此，更能够体现"家族伦理"或"个人主义"之实质价值取向的，是法典规范的具体内容。

体例结构既然主要关涉形式问题，其合理性便当以逻辑标准为断。在设置总则的立法例之下，将"人"置于总则无可厚非，因为任何法律效果皆归属于人；基于"人"而发生的亲属关系与继承关系则显然不足以构成私法关系的"公因式"，不能作为总则存在。《德国民法典》结构合理。若不设置总则，紧接"自然人"之后规定亲属（身份）关系或财产关系皆不影响法典的形式合理性，因为没有任何逻辑规则能够决定亲属关系与财产关系孰先孰后之排序。就此而言，《法国民法典》亦能在体例上达致逻辑一贯性。值得商榷的是《意大利民法典》。在未设置总则、亲属关系被规定于"人"法之中等方面，意大利从法国体例。不过，《法国民法典》的"人"并未涵盖法人，因此将亲属关系置于"人"法问题不大；意大利的"人"法却如德国般在"自然人"之后规定"法人"，从而破坏了法国体例的逻辑一贯性。因为，法人不可能存在亲属关系。

二、亲属法的特性

（一）习俗性

在民法的各个领域中，亲属法是最具民族特性的一块，因此也是受法律继受影响最小的一块。〔4〕

（二）伦理性

一般来说，有何种伦理观念，即有何种内容的亲属法。身份制度是衡量一个国家平等程度的重要标志。中国向来以家族为本位，强调家族伦理，此正如梁漱溟先生所指出者："中国文化最大之偏失，就在个人永不被发现这一点上。"〔5〕而《中华人民共和国婚姻法》的一个重要功绩在于，以法律的形式确认了"实行婚姻自由、一夫一妻、男女平等的婚姻

---

〔1〕 史尚宽：《亲属法论》，中国政法大学出版社 2000 年版，第 2 页。

〔2〕 ［意］桑德罗·斯奇巴尼："《意大利民法典》（中译本）前言"，载《意大利民法典》，费安玲、丁玫译，中国政法大学出版社 1997 年版，第 3～4 页。

〔3〕 ［日］山本敬三：《民法讲义 Ⅰ·总则》，解亘译，北京大学出版社 2004 年版，第 19～20 页。

〔4〕 ［德］弗朗茨·维亚克尔：《近代私法史——以德意志的发展为观察重点》（上），陈爱娥、黄建辉译，上海三联书店 2006 年版，第 222 页。

〔5〕 梁漱溟：《中国文化要义》，学林出版社 1987 年版，第 259 页。

制度"。[1]

（三）团体性

家族团体成员之间有特定的权利义务关系，有关亲属（尤其是夫妻之间、亲子之间）的法律规范较之财产法的个人主义色彩更淡。

（四）要式性

亲属法中，存在大量的要式行为，如结婚、离婚、收养等。

■第三节　亲属法行为

一、亲属法行为的概念

（一）含义

亲属法行为是指根据行为人意思发生亲属法上效果的法律行为。

（二）分类

1. 以行为构成分类。行为之构成若需双方当事人意志，为双方行为，如结婚、离婚、收养等；若仅需一方当事人意志即得成立，则属单方行为，如认领、同意、撤销等。

2. 以效力分类。根据行为效力，亲属法行为得分为三类：[2]①形成的行为：直接以亲属关系的设定、废止或变更为目的，如结婚、离婚、收养继子女。②附随的行为：附随于形成行为之上的行为，例如，结婚时的财产契约，离婚时的财产分割、子女监护的约定。③支配的行为：基于身份而对他人所作的某种身份性支配行为，如父母对未成年子女行使亲权的行为、监护行为等。

3. 以行为指向分类。亲属法行为不见得皆为身份行为。惟其指向身份关系时，方表现为身份行为，如结婚、收养，若其指向财产关系，亦不妨为财产行为，如离婚时的财产分割、处分行为。

二、亲属法上的行为能力

亲属法行为亦属法律行为，因而受行为能力的规制，只不过，由于伦理等因素的考虑，亲属法上关于行为能力的规定与财产法上的规定常有不同。

（一）结婚行为能力年龄

我国《婚姻法》第 6 条规定："结婚年龄，男不得早于 22 周岁，女不得早于 20 周岁……"可见，我国结婚行为能力为特别行为能力，它甚至远高于成年年龄。

行为能力之界定，一般以心智成熟程度为标准，我国《民法总则》以年满 18 周岁为完全行为能力年龄，意味着自此之后，自然人心智已进入完全成熟状态，其即便要实施诸如收购上市公司之类极为复杂的法律行为，亦得独立为之。因此，似乎没有理由认为，婚姻关系如此复杂，以至于在心智完全成熟之后仍无足够的能力处理。实际上，我国 1950 年制定的《婚姻法》第 4 条规定的最低婚龄是男 20 周岁、女 18 周岁，直至 1980 年修正，才分别提升 2 周岁。至于其修改理由，时任全国人民代表大会常务委员会法制委员会副主任的武新宇，在《关于〈中华人民共和国婚姻法（修改草案）〉和〈中华人民共和国国籍法（草案）〉的说明》中曾作简单解释："各省、自治区、直辖市和中央各部门，绝大多数表

---

[1]　《婚姻法》第 2 条第 1 款。

[2]　史尚宽：《亲属法论》，中国政法大学出版社 2000 年版，第 9 页。

示赞成，认为这样规定兼顾了城乡的实际情况，比较适当。"[1]

（二）收养行为能力年龄

在我国，高于成年年龄的，不仅仅是法定婚龄。根据《收养法》第 6 条的规定，收养人必须年满 30 周岁，始得实施收养行为。此为收养行为能力——得实施收养行为之能力——的规定。其所考虑者，似为收养人的抚养能力与伦理因素。

（三）亲属法上财产行为的行为能力问题

关于亲属法上财产行为的行为能力问题，我国法律未予特别规定，宜适用一般行为能力之解释。[2]

（四）监护能力

监护属于支配的身份行为，亦宜适用一般行为能力之规定。

三、亲属法行为的代理

身份行为原则上不得意定代理，属于亲为行为，但允许法定代理。因为法定代理之意旨即在于：通过亲权或监护制度，为行为能力欠缺者提供保护。

四、条件与期限

一般认为，亲属法身份行为不得附条件或期限，否则其行为可能有悖于公序良俗，此为亲属法的伦理性所决定。但亦有主张惟不许附解除条件或终期者。[3]

第五十二章

---

[1]　值得一提的是，武新宇所作的说明显示，法定婚龄之提升，似乎与计划生育政策关系不大。该说明原文为："另外，城市有些人认为婚龄定低了，与提倡晚婚、计划生育有矛盾。据我们了解的世界 31 个国家的资料，法定婚龄最高的为男 21 岁、女 18 岁，我们的规定已是最高的了。同时，法定婚龄是结婚的最低年龄，即不到这个年龄，不应结婚，而不是到了这个年龄就要结婚。我们国家一贯鼓励青年适当晚婚，认为这对国家、对家庭和个人都有好处。关于婚龄对计划生育工作的影响，关键是结婚年龄和生育年龄必须分开，必须搞好计划生育。因此，草案规定，'夫妻双方都有实行计划生育的义务'，'晚婚晚育应予鼓励'。只要把计划生育搞好，就可以达到控制人口增长的效果。否则，结婚再晚，也可以多生孩子。从一些经济发达的国家来看，法定结婚年龄比较低，如西欧一些国家的法定婚龄，女的是 15 岁或 16 岁，男的是 16 岁、18 岁或 21 岁，但多年来人口基本上没有增加，甚至有下降的趋势，说明法定结婚年龄和控制人口并不是不能分开的。因此，婚姻法公布以后，必须继续抓紧进行思想教育工作，搞好计划生育，绝不能松劲，并应抓紧早日制定计划生育法。"

[2]　这一问题，主要在允许未成年人结婚的立法例下有其意义。相关讨论可参见史尚宽：《亲属法论》，中国政法大学出版社 2000 年版，第 14～15 页。

[3]　史尚宽：《亲属法论》，中国政法大学出版社 2000 年版，第 33 页。

婚姻法

■第一节　婚姻法概述

一、婚姻的概念

婚姻是为法律所承认的，以共同生活为目的的男女两性结合。对于这一概念，解析如下：

（一）婚姻由男女两性组成

传统观念中，婚姻乃异性之间的结合，同性不足以产生婚姻关系。不过，随着现代社会日趋宽容，"同性婚姻"已有渐获承认之趋势，例如，德国于 2001 年颁布了《同性生活伴侣关系法》（Lebenspartnerschaftsgesetz），据之，已登记的同性生活伴侣在民事身份、财产及继承等法律领域的行为具有相当于婚姻的效力。

（二）男女两性以共同生活为目的

须以"夫妻"身份共同生活。不再共同生活者，可能成为离婚的理由，如《德国民法典》第 1566 条之规定。

（三）男女两性之结合为法律所承认

欲成为我国法律所承认的合法婚姻，就必须符合法律所设定的结婚条件，例如，双方自愿结合，达到法定婚龄，具备法定要式，等等。

二、婚姻法的基本原则

婚姻法的基本原则为我国《婚姻法》第 2 条所规定："实行婚姻自由、一夫一妻、男女平等的婚姻制度。保护妇女、儿童和老人的合法权益。实行计划生育。"以下分而述之。

（一）婚姻自由

婚姻自由属于法律行为自由的表现之一，是婚姻法的核心理念，包括结婚自由和离婚自由两个方面的内容。

1. 结婚自由。结婚自由的基本规范依据为我国《婚姻法》第 5 条的规定，"结婚必须男女双方完全自愿，不许任何一方对他方加以强迫或任何第三者加以干涉"，以及第 3 条第 1 款的规定，"禁止包办、买卖婚姻和其他干涉婚姻自由的行为。禁止借婚姻索取财物"。

2. 离婚自由。我国《婚姻法》第 31 条规定："男女双方自愿离婚的，准予离婚。双方必须到婚姻登记机关申请离婚。婚姻登记机关查明双方确实是自愿并对子女和财产问题已有适当处理时，发给离婚证。"

（二）一夫一妻

1. 含义。一夫一妻有所谓"绝对的一夫一妻"与"相对的一夫一妻"之别，前者是指一生至多只能拥有一个配偶，后者则指不得同时拥有两个以上配偶。我国奉行的是相对的一夫一妻制。

2. 一夫一妻的背离。在法律上，直接与一夫一妻制相抵触的是重婚。重婚最早曾为1958年我国最高人民法院《关于如何认定重婚行为问题的批复》（现已失效）所定义，是指"有配偶的人再与第三者建立夫妻关系"。我国《婚姻法》第3条第2款对之予以明文禁止，又根据《婚姻法》第10条的规定，重婚构成无效婚姻。

除重婚外，《婚姻法》第3条第2款亦禁止"有配偶者与他人同居"。对此，最高人民法院《关于适用〈中华人民共和国婚姻法〉若干问题的解释（一）》（以下简称《婚姻法解释（一）》）第2条的界定是：有配偶者与婚外异性，不以夫妻名义，持续、稳定地共同居住。法律之所以在重婚之外又作此项禁止，似乎意在规制不以重婚形式出现、却在事实上背离一夫一妻制的行为。此类同居关系，根据最高人民法院《关于适用〈中华人民共和国婚姻法〉若干问题的解释（二）》（以下简称《婚姻法解释（二）》）第1条的规定，得由法院应当事人请求而解除。

另外，我国婚姻法实务中还经常使用"非法同居"的概念。该概念确曾为我国规范性法律文件所采，不过，不同时期的《婚姻法》与婚姻登记法规（《婚姻登记办法》《婚姻登记管理条例》《婚姻登记条例》）皆未使用，它大量出现于最高人民法院的司法解释当中。司法解释最早于1957年4月15日颁布的《关于在刑事判决书中可否将与本案有关联但未经人民检察院起诉的人的事实写出和有关逮捕人犯等问题的复函》中使用该概念，用以指称"已经结婚的人又与他人未办结婚登记手续"而同居之情形。此后，"非法同居"的这一用法得以延续，直至1989年12月13日最高人民法院《关于人民法院审理未办结婚登记而以夫妻名义同居生活案件的若干意见》（以下简称《若干意见》）。在这一《若干意见》中，"非法同居"表达的是"没有配偶的男女，未办结婚登记即以夫妻名义同居生活"，却又不构成"事实婚姻"之状态，概念所指较之以往发生极大改变，至于其法律后果，《若干意见》第7条规定："未办结婚登记而以夫妻名义同居生活的男女，一方要求'离婚'或解除同居关系，经查确属非法同居关系的，应一律判决予以解除。"2000年10月30日，最高人民法院颁布《民事案件案由规定（试行）》（现已失效），其中"解除非法同居关系纠纷"被规定为案由之一。其所针对者，当为《若干意见》意义上的"非法同居"关系，这也是迄今所能检索到的最高人民法院最后一次通过司法解释使用"非法同居"概念。2001年《婚姻法》颁行，最高人民法院同年出台的《婚姻法解释（一）》第5条不再称"非法同居关系"，而采用了中性的"同居关系"之表述。不仅如此，2004年出台的《婚姻法解释（二）》第1条明确规定，除非构成《婚姻法》第3、32、46条规定的"有配偶者与他人同居"情形，否则，"当事人起诉请求解除同居关系的，人民法院不予受理"。这意味着，双方皆无配偶者的未婚同居关系，不再是法律评价的对象。至此，"非法同居"概念可以放弃。

（三）男女平等

在婚姻制度上贯彻男女平等，是我国《婚姻法》的功绩之一。一般认为，其内容既包含男女双方在婚姻关系中权利义务平等，平等享有结婚自由与离婚自由，亦包含男女双方在家庭关系上地位平等。[1]

（四）妇女、儿童和老人的特别保护

妇女、儿童和老人的特别保护原非《婚姻法》所能全面承载者，其被确定为《婚姻

---

[1]《婚姻法》第13条。

法》的基本原则，或许与我国《婚姻法》兼行"家庭法"之责有关。

《婚姻法》关于保护婚姻关系之女方的特别规定如：①提起离婚的特别限制。《婚姻法》第 34 条规定："女方在怀孕期间、分娩后 1 年内或中止妊娠后 6 个月内，男方不得提出离婚。女方提出离婚的，或人民法院认为确有必要受理男方离婚请求的，不在此限。"②离婚财产分割的特别倾斜。《婚姻法》第 39 条第 1 款规定："离婚时，夫妻的共同财产由双方协议处理；协议不成时，由人民法院根据财产的具体情况，照顾子女和女方权益的原则判决。"

妇女、儿童与老人的特殊保护是法律规范的例外条款，称其为"基本原则"，是否确切，值得思考。

（五）计划生育

《婚姻法》第 16 条规定："夫妻双方都有实行计划生育的义务。"《人口与计划生育法》第 2 条第 1 款又称："我国是人口众多的国家，实行计划生育是国家的基本国策。"基于这一认识，计划生育被确定为每一个公民的义务，而夫妻双方对此负有"共同的责任"。[1] 计划生育亦因此被理所当然地归结为婚姻法（或亲属法）的基本原则。[2]

不过，夫妻所负计划生育义务乃典型的公法义务，将其当作私法原则，是否妥当，值得讨论。

■第二节　结　婚

一、婚约

婚约是男女双方约定将来缔结婚姻的契约。我国古代曾以订婚为必经程序，现行法律则未对婚约作出规定。在婚姻缔结方面，婚约既不是结婚的必备条件，亦不可能给当事人带来结婚义务的拘束。

不过，婚约在我国现实中仍然经常发生，虽然当事人之间不会因婚约而负有与对方结婚的义务，但可能由此产生某些财产法上的效果。例如，"彩礼"往往是因婚约而给付，一旦双方未能成婚，当事人是否有权主张返还？《婚姻法解释（二）》第 10 条对此作了肯定回答：当事人请求返还按照习俗给付的彩礼的，如果查明双方未办理结婚登记手续的，人民法院应当予以支持。

二、结婚要件

关于结婚要件，通常有实质要件与形式要件、积极要件与消极要件之区分。

（一）积极实质要件

1. 意思表示一致。结婚是双方法律行为，需要双方当事人意思表示一致。

关于结婚行为，还应注意以下几点：①结婚行为是亲为行为，不得代理。此为《婚姻法》第 8 条所确认，"要求结婚的男女双方必须亲自到婚姻登记机关进行结婚登记"。②婚姻行为不得附条件或期限。值得讨论的是：如果结婚行为附有条件或期限，其效力如何？我们认为，附停止条件或始期法律行为之效果，乃为对方设定期待权，但婚姻关系的订立不保护期待权，故附停止条件或始期将导致该法律行为无效；而附解除条件或终期，则有违以终生共同生活为目的之婚姻性质，故附款无效，即结婚行为视为未附条件或期限。

---

〔1〕 《人口与计划生育法》第 17 条。

〔2〕 杨大文主编：《亲属法》，法律出版社 2004 年版，第 38～39 页。

③内心保留或戏谑表示原则上不影响婚姻行为的有效性。此之谓"婚姻无戏言，一切皆真实"。况且，我国婚姻缔结实行登记主义，其效力为法定形式所确保。④通谋虚伪表示。由于婚姻行为不考虑结婚目的，故通谋虚伪表示原则上不影响婚姻效力，但为规避归化之规定且无共同生活事实者，应属无效。由于我国实行管制性的户籍制度，实践中可能出现为取得某地户籍而结婚之情形，其效力如何，值得研究。

2. 结婚能力。结婚能力以法定婚龄的形式被规定于《婚姻法》第6条，男不得早于22周岁，女不得早于20周岁。

关于未成年人是否可以结婚之问题，我国《婚姻法》第10条作了否定回答：未达法定婚龄之婚姻无效。比较法上的态度较之我国更为缓和，一般规定未成年人在征得亲权人、监护人或亲属会议同意后可以结婚。

结婚能力属于特别行为能力，行为能力之界定固然主要以年龄为据，但非仅以此为限，即便已达法定年龄，亦可能因精神障碍而出现行为能力瑕疵，因此，问题还在于：已达法定婚龄之无行为能力人或限制行为能力人能否结婚？对此问题，《婚姻法》无明文规定。在比较法上，《德国民法典》第1304条与《瑞士民法典》第97条皆规定无行为能力人不得结婚，《瑞士民法典》更是明确规定：精神病人无婚姻能力。

3. 男女双方。婚姻双方须为异性男女，此为我国《婚姻法》第5、8条等条文所确认。

（二）消极实质要件

1. 无配偶。此乃一夫一妻制下合法婚姻的题中之义。

2. 非直系血亲或三代以内旁系血亲。此为《婚姻法》第7条所规定。作此规定，一方面系基于伦理道德考虑；另一方面则基于遗传学考虑，遗传学原理表明，相同基因越多的人结婚，子代隐性遗传病发病率越高。

直系血亲的含义无须多说，所谓"三代以内旁系血亲"，包括兄弟姐妹，叔伯舅姑姨与侄、甥（伯叔与侄女、姑与侄子、舅与甥女、姨与甥），堂兄弟姐妹和表兄弟姐妹。

3. 无医学上认为不宜结婚的疾病。除了直系血亲与三代以内旁系血亲外，《婚姻法》所规定的消极实质要件还包括"患有医学上认为不应当结婚的疾病"。至于具体的疾病类型，则为《母婴保健法》所规定。《母婴保健法》第9条规定："经婚前医学检查，对患指定传染病在传染期内或者有关精神病在发病期内的，医师应当提出医学意见；准备结婚的男女双方应当暂缓结婚。"《母婴保健法》第38条进一步明确："指定传染病"，是指《传染病防治法》中规定的艾滋病、淋病、梅毒、麻风病以及医学上认为影响结婚和生育的其他传染病；"有关精神病"，是指精神分裂症、躁狂抑郁型精神病以及其他重型精神病。

（三）积极形式要件

我国以登记为婚姻缔结的唯一形式要件。

1. 登记机关。依据《婚姻登记条例》第2条的规定，内地居民办理婚姻登记的机关是县级人民政府民政部门或者乡（镇）人民政府，省、自治区、直辖市人民政府可以按照便民原则确定农村居民办理婚姻登记的具体机关。中国公民同外国人，内地居民同香港特别行政区居民、澳门特别行政区居民、台湾地区居民、华侨办理婚姻登记的机关是省、自治区、直辖市人民政府民政部门或者省、自治区、直辖市人民政府民政部门确定的机关。

2. 登记程序。登记程序因当事人申请而启动。《婚姻登记条例》第4条规定，内地居民结婚，男女双方应当共同到一方当事人常住户口所在地的婚姻登记机关办理结婚登记。中国公民同外国人在中国内地结婚的，内地居民同香港居民、澳门居民、台湾居民、华侨在中国内地结婚的，男女双方应当共同到内地居民常住户口所在地的婚姻登记机关办理结婚登记。

申请登记时，当事人必须向登记机关提交法定申请文件。依据《婚姻登记条例》第5条的规定，这些文件包括：①办理结婚登记的内地居民应当出示本人的户口簿、身份证，本人无配偶以及与对方当事人没有直系血亲和三代以内旁系血亲关系的签字声明；②办理结婚登记的香港居民、澳门居民、台湾居民应当出示本人的有效通行证、身份证，经居住地公证机构公证的本人无配偶以及与对方当事人没有直系血亲和三代以内旁系血亲关系的声明；③办理结婚登记的华侨应当出示本人的有效护照，居住国公证机构或者有权机关出具的，经中华人民共和国驻该国使（领）馆认证的本人无配偶以及与对方当事人没有直系血亲和三代以内旁系血亲关系的证明，或者中华人民共和国驻该国使（领）馆出具的本人无配偶以及与对方当事人没有直系血亲和三代以内旁系血亲关系的证明；④办理结婚登记的外国人应当出示本人的有效护照或者其他有效的国际旅行证件，所在国公证机构或者有权机关出具的，经中华人民共和国驻该国使（领）馆认证或者该国驻华使（领）馆认证的本人无配偶的证明，或者所在国驻华使（领）馆出具的本人无配偶的证明。

3. 责任承担。《婚姻登记条例》第18条规定了婚姻登记机关的责任承担问题："婚姻登记机关及其婚姻登记员有下列行为之一的，对直接负责的主管人员和其他直接责任人员依法给予行政处分：①为不符合婚姻登记条件的当事人办理婚姻登记的；②玩忽职守造成婚姻登记档案损失的；③办理婚姻登记或者补发结婚证、离婚证超过收费标准收取费用的。违反前款第③项规定收取的费用，应当退还当事人。"

三、结婚证

经审查符合结婚要件者，由登记机关发给结婚证。依据《婚姻法》第8条的规定，"取得结婚证，即确立夫妻关系"。《婚姻法解释（一）》第4条所规定的则是特殊情形："男女双方根据婚姻法第8条规定补办结婚登记的，婚姻关系的效力从双方均符合婚姻法所规定的结婚的实质要件时起算。"[1]

若结婚证遗失或毁损，可申请补办结婚证。[2]

■第三节　婚姻的效力

一、概述

婚姻的效力主要规定在《婚姻法》第三章当中，它包括：①一般效力，即规定夫妻的一般权利义务，这是《婚姻法》本身固有的效力；②财产关系效力，即关于夫妻财产制的规定。

二、婚姻的一般效力

（一）忠实义务

《婚姻法》第4条规定，夫妻应当互相忠实。所谓忠实义务，是指夫妻彼此应当互守贞操、互不遗弃。比较法上，一方通奸、遗弃虐待他方，往往构成他方离婚的法定理由。在我国，忠实义务之违反不能直接构成离婚理由。《婚姻法解释（一）》第3条规定："当事人仅以婚姻法第4条为依据提起诉讼的，人民法院不予受理；已经受理的，裁定驳回起

---

〔1〕《婚姻法》第8条："要求结婚的男女双方必须亲自到婚姻登记机关进行结婚登记。符合本法规定的，予以登记，发给结婚证。取得结婚证，即确立夫妻关系。未办理结婚登记的，应当补办登记。"

〔2〕《婚姻登记条例》第17条。

诉。"违反夫妻间的忠实义务只可能招致行政、刑法处罚以及离婚时的损害赔偿之债。

（二）同居义务

《婚姻法》未正面规定夫妻之间的同居义务，与此相关者为第 3 条第 2 款的规定，"禁止有配偶者与他人同居"。此可解释为同居义务的反面规定。法律上的同居义务不仅包括日常共同生活的义务，还包括性生活的义务。夫妻均有义务配合对方的性要求，但以合理为限，身体不适之时、有害身体健康之性要求，对方有权拒绝。

（三）住所设定自由

《婚姻法》第 9 条："登记结婚后，根据男女双方约定，女方可以成为男方家庭的成员，男方可以成为女方家庭的成员。"互相"成为家庭成员"除昭示"男女平等"外，似尚在表述住所设定问题，因为在传统上，一般是女方搬入男方家中，谓之"出嫁"。另外，该思路所依托的背景是：以父母为中心构成家庭，否则无所谓男方家庭成员、女方家庭成员。不过，现代亲属法以婚姻为出发点：有男女然后有夫妻，有夫妻然后有父母子女关系。夫权时代，夫为妻设定住所既为权利，且为义务。男女平等下的住所设定自由理应是住所之设定由夫妻共同决定。

（四）地位平等

《婚姻法》第 13 条规定："夫妻在家庭中地位平等。"其具体表现为：①姓名使用自由。《婚姻法》第 14 条规定："夫妻双方都有各用自己姓名的权利。"传统制度下，妻嫁入夫家后，妻姓之前必须冠以夫姓，这显然是以夫权为中心之时代的产物，妻的地位附属于夫。因此，《婚姻法》第 14 条表达了地位平等的观念。②活动自由。《婚姻法》第 15 条规定："夫妻双方都有参加生产、工作、学习和社会活动的自由，一方不得对他方加以限制或干涉。"传统制度下，妻子的活动自由受到限制，故本条意义同样在于重申"男女平等"。

（五）计划生育义务

《婚姻法》第 16 条规定："夫妻双方都有实行计划生育的义务。"计划生育乃公法义务，非婚姻产生的当事人之间的私法身份效力。

（六）扶养义务

《婚姻法》第 20 条规定："夫妻有互相扶养的义务。一方不履行扶养义务时，需要扶养的一方，有要求对方付给扶养费的权利。"

（七）家事代理权

夫妻在日常生活事务中具有相互代理的权利，此谓之家事代理权。

《婚姻法》最接近家事代理权的规定是第 17 条第 2 款："夫妻对共同所有的财产，有平等的处理权。"《婚姻法解释（一）》第 17 条分两种情况对待：①夫或妻在处理夫妻共同财产上的权利是平等的。因日常生活需要而处理夫妻共同财产的，任何一方均有权决定。②夫或妻非因日常生活需要对夫妻共同财产做重要处理决定，夫妻双方应当平等协商，取得一致意见。他人有理由相信其为夫妻双方共同意思表示的，另一方不得以不同意或不知道为由对抗善意第三人。据此，接近家事代理权规定的是日常生活所需而处理共同财产之规则，此时任何一方均有权单独处分，不必恪守民法上共同财产共同处分之一般规则。至于非日常生活所需而处理共同财产者，仍需遵行共同处分之民法规则，任何一方的单独处分均构成无权处分。《婚姻法解释（三）》第 11 条规定，对于无权处分，第三人可依善意取得制度取得财产所有权，配偶另一方因此遭受损失的，离婚时对于无权处分的配偶方享有损害赔偿请求权。

三、婚姻的财产效力

（一）夫妻财产制概述

1. 夫妻财产制的形态。夫妻财产制的基本形态大致有：基于夫妻一体主义之吸收财产制（妻的财产被吸收入夫的财产）、统一财产制（由夫享有，但婚姻消灭时应返还妻财产相应的价值）、共同财产制（又分为一般共同制、动产及所得共同制、所得共同制、劳动所得共同制）、联合财产制（管理共同制，分别所有，但妻的财产除需要特别保留的外，其余由夫管理）以及分别财产制。

2. 法定财产制与约定财产制。法定财产制是夫妻未约定财产归属或约定无效的情况下，依法律规定适用的财产归属制度。约定财产制是夫妻以契约约定的财产归属制度。显然，约定财产效力高于法定财产，此乃私法自治之表现。

（二）我国的夫妻财产制

我国现行夫妻财产制包括法定财产制与约定财产制两部分。

1. 法定财产制。我国法定夫妻财产制实行所得共同制，即夫妻关系存续期间的所得原则上为夫妻共有，婚前财产不因婚姻关系的缔结而转化为共同财产。此婚后所得，包括夫妻一方个人财产在婚后产生的除孳息与自然增值之外的其他收益。同时，依据《婚姻法解释（三）》第4条的规定，婚姻关系存续期间，夫妻任何一方均不得请求分割共同财产，除非存在以下两项重大理由之一并且债权人利益不因财产分割而受到损害：①一方有隐藏、转移、变卖、毁损、挥霍夫妻共同财产或者伪造夫妻共同债务等严重损害夫妻共同财产利益行为；②一方负有法定扶养义务的人患重大疾病需要医治，另一方不同意支付相关医疗费用。

（1）夫妻共有财产。《婚姻法》第17条第1款规定的是婚后所得共有情形："夫妻在婚姻关系存续期间所得的下列财产，归夫妻共同所有：①工资、奖金；②生产、经营的收益；③知识产权的收益；④继承或赠与所得的财产，但本法第18条第3项规定的除外；⑤其他应当归共同所有的财产。"所谓"其他应当归共同所有的财产"，依据《婚姻法解释（二）》第11条与《婚姻法解释（三）》第13条的界定，主要包括：一方以个人财产投资取得的收益；男女双方实际取得或者应当取得的住房补贴、住房公积金；男女双方实际取得或者应当取得的养老保险金、破产安置补偿费；婚后以夫妻共同财产交付养老保险费者，养老金账户中婚姻关系存续期间的个人实际缴付部分；等等。而所谓"知识产权的收益"，《婚姻法解释（二）》第12条对此的解释是，"婚姻关系存续期间，实际取得或者已经明确可以取得的财产性收益"。

此外，依据《婚姻法解释（二）》第14条第1款的规定，属于夫妻共同财产的还有：发放到军人名下的复员费、自主择业费等一次性费用，以夫妻婚姻关系存续年限乘以年平均值，所得数额为夫妻共同财产。至于所谓"年平均值"，该条第2款给出的计算方式是："将发放到军人名下的上述费用总额按具体年限均分得出的数额。其具体年限为人均寿命70岁与军人入伍时实际年龄的差额。"而《婚姻法解释（二）》第19条又规定，"由一方婚前承租、婚后用共同财产购买的房屋，房屋权属证书登记在一方名下的，应当认定为夫妻共同财产"。

（2）夫妻个人财产。《婚姻法》第18条规定的是夫妻单独享有的财产："有下列情形之一的，为夫妻一方的财产：①一方的婚前财产；②一方因身体受到伤害获得的医疗费、残疾人生活补助费等费用；③遗嘱或赠与合同中确定只归夫或妻一方的财产；④一方专用的生活用品；⑤其他应当归一方的财产。"《婚姻法解释（一）》第19条进一步明确："婚姻法第 18 条规定为夫妻一方的所有的财产，不因婚姻关系的延续而转化为夫妻共同财产。但当事人另有约定的除外。"需要注意的是，"一方的婚前财产"当然包括一方婚前购买并取得所有权的房屋。现实中，夫妻一方婚前签订房屋买卖合同，未必一次性付清全款，往往以支付首付并在银行贷款的方式购买，婚后又以夫妻共同财产还贷，此时，若双方没有其他约定，房屋所有权归属于产权登记一方，婚后共同还贷所支付的款项及其相对应财产的增值部分，离婚时由产权登记一方对另一方作出相应补偿。

关于如何确定"遗嘱或赠与合同中确定只归夫或妻一方的财产"问题，《婚姻法解释（二）》第 22 条与《婚姻法解释（三）》第 7 条就房屋（不动产）分婚前婚后两种情况作了规定：①当事人结婚前，父母为双方购置房屋出资的，该出资应当认定为对自己子女的个人赠与，但父母明确表示赠与双方的除外。②当事人结婚后，父母为双方购置房屋出资的，该出资应当认定为对夫妻双方的赠与，但父母明确表示赠与一方的除外。此"明确表示赠与一方"的情形包括婚后由一方父母出资购买而将产权登记于出资人子女名下的情形。若双方父母共同出资购买的不动产，产权登记于一方子女名下，则除当事人另有约定外，夫妻双方按照各自父母的出资份额按份共有。

另外，依据 1993 年最高人民法院《关于人民法院审理离婚案件处理财产分割问题的若干具体意见》第 15 条的规定，离婚时一方尚未取得经济利益的知识产权，归一方所有；而根据《婚姻法解释（二）》第 13 条的规定，军人的伤亡保险金、伤残补助金、医药生活补助费属于个人财产。

2. 约定财产制。1950 年《婚姻法》没有关于约定财产制的规定，一律适用夫妻共有的法定财产制，直至 1980 年修正的《婚姻法》，才增加规定夫妻得约定财产归属。现行《婚姻法》第 19 条第 1 款对于约定财产制的形态、约定形式与效力作了较为详细的规定："夫妻可以约定婚姻关系存续期间所得的财产以及婚前财产归各自所有、共同所有或部分各自所有、部分共同所有。约定应当采用书面形式。没有约定或约定不明确的，适用本法第 17条、第 18 条的规定。"

夫妻财产契约的性质为婚姻身份契约之从契约，若于结婚之后订立，自契约成立时生效；若于婚前订立，则在婚姻关系有效缔结时生效。根据《婚姻法》第 19 条第 3 款的规定，该约定之效力仅得对抗"知道该约定"的第三人。

■第四节　婚姻的效力瑕疵

一、概述

结婚既为法律行为，它就可能会如一般法律行为一般出现效力瑕疵。法律行为的效力瑕疵包括不成立、无效、可撤销与效力未定四种形态。1980 年通过的《婚姻法》只规定了法定婚龄与禁婚事由，未对违反行为设定效力规范，2001 年修正的《婚姻法》增加了婚姻的无效与可撤销制度，将二者并列规定，但在事由、申请人、认定机关等方面有所不同。

二、婚姻不成立

（一）婚姻不成立之事由

导致婚姻不成立之事由大致包括：违反法定形式要件，未履行登记，同性结婚。

（二）婚姻不成立之后果

无须经过判决，婚姻当然不存在（无效）。

（三）婚姻不成立与无效之关系

民法理论上，法律行为的不成立与无效之间的区别曾被指为没有实际意义，其中王伯琦先生的见解具有代表性："无效为不生法律上之效力，不成立亦无非不生法律上之效力，学说上纵可将无效及不成立加以区分，就法律上之效果而言，无异也。从而不论在法律之规定上或学说之著述上，一旦言及其效果时，只有无效之一种，再无所谓不成立。"[1] 由于在我国台湾地区"民法"上，无效婚为绝对、当然且自始无效，故上述主张亦得适用于结婚行为。[2]

不过，现行《婚姻法》领域似有所不同。我国婚姻无效须经法院判决，其所奉行者，乃宣告无效立场，此与法德立法例相同。在此立场之下，婚姻不成立为"无婚"（Nichtehe）之谓，不仅当然无效，配偶可径行再结婚，任何人亦得当然主张其婚姻无效。[3] 另外，婚姻不成立无治愈之余地，依我国《婚姻法》，婚姻无效则存在治愈之可能，如达到法定婚龄、禁婚疾病被治愈等。

三、婚姻无效

（一）无效事由

婚姻无效事由为《婚姻法》第 10 条所规定，包括：重婚；有禁止结婚的亲属关系；婚前患有医学上认为不应当结婚的疾病，婚后尚未治愈；未到法定婚龄。此无效事由为封闭列举，《婚姻法解释（三）》第 1 条第 1 款规定："当事人以婚姻法第 10 条规定以外的情形申请宣告婚姻无效的，人民法院应当判决驳回当事人的申请。"

1. 重婚。所谓重婚，是指有配偶的人再与第三者建立夫妻关系。现代各国多奉行一夫一妻制，禁止重婚行为。不过，在重婚的效力方面，却存在过三种不同立场：无效、可撤销与构成离婚理由。[4] 不同立场的后面隐藏着对重婚行为的不同认识。如果认为重婚只是私人之间的纠纷，那么，其后果被设定为可撤销（甚至是离婚的法定理由）即为已足。但是，更多立法例认为，重婚不仅构成了对婚姻自由的背离，而且直接冲击着一夫一妻婚姻制的基础，绝不仅仅是私人之间的问题，因此，它理应是导致婚姻无效的事由。正是基于上述考虑，1985 年，沿用民国时期民法典的我国台湾地区将重婚的法律后果由可撤销修正为无效。[5] 我国立场与多数国家和地区一致，重婚导致婚姻无效。

审理因重婚而招致的婚姻无效案件，关键在于判断何种行为构成重婚。既然重婚所违反的是一夫一妻婚姻制，那么，允许重婚将使得重婚人能够合法地同时拥有两个以上形式有效的婚姻。由此反推，判断重婚的标准就应该是：撤除有效的前婚，后婚应该是形式有效的。换句话说，后婚之所以无效，仅仅是因为它与有效的前婚相抵触。根据我国《婚姻法》第 8 条的规定，登记是婚姻的唯一有效形式。并且，自 1994 年 2 月 1 日《婚姻登记管理条例》（现已失效）颁行之后，"事实婚姻"的效力不再被认可。这意味着，如果其中之一未登记，则已登记婚姻是唯一有效婚姻；未登记者，即使他们以夫妻名义生活，亦不能成立婚姻关系，无须以重婚为由援引婚姻无效制度来否认其婚姻效力。因此，《婚姻法》第

〔1〕 王伯琦："法律行为之无效与不成立"，载王伯琦：《近代法律思潮与中国固有文化》，清华大学出版社 2005 年版，第 355 页。

〔2〕 戴炎辉、戴东雄：《亲属法》，顺清文化事业有限公司 2002 年版，第 124～126 页。

〔3〕 戴炎辉、戴东雄：《亲属法》，顺清文化事业有限公司 2002 年版，第 122～123 页。

〔4〕 史尚宽：《亲属法论》，中国政法大学出版社 2000 年版，第 238 页。

〔5〕 杨与龄编著：《民法概要》，中国政法大学出版社 2002 年版，第 326 页。

10 条所规定的导致婚姻无效的"重婚"，只能存在于两个婚姻皆履行了登记的情形之中。

需要注意的是，由于法律立场的变易，上述结论存有例外，该例外由"事实婚姻"关系所致。我国对于"事实婚姻"的态度，在《婚姻登记管理条例》施行之前，一直予以有条件的承认。基于法不溯及既往原则，《婚姻登记管理条例》施行之前（1994 年 2 月 1 日之前）已经构成"事实婚姻"关系的，其婚姻效力仍应得到认可。这一态度亦可从《婚姻法》司法解释中推知。《婚姻法解释（一）》第 5 条规定："未按婚姻法第 8 条规定办理结婚登记而以夫妻名义共同生活的男女，起诉到人民法院要求离婚的，应当区别对待：①1994 年 2 月 1 日民政部《婚姻登记管理条例》公布实施以前，男女双方已经符合结婚实质要件的，按事实婚姻处理。②1994 年 2 月 1 日民政部《婚姻登记管理条例》公布实施以后，男女双方符合结婚实质要件的，人民法院应当告知其在案件受理前补办结婚登记；未补办结婚登记的，按解除同居关系处理。"这意味着，即使未为登记，该类"事实婚姻"亦可构成重婚。《婚姻法解释（二）》第 1 条彻底将"事实婚姻"撤除出了法律规制的范围："当事人起诉请求解除同居关系的，人民法院不予受理。"[1]自此，"事实婚姻"构成重婚的法律基础不复存在。

2. 有禁止结婚的亲属关系。遗传学研究表明，夫妻所拥有的相同基因越多，就越容易将某些疾病遗传给后代。因此，为了保证人类的健康繁衍，各国皆在一定范围内禁止具有血缘关系的人结婚。

根据我国《婚姻法》的规定，直系血亲与三代以内旁系血亲的婚姻无效。这是一个刚性条款，本无太多解释空间。不过，在司法适用中，仍有两个问题值得注意：①直系血亲不论辈份代数，皆禁止结婚，旁系血亲则限于三代以内。根据我国血亲的代份计算法，所谓"三代以内旁系血亲"，包括兄弟姐妹，叔伯舅姑姨与侄、甥（伯叔与侄女、姑与侄子、舅与甥女、姨与甥），堂兄弟姐妹和表兄弟姐妹。②在婚姻法的一般概念上，血亲包括自然血亲与拟制血亲。人体基因只能在自然血亲之间遗传，因此，拟制血亲结婚与通过基因遗传疾病之间并无关联，理当不在禁止之列。这意味着，对《婚姻法》所规定的"直系血亲和三代以内的旁系血亲"应作狭义解释，不包括拟制血亲。至于拟制血亲结婚可能遭受到的道德评价，则不属于法律评价之列。即使是不同辈分的拟制血亲结婚，只要当事人自己能够承受道德非议，法律就不应该干预。退一步说，即使法律想要干涉，亦难以实现，因为当事人可在结婚之前解除拟制血亲关系。

3. 患有禁婚疾病。某些疾病可能影响到子女的身心健康，我国《婚姻法》为维护子女利益，禁止患有该类疾病的人结婚。

法律适用时，首先需要解决的问题是：哪些疾病能够使得当事人被禁止结婚？在结婚自由的原则之下，当事人的结婚行为遵行"法无明文禁止即为自由"之理念，因此，法律理应明确列举限制自由的具体情事。《婚姻法》对于疾病类型的笼统规定显然难以为裁判提供明确的依据，法官需要结合其他相关法律规范来作出判断。对此，如前文所述，《母婴保健法》可供援引。《母婴保健法》第 9 条规定，患指定传染病在传染期内、有关精神病在发病期内的，暂缓结婚。其中，"指定传染病"是指艾滋病、淋病、梅毒、麻风病以及医学上

---

[1] 最高人民法院副院长黄松有就《婚姻法解释（二）》答记者问时，就该解释第 1 条前句之规定曾作如下说明："至于男女双方均为无配偶的同居关系，因该关系不是法律调整和保护的社会关系，当事人如果起诉仅仅要求解除同居关系，人民法院不予受理。"该说明可为佐证。资料来源：http://www.hunyin8.com/shang-hai/2006/0929/content 277.htm，访问日期：2007 年 6 月 16 日。

认为影响结婚和生育的其他传染病;"有关精神病"则包括精神分裂症、躁狂抑郁型精神病及其他重型精神病。然而,《母婴保健法》固然提供了相对明确的疾病类型,却为裁判带来了新的问题:它所规定的法律后果是"发病期内暂缓结婚",与《婚姻法》禁止结婚的立场颇为不同。效力等级相同的两部法律出现冲突,需要由立法加以解决。在未解决之前,笔者认为,《婚姻法》既然已经明确法律后果,它所需要参照的就仅仅是具体的疾病类型,因此,《母婴保健法》能够为司法裁判提供依据的,仅仅是它所列举的疾病类型而已,不能影响《婚姻法》所设定的法律效果。

另外,虽然《婚姻法》第7条规定"患有医学上认为不应当结婚的疾病"者禁止结婚,但在列举无效事由时,法条表述是"婚前患有医学上认为不应当结婚的疾病,婚后尚未治愈的"。这似乎意味着,即使当事人患有禁止结婚的疾病,只要他们能够获得结婚登记,其婚姻就可能是有效的,因为婚姻无效还必须符合"婚后尚未治愈"之条件。由此,在判断此类婚姻的效力时,还必须解决的问题是:如何界定"婚后"?一般而言,自结婚生效之日起的任何时间皆属于"婚后"时间,但如此界定显然将令该无效事由无从把握。《婚姻法解释(一)》第8条规定:"当事人依据婚姻法第10条规定向人民法院申请宣告婚姻无效的,申请时,法定的无效婚姻情形已经消失的,人民法院不予支持。"据此,"婚后尚未治愈"之时期,当以当事人申请宣告无效之日为判断标准。

4. 未达法定婚龄。比较法上,未成年人结婚必须征得法定代理人同意,相应地,未征得同意的未成年人结婚可为法定代理人(撤销权人)撤销。[1]我国立场与之相去甚远,未达法定婚龄的婚姻无效。虽然法定婚龄很难说是婚姻的公益要件,似乎没有必要以无效来作为违反的后果,但就既有法律规范体系而言,我国以未达法定婚龄为无效事由却似乎是必然的选择。其主要原因在于:比较法上,各国结婚年龄或与成年年龄一致,或低于成年年龄,我国的结婚年龄则远高于成年年龄。如果我国将未达法定婚龄的婚姻规定为可撤销,未成年人的婚姻固然可与他国一致,但成年之上、法定婚龄之下的婚姻却难以处理。因为,此时当事人已无法定代理人,也就不可能存在撤销权人。倘若把这两部分人区别对待,未成年人的婚姻为可撤销,成年却未达法定婚龄之人的婚姻为无效,则将出现的局面是:后者较之前者更具有处理自己事务的能力,其婚姻所遭受的法律评价却反而更为严苛,这显然难以自圆其说。在不改变法定婚龄的前提下,唯一的选择只能是:未达法定婚龄的婚姻一概无效。

由于关于法定婚龄的规范同样是刚性条款,故而一旦遇到诸如"差两天达到法定婚龄的婚姻是否有效"之类的问题,答案似乎是明确的。不过,上述设问似乎忽略了生活事实的流动性。在无效宣告申请被提起时,婚姻当事人未达法定婚龄的情事往往已经消失,此时若是要求法院非要硬性地以登记时未达法定婚龄为由,判决婚姻无效,除了能够在表面上维持法律的权威以外,并无其他积极意义,尤其是婚姻当事人将因为无效判决而不得不重新履行登记手续。法律权威是否能够得到真正树立,取决于它的适用结果是否能够公正合理地维护当事人利益。对于此类案件,《婚姻法解释(一)》第8条提供了颇为妥适的解决方案:如果在起诉时,婚姻当事人未达法定婚龄的情形已得到补正,则法院不再支持无效主张。

值得一提的是,我国《婚姻法》虽把登记作为婚姻的唯一有效形式,却未将欠缺登记

---

〔1〕 史尚宽:《亲属法论》,中国政法大学出版社2000年版,第217页以下。

形式作为无效事由加以规定，似乎留下了立法漏洞。笔者认为，这一问题可通过婚姻不成立与婚姻无效的区分来解决。我国婚姻无效须经宣告确认，在无效认定之前，处于"婚姻关系"中的当事人再行结婚将受到限制。"事实婚姻"的效力既已不被我国法律承认，未履行登记的"婚姻"则无须无效认定程序，任何人皆可直接主张其婚姻不存在，而当事人亦可径行与他人结婚。这恰恰正是比较法上的"无婚"（婚姻不成立或不存在）理论。[1]通过婚姻不成立与婚姻无效的区分，不仅可妥适解决未登记婚姻（以及"同性结婚"）的法律效果问题，维持我国《婚姻法》体系的一贯性，而且能够最大限度地保障当事人婚姻自由的实现。至于登记瑕疵，《婚姻法解释（三）》第1条第2款所指示的救济途径是"依法申请行政复议或者提起行政诉讼"。

（二）无效认定

1. 宣告无效。法律行为无效有当然无效与宣告无效之别。在前者，法律行为只要出现无效事由，无须经过法院或其他机关的无效认定，任何人皆可直接主张其无效；后者则指法律行为的无效必须经过宣告程序。我国《婚姻法》未明文规定婚姻无效的类别，不过，这不妨碍我们从相关法律规范中推知我国立场。①结婚乃要式行为，而且登记是结婚的唯一法定公示方式。这意味着，在未被其他法律文件撤销之前，经登记公示的婚姻能够获得对世效力。在此情形下，当然无效立场与公示的对世效力相抵触。②《婚姻法解释（一）》第13条规定："婚姻法第12条所规定的自始无效，是指无效或者可撤销婚姻在依法被宣告无效或被撤销时，才确定该婚姻自始不受法律保护。"该条规范的反面解释是：婚姻在被宣告无效之前，理应受到法律保护。根据司法解释，《婚姻法》所规定的"婚姻无效"，属于宣告无效，必须依诉行使。可见，从我国《婚姻法》规范体系看，我国遵行的是宣告无效立场。

2. 宣告机关。法院作为纠纷解决机关，自然也是婚姻无效的认定机关。世界各国皆是如此，我国亦不例外。

问题是：登记机关是否有权宣告无效？依1994年《婚姻登记管理条例》（现已失效）第25条的规定，婚姻登记机关亦有权宣告婚姻无效。2001年的《婚姻法》修正草案曾明确规定："当事人以及利害关系人可以向婚姻登记机关或人民法院提出该婚姻无效；婚姻登记机关或人民法院应当宣告该婚姻无效。"2001年《婚姻法》正式公布时将此规定删去，而《婚姻登记管理条例》的规定已为2003年的《婚姻登记条例》所取代。从此，婚姻登记机关不再承担宣告婚姻无效的责任，笔者以为，法律立场的这一变更值得肯定。首先，是否出现了《婚姻法》所规定的无效事由，如果婚姻登记机关在登记时不能发现，登记之后发现的可能性就更为渺茫，除非登记机关时刻对经其登记的婚姻进行调查，而许可这种调查又将为登记机关过分干预私人生活制造合法的借口。其次，由专业法官组成的法院，在确定婚姻是否构成法定无效事由时尚且需要严格依照程序审查证据、审慎解释法律，婚姻登记机关构成人员既无法院的专业性，又无法院严格的发现与审查证据、上诉等程序，难以保证其婚姻无效认定的公正性。最后，婚姻登记机关的职权必须有法律授权，除应当事人申请对婚姻进行法定公示外，它并未获得宣告婚姻无效之权，法院应为唯一的无效宣告机关。不过，这不表示婚姻登记机关在面对可能存在无效事由的婚姻时无所作为。作为主管机关的婚姻登记机关，应被确定为婚姻无效的申请人。

---

[1] 史尚宽：《亲属法论》，中国政法大学出版社2000年版，第176页。

3. 适格申请人。法院诉讼程序只能因当事人的申请而启动，因此，如何确定适格申请人，对于婚姻无效制度的适用便有着基础意义。

比较法上，婚姻无效的申请人一般被确定为主管官署、检察机关或有利害关系的任何人。我国《婚姻法》既未明确规定婚姻无效的类别，自然也不可能对申请人作出规定。这一立法缺陷为《婚姻法解释（一）》第 7 条所弥补，该条规定："有权依据婚姻法第 10 条规定向人民法院就已办理结婚登记的婚姻申请宣告婚姻无效的主体，包括婚姻当事人及利害关系人。利害关系人包括：①以重婚为由申请宣告婚姻无效的，为当事人的近亲属及基层组织；②以未到法定婚龄为由申请宣告婚姻无效的，为未达法定婚龄者的近亲属；③以有禁止结婚的亲属关系为由申请宣告婚姻无效的，为当事人的近亲属；④以婚前患有医学上认为不应当结婚的疾病，婚后尚未治愈为由申请宣告婚姻无效的，为与患病者共同生活的近亲属。"

应该说，司法解释区别不同无效事由来界定申请人的策略颇值赞赏，而且它对"利害关系人"的列举亦相当明确，便于婚姻无效制度的适用。不过，上述规定似仍有检讨之余地。比较法上，婚姻主管官署或检察机关之所以被普遍规定为婚姻无效的申请人，其原因在于，婚姻无效乃由违反公益要件所致，因此，负有照管公共利益之义务的国家主管机关（婚姻登记机关）理当承担申请之责。在我国婚姻无效事由中，至少重婚、近亲结婚及患有禁止结婚疾病的情形是为公益计，但后两项的申请人却均不包括婚姻登记机关。问题是：照管公共利益本应是国家机关的法定职责，如果法律完全把关注公共利益的希望寄托于当事人及其近亲属，那么，因违反公益要件而无效的婚姻在多大程度上能得到矫正，值得怀疑。因为，普通民众出于对自己及其关系人利益的关心，往往可能忽略抽象的"公共利益"，而法律又不能强制普通民众提出无效申请。另外，对于重婚事由，申请人虽包括"基层组织"，但何为"基层组织"，司法解释却未作界定。在我们的语言习惯上，"基层组织"常因使用语境的不同而指向不同的机构，如果法律文件不作明确规范，该规定可能因其过于含糊而形同虚设。当然，考虑到司法机关与其他国家机关的职权划分，上述问题也许不能指望司法解释能够解决，而应该求诸立法。

（三）无效后果

处理婚姻无效案件，最终必须体现于法律后果。一般而言，婚姻无效所产生的直接后果是使得婚姻当事人之间不具有夫妻关系。关于婚姻无效的时间效力，《婚姻法》第 12 条规定，无效婚姻自始无效，即无效的后果溯及既往。由于我国婚姻无效需经宣告，因而问题在于：无效认定之前，婚姻当事人能否再行结婚？或有人认为，《婚姻法》既然规定无效婚姻的后果具有溯及力，当事人再行结婚当无不妥。但是，婚姻公示具有对世效力，在被撤销之前，任何人均得尊重该效力。如果允许当事人在婚姻无效宣告之前再行结婚，那么，婚姻登记的公示效力将难以维持。也许正是基于这一考虑，《婚姻法解释（一）》第 13 条规定："婚姻法第 12 条所规定的自始无效，是指无效或者可撤销婚姻在依法被宣告无效或被撤销时，才确定该婚姻自始不受法律保护。"这意味着：在婚姻被依法宣告无效之前，婚姻效力应得到维持，当事人不得在此期间再行结婚。

除确认当事人之间不具有夫妻关系外，无效宣告还可能对因婚姻无效而引发的财产与亲属关系产生影响。①财产关系。夫妻关系既已不复存在，因婚姻而形成的财产关系自然也不能继续维持。根据《婚姻法》第 12 条与《婚姻法解释（一）》第 15 条的规定，财产分割首先遵从当事人协议进行；若无协议，则以财产共同共有为前提，由法院依照维护无过错方利益的原则判决；如果一方当事人有足够的证据证明某特定财产归其所有，法院应予以支持。②亲属关系。亲属关系包括姻亲关系与血亲关系。对于姻亲关系的效力，《婚姻法》未规定，但既然姻亲是基于婚姻而形成的亲属关系，在婚姻被宣告无效时，姻亲关系随之解除应为题中之义。至于血亲，由于它是由血缘关系所产生的亲属关系，与婚姻的效力无关，不受婚姻无效宣告的影响，因此，《婚姻法》第12条规定，"当事人所生的子女，适用本法有关父母子女的规定"。另外，《婚姻法》虽只规定直系血亲的父母子女关系，但既然血亲不受婚姻影响，诸如兄弟姐妹之类的旁系血亲亦依然延续。

四、婚姻撤销

（一）撤销事由

1. 受胁迫。《婚姻法》第11条规定："因胁迫结婚的，受胁迫的一方可以向婚姻登记机关或人民法院请求撤销该婚姻……"这是唯一被《婚姻法》明确规定的撤销事由。所谓胁迫，依据《婚姻法解释（一）》第10条第1款的规定，指的是"行为人以给另一方当事人或者其近亲属的生命、身体健康、名誉、财产等方面造成损害为要挟，迫使另一方当事人违背真实意愿结婚的情况"。这一界定显然是沿袭《民通意见》第69条的结果。

2. 受欺诈。民法理论中，胁迫与欺诈在影响法律行为效力方面，往往具有同等地位。就事理而言，胁迫之所以会导致法律行为效力出现瑕疵，是因为它令对方的意志自由遭到干扰。结婚行为同样可能因为欺诈而影响自由意志形成与表达，如故意隐瞒恶劣品行、疾病等。我国台湾地区"民法"第997条即将胁迫与欺诈相提并论，"因被诈欺或被胁迫而结婚者，得于发现诈欺或胁迫终止后，6个月内向法院请求撤销之"。

《婚姻法》未将欺诈规定为婚姻效力瑕疵的事由。如果在婚姻缔结时存在欺诈情事，依1989年《最高人民法院关于人民法院审理离婚案件如何认定夫妻感情确已破裂的若干具体意见》，若当事人一方提出离婚，得径被"视为夫妻感情确已破裂"，具体情形见诸该意见的第3、4条。第3条规定："婚前隐瞒了精神病，婚后经治不愈，或者婚前知道对方患有精神病而与其结婚，或一方在夫妻共同生活期间患精神病，久治不愈的。"第4条规定："一方欺骗对方，或者在结婚登记时弄虚作假，骗取《结婚证》的。"这意味着，欺诈因素在我国具有相当于法定离婚理由的地位。

3. 结婚时无意识或暂时精神错乱无判断能力。我国台湾地区"民法"第996条规定："当事人之一方，于结婚时系在无意识或精神错乱中者，得于常态回复后6个月内向法院请求撤销之。"我国实行登记婚制，此类事由出现的可能性不大。

（二）撤销权的性质

撤销权乃形成权，依据《婚姻法》第11条的规定，应向登记机关或法院行使。

（三）撤销权的行使

1. 撤销请求权人。《婚姻法解释（一）》第10条第2款规定："因受胁迫而请求撤销婚姻的，只能是受胁迫一方的婚姻关系当事人本人。"该规定较《合同法》第54条第2款将撤销权人确定为"受损害方"更符合撤销制度意旨，因为行为的效力瑕疵存在于意思表示不自由方面，而非结果上的"受损害"。

2. 撤销机关。《婚姻法》第11条所确定的撤销机关包括婚姻登记机关与人民法院，《婚姻登记条例》第9条第2款亦规定："婚姻登记机关经审查认为受胁迫结婚的情况属实且不涉及子女抚养、财产及债务问题的，应当撤销该婚姻，宣告结婚证作废。"是否存在胁迫情事，登记机关是否有足够的专业知识加以认定，笔者对此表示怀疑，并且，登记机关无权宣告婚姻无效，却能够撤销婚姻，当中似乎没有充分的理由。

3. 撤销期间。依据《婚姻法》第11条的规定，撤销须自结婚登记之日起1年内提出，被非法限制人身自由的当事人，应当自恢复人身自由之日起 1 年内提出。该规定似有问题。若威胁尚未停止，撤销权自难以行使，故自"威胁停止之日"起算更为合理。关于期间的计算，《婚姻法解释（一）》第 12 条规定，"不适用诉讼时效中止、中断或者延长的规定"。

（四）撤销后果

依据《婚姻法》第 12 条的规定，撤销的效力同于无效，皆为"自始无效"。我国台湾地区"民法"第 998 条则规定："结婚撤销之效力，不溯及既往。"

■第五节　离婚概述

一、婚姻消灭的事由

导致婚姻消灭的事由主要包括婚姻被宣告无效或被撤销，当事人死亡以及离婚。其中，婚姻被宣告无效或撤销情形已为前文论述，当事人自然死亡当然导致婚姻消灭，无须多说，因此，除将要展开的离婚制度外，还需要对宣告死亡问题略作观察。

《民通意见》第 37 条规定："被宣告死亡的人与配偶的婚姻关系，自死亡宣告之日起消灭。死亡宣告被人民法院撤销，如果其配偶尚未再婚的，夫妻关系从撤销死亡宣告之日起自行恢复；如果其配偶再婚后又离婚或者再婚后配偶又死亡的，则不得认定夫妻关系自行恢复。"该立法例与他国有所不同。

其他立法例举其要者如：①当然消灭。《法国民法典》规定，失踪宣告具有确认失踪人死亡的全部效力，失踪人的配偶得缔结新的婚姻，即使宣告失踪的判决被撤销，失踪人的婚姻仍然解除。《瑞士民法典》第 38 条第 3 款亦规定："婚姻因失踪宣告而解散。"[1]②不消灭。依《德国失踪法》与《德国民法典》之规定，死亡宣告的效力一般只及于财产法，被宣告死亡者的婚姻继续存在。但是，《德国民法典》第 1319 条规定："（第 1 款）配偶于另一方被宣告死亡后缔结新婚者，若受死亡宣告之配偶依然生存，仅当新婚缔结时婚姻双方均知其于死亡宣告时依然生存，新婚始得因违反第 1306 条而被废止。[2]（第 2 款）前婚随新婚之缔结而解散，新婚缔结时婚姻双方均知其于死亡宣告时依然生存者，不在此限。即使死亡宣告被废止，前婚仍解散。"第 1320 条规定："（第 1 款）受死亡宣告之人依然生存者，尽管存在第 1319 条之规定，前婚配偶仍得请求废止新婚，其于婚姻缔结时知道受死亡宣告配偶于死亡宣告时依然生存者，不在此限。废止请求只能在 1 年之内提出。期间自前婚配偶获悉受死亡宣告之人依然生存时起算。准用第 1317 条第 1 款第 3 句、第 2 款之规定。（第 2 款）废止之效力准用第 1318 条之规定。"

在死亡宣告导致婚姻消灭的问题上，我国与法国、瑞士立法例相似，不同之处在于：法国、瑞士立法例下，失踪（死亡）宣告对于婚姻关系解除的效力是终局的，不受失踪（死亡）宣告撤销之影响；我国则规定，死亡宣告被撤销后，只要配偶尚未再婚，原婚姻关系"自行恢复"。除死亡宣告效力当然及于身份关系之立法政策值得反思外，我国确立的法

---

[1] 《瑞士民法典》第 38 条第 3 款为 1998 年 6 月 26 日通过、2000 年 1 月 1 日生效的联邦第 14 号法律新增。此前《瑞士民法典》虽确认失踪宣告之效力"如死亡得到证实一样，可行使因死亡而发生的权利"（第 38 条第 1 款）。但是，配偶一方被宣告为失踪，须经法院解除其前婚关系，他方始得再婚（第 102 条第 1 款）。配偶亦可通过宣告失踪程序或特别程序，请求同时解除婚姻关系（第 102 条第 2 款）。据此，失踪宣告之效力不及于婚姻关系。第 38 条新增第 3 款后，原第 102 条被删除。

[2] 《德国民法典》第 1306 条："欲与对方缔结婚姻之一方和第三人存在婚姻关系或同性生活伴侣关系者，婚姻不得缔结。"

律规则需要检讨的还在于：既然死亡宣告使得婚姻消灭，为何撤销死亡宣告后又"自行恢复"？婚姻关系不同于财产关系，后者可因溯及效力而"恢复原状"，婚姻关系在解除后是否恢复则涉及双方当事人的自由意志。具体而言，在法国、瑞士立法例下，婚姻关系虽终局解除，但受宣告人重新出现后，双方想要再续婚缘，可以结婚方式实现，于双方自由意志并无妨碍。我国一方面规定婚姻因死亡宣告而解除——配偶方据此获得了另行结婚的自由，另一方面却又要求在受宣告人重新出现时"自行恢复"——配偶方选择自由不复存在。于是，配偶为了获得终局的消灭效力，不得不在死亡宣告撤销之前另行结婚。法律规则迫使当事人作出如此行为选择，其意义何在，实费思量。

二、离婚的三种立场

（一）禁止离婚

禁止离婚的最典型表现是基督教婚姻。据《圣经·新约全书》"马太福音"第十九章与"马可福音"第十章记载，耶稣基督指出，妻乃神赐，凡人无从选择，结婚之后，"夫妻不再是两个人，乃是一体的了。所以神配合的，人不可分开"。"马可福音"第十章中，耶稣还进一步说："凡休妻另娶的，就是犯奸淫，辜负他的妻子；妻子若离弃丈夫另嫁，也是犯奸淫了。"

（二）限制离婚

黑格尔持限制离婚立场，他认为："婚姻本身应视为不能离异的，因为婚姻的目的是伦理性的，它是那样的崇高，以致其他一切都对它显得无能为力，而且都受它支配。婚姻不应该被激情所破坏，因为激情是服从它的。但是婚姻仅仅就其概念说是不能离异的，其实正如基督所说的：只是'为了你的铁石心肠'，离婚才被认许。因为婚姻含有感觉的环节，所以它不是绝对的，而是不稳定的，且其自身就含有离异的可能性。但是立法必须尽量使这一离异可能性难以实现，以维护伦理的法来反对任性。"[1]

我国《婚姻法》虽规定了婚姻自由，其中包括离婚自由，但实际操作中，在相当长的时间里，似更接近限制离婚的立场。例如，1963 年《最高人民法院关于贯彻执行民事政策几个问题的意见》指出："由于婚姻家庭纠纷一般是人民内部的问题，当事人的思想情况错综复杂，因此，必须坚持'调解为主'的方针，认真地细致地做透思想教育工作"，"对于那些感情还没有完全破裂，离婚理由不当，尤其是结婚多年生有子女，经过教育有重新和好可能的，不要判决离婚。应当向他们进行细致的思想教育工作，使他们慎重考虑，珍惜他们的夫妻关系和子女的利益，照顾社会影响，重归和好"。此后，1979 年《最高人民法院关于贯彻执行民事政策法律的意见》（1996 年 12 月 31 日失效）重申："人民法院审理婚姻家庭案件……坚持调解为主，认真细致地做好思想教育工作，改善和巩固婚姻家庭关系。"

（三）自由离婚

西方世俗婚姻一般奉行自由离婚立场，此乃私法自治的范畴。

三、离婚与别居

比较法上，与离婚制度相关的，尚有别居制度。在此略作介绍。

（一）离婚与别居的区别

离婚与别居的区别从法律效果上可以清楚地看到：离婚是夫妻在生存期间终止婚姻关

---

[1]　[德] 黑格尔：《法哲学原理》，范扬、张企泰译，商务印书馆 1995 年版，第 179～180 页。

系的行为；别居则是依判决或合意，免除夫妻同居义务的制度，换言之，别居仅仅免除夫妻同居义务，但不消灭婚姻关系。因此，承认别居制度之国家，均以明文规定夫妻仍负相互扶养义务，惟夫妻在别居达一定期间时，得请求改为分别财产制，亲权之行使则常准用离婚之规定。[1]

（二）别居制度的必要性问题

我国学者就婚姻法有无必要建立别居制度之问题存在争议。别居原本旨在为禁止离婚制度提供一个缓冲空间，其后的发展则逐渐将其与离婚制度并列，如法国、瑞士等立法既规定离婚又规定别居，并且，别居期满后，若当事人诉请离婚的，应当支持。作为离婚根据，法定别居可由当事人合意或事实行为达到，不妨作为当事人的一种选择方案。因此，我国《婚姻法》若规定别居制度，或至少承认别居契约（合意别居）之效力，应该是一个无害的选择。

四、离婚与婚姻撤销

离婚与婚姻撤销均可导致婚姻消灭，并且，比较法上某些撤销事由（如欺诈）在我国构成离婚的理由，因此，有必要对这两种制度略作比较。

（一）适用前提

离婚以婚姻无效力瑕疵为前提；撤销则针对有效力瑕疵的婚姻。

（二）法律效力

离婚向后终止婚姻关系，不溯及既往；我国《婚姻法》上的撤销则产生溯及既往效力。

（三）提起之人

夫妻任何一方均得提起离婚；根据我国《婚姻法》的规定，撤销的申请人仅限于受胁迫一方。

（四）提起方式

离婚固然得以诉讼方式提起，亦不妨由契约为之；撤销一般依诉进行，若不涉及子女抚养、财产及债务纠纷，可向登记机关提起。

■第六节　离婚方式

一、合意离婚

（一）概念与性质

合意离婚又称协议离婚、两愿离婚，通过夫妻双方旨在终止夫妻关系的契约而实现。离婚契约（离婚协议）属于双方法律行为，乃亲属法上的契约，惟不能适用关于契约解除之规定。

（二）要件

1. 意思表示一致。合意离婚借助离婚契约实现，需要双方当事人意思表示一致，此乃题中之义。问题是：双方当事人合意应当包括哪些内容？根据《婚姻登记条例》第 11 条第 3 款的规定，离婚协议不仅须就终止婚姻关系意思表示一致，且须"对子女抚养、财产及债务处理等事项协商一致"，否则依该条例第 12 条之规定，登记机关不予受理离婚登记申请。

---

[1]　戴炎辉、戴东雄：《亲属法》，顺清文化事业有限公司 2002 年版，第 341 页以下。

另外，《婚姻登记条例》第12条还规定，一方或者双方当事人为限制民事行为能力人或者无民事行为能力人的，登记机关不受理离婚登记申请。这意味着，此等之人不得以合意离婚方式离婚。

2. 具备法定形式。合意离婚乃要式行为，其法定形式要求包括书面形式的离婚协议与离婚登记程序。相应的法律规范主要有：《婚姻法》第31条规定："男女双方自愿离婚的，准予离婚。双方必须到婚姻登记机关申请离婚。婚姻登记机关查明双方确实是自愿并对子女和财产问题已有适当处理时，发给离婚证。"《婚姻登记条例》第10条规定："内地居民自愿离婚的，男女双方应当共同到一方当事人常住户口所在地的婚姻登记机关办理离婚登记。中国公民同外国人在中国内地自愿离婚的，内地居民同香港居民、澳门居民、台湾居民、华侨在中国内地自愿离婚的，男女双方应当共同到内地居民常住户口所在地的婚姻登记机关办理离婚登记。"《婚姻登记条例》第13条规定："婚姻登记机关应当对离婚登记当事人出具的证件、证明材料进行审查并询问相关情况。对当事人确属自愿离婚，并已对子女抚养、财产、债务等问题达成一致处理意见的，应当当场予以登记，发给离婚证。"所谓"证件""证明材料"，根据该条例第11条的规定，是指包括本人的户口簿、身份证、本人的结婚证以及双方当事人共同签署的离婚协议书的材料。若申请离婚登记之人为香港居民、澳门居民、台湾居民、华侨、外国人，则其证件为本人的有效通行证、身份证、有效护照或者其他有效国际旅行证件。

（三）离婚证

根据《婚姻法》第31条与《婚姻登记条例》第13条的规定，符合合意离婚条件者，由婚姻登记机关发给离婚证。婚姻关系自离婚证签发之日起终止。

二、判决离婚

判决离婚又称裁判离婚、诉讼离婚，是指通过诉讼判决的方式实现的离婚。

（一）离婚原因

1. 离婚原因的立法原则。关于离婚原因，立法原则上，有过错离婚主义（以违背婚姻义务的特定过错行为作为离婚原因）、婚姻破裂主义（以婚姻关系的破裂作为离婚原因）和感情破裂主义（以感情破裂作为离婚原因）。德国采行婚姻破裂主义原则：婚姻双方的共同生活不复存在，并且夫妻双方不可能重建此种共同生活，谓之"婚姻破裂"。[1] 瑞士以过错主义为原则，婚姻破裂主义为辅。[2] 法国将合意、婚姻破裂与过错并列为离婚的三种情形。[3]

《婚姻法》第32条第2款规定，"如感情确已破裂，调解无效，应准予离婚"。可见，我国实行感情破裂主义。

2. 离婚理由。在离婚理由的规范处理上，有概括主义、列举主义与混合主义。概括主义如德国，只定义婚姻破裂，不详细列举婚姻破裂的样态。比较典型的列举主义如瑞士，分别列举了通奸、生命受危害、身体受虐待及名誉受损害、犯罪及道德败坏、遗弃、精神病、发生严重损害婚姻关系的事件，以及分居期满等理由。混合主义则如法国，兼采概括主义与列举主义。

我国比较特殊。《婚姻法》第32条第2款笼统地将"感情确已破裂"作为离婚理由，

---

[1]《德国民法典》第1565条。
[2]《瑞士民法典》第137~142条。
[3]《法国民法典》第229条。

第 3 款却又列举了一些事由。表面上看，似兼采概括与列举的混合主义。但我国既采感情破裂主义，所列举事由就皆不能直接成为支持离婚的理由，它们只不过是衡量感情是否破裂的参考因素。由此看来，我国立场与混合主义有所不同。

（二）判决离婚的程序与条件

1. 当事人一方向法院提起诉讼。《婚姻法》第 32 条第 1 款规定："男女一方要求离婚的，可由有关部门进行调解或直接向人民法院提出离婚诉讼。"需要注意的是，"由有关部门进行调解"不是提起诉讼的前提，再者，要求离婚却又"由有关部门进行调解"，似乎脉络不通。可以认为，"由有关部门进行调解"不过是表明立法者限制离婚立场的政策性宣言，并无实质法律意义。

2. 法院进行调解。调解在普通民事案件当中，适用当事人自愿原则。[1]但《婚姻法》第 32 条第 2 款规定："人民法院审理离婚案件，应当进行调解。"《最高人民法院关于适用〈中华人民共和国民事诉讼法〉的解释》（以下简称《民诉解释》）第 145 条第 2 款亦规定，"人民法院审理离婚案件，应当进行调解"。可见，调解乃离婚诉讼的必经程序。这进一步表明了立法者限制离婚的立场。不过，《民诉解释》第 145 条第 2 款又表示，"但不应久调不决"。

《婚姻法》第 32 条第 4 款乃例外条款："一方被宣告失踪，另一方提出离婚诉讼的，应准予离婚。"此类情形由于一方失踪，故不必经过调解。

3. 感情确已破裂并经调解无效。感情确已破裂，经调解无效者，判决准予离婚。对此，《婚姻法》第 32 条分两款规定：第 2 款规定，"如感情确已破裂，调解无效，应准予离婚"。第 3 款规定："有下列情形之一，调解无效的，应准予离婚：①重婚或有配偶者与他人同居的；②实施家庭暴力或虐待、遗弃家庭成员的；③有赌博、吸毒等恶习屡教不改的；④因感情不和分居满 2 年的；⑤其他导致夫妻感情破裂的情形。"所谓"其他导致夫妻感情破裂的情形"，依据《婚姻法解释（三）》第 9 条的规定，是指包括夫妻双方因是否生育发生纠纷而导致感情破裂的情形。在奉行感情破裂主义原则并以调解为必经程序的前提下，只要调解无效，"感情确已破裂"，即应准予离婚，而且《婚姻法解释（一）》第 22 条规定："人民法院审理离婚案件，符合第 32 条第 2 款规定'应准予离婚'情形的，不应当因当事人有过错而判决不准离婚。"那么，《婚姻法》为何还要在第 32 条第 3 款作具体列举？它在适用时有何特别之处？合理的解释似乎只能是，立法者通过第 3 款的规定来指导法官判案，告诉法官：哪些情况可作为感情破裂的认定依据。换言之，第 3 款所列举的情形，是作为判断"感情确已破裂"的参考标准。

4. "感情确已破裂"之认定标准。1989 年发布的《最高人民法院关于人民法院审理离婚案件如何认定夫妻感情确已破裂的若干具体意见》列举了 14 种情形，《婚姻法》在 2001 年修正后，该意见所列情形有一部分与 2001 年《婚姻法》相抵触，有一部分则或者经过调整或者直接被吸收到 2001 年《婚姻法》当中，已无太大实际意义。不过，该意见所指出的判断原则仍可作为参考：判断夫妻感情是否确已破裂，应当从婚姻基础、婚后感情、离婚原因、夫妻关系的现状和有无和好的可能等方面综合分析。

5. 特别规定。

（1）军婚的特别保护。《婚姻法》第 33 条规定："现役军人的配偶要求离婚，须得军

---

[1] 《民事诉讼法》第 93 条规定："人民法院审理民事案件，根据当事人自愿的原则，在事实清楚的基础上，分清是非，进行调解。"

人同意，但军人一方有重大过错的除外。"该条所称"配偶"虽未作界定，但如果双方皆为军人，即不存在特殊保护的问题，故对其应作限缩解释，即解释为"非军人配偶"。另外，所谓"军人一方有重大过错"，《婚姻法解释（一）》第23条指出，"可以依据婚姻法第32条第2款前3项规定及军人有其他重大过错导致夫妻感情破裂的情形予以判断"。

（2）女方的特别保护。《婚姻法》第34条规定："女方在怀孕期间、分娩后1年内或中止妊娠后6个月内，男方不得提出离婚。女方提出离婚的，或人民法院认为确有必要受理男方离婚请求的，不在此限。"女方提出离婚，表示女方放弃该项特别保护。

（三）"事实婚姻"的"离婚"问题

2001年12月27日起实施的《婚姻法解释（一）》第5条规定："未按婚姻法第8条规定办理结婚登记而以夫妻名义共同生活的男女，起诉到人民法院要求离婚的，应当区别对待：①1994年2月1日民政部《婚姻登记管理条例》公布实施以前，男女双方已经符合结婚实质要件的，按事实婚姻处理；②1994年2月1日民政部《婚姻登记管理条例》公布实施以后，男女双方符合结婚实质要件的，人民法院应当告知其在案件受理前补办结婚登记；未补办结婚登记的，按解除同居关系处理。"其中，第①项所称"按事实婚姻处理"，指的是在承认"事实婚姻"的婚姻效力前提下，按一般的离婚处理。第②项则又分两种情况：其一，要求补办结婚登记，然后再进入离婚程序。已补办结婚登记而要求离婚的，自然按照一般离婚程序进行。其二，若未补办，则"解除同居关系"。此意味着，不再承认其婚姻效力。

2004年4月1日起实施的《婚姻法解释（二）》第1条的规定有所不同："当事人起诉请求解除同居关系的，人民法院不予受理。"这表示，自此以后，未办理结婚登记而以夫妻名义共同生活者，对其同居关系存续与否，法律不再介入。

■第七节　离婚效力

一、离婚的一般效力

（一）婚姻关系终止

婚姻关系终止的效力，主要表现在以下方面：不溯及既往；夫妻之间各种权利义务消灭，如同居义务、忠实义务、扶养义务、家事代理权等；双方均可重新缔结婚姻。

（二）姻亲关系终止

姻亲关系是基于婚姻而建立的，故若婚姻关系终止，姻亲关系亦终止。对此，我国台湾地区"民法"第971条之规定可作参考："姻亲关系，因离婚而消灭；结婚经撤销者亦同。"

二、离婚的财产效力

（一）婚姻财产的分割

1. 依照约定。若夫妻双方对于财产分割达成一致，自依其约定处理，法律无须置喙。对此，《婚姻法》第39条规定，"离婚时，夫妻的共同财产由双方协议处理"。《婚姻法解释（二）》第8条第1款又再次予以明确："离婚协议中关于财产分割的条款或者当事人因离婚就财产分割达成的协议，对男女双方具有法律约束力。"

财产分割协议虽为身份性离婚协议的附从行为，但作为法律行为，自亦须符合法律行为所应具备的要件，依据《婚姻法解释（二）》第9条的规定，订立财产分割协议时存在欺诈、胁迫等事由的，在协议离婚后1年内，有权主张撤销或变更。同时，《婚姻法解释（三）》第14条还规定，若财产分割协议以合意离婚为生效条件，合意离婚未成者，当事人一旦在离婚诉讼中表示反悔，财产分割协议即未生效，法院应依法定规则分割夫妻共同财产。

2. 照顾子女和女方利益原则。若双方未能达成协议，则需按照法定规则处理。法定规则之设定，首先需要考虑的是规定于《婚姻法》第 39 条第 1 款的"照顾子女和女方权益"原则。这是保护妇女儿童利益之思想的体现。

3. 土地承包经营权的保护。土地承包经营权以户（家庭）为单位取得，离婚虽然可能导致家庭的解散，但不应当因此而影响其原本享有的土地承包经营权。为此，《婚姻法》第 39 条第 2 款要求，"夫或妻在家庭土地承包经营中享有的权益等，应当依法予以保护"。不过，《婚姻法》回避了具体如何保护的问题。

4. 补偿请求权。夫妻关系中往往存在不同的家庭分工，有侧重于财产获得者，有侧重于家务料理者，离婚时，侧重于家务料理之人可能处于经济不利地位，为了维持平衡，《婚姻法》第 40 条规定："夫妻书面约定婚姻关系存续期间所得的财产归各自所有，一方因抚育子女、照料老人、协助另一方工作等付出较多义务的，离婚时有权向另一方请求补偿，另一方应当予以补偿。"此即关于补偿请求权之规定。需注意：补偿请求权仅于夫妻分别财产制情形下有意义，因为共同财产制以平均分配为原则。

5. 投资财产的分割。夫妻关系存续期间，共同财产可能被用于投资项目，一旦离婚，分割已被用于投资的财产就需要考虑所投资领域的具体情形。《婚姻法解释（二）》第 15～18 条区分了四种情况进行规定。

（1）股票等有价证券的分割。股票等有价证券流通性强，故其分割难度不大。《婚姻法解释（二）》第 15 条规定："夫妻双方分割共同财产中的股票、债券、投资基金份额等有价证券以及未上市股份有限公司股份时，协商不成或者按市价分配有困难的，人民法院可以根据数量按比例分配。"

（2）有限责任公司出资额的分割。有限责任公司具有较为强烈的人合性质，其出资额转让不是简单的财产让与问题，它还必须经其他股东的过半数同意并受制于其他股东的优先购买权。[1] 为此，当出现涉及分割夫妻共同财产中一方名义在有限责任公司的出资额，另一方却不是该公司股东的情况时，《婚姻法解释（二）》第 16 条第 1 款分两种情形处理：①夫妻双方协商一致将出资额部分或者全部转让给该股东的配偶，过半数股东同意、其他股东明确表示放弃优先购买权的，该股东的配偶可以成为该公司股东；②夫妻双方就出资额转让份额和转让价格等事项协商一致后，过半数股东不同意转让，但愿意以同等价格购买该出资额的，人民法院可以对转让出资所得财产进行分割。过半数股东不同意转让，也不愿意以同等价格购买该出资额的，视为其同意转让，该股东的配偶可以成为该公司股东。

（3）合伙企业出资额的分割。合伙企业的人合性要高于有限责任公司，当合伙人让与其合伙份额时，不仅存在优先购买权[2]的问题，而且原则上需要所有合伙人一致同意。[3]在此前提之下，一旦出现离婚涉及分割夫妻共同财产中以一方名义在合伙企业中的出资、另一方不是该企业合伙人的情形，法律就必须作出规范。《婚姻法解释（二）》第 17 条规定，当夫妻双方协商一致，将其合伙企业中的财产份额全部或者部分转让给对方时，分四种情形处理：①其他合伙人一致同意的，该配偶依法取得合伙人地位；②其他合伙人不同

[1]《公司法》第 72 条。
[2]《合伙企业法》第 23 条。
[3]《合伙企业法》第 22 条。

意转让，在同等条件下行使优先受让权的，可以对转让所得的财产进行分割；③其他合伙人不同意转让，也不行使优先受让权，但同意该合伙人退伙或者退还部分财产份额的，可以对退还的财产进行分割；④其他合伙人既不同意转让，也不行使优先受让权，又不同意该合伙人退伙或者退还部分财产份额的，视为全体合伙人同意转让，该配偶依法取得合伙人地位。

（4）独资企业出资额的分割。所谓独资企业，依《个人独资企业法》第2条之规定，指的是依照《个人独资企业法》在中国境内设立，由一个自然人投资，财产为投资人个人所有，投资人以其个人财产对企业债务承担无限责任的经营实体。显然，独资企业的出资额不得部分让与，否则将改变独资企业的法律性质，而变成合伙企业，在维持独资企业性质的前提下，《婚姻法解释（二）》第18条对于离婚分割夫妻在该独资企业中的共同财产问题，区分三种情形处理：①一方主张经营该企业的，对企业资产进行评估后，由取得企业一方给予另一方相应的补偿；②双方均主张经营该企业的，在双方竞价基础上，由取得企业的一方给予另一方相应的补偿；③双方均不愿意经营该企业的，按照《个人独资企业法》等有关规定办理。

6. 房屋的分割。房屋不可进行实物分割，故一旦发生争议，需要确定特别的分割规则。《婚姻法解释（二）》第20条规定，双方对夫妻共同财产中的房屋价值及归属无法达成协议时，区分三种情形处理：①双方均主张房屋所有权并且同意竞价取得的，应当准许；②一方主张房屋所有权的，由评估机构按市场价格对房屋作出评估，取得房屋所有权的一方应当给予另一方相应的补偿；③双方均不主张房屋所有权的，根据当事人的申请拍卖房屋，就所得价款进行分割。

7. 一方隐匿财产的处理。离婚时，为了规避夫妻共同财产平均分配的结果，实际掌握财产的一方可能隐匿某些财产，从而让自己独占该部分财产。对此问题，《婚姻法》第47条第1款规定："离婚时，一方隐藏、转移、变卖、毁损夫妻共同财产，或伪造债务企图侵占另一方财产的，分割夫妻共同财产时，对隐藏、转移、变卖、毁损夫妻共同财产或伪造债务的一方，可以少分或不分。离婚后，另一方发现有上述行为的，可以向人民法院提起诉讼，请求再次分割夫妻共同财产。"

该法条关于"可以少分或不分"的规定比较含糊，例如，法条未明确，就哪些财产"少分或不分"？如何掌握"少分或不分"的界限？《婚姻法》第47条为2001年修正时新增，乃吸收1993年《最高人民法院关于人民法院审理离婚案件处理财产分割问题的若干具体意见》第21条的结果，但未全部吸纳。未进入2001年《婚姻法》的内容是该意见第21条第2句，其所规定者，为"少分或不分"的具体处理办法："具体处理时，应把隐藏、转移、变卖、毁损的财产作为隐藏、转移、变卖、毁损财产的一方分得的财产份额，对另一方的应得的份额应以其他夫妻共同财产折抵，不足折抵的，差额部分由隐藏、转移、变卖、毁损财产的一方折价补偿对方。"问题是：根据该处理办法，除毁损外，其他情形似乎并不能体现"少分或不分"之结果，只不过以被"隐藏、转移、变卖"的财产折抵其应分得份额而已。

另外，法条亦未明确：隐藏等行为的性质如何？如果是对配偶财产权的侵犯，那么，该行为构成侵权行为，其后果就应当是就其侵权行为承担责任，而不是含糊不清的"少分或不分"之处理。

至于《婚姻法》第47条第1款所称"请求再次分割夫妻共同财产"，根据《婚姻法解释（一）》第31条的规定，其适用2年的诉讼时效期间，"从当事人发现之次日起计算"。

自《民法总则》2017 年 10 月 1 日起施行后，该有关诉讼时效事宜应适用《民法总则》第 188 条第 1 款和《最高人民法院关于适用〈中华人民共和国民法总则〉诉讼时效制度若干问题的解释》的规定，向人民法院请求保护民事权利的诉讼时效期间为 3 年。法律另有规定的，依照其规定。《民法总则》施行之日，诉讼时效期间尚未满《民法通则》规定的 2 年或者 1 年，当事人主张适用《民法总则》关于 3 年诉讼时效期间规定的，人民法院应予支持。但《民法总则》施行前，《民法通则》规定的 2 年或者 1 年诉讼时效期间已经届满，当事人主张适用《民法总则》关于 3 年诉讼时效期间规定的，人民法院不予支持。

8. 未分割遗产的处理。《婚姻法解释（三）》第 15 条规定，婚姻关系存续期间，夫妻一方作为继承人依法可以继承的遗产，若离婚时在继承人之间尚未实际分割，应在实际分割遗产后再就继承人实际所得作分配。

9. 遗漏财产的处理。《婚姻法解释（三）》第 18 条规定，离婚后，存在尚未分割的夫妻共同财产的，任何一方均有权请求分割。此分割请求权不受时效限制。

（二）债务清偿

关于夫妻关系存续期间对外所负债务的清偿问题，《婚姻法》的基本脉络是在区分共同债务与个人债务的前提下展开的。

1. 共同债务。《婚姻法》第 41 条规定："离婚时，原为夫妻共同生活所负的债务，应当共同偿还。共同财产不足清偿的，或财产归各自所有的，由双方协议清偿；协议不成时，由人民法院判决。"于此，需讨论者有：

（1）夫妻财产制与共同债务承担之间具有何种关联？《婚姻法》第 41 条所确立的原则是，"原为夫妻共同生活所负的债务，应当共同偿还"，未将夫妻财产制作为影响共同债务之承担的因素，似乎意味着，共同债务共同偿还，无论财产共有制或分别所有制。不过，后句有"或财产归各自所有的，由双方协议清偿"之规定，所谓"财产归各自所有"，意即夫妻财产分别制，此时，即便是"原为夫妻共同生活所负的债务"，亦"由双方协议清偿"，似乎又表示，财产分别制下，共同债务是否由夫妻共同偿还，取决于夫妻双方的"协议"。然而，这一解释结果难免匪夷所思：债权人能够向谁主张权利，居然取决于对方的约定。为了尽量避免承担债务，夫妻双方的协议结果不太可能是共同偿还。夫妻双方的共同债务，却仅由其中一方承担，债权人的利益势必因夫妻的道德危险行为而遭受损害。可见，"由双方协议清偿"，不宜解释为双方协议单独清偿或共同清偿。换言之，无论财产制如何，共同债务均由夫妻共同偿还。

（2）夫妻财产的清偿顺序如何？《婚姻法》第 41 条规定，"共同财产不足清偿的，或财产归各自所有的，由双方协议清偿"。显然，《婚姻法》的立场是：共同债务先由共同财产清偿，然后动用个人财产，而如何使用个人财产清偿，则"由双方协议"。由此可见，所谓"由双方协议清偿"，其所协商的内容应当是"如何使用个人财产清偿共同债务"，而不是"是否共同清偿共同债务"。问题因而在于：此等清偿顺序对于债权人是否有拘束力？如果回答是肯定的，那么，在债权人未就夫妻共同财产获得清偿之前，不得主张执行个别财产；反之，债权人可直接就夫妻任何财产要求实现债权。夫妻财产制为夫妻内部关系问题，债权人没有义务知悉，因此，清偿顺序所拘束者，理应是具内部关系的夫妻，其不能对抗外部第三人。如是，关于"如何使用个人财产清偿共同债务"之协议，亦不得对抗第三人。

（3）"共同偿还"是连带责任还是按份责任？对此问题，《婚姻法》虽未作规定，但可在《婚姻法解释（二）》中寻得答案。《婚姻法解释（二）》第 25 条第 2 款规定："一方就共同债务承担连带清偿责任后，基于离婚协议或者人民法院的法律文书向另一方主张追偿的，人民法院应当支持。"第 26 条又规定："夫或妻一方死亡的，生存一方应当对婚姻关系存续期间的共同债务承担连带清偿责任。"由此可见，夫妻相互承担连带责任无疑。

（4）如何判定共同债务？关于共同债务之判定，《婚姻法》未置一词，端视司法解释而定。《最高人民法院关于人民法院审理离婚案件处理财产分割问题的若干具体意见》第 17 条第 1 款规定："夫妻为共同生活或为履行抚养、赡养义务等所负债务，应认定为夫妻共同债务，离婚时应当以夫妻共同财产清偿。"其所奉行的标准，显然是所负债务的用途。一般情况下，债权人无从知悉亦无义务知悉债务人所负债务的用途，因而，此等规定将置债权人于极端不利的地位。《婚姻法解释（二）》改变了前述规则，于第 24 条规定："债权人就婚姻关系存续期间夫妻一方以个人名义所负债务主张权利的，应当按夫妻共同债务处理。但夫妻一方能够证明债权人与债务人明确约定为个人债务，或者能够证明属于婚姻法第 19 条第 3 款规定情形的除外。"这意味着，只要是夫妻关系存续期间所欠债务，原则上即应归诸共同债务之列，即便是夫妻一方以个人名义所负债务，亦是如此。只不过，以个人名义所负债务若属于以下两个例外之一，即不在此限：一是夫妻一方能够证明当事人双方曾明确约定为个人债务；二是夫妻对婚姻关系存续期间所得的财产约定归各自所有，而第三人知道该约定的。之所以如此，是因为债权人既已知悉，则无须特别保护。自此，共同债务的判断，不再以用途为标准，而在原则上以债务是否于夫妻关系存续期间发生为标准。2018 年 1 月 8 日通过的《最高人民法院关于审理涉及夫妻债务纠纷案件适用法律有关问题的解释》第 1~3 条则对夫妻共同债务进一步明确规定："夫妻双方共同签字或者夫妻一方事后追认等共同意思表示所负的债务，应当认定为夫妻共同债务。""夫妻一方在婚姻关系存续期间以个人名义为家庭日常生活需要所负的债务，债权人以属于夫妻共同债务为由主张权利的，人民法院应予支持。""夫妻一方在婚姻关系存续期间以个人名义超出家庭日常生活需要所负的债务，债权人以属于夫妻共同债务为由主张权利的，人民法院不予支持，但债权人能够证明该债务用于夫妻共同生活、共同生产经营或者基于夫妻双方共同意思表示的除外。"

2. 个人债务。如果共同债务指的是应由夫妻共同偿还的债务，那么，个人债务即由债务人自己负担。这意味着，以夫妻一方名义所负债务，不见得是个人债务，《婚姻法解释（二）》第 24 条即为明证。于是，关于个人债务，关键在于明了它包括哪些类型的债务？1993 年《最高人民法院关于人民法院审理离婚案件处理财产分割问题的若干具体意见》第 17 条第 2 款规定，下列债务不能认定为夫妻共同债务，应由一方以个人财产清偿：①夫妻双方约定由个人负担的债务，但以逃避债务为目的的除外；②一方未经对方同意，擅自资助与其没有抚养义务的亲朋所负的债务；③一方未经对方同意，独自筹资从事经营活动，其收入确未用于共同生活所负的债务；④其他应由个人承担的债务。其中，第①项以夫妻内部约定而产生对抗第三人的效力，与《婚姻法解释（二）》第 24 条第一种情形相抵触，显然不能成立，第②项与第③项则是以用途为判断标准的产物，它因为同条第 1 款被《婚姻法解释（二）》第 24 条改变而失去意义。因此，上述规定已不足为凭。

个人债务的类型在《婚姻法解释（二）》中得到重新界定，它除了包括《婚姻法解释（二）》第 24 条所列举的两项例外之外，还包括夫妻各自的婚前债务，这为《婚姻法解释（二）》第 23 条所规定："债权人就一方婚前所负个人债务向债务人的配偶主张权利的，人民法院不予支持。但债权人能够证明所负债务用于婚后家庭共同生活的除外。"此处但书以用途为判断依据，之所以能够成立，是因为一旦债权人能够证明用于婚后共同生活，婚姻关系的另一方即不值得特别保护，其规范方向与 1993 年的司法解释正好相反。

第五十三章

（三）经济帮助

《婚姻法》第 42 条规定："离婚时，如一方生活困难，另一方应从其住房等个人财产中给予适当帮助。具体办法由双方协议；协议不成时，由人民法院判决。"所谓"生活困难"，根据《婚姻法解释（一）》第 27 条第 1、2 款的界定，"是指依靠个人财产和离婚时分得的财产无法维持当地基本生活水平。一方离婚后没有住处的，属于生活困难"。至于提供经济帮助的方式，《婚姻法解释（一）》第 27 条第 3 款规定："离婚时，一方以个人财产中的住房对生活困难者进行帮助的形式，可以是房屋的居住权或者房屋的所有权。"

（四）损害赔偿

1. 损害赔偿事由。根据《婚姻法》第 46 条的规定，有下列情形之一，导致离婚的，无过错方有权请求损害赔偿：①重婚；②有配偶者与他人同居；③实施家庭暴力；④虐待、遗弃家庭成员。此为封闭列举，其他诸如终止妊娠侵犯生育权等不构成损害赔偿事由。

2. 权利人与赔偿义务人。权利人为夫妻中的无过错方，赔偿义务人根据《婚姻法解释（一）》第 29 条第 1 款的规定，则"为离婚诉讼当事人中无过错方的配偶"。若双方均具有上列过错，则双方均无权请求赔偿。

3. 赔偿范围。依据《婚姻法解释（一）》第 28 条的规定，赔偿范围包括物质损害赔偿和精神损害赔偿。精神损害赔偿适用《最高人民法院关于确定民事侵权精神损害赔偿责任若干问题的解释》。

4. "婚内赔偿"之禁止。《婚姻法解释（一）》第 29 条第 2、3 款规定："人民法院判决不准离婚的案件，对于当事人基于婚姻法第 46 条提出的损害赔偿请求，不予支持。在婚姻关系存续期间，当事人不起诉离婚而单独依据该条规定提起损害赔偿请求的，人民法院不予受理。"可见，"婚内赔偿"之请求不能得到支持。

5. 合意离婚之损害赔偿。我国台湾地区"民法"第 1056 条第 1 款规定："夫妻之一方，因判决离婚而受有损害者，得向有过失之他方，请求赔偿。"据此，损害赔偿仅在判决离婚的场合发生，所以我国台湾地区学者认为，除非合意离婚时双方当事人就损害赔偿自行约定，否则不得适用第 1056 条之规定。[1]

我国离婚损害赔偿之债，更主要的是表明法律对于特定不法行为实施者的惩罚，因此，在合意离婚场合，损害赔偿亦可能发生。《婚姻法解释（二）》第 27 条作了明确规定："当事人在婚姻登记机关办理离婚登记手续后，以婚姻法第 46 条规定为由向人民法院提出损害赔偿请求的，人民法院应当受理。但当事人在协议离婚时已经明确表示放弃该项请求，或者在办理离婚登记手续 1 年后提出的，不予支持。"

三、离婚对亲子关系的影响

（一）亲子关系存续

《婚姻法》第 36 条第 1 款："父母与子女间的关系，不因父母离婚而消除。离婚后，子女无论由父或母直接抚养，仍是父母双方的子女。"之所以如此，是因为父母亲子关系乃基于血缘而产生，离婚只对姻亲关系发生影响。同时，离婚后的父母对于子女仍有抚养教育的权利和义务。[2]

---

〔1〕 王泽鉴：《民法概要》，中国政法大学出版社 2003 年版，第 645 页；戴炎辉、戴东雄：《亲属法》，顺清文化事业有限公司 2002 年版，第 332 页。

〔2〕 《婚姻法》第 36 条第 2 款。

（二）抚养人

离婚后，双方不再共同生活，因此子女不可能继续与其父母同时持续生活，此时，需要确定实际抚养人。《婚姻法》第36条第3款规定："离婚后，哺乳期内的子女，以随哺乳的母亲抚养为原则。哺乳期后的子女，如双方因抚养问题发生争执不能达成协议时，由人民法院根据子女的权益和双方的具体情况判决。"

关于具体判断子女由谁抚养的问题，《最高人民法院关于人民法院审理离婚案件处理子女抚养问题的若干具体意见》第1~6、13~17、20条列举了一些具体操作规则：

1. 2周岁以下子女的抚养。原则上，2周岁以下的子女随母方生活，但如果母方有下列情形之一，则随父方生活：①患有久治不愈的传染性疾病或其他严重疾病，子女不宜与其共同生活；②有抚养条件不尽抚养义务，而父方要求子女随其生活；③因其他原因，子女确无法随母方生活。另外，若父母双方协议2周岁以下子女随父方生活，并对子女健康成长无不利影响，可随父方生活。

2. 2周岁以上未成年子女的抚养。[1]2周岁以上的未成年子女不再直接以随母生活为原则，而是需要综合考量。当父母双方均要求抚养时，以下情形将作为优先考虑因素：①已做绝育手术或因其他原因丧失生育能力；②子女随其生活时间较长，改变生活环境对子女健康成长明显不利；③无其他子女，而另一方有其他子女；④子女随其生活，对子女成长有利，而另一方患有久治不愈的传染性疾病或其他严重疾病，或者有其他不利于子女身心健康的情形，不宜与子女共同生活。另外，若父方与母方抚养子女的条件基本相同，双方均要求子女与其共同生活，但子女单独随祖父母或外祖父母共同生活多年，且祖父母或外祖父母要求并且有能力帮助子女照顾孙子女或外孙子女，可作为子女随父或母生活的优先条件予以考虑。

3. 10周岁以上未成年子女的抚养。若父母双方对10周岁以上的未成年子女随父或随母生活发生争执的，应考虑该子女的意见。

4. 轮流抚养。若父母双方协议轮流抚养子女，且该抚养方式有利于保护子女利益的，则无不可。

5. 继子女的抚养。生父与继母或生母与继父离婚时，对曾受其抚养教育的继子女，若继父或继母不同意继续抚养，仍应由生父母抚养。

6. 养子女的抚养。《收养法》（1991年）施行前，夫或妻一方收养的子女，对方未表示反对，并与该子女形成事实收养关系的，离婚后，应由双方负担子女的抚育费；夫或妻一方收养的子女，对方始终反对的，离婚后，应由收养方抚养该子女。

7. 抚养人的变更。父母双方得合意变更抚养关系，出现以下法定事由时，亦得由一方提起变更请求：①与子女共同生活的一方因患严重疾病或因伤残无力继续抚养子女；②与子女共同生活的一方不尽抚养义务或有虐待子女行为，或其与子女共同生活对子女身心健康确有不利影响；③10周岁以上未成年子女，愿随另一方生活，该方又有抚养能力；④有其他正当理由需要变更。

8. 临时抚养人。在离婚诉讼期间，若双方均拒绝抚养子女，法院可先行裁定暂由一方抚养。

---

〔1〕《最高人民法院关于人民法院审理离婚案件处理子女抚养问题的若干具体意见》以"2周岁以下"与"2周岁以上"为分界标准，其法律用语不严谨，势必制造"2周岁的子女如何适用法律"之纷争，因为，依《民法总则》第205条之规定，民法所称"以上""以下"，均含本数。

（三）探望权

《婚姻法》第 38 条第 1 款规定："离婚后，不直接抚养子女的父或母，有探望子女的权利，另一方有协助的义务。"

探望权可能因当事人的请求而中止，《婚姻法解释（一）》第 25 条规定："当事人在履行生效判决、裁定或者调解书的过程中，请求中止行使探望权的，人民法院在征询双方当事人意见后，认为需要中止行使探望权的，依法作出裁定。中止探望的情形消失后，人民法院应当根据当事人的申请通知其恢复探望权的行使。"至于有权提起请求之当事人，《婚姻法解释（一）》第 26 条的界定是"未成年子女、直接抚养子女的父或母及其他对未成年子女负担抚养、教育义务的法定监护人"。

（四）抚育费

《婚姻法》第 37 条第 1 款规定："离婚后，一方抚养的子女，另一方应负担必要的生活费和教育费的一部或全部，负担费用的多少和期限的长短，由双方协议；协议不成时，由人民法院判决。"另一方所负担的生活费与教育费，称"抚育费"。同时，为了令抚育费能够与时俱进，《婚姻法》第 37 条第 2 款规定："关于子女生活费和教育费的协议或判决，不妨碍子女在必要时向父母任何一方提出超过协议或判决原定数额的合理要求。"所谓"必要时"，可参照《最高人民法院关于人民法院审理离婚案件处理子女抚养问题的若干具体意见》第 18 条的规定，包括三种情形：①原定抚育费数额不足以维持当地实际生活水平；②因子女患病、上学，实际需要已超过原定数额；③有其他正当理由。

另外，关于抚育费的给付问题，《最高人民法院关于人民法院审理离婚案件处理子女抚养问题的若干具体意见》第 7～12、19 条尚有如下规定：

1. 金额。当双方就子女抚育费的金额不能达成一致时，法院可根据子女的实际需要、父母双方的负担能力和当地的实际生活水平确定。其确定的基本原则包括：①有固定收入的，抚育费一般可按其月总收入的 20%～30% 的比例给付。负担两个以上子女抚育费的，比例可适当提高，但一般不得超过月总收入的 50%。②无固定收入的，抚育费的数额可依据当年总收入或同行业平均收入，参照上述比例确定。③有特殊情况的，可适当提高或降低上述比例。

2. 给付方式。抚育费应定期给付，有条件者亦可一次性给付。若一方无经济收入或者下落不明，可用其财物折抵子女抚育费。

3. 给付人。抚育费一般应由不负责实际抚养子女的一方承担，但父母双方若约定由抚养方全额承担，亦无不可，除非抚养方的抚养能力明显不能保障子女所需费用，且将因此影响子女健康成长。同时，父母不得因子女变更姓氏而拒付子女抚育费。

4. 给付期限。抚育费的给付期限，一般至子女 18 周岁为止。有两项例外：①期限缩短之例外。16 周岁以上不满 18 周岁，以其劳动收入为主要生活来源，并能维持当地一般生活水平的，父母可停止给付抚育费。②期限延长之例外。尚未独立生活的成年子女有下列情形之一，父母又有给付能力的，仍应负担必要的抚育费：一是丧失劳动能力或虽未完全丧失劳动能力，但其收入不足以维持生活；二是尚在校就读；三是其他确无独立生活能力和条件的情况。

第五十四章

亲子关系法

■第一节 概述

一、亲子关系的含义

亲子关系，"亲"谓父母，"子"谓子女，亦称父母子女关系，是家庭成员之间最近的血亲关系。狭义上的亲子关系仅指父母与未成年子女之间的关系。[1]

婚姻关系和亲子关系构成亲属法的核心，二者的横竖交错设定了亲属法的框架。基于婚姻与亲子，"家""亲属"才得以产生，各种家庭关系、亲属关系才得以出现。

二、亲子关系的形成

亲子关系可能是自然血亲关系，亦可能是拟制血亲关系，它们各自有不同的形成途径。

（一）自然血亲之亲子关系

自然血亲的亲子关系基于事件而产生，该事件即为出生。根据出生和婚姻的关联，又有婚生子女与非婚生子女之别。

（二）拟制血亲之亲子关系

依据我国《婚姻法》，拟制血亲之亲子关系有两种：①基于事件与事实行为而产生，即父母与他人再婚（事件）以及事实抚养行为，在继父母与继子女之间形成拟制血亲关系；②基于法律行为而产生，即收养。

三、《婚姻法》就亲子关系的一般规定

（一）父母的抚养教育义务

《婚姻法》第21条第1款规定，"父母对子女有抚养教育的义务"。第2款规定："父母不履行抚养义务时，未成年的或不能独立生活的子女，有要求父母付给抚养费的权利。"所谓"不能独立生活的子女"，依据《婚姻法解释（一）》第20条的规定，"是指尚在校接受高中及其以下学历教育，或者丧失或未完全丧失劳动能力等非因主观原因而无法维持正常生活的成年子女"。而抚养费的范围，则"包括子女生活费、教育费、医疗费等费用"。[2]

（二）子女的赡养扶助义务

《婚姻法》第21条第1款规定，"子女对父母有赡养扶助的义务"。第3款规定："子女不履行赡养义务时，无劳动能力的或生活困难的父母，有要求子女付给赡养费的权利。"需要注意的是，就所承担的义务来看，此处规定主要是针对成年子女而设，因而与狭义的亲子关系（父母与未成年子女关系）有所不同。

---

[1] 戴炎辉、戴东雄：《亲属法》，顺清文化事业有限公司2002年版，第4页。
[2] 《婚姻法解释（一）》第21条。

（三）父母的姓名设定权

《婚姻法》第22条规定："子女可以随父姓，可以随母姓。"其所规定者，虽为子女自己的姓名权问题，但在其取得行为能力之前，子女无法为自己设定姓名，必须由父母代为设定。

（四）父母的住所设定权

基于相同道理，未成年子女的住所必须由父母设定。对此，《德国民法典》第8、11条可供参考。

（五）保护教育

《婚姻法》第23条规定，"父母有保护和教育未成年子女的权利和义务"。此处所规定者，属于亲权与监护权之内容。

（六）承担民事责任

《婚姻法》第23条规定，"在未成年子女对国家、集体或他人造成损害时，父母有承担民事责任的义务"。该规定来自于《民法通则》第133条的规定，"无民事行为能力人、限制民事行为能力人造成他人损害的，由监护人承担民事责任"。

■第二节 亲 权

一、亲权的概念

亲权的原初形态是罗马法的"父权"，强调家长对子女的支配地位。及至近代，该权力的"支配"特性已逐渐演化为"保护"特性，转而强调家长对子女的保护照顾。个人自主意识的发展，又使得"亲权"只在未成年子女的身上体现。大陆法系中，亲权的概念一般是：以教养保护未成年子女为中心的父母职能。一般认为，亲权为亲子关系法中最本质、核心的部分，[1]而在我国现行法律体系中，却未出现"亲权"的概念。

亲权具有如下特征：①系基于父母身份而享有的专属私法权利；②只对未成年子女存在；③以未成年子女的教养保护为目的；④集合了权利与义务的性质。

二、亲权的行使

（一）亲权人

享有亲权之人是未成年人的父母。罗马法、法国旧法、德国旧法等皆规定父亲享有亲权，随着男女平等的演进，现代各国一般都规定父母皆为亲权人，父母离婚后，确定其中一方为亲权人（一般是与子女共同生活一方），父母其中一方死亡或丧失行为能力的，另一方为亲权人。若父母未结婚或子女出生前父母已离婚，则由母亲享有亲权。

另外，现代各国一般还规定，处于婚姻状态的父母共同行使亲权，一方单独行使者，不得对抗善意第三人。

（二）亲权的内容

1. 姓名设定权。亲权人有权为其未成年子女设定姓名，内容如上节所述。

2. 住所设定权。亲权人有权为其未成年子女设定住所，内容如上节所述。

3. 管教权与惩戒权。《婚姻法》第23条的规定"父母有保护和教育未成年子女的权利和义务"，可作为亲权人管教权的法律依据。未成年子女没有或者没有足够的理性能力，难

---

〔1〕 戴炎辉、戴东雄：《亲属法》，顺清文化事业有限公司2002年版，第465页。

以对事物作出正确判断，因此，当其不听从管教时，亲权人享有一定程度上的惩戒权。不过，该惩戒权随着对儿童保护的日益重视，已越来越受到限制。[1]

4. 子女领回权。子女被他人不法夺去，亲权人可请求交回，并且该子女领回权不受时效限制。

顺便指出，子女领回权非常典型地反映了亲权作为康德所称"对物性质的对人权"之特性："从孩子们具有人格这一事实，便可提出：无论如何不能把子女看作是父母的财产，他们仅仅在下述意义上可以被看作是属于父母的，如同别的东西一样为父母所占有：如果当孩子被他人占有时，父母可以把他们的子女从任何占有者手中要回来，哪怕违反子女本人的意志。可见，父母的权利并非纯粹是物权，它是不能转让的。但是，这也不仅仅是一种对人权，它是一种有物权性质的对人权，这就是一种按物权方式构成的并被执行的对人权。"[2]

5. 法定代理。未成年子女为无行为能力或限制行为能力人，他们或者不能实施法律行为，或者对于判断能力之外者不能独立实施法律行为，因此，必须由法定代理人代为实施或在征得法定代理人同意后实施。亲权人为第一顺位的法定代理人。

6. 财产管理。未成年人亦可能拥有财产，此时，需要由亲权人为其管理。

（三）亲权滥用的后果

若是滥用亲权，可能导致亲权中止、亲权消灭等。

三、亲权、监护与父母权

（一）亲权与监护

与亲权制度最为接近的是监护制度。后者被规定于《民法总则》第二章"自然人"第二节，为此，教科书多将其置于民法总论当中。为避免重复，此处不再对监护制度作系统介绍，而只就其与亲权制度之关系略作观察。

法德等大陆法系国家分别规定亲权与监护，在此框架之下，监护制度系亲权制度之延伸，其发展轨迹大致为："至家长权衰颓，亲权及夫权由家长权分离而独立以后，始有为不受亲权或夫权支配或保护之人设置监护人之必要。"[3]正是基于这一认识，张俊浩先生将监护定义为"对于不能得到亲权保护的未成年人和精神病人，设定专人以保护其利益的法律制度"。[4]苏联等社会主义国家则未区分亲权与监护，英美亦未明确区分。我国仿效苏联，未规定亲权制度，或者说，将亲权制度与监护制度合并为统一的监护制度，其中，父母被列为第一顺位监护人。

就制度功能及其设计而言，监护制度似乎难以完全涵盖亲权制度，二者之间存在若干差别：①亲权由父母根据血亲关系自然取得，国家公权力或他人应尽量少介入；监护资格之取得可能需要依靠公权力的介入，对于监护人，公权力或亲属会议亦有较多的监督。②亲权不仅旨在从消极的方面保护照顾未成年人，而且注重从积极的方面教育子女成为健全的人，因此亲权人享有对子女全面的权利，包括惩戒权等；监护基本上只是在消极的方面照顾保护被监护人，主要体现为义务，监护人不应享有如亲权人般的广泛权利，如财产

---

〔1〕 戴炎辉、戴东雄：《亲属法》，顺清文化事业有限公司 2002 年版，第 483 页。

〔2〕 ［德］康德：《法的形而上学原理——权利的科学》，沈叔平译，商务印书馆 1997 年版，第 102 页（着重号为原文所加）。

〔3〕 戴炎辉、戴东雄：《亲属法》，顺清文化事业有限公司 2002 年版，第 498 页。

〔4〕 张俊浩主编：《民法学原理》（上册），中国政法大学出版社 2000 年版，第 117 页。

管理方面一般只能为被监护人利益处分财产，一般不能享有广泛的惩戒权，不能送养被监护人[1]等。③监护是为保护被监护人而特设的制度，因此，监护人可以变更，亦可为补偿监护人的付出而赋予监护人以报酬请求权；亲权人只能是父母，不得移任他人，亦不得请求报酬。

我国虽将父母列为第一顺位监护人，突出了父母的地位，但这只是顺位的差别，它仍处于监护的制度框架之内，以监护的法律规范来规制亲权，似对于法律关系的性质有所混淆，亦在本应由私人处理的范围内加入过多公权力因素。也许，在监护制度之外建立独立的亲权制度，是完善我国亲属立法的举措之一。[2]

（二）亲权与父母权

在区分亲权与监护的框架下，亲权只对未成年子女存在，父母权则存在于任何父母子女关系之中，它只因父母子女关系的消灭而消灭。[3]

■第三节　亲生子女

一、婚生子女

（一）概念

婚生子女，是由婚姻关系受胎而生的子女。一般来说，婚生子女需要具备如下要素：①父母有婚姻关系存在；②子女为夫之子女；③子女为妻（亲自）生育；④在婚姻关系中受胎。

（二）亲子关系推定

1. 基于受胎期的推定。《法国民法典》[4]与《瑞士民法典》（第256条a）均规定，夫妻结婚后满180天出生的子女，以及婚姻关系解除后300天内出生的子女，推定为婚姻存续期间受胎。

2. 夫为父的推定。在婚姻关系存续中受胎的，夫被推定为子女之父。

3. 证据的推定效力。《婚姻法解释（三）》第2条第2款规定，当事人一方起诉请求确认亲子关系，并提供必要证据予以证明，另一方没有相反证据又拒绝做亲子鉴定的，推定请求确认亲子关系一方的主张成立。

（三）亲子关系推定之反证

1. 否认权。亲子关系推定为可推翻的法律推定，否认（撤销）权一般由夫享有。原则上，任何足以推翻的证据均可。此类证据一般是：原因上证明女方怀孕非夫所为（如未同居、无能力等），结果上通过亲子鉴定等手段证明子女与夫之间不具有血缘关联。

否认权一般认为是必须依诉行使的形成权。既为形成权，就有除斥期间，各国规定为从出生之日起6个月至2年不等。

---

〔1〕《收养法》第12条规定："未成年人的父母均不具备完全民事行为能力的，该未成年人的监护人不得将其送养，但父母对该未成年人有严重危害可能的除外。"第13条规定："监护人送养未成年孤儿的，须征得有抚养义务的人同意。有抚养义务的人不同意送养、监护人不愿意继续履行监护职责的，应当依照《中华人民共和国民法通则》的规定变更监护人。"

〔2〕我国早有学者主张建立亲权制度，如陈明侠："亲子法基本问题研究"，载梁慧星主编：《民商法论丛》（第六卷），法律出版社1997年版，第4页以下。

〔3〕戴炎辉、戴东雄：《亲属法》，顺清文化事业有限公司2002年版，第466页。

〔4〕《法国民法典》第314、315条。

　　我国实证法未规定否认权，否认亲子关系者可为夫妻任何一方，并且未规定期间限制。依据《婚姻法解释（三）》第 2 条第 1 款的规定，若夫妻一方向法院起诉请求确认亲子关系不存在，并已提供必要证据，另一方没有相反证据又拒绝做亲子鉴定，则推定请求确认亲子关系不存在一方的主张成立。此亦意味着，只要能够通过亲子鉴定证明亲子关系不存在，任何一方在任何时间均得否认亲子关系。

　　2. 亲子证明。依法国、瑞士民法典规定，离婚后超过 300 天出生的子女，法律推定前夫非为其父，但能证明确在婚姻中受孕者，推定即被推翻。

　　（四）人工生殖子女

　　在传统自然生殖方式之外，随着现代科技的发展，又有了新的生殖方式，它们是人工授精与基因复制。

　　1. 人工授精。人工授精依其方式，有体内与体外授精之别；依精子或卵子的来源，又有同质人工授精与异质人工授精之别。其中，能够对子女法律地位产生影响者，为后一分类。

　　（1）同质人工授精。同质人工授精是使用丈夫精子或妻子卵子进行人工授精。由此出生的子女，法律未规定其法律地位，最高人民法院则于 1991 年 7 月 8 日《最高人民法院关于夫妻离婚后人工授精所生子女的法律地位如何确定的复函》（〔91〕民他字第 12 号）当中表明了立场："在夫妻关系存续期间，双方一致同意进行人工授精，所生子女应视为夫妻双方的婚生子女，父母子女之间权利义务关系适用《婚姻法》的有关规定。"

　　（2）异质人工授精。异质人工授精是使用第三人的精子或卵子进行人工授精。对于异质人工授精，我国尚无法律规范予以调整。一般认为，若得到夫妻同意，所生子女应视为婚生子女。

　　2. 基因复制。基因复制即"克隆"。人的基因复制所遇到的伦理挑战，较之人工授精更为激烈，到现在为止，各国普遍持保守态度，尚未明确许可人的基因复制。理论上，本人与因基因复制而产生的人可形成亲子、兄弟姐妹等不同的亲属关系，因此，一旦认可基因复制，它对既有亲属法理论亦将构成极大冲击。

　　二、非婚生子女

　　（一）概念

　　非婚生子女即非基于婚姻关系所生的子女。无论中外，非婚生子女在历史上都是处于被歧视地位，他们经常被称为"私生子"，甚至"奸生子"。对此，即使是张扬人的自主性，高举"天赋人权"大旗的启蒙思想家亦未能免俗，其中，康德的表述极具说明价值："一个不合婚姻法而出生的私生子来到人间，他就不受法律的保护。这样一个婴儿，也可以说，就像一些违禁的货物被带进了国家，由于在这种方式下，他没有法律上存在的权利，因而毁灭他也同样可以被看作无罪。当这个母亲未婚分娩的事情为人所知时，任何法律条文也不能清除她的羞耻。"[1]非婚生子女取得与婚生子女同等的法律地位，迄今不过几十年的历史。

　　（二）准正

　　非婚生子女可能因某种法律事实的发生，而转化为婚生子女，此之谓准正。

　　1. 准正事由。我国现行法律未规定准正制度，其他立法例可供参考。我国台湾地区

---

〔1〕　［德］康德：《法的形而上学原理——权利的科学》，沈叔平译，商务印书馆 1997 年版，第 170～171 页。

"民法"第 1064 条规定了结婚准正制："非婚生子女，其生父与生母结婚者，视为婚生子女。"《法国民法典》除了结婚准正外，尚规定了裁判准正制，《法国民法典》第 333 条规定："如生父、生母二人不可能结婚，只要子女对要求其取得婚生子女资格的父、母一方占有非婚生子女身份，法院得裁判赋予该子女以婚生子女的资格。"

2. 准正的性质。准正属于法律事件，因父母结婚或裁判而获得效果。结婚虽于结婚人而言是法律行为，但对结婚人以外的人产生效力，则属法律事件。

3. 准正的效力。准正的效力主要是，使得非婚生子女转化为婚生子女。依法国法，准正无溯及力：结婚准正者，"取得婚生子女资格，自父母结婚之日起产生效力"（《法国民法典》第 332 - 1 条第 3 款）；裁判准正者，"自最终宣告取得婚生子女资格的决定作出之日即生效力"（《法国民法典》第 333 - 4 条第 1 款）。我国台湾地区"民法"未明确规定准正溯及力问题，通说认为，应解释为溯及至子女出生之时发生效力。[1] 其理由在于："认领既有溯及效力，而准正须有认领，自应为同一解释。"[2]

（三）认领

非婚生子女若未因准正而成为婚生子女，生父与该非婚生子女之间即无亲子关系，非婚生子女不得请求生父支付抚养费用，亦不得继承生父遗产。[3] 所以，在区分婚生子女与非婚生子女的立法例下，为了更充分地保护非婚生子女利益，又设置了认领制度。非婚生子女与母亲的亲子关系自然建立，无须认领，因此，所谓认领，系对承认其为非婚生子女之生父而言。

1. 任意认领。生父依其意思表示承认自己所生子女的行为，称任意认领。

任意认领由生父以意思表示的方式作出，故适用关于法律行为的规定，受行为能力的规制，不过，我国台湾地区"民法"第 1070 条规定："生父认领非婚生子女后，不得撤销其认领。"我国台湾地区通说据此认为，若亲子关系真实，即便存在胁迫、诈欺之事由，亦不得撤销。戴炎辉、戴东雄先生的理由是："生父之认领称为观念之通知，该认领之意思表示重视血统联系，而与财产法上所重视之效果意思有别，故不得撤销。"[4] 至于亲子关系不真实之认领，依史尚宽先生之见，纵认领意思无瑕疵，认领亦无效，"此为认领之特色"。[5] 王泽鉴先生则认为，"为维护血统的真实，应认生父得依民法总则关于意思表示瑕疵的规定撤销其认领"。[6]

我国台湾地区"民法"第 1066 条规定："非婚生子女或其生母，对于生父之认领，得否认之。"据此，认领乃单方行为，无须母亲或子女的同意，意思表示一经作出，即产生相应法律效果。不过，为尊重母亲或子女的意志，母亲或子可享有否认权。与之不同，《德国民法典》第 1595 条第 1、2 款规定，生父的确认（Anerkennung der Vaterschaft）需征得母亲同意，母亲无父母照顾权者，还应得到子女的同意，这似乎意味着，生父确认的意思表示乃契约行为。

2. 强制认领。强制认领亦称生父之寻认，是指出现法定事由时，权利人对于应认领而

---

〔1〕 史尚宽：《亲属法论》，中国政法大学出版社 2000 年版，第 559 页；王泽鉴：《民法概论》，中国政法大学出版社 2003 年版，第 648 页；戴炎辉、戴东雄：《亲属法》，顺清文化事业有限公司 2002 年版，第 399 页。

〔2〕 戴炎辉、戴东雄：《亲属法》，顺清文化事业有限公司 2002 年版，第 399 页。戴炎辉、戴东雄又进一步指出：有关准正溯及力之争论，于我国台湾地区"民法"体系中，"并无何等实益"（第 399 页）。

〔3〕 王泽鉴：《民法概论》，中国政法大学出版社 2003 年版，第 648 页。

〔4〕 戴炎辉、戴东雄：《亲属法》，顺清文化事业有限公司 2002 年版，第 382 页。

〔5〕 史尚宽：《亲属法论》，中国政法大学出版社 2000 年版，第 563 页。

〔6〕 王泽鉴：《民法概论》，中国政法大学出版社 2003 年版，第 650 页。

不认领之生父，向法院请求确定生父关系之存在。根据我国台湾地区"民法"第 1067 条的规定，强制认领之权利人包括"非婚生子女或其生母或其他法定代理人"，法定事由则包括：①受胎期间生父与生母有同居之事实；②由生父所作之文书可证明其为生父；③生母为生父强奸或略诱成奸；④生母因生父滥用权势成奸。

3. 认领的效力。根据我国台湾地区"民法"第 1065 条的规定，"非婚生子女经生父认领者，视为婚生子女"。第 1069 条还规定，"非婚生子女认领之效力，溯及于出生时"。

三、婚生与非婚生子女区分的意义

（一）法律地位

在历史上，婚生子女与非婚生子女的法律地位、权利义务皆有不同。典型者如《法国民法典》曾经规定，经认领的非婚生子女不得主张婚生子女的权利，非婚生子女不得请求其父认领，等等。

（二）法律推定规则

婚生子女与非婚生子女之区分，对于法律推定有影响：在婚姻关系中的子女，推定为婚生子女，想要否认，必须积极行使否认（撤销）权；非在婚姻关系中的子女，必须有准正或认领，才能使得生父承担父亲之责。就此而言，非婚生子女之确定生父，需要借助专门的法律制度，始得实现。

（三）检讨

现代各国基本上都已认可，婚生子女与非婚生子女具有相同的法律地位，即便曾明显歧视非婚生子女的《法国民法典》，经修改后亦于其第 334 条第 1 款规定："非婚生子女，在同其父与母的关系中，一般享有婚生子女相同的权利，负相同的义务。"《德国民法典》则通过 1997 年的《子女身份法改革法》《非婚生子女在继承法上的平等法》以及 1998 年的《未成年子女生活费统一法》等法律，彻底消除了非婚生子女与婚生子女在法律地位上的差别，"非婚生子女"之用语以及以婚生与否为标准的划分从此在《德国民法典》中消失。

如果婚生与否并不影响子女自身法律地位的平等性，将其二者区分的意义就仅限于确定非婚生子女之生父。在此意义上说，《德国民法典》不再如《法国民法典》般以"婚生""非婚生"为划分标准，而直接以"生父的确认"（第 1594 条）为出发点，值得肯定。因此，大致可以认为，婚生子女与非婚生子女的划分，只是历史遗留，其制度功能或者消失，或者能够被取代，没有必要再保留。

（四）《婚姻法》的立场

我国早在 1950 年的《婚姻法》中即通过第 15 条第 1 款明确宣告："非婚生子女享受与婚生子女同等的权利，任何人不得加以危害或歧视。"此立场一直延续至今。就此而言，中华人民共和国《婚姻法》在对待非婚生子女的问题上，走在了世界的前列。不过，即便如此，我国婚姻立法似仍有可商榷之处。

是否婚生虽不影响子女法律地位的平等性，但对于生父的权利义务却有影响。具体而言，婚生子女的父母可直接依母亲生育及父母的婚姻而确定，非婚生子女则虽然得依母亲生育确认生母，但生父并不自明，因此，非婚生子女尚有生父确认问题。1950 年《婚姻法》第 15 条第 2 款就此问题有过处理："非婚生子女经生母或其他人证物证证明其生父者，其生父应负担子女必需的生活费和教育费全部或一部；直至子女 18 岁为止。如经生母同意，生父可将子女领回抚养。"当中虽只包含生父的强制认领（生父之寻认）方式，但这毕竟表明，彼时的《婚姻法》触及了生父确认制度。略显遗憾的是，1980 年修正的《婚姻法》将生父确认问题删除，第 19 条第 2 款直接规定："非婚生子女的生父，应负担子女必要的生活费和教育费的一部或全部，直至子女能独立生活为止。"这使得《婚姻法》在生父确认规范方面完全陷于阙如，导致本就存在的法律漏洞扩大。2001 年再次修正《婚姻法》时，第 25 条第 2 款又将原有规定修改为："不直接抚养非婚生子女的生父或生母，应当负担子女的生活费和教育费，直至子女能独立生活为止。"这一貌似全面的修改除延续了1980 年的缺陷外，还使法律规范进一步远离非婚生子女制度特点：非婚生子女之母亲的义务与婚生子女之母亲的义务并无区别，需要特别关注的只是非婚生子女生父的义务，因此，将生父与生母并列，把非婚生子女在生父方面的特殊性遮蔽了。由是以观，有关非婚生子女的法律规范，虽历经数次修改，但不仅未能弥补漏洞、提升质量，反倒是每况愈下。没有生父的确认制度，不论法律如何宣告婚生子女与非婚生子女"平等"，皆无实质意义。

■第四节 继子女

一、继父母子女的亲属关系

继子女是中华人民共和国创造的独特子女类型，其要点为：配偶一方与配偶他方和前配偶所生子女之间，形成继父母子女关系。

继父母子女之间可能存在两种亲属关系：①直系姻亲。若继父母与继子女之间无抚养关系（继子女未成年但继父母未抚养或继子女已成年无须抚养），他们之间的亲属关系即纯粹仰赖其（继）父母之间的婚姻关系联结，故为直系姻亲。②直系拟制血亲。《婚姻法》第 27 条第 2 款规定："继父或继母和受其抚养教育的继子女间的权利和义务，适用本法对父母子女关系的有关规定。"此时，姻亲因抚养教育而转化为拟制血亲。

二、检讨

笔者认为，继父母子女是否有必要形成独立的亲子关系类型，值得怀疑。继父母对于继子女除"不得虐待或歧视"[1]外，本无抚养教育义务，当抚养教育实际发生时，依《婚姻法》第 27 条第 2 款的规定，竟然能够因之产生规范性效力，而"适用本法对父母子女关系的有关规定"。问题因而在于：①为何事实的抚养教育能够产生规范效力，使得继父母对于继子女因此而负有如同其他亲子关系中的抚养教育义务？②即使能够产生规范效力，为了令其具有可认知性，以便于司法适用，法律亦须回答：实际抚养教育至何种程度即可令继父母负有抚养教育义务？换言之，实际抚养教育至何种程度即可令姻亲关系转化为拟制血亲关系？该问题若未解决，当事人将难以预知其行为后果，亦无从知道，相互之间的拟制血亲关系何时确立。然而，由于实际生活的复杂性，法律绝不可能为其程度确定标准。这意味着，继父母子女之间法律关系的不确定状态为法律规范所制造，除非废止此等法律规范，否则不可能得到解决。

实际上，继父母子女之间若要形成拟制血亲关系，原本可由当事人以明确的意思表示（即收养）实现。对此，《收养法》第 14 条为之创造了条件："继父或者继母经继子女的生父母同意，可以收养继子女，并可以不受本法第 4 条第 3 项、第 5 条第 3 项、第 6 条和被收养人不满 14 周岁以及收养 1 名的限制。"[2]

---

[1] 《婚姻法》第 27 条第 1 款。

[2] 《收养法》第 4 条第 3 项规定："生父母有特殊困难无力抚养的子女。"第 5 条第 3 项规定："有特殊困难无力抚养子女的生父母。"第 6 条规定："收养人应当同时具备下列条件：①无子女；②有抚养教育被收养人的能力；③未患有在医学上认为不应当收养子女的疾病；④年满 30 周岁。"

■第五节　养子女

一、概述

养子女基于收养关系成为收养人的子女，养父母子女之间因收养行为而形成拟制血亲关系。同时，依据《婚姻法》第 26 条第 2 款的规定，养子女和生父母间的权利和义务，因收养关系的成立而消除。

收养关系在《婚姻法》中只有一条规定（第 26 条），主要的法律规范见诸 1991 年 12 月 29 日通过、1998 年 11 月 4 日修正的《收养法》。

二、收养的要件

《收养法》第二章使用"收养关系的成立"之表述，第 23 条第 1 款规定："自收养关系成立之日起，养父母与养子女间的权利义务关系，适用法律关于父母子女关系的规定；养子女与养父母的近亲属间的权利义务关系，适用法律关于子女与父母的近亲属关系的规定。"可见，《收养法》未区分收养法律行为的"成立"与"生效"。

（一）意思表示

一般情况下，收养涉及双方当事人，因此需要双方合意始得成立。

另依《收养法》第 15 条第 3、4 款的规定，"收养关系当事人愿意订立收养协议的，可以订立收养协议"[1]，"收养关系当事人各方或者一方要求办理收养公证的，应当办理收养公证"。是否需要具备书面或公证形式，由当事人自由决定，可见，收养非法定要式行为。[2]

（二）适格当事人

1. 收养关系的当事人。《收养法》第 11 条规定："收养人收养与送养人送养，须双方自愿。收养年满 10 周岁以上未成年人的，应当征得被收养人的同意。"第 26 条第 1 款规定："收养人在被收养人成年以前，不得解除收养关系，但收养人、送养人双方协议解除的除外，养子女年满 10 周岁以上的，应当征得本人同意。"根据第 11 条前句与第 26 条第 1 款但书，双方当事人似乎是收养人与送养人。

收养人是一方当事人，此无疑义，问题在于：如果送养人亦为收养关系的当事人，被收养人成年后，为何终止收养关系的却是被收养人？[3]并且，如果送养人为当事人，被收养人就只能是收养关系的"客体"，既如此，为何"客体"年满 10 周岁以上时，收养关系之成立，需要征得"客体"的同意？10 周岁以上的未成年人属于限制行为能力人，对于自己被收养如此重大的法律行为，他是否具有同意能力？此外，当事人不得以法律行为的方式处置他人利益，如果收养双方当事人是收养人与送养人，即意味着，他们处置了他人（被收养人）利益，其正当性何在？可见，送养人非为收养当事人，他之所以会在收养关系中出现，是因为，被收养人作为无行为能力人或限制行为能力人，其不得实施或不得独立实施法律行为，换言之，送养人是以被收养人的法定代理人的身份进入收养关系的。收养关系的当事人是被收养人，而非送养人。

---

〔1〕　此所谓"收养协议"，当限缩解释为"书面收养协议"。

〔2〕　《收养法》第 15 条第 1 款要求，收养关系之成立，以登记为前提。此处"登记"是否为收养意思表示之"要式"，值得思考。

〔3〕　《收养法》第 26 条。

关于收养关系的当事人，我国台湾地区"民法"第 1079 条第 2、3 款的规定极为清楚，"未满 7 周岁之未成年人被收养时，由法定代理人代为意思表示并代受意思表示。但无法定代理人时，不在此限"，"满 7 周岁以上之未成年人被收养时，应得法定代理人之同意。但无法定代理人时，不在此限"。依据我国台湾地区"民法"第 13 条的规定，未满 7 周岁之未成年人，乃无行为能力人，满 7 周岁以上的未成年人则为限制行为能力人，前者必须由法定代理人代为实施法律行为，后者实施法律行为时，须征得法定代理人同意。

2. 被收养人资格。依据《收养法》第 4 条的规定，下列不满 14 周岁的未成年人可以被收养：①丧失父母的孤儿；②查找不到生父母的弃婴和儿童；③生父母有特殊困难无力抚养的子女。

被收养人是无行为能力人或限制行为能力人，因此，他在达成收养合意时，需要有法定代理人协助，该法定代理人即所谓的"送养人"。《收养法》第 5 条规定，送养人包括：①孤儿的监护人；②社会福利机构；③有特殊困难无力抚养子女的生父母。需要注意的是，监护人送养未成年孤儿的，须征得有抚养义务的人同意；若有抚养义务的人不同意送养，监护人又不愿意继续履行监护职责，则应当依照《民法通则》（现为《民法总则》）的规定变更监护人（《收养法》第 13 条）。

3. 收养人资格。《收养法》第 6 条规定，收养人应当同时具备下列条件：①无子女；②有抚养教育被收养人的能力；③未患有在医学上认为不应当收养子女的疾病；④年满 30 周岁。

另外，《收养法》第 9 条特别规定，若是无配偶的男性收养女性，收养人与被收养人的年龄应当相差 40 周岁以上。

4. 例外条款。关于收养人与被收养人的资格，《收养法》规定了如下几项例外：①第 7 条第 1 款规定："收养三代以内同辈旁系血亲的子女，可以不受本法第 4 条第 3 项、第 5 条第 3 项、第 9 条和被收养人不满 14 周岁的限制。"②第 7 条第 2 款规定："华侨收养三代以内同辈旁系血亲的子女，还可以不受收养人无子女的限制。"③第 8 条第 2 款规定："收养孤儿、残疾儿童或者社会福利机构抚养的查找不到生父母的弃婴和儿童，可以不受收养人无子女和收养 1 名的限制。"④第 14 条规定："继父或者继母经继子女的生父母同意，可以收养继子女，并可以不受本法第 4 条第 3 项、第 5 条第 3 项、第 6 条和被收养人不满 14 周岁以及收养 1 名的限制。"

（三）收养人数

《收养法》规定了收养人数的限制。原则上，收养人只能收养 1 名子女，但如果收养孤儿、残疾儿童或者社会福利机构抚养的查找不到生父母的弃婴和儿童，不受此限制。此外，继父母收养继子女者，亦不受收养 1 名的限制。

（四）收养程序

1. 父母共同送养与收养。关于共同送养，《收养法》第 10 条第 1 款规定："生父母送养子女，须双方共同送养。生父母一方不明或者查找不到的可以单方送养。"关于共同收养，第 10 条第 2 款规定："有配偶者收养子女，须夫妻共同收养。"

2. 登记与公告。《收养法》第 15 条第 1 款规定："收养应当向县级以上人民政府民政部门登记。收养关系自登记之日起成立。"若是收养查找不到生父母的弃婴和儿童，办理登记的民政部门应当在登记前予以公告。

三、收养的效力

（一）产生直系拟制血亲

《收养法》第 23 条第 1 款规定，"自收养关系成立之日起，养父母与养子女间的权利义务关系，适用法律关于父母子女关系的规定"。

（二）产生其他亲属关系

《收养法》第 23 条第 1 款规定，"养子女与养父母的近亲属间的权利义务关系，适用法律关于子女与父母的近亲属关系的规定"。

（三）消灭原亲属关系

《收养法》第 23 条第 2 款规定："养子女与生父母及其他近亲属间的权利义务关系，因收养关系的成立而消除。"

（四）姓氏决定权

《收养法》第 24 条规定："养子女可以随养父或者养母的姓，经当事人协商一致，也可以保留原姓。"

（五）保密义务

《收养法》第 22 条规定："收养人、送养人要求保守收养秘密的，其他人应当尊重其意愿，不得泄露。"须注意的是，本条的规范对象是"收养人""送养人"以外的其他人。

四、收养的效力瑕疵

《收养法》只规定了收养行为的无效情形。

（一）无效事由

《收养法》第 25 条第 1 款规定："违反《中华人民共和国民法通则》第 55 条和本法规定的收养行为无法律效力。"其中，《民法通则》第 55 条的内容是，民事法律行为必须具备行为人具有相应的民事行为能力、意思表示真实、不违反法律或社会公益之条件。

（二）无效后果

《收养法》第 25 条第 2 款规定："收养行为被人民法院确认无效的，从行为开始时起就没有法律效力。"可见，收养行为之无效，乃宣告无效而非当然无效，乃自始无效而非嗣后无效。

（三）收养的可撤销

《收养法》未规定收养的可撤销问题，但收养行为既属法律行为，自当适用关于法律行为的一般规则。

五、收养的解除

（一）解除方式

1. 合意解除。经收养关系双方当事人合意，可解除收养。被收养人成年之前与成年之后的合意解除有所不同。

被收养人成年之前的解除被规定于《收养法》第 26 条第 1 款："收养人在被收养人成年以前，不得解除收养关系，但收养人、送养人双方协议解除的除外，养子女年满 10 周岁以上的，应当征得本人同意。"这一规定颇令人费解：收养为双方法律行为，若订立收养契约时未约定单方解除权，又无法律规定的法定解除权，一方当事人自无权单独解除收养，此与被收养人是否成年有何关联？而若双方当事人合意解除，法律亦无禁止之道理，"收养人、送养人双方协议解除的"又为何能够构成"收养人在被收养人成年以前，不得解除收养关系"之"但书"？至于该法条将送养人作为解除协议之当事人，以及"养子女年满 10 周岁以上的，应当征得本人同意"的规定，则是延续了第 11 条混淆法律关系主体之特点无疑。实际上，《收养法》第26条第1款所要表达的应该是：被收养人成年之前，其与收养人之解除合意须由其解除之后的法定代理人（即送养人）代为达成；若被收养人为年满10周岁以上的未成年人，其与收养人解除收养须征得法定代理人的同意。

若被收养人已成年，具备了完全行为能力，则可独立与收养人达成解除合意，此无须多言。

2. 单方解除。《收养法》第26条第2款规定："收养人不履行抚养义务，有虐待、遗弃等侵害未成年养子女合法权益行为的，送养人有权要求解除养父母与养子女间的收养关系。送养人、收养人不能达成解除收养关系协议的，可以向人民法院起诉。"撇除该款继续混淆法律关系主体不论，前句的法律效果是授予未成年被收养人法定解除权，只不过该法定解除权因未成年人不具备相应行为能力而须由解除之后的法定代理人（即送养人）代为行使。令人费解之处在于：既然是法定解除权，自得由权利人以单方行为行使，为何该款后句却又以"不能达成解除收养关系协议的"相称？其所要表达的也许是：若行使法定解除权时遭到收养人拒绝，则"可以向人民法院起诉"。

《收养法》第27条同样是令人费解的规定："养父母与成年养子女关系恶化、无法共同生活的，可以协议解除收养关系。不能达成协议的，可以向人民法院起诉。"看起来，这是关于被收养人成年之后合意解除的规定，与第26条第1款相呼应。然而，收养关系由当事人合意成立，只要当事人愿意，他们当然可以随时解除收养关系，为何需要具备"关系恶化、无法共同生活"之条件？该条意义或许在于：只要存在"关系恶化、无法共同生活"之情形，养父母与成年养子女任何一方皆可单方主张解除收养关系。如是，第27条其实亦是授予法定解除权之规范。作此理解，还可将其后句"不能达成协议的，可以向人民法院起诉"与第26条第2款之后句实现体系协调。

（二）解除效力

1. 收养关系消灭。收养关系之生效以登记为前提，其消灭亦以注销登记为必要。《收养法》第28条（当事人协议解除收养关系的，应当到民政部门办理解除收养关系的登记）虽未明确作此规定，然当作如是解释。

2. 不溯及既往。《收养法》第29条规定："收养关系解除后，养子女与养父母及其他近亲属间的权利义务关系即行消除，与生父母及其他近亲属间的权利义务关系自行恢复，但成年养子女与生父母及其他近亲属间的权利义务关系是否恢复，可以协商确定。"这意味着，解除原则上不具有溯及既往的效力。

3. 财产效力溯及既往之例外。《收养法》第30条第1款规定，"因养子女成年后虐待、遗弃养父母而解除收养关系的，养父母可以要求养子女补偿收养期间支出的生活费和教育费"。第2款规定："生父母要求解除收养关系的，养父母可以要求生父母适当补偿收养期间支出的生活费和教育费，但因养父母虐待、遗弃子女而解除收养关系的除外。"

4. 契约后义务。《收养法》第30条第1款规定，"收养关系解除后，经养父母抚养的成年养子女，对缺乏劳动能力又缺乏生活来源的养父母，应当给付生活费"。

第十四编 继承法[1]

第五十五章

继承法绪论

■第一节 继承法概述

一、继承法的功能

在死亡之前，每一个人对其享有的财产均得自由处分，这已不成问题。但财产并不因自然人的死亡而消逝。显而易见的是，财产不能因自然人死亡而变成无主物，由他人先占取得，否则不仅不利于资源的有效利用，而且将引起众多纷争，导致社会秩序的混乱。因此，死者遗留的财产只能依某种规则移转于其他主体之手。如何移转，便是继承法所要解决的根本问题。

二、继承法的地位

（一）法国编制

《法国民法典》的体系结构为：人——财产以及所有权的各种变更——取得财产的各种方式。其中，继承法被规定于"取得财产的各种方式"当中。《法国民法典》第711条规定："财产所有权，因继承、生前赠与、遗赠以及债的效果而取得或转移。"

（二）德国编制

在德国五编制的法典体例中，继承法被置于最后的第五编。德国学者认为，《德国民法典》第二编与第三编之区分，所依循的标准是法律后果上的相似性，而亲属法与继承法编则以相互之间具有联系的、类似的生活事实为依据。[2]就此而言，《德国民法典》的区分标准不如《法国民法典》具有一贯性，"因此多少造成体系的断裂"。[3]

《日本民法典》与我国台湾地区"民法"沿袭德国例。

（三）瑞士编制

《瑞士民法典》亦采五编制，只不过它将亲属法与继承法置于物权法与债法之前。《瑞士民法典》乃折中的产物：如德国般采取了不同的区分标准，如法国般从家庭往外扩展。

---

[1] 中国政法大学2007级民法学博士研究生吴香香（现中国政法大学民商经济法学院副教授）通读了本编初稿，提出许多有价值的修改意见，作者朱庆育表示感谢。

[2] ［德］迪特尔·梅迪库斯：《德国民法总论》，邵建东译，法律出版社2000年版，第20～21页；［德］弗朗茨·维亚克尔：《近代私法史——以德意志的发展为观察重点》（下），陈爱娥、黄建辉译，上海三联书店2006年版，第456页。

[3] ［德］弗朗茨·维亚克尔：《近代私法史——以德意志的发展为观察重点》（下），陈爱娥、黄建辉译，上海三联书店2006年版，第456页。

三、继承法的内容

（一）《法国民法典》

《法国民法典》中，"取得财产的各种方式"将继承与遗嘱处分并列为两部分，其继承部分只包含"法定继承"。这一编排似乎暗示：法定继承与遗嘱处分是两种不同的财产移转方式。

（二）《德国民法典》

自《德国民法典》以降，各国继承法皆包括法定继承与遗嘱处分。这是在扩展的意义上处理继承法，其统合标准显然是以"遗产"（相似的生活事实）为据。在此意义上说，继承法与其他关于财产移转的法律呈对峙之势：一为解决死亡后财产的移转，一为解决生存时财产的移转。可以看到，单就逻辑而论，号称最讲究逻辑体系的《德国民法典》，在处理继承法时，却不断使用多重标准，反而不如法国法简单。不过，《法国民法典》的区分标准虽简单、一贯，却使得其"取得财产的各种方式"编内容极为繁杂。

我国《继承法》依循的是德国法传统上的扩展观念，法律规范以遗产为中心而展开。

■第二节　遗　产

一、遗产的范围

遗产的定义见诸《继承法》第 3 条，而"遗产是公民死亡时遗留的个人合法财产"。原则上，死者遗留的一切财产均得作为遗产处理，因此，"遗产"虽为继承法的核心概念之一，却不宜从正面界定遗产的范围，惟我国《继承法》反行其道。

《继承法》第 3 条不厌其烦地正面列举了遗产的范围：①公民的收入；②公民的房屋、储蓄和生活用品；③公民的林木、牲畜和家禽；④公民的文物、图书资料；⑤法律允许公民所有的生产资料；⑥公民的著作权、专利权中的财产权利；⑦公民的其他合法财产。第⑦项为遗产的范围留下了开放空间，最高人民法院在制定司法解释时显然认为，有必要尽可能地予以封闭，《最高人民法院关于贯彻执行〈中华人民共和国继承法〉若干问题的意见》（以下简称《继承法意见》）第 3 条因而规定："公民可继承的其他合法财产包括有价证券和履行标的为财物的债权等。"撇除其间分类标准混乱、用语随意不论，想要通过正面列举来控制遗产类型，此等立法思想似乎不是意在扩大私人自由，而是相反。

鉴于承包问题在我国的特殊性，《继承法》第 4 条专门对此作出规定："个人承包应得的个人收益，依照本法规定继承。个人承包，依照法律允许由继承人继续承包的，按照承包合同办理。"这一规定包括两部分内容：①因承包所得收益，得予继承；②若法律允许，承包之权利亦得继承。因承包所得收益已为承包人所有，其得为继承本属题中之义，将之单独列出，许可其继承，《继承法》于此借助所谓授权规范继续贯彻了对私人的管制思想。

2003 年 3 月 1 日起施行的《农村土地承包法》第 31 条与第 50 条回应了《继承法》第 4 条的规定，其中，第 31 条第 1 款为承包收益的继承问题，"承包人应得的承包收益，依照继承法的规定继承"。第 50 条所规定者，为"应得的承包收益"之继承问题，"土地承包经营权通过招标、拍卖、公开协商等方式取得的，该承包人死亡，其应得的承包收益，依照继承法的规定继承"。至于可继承的承包类型，则为第 31 条第 2 款与第 50 条所划定："林地承包的承包人死亡，其继承人可以在承包期内继续承包"，以及"土地承包经营权通过招标、拍卖、公开协商等方式取得的，该承包人死亡……在承包期内，其继承人可以继续承包"。需要以正面列举的方式来确定可继承的承包类型，这似乎意味着，未为列举者，即不得继承，[1] 结合《农村土地承包法》第 31 条第 2 款与第 50 条作反面解释，它包括所有未经"招标、拍卖、公开协商等方式取得的"（以家庭承包方式取得）非林地承包。

另外，从《继承法》及其实施意见所列举的类型来看，遗产只包括"积极财产"（权利），未包括"消极财产"（义务），但我国通说将消极财产亦列为遗产。[2] 对此，刘心稳先生的见解颇具说明价值：他一方面根据实证法认为，《继承法》第 33 条与《继承法意见》第 62 条均"表明我国法律承认继承人对消极遗产的继承"；另一方面又从法理角度予以论证："从法理上讲，若遗产不包括消极遗产，那么，继承人继承积极遗产后，这些财产已由继承人享有所有权，所有人无义务用自己的财产清偿他人的个人债务，被继承人生前的债权人的权利就会落空。反之，若遗产包括消极遗产，就可避免上述弊病。"[3] 可见，将消极财产列入遗产范围，其旨在正当化论证继承人所负债务清偿义务。

二、遗产的法律地位

遗产未为继承人实际承受时，其法律地位如何，根据不同的法律制度而有异说。

（一）人格说

人格说"乃以死者遗产为代表死者之人格"，即"在未有合法继承人继承遗产时，此项遗产代表死者人格之继续"。罗马法常持是说。[4] 此说可用于解释遗产增加或发生新债务之情形，但拟制死者人格未免过于牵强。

（二）法人说

法人说认为，遗产本身具有独立人格，故可享受权利，负担义务。[5] 若要再分析，此所谓法人当为财团法人。予遗产以法人资格，既无必要，且涉及法人登记等一系列法人制度适用与否问题，徒增纷扰。

（三）继承客体说

我国台湾地区"民法"第 1147 条规定："继承，因被继承人死亡而开始。"学者就此解释为："为避免无主物之产生，及为保护被继承人债权人之利益，规定继承人自继承开始时，除本法另有规定外，承受被继承人财产上之一切权利义务。"[6] 遗产乃继承之客体（标的）。认遗产为继承客体，既无须拟制死者人格，亦可避免无主财产之出现，但遗产也同时成为继承人财产权的客体。此时，所谓"遗产"，其实是不能独立存在的：死亡前财产为被继承人享有，死亡后则直接转归继承人享有。

（四）无主财产说

无主财产说认为，被继承人死亡后，遗产权利人即消失，为无主财产无疑。[7]《继承

---

[1] "除非有明确列举，否则不得继承"为个人承包的继承原则，亦可由《继承法意见》第 4 条推知："承包人死亡时尚未取得承包收益的，可把死者生前对承包所投入的资金和所付出的劳动及其增值和孳息，由发包单位或者接续承包合同的人合理折价、补偿，其价额作为遗产。"尚未取得的承包收益，"由发包单位或者接续承包合同的人合理折价、补偿"。这意味着，承包人一旦死亡，承包即由"发包单位"收回或由他人"接续承包"，承包人的继承人不得继承。

[2] 张俊浩主编：《民法学原理》（下册），中国政法大学出版社 2000 年版，第 955 页（该部分为刘心稳所撰）；郭明瑞、房绍坤：《继承法》，法律出版社 2004 年版，第 85 页。

[3] 张俊浩主编：《民法学原理》（下册），中国政法大学出版社 2000 年版，第 955~956 页（该部分为刘心稳所撰）。

[4] 丘汉平：《罗马法》，中国方正出版社 2004 年版，第 264~265 页。

[5] 丘汉平：《罗马法》，中国方正出版社 2004 年版，第 264 页。

[6] 林秀雄：《继承法讲义》，元照图书出版有限公司 2005 年版，第 77 页。

[7] 史尚宽：《继承法论》，中国政法大学出版社 2000 年版，第 6 页；戴炎辉、戴东雄：《中国继承法》，作者 2001 年自版，第 4 页。

法》第 2 条规定："继承从被继承人死亡时开始。"就文义而言，此处规定未明确继承"开始"之法律效果，鉴于我国台湾地区"民法"有类似规定，与之作相同解释原本无妨。但《继承法意见》第 49 条又规定："继承人放弃继承的意思表示，应当在继承开始后、遗产分割前作出。遗产分割后表示放弃的不再是继承权，而是所有权。"据该条后句之反对解释，遗产分割前继承人所放弃者，为继承权而非所有权，此意味着，遗产所有权并不因继承之开始而移转，须俟遗产分割，再由此推论，继承开始后至遗产分割前，遗产并无所有者，属于无主财产。

无主财产说能够保留"遗产"的独立意义，但无主财产的常规取得方式是先占，而且，遗产不仅仅包括所有权，若债权亦为无主，则债务人得以免除债务。《继承法》的意旨之一，就是要避免死者财产成为无主财产，而导致社会秩序混乱。[1]

另外需要说明的是，《继承法意见》第 49 条虽隐含了遗产所有权自分割时起移转之规则，但关于所有权的移转时间，我国通说并未受其影响，仍主张是死亡之时（即继承开始之时），而非分割之时。[2]《民通意见》第 177 条则为通说提供了支持，"继承开始后，继承人未明确表示放弃继承的，视为接受继承，遗产未分割的，即为共同共有"。据此，所谓遗产分割，不过是对继承人共同共有财产的分割。依"新法优于旧法"原则，在遗产所有权的移转问题上，《民通意见》第 177 条已改变了《继承法意见》第 49 条所确立的规则。

---

〔1〕 林秀雄：《继承法讲义》，元照图书出版有限公司 2005 年版，第 2 页以下。
〔2〕 张俊浩主编：《民法学原理》（下册），中国政法大学出版社 2000 年版，第 957 页（该部分为刘心稳所撰）；郭明瑞、房绍坤：《继承法》，法律出版社 2004 年版，第 182～183 页；刘春茂主编：《中国民法学·财产继承》，中国人民公安大学出版社 1990 年版，第 514～515 页。

第五十六章

遗产的法定移转

■第一节 遗产移转的正当性

一、遗产移转依据学说[1]

（一）意思说

以法律拟制手段，推定被继承人具有死后将其财产遗留给近亲属之意思。该说乃意思自治与私人财产自由观念之反映，可与遗嘱自由相衔接。

（二）家庭共同体财产说

财产乃家庭共同生活的产物，自当留于家庭之内，此亦为家庭生活衍生不息之要求。该说突出了家庭生活，在解释早期财产的取得及其对于家庭的意义和身份继承等方面有其说服力，但它与遗嘱自由的私法自治观念相抵触。

（三）死后扶养说

亲属之间具有相互扶养的义务，死后财产应用以履行扶养义务。该说可在一定程度上解释为何继承需要区分顺序，但它同样与遗嘱自由相抵触。

（四）无主财产的特别规定说

死亡后遗产为无主财产，但又不能适用先占取得制度，于是由立法政策特别调整。该说将取得死者遗产视为原始取得，不符合遗产取得的性质，不利于对财产上其他权利人的保护；并且，将遗产取得解释为纯粹的政策决定，强化了公权力的干预程度。

二、继承权

（一）继承权概念

1. 继承权的含义。继承权一向被视为继承法的核心概念之一。关于其含义，我国学者给出的界定极具一致性，普遍认为继承权是一种无偿取得死亡近亲属遗产的权利，它包括"继承期待权"与"继承既得权"两个阶段，其中，被继承人死亡之前为期待权阶段，一旦被继承人死亡，继承权即由期待转为既得，此之谓继承权效力的"二阶性"。[2]当中的关

---

〔1〕 史尚宽：《继承法论》，中国政法大学出版社 2000 年版，第 3~6 页；戴炎辉、戴东雄：《中国继承法》，作者 2001 年自版，第 1~5 页；林秀雄：《继承法讲义》，元照图书有限公司 2005 年版，第 5~6 页。

〔2〕 史尚宽：《继承法论》，中国政法大学出版社 2000 年版，第 92~93 页；戴炎辉、戴东雄：《中国继承法》，作者 2001 年自版，第 18 页以下；张俊浩主编：《民法学原理》（下册），中国政法大学出版社 2000 年版，第 953~954 页；刘春茂主编：《中国民法学·财产继承》，中国人民公安大学出版社 1990 年版，第 123~125 页；郭明瑞、房绍坤：《继承法》，法律出版社 2004 年版，第 56 页以下；江平主编：《民法学》，中国政法大学出版社 2000 年版，第 796 页。

键是，无论在继承的哪个阶段，继承权皆以"权利"的面目出现，[1]这是我国几乎所有学者的共识。

2. 继承权的理论依据。在遗产移转依据的各种学说中，"家庭共同体财产说"与"死后扶养说"能够为继承权概念提供支持，因为所谓权利，所对应者，乃相对人的义务，上述二学说皆从死者义务的角度立论。

（二）继承权概念检讨

1. 继承权概念逻辑。所谓权利，表达的无非是某种正当性，该正当性对于义务人具有拘束力，一旦它受到妨碍或者否认，法律就必须为之提供救济。照此推论，"继承"如为"权利"，即意味着，继承人无偿获得被继承人遗产实属正当，其他人——尤其是义务人——若对之有所妨碍，继承人即得要求获得公权力救济，以保证实现自己的继承权。这正是继承权概念所遵循的逻辑，由此出发，才能使继承权成为继承人取得遗产的正当性依据。

然而，这一逻辑的直接结果是禁止被继承人把遗产遗赠给法定继承人之外的人，因为任何遗赠行为均无可避免地要"妨碍"继承权之实现；逻辑延展的进一步结果，则是禁止被继承人以遗嘱改变法定继承顺序——因为继承顺序在先之人的继承权优于在后继承权；甚至，既然被继承人的财产终将成为遗产，其生前移转财产的行为就可能导致遗产总量减少而"妨碍"继承权之实现，因此若非得到继承人同意，此类行为不得实施。由此推论，继承权概念的逻辑若是得到完全贯彻，其所产生的最后结果将是：除非没有继承人，否则任何人皆不得自由处置自己的财产。

2. "继承期待权"。毫无疑问，没有人会对上述荒诞局面表示认可。然而，仅仅表明不予认可的态度，于法律论证的意义微乎其微。如果要坚持继承权概念的既有理解，就必须能够合理解释：为何被继承人得自由处置其遗产，继承权却不会因此受到侵害？在笔者看来，可供选用的理由大致有二：一是继承权的"期待权"属性；二是遗嘱自由原则。

先论"继承期待权"。依照通说，继承权的效力具有"二阶性"，于继承事件发生之前，它表现为"期待权"。许多学者认为，正是这一性质，使得被继承人得以遗嘱处置遗产而不至侵害继承权，因为作为期待权的继承权"不能使权利人取得遗产，权利人也不能以其对抗第三人"，[2]甚至，"这种权利在被继承人死亡之前，不得提出任何请求"，[3]自然不存在受到侵害的问题。表面上看起来，这一解释颇具说服力。不过，它其实是以误用"期待权"概念为代价的。

期待权（Anwartschaftsrecht）这一概念来自德国，指的是完整权利的"前期阶段"，典型者如所有权保留买卖中买受人的期待权。"期待权"之为权利，虽然有一定的不确定性，但它既称"权利"，自亦存在受侵害之可能，并且能够因此主张法律保护。[4]当今德国通说据此认为，被继承人死亡之前不存在"继承期待权"，继承人所拥有的，只是取得遗产的机

〔1〕 顺便指出，我国亦有学者称"继承期待权"属于继承人的权利能力。此一见解似对"权利能力"与"权利"两概念有所混淆。参见郭明瑞、房绍坤：《继承法》，法律出版社2004年版，第56页；江平主编：《民法学》，中国政法大学出版社2000年版，第796页。

〔2〕 张俊浩主编：《民法学原理》（下册），中国政法大学出版社2000年版，第953~954页（该部分为刘心稳所撰）。

〔3〕 刘春茂主编：《中国民法学·财产继承》，中国人民公安大学出版社1990年版，第124页。

〔4〕 Hans Brox, Allgemeiner Teil des BGB, 23. Aufl., Carl Heymanns Verlag, 1999, S. 284；［德］卡尔·拉伦茨：《德国民法通论》（下册），王晓晔等译，法律出版社2003年版，第294页以下；［德］迪特尔·梅迪库斯：《德国民法总论》，邵建东译，法律出版社2000年版，第60页。

会（Chance）或曰可能性（Möglichkeit），它可以被称为"继承期望"（Erbaussicht），但尚不足以构成期待权，原因在于，被继承人直至临近死亡，仍然可能通过遗嘱令法定继承人丧失取得遗产的机会，即便是遗嘱所指定的继承人，亦因被继承人随时可以撤回遗嘱而无法享有继承权，如此不确定的法律地位，不可能定型化为权利。况且，"继承期望"根本不具备期待权本应有之可让与性与可继承性。[1]就《继承法》的规定来看，德国通说所持理由同样适用于我国。这表明，对于遗嘱不至侵害继承权之问题，诉诸"期待权"的解释，不仅未能解决问题，反而由此显露了继承权的非权利性质。

当然，我国亦有学者意识到"继承期待权"用法的非常规，只不过该意识未促使其检讨继承权概念的合理性，反而认为它是一种"不同于民法中一般意义上的期待权"[2]。我们不太理解的是，如果该"不同于民法中一般意义上的期待权"特殊到不具备权利的基本要求的地步，为何还非要称其为"权利"？

另一可供选用的理由是遗嘱自由原则。所谓遗嘱自由，简而言之，是指被继承人有权依自己意志处置遗产，它构成了遗嘱效力优于法定继承规则（《继承法》第5条）的基础。据此，被继承人得以遗嘱将遗产移转于任何人，"甚至还可以取消法定继承人的继承权"，[3]而无须担心侵害继承权。这一有循环论证之嫌的理由同样似是而非。遗嘱自由之成立，以其所处置的遗产不存在对他人的义务为前提。如果继承人享有被称为继承权的权利，被继承人必为其义务人，义务内容则是不得妨碍继承人继承权之实现。此时，若再承认被继承人的遗嘱自由，允许他通过遗嘱将遗产移转于法定继承人之外的人，无异于宣称：义务人有权单方卸载自己的义务。这意味着，遗嘱自由与继承权不能两立，更明确地说，遗嘱自由原则无法为继承权概念的正当性提供支持，相反，它恰恰以继承人不享有继承权为前提。

可见，想要维护继承法中的遗嘱自由，就必须否认被继承人死亡前继承权的权利属性。

3. "继承既得权"。依戴炎辉、戴东雄先生之见，继承开始以前之继承权是否具有权利性质，容有争议，"继承开始以后之继承权为权利，毫无疑问"[4]。然而，谢怀栻先生指出："在实行当然继承的国家，继承开始后，继承人立即取得遗产上的各种权利，此时继承人所有的权利即为许多物权、债权等权利的集合，并无所谓另外的继承权。……可以依继承人与被继承人之间的关系，分别称继承权为配偶间的相互继承权、父母子女间的继承权而将之划入各种亲属权之下。这样，就没有位于亲属权之外的与亲属权并列的继承权。"[5]

三、遗产移转依据再检讨

任何人取得他人财产，都需要有相应的正当化理由。在遗产的意定移转情形，遗嘱足当其任，问题是：在没有遗嘱的情况下，继承人取得被继承人遗产的正当性何在？这一追问似乎使得继承权概念又获得了生存空间：既然权利代表正当性，继承人之继承权也就理所当然足以成为取得遗产之正当化理由。换言之，继承权是继承人取得遗产的法律依据，不可或缺。

此处所涉问题，关乎遗产移转依据。如何合理解释遗产移转的法律依据，乃继承法之

第五十六章

---

[1] Hans Brox, Erbrecht, 17. Aufl., Carl Heymanns Verlag, 1999, S. 2f. 亦参见〔德〕卡尔·拉伦茨：《德国民法通论》（下册），王晓晔等译，法律出版社2003年版，第295页。

[2] 郭明瑞、房绍坤：《继承法》，法律出版社2004年版，第57页。

[3] 刘春茂主编：《中国民法学·财产继承》，中国人民公安大学出版社1990年版，第335页。

[4] 戴炎辉、戴东雄：《中国继承法》，作者2001年自版，第18页。

[5] 谢怀栻："论民事权利体系"，载《法学研究》1996年第2期。

基本问题。若承认继承权之权利性质，该基本问题自可迎刃而解，但它为遗产移转提供法律依据的同时，又无可避免地制造了正当化说明遗嘱自由的障碍。既然继承权概念将令继承法规范的设置陷入困境，摆脱困境的唯一办法，就是另外寻找遗产移转依据的正当化理由。

在我们看来，权利固然代表正当性，但这并不意味着，正当性论证除了仰赖"权利"思维之外，别无他途。财产移转涉及双方，若取得人有取得财产之权利，移转人自然负有移转义务，使取得人取得财产；但即便取得人无此类权利，移转人亦无相应义务，财产仍不妨发生合法移转，只要移转人自由作出给予之行为。两种财产移转模式的关注视角不同：前一模式着眼于取得人之取得行为，通过"权利—义务"的架构来强调财产移转的法律拘束性；后一模式则突出移转人角色，将财产移转系于移转人的自由意志。继承权思维对应前者，其解释力之缺陷已如上文所述。后者可称"自由意志"模式，在继承法中表达的即是"遗嘱自由"思维。于是，需要检验的是："遗嘱自由"能否为遗产提供合理的移转依据？

继承法上遗产移转的方式大概有二：遗嘱移转与无遗嘱法定移转。遗嘱移转主要有遗嘱继承与遗赠两种，它们的共同点在于：遗产依遗嘱人明确的自由意志而移转。[1] 这一遗产移转方式难以为继承权思维合理解释，却是典型的"遗嘱自由"之例证。不过，据此得出结论还为时尚早。

继承权思维的解释力主要在法定继承领域，因此，欲以"自由意志"模式取而代之，就必须能够表明，"遗嘱自由"思维于此领域亦具解释力。法定继承属于无遗嘱法定移转，[2] 此时，遗产将依法定继承顺序移转，看起来，这似乎与被继承人的自由意志无关。但继承法界定法定继承人范围及其顺序，绝非凭空杜撰，它必须以亲属关系的亲疏远近及共同生活的密切程度等因素作为基本依据，而一般理性之人若无法定继承人序列，在通常情形下确定继承人时所考虑者，大致亦是此等因素，因此，所谓"法定"继承人，所表达的绝非简单的"由法律指定"之含义，它毋宁是法律推测死者意思的产物。[3] 于是，"自由意志"得以体现。在我们看来，将法定继承情形下的遗产移转依据亦系于被继承人——可推测的——意思，除了可以避免继承权思维带来的困境之外，它还能够在"遗嘱自由"的名义下为所有遗产移转构建统一的解释模式（有遗嘱者，遗产依表达于遗嘱中的意思移转；无遗嘱者，依被继承人可推测的意思移转），从而最大限度地尊重财产拥有者的自由意志。

概言之，继承权思维固然能够在一定程度上为遗产移转提供法律依据，但该解释进路既非惟一，亦非必要，"遗嘱自由"即当其任。既然如此，继承权概念可以放弃。

---

[1] 完整地看，除了作为单方行为的遗嘱构成遗产移转的原因之外，德国法上尚有继承契约，我国法则有遗赠抚养协议。《德国民法典》第 1941 条第 1 款规定："被继承人得以契约指定继承人，亦得以之设置遗赠及负担（继承契约）。"依继承契约移转遗产显然是被继承人自由意志之结果。我国《继承法》第 31 条规定："公民可以与扶养人签订遗赠扶养协议。按照协议，扶养人承担该公民生养死葬的义务，享有受遗赠的权利。公民可以与集体所有制组织签订遗赠扶养协议。按照协议，集体所有制组织承担该公民生养死葬的义务，享有受遗赠的权利。"遗产依遗赠人自由意志移转亦无可疑。

[2] 完整地看，无遗嘱法定移转还包括无人继承、无人受遗赠遗产的法定归属（《继承法》第 32 条）。这种法定归属的合理性不在"遗产移转的法律依据"框架之下展开。

[3] 史尚宽：《继承法论》，中国政法大学出版社 2000 年版，第 4 页；戴炎辉、戴东雄：《中国继承法》，作者 2001 年自版，第 3 页；林秀雄：《继承法讲义》，元照图书出版有限公司 2005 年版，第 6 页。

■第二节　法定继承

一、法定继承的含义

法定继承又称无遗嘱继承，是指在无遗嘱或无有效遗嘱的情况下，由特定继承人依法定继承顺序与份额等继承遗产之方式。需注意者，此等继承虽称"法定"，但效力低于遗嘱继承。

二、继承开始

（一）开始时间

1. 始于被继承人死亡。《继承法》第 2 条规定："继承从被继承人死亡时开始。"

2. 自然死亡与宣告死亡。根据《继承法意见》第 1 条第 1 款，所谓"死亡"，包括生理死亡（自然死亡）与宣告死亡。自然死亡的时间确定没有问题。关于宣告死亡，第 1 条第 2 款规定："失踪人被宣告死亡的，以法院判决中确定的失踪人的死亡日期，为继承开始的时间。"1985 年《继承法意见》的此项规定与 1988 年的《民通意见》第 36 条不一致："被宣告死亡的人，判决宣告之日为其死亡的日期。"对此，《民法总则》第 48 条规定："被宣告死亡的人，人民法院宣告死亡的判决作出之日视为其死亡的日期；因意外事件下落不明宣告死亡的，意外事件发生之日视为其死亡的日期。"

3. 多人遇难之死亡时间推定。《继承法意见》第 2 条规定："相互有继承关系的几个人在同一事件中死亡，如不能确定死亡先后时间的，推定没有继承人的人先死亡。死亡人各自都有继承人的，如几个死亡人辈份不同，推定长辈先死亡；几个死亡人辈份相同，推定同时死亡，彼此不发生继承，由他们各自的继承人分别继承。"

关于数人同时遇难的死亡时间推定，我国采取了与众不同的规则。德国[1]、瑞士[2]，以及我国台湾地区[3]皆规定，此种情形下，推定为同时死亡。同时死亡推定之法律后果是，彼此不发生继承。[4]我国则区分为三项规则：①推定没有继承人的人先死；②有继承人者，推定长辈先死；③有继承人且辈份相同者，推定同时死亡，彼此不发生继承。何种立法例为优，须就其法律效果而断。

（1）我国规则③所达到的法律效果与他国规则无异。

（2）我国规则①所谓"没有继承人"，当解释为没有生存的继承人，因为，依据《继承法意见》第 2 条的规定，该"没有继承人"的死者与其他死者存在"相互继承关系"。设父、子同时遇难，亲属关系中只有父弟（子叔）尚在人世。依据规则①，子先死，遗产为父所继承；父后死，父之遗产由父弟继承，子的遗产由父弟转继承。其结果是：所有遗产皆转归父弟。

根据"同时死亡推定"之规则，彼此不发生继承，父的遗产由父弟继承。子的遗产归属，则视乎法定继承人的范围而定：依据《德国民法典》第 1926 条、《瑞士民法典》第 459 条的规定，子叔为子的第三顺序法定继承人，在无先顺位之法定继承人的情形下，子叔

---

[1]《德国失踪法》第 11 条。

[2]《瑞士民法典》第 32 条第 2 款。

[3] 我国台湾地区"民法"第 11 条。

[4]［德］卡尔·拉伦茨：《德国民法通论》（上册），王晓晔等译，法律出版社 2003 年版，第 132 页；王泽鉴：《民法总则》，中国政法大学出版社 2001 年版，第 117 页。

可获得子的所有遗产；依我国台湾地区"民法"第 1138 条，子叔不是子的法定继承人，因此子的遗产因为没有继承人而归属于国库。

值得思考的问题是：子的遗产归属于父弟（子叔）与归属于国库，何种处理更为合理？

（3）我国规则②与他国规则的差异至为明显。设父、子同时遇难，不能确定死亡顺序，家中尚有妻（子母）、女（子妹）、媳（子妻）、孙（子子）。依我国规则，推定父先死，则父之遗产由妻、女、子各得 1/3；子后死，则子继承父的遗产份额（1/3）由子的继承人继承，妻（子母）、媳（子妻）、孙（子子）各得 1/9。结果是：就父之遗产，妻得 4/9（1/3 + 1/9），女得 1/3，媳得 1/9，孙得 1/9。子的遗产由妻（子母）、媳（子妻）及孙（子子）继承，各得 1/3。

"同时死亡推定"规则之下，父之遗产归属根据妻的继承份额不同而有差别：依据《德国民法典》，父之遗产为妻、女、孙（代位继承）继承，其中，妻得 1/4（第 1931 条），女、孙各得 3/8（第 1924 条）；依据《瑞士民法典》，父之遗产亦为妻、女、孙（代位继承）继承，其中，妻得 1/2（第 462 条），女、孙各得 1/4（第 457 条）；依据我国台湾地区"民法"，父之遗产仍为妻、女、孙（代位继承）继承，其中，妻、女、孙各得 1/3（第 1141、1144 条）。以上三例，媳皆不能获得父之遗产。至于子的遗产，依据《德国民法典》，由媳（子妻）与孙（子子）继承，其中，媳得 1/4（第 1931 条），孙得剩下的 3/4；依据《瑞士民法典》，亦由媳（子妻）与孙（子子）继承，各得 1/2（第 462 条）；依据我国台湾地区"民法"，仍由媳（子妻）与孙（子子）继承，各得 1/2（第 1144 条）。以上三例，妻（子母）皆不能获得子之遗产。

就简化法律关系而言，"同时死亡推定"之规则显然优于我国规则②。同时，根据分配结果，需要考虑的问题是：首先，依据我国规则②，妻所分得的遗产份额高于女，远高于孙，其正当性何在？其次，依据我国规则②，媳能够获得父之遗产，其正当性何在？

另外，我国限定为"在同一事件中死亡"。原《德国民法典》亦持此立场，但修正后的《德国失踪法》第 11 条规定："数人死亡或被宣告死亡，无法证明其各自死亡先后者，推定同时死亡。"已不再有"同一事件"的限制。德国学说因此认为，各人在不同事件中丧生，而不同事件在时间上同时发生，如不能确定死亡时间，则推定同时死亡。例如，甲因飞机失事而丧生，失事时间大约在 11 时 30 分至 11 时 50 分之间；乙在同一天因地震而丧生，地震时间亦在 11 时 30 分至 11 时 50 分之间，推定甲乙同时死亡，彼此不发生继承。[1]

（二）开始地点

开始地点可用以确定继承纠纷的管辖法院，它一般是被继承人的住所地。对于此，《继承法》未规定，《民事诉讼法》第 33 条第 3 项规定："因继承遗产纠纷提起的诉讼，由被继承人死亡时住所地或者主要遗产所在地人民法院管辖。"

（三）继承开始的障碍

1. 继承人放弃继承。

（1）须以明示方式作出。《继承法》第 25 条第 1 款规定："继承开始后，继承人放弃继承的，应当在遗产处理前，作出放弃继承的表示。没有表示的，视为接受继承。"此"没有表示"之"表示"，当为明示之意。

（2）放弃继承之时间。依据《继承法》第 25 条与《继承法意见》第 49 条的规定，继

---

[1] ［德］卡尔·拉伦茨：《德国民法通论》（上册），王晓晔等译，法律出版社 2003 年版，第 131～132 页。

承人放弃继承之意思表示须在继承开始后、遗产处理前作出。

于此需讨论两个问题：①为何继承人不得于继承开始前表示放弃？对此，刘心稳先生的解释是："继承未开始时，继承权处于期待行使阶段，没有取得遗产的效力，放弃不放弃，都无实际效果，对继承人和其他利害关系人都不发生利害，故无所谓放弃。"[1]问题是，如果继承是一项权利，即使在继承开始之前尚为"期待权"，亦理应具有可处分性，由继承人将其"继承期待权"抛弃。既然不得"抛弃"，唯一合理的解释就只能是，所谓"继承期待权"，其实根本不是权利。②《继承法意见》声称："遗产分割后表示放弃的不再是继承权，而是所有权。"似乎意味着，"继承既得权"的存续时间是继承开始后至遗产分割前。然而，为了避免无主财产的出现，如前一章第二节所述，必须将继承开始的法律效果确定为遗产权利移转于继承人，即继承一经开始，继承人就享有遗产之上包括所有权在内的各项权利。于是，继承开始后，继承人所放弃者，其实是遗产所有权等权利，而不是所谓的继承权。照此推论，之所以要求在遗产处理（分割）之前表示放弃，仅仅是因为：若只存在唯一继承人，该继承人实际获得遗产之前表示放弃者，将直接导致遗产转为无主财产；若存在多数继承人，则无须计算表示放弃之继承人的应继份额，以便遗产分割。

（3）放弃表示的对象。依据《继承法意见》第47、48条的规定，放弃继承之表示属于需要受领的意思表示，它必须向其他继承人或法院作出。

（4）行为形式。《继承法意见》第47条规定："继承人放弃继承应当以书面形式向其他继承人表示。用口头方式表示放弃继承，本人承认，或有其他充分证据证明的，也应当认定其有效。"初看之下，该条似乎要求放弃继承之表示必须具备法定书面形式，但由于后句的存在，前句"应当"就变得仅仅能够表达立法者的建议，而无强制效力。实际上，意思表示无论以任何方式作出，发生纠纷时若无证据支持，本人亦不承认，皆不能认定为有效，因此，后句之规定除改变了前句形式强制之立场外，其他并无意义。

不过，若放弃表示的对象为法院，则为要式行为。《继承法意见》第48条规定："在诉讼中，继承人向人民法院以口头方式表示放弃继承的，要制作笔录，由放弃继承的人签名。"

（5）放弃的溯及效力。《继承法意见》第51条规定："放弃继承的效力，追溯到继承开始的时间。"

（6）放弃表示的撤销。《继承法意见》第50条规定："遗产处理前或在诉讼进行中，继承人对放弃继承翻悔的，由人民法院根据其提出的具体理由，决定是否承认。遗产处理后，继承人对放弃继承翻悔的，不予承认。"由于放弃表示一经作出即生效，故此处所称"翻悔"，当解为撤销。法律行为生效后一般不得无因撤销，第50条的文义亦表明，撤销放弃表示者，需要出示"具体理由"，只不过《继承法意见》未进一步规定根据哪些理由可以撤销，而委诸法官裁量。自事理而言，放弃表示既为法律行为，自应有一般法律行为撤销事由适用之余地。

（7）放弃的无效。《继承法》以及《继承法意见》规定了两种放弃的无效情形：①行为能力欠缺者所作出的放弃表示。《继承法》第6条规定："无行为能力人的继承权、受遗赠权，由他的法定代理人代为行使。限制行为能力人的继承权、受遗赠权，由他的法定代理人代为行使，或者征得法定代理人同意后行使。"未符合此条件者，即为无效。放弃继承属于该条所称行使继承权之行为，得予适用。不仅如此，《继承法意见》第8条还进一步规

〔1〕　张俊浩主编：《民法学原理》（上册），中国政法大学出版社2000年版，第958页（该部分为刘心稳所撰）。

定，"法定代理人一般不能代理被代理人放弃继承权、受遗赠权。明显损害被代理人利益的，应认定其代理行为无效"。②《继承法意见》第 46 条规定："继承人因放弃继承权，致其不能履行法定义务的，放弃继承权的行为无效。"这一规定颇令人费解：何种法定义务会"因放弃继承权"而不能履行？即便真有此类义务，规定该等义务不因放弃继承而免除即可，为何需要宣告"放弃继承权的行为无效"？

2. 被继承人已以遗嘱处置遗产。此等处置包括作为单方法律行为的遗嘱与作为双方法律行为的遗赠扶养契约。《继承法》第 5 条规定："继承开始后，按照法定继承办理；有遗嘱的，按照遗嘱继承或者遗赠办理；有遗赠扶养协议的，按照协议办理。"

依据《继承法》第 27 条的规定，虽有遗嘱，但出现下列情形之一者，依然适用法定继承：①遗嘱继承人放弃继承或者受遗赠人放弃受遗赠；②遗嘱继承人丧失继承权；③遗嘱继承人、受遗赠人先于遗嘱人死亡；④遗嘱无效部分所涉的遗产；⑤遗嘱未处分的遗产。

3. 继承人丧失继承资格。依据《继承法》第 7 条的规定，继承人有下列行为之一的，丧失继承资格：①故意杀害被继承人；②为争夺遗产而杀害其他继承人；③遗弃被继承人，或者虐待被继承人情节严重；④伪造、篡改或者销毁遗嘱，情节严重。

需要进一步讨论的问题是：如果继承人存在上述行为，被继承人仍以遗嘱的方式将财产移转于他，该遗嘱效力如何？对此《继承法意见》第 12 条有相关规定："继承人有继承法第 7 条第 1 项或第 2 项所列之行为，而被继承人以遗嘱将遗产指定由该继承人继承的，可确认遗嘱无效，并按继承法第 7 条的规定处理。"这意味着，后两项行为并不影响指定行为人为继承人之遗嘱的效力。

（四）继承开始的法律效力

1. 遗产概括移转。继承一旦开始，遗产即概括移转于继承人，此概括移转不仅包括遗产权利（积极财产）的移转，亦包括相应义务（消极财产）的移转。若存在多数继承人，则遗产为多数继承人共同共有。

根据《物权法》第 29 条的规定，遗产中的物权，因继承开始而直接移转，不以公示（交付或登记）为要件。

2. 遗产占有人的保管义务。《继承法》第 24 条规定："存有遗产的人，应当妥善保管遗产，任何人不得侵吞或者争抢。"

3. 关系人的通知义务。《继承法》第 23 条规定："继承开始后，知道被继承人死亡的继承人应当及时通知其他继承人和遗嘱执行人。继承人中无人知道被继承人死亡或者知道被继承人死亡而不能通知的，由被继承人生前所在单位或者住所地的居民委员会、村民委员会负责通知。"

三、继承人及其顺位

（一）概述

确定继承人及其顺位时，大体有两个标准：亲系与亲等。许多国家采取直系血亲卑亲属优于尊亲属的立场，理由主要是遗产具有延续家庭财产、抚养卑亲属的功能。配偶由于不是亲属，故许多国家不将其列序，而允许他们参加任何一序列的继承，具有优越地位。

我国未严格区分亲系、亲等，而采取更具有政策判断性质的多重标准：①婚姻关系；②血缘关系的亲疏远近；③共同生活的密切程度与扶养状况；④地位对等。我国只规定了两个顺位的继承人，与其他立法例相比，继承人范围极为狭窄，其结果之一是，增加了国家取得遗产的机会。

（二）第一顺位继承人

1. 配偶。能够作为继承人的配偶，一般以婚姻登记为准。

例外见诸《婚姻法解释（一）》第6条："未按婚姻法第8条规定办理结婚登记而以夫妻名义共同生活的男女，一方死亡，另一方以配偶身份主张享有继承权的，按照本解释第5条的原则处理。"该司法解释第5条确立的原则是：①1994年2月1日民政部《婚姻登记管理条例》公布实施以前，男女双方已经符合结婚实质要件的，按事实婚姻处理；②1994年2月1日民政部《婚姻登记管理条例》公布实施以后，男女双方符合结婚实质要件的，人民法院应当告知其在案件受理前补办结婚登记；未补办结婚登记的，按解除同居关系处理。前一情形构成具有婚姻效力的"事实婚姻"，配偶之间的相互继承资格得到承认。

2. 子女。依据《继承法》第10条第3款的规定，作为第一顺位继承人的子女"包括婚生子女、非婚生子女、养子女和有扶养关系的继子女"。他们在继承时具有同等法律地位。

需要注意的是，有扶养关系的继子女能够双重继承。《继承法意见》第21条第1款规定："继子女继承了继父母遗产的，不影响其继承生父母的遗产。"

尚未出生的胎儿不是民法意义上的人，但现代立法普遍予之以特别保护，并因此令其例外地拥有部分权利能力，继承能力是其重要表现。《继承法》第28条规定："遗产分割时，应当保留胎儿的继承份额。胎儿出生时是死体的，保留的份额按照法定继承办理。"前句表明，胎儿拥有继承能力，并且，《继承法意见》第45条第1款明确了违反该规定的后果："应当为胎儿保留的遗产份额没有保留的应从继承人所继承的遗产中扣回。"至于"胎儿出生时是死体"之情形，鉴于其语义含糊，《继承法意见》第45条第2款作了细化规定："为胎儿保留的遗产份额，如胎儿出生后死亡的，由其继承人继承；如胎儿出生时就是死体的，由被继承人的继承人继承。"

3. 父母。父母在继承顺位上与子女处于对等地位。例如，在"父母"的外延上，《继承法》第10条第4款作出了与第3款相互呼应的规定，"包括生父母、养父母和有扶养关系的继父母"。不仅如此，与继子女的双重继承资格一致，依据《继承法意见》第21条第2款的规定，有扶养关系的继父母同样具有双重继承资格："继父母继承了继子女遗产的，不影响其继承生子女的遗产。"

4. 特别规定。《继承法》第12条规定："丧偶儿媳对公、婆，丧偶女婿对岳父、岳母，尽了主要赡养义务的，作为第一顺序继承人。"所谓"尽了主要赡养义务"，依据《继承法意见》第30条的规定，是指"对被继承人生活提供了主要经济来源，或在劳务等方面给予了主要扶助"。

（三）第二顺位继承人

1. 兄弟姐妹。兄弟姐妹的外延为《继承法》第10条第5款所界定，即"包括同父母的兄弟姐妹、同父异母或者同母异父的兄弟姐妹、养兄弟姐妹、有扶养关系的继兄弟姐妹"。

兄弟姐妹之间的关系相对于父母子女而言，稍微更复杂一些，这尤其表现在养兄弟姐妹与有扶养关系的继兄弟姐妹的界定上。对于前者，《继承法意见》第23条第1款规定："养子女与生子女之间、养子女与养子女之间，系养兄弟姐妹，可互为第二顺序继承人。"后者则为第24条第1款所界定："继兄弟姐妹之间的继承权，因继兄弟姐妹之间的扶养关系而发生。没有扶养关系的，不能互为第二顺序继承人。"

在亲子关系方面，基于收养而形成的拟制直系血亲关系将排除自然直系血亲关系，因扶养关系而形成的拟制直系血亲则得与自然直系血亲兼容，这一特点同样在旁系血亲中得到延续。《继承法意见》第23条第2款规定："被收养人与其亲兄弟姐妹之间的权利义务关系，因收养关系的成立而消除，不能互为第二顺序继承人。"第 24 条第 2 款的内容则是："继兄弟姐妹之间相互继承了遗产的，不影响其继承亲兄弟姐妹的遗产。"

2. （外）祖父母。《继承法》将（外）祖父母列为第二顺序法定继承人，却排除了（外）孙子女。显然，此处并未贯彻地位对等之立场。立法时的考虑难以求证，从法律规范当中，只能推断：（外）孙子女有代位继承作为弥补。由此招致的批评是：代位继承非本位继承，其继承资格取决于被代位人的继承资格（《继承法意见》第 28 条规定"继承人丧失继承权的，其晚辈直系血亲不得代位继承"），并且，若不存在第一顺位继承人，得由第二顺位者继承时，（外）孙子女因其并不位列其中而无法获得遗产。[1]就此而言，将（外）孙子女排除于法定顺序继承人范围之外，似于保护（外）孙子女的利益方面有所欠缺。

不过，上述推论更多的是单纯的概念推演，在实际适用法律时，弊端似乎远比看上去的要小。原因主要在于：①如果可被代位的第一顺位继承人健在，第二顺位即不能获得遗产，不论（外）孙子女是否为法定第二顺位的继承人，皆无关宏旨。②如果存在其他第一顺位继承人，并且可被代位之第一顺序继承人已在继承开始前死亡，则（外）孙子女得依代位继承与其他第一顺位继承人共同参与遗产分配，此时，其继承地位反倒优于第二顺位继承人。③如果第一顺位继承人俱已不在，则（外）孙子女可基于代位继承而独自成为第一顺位继承人，此时，其继承地位亦优于第二顺位继承人。惟在以下情况，（外）孙子女的地位要劣于第二顺位继承人：无其他第一顺位继承人（配偶、父母），原本可被代位之人又丧失了继承资格。但是，这种情况极其少见，它所需要满足的条件甚为苛刻：其他第一顺位继承人皆已死亡（或离婚），可被代位之人先于被继承人死亡，以及可被代位之人在死亡之前曾实施《继承法》第 7 条所列行为而丧失继承资格。[2]

（四）顺位的效力

1. 在先顺位优于在后顺位。《继承法》第 10 条第 2 款规定："继承开始后，由第一顺序继承人继承，第二顺序继承人不继承。没有第一顺序继承人继承的，由第二顺序继承人继承。"

2. 同一顺位应继份额均等。《继承法》第 13 条第 1 款规定："同一顺序继承人继承遗产的份额，一般应当均等。"

四、遗产的处理

（一）共有人的取回权

他人共有部分之财产，非属遗产，因此，在对遗产进行分割之前，必须允许共有人取回其共有部分的财产。《继承法》第 26 条分别规定了夫妻共有财产的取回与家庭共有财产的取回两种情形："夫妻在婚姻关系存续期间所得的共同所有的财产，除有约定的以外，如果分割遗产，应当先将共同所有的财产的一半分出为配偶所有，其余的为被继承人的遗产。遗产在家庭共有财产之中的，遗产分割时，应当先分出他人的财产。"

（二）清偿债务

1. 限定继承原则。我国《继承法》实行限定继承原则，其含义见诸《继承法》第 33 条第 1 款前句规定，"继承遗产应当清偿被继承人依法应当缴纳的税款和债务，缴纳税款和

[1] 刘春茂主编：《中国民法学·财产继承》，中国人民公安大学出版社 1990 年版，第 247 页。笔者亦曾主张是项见解，参见朱庆育："孙子女、外孙子女能否成为法定顺序继承人"，载《江西法学》1993 年第 6 期。

[2] 实际上，对于代位继承，如果不采代位权说，而采固有权说，则《继承法》不将（外）孙子女列入第二顺序继承人，不仅不是缺陷，反而能够更好地维护（外）孙子女的利益。关于代位继承的性质，详见下文。

清偿债务以他的遗产实际价值为限"。该款后句的内容是，"超过遗产实际价值部分，继承人自愿偿还的不在此限"。严格而言，后句与继承制度没有太大关系，所谓"继承人自愿偿还"，根据不同的法律关系，可能构成债法上的第三人给付或债务承担（债务加入）。

之所以要实行限定继承原则，其中一个重要原因是，继承人的法律地位不得因接受继承而变得更糟。《继承法》第33条第2款规定："继承人放弃继承的，对被继承人依法应当缴纳的税款和债务可以不负偿还责任。"如果接受继承之后，法律要求继承人的付出较之所得更多，无异于通过法律迫使继承人放弃继承，这不是值得追求的规范方向。不过，欲使限定继承具有可操作性，还需要一些制度与之相配套。

另须注意者，如果遗产只包括积极财产，则无所谓"限定继承"问题，因为遗产中根本无"义务"可言。此时，为了不至于令债权人因债务人的死亡而失去债权，就需要说明：为何取得遗产之继承人有义务对被继承人的债务负责？这一说明义务于"遗产只包括积极财产"的主张者而言，是一个难题。此亦可以解释，为何《继承法》在界定遗产范围时只列举了积极财产，但学说普遍认为，消极财产亦在遗产范围之列。

2. 清偿时间。《继承法意见》第62条规定："遗产已被分割而未清偿债务时，如有法定继承又有遗嘱继承和遗赠的，首先由法定继承人用其所得遗产清偿债务；不足清偿时，剩余的债务由遗嘱继承人和受遗赠人按比例用所得遗产偿还；如果只有遗嘱继承和遗赠的，由遗嘱继承人和受遗赠人按比例用所得遗产偿还。"这一规定至少表明：清偿债务不是分割遗产的前提。换言之，何时清偿债务，并无明确的法定要求，遗产分割之前与分割之后均无不可。

《继承法》上有关如何清偿债务的规定看似清晰，但问题是债权人将因此处于极为不利的地位：①债权人于继承或遗赠而言，属于外部的第三人，他难以知悉遗产金额，并且，遗产一经分割，即与继承人或受遗赠人财产混同，债权人更无从知悉每一位继承人或受遗赠人的具体份额。此时，若再加上分割遗产不以清偿债务为前提的制度设计，而继承人或遗产管理人又没有义务将继承情事通知债权人，于债权人而言，无异于雪上加霜。②就《继承法意见》第62条的文义来看，遗产分割之后，各继承人或受遗赠人对债权人所负债务乃按份之债，于是，债权人为获得清偿，不得不"按比例"——向继承人或受遗赠人主张债权，其求偿成本不可小视。③债权人的不利地位将迫使债权人竞相主张清偿。这显然是一项容易诱发道德危险的规定。④在债务清偿之前，任何相关人就遗产的法律关系都将处于不确定状态，此于继承人与受遗赠人而言，亦非有利。

3. 比较法。在债务清偿的问题上，比较法上的做法与我国相去甚远。依法、德等大陆法系立法例，遗产继承时，首先以遗产概括移转为原则，此时，继承人须为全部债务承担无限责任，若继承人想要就债务承担有限责任，必须作出有限责任继承之声明，并且遗产在清偿债务之前不得分配，保证遗产与个人财产不相混同，同时，继承人所作的有限责任继承声明仅就遗产清册所记载的遗产为限。这种规定较之我国显然更优。

（三）遗产分配

1. 均等原则。原则上，各相同顺位的继承人就遗产均等分配。《继承法》第13条第1款规定："同一顺序继承人继承遗产的份额，一般应当均等。"当然，此项原则可为意思表示所改变，该条第5款规定："继承人协商同意的，也可以不均等。"

2. 例外条款。《继承法》第13条第2~4款规定了三项均等分配的例外：①对生活有特殊困难的缺乏劳动能力的继承人，分配遗产时，应当予以照顾。②对被继承人尽了主要扶养义务或者与被继承人共同生活的继承人，分配遗产时，可以多分。所谓尽了"主要扶养义务"，《继承法意见》第30条的界定是："对被继承人生活提供了主要经济来源，或在劳务等方面给予了主要扶助的。"③有扶养能力和有扶养条件的继承人，不尽扶养义务的，分配遗产时，应当不分或者少分。

另外，《继承法意见》第27、34、59条又确立了三项例外：①代位继承人缺乏劳动能力又没有生活来源，或者对被继承人尽过主要赡养义务的，分配遗产时，可以多分。②有扶养能力和扶养条件的继承人虽然与被继承人共同生活，但对需要扶养的被继承人不尽扶养义务，分配遗产时，可以少分或者不分。③人民法院对故意隐匿、侵吞或争抢遗产的继承人，可以酌情减少其应继承的遗产。

3. 效用原则。分配遗产时，应考虑遗产的效用。《继承法》第29条规定："遗产分割应当有利于生产和生活需要，不损害遗产的效用。不宜分割的遗产，可以采取折价、适当补偿或者共有等方法处理。"《继承法意见》第58条亦规定："人民法院在分割遗产中的房屋、生产资料和特定职业所需要的财产时，应依据有利于发挥其使用效益和继承人的实际需要，兼顾各继承人的利益进行处理。"

五、代位继承

（一）概念

代位继承，亦称代袭继承或承祖继承，是指能够依法定继承获得遗产的被继承人的子女，于继承开始前死亡，其应继份由其直系血亲卑亲属代为承继的制度。其中，被继承人的子女，又称本位继承人。代位继承制度为我国《继承法》第11条所确立："被继承人的子女先于被继承人死亡的，由被继承人的子女的晚辈直系血亲代位继承。代位继承人一般只能继承他的父亲或者母亲有权继承的遗产份额。"

代位继承古已有之，现代法将其限于财产领域。我国台湾地区通说认为，其意在公平，即由继承人之直系血亲卑亲属承继继承人父母之遗产，乃在保护被代位人之继承人的继承期待利益。[1] 笔者以为，"公平"云云过于抽象，况且，被代位之人的继承期待利益本就微弱，遑论被代位之人的继承人？代位继承人仅限于直系血亲卑亲属，因此，代位继承制度之正当性毋宁在于，延续家庭财产与抚养。

（二）性质

1. 代位权说。该说略谓，当中所存在者，乃本位继承人之权利，代位继承人不过是"代位"行使而已。据此，若本位继承人丧失继承资格，代位继承即不会发生。我国实证法采代位权说。这尤其表现在《继承法意见》第28条，"继承人丧失继承权的，其晚辈直系血亲不得代位继承"。

2. 固有权说。该说主张，代位继承乃直系血亲卑亲属的固有权利，只要本位继承人未能继承，无论是因为死亡抑或丧失继承资格，皆不影响成立代位继承。我国台湾地区"民法"第1140条规定："第1138条所定第一顺序之继承人，有于继承开始前死亡或丧失继承权者，由其直系血亲卑亲属代位继承其应继分。"通说据此认为，代位继承宜采固有权说，否则，被代位之人于丧失继承权或死亡时，本身已无继承权之存在，代位即无可能。[2]

另需注意者，我国台湾地区之采固有权说，尚有另外一项制度与之相呼应。我国台湾

---

〔1〕　戴炎辉、戴东雄：《中国继承法》，作者2001年自版，第56页；林秀雄：《继承法讲义》，元照图书出版有限公司2005年版，第22页。

〔2〕　史尚宽：《继承法论》，中国政法大学出版社2000年版，第86页；戴炎辉、戴东雄：《中国继承法》，作者2001年自版，第58~59页；林秀雄：《继承法讲义》，元照图书出版有限公司2005年版，第24页。

地区"民法"第 1138 条所规定的第一顺序继承人是"直系血亲卑亲属",其间并无亲等限制,这意味着,任何亲等的直系血亲卑亲属皆为第一顺序继承人,只不过在实际继承遗产时,"以亲等近者为先"(第 1139 条)。可见,被代位人的直系血亲卑亲属本就是被继承人的第一顺位继承人,其继承权自为固有。[1]

(三)要件

依我国《继承法》与《继承法意见》,代位继承须具备如下要件:

1. 本位继承人先于被继承人死亡。本位继承人先于被继承人死亡,此乃《继承法》第 11 条之要求。相反情形自不会发生代位继承,因为此时本位继承人继承了被继承人遗产,已无"位"可"代"。

问题是,若二人同时死亡,该当如何?《继承法意见》第 2 条确立的规则是,同时死亡者,互不发生继承。既然如此,称同时死亡不发生代位继承亦合乎逻辑。不过,若是观察更细致一些,问题就不会如表面上看起来这么简单。①同时死亡的可能性在现实生活中微乎其微,而若是彼此死亡先后时间不能确定,父母子女之间被推定为长辈先死(《继承法意见》第 2 条),此时不会发生代位继承问题。因此,绝大多数情况下,同时死亡之设问即使谈不上是虚假,亦无太大意义。②倘使果真出现同时死亡之情形,考虑到代位继承制度旨在延续家庭财产与抚养,为直系卑亲属利益计,任其存在代位继承似亦无妨,而不必太过拘泥于概念逻辑。[2]

2. 本位继承人未丧失继承地位。依据《继承法意见》第 28 条的规定,本位继承人须未"丧失继承权"。"丧失继承权"之情形,被规定于《继承法》第 7 条,包括四种情形:故意杀害被继承人;为争夺遗产而杀害其他继承人;遗弃被继承人,或者虐待被继承人情节严重;伪造、篡改或者销毁遗嘱,情节严重。

有学者认为,本位继承人放弃继承者,亦将导致代位继承不发生。[3]这一讨论似乎意义有限:本位继承人在继承开始之前的放弃行为无效,而继承一旦开始,本位继承人即已获得遗产权利,不存在代位继承的问题。

3. 本位继承人为被继承人的子女。本位继承人范围如何,取决于第一顺序继承人中被继承人直系血亲卑亲属的范围。我国《继承法》只包括一亲等的直系血亲卑亲属,即子女,因此,能被代位的本位继承人亦只包括子女。此为《继承法》第 11 条明确规定。

4. 代位继承人是本位继承人的直系血亲卑亲属。《继承法》第 11 条规定的代位继承人是本位继承人的"晚辈直系血亲"。需要将代位继承人限定于卑亲属,是因为当中存在家庭财产延续与抚养的问题,至于当中是否存在亲等限制,则值得讨论。

《继承法意见》第 25 条确立的规则是亲等不受限制:"被继承人的孙子女、外孙子女、曾孙子女、外曾孙子女都可以代位继承,代位继承人不受辈数的限制。"不过,这一规则似值得怀疑:①《继承法》第 11 条后句的内容是,"代位继承人一般只能继承他的父亲或者母亲有权继承的遗产份额"。以"父亲或者母亲"表述,意味着,代位继承人乃本位继承人之子女(一亲等直系血亲卑亲属)。《继承法意见》与之不符。②代位继承人之所以能够

---

[1] 戴炎辉、戴东雄:《中国继承法》,作者 2001 年自版,第 58～59 页;林秀雄:《继承法讲义》,元照图书出版有限公司 2005 年版,第 24 页。

[2] 由此亦可反思《继承法意见》第 2 条推定长辈先死之规则的合理性。该规则的结果之一就是取缔了代位继承发生之可能,此对于需要特别保护的直系血亲卑亲属,殊为不利。

[3] 刘春茂主编:《中国民法学·财产继承》,中国人民公安大学出版社 1990 年版,第 247 页。

取代本位继承人之继承地位，其隐含的前提之一是，前者为后者的第一顺序继承人。《继承法》只将子女作为第一顺序继承人，包括（外）孙子女在内的二亲等以外卑亲属甚至不是法定顺序继承人，若其能够代位，如何解释其代位根据？其他立法例如我国台湾地区"民法"之所以代位继承无亲等限制，是因为作为第一顺序继承人的直系血亲卑亲属本就无亲等限制。③即便不限制亲等，亦须解决：当同时出现亲等不同之代位继承人时，如何分配遗产？对此，《继承法意见》未置一词。我国台湾地区"民法"中，该问题为第1139条所解决，"以亲等近者为先"。

另外，关于作为代位继承人的"子女"的范围，《继承法意见》作有若干补充规定。第26条规定："被继承人的养子女、已形成扶养关系的继子女的生子女可代位继承；被继承人亲生子女的养子女可代位继承；被继承人养子女的养子女可代位继承；与被继承人已形成扶养关系的继子女的养子女也可以代位继承。"第29条规定："丧偶儿媳对公婆、丧偶女婿对岳父、岳母，无论其是否再婚，依继承法第12条规定作为第一顺序继承人时，不影响其子女代位继承。"

5. 只能于法定继承情形存在。此为代位继承隐含的另一前提。若遗产为意定移转，即不再负载延续家庭财产与抚养之功能，自无代位继承之存在。

（四）效力

代位继承人取得本位继承人的继承地位与应继份额。《继承法》第11条规定，"代位继承人一般只能继承他的父亲或者母亲有权继承的遗产份额"。

六、转继承

（一）概念

转继承亦称再继承，是指继承人或受遗赠人在继承开始后、遗产分割前死亡，其应继份额转由其继承人继承的制度。它在继承与遗赠场合均存在，其中，前者为《继承法意见》第52条规定："继承开始后，继承人没有表示放弃继承，并于遗产分割前死亡的，其继承遗产的权利转移给他的合法继承人。"第53条则规定了遗赠的转继承："继承开始后，受遗赠人表示接受遗赠，并于遗产分割前死亡的，其接受遗赠的权利转移给他的继承人。"

（二）性质

转继承实际上是对继承人或受遗赠人继承遗产的再次继承。

（三）代位继承与转继承的区别

依据《继承法》及《继承法意见》的规定，代位继承与转继承有如下区别：

1. 发生依据。代位继承之发生，是基于公平考虑（我国台湾地区通说），或者说是为延续家庭财产与抚养；转继承则可于法定继承框架之内得到解释。

2. 发生场合。只有本位继承人在继承开始时已死亡的场合，才可能发生代位继承问题；转继承则发生于继承开始后、遗产分割前，继承人或受遗赠人死亡之情形。

3. 适用领域。代位继承只适用于法定继承领域；转继承则在继承与遗赠均可存在。

4. 继承人。代位继承人只能是本位继承人的直系血亲卑亲属；转继承人则为任何法定继承人。

5. 法律效力。代位继承人只能继承本位继承人的份额；转继承则依法定继承规则在其继承人之间分配。

七、继承回复请求权

（一）概念

所谓继承回复请求权，通常意指继承权被侵害，被侵害人得主张予以回复之救济权，其内容包括确认继承人地位、返还应继承遗产等。我国尚未系统规定继承回复请求制度，此处就该制度的一般问题略作介绍。[1]

（二）权利行使

1. 请求权人。请求权人包括：真正继承人、继承人之法定代理人、继承人之继承人、应继份之受让人以及遗产管理人或执行人。

2. 请求相对人。请求权相对人主要有：①僭称继承人，即不具有继承人地位却自称为继承人而占有遗产之人；②表见继承人，即放弃、丧失继承地位之人；③僭称继承人与表见继承人之继承人；④僭称继承人与表见继承人之遗产受让人；⑤侵占了其中某继承人的应继份额的其他继承人。

3. 行使事由。应继份额被他人无权占有。

4. 消灭时效。关于继承回复请求权的时效期间，《继承法》第 8 条规定："继承权纠纷提起诉讼的期限为 2 年，自继承人知道或者应当知道其权利被侵犯之日起计算。但是，自继承开始之日起超过 20 年的，不得再提起诉讼。"自《民法总则》2017 年 10 月 1 日起施行后，该有关诉讼时效事宜应适用《民法总则》第 188 条第 1 款和《最高人民法院关于适用〈中华人民共和国民法总则〉诉讼时效制度若干问题的解释》的规定，向人民法院请求保护民事权利的诉讼时效期间为 3 年。法律另有规定的，依照其规定。《民法总则》施行之日，诉讼时效期间尚未满《民法通则》规定的 2 年或者 1 年，当事人主张适用《民法总则》关于 3 年诉讼时效期间规定的，人民法院应予支持。但《民法总则》施行前，《民法通则》规定的 2 年或者 1 年诉讼时效期间已经届满，当事人主张适用《民法总则》关于 3 年诉讼时效期间规定的，人民法院不予支持。

■第三节　非继承法定移转

一、概述

遗产的法定移转除法定继承外，尚有其他移转方式。此"其他移转方式"，我国《继承法》以及《继承法意见》主要规定了基于扶养赡养关系的法定移转与无人承继遗产的法定移转两种。根据这两种方式而取得遗产者，皆非继承人，因此，遗产移转不存在《继承法》上的依据，而在于特别的法律政策判断。

二、基于扶养赡养关系的法定移转

（一）法律政策

我国《继承法》极为重视亲属之间的道德淳化与相互扶助行为，这尤其表现在对彼此扶养和赡养的鼓励之上。例如，法定继承人中，尽了更多扶养或赡养义务的，能够获得较多的遗产（《继承法》第 13 条第 3 款、《继承法意见》第 27 条），反之，若继承人不承担扶养或赡养义务，则可能得到较少甚至不能得到遗产（《继承法》第 13 条第 4 款、《继承法意见》第 34 条），不仅如此，赡养义务之履行，还可能使得法定继承人范围之外的人成为第一顺序法定继承人，参与遗产继承，如《继承法》第 12 条规定："丧偶儿媳对公、婆，丧偶女婿对岳父、岳母，尽了主要赡养义务的，作为第一顺序继承人。"

---

[1] 更详细的论述，可参见史尚宽：《继承法论》，中国政法大学出版社 2000 年版，第 111 页以下；戴炎辉、戴东雄：《中国继承法》，作者 2001 年自版，第 87 页以下；林秀雄：《继承法讲义》，元照图书出版有限公司 2005 年版，第 49 页以下。

　　沿袭这一政策取向，为了鼓励继承人之外的其他人相互扶助，《继承法》还规定，在某些情况下，尽扶养或赡养义务之人虽不能成为法定继承人，却可酌情分得遗产，此即法定继承之外的、基于扶养赡养关系的遗产法定移转。

　　（二）类型

　　《继承法》就基于扶养关系的遗产法定移转规定了两类情形。

　　1. 基于扶养关系的法定移转。《继承法》第 14 条规定："对继承人以外的依靠被继承人扶养的缺乏劳动能力又没有生活来源的人，或者继承人以外的对被继承人扶养较多的人，可以分配给他们适当的遗产。"对此，尚有两点需作说明：①所谓"适当"的遗产，依据《继承法意见》第 31 条的规定，"按具体情况可多于或少于继承人"。②法条虽称"可以"分给适当的遗产，似乎表明，是否"分配给他们适当的遗产"，取决于遗产分配者，但依《继承法意见》第 32 条，扶养人于此情形其实是享有得诉请救济的权利——或可称之为"遗产酌分权"："依继承法第 14 条规定可以分给适当遗产的人，在其依法取得被继承人遗产的权利受到侵犯时，本人有权以独立的诉讼主体的资格向人民法院提起诉讼。但在遗产分割时，明知而未提出请求的，一般不予受理；不知而未提出请求，在 2 年以内起诉的，应予受理。"

　　另外，基于类似法律政策考虑，《继承法意见》第 19 条还规定了被收养人对于生父母遗产的酌分权："被收养人对养父母尽了赡养义务，同时又对生父母扶养较多的，除可依继承法第 10 条的规定继承养父母的遗产外，还可依继承法第 14 条的规定分得生父母的适当的遗产。"

　　2. 基于赡养关系的法定移转。代位继承中，若本位继承人丧失了继承资格，其导致资格丧失的行为，后果将转嫁于代位继承人承受。[1]这与设立代位继承制度以特别保护代位继承人的初衷有所冲突。为了缓解矛盾，《继承法意见》第 28 条规定，"如该代位继承人缺乏劳动能力又没有生活来源，或对被继承人尽赡养义务较多的，可适当分给遗产"。此乃人道主义与鼓励道德扶助行为的法律政策之表现。

　　三、无人承继的法定移转

　　《继承法》第 32 条："无人继承又无人受遗赠的遗产，归国家所有；死者生前是集体所有制组织成员的，归所在集体所有制组织所有。"这一规定赋予了国家与集体组织对无人承继遗产的法定取得权。无人承继的遗产属于无主财产，若依一般规则，适用先占取得。《继承法》改变这一规则，其旨在避免因先占而带来的社会秩序之混乱。

　　需要注意的是，若是遗产之上负有债务，在收归国有或集体所有之前，须先依据《继承法》第 33 条的规定清偿债务或所欠税款。同时，《继承法意见》第 57 条还规定："遗产因无人继承归国家或集体组织所有时，按继承法第 14 条规定可以分给遗产的人提出取得遗产的要求，人民法院应视情况适当分给遗产。"

---

〔1〕《继承法意见》第 28 条。

第五十七章

遗产的意定移转

■第一节 遗嘱自由

一、概述

遗嘱自由乃私法自治在继承法上的表现，是继承法的核心。这不仅表现在非法定继承的遗嘱继承与遗赠上，即便是法定继承，其正当性亦存在于被继承人的意思拟制之中。《继承法》虽未明确规定遗嘱自由，但若是没有这一原则，继承法将会变得面目全非，以至不可理喻。

遗嘱自由的含义可从遗嘱行为自由、遗嘱内容自由与遗嘱形式自由等方面得到理解。

二、遗嘱行为自由

遗嘱人得依自己意思对财产进行死因处分，所谓遗嘱行为自由，大致包括遗嘱设立自由与撤回自由。

（一）遗嘱设立自由

《继承法》第16条第1款规定："公民可以依照本法规定立遗嘱处分个人财产，并可以指定遗嘱执行人。"任何人对自己财产拥有处分自由，自然亦得自由设立遗嘱，令其死后生效。

（二）遗嘱撤回自由

遗嘱得随时撤回。《继承法》第20条第1款规定："遗嘱人可以撤销、变更自己所立的遗嘱。"

1. 撤回与撤销。《继承法》第20条称"撤销"，但作为法律术语的撤销（Anfechtung），一般针对已生效的法律行为，遗嘱一旦发生法律效力，即表示遗嘱人已经死亡，本不存在撤销的问题，因此，其所谓"撤销"，当为"撤回"（Widerruf）之误。[1]

要约亦存在撤回的问题，二者区别在于：①遗嘱是无相对人的单方意思表示，无需向相对人表示；②遗嘱的撤回可在生前的任何时间为之，无时间限制。

2. 遗嘱的撤回与变更。遗嘱既未生效，撤回与变更之别就更多地表现为观察的不同角度：变更关注意思表示的内容，撤回则针对作为行为的意思表示本身。遗嘱的全部变更与部分变更，亦可视为全部撤回与部分撤回。

3. 撤回的方式。撤回遗嘱的方式主要有：①废止遗嘱。例如，以遗嘱B废止遗嘱A，

---

[1] 对此，我国台湾地区经验可供参考。我国台湾地区"民法"继承编在1985年修正之前，亦使用"撤销"一语。但学者普遍认为，通常所谓撤销，系指法律行为生效后，因法定事由之发生（意思表示有瑕疵或错误），而使法律行为溯及归于无效，遗嘱之撤回，则必定发生在遗嘱尚未生效之前，并且无须任何理由，可由遗嘱人任意为之。有鉴于此，继承编修正时，遂将"撤销"改为"撤回"。参见戴炎辉、戴东雄：《中国继承法》，作者2001年自版，第276页；林秀雄：《继承法讲义》，元照图书出版有限公司2005年版，第248页。

即可认为，遗嘱 A 被撤回。②以后遗嘱取代前遗嘱。此方式见诸《继承法》第 20 条第 2 款："立有数份遗嘱，内容相抵触的，以最后的遗嘱为准。"③以生前行为取代遗嘱。《继承法意见》第 39 条："遗嘱人生前的行为与遗嘱的意思表示相反，而使遗嘱处分的财产在继承开始前灭失、部分灭失或所有权转移、部分转移的，遗嘱视为被撤销或部分被撤销。"

三、遗嘱内容自由

我国《继承法》只规定了遗嘱的财产效果，至于财产移转于何人、如何移转、移转多少等皆可由遗嘱人自由决定。依据《继承法》第 16 条的规定，遗嘱人既可在法定继承人当中任意指定遗嘱继承人，以继承其任何个人财产，亦可在法定继承人之外将任何个人财产遗赠给任何人。

四、遗嘱形式自由

（一）形式自由与形式强制

如果奉行遗嘱形式自由，即意味着，遗嘱人原则上可以采取任何他认为适当的形式订立遗嘱。然而，基于遗嘱的死因性质及其所涉内容的重大等方面的考虑，通说认为，遗嘱乃要式行为，未能合乎法定形式者，无效。[1]《继承法意见》第 35 条规定："继承法实施前订立的，形式上稍有欠缺的遗嘱，如内容合法，又有充分证据证明确为遗嘱人真实意思表示的，可以认定遗嘱有效。"由此反面解释，《继承法》实施之后，未能符合法定形式的遗嘱，即属无效，纵其"内容合法，又有充分证据证明确为遗嘱人真实意思表示"，亦于事无补。

不过，即便如此，遗嘱的要式要求较之其他法律行为，仍显得宽松许多。这主要体现在，《继承法》提供了五种遗嘱形式为遗嘱人选用：公证遗嘱、自书遗嘱、代书遗嘱、录音遗嘱及口头遗嘱。选择空间的扩大，必伴随着自由度的增强。

（二）公证遗嘱

所谓公证遗嘱，依据司法部《遗嘱公证细则》第 3 条的规定，是指"经公证证明的遗嘱"。公证遗嘱是效力最强的遗嘱，《继承法》第 20 条第 3 款规定："自书、代书、录音、口头遗嘱，不得撤销、变更公证遗嘱。"

设立公证遗嘱，依据《遗嘱公证细则》的规定而为。

（三）自书遗嘱

根据《继承法》第 17 条第 2 款的规定，自书遗嘱的作成方式是："由遗嘱人亲笔书写，签名，注明年、月、日。"实践中，遗嘱人不见得中规中矩地使用自书遗嘱，而可能在遗书当中一并处理其财产关系，对此，《继承法意见》第 40 条规定："公民在遗书中涉及死后个人财产处分的内容，确为死者真实意思的表示，有本人签名并注明了年、月、日，又无相反证据的，可按自书遗嘱对待。"

（四）代书遗嘱

《继承法》第 17 条第 3 款规定的是代书遗嘱，其要件为：①应当有 2 个以上见证人在场见证；②由其中一人代书，注明年、月、日；③由代书人、其他见证人和遗嘱人签名。

---

[1] 史尚宽：《继承法论》，中国政法大学出版社 2000 年版，第 398 页；戴炎辉、戴东雄：《中国继承法》，作者 2001 年自版，第 247 页；林秀雄：《继承法讲义》，元照图书出版有限公司 2005 年版，第 214 页；张俊浩主编：《民法学原理》（下册），中国政法大学出版社 2000 年版，第 990 页；刘春茂主编：《中国民法学·财产继承》，中国人民公安大学出版社 1990 年版，第 327 页；郭明瑞、房绍坤：《继承法》，法律出版社 2004 年版，第 138 页。

关于见证人，《继承法》第18条排除了以下人员：①无行为能力人、限制行为能力人；②继承人、受遗赠人；③与继承人、受遗赠人有利害关系的人。于此，须注意两个问题：一是充当见证人，进行作证，这不是实施法律行为，因此，似乎不必严格奉行行为能力标准。对此，2002年4月1日起施行的《最高人民法院关于民事诉讼证据的若干规定》第53条第2款可供参考："待证事实与其年龄、智力状况或者精神健康状况相适应的无民事行为能力人和限制民事行为能力人，可以作为证人。"二是所谓"利害关系人"，依《继承法意见》第36条之界定，继承人、受遗赠人的债权债务人，以及共同经营的合伙人，亦在其列。

（五）录音遗嘱

《继承法》第17条第4款规定："以录音形式立的遗嘱，应当有两个以上见证人在场见证。"见证人的资格要求，与代书遗嘱相同。

录音遗嘱不过是将遗嘱人的声音予以记录，其可伪造性理应高于既记录声音又记录图像的录像遗嘱，"举重以明轻"，《继承法》虽未明确许可录像遗嘱的适格性，但当以肯定为宜。

（六）口头遗嘱

《继承法》第17条第5款规定："遗嘱人在危急情况下，可以立口头遗嘱。口头遗嘱应当有两个以上见证人在场见证。危急情况解除后，遗嘱人能够用书面或者录音形式立遗嘱的，所立的口头遗嘱无效。"可见，口头遗嘱只有在特殊情形下始得采用。法律未界定何谓"危急情况"，自事理而言，当指危及生命之情况。

（七）各种遗嘱的效力对比

关于各种遗嘱的效力对比，《继承法》第20条确立了两项规则：①立有数份遗嘱，内容相抵触的，以最后的遗嘱为准；②自书、代书、录音、口头遗嘱，不得撤销、变更公证遗嘱。《继承法意见》第42条对这两项规则又作进一步补充："遗嘱人以不同形式立有数份内容相抵触的遗嘱，其中有公证遗嘱的，以最后所立公证遗嘱为准；没有公证遗嘱的，以最后所立的遗嘱为准。"

五、遗嘱自由之限制

（一）特留份

遗嘱自由固然需要奉行，但若是遗嘱人将所有财产给予他人，而置自己的配偶、子女等近亲属于不顾，亦可能有悖伦理道德。为此，许多立法例都规定了"特留份"制度，要求不得以遗嘱取消该份额，以限制遗嘱自由之行使。特留份权利人范围依不同立法例而有较大差别，如《德国民法典》包括配偶、直系血亲卑亲属与父母（第2303条），我国台湾地区"民法"除此之外，还扩及兄弟姐妹与祖父母（第1223条）。

我国《继承法》有所不同，它规定的是"必留份"。《继承法》第19条规定："遗嘱应当对缺乏劳动能力又没有生活来源的继承人保留必要的遗产份额。"《继承法意见》第37条第1款设置了违反此项规定的法律后果："遗嘱人未保留缺乏劳动能力又没有生活来源的继承人的遗产份额，遗产处理时，应当为该继承人留下必要的遗产，所剩余的部分，才可参照遗嘱确定的分配原则处理。"第2款则为判断"缺乏劳动能力又没有生活来源"提供了时间标准："应按遗嘱生效时该继承人的具体情况确定。"

（二）共同遗嘱

共同遗嘱是指2人以上依共同意思表示而在同一遗嘱书上形成遗嘱，包括单纯共同遗嘱（数个遗嘱的内容完全独立，仅仅是记载于同一个遗嘱书之上）、相互共同遗嘱（遗嘱人互为遗赠或相互指定对方为自己继承人之遗嘱）与牵连共同遗嘱（相互以对方遗嘱为条件之遗嘱）三类。上述三类，除单纯共同遗嘱因其实为数个独立遗嘱之外，其余二者多被禁止[1]。禁止理由在于：遗嘱为单方行为，应由遗嘱人独立为之。然在共同遗嘱中，成立既多受他方遗嘱人意思之约束，撤回时亦应共同为之，违反遗嘱撤回自由之原则。另外，共同遗嘱之存在，致遗嘱之效力难以确定，例如：甲乙订立相互共同遗嘱：甲先死，遗赠房屋于乙；乙先死，遗赠土地于甲。设甲在生前将房屋让与第三人，则甲对于乙之遗赠失去效力。此时乙对于甲遗赠之效力如何，当依乙之意思而定，但乙已死，真意无从探之。[2]

我国《继承法》与《继承法意见》均未规定共同遗嘱。惟《遗嘱公证细则》对之有所涉及，第15条以两款规定了共同遗嘱的公证问题："两个以上的遗嘱人申请办理共同遗嘱公证的，公证处应当引导他们分别设立遗嘱。遗嘱人坚持申请办理共同遗嘱公证的，共同遗嘱中应当明确遗嘱变更、撤销及生效的条件。"由此推断，在实践中，共同遗嘱虽被限制使用，但未遭到禁止。

■第二节　遗　嘱

一、遗嘱的概念与性质

（一）遗嘱的概念

遗嘱是遗嘱人死亡后发生效力的无相对人的单方法律行为，《遗嘱公证细则》第2条对其作了定义："遗嘱是遗嘱人生前在法律允许的范围内，按照法律规定的方式处分其个人财产或者处理其他事务，并在其死亡时发生效力的单方法律行为。"

（二）遗嘱的性质

1. 单方法律行为。遗嘱之作成，仅需遗嘱人单方意思表示即可实现，故为单方法律行为。

2. 无相对人的意思表示。遗嘱无需向特定人表示，一旦遗嘱人死亡即生效，至于因遗嘱而受有利益者是否知悉，则非所问，故遗嘱为无相对人的意思表示。

3. 死因行为。遗嘱在遗嘱人死亡之后生效，此之谓死因行为，与生前行为相对。

4. 亲为行为。遗嘱属于亲为行为，不得代理。

5. 要式行为。遗嘱作成时，须在《继承法》提供的形式类型中选择适用，并符合各所选定形式的条件，否则，依据《继承法意见》第35条的反面解释，遗嘱无效。

二、遗嘱的类型

依据我国《继承法》，遗嘱包括两类：指定继承人的遗嘱与遗赠。

（一）指定继承人的遗嘱

《继承法》第16条第2款规定："公民可以立遗嘱将个人财产指定由法定继承人的一人或者数人继承。"由此发生的继承，称为遗嘱继承。

遗嘱继承人虽限于法定继承人，但遗嘱继承与法定继承的差别仍甚为明显：①遗嘱人以其意思表示安排遗产归属；②遗嘱继承顺序不受法定继承顺序限制；③各遗嘱继承人的

---

[1] 惟《德国民法典》第2265条认可夫妻之间的共同遗嘱。

[2] 关于共同遗嘱，详见史尚宽：《继承法论》，中国政法大学出版社2000年版，第415~418页；戴炎辉、戴东雄：《中国继承法》，作者2001年自版，第255页；林秀雄：《继承法讲义》，元照图书出版有限公司2005年版，第220~222页。

财产分配份额不受法定继承分配原则限制。

　　（二）遗赠

　　《继承法》第 16 条第 3 款规定："公民可以立遗嘱将个人财产赠给国家、集体或者法定继承人以外的人。"其所规定者，即为遗赠。

　　1. 概念。遗赠是遗嘱人通过遗嘱将其财产无偿给予法定继承人之外的人。为了更好地理解遗赠概念，我们不妨将其与相邻概念作一比较。

　　（1）遗赠与赠与。单就语词构造观之，"赠与"和"遗赠"均由"赠"字构成，依日常理解，二者除了生效时间——前者为"生前赠"（生前行为），后者为"死后赠"（死因行为）——之外，似乎再无其他区别。[1]然而，这不过是"日常理解"。法律术语的特点之一在于，它虽然不得不借助日常语词表达法律概念，却往往因用法独特而发生意义改变。[2]此处所涉即其适例。作为法律专业概念，"赠与"与"遗赠"的法律性质具有根本差别。显而易见的是，赠与乃典型的双方法律行为（契约），为《合同法》第十一章所规定，其立法定义见诸该章第 185 条："赠与合同是赠与人将自己的财产无偿给予受赠人，受赠人表示接受赠与的合同。"遗赠则通过遗嘱而实现，属单方法律行为。可见，赠与和遗赠之别泾渭分明。

　　需要注意的是，也许是因为《继承法》第 16 条第 3 款以"赠"字表达"遗赠"概念，我国学者在定义遗赠时，往往由此更进一步，将"赠"字构词为"赠与"，典型表述如："遗赠是遗赠人采用遗嘱的形式将其财产的一部分或全部赠与国家、集体组织或者法定继承人以外的其他公民而于其死后发生法律效力的单方法律行为。"[3]"遗赠，是指自然人以遗嘱的方式将其个人财产赠与国家、集体或者法定继承人以外的自然人，而于其死亡后才发生法律效力的民事法律行为。"[4]这种定义方式似难以避免混淆遗赠与赠与二概念之嫌。[5]刘心稳先生的定义属于例外："遗赠是遗赠人以遗嘱将其遗产中的财产权利的一部或全部，无偿给予继承人之外的个人、集体或国家，于遗嘱人死亡时生效的单方要式法律行为。"[6]以"给予"定义遗赠，可谓是把握了遗赠概念的核心。《德国民法典》第 1939 条即谓："继承人得以遗嘱给予（zuwenden）他人财产利益，而不将其指定为继承人（遗赠）。"

　　（2）遗赠与死因赠与。《合同法》上的赠与乃典型生前行为，除此之外，尚存在所谓的"死因赠与"概念。

　　"死因赠与"（Schenkung von Todes wegen, Schenkungsversprechen von Todes wegen）概念

〔1〕　与汉语不同，德文表述不存在此类理解联想关系："赠与"的德文对应词是 Schenkung，"遗赠"则为 Vermächtnis，二者在构词上毫无关系。

〔2〕　Vgl. Rolf Wank, Die Auslegung von Gesetzen, 3. Aufl., Carl Heymanns Verlag, 2005, S. 61ff.

〔3〕　刘春茂主编：《中国民法学·财产继承》，中国人民公安大学出版社 1990 年版，第 464 页。

〔4〕　郭明瑞、房绍坤：《继承法》，法律出版社 2004 年版，第 172 页。

〔5〕　中华民国时期与我国台湾地区亦使用汉语，却未见以"赠与"定义遗赠者。举其要者如史尚宽："遗赠（Legs, Vermächtnis），谓依遗嘱，对于他人无偿的与以财产的利益之行为。"参见史尚宽：《继承法论》，中国政法大学出版社 2000 年版，第 498 页。戴炎辉、戴东雄："遗赠者，系有人（遗嘱人），以遗嘱对他人（受遗嘱人），无偿让与财产上之利益也。"参见戴炎辉、戴东雄：《中国继承法》，作者 2001 自版，第 304 页。林秀雄："遗赠，乃遗赠人依遗嘱无偿给予他人财产上利益之行为。"参见林秀雄：《继承法讲义》，元照图书出版有限公司 2005 年版，第 286 页。

〔6〕　张俊浩主编：《民法学原理》（下册），中国政法大学出版社 2000 年版，第 995 页（该部分为刘心稳所撰）。

来自于德国，指的是以受赠人晚于赠与人死亡为生效条件的赠与[1]。对于这一概念，须注意者有二：①死因赠与有如一般所称赠与，亦为双方法律行为（契约）；②死因赠与虽谓"死因"，实则生前行为，其更为准确的称谓是"以死亡为前提的生前行为"（Rechtsgeschäfte unter Lebenden auf den Todesfall）。[2] 根据《德国民法典》第 2301 条的规定，它可分为两类：未履行死因赠与（nicht vollzogene Schenkung auf den Todesfall）和已履行死因赠与（vollzogene Schenkung auf den Todesfall）。前者准用关于死因处分之规定，目的在于防止利用此类赠与而规避死因处分的形式强制与类型强制规定；后者则准用生前赠与之规定。[3] 民国时期与中华人民共和国立法皆未就死因赠与作出明确规定，但学说皆认为不宜否认其正当性，并且就其契约行为性质普遍接受了德国立场。[4] 可见，遗赠与死因赠与相去甚远，所指非一。

2. 法律效果。法律行为有所谓"死因处分"（Verfügung von Todes wegen）之类型，它是遗嘱（Testament）与继承契约（Erbvertrag）的上位概念。[5] 遗赠以遗嘱为之，自属"死因处分"。照此推断，遗赠当为处分行为。然而，德国通说认为，死因处分之"处分"（Verfügung）不过是误导性语词。通常所理解的"处分"，是与负担行为相对应、直接发生权利变动的处分行为，此处则有不同。简言之，所谓死因处分，仅仅意味着，此类行为须待被继承人死亡始得生效；而遗赠所生效力，亦非使得受遗赠人直接取得遗赠物所有权，毋宁只是要求遗赠义务人移转所给予的财产利益之债法请求权。[6] 就此问题，民国以来直到现在，我国台湾地区的通说皆从德国，持遗赠生债权效力（负担行为）说。[7]

在我国有关遗嘱的规范中，《继承法》及《继承法意见》多次使用"处分"一词进行表述，如《继承法》第 16 条第 1 款规定："公民可以依照本法规定立遗嘱处分个人财产，并可以指定遗嘱执行人。"《继承法意见》第 38 条规定："遗嘱人以遗嘱处分了属于国家、集体或他人所有的财产，遗嘱的这部分，应认定无效。"但这并不意味着，我国法律视遗嘱为处分行为，因为没有证据表明，上述法律规范中的"处分"一词是在与负担行为相对应

---

[1] 《德国民法典》第 2301 条。

[2] Hans Brox, Erbrecht, 17. Aufl., Carl Heymanns Verlag, 1999, S. 453.

[3] Vgl. Hans Brox, Erbrecht, 17. Aufl., Carl Heymanns Verlag, 1999, S. 453ff.; Klaus Weber（Hrsg.）, Creifelds Rechtswörterbuch, 18. Aufl., Verlag C. H. Beck oHG, 2004, S. 1146.

[4] 史尚宽：《债法各论》，中国政法大学出版社 2000 年版，第 142～143 页；林秀雄：《继承法讲义》，元照图书出版有限公司 2005 年版，第 288 页以下；刘春茂主编：《中国民法学·财产继承》，中国人民公安大学出版社 1990 年版，第 471 页；郭明瑞、房绍坤：《继承法》，法律出版社 2004 年版，第 174～176 页。

　　至于死因赠与为生前行为抑或死因行为，大陆学者语焉不详，我国台湾地区则似多持死因行为说。如史尚宽："死因赠与为一种契约，惟于赠与人死亡时发生效力，与为生前行为之其他契约，大异其趣，从而准用关于遗赠之规定。"参见史尚宽：《民法总论》，中国政法大学出版社 2000 年版，第 312 页。林秀雄："遗赠与死因赠与均系于遗赠人或赠与人死亡时发生效力之法律行为，同属死因行为之一种。"参见林秀雄：《继承法讲义》，元照图书出版有限公司 2005 年版，第 288 页。不过，史林两位先生似对法定条件（遗赠生效）与意定条件（死因赠与生效）的法律意义有所混淆。持生前行为说者，戴炎辉、戴东雄：《中国继承法》，作者 2001 年自版，第 247 页。

[5] Vgl. Hans Brox, Erbrecht, 17. Aufl., Carl Heymanns Verlag, 1999, S. 66; Klaus Weber（Hrsg.）, Creifelds Rechtswörterbuch, 18. Aufl., Verlag C. H. Beck oHG, 2004, S. 1412.

[6] Vgl. Hans Brox, Erbrecht, 17. Aufl., Carl Heymanns Verlag, 1999, S. 66, 264; Klaus Weber（Hrsg.）, Creifelds Rechtswörterbuch, 18. Aufl., Verlag C. H. Beck oHG, 2004, S. 1412f.

[7] 史尚宽：《继承法论》，中国政法大学出版社 2000 年版，第 516 页；戴炎辉、戴东雄：《中国继承法》，作者 2001 年自版，第 308 页；林秀雄：《继承法讲义》，元照图书出版有限公司 2005 年版，第 291 页。

第十四编

的概念下使用，毋宁说，它不过是"处理""处置"之类日常语词的同义表达。[1]遗赠行为在我国法律中属于负担行为抑或处分行为，端视实证法律规范为之设定的法律效果而定。

《继承法》第25条第2款规定："受遗赠人应当在知道受遗赠后2个月内，作出接受或者放弃受遗赠的表示。到期没有表示的，视为放弃受遗赠。"该款所涉及者，首先是遗赠之单方行为抑或双方行为性质。由于该性质之认定将对遗赠的法律效果构成影响，故此处分析自单方行为与双方行为的区分入手。

受遗赠人需要积极作出"接受"的意思表示，方可主张受遗赠之权利，自文义观之，此规范立场与我国台湾地区"民法"第1207条正好相反："继承人或其他利害关系人，得定相当期限，请求受遗赠人于期限内为承认遗赠与否之表示；期限届满，尚无表示者，视为承认遗赠。"我国台湾地区"民法"所遵循者，乃典型的单方法律行为之规范结构：单方法律行为一经作出，即已生效，无须因单方行为而受有利益之人作出肯认意思表示以为迎合；若受益人不欲接受，得以意思表示否定之。由此反观，《继承法》之"接受"似颇接近于契约订立之"承诺"，而遗赠意思表示则相应成为"遗赠契约"之"要约"。不过，作此解释虽与第25条第2款文义不冲突，却存在体系障碍：①遗赠表示若为要约，即属需受领之意思表示，以向相对人作出为必要，但《继承法》未要求遗赠表示须向受遗赠人作出；②遗赠表示若为要约，受遗赠人惟于遗赠表示到达之后始得承诺[2]，但依据《继承法》第25条第2款的规定，受遗赠人须自"知道受遗赠"时起作出接受或放弃之表示，而"知道受遗赠"未要求以遗赠表示到达为前提；③遗赠以遗嘱的方式作出，而遗嘱乃单方法律行为无疑。因此，《继承法》第25条第2款之"接受"不宜作"承诺"理解，毋宁是受遗赠人行使权利之表示。于是，受遗赠人所行使权利的性质，便成为判断遗赠行为属于负担行为抑或处分行为的关键，因为，该权利若为遗赠物之所有权，即意味着，遗赠直接导致遗赠物所有权变更，属于处分行为。

进一步的解释需要求诸《继承法意见》第53条，该条规定："继承开始后，受遗赠人表示接受遗赠，并于遗产分割前死亡的，其接受遗赠的权利转移给他的继承人。"受遗赠人于遗产分割前死亡，向其继承人移转的是"接受遗赠的权利"，而非遗赠物之所有权，这表示，遗赠并不直接导致所有权移转。所以，我国《继承法》上的遗赠表示属于负担行为，其法律效果是使受遗赠人取得移转遗产之请求权。

然而，2007年10月1日起施行的《物权法》，为确定遗赠行为的法律性质带来了新的难题，其第29条规定："因继承或者受遗赠取得物权的，自继承或者受遗赠开始时发生效力。"据此，遗赠有如继承，能够产生直接移转物权之效力。若是单纯依照法律规范冲突的通常处理原则（如"新法优于旧法""上位法优于下位法"），所应奉行者，自当是《物权法》所确立的规则。不过，《物权法》第29条之规定存在若干未明之处：①因继承而发生的物权变动无须公示即生效力，此为许多立法例所确认，只不过，多数立法例并未将继承与遗赠等量齐观。就《物权法》所参考的其他立法例来看，惟有《意大利民法典》规定遗

第五十七章

---

[1] 当然，这不是说，"处分"若不指向"处分行为"，即属错误用法。王泽鉴先生指出，"处分"意义有广狭之别："①最广义之处分，包括事实上及法律上之处分……②广义之处分，仅指法律上之处分而言，事实上之处分不包括在内……③狭义之处分，系指'处分行为'而言。"王泽鉴："出卖他人之物与无权处分"，载王泽鉴：《民法学说与判例研究》（第四册），中国政法大学出版社1998年版，第136～137页。据此，《继承法》与《继承法意见》中的"处分"概念，似相当于包括负担行为与处分行为在内的"广义之处分"（"法律上之处分"）。

[2] 《合同法》第16条第1款："要约到达受要约人时生效。"

赠直接导致所有权移转。[1]因此,立法理由尚需说明的是:继承与遗赠的法律效果为何能够等量齐观? ②无须公示即发生物权变动之情形,一般由法律行为之外的其他法律事实所致,而《物权法》第二章第三节所规定者,除遗赠外,其他确实均非法律行为。是以,立法理由尚需说明的另一问题是:为何遗赠这种法律行为得不经公示而变动物权? 实际上,从《物权法》的历次草案来看,有关"遗赠"之规定迟至第五次草案稿才被加入。立法者基于何种考虑作此改变,颇值玩味。

三、遗嘱能力

（一）完全行为能力

《继承法》第22条第1款规定:"无行为能力人或者限制行为能力人所立的遗嘱无效。"

（二）判断时点

遗嘱人是否具遗嘱能力,以遗嘱订立之时为判断时点。此为《继承法意见》第41条所规定:"遗嘱人立遗嘱时必须有行为能力。无行为能力人所立的遗嘱,即使其本人后来有了行为能力,仍属无效遗嘱。遗嘱人立遗嘱时有行为能力,后来丧失了行为能力,不影响遗嘱的效力。"

四、遗嘱的解释

关于法律行为的解释,学说判例多有争议。概括而观,各种见解无非往来于意思主义与表示主义之间:若强调表意人真意,即偏向意思主义;倘重视相对人信赖,则趋于表示主义。

不过,无论存在多少主张,在遗嘱的解释上,却基本没有异说,几乎众口一词地认为,遗嘱解释应探究遗嘱人真意。其理由略谓:遗嘱是单方无须受领的意思表示,因此无须考虑相对方的受领、理解可能性;遗嘱是对自己财产作出处分、对方纯粹受益的行为,因此对方无信赖利益可供保护。[2]于此,布罗克斯（Hans Brox）的讨论颇具说明价值。为了说明遗嘱解释中探究真意的含义,布罗克斯使用了一个案例:A通过遗嘱将其"登记于美因兹土地登记簿第3卷第13页"的土地遗赠与B。A死后,B向A的继承人S要求获得该幅土地。S主张,A不过是想把其较小的土地给予B,并且,A曾多次向他的亲属表达这一意愿。布罗克斯认为,若法官能够获知,A的真意确为遗赠较小的土地,即便未曾表示于遗嘱,B亦只能请求获得该较小的土地。[3]

五、遗嘱的附款

结合法律行为附款的一般规则,遗嘱若有附款,可分别情况作如下处理。

（一）条件

1. 停止条件。遗嘱附停止条件者,其条件于遗嘱人死亡前成就时,遗嘱自死亡时生效;于死亡后成就时,自条件成就时生效,未成就前,遗嘱受益人享有期待权。遗嘱所附条件在死亡前确定不能成就时,遗嘱不能生效。

2. 解除条件。遗嘱附解除条件者,条件于遗嘱人死亡前成就时,遗嘱不生效力;条件

---

[1] 全国人大常委会法制工作委员会民法室编:《〈中华人民共和国物权法〉条文说明、立法理由及相关规定》,北京大学出版社2007年版,第44~45页。

[2] 德国讨论可参见［德］卡尔·拉伦茨:《德国民法通论》（下册）,王晓晔等译,法律出版社2003年版,第471页以下;［德］迪特尔·梅迪库斯:《德国民法总论》,邵建东译,法律出版社2000年版,第237~238页;Werner Flume, Allgemeiner Teil des Bürgerlichen Rechts II, Das Rechtsgeschäft, 4. Aufl., Springer-Verlag, 1992, S. 331ff.; Hans Brox, Allgemeiner Teil des BGB, 23. Aufl., Carl Heymanns Verlag, 1999, S. 70.

[3] Hans Brox, Allgemeiner Teil des BGB, 23. Aufl., Carl Heymanns Verlag, 1999, S. 67, 70.

在死亡后成就时，遗嘱自死亡时发生效力，条件成就后失效。条件在死亡前确定不能成就时，视为无条件。

（二）期限

1. 始期。遗嘱附始期者，期限在死亡前届至时，遗嘱自死亡时发生效力；在死亡后届至时，自届至之日起生效。

2. 终期。遗嘱附终期者，期限在死亡前届满时，遗嘱不生效；死亡后届满时，遗嘱自死亡时生效，但届满后失效。

（三）义务

法律行为附款在广义上还包括义务。我国《继承法》未规定附条件或期限的遗嘱，却有附义务者。《继承法》第 21 条规定："遗嘱继承或者遗赠附有义务的，继承人或者受遗赠人应当履行义务。没有正当理由不履行义务的，经有关单位或者个人请求，人民法院可以取消他接受遗产的权利。"所谓"有关单位或个人"，依据《继承法意见》第 43 条的规定，是指"受益人或其他继承人"。

六、遗嘱的效力

（一）遗嘱生效时点

遗嘱乃死因行为，若未附条件或期限，自遗嘱人死亡时生效。

（二）效力内容

遗嘱分指定继承人的遗嘱与遗赠两种。遗赠的效力，如前文所述，依据《继承法》与《继承法意见》的规定，是使受遗赠人取得移转遗产之请求权，即遗赠发生债权效力。

至于指定继承人的遗嘱发生何种效力，法无明文规定，就其与遗赠同属法律行为而言，除权利人范围不一致外，并无其他实质差别，因此，法律效果似无须另作区分。但常有学者认为，遗嘱继承与遗赠的区别之一是：继承开始后，继承人未表示放弃继承的，即可适用遗嘱继承，而遗赠人未明确表示接受赠与的，视为放弃遗赠（《继承法》第 25 条）。[1] 令遗嘱继承亦适用《继承法》第 25 条第 1 款，这一见解显然是将该款所称"继承"解释为"法定继承"与"遗嘱继承"的合称，这似乎意味着，在他们看来，遗嘱继承与法定继承适用相同的遗产移转规则。法定继承一经开始，遗产即移转于继承人，果若如此，遗嘱继承中，遗产亦于继承开始时直接移转于遗嘱继承人。于是，指定继承人的遗嘱产生物权效力，一旦生效，即直接移转遗产。不过，仍有疑问的是，遗嘱为法律行为，若其移转物权，须以公示为要，为何能与作为事件的法定继承相提并论？[2]

七、遗嘱的效力瑕疵

（一）遗嘱的撤销

我国《继承法》未在固有意义上规定遗嘱的撤销，只是将遗嘱的撤回称为撤销。问题

---

〔1〕 彭万林主编：《民法学》，中国政法大学出版社 1994 年版，第 728 页；江平主编：《民法学》，中国政法大学出版社 2003 年版，第 823 页；郭明瑞、房绍坤：《继承法》，法律出版社 2004 年版，第 176 页。

〔2〕 顺便指出，关于遗嘱继承与遗赠的区别，除文中所论者外，常有学者认为，还包括以下几点：①遗嘱继承人只能是法定继承人，受遗赠人则不能是法定继承人；②遗嘱继承包括权利义务的概括承受，遗赠则只能移转权利；③遗嘱继承人直接参与遗产分配，受遗赠人则不参加。参见彭万林主编：《民法学》，中国政法大学出版社 1994 年版，第 728～729 页；江平主编：《民法学》，中国政法大学出版社 2003 年版，第 823～824 页；郭明瑞、房绍坤：《继承法》，法律出版社 2004 年版，第 175～176 页。以上数端，第①点是概念本身所制造的区别，无实际意义；第②与第③点则似是而非，亦早已遭到反驳。参见刘春茂主编：《中国民法学·财产继承》，中国人民公安大学出版社 1990 年版，第 467～469 页。

是：遗嘱是否存在撤销的可能与必要？表面上看，在遗嘱人死亡之前，遗嘱人得随时撤回遗嘱，而无须出示任何理由，并且，遗嘱人死亡之前，遗嘱尚未生效，亦无撤销之余地；遗嘱一旦生效，即表示遗嘱人已经死亡，无从撤销。然而，遗嘱撤回权不能被继承，如果遗嘱之作出，系因受欺诈或受胁迫而为，此时若不允许撤销，恐有违事理。因此，日本与我国台湾地区学者多认为，遗嘱人应享有撤销权，在其生前未为撤销时，得由继承人继承该撤销权而行使之。[1]

不过，虽有上述理由，遗嘱的撤销于我国现行法制之下，其意义仍是相当有限，因为《继承法》第 22 条将胁迫、欺诈（欺骗）当作无效事由加以规定，而法律行为之绝对无效，得由任何人主张，自不必借助继承而获得此项权利。就此问题，根据晚于《继承法》的《民法总则》与《合同法》处理，结果亦无不同。依《民法总则》第 148、150 条与《合同法》第 54 条第 2 款之规定，胁迫与欺诈在契约行为，构成可撤销事由，在单方行为，则为无效事由。遗嘱属单方行为无疑，故适用《民法总则》或《继承法》并无差别。

至于法律行为撤销的另一重要事由——错误，亦不必援用撤销制度。由于"解释先于撤销"（Auslegung geht der Anfechtung vor），如果探知遗嘱人真意之所在，即便所作遗嘱出现错误，亦得直接根据"误载无害真意"规则，令遗嘱人真意发生效力。[2]

（二）遗嘱的无效

依据《继承法》与《继承法意见》，遗嘱的无效事由包括以下几项。

1. 不具备遗嘱能力。《继承法》第 22 条第 1 款规定："无行为能力人或者限制行为能力人所立的遗嘱无效。"

2. 非真意表示。《继承法》第 22 条第 2 款规定："遗嘱必须表示遗嘱人的真实意思，受胁迫、欺骗所立的遗嘱无效。"第 3 款规定："伪造的遗嘱无效。"第 4 款规定："遗嘱被篡改的，篡改的内容无效。"

3. 涉他遗嘱。《继承法意见》第 38 条规定："遗嘱人以遗嘱处分了属于国家、集体或他人所有的财产，遗嘱的这部分，应认定无效。"

■第三节　遗赠扶养协议

一、遗赠扶养协议的概念

遗赠属单方行为，依我国《继承法》，以遗产移转为目的者，尚有双方行为，此即遗赠扶养协议。根据《继承法》第 31 条的规定，遗赠扶养协议可定义为：扶养人或集体所有制组织承担自然人生养死葬义务，该自然人则有义务于死后将财产遗赠给扶养人或集体所有制组织之协议。

遗赠扶养协议源于"五保户"（保吃、保穿、保住、保医、保葬）制度，旨在解决无法定扶养人或法定扶养人确无扶养能力的人的生活保障问题：遗赠扶养协议以契约的方式确立扶养义务人，以保障其正常生活，受扶养人则以其财产于死后遗赠给扶养义务人为扶养对价。不过，由于受扶养之人一般比较穷困，遗产甚少，故遗赠其实难以构成真正意义

---

〔1〕 史尚宽：《继承法论》，中国政法大学出版社 2000 年版，第 497 页；戴炎辉、戴东雄：《中国继承法》，作者 2001 年自版，第 302 页；林秀雄：《继承法讲义》，元照图书出版有限公司 2005 年版，第 248~249 页。

〔2〕 Werner Flume, Allgemeiner Teil des Bürgerlichen Rechts II, Das Rechtsgeschäft, 4. Aufl., Springer-Verlag, 1992, S. 334.

上的"对价"。在社会保障制度几乎阙如的情况下，遗赠扶养协议更多表现的是某种福利性质，它在很大程度上依靠"社会主义道德规范"而建立。[1]

以契约（协议）的方式取得遗产，我国有遗赠扶养协议，德、瑞等国有继承契约，后者是指生前与被继承人（受遗赠人）签订死后遗产移转的契约。不过，二者相去甚远。遗赠扶养协议乃生前行为、双务契约，继承契约则是死因处分、单务契约。

二、遗赠扶养协议的效力

（一）效力内容

在双务契约中，一方权利构成另一方义务。为简洁计，此处仅从扶养人角度观察遗赠扶养协议之效力。

1. 扶养人的义务。扶养人所负有的主要义务是对受扶养人生前扶养、死后丧葬。

2. 扶养人的权利。扶养人所获得的主要权利为受遗赠权。

3. 违约救济。《继承法意见》第 56 条规定："扶养人或集体组织与公民订有遗赠扶养协议，扶养人或集体组织无正当理由不履行，致协议解除的，不能享有受遗赠的权利，其支付的供养费用一般不予补偿；遗赠人无正当理由不履行，致协议解除的，则应偿还扶养人或集体组织已支付的供养费用。"

（二）效力等级

《继承法》上遗产移转的方式主要有法定继承、遗嘱与遗赠扶养协议，《继承法》第 5 条为之确定了各自效力等级："继承开始后，按照法定继承办理；有遗嘱的，按照遗嘱继承或者遗赠办理；有遗赠扶养协议的，按照协议办理。"在此基础上，《继承法意见》第 5 条又进一步明确："被继承人生前与他人订有遗赠抚养协议，同时又立有遗嘱的，继承开始后，如果遗赠扶养协议与遗嘱没有抵触，遗产分别按协议和遗嘱处理；如果有抵触，按协议处理，与协议抵触的遗嘱全部或部分无效。"

---

[1] 关于遗赠扶养协议之缘起与功能，详见刘春茂主编：《中国民法学·财产继承》，中国人民公安大学出版社 1990 年版，第 490 页以下。